D1921595

Schriftenreihe der Neuen Juristischen Wochenschrift

im Einvernehmen mit den Herausgebern der NJW
herausgegeben von
Rechtsanwalt Prof. Dr. Konrad Redeker
Rechsanwalt Felix Busse

Band 61

Verbraucherschutz-recht

Verbraucherkredit- und Fernabsatzrecht, Haustürgeschäfte

von

Rüdiger Martis
Rechtsanwalt in Schwäbisch Gmünd

und

Alexander Meinhof
Vorsitzender Richter am Landgericht Hechingen

Verlag C. H. Beck München 2005

Zitierweise: Martis/Meinhof, Verbraucherschutzrecht, 2. A.

90

FHTW Berlin
Karlshorst
Bibliothek

HTW
ungültig

05/2489

1

Verlag C. H. Beck im Internet:
beck.de

ISBN 3 406 50991 6

© 2005 Verlag C. H. Beck oHG
Wilhelmstraße 9, 80801 München
Satz und Druck: Druckerei C. H. Beck, Nördlingen
(Adresse wie Verlag)

Gedruckt auf säurefreiem, alterungsbeständigem Papier
(hergestellt aus chlorfrei gebleichtem Zellstoff)

Vorwort

Der vorliegende Band aus der NJW-Schriftenreihe wendet sich vor allem an Rechtsanwälte, Richter, Justiziare, Sachbearbeiter von Banken und Fondsgesellschaften, Interessenvertreter der Verbraucherverbände und Rechtsreferendare.

Für die komplette Überarbeitung der „nur" 237 Seiten umfassenden ersten Auflage konnte als Co-Autor Herr Vorsitzender Richter am Landgericht Alexander Meinhof gewonnen werden, der – abgeordnet an das Justizministerium Baden-Württemberg – als Mitglied der Bund-Länder-Arbeitsgruppe Schuldrechtsmodernisierung an den Beratungen zum Schuldrechtsmodernisierungsgesetz (SMG) teilgenommen hat.

Die erhebliche Erweiterung des Werkes war aufgrund einer Vielzahl von Gesetzesänderungen und einer erheblichen Weiterentwicklung der Rechtsprechung, die in besonderem Maß vom Europäischen Gerichtshof beeinflusst war, notwendig geworden.

Allein aus den Jahren 2002 bis zum Abschluss des Manuskripts im Juni 2005 wurden über dreihundert Entscheidungen des BGH, der Oberlandesgerichte und einzelner Landgerichte eingearbeitet.

Mit dem Fernabsatzgesetz vom 27. 6. 2000 (BGBl. I 887) wurde das Widerrufsrecht bei Verbraucherverträgen in das Allgemeine Schuldrecht aufgenommen und im Grundsatz einheitlich für alle Verbraucherverträge, die ein derartiges Widerrufsrecht vorsehen, geregelt. Diese Entwicklung der Eingliederung bürgerlich-rechtlicher Vorschriften zum Verbrauchervertragsrecht in das BGB hat sich im SMG vom 26. 11. 2001 (BGBl. I 3138) fortgesetzt.

So wurden insbesondere das Verbraucherkreditgesetz, das Haustürwiderrufsgesetz und das Fernabsatzgesetz zum 1. 1. 2002 in vollem Umfang in das BGB aufgenommen.

Dieser Schritt erfolgte nicht ohne teilweise erhebliche Änderungen und Korrekturen der bislang bestehenden Regelungen.

Keine acht Monate später hat der Gesetzgeber die Bestimmungen zum Verbrauchervertrag erneut entscheidend geändert. Mit dem OLG-Vertretungsänderungsgesetz (OLG-VertrÄndG) vom 23. 7. 2003 (BGBl. I 2850) wurde der Rechtsprechung des Europäischen Gerichtshofs zum Fall Heininger Rechnung getragen und dem Verbraucher ein auch nach vielen Jahren noch ausübbares Recht zum Widerruf der in einer „Haustürsituation" des § 1 Abs. 1 HausTWG (jetzt § 312 Abs. 1 BGB) geschlossenen Realkreditverträge (meist sogenannte „Schrottimmobilien") zugestanden.

Kleinere Änderungen erfolgten bereits durch das Gesetz zur Beschleunigung fälliger Zahlungen vom 30. 3. 2000 (BGBl. I 330) sowie durch das Gesetz zur Modernisierung des Investmentwesens und zur Besteuerung von Investmentvermögen vom 15. 12. 2003 (BGBl. I 2676).

Eine zusätzliche Erweiterung des Verbraucherschutzes brachte zuletzt das Gesetz zur Änderung der Vorschriften über Fernabsatzverträge bei Finanzdienstleistungen vom 2. 12. 2004 (BGBl. I 3102), wobei auch dieser gesetzgeberische Eingriff auf absehbare Zeit nicht der letzte gewesen sein dürfte.

Schwerpunkte der vorliegenden zweiten Auflage sind insbesondere die Darstellung der umfangreichen Rechtsprechung und Literatur zu den vormals von § 3 Abs. 2 Nr. 2 VerbrKrG und nachfolgend § 491 Abs. 1 Nr. 3 BGB a.F. erfassten Realkreditverträgen, dem Widerrufsrecht im Allgemeinen und im Besonderen bei finanzierten Grundstücksgeschäften (oftmals „Schrottimmobilien") und den Beteiligungen an einem Immobilienfonds, den Rechtsfolgen des Widerrufs bei bilateralen und verbundenen Verträgen und den für den Widerruf von Haustür- und Fernabsatzgeschäften erforderlichen persönlichen und sachlichen Voraussetzungen.

Angesichts einer in absehbarer Zeit zu erwarteten Entscheidung des Großen Senats des BGH für Zivilsachen wurde es erforderlich, auf die Einzelheiten der teilweise divergierenden Urteile des II. und XI. Zivilsenats des BGH und den hierzu aus den Jahren 2004 und 2005 vorliegenden Literaturbeiträgen im Einzelnen näher einzugehen.

Die sehr umfangreiche Rechtsprechung des BGH und der Oberlandesgerichte zur Aufklärungspflicht der Banken im Strukturvertrieb wurde in einem Exkurs zusammenhängend dargestellt.

Ein weiterer „Exkurs" widmet sich den Leasingverträgen und der Wirksamkeit bzw. Unwirksamkeit hierbei verwendeter AGB.

Großen Wert haben wir auch auf die Verwendung neuester Kommentarauflagen (vgl. etwa Erman, 11. Aufl. 2004; Münchener Kommentar, 4. Aufl. 2003/2004; Staudinger, Bearb. 2004 u. a.) gelegt.

Die Intention des vorliegenden, nun um knapp 200% gewachsenen Praktiker-Bandes ist es, der Leserin bzw. dem Leser einen systematischen Überblick über die neu geordneten Rechtsgebiete zu ermöglichen, die für den Einzelnen nicht mehr fassbare Rechtsprechung des EuGH, BGH und der Oberlandesgerichte in verständlicher Form darzustellen und die Einordnung der vielfältigen, von der Rechtsprechung und Literatur in letzter Zeit aufgeworfenen Rechtsfragen zu erleichtern.

Mit dem Verlag und den Herausgebern hoffen wir, dem Anspruch unserer Leserinnen und Leser auf eine systematische, hochaktuelle und verständliche Darstellung des Verbrauchervertragsrechts auch in der zweiten Auflage gerecht geworden zu sein.

Schwäbisch Gmünd/Tübingen, im Juli 2005

Rüdiger Martis | Alexander Meinhof

Inhaltsübersicht

Inhaltsverzeichnis

4. Teil: Fernabsatzrecht

Abkürzungsverzeichnis

Paragraphen ohne Gesetzesangabe sind solche des BGB, Nebengesetze und Zeitschriften werden hier wie folgt abgekürzt:

AGBG	Gesetz zur Regelung des Rechts der Allgemeinen Geschäftsbedingungen
CISG	Wiener UN-Kaufrecht (Übereinkommen der UN über Verträge über den internationalen Warenkauf)
HGB	Handelsgesetzbuch
HausTWG	Gesetz über den Widerruf von Haustürgeschäften und ähnlichen Geschäften
MHG	Gesetz zur Regelung der Miethöhe
PHG	Produkthaftungsgesetz
ScheckG	Scheckgesetz
VerbrKrG	Verbraucherkreditgesetz
WEG	Wohnungseigentumsgesetz
WG	Wechselgesetz

Zeitschriften (mit Angabe des Verlages)

BauR	Baurecht (Werner-Verlag)
BB	Betriebs-Berater (Recht und Wirtschaft)
BKR	Zeitschrift für Bank- und Kapitalmarktrecht (Beck)
CR	Computer und Recht (Dr. O. Schmidt)
DAR	Deutsches Autorecht (ADAC)
DB	Der Betrieb (Verlagsgruppe Handelsblatt)
DNotZ	Deutsche Notar-Zeitschrift (Beck)
DWW	Deutsche Wohnungswirtschaft (Verlag Deutsche Wohnungswirtschaft)
EWiR	Entscheidungen zum Wirtschaftsrecht (RWS)
FamRZ	Zeitschrift für das gesamte Familienrecht (Gieseking)
IPRax	Praxis des int. Privat- und Verfahrensrechts (Gieseking)
JA	Juristische Arbeitsblätter (Luchterhand)
JR	Juristische Rundschau (De Gruyter)
Jura	Juristische Ausbildung (De Gruyter)
JuS	Juristische Schulung (Beck)
JZ	Juristenzeitung (Mohr)

MDR	Monatsschrift für Deutsches Recht (Dr. O. Schmidt)
MietRB	Mietrechts-Berater (Dr. O. Schmidt)
MMR	Multimedia und Recht (Beck)
NJW	Neue Juristische Wochenschrift (Beck)
NJW-RR	NJW-Rechtsprechungs-Report Zivilrecht (Beck)
NStZ	Neue Zeitschrift für Strafrecht (Beck)
NVersR	Neue Zeitschrift für Versicherungsrecht (Beck)
NVwZ	Neue Zeitschrift für Verwaltungsrecht (Beck)
NVwZ-RR	NVwZ-Rechtsprechungs-Report Verwaltungsrecht (Beck)
NZA	Neue Zeitschrift für Arbeitsrecht (Beck)
NZA-RR	NZA-Rechtsprechungs-Report Arbeitsrecht (Beck)
NZI	Neue Zeitschrift für das Recht der Insolvenz und Sanierung (Beck)
NZBau	Neue Zeitschrift für Baurecht und Vergaberecht (Beck)
NZV	Neue Zeitschrift für Verkehrsrecht (Beck)
OLG-NL	OLG-Rechtsprechung Neue Länder (Beck)
OLGR	OLG-Report, Zivilrechtsprechung der Oberlandesgerichte (Dr. O. Schmidt)
VersR	Versicherungsrecht (Versicherungswirtschaft e.V.)
VuR	Verbraucher und Recht (Luchterhand)
WM	Wertpapiermitteilungen, Zeitschrift für Wirtschafts- und Bankrecht (Wertpapier-Mitteilungen)
WRP	Wettbewerb in Recht und Praxis (Deutscher Fachverlag GmbH)
WuM	Wohnungswirtschaft und Mietrecht (DMB-Verlagsgesellschaft des Deutschen Mieterbundes)
ZfBR	Zeitschrift für deutsches und internationales Bau- und Vergaberecht (Bau-Verlag)
ZfIR	Zeitschrift für Immobilienrecht (RWS)
ZIP	Zeitschrift für Wirtschaftsrecht (RWS)
ZMR	Zeitschrift für Miet- und Raumrecht (Luchterhand)
ZGS	Zeitschrift für das gesamte Schuldrecht (ZAP)

Literaturverzeichnis

Amann/Brambring/ Hertel .... Die Schuldrechtsreform in der Vertragspraxis, 1. Aufl. 2002, zitiert A/B/H

Anwaltkommentar ... Anwaltkommentar zum Schuldrecht, Erläuterungen der Neuregelungen zum Verjährungsrecht, Schuldrecht, Schadensersatzrecht und Mietrecht, Dauner-Lieb/Heidel/Lepa/Ring (Hrsg.) zitiert Anwaltkomm-Bearbeiter

Bamberger/Roth .... Kommentar zum Bürgerlichen Gesetzbuch, Band 1, §§ 1–610 BGB, 1. Aufl. 2003; Band 2, §§ 611–1296 BGB, 1. Aufl. 2003; Band 3, §§ 1297–2385 BGB, 1. Aufl. 2003; zitiert Bamberger/Roth-Bearbeiter

Baumbach/ Lauterbach .... Zivilprozessordnung, 63. Aufl. 2005, zitiert B/L-Bearbeiter

Bruchner/Ott/ Wagner-Wieduwilt ... Verbraucherkreditgesetz, Kommentar, 2. Aufl. 1994, zitiert B/O/W-W

Bülow .... Verbraucherkreditrecht, 5. Aufl. 2002, zitiert Bülow

Dauner-Lieb .... Das neue Schuldrecht, Fälle und Lösungen, 1. Aufl. 2002, zitiert Dauner-Lieb

Engel .... Handbuch Kraftfahrzeug-Leasing, 2. Aufl. 2004, zitiert Engel

Erman .... Bürgerliches Gesetzbuch Band I, §§ 1–811 BGB, 11. Aufl. 2004; Band II, §§ 812–2385 BGB, 11. Aufl. 2004, zitiert Erman-Bearbeiter

Haas/Medicus/ Rolland/Schäfer/ Wendtland .... Das neue Schuldrecht, 2002, zitiert H/M/R/S/W-Bearbeiter

Härting .... Fernabsatzgesetz, 1. Aufl. 2000, zitiert Härting

Hildenbrand/ Kappus/Mäsch .... Time-Sharing und Teilzeit-Wohnrechtegesetz, 1997, zitiert H/K/M

Kroiß .... Klauselbuch Schuldrecht, 1. Aufl. 2002, zitiert Kroiß-Bearbeiter

Lütcke .... Fernabsatzrecht, §§ 312b–312f BGB, 1. Aufl. 2002, zitiert Lütcke

Münchener Kommentar .... Bürgerliches Gesetzbuch, 4. Auflage
Band 1, Allgemeiner Teil, §§ 1–240 BGB, AGB-Gesetz, 4. Aufl. 2001,
Band 1 a, §§ 80, 81, 105 a, 126–127, ProstG, §§ 194–218 BGB, 4. Aufl. 2003,
Band 2 a, Schuldrecht Allgemeiner Teil, §§ 241–432 BGB, 4. Aufl. 2003,
Band 3, (neu) Schuldrecht Besonderer Teil I, §§ 433–610 BGB n. F., Finanzierungsleasing u. a., 4. Aufl. 2004,
Band 3, (alt) Schuldrecht Besonderer Teil I, §§ 433–606 BGB a. F., Finanzierungsleasing, VerbrKrG, HausTWG, MHRG, zitiert Müko-Bearbeiter, VerbrKrG bzw. HausTWG, 3. Aufl. 1995,
Band 4, Schuldrecht Besonderer Teil II, §§ 611–704 BGB u. a., 4. Aufl. 2005,
Band 5, Schuldrecht Besonderer Teil III, §§ 705–853 BGB u. a., 4. Aufl. 2004,
Band 6, Sachenrecht, §§ 854–1296 BGB u. a., 4. Aufl. 2004, zitiert Müko-Bearbeiter

Musielak .... Zivilprozessordnung, 4. Aufl. 2005, zitiert Musielak-Bearbeiter

Palandt .... Bürgerliches Gesetzbuch, 64. Aufl. 2005, zitiert Palandt-Bearbeiter

Reinking/Eggert .... Der Autokauf, 8. Aufl. 2003, zitiert R/E

Ring .... Fernabsatzgesetz, 1. Aufl. 2000, zitiert Ring

Soergel .... Bürgerliches Gesetzbuch, Band 2 a, §§ 13, 14, 126 a–127, 194–225 BGB, 13. Aufl. 2002, zitiert Soergel-Bearbeiter

Staudinger .... Kommentar zum Bürgerlichen Gesetzbuch,
§§ 134–163 BGB, Bearb. 2003,
§§ 164–240 BGB, Bearb. 2004,
§§ 315–327 BGB, Bearb. 2001,
§§ 328–359 BGB, Bearb. 2004,
§§ 433–487 BGB, Bearb. 2004,
§§ 491–507 BGB, Bearb. 2004,
§§ 812–822 BGB, Bearb. 1999
VerbrKrG, HWiG, § 13 a UWG
TzWrG, Bearb. 2001
zitiert Staudinger-Bearbeiter

von Westphalen/ Emmerich/ von Rottenburg .... Verbraucherkreditgesetz, 2. Aufl. 1996, zitiert W/E/R-Bearbeiter

Wolf/Horn/ Lindacher .... AGB-Gesetz, 4. Aufl. 1999, zitiert W/H/L-Bearbeiter

Zöller .... Zivilprozessordnung, 25. Aufl. 2005, zitiert Zöller-Bearbeiter

1. Teil. Entstehungsgeschichte der Verbraucherschutzgesetze

A. Abzahlungsgesetz und Verbraucherkreditgesetz

Die Ursprünge einer rechtlichen Regelung des Verbraucherschutzes auf dem Kreditmarkt gehen zurück auf das aus dem Jahr 1894 stammende Abzahlungsgesetz, das in den Jahren 1969 und 1974 Novellen erfahren hat. Neben der gesetzlichen Regelung gewährleistete die Rechtsprechung durch Ausdehnung des Abzahlungsgesetzes auf den finanzierten Kauf und die extensive Auslegung des § 138 Abs. 1[1] auf Darlehensverträge mit überhöhten Zinsen einen gewissen Mindestschutz für den Verbraucher. 1

Die heute hierzu bestehenden Vorschriften in §§ 491 ff. BGB und die zum 31. 12. 2001 außer Kraft getretenen Regelungen des Verbraucherkreditgesetzes (VerbrKrG) gründen auf der Verbraucherkreditrichtlinie 87/102/EWG des Rates der EWG vom 22. Dezember 1986, die durch die Richtlinie des Rates 90/88/EWG vom 22. Februar 1990 geändert und ergänzt wurde. Die Verbraucherkreditrichtlinie vom 22. Dezember 1986 wurde vom Rat der Europäischen Gemeinschaft auf der Grundlage der allgemeinen Rechtsangleichungskompetenz nach Art. 100 EWG-Vertrag erlassen und war bis spätestens 1. Januar 1990 in nationales Recht umzusetzen. Mit ihrem Erlass wurde das Ziel verfolgt, einen gemeinsamen Verbraucherkreditmarkt zu errichten, in dem die unterschiedlichen, das Funktionieren des gemeinsamen Marktes beeinträchtigenden Vorschriften aufzuheben waren. Daneben bezweckte die Richtlinie den Schutz des Verbrauchers vor missbräuchlichen Kreditbedingungen. 2

Die Änderungsrichtlinie, gestützt auf die erweiterte Rechtsangleichungskompetenz des Art. 100 a EWG-Vertrag erweiterte den Umfang der in den Kreditvertrag notwendigerweise aufzunehmenden Angaben und regelte die Berechnung des effektiven Jahreszinses. 3

Diesen europäischen Vorgaben hat der Gesetzgeber durch Erlass des Verbraucherkreditgesetzes vom 17. Dezember 1990, novelliert durch Gesetz vom 27. April 1993 (BGBl. I 509) und weiteren Änderungsgesetzen vom 20. 12. 1996 (BGBl. I 2154) und 13. Juli 2001 (BGBl. I 1542) Rechnung getragen. Durch das Gesetz zur Modernisierung des Schuldrechts vom 26. November 2001 (BGBl. I 3138) wurden die Regelungen insgesamt in das Bürgerliche Gesetzbuch als §§ 491 ff. und §§ 655 a ff. aufgenommen. 4

---

[1] §§ ohne Bezeichnung sind solche des BGB.

B. Haustürwiderrufsgesetz

1 Das Widerrufsrecht bei Haustürgeschäften basiert auf der Richtlinie des Rats vom 31. Dezember 1985 zum Widerrufsrecht bei außerhalb von Geschäftsräumen geschlossenen Verträgen. Sie wurde durch das Gesetz über den Widerruf von Haustürgeschäften und ähnlichen Geschäften vom 16. Januar 1986 (BGBl. I 122) in innerstaatliches Recht umgesetzt. In das BGB aufgenommen wurden die Bestimmungen durch das Gesetz zur Modernisierung des Schuldrechts vom 26. November 2001 (BGBl. I 3138), das die Regelung um eine Legaldefinition der Haustürgeschäfte ergänzt und das Widerrufsrecht im Falle unterbliebener oder nicht ordnungsgemäßer Belehrung auf einen Zeitraum von sechs Monaten nach Vertragsschluss der europäischen Vorgabe zuwider befristet hat. Die Regelung des § 355 Abs. 3 Satz 1 BGB wurde daher durch Gesetz vom 23. 7. 2002 (OLGVertrÄndG BGBl. I 2850) wesentlich eingeschränkt.

C. Fernabsatzgesetz

1 Die Vorschriften gründen auf der europäischen Richtlinie (97/7/EG) über den Verbraucherschutz bei Vertragsabschlüssen im Fernabsatz vom 20. Mai 1997, mit der das Ziel einer europaweiten Harmonisierung des Verbraucherschutzes im Bereich des Fernabsatzes verfolgt wurde. Dem Gebot der Umsetzung der Richtlinie in nationales Recht innerhalb von drei Jahren ist der Gesetzgeber durch das sechs Paragrafen umfassende Fernabsatzgesetz vom 27. Juni 2000 (BGBl. I 897) nachgekommen. Gleichzeitig wurden die Begriffe des Verbrauchers und des Unternehmers für alle zivilrechtlichen Verbraucherschutzbestimmungen einheitlich in den §§ 13 und 14 BGB legaldefiniert und durch § 361 a und b BGB eine einheitliche Regelung des Widerrufs- und Rückgaberechts für den Verbraucher geschaffen. Daneben wurde, bedingt durch Art. 8 und 9 der Richtlinie, eine Regelung zur Rückgewähr unbestellter Leistungen und Verbraucherschutzbestimmungen für die Fälle des Missbrauchs von Zahlungskarten in das BGB aufgenommen (§§ 241 a, 676 h BGB).

2 Das Gesetz zur Modernisierung des Schuldrechts hat die Bestimmungen des Fernabsatzgesetzes in das BGB integriert und redaktionell überarbeitet. Dabei wurde nach dem Vorbild des Reiserechts und des Überweisungsrechts darauf verzichtet, den Katalog der Punkte, über den der Unternehmer zu informieren hat, in das BGB einzugliedern. Sie sind nunmehr neben anderen Vertragstypen in der Verordnung über Informations- und Nachweispflichten nach bürgerlichem Recht (BGB-Informationspflichten-Verordnung, BGBl. I 3002) im einzelnen aufgeführt.

Das Gesetz zur Änderung der Vorschriften über Fernabsatzverträge bei 3
Finanzdienstleistungen vom 2. 12. 2004, in Kraft ab dem 8. 12. 2004, trägt der Richtlinie 2002/65/EG Rechnung. Dem erweiterten Anwendungsbereich der Bestimmungen über Fernabsatzverträge auch auf Finanzdienstleistungen wird durch die gleichzeitige Anpassung der BGB-Informationspflichtenverordnung Rechnung getragen (vgl. zu den Einzelheiten 4. Teil Rdn. 9).

2. Teil. Verbraucherkreditrecht

A. Übersicht, Konkurrenzen

I. Neuregelung des Darlehens- und Verbraucherkreditrechts

1. Verbraucherkreditgesetz

1 Das am 1. 1. 1991 in Kraft getretene Verbraucherkreditgesetz (VerbrKrG) regelte den gesamten Verbraucherkredit (Gelddarlehen, Ratenkredite, finanzierte Kauf-, Werk- und Dienstverträge) und sah nur wenige Ausnahmen (vgl. § 3 VerbrKrG) vor. Es löste das Abzahlungsgesetz (AbzG) ab, das auf sämtliche bis zum 31. 12. 1990 abgeschlossene Abzahlungsgeschäfte anzuwenden war.[1]

2. Darlehens- und Verbraucherkreditrecht nach der Schuldrechtsmodernisierung

2 Das am 1. 1. 2002 in Kraft getretene Gesetz zur Modernisierung des Schuldrechts (SMG) und das mit der Mehrzahl der eingefügten bzw. geänderten Vorschriften am 1. 8. 2002 in Kraft getretene OLG-Vertretungsänderungsgesetz (OLGVertrÄndG; vgl. 1. Teil, A. Rdn. 42ff.) haben zu teilweise erheblichen formalen wie auch inhaltlichen Änderungen der Vorschriften des vormaligen Verbraucherkreditgesetzes und des früheren Haustürwiderrufsgesetzes (HausTWG) im Rahmen der Integration dieser Gesetze in das BGB geführt.

3 Der 8. Abschnitt des BGB (einzelne Schuldverhältnisse) behandelt unter Titel 3 (§§ 488–507) Darlehensverträge, Finanzierungshilfen und Ratenlieferungsverträge zwischen einem Unternehmer und einem Verbraucher.

a) Untertitel 1 – §§ 488–498

4 In Untertitel 1 (§§ 488–498) finden sich in §§ 488–490 zunächst die wesentlichen bisherigen Regelungen des Darlehens, die bis zum 31. 12. 2001 in §§ 607–610 a.F. kodifiziert waren. Hieran schließen sich in den §§ 491–498 die Vorschriften des bisherigen VerbrKrG an, soweit sie den Verbraucherkredit in Form des Darlehens regelten.[2] Dabei entspricht § 491 Abs. 1 mit

---

[1] Vgl. hierzu 1. Teil, A; Vorauflage S. 1; *Bülow* Einf. Rdn. 1–5; *Martis* MDR 1998, 1189ff. zur Anwendbarkeit des VerbrKrG; *ders.* MDR 1998, 1260ff. zum Widerrufsrecht nach§ 7 VerbrKrG.

[2] Vgl. *Wittig/Wittig* WM 2002, 145.

den Definitionen des „Unternehmers" und „Verbrauchers" in §§ 13, 14 den Vorschriften des § 1 Abs. 1 VerbrKrG.

5 Der den Regelungen des VerbrKrG zugrunde liegende Begriff des „Kredits", der als Oberbegriff für das Gelddarlehen, einen Zahlungsaufschub und sonstige Finanzierungshilfen diente, wurde aufgegeben. Stattdessen regelt das SMG die sich dahinter verbergenden unterschiedlichen Erscheinungsformen des Kredits, zu der nach der Begrifflichkeit des VerbrKrG auch der Ratenlieferungsvertrag zählt, eigenständig. Der Titel 3 wurde daher in die Untertitel Darlehensvertrag (Untertitel 1), Finanzierungshilfen (Untertitel 2) und Ratenlieferungsverträge (Untertitel 3) untergliedert.[3]

6 Der „Kreditvertrag" i.S.d. § 1 Abs. 2 VerbrKrG wird nun in § 491 Abs. 1 S. 1 als „Verbraucherdarlehensvertrag" bezeichnet und legaldefiniert als entgeltlicher Darlehensvertrag zwischen einem Unternehmer als Darlehensgeber (vormals „Darlehnsgeber" i.S.d. § 1 Abs. 1 S. 1 VerbrKrG) und einem Verbraucher als Darlehensnehmer.

7 Der vormals in §§ 1 Abs. 3, 15–17 gesetzlich geregelte „Kreditvermittlungsvertrag" hat seinen Standort als „Darlehensvermittlungsvertrag" in §§ 655a–655e im Untertitel 2 des Mäklervertrages gefunden.

8 Der Anwendungsausschluss in § 491 Abs. 2 entspricht der Bestimmung des § 3 Abs. 1 Nr. 1, Nr. 4, Nr. 5 VerbrKrG und regelt die Ausnahmen von der Anwendbarkeit der Vorschriften über den Verbraucherdarlehensvertrag und gilt kraft Verweisung auch für Finanzierungshilfen und Ratenlieferungsverträge (§§ 499 Abs. 3, 505 Abs. 1 S. 2). § 491 Abs. 3 Nr. 1–3 übernahm zum 1. 1. 2002 zunächst die Anwendungsausnahmen des bisherigen § 3 Abs. 2 Nr. 2 bis 4 VerbrKrG.

9 Im Zuge des OLGVertrÄndG wurde der noch auf die bis zum 1. 11. 2002 geschlossenen Verträge anwendbare § 491 Abs. 3 Nr. 1 betreffend grundpfandrechtlich abgesicherte Darlehensverträge (Realkreditverträge i.S.d. § 3 Abs. 2 Nr. 2 VerbrKrG, jetzt in § 492 Abs. 1a S. 2 n.F. als Immobiliardarlehensverträge bezeichnet und gesetzlich definiert) gestrichen mit der Folge, dass die grundsätzliche Widerruflichkeit solcher Verträge erreicht wurde (vgl. aber die Einschränkungen in § 358 Abs. 3 S. 3 und § 492 Abs. 1a S. 1; hierzu II. H. Rdn. 143 ff.).

10 § 491 Abs. 3 Nr. 1 n.F. (Fassung vom 1. 11. 2002) enthält damit die bisherige Ausnahmeregelung des § 3 Abs. 2 Nr. 3 VerbrKrG und § 491 Abs. 3 Nr. 2 n.F. (Fassung vom 1. 11. 2002) normiert die bisherige Ausnahmevorschrift des § 3 Abs. 2 Nr. 4 VerbrKrG.

11 Die sich auf Finanzierungsleasingverträge beziehende Ausnahmeregelung des § 3 Abs. 2 Nr. 1 VerbrKrG wurde positiv gefasst und inhaltlich als § 500 in den Untertitel 2 verschoben.

12 § 492 Abs. 1 enthält die bisherigen Bestimmungen der Schriftform und der erforderlichen Angaben aus § 4 Abs. 1 VerbrKrG. Die Pflichtangaben

[3] BT-Drucks. 14/6040, S. 252; *Bülow* § 499 Rdn. 10, 13 und § 491 Rdn. 101.

des § 4 Abs. 1 S. 4 Nr. 1a–1g wurden in § 492 Abs. 1 S. 5 Nr. 1–7 übernommen.

13 Die die erforderlichen Pflichtangaben enthaltende Vorschrift des § 4 Abs. 1 S. 5 Nr. 2 a–f VerbrKrG sowie § 4 Abs. 1 S. 6 VerbrKrG wurden in § 502 Abs. 1 S. 1 Nr. 1–6, § 502 Abs. 1 S. 2 im Untertitel 2 untergebracht.

14 In § 492 Abs. 4 wendet sich der Gesetzgeber ausdrücklich gegen die h.M. zum bislang geltenden Recht, wonach eine Vollmacht zum Abschluss eines Verbraucherdarlehensvertrages (vormals: Verbrauchkreditvertrages) in der Vollmachtsurkunde nicht die Pflichtangaben des § 4 Abs. 1 S. 5 Nr. 1 a–g VerbrKrG enthalten musste.[4]

15 Die die Überziehungskredite betreffende Vorschrift des § 493 entspricht nahezu wörtlich dem früheren § 5 VerbrKrG.

16 § 494 sanktioniert – wie die Vorgängervorschrift des § 6 VerbrKrG – Verstöße gegen die Formvorschriften des § 492. Die sich auf Teilzahlungsgeschäfte beziehende Vorschrift des § 6 Abs. 3 VerbrKrG findet sich im Wesentlichen in § 502 Abs. 3 im Untertitel 2 wieder.

17 Die Verminderung des Zinssatzes für den Fall der unrichtigen Angabe des effektiven Jahreszinses aus § 6 Abs. 4 VerbrKrG ist für Verbraucherdarlehensverträge i.S.d. § 491 Abs. 1 S. 1 in § 494 Abs. 3 und für Finanzierungsleasingverträge, den Zahlungsaufschub und sonstige Finanzierungshilfen (Untertitel 2) in § 502 Abs. 3 S. 6 geregelt.

18 § 495 Abs. 1 begründet ein Widerrufsrecht nach Maßgabe des § 355 und entspricht weitgehend dem bisherigen § 7 VerbrKrG i.V.m. § 361a a.F.[5]

19 Das Widerrufsrecht nach §§ 495 Abs. 1, 355 hat eine „schwebende Wirksamkeit" des Verbraucherdarlehensvertrages zur Folge.[6] Während dies für § 7 Abs. 1 VerbrKrG i.d.F.bis 30. 9. 2000 streitig war,[7] wird das Widerrufsrecht nunmehr einhellig als Gestaltungsrecht angesehen.[8]

20 Der vom 1. 1. bis 31. 7. 2002 geltende § 495 Abs. 2 S. 1 a.F., der wie die Vorgängervorschrift des § 7 Abs. 3 VerbrKrG das Unterbleiben des Widerrufs fingierte, wenn das Darlehen nicht innerhalb von zwei Wochen zu-

---

[4] Zur Rechtslage bis 31. 12. 2001: BGH NJW 2001, 1931; NJW 2001, 2963; NJW 2001, 3479; OLG Köln WM 2000, 127, 130; OLG Stuttgart WM 2000, 292, 294; OLG Frankfurt MDR 2000, 1181; WM 2001, 353; OLG Karlsruhe, 17. Senat, WM 2001, 356, 359; OLG Zweibrücken, OLG-Report 2000, 336; zustimmend *Saenger* EWiR 2001, 563, 564; *Graf von Westphalen,* BGH-Report 2001, 464; nur im Ergebnis für den entschiedenen Fall zustimmend *von Rottenburg* WM 2001, 2149, 2198; die Angaben nach § 4 Abs. 1 S. 5 Nr. 1 VerbrKrG wurden dagegen verlangt von OLG München NJW 1999, 2196, 2197; LG Chemnitz NJW 1999, 1193, 1194; LG Frankfurt WM 2000, 301; OLG Karlsruhe, 1 Senat, WM 2000,1996; zustimmend Staudinger/Kessal-*Wulf*, 2004, § 492 Rdn. 16; vgl. die Einzelheiten bei E. Rdn. 70ff.

[5] Zum Widerrufsrecht nach § 7 VerbrKrG vgl. *Martis* MDR 1998, 1260ff.; zum Widerrufsrecht nach § 355 vgl. *Martis/Meinhof* MDR 2004, 4ff.

[6] Vgl. *Bülow* § 495 Rdn. 34, 37, 41, 42; *Martis/Meinhof* MDR 2004, 4, 5.

[7] Vgl. Müko-*Ulmer,* 4. Aufl., § 495 Rdn. 40, 41.

[8] *Bülow* § 495 Rdn. 41; *Mankowski* WM 2001, 793, 794ff.; *Martis/Meinhof* MDR 2004, 4, 5; Palandt-*Heinrichs* § 355 Rdn. 3.

rückbezahlt wurde, wurde durch das OLGVertrÄndG aufgehoben und in seiner Geltung auf die bis 1. 11. 2002 entstandenen Schuldverhältnisse beschränkt.[9]

§ 496 regelt den Einwendungsverzicht, das Wechsel- und Scheckverbot und stimmt fast wörtlich mit dem bisherigen § 10 VerbrKrG überein. § 497 regelt die Behandlung der Verzugszinsen und die Anrechnung von Teilleistungen entsprechend dem bisherigen § 11 VerbrKrG. 21

§ 498 entspricht dem bisherigen § 12 VerbrKrG, stellt in Abs. 1 für die verzugsbedingte Kündigung bestimmte qualifizierte Voraussetzungen auf und schreibt in Abs. 2 die Gutschrift nicht verbrauchter Darlehenskosten vor.[10] 22

b) Untertitel 2 – §§ 499–504

Im Untertitel 2 des Titels 3 werden in §§ 499–504 unter Übernahme der bisher im Verbraucherkreditgesetz normierten Kreditformen der entgeltliche Zahlungsaufschub, der Finanzierungsleasingvertrag, Teilzahlungsgeschäfte und sonstige Finanzierungshilfen geregelt. Auch diese Vorschriften gelten nur für Verträge zwischen einem Verbraucher und einem Unternehmer.[11] 23

Die Anwendungsausnahmen des § 491 Abs. 2 und Abs. 3 gelten nach § 499 Abs. 3 auch für die Finanzierungshilfen in §§ 499, 500, 501. 24

§ 499 Abs. 1 ist die „Basisnorm" für die sonstigen, nicht bereits von § 491 Abs. 1 erfassten Verbraucherkredite. Die Vorschrift entspricht den bisherigen §§ 1 Abs. 2, 3 Abs. 1 Nr. 3 VerbrKrG. Wichtigste Erscheinungsform des Zahlungsaufschubs ist das Teilzahlungsgeschäft als Unterfall einer Stundung.[12] 25

Welche Vorschriften auf Teilzahlungsgeschäfte zwischen einem Unternehmer und einem Verbraucher Anwendung finden, regelt § 501. 26

Die auf Finanzierungsleasingverträge als wichtigstem Fall einer „sonstigen Finanzierungshilfe" i.S.d. des § 499 Abs. 1 anzuwendenden Bestimmungen sind in § 500 – im Gegensatz zur Vorgängerregelung des § 3 Abs. 2 Nr. 1 VerbrKrG, der die nicht anwendbaren Regelungen des VerbrKrG aufzählte – positiv bestimmt.[13] 27

Ergänzend regelt § 502 Abs. 1 S. 1 Nr. 1–6, welche Pflichtangaben die vom Verbraucher zu unterzeichnende Vertragserklärung bei einem Teilzahlungsgeschäft haben muss. Die Bestimmung entspricht dem bisherigen § 4 Abs. 1 S. 5 Nr. 2 a–f VerbrKrG. § 502 Abs. 3 korrespondiert mit dem bisherigen § 6 Abs. 3 VerbrKrG und regelt die Rechtsfolgen bei bestehenden Formmängeln eines Teilzahlungsgeschäfts. 28

---

[9] Vgl. hierzu *Bülow* § 506 Rdn. 28 a; *Martis/Meinhof* MDR 2004, 4, 12 f.
[10] Vgl. AnwaltKomm-*Reiff* § 498 Rdn. 1.
[11] Vgl. *Wittig/Wittig* WM 2002, 145, 146.
[12] AnwaltKomm-*Reiff* § 499 Rdn. 5.
[13] AnwaltKomm-*Reiff* § 500 Rdn. 1.

29 § 502 Abs. 2 entspricht der Vorschrift des § 8 Abs. 1 VerbrKrG und privilegiert im Hinblick auf die erforderliche Form solche Teilzahlungsgeschäfte, die im Fernabsatz getätigt werden.

30 Auch bei einem Teilzahlungsgeschäft gem. §§ 499 Abs. 1, 501 steht dem Verbraucher grundsätzlich ein Widerrufsrecht nach § 355 zu, wie die Verweisung in §§ 499 Abs. 1, 500, 501 zeigt. § 503 Abs. 1 bestimmt, dass der Unternehmer dem Verbraucher stattdessen auch ein Rückgaberecht nach § 356 einräumen kann.

31 Ähnlich der Bestimmung in § 13 VerbrKrG gewährt § 503 Abs. 2 dem Unternehmer das Recht, anstatt den Vertrag gem. § 499 Abs. 1 i.V.m. § 498 Abs. 1 zu kündigen, vom Vertrag zurückzutreten.

32 § 504 regelt entsprechend dem bisherigen § 14 VerbrKrG die Möglichkeit des Verbrauchers, seine Verbindlichkeiten aus dem Teilzahlungsgeschäft vorzeitig zu erfüllen.

c) Untertitel 3 – § 505

33 Im Untertitel 3 des Titels 3 wird in § 505 der Ratenlieferungsvertrag geregelt, wobei die bislang in § 2 VerbrKrG normierten Bestimmungen im Wesentlichen übernommen wurden.[14]

34 Wie bisher unterscheiden sich die Ratenlieferungsverträge von den Teilzahlungsgeschäften der §§ 501–504 vor allem dadurch, dass es bei den ersteren an der Vorleistung des Verkäufers und der Kreditierung der Gegenleistung des Käufers fehlt.[15]

35 § 505 Abs. 2 enthält die bislang in § 2 i.V.m. § 4 Abs. 1 S. 1 und Abs. 3 VerbrKrG normierten Form- und Mitteilungsvorschriften.

d) Untertitel 4 – §§ 506, 507

36 In Untertitel 4 des Titels 3 übernimmt § 506 i.d.F. vom 1. 1. 2002 zunächst die Unabdingbarkeit der Vorschriften entsprechend dem bisherigen § 18 S. 1 VerbrKrG. Hierunter fällt insbesondere der unmittelbare oder mittelbare Ausschluss des Widerrufsrechts nach § 495 Abs. 1 i.V.m. § 355. Das Umgehungsverbot des § 506 S. 1 i.d.F. vom 1. 1. 2002 ist mit denjenigen des § 18 S. 1 VerbrKrG wortgleich.

37 In der neu eingefügten Vorschrift des § 506 Abs. 2 S. 1 wird dem Unternehmer als Darlehensgeber, also den Finanzierungsbanken, nachgelassen, die aufgehobene Altregelung des § 495 Abs. 2 a.F., wonach der Widerruf im Fall nicht fristgerechter Rückzahlung des Darlehens als nicht erfolgt gilt, nach dem 1. 11. 2002 in AGB oder Individualvereinbarungen zum Gegenstand des Verbrauchkreditvertrages zu machen.[16] Diese Möglichkeit der Vertragsgestaltung ist bis 30. 6. 2005 befristet, wie sich aus

[14] *Wittig/Wittig* WM 2002, 145, 146.
[15] AnwaltKomm-*Reiff* § 505 Rdn. 1.
[16] *Bülow* § 506 Rdn. 28b; *Martis/Meinhof* MDR 2004, 4, 13.

Art. 34 S. 3 des OLGVertrÄndG ergibt. Sie ist ausgeschlossen bei verbundenen Geschäften und Haustürgeschäften i.S.d. § 312 Abs. 1 (§ 506 Abs. 2 S. 2 n.F.).

Nach der Aufhebung der die Realkreditverträge i.S.d. § 3 Abs. 2 Nr. 2 VerbrKrG (jetzt: Immobiliardarlehensverträge, §§ 506 Abs. 3, 492 Abs. 1a S. 2) betreffenden Ausnahmeregelung des § 491 Abs. 3 Nr. 1 i.d.F. vom 1. 1. 2002 (vormals § 3 Abs. 2 Nr. 2 VerbrKrG) wurden auch diese Verträge grundsätzlich widerruflich. 38

Der ebenfalls bis 30. 6. 2005 geltende § 506 Abs. 3 bestimmt in Abweichung zum bisherigen § 506 S. 1 (i.d.F. vom 1. 1. 2002), dass das Widerrufsrecht bei derartigen Verträgen, wenn sie nicht Haustürgeschäfte sind, durch besondere schriftliche Vereinbarung ausgeschlossen werden kann. Die hierauf gerichtete Erklärung des Darlehensnehmers kann in dessen die Pflichtangaben nach § 492 Abs. 1 Satz 5 enthaltende Erklärung aufgenommen werden, wenn sie deutlich hervorgehoben ist. 39

In § 507, der dem bisherigen § 3 Abs. 1 Nr. 2 VerbrKrG entspricht, wird die Anwendbarkeit der §§ 491–506 auch auf den Existenzgründer erstreckt, der nach der Definition in § 13 kein Verbraucher ist.[17] 40

Die Vorschriften des Verbraucherkreditrechts sind abweichend von der früheren Rechtslage nach § 3 Abs. 1 Nr. 2 VerbrKrG auf Ratenlieferungsverträge mit Existenzgründern nicht mehr anwendbar, wenn die Summe aller vom Existenzgründer bis zum frühestmöglichen Kündigungszeitpunkt zu entrichtenden Teilzahlungen 50000,00 € übersteigt.[18] Aufgrund der bewussten Rechtsänderung trifft die Beweislast, dass der Kredit zur Aufnahme seiner gewerblichen oder selbständigen beruflichen Tätigkeit bestimmt war, nach § 507 nicht mehr – wie bislang gem. § 1 Abs. 1 S. 2 VerbrKrG – den Unternehmer, sondern nunmehr den Existenzgründer.[19] 41

II. Übergangsrecht

Gem. Art. 229 § 8 EGBGB, der durch ein Redaktionsversehen des „hektischen“ Gesetzgebers zweimal vergeben und zwischenzeitlich in „Art. 229 § 9 EGBGB“ abgeändert worden ist, finden die folgenden durch das OLGVertrÄndG vom 23. 7. 2000 neu gefassten Vorschriften Anwendung auf Schuldverhältnisse, die ab dem 1. 11. 2002 entstanden sind und für Haustürgeschäfte schon, wenn sie nach dem 1. 8. 2002 abgeschlossen wurden: 42

---

[17] *Wittig/Wittig* WM 2002, 145, 146; OLG Oldenburg NJW-RR 2002, 641; a.A. Palandt-*Heinrichs,* § 13 Rdn. 3: Verbrauchereigenschaft besteht noch bis zum Beginn der unternehmerischen Tätigkeit.

[18] AnwaltKomm-*Reiff* § 507 Rdn. 3 a.E. mit Hinweis auf BT-Drucks. 14/7052, S. 203.

[19] AnwaltKomm-*Reiff* § 507 Rdn. 7; *Bülow* § 507 Rdn. 15, 19; *Wittig/Wittig* WM 2002, 145, 151; Staudinger/Kessal-*Wulf*, 2004, § 507 Rdn. 1.

- § 312a zum Vorrang des Widerrufs und Rückgaberechts nach §§ 355, 356 bei Haustürgeschäften,
- § 312d Abs. 2 und Abs. 5 (letzterer mit Wirkung zum 8. 12. 2004 neu eingefügt) zur Widerrufsfrist bei Nichterfüllung der Informationspflichten gem. § 312 Abs. 2 und zum Vorrang des Widerrufs- und Rückgaberechts bei Fernabsatzverträgen (§§ 312b, 312 d),
- § 346 Abs. 2 S. 2 2. Hs. zu den Wirkungen des Rücktritts,
- § 355 Abs. 2 S. 2 zu der von § 355 Abs. 1 S. 2 abweichenden Widerrufsfrist bei Belehrung nach Vertragsabschluss,
- § 355 Abs. 3 S. 2, der bestimmt, dass das Widerrufsrecht nicht erlischt, wenn der Verbraucher nicht ordnungsgemäß belehrt worden ist,
- § 358 Abs. 3 S. 3 zu den verbundenen Verträgen, wonach beim finanzierten Grundstückserwerb eine „wirtschaftliche Einheit" nur unter besonderen Umständen anzunehmen ist,
- § 491 Abs. 3 Nr. 1 a.F. (vormals § 3 Abs. 2 Nr. 2 VerbrKrG) betreffend die nun als Immobiliardarlehensverträge bezeichneten Realkreditverträge, wurde komplett gestrichen, weshalb §§ 491 ff., 495, 355, 358 mit den Einschränkungen aus § 358 Abs. 3 S. 3 n.F. grundsätzlich auch auf solche Verträge anzuwenden sind,
- § 492 Abs. 1 S. 5 Nr. 2 S. 3 (vormals § 4 Abs. 1 S. 5 Nr. 1d S. 3 VerbrKrG) betreffend die Angabe eines Gesamtbetrages bei Darlehen mit einer Höchstgrenze, wurde gestrichen und durch § 492 Abs. 2a S. 1 ersetzt,
- § 495 Abs. 2 (vormals § 7 Abs. 3 VerbrKrG) mit der Fiktion des Unterbleibens eines Widerrufs, soweit das gewährte Darlehen nicht innerhalb von zwei Wochen nach Erklärung des Widerrufs zurückbezahlt wird, wurde ebenfalls gestrichen,
- hiermit korrespondierend § 506 Abs. 2, Abs. 3 und Abs. 4 mit der Möglichkeit, die Regelung des vormaligen §§ 495 Abs. 2 a.F. bis zum 30. 6. 2005 nunmehr vertraglich zu vereinbaren (§ 506 Abs. 2 n.F.; s.o.) und das bestehende Widerrufsrecht aus §§ 495, 355 bei Immobiliardarlehensverträgen, die keine Haustürgeschäfte sind, bis 30. 6. 2005 durch schriftliche Vereinbarung, auch durch AGB wieder auszuschließen (§ 506 Abs. 3),
- § 498 Abs. 3, der die Immobiliardarlehensverträge von der Geltung der Vorschrift des § 489 betreffend die Gesamtfälligstellung bei Teilzahlungsdarlehen ausnimmt.

43 Für die Haustürgeschäfte wurde die sechsmonatige Höchstfrist für das Widerrufsrecht aufgrund des EuGH-Urteils vom 13. 12. 2001[20] rückwirkend beseitigt (Art. 229 § 9 Abs. 1 S. 2 EGBGB). Aufgrund der Entschei-

[20] EuGH NJW 2002, 281.

dung des EuGH musste der Rechtsverkehr mit einer solchen rückwirkenden Änderung rechnen.[21]

Gem. Art. 229 § 9 Abs. 2 EGBGB findet die Neufassung des § 355 Abs. 2, wonach die Widerrufsfrist einen Monat beträgt, wenn die Belehrung erst nach Vertragsabschluss erteilt wird, auch auf solche Altverträge Anwendung, die bis zum 1. 8. 2002 geschlossen worden sind. Somit ist eine Nachholung der Belehrung des Verbrauchers nach dem 1. 8. 2002 auch ohne dessen Unterschrift möglich und löst die genannte Monatsfrist aus.[22] 44

III. Konkurrenzen

1. Verhältnis zu den übrigen Bestimmungen des BGB

Die Vorschriften der §§ 491 bis 507 haben innerhalb ihres persönlichen und sachlichen Anwendungsbereichs Vorrang gegenüber sonstigen Vorschriften, schließen deren Geltung aber nicht aus. 45

Soweit die §§ 491 bis 507 keine Sonderregelungen enthalten, sind z.B. die §§ 125ff., 134ff., 275ff., 280ff., 320ff. subsidiär anwendbar.[23] 46

Da von den Vorschriften der §§ 491 bis 505 nicht zum Nachteil des Verbrauchers abgewichen werden darf (§ 506 Abs. 1 S. 1), können etwa Kündigung und Gesamtfälligstellung bei Verzug des Verbrauchers mit der Rückzahlung von Raten nicht an für ihn nachteiligere Voraussetzungen geknüpft werden, als sie § 498 Abs. 1 vorsieht, etwa hinsichtlich des relativen Ratenrückstands nach § 498 Abs. 1 Nr. 1 oder der korrekten staffelmäßigen Berechnung.[24] 47

2. Verhältnis zum Haustürwiderrufsgesetz bzw. zu § 312 n.F.

Heftig umstritten war die Frage, ob die bis zum 31. 12. 2001 geltende Konkurrenzregelung des § 5 Abs. 2 HausTWG dem Rückgriff auf das HausTWG auch dann entgegenstand, wenn der Darlehens- bzw. Kreditvertrag auf einer „Haustürsituation" i.S.d. § 1 Abs. 1 HausTWG (jetzt § 312 Abs. 1 n.F.) beruhte und die Anwendung der §§ 7, 9 VerbrKrG durch § 3 Abs. 2 Nr. 2 VerbrKrG, wonach die Vorschriften über den Widerruf von Kreditverträgen und verbundener Geschäfte auf Realkreditverträge (jetzt: Immobiliardarlehensverträge, vgl. § 492 Abs. 1a S. 2 n.F.) keine Anwendung fanden, ausgeschlossen war. 48

---

[21] Vgl. *Schmidt-Kessel* ZGS 2002, 311, 317.

[22] *Schmidt-Kessel* ZGS 2002, 311, 317; *Meinhof* NJW 2002, 2273, 2274; *Martis/Meinhof* MDR 2004, 4, 12; *Bülow* § 495 Rdn. 116b, 116c; Palandt-*Heinrichs* Art. 229 § 9 EGBGB Rdn. 4; Bamberger/Roth-*Möller/Wendehorst* § 495 Rdn. 14.

[23] Vgl. W/E/R-*Graf von Westphalen* § 7 VerbrKrG Rdn. 21; Müko-*Ulmer* § 1 VerbrKrG Rdn. 4.

[24] *Bülow* § 506 Rdn. 7; OLG Celle NJW-RR 1996, 119 zum Ratenrückstand.

49 Nach einer Ansicht konnte das HausTWG von dessen § 5 Abs. 2 nur dann verdrängt werden, wenn das vorrangig anzuwendende VerbrKrG dem Verbraucher einen gleich effektiven Schutz bot.[25]

50 Diese Ansicht wurde auch von mehreren Oberlandesgerichten vertreten.[26]

51 Nach ganz überwiegender Ansicht war in den Fällen des § 3 Abs. 2 Nr. 1 bis 4 VerbrKrG weder das Verbraucherkreditgesetz noch das Haustürwiderrufsgesetz anzuwenden.[27]

52 Die h.M. berief sich darauf, dass die Entscheidung des Gesetzgebers, wonach die in § 3 Abs. 2 VerbrKrG genannten Verträge nicht in vollem Umfang dem Schutz des Verbraucherkreditgesetzes unterliegen, bei gleichzeitigem Vorliegen der Voraussetzungen des § 1 Abs. 1 HausTWG nicht durch die Anwendung dieses Gesetzes entgegen dem Wortlaut des § 5 Abs. 2 HausTWG unterlaufen werden durfte. Für diese Ansicht sprachen auch der Wortlaut des § 5 Abs. 2 HausTWG und dessen Entstehungsgeschichte.

53 War jedoch eine der Vollausnahmen des § 3 Abs. 1 VerbrKrG gegeben, blieb es nach einhelliger Ansicht – entgegen dem insoweit teleologisch zu reduzierenden Wortlaut des § 5 Abs. 2 HausTWG – bei der Anwendbarkeit des HausTWG.[28]

54 Der BGH[29] hatte sich in seinem Vorlagebeschluss zum EuGH zunächst der h.M. angeschlossen und die Frage wegen noch bestehender Zweifel zur Vereinbarkeit dieser Auslegung des § 5 Abs. 2 HausTWG mit der EG-Richtlinie 85/577/EWG dem EuGH zur Vorabentscheidung vorgelegt. Der EuGH[30] entschied sich am 13. 12. 2001 für eine enge Auslegung der Ausnahmen des Anwendungsbereichs der Haustürgeschäfterichtlinie 85/577/EWG.

55 Darüber hinaus hat der EuGH den Mitgliedsstaaten die Befugnis abgesprochen, das in Art. 5 der Haustürgeschäfterichtlinie vorgesehene Wider-

---

[25] Staudinger-*Werner,* 13. Bearb. 1998, § 5 HausTWG Rdn. 24; Erman-*Klingsporn,* 9. Aufl. 1993, § 5 HausTWG Rdn. 5; *Stüsser* NJW 1999, 1586, 1589; *Martis* MDR 1998, 1189 und Vorauflage S. 2.

[26] Vgl. etwa OLG München WM 2002, 694, 695 und WM 2000, 1336; OLG Oldenburg VuR 2002, 321, 322.

[27] OLG Stuttgart NJW-RR 1999, 1762; WM 1999, 1419; WM 2000, 1942, 1948 jeweils zu § 3 Abs. 2 Nr. 2 VerbrKrG; OLG München, 31. Zivilsenat, WM 1999, 728 zu § 3 Abs. 1 und Abs. 2 Nr. 2 VerbrKrG; 31. Zivilsenat, WM 2001, 680 zu § 3 Abs. 2 Nr. 2; 19. Zivilsenat WM 2001, 1215 zu § 3 Abs. 2 Nr. 2 VerbrKrG; OLG Frankfurt WM 2000, 2135, 2137; MDR 2000, 534 zu § 3 Abs. 2 Nr. 2 VerbrKrG; OLG Koblenz WM 1999, 2353 zu § 3 Abs. 2 Nr. 2 VerbrKrG; LG Berlin WM 2000, 1484, 1486; LG Frankfurt WM 2001, 257; 262; *Habersack* WM 2000, 981, 990; Müko-*Ulmer,* 3. Aufl. 1995, § 5 HausTWG Rdn. 15; vgl. Staudinger/Kessal-*Wulf,* Einl. §§ 491 ff. Rdn. 43.

[28] BGH NJW 2000, 521, 522; OLG München WM 1999, 728, 729; WM 2001, 1215, 1218; WM 2002, 680; *Bülow,* 3. Aufl. 1998, § 3 VerbrKrG Rdn. 28.

[29] BGH NJW 2000, 521, 522.

[30] EuGH NJW 2002, 281.

rufsrecht für den Fall, dass der Verbraucher nicht nach Art. 4 der Richtlinie belehrt wurde, etwa in entsprechender Anwendung des § 7 Abs. 2 S. 3 VerbrKrG auf ein Jahr bzw. unter Anwendung des § 355 Abs. 3 a.F. (i.d.F. vom 1. 1. 2002) auf sechs Monate zu befristen.[31]

Der BGH[32] hat sich dieser Auffassung – gezwungenermaßen entsprechend den Vorgaben des EuGH – angeschlossen und nunmehr entschieden, § 5 Abs. 2 HausTWG sei einschränkend dahingehend auszulegen, dass Kreditverträge insoweit nicht als Geschäfte i.S.d. 5 Abs. 2 HausTWG anzusehen sind, die „die Voraussetzungen eines Geschäfts nach dem VerbrKrG" erfüllen, als diese Gesetz kein gleichweit reichendes Widerrufsrecht wie das HausTWG einräumt. Durch die Subsidiaritätsklausel des § 5 Abs. 2 HausTWG bzw. § 312a a.F. (i.d.F. vom 1. 1. 2002) werden die Widerrufsvorschriften des HausTWG, die nunmehr in § 312 normiert sind, daher nur dann verdrängt, wenn auch das VerbrKrG – jetzt §§ 491, 499, 500, 501, 505, 495 i.V.m. § 355 – dem Verbraucher ein Widerrufsrecht gewährt. 56

Nach Auffassung des BGH[33] gilt die gebotene richtlinienkonforme Auslegung des § 5 Abs. 2 HausTWG für alle Kreditverträge, die Haustürgeschäfte i.S.d. § 1 Abs. 1 HausTWG sind, selbst wenn die Voraussetzungen eines Haustürgeschäfts i.S.d. Richlinie 85/577/EGW nicht vorliegen. 57

Denn eine „gespaltene Auslegung" widerspreche zum einen dem Wortlaut des § 1 Abs. 1 HausTWG bzw. des § 312 Abs. 1, zum anderen dessen Sinn und Zweck, der die Gleichstellung aller Willenserklärungen, die in einer Haustürsituation selbst oder aufgrund einer Einflussnahme in der Haustürsituation abgegeben worden sind, im Auge hat. 58

Der BGH[34] weist auch darauf hin, dass die richtlinienkonforme, einschränkende Auslegung des § 5 Abs. 2 HausTWG zwar zur Widerruflichkeit auch von Realkreditverträgen i.S.d. § 3 Abs. 2 Nr. 2 VerbrKrG in der bis zum 31. 12. 2001 geltenden Fassung (vgl. Art. 229 § 9 Abs. 1 S. 2 EGBGB) führte, grundsätzlich jedoch nicht dazu, dass der Widerruf des Kreditvertrages gegenüber dem Darlehnsgeber, regelmäßig einer Bank, die Wirksamkeit eines mit dem Kredit finanzierten Grundstücksgeschäfts be- 59

---

31 Vgl. hierzu *Habersack/Mayer* WM 2002, 253 ff.; *Rott* VuR 2002, 49 ff.; *Strube* VuR 2002, 55 ff.; *Staudinger* NJW 2002, 653 ff.; *Bülow,* 5. Aufl. 2002, § 491 Rdn. 176 a, 176, 206, 208.

32 BGH NJW 2002, 1881, 1882; NJW 2003, 199 = MDR 2003, 101; NJW 2003, 1390, 1391; NJW 2004, 2731; zustimmend: OLG Stuttgart OLGR 2005, 109; *Ulmer* ZIP 2002, 1080, 1083; *Rohe* BKR 2002, 575, 577; ablehnend *Habersack/Mayer* WM 2002, 253, 257; *Hochleitner/Wolf/Großerichter* WM 2002, 529, 531; *Hoffmann* ZIP 2002, 1066; *Rörig* MDR 2002, 894, 895; vgl. hierzu 2. Teil. F. Rdn. 12 ff.

33 BGH NJW 2002, 1881, 1884; NJW 2003, 199; NJW 2004, 2731; ebenso insoweit *Hoffmann* ZIP 2002, 145, 149 und *Staudinger* NJW 2002, 653, 655.

34 NJW 2002, 1881, 1884.

rührte.[35] Diese Ansicht des BGH wird auch von zahlreichen Instanzgerichten vertreten.[36]

60 Nach Auffassung des OLG München[37] erstreckt sich die richtlinienkonforme Auslegung des § 5 Abs. 2 HausTWG auch auf solche Verträge, die zwar nicht unmittelbar der Richtlinie unterfallen (Vertragsabschluss in einer dort vorausgesetzten Haustürsituation, s.u.), die aber nach § 1 Abs. 1 Nr. 1 HausTWG bzw. § 312 Abs. 1 Nr. 1 auch bei bloßer Vertragsanbahnung die Voraussetzungen eines Haustürgeschäftes nach deutschem Recht erfüllen.

61 Teilweise wird die Entscheidung des BGH aber auch kritisiert und abgelehnt.[38]

62 Ein Teil der Literatur hatte sich dabei vor der Änderung der §§ 312a, 312d, 355 Abs. 3, 358 Abs. 3 für eine „gespaltene Auslegung“ ausgesprochen. Danach sollte die richtlinienkonforme Auslegung des § 5 Abs. 2 HausTWG/§ 312a a.F. (i.d.F. vom 1. 1. 2002) auf Sachverhalte beschränkt bleiben, die in den Anwendungsbereich der Richtlinie 85/577/EWG fallen. Diese setzt voraus, dass der Vertrag in der konkreten Haustürsituation geschlossen oder jedenfalls ein entsprechendes Vertragsangebot abgegeben worden sein muss, während § 1 Abs. 1 HausTWG/§ 312 Abs. 1 eine Haustürsituation bei der Vertragsanbahnung, die für den späteren Vertragsabschluss zumindest mitursächlich war, ausreichen lässt.[39]

63 Gegen anderweitige Vorschläge aus der Literatur[40] hat der Gesetzgeber auf die Entscheidung des EuGH reagiert und – neben §§ 355 Abs. 2 S. 2, 355 Abs. 3, 358 Abs. 3, 495 Abs. 2, 506 – auch die Konkurrenzregelung des § 312a geändert.

64 Nach § 312a i.d.F. vom 1. 1. bis 31. 7. 2002 war das Widerrufsrecht des § 312 ausgeschlossen, wenn das Haustürgeschäft in den Anwendungsbereich der in § 312a angeführten Sonderregelungen fiel, gleichgültig, ob nach diesen Vorschriften ein Widerrufsrecht bestand oder nicht.

65 Nach der durch das OLG-Vertretungsänderungsgesetz (OLGVertrÄndG) zum 1. 8. 2002 eingeführten § 312a n.F. entfällt das Widerrufsrecht

---

[35] BGH NJW 2002, 1881; NJW 2003, 199 = MDR 2003, 101; zustimmend *Ulmer* ZIP 2002, 1080, 1083.

[36] OLG München, 20. Senat, WM 2002, 694, 695; OLG Karlsruhe NJW-RR 2003, 191; OLG Oldenburg VuR 2002, 321, 322; OLG Stuttgart OLGR 2005, 109.

[37] OLG München, 24. Senat, WM 2003, 66, 68.

[38] OLG Bamberg WM 2002, 537, 545; LG München I BKR 2002, 230, 234 und BKR 2002, 285, 287; LG Bremen VuR 2002, 287; *Derleder* ZBB 2002, 202, 208; *Fischer* DB 2002, 1266, 1267; *Habersack/Mayer* WM 2002, 253, 257; *Hochleitner/Wolf/Großerichter* WM 2002, 529, 531; *Hoffmann* ZIP 2002, 1066; *Rörig* MDR 2002, 894, 895; vgl. hierzu 2. Teil, F. Rdn. 12ff., 3. Teil, A. Rdn. 36ff.

[39] *Habersack* WM 2000, 981, 991; *Habersack/Mayer* WM 2002, 253, 257; *Pieckenbrock/Schulze* WM 2002, 251, 257.

[40] Vgl. etwa *Habersack/Mayer* WM 2002, 253, 259; *Rott* VuR 2002, 49, 52; *Staudinger* NJW 2002, 653, 656.

aus § 312 Abs. 1 nur, wenn der Verbraucher nach den vorrangigen Sonderregelungen wirklich zum Widerruf berechtigt ist.[41]

Staudinger[42] hatte die Aufgabe der Subsidiarität des § 312 Abs. 1 und die Nachbesserung des § 355 Abs. 3 sowie die Einführung einer interessengerechten Höchstfrist bei fehlender Belehrung vorgeschlagen, Rott[43] die Aufhebung der Begrenzung der Widerrufsfrist in § 355 Abs. 3 für alle Widerrufsrechte, also auch bei Fernabsatz-, Time-Sharing- und Verbraucherdarlehensverträgen. 66

Habersack/Mayer[44] hatten für die Neuregelung des § 355 Abs. 3 die Anfügung folgender Sätze 3 und 4 vorgeschlagen: 67

„Die Vorschrift des Satzes 1 findet auf Haustürgeschäfte (§ 312 Abs. 1, Abs. 3) keine Anwendung, wenn der Verbraucher seine Willenserklärung unter den in § 312 Abs. 1 Nr. 1 bis 3 genannten Umständen abgegeben hat. Das Recht zum Widerruf erlischt in diesem Fall fünf Jahre nach Vertragsabschluss."

3. Verhältnis zum Fernabsatzrecht (§§ 312b bis 312d, 312f)

Für Altverträge bis zum 31. 12. 2001 war das Verhältnis zum Fernabsatzgesetz (FernAbsG) problematisch.[45] Sofern ein Kreditvertrag bzw. Verbraucherdarlehensvertrag im Fernabsatz geschlossen wurde, fand das Fernabsatzgesetz wegen § 312b Abs. 3 Nr. 3 (bis zum 31. 12. 2001 § 1 Abs. 3 Nr. 3 FernAbsG) keine Anwendung. War das Widerrufsrecht nach dem Fernabsatzgesetz gem. § 312b Abs. 3 Nr. 1 bis 7 (vormals § 1 Abs. 3 Nr. 1 bis 7 FernAbsG) oder nach § 312d Abs. 4 Nr. 1 bis 5 (vormals § 3 Abs. 2 Nr. 1 bis 5 FernAbsG) ausgeschlossen, blieb bei finanzierten Fernabsatzverträgen das Widerrufsrecht nach § 495 Abs. 1 i.V.m. § 355 (vormals 361a bzw. § 7 VerbrKrG) unberührt.[46] 68

Nach h.M. konnte es bereits nach dem bis zum 31. 12. 2001 geltenden Recht nicht zu einer Konkurrenz der Widerrufsrechte aus § 3 FernAbsG einerseits und § 7 Abs. 1, Abs. 2 VerbrKrG i.V.m. § 361a a.F. kommen.[47] 69

Gem. Art. 25 des OLGVertrÄndG ist das Konkurrenzverhältnis in dem am 1. 8. 2002 in Kraft getretenen § 312 Abs. 5 zu Lasten des Widerrufsrechts nach den Regelungen zum Fernabsatz aufgelöst. 70

Danach besteht das Widerrufsrecht aus § 312d bei Fernabsatzverträgen nicht, wenn dem Verbraucher bereits aufgrund von Finanzierungshilfen nach §§ 499 Abs. 1, 500, 501, 503 oder bei einem Ratenlieferungsvertrag 71

---

41 Palandt-*Heinrichs* § 312a Rdn. 1; *Meinhof* NJW 2002, 2273, 2275.

42 *Staudinger* NJW 2002, 653, 656.

43 *Rott* VuR 2002, 49, 52.

44 *Habersack/Mayer* WM 2002, 253, 259.

45 Vgl. hierzu Müko-*Wendehorst,* 4. Aufl., § 1 FernAbsG Rdn. 73ff. und Rdn. 111ff.; *Härting/Schirmbacher* MDR 1998, 917ff.; *Härting* MDR 2002, 61ff.

46 *Lütcke,* 2002, Einleitung Rdn. 38.

47 Palandt-*Heinrichs,* 60. Aufl., § 1 FernAbsG Rdn. 17; *Lütcke* Einleitung Rdn. 38.

nach § 505 Abs. 1 ein Widerrufs- oder Rückgaberecht nach §§ 355, 356 eingeräumt ist. Allerdings findet auf dieses – vorrangige – Widerrufsrecht auch § 312d Abs. 2 S. 1 über den späteren Beginn der Widerrufsfrist Anwendung, wenn der Vertrag zugleich ein Fernabsatzgeschäft ist.[48]

72 Die Erfüllung der Informationspflichten gem. § 312c Abs. 2 i.V.m. § 1 Abs. 1, Abs. 3 InfoVO als Bedingung für den Fristbeginn nach § 355 Abs. 1 dürfte in solchen Fällen bei zahlreichen Unternehmern (Darlehensgebern) für Überraschungen sorgen.[49] Nach Ansicht von Schmidt-Kessel[50] beinhaltet die Verweisung in § 312d Abs. 5 S. 2 auf § 312d Abs. 2 nicht die Anwendung der InfoVO, sondern verlangt für den Beginn des Laufs der Widerrufsfrist die nach §§ 358 Abs. 5, 492 für Verbraucherdarlehensverträge geforderten Angaben.

4. Verhältnis zum Teilzeit-Wohnrechtegesetz (jetzt §§ 481 bis 487)

73 Das vom 1. 1. 1997 bis 31. 12. 2001 geltende Teilzeit-Wohnrechtegesetz (TzWrG) ging den Bestimmungen des VerbrKrG für die nach dem 31. 12. 1996 geschlossenen Teilnutzungsverträge an Wohngebäuden (insbesondere Time-Sharing-Verträge) im Inland und EU- sowie EWR-Ausland vor (vgl. § 10 Abs. 2 TzWrG und § 7 Abs. 5 S. 2 VerbrKrG). Die Konkurrenzregelung in §§ 10 Abs. 2 TzWrG, 7 Abs. 5 VerbrKrG mit dem Vorrang des TzWrG führte jedoch insbesondere bei fehlender oder nicht ordnungsgemäßer Widerrufsbelehrung zu einer Verschlechterung des Verbraucherschutzes.

74 Denn während bei Anwendbarkeit des VerbrKrG im Einzelfall die Jahresfrist des § 7 Abs. 2 S. 3 VerbrKrG lief, betrug die Widerrufsfrist bei fehlenden oder unvollständigen Angaben bzw. nicht ordnungsgemäßer Widerrufsbelehrung nach dem TzWrG nur einen Monat.[51] Für die vor dem 1. 1. 1997 geschlossenen Verträge bestand eine praktisch unbefristete Widerrufsmöglichkeit nach dem HausTWG, die jedoch durch eine Weiternutzung des Time-Sharing-Rechts gem. § 242 verwirkt sein konnte.[52]

75 Der am 1. 8. 2002 in Kraft getretene § 312a n.F. hat den ausdrücklichen Vorrang des Widerrufs nach Auffassung von Eggert[53] auch für das TzWrG aufgehoben. Nach anderer Ansicht verdrängt das Widerrufsrecht des § 485 bei Teilzeit-Wohnrechteverträgen nur das Widerrufsrecht bei Haustürgeschäften, wie dies in § 312a zum Ausdruck kommt.[54]

---

[48] *Meinhof* NJW 2002, 2273, 2275; Bamberger/Roth-*Möller/Wendehorst* vor § 491 Rdn. 10.

[49] Vgl. *Meinhof* NJW 2002, 2273, 2275; *Martis/Meinhof* MDR 2004, 4, 10.

[50] *Schmidt-Kessel* ZGS 2002, 311, 317.

[51] Vgl. zum alten Recht *Martis* MDR 1998, 1189; zum alten und neuen Recht Bamberger/Roth-*Eggert* § 485 Rdn. 15 bis 17.

[52] Vgl. hierzu Vorauflage Seite 223/224.

[53] Bamberger/Roth-*Eggert,* § 485 Rdn. 17.

[54] Vgl. Palandt-*Putzo,* 63. Aufl., § 485 Rdn. 2.

§ 485 Abs. 1 verweist – ebenso wie § 495 Abs. 1 – auf das Widerrufsrecht auf § 355, wobei § 485 Abs. 2 für die Widerrufsbelehrung, § 485 Abs. 3 für die Widerrufsfrist Sonderregelungen enthalten.[55] **76**

Ist der Teilzeit-Wohnrechtevertrag mit einem Verbraucherdarlehensvertrag (§ 491 Abs. 1) verbunden, gelten bei einem Widerruf des ersteren die §§ 358, 359.[56] **77**

Die beschriebene Rechtslage gilt für Teilzeit-Wohnrechteverträge als Dauerschuldverhältnisse ab dem 1. 1. 2003 für alle auch vor dem 1. 1. 2002 geschlossenen Verträge.[57]

5. Verhältnis zum UN-Kaufrecht (CISG)

Kauf- und Werklieferungsverträge mit Auslandsbezug, auf die das UN-Kaufrecht (CISG) nach dessen Art. 1 Abs. 1, 3 Abs. 1 und Abs. 2 grundsätzlich Anwendung finden würde, werden von der Geltung ausgenommen und ausschließlich dem (sonstigen) nationalen Recht (BGB, HGB) unterstellt, wenn es sich um einen Konsumentenkauf zum Gebrauch in der Familie handelt und der Verkäufer dies wissen konnte, Art. 2a CISG. Dabei trägt der Käufer die Beweislast für die bei Vertragsabschluss bestehende Absicht des persönlichen Gebrauchs, der Verkäufer für seine nicht grob fahrlässig verursachte Unkenntnis dieser Absicht.[58] **78**

Das nationale Gesetz wird auch dann nicht vom UN-Kaufrecht verdrängt, wenn dessen spezielle Gültigkeitsvorschriften wie §§ 134, 138 zur Nichtigkeit bzw. Unwirksamkeit des Vertrages führen würden, soweit das CISG keine anderweitige Spezialregelung enthält (vgl. Art. 4a CISG).[59] Zu den Gültigkeitsbestimmungen i.S.d. Art. 4a CISG gehört auch das Widerrufsrecht nach § 495 Abs. 1 i.V.m. § 355. Es ist – jedenfalls gem. § 361a Abs. 1 a.F. seit dem 1. 10. 2000 und gem. § 355 Abs. 1 – als Gestaltungsrecht aufzufassen, indem es die Unwirksamkeit des nur schwebend bis zu seiner Ausübung wirksamen Vertrages herbeiführt.[60] Es wird deshalb durch die Vorschriften des CISG nicht verdrängt.[61] **79**

Überschneidungen können sich bei Existenzgründungskrediten und Ratenlieferungsverträgen von Existenzgründern bis zum Betrag von 50 000,00 € ergeben, vgl. § 507. Hier ist das CISG anwendbar und verdrängt die Vorschriften der §§ 491ff., 495, 355, 358.[62] **80**

---

[55] Vgl. unten 2. Teil, F. Rdn. 209ff. und *Martis/Meinhof* MDR 2004, 4, 10.

[56] Palandt-*Putzo* § 485 Rdn. 2; Bamberger/Roth-*Eggert* § 485 Rdn. 17.

[57] Vgl. Art. 229 § 5 S. 2 EGBGB; Bamberger/Roth-*Eggert* § 485 Rdn. 17 a.E.

[58] Vgl. *Martis* MDR 1998, 1189; Staudinger/Kessal-*Wulf*, 2004, Einl. zu §§ 491ff. Rdn. 49.

[59] *Martis* MDR 1998, 1189 m.w.N.

[60] Vgl. *Bülow*, 1. Teil, § 495 Rdn. 34, 37, 41, 42 und 3. Teil Rdn. 21.

[61] *Bülow* 3. Teil Rdn. 21; Bamberger/Roth-*Möller/Wendehorst* vor § 491 Rdn. 11; *Schlechtriem*, UN-Kaufrecht, vor Art. 14 bis 24 Rdn. 1; *Daun* JuS 1997, 811, 813; zu § 7 VerbrKrG auch *Martis* MDR 1998, 1189.

[62] *Bülow* 3. Teil Rdn. 19; Bamberger/Roth-*Möller/Wendehorst* vor § 491 Rdn. 11.

81 Ist der Käufer Existenzgründer und kommt es, insbesondere aufgrund von Art. 28 EGBGB (Verkäuferleistung als engste Verbindung des Vertrages mit einem Staat) grundsätzlich zur Anwendung der §§ 491 ff., 507, ist die Verteidigung des Käufers mit dem Hinweis auf seine Existenzgründer-Eigenschaft (§ 507) unerheblich, weil das UN-Kaufrecht auch dann anwendbar ist. Trotzdem verbleibt dem Existenzgründer als Käufer dann auch das Widerrufsrecht aus § 507 i.V.m. mit §§ 495, 355.[63] Übt er das Widerrufsrecht aus, hat er dessen tatsächliche Voraussetzungen, also den Existenzgründungszweck der Ware, darzulegen und zu beweisen.[64]

B. Persönlicher Anwendungsbereich (§§ 13, 14, 491, 507)

I. Unternehmer

1 Normadressat war nach § 1 Abs. 1 VerbrKrG i.d.F. bis zum 30. 9. 2000 auf der einen Seite der Darlehnsgeber oder Kreditvermittler, der in Ausübung einer gewerblichen oder beruflichen Tätigkeit einen Kredit gewährt, vermittelt oder nachweist.[65]

2 Durch das Gesetz über Fernabsatzverträge und andere Fragen des Verbraucherrechts (BGBl. I 897 mit Berichtigung S. 1139), das in seinen wesentlichen Teilen am 30. 6. 2000, hinsichtlich der hier in Frage stehenden Normen der §§ 361 a a.F., 13, 14 am 1. 10. 2000 in Kraft getreten ist, wurde der Begriff des „Darlehnsgebers" und des „Kreditvermittlers" durch denjenigen des „Unternehmers" ersetzt.

3 § 361 a a.F. fand im Anschluss an §§ 6 FernAbsG, 11 TzWrG keine Anwendung auf Verträge, die vor dem 30. 6. 2000 abgeschlossen worden sind. Eine entsprechende, aber auf den 1. 10. 2000 abstellende Formulierung enthielt § 19 VerbrKrG und § 11 HausTWG.[66]

4 Nach der Legaldefinition des § 14 Abs. 1 ist Unternehmer eine natürliche oder juristische Person oder eine rechtsfähige Personengesellschaft, die bei Abschluss eines Rechtsgeschäfts in Ausübung ihrer gewerblichen oder selbständigen beruflichen Tätigkeit handelt.

1. Gewerbliche Tätigkeit

5 Eine „gewerbliche Tätigkeit" i.S.d. §§ 14, 491 Abs. 1 ist eine planmäßige, auf Dauer angelegte, wirtschaftlich selbständige Tätigkeit unter Teilnahme am Wettbewerb.[67]

---

[63] *Bülow* 3. Teil Rdn. 22.

[64] *Bülow* 3. Teil Rdn. 22 a.E.

[65] Vgl. zu dem bis zum 30. 9. 2000 geltenden Recht Vorauflage S. 6/7; *Martis* MDR 1998, 1189, 1190.

[66] Vgl. Palandt-*Heinrichs,* 60. Aufl., § 361 a Rdn. 6.

[67] BGH NJW 2002, 368, 369; *Martis* MDR 2003, 961, 962.

Unter „gewerblicher Tätigkeit" ist dabei nicht nur das Betreiben eines Handelsgewerbes i.S.d. § 1 HGB zu verstehen, sondern auch jede andere selbständige, auf Dauer angelegte, nicht als Ausübung eines freien Berufs zu qualifizierende entgeltliche Angelegenheit, die sich als Beteiligung am Wirtschaftsverkehr darstellt.[68] 6

Ob eine gewerbliche Tätigkeit Gewinnerzielungsabsicht oder Entgeltlichkeit voraussetzt, kann dabei offen bleiben; im Verbraucherschutzrecht reicht Letzteres für die Annahme unternehmerischer Tätigkeit aus.[69] 7

Ausreichend ist, dass sich die Absicht des Handelnden auf die Durchführung einer Vielzahl von Geschäften richtet und dieser Wille gegenüber Dritten hervortritt.[70] 8

Kein Gewerbe ist etwa der Bau oder die Vermietung eines Supermarktes,[71] eines Geschäftshauses[72] oder eines Hotels. 9

Die Verwaltung des eigenen Vermögens stellt keine „gewerbliche Tätigkeit" i.S.d. §§ 14, 491 Abs. 1 dar. Diese wird grundsätzlich dem privaten Bereich zugerechnet, auch wenn es sich um die Anlage beträchtlichen Kapitals handelt.[73] 10

Die Aufnahme von Fremdmitteln kann insbesondere beim Immobilienerwerb zur ordnungsgemäßen Verwaltung gehören und lässt daher nicht zwangsläufig auf ein Gewerbe schließen.[74] Das ausschlaggebende Kriterium für die Abgrenzung der privaten von einer berufsmäßig betriebenen Vermögensverwaltung ist vielmehr der Umfang der mit ihr verbundenen Geschäfte. Erfordern diese einen planmäßigen Geschäftsbetrieb wie etwa die Unterhaltung eines Büros oder einer Organisation, so liegt eine gewerbliche Betätigung vor.[75] 11

Die Höhe der verwalteten Werte oder des Kreditbetrages ist dabei nicht maßgeblich. Handelt es sich um die Vermietung oder Verpachtung von Immobilien, so ist nicht deren Größe entscheidend, sondern Umfang, Komplexität und Anzahl der damit verbundenen Vorgänge. Ein ausgedehntes oder sehr wertvolles Objekt an eine geringe Anzahl von Personen zu vermieten, hält sich daher grundsätzlich noch im Rahmen der privaten Vermögensverwaltung. Dagegen spricht die Ausrichtung auf eine Vielzahl gleichartiger Geschäfte für ein professionelles Vorgehen und damit für eine gewerbliche Tätigkeit.[76] 12

---

68 Erman-*Saenger* § 14 Rdn. 9–11; Müko-*Ulmer* § 491 Rdn. 12; Staudinger/Kessal-*Wulf*, § 491 Rdn. 3, 4, 6.

69 Erman-*Saenger* § 14 Rdn. 12; Bamberger/Roth-*Schmidt-Räntsch* § 14 Rdn. 6.

70 W/E/R-*Graf von Westphalen* § 1 VerbrKrG Rdn. 9, Vorauflage S. 6.

71 W/E/R-*Graf von Westphalen* § 1 VerbrKrG Rdn. 15.

72 OLG Saarbrücken NJW-RR 1988, 1297.

73 BGH NJW 2002, 368; differenzierend Erman-*Saenger* § 13 Rdn. 6, 14 und Müko-*Ulmer* § 491 Rdn. 27, 38, 41; kritisch Staudinger/Kessal-*Wulf* § 491 Rdn. 41, 27.

74 BGH NJW 2002, 368, 369.

75 BGH NJW 2002, 368, 369.

76 BGH NJW 2002, 368, 369.

13 So spricht es für eine gewerbliche Betätigung, wenn eine BGB-Gesellschaft (GbR) auf die die §§ 13, 14, 491 ff. grundsätzlich anwendbar sein können,[77] darauf ausgerichtet ist, einzelne Einheiten einer Immobilie alsbald nach deren Fertigstellung an eine größere Anzahl von Erwerbern zu veräußern.[78]

14 Nach Ansicht des OLG Koblenz[79] sind BGB-Gesellschafter, die sich zum Zweck der Errichtung und Veräußerung einer Wohnungseigentumsanlage zusammentun, bereits aus diesem Grund Unternehmer i. S. d. § 14.

15 Nach Auffassung von Saenger[80] und Ulmer[81] kommt es beim Erwerb von GmbH-Anteilen und Aktien sowie dem Beitritt zu einer Publikumsgesellschaft (BGB-Gesellschaft) darauf an, ob mit der Beteiligung eine unternehmerische Zielsetzung verfolgt wird. Schließen danach Ehegatten-Innengesellschaften oder Bauherrengemeinschaften zum nichtkommerziellen Erwerb von Wohnungseigentum Darlehensverträge ab, greifen die §§ 491 ff. zu deren Gunsten ein.[82] Demgegenüber handeln etwa ein Immobilienfonds oder ein rechtsfähiger Idealverein bei der Aufnahme eines Darlehens regelmäßig nicht als Verbraucher, sondern als Unternehmer.[83]

16 Für die grundsätzliche Anwendbarkeit der §§ 13, 14, 491 auf die BGB-Gesellschaft kommt es auf deren Strukturierung im Einzelfall nicht an.[84]

17 Das Halten eines GmbH-Anteils oder die Tätigkeit eines Geschäftsführers einer GmbH ist jedoch per se nicht als gewerbliche oder selbständige berufliche Tätigkeit anzusehen.[85]

Nach anderer, überzeugender Auffassung drängt sich ein Analogieschluss zu § 14 Abs. 1 jedenfalls dann auf, wenn der Alleingesellschafter einer Einmann-GmbH, der Mehrheitsgesellschafter und Geschäftsführer einer GmbH oder der geschäftsführende Gesellschafter einer OHG bzw. KG „seiner“ Gesellschaft eine Sicherheit, etwa in Form eines Schuldbeitritts gewährt.[86]

18 Umstritten ist, inwieweit eine Kreditvergabe Teil oder Ausfluss der gewerblichen oder beruflichen Tätigkeit des Darlehnsgebers sein muss, insbesondere, ob eine gewisse Häufigkeit der Kreditvergabe zu verlangen ist.

19 Nach Auffassung des OLG Düsseldorf[87] findet § 491 Abs. 1 (vormals § 1 Abs. 1 VerbrKrG) mangels Gewerblichkeit keine Anwendung beim Verkauf gebrauchter Maschinen und Geräte aus dem Betrieb eines Gewerbetreibenden auf Raten. Denn die Tätigkeit (im entschiedenen Fall) einer Druckerei,

---

[77] Müko-*Ulmer,* 4. Aufl., § 491 Rdn. 27, 42 m. w. N. für nichtkommerzielle Gesellschaften; Staudinger/Kessal-*Wulf*, 2004, § 491 Rdn. 5.

[78] BGH WM 2001, 2379, 2381 = NJW 2000, 368, 369.

[79] OLG Koblenz OLG-Report 2003, 85.

[80] Erman-*Saenger* § 13 Rdn. 14.

[81] Müko-*Ulmer,* 4. Aufl., § 491 Rdn. 27, 28, 42.

[82] Müko-*Ulmer,* 4. Aufl., § 491 Rdn. 28.

[83] So Müko-*Ulmer,* 4. Aufl., § 491 Rdn. 28.

[84] BGH WM 2001, 2379, 2380.

[85] BGH NJW 2000, 3133, 3135; OLG Schleswig WM 2003, 22, 24.

[86] Müko-*Ulmer,* 4. Aufl., § 491 Rdn. 41, 42; OLG Hamburg OLGR 1998, 413.

[87] OLG Düsseldorf NJW-RR 1996, 759; auch B/O/W-W § 1 VerbrKrG Rdn. 16.

eines Bauunternehmens, einer Schlosserei etc. bestehe nicht darin, ihre gebrauchten Maschinen auf Kredit zu veräußern. Eine erstmalige oder nur gelegentliche Kreditgewährung reicht danach nicht aus.

Nach h.M. kommt es nicht darauf an, ob sich die unternehmerische Tätig- 20
keit speziell auf die Kreditvergabe bezieht.[88] Danach kann auch derjenige Darlehnsgeber bzw. Unternehmer sein, der keine spezifischen Fachkenntnisse besitzt und nicht zu dem Personenkreis gehört, der berufs- oder gewerbsmäßig Kredite mit einer bestimmten Häufigkeit vergibt. Die Vergabe des konkreten Kredits muss jedoch noch Ausfluss der gewerblichen oder beruflichen Tätigkeit sein oder damit zusammenhängen und entgeltlich sein.[89]

Zugunsten des Verbrauchers wird vermutet, dass die Kreditvergabe in 21
Ausübung einer beruflichen oder gewerblichen Tätigkeit des Darlehnsgebers erfolgt ist; gegenüber Kaufleuten als Darlehnsgebern gilt ohnehin die Vermutungsregel des § 344 HGB.[90]

Nach h.M. ist in entsprechender Anwendung des § 344 HGB im Übrigen 22
davon auszugehen, dass Rechtsgeschäfte natürlicher Personen, die einer gewerblichen oder selbständigen beruflichen Tätigkeit nachgehen, im Zweifel als in Ausübung der Erwerbstätigkeit geschlossen gelten.[91]

2. Selbständige berufliche Tätigkeit

„Berufliche Tätigkeit" meint die auf Dauer angelegte, nach außen hervor- 23
tretende, entgeltliche Tätigkeit vor allem der Freiberufler, Handwerker, Landwirte und Kleingewerbetreibenden; hier kommt es auf die Gewinnerzielungsabsicht nicht an.[92]

Für das Merkmal der „Selbständigkeit" ist entscheidend, dass die Tätig- 24
keit in eigener Verantwortung und nicht als Vertreter oder Gehilfe eines Dritten ausgeübt wird.[93]

Bei der Beurteilung des Merkmals „Selbständigkeit" kann § 84 Abs. 1 S. 2 HGB herangezogen werden.[94]

---

[88] *Bülow* § 491 Rdn. 46; Müko-*Ulmer* § 491 Rdn. 11, 14, 59; Staudinger/Kessal-*Wulf* § 1 VerbrKrG Rdn. 10 und § 491 Rdn. 10.

[89] *Martis* MDR 1998, 1189, 1190; Müko-*Ulmer,* 4. Aufl., § 491 Rdn. 11, 14, 59; Staudinger/Kessal-*Wulf* § 1 VerbrKrG Rdn. 4, 10 und § 491 Rdn. 4, 10; W/E/R-*Graf von Westphalen* § 1 VerbrKrG Rdn. 2, 23.

[90] *Bülow* NJW 1990, 2534, 2535; *Martis* MDR 1998, 1189, 1190; *Bülow* § 491 Rdn. 47, 75; Müko-*Ulmer,* 4. Aufl., § 491 Rdn. 18, 43; W/E/R-*Graf von Westphalen* § 1 VerbrKrG Rdn. 24; einschränkend *Weyer* WM 2005, 490, 501.

[91] Müko-*Basedow* § 24a AGBG Rdn. 26; U/B/H § 24 AGBG Rdn. 15; Staudinger-Kessal-*Wulf* § 1 VerbrKrG Rdn. 42; § 491 Rdn. 9, 42; a.A. Erman-*Saenger* § 14 Rdn. 17.

[92] Palandt-*Heinrichs* § 14 Rdn. 2; W/E/R-*Graf von Westphalen* § 1 VerbrKrG Rdn. 16 bis 19, 22; *Martis* MDR 2003, 961, 962; Staudinger/Kessal-*Wulf* § 491 Rdn. 7.

[93] Müko-*Ulmer* § 1 VerbrKrG Rdn. 11 und 4. Aufl., § 491 Rdn. 13, 14.

[94] Erman-*Saenger* § 14 Rdn. 15; Staudinger/Kessal-*Wulf* § 1 VerbrKrG Rdn. 36.

25 Ein abhängig-beruflicher Darlehnsgeber ist auch deshalb nicht Normadressat des § 14, weil es an der „Selbständigkeit“[95] und auch an der Kommerzialität eines solchen Geschäfts fehlt.[96]

26 Arbeitnehmerähnliche Personen wie z.B. freie Rundfunkmitarbeiter, Einfirmenvertreter u.a. sind dabei ebenso schutzwürdig wie Arbeitnehmer und daher nicht als „Unternehmer“, sondern ebenso als „Verbraucher“ zu qualifizieren[97] wie Scheinselbständige, die faktisch wie abhängig Beschäftigte arbeiten.[98]

27 Als Darlehnsgeber und somit Unternehmer kommen nicht nur gewerblich handelnde Banken einschließlich der öffentlich-rechtlichen Kreditinstitute, Sparkassen, Bausparkassen, Versicherungsunternehmen und Händler, sondern auch Kaufhäuser, Versandunternehmen, Rechtsanwälte, Steuerberater, Architekten und Ingenieure in Frage.[99]

28 Die Kreditvergabe muss nicht zum Zentralbereich des Tätigkeitsfeldes des Darlehnsgebers gehören, jedoch mit dem gewerblich oder beruflich eingegangenen Verträgen zusammenhängen.[100]

29 Die Darlegungs- und Beweislast, dass der Kredit nicht in Ausübung einer beruflichen Tätigkeit vergeben wurde, trägt der als solcher in Anspruch genommene Darlehnsgeber.[101]

30 Ein von einem Rechtsanwalt, Steuerberater, Bäcker, Metzger u.a. beim Verkauf seines gebrauchten Geschäftsfahrzeugs vereinbarter Gewährleistungsausschluss ist damit auch in Individualverträgen gem. § 475 Abs. 1 (gem. § 475 Abs. 2 kann der Schadensersatzanspruch in Individualvereinbarungen ausgeschlossen oder beschränkt werden; bei Verwendung von AGB vgl. §§ 309 Nr. 7, Nr. 8a) unwirksam. Die Verjährungsfrist für Sachmängel beträgt zwei Jahre und kann beim Verkauf gebrauchter Sachen nur auf ein Jahr verkürzt werden, §§ 438 Abs. 1 Nr. 3, 475 Abs. 2.[102] Anders ist es jedoch beim Verkauf des von einer nebenberuflich selbständig tätigen Übersetzerin[103] oder einer Zahnärztin[104] überwiegend privat genutzten Pkw, selbst wenn das Fahrzeug aus steuerlichen Gründen der Praxis oder dem

---

[95] Erman-*Saenger* § 14 Rdn. 15; Staudinger/Kessal-*Wulf* § 491 Rdn. 6, 11.

[96] *Bülow* § 491 Rdn. 47.

[97] *Bülow* § 491 Rdn. 69; Erman-*Saenger* § 14 Rdn. 15; Müko-*Ulmer*, 4. Aufl., § 491 Rdn. 29; Staudinger/Kessal-*Wulf* § 491 Rdn. 6, 36.

[98] *Bülow* § 491 Rdn. 70; Erman-*Saenger* § 14 Rdn. 15.

[99] OLG Düsseldorf MDR 1997, 721 für Rechtsanwälte; Müko-*Ulmer*, 4. Aufl., § 491 Rdn. 15, 16; Staudinger/Kessal-*Wulf* § 491 Rdn. 5–7, 15; *Martis* MDR 2003, 961, 962.

[100] Bamberger/Roth-*Schmidt-Räntsch* § 14 Rdn. 10; Müko-*Ulmer*, 4. Aufl., § 491 Rdn. 14, 59; W/E/R-*Graf von Westphalen* § 1 VerbrKrG Rdn. 19, 23.

[101] *Martis* MDR 2003, 961, 962; Bamberger/Roth-*Schmidt-Räntsch* § 14 Rdn. 11; *Bülow* § 491 Rdn. 47, 75; Müko-*Ulmer*, 4. Aufl., § 491 Rdn. 18, 30, 43; W/E/R-*Graf von Westphalen* § 1 VerbrKrG Rdn. 24.

[102] *Martis* MDR 2003, 961, 962.

[103] OLG Celle NJW-RR 2004, 1645, 1646: Oldtimer Mercedes-Benz SL 230.

[104] LG Frankfurt NJW-RR 2004, 1208: BMW Cabrio.

Gewerbe zugeordnet wurde. Denn eine nebenberuflich im häuslichen Büro tätige Übersetzerin oder Zahnärztin ist bei ihrer Berufsausübung üblicherweise nicht auf die Nutzung eines solchen Fahrzeugs angewiesen.[105] In einem solchen Fall ist der vereinbarte Gewährleistungsausschluss nicht nach § 475 Abs. 1 unwirksam.

Auch die nebenberufliche unternehmerische bzw. selbständige Tätigkeit **31**
fällt ansonsten unter §§ 14, 491 Abs. 1, nicht dagegen die Verwaltung und Anlage eigenen Vermögens wie etwa die Anlage von Geld in Mietshäusern, Wertpapieren u. a.[106] Bietet der Betroffene jedoch als Vermieter im Wettbewerb mit anderen planmäßig Leistungen gegen ein Entgelt an, ist die Unternehmereigenschaft zu bejahen.[107]

3. Darlehensvermittler

Obige Ausführungen gelten entsprechend für den Vermittler eines Darle- **32**
hens, der dieses nicht selbst gewährt, jedoch vermittelt oder nachweist. Die in §§ 1 Abs. 3, 15 bis 17 VerbrKrG enthaltenen Regelungen über die Kreditvermittlung finden sich mit Wirkung ab dem 1. 1. 2002 in §§ 655 a bis 655 e (vgl. 2. Teil, P. Rdn. 1 ff.). Sie sind anwendbar bei Verträgen zwischen einem Unternehmer i. S. d. § 14 und einem Verbraucher i. S. d. § 13, dem gegen Entgelt ein Verbraucherdarlehensvertrag vermittelt wird bzw. ihm die Gelegenheit zum Abschluss eines Verbraucherdarlehensvertrages gegeben wird.

II. Verbraucher

1. Natürliche Personen

Gem. § 13 ist Verbraucher jede natürliche Person, die ein Rechtsgeschäft **33**
für einen Zweck abschließt, der weder ihrer gewerblichen noch ihrer selbständigen beruflichen Tätigkeit zugerechnet werden kann. Damit werden juristische Personen, z. B. rechtsfähige Vereine, Stiftungen, GmbH, AG, eG sowie öffentlich-rechtliche Körperschaften, Stiftungen und Anstalten nicht vom Verbraucherbegriff erfasst.[108]

a) Keine bereits ausgeübte gewerbliche oder selbständige berufliche Tätigkeit

aa) Bereits ausgeübte Tätigkeit

Die Frage, von welchem Zeitpunkt an eine berufliche Tätigkeit „bereits **34**
ausgeübt" ist, womit die Verbrauchereigenschaft entfällt, wird von der über-

---

[105] LG Frankfurt NJW-RR 2004, 1208 zur Zahnärztin; OLG Celle NJW-RR 2004, 1645, 1646 zur Übersetzerin; OLG Naumburg WM 1998, 2158: überwiegende Nutzung.

[106] BGH NJW 2002, 368; kritisch Staudinger/Kessal-*Wulf* § 491 Rdn. 27, 41.

[107] Palandt-*Heinrichs* § 14 Rdn. 2; *Martis* MDR 2003,961, 962.

[108] Erman-*Saenger* § 13 Rdn. 5; Staudinger/Kessal-*Wulf* § 491 Rdn. 18, 34 ff.

wiegenden Ansicht dahingehend beantwortet, dass bereits die Eröffnung eine Geschäftslokals bzw. das Anbieten einer Dienst- oder Werkleistung bzw. einer sonstigen Tätigkeit am Markt ausreicht.[109] Übt der Betreffende bereits eine gewerbliche Tätigkeit aus, so ist er nur dann „Verbraucher", wenn die bereits ausgeübte Tätigkeit mit der Neuen nicht im Zusammenhang steht und klar davon abgegrenzt ist.[110]

bb) Gewerbliche oder selbständige berufliche Tätigkeit

35 Dient der Kredit ganz oder überwiegend der Befriedigung eines privaten Bedürfnisses des Darlehnsnehmers, sind die §§ 491 ff., 495 auch dann einschlägig, wenn der privat handelnde Darlehnsnehmer sonst gewerblich, beruflich oder kaufmännisch tätig, im Handelsregister eingetragen ist oder im konkreten Einzelfall mit Kreditgeschäften besonders vertraut ist, etwa als Bankangestellter oder Rechtsanwalt.[111]

36 Geschützt werden auch Angestellte, etwa der nicht selbständige Rechtsanwalt, der den „Münchener Kommentar" auf Abzahlung erwirbt bzw. in Teillieferungen (§ 505 Abs. 1 Nr. 1) bezahlt, arbeitnehmerähnliche Personen wie Heimarbeiter, Hausgewerbetreibende, Künstler, Schriftsteller, Journalisten, Rundfunkmitarbeiter, in bestimmten Fällen auch Franchisenehmer und Scheinselbständige, etwa im Bereich des Baugewerbes, des gewerblichen Güterverkehrs, des Handels und der Gastronomie.[112]

37 Nicht der gewerblichen oder selbständigen beruflichen Tätigkeit zugerechnet werden kann die Aufnahme eines Darlehens, das für die Zwecke der privaten Vermögensanlage oder Vermögensverwaltung bestimmt ist.[113] Die Verwaltung des eigenen Vermögens wird nach h. M. grundsätzlich dem privaten Bereich zugerechnet, auch wenn es sich um die Anlage eines beträchtlichen Kapitals handelt.[114]

38 Ausschlaggebendes Kriterium für die von der h. M. vorgenommene Abgrenzung der privaten von einer berufsmäßig betriebenen Vermögensverwaltung ist der Umfang der mit ihr verbundenen Geschäfte. Erfordern diese einen planmäßigen Geschäftsbetrieb wie etwa die Unterhaltung eines Büros

---

[109] *Martis* MDR 2003, 961; Müko-*Ulmer* § 1 VerbrKrG Rdn. 26 und 4. Aufl., § 507 Rdn. 4; Staudinger/Kessal-*Wulf* § 1 VerbrKrG Rdn. 40 und § 507 Rdn. 7 ff.; auch OLG Oldenburg WM 2000, 1935, 1938.

[110] BGH NJW-RR 2000, 719; *Martis* MDR 2003, 961 m. w. N.; differenzierend Müko-*Ulmer,* 4. Aufl., § 507 Rdn. 5.

[111] BGH WM 2001, 2162; *Bülow* § 491 Rdn. 61.

[112] *Bülow* § 491 Rdn. 67, 69, 70; zu den Franchisenehmern als Arbeitnehmern vgl. BAG NJW1997, 2973; LAG Düsseldorf NJW 1988, 725.

[113] BGH NJW 2002, 368, 369.

[114] BGH NJW 2002, 368, 369; OLG Koblenz OLG-Report 2003, 85; *Martis* MDR 2003, 961; a. A. bei eigenunternehmerisch Tätigen Mehrheitsgesellschafter-Geschäftsführern einer GmbH, OHG oder KG Müko-*Ulmer,* 4. Aufl., § 491 Rdn. 41, 42; Staudinger/Kessal-*Wulf* § 491 Rdn. 27, 41 m. w. N.

oder einer Organisation, so liegt eine gewerbliche Betätigung vor.[115] Gleiches gilt, wenn der Darlehnsnehmer mit Hilfe des Darlehens in Wettbewerb mit gewerblichen Anbietern tritt, etwa zum Zeitpunkt des Vertragsabschlusses beabsichtigt, Eigentumswohnungen zu erwerben und weiter zu veräußern bzw. ein Fabrikgebäude zu errichten und dieses an eine von ihm beherrschte GmbH zu vermieten.[116]

Nach anderer, differenzierender Ansicht liegt beim Erweb von GmbH- 39 Anteilen und Aktien oder beim Beitritt zu einer Publikumsgesellschaft (i. d. R. BGB-Gesellschaft) nur dann eine „gewerbliche Tätigkeit" vor, wenn mit der Beteiligung eine unternehmerische Zielsetzung verfolgt wird, während der Erwerb einer Kommanditistenstellung i. d. R. eine private Vermögensverwaltung darstellt.[117]

Jedenfalls wenn eine die Sperrminorität von 25% überschreitende Beteili- 40 gung an einer Kapitalgesellschaft oder die Stellung eines persönlich haftenden Gesellschafters einer OHG oder KG erworben werden soll, wird der Darlehensnehmer nicht als „Verbraucher" angesehen.[118]

b) Zweckbestimmung

Maßgebender Zeitpunkt für die Zweckbestimmung des Darlehns ist der- 41 jenige des Vertragsabschlusses. Bestimmen die Parteien den Zweck zu diesem Zeitpunkt – zumindest konkludent – als privat, verwendet der Darlehensnehmer das Darlehen oder die erworbene Sache aber anschließend gewerblich, bleiben §§ 491 ff., 495 anwendbar.[119]

Ist ein Kredit nach dem Zweck nicht teilbar, kommt nach einer Ansicht 42 keine Aufspaltung in Betracht, wenn eine eindeutige Trennung nicht möglich ist. Wird der dann den §§ 491 ff. unterfallende Teil nach § 495 Abs. 1 i. V. m. § 355 widerrufen, erstreckt sich die Unwirksamkeit gem. § 139 i. d. R. auch auf den anderen Teil, wenn die Parteien nicht tatsächlich den Willen hatten, einen einheitlichen Vertrag in Teilleistungen zu zerlegen.[120]

Teilweise wird ein zu gemischten Zwecken abgeschlossenes Rechtsge- 43 schäft immer dem privaten[121] oder stets dem gewerblich-beruflichen Bereich zugerechnet.[122]

Nach zutreffender, herrschender Ansicht ist auf den überwiegenden 44 Zweck abzustellen, beispielsweise beim Kauf bestimmter Waren zur De-

---

[115] BGH NJW 2002, 368, 369.

[116] *Bülow* § 491 Rdn. 65; a. A. W/E/R-*Graf von Westphalen* § 1 VerbrKrG Rdn.15.

[117] Erman-*Saenger* § 13 Rdn. 14; auch Müko-*Ulmer,* 4. Aufl., § 491 Rdn. 34; a. A. Staudinger/Kessal-*Wulf* § 1 VerbrKrG Rdn. 38 und § 491 Rdn. 27, 41.

[118] Müko-*Ulmer,* 4. Aufl., § 491 Rdn. 34; Staudinger/Kessal-*Wulf* § 491 Rdn. 39..

[119] BGH WM 2001, 2379; *Bülow* § 491 Rdn. 74; Müko-*Ulmer,* 4. Aufl., § 491 Rdn. 31.

[120] W/E/R-*Graf von Westphalen* § 1 VerbrKrG Rdn. 47, 48.

[121] *Graf von Westphalen* BB 1996, 2101; *Schwerdtfeger* DStR 1997, 499, 500.

[122] Bamberger/Roth-*Schmidt-Räntsch* § 13 Rdn. 7.

ckung des täglichen Lebensbedarfs oder beim Kauf eines Kfz, um damit hauptsächlich Privatfahrten durchzuführen oder aber diesen überwiegend für eine unternehmerische Tätigkeit zu nutzen.[123]

45 Danach ist die Verbrauchereigenschaft des Darlehensnehmers nur dann zu verneinen, wenn nach dem Vertragsinhalt die gewerbliche oder selbständige berufliche Zweckbestimmung des Darlehens überwiegt.[124]

46 So überwiegt die gewerbliche bzw. selbständige berufliche Zweckbestimmung etwa beim Erwerb einer auch privat, hauptsächlich für eine Arzt- oder Anwaltspraxis genutzte Teileigentumseinheit oder bei der Errichtung eines Neubaus mit Arztpraxis und Wohnkomplexen zur Vermietung oder zum Verkauf.[125]

47 Auch wenn ein geleaster Pkw entsprechend dem Inhalt des Leasingvertrages für gewerbliche Zwecke angeschafft und nur gelegentlich für private Zwecke genutzt wird, so sind die §§ 13, 491 ff. nicht anwendbar.[126]

48 Andererseits ist es unschädlich, dass eine Zahnärztin ein Fahrzeug (BMW Cabrio) aus steuerlichen Gründen der Praxis zugeordnet hat, wenn es überwiegend privat genutzt wird und sie bei ihrer beruflichen Tätigkeit gerade nicht auf einen PKW angewiesen ist.[127]

49 Im Zweifel ist nach einer Ansicht vom Überwiegen der privaten Nutzung auszugehen,[128] nach anderer Auffassung in entsprechender Anwendung des § 344 HGB –widerlegbar- zu vermuten, dass das Rechtsgeschäft für gewerbliche oder selbständige berufliche Zwecke abgeschlossen wurde.[129]

50 Im Rahmen der §§ 13, 491, 312, 312b, 485 trifft jedoch denjenigen, der sich auf die Verbrauchereigenschaft und den Abschluss des Rechtsgeschäfts zu privaten Zwecken beruft – anders als im Rahmen des § 1 Abs. 1 S. 1 VerbrKrG- die Beweislast, dass das Rechtsgeschäft nicht zu einem gewerblichen oder selbständigen beruflichen Zwecken abgeschlossen worden ist.[130]

---

[123] OLG Naumburg WM 1998, 2158; Bamberger/Roth-*Möller/Wendehorst* vor § 491 Rdn. 23; Erman-*Saenger* § 13 Rdn. 17; Müko-*Ulmer* § 1 VerbrKrG Rdn. 19, 25 und 4. Aufl. § 491 Rdn. 38; Palandt-*Heinrichs* § 13 Rdn. 3; Staudinger/Kessal-*Wulf* § 1 VerbrKrG Rdn. 34 und § 491 Rdn. 34: „eindeutiges Schwergewicht".

[124] Müko-*Ulmer,* 4. Aufl., § 491 Rdn. 38; W/E/R-*Graf von Westphalen* § 1 VerbrKrG Rdn. 49; Staudinger/Kessal-*Wulf* § 491 Rdn. 34.

[125] OLG Oldenburg WM 1997, 813; *Grziwotz* MDR 1997, 432.

[126] OLG Naumburg NJW-RR 1998, 1351 = WM 1998, 2158; Bamberger/Roth-*Möller/Wendehorst* vor § 491 Rdn. 23; Staudinger/Kessal-*Wulf* § 1 VerbrKrG Rdn. 34 zum alten und § 491 Rdn. 34 zum neuen Recht.

[127] LG Frankfurt NJW-RR 2004, 1208: Unternehmereigenschaft verneint.

[128] Bamberger/Roth-*Möller/Wendehorst* vor § 491 Rdn. 23 a.E.; Müko-*Ulmer* § 1 VerbrKrG Rdn. 29 und 4. Aufl., § 491 Rdn. 38; zum alten Recht auch OLG Hamm WM 2001, 2339: Beweislast beim Unternehmer.

[129] W/H/L-*Wolf* § 24a AGBG Rdn. 23; Müko-*Basedow* § 24a AGBG Rdn. 24; *Heinrichs* NJW 1996, 2190f.; abl. Erman-*Saenger* § 13 Rdn. 17 und § 14 Rdn. 17.

[130] Erman-*Saenger* § 13 Rdn. 20; Müko-*Ulmer,* 4. Aufl., § 507 Rdn. 11; Staudinger/Kessal-*Wulf* § 491 Rdn. 42 a.E.

c) Arbeitnehmer als Verbraucher

Ob ein Arbeitnehmer Verbraucher i.S.d. § 13 ist, ist umstritten. Nach dem sog. „absoluten Verbraucherbegriff" der bislang h.L. ist der Arbeitnehmer grundsätzlich als „Verbraucher" i.S.d. §§ 13, 288 Abs. 2 anzusehen.[131] **51**

Da ein Arbeitnehmer sein Arbeitsverhältnis mit dem Arbeitgeber gerade nicht „in Ausübung einer gewerblichen oder selbständigen beruflichen Tätigkeit" eingeht, lasse der Wortlaut des § 13 keine andere Deutung zu. Danach werden auch arbeitsrechtliche Aufhebungsverträge von § 312 bzw. § 1 HWG erfasst. **52**

Nach zutreffender Ansicht kann der Arbeitnehmer grundsätzlich auch gegenüber seinem Arbeitgeber „Verbraucher" sein, etwa wenn er von diesem eine in dessen Betrieb hergestellte Sache außerhalb betrieblicher Zusammenhänge kauft und die Voraussetzungen der §§ 312 Abs. 1, 495 Abs. 1, 499, 501 oder 505 Abs. 1 vorliegen.[132] **53**

Die Regelungen des Verbraucherschutzes, etwa § 312 Abs. 1 S. 1 Nr. 1 („mündliche Verhandlungen an einem Arbeitsplatz") sollen aber nach ihrem gesetzgeberischen Sinn und Zweck i.d.R. nicht auf Arbeitsverhältnisse angewandt werden. Eine Anwendung dieser Vorschrift komme nur bei einer „echten Überrumpelungssituation" in Betracht, die etwa beim Abschluss von Aufhebungsverträgen am Arbeitsplatz nur in Ausnahmefällen vorliegen könnte.[133] **54**

Der Arbeitnehmer „verbraucht" die Leistung des Arbeitgebers erst im Rahmen anderer, seinen „Konsumzwecken" dienender Verträge. **55**

Dementsprechend sei § 13 mit Rücksicht auf den konkreten Regelungswillen des Gesetzgebers einschränkend auszulegen. Der Arbeitnehmer unterfällt danach dem Verbraucherbegriff nicht, soweit er im Hinblick auf seine besondere Stellung als Arbeitnehmer mit einem Unternehmer Rechtsgeschäfte abschließt.[134] **56**

---

[131] ArbG Hamburg ZGS 2003, 79, 80; *Boemke* BB 2002, 96, 97; *Däubler* NZA 2001, 1229; *Lakies* NZA-RR 2002, 337, 343; *Schleusener* NZA 2002, 949, 951; *Reinecke* DB 2002, 583, 587; *Gotthardt* ZIP 2002, 277, 278; *Hümmerich-Holthausen* NZA 2002, 173, 175 u. 178; *Reim* NZA 2002, 2434f.; *Schaub,* Arbeitsrechts-Handbuch, 10. Aufl., § 8 Rdn. 9a.

[132] LAG Hamm ZGS 2004, 118, 120: Verbrauchereigenschaft auch bei „Haustürgeschäften" grundsätzlich zu bejahen; *Annuß* NJW 2002, 2844f.: Arbeitnehmer als solcher kein Verbraucher; *Bauer/Kock* DB 2002, 42, 44f. und NZA 2002, 169, 171; *Brors* ZGS 2003, 34, 36; *Fiebig* DB 2002, 1608, 1610; *Hansen* ZGS 2003, 373, 377; *Henssler* RdA 2002, 129, 133ff.; *Hromadka* NJW 2002, 2523; *Lembke* NJW 2004, 2941, 2943 m.w.N.; Bamberger/Roth-*Schmidt-Räntsch* § 13 Rdn. 6; Erman-*Saenger* § 13 Rdn. 15 und § 312 Rdn. 31; Palandt-*Putzo* Einf. Vor § vor 611 Rdn. 7a; auch *Clemens* ZGS 2003, 80: Arbeitnehmer nicht per se Verbraucher; zu weiteren Einzelheiten vgl. 3. Teil, B. Rdn. 9ff.

[133] So insbesondere *Hansen* ZGS 2003, 373, 377.

[134] So insbesondere *Fiebig* DB 2002, 1608.

57 Nach Auffassung des BAG[135] und mehrerer Landesarbeitsgerichte[136] ist jedenfalls das Widerrufsrecht des § 312 bzw. des § 1 HWG auf die im Betrieb geschlossenen arbeitsrechtlichen Aufhebungsverträge nicht anwendbar. Denn das Personalbüro des AG sei ein Ort, an dem typischerweise arbeitsrechtliche Fragen geregelt werden. Von einer „überraschenden Situation" aufgrund des Verhandlungsortes, wie sie dem Widerrufsrecht bei Haustürgeschäften als „besonderer Vertriebsform" zu Grunde liegt, könne in diesem Zusammenhang keine Rede sein.[137]

58 Auch eine in der Wohnung des Arbeitnehmer geschlossene Klageverzichtserklärung, in der er nach einer arbeitgeberseitigen Kündigung auf die Erhebung einer Kündigungsschutzklage verzichtet, stellt kein widerrufliches Haustürgeschäft dar.[138]

d) Schuldbeitritt

59 Ist an einem Darlehensvertrag i. S. d. § 491 Abs. 1 gegenüber einer GmbH, oder an einem Finanzierungsleasingvertrag neben der GmbH deren Geschäftsführer vertraglich verpflichtet, etwa durch einen Schuldbeitritt, so ist der Geschäftsführer Verbraucher.[139] Nach anderer Ansicht ist die Mithaftung für Schulden der Gesellschaft der beruflichen Tätigkeit des Geschäftsführers zuzurechnen.[140]

60 Selbst die Mitübernahme (§§ 305, 421 ff.) der Schulden einer GmbH durch deren Geschäftsführer und Mehrheitsgesellschafter als Mitdarlehnsnehmer unterfällt den Schutzbestimmungen der §§ 491 ff., 495.[141]

---

[135] BAG Urt. v. 27. 11. 2003 – 2 AZR 177/03, BB 2004, 1858; Urt. v. 27. 11. 2003 – 2 AZR 135/03, NJW 2004, 2401, 2404.

[136] LAG Hamm ZGS 2003, 232, 235 ff. = NZA-RR 2003, 401, 403 ff.; auch LAG Hamm ZGS 2004, 118, 120; LAG Brandenburg ZGS 2003, 237, 239; LAG Köln MDR 2003, 1427; LAG Köln NZA-RR 2003, 173, 178; ebenso *Lembke* NJW 2004, 2941, 2943; Erman-*Saenger* § 132 Rdn. 31; vgl. hierzu 3. Teil, B. Rdn. 9 ff. zum Haustürgeschäft.

[137] BAG a. a. O.; LAG Hamm ZGS 2003, 232, 236 und *Hansen* ZGS 2003, 373, 376 zum Schutzzweck des § 312.

[138] LAG Hamm ZGS 2004, 118.

[139] BGH NJW 2000, 3133, 3135 = ZIP 2003, 1494, 1495; OLG Köln WM 2000, 767 = NZG 2000, 272: Übernahme der gesamtschuldnerischen Haftung durch den Geschäftsführer und Mehrheitsgesellschafter; OLG Karlsruhe WM 1997, 1340, 1343; *Martis* MDR 1998, 1189, 1191; Staudinger/Kessal-*Wulf* § 491 Rdn. 21.

[140] OLG Oldenburg WM 2000, 1935 = DB 2000, 1457: Mithaftung für Schulden der Gesellschaft ist der beruflichen Tätigkeit des Geschäftsführers zuzurechnen; Müko-*Ulmer,* 4. Aufl., § 491 Rdn. 41, 42, 82: Mehrheitsgesellschafter/Geschäftsführer einer GmbH und geschäftsführende Gesellschafter einer OHG sind keine Verbraucher; krit. auch *Bülow* § 491 Rdn. 68 und ZIP 1999, 1613, 1616.

[141] BGH NJW 1996, 2156; NJW 1996, 2865; NJW 1997, 654; NJW 1998, 1939; NJW 2000, 3496, 3497; NJW 2002, 133, 135; NJW 2003, 2742; OLG Karlsruhe WM 1997, 1340, 1343; KG WM 2005, 549, 550; *Martis* MDR 1998, 1189, 1192; a. A. *Bülow* § 491 Rdn. 68; Müko-*Ulmer,* 4. Aufl., § 491 Rdn. 41, 82; zur Abgrenzung zwischen Mitdarlehnsnehmer und Schuldbeitretendem, wonach ein echter Mitdarlehensnehmer

Nach Auffassung von Ulmer[142] ist der Mehrheitsgesellschafter und Ge- 61
schäftsführer einer GmbH wie auch der geschäftsführende Gesellschafter einer OHG bzw. KG kein „Verbraucher" i. S. d. §§ 491 ff., 499 ff.

Er sieht im Übrigen eine sinnvolle Lösung darin, das Schriftformerfor- 62
dernis des § 766 auf den Schuldbeitritt auszudehnen und es zugleich um die in § 492 Abs. 1 vorgeschriebenen, für den Beitretenden bzw. Bürgen relevanten Angaben zu erweitern.[143]

Eine objektiv nicht gebotene Widerrufsbelehrung gegenüber einem Bür- 63
gen oder einem der Schuld Beitretenden, der selbst nicht Verbraucher ist, begründet zu dessen Gunsten jedoch kein Widerrufsrecht.[144]

2. Mehrheit von Verbrauchern

Verpflichten sich mehrere natürliche Personen, die mit der Kreditauf- 64
nahme jeweils einen privaten Zweck verfolgen, gesamtschuldnerisch als Vertragspartner des Darlehnsgebers, so ist nach nunmehr einhelliger Ansicht jedem einzelnen Darlehnsnehmer gegenüber die qualifizierte Schriftform des § 492 Abs. 1 zu wahren und eine Vertragsurkunde auszuhändigen. Jeder einzelne Gesamtschuldner muss über sein Widerrufsrecht nach § 495 Abs. 1 i. V. m. § 355 belehrt werden.[145]

Einem mitverpflichteten Lebensgefährten des Verbrauchers braucht je- 65
doch dann keine gesonderte Widerrufsbelehrung ausgehändigt zu werden, wenn er an der ihm und dem Verbraucher bei der gemeinsamen Vertragsunterzeichnung übergebenen Widerrufsbelehrung Mitbesitz erlangt hat.[146]

Soll der von mehreren Verbrauchern, etwa von Eheleuten aufgenommene 66
Kredit teilweise dem privaten Bedarf des einen und teilweise der gewerblichen Tätigkeit des anderen Darlehnsnehmers dienen, sind die §§ 491 ff., 495 zugunsten des nicht zu gewerblichen oder selbständigen beruflichen Zwecken Handelnden anzuwenden.[147]

„mitentscheiden" dürfen muss, vgl. BGH NJW 1999, 135; NJW 2000, 575; NJW 2001, 815; NJW 2002, 744; NJW 2002, 2705; NJW-RR 2004, 924 = WM 2004, 1083; NJW 2005, 973, 974; OLG Celle NJW 2004, 2598; *Madaus* WM 2003, 1705 ff., 1709; *Bartels* WM 2002, 1905, 1910.

142 Müko-*Ulmer,* 4. Aufl., § 491 Rdn. 41, 42.

143 Müko-*Ulmer,* 4. Aufl., § 491 Rdn. 82 m. w. N.

144 OLG München WM 2003, 1324.

145 *Bülow* § 491 Rdn. 53, § 492 Rdn. 62 und § 495 Rdn. 69; Erman-*Saenger* § 13 Rdn. 9, 18: „Einzelbetrachtung"; Müko-*Ulmer,* 4. Aufl., § 491 Rdn. 23, 60, 81 unter Aufgabe der gegenteiligen Ansicht in der 3. Aufl., § 1 VerbrKrG Rdn. 34; Staudinger/Kessal-*Wulf* § 495 Rdn. 34; auch BGH NJW 2000, 3133; a. A. OLG München OLG-Report 1999, 361 für „Gesamtbetrachtung".

146 LG Oldenburg NJW-RR 1999, 1734; zustimmend *Bülow* § 495 Rdn. 96; a. A. Staudinger/Kessal*Wulf* § 495 Rdn. 34, 37.

147 OLG Karlsruhe WM 1999, 222; *Bülow* § 491 Rdn. 54.

3. BGB-Gesellschaft, OHG, KG, GmbH

67 Auf einen Kreditvertrag oder einen in einer Haustürsituation des § 312 Abs. 1 abgeschlossenen Vertrag einer BGB-Gesellschaft (GbR), die nach der Rechtsprechung des BGH[148] rechts- und parteifähig ist und zu der sich mehrere natürliche Personen zusammengeschlossen haben, können §§ 312, 491, 492, 494, 495, 355 ff. ebenso wie auf den nicht rechtsfähigen wirtschaftlichen Verein[149] anwendbar sein, wenn die BGB-Gesellschaft den Vertrag in Verfolgung eines nichtkommerziellen Gesellschaftszweck abschließt.[150]

68 Es muss sich um ein zu privaten Zwecken vorgenommenes Rechtsgeschäft der BGB-Gesellschaft handeln, das nicht zu einer gewerblichen oder selbständigen beruflichen Tätigkeit zugerechnet werden kann, etwa eine Ehegatten-Innengesellschaft, die einen Kredit aufnimmt oder eine Bauherrengemeinschaft, die Wohnungseigentum für private Zwecke erwirbt.[151]

69 Zu einer gewerblichen Tätigkeit i. S. d. §§ 13, 491 Abs. 1 gehört etwa die Verwaltung des eigenen Vermögens der BGB-Gesellschaft nicht, sofern nicht der Umfang der mit der Verwaltung verbundenen Geschäfte einen planmäßigen Geschäftsbetrieb erfordert.[152] So wird die direkte oder analoge Anwendung der §§ 491 ff. zugunsten von Immobilienfonds (BGB-Gesellschaften) und nichtrechtsfähigen Idealvereinen abgelehnt.[153]

70 Ebenso wenig „Verbraucher" i. S. d. §§ 13, 491 Abs. 1 sind die OHG und KG sowie juristische Personen wie die AG oder GmbH. Diese Personen- und Kapitalgesellschaften verfolgen einen wirtschaftlichen oder selbständig beruflichen Zweck.[154]

71 Nach zutreffender Ansicht kommt die Anwendung der §§ 507, 491 ff. im Gründungsstadium von juristischen Personen (z. B. Vor-GmbH) oder Personengesellschaften (OHG, KG) in Betracht, solange noch keine gewerbliche oder selbständige berufliche Tätigkeit ausgeübt wird und die Darlehensaufnahme der Existenzgründung der Gesellschafter dient.[155]

---

[148] BGH NJW 2001, 1056; NJW 2003, 1445.

[149] Vgl. Erman-*Saenger* § 13 Rdn. 6, 8: Vorschriften über Gesellschaften gelten gem. § 54 S. 1 entsprechend.

[150] BGH NJW 2002, 368; *Bülow* § 491 Rdn. 55; Erman-*Saenger* § 13 Rdn. 6; Müko-*Ulmer* § 491 Rdn. 27; *Martis* MDR 1998, 1189, 1190; differenzierend Wunderlich BKR 2002, 304; a. A. *Eßner/Schirmbacher* VuR 2003, 247.

[151] *Martis* MDR 1998, 1189, 1190; *Bülow* § 491 Rdn. 55 a. E.; Müko-*Ulmer* § 491 Rdn. 28; W/E/R-*Graf von Westphalen* § 1 VerbrKrG Rdn. 29.

[152] BGH NJW 2002, 368, 369; Erman-*Saenger* § 13 Rdn. 6, 14.

[153] Erman-*Saenger* § 13 Rdn. 8; Müko-*Ulmer* § 1 VerbrKrG Rdn. 20 und 4. Aufl., § 491Rdn. 28; Staudinger/Kesal-*Wulf* § 1 VerbrKrG Rdn. 27 und § 491 Rdn. 27.

[154] *Martis* MDR 1998, 1189, 1190; *Bülow* § 491 Rdn. 55; Erman-*Saenger* § 13 Rdn. 5; Müko-*Ulmer,* 4. Aufl., § 491 Rdn. 25, 26, 42; Staudinger/Kessal-*Wulf* § 1 VerbrKrG Rdn. 18, 26, 29 und § 491 Rdn. 26, 28, 29.

[155] Müko-*Ulmer,* 4. Aufl., § 491 Rdn. 26 und Müko-*Habersack,* 4. Aufl., § 507 Rdn. 2; W/E/R-*Graf von Westphalen* § 1 VerbrKrG Rdn. 30, 31; a. A. zur Vor-GmbH *Bülow* § 507 Rdn. 6 und Staudinger/Kessal-*Wulf* § 495 Rdn. 29.

Eine Vor-Gründungsgesellschaft (BGB-Gesellschaft) kann nach obigen Grundsätzen unproblematisch Verbraucher sein.[156] 72

4. Existenzgründer

Die vormals von § 1 Abs. 1 VerbrKrG erfassten Existenzgründer werden bei Vorliegen der Voraussetzungen des § 507 einem Verbraucher i. S. d. § 13 gleichgestellt. § 507 dehnt den Anwendungsbereich der §§ 491 bis 506, insbesondere des Widerrufsrechts aus § 495 Abs. 1 i. V. m. § 355 auf Existenzgründer aus.[157] 73

Existenzgründer werden in § 507 als natürliche Personen definiert, die einen Vertrag i. S. d. §§ 491, 499 oder 505 für die Aufnahme einer gewerblichen oder selbständigen beruflichen Tätigkeit abschließen. Sie sind keine Verbraucher, sondern solchen im Rahmen der Existenzgründung,[158] insbesondere bei der Aufnahme eines Kredits zum Zweck der Betriebsgründung gleichgestellt.[159] 74

War der Darlehnsnehmer an einer Gesellschaft nicht unternehmerisch, sondern nur mit Kapital beteiligt und will er den Kredit aufnehmen, um damit eine unternehmerische Tätigkeit erst zu ermöglichen, ist § 507 i. V. m. §§ 491 ff. anwendbar, nicht dagegen, wenn er schon vorher unternehmerisch an der Gesellschaft beteiligt war.[160] 75

a) Bereits ausgeübte berufliche oder gewerbliche Tätigkeit

Die Frage, von welchem Zeitpunkt eine berufliche Tätigkeit „bereits ausgeübt" ist, womit die Verbrauchereigenschaft entfällt, wird von der überwiegenden Ansicht dahingehend beantwortet, dass bereits die Eröffnung eines Geschäftslokals, spätestens jedoch der erste Geschäftsabschluss bzw. das Anbieten von Dienst-oder Werkleistungen am Markt ausreicht.[161] 76

---

[156] *Bülow* § 507 Rdn. 6; kritisch Staudinger/Kessal-*Wulf* § 491 Rdn. 29 a.E., 26 a.E.

[157] BGH NJW 2005, 1273, 1274; Bamberger/Roth-*Möller/Wendehorst* § 507 Rdn. 2; Müko-*Ulmer*, 4. Aufl., § 507 Rdn. 1, 2.

[158] BGH NJW 2005, 1273, 1274; OLG Rostock OLGR 2003, 505; a. A. *Bülow* § 507 Rdn. 5, 8.

[159] *Bülow* § 507 Rdn. 5, 6; Staudinger/Kessal-*Wulf* § 507 Rdn. 1, 7 ff.

[160] *Bülow* § 507 Rdn. 6; ebenso Erman-*Saenger* § 507 Rdn. 6: Erwerb von Gesellschaftsanteilen, um eine unternehmerische Position zu bekleiden, unterfällt §§ 507, 491 ff.

[161] BGH NJW 2005, 1273: Anmietung von Geschäftsräumen oder Abschluss eines Franchisevertrages, Erwerb eines „Praxisanteils" reicht aus; BGH NJW 2002, 2030, 2031: spätestens sieben Wochen nach der Gewerbeanmeldung; *Bülow* § 507 Rdn. 8: schon bei Beginn der Werbephase; Erman-*Saenger* § 507 Rdn. 4: bereits mit Signalisierung der Bereitschaft, am Markt aufzutreten oder mit Aufnahme der Produktion; Müko-*Habersack*, 4. Aufl., § 507 Rdn. 4: Eröffnung des Ladengeschäfts bzw. Anbieten von Dienstleistungen; Staudinger/Kessal-*Wulf* § 507 Rdn. 7: bereits durch Werbung, Kundenbesuche oder Versendung von Prospektmaterial; Palandt-*Putzo* § 507 Rdn. 5: Ladeneröffnung oder planmäßiges Angebot der Leistungen; Bamberger/Roth-*Möl-*

77 Hat der Darlehnsnehmer das Darlehen zur Gründung einer Reparaturwerkstatt verwandt, entfällt der Schutz des § 507 i.V.m. §§ 491 ff., wenn der Unterzeichnung des Kreditvertrages bereits Reparaturen durchgeführt werden.[162] Bei Dienstleistern ist nach h.L. der erste Geschäftsabschluss bzw. der Beginn der Beratungstätigkeiten etwa von Rechtsanwälten, Steuerberatern etc. maßgeblich.[163]

78 Hat ein Franchisenehmer zwar die Waren vom Franchisegeber noch nicht bezogen, aber den Franchisevertrag bereits abgeschlossen, dient das Darlehen gleichfalls nicht der „Aufnahme" einer gewerblichen oder selbständigen beruflichen Tätigkeit.[164]

79 Nach Auffassung von Möller und Wendehorst[165] schließt die Kaufmannseigenschaft eines Franchisenehmers die Anwendbarkeit des § 507 für Warenlieferungsverträge, die nach dem Zustandekommen des Franchisevertrages abgeschlossen worden sind, nicht aus. Nach zutreffender, einschränkender Auffassung ist das Ende der Existenzgründungsphase mit der Folge der Unanwendbarkeit der §§ 507, 491 ff. jedenfalls dann erreicht, wenn nach außen in die Bereitschaft signalisiert wird, am Markt aufzutreten und die angebotene Leistung potentiell verfügbar ist.[166]

80 Soll die Anmeldung eines Gewerbes dem Lebensgefährten der Anmeldenden die Fortführung der Geschäfte nach dessen Insolvenz ermöglichen, so kann schon allein wegen des Zeitablaufs von sieben Wochen seit der Gewerbeanmeldung kein Zweifel daran bestehen, dass die Anmeldende unter der neuen Firma die angemeldete Tätigkeit in Fortführung der Geschäfte ihres Lebensgefährten „bereits ausübte".[167] Ist der Kredit für eine gewerbliche Tätigkeit bestimmt, die eine natürliche Person als Strohmann für einen anderen ausübt, so ist der Strohmann grundsätzlich nicht Verbraucher.[168]

---

ler/Wendehorst § 507 Rdn. 5: Eröffnung eines Geschäftslokals bzw. erster Geschäftsabschluss; W/E/R-*Graf von Westphalen* § 1 VerbrKrG Rdn. 55 und *Martis* MDR 1998, 1191: Eröffnung des zu finanzierenden Geschäftslokals, Durchführung von Reparaturen in der neu gegründeten Werkstatt, Ausführung von Dienstleistungen.

[162] W/E/R-*Graf von Westphalen* § 1 VerbrKrG Rdn. 55.

[163] W/E/R-*Graf von Westphalen* § 1 VerbrKrG Rdn. 55; *Martis* MDR 1998, 1189, 1191. W/E/R-*Graf von Westphalen* § 1 VerbrKrG Rdn. 55; *Martis* MDR 1998, 1189, 1191; weitergehend jetzt BGH NJW 2005, 1273; bereits mit Anmietung von Geschäftsräumen oder Abschluss eines Franchisevertrages.

[164] BGH NJW 2005, 1273; NJW 1995, 722; Staudinger/Kessal-*Wulf* § 507 Rdn. 6.

[165] Bamberger/Roth-*Möller/Wendehorst* § 507 Rdn. 6.

[166] Erman-*Saenger* § 507 Rdn. 4; Staudinger/Kessal-*Wulf* Erman-*Saenger* § 507 Rdn. 4; Staudinger-Kessal-*Wulf* § 507 Rdn. 7: Werbung, Kundenbesuche oder Versendung von Prospektmaterial kann ausreichen; OLG Düsseldorf NJW-RR 1996, 759: § 507 nicht einschlägig, wenn die Grundausstattung bereits aus eigenen Mitteln erworben wurde. OLG Düsseldorf NJW-RR 1996, 759: § 507 nicht einschlägig, wenn die Grundausstattung bereits aus eigenen Mitteln erworben wurde.

[167] BGH NJW 2002, 2030, 2031.

[168] BGH NJW 2002, 2030.

Übt der Betreffende bereits eine gewerbliche Tätigkeit aus, so ist er nach § 507 nur dann einem „Verbraucher" gleichgestellt, wenn die bereits ausgeübte Tätigkeit mit der neuen Tätigkeit nicht in Zusammenhang steht und klar davon abgegrenzt ist.[169] **81**

b) Mehrmalige Existenzgründung

Problematisch ist, ob nur die erstmalige Existenzgründung oder aber auch jede Gründung eines neuen Unternehmens, unabhängig davon, ob der Gründer schon zuvor anderweitig unternehmerisch tätig war, unter den Schutz des § 507 i. V. m. §§ 491 ff. fällt. **82**

Die h. M. privilegiert Existenzgründungen zu Recht auch im wiederholten Fall, wenn die bereits ausgeübte Tätigkeit mit der (angestrebten) neuen Tätigkeit nicht im Zusammenhang steht und klar davon abgegrenzt ist.[170] **83**

Nach anderer Aufassung[171] ist der Darlehnsnehmer ist nicht mehr schutzbedürftig, weil er sich durch die vorangegangene Existenzgründung die erforderlichen Kenntnisse und Erfahrungen regelmäßig verschafft hat. **84**

In folgenden Konstellationen ist die Anwendung der §§ 507, 491 ff., 495 ausgeschlossen: **85**

- Der Darlehnsnehmer betreibt bereits einen Getränkegroßhandel und schließt einen – an sich von §§ 507, 491, 500 erfassten – Leasingvertrag zur Bereitstellung eines Heiß- und Kaltgetränkeautomaten und eines Leerbecher-Rücknahmeautomaten ab.[172]
- Der Darlehnsnehmer ist bereits als gewerblicher Vermittler von Informationsleistungen einer fremden Datenbankbetreiberin tätig und benötigt den Kredit zum Aufbau des Betriebs einer eigenen Datenbank.[173]

  Die alte und neue Tätigkeit als Vermittlung von Informationsdienstleistungen, zunächst in einer fremden, danach in einer neuen Tätigkeit als Betreiber der eigenen Datenbank stehen in einem engen sachlichen Zusammenhang und sind nicht klar voneinander abgegrenzt, weil sich beide Tätigkeiten auf dem Gebiet des Vertriebs von Informationsdienstleistun-

---

[169] BGH NJW-RR 2000, 1221 = MDR 2000, 383; NJW-RR 2000, 719 = MDR 2000, 319.

[170] BGH NJW 2002, 2030, 2031; NJW-RR 2000, 1221; NJW-RR 2000, 719; NJW 1998, 540, 541; OLG Hamm NJW 1992, 3179, 3180; Müko-*Habersack,* 4. Aufl., § 507 Rdn. 5; W/E/R *von Westphalen* § 1 VerbrKrG Rdn. 57, 58; *Martis* MDR 1998, 1189, 1191.

[171] OLG Nürnberg WM 1995, 481; OLG Köln NJW-RR 1995, 816; Bamberger/Roth-*Möller/Wendehorst* § 507 Rdn. 4; Erman-*Saenger* § 507 Rdn. 5; Staudinger/Kessal-*Wulf,* § 507 Rdn. 9 m. w. N.; *Scholz* WM 1996, 1427 und DB 1993, 263.

[172] BGH MDR 2000, 319 = NJW-RR 2000, 719.

[173] BGH MDR 2000, 383 = NJW-RR 2000, 1221: Lediglich Erweiterung der bisherigen Vermittlungstätigkeit.

gen mittels elektronischer Datenverarbeitung und Datenübermittlung bewegen und aufeinander bezogen sind.[174]

- Der Kredit soll für die bloße Erweiterung einer schon vorhandenen Existenz bzw. zum weiteren Ausbau eines schon bestehenden, nach außen in Erscheinung getretenen Unternehmens dienen.[175]

§ 507 ist nach einer sehr weitgehenden Ansicht dagegen selbst dann auf ein Darlehen zur Aufnahme einer gewerblichen Tätigkeit anzuwenden, wenn der Darlehensnehmer eine gleichartige Tätigkeit zwar schon ausübt, aber aus persönlichen, nicht aus wirtschaftlichen Gründen (insbesondere Krankheit) aufgegeben hat und er nach einiger Zeit in der gleichen Branche tätig wird.[176]

Eine Differenzierung zwischen wirtschaftlichen und persönlichen Gründen erscheint u. E. jedoch nicht praktikabel. Es wäre auch nicht einzusehen, warum sich derjenige Darlehnsnehmer, der seine gewerbliche oder selbständige Tätigkeit etwa nach einer von ihm selbst veranlassten („verschuldeten") Scheidung und den damit verbundenen finanziellen Konsequenzen aus „persönlichen Gründen" aufgegeben hat, von §§ 507, 491 f. geschützt werden sollte während derjenige, der seinen Betrieb ohne eigenes Zutun (etwa konjunkturbedingt) aus „wirtschaftlichen Gründen" aufgeben musste, nicht dem Schutzbereich der §§ 507, 491 ff. unterfiele.

86 In folgenden Fällen greift der Schutz der §§ 507, 491 ff. dagegen ein:

- Der Darlehnsnehmer betrieb zunächst einen Einzelhandel mit Spiel- und Schreibwaren und benötigt das weitere Darlehen zum Betrieb einer Gebäudereinigungsfirma.[177]
- Der Darlehnsnehmer war zunächst als Versicherungsfachmann tätig und will den Kredit zur Gründung einer Firma für „Reinigung, Beschichtung und Sanierung von Dächern und Fassaden" einsetzen.[178]
- Die Darlehnsnehmerin war zunächst freiberuflich als „Stil- und Farbberaterin" tätig und benötigt Kapital zur Eröffnung eines Geschäfts für Damenbekleidungen.[179]

c) Großkredite

87 Die Grenze der Schutzwürdigkeit des Existenzgründers ist erreicht, wenn der Nettodarlehensbetrag oder der Barzahlungspreis 50 000,00 € über-

---

[174] BGH MDR 2000, 383 = NJW-RR 2000, 1221, 1222.

[175] *Martis* MDR 1998, 1189, 1191; Erman-*Saenger* § 507 Rdn. 5; Staudinger/Kessal-*Wulf* § 1 VerbrKrG Rdn. 40, 41 und § 507 Rdn. 9, 10.

[176] OLG Celle OLG-Report 1995, 205 = NJW-RR 1996, 119; OLG Köln NJW-RR 1995, 816 = WM 1995, 612, 613; zustimmend Erman-*Saenger* § 507 Rdn. 5; a. A. Staudinger/Kessal-*Wulf* § 1 VerbrKrG Rdn. 41 a. E. und § 507 Rdn. 9. 10; tendenziell ablehnend auch BGH NJW-RR 2000, 1221, 1222 sowie NJW 2005, 1273.

[177] BGH MDR 1995, 458 = NJW 1995, 722.

[178] BGH NJW 2002, 2030, 2031.

[179] OLG Hamm ZIP 1993, 1224.

steigt (§ 507). Bezugsgröße ist der Nettodarlehensbetrag (§ 492 Abs. 1 S. 5 Nr. 1) bzw. bei Ratenlieferungsverträgen der Barzahlungspreis (§ 502 Abs. 1 Nr. 1).

Beim vorsteuerabzugsberechtigten Teilzahlungskäufer oder Leasingnehmer ist die im Anschaffungspreis enthaltene Umsatzsteuer nicht in den Bezugsbetrag von 50 000,00 € einzubeziehen; Barzahlungspreis ist damit der Nettoanschaffungspreis, den der vorsteuerabzugsberechtigte Existenzgründer aufzubringen hat bzw. der Nettoanschaffungspreis, den der Leasinggeber bei seinem Lieferanten zu entrichten hat.[180] 88

Wird ein größerer Betrag für ein einheitliches Geschäft bewilligt, aber trotz wirtschaftlicher Einheit in kleinere Raten aufgeteilt, findet § 507 gleichwohl Anwendung.[181] 89

Ohne Zusammenhang gewährte Darlehen oder Finanzierungshilfen anderer Unternehmer werden jedoch nicht zusammengerechnet.[182] 90

d) Beweislast

Während im Rahmen des § 1 VerbrKrG der Unternehmer mit dem Beweis dafür belastet war, dass der Existenzgründer den Kredit für eine bereits aufgenommene Tätigkeit verwendet hatte, muss der Existenzgründer im Rahmen der §§ 507, 491 ff. beweisen, dass der Kredit der Aufnahme einer gewerblichen oder selbständigen beruflichen Tätigkeit dient.[183] 91

Ist das Kreditvolumen in Bezug auf den Grenzbetrag von 50 000,00 € streitig, obliegt es allerdings dem Unternehmer zu beweisen, dass das Kreditgeschäft oder der Ratenlieferungsvertrag wegen einer Überschreitung der Höchstsumme nicht unter die §§ 507, 491 ff. fällt.[184] 92

---

[180] *Bülow* § 507 Rdn. 17; auch W/E/R-*Graf von Westphalen* § 3 VerbrKrG Rdn. 33: Netto-Anschaffungspreis des Leasinggebers; a. A. OLG Hamm WM 1998, 2156, 2157; Müko-*Habersack,* 4. Aufl., § 507 Rdn. 9: Anschaffungswert einschliesslich USt.

[181] OLG Brandenburg WM 1999, 2208, 2212 = MDR 1999, 1311; Erman-*Saenger* § 507 Rdn. 7; Palandt-*Putzo* § 507 Rdn. 7; Staudinger/Kessal-Wulf § 3 VerbrKrG Rdn. 9; a. A. Müko-*Habersack,* 4. Aufl., § 507 Rdn 8 und Müko-*Ulmer* § 3 VerbrKrG Rdn. 10: Zusammengehörigkeit der Einzeldarlehn entscheidend.

[182] *Bülow* § 507 Rdn. 15; Palandt-*Putzo* § 507 Rdn. 7.

[183] Bamberger/Roth-*Möller/Wendehorst* § 507 Rdn. 9; *Bülow* § 507 Rdn. 9; Erman-*Saenger* § 507 Rdn. 7: Darlehnsnehmer muß beweisen, dass der Kredit nicht für eine bereits ausgeübte Tätigkeit bestimmt war; Müko-*Habersack,* 4. Aufl., § 507 Rdn. 11; Palandt-*Putzo* § 507 Rdn. 3; Staudinger/Kessal-*Wulf* § 507 Rdn. 1.

[184] *Wittig/Wittig* WM 2002, 1454, 151; Bamberger/Roth-*Möller/Wendehorst* § 507 Rdn. 9; *Bülow* § 507 Rdn. 9 und NJW 2002, 1145, 1147; Erman-*Saenger* § 507 Rdn. 8; Müko-*Habersack,* 4. Aufl., § 507 Rdn. 11; Staudinger/Kessal-*Wulf* § 507 Rdn. 3.

5. Beteiligung Dritter auf Verbraucherseite (Vertretung, Schuldbeitritt, Bürgschaft, Vertragsübernahme, Mitverpflichtung nach § 1357)

a) Abschluss durch Vertreter auf Verbraucherseite

93 Wird für den Darlehnsnehmer ein Vertreter tätig, kommt es allein auf die Verbraucher- oder Unternehmereigenschaft der vertretenen Person an. Ist diese Verbraucher, müssen die Voraussetzungen der § 13, 491 Abs. 1 in der Person des Vertretenen nicht vorliegen.[185]

94 Die dem Vertreter erteilte Vollmacht muss jedoch die Voraussetzungen des § 492 Abs. 1, Abs. 2 erfüllen, so jetzt ausdrücklich § 492 Abs. 4.[186]

b) Schuldbeitritt

95 Nach h.M. sind die §§ 491ff., 495 auf den Schuldbeitritt (§§ 305, 421ff.) zu einem Verbraucherdarlehensvertrag entsprechend anwendbar.[187]

96 Dabei kommt es allein darauf an, dass – bis auf die Entgeltlichkeit – die übrigen positiven und negativen Voraussetzungen der §§ 13, 491, 492 in der Person des Beitretenden vorliegen. Die analoge Anwendung der §§ 491ff. setzt nicht voraus, dass neben dem Beitretenden auch der Darlehnsnehmer selbst Verbraucher ist, sofern nur der Verpflichtung aus einem Verbraucherkreditvertrag i.S.d. § 491 Abs. 1 (vormals eines Kreditvertrages i.S.d. § 1 Abs. 2 VerbrKrG) oder einem anderen, in §§ 499, 500, 501, 505 geregelten Vertragsverhältnis beigetreten wird.[188]

97 Auch die Mitübernahme der Schulden einer GmbH durch deren Geschäftsführer und Gesellschafter gegenüber einer Leasinggesellschaft oder einem anderen Darlehnsgeber (Unternehmer) unterfällt den Schutzbestimmungen der §§ 491ff., 495. Dabei kommt es nicht darauf an, ob der Geschäftsführer gleichzeitig auch Mehrheitsgesellschafter der GmbH ist.[189]

---

[185] *Masuch* ZIP 2001, 143; Palandt-*Putzo* § 491 Rdn. 8.

[186] Vgl. Palandt-*Putzo* § 491 Rdn. 8 und § 492 Rdn. 19, 20.

[187] BGH NJW 2003, 2742, 2743; NJW 2000, 3133, 3135; NJW 2000, 3496; NJW 1997, 3169, 3170; NJW 1997, 654, 655; NJW 1997, 1442; NJW 1997, 1444; WM 1997, 663; NJW 1996, 2156; NJW 1996, 2865; OLG Oldenburg WM 2000, 1935, 1937; OLG Karlsruhe WM 1997, 1342; OLG Stuttgart NJW 1994, 868 und OLG-Report 1997, 37; KG WM 2005, 549, 550; Erman-*Saenger* § 491 Rdn. 19; Staudinger/Kessal-*Wulf* § 491 Rdn. 21; Bamberger/Roth-*Möller/Wendehorst* vor § 491 Rdn. 26; *Graf von Westphalen* MDR 1997, 307; *Martis* MDR 1998, 1189, 1191; abweichend *Bülow* § 491 Rdn. 122: Schuldbeitrittsvertrag ist selbst als entgeltlicher Kreditvertrag anzusehen, damit direkte Anwendung der §§ 491ff.; a.A. Müko-*Ulmer*, 4. Aufl., § 491 Rdn. 82 und § 492 Rdn. 23, 24: Analoge Anwendung der §§ 766, 492 Abs. 1 hinsichtlich der für den Beitretenden relevanten Angaben.

[188] BGH NJW 1997, 3169, 3170; WM 1997, 1443; WM 1997, 663; WM 1997, 159; OLG Koblenz WM 1998, 2157; OLG Karlsruhe NJW-RR 1998, 1438, 1439; Bamberger/Roth-*Möller/Wendehorst* vor § 491 Rdn. 26.

[189] BGH NJW 2000, 3133, 3135; NJW 1997, 1444; NJW 1996, 2156, 2158; OLG Köln NZG 2000, 272 = DB 2000, 767; OLG Naumburg NZG 1999, 30; OLG Karls-

Die Geschäftsführung einer GmbH stellt nach h.M. keine gewerbliche, sondern lediglich eine angestellte, berufliche Tätigkeit i.S.d. §§ 13, 491 Abs. 1 (vormals § 1 Abs. 1 VerbrKrG) dar; das Halten eines GmbH-Geschäftsanteils ist bloße nicht-gewerbliche Vermögensverwaltung.[190] 98

Nach abweichender, u.E. richtiger Ansicht des OLG Oldenburg[191] finden die §§ 493ff., 499, 507 zugunsten des Geschäftsführers jedenfalls dann keine Anwendung, wenn es sich um den die Gesellschaft beherrschenden Mitgesellschafter handelt und die Verwaltung des Eigenvermögens der Gesellschaft einen erheblichen Umfang erfordert. Dann ist mit der Stellung des geschäftsführenden Gesellschafters zugleich eine selbständige Tätigkeit verbunden, bei der nach dem Gesamtbild die persönliche Freiheit bei der Gestaltung von beruflicher Tätigkeit, Arbeitsablauf und Arbeitsgestaltung gewahrt ist, sodass seine Tätigkeit, in deren Rahmen er der Schuld seiner GmbH beitritt, einer gewerblichen oder selbständigen beruflichen Tätigkeit i.S.d. § 13 gleich kommt. 99

Dieser Auffassung ist zuzustimmen. Jedenfalls derjenige Geschäftsführer, der Inhaber von mindestens 75% der Gesellschaftsanteile und damit in der Lage ist, aus eigener Machtvollkommenheit auch Satzungsänderungen zu bewirken (vgl. § 53 Abs. 2 GmbHG) ist nicht schutzwürdig.[192] 100

Wird der Beitretende nicht oder nicht vollständig über sein Widerrufsrecht gem. §§ 495 Abs. 1 i.V.m. § 355 (vormals § 7 VerbrKrG) belehrt, erlosch sein Widerrufsrecht gem. § 7 Abs. 2 S. 3 VerbrKrG ein Jahr nach Abgabe seiner Willenserklärung.[193] Gem. § 355 Abs. 3 S. 3 erlischt sein Widerrufsrecht bei einem nach dem 31. 7. 2002 erklärten Schuldbeitritt nicht, wenn er nicht ordnungsgemäß über sein Widerrufsrecht belehrt worden ist, wobei die Belehrung gem. § 355 Abs. 2 S. 2 nachgeholt werden kann.[194] 101

Für den Beginn der Widerrufsfrist ist stets der Zeitpunkt der Beitrittserklärung maßgebend, auch wenn der zu sichernde Kreditvertrag erst danach abgeschlossen wird.[195] 102

---

ruhe WM 1997, 1343; *Martis* MDR 1998, 1189, 1192; a.A. OLG Oldenburg WM 2000, 1935, 1939; abw auch Müko-*Ulmer,* 4. Aufl., § 491 Rdn. 41, 42: Mehrheitsgesellschafter und Geschäftsführer einer GmbH sowie geschäftsführende Gesellschafter einer OHG, KG werden vom Schutzzweck nicht erfasst.

[190] BGH WM 1996, 1258, 1260 = NJW 1996, 2156 = MDR 1996, 890; OLG Karlsruhe WM 1997, 1343; *von Westphalen* MDR 1997, 307; a.A. OLG Oldenburg WM 2000, 1935, 1939 und *Kurz* NJW 1997, 1828 sowie Müko-*Ulmer,* 4. Aufl., § 491 Rdn. 41.

[191] OLG Oldenburg WM 2000, 1935, 1938f.; auch Müko-*Ulmer,* 4.Aufl, § 491 Rdn. 41, 42.

[192] Vgl. OLG Naumburg NJW-RR 1995, 799: Sachmängelhaftung anwendbar, wenn der Käufer zumindest 75% der GmbH-Anteile und damit die satzungsändernde Mehrheit erwirbt.

[193] BGH WM 1996, 1258, 1260; NJW 1997, 654; aber keine analoge Anwendung bei Haustürgeschäften, vgl. BGH NJW-RR 2005, 180, 182.

[194] Vgl. hierzu im Einzelnen 2. Teil, F. Rdn. 230ff.

[195] BGH NJW 1996, 2865; *Graf von Westphalen* MDR 1997, 309.

103 Falls zum Beispiel ein Ehegatte oder nach der oben dargestellten Rspr. ein Geschäftsführer als mitverpflichteter Dritter in seiner Eigenschaft als „Verbraucher“ einen selbständigen Schuldbeitritt zum – auch zu gewerblichen oder beruflichen Zwecken geschlossenen – Verbraucherdarlehensvertrag des Ehepartners bzw. der GmbH vollzieht, gelten nach h.M. auch die Schutzbestimmungen der §§ 492, 494, 502 (vormals §§ 4, 6 VerbrKrG) zumindest entsprechend, soweit nicht die jeweilige Mitverpflichtung selbst zu gewerblichen oder selbständigen beruflichen Zwecken abgeschlossen wurde.[196]

104 Handelte es sich bei der Übernahme der Mithaftung durch den Beitretenden um einen selbständigen Schuldbeitritt, müssen die Formerfordernisse des § 492 bzw. des § 502 Abs. 1 in vollem Umfang gewahrt werden, also die Schriftform nach § 492 Abs. 1 S. 1 ebenso wie die Mindestangaben des § 492 Abs. 1 S. 5 bzw. des § 502 Abs. 1 S. 1.[197]

105 Das Fehlen der erforderlichen Angaben führt gem. §§ 494 Abs. 1 bzw. § 502 Abs. 3 S. 1 zur Nichtigkeit des Schuldbeitritts.[198]

106 Beim Schuldbeitritt – oder sonstigen Interzessionsvertrag – tritt eine Heilung nach § 494 Abs. 2 S. 1 bzw. § 502 Abs. 3 S. 2 nicht durch den Empfang des Darlehens bzw. der auf Abzahlung gekauften Sache beim Verbraucher ein, selbst wenn der Beitretende als dessen Ehegatte, Angestellter, Geschäftsführer oder nach h.M. gar als Alleingesellschafter dadurch mittelbare Vorteile erlangt.[199]

107 Eine Heilung tritt jedoch ein, wenn eine Leistung an den Beitretenden erfolgt, etwa dieser die auf Abzahlung gekaufte Ware erhält.[200]

---

[196] BGH WM 1996, 1259; *Bülow* NJW 1996, 2892; *Graf von Westphalen* MDR 1997, 307; a.A. OLG Celle bei *Scholz* WM 1996, 1426 und Müko-*Ulmer* § 1 VerbrKrG Rdn. 34.

[197] BGH NJW 2002, 133, 136; einschränkend noch BGH NJW 1997, 654 und 663f.: Angaben zur Gesamtbelastung des Beitretenden, zur Art und Weise der Kreditrückzahlung und zu den Zinsen und Kosten des Kredits bzw. zur Höhe des Nettokredits, zum Zinssatz sowie zu den sonstigen, im Einzelnen zu bezeichnenden Kosten; Bamberger/Roth-*Möller/Wendehorst* § 492 Rdn. 8; *Bülow* § 491 Rdn. 30 und § 492 Rdn. 30; *Bülow-Artz* ZIP 1998, 629, 630: Alle Angaben der Kataloge von § 492 Abs. 1 und von § 502 Abs. 2 zu machen; differenzierend Müko-*Ulmer* § 4 VerbrKrG Rdn. 15, 16 und 4. Aufl., § 492 Rdn. 24: Nur diejenigen Angaben, die geeignet sind, den Beitretenden über die Höhe seiner Mitverpflichtung und über die Zahlungsweise Aufschluss zu geben, also § 492 Abs. 1 S. 5 Nr. 2, Nr. 3, Nr. 4, Nr. 6.

[198] *Bülow* § 491 Rdn. 130; *Martis* MDR 1998, 1189, 1192; differenzierend Müko-*Ulmer,* 4. Aufl., § 492 Rdn. 24 a.E.: nicht die fehlenden Angaben aus § 492 Abs. 1 S. 5 Nr. 1, Nr. 5 und Nr. 7.

[199] BGH NJW 2000, 3496, 3498; NJW 1997, 1443, 1444; NJW 1997, 654, 655; OLG Karlsruhe WM 1997, 1340, 1344 und WM 1999, 222f; *Bülow-Artz* ZIP 1998, 629, 631; *Graf von Westphalen* MDR 1997, 228 und 307, 309; *Martis* MDR 1998, 1189, 1192; Bamberger/Roth-*Möller/Wendehorst* § 494 Rdn. 8; Müko-*Ulmer,* 4. Aufl., § 492 Rdn. 20 unter Aufgabe der gegenteiligen Auffassung in der 3. Aufl., § 6 VerbrKrG Rdn. 15; a.A. Staudinger/Kessal-*Wulf* § 6 VerbrKrG Rdn. 16 und § 494 Rdn. 16.

[200] BGH WM 2000, 1799; Staudinger/Kessal-*Wulf* § 494 Rdn. 16: § 242.

Die Übernahme der gesamtschuldnerischen Mithaftung durch den Beitretenden eines Leasingvertrages in dreiseitiger Vereinbarung ist aber nicht deshalb gem. § 494 Abs. 1 bzw. 502 Abs. 3 S. 1 nichtig, weil es in der Vereinbarung an den in § 492 Abs. 1 S. 5 genannten Angaben fehlt.[201] Denn dies ist nur dann der Fall, wenn es bei der Übernahme der Mithaftung durch den Beitretenden um einen selbständigen Schuldbeitritt handelt, bei dem diese Angaben zur Wirksamkeit erforderlich sind und eine Heilung nach § 502 Abs. 3 S. 2 durch Übergabe der Sache an den Verbraucher ausscheidet.[202] 108

c) Bürgschaft

Nach nunmehr ganz überwiegender, u.E. zutreffender Ansicht sind die §§ 491 ff., 495 auf eine Bürgschaft – anders als auf einen Schuldbeitritt – nicht, auch nicht entsprechend anzuwenden.[203] 109

Dies gilt nach Auffassung des BGH[204] jedenfalls für Bürgschaften zur Sicherung von Krediten, die vom Hauptschuldner im Rahmen einer bereits ausgeübten gewerblichen oder selbständigen beruflichen Tätigkeit aufgenommen wurden sowie für Kredite, die gem. § 491 Abs. 2 vom Anwendungsbereich der §§ 491 ff. ausgenommen sind. 110

Nach h.M. handelt es sich bei Bürgschaften Dritter für einen Verbraucherkredit nicht um eine lediglich in Frage kommende „sonstige Finanzierungshilfe" i.S.d. § 1 Abs. 2 VerbrKrG bzw. des § 507, denn der Bürge erhält regelmäßig keine zumindest in einer zeitweisen Überlassung von Kaufkraft liegende Gegenleistung für seine Verpflichtung.[205] Dem Gesetzgeber war die Problematik bekannt, er hat in der Begründung des Gesetzentwurfs zum VerbrKrG ausdrücklich auf die Einbeziehung von Bürgschaftsverträgen in das Verbraucherkreditgesetz verzichtet.[206] Hätte der Gesetzgeber beabsichtigt, an dieser Rechtslage etwas zu verändern, so hätte er bei Einführung des SMG zum 1. 1. 2002 entsprechend reagiert, wie es auch bei Einfügung des § 492 Abs. 4 geschehen ist. 111

---

[201] BGH NJW 2001, 133, 136.

[202] BGH NJW 2002, 133, 136; NJW-RR 2000, 3496, 3497.

[203] BGH NJW 1998,1939; OLG Düsseldorf WM 1998, 2192; OLG Stuttgart NJW 1997, 3450; OLG Rostock, 1. Senat, WM 1998, 446; 7. Senat, MDR 1998, 979; OLG Hamm WM 1998, 171; OLG Frankfurt MDR 1998, 848; OLG Köln WM 1999, 726, 728; *Kabisch* WM 1998, 535; *Martis* MDR 1998, 1189, 1192; Erman-*Saenger* § 491 Rdn. 21; Staudinger/Kessal-*Wulf* § 1 VerbrKrG Rdn. 23 und § 491 Rdn. 23.

[204] BGH NJW 1998, 1939; ebenso OLG Düsseldorf WM 1998, 2192 und *Fischer* WM 1998, 1705, 1714.

[205] OLG Stuttgart NJW 1997, 3450; OLG Rostock WM 1998, 447.

[206] BGH NJW 1998, 1939, 1941; OLG Stuttgart NJW 1997, 3451; OLG Rostock WM 1998, 447; im Ergebnis zustimmend *Kabisch* WM 1998, 537 und 540.

112 Die h.M. weist weiter darauf hin, dass der Bürge im Gegensatz zu dem beitretenden Gesamtschuldner regelmäßig nur sekundär haftet und durch §§ 766, 767, 768, 770, 771 ausreichend geschützt sei.[207]

113 Auch treffe der Schutzzweck des VerbrKrG bzw. der §§ 491 ff., es dem Verbraucher zu ermöglichen, die durch die weitreichenden Angabepflichten aus § 4 VerbrKrG bzw. §§ 492, 502 transparent gewordenen Bedingungen des abgeschlossenen Kreditvertrages mit Konditionen anderer Darlehnsgeber zu vergleichen und sein Engagement nach reiflicher Überlegung ggf. gem. § 7 VerbrKrGbzw. § 495 Abs. 1 i.V.m. § 355 rückgängig machen zu können, für die Übernahme einer Bürgschaft nicht zu.[208]

114 Nicht entschieden hat der BGH bislang die Frage, ob §§ 491 ff. – in Anlehnung an das Urteil des EuGH[209] zum HausTWG – dann auf eine Bürgschaft anzuwenden ist, wenn der Bürge Verbraucher ist und seine Verpflichtung einen Verbraucherkredit i.S.d. § 1 Abs. 2 VerbrKrG/491 Abs. 1 sichern soll.[210]

115 Auf Vorlagebeschluss des LG Potsdam[211] hat der EuGH[212] entschieden, dass ein zur Sicherung der Rückzahlung eines Kredits geschlossener Bürgschaftsvertrag auch dann nicht unter den Geltungsbereich der Richtlinie 87/102/EWG fällt, wenn weder der Bürge noch der Darlehnsnehmer im Rahmen ihrer Erwerbstätigkeit gehandelt haben. Becker/Dietrich[213] stimmen der Entscheidung des EuGH zu. Bürgschaften seien nach der Entscheidung des EuGH nicht in den durch § 1 VerbrKrG/§ 491 Abs. 1 bestimmten Anwendungsbereich einzubeziehen.

116 Seit geraumer Zeit sind Bestrebungen der Europäischen Kommission zu beobachten, eine neue Richtlinie zum Schutz des Bürgen in den Europäischen Rechtssetzungsprozess einzubringen. Im September 2002 hat die Kommission einen entsprechenden Vorschlag für die Überarbeitung der Verbraucherkredit-Richtlinie unterbreitet.[214]

117 Die Gegenauffassung[215] bejaht die analoge Anwendung der §§ 491 ff. auf Bürgschaftsverträge.

---

[207] BGH NJW 1998, 1939, 1941; OLG Stuttgart NJW 1997, 3451; OLG Rostock WM 1998, 447; *Kabisch* WM 1998, 536 und 541.

[208] BGH NJW 1998, 1939, 1941; *Kabisch* WM 1998, 541.

[209] EuGH WM 1998, 649.

[210] Vgl. *Fischer* WM 1998, 1705, 1714.

[211] LG Potsdam NJW 1998, 2552.

[212] EuGH NJW 2000, 1323.

[213] NJW 2000, 2798; vgl. auch Staudinger/Kessal-*Wulf* § 491 Rdn. 23.

[214] Vgl. Bamberger/Roth-*Möller/Wendehorst* vor § 491 Rdn. 30.

[215] LG Köln WM 1998, 172; ZIP 1997, 2007; LG Neubrandenburg NJW 1997, 2826; LG Magdeburg NJW 1999, 3496; tendenziell auch LG Potsdam WM 1998, 1287, 1289; *Artz* VuR 1997, 229 und JR 1999, 106, 107; *Graf von Westphalen* MDR 1997, 307 und DB 1998, 297; *Bülow* ZIP 1996, 1696 und NJW 1996, 2892; *Bülow* § 491 Rdn. 123, 126; Müko-*Ulmer* § 491 Rdn. 83, 84; W/E/R-*Graf von Westphalen* § 1 VerbrKrG Rdn. 81; Bamberger/Roth-*Möller/Wendehorst,* vor § 491 Rdn. 29, 30

Es sei kein Grund ersichtlich, den Bürgen gegenüber einem der Haupt- 118
schuld Beitretenden schlechter zu stellen. Der Bürge dürfe mit dem bloßen Schriftformerfordernis aus § 766 nicht hinter demjenigen aus § 492 bzw. § 502 zurückstehen, in dessen Genuss der Beitretende kommt.[216] Informationspflichten und Widerrufsmöglichkeit seien auch für den Bürgen sinnvolle Schutzinstrumente.[217] Zumindest die für den Bürgen relevanten Angaben des § 492 Abs. 1 S. 5 Nr. 2, Nr. 3, Nr. 4 und Nr. 6 müssten erfolgen.[218]

Die von einem Verbraucher i. S. d. §§ 13, 491 Abs. 1 erteilte Bürgschaft sei 119
entgegen der Auffassung des BGH als Verbraucherkreditgeschäft i. S. d. § 491 Abs. 1 anzusehen.[219]

Im Zweifelsfall kann die Bürgschaft eines einkommens- oder vermö- 120
genslosen Familienangehörigen gem. § 138 Abs. 1 nichtig sein. So erreicht der Umstand, dass die bürgende Nahbereichsperson voraussichtlich „nicht einmal die vertragliche Zinslast aus dem pfändbaren Teil seines Einkommens oder Vermögens tragen kann", regelmäßig nicht aus, um das Unwerturteil der Sittenwidrigkeit zu begründen. In einem solchen Fall krasser finanzieller Überforderung wird aber widerleglich vermutet, dass er die ruinöse Bürgschaft oder Mithaftung allein aus emotionaler Verbundenheit mit dem Darlehnsnehmer übernommen und die Bank dies in sittlich anstößiger Weise ausgenutzt hat.[220]

d) Schuldübernahme

Bei der privativen Schuldübernahme ist eine differenzierende Betrachtung 121
geboten. Es kommt darauf an, ob die Übernahme auf der Seite des Darlehnsgebers oder des Darlehnsnehmers erfolgt sowie ob es sich um eine dreiseitige Vereinbarung bzw. gläubigervertragliche Schuldübernahme nach § 414 oder um eine schuldnervertragliche Schuldübernahme nach §§ 415, 416 handelt.[221]

---

befürworten dagegen eine analoge Anwendung jedenfalls der §§ 492, 494 bzw. 503, vormals §§ 4, 6 VerbrKrG.

216 *Bülow* § 491 Rdn. 123.

217 Bamberger/Roth-*Möller/Wendehorst* vor § 491 Rdn. 30 a. E.

218 Müko-*Ulmer* § 491 Rdn. 84 und § 492 Rdn. 23, 24.

219 *Bülow* § 491 Rdn. 123.

220 Vgl. BGH NJW 2005, 971; MDR 2003, 1365; NJW 2001, 2466; WM 2001, 302: Krasse finanzielle Überforderung des nahen Angehörigen grundsätzlich erst dann zu bejahen, wenn der Betroffene voraussichtlich nicht einmal die laufenden Zinsen der Hauptschuld aufzubringen vermag; BGH WM 2002, 436: Keine Geltung der Rspr des BGH zur Sittenwidrigkeit von Bürgschaften für GmbH-Gesellschafter, die die Bürgschaft für Verbindlichkeiten der GmbH übernehmen.

221 *Bayreuther* JA 2000, 4, 6; *Bülow* ZIP 1997, 400, 403; Bamberger/Roth-*Möller/Wendehorst* vor § 491 Rdn. 27; *Bülow* § 491 Rdn. 82 bis 87; Erman-*Saenger* § 491 Rdn. 20; Müko-*Ulmer* § 491 Rdn. 47, 48.

aa) Schuldübernahme nach § 414

122 Übernimmt der Dritte die Verbindlichkeit des Darlehnsgebers auf Darlehensauszahlung, Lieferung oder Leistung gem. § 414 durch Vertrag mit dem Verbraucher als Gläubiger, bleibt der Verbraucher dem bisherigen Schuldner, also dem Darlehnsgeber, zur Darlehensrückzahlung, zur Zahlung der Zinsen, des Kaufpreises bzw. des Werklohns verpflichtet. Verbraucherkreditrechtliche Besonderheiten treten dann nicht auf.[222]

123 Übernimmt ein Dritter die Verbindlichkeit des Verbrauchers auf Rückzahlung des Darlehens, auf Zahlung von Zinsen, Kaufpreis, Werklohn gem. § 414 durch Vertrag mit dem Darlehnsgeber als Gläubiger, bleibt der Darlehnsgeber dem bisherigen Schuldner, also dem Verbraucher, zur Auszahlung des Darlehens bzw. zur Belastung des Kapitals, zur Lieferung oder Leistung verpflichtet. Der Verbraucher bleibt insoweit Gläubiger des Darlehnsgebers. Handelt der Dritte nicht zu gewerblichen oder freiberuflichen Zwecken, somit als Verbraucher i. S. d. § 13, sind die §§ 491 ff., 495, 355 nach h. M. wie beim Schuldbeitritt analog anwendbar, da der Übernehmende in gleicher Weise schutzbedürftig ist.[223]

124 Liegen die Voraussetzungen der §§ 13, 491 Abs. 1 in der Person des Dritten vor und war die Widerrufsfrist nach §§ 495 Abs. 1, 355 aus dem zugrunde liegenden Vertrag insbesondere wegen fehlender oder nicht ordnungsgemäßer Widerrufsbelehrung noch nicht abgelaufen, geht das Widerrufsrecht nicht auf den Dritten über.[224] Der Dritte kann jedoch dann den neben dem zugrunde liegenden Kreditvertrag abgeschlossenen Schuldübernahmevertrag aus § 414 mit dem Darlehnsgeber (Unternehmer) widerrufen.[225]

125 Wie beim Schuldbeitritt und der Vertragsübernahme müssen gegenüber dem übernehmenden Dritten die Formerfordernisse des § 492 in vollem Umfang gewahrt werden, also die Schriftform nach § 492 Abs. 1 S. 1 bis 4 ebenso wie die Mindestangaben in § 492 Abs. 2 S. 5 Nr. 1 bis 7 bzw. § 502 Abs. 1 Nr. 1 bis 6.[226]

---

[222] *Bülow* § 491 Rdn. 83; Bamberger/Roth-*Möller/Wendehorst* vor § 491 Rdn. 27.

[223] BGH NJW 1999, 2664, 2666 zur Vertragsübernahme; BGH NJW 1995, 2290 – unklar, ob analoge oder direkte Anwendung; Bamberger/Roth-*Möller/Wendehorst* vor § 491 Rdn. 28; W/E/R-*Graf von Westphalen* § 1 VerbrKrG Rdn. 78; *von Westphalen* NJW 1997, 2905 f; für direkte Anwendung *Bülow* § 491 Rdn. 84 und ZIP 1997, 403.

[224] *Bülow* ZIP 1997, 402 Staudinger/Kessal-*Wulf* § 495 Rdn. 17 a.E.

[225] *Bülow* ZIP 1997, 402 und § 491 Rdn. 84; Bamberger/Roth-*Möller/Wendehorst* vor § 491 Rdn. 28; W/E/R-*Graf von Westphalen* § 1 VerbrKrG Rdn. 78.

[226] Bamberger/Roth-*Möller/Wendehorst* § 492 Rdn. 8; *Bülow* § 491 Rdn. 84 a. E.; *Bülow-Artz* ZIP 1998, 629, 630; zum Schuldbeitritt auch BGH NJW 2000, 3496, 3497; differenzierend Müko-*Ulmer* § 1 VerbrKrG Rdn. 16 a. E.: Einzelne Angaben sind für den Schuldübernahmevertrag entbehrlich.

bb) Schuldübernahme nach § 415

Wird die Schuldübernahme gem. § 415 zwischen altem und neuem Darlehnsnehmer vereinbart, ist die Übernahme des Vertrages als Verfügung eines Nichtberechtigten anzusehen, die vom Gläubiger/Darlehnsgeber gem. § 185 Abs. 2 genehmigt wird.[227] Der Übernahmevertrag wird somit zwischen altem und neuem Schuldner geschlossen, eine analoge Anwendung der §§ 491 ff. scheidet im Grundsatz aus.[228] **126**

Erfolgt die Vertragsübernahme gem. § 415 zwischen dem Dritten/Übernehmenden und dem Darlehnsnehmer/Schuldner, sind die §§ 491, 492 ff., 495, 355 jedoch dann entsprechend anzuwenden, wenn Anhaltspunkte dafür bestehen, dass die Übernahme auf Veranlassung des Darlehnsgebers (Unternehmers) erfolgt ist.[229] **127**

Geht die Initiative – wie regelmäßig bei § 416 – nicht vom Darlehnsgeber aus, kommt die Anwendung der §§ 491 ff. bei einer Schuldübernahme nicht in Frage.[230] **128**

Liegen die Voraussetzungen einer Schuldübernahme nach § 414 bzw. nach § 415 auf Initiative des Darlehnsgebers vor, so ist der Übernehmer oder Beitretende über sein Widerrufsrecht separat zu belehren.[231] **129**

Nach Auffassung des BGH[232] kann sich auch ein im Rahmen der §§ 13, 491 ff. nicht schutzwürdiger Übernehmer eines (Bierlieferungs-) Vertrages auf die dem Übergebenden (Verbraucher) erteilte unvollständige Widerrufsbelehrung berufen. **130**

Diese Entscheidung wird jedoch von der h. L. mit dem Hinweis auf die Höchstpersönlichkeit des Widerrufs abgelehnt.[233] **131**

e) Vertragsübernahme

Die §§ 491 ff., 495 sind auch auf die Übernahme eines Verbrauchervertrages i. S. d. §§ 491, 499, 500, 501, 507 durch einen Verbraucher i. S. d. § 13 je- **132**

---

[227] Erman-*Saenger* § 491 Rdn. 20 mit Hinweis auf BGHZ 31, 371, 378.

[228] Erman-*Saenger* § 491 Rdn. 20; Staudinger/Kessal-*Wulf* § 491 Rdn. 22; § 506 Rdn. 18.

[229] Bamberger/Roth-*Möller/Wendehorst* vor § 491 Rdn. 28: Hiervon ist im Zweifel auszugehen; *Bülow* § 491 Rdn. 87: Umgehungsgeschäft gem. § 506 Abs. 1 S. 2; Erman-*Saenger* § 491 Rdn. 20; Müko-*Ulmer* § 1 VerbrKrG Rdn. 36 a. E. und 4. Aufl., § 491 Rdn. 48; W/E/R-*Graf von Westphalen* § 1 VerbrKrG Rdn. 79.

[230] OLG Düsseldorf NJW-RR 2001, 641: Nur bei Umgehung der Schutzbestimmungen der §§ 491 ff.; *Grziwotz* MDR 1997, 432, 434; *Bülow* ZIP 1997, 403 und § 491 Rdn. 87; Müko-*Ulmer,* 4. Aufl., § 491 Rdn. 48.

[231] *Graf von Westphalen* MDR 1997, 308; *Derleder* NJW 1993, 2401: Auch Belehrungsurkunde auszuhändigen; Müko-*Ulmer* § 1 VerbrKrG Rdn. 33 a. E. und 4. Aufl., § 491 Rdn. 48.

[232] BGH NJW1995, 2290; zust. Staudinger/Kessal-*Wulf* § 491 Rdn. 16.

[233] Erman-*Saenger* § 491 Rdn. 20; *Bülow* § 491 Rdn. 92, 93 und WM 1995, 2089, 2091; *Ulmer/Masuch* JZ 1997, 654, 660; s. u.

denfalls dann entsprechend anwendbar, wenn die Vertragsübernahme im Wege einer dreiseitigen Vereinbarung zustande kommt.[234]

133 Wird die Vertragsübernahme durch eine dreiseitige Vereinbarung geregelt, ist jeder der drei Beteiligten gleichzeitig Vertragspartner der beiden anderen Beteiligten, sodass es für die Frage nach der Qualifikation ausreicht, wenn einer der beiden dem Übernehmer gegenüberstehenden Vertragspartner Unternehmer (Darlehnsgeber) i. S. d. §§ 14, 491 ist, um zur Anwendung der Schutzvorschriften der §§ 491 ff. zu gelangen.[235]

134 Kommt die Vertragsübernahme durch zweiseitigen Vertrag unter Zustimmung des Unternehmers (Darlehensgebers) als drittem Teil zustande, so ist dieser nach h. M. nicht Vertragspartner. Seine Zustimmung ist eine abstrakte Willenerklärung, nur bezogen auf die vom Übergeber getroffene Verfügung über die dingliche Berechtigung des Zustimmenden, wodurch die Verfügung erst gem. § 185 Abs. 2 wirksam wird. Hieraus wird von der h. M. der Schluss gezogen, dass es bei zweiseitigen Vereinbarungen zwischen dem Übergeber und dem Übernehmer (Darlehensgeber als Zustimmender) die Schutzvorschriften der §§ 491 ff. keine Anwendung finden, es sei denn, die Vertragskonstruktion wurde so gewählt, um den Übernehmer unter Umgehung der §§ 491 ff., 492, 495, 355 zu benachteiligen.[236] Die vertragliche Übernahme einer Darlehensverbindlichkeit fällt somit ausnahmsweise nicht unter die Normen der §§ 491 ff., wenn der Darlehensgeber (Unternehmer) der Vertragsübernahme durch den neuen Darlehensschuldner (Verbraucher) lediglich zustimmt, also ein dreiseitiger Vertrag nicht geschlossen wird.[237]

135 Auch bei der Vertragsübernahme ist die Form des § 492 zu wahren.[238]

136 Mit der Übernahme des Vertrages durch einen Verbraucher als Darlehensnehmer geht auch das Widerrufsrecht, und zwar im Hinblick auf § 506 Abs. 1 (Verbot der Abweichung von den Vorschriften der §§ 491 ff. und Umgehungsverbot) mit neuer Widerrufsfrist nach § 355 Abs. 1 bzw. Abs. 3 auf den Übernehmer über.[239]

---

[234] BGH NJW 1999, 2664 = MDR 1999, 982; OLG Düsseldorf NJW-RR 2001, 641; *Bülow* § 491 Rdn. 88: Durch dreiseitigen Vertrag oder entsprechend § 415 durch Vertrag zwischen Übernehmer und der übergebenden Partei mit Genehmigung durch die nicht am Vertragsübernahmevertrag mitwirkende Partei; differenzierend Müko-*Ulmer,* 4. Aufl., § 491 Rdn. 50–53.

[235] BGH NJW 1999, 2664; OLG Düsseldorf NJW-RR 2001, 641.

[236] OLG Düsseldorf NJW-RR 2001, 641; Bamberger/Roth-*Möller/Wendehorst* vor § 491 Rdn. 28; Staudinger/Kessal-*Wulf* § 491 Rdn. 22, § 495 Rdn. 17 und § 506 Rdn. 7, 18: Keine strengen Anforderungen an ein Umgehungsgeschäft; Müko-*Ulmer* § 4 VerbrKrG Rdn. 15: Umgehung, wenn vom Unternehmer initiiert; offengelassen von BGH NJW 1999, 2664.

[237] OLG Düsseldorf NJW-RR 2001, 641.

[238] BGH NJW 1999, 2664: Schriftformerfordernis; Bamberger/Roth-*Möller/Wendehorst* § 492 Rdn. 8: Alle Formerfordernisse des § 492 Abs. 1 S. 1 bis 5; *Bülow* § 491 Rdn. 84: Alle Angaben nach § 492 Abs. 1 S. 1 bis 5.

[239] Palandt-*Putzo* § 491 Rdn. 10.

Fraglich ist, ob eine Änderung der Ausgestaltung der Vertragspflichten eintritt, wenn der an die Stelle des Darlehnsgebers eintretende Dritte selbst Verbraucher ist oder der an die Stelle des Verbrauchers tretende Dritte selbst gewerblich oder freiberuflich handelt oder eine juristische Person ist.[240] **137**

Der BGH stellt einerseits beim Schuldbeitritt auf das Vorliegen der Voraussetzungen der §§ 13, 491 Abs. 1 in der Person des Beitretenden ab.[241] **138**

Andererseits hat er zur Schuldübernahme ausdrücklich ausgeführt, der – nach altem Recht schwebend unwirksame – Vertrag werde grundsätzlich in der Schwebelage übernommen, die (damalige) schwebende Unwirksamkeit entfalle nicht mit der Übernahme durch einen nicht schutzbedürftigen Dritten. Eine nicht ordnungsgemäße Belehrung hafte weniger der Person als vielmehr dem Vertrag an.[242] Der BGH anerkennt danach im Interesse des umfassenden Verbraucherschutzes ein auf den Übernahmevertrag bezogenes Widerrufsrecht des Übernehmers, sofern dieser bei der Übernahme der Darlehensschuld als Verbraucher handelt.[243] **139**

Zudem geht das Widerrufsrecht aus dem übernommenen Vertrag über, wenn der neue Darlehensnehmer nicht Verbraucher i.S.d. §§ 13, 491 Abs. 1 ist.[244] **140**

Dies bedeutet, dass der Übernehmer, in dessen Person die Voraussetzungen des § 14 (Unternehmereigenschaft) vorliegen, das Widerrufsrecht aus dem übernommenen Vertrag und ein als Verbraucher handelnder Unternehmer ggf. sogar ein zweifaches Widerrufsrecht aus dem übernommenen Vertrag und der Übernahmevereinbarung ausüben kann.[245] **141**

Nach zutreffender, herrschender Ansicht kann das Widerrufsrecht, das an die persönliche Qualifikation des Verbrauchers gebunden ist, ebenso wenig wie ein höchst persönliches Gestaltungsrecht auf einen Übernehmer, der diese Qualifikation nicht hat, übergehen. Danach wird der übernommene Vertrag, der im Zeitpunkt der Übernahme nach altem Recht schwebend unwirksam, nach neuem Recht schwebend wirksam gewesen ist, in demjenigen Zeitpunkt endgültig wirksam, in dem die Widerruflichkeit endet, also mit der Wirksamkeit der Vertragsübernahme.[246] **142**

Die Aufrechterhaltung des Widerrufsrechts aus dem übernommenen Vertrag kommt somit nach h.M. nicht in Betracht, wenn der Übernehmende als Unternehmer handelt.[247] War danach der Vertrag gem. § 494 Abs. 1 **143**

---

[240] Vgl. *Bülow* § 491 Rdn. 90.

[241] BGH WM 1997, 664; WM 1997, 159 jeweils zugunsten des Beitretenden.

[242] BGH NJW 1995, 2290, 2291; zust. Staudinger/Kessal-*Wulf* § 495 Rdn. 18.

[243] BGH NJW 1995, 2290, 2291.

[244] BGH NJW 1996, 2094, 2095; zust. Staudinger/Kessal-*Wulf* § 495 Rdn. 17.

[245] So Müko-*Ulmer,* 4. Aufl., § 491 Rdn. 50 unter Hinweis auf BGH NJW 1996, 2094, 2095.

[246] *Bülow* § 491 Rdn. 92 und WM 1995, 2089, 2091; Erman-*Saenger* § 491 Rdn. 20; auch Müko-*Ulmer,* 4. Aufl., § 491 Rdn. 51, 52; *Ulmer/Masuch* JZ 1997, 654, 660; *Tiedtke* JZ 1997, 931, 940; *Martinek* JZ 2000, 551, 560; *Vollmer* WM 1999, 209, 210 und 213; ablehnend zur Entscheidung des BGH auch *Grziwotz* MDR 1997, 432, 434.

[247] Müko-*Ulmer,* 4. Aufl., § 491 Rdn. 51, 53.

formnichtig und wird die Leistung dennoch an den Übernehmer erbracht, findet keine Heilung gem. § 494 Abs. 2 oder § 502 Abs. 3 S. 2 statt, wenn der Empfänger nicht Verbraucher i.S.d. § 13 ist, wie es die Heilungsvorschriften voraussetzen. Die Vertragsübernahme scheitert, wenn nicht nach Lage des Einzelfalls in der Vertragsübernahme eine Bestätigung i.S.d. § 141 liegt, die jedoch Kenntnis von der Nichtigkeit oder doch Zweifel an der Rechtsbeständigkeit des übernommenen Vertrages voraussetzt, oder gem. § 140 eine Umdeutung der Vertragsübernahme in einen Neuabschluss des zugrunde liegenden Vertrages in Frage kommt.[248]

144 War der Vertrag ursprünglich unter Verbrauchern abgeschlossen worden und tritt ein Gewerbetreibender oder Freiberufler an die Stelle derjenigen Partei, die die Finanzierungshilfe versprochen hatte, war der Vertrag von Anfang an endgültig wirksam. Er wird durch die Vertragsübernahme dann nicht nachträglich in den Zustand schwebender Unwirksamkeit nach altem Recht bzw. schwebender Wirksamkeit nach neuem Recht versetzt, sodass dem verbleibenden Verbraucher kein Widerrufsrecht erwachsen kann.[249]

f) Geschäfte zur Deckung des Lebensbedarfs, § 1357

145 Schließt ein Ehegatte im Rahmen eines Geschäfts zur angemessenen Deckung des Lebens- oder Familienbedarfs einen §§ 491 ff. unterfallenden Verbrauchervertrag, so sind nur diesem gegenüber die Erfordernisse der §§ 491 Abs. 1, 492 Abs. 1, 495 Abs. 1 i.V.m. § 355 zu wahren.[250]

146 Nach h.M. steht dem mitverpflichteten Ehegatten jedoch ein eigenes Widerrufsrecht analog §§ 495, 355, 358 Abs. 2 zu.[251]

---

[248] *Bülow* § 491 Rdn. 93 und ZIP 1997, 400, 404.

[249] *Bülow* § 491 Rdn. 95.

[250] BGH MDR 1995, 996; *Martis* MDR 1998, 1189, 1192; *Schanbacher* NJW 1994, 2335; Müko-*Ulmer* § 491 Rdn. 88: Form des § 492 nur dem handelnden Ehegaten gegenüber einzuhalten; Staudinger/Kessal-*Wulf* § 1 VerbrKrG Rdn. 31 und § 491 Rdn. 31; ablehnend LG *Detmold* NJW-RR 1989, 10; *Bülow* ZIP 1997, 404 und WM 1995, 2091; *Bülow* § 491 Rdn. 129; *Grziwotz* MDR 1997, 432, 434.

[251] Bamberger/Roth-*Möller/Wendehorst* vor § 491 Rdn. 31; Erman-*Saenger* § 491 Rdn. 18: Eigenes Widerrufsrecht jedes Ehegatten; Müko-*Ulmer* § 491 Rdn. 88: eigenes Widerrufsrecht des Mitverpflichteten; Staudinger/Kessal-*Wulf* § 1 VerbrKrG Rdn. 31 und § 491 Rdn. 31: a.A. Müko-*Ulmer* § 7 VerbrKrG Rdn. 21: Widerruf des Mitverpflichteten beseitigt nur dessen Mitverpflichtung; Abgeleitetes Widerrufsrecht aus § 1357 Abs. 1 S. 2.

C. Sachlicher Anwendungsbereich, §§ 491 Abs. 1, 499 Abs. 1, Abs. 2, 500, 501, 505

I. Verbraucherdarlehensvertrag, § 491 Abs. 1

Während unter die Legaldefinition „Kreditvertrag" in § 1 Abs. 2 VerbrKrG Verträge fielen, durch die ein Darlehnsgeber einem Verbraucher einen entgeltlichen Kredit in Form eines Darlehens, eines Zahlungsaufschubs oder einer sonstigen Finanzierungshilfe gewährt oder zu gewähren verspricht, setzt ein Verbraucherdarlehensvertrag i. S. d. § 491 Abs. 1 Folgendes voraus: 1

- Den Abschluss eines Darlehensvertrages i. S. d. § 488 Abs. 1, also eines Verpflichtungsgeschäfts, aufgrund dessen der Darlehensgeber dem Darlehensnehmer einen Geldbetrag zur Verfügung zu stellen hat, der Darlehensnehmer dafür Zins und Rückerstattung schuldet,[252]
- Die Entgeltlichkeit des Darlehens, die regelmäßig in der Verzinslichkeit oder in einer sonstigen, für die Kapitalnutzung aufzubringenden Gegenleistung des Verbrauchers liegt.[253]
- Auf der einen Seite einen Unternehmer i. S. d. § 14 als Darlehensgeber (vgl. hierzu oben 2. Teil, B. Rdn. 1 ff.), also regelmäßig eine Bank, Sparkasse oder ein sonstiges Kreditinstitut i. S. d. § 1 KWG,[254]
- Auf der anderen Seite einen Verbraucher i. S. d. § 13 als Darlehensnehmer (siehe oben 2. Teil, B. Rdn. 33 ff.).

Der durch Art. 1 Abs. 2 c der Verbraucherkreditrichtlinie bestimmte Begriff des „Kreditvertrages" stellt – wie § 1 Abs. 2 VerbrKrG im alten Recht – den Oberbegriff dar zum Verbraucherdarlehen i. S. d. §§ 488 Abs. 1, 491 Abs. 1, dem Zahlungsaufschub i. S. d. § 499 Abs. 1 und sonstigen Finanzierungshilfen i. S. d. §§ 499 Abs. 2, 500 dar.[255] 2

1. Darlehensvertrag

Im Rahmen der §§ 491 Abs. 1 kommen nur Gelddarlehensverträge, bei denen der Darlehensgeber dem Darlehensnehmer einen Geldbetrag zur Verfügung zu stellen hat, der Darlehensnehmer dafür Zins und Rückerstattung schuldet, in Betracht. Das nunmehr in §§ 607 bis 609 ausschließ- 3

---

[252] Müko-*Ulmer,* 4. Aufl., § 491 Rdn. 54, 56; Palandt-*Putzo* vor § 488 Rdn. 2 und § 491 Rdn. 5.

[253] *Bülow* § 491 Rdn. 106; Erman-*Saenger* § 491 Rdn. 6; Müko-*Ulmer,* 4. Aufl., § 491 Rdn. 57, 58; Palandt-*Putzo* § 491 Rdn. 5.

[254] Müko-*Ulmer,* 4. Aufl., § 491 Rdn. 59; Palandt-*Putzo* § 491 Rdn. 6.

[255] *Bülow* § 491 Rdn. 101 und § 499 Rdn. 13, 23.

lich geregelte Sachdarlehen (Wertpapiere, Edelmetalle u. a.) wird – anders als § 1 Abs. 2 VerbrKrG – nicht von § 491 Abs. 1 umfasst.[256]

4 Dem Darlehensbegriff nach §§ 491 Abs. 1 i. V. m. § 488 liegt nach nunmehr einhelliger Ansicht die Lehre vom Konsensualvertrag und nicht diejenige vom Realvertrag zugrunde.[257] Hierunter fallen insbesondere Ratenkredite, Annuitätendarlehen, Überziehungskredite (mit Sonderregelungen in § 493), Kontokorrentkredite, Dispositions-, Vario-, Scheckrahmen- und Idealkredite, Bauspardarlehen, Festdarlehn, Akzeptkredite, Diskontkredite u. a.[258]

5 Die bislang von § 1 Abs. 2 VerbrKrG erfassten Abzahlungsgeschäfte, insbesondere Kauf-, Werk-, Dienstleistungs-, Ehevermittlungs-, Partnerschaftsvermittlungs- und Geschäftsbesorgungsverträge, soweit ein Zahlungsaufschub in der Weise gewährt wird, dass die gesamte Gegenleistung in mindestens zwei Raten oder neben einer Anzahlung in nur einer weiteren Rate bzw. nur einem Betrag mehr als drei Monate (vgl. § 491 Abs. 1) nach der eigentlichen Fälligkeit zu erbringen ist,[259] unterfallen nunmehr §§ 499 Abs. 1, Abs. 2, 501.

2. Entgeltlichkeit

a) Gelddarlehen und sonstige Finanzierungshilfe

6 Beim Gelddarlehen (§§ 488 Abs. 1, 491 Abs. 1) wie auch bei einer sonstigen Finanzierungshilfe (§ 499 Abs. 1) liegt die Entgeltlichkeit bereits in den erhobenen Zinsen, Finanzierungsbeiträgen, Bearbeitungsgebühren, einem Disagio, Damnum oder einer sonstigen Gegenleistung, die der Verbraucher für die Kapitalnutzung aufzubringen hat.[260]

7 Bereits ein geringes Entgelt reicht für die Anwendung der §§ 491 ff. aus.[261]

8 Das bloße Hinausschieben der Fälligkeit einer Zahlungsverpflichtung des Verbrauchers stellt jedoch kein entgeltliches Darlehen bzw. keinen entgeltlichen Zahlungsaufschub i. S. d. §§ 491 Abs. 1, 499 Abs. 1 dar, soweit der Anbieter nicht in Vorleistung zu treten hat.[262]

---

[256] Bamberger/Roth-*Möller/Wendehorst* § 491 Rdn. 4; *Bülow* § 491 Rdn. 107, 111.

[257] *Bülow* § 491 Rdn. 107; Palandt-*Putzo* vor § 488 Rdn. 2.

[258] *Bülow* § 491 Rdn. 107; Bamberger/Roth-*Möller/Wendehorst* § 491 Rdn. 6, 7; Einzelheiten bei Erman-*Saenger* § 491 Rdn. 7–13 und Müko-*Ulmer,* 4. Aufl., § 491 Rdn. 61, 67–78; Staudinger/Kessal-*Wulf* § 491 Rdn. 50, 54–62.

[259] Hierzu *Martis* MDR 1998, 1189, 1193; W/E/R-*Graf von Westphalen* § 1 VerbrKrG Rdn. 158 und § 4 VerbrKrG Rdn. 159.

[260] *Bülow* § 491 Rdn. 106; Erman-*Saenger* § 491 Rdn. 6; Müko-*Ulmer* § 491 Rdn. 58: beim vom Darlehensgeber zu beweisende Disagio Ausnahmen möglich, z. B. bei einer Art „Bearbeitungsgebühr"; *Martis* MDR 1998, 1289, 1194; a. A. zum Disagio Staudinger/Kessal-*Wulf* § 1 VerbrKrG Rdn. 49 und § 491 Rdn. 49 m. w. N.

[261] OLG Köln ZIP 1994, 776; OLG Karlsruhe NJW-RR 2000, 1442: Nicht jedoch Kleinstbeträge wie 0,92 DM; Erman-*Saenger* § 491 Rdn. 6.

[262] OLG Dresden VuR 2000, 217.

Ein nachträglicher Zahlungsaufschub ist nach der Gesetzesbegründung[263] nicht als entgeltlich anzusehen, wenn für die Stundung des fällig gewordenen Kreditvertrages die laufzeitabhängigen Kreditkosten nicht erhöht werden, weil – so der Gesetzgeber – für diese Stundung kein eigenes Entgelt anfalle. Dies trifft allerdings nicht zu, weil die unveränderten Kosten auch für den Stundungszeitraum zu entrichten sind.[264] Sollen die ursprünglich vereinbarten Zinssätze auch für die Stundung gelten und während deren Laufzeit nicht verändert werden, sind hinsichtlich der Stundung weder § 492 (Schriftform, Pflichtangaben) noch § 495 Abs. 1 i.V.m. § 355 (Widerrufsrecht) anwendbar, weil es insoweit an einem Kreditvertrag fehlt.[265] 9

Demgegenüber stellt die Änderung des Nominalzinses für die Zukunft einen formbedürftigen und widerruflichen Änderungsvertrag dar.[266] 10

Eine nachträgliche Stundung von bereits fällig gewordenen oder demnächst fällig werdenden Verbindlichkeiten des Verbrauchers aus einem Kreditvertrag kann sich als Neubegründung des Schuldverhältnisses darstellen, wenn die Zinssätze rückwirkend auch für die Vergangenheit bis zum Fälligkeitszeitpunkt geändert werden; in diesem Fall entsteht ein neues Widerrufsrecht gem. § 495 Abs. 1 i.V.m. § 355, gerechnet vom Zeitpunkt der Änderungsvereinbarung im Hinblick auf den gesamten Kreditvertrag.[267] 11

Gleiches gilt, wenn der Verbraucher für die Tilgung des noch offenen und zur Rückzahlung fälligen Darlehensrestes ein neues Kapitalnutzungsrecht (echte Abschnittsfinanzierung) eingeräumt wird.[268] 12

b) Kreditkartengeschäfte

Bei einfachen Kreditkartengeschäften, die über eine Kunden- oder Universalkreditkarte abgewickelt werden, fehlt nach h.M. an der „Entgeltlichkeit". Zwar entrichtet der Karteninhaber an die Kartenorganisation eine Jahresgebühr, hierin liegt aber kein Entgelt für ein Darlehen (§§ 488 Abs. 1, 491 Abs. 1) oder für den konkreten Zahlungsaufschub (§ 499 Abs. 1), sondern nur eine Vergütung für Dienstleistungen, die unabhängig von der Häufigkeit der Benutzung anfällt.[269] 13

Das von den Vertragsunternehmen zu tragende Disagio stellt eine Gegenleistung im Verhältnis zwischen diesen und dem Kartenherausgeber 14

---

[263] Vgl. *Bülow* § 491 Rdn. 146.
[264] *Bülow* § 491 Rdn. 146.
[265] *Bülow* § 491 Rdn. 146.
[266] *Bülow* § 491 Rdn. 146, 151.
[267] *Bülow* § 491 Rdn. 148.
[268] OLG München WM 2001, 680; WM 2000, 1333; *Bülow* § 491 Rdn. 149.
[269] *Martis* MDR 1998, 1289, 1194; Müko-*Ulmer* § 491 Rdn. 67; Müko-*Habersack* § 499 Rdn. 18; Staudinger/Kessal-*Wulf* § 1 VerbrKrG Rdn. 75 und § 499 Rdn. 15, 16; im Erg. auch W/E/R-*Graf von Westphalen,* § 1 VerbrKrG Rdn. 131; a.A. *Bülow* § 491 Rdn. 109 und § 499 Rdn. 103.

(VISA, eurocard, American Express u.a.) und kein mittelbares Entgelt des Karteninhabers für die monatliche Abrechnung dar.[270]

15 Jedoch kommt es in diesen Fällen – und auch, wenn man in den Gebühren des Kreditkartenunternehmens ein pauschales Entgelt für die während des Jahres eintretenden Zahlungsaufschübe erblicken wollte – i.d.R. nie zu einem Zahlungsaufschub von mehr als drei Monaten, sodass die Anwendung der §§ 499, 492ff. an § 499 Abs. 1 scheitern würde.[271]

16 Nach anderer Auffassung[272] liegt die Entgeltlichkeit eines Kreditkartendarlehens in den Gebühren des Kreditkartenunternehmers, die nicht nur seine Geschäftsbesorgung abdecken, sondern auch die hinausgeschobene Fälligkeit des aus dem Geschäftsbesorgungsverhältnis fließenden Aufwendungsersatzanspruchs gegenüber dem Verbraucher (§ 670) im Abrechnungszeitpunkt; für die „Entgeltlichkeit" komme es nicht darauf an, in welchem Verhältnis die Gebühren auf die Geschäftsbesorgung einerseits und auf die Kapitalnutzung andererseits verteilt werden.

17 Kommt es jedoch bei bestimmten Universalkarten – abweichend vom Regelfall – zwischen dem Verbraucher und dem Kartenunternehmen zu einer Abrede, wonach dem Verbraucher die monatlichen Abrechnungssalden für einen vereinbarten – über drei Monate hinausgehenden Zeitraum entgeltlich gestundet werden, liegt ein Kontokorentrahmenkredit und damit ein Verbraucherdarlehensvertrag i.S.d. §§ 491 Abs. 1, 493 vor.[273]

18 Wird die 3-Monats-Grenze im Einzelfall überschritten und kommt es dadurch zu einer Kontoüberziehung im Rahmen des Girovertrages zwischen dem Verbraucher und seiner Bank bzw. dem Kreditkartenunternehmen, findet in diesem Verhältnis § 493 mit den dortigen Unterrichtungspflichten Anwendung.[274]

19 Im Einzelfall kann nach h.M.[275] also dann ein entgeltlicher Zahlungsaufschub vorliegen, wenn

– das Kreditkartenunternehmen dem Verbraucher über der 3-Monats-Grenze liegende Zahlungsziele einräumt und

---

[270] Müko-*Ulmer* § 491 Rdn. 67; *Staudinger* a.a.O.

[271] Staudinger/Kessal-*Wulf* § 1 VerbrKrG Rdn. 74; und § 499 Rdn. 16, 22; W/E/R-*Graf von Westphalen* § 1 VerbrKrG Rdn. 174; Erman-*Saenger* § 499 Rdn. 7; auch *Bülow* § 499 Rdn. 103 und *Martis* MDR 1998, 1189, 1194.

[272] *Bülow* § 491 Rdn. 109 und § 499 Rdn. 103.

[273] LG Tübingen VuR 1996, 85, Bamberger/Roth-*Möller/Wendehorst* § 499 Rdn. 4; Müko-*Ulmer* § 491 Rdn. 68; Müko-*Habersack* § 499 Rdn. 19.

[274] Müko-*Habersack* § 499 Rdn. 19; W/E/R-*Graf von Westphalen* § 1 VerbrKrG Rdn. 173 zu § 5 VerbrKrG; a.A. zum alten Recht Müko-*Ulmer* § 5 VerbrKrG Rdn. 12, 34: Es fehlt an einem vom Unternehmer für den Verbraucher im Rahmen eines Girovertrages geführten Konto.

[275] Vgl. *Bülow* § 499 Rdn. 103 und § 491 Rdn. 101, 164; Müko-*Ulmer* § 491 Rdn. 67, 68; Müko-*Habersack* § 499 Rdn. 18; W/E/R-*Graf von Westphalen* § 1 VerbrKrG Rdn. 174; *Seibert* DB 1991, 429, 430.

- der Monatssaldo vereinbarungsgemäß nicht sofort vom Girokonto abgebucht wird, sondern in Raten ausgeglichen werden darf und
- für diesen vertraglich gewährten Zahlungsaufschub die Zahlung von Zinsen oder Gebühren vereinbart wurde und
- die Kreditlinie (vgl. § 499 Abs. 1 i.V.m. § 491 Abs. 2 Nr. 1) über 200,00 € liegt.

c) Kundenkarte

Die für Kreditkartengeschäfte (zu b.) dargestellten Grundsätze gelten auch für Kundenkarten, die den Verbraucher zum bargeldlosen Einkauf beim (Handels-)Unternehmer berechtigen.[276] 20

d) Eurocheque-Karte

Dieselben Erwägungen gelten schließlich bei Verwendung einer Eurocheque-Karte bzw. für die Überziehungsmöglichkeit durch Begebung von Euroschecks, deren Einlösung bis zum 31. 12. 2001 garantiert war.[277] 21

Im Verhältnis zwischen der Bank und dem ec-Kartennehmer liegt deshalb kein Verbraucherdarlehensvertrag i.S.d. § 491 Abs. 1 bzw. kein Zahlungsaufschub i.S.d. § 499 Abs. 1 vor, weil eine Bevorschussung des bei Vorliegen der ec-Bedingungen garantierten Betrages aus dem Grundverhältnis zwischen ec-Karteninhaber und ec-Kartennehmer ausscheidet. Denn der ec-Scheck wird regelmäßig nur für sofort fällige Forderungen hingegeben; der Kartennehmer erwirbt aus der Einlösungsgarantie einen sofort fälligen Anspruch gegenüber der Bank.[278] 22

Weist das Konto des ec-Karteninhabers kein ausreichendes Guthaben auf, ergibt sich zwar ein kreditorischer Nebeneffekt. Nur bei ausdrücklicher oder stillschweigender Einräumung einer entsprechenden Kreditlinie über die 3-Monats-Grenze des § 499 Abs. 1 hinaus wäre dann auf §§ 491, 493 zurückzugreifen.[279] Meist liegt in derartigen Fällen eine geduldete Überziehung i.S.d. § 493 Abs. 2 vor, sodass die Informationspflichten des Kreditinstituts aus § 493 Abs. 1 S. 2 nicht ausgelöst werden.[280] 23

Nach a.A.[281] ist die Entgeltlichkeit auch in diesem Fall zu bejahen, jedoch die Dreimonats-Grenze des § 499 Abs. 1 und die Ausnahmeregelung des 24

---

[276] Müko-*Ulmer*, 4. Aufl., § 491 Rdn. 68; Staudinger/Kessal-*Wulf* § 499 Rdn. 15.

[277] Müko-*Habersack*, 4. Aufl., § 499 Rdn. 19.

[278] W/E/R-*Graf von Westphalen* § 1 VerbrKrG Rdn. 110; für Entgeltlichkeit dagegen *Bülow* § 491 Rdn. 109 a.E.

[279] W/E/R-*Graf von Westphalen* § 1 VerbrKrG Rdn. 110, 111; für die ec-Karte auch Müko-*Ulmer* § 5 VerbrKrG Rdn. 78.

[280] W/E/R-*von Rottenburg* § 5 VerbrKrG Rdn. 49; a.A. *Bülow* § 493 Rdn. 44: wegen fehlendem Krediteinräumungswillen kein Kreditvertrag, aber auch keine Unterrichtungspflicht nach § 493 Abs. 2.

[281] *Bülow* § 491 Rdn. 109 a.E.

§ 499 Abs. 1 i.V.m. § 491 Abs. 2 Nr. 1 (Kreditlinie über 200,00 €) zu beachten.

e) Vergleichsgebühr

25 Das Merkmal der „Entgeltlichkeit" ist auch erfüllt, wenn sich der Verbraucher verpflichtet, die Vergleichsgebühr des Gegenanwalts (§ 23 BRAGO) bei Abschluss eines Teilzahlungsvergleichs zu übernehmen.[282] Nach differenzierender Ansicht liegt hinsichtlich der Übernahme der Anwalts- oder Inkassokosten dann ein entgeltlicher Zahlungsaufschub vor, wenn der Gläubiger die Einschaltung des Rechtsanwalts „nicht für erforderlich halten" durfte.[283]

3. Darlehensgeber ist Unternehmer

26 Der Darlehensgeber muss Unternehmer i.S.d. § 14 sein (vgl. hierzu oben 2. Teil, B. Rdn. 1ff).

4. Darlehensnehmer ist Verbraucher

27 Der Darlehensnehmer muss Verbraucher i.S.d. § 13 sein (vgl. hierzu oben 2. Teil, B. Rdn. 33ff.).

II. Zahlungsaufschub, § 499 Abs. 1

28 Entsprechend der neuen Aufgliederung des Anwendungsbereichs des Verbraucherkreditgesetztes, nämlich der Kreditverträge, sind in Titel 3 im Untertitel 1 die Darlehensverträge in §§ 488ff., die Verbraucherdarlehensverträge in §§ 491ff. und in einem Untertitel 2 (weitere) Finanzierungshilfen zwischen einem Unternehmer und einem Verbraucher in §§ 499 bis 504 geregelt worden. In § 499 geht es zunächst um den Zahlungsaufschub und sonstige Finanzierungshilfen, insbesondere Finanzierungsleasingverträge, die bisher durch § 1 Abs. 2 VerbrKrG erfasst waren.[284]

29 Während das VerbrKrG die grundsätzliche Anwendbarkeit der für Darlehensgeschäfte geltenden Vorschriften auch auf sonstige Finanzierungshilfen, den Zahlungsaufschub u.a. vorsah und sich auf die Anführung von Be-

---

[282] LG Köln WM 2000, 720, 721; LG Rottweil NJW 1994, 265; *Martis* MDR 1998, 1189, 1194; *Bülow* § 491 Rdn. 216; W/E/R-*Graf von Westphalen* § 1 VerbrKrG Rdn. 167 und § 3 VerbrKrG Rdn. 99; differenzierend Müko-*Ulmer* § 1 VerbrKrG Rdn. 71 und Müko-*Habersack,* 4. Aufl., § 499 Rdn. 11 und § 499 Rdn. 30; a.A. Staudinger/Kessal-*Wulf* § 1 VerbrKrG Rdn. 72 a.E. und § 499 Rdn. 13: Rechtsverfolgungskosten sind kein „Entgelt".

[283] Müko-*Habersack,* 4. Aufl., § 499 Rdn. 11; a.A. Staudinger/Kessal-*Wulf* § 499 Rdn. 13: kein Entgeld zur „Erforderlichkeit" vgl. etwa OLG Dresden NJW-RR 1994, 1139.

[284] Vgl. Bamberger/Roth-*Möller/Wendehorst* § 499 Rdn. 1.

sonderheiten beschränkte, bedarf die Anwendbarkeit der Regelungen der §§ 491 bis 498, 355 bis 359 aus dem eigentlichen Verbraucherdarlehensvertrag der ausdrücklichen Nennung in §§ 499 bis 501, 503, 505 und für Existenzgründer in § 507.[285]

1. Begriff des Zahlungsaufschubs

Unter einem Zahlungsaufschub ist jede – entgeltliche – Vereinbarung 30
zwischen Gläubiger und Schuldner einer Geldforderung zu verstehen, durch die die Fälligkeit oder Durchsetzbarkeit der Forderung auf einen um mindestens drei Monate späteren Zeitpunkt hinausgeschoben wird, als er sich nach den allgemeinen Regeln – insbesondere §§ 320, 271 – ergeben würde. Dabei macht es keinen Unterschied, ob der Zahlungsaufschub – wie beispielsweise bei einem Abzahlungsgeschäft – schon bei der Begründung der Forderung vereinbart oder eine bestehende Forderung erst vor oder nach Fälligkeit – für mindestens drei Monate und in Höhe von mindestens 200 Euro – gestundet wird.[286]

Auch ein pactum de non petendo („Stillhalteabkommen"), also eine Ab- 31
rede, die Forderung zeitweilig nicht geltend zu machen, kann, sofern entgeltlich und auf mehr als drei Monate bezogen, ein Zahlungsaufschub i. S. d. § 499 Abs. 1 sein.[287]

Dagegen liegt ein Zahlungsaufschub nicht schon dann vor, wenn die Par- 32
teien die Erbringung der Leistung zu bestimmten künftigen und wiederkehrenden Fälligkeitszeitpunkten vereinbaren, so insbesondere bei Dauerschuldverhältnissen, sofern nicht wiederum eine fällige Teilleistung aufgrund einer Zusatzvereinbarung erst –mindestens drei Monate- später zu entrichten ist.[288]

2. Dauer des Zahlungsaufschubes

Der dem Verbraucher gewährte Zahlungsaufschub muss entgeltlich 33
sein und ist nur relevant, wenn er für einen Zeitraum von mehr als drei Monaten (vgl. § 499 Abs. 1, vormals § 3 Abs. 1 Nr. 3 VerbrKrG) eingeräumt ist.[289]

---

[285] Vgl. Bamberger/Roth-*Möller/Wendehorst* § 499 Rdn. 2.

[286] Bamberger/Roth-*Möller/Wendehorst* § 499 Rdn. 3; *Bülow* § 499 Rdn. 19, 100; Erman-*Saenger* § 499 Rdn. 4, 6; Müko-*Ulmer* § 1 VerbrKrG Rdn. 67, 68 und Müko-*Habersack* § 499 Rdn. 8, 9, 12; *Martis* MDR 1998, 1189, 1193; a. A. W/E/R-*Graf von Westphalen* § 1 VerbrKrG Rdn. 158, 161: nur bei nachträglicher Abrede.

[287] Erman-*Saenger* § 499 Rdn. 4 m. w. N.; Müko-*Habersack* § 499 Rdn. 16.

[288] BGH NJW 1996, 457, 458; OLG Dresden VuR 2000, 217, 219; OLG Jena VuR 2002, 301 zum Partnervermittlungsvertrag; Bamberger/Roth-*Möller/Wendehorst* § 499 Rdn. 3; *Bülow* NJW 1991, 129, 130; a. A. LG Saarbrücken MDR 1994, 1086, 1087 und LG Göttingen NJW-RR 1993, 181, 182.

[289] Erman-*Saenger* § 499 Rdn. 5, 6; Müko-*Habersack* § 499 Rdn. 12, 33; Staudinger/ Kessal-*Wulf* § 499 Rdn. 4, 22; *Martis* MDR 1998, 1189, 1193.

34 Während dies beim Verbraucherkreditgesetz umstritten war,[290] ist die Dreimonats-Grenze des § 499 Abs. 1 auf Verbraucherdarlehensverträge nach § 491 Abs. 1 und sonstige Finanzierungshilfen i.S.d. § 499 Abs. 1, Abs. 2, 500, 501 sowie Ratenlieferungsverträge i.S.d. § 505 nach einhelliger Ansicht nicht entsprechend anwendbar.[291] Unanwendbar sind die §§ 491ff., 499ff. auf Zahlungsaufschübe, also auf Teilzahlungsgeschäfte (§ 499 Abs. 2) von nicht mehr als drei Monaten.

35 Die 3-Monats-Grenze ebenfalls nicht für Finanzierungsleasingverträge und sonstige Finanzierungshilfen.[292]

36 Die Dreimonatsfrist beginnt in dem Zeitpunkt, in dem die Leistung des Verbrauchers ohne den vereinbarten Zahlungsaufschub nach §§ 271 Abs. 1, 320 (im Zweifel: sofort) fällig wäre. Bei gegenseitigen Verträgen, insbesondere Kaufverträgen beginnt die Frist gem. § 320 mit der Übergabe der Kaufsache, ohne dass sich der Verbraucher auf sein Zurückbehaltungsrecht berufen müsste.[293] Bei Dienstleistungen ist der Anspruch des Darlehensgebers gem. § 614 fällig, sobald die Dienste erbracht werden, bei Werkleistungen gem. § 641 mit der Abnahme bzw. gem. § 646 mit der Vollendung, soweit die Abnahme wegen der Beschaffenheit der Ware ausgeschlossen ist.[294]

37 Die Vereinbarung der Pflicht des Verbrauchers zur Zahlung von mindestens zwei Raten ist nicht notwendige Voraussetzung eines Zahlungsaufschubs.[295] Ein Zahlungsaufschub liegt auch dann vor, wenn dem Empfänger einer Waren-, Werk- oder Dienstleistung das Recht eingeräumt wird, die Gegenleistung in nur einem Betrag ganz oder teilweise zu einem Zeitpunkt zu entrichten, der mehr als drei Monate über dem gesetzlichen Fälligkeitstermin (§§ 271 Abs. 1, 320, 640 Abs. 1, 646: bei Übergabe der Kaufsache oder Abnahme des Werkes im Zweifel sofort) hinausgeschoben ist,[296] selbst wenn die Stundungsabrede oder das Recht zur Ratenzahlung erst nach Fälligkeit getroffen wird.[297] Der Zahlungsaufschub muss jedoch „entgeltlich" sein, wobei es auf die Marktüblichkeit des Entgelts nicht ankommt.[298]

---

[290] Ablehnend etwa W/E/R-*Graf von Westphalen* § 3 VerbrKrG Rdn. 37; bejahend *Bülow* § 3 VerbrKrG Rdn. 47.

[291] Bamberger/Roth-*Möller/Wendehorst* § 499 Rdn. 5; *Bülow* § 499 Rdn. 100 sowie § 500 Rdn. 32 für Finanzierungsleasingverträge; Erman-*Saenger* § 499 Rdn. 6 a.E.; Müko*Habersack* § 499 Rdn. 12.

[292] *Bülow* § 499 Rdn. 84, 100, 107 und Erman-*Saenger* § 499 Rdn. 6, 19: Auf Teilzahlungsgeschäfte i.S.d. § 501 jedoch anzuwenden s.o.

[293] *Bülow* § 499 Rdn. 105.

[294] *Bülow* § 499 Rdn. 105.

[295] *Bülow* § 499 Rdn. 30, 61, 88; Erman-*Saenger* § 492 Rdn. 13: Alle entgeltlichen Zahlungsaufschübe fallen unter §§ 499 Abs. 2, 502 Abs. 1; Müko-*Habersack* § 499 Rdn. 8, 37; Staudinger/Kessal-*Wulf* § 499 Rdn. 5, 29.

[296] *Bülow* § 499 Rdn. 30, 61, 88, 105; Müko-*Ulmer* § 1 VerbrKrG Rdn. 67, 72 und Müko-*Habersack* § 499 Rdn. 8, 37; *Martis* MDR 1998, 1189, 1193.

[297] LG Rottweil NJW 1994, 265; LG Landshut MDR 1997, 231; Bamberger/Roth-*Möller/Wendehorst* § 499 Rdn. 3; *Martis* MDR 1998, 1189, 1193.

[298] OLG Köln ZIP 1994, 776; *Bülow* § 499 Rdn. 30.

3. Entgeltlichkeit

Bei Krediten in Form eines Zahlungsaufschubs, also insbesondere den händlerfinanzierten Teilzahlungsgeschäften und den kreditierten Dienst- und Werkleistungen, ist Entgeltlichkeit zu bejahen, wenn der Teilzahlungspreis (§ 502 Abs. 1 Nr. 2 – bis zum 31. 12. 2001 § 4 Abs. 1 S. 5 Nr. 2b VerbrKrG) höher als der Barzahlungspreis (§ 502 Abs. 1 Nr. 1; bis zum 31. 12. 2001 § 4 Abs. 1 S. 5 Nr. 2a VerbrKrG) ist.[299] **38**

Nach zutreffender, herrschender Ansicht spricht der Beweis des ersten Anscheins bzw. eine – abweichend von § 501 Abs. 2 S. 2 widerlegliche – Vermutung für eine Entgeltlichkeit, wenn der Teilzahlungspreis höher ist als der Barzahlungspreis,[300] wenn der Unternehmer dem Verbraucher Ratenzahlungen bewilligt[301] oder wenn der Unternehmer (Käufer, Werkunternehmer o. a.) allgemein nur gegen Teilzahlungen liefert.[302] **39**

Nach anderer Auffassung[303] ist eine Beweiserleichterung in Form eines Anscheinsbeweises oder einer tatsächlichen Vermutung zugunsten des Verbrauchers nicht gerechtfertigt. Dies gelte jedenfalls dann, wenn der Bar- und Teilzahlungspreis nominal gleich ausgehandelt und angegeben wird. Das Gesetz vermute in § 502 Abs. 1 S. 2 eine Entgeltlichkeit lediglich für den Fall, dass Leistungen nur gegen Teilzahlungen erbracht werden.[304] **40**

Hat der Verbraucher neben einer sofort fälligen Anzahlung – innerhalb von mehr als drei Monaten – weitere Raten nur bei Eintritt bestimmter Bedingungen zu erfüllen, zum Beispiel soweit er Verkaufserlöse aus übertragenen Lizenzen erzielt, so liegt ein entgeltlicher Zahlungsaufschub vor.[305] **41**

Wird dem Käufer eingeräumt, Teilzahlungen zu erbringen und gleichzeitig vereinbart, dass bei Zahlung des Gesamtkaufpreises in einer Summe ein „Skonto“ gewährt wird, so stellt sich der vereinbarte Endpreis im Verhältnis **42**

---

[299] LG Göttingen NJW-RR 1993, 181; *Scholz* WM 1996, 1426; *Martis* MDR 1998, 1189, 1194.

[300] OLG Stuttgart NJW-RR 1994, 436: tatsächliche Vermutung; OLG Karlsruhe WM 1998, 2156 und OLG Nürnberg VuR 1996, 62, 63 sowie OLG Jena VuR 2002, 301: tatsächliche, widerlegliche Vermutung; Erman-*Saenger* § 499 Rdn. 19: Anscheinsbeweis; Müko-*Habersack* § 499 Rdn. 9: widerlegliche Vermutung; Staudinger/Kessal-*Wulf* § 1 VerbrKrG Rdn. 66, 82 und § 499 Rdn. 31, 5 a. E.: Beweis des ersten Anscheins; W/E/R-*Graf von Westphalen,* § 1 VerbrKrG Rdn. 162, 164: Anscheinsbeweis; a. A. aber OLG Dresden ZIP 2000, 830; *Bülow* § 499 Rdn. 33.

[301] OLG Köln ZIP 1994, 776, 777; LG Hamburg ZIP 1993, 290, 291; Staudinger/Kessal-*Wulf* § 1 VerbrKrG Rdn. 66, 82; *Martis* MDR 1998, 1189, 1194.

[302] OLG Stuttgart NJW-RR 1994, 436; LG Hamburg NJW-RR 1994, 246; Staudinger/Kessal-*Wulf* § 1 VerbrKrG Rdn. 66; *Martis* MDR 1998, 1189, 1194; a. A. *Bülow* § 499 Rdn. 33.

[303] OLG Dresden VuR 2000, 217, 220; auch *Bülow* § 499 Rdn. 33.

[304] OLG Dresden VuR 2000, 217, 220.

[305] OLG Karlsruhe WM 1998, 2156.

zum Barzahlungspreis als höherer Teilzahlungspreis dar, sodass § 499 Abs. 1 ebenfalls eingreift.[306]

43 Werden mehrere wirtschaftlich zusammenhängende Verträge gleichzeitig abgeschlossen, so ist für die Frage der Entgeltlichkeit eines Kredits eine Gesamtbetrachtung anzustellen. Ergibt diese eine gegenüber dem Barzahlungspreis zugunsten des Kunden abweichende Ratenzahlungsabrede, so finden §§ 499 Abs. 1, 492 ff. nach Auffassung des LG Karlsruhe[307] keine Anwendung.

44 Bei einer Rückzahlungsvereinbarung nach Darlehenskündigung ist ein entgeltlicher Zahlungsaufschub nur anzunehmen, wenn nach deren Inhalt im Vergleich zum gesetzlich fälligen Verzugszins gem. § 497 Abs. 1 höhere Zinsen entrichtet werden müssten.[308]

45 Abweichungen von 0,92 DM/0,47 € zwischen dem Barzahlungspreis und dem Ratenzahlungspreis führen nicht zur „Entgeltlichkeit" eines Zahlungsaufschubs.[309]

4. Anwendbare Vorschriften und Anwendungsausschlüsse

46 § 499 Abs. 1 eröffnet die Anwendung der Vorschriften über den Widerruf und den Einwendungsdurchgriff bei verbundenen Verträgen sowie die Verbraucherschutzvorschriften der §§ 492 Abs. 1–3, 494 bis 498. Entsprechend gelten die Bereichsausnahmen sowie die Teilbereichsausnahmen des § 491 Abs. 2 und 3.

a) §§ 499 Abs. 3, 491 Abs. 2

47 Die §§ 491 ff., 499 ff. sind auf Teilzahlungsgeschäfte, Finanzierungsleasingverträge und sonstige Finanzierungshilfen nicht durchweg anwendbar. Ausnahmen ergeben sich für Bagatellgeschäfte des §§ 491 Abs. 2 Nr. 1 in Höhe des Nettodarlehensbetrages bzw. – bei Teilzahlungsgeschäften – des Barzahlungspreises in Höhe von 200,00 € (vgl. §§ 499 Abs. 3 S. 2, 491 Abs. 2 Nr. 1). Zum Barzahlungspreis bei Teilzahlungsgeschäften gehört auch die Umsatzsteuer auch dann, wenn der Verbraucher oder Existenzgründer zum Vorsteuerabzug berechtigt ist.[310]

48 Wenn der Unternehmer nur gegen Teilzahlungen Sachen liefert oder Leistungen erbringt (§ 502 Abs. 1 S. 2), bedarf es keiner Angabe des Barzahlungspreises. In diesem Fall ist der vom Unternehmer geforderte Teilzahlungspreis das Maß für die Bagatellgrenze in Höhe von 200,00 €.[311]

---

306 AG Siegburg MDR 2000, 756.

307 LG Karlsruhe NJW-RR 2000, 1442, 1443.

308 Erman-*Saenger* § 491 Rdn. 5 m. w. N.

309 LG Karlsruhe NJW-RR 2000, 1442, 1443; auch OLG Stuttgart NJW-RR 1994, 436 und MüKo-*Habersack* § 499 Rdn. 9 a. E.

310 Müko-*Habersack* § 502 Rdn. 5.

311 *Bülow* § 499 Rdn. 90; W/E/R-*Graf von Westphalen* § 3 VerbrKrG Rdn. 8.

Ist § 502 Abs. 1 S. 2 nicht anwendbar und hätte der Unternehmer einen über 200,00 € liegenden Barzahlungspreis angeben müssen, den er nicht angegeben hat, ist der sonst vom Unternehmer geforderte Listenpreis zur Bemessung der Bagatellgrenze heranzuziehen.[312] 49

Bei Leasingverträgen entspricht dem Barzahlungspreis derjenige Preis, den der Leasinggeber bei seinem Lieferanten aufwenden musste bzw. der vom Leasinggeber im Fall von Bargeschäften tatsächlich geforderte Preis.[313] Auch hier ist die Umsatzsteuer unabhängig von einer Berechtigung des Leasingnehmer zum Vorsteuerabzug hinzuzurechnen.[314] 50

b) §§ 499 Abs. 3, 491 Abs. 3

Einen partiellen Anwendungsausschluss enthält § 499 Abs. 3, 491 Abs. 3 für Teilzahlungsgeschäfte, Finanzierungsleasingverträge und sonstige Finanzierungshilfen. Von Bedeutung ist hier nur die gerichtliche Protokollierung. In § 491 Abs. 3 Nr. 1 werden die §§ 492–495, 358 Abs. 2, Abs. 4 und Abs. 5 für unanwendbar erklärt, wenn der Finanzierungsleasingvertrag, das Teilzahlungsgeschäft bzw. die sonstige Finanzierungshilfe Gegenstand eines gerichtlichen Protokolls oder einer notariellen Urkunde sind, soweit der Vertragszins (nicht: der effektive Jahreszins), die Kosten für die Finanzierungshilfe, auch soweit im Teilzahlungspreis nach § 502 Abs. 1 Nr. 2 enthalten, und ggf. die Änderungsvoraussetzungen (§ 492 Abs. 1 Nr. 2) mitgeteilt werden.[315] 51

c) Mindestangaben in Vollmachten

Vom Verbraucher erteilte Vollmachten zum Abschluss von Teilzahlungsgeschäften, Finanzierungsleasingverträgen und Verträgen über andere Finanzierungshilfen bedürfen – anders als die Vollmachten zum Abschluss von Verbraucherdarlehensverträgen i. S. d. § 491 Abs. 1 – nicht der in §§ 492 Abs. 1 Satz 5 und 502 Abs. 1 S. 1 geregelten Mindestangaben. Eine entsprechende Anwendung des § 492 Abs. 4 scheidet angesichts des Ausnahmecharakters der Bestimmung aus.[316] 52

5. Einzelne Verträge und Fallgruppen

a) Kreditkarten

Kein entgeltlicher Zahlungsaufschub wird gegenüber dem Inhaber einer Kreditkarte (EuroCard, American-Express-Karte u. a.) gewährt. Denn das 53

---

[312] *Bülow* § 499 Rdn. 90; W/E/R-*Graf von Westphalen* § 3 VerbrKrG Rdn. 8; a. A. Müko-*Ulmer* § 3 VerbrKrG Rdn. 7.

[313] *Bülow* § 499 Rdn. 91.

[314] *Bülow* § 499 Rdn. 91; Müko-*Habersack* § 502 Rdn. 5.

[315] *Bülow* § 499 Rdn. 97.

[316] *Bülow* § 499 Rdn. 117, 118: Ausnahme jedoch, wenn der Vertreter vom Vollmacht gebenden Verbraucher weisungsabhängig ist.

vom Vertragsunternehmen gezahlte Disagio stellt ebenso wenig ein Entgelt des Karteninhabers für den kurzfristigen Zahlungsaufschub bis zum Eingang der jeweiligen Lastschrift dar wie die von ihm zu entrichtende Jahresgebühr, die von der Höhe seiner mit der Karte finanzierten Umsätze abhängig ist.[317]

b) Eurocheque-Karte

54 Dieselben Erwägungen gelten bei Verwendung der Eurocheque-Karte und der Begebung von Euroschecks, deren Einlösung durch die bezogenen Kreditinstitute bis Ende 2001 garantiert wurde.[318]

c) Barzahlungsrabatt

55 Auch ein dem Verbraucher eingeräumter, von diesem nicht ausgenutzter Barzahlungsrabatt stellt kein Entgelt i.S.d. § 499 Abs. 1, sondern nur eine Gegenleistung für die unverzügliche Leistung des Vertragspartners dar. Denn die Gewährung von Skonti und Rabatten setzt das Bestehen einer Barzahlungsvereinbarung gerade voraus.[319]

III. Sonstige Finanzierungshilfe, § 499 Abs. 1

56 Nach der Formulierung des Gesetzes ist die „sonstige Finanzierungshilfe“ (§ 499 Abs. 1) der allgemeine und nicht abschließende Begriff, deren Sonderformen das Darlehen und der Zahlungsaufschub sind. Unter eine „sonstige Finanzierungshilfe“, definiert als „die zeitweilige, entgeltliche Überlassung von Kaufkraft an den Verbraucher in einer nicht als Darlehen oder als Zahlungsaufschub zu qualifizierenden Form zur vorgezogenen Verwendung künftigen Einkommens für konsumtive oder investive Zwecke“[320] fallen derzeit nur der Mietkauf und das in §§ 499 Abs. 2, 500 i.V.m. §§ 358, 359, 492 Abs. 1 S. 1 bis 4, 492 Abs. 2, Abs. 3, 495 Abs. 1 i.V.m. § 355, §§ 496 bis 498 näher geregelte Finanzierungsleasing.[321]

---

[317] *Martis* MDR 1998, 1189, 1994; Bamberger/Roth-*Möller/Wendehorst* § 499 Rdn. 4; Erman-*Saenger* § 491 Rdn. 7; *Seibert* DB 1991, 429; Müko-*Ulmer* § 1 VerbrKrG Rdn. 77; Müko-*Ulmer* § 499 Rdn. 67; Müko-*Habersack* § 499 Rdn. 18; W/E/R-*Graf von Westphalen* § 1 VerbrKrG Rdn. 173; a.A. *Bülow* § 491 Rdn. 109 und § 499 Rdn. 103 sowie *Michalski* Jura 1997, 172; zu den Einzelheiten, s.o. C. Rdn. 13ff.

[318] Vgl. *Bülow* § 491 Rdn. 109; s.o. C. Rdn. 21ff.

[319] Müko-*Habersack* § 499 Rdn. 10; W/E/R-*Graf von Westphalen* § 1 VerbrKrG Rdn. 165, 166.

[320] Müko-*Ulmer* § 1 VerbrKrG Rdn. 82; Müko-*Habersack* § 499 Rdn. 23.

[321] *Bülow* § 499 Rdn. 22; Staudinger/Kessal-*Wulf* § 1 VerbrKrG Rdn. 80 und § 499 Rdn. 26, 28; *Martis* MDR 1998, 1189, 1193.

Erfasst werden Voll- und Teilamortisationsleasingverträge mit und ohne Andienungsrecht des Leasinggebers,[322] Kfz-Leasingverträge mit Kilometerabrechnung,[323] soweit sie auf Vollamortisation angelegt sind.[324] 57

Nicht unter den Begriff der „sonstigen Finanzierungshilfe" fallen dagegen insbesondere das Operating-Leasing, das von der Bestimmung des § 505 (Ratenlieferungsvertrag) erfasst wird,[325] das echte sowie das unechte Factoring,[326] der Wechseldiskont[327] und Finanzierungsleasingverträge dann, wenn eine Voll- oder Teilamortisation der Aufwendungen des Leasinggebers nach dem Vertrag gar nicht zu erreichen wäre.[328] 58

IV. Finanzierungsleasingverträge, §§ 499 Abs. 2, 500

1. Begriff des Leasingvertrages

Ein Leasingvertrag liegt vor, wenn der Leasinggeber (Leasinggeber) dem Leasingnehmer (Leasingnehmer) eine Sache oder eine Sachgesamtheit gegen ein in Raten gezahltes Entgelt zum Gebrauch überlässt, wobei den Leasingnehmer die Gefahr oder Haftung für die Instandhaltung, für Sachmängel, den Untergang oder die Beschädigung der Sache allein trifft,[329] während der Leasinggeber hierfür dem Leasingnehmer seine Ansprüche gegen Dritte (Verkäufer der Ware, Werkunternehmer) überträgt. 59

Der Vertrag hat i.d.R. eine feste Grundmietzeit, die oftmals mit einer Verlängerungsoption zugunsten des Leasingnehmers verbunden ist. Der Vertrag kann aber auch auf unbestimmte Zeit abgeschlossen werden. Obwohl dies für den Leasingvertrag nicht begriffsnotwendig ist, ist für den Leasingnehmer im Vertrag nicht selten eine Kaufoption (Ankaufsrecht) bzw. ein Andienungsrecht vorgesehen.[330] 60

Den Begriff des „Finanzierungsleasingvertrages" definiert das Gesetz nicht. Er wurde vom Gesetzgeber in § 3 Abs. 2 Nr. 1 VerbrKrG eingeführt und wird in §§ 499 Abs. 2, 500 verwendet. 61

---

[322] BGH MDR 1997, 38; MDR 1996, 890; *Martis* MDR 1998, 1189, 1193.

[323] BGH NJW 1998, 1637, 1639; NJW 1996, 2033, 2034.

[324] Bamberger/Roth-*Möller/Wendehorst* § 499 Rdn. 7 und § 500 Rdn. 5.

[325] *Bülow* § 499 Rdn. 69 und § 500 Rdn. 5; Müko-*Habersack* § 499 Rdn. 36; *Friedrich* MDR 1998, 649; a. A. W/E/R-*Graf von Westphalen* § 1 VerbrKrG Rdn. 186, 190.

[326] W/E/R-*Graf von Westphalen* § 1 VerbrKrG Rdn. 114, 115.

[327] Müko-*Ulmer* § 1 VerbrKrG Rdn. 91; a. A. W/E/R-*Graf von Westphalen* § 1 VerbrKrG Rdn. 108, wenn die Bank einen Wechsel für den Kunden akzeptiert und dieses Akzept sogleich diskontiert.

[328] BGH NJW 1996, 2034.

[329] BGH NJW 1998, 1637 = NZM 1998, 330; Bamberger/Roth-*Ehlert* vor § 535 Rdn. 47; Palandt-*Weidenkaff* Einf. vor § 535 Rdn. 37.

[330] BGH NJW 1996, 923; Bamberger/Roth-*Ehlert* vor § 535 Rdn. 47; nach Bamberger/Roth-*Möller-Wendehorst* § 500 Rdn. 20 werden von § 500 überhaupt nur solche Leasingverträge erfasst, die am Ende ihrer Laufzeit den Übergang der Sachsubstanz auf den Leasingnehmer vorsehen.

62 Es handelt sich um einen Leasingvertrag, bei dem der Leasingnehmer für die Vollamortisation, aber auch durch die anschließende Verwertung[331] der vom Leasinggeber für die Anschaffung des Leasinggutes gemachten Aufwendungen und Kosten einzustehen hat.[332]

a) Voll- und Teilamortisationsverträge

63 Erfasst werden Voll- und Teilamortisationsleasingverträge mit und ohne Andienungsrecht des Leasinggeber,[333] wobei es nicht darauf ankommt, dass Aufwand und Kosten des Leasinggeber ganz überwiegend durch Zahlungen des Leasingnehmer amortisiert werden. Es reicht bei Teilamortisationsverträgen vielmehr aus, dass ein so wesentlicher Teil durch die Zahlung der Leasingraten ausgeglichen wird, dass eine Vollamortisation durch eine Verwertung nach Rückgabe des Leasinggutes erreicht wird und demnach keine Amortisationslücke für den Leasinggeber zu erwarten ist.[334]

64 Wird die faktische Vollamortisation durch den Leasingnehmer gesichert, sind die §§ 500, 358, 359, 492 Abs. 1 S. 1 bis 4, 492 Abs. 2, Abs. 3, 495 Abs. 1 i.V.m. § 355, 356 und §§ 496 bis 498 ebenso anwendbar wie auf die reinen Vollamortisationsverträge, die dem Erlass des Bundesministers der Finanzen vom 19. 4. 1971 (BStBl. I 1971, 264), vom 21. 3. 1972 (BStBl. I 1972, 188) und vom 22. 12. 1975 (vgl. BB 1976, 72) entsprechen.[335]

65 Nach teilweise vertretener Ansicht werden in richtlinienkonformer (vgl. Art. 2 Abs. 1 d der VerbrKrRL) Auslegung des § 500 jedoch nur solche Finanzierungsleasingverträge erfasst, die den endgültigen Übergang der Sachsubstanz auf den Leasingnehmer vorsehen.[336]

b) Kfz-Leasingverträge mit Kilometerabrechnung

66 Auch Kfz-Leasingverträge mit Kilometerabrechnung werden von §§ 499 Abs. 2, 500 erfasst. Dies gilt nicht nur dann, wenn der Vertrag den Leasingnehmer bei Rückgabe des Fahrzeugs zum Ausgleich eines etwaigen Fahr-

---

[331] Vgl. BGH NJW 1998, 1637; NZM 2002, 40.

[332] Palandt-*Weidenkaff* Einf. vor § 535 Rdn. 39; Bamberger/Roth-*Ehlert* vor § 535 Rdn. 49.

[333] BGH MDR 1997, 38; MDR 1996, 890; OLG Karlsruhe WM 1997, 1340, 1342; *Martis* MDR 1998, 1189, 1193; Staudinger/Kessal-*Wulf* § 500 Rdn. 5.

[334] BGH NJW 1998, 1637, 1639; Engel MDR 2000, 797, 798; Bamberger/Roth-*Möller/Wendehorst* § 500 Rdn. 2 Fn. 4; auch *Bülow* § 499 Rdn. 72, 73 sowie § 500 Rdn. 5; a. A. *Friedrich* MDR 1998, 649 f.

[335] BGH NJW 1996, 2033; NJW 1998, 1637, 1639; *Engel* MDR 2000, 797, 798; *Bülow* § 499 Rdn. 73 und § 500 Rdn. 5; vg. Zur steuerrechtlichen Problematik Erman-*Jendrek* Anh. § 535 Rdn. 11–14; a. A. *Zahn* DB 1992, 1029, 1032; *von Westphalen* NZM 1998, 607; *Beyer* DRiZ 1999, 234, 236.

[336] Bamberger/Roth-*Möller/Wendehorst* § 500 Rdn. 20; Anwaltkommentar-*Reiff* § 500 Rdn. 5.

zeugminderwerts verpflichtet, sondern auch dann, wenn er einen Ausgleich für etwaige Mehr- oder Minderkilometer vorsieht.[337]

Dabei kommt es nicht darauf an, dass der Aufwand und die Kosten des Leasinggeber ganz überwiegend durch die Zahlungen des Leasingnehmer amortisiert werden. Vielmehr reicht es aus, dass ein so wesentlicher Teil durch die Zahlung der Leasingraten ausgeglichen wird, dass die Vollamortisation nach Rückgabe des Fahrzeugs ohne erneutes Verleasen an weitere Leasingnehmer (Operating-Leasing) durch anschließende Verwertung erreicht wird, eine Amortisationslücke für den Leasinggeber also nicht zu erwarten ist.[338] 67

Die Kreditfunktion liegt bei diesen Verträgen darin, dass der Leasinggeber das Leasinggut beschafft sowie vorfinanziert und der Leasingnehmer die Möglichkeit hat, den Amortisationsanspruch ratenweise abzuzahlen.[339] 68

c) Operating-Leasing

An einer solchen entgeltlichen Finanzierung fehlt es bei der reinen Miete oder beim Operating-Leasing. 69

Beim Operating-Leasing geht es um die entgeltliche Überlassung von Investitionsgütern auf bestimmte oder unbestimmte Zeit, wobei die Kündigung jederzeit möglich ist.[340] Das Operating-Leasing ist allein nach mietrechtlichen Vorschriften (§§ 535 ff.) zu beurteilen.[341] 70

d) Hersteller-und Händlerleasing

Beim Hersteller- oder Händlerleasing schließt der Hersteller bzw. Händler als gleichzeitiger Leasinggeber selbst den Leasingvertrag mit dem Leasingnehmer ab. Soweit nach dem Inhalt des Vertrages auch hier die volle Amortisation durch den Leasingnehmer gesichert ist, handelt es sich um von §§ 499 Abs. 2, 500 erfasste Finanzierungsleasingverträge.[342] 71

e) „Null-Leasing"

Bei einem so genannten „Null-Leasing-Vertrag" handelt es sich um einen Fall des Finanzierungsleasings mit der Besonderheit, dass der Leasingneh- 72

[337] BGH NJW 1998, 1637, 1639; NJW 1996, 2033, 2034; *Bethäuser* DAR 1999, 481; *Friedrich* MDR 1998, 649 f.; *Martis* MDR 1998, 1189, 1193; *Melsheimer* MDR 1998, 522, 524; Erman-*Saenger* § 499 Rdn. 17; Müko-*Habersack* § 499 Rdn. 35; Staudinger/Kessal-*Wulf* § 500 Rdn. 8; a. A. *Martinek/Oechsler* ZIP 1993, 81, 91.

[338] BGH NJW 1998, 1637, 1639; *Martis* MDR 1998, 1189, 1193.

[339] Bamberger/Roth-*Möller/Wendehorst* § 500 Rdn. 2; *Canaris* ZIP 1993, 401, 402.

[340] BGH NJW 1998, 1637; Bamberger/Roth-*Ehlert* vor § 535 Rdn. 50.

[341] Palandt-*Weidenkaff* Einf. vor § 535 Rdn. 40; Staudinger/Kessal-*Wulf* § 500 Rdn. 4, 6.

[342] *Bülow* § 499 Rdn. 77; Bamberger/Roth-*Ehlert* vor § 535 Rdn. 52; Erman-*Jendrek* Anh. § 535 Rdn. 4, 5: Hersteller- und herstellerabhängiges Leasing sind echtes Finanzierungsleasing; anders Palandt-*Weidenkaff* Einf. vor § 535 Rdn. 42: i. d. R. Miet- oder Teilzahlungskauf.

mer nicht zum Kreis der Gewerbetreibenden gehört. Hier erhält der Leasinggeber zwar die volle Amortisation, die Summe der Leasingraten übersteigt aber den Kaufpreis für das Leasinggut nicht, sodass es an der Entgeltlichkeit der Finanzierungshilfe fehlt, Gegenstand des Vertrages zwar ein Kredit ist, der Vertrag aber dennoch keinen von §§ 499 Abs. 2, 500, 491 Abs. 1 erfassten Kreditvertrag darstellt.[343]

f) „Sale-and-lease-back-Leasing"

73 Beim Sale-and-lease-back-Verfahren ist der Leasingnehmer zunächst Eigentümer des Leasingguts (z.B. von Betriebseinrichtungen oder Betriebsgrundstücken), die er an den künftigen Leasinggeber veräußert und gem. §§ 929 S. 1, zum Eigentum überträgt. Dieser schließt mit dem Leasingnehmer einen Leasingvertrag ab. Leasingnehmer behält auf diese Weise die Betriebsmittel und gewinnt Kapital, das er anderweitig einsetzen kann.[344] In diesem Fall fehlt es an dem leasingtypischen Dreiecksverhältnis, das der rechtlichen Einordnung des Sale-and-lease-back-Verfahrens als Finanzierungsleasingvertrag jedoch nicht entgegensteht,[345] jedenfalls wenn durch dieses Verfahren die Vollamortisation gewährleistet wird, der Leasinggeber also den vorher an den Leasingnehmer gezahlten Kaufpreis zurückerhält.[346]

74 Regelmäßig wird der Leasingnehmer jedoch nicht die persönlichen Voraussetzungen des § 13 erfüllen weil er den Leasingvertrag im Rahmen seiner gewerblichen oder selbständigen beruflichen Tätigkeit abschließt.[347]

75 Etwas anderes gilt natürlich, wenn der Vertrag nur zum Zweck der Aufnahme einer gewerblichen oder freiberuflichen Tätigkeit (vgl. § 507) abgeschlossen wird und der von Leasingnehmer zu zahlende Betrag 50000,00 € nicht übersteigt.

2. Rechtsnatur

Die Rechtsnatur des Finanzierungsleasings ist nach wie vor umstritten.

76 Nach h.M. handelt es sich bei dem Leasingvertrag um einen atypischen Mietvertrag, auf den in erster Linie die §§ 535ff. anzuwenden sind.[348]

---

[343] *Bülow* § 499 Rdn. 24, 77; Bamberger/Roth-*Ehlert* vor § 535 Rdn. 53.

[344] Bamberger/Roth-*Ehlert* vor § 535 Rdn. 53; *Bülow* § 499 Rdn. 77.

[345] BGH NJW 1990, 829; Bamberger/Roth-*Ehlert* vor § 535 Rdn. 54.

[346] *Bülow* § 499 Rdn. 77.

[347] *Bülow* § 499 Rdn. 77 und § 491 Rdn. 64.

[348] BGH NJW 1990, 1113; NJW 1990, 1785; NJW 1995, 1019, 1021; Palandt-*Weidenkaff* Einf. vor § 535 Rdn. 38; Erman-*Jendrek* Anh § 535 Rdn. 15; Bamberger/Roth-*Ehlert* vor § 535 Rdn. 48; teilweise abweichend Bamberger/Roth-*Möller/Wendehorst* § 500 Rdn. 11: gemischt typischer Vertrag mit Elementen des Miet- und Kreditvertrages, wobei die mietrechtlichen Elemente dominieren; Müko-*Habersack* Leasing, Rdn. 24, 28 eigenständiger Vertragstyp, auf den mietrechtliche Vorschriften entsprechend anzuwenden sind, soweit Besonderheiten des Finanzierungsleasing nicht entgegenstehen; *Canaris* NJW 1982, 305, 306f. und AcP 190, 410, 446 sowie ZIP 1993,

3. Anwendbare mietrechtliche Vorschriften (§§ 535 bis 580 a)

In erster Linie sind mietrechtliche Vorschriften anzuwenden, insbesondere die Vorschriften über 77
- die Hauptleistungspflichten (§ 535),
- das Kündigungsrecht bei Nichtgewährung des Gebrauchs (§ 543),[349]
- den vertragswidrigen Gebrauch (§ 541),[350]
- die Mindestvoraussetzungen für die fristlose Kündigung durch den Leasinggeber (§§ 543 Abs. 2, 569 Abs. 3, Abs. 4),[351] wobei gegenüber einem Leasingnehmer als Verbraucher ein qualifizierter Ratenverzug nach § 498 Abs. 1 Nr. 1 und Nr. 2 vorliegen muss[352]
- die Rückgabe des Leasinggutes (§§ 546, 570, 578 Abs. 1),[353]
- die Schriftform beim Immobilienleasing (§ 550) sowie
- die Wohnraummiete.[354]

Soweit im Leasingvertrag keine Sonderregelungen getroffen worden sind, sind subsidiär anwendbar[355] die Vorschriften über die 78
- fristlose Kündigung (§§ 543, 569) unter Beachtung der Sondervorschrift des § 498 bei einer verzugsbedingten Kündigung gegenüber einem Verbraucher,
- Mängelanzeige (§ 536 c),
- Wegnahme von Einrichtungen (§§ 539 Abs. 2, 552),
- Abnutzung durch vertragsgemäßen Gebrauch (§ 538),[356]
- Erlaubnispflicht der Untervermietung (§ 540 Abs. 1 S. 1),
- Fälligkeit der Leasingraten (§ 556 b Abs. 1, § 579),
- persönliche Verhinderung des Mieters (§ 537),
- im Voraus entrichteten Leasingraten (§ 547),
- Verjährung (§ 548)
- Beendigung des Leasingvertrages (§§ 542, 573 c, 573 d, 580 a).[357]

Nach h.M. sind auch die Regelungen über den Verwendungsersatz (§§ 536 a, 539 Abs. 1), den Anspruch des Leasinggeber auf Erstattung der 79

401, 404: gemischter Vertrag mit Dominanz von Elementen aus Geschäftsbesorgung und Darlehen.

349 BGH NJW 1996, 1888, 1889; NJW 1998, 2284, 2285; Erman-*Jendrek* Anh. § 535 Rdn. 26, 27, 35.

350 OLG Düsseldorf NJW-RR 1987, 1370; Bamberger/Roth-*Möller/Wendehorst* § 500 Rdn. 13.

351 BGH NJW 1991, 2135, 2136; Bamberger/Roth-*Möller/Wendehorst* § 500 Rdn. 13.

352 Vgl. Erman-*Jendrek* Anh. § 535 Rdn. 43; Staudinger/Kessal-*Wulf* § 498 Rdn. 3, 15.

353 Vgl. Erman-*Jendrek* Anh. § 535 Rdn. 36.

354 Bamberger/Roth-*Möller/Wendehorst* § 500 Rdn. 13.

355 Vgl. Bamberger/Roth-*Möller/Wendehorst* § 500 Rdn. 14; Bamberger/Roth-*Ehlert* vor § 535 Rdn. 94 zu § 548.

356 BGH NJW 1994, 2019, 2020.

357 BGH NJW-RR 1990, 182; NJW 1990, 247, 248.

vollen Leasingraten bei verspäteter Rückgabe (§§ 546a, 571) und die stillschweigende Verlängerung des Vertrages zu gleichen Bedingungen (§ 545) zumindest subsidiär anzuwenden.[358]

80 Zu den nicht bzw. nicht subsidiär anwendbaren Mietrechtsvorschriften gehören etwa die Regelungen über die Kündigung bei verweigerter Erlaubnis der Untervermietung (§ 540 Abs. 1 S. 2)[359] und über die mangelfreie Erhaltung (§ 535 Abs. 1 S. 2),[360] über die Gegenleistungsgefahr (§ 536) und die Mängelgewährleistung (§§ 536, 536a, 536b, 536d).[361]

4. Anzuwendende verbraucherkreditrechtliche Vorschriften (§§ 492 bis 495, 496 bis 498, 358, 359)

81 Auf Finanzierungsleasingverträge zwischen einem Unternehmer (§ 14) und einem Verbraucher (§ 13) finden mit gewissen Ausnahmen die Vorschriften über den Verbraucherdarlehensvertrag (§§ 492ff. bis 498) Anwendung.

a) Formvorschriften (§ 492 Abs. 1 S. 1 bis 4, 492 Abs. 2, 492 Abs. 3)

82 Gem. § 492 Abs. 1 S. 1 bis 4 ist die Schriftform zu beachten. Die elektronische Form nach § 126a ist ausgeschlossen. Soweit der Leasingvertrag jedenfalls keinen Eigentumserwerb des Leasingnehmers vorsieht, ist der Unternehmer an sich nicht verpflichtet, die in § 492 Abs. 1 S. 5 Nr. 1 bis 7 bzw. die in § 502 Abs. 1 S. 1 Nr. 1 bis 6 geforderten Angaben zu machen.[362]

83 Jedoch folgt aus dem allgemeinen Schriftformerfordernis und dem von §§ 492, 502 Abs. 1 bezweckten Verbraucherschutz, dass in diesen Fällen zumindest die wesentlichen Nebenabreden aufgenommen werden müssen.[363]

84 Insbesondere sind der Gesamtbetrag der Leasingraten, die An- und Schlusszahlungen entsprechend § 502 Abs. 1 Nr. 2, Betrag, Zahl und Fälligkeiten der Leasingraten gem. § 502 Abs. 1 Nr. 3 und die Vereinbarungen über Sicherheiten entsprechend § 502 Abs. 1 Nr. 6 auch dann anzugeben, wenn im Leasingvertrag kein Eigentumserwerb des Leasingnehmers vorgesehen ist.[364]

---

[358] BGH NJW 1986, 179 und *von Westphalen* ZIP 1985, 1436 zu § 547 a.F. = §§ 536a, 539 Abs. 1, BGH NJW 1994, 516, 517 und Müko-*Habersack,* 3. Aufl., Leasing Rdn. 27 zu § 557 a.F. = §§ 546a, 571 n.F.; Erman-*Jendrek* Anh § 535 Rdn. 36 zu § 546a n.F.; BGH WM 1990, 23, 24 zu § 568 a.F. = § 545 n.F.; a.A. insoweit Bamberger/Roth-*Möller/Wendehorst* § 500 Rdn. 15.

[359] BGHZ 112, 65, 71ff.

[360] Bamberger/Roth-*Möller/Wendehorst* § 500 Rdn. 15, 27.

[361] Bamberger/Roth-*Möller/Wendehorst* § 500 Rdn. 15, 26.

[362] Bamberger/Roth-*Möller/Wendehorst* § 500 Rdn. 17; *Bülow* § 500 Rdn. 15.

[363] *Bülow* § 500 Rdn. 16; Staudinger/Kessal-*Wulf* § 500 Rdn. 11, 12.

[364] *Bülow* § 500 Rdn. 16 und § 502 Rdn. 20, 22, 27; Müko-*Habersack* § 500 Rdn. 4, 13: Angaben nach § 502 Abs. 1 S. 1 Nrn. 2, 3 und 6 erforderlich.

Nach zutreffender Auffassung des BGH ist § 500 im Anschluss an die Vorgängerregelung des § 3 Abs. 2 Nr. 1 VerbrKrG richtlinienkonform (Richtlinie 87/102/EWG) dahin auszulegen, dass §§ 492 Abs. 1 S. 5 Nr. 1–7, 494, 502 Abs. 1, 502 Abs. 3 (vom BGH entschieden für §§ 4 Abs. 1 S. 4 und 4 Abs. 1 S. 5 sowie § 6 VerbrKrG) von der Anwendung auf Finanzierungsleasingverträge, die einen Eigentumserwerb des Leasingnehmers vorsehen, nicht ausgeschlossen sind.[365] 85

Dies bedeutet, dass jedenfalls Finanzierungsleasingverträge, die nach Ablauf der Leasingzeit einen Eigentumserwerb des Leasingnehmers vorsehen, die Pflichtangaben des § 502 Abs. 1 Nr. 1–6 (vormals § 4 Abs. 1 S. 4 Nr. 2 a–f VerbrKrG) enthalten müssen. Der Angabe des Barzahlungspreises und des effektiven Jahreszinses bedarf es auch in diesen Fällen dann nicht, wenn der Unternehmer die Sachen nur gegen Teilzahlung liefert (§ 502 Abs. 1 S. 2). 86

Fehlt eine dieser Angaben, richten sich die Rechtsfolgen des Formmangels nach § 502 Abs. 3.[366] 87

Nach h. L. sind auch §§ 503 Abs. 2 S. 4, 504 (vormals §§ 13 Abs. 3, 14 VerbrKrG) nicht von der Anwendung auf Finanzierungsleasingverträge ausgeschlossen, die einen Eigentumserwerb des Leasingnehmers vorsehen.[367] 88

Auf einen bei Fehlen erforderlicher Angaben entstehenden Formmangel kann sich der Leasingnehmer aber nicht berufen, wenn er sich dadurch seinen Verpflichtungen entziehen wollte, obwohl er den Leasinggegegstand nahezu über die gesamte Vertragslaufzeit benutzt hat.[368] 89

Auch bei Finanzierungsleasingverträgen verbleibt es bei der Pflicht, dem Leasingnehmer eine Abschrift der Vertragsurkunde auszuhändigen, § 500 i.V.m. § 592 Abs. 3.[369] 90

b) Widerrufsrecht (§ 495 Abs. 1 i. V. m. § 355)

Finanzierungsleasingverträge können gem. §§ 495 Abs. 1, 355 bei Vorliegen der Voraussetzungen widerrufen werden. Das Widerrufsrecht kann bei 91

---

[365] BGH NJW 2002, 133, 136; zustimmend Staudinger/Kessal-*Wulf* § 500 Rdn. 11, 12.

[366] BGH NJW 2002, 133, 135 f. = WM 2001, 2162, 2165.

[367] *Bülow,* § 500 Rdn. 27; Staudinger/Kessal-*Wulf* a. a. O.; Müko-*Habersack* § 500 Rdn. 4, 12, 13: Angabe von Barzahlungspreis nicht erforderlich, soweit kein Eigentumserwerb des Verbrauchers vorgesehen ist; effektiver Jahreszins gem. § 6 Abs. 1 PAngV auch bei fehlender Kaufoption anzugeben, jedoch nicht, wenn der Leasinggeber ausschließlich Leasinggeschäfte tätigt; von BGH NJW 2002, 133, 136 offen gelassen.

[368] BGH NJW 1999, 2664, 2667; auch Müko-*Habersack* § 500 Rdn. 6 a. E.: § 242 bei beidseits vollständiger Vertragserfüllung; zum alten Recht Müko-*Ulmer* § 3 VerbrKrG Rdn. 30 und Staudinger/Kessal-*Wulf* § 3 VerbrKrG Rdn. 30: Heilung formnichtiger Verträge in analoger Anwendung des § 7 Abs. 2 S. 3 bei beiderseits vollständiger Erfüllung; a. A. zum alten Recht W/E/R-*Graf von Westphalen* § 3 VerbrKrG Rdn. 70 und *Bülow,* 3. Aufl. § 3 VerbrKrG Rdn. 74: Keine analoge Anwendung der §§ 6 Abs. 2 und 3, 7 Abs. 2 S. 3 VerbrKrG.

[369] Vgl. *Bülow* § 500 Rdn. 17 und § 492 Rdn. 62.

Finanzierungsleasingverträgen jedoch nicht durch ein Rückgaberecht nach § 356 ersetzt werden. § 503 Abs. 1 ist nicht entsprechend anzuwenden.[370]

c) Verbundene Geschäfte (§§ 358, 359)

92 Der Gesetzgeber erklärt in § 500 die Vorschriften über die verbundenen Verträge (§ 358) und die Einwendungen bei verbundenen Verträgen (§ 359) für anwendbar.

93 Er hat damit die zum alten Recht umstrittene Frage zugunsten der Anwendbarkeit der Regeln über die verbundenen Verträge entschieden.

94 Auf Finanzierungsleasingverträge waren §§ 9 Abs. 1 und 2 nach h. M. jedenfalls dann analog anwendbar, wenn der Verkäufer/Lieferant den Verbraucher/Leasingnehmer auf die Möglichkeit des Finanzierungsleasings hingewiesen und die geschäftliche Beziehung des Verbrauchers zum Leasinggeber in die Wege geleitet hat oder wenn Leasingnehmer zunächst mit dem Verkäufer einen Kaufvertrag mit Leasingfinanzierungsklausel abschloss, in den der Leasinggeber dann im Wege des Vertrags- oder Schuldbeitritts bzw. der Schuldübernahme eintrat und die weiteren Voraussetzungen („wirtschaftliche Einheit" u. a.) vorlagen.[371]

95 Dagegen war für eine analoge Anwendung des § 9 Abs. 3 VerbrKrG auf Finanzierungsleasingverträge nach h. M. deswegen kein Raum, weil der Leasingnehmer bereits durch die Möglichkeit, sich bei Vollzug der Wandelung (nach dem bis zum 31. 12. 2001 geltenden Recht) des Kauf- oder sonstigen finanzierten Vertrages gegenüber dem Leasinggeber auf den Wegfall der Geschäftsgrundlage zu berufen, ausreichend geschützt war, wobei er sogar bereits erbrachte Raten zurückverlangen konnte.[372]

96 Die Voraussetzungen verbundener Verträge nach § 358 Abs. 3 liegen i. d. R. nur vor, soweit der Leasingnehmer mit dem Verkäufer/Lieferanten einen Beschaffungsvertrag mit Leasingfinanzierungsklausel (Eintrittsmodell) schließt und dieser Beschaffungsvertrag mit dem Leasingvertrag eine wirtschaftliche Einheit bildet.[373]

---

[370] *Bülow* § 500 Rdn. 18, 35; Müko-*Habersack* § 500 Rdn. 9.

[371] *Canaris* ZIP 1993, 407; *Lieb* WM 1991, 1535; *Martis* MDR 1999, 65; *Michalski* Jura 1997, 177 f; Erman-*Klingsporn/Rebmann*, 9. Aufl., § 9 VerbrKrG Rdn. 7, 12, 36; Müko-*Habersack* § 9 VerbrKrG Rdn. 145; W/E/R-*Emmerich* § 9 VerbrKrG Rdn. 211, 212, 213; a. A. *Bülow* 3. Aufl. 1998, § 9 VerbrKrG Rdn. 123 f und 5. Aufl. 2002, § 500 Rdn. 11; *Slama* WM 1991, 569, 572.

[372] Müko-*Habersack* § 9 VerbrKrG Rdn. 147 und Leasing, 3. Aufl., Rdn. 22, 32; *Lieb* WM 1991, 1539, 1542; *Slama* WM 1991, 573; *Reinicke-Tiedtke* ZIP 1992, 228; *Martis* MDR 1999, 65; differenzierend Staudinger/Kessal-*Wulf* § 9 VerbrKrG Rdn. 44; a. A. und für analoge Anwendung des § 9 Abs. 3 VerbrKrG: W/E/R-*Emmerich* § 9 VerbrKrG Rdn. 216–218; *Michalski* Jura 1997, 177; *Canaris* ZIP 1993, 410; *Peters* WM 1992, 1805.

[373] Bamberger/Roth-*Möller/Wendehorst* § 500 Rdn. 19; *Bülow* § 500 Rdn. 12; Müko-*Habersack* § 500 Rdn. 8; für analoge Anwendung zum alten Recht *Canaris*

In den übrigen Fällen geht die Verweisung des § 500 auf die §§ 358, 359 weitgehend ins Leere; regelmäßig fehlt es bereits an den für die Anwendung der §§ 358, 359 erforderlichen zwei Verträgen des Verbrauchers. Auch eine analoge Anwendung der §§ 358, 359 scheidet nach h.M. zum neuen Recht aus.[374] Denn der Verbraucher/Leasingnehmer ist durch die Möglichkeit, sich – auch nach neuem Recht – auf das Entfallen der Geschäftsgrundlage zu berufen, wenn er wirksam gem. §§ 437 Nr. 2, 440, 323 vom Kaufvertrag zurücktritt[375] bzw. Klage auf Rückgewähr einreicht,[376] ausreichend geschützt.[377] 97

Ist der Leasinggeber in den Beschaffungs- bzw. Kaufvertrag als Gesamtschuldner neben dem Verbraucher eingetreten, erstreckt sich der Widerruf des Verbrauchers gem. § 358 Abs. 2 S. 1 auf den Beschaffungs- bzw. Kaufvertrag, der gem. § 425 aber nur in der Person des Verbrauchers schwebend wirksam und durch den Widerruf endgültig unwirksam geworden ist. Leasinggeber bleibt also an den Beschaffungs- bzw. Kaufvertrag gebunden, ohne aus dem dazugehörigen Leasingvertrag berechtigt zu sein.[378] Eine Einwendungsübernahme gem. § 417 scheidet aus.[379] 98

Der Leasinggeber kann mit dem Verbraucher wegen § 506 Abs. 1 (Umgehungsverbot) nicht wirksam vereinbaren, dass sein Bestellereintritt unter dem Vorbehalt des unterlassenen Widerrufs stehe.[380] 99

d) Einwendungsverzicht, Wechsel- und Scheckverbot (§ 496)

Der Leasingnehmer geniest als Verbraucher auch den Schutz aus § 496.[381] 100

e) Verzug (§ 497)

Auch § 497 ist Fall des Verzuges des Leasingnehmer anwendbar.[382] 101

ZIP 1993, 401, 407, 410; Müko-*Habersack* § 9 VerbrKrG Rdn. 145; *Reinicke/Tiedtke* ZIP 1992, 217, 228.

[374] Müko-*Habersack* § 500 Rdn. 8 a.E.

[375] So Erman-*Jendrek* Anh. § 535 Rdn. 31.

[376] So Palandt-*Weidenkaff* vor § 535 Rdn. 58.

[377] *Bülow* § 495 Rdn. 280 und § 500 Rdn. 12, 13; Müko-*Habersack* § 500 Rdn. 8 und § 358 Rdn. 16; differenzierend Bamberger/Roth-*Möller/Wendehorst* § 500 Rdn. 19, 20, 21 und Staudinger/Kessal-*Wulf* § 358 Rdn. 43, 44.

[378] *Bülow* § 500 Rdn. 13; Staudinger/Kessal-*Wulf* a.a.O.

[379] *Bülow* § 500 Rdn. 13, a.A. *Lieb* WM 1991, 1533, 1535: analoge Anwendung.

[380] *Bülow* § 500 Rdn. 13; *Peters* WM 1992, 1797, 1804; a.A. *Reinicke/Tiedtke* ZIP 1992, 217, 227.

[381] Vgl. *Bülow* § 500 Rdn. 19; Staudinger/Kessal-*Wulf* § 500 Rdn. 10.

[382] *Bülow* § 497 Rdn. 67 und § 500 Rdn. 20; a.A. BGH NJW 1997, 3166 und Erman-*Jendrek* Anh. § 535 Rdn. 51: §§ 11 VerbrKrG bzw. 497 nur zugunsten von Kreditinstituten anwendbar, aber AGB mit „D+4“ bzw. „B+5“ wirksam.

f) Gesamtfälligstellung (§ 498)

102 Ist der Leasingnehmer Verbraucher i.S.d. § 13, der Leasinggeber Unternehmer i.S.d. des § 14, kann Leasinggeber den Finanzierungsleasingvertrag nur bei Vorliegen der Voraussetzungen des § 498 kündigen.[383] Die Frage, wie die Rückstandsquote nach § 498 Abs. 1 Nr. 1 zu berechnen ist, ist für die Praxis durch das Urteil des BGH vom 14. 2. 2001[384] geklärt.

103 Nach Auffassung des BGH[385] ist für die Berechnung der Rückstandsquote nach § 12 Abs. 1 Nr. 1 VerbrKrG/§ 498 Abs. 1 Nr. 1 im Ergebnis allein auf die Summe der Brutto-Leasingraten abzustellen.

104 Die in den Leasingraten enthaltenen Zinsen und Kosten seien schon deshalb nicht abzusetzen, weil sie vom Leasinggeber – wegen des Ausschlusses in § 4 Abs. 1 S. 4 VerbrKrG in § 3 Abs. 2 Nr. 1 VerbrKrG (ab dem 1. 1. 2002: Ausschluss des § 492 Abs. 1 S. 5 und des § 502 in § 500) – im Leasingvertrag üblicherweise nicht angegeben werden und der Leasingnehmer ohne diese Angabe nicht voraussehen kann, wann die Rückstandsquote erreicht ist.[386] Auch der kalkulierte Restwert und/oder eine Sonderzulage sind bei der Berechnung der Rückstandsquote nicht zu berücksichtigen. Ansonsten könnte die Zeit, die bei Ausbleiben der monatlichen Leasingraten zur Erreichung der Rückstandsquote erforderlich ist, viele Monate betragen. Danach mögliche Wartezeiten von sechs, neun und mehr Monaten wären dem Leasinggeber unter Berücksichtigung des von § 12 VerbrKrG/§ 498 bezweckten Verbraucherschutzes nicht zumutbar.[387]

5. Auf Finanzierungsleasingverträge unanwendbare Vorschriften der §§ 491–507

a) Pflichtangaben (§§ 491 Abs. 1 S. 5 Nr. 1–7, 502 Abs. 1 Nr. 1–6) und Heilung (§§ 494, 502 Abs. 3)

105 Nach dem Wortlaut des § 500 müssen die Angaben des § 492 Abs. 1 S. 5 Nr. 1–7 bzw. § 502 Abs. 1 Nr. 1–6 zum Nettodarlehensbetrag, dem Gesamtbetrag aller vom Leasingnehmer zu entrichtenden Teilzahlungen, der Art und Weise der Rückzahlung der Raten, dem Zinssatz und effektiven Jahreszins, den Kosten einer Restschuld- oder sonstigen Versicherung, den zu bestellenden Sicherheiten nicht gemacht werden.

---

[383] Vgl. hierzu 2. Teil, K. Rdn. 25ff. und BGH NJW 2000, 133, 137; NJW 2000, 3133.

[384] BGH NJW 2001, 1349; s.u. 2. Teil, K. Rdn. 46ff.

[385] NJW 2001, 1349, 1351; zustimmend *Weber* NJW 2003, 2348, 2352 bei Vollamortisationsverträgen; zur Gegenansicht s.u. 2. Teil, K. Rdn. 42ff.

[386] BGH NJW 2001, 1349, 1351.

[387] BGH NJW 2001, 1349, 1351; gegen die Berücksichtigung von Sonderzahlungen auch *Engel* MDR 2000, 801 und *Slama* WM 1991, 573; für die Berücksichtigung einer Sonderzahlung dagegen *Bülow,* 3. Aufl., § 12 VerbrKrG Rdn. 27 und Müko-*Habersack* § 12 VerbrKrG Rdn. 14 sowie Müller-*Sarnowski* BB 1994, 446.

Die nach § 500 anwendbar bleibende Vorschrift des § 492 Abs. 2 über den effektiven Jahreszins ist bedeutungslos, weil dieser nach dem Wortlaut des § 500 gerade nicht anzugeben ist.[388] 106

Zum alten Recht hatte der BGH[389] entschieden, dass die Formvorschriften des § 4 Abs. 1 S. 4 und 5 (jetzt § 492 Abs. 1 S. 5 Nr. 1–7, § 492 Abs. 2 bzw. § 502 Abs. 1) sowie die Heilungs- und Sanktionsvorschrift des § 6 VerbrKrG (jetzt § 494 bzw. § 502 Abs. 3) auch bei Finanzierungsleasingverträgen Anwendung finden. Eine entsprechende, an der Verbraucherkreditrichtlinie 87/102/EWG orientierte Auslegung sei zur Vermeidung eines Verstoßes hiergegen geboten. 107

Art. 4 der Richtlinie schreibt den Mitgliedsstaaten vor, dass der effektive Jahreszins in der Vertragsurkunde anzugeben ist und diese auch die weiteren wesentlichen Vertragsbestimmungen enthalten soll, worunter gem. der Liste im Anhang der Richtlinie unter anderem der Barzahlungspreis und der Preis, der im Rahmen eines Kreditvertrages zu zahlen ist, der Betrag einer etwaigen Anzahlung, Anzahl und Beträge von Teilzahlungen und Termine, zu denen sie fällig werden, daneben etwaige Sicherheiten und Versicherungskosten fallen.[390] 108

Da nicht anzunehmen ist, dass der Gesetzgeber für das SMG hinter diesem Schutz ohne Verstoß gegen die Richtlinie zurückbleiben wollte, müssen in richtlinienkonformer Auslegung die Angaben des § 502 Abs. 1 S. 1 Nr. 2 (Teilzahlungspreis), Nr. 3 (Betrag, Zahl und Fälligkeit der einzelnen Teilzahlungen), Nr. 4 (effektiver Jahreszins) und Nr. 5 (Kosten einer Versicherung im Zusammenhang mit dem Abschluss des Finanzierungsleasingvertrages) gemacht werden, wobei die Angaben des § 502 Abs. 1 Nr. 1 (Barzahlungspreis) und Nr. 6 (Sicherheiten) entbehrlich sind.[391] 109

In Fortführung der BGH-Rechtsprechung ist auch der gesamte Sanktions- und Heilungstatbestand des § 502 Abs. 3 auf Finanzierungsleasingverträge mit Erwerbsoption anzuwenden.[392] 110

---

388 *Bülow* § 500 Rdn. 27.

389 BGH NJW 2002, 133, 135f; zust. Staudinger/Kessal-*Wulf* § 500 Rdn. 11, 12.

390 Vgl. BGH NJW 2002, 133, 135.

391 *Bülow* § 500 Rdn. 37 und § 502 Rdn. 20; teilw. abweichend Bamberger/Roth-*Möller/Wendehorst* § 500 Rdn. 21: Angaben nach § 502 Abs. 1 Nr. 2, Nr. 3 und Nr. 6 erforderlich; Müko-*Habersack,* 4. Aufl., § 500 Rdn. 4, 12, 13: Angaben nach § 502 Abs. 1 Nr. 2, 3 und 6 erforderlich und effektiver Jahreszins anzugeben, wenn der Leasinggeber nicht nur Leasinggeschäfte tätigt; Anwaltkommentar-*Reiff* § 500 Rdn. 6: alle Pflichtangaben des § 502 Abs. 1 notwendig.

392 *Bülow* § 500 Rdn. 38 im Anschluss an BGH NJW 2002, 135, 136; ebenso Bamberger/Roth-*Möller/Wendehorst* § 500 Rdn. 21; teilw. abweichend Staudinger/Kessal-*Wulf* § 500 Rdn. 12 a.E.: §§ 502 Abs. 1, 503 Abs. 3 S. 1 anzuwenden, nicht aber § 503 Abs. 1; Müko-*Habersack,* 4. Aufl., § 500 Rdn. 2, 12, 13: §§ 502 Abs. 2, Abs. 3, 503 Abs. 1, 504 anzuwenden, nicht jedoch § 503 Abs. 2 S. 1–3.

b) Rücktritt und vorzeitige Zahlung (§§ 503, 504)

111 Nach dem Wortlaut des § 500 sind die §§ 503, 504 über die Rücktrittsfiktion nach Rücknahme des Leasinggutes durch den Leasinggeber oder eine finanzierende Bank sowie über die vorzeitige Zahlung bei Teilzahlungsgeschäften unter Verminderung des Teilzahlungspreises um die Zinsen und sonstigen laufzeitabhängigen Kosten nicht auf Finanzierungsleasingverträge anwendbar.

112 Nach der gebotenen richtlinienkonformen Auslegung der Verbraucherkreditrichtlinie 87/102/EWG sind nach h.M. auch §§ 503 Abs. 2 S. 4, Abs. 2 S. 5 und § 504 auf Finanzierungsleasingverträge entsprechend anwendbar.[393]

c) Dreimonats-Grenze (§ 499 Abs. 1)

113 Da ein Finanzierungsleasingvertrag keinen „Zahlungsaufschub" i.S.d. § 499 Abs. 1 darstellt, greift die Drei-Monats-Grenze dieser Vorschrift nicht ein, d.h. §§ 500, 492ff. sind auch bei kurzfristigeren Verträgen einschlägig.[394]

d) Mindestangaben bei rechtsgeschäftlicher Vertretung

114 Die Vollmacht des Leasingnehmer zum Abschluss eines Finanzierungsleasingvertrages bedarf zu ihrer Wirksamkeit keiner Mindestangaben entsprechend § 492 Abs. 4.[395]

e) Rückgaberecht (§ 356)

115 § 356 ist auf Finanzierungsleasingverträge nicht, auch nicht entsprechend anwendbar, d.h. dem Leasingnehmer (Verbraucher) kann und muss statt des Widerrufsrechts kein Rückgaberecht eingeräumt werden.

6. Exkurs: Unwirksame AGB in Leasingverträgen

a) Nichterfüllung und verspätete Erfüllung durch den Leasinggeber

116 Verzögert sich die Übergabe der Leasingsache, steht dem Leasingnehmer gem. § 320 die Einrede es nicht erfüllten Vertrages,[396] ein Anspruch auf Er-

---

[393] Anwaltkommentar-*Reiff* § 501 Rdn. 6; Bamberger/Roth-*Möller/Wendehorst* § 500 Rdn. 21 und § 504 Rdn. 2: §§ 502 Abs. 3, 504; *Bülow* § 500 Rdn. 30, 31, 38, § 503 Rdn. 63, 83 und § 504 Rdn. 11: entsprechende Anwendung des § 502 Abs. 3 S. 4 auf Finanzierungsleasingverträge mit Erwerbsrecht des Verbrauchers auch § 504; Müko-*Habersack* § 500 Rdn. 2, 12, 13: §§ 502 Abs. 2, Abs. 3, 503 Abs. 1, 504 anzuwenden, nicht jedoch § 503 Abs. 2 S. 1–3; Staudinger/Kessal-*Wulf* a.a.O. vgl. Fn. 392.

[394] *Bülow* § 500 Rdn. 32 und § 499 Rdn. 100; Erman-*Saenger* § 499 Rdn. 6 a.E.; Bamberger/Roth-*Möller-Wendehorst* § 499 Rdn. 5; Müko-*Habersack* § 500 Rdn. 3 und § 499 Rdn. 12, 33.

[395] Vgl. *Bülow* § 500 Rdn. 33 und § 499 Rdn. 117.

[396] BGH ZMR 1989, 3222, 324.

satz des Verspätungsschadens (§§ 280, 286 n.F.) und unter den Voraussetzungen der §§ 323, 543 Abs. 2 S. 1 Nr. 1 ein Recht zum Rücktritt bzw. zur fristlosen Kündigung des Vertrages zu. Eine AGB-Klausel, die diese Rechte des Leasingnehmer wegen der Verletzung einer „Kardinalpflicht" ausschließt, ist gem. § 309 Nr. 8a bzw. § 307 Abs. 1 auch bei Verwendung gegenüber einem Unternehmer unwirksam.[397]

Unwirksam ist auch eine Klausel, die den Leasingnehmer auch dann zur **117**
Zahlung der Leasingraten oder einer Entschädigung an den Leasinggeber verpflichtet, wenn der Lieferant/Verkäufer die Sache endgültig nicht liefern kann.[398]

b) Abwälzung der Sach-und Preisgefahr; kurzfristiges Kündigungsrecht des Leasingnehmers

Wird die Gebrauchsgewährung nach Überlassung des Leasinggegenstandes **118**
dem Leasinggeber ganz oder teilweise unmöglich, würde er an sich nach § 326 Abs. 1 bzw. bei einem Mangel nach § 536 weiterhin die Gegenleistungsgefahr tragen. Regelmäßig sehen AGB in Finanzierungsleasingverträgen daher eine Verlagerung der Gegenleistungsgefahr auf den Leasingnehmer vor.[399]

Der Inhaltskontrolle halten solche Preisgefahrklauseln stand, wenn sie auf **119**
Risiken beschränkt sind, die dem Einflussbereich des Leasingnehmer zugehören.[400]

Dem Leasingnehmer muss für den Fall des Untergangs oder der er- **120**
heblichen Beschädigung des Leasinggutes auch ein außerordentliches Kündigungsrecht oder ein gleichwertiges Lösungsrecht eingeräumt werden.[401]

Gem. § 307 Abs. 1 unwirksam ist daher die formularmäßige Abwälzung **121**
der Sach- und Preisgefahr auf den Kfz-Leasingnehmer unter Abbedingung des Kündigungsrechts aus § 542 a.F. (§ 543 n.F.) mit folgenden oder ähnlichen Klauseln:
- „Von der Übergabe an (...) trägt der Leasingnehmer auch die Gefahr von zufälligem Untergang, Verlust, Diebstahl oder Beschädigung des Kfz. Das Kündigungsrecht gem. § 542 (bzw. § 543 n.F.) wird ausgeschlossen".[402]
- „Die Gefahr für Beschädigung, Untergang, Zerstörung oder Abhandenkommen des Kfz trägt der Leasingnehmer".[403]

---

[397] Erman-*Jendrek* Anh. § 535 Rdn. 26; Palandt-*Heinrichs* § 309 Rdn. 60.

[398] BGH NJW 1986, 179; Erman-*Jendrek* Anh § 535 Rdn. 25.

[399] Vgl. BGH NJW 1990, 2546, 2547; NJW 1986, 1335, 1337; Bamberger/Roth-*Möller/Wendehorst* § 500 Rdn. 26.

[400] BGH NJW 1985, 1535; Bamberger/Roth-*Möller/Wendehorst* § 500 Rdn. 26.

[401] BGH NJW 1996, 1888; NJW 1998, 2284, 2285; NJW 2004, 1041, 1042; Bamberger/Roth-*Möller/Wendehorst* § 500 Rdn. 26: Erheblichkeitsgrenze bei ca. 60% des Zeitwerts; Bamberger/Roth-*Ehlert* vor § 535 Rdn. 79.

[402] BGH NJW 1996, 1888.

[403] BGH NJW 1998, 2284.

– „Der Leasingnehmer tritt alle Ansprüche mit Ausnahme von Personen- und Gebrauchsausfällen aus Schadensereignissen mit dem Leasinggegenstand gegen Versicherer oder Dritte im Voraus an den Leasinggeber ab".[404]
– „Im Fall einer nicht reparablen Beschädigung, des Untergangs, des Verlusts oder einer Beschädigung zu mehr als 80% des Zeitwerts kann der Leasingvertrag von jeder Vertragspartei zum Ende eines Vertragsmonats schriftlich gekündigt werden".[405]

Die hierin enthaltene Abwälzung der Sach- und Gegenleistungsgefahr kann jedoch durch Streichung der Wendung „oder einer Beschädigung zu mehr als 80% des Zeitwertes" ohne Verstoß gegen das Verbot der geltungserhaltenden Reduktion aufrecht erhalten werden.[406]

122 Die Abwälzung der Sach- und Gegenleistungsgefahr in AGB eines Kfz-Leasingvertrages benachteiligt den Leasingnehmer auch dann nicht unangemessen, wenn ihm für die Fälle des Verlustes und der erheblichen Beschädigung des Fahrzeugs statt eines kurzfristigen Kündigungsrechts wahlweise das Recht eingeräumt wird, entweder die Sache auf seine Kosten reparieren zu lassen oder – als kurzfristiges Lösungsrecht – sich am Ende der Grundmietzeit das Eigentum Zug um Zug gegen Zahlung der restlichen Mieten und des kalkulierten Restbuchwertes übertragen zu lassen, wobei eine Abzinsung des zu zahlenden Betrages mit dem kalkulierten Zinssatz des Leasinggebers zum Zeitpunkt der vorzeitigen Vertragsbeendigung, d.h. zum Zeitpunkt der Ausübung des Wahlrechts erfolgt.[407]

123 Auch folgende Klauseln sind wirksam:

– „Der Leasingnehmer kann (bei Beschädigung des Kfz) das Leasingobjekt nach seiner Wahl entweder auf seine Kosten reparieren lassen (...) oder ihn durch einen gleichwertigen Leasinggegenstand ersetzen (...). Er kann stattdessen auch verlangen, dass ihm das Eigentum an dem Leasingobjekt Zug um Zug gegen Zahlung der noch geschuldeten restlichen Leasingraten und des kalkulierten Restbuchwertes des Gegenstandes am Ende der Grundmietzeit übertragen wird, wobei eine Abzinsung dieses zu zahlenden Betrages mit dem kalkulierten Zinssatz des Leasinggebers auf den Zeitpunkt der vorzeitigen Vertragsbeendigung erfolgt".[408]
– „Für Untergang, Verlust, Beschädigung und Wertminderung des Fahrzeugs und seiner Ausstattung haftet der Leasingnehmer dem Leasinggeber auch ohne Verschulden, jedoch nicht bei Verschulden des Leasinggebers. Dem Leasingnehmer steht jedoch das (... kurzfristige) Kündigungsrecht zu".[409]

---

404 BGH NJW 1998, 2284.
405 BGH NJW 1998, 2284, 2285.
406 BGH NJW 1998, 2284, 2285.
407 BGH NJW 1998, 3270 = MDR 1998, 1284; Abweichung von BGH NJW 1992, 683 = MDR 1992, 227.
408 BGH NJW 1998, 3270 = WM 1998, 2148.
409 BGH NJW 2004, 1041.

Nach h.M. kann dem Leasingnehmer auch die Verpflichtung auferlegt werden, eine Versicherung gem. § 84 VVG zugunsten des Leasinggebers abzuschließen und/oder diesen den künftigen Leistungsanspruch abzutreten[410] oder die Leasingsache auf seine Kosten gegen Untergang, Beschädigung und Wertminderung zu versichern.[411] 124

Eine Klausel, wonach der Leasinggeber zur fristlosen Kündigung insbesondere dann berechtigt ist, wenn der Leasingnehmer die ihm obliegende Kfz-Versicherung auf Anfrage nicht nachweist, ist nach § 307 Abs. 2 Nr. 1 unwirksam. Denn nach der „kundenfeindlichsten Auslegung" wäre der Leasinggeber nach dieser Bestimmung sogar dann zur fristlosen Kündigung berechtigt, wenn er von der bestehenden Versicherung zwar weiß, aber vom Leasinggeber nicht den angeforderten Nachweis erhält.[412] 125

Die Wirksamkeit der Abwälzung der Sach- und Preisgefahr in AGB des Leasinggebers setzt – nach umstrittener Ansicht – keine ausdrückliche Regelung voraus, dass die Ansprüche des Leasinggebers aus einer vom Leasingnehmer für das Leasingfahrzeug abzuschließenden Versicherung sowie die Ersatzansprüche des Leasinggebers aus der Verletzung seines Eigentums an der Leasingsache bzw. die entsprechenden Leistungen an den Leasinggeber dem Leasingnehmer zugute kommen.[413] Folgende Klausel ist wirksam: 126

- „Bei Totalschaden oder Verlust des Fahrzeugs kann jeder Vertragspartner den Leasingvertrag zum Ende eines Vertragsmonats kündigen (...). Totalschaden, Verlust oder Beschädigung entbinden nur dann von der Verpflichtung zur Zahlung weiterer Leasingraten wenn der Leasingvertrag wirksam nach S. 1 gekündigt ist und nicht (...) fortgesetzt wird".[414]

c) *Mängelhaftung, Freizeichnung von der Gewährleistung*

Zeichnet sich der Leasinggeber, was grundsätzlich zulässig ist, von der mietrechtlichen Gewährleistung der §§ 536, 536a, 536c, 543 Abs. 1, Abs. 2 Nr. 1 frei, ohne dem Leasingnehmer seine Rechte aus §§ 434ff., 437 vorbehaltlos abzutreten bzw. ihn vorbehaltlos zur Geltendmachung dieser Rechte zu ermächtigen, ist diese Freizeichnungsklausel gem. § 307 Abs. 1, Abs. 2 Nr. 1 i.V.m. §§ 536ff. unwirksam.[415] Die Abtretungskonstruktion hat 127

---

410 BGH NJW 1992, 683; OLG Hamm NJW-RR 1998, 1248.

411 BGH NJW 1992, 683; NJW 1995, 1541, 1542; Bamberger/Roth-*Ehlert* vor § 535 Rdn. 79 und Bamberger/Roth-*Möller/Wendehorst* § 500 Rdn. 27.

412 OLG Koblenz MDR 2002, 694.

413 BGH NJW 2004, 1041 = NZV 2004, 77 = MDR 2004, 323; a.A. noch OLG Düsseldorf ZIP 1983, 1092, 1093; OLG Hamburg MDR 1999, 420; Müko-*Habersack*, 3. Aufl., Leasing Rdn. 65, 120W/H/L-*Wolf* § 9 AGBG Rdn. L 40.

414 BGH NJW 2004, 1041.

415 BGH NJW 1987, 1072, 1074; WM 1988, 979, 982; BGH MDR 1994, 273; BGH NJW-RR 2003, 51 = MDR 2003, 145; OLG Rostock NJW-RR 2002, 1712; Bamber-

auch unter Geltung des neuen Rechts (§§ 437, 439, 440, 323, 280 n.F.) Bestand.[416]

128 Unwirksam sind deshalb Klauseln, nach denen

- dem Leasingnehmer die Gewährleistungsrechte gegen den Verkäufer/Lieferanten vom Leasinggeber zwar abgetreten werden, der Leasinggeber aber gegenüber dem Lieferanten zuvor wirksam auf Gewährleistungsrechte verzichtet hat,[417]
- der Leasingnehmer „nach Wahl des Leasinggebers" verpflichtet ist, die Ansprüche aus §§ 459ff. a.F./434ff. n.F. gegenüber dem Lieferanten „entweder im eigenen Namen oder im Namen des Leasinggebers" geltend zu machen,[418]
- der Leasinggeber zusätzlich ermächtigt sein soll, die „in dieser Wahl liegende Ermächtigung jederzeit zu widerrufen, um Ansprüche selbst zu verfolgen",[419]
- der Leasinggeber berechtigt sein soll, die Rechtsverfolgung gegenüber dem Lieferanten selbst durchzuführen,[420]
- der Leasinggeber die Rückübertragung der Gewährleistungsrechte verlangen kann,[421]
- der Leasinggeber die Geltendmachung der abgetretenen Rechte von weiteren Voraussetzungen, bestimmten Abwicklungsmodalitäten o.a. abhängig macht,[422]
- der Leasingnehmer ein Wandelungs- bzw. Rücktrittsrecht nur dann geltend machen kann, wenn er Zug um Zug hiergegen alle noch ausstehenden Leasingraten – unter Berücksichtigung der Abzinsung, des Restwertes etc. – bzw. einen Restwert und sonstige Kosten an Leasinggeber bezahlt,[423]

---

ger/Roth-*Möller/Wendehorst* § 500 Rdn. 33; Bamberger/Roth-*Ehlert* vor § 535 Rdn. 69, 70; Erman-*Jendrek* Anh. § 535 Rdn. 28; Müko-*Habersack* Leasing Rdn. 82, 83, 86, 90 mit Nachw. der Gegenansicht: Verjährung dann nach § 438; *Weber* NJW 2003, 2348, 2351.

[416] Erman-*Jendrek* Anh. § 535 Rdn. 28; Müko-*Habersack* Leasing Rdn. 80, 83, 84; Palandt-*Weidenkaff* vor § 535 Rdn. 56; *Assies* BKR 2002, 317ff.; *Zahn* B 2002, 986; *Weber* NJW 2003, 2348, 2351; a.A. *Graf von Westphalen* ZIP 2001, 2258, 2263 und DB 2001, 1291, 1294.

[417] W/H/L-*Wolf* § 9 AGBG Rdn. L 49.

[418] BGH ZIP 1987, 240; einschränkend jetzt BGH NJW-RR 2003, 51 = MDR 2003, 145: Umdeutung in wirksame Ermächtigung möglich.

[419] BGH NJW 1987, 1072, 1073; Erman-*Jendrek* Anh. § 535 Rdn. 28; Müko-*Habersck* Leasing Rdn. 86; einschränkend aber OLG Rostock NJW-RR 2002, 1712: Vorbehalt des Widerrufs der Übertragung für den Fall wirksam, dass Leasingnehmer seinen vertraglichen Verpflichtungen nicht nachkommt.

[420] BGH WM 1988, 979, 982; W/H/L-*Wolf* § 9 AGBG Rdn. L 49; einschränkend BGH MDR 2003, 145: Umdeutung in wirksame Ermächtigung möglich.

[421] W/H/L-*Wolf* § 9 AGBG Rdn. L 49.

[422] W/H/L-*Wolf* § 9 AGBG Rdn. L 52.

[423] BGH NJW 1984, 2687, 2688; NJW 1986, 1744; Erman-*Jendrek* Anh. § 535 Rdn. 28.

- lediglich vorgesehen ist, dass der Leasingnehmer Mängel beim Lieferanten zu rügen hat,[424]
- auf den nichtkaufmännischen Leasingnehmer entgegen § 11 Nr. 10e AGBG/§ 309 Nr. 8 b.ee die Rügeobliegenheit des Leasinggebers gegenüber dem Lieferanten aus § 377, § 378 a.F. HGB abgewälzt wird, wodurch die Durchsetzung der Gewährleistungsansprüche aus abgetretenem Recht scheitern kann.[425]

Ist eine in AGB enthaltene Abtretung vertraglicher Gewährleistungsansprüche vom Leasinggeber an den Leasingnehmer nicht unbedingt und vorbehaltlos erfolgt, etwa durch den Zusatz „der Leasinggeber ist auch zur eigenen Rechtsverfolgung auf Kosten des Leasingnehmers berechtigt" und ist die Regelung deshalb unwirksam, so kann die unwirksame Abtretung in eine rechtswirksame Ermächtigung des Leasingnehmers, die betreffenden Ansprüche des Leasinggebers im eigenen Namen geltend zu machen, umzudeuten sein.[426] 129

Der Leasingnehmer wird nach Ansicht des OLG Rostock auch nicht unangemessen benachteiligt, wenn sich der Leasinggeber den Widerruf der Übertragung der kaufrechtlichen Gewährleistungsrechte vorbehält, falls der Leasingnehmer seinen vertraglichen Verpflichtungen nicht nachkommt.[427] 130

Wirksam ist danach die Klausel „der Leasinggeber kann jedoch diese Übertragung der Gewährleistungsrechte widerrufen, sofern der Leasingnehmer seinen Verpflichtungen aus diesem Vertrag nicht nachkommt. Alle Kosten der Rechtsverfolgung gegen den Lieferanten oder Dritten trägt der Leasingnehmer".[428] 131

Zulässig soll auch eine durch die Beendigung des Leasingvertrages auflösend bedingte Übertragung sein; allerdings bleibt es dem Leasingnehmer dann unbenommen, kündigungsbedingten Ansprüchen des Leasinggebers im Rahmen des § 438 die Mangelhaftigkeit des Leasinggegenstandes entgegenzuhalten.[429] 132

Liegt keine vorbehaltlose Abtretung bzw. Ermächtigung vor, stehen dem Leasingnehmer die mietrechtlichen Gewährleistungsansprüche aus §§ 536ff. im vollen Umfang zu, soweit er seiner Anzeigepflicht gem. § 545 Abs. 1 a.F./§ 536c Abs. 1 n.F. nachgekommen ist.[430] Hat der Leasinggeber den 133

[424] OLG Frankfurt NJW 1985, 2278.

[425] U/B/H-*Hensen* Anhang §§ 9–11 Rdn. 463; *von Westphalen* AGB, Leasing Rdn. 82, 83, 135; a.A. W/H/L-*Wolf* § 9 Rdn. L 44, L 48: Anspruch des Leasingnehmer aus p.V.v. bzw. § 280 Abs. 1 n.F.

[426] BGH NJW-RR 2003, 51 = MDR 2003, 145.

[427] OLG Rostock NJW-RR 2002, 1712.

[428] OLG Rostock NJW-RR 2002, 1712.

[429] Müko-*Habersack,* 4. Aufl., Leasing Rdn. 86 a.E.

[430] BGH NJW 1987, 1072; W/H/L-*Wolf* § 9 AGBG Rdn. L 49; Erman-*Jendrek* Anh. § 535 Rdn. 28, 34; Müko-*Habersack,* 4. Aufl., Leasing Rdn. 82, 86: Verjährung dann nach §§ 195ff.

Leasingnehmer veranlasst, Gewährleistungsansprüche gegen den Lieferanten geltend zu machen, so ist er auch verpflichtet, dem Leasingnehmer die dort aufgewandten Prozesskosten gem. §§ 677, 683, 670 (G. o. A.) zu ersetzen.[431]

134 Ein Haftungsausschluss des Leasinggebers hinsichtlich der Ansprüche des Leasingnehmers aus §§ 536ff. für den Fall der Verjährung der – vorbehaltlos abgetretenen bzw. zur Ausübung übertragenen – Ansprüche gegen den Lieferanten/Verkäufer aus §§ 434ff. ist jedoch wirksam.[432] Gleiches gilt, wenn der Leasingnehmer Kaufmann und seiner Rügepflicht aus § 377 HGB nicht nachgekommen ist. Der Leasinggeber kann (und sollte) seine gegenüber dem Lieferanten bestehende Obliegenheit aus § 377 HGB wirksam auf den kaufmännischen Leasingnehmer übertragen.[433]

135 Die Abwälzung der Rügepflicht auf den nichtkaufmännischen Leasingnehmer ist jedoch gem. § 9 Abs. 2 Nr. 2 AGBG/§ 307 Abs. 2 unwirksam, da § 11 Nr. 10 e AGBG/§ 309 Nr. 8 d.ee insoweit eine Sonderregelung darstellt.[434]

136 Trifft der Leasinggeber keine Vorsorge für die Beachtung der Untersuchungs- und Rügepflicht bzw. für deren Entfallen gegenüber dem nichtkaufmännischen Leasingnehmer, so leben die Rechte des Leasingnehmers aus §§ 536ff. nach einer Ansicht wieder auf;[435] der Leasinggeber hat dann entsprechend der Rechtslage bei Insolvenz des Lieferanten unmittelbar wie ein Verkäufer für die Mangelfreiheit der Leasingsache einzustehen.[436] Nach anderer Ansicht steht dem Leasingnehmer dann ein Anspruch aus p. V. v. (jetzt § 280 Abs. 1) zu.[437]

137 Nach h. M. trägt der Leasinggeber das Insolvenzrisiko des Lieferanten/Verkäufers, soweit der Leasingnehmer infolge dessen Insolvenz nicht in der Lage ist, die ihm abgetretenen Gewährleistungsansprüche erfolgreich durchzusetzen.[438]

---

[431] BGH NJW 1994, 576; MDR 2003, 145; Erman-*Jendrek* Anh. § 535 Rdn. 29 a. E.; Müko-*Habersack* Leasing Rdn. 10.

[432] BGH WM 1977, 390; WM 1985, 263.

[433] Vgl. W/H/L-*Wolf* § 9 AGBG Rdn. L 44, L 48.

[434] W/H/L-*Wolf* § 9 AGBG Rdn. L 44; U/B/H-*Hensen,* Anhang §§ 9–11 AGBG Rdn. 463; auch Bamberger/Roth-*Möller/Wendehorst* § 500 Rdn. 24, 36: Leasingnehmer als Nichtkaufmann muss sich die Verletzung einer Rügeobliegenheit des Leasinggeber nicht zurechnen lassen; Müko-*Habersack* Leasing Rdn. 84, 85, 107: soweit die Inanspruchnahme des Verkäufers nicht etwa an § 442 scheitert.

[435] V*on Westphalen* DB 1990, 1, 5; Müko-*Habersack* Leasing Rdn. 107.

[436] Müko-*Habersack* Leasing Rdn. 87, 107.

[437] Von BGH NJW 1990, 1290, 1293 letztlich offen gelassen; W/H/L-*Wolf* § 9 AGBG Rdn. L 48.

[438] BGH NJW 1985, 129, 130: Leasingnehmer war Nichtkaufmann, BGH NJW 1990, 314; BGH NJW 1991, 1746: Leasingnehmer war Kaufmann, W/H/L-*Wolf* § 9 AGBG Rdn. L 56, L 57; Erman-*Jendrek* Anh. § 535 Rdn. 33; Müko-*Habersack* Leasing Rdn. 87, 107.

Die Klausel „Sollten die Ansprüche aus vollzogener Wandlung (jetzt: aus geltend gemachten Rücktritt) oder Minderung gegen den Lieferanten/Verkäufer nicht durchsetzbar sein, geht dieses Bonitätsrisiko zu Lasten des Leasingnehmers, da er die Lieferfirma ausgewählt hat", ist daher gem. § 9 Abs. 2 Nr. 1 AGBG/§ 307 Abs. 2 Nr. 1 unwirksam.[439] 138

Selbst im kaufmännischen Verkehr ist eine Freizeichnung von der Haftung aus §§ 536ff. zusammen mit dem Ausschluss der Wandlungs- bzw. Rücktrittsfolgen aus §§ 398, 434ff. für den Fall, dass Mängel tatsächlich nicht vorlagen oder Leasingnehmer mit dem Lieferanten eine Wandlungs- bzw. Rücktrittsvereinbarung trifft, unwirksam.[440] 139

Eine wirksame Verweisung auf die Mängelgewährleistungsrechte gegen den Lieferanten/Verkäufer hat unter anderem zur Folge, dass der Leasingnehmer die Zahlung der Leasingraten nicht allein aufgrund des Mangels verweigern kann,[441] sondern erst mit der Erklärung des Rücktritts gegen den Leasingeber ein – durch AGB nicht abdingbares – Leistungsverweigerungsrecht erhält.[442] 140

Nach altem Recht war ein wirksamer Ausschluss der mietrechtlichen Gewährleistung unter Abtretung der kaufrechtlichen Gewährleistungsansprüche gegen den Lieferanten dahin auszulegen, dass der Leasinggeber auch nicht vorläufig Zahlung von Leasingraten verlangen kann, wenn der Leasingnehmer Klage auf Rückzahlung des Kaufpreises gegen den Lieferanten erhoben hat.[443] Hieran wird auch nach Inkrafttreten des SMG festgehalten.[444] 141

Dem Leasinggeber wird deshalb vorgeschlagen, mit dem Leasingnehmer zu vereinbaren, dass die Pflicht zur Zahlung der Leasingraten wieder auflebt, soweit der Lieferant den Kaufpreis nicht innerhalb einer angemessenen, im Einzelnen zu bestimmenden Frist zurückzahlt. Die Zahlungspflicht soll dann erst wieder entfallen, wenn der Leasingnehmer Klage gegen den Lieferanten auf Rückzahlung des Kaufpreises erhoben hat.[445] 142

---

439 BGH NJW 1991, 1746; NJW 1985, 129, 130; zust. Erman-*Jendrek* Anh. § 535 Rdn. 33.

440 BGH NJW 1991, 1746.

441 BGH NJW 1991, 2135, 2136; Bamberger/Roth-*Möller/Wendehorst* § 500 Rdn. 39; Palandt-*Weidenkaff* vor § 535 Rdn. 56; Erman-*Jendrek* Anh. § 535 Rdn. 30: bloße Mängelrüge ggü. dem Verkäufer/Lieferanten genügt nicht; *Weber* NJW 2003, 2348, 2351; *Zahn* DB 2002, 985; a. A. *Graf von Westphalen* ZIP 2001, 2258, 2263: § 320 schlägt auf den Leasingvertrag durch.

442 Bamberger/Roth-*Möller/Wendehorst* § 500 Rdn. 39 und Erman-*Jendrek* Anh. § 535 Rdn. 31 sowie *Graf von Westphalen* ZIP 2001, 2258, 2260 und *Müller/Sarnowski* DAR 2002, 485, 489: bereits mit der Erklärung des Rücktritts; a. A. Müko-*Habersack,* 4. Aufl., Leasing Rdn. 88 und Palandt-*Weidenkaff* vor § 535 Rdn. 58: mit Einreichung einer Klage gegen den Verkäufer auf Rückzahlung des Kaufpreises oder nach außergerichtlich erfolgtem bzw. in der Klage enthaltenen Rücktritt vom Kaufvertrag.

443 BGH NJW 1986, 1744; NJW 1995, 187, 188.

444 Müko-*Habersack,* 4. Aufl. Leasing Rdn. 88, 89.

445 Bamberger/Roth-*Möller/Wendehorst* § 500 Rdn. 39.

d) Wegfall der Geschäftsgrundlage

143 Ist die Wandlung nach altem Recht bzw. der Rücktritt nach neuem Recht im Verhältnis zwischen dem Leasinggeber und dem Lieferanten nach Geltendmachung durch den Leasingnehmer aus abgetretenem Recht bzw. aus Ermächtigung vollzogen, fehlt dem Leasingvertrag von Anfang an die Geschäftsgrundlage.[446] Die gegenseitigen Leistungen sind dann im Verhältnis zwischen Leasinggeber und Leasingnehmer gem. §§ 812ff., 818 Abs. 2, Abs. 3 rückabzuwickeln.[447]

144 Nach h.M. gelten diese Grundsätze auch im Rahmen des seit dem 1. 1. 2002 geltenden Rechts, das statt der Wandlung ein Rücktrittsrecht unter den Voraussetzungen der § 437 Nr. 2, 440, 323, 326 Abs. 5 vorsieht.[448]

145 Nach anderer Auffassung unterliegen Finanzierungsleasingverträge als Dauerschuldverhältnisse der Bestimmung des § 313 Abs. 3 S. 2. Dort ist anstelle des Rücktrittsrechts ein Kündigungsrecht vorgesehen, das den Leasingvertrag mit Wirkung ex nunc beseitigt. Hier sei es problematisch, weiterhin bereicherungsrechtliche Grundsätze mit dem Argument anzuwenden, eine Änderung sei vom Gesetzgeber nicht beabsichtigt worden.[449]

146 Eine Klausel, die dem Leasingnehmer einen an den Leasinggeber zu leistenden Aufwendungsersatz für die im Zusammenhang mit der Rückabwicklung nach §§ 818ff.[450] aufgewendete Kosten des Leasinggebers (Vertragskosten, Kaufpreisrückgewähransprüche etc.) aufbürdet oder den Leasingnehmer verpflichtet, trotz Kündigung bzw. Wegfall der Geschäftsgrundlage die ausstehenden Leasingraten und/oder den Restwert zu bezahlen, ist gem. § 9 Abs. 1 AGBG/§ 307 Abs. 1 unwirksam.[451]

---

[446] BGH NJW 1982, 105; WM 1987, 573, 574; NJW 1990, 314; NJW 1991, 1746, 1747; Erman-*Jendrek* Anh. § 535 Rdn. 31, 32; abw. Müko-*Habersack* Leasing Rdn. 98, 99: der Leasinggeber verliert gem. § 326 Abs. 1 den Anspruch auf die künftigen Leasingraten.

[447] BGH NJW 1982, 105; NJW 1990, 314; NJW 1991, 1746; W/H/L-*Wolf* § 9 AGBG Rdn. L 56; Erman-*Jendrek* Anh. § 535 Rdn. 32; Bamberger/Roth-*Ehlert* vor § 535 Rdn. 72; abw. Müko-*Habersack* Leasing Rdn. 100, 101: Rückabwicklung nach §§ 326 Abs. 4, 346ff.

[448] Bamberger/Roth-*Ehlert* vor § 535 Rdn. 71, 72; Erman-*Jendrek* Anh. § 535 Rdn. 31, 32: Wenn der Leasingnehmer aus abgetretenem Recht wirksam vom Kaufvertrag zurücktritt; Müko-*Habersack* Leasing Rdn. 98, 99, 101: Rückabwicklung aber nach §§ 326 Abs. 4, 346ff.; *Graf von Westphalen* DB 2001, 1291, 1293; *Gebler/Müller* ZBB 2002, 107, 113; Reinking ZGS 2002, 229, 233; *Schmalenbach/Sester* WM 2002, 2184, 2185f.; *Zahn* DB 2002, 985, 987; a.A. Bamberger/Roth-*Möller/Wendehorst* § 500 Rdn. 40, 41.

[449] Bamberger/Roth-*Möller/Wendehorst* § 500 Rdn. 40, 41: Vorrang der Vertragsauslegung, andernfalls außerordentliches Kündigungsrecht des Leasingnehmer gem. § 543 analog.

[450] So BGH NJW 1990, 314, 315.

[451] BGH NJW 1990, 314, 315; OLG Düsseldorf MDR 1993, 237.

e) Abrechnung und Abzinsung bei vorzeitiger Beendigung des Leasingvertrages

Der Leasingvertrag, der auf bestimmte Zeit abgeschlossen ist (z.B. befristete Grundmietzeit), kann nur außerordentlich gekündigt werden. 147

Die zur Kündigung berechtigenden Gründe sind i.d.R. durch AGB festgelegt. 148

Wird der Leasingvertrag durch Kündigung beendet, erfolgt die Restamortisation regelmäßig durch eine Abschlusszahlung des Leasingnehmers, die den Charakter eines Erfüllungsanspruchs hat.[452] 149

Abrechnungsklauseln müssen zunächst dem Transparenzgebot (jetzt § 307 Abs. 1 S. 2) genügen, d. h. sie müssen unter anderem die genau aufgeschlüsselten Gesamtkosten des Leasinggeber einschließlich seines internen Zinssatzes, die Amortisationsdauer bei fortlaufender Zahlung der vereinbarten Leasingraten, die Abzinsungsmethode bei vorzeitiger Vertragsbeendigung sowie die Anrechnung der Verwertungserlöses offen legen.[453] 150

Wird in einem Kfz-Leasingvertrag weder mündlich noch bereits auf der ersten Seite hinreichend deutlich gemacht, dass der Leasingnehmer nach Ablauf der Vertragszeit den Restwert garantiert, so ist eine AGB-Klausel, wonach der Leasingnehmer eine Differenz zwischen dem Schätzwert und dem Rücknahmewert zu zahlen hat, wegen Verletzung des Transparenzgebots gem. § 307 Abs. 1 S. 2 unwirksam.[454] 151

Zu beanstanden ist in diesem Zusammenhang auch der intransparente Begriff der „vorschüssigen Rentenbarwertformel“.[455] 152

Die vom Leasingnehmer garantiemäßig geschuldete Amortisationspflicht muss so klar, eindeutig und unmissverständlich im Leasingvertrag niedergelegt sein, dass sie praktisch individualvertraglichen Charakter besitzt. Der Leasinggeber hat dabei nach Auffassung des LG Mönchengladbach[456] seine Kostenstruktur bereits im Vertrag, spätestens im Rechtsstreit offen zu legen. 153

Kann eine Abrechnungsklausel nur mit Hilfe eines bestimmten Computerprogramms nachvollzogen werden, das im Vertrag nicht genannt und dem Leasingnehmer auch nicht zur Verfügung gestellt wird, verstößt sie gegen § 307 Abs. 1 S. 2.[457] 154

---

[452] BGH NJW 1996, 2860, 2861; OLG Hamm NJW-RR 1996, 502; Bamberger/Roth-*Möller/Wendehorst* § 500 Rdn. 46; a.A. OLG München NJW-RR 1994, 738 und W/H/L § 9 AGBG Rdn. L 87.

[453] BGH NJW 1985, 2253; NJW 1986, 1335; NJW 1987, 842, 843; NJW-RR 1999, 1209, 1210; Bamberger/Roth-*Möller/Wendehorst* § 500 Rdn. 47.

[454] LG Oldenburg WM 1998, 1348; LG Hamburg WM 1996, 501, 502; W/H/L-*Wolf* § 9 AGBG Rdn. L 89.

[455] BGH NJW 1996, 455; dagegen: *von Westphalen,* AGB, Leasing Rdn. 166.

[456] NJW-RR 1994, 1479.

[457] OLG Köln NJW 1995, 2044: BMW-Leasing GmbH; ebenso BGH NJW 1996, 455, 456: mathematische Formel nicht mitgeteilt.

155 Gegen das Transparenzgebot verstößt auch eine Klausel in den AGB eines Leasingvertrages mit kalkuliertem „Restwert Null“, wonach der Leasinggeber bei fristloser Kündigung vom Verwertungserlös des Objekts den Marktwert abziehen kann, der bei regulärer Vertragsbeendigung erzielt worden wäre.[458]

156 Da dem Leasinggeber nach ordentlicher – anders als nach außerordentlicher, vom Leasingnehmer zu vertretender – Kündigung nur der Gewinn zusteht, der in den vor der Kündigung fällig gewordenen Raten bereits enthalten ist,[459] verstößt er gegen das Transparenzgebot, wenn er in den AGB nicht eindeutig klarstellt, dass er nur den ihm bis zur nächsten ordentlichen Kündigungsmöglichkeit realisierten Gewinn beanspruchen kann.[460] Eine Klausel, nach der dem Leasinggeber bei vorzeitiger, ordentlicher Kündigung der volle kalkulierte Gewinn zustehen soll, benachteiligt den Leasingnehmer im übrigen gem. § 307 Abs. 1 unangemessen.[461]

157 Das Transparenzgebot erfordert dagegen nicht die Offenlegung der Kalkulation, die dem in einem Finanzierungsleasingvertrag vereinbarten, vom Leasinggeber garantierten Restwert zugrunde liegt,[462] ebenso wenig die Möglichkeit der Berechnung aller bei vorzeitiger, auch nicht von ihm zu vertretender Vertragsbeendigung auf den Leasingnehmer zukommenden Belastungen aus dem Vertragswerk. Eine Rücksprache beim Leasinggeber zur Vornahme der Berechnung ist dem Leasingnehmer hier zumutbar.[463]

f) Unwirksame Abrechnungs- und Abzinsungsklauseln

158 Der BGH hat – teilweise in Abkehr von seiner bisherigen Rechtsprechung[464] – klargestellt, dass eine Klausel in den AGB eines Leasingvertrages über Kraftfahrzeuge, in denen der Leasinggeber für die Abrechnung bei vorzeitiger Vertragsbeendigung – anders als ordnungsgemäßer Vertragsbeendigung – nur 90% des erzielten Gebrauchtwagenerlöses berücksichtigt, den Leasingnehmer unangemessen benachteiligt und deshalb nach § 9 Abs. 1, Abs. 2 Nr. 1 AGBG bzw. § 307 Abs. 1, Abs. 2 Nr. 1 unwirksam ist.[465]

159 Dass nämlich nur 90% des Verwertungserlöses zugunsten des Leasingnehmer angerechnet werden, ist ausschließlich auf den Typ des kündbaren Teilamortisationsvertrages mit Abschlusszahlung begrenzt und nur bei ausschließlicher Verwendung der Klausel im Rahmen solcher Verträge wirk-

---

[458] OLG Dresden OLG-NL 1996, 193.
[459] BGH WM 1990, 2043, 2046.
[460] *Von Westphalen*, AGB, Leasing Rdn. 176.
[461] BGH NJW 1991, 221; Erman-*Jendrek* Anh. § 535 Rdn. 40.
[462] BGH WM 1997, 1904 = MDR 1997, 912.
[463] BGH NJW 1998, 3270, 2372.
[464] BGH NJW 1985, 2253; NJW 1986, 1746; NJW 1987, 842.
[465] BGH NJW 2002, 2713 = MDR 2002, 1246; zustimmend *Graf von Westphalen* NJW 2003, 1981, 1987.

sam.[466] In dem vom BGH entschiedenen Fall war jedoch die 90%-ige Anrechnung auch auf Fälle bezogen, in denen der Leasinggeber von seinem fristlosen Kündigungsrecht Gebrauch macht.

Der entscheidende Teil der Klausel lautete:[467] 160

„Der (vom Leasingnehmer zu begleichende) Schaden ergibt sich aus der Summe der zwischen vorzeitiger Beendigung und vereinbartem Vertragsende ausstehenden Leasingraten (...) sowie dem kalkulierten Restwert (...). Bei der Schadensberechnung wird als Vorteilsausgleich der vom Leasinggeber durch den Verkauf an den Gebrauchtwagenhandel tatsächlich erzielte Gebrauchtwagenerlös zu 90% berücksichtigt."

Unwirksam sind auch folgende Abrechnungs- bzw. Abzinsungsklauseln: 161

(1.) „Bei vorzeitiger Beendigung des Vertrages durch Kündigung wird wie folgt abgerechnet: Der Leasinggeber stellt dem Ablösewert den geschätzten Netto-Händlereinkaufspreis des Leasinggutes gegenüber. Der Ablösewert setzt sich zusammen aus den mit der vorschüssigen Rentenbarwertformel abgezinsten restlichen Leasingraten, die um den im Leasingantrag vereinbarten Prozentsatz verringert wurden, dem auf die Restlaufzeit entfallenden Anteil einer etwaigen Leasingsonderzahlung und des abgezinsten Restwertes, d.h. Restwert dividiert durch den Abzinsungsfaktor. Der Netto-Händlereinkaufspreis wird durch Schätzung eines vom Leasinggeber beauftragten unabhängigen Sachverständigen ermittelt; diese Schätzung ist für alle Vertragsteile verbindlich. Von den Mehrerlösen aus der Gegenüberstellung von Ablösewert und 90% des geschätzten Netto-Händlereinkaufspreises erhält der Leasingnehmer 75%; etwaige Mindererlöse sind dem Leasinggeber zu erstatten".[468]

Hier ist bereits der Begriff der „vorschüssigen Rentenbarwertformel" intransparent und verstößt deshalb gegen § 307 Abs. 1 S. 2.[469] 162

Auch die Regelung über die Abzinsung des Restwertes ist gem. § 307 Abs. 1 unwirksam, weil der Verzinsungsfaktor als Bestandteil einer mathematischen Formel zur Berechnung des abgezinsten Restwertes im Vertragswerk nicht mitgeteilt, im Übrigen auch hier ein pauschaler „Abzinsungssatz" zugrunde gelegt wird.[470] 163

Zudem ist die Anrechnung von lediglich 90% bei vorzeitiger Vertragsbeendigung (s.o.) unwirksam.[471] 164

(2.) „Bei vorzeitiger Vertragsbeendigung durch Kündigung wird der Ablösewert durch Abzinsung der Rest-Leasingraten und des Netto-Restwertes, der 10% vom Einstandspreis ohne MwSt. beträgt, ermittelt".[472] 165

---

[466] *Graf von Westphalen* NJW 2003, 1981, 1987.
[467] Vgl. BGH NJW 2002, 2713.
[468] BGH NJW 1996, 455 = WM 1996, 311.
[469] BGH NJW 1996, 455, 456.
[470] BGH NJW 1996, 455, 456; OLG Köln NJW 1995, 2044.
[471] BGH NJW 2002, 2713.
[472] BGH NJW 1996, 455.

166 (3.) „Der Abzinsungssatz für die Rest-Leasingraten und den kalkulierten Restwert beträgt 2% über dem Diskontsatz der Bundesbank (bzw. der EZB) zum Zeitpunkt des Vertragsabschlusses".[473]

167 (4.) „Der bei der Berechnung der Zinsgutschrift zugrunde gelegte Zinssatz beträgt 6% p.a.".[474]

168 Jedenfalls wenn der zu erzielende Händlereinkaufspreis mehr als 10% unter dem Händlerverkaufspreis liegt, benachteiligt die Bindung an die Veräußerung zum Händlereinkaufspreis den Leasingnehmer unangemessen, wenn – wie hier bei Klausel (1.) – die Minderung des Schadensersatzanspruchs des Leasinggeber aus dem Gesichtspunkt der Schadensminderungspflicht auch in einem solchen Fall ausgeschlossen ist.[475]

169 Auch die Regelung über die Abzinsung des Restwertes in Klausel (1.) und (2.) ist gem. § 307 Abs. 1 unwirksam, weil der Abzinsungsfaktor als Bestandteil einer mathematischen Formel zur Berechnung des abgezinsten Restwertes im Vertragswerk nicht mitgeteilt, im Übrigen ein pauschaler Abzinsungssatz zugrunde gelegt wird.[476]

170 Eine Formularbestimmung, die verbindlich eine Abzinsung zu einem festen Zinssatz unabhängig davon festschreibt, welcher Zinssatz den Leasingraten zugrunde gelegt worden war, ist grundsätzlich gem. § 307 Abs. 1 unwirksam.[477] Dies gilt auch dann, wenn in der Klausel an den Basiszins der EZB angeknüpft wird.[478]

171 Aus diesem Grund verstoßen auch Klauseln (3.) und (4.) gegen § 307 Abs. 1.[479]

172 Erweist sich eine Vertragsklausel über die Berechnung des Schadensersatzes nach fristloser Kündigung als unwirksam, so ist der Kündigungsschaden des Leasinggebers konkret zu berechnen.[480]

173 Dazu sind alle Leasingraten zusammenzurechnen, die der Leasingnehmer bei dem regulären Fortgang des Vertrages bis zu seinem dort vorgesehenen Ende bzw. bis zum Eintritt der Vollamortisation hätte bezahlen müssen. Ein kalkulierter Restwert (s.u) ist ebenfalls zu berücksichtigen.[481]

174 Beim Kilometer-Abrechnungsvertrag trägt der Leasinggeber das Restwertrisiko. Hier ist ein bezifferter Ansatz des kalkulierten Restwertes im

---

473 BGH NJW 1996, 455.

474 BGH NJW 1996, 455.

475 BGH NJW 1996, 455 = WM 1996, 311; auch OLG Celle NJW 1997, 1008, 1009.

476 BGH NJW 1996, 455, 456; OLG Köln NJW 1995, 2044.

477 BGH NJW 1995, 1145; NJW 1996, 455, 456; NJW 1991, 221; Bamberger/Roth-*Ehlert* vor § 535 Rdn. 88 a. E.; Erman-*Jendrek* Anh § 535 Rdn. 46.

478 BGH NJW 1996, 455.

479 BGH NJW 1996, 455, 456; BGH NJW-RR 1986, 504.

480 BGH NJW 2002, 2713, 2715; NJW 1996, 455; NJW 1995, 954; NJW 1986, 1335, 1336.

481 Erman-*Jendrek* Anh § 535 Rdn. 40, 50.

Leasingvertrag und eine Feststellung des tatsächlichen Restwertes bei Kündigung des Vertrages nicht erforderlich.[482]

Im Falle der außerordentlichen Kündigung eines KfZ-Leasingvertrages mit Kilometerabrechnung wegen Zahlungsverzuges des Leasingnehmers findet der vom Leasinggeber intern kalkulierte Restwert des Leasingfahrzeugs bei der konkreten Berechnung des Kündigungsschadens des Leasinggebers als Berechnungsposten für den hypothetischen Fahrzeugwert bei Vertragsende auch dann keine Berücksichtigung, wenn der Leasinggeber für den Fall der ordnungsgemäßen Beendigung des Leasingvertrages in Höhe des Restwertes eine Rückkaufsvereinbarung mit dem Fahrzeughändler getroffen hat, von der er das Fahrzeug erworben hat.[483] **175**

Eine klauselmäßige Umstellung auf eine Restwertabrechnung für den Fall vorzeitiger Vertragsbeendigung ist gem. § 305 c unwirksam.[484] **176**

Hinzuzurechnen ist eine von Leasinggeber mit der Refinanzierungsbank vereinbarte und tatsächlich gezahlte Vorfälligkeitsentschädigung.[485] Der Leasinggeber ist im Falle der vorzeitigen Beendigung des Leasingvertrages nur dann nicht berechtigt, die ihm selbst von der Refinanzierungsbank in Rechnung gestellte Vorfälligkeitsentschädigung an den Leasingnehmer weiterzugeben, wenn ihre Berechnung greifbare Ungereimtheiten enthält bzw. offensichtlich unrichtig ist.[486] **177**

Die Summe ist sodann auf den früheren Zeitpunkt der Vertragsbeendigung abzuzinsen und um ersparte laufzeitabhängige Aufwendungen (z. B. Steuern, Versicherungskosten, Risikokosten u. a.) zu verringern.[487] Der Abzinsungssatz muss sich dabei nach den konkreten Refinanzierungskosten des Leasingnehmer richten.[488] **178**

Die Obergrenze des Schadensersatzanspruchs des Leasinggeber bildet jedoch die Summe der für den unkündbaren Zeitraum geschuldeten restlichen Leasingraten einschließlich einer etwaigen Abschlusszahlung.[489] **179**

Zur konkreten Schadensberechnung hat der Leasinggeber seine konkreten Refinanzierungskosten, laufzeitabhängige Aufwendungen wie z. B. Verwaltungskosten und den etwa höheren Restwert des Leasinggutes anzugeben, wobei deren jeweilige Ersparnis anspruchsmindernd zu berücksichtigen ist.[490] **180**

---

482 BGH NJW 1987, 377, 379; Erman-*Jendrek* Anh § 535 Rdn. 42.

483 BGH NZV 2004, 517.

484 BGH NJW 1987, 377, 379; Erman-*Jendrek* Anh § 535 Rdn. 42.

485 BGH NJW 1990, 2377; Erman-*Jendrek* Anh § 535 Rdn. 40, 48.

486 AG Mannheim NJW-RR 2003, 1701.

487 BGH NJW 1991, 221, 222; NJW 1990, 2377; NJW-RR 1986, 594, 596; Bamberger/Roth-*Möller/Wendehorst* § 500 Rdn. 48; Erman-*Jendrek* Anh § 535 Rdn. 40, 44.

488 BGH NJW-RR 1986, 504.

489 BGH NJW NJW 2002 2719; 1996, 2367; OLG Hamm NJW-RR 1987, 1140, Bamberger/Roth-*Ehlert* vor § 535 Rdn. 88; Erman-*Jendrek* Anh § 535 Rdn. 44, 45.

490 BGH NJW 1996, 455, 456; WM 1984, 1217; OLG Celle WM 1994, 886, 892; Erman-*Jendrek* Anh § 535 Rdn. 40, 46, 49, 50.

181 Sonderzahlungen sind wie bereits entrichtete Leasingraten zu behandeln, die nicht abgezinst werden.[491]

182 Legt er seine Kalkulation nicht offen, ist eine Schätzung auf 3% der Summe der bei Vertragsbeendigung noch nicht bezahlten Leasingraten ohne Berücksichtigung der Abzinsung angemessen.[492]

183 Kommen bei der konkreten Berechnung des Schadens verschiedene, im Vertragswerk nicht angegebene Abzinsungsmethoden in Betracht, kann das zur Entscheidung berufene Gericht nach seinem Ermessen eine Methode auswählen.[493]

184 Eine Abzinsung nach der „Barwertformel" für – je nach den Umständen des Falles – vor- bzw. nachschüssige Renten ist im Rahmen des § 287 ZPO grundsätzlich nicht zu beanstanden.[494]

185 Der Leasinggeber kann sich durch AGB im Fall vorzeitiger, ordentlicher Kündigung des Leasingvertrages nicht wirksam den vollen kalkulierten Gewinn zubilligen.[495] Deshalb muss der für die Zeit nach der Kündigung kalkulierte Gewinn ebenfalls abgezogen werden.[496]

186 Gegenüber dem Leasingnehmer nicht in Ansatz gebracht werden dürfen ersparte laufzeitabhängige Vertragskosten[497] sowie der für den Leasinggegenstand erzielbare Verwertungserlös bzw. der kalkulierte Restwert.[498]

187 Die Erstattung der Mehrwertsteuer auf einen Schadensersatzanspruch darf nicht verlangt werden, jedenfalls soweit der Leasinggeber zum Vorsteuerabzug berechtigt ist.[499] Eine Ausgleichszahlung (Restliche, abgezinste Leasingraten zuzüglich bezahlter Vorfälligkeitsentschädigung, abzüglich Gewinnanteil, laufzeitabhängiger Vertragskosten und dem Erlös aus der Verwertung des Leasinggegenstandes) unterliegt jedoch der Mehrwertsteuer, ihr steht ein steuerbarer Umsatz gegenüber.[500]

---

[491] BGH NJW 1995, 945; NJW 1995, 1146, 1148.

[492] OLG Braunschweig OLG-Report 2001, 255; *Weber* NJW 2003, 2348, 2352.

[493] BGH NJW 1986, 1335, 1336; NJW 1987, 842, 843; Bamberger/Roth-*Möller/Wendehorst* § 500 Rdn. 48.

[494] BGH NJW 1991, 221, 223; Erman-*Jendrek* Anh § 535 Rdn. 46; zu den Einzelheiten der „Barwertformel" vgl. OLG Stuttgart NJW-RR 1988, 501.

[495] BGH NJW 1991, 221; Erman-*Jendrek* Anh § 535 Rdn. 40, 47: anders natürlich bei Geltendmachung des Schadensersatzanspruchs wegen Nichterfüllung bzw. nach außerordentlicher Kündigung wegen Zahlungsverzuges.

[496] BGHZ 95, 39, 57; BGHZ 111, 237, 242; Bamberger/Roth-*Möller/Wendehorst* § 500 Rdn. 48; Erman-*Jendrek* Anh § 535 Rdn. 40, 46–50; anders BGH NJW 1986, 1746, 1748: Gewinn ist Teil des Schadensersatzanspruchs.

[497] BGH NJW 1991, 221, 222; BGHZ 95, 39, 44; s. o.

[498] Bamberger/Roth-*Möller/Wendehorst* § 500 Rdn. 48 und Bamberger/Roth-*Ehlert* vor 535 Rdn. 88; Erman-*Jendrek* Anh § 535 Rdn. 40, 50; s. u.

[499] BGH NJW 1987, 1690; Bamberger/Roth-*Ehlert* vor § 535 Rdn. 88.

[500] BGH NJW 1990, 2377; Erman-*Jendrek* Anh § 535 Rdn. 40.

g) Pflicht des Leasinggeber zur bestmöglichen Verwertung des Leasingobjekts

188 Der Leasinggeber muss sich nach beendetem Vertrag mit zumutbarer Sorgfalt um die bestmögliche Verwertung der Leasingsache bemühen. Dieser genügt er nicht ausnahmslos bereits durch die Veräußerung an einen Händler zu dessen Einkaufspreis.[501]

189 Wenn ein markengebundener Leasinggeber auf ein Händlernetz eines Automobilkonzerns zugreifen kann, so verstößt er gegen seine Schadensminderungspflicht, wenn er das nach der Kündigung des Vertrages zurückgegebene Fahrzeug ohne Nutzung dieser Möglichkeiten nicht zum Händlerverkaufswert veräußert.[502] Auch wenn sich eine große Pkw-Leasinggesellschaft beim Ersteinsatz der neuen Fahrzeuge eines Händlernetzes bedient, ist es ihr zuzumuten, dieses Netz auch später bei der Verwertung in Anspruch zu nehmen, um den Endverbraucherpreis zu erzielen.[503]

190 Das Fehlen einer eigenen Vertriebsorganisation entbindet den Leasinggeber nicht von der Verpflichtung zur bestmöglichen Verwertung.[504]

191 Die Veräußerung eines Leasing-Kfz zum Händlereinkaufspreis soll jedoch dann nicht gegen die Verpflichtung zur bestmöglichen Verwertung verstoßen, wenn der Leasinggeber dem Leasingnehmer eine ausreichend bemessene Frist zum Erwerb der Sache[505] oder zur Benennung eines Käufers einräumt.[506]

192 Die dem Leasingnehmer einzuräumende Frist zur Benennung eines Drittkäufers bestimmt sich nach den Umständen des Einzelfalls. Hierbei ist zu berücksichtigen, dass der Leasingnehmer in aller Regel nicht so marktkundig ist wie der Leasinggeber und dass er die Gelegenheit haben muss, sich umzusehen und mehrfach zu inserieren. Handelt es sich bei dem Leasinggut um einen Pkw, so wird eine zweiwöchige Frist zur Dritt- oder Selbstbenennung, die noch dazu dreizehn Tage vor Weihnachten eingeräumt wird, diesen Anforderungen nicht gerecht.[507]

---

[501] OLG Koblenz NJW 1995, 1227; OLG Brandenburg NJW-RR 1998, 1671; BGH NJW 1997, 3166, 3167 und *von Westphalen* NJW 2001, Beilage zu Heft 43, 3, 28: Bindung an den Händlereinkaufspreis unwirksam; großzügiger OLG Frankfurt NJW 1995, 3259 und Erman-*Jendrek* Anh. § 535 Rdn. 50: Bei Massenartikeln wie KfZ Veräußerung zum Händlereinkaufspreis i.d.R. nicht pflichtwidrig.

[502] OLG Brandenburg NJW-RR 1998, 1671.

[503] OLG Koblenz MDR 1995, 477.

[504] OLG Celle NJW-RR 1997, 1008.

[505] BGH NJW 1997, 3166; OLG Brandenburg NJW-RR 2001, 277; OLG Köln NJW-RR 1995, 817.

[506] OLG Dresden NZV 1999, 423; OLG Brandenburg NJW-RR 2001, 277; OLG Düsseldorf NJW-RR 1999, 1661; auch BGH WM 1990, 2043, 2046.

[507] OLG Brandenburg NJW-RR 2001, 277: Frist von zwei Wochen, dreizehn Tage vor Weihnachten; OLG Dresden NZV 1999, 462: Frist von weniger als zwei Wochen zur Benennungeines Käufers zu kurz.

193 Für die Benennung eines Drittkäufers genügt es auch nicht, wenn die vom Leasinggeber gesetzte – danach allermindestens zweiwöchige – Frist zur Benennung auf das Datum des Aufforderungsschreibens festgesetzt wird. Die die Bindung des Leasingnehmer an den geschätzten Händlereinkaufspreis statuierende Klausel ist dann unwirksam.[508]

194 Erfüllt das Drittkäuferbenennungsrecht die ihm zugedachte Kompensationsfunktion in diesem – oder anderen – Fällen nicht, verletzt der Leasinggeber, der sonstige Verwertungsbemühungen unterlässt, durch die Veräußerung an den Händler zu dessen Einkaufspreis regelmäßig seine Pflicht zur bestmöglichen Verwertung. Die Höhe des Anspruchs auf den Restwertausgleich oder auf Vollamortisation vermindert sich dann grundsätzlich auf den vollen Verkehrswert, der ggf. durch ein Sachverständigengutachten zu ermitteln oder vom Gericht gem. § 287 ZPO zu schätzen ist.[509]

195 Müsste sich der Leasinggeber bei vollständiger Vertragserfüllung nach Ablauf der vertraglich vereinbarten Laufzeit 100% anrechnen lassen, so hat dies auch bei der Berechnung des Kündigungsfolgeschadens zu gelten.[510]

196 Teilt der Leasinggeber dem Leasingnehmer nach Ablauf der Vertragslaufzeit und Rückgabe der Leasingsache den ihm von einem Sachverständigen ermittelten Händlereinkaufpreis mit, muss er vor einer Verwertung unterhalb dieses Preises den Leasingnehmer (erneut) über den beabsichtigten Verkauf zu diesem Betrag informieren.[511] Unterlässt er diese – rechtzeitige – Mitteilung, so ist der Leasingnehmer nach Ansicht des LG Halle so zu stellen, als wäre das Leasinggut zum Händlerverkaufspreis veräußert worden.[512]

197 Schäden am Leasingfahrzeug wie Kratzer und geringfügige Dellen, selbst wenn sie über das dem Alter und der Nutzung entsprechenden Maß hinausgehen, sind lediglich mit einem pauschalierten Abschlag vom Fahrzeugwert zu berücksichtigen.[513]

198 Eine in AGB enthaltene Bindung des Leasingnehmers an die Restwertschätzung eines allein vom Leasinggeber zu benennenden Sachverständigen ist gem. § 307 Abs. 1 unwirksam.[514] Das Gebot zur bestmöglichen Verwertung kann durch AGB nicht wirksam eingeschränkt werden.[515]

---

508 OLG Celle NJW-RR 1997, 1008, 1010.

509 OLG Dresden NZV 1999, 423: voller Verkehrswert; OLG Düsseldorf NJW-RR 1999, 1661: Händlerverkaufspreis, vermindert um 10%; BGH NJW 1987, 842 und Erman-*Jendrek* Anh. § 535 Rdn. 50: Leasinggeber muss sich dann mindestens 90% des Verwertungserlöses anrechnen lassen.

510 BGH NJW 2002, 2713; Erman-*Jendrek* Anh. § 535 Rdn. 50.

511 LG Halle NJW-RR 2003, 121; *Weber* NJW 2003, 2348, 2352.

512 LG Halle NJW-RR 2003, 121, 122; *Weber* NJW 2003, 2348, 2352.

513 OLG Dresden NZV 1999, 423.

514 BGH NJW 1996, 455; Erman-*Jendrek* Anh § 535 Rdn. 50.

515 OLG Celle NJW-RR 1994, 562; Erman-*Jendrek* Anh § 535 Rdn. 50.

h) Bindung an Schätzgutachten

Folgende Klausel ist gem. § 307 Abs. 1 unwirksam:

„Können sich die Vertragspartner über einen von Leasingnehmer auszugleichenden Minderwert oder bei Verträgen mit Restwertabrechnung über den Wert des Kfz (Händlereinkaufspreis) nicht einigen, werden Minderwert bzw. der Wert des Kfz auf Veranlassung des Leasinggebers durch einen öffentlich bestellten und vereidigten Sachverständigen (...) ermittelt. Die Kosten trägt der Leasingnehmer.“ 199

Die Klausel bindet den Leasingnehmer bei fehlender Einigung unzulässigerweise an die Schätzung des Sachverständigen. Der Leasinggeber genügt seiner Pflicht zur bestmöglichen Verwertung nicht ausnahmslos (s. o.) durch die Veräußerung zum Händlereinkaufspreis.[516] Die Klausel, wonach die Gutachterkosten von Leasingnehmer zu tragen sind, bleibt dagegen wirksam.[517] 200

Nach Ansicht des OLG Frankfurt[518] ist die Bestimmung, wonach der Leasinggeber ein geleastes Kfz durch einen Sachverständigen schätzen lässt und der Leasingnehmer zur Zahlung der negativen Wertdifferenz zwischen Schätzpreis und einem nachvollziehbar kalkulierten Restwert verpflichtet wird, jedenfalls dann wirksam, wenn dem Leasingnehmer die Befugnis eingeräumt wird, einen Interessenten zu benennen, der bereit ist, das Kfz zum Marktpreis zu erwerben.[519] 201

i) Überwälzung des Restwertrisikos auf den Leasingnehmer

Nach h.M. muss sich eine etwaige Überwälzung des Restwertrisikos auf den Leasingnehmer aus dem eigentlichen Vertragstext, nicht nur aus den beigefügten AGB ergeben.[520] 202

Jedenfalls wenn in einem Pkw-Leasingvertrag weder mündlich noch auf der Vorderseite des Vertrages hinreichend deutlich gemacht wird, dass der Leasingnehmer nach Ablauf der Vertragszeit einen Restwert des Pkw garantiert, so ist eine in den AGB des Leasinggeber abgedruckte Erklärung, wonach der Leasingnehmer eine Differenz zwischen Schätzwert und Rücknahmewert zu zahlen hat, wegen Verletzung des Transparenzgebots unwirksam.[521] 203

---

516 BGH NJW 1997, 3166, 3167; NJW 1996, 455, 456; OLG Koblenz MDR 1995, 477.

517 BGH NJW 1997, 3166, 3167; a. A. *von Westphalen,* AGB, Leasing Rdn. 171.

518 OLG Frankfurt WM 1987, 1402; MDR 1989, 454.

519 S. o.; auch OLG Düsseldorf NJW-RR 1999, 1661; OLG Dresden NZV 1999, 423; OLG Brandenburg NJW-RR 2001, 277.

520 OLG Oldenburg NZV 1999, 335, 336; OLG Karlsruhe NJW-RR 1986, 1112, 1113; *von Westphalen,* Der Leasingvertrag, 5. Aufl., Rdn. 165, 1024 ff.; a. A. OLG Frankfurt WiB 1997, 1106, 1107; offen gelassen von BGH NJW 2001, 2165, 2166.

521 LG Oldenburg NJW-RR 1999, 1209; offen gelassen von BGH NJW 2001, 2165, 2166.

204 Wegen Unklarheit (§ 5 AGBG, § 305c Abs. 2) wird folgende Klausel nicht Vertragsinhalt:

„Vertragsdauer in Monaten: 36. Gesamtfahrleistung: 60 000 km. Monatliche Leasingrate netto: 500,00 €. Sonderzahlung netto: 3500,00 €. Kalkulierter Restwert netto: 19 000,00 €. Ist bei Rückgabe des Fahrzeugs nach Ablauf der bei Vertragsabschluss vereinbarten Leasingzeit die festgelegte Gesamtkilometerlaufleistung über- bzw. unterschritten, werden die gefahrenen Mehr- bzw. Minderkilometer dem Leasingnehmer zu dem im Leasingvertrag genannten Satz nachberechnet bzw. vergütet. Bei der Berechnung von Mehr- und Minderkilometern bleiben 2500 km ausgenommen. Bei Verträgen mit Restwertabrechnung ermittelt der Leasinggeber für die Schlussabrechnung die Differenz zwischen dem kalkulierten Restwert gem. Leasingvertrag und dem tatsächlichen Restwert des Fahrzeugs“.[522]

205 Hier kann für den Leasingnehmer zumindest der Eindruck entstehen, dass er nur bei Überschreitung der angegebenen Gesamtfahrleistung zum Restwertausgleich verpflichtet ist. Die Klausel enthält sowohl eine Regelung für Verträge mit Kilometervereinbarung als auch eine solche für Verträge mit Restwertabrechnung. Für Leasingnehmer bleibt unklar, welche der beiden Alternativen Anwendung finden soll.

206 Der Leasingnehmer kann die Klausel auch so verstehen, dass sie nur dann eingreift, wenn die Gesamtfahrleistung überschritten wird. Die Bestimmung kann deshalb keine Grundlage zur Verpflichtung des Leasingnehmer sein, einen Restwertausgleich zu bezahlen.[523]

k) Außerordentliche Kündigung durch den Leasinggeber

207 Das Recht zur Kündigung des Leasinggeber aus wichtigem Grund kann durch AGB konkretisiert, aber hierdurch nicht wesentlich erweitert werden.[524]

208 Unbedenklich i.S.d. § 307 sind vertraglich vereinbarte Kündigungsgründe, die an eine wesentliche Verschlechterung der Vermögensverhältnisse des Leasingnehmer anknüpfen, etwa das Betreiben von Zwangsvollstreckungsmaßnahmen in das Vermögen des Leasingnehmer oder dessen Zahlungseinstellung; dies gilt insbesondere dann, wenn hierdurch die Leasingsache oder der Anspruch des Leasinggeber auf die Gegenleistung gefährdet wird.[525]

---

[522] BGH NJW 2001, 2165, 2166.

[523] BGH NJW 2001, 2165, 2167.

[524] OLG Hamm ZMR 1992, 152; Bamberger/Roth-*Möller/Wendehorst* § 500 Rdn. 50; W/H/L-*Wolf* § 9 AGBG Rdn. L 78.

[525] BGH NJW 1991, 102; OLG Dresden ZMR 2000, 375; OLG Hamm NJW-RR 1986, 927, 929; Bamberger/Roth-*Ehlert* vor § 535 Rdn. 81; einschränkend Bamberger/Roth-*Möller/Wendehorst* § 500 Rdn. 50: Kündigungsrecht muss auf Konstellationen beschränkt sein, in denen Ansprüche des Leasinggeber aus dem Leasingvertrag konkret gefährdet erscheinen.

Ein Verstoß gegen § 307 Abs. 1, Abs. 2 liegt dagegen vor, wenn eine AGB-Klausel den Kündigungsgrund der Vermögensverschlechterung oder der Vermögensgefährdung auf „sonstige Umstände" stützt, die nicht konkretisiert werden.[526] 209

Auch eine AGB-Bestimmung, die bei Vermögensverschlechterungen oder Zahlungsverzug des Leasingnehmers dem Leasinggeber kumulativ die Rechte auf Sicherstellung, zur fristlosen Kündigung und auf Geltendmachung von Schadensersatz einräumt,[527] den Anspruch des Leasingnehmers auf Rückgabe der zurückgenommenen Leasingsache und deren weiteren Gebrauch davon abhängig macht, dass neben den rückständigen Raten alle künftigen Leasingraten bezahlt werden[528] oder den Leasinggeber berechtigt, die ausstehenden Raten fällig zu stellen, vom Vertrag zurückzutreten und/oder die Herausgabe der Sache zu verlangen[529] bzw. den Leasinggeber auch bei wirksam begründeter Rückgabeverpflichtung zur Wegnahme des Leasinggegenstandes berechtigt, wenn der Leasingnehmer dieser Verpflichtung nicht nachkommt,[530] verstößt gegen § 307 Abs. 1. 210

Der Leasinggeber verliert für die Zeit der Sicherstellung den Anspruch auf die Leasingraten, wenn eine von ihm ausgesprochene Kündigung des Leasingvertrages unwirksam ist, der Leasingnehmer die Kündigung jedoch für wirksam hält und der Aufforderung des Leasinggebers folgend das Leasinggut zurückgibt.[531] 211

Eine außerordentliche Kündigung durch den Leasinggeber kommt, neben der Gefährdung der Leasingsache (§ 543 Abs. 2) – vor allem bei eingetretenem Zahlungsverzug des Leasingnehmers in Betracht, wobei die Mindestvoraussetzungen der §§ 498, 543 Abs. 2 nicht zu Lasten des Leasingnehmers abbedungen werden dürfen.[532] 212

Gem. § 307 Abs. 1 bzw. § 307 Abs. 2 Nr. 1 i.V.m. § 554 Abs. 1 a.F. bzw. 543 Abs. 2 n.F. unwirksam ist die Bestimmung. 213

„Der Leasinggeber ist zur fristlosen Kündigung des Leasingvertrages berechtigt, wenn der Leasingnehmer mit der Zahlung einer monatlichen Leasingrate mehr als 30 Tage in Rückstand ist". 214

Zum einen verstößt eine Klausel, die auf einen verschuldensunabhängigen „Rückstand" abstellt, gegen die wesentlichen Grundgedanken der §§ 554 215

---

526 BGH NJW 1991, 102; OLG Celle WM 1994, 885, 890.

527 OLG Hamm WM 1986, 1362.

528 OLG Hamm DB 1981, 885; Erman-*Jendrek* Anh § 535 Rdn. 35; Müko-*Habersack* Leasing Rdn. 128, 129.

529 BGH WM 1981, 1378; OLG Düsseldorf NJW 1988, 1457; OLG Hamm MDR 1981, 934; Erman-*Jendrek* Anh. § 535 Rdn. 35; Müko-*Habersack* Leasing Rdn. 129; a. A. aber OLG Frankfurt WM 1983, 665.

530 OLG Hamm BB 1992, 730; Erman-*Jendrek* Anh. § 535 Rdn. 35.

531 BGH MDR 2000, 1235, 1236 = WM 2000, 1632, 1635; NJW 1982, 870 = MDR 1982, 485.

532 Vgl. Bamberger/Roth-*Möller/Wendehorst* § 500 Rdn. 50; Erman-*Jendrek* Anh. § 535 Rdn. 35.

Abs. 1, 285, 276 a.F. (§§ 543 Abs. 2 Nr. 3, 280 Abs. 1 S. 2, 276 n.F.),[533] zum anderen reichen nach dem Leitbild des § 554 Abs. 1 Nr. 1, Nr. 2 a.F./§ 543 Abs. 2 Nr. 3 n.F. nur 30 Tage nicht aus, um ein Kündigungsrecht zu begründen.[534]

216 Ist der Leasingnehmer Verbraucher, ergibt sich die Unwirksamkeit der Klausel daneben auch aus § 498 Abs. 1 S. 1 i.V.m. §§ 506 Abs. 1 S. 1, 307 Abs. 2 Nr. 1. Im Falle des Zahlungsverzugs müssen zur Wirksamkeit der Kündigung die dortigen, zusätzlichen Voraussetzungen vorliegen.[535] Zudem muss ein Leasingvertrag, an dem mehrere Personen als Leasingnehmer beteiligt sind, einheitlich gegenüber allen Leasingnehmer gekündigt werden.[536]

217 Gegen § 307 Abs. 1 verstößt auch im Geschäftsverkehr gegenüber Unternehmern eine Klausel, die – etwa bei fortlaufend unpünktlicher Zahlung der Leasingraten – auf das in § 543 Abs. 3 enthaltene Erfordernis der Abmahnung verzichtet.[537]

218 Auch die Klausel „Der Leasinggeber ist zur fristlosen Kündigung berechtigt, wenn aus von Leasingnehmer zu vertretenden Gründen eine Bankabbuchung scheitert" widerspricht den genannten Grundgedanken und ist daher gem. § 307 Abs. 2 Nr. 1 unwirksam.[538]

219 Unwirksam ist auch folgende Bestimmung:

„Im Fall der fristlosen Kündigung ist Leasingnehmer zur Zahlung der Leasingraten in voller Höhe bis zum Ablauf des Monats verpflichtet, in dem er das Leasinggut an den Leasinggeber zurückgibt. Nach Rückgabe hat Leasinggeber weiterhin Anspruch auf die monatlichen Leasingraten bis zum nächsten ordentlichen Kündigungstermin abzgl. von Leasinggeber ersparter Aufwendungen und nicht anfallender Wertminderungen".

220 Nach dem Leitbild der für Leasingverträge entsprechend anwendbaren §§ 535ff. endet die Pflicht zur Zahlung des Mietzinses mit Wirksamwerden der Kündigung[539] bzw. mit dem Zeitpunkt der Vertragsbeendigung.[540] Die etwaige Verpflichtung zu Schadensersatzzahlungen gem. § 554 a.F. analog (§ 543 Abs. 2 n.F. analog) ist in der Klausel nicht erwähnt und für die Beurteilung von deren Wirksamkeit irrelevant. Daneben ist auch § 307 Abs. 1 verletzt, weil die dem Leasinggeber bei Fälligstellung der Netto-Leasingraten zugute kommenden Vorteile bzw. ersparten Aufwendungen wie Verwertungerlös, Abzinsung, Wegfall der Mehrwertsteuer bei bloßen Schadens-

---

[533] OLG Celle WM 1994, 886, 891; OLG Hamm NJW-RR 1992, 502, 503; Müko-*Habersack* Leasing Rdn. 122.

[534] OLG Celle WM 1994, 886, 891; auch OLG Koblenz Jur.Büro 1988, 1657.

[535] Vgl. BGH NJW 2000, 3133, 3135 = MDR 2000, 1235, 1236 = WM 2000, 1632, 1635; s.u. 2. Teil, K. 25ff.

[536] BGH MDR 2000, 1235, 1236.

[537] Müko-*Habersack* Leasing Rdn. 122.

[538] OLG Celle WM 1994, 886, 891.

[539] OLG Celle WM 1994, 886, 892.

[540] BGH NJW 1998, 3270, 3272.

ersatzansprüchen nicht erwähnt werden und daher nach der „kundenfeindlichsten Auslegung“ vom Leasinggeber auch nicht zu beanspruchen sind.[541]

Der Leasinggeber kann grundsätzlich nicht die Weiterzahlung der Leasingraten und die Rückgabe der Sache gleichzeitig verlangen, ebenso wenig zunächst die restlichen Raten abgezinst fällig stellen und sodann nach fruchtloser Abmahnung den Vertrag fristlos kündigen.[542] 221

Machen die Leasingbedingungen ein Sonderkündigungsrecht des Leasinggebers für die Fälle „schwerwiegender Vertragsverletzungen“ von einer vorherigen Abmahnung des Leasinggebers abhängig, so kann er den Vertrag grundsätzlich nicht ohne eine solche Abmahnung fristlos kündigen, wenn der Leasingnehmer, der bis zu diesem Zeitpunkt die Leasingraten gezahlt hatte, aber meint, in absehbarer Zeit keine Verwendung für das geleaste Kfz zu haben, sich vom Vertrag lossagt und das Kfz zurückgibt bzw beim Leasinggeber abstellt.[543] 222

Kündigt der Leasinggeber den Leasingvertrag wegen eines Umstandes, den der Leasingnehmer zu vertreten hat, wirksam, so schuldet der Leasingnehmer zusätzlich zur vorgesehenen Abschlusszahlung den Ersatz des Kündigungsschadens.[544] 223

Es handelt sich dabei um einen „Schadensersatzanspruch eigener Art“.[545] 224

Dieser umfasst vor allem den Gewinn, der dem Leasinggeber bis zu dem Termin zugeflossen wäre, zu dem der Leasingnehmer den Vertrag frühestens hätte ordentlich kündigen können,[546] zuzüglich einer etwaigen, vom Leasinggeber an die Finanzierungsbank zu bezahlenden Vorfälligkeitsentschädigung.[547] 225

Abzuziehen sind auch hier die ersparten laufzeitabhängigen Aufwendungen, bei erlasskonformen kündbaren Teilamortisationsverträgen mit Abschlusszahlung mindestens 90%, in allen anderen Fällen 100% des bei der Verwertung des Leasinggegenstandes erzielten Erlöses,[548] daneben der Ab-

541 OLG Celle WM 1994, 886, 892: auch Verstoß gegen § 309 Nr. 5 b.

542 BGH NJW 1985, 1547; Bamberger/Roth-*Ehlert* vor § 535 Rdn. 89; Erman-*Jendrek* Anh. § 535 Rdn. 35; Müko-*Habersack* Leasing Rdn. 129.

543 OLG Dresden OLG-NL 2000, 101 = DAR 2000, 118.

544 BGH NJW 1982, 1747, 1748; NJW 1985, 796; NJW 1985, 1539; NJW 1991, 221, 222; NJW 2001, 1349; zur Berechnung OLG Celle NJW-RR 1998, 704, 705; Bamberger/Roth-*Möller/Wendehorst* § 500 Rdn. 51; Erman-*Jendrek* Anh § 535 Rdn. 43; Müko-*Habersack* Leasing Rdn. 125, 126.

545 BGH NJW 1984, 2687: § 554 Abs. 1 a.F./§ 543 Abs. 2 n.F. analog.

546 BGH NJW 1991, 221, 223; Bamberger/Roth-*Möller/Wendehorst* § 500 Rdn. 51; Müko-*Habersack* Leasing Rdn. 126: Entgangener Gewinn für den unkündbaren Zeitraum.

547 BGH NJW 1990, 2377; Erman-*Jendrek* Anh § 535 Rdn. 48.

548 BGH NJW 2002, 2713; OLG Köln WM 1990, 1257: 100% bei nicht erlasskonformer Vertragsgestaltung; Müko-*Habersack* Leasing Rdn. 18, 116, 126 a.E.

zinsungsbetrag aus den restlichen, dem Leasinggeber im Rahmen des Schadensersatzes vorzeitig zufließenden Leasingraten.[549]

226 Eine AGB-Klausel, die den Leasinggebers bei fristloser Kündigung des Leasingvertrages wegen Zahlungsverzuges zur Rücknahme des Leasinggenstandes und zur ungekürzten Anforderung aller künftigen Leasingraten berechtigt, benachteiligt den Leasingnehmer i.S.d. § 307 Abs. 1 selbst dann unangemessen, wenn er bei sofortiger Zahlung aller rückständigen und künftigen Raten die Sache wiedererlangen kann.[550]

227 Gem. § 307 Abs. 1 unwirksam ist auch eine Klausel, nach der dem Leasinggeber bei fristloser Kündigung eines Telamortisationsvertrages sämtliche bis zum nächst zulässigen Kündigungstermin zu zahlenden Leasingraten und daneben eine zumindest nicht voll mit dem – zwischen dem Leasinggeber und dessen Refinanzierungsbank konkret festgelegten, andernfalls ggf. zu schätzenden – Refinanzierungssatz[551] abgezinste Ausgleichszahlung zustehen sollen.[552]

l) Rückgabe des Leasinggegenstandes nach Beendigung des Vertrages

228 Gibt der Leasingnehmer das Leasinggut nach Beendigung des Vertrages nicht zurück, so kann der Leasinggeber für die Dauer der Vorenthaltung bis zur Rückgabe an den Leasinggeber bzw. den Lieferanten gem. § 546a n.F. die vereinbarten Leasingraten, bei entsprechendem Nachweis auch einen weitergehenden Schaden ersetzt verlangen.[553] Folgende Klausel ist jedoch gem. § 307 Abs. 2 Nr. 1 unwirksam:[554]

229 „Gibt der Leasingnehmer das Leasingobjekt nicht zurück, so hat er für jeden angefangenen Monat der nicht erfolgten Rückgabe die im Leasingvertrag vereinbarte Leasingrate als Nutzungsentschädigung zu bezahlen".

230 Denn die Klausel erfasst auch den Fall, dass das Unterlassen der Rückgabe nicht dem Willen des Leasinggebers widerspricht, etwa weil er die Herausgabe gar nicht wünscht oder diese nicht verlangt.[555] Sie widerspricht damit einem wesentlichen Grundgedanken der gesetzlichen Regelung des § 546a Abs. 1 n.F. (§ 557 Abs. 1 S. 1 a.F.)

m) Schlussformel im Leasingvertrag

231 Die Schlussformeln (1.) „Anstelle der unwirksamen Klausel tritt diejenige Regelung, die dem Vertragszweck am nächsten kommt" und (2.) „Ände-

---

549 S.o.; vgl. Erman-*Jendrek* Anh § 535 Rdn. 44–51; Müko-*Habersack* Leasing Rdn. 126.

550 BGH NJW 1982, 870; Erman-*Jendrek* Anh. § 535 Rdn. 43.

551 S.o.; OLG Braunschweig OLG-Report 2001, 255; *Weber* NJW 2003, 2348, 2352; Erman-*Jendrek* Anh § 535 Rdn. 46.

552 BGH NJW 1982, 1747; Erman-*Jendrek* Anh. § 535 Rdn. 43.

553 BGH NJW 1989, 1730 = MDR 1989, 808; Erman-*Jendrek* Anh. § 535 Rdn. 36.

554 Vgl. BGH MDR 2004, 433.

555 BGH MDR 2004, 433.

rungen sowie Ergänzungen des Vertrages bedürfen zu ihrer Wirksamkeit der Schriftform" sind gem. § 307 Abs. 1 unwirksam.

Die Klausel (1.) ist nach ihrer „kundenfeindlichsten Auslegung" so zu verstehen, dass an die Stelle unwirksamer Regelungen nicht die gesetzliche Regelung (vgl. § 306 Abs. 2), sondern eine unbestimmte und damit Unsicherheit erzeugende Bestimmung treten soll. Die Schriftformklausel (2.) steht im Widerspruch zu der Möglichkeit, sie in einer von einem deutlichen Willen der Parteien getragenen Weise bei späteren Änderungen oder Ergänzungen außer Kraft zu setzen.[556] 232

V. Teilzahlungsgeschäfte (§§ 499 Abs. 2, 501)

1. Anwendungsbereich, Definition

Teilzahlungsgeschäfte nach §§ 499 Abs. 2, 501 stellen eine Unterart des Zahlungsaufschubs dar, der seinerseits neben der sonstigen Finanzierungshilfe und neben dem Darlehen Unterart des Kreditvertrages ist.[557] 233

§ 501, der die Anwendung der §§ 358, 359, 492 Abs. 1 S. 1 bis S. 4, 492 Abs. 2, Abs. 3, 495 Abs. 1 i.V.m. § 355 sowie der §§ 496–498 regelt, gilt nur für die Zahlungsaufschübe in der Unterart des Teilzahlungsgeschäfts, während andere Arten des Zahlungsaufschubs und Finanzierungshilfen, die keine Finanzierungsleasingverträge sind, der Anwendungsregel der § 499 Abs. 1 folgen.[558] 234

„Teilzahlungsgeschäfte" sind in § 499 Abs. 2 legal definiert. Es handelt sich um Verträge, die entweder die Lieferung einer bestimmten Sache oder die Erbringung einer bestimmten anderen Leistung zum Gegenstand haben und sich dadurch auszeichnen, dass diese Leistungen gegen Teilzahlungen erbracht werden.[559] 235

Von §§ 499 Abs. 2, 501 erfasst werden alle bewegliche Sachen betreffende Abzahlungsgeschäfte, insbesondere Kauf-, Werk-, Dienst-, Ehevermittlungs-, Partnerschaftsvermittlungs- und Geschäftsbesorgungsverträge, wenn ein Zahlungsaufschub in der Weise gewährt wird, dass die gesamte Gegenleistung in mindestens zwei Raten oder neben einer Anzahlung in einer weiteren Rate drei Monate nach der eigentlichen Fälligkeit zu erbringen ist.[560] 236

Wie schon im Rahmen des VerbrKrG ist auch ein Fertighausvertrag mit Errichtungsverpflichtung des Veräußerers als Werkvertrag (bzw. Werkliefe- 237

---

[556] OLG Celle WM 1994, 886, 894; auch BGH NJW 1985, 320.

[557] *Bülow* § 501 Rdn. 3 und § 499 Rdn. 13, 23.

[558] *Bülow* § 501 Rdn. 3.

[559] Bamberger/Roth-*Möller/Wendehorst* § 499 Rdn. 11.

[560] OLG Koblenz OLG-Report 2004, 588, 589: Dienstvertrag, Kaufvertrag, Werkvertrag; OLG Nürnberg VuR 1996, 62, OLG Stuttgart VuR 1994, 94; OLG Stuttgart NJW-RR 1994, 436; Staudinger/Kessal-*Wulf* § 499 Rdn. 5, 22, 29 m.w.N.

rungsvertrag nach § 651 a.F.) Gegenstand der Bestimmungen der §§ 499 Abs. 2, 501,[561] nicht dagegen ein Grundstückskaufvertrag.[562] Stundungsabreden in Grundstückskaufverträgen können aber von § 499 Abs. 1 erfasst werden.[563] Soweit es sich um einen Zahlungsaufschub handelt, ist jedoch auch hier die 3-Monats-Grenze des § 499 Abs. 1 zu beachten.

238 Keine Voraussetzung eines Teilzahlungsgeschäfts ist es also, dass der Käufer, Besteller, Auftraggeber o.a. nach Übergabe der Sache oder nach der Leistungserbringung noch mindestens zwei Raten zu leisten hätte.[564]

239 Zur Anwendbarkeit der §§ 499 Abs. 2, 501, 502 Abs. 1 genügt es sogar, wenn der Käufer, Besteller o.a. bei Übergabe der Sache einen Teil des Preises und den gesamten Rest danach in einem einzigen Betrag oder sogar die gesamte Vergütung nach der Übergabe in einem einzigen Betrag zu bezahlen hat.[565]

240 Voraussetzung ist – wie bei einem Zahlungsaufschub – stets, dass die um mindestens drei Monate hinausgeschobene Fälligkeit der Zahlung *entgeltlich* gewährt wird.[566]

2. Dreimonatsgrenze des § 499 Abs. 1

241 Nach dem bis zum 31. 12. 2001 geltenden Recht lag ein finanziertes Teilzahlungsgeschäft gem. §§ 1 Abs. 2, 3 Abs. 1 Nr. 3 VerbrKrG nur vor, wenn die kreditierte, letzte Rate oder der gesamte finanzierte Betrag mehr als drei Monate nach der eigentlichen Fälligkeit zu erbringen war.[567]

242 Auch bei Vorliegen eines Teilzahlungsgeschäfts i.S.d. §§ 499 Abs. 2, 501 muß dem Verbraucher ein Zahlungsaufschub von mehr als drei Monaten gewährt werden.[568]

---

[561] OLG Koblenz OLG-Report 2004, 588, 589; *Bülow* § 499 Rdn. 63; Müko-*Habersack* § 499 Rdn. 37; zu §§ 1 Abs. 2, 3 Abs. 1 Nr. 3 VerbrKrG vgl. auch *Grziwotz* MDR 1997, 432.

[562] *Bülow* § 499 Rdn. 42, 59; Müko-*Habersack* § 499 Rdn. 37: Keine „bewegliche" Sache.

[563] Müko-*Habersack* § 499 Rdn. 37 a.E.

[564] Vgl. zuletzt OLG Koblenz OLG-Report 2004, 588, 589; Müko-*Habersack* § 499 Rdn. 8, 37; Staudinger/Kessal-*Wulf* § 499 Rdn. 5, 29.

[565] OLG Koblenz OLG-Report 2004, 588, 589; *Bülow* § 499 Rdn. 30, 61; Müko-*Ulmer* § 4 VerbrKrG Rdn. 55, 62 und § 1 VerbrKrG Rdn. 68, 72; Müko-*Habersack* § 499 Rdn. 8, 37; Erman-*Saenger* § 492 Rdn. 13: entgeltlicher Zahlungsaufschub, wenn danach in einer einzigen Rate zu zahlen ist.

[566] *Bülow* § 499 Rdn. 61 a.E.; Erman-*Saenger* § 499 Rdn. 19; Müko-*Habersack* § 499 Rdn. 12, 33 und § 501 Rdn. 2; *Staudinger* a.a.O.

[567] Vgl. Vorauflage S. 19; W/E/R-*Graf von Westphalen* § 1 VerbrKrG Rdn. 158 und § 4 VerbrKrG Rdn. 159; Müko-*Ulmer* § 1 VerbrKrG Rdn. 68, 72 und § 4 VerbrKrG Rdn. 55.

[568] *Bülow* § 499 Rdn. 107, 84: Aber keine Anwendung auf Finanzierungsleasingverträge; Erman-*Saenger* § 499 Rdn. 6, 19; Müko-*Habersack* § 499 Rdn. 12, 33 und § 501 Rdn. 2; Staudinger/Kessal-*Wulf* § 499 Rdn. 22.

3. Entgeltlichkeit

Bei Teilzahlungsgeschäften und den kreditierten Dienst- und Werkleistungen ist von einer „Entgeltlichkeit“ immer dann auszugehen, wenn der Teilzahlungspreis (§ 502 Abs. 1 S. 1 Nr. 2) höher ist als der Barzahlungspreis (§ 502 Abs. 1 S. 1 Nr. 1).[569] Die Entrichtung eines Mindestentgelts zur Entgeltlichkeit wird dabei nicht verlangt, es reicht deshalb auch eine im Verhältnis zum Kaufpreis geringe Gegenleistung.[570] 243

a) Anscheinsbeweis

Liefert der Unternehmer (Verkäufer, Werkunternehmer o.a.) allgemein nur gegen Teilzahlungen, so geht § 502 Abs. 1 S. 2 von der unwiderleglichen Vermutung der Entgeltlichkeit der Teilzahlungsabrede aus.[571] 244

Nach h.M. spricht bei der Bewilligung von Ratenzahlungen stets der Beweis des ersten Anscheins für eine Entgeltlichkeit,[572] zumindest aber eine tatsächliche Vermutung.[573] 245

Nach anderer, u.E. zutreffender Auffassung[574] ist eine Beweiserleichterung in Form eines Anscheinsbeweises oder einer tatsächlichen Vermutung zugunsten des Verbrauchers nicht gerechtfertigt. Dies gilt jedenfalls dann, wenn der Bar- und Teilzahlungspreis nominal gleich ausgehandelt und angegeben werden. Das Gesetz vermutet in § 502 Abs. 1 S. 2 eine Entgeltlichkeit lediglich für den Fall, dass Leistungen nur gegen Teilzahlungen erbracht werden. 246

b) Werk,- Dienst- und Partnerschaftsvermittlungsverträge

Nach der Rechtsprechung des OLG Stuttgart[575] ist auch ein Vertrag über eine mehrmonatige Ausbildung, bei dem der Auszubildende statt Barzah- 247

---

569 Vgl. Erman-*Saenger* § 499 Rdn. 19; Staudinger/Kessal-*Wulf* § 499 Rdn. 5.

570 OLG Köln MDR 1994, 988: knapp 50,00 € bei einem Barzahlungspreis von 16 000,00 €; *Martis* MDR 1998, 1189, 1194.

571 OLG Köln MDR 1994, 988; OLG Koblenz OLG-Report 2004, 588, 589: „indirekte Vermutung“, wobei der Unternehmer nicht einwenden könne, es fehle an der „Entgeltlichkeit“; Bamberger/Roth-*Möller/Wendehorst* § 500 Rdn. 12; sowie Erman-*Saenger* § 499 Rdn. 19 und Müko-*Habersack* § 499 Rdn. 9 und § 502 Rdn. 16: Entgeltlichkeit wird dann unwiderlegbar vermutet; Staudinger/Kessal-*Wulf* § 499 Rdn. 5 a.E., 31: Anscheinsbeweis a.A. und für widerlegliche Vermutung der Vorgängerregelung des § 4 Abs. 1 S. 6 VerbrKrG: LG Hamburg ZIP 1994, 290, 291; W/E/R-*Graf von Westphalen* § 1 VerbrKrG Rdn. 164.

572 OLG Köln MDR 1994, 988; LG Hamburg ZIP 1994, 290, 291; Erman-*Saenger* § 499 Rdn. 19: dies ist aus §§ 502 Abs. 1 S. 2, 504 S. 2 zu folgern; Staudinger/Kessal-*Wulf* § 1 VerbrKrG Rdn. 66, 82 und § 499 Rdn. 5 a.E., 31.

573 OLG Nürnberg VuR 1996, 62, 63; OLG Karlsruhe WM 1998, 2156; OLG Stuttgart NJW-RR 1994, 436; OLG Koblenz OLG-Report 2004, 588, 589.

574 OLG Dresden VuR 2000, 217, 220 = ZIP 2000, 830.

575 OLG Stuttgart ZIP 1993, 1466; ähnlich OLG Köln DB 1995, 2466, OLG Nürnberg VuR 1996, 62, 63 und LG Saarbrücken MDR 1994, 1086 sowie LG Göttingen NJW-RR 1993, 181 jeweils zum alten Recht.

lung Zahlung des Entgelts in mehr als drei Monatsraten (s.o.) wählt, deren Summe höher ist als der Barzahlungspreis, ein kreditierter Teilzahlungsvertrag.

248 Dem ist der BGH[576] entgegengetreten. Danach rechnen zwar auch Verträge über Dienstleistungen, in denen dem Verbraucher nach einem entsprechenden Aufschlag das Recht eingeräumt wird, das Entgelt ganz oder teilweise (nach altem Recht) zu einem Zeitpunkt zu entrichten, der um mehr als drei Monate (vgl. § 3 Abs. 1 Nr. 3 VerbrKrG) über den gesetzlichen Fälligkeitszeitpunkt hinausgeschoben ist, zu den Teilzahlungsgeschäften bzw. Kreditverträgen in der Form des Zahlungsaufschubs. Das Angebot eines Dienstleistungsunternehmens, das es dem Auszubildenden überlässt, anstelle der ansonsten vorgesehenen Ratenzahlung die Dienstleistung im Voraus auf einmal zu einem Preis zu begleichen, der niedriger ist als die Summe der monatlichen Raten, enthält nach Auffassung des BGH aber kein Kreditangebot an den Auszubildenden. Denn ein Dienstvertrag, z.B. ein Unterrichtsvertrag, ist als befristetes Dauerschuldverhältnis nicht auf eine einmalige Leistung gerichtet, sondern lässt während seiner Laufzeit ständig neue bzw. wiederkehrende Leistungspflichten entstehen. Dabei liegt keine Teilzahlungsabrede bzw. kein Zahlungsaufschub vor, wenn der Anbieter der Leistung nach Zeitabschnitten gestaffelte, dabei möglicherweise unterschiedliche Tarife gewährt.[577]

249 Auch nach Ansicht des LG Gießen[578] stellt die in einem Vertrag vorgesehene Möglichkeit, eine Unterrichtsvergütung in monatlichen Raten zu zahlen, deren Summe höher ist als der vorauszuzahlende Barbetrag, kein Kreditangebot für ein Teilzahlungsgeschäft bzw. keinen Zahlungsaufschub dar. Die sich ergebende Betragsdifferenz sei kein Aufschlag für einen Zahlungsaufschub, sondern ein Abschlag für die vorzeitige Erfüllung einer künftigen Verbindlichkeit.

250 Entspricht die vertragliche Regelung, die Zahlungsverpflichtung nach Zeitabschnitten zu erbringen, dem dispositiven Recht oder weicht sie davon sogar zu Ungunsten des Verbrauchers ab, so verschafft sie diesem keine wirtschaftliche Besserstellung. Damit ist in einer solchen Vereinbarung auch nach zutreffender Ansicht des OLG Dresden[579] kein den Verbraucher begünstigender Zahlungsaufschub zu erblicken. Dies gilt insbesondere bei Partnerschaftsvermittlungsverträgen und Dienstverträgen, bei denen der Vermittler bzw. der Dienstberechtigte nach § 416 in Abweichung von § 271 vorleistungspflichtig ist. Wird dem Verbraucher in den Zahlungsvereinbarungen grundsätzlich eine Vorleistungspflicht auferlegt und ihm gleichzeitig

---

[576] BGH NJW 1996, 457, 458 = WM 1996, 148; zustimmend Erman-*Saenger* § 499 Rdn. 20; Staudinger/Kessal-*Wulf* § 1 VerbrKrG Rdn. 69 und § 499 Rdn. 8.

[577] BGH NJW 1996, 457, 458; OLG Düsseldorf NJW-RR 1997, 1074.

[578] LG Gießen NJW-RR 2001, 1714.

[579] OLG Dresden VuR 2000, 217, 219 = ZIP 2000, 830.

die Möglichkeit zu Teilzahlungen eingeräumt, wird hierdurch lediglich die Fälligkeit der Hauptleistungspflichten hinausgeschoben.[580]

Nach anderer Auffassung liegt ein Teilzahlungsgeschäft bzw. ein entgeltlicher Zahlungsaufschub vor, wenn etwa die Kosten für die Ausbildung zum Heilpraktiker von 26 Monaten in 48 Monatsraten zu bezahlen sind und die Summe der Raten auch bei Gewährung eines „Rabattes" auf den Ratenzahlungspreis höher ist als der bei Zahlung von 26 Monatsraten geforderte Betrag.[581] 251

Bei Fernunterrichtsverträgen verweist § 4 Abs. 1, Abs. 2 FernUSG auf das Widerrufsrecht nach § 355, das nicht vor Zugang der ersten Lieferung des schriftlichen oder audiovisuellen Fernlehrmaterials beginnt.[582] 252

Auf einen Partneranschriftendepotvertrag, der formularmäßig die Möglichkeit vorsieht, den Kunden zu verpflichten, ein eigenes Darlehen aufzunehmen, sind die Vorschriften der §§ 499 Abs. 1, Abs. 2, 491 ff. nach einer Ansicht entsprechend anwendbar;[583] nach anderer Auffassung soll § 656 Abs. 1 analog eingreifen,[584] wodurch ein Widerrufsrecht obsolet und bei Drittfinanzierung der Einwendungsdurchgriff gem. § 359 relevant würde.[585] 253

Soweit der Käufer Verbraucher i. S. d. § 13 oder Existenzgründer i. S. d. § 507 ist (vgl. hierzu oben 2. Teil, B. Rdn. 73 ff.), kann auch der Kauf eines Unternehmens ein Teilzahlungsgeschäft nach § 499 Abs. 2 darstellen.[586] 254

4. Anwendbare Vorschriften

Die Aufzählung der auf Teilzahlungsgeschäfte anwendbaren Vorschriften ist identisch mit derjenigen für Finanzierungsleasingverträge in § 500. Insbesondere können Vollmachten zum Abschluss von Teilzahlungsgeschäften formfrei erteilt werden.[587] 255

Die Probleme, die sich für Finanzierungsleasingverträge im Hinblick auf eine richtlinienkonforme Auslegung ergeben (s. o. 2. Teil, C. Rdn. 82 ff.), betreffen die Teilzahlungsgeschäfte nicht. Die Vorschriften über die verbundenen Verträge und den Einwendungsdurchgriff (§§ 358, 359, vormals § 9 VerbrKrG) waren bereits zum alten Recht unproblematisch anwendbar.[588] 256

Allerdings ist der Verweis auf §§ 358, 359 im Rahmen der §§ 500, 501 S. 1 gegenstandslos und damit überflüssig. Für die entsprechende Anwendung 257

---

580 OLG Dresden VuR 2000, 217, 219; auch *Bülow* § 499 Rdn. 28, 45.

581 LG Bielefeld MDR 2000, 200.

582 Vgl. *Bülow* § 499 Rdn. 46, 47.

583 AG Dortmund NJW-RR 1999, 494.

584 OLG Hamburg NJW-RR 1989, 1521; OLG Dresden VuR 2000, 217, 219; LG Chemnitz VuR 1997, 402.

585 *Bülow* § 499 Rdn. 45 a. E.

586 *Bülow* § 499 Rdn. 43, 63 und § 507 Rdn. 5.

587 Müko-*Habersack* § 501 Rdn. 3; Staudinger/Kessal-*Wulf* § 501 Rdn. 1.

588 Vgl. Bamberger/Roth-*Möller/Wendehorst* § 501 Rdn. 2, 3.

der §§ 358, 359 ist schon in Ermangelung des Vorliegens zweier Verträge kein Raum.[589]

258 Gem. § 499 Abs. 3 S. 2 tritt bei einem Teilzahlungsgeschäft an die Stelle des bei der Ausnahmeregelung in § 491 Abs. 2 Nr. 1 genannten Nettodarlehensbetrages, max. 200,00 €, der in § 502 Abs. 1 Nr. 1 genannte Barzahlungspreis.

259 Die Ausnahmeregelung des § 491 Abs. 2 Nr. 1, wonach die Vorschriften der §§ 499 Abs. 2, Abs. 3, 501 ff. nicht anwendbar sind, wenn der – ggf. fiktive – Barzahlungspreis 200,00 € nicht übersteigt, ist auch anzuwenden, wenn das Entgelt für die erworbene Sache, die Dienst- oder Werkleistung nicht in Ratenzahlungen über mehr als drei Monate, sondern in einem einzigen, mehr als drei Monate nach dem eigentlichen Fälligkeitstermin zu entrichten ist, nachdem der Darlehnsgeber (Unternehmer) vorgeleistet hatte.[590]

260 Gem. §§ 499 Abs. 3, 491 Abs. 3 Nr. 1 ist das Widerrufsrecht (§ 495 Abs. 1 i. V. m. § 355) auch für den entgeltlichen Zahlungsaufschub und bei Teilzahlungsgeschäften ausgeschlossen, wenn der Vertrag notariell beurkundet wird und die Urkunde den Jahreszins, die bei Abschluss des Vertrages in Rechnung gestellten Kosten des Darlehens sowie die Voraussetzungen enthält, unter denen der Jahreszins oder die Kosten geändert werden können.

VI. Ratenlieferungsverträge, § 505

1. Allgemeines, Anwendungsbereich, Konkurrenzen

261 Im Untertitel 3 des dritten Titels sind nach dem Darlehensvertrag (Untertitel 1), den Finanzierungshilfen zwischen einem Unternehmer und einem Verbraucher, nämlich den Teilzahlungsgeschäften, anderen entgeltlichen Zahlungsaufschüben, den Finanzierungsleasingverträgen (Untertitel 2) die bislang von § 2 VerbrKrG erfassten Ratenlieferungsverträge zwischen einem Unternehmer und einem Verbraucher geregelt worden.[591]

a) Zeitliche Geltung

262 Wie sich aus Art. 229 § 5 S. 2 EGBGB ergibt, gilt § 2 VerbrKrG noch für alle bis zum 31. 12. 2002, § 505 für die nach diesem Zeitpunkt abgeschlossenen Ratenlieferungsverträge.[592]

b) Persönlicher Anwendungsbereich (§§ 13, 507)

263 Geschützt werden gem. § 505 Abs. 1 S. 1 Verbraucher (§ 13) und Existenzgründer (§ 507), letztere nur sofern der Barzahlungspreis des Raten-

---

589 Müko-*Habersack* § 501 Rdn. 3, § 499 Rdn. 30 und § 500 Rdn. 8.
590 *Bülow* § 499 Rdn. 88.
591 Vgl. Bamberger/Roth-*Möller/Wendehorst* § 505 Rdn. 1.
592 Vgl. Erman-*Saenger* § 505 Rdn. 36: Individualvertraglich ist abweichende Regelung möglich.

zahlungsgeschäfts 50 000,00 € nicht übersteigt. Abzustellen ist zur Berechnung des Betrages auf die Summe aller vom Existenzgründer bis zum frühestmöglichen Kündigungszeitpunkt zu entrichtenden Teilzahlungen.[593] Dabei kommt es auf die Möglichkeit einer ordentlichen Kündigung durch den Existenzgründer nicht an.[594]

Sieht der Vertrag kein ordentliches Kündigungsrecht vor, richtet es sich jedenfalls bei unbefristeten Dauerschuldverhältnissen nach den entsprechend anzuwendenden §§ 488 Abs. 3, 489 Abs. 1 Nr. 2, 489 Abs. 3.[595] **264**

Für die Frage, ob die Existenzgründungsphase abgeschlossen ist, ist nicht auf den Zeitpunkt der späteren Erfüllung der eingegangenen Verpflichtung, sondern jeweils auf den erstmaligen Abschluss des Vertrages abzustellen.[596] **265**

c) Formvorschriften (§ 505 Abs. 2 S. 1, § 502 Abs. 1)

Gem. § 505 Abs. 2 S. 1 müssen Ratenlieferungsverträge grundsätzlich schriftlich (§ 126) geschlossen werden, wobei auch – anders als bei den Verbraucherdarlehensverträgen des § 491 Abs. 1 – ein Abschluss in elektronischer Form (§ 126 a) möglich ist.[597] **266**

Die Befreiung vom Schriftformerfordernis gilt nur unter den Voraussetzungen des § 505 Abs. 2 S. 2 und S. 3, d.h. der Verbraucher muss die Möglichkeit erhalten, die Vertragsbestimmungen einschließlich der AGB bei bzw. vor Vertragsabschluss abzurufen und in wiedergabefähiger Form zu speichern. Der Unternehmer muss dem Verbraucher den Vertragsinhalt daneben in Textform (§ 126 b) mitteilen.[598] Anders als § 502 Abs. 2 setzt § 505 Abs. 2 S. 2 weder ein Fernabsatzgeschäft noch einen Download der Vertragsbestimmungen voraus.[599] **267**

Wird die Schriftform ganz oder teilweise nicht eingehalten und greift die Befreiung nach § 505 Abs. 2 S. 2 und S. 3 nicht ein, gelten die Vorschriften der §§ 125, 139. Die Rückabwicklung hat über §§ 812, 818 zu erfolgen.[600] Die Heilungsvorschriften der §§ 494, 502 Abs. 3 sind nicht – auch nicht entsprechend – anwendbar.[601] **268**

---

593 *Bülow* § 507 Rdn. 18; Bamberger/Roth-*Möller/Wendehorst* § 505 Rdn. 5; Erman-*Saenger* § 505 Rdn. 3, 5.

594 *Bülow* § 507 Rdn. 18 und § 505 Rdn. 24.

595 Müko-*Habersack* § 505 Rdn. 31; Palandt-*Putzo,* § 505 Rdn. 18.

596 BGH NJW 1995, 722 zum alten Recht; *Bülow* § 505 Rdn. 44.

597 Bamberger/Roth-*Möller/Wendehorst* § 505 Rdn. 16: Vertragsabschlüsse über das Internet möglich; Erman-*Saenger* § 505 Rdn. 20; *Bülow* § 505 Rdn. 12; Müko-*Habersack* § 505 Rdn. 34: §§ 126 Abs. 3, 126 a anzuwenden.

598 Bamberger/Roth-*Möller/Wendehorst* § 505 Rdn. 16; Müko-*Habersack* § 505 Rdn. 36.

599 Müko-*Habersack* § 505 Rdn. 36.

600 Bamberger/Roth-*Möller/Wendehorst* § 505 Rdn. 17; *Bülow* § 505 Rdn. 20; Müko-*Habersack* § 505 Rdn. 37, 38.

601 Erman-*Saenger* § 505 Rdn. 21; *Bülow* § 505 Rdn. 20; Müko-*Habersack* § 505 Rdn. 37; Staudinger/Kessal-*Wulf* § 505 Rdn. 27, 28.

269 Allerdings ist die Berufung des Verbrauchers auf die Formnichtigkeit des Vertrages rechtsmissbräuchlich (§ 242), wenn er – zuvor oder gleichzeitig – Erfüllung verlangt[602] oder der Vertrag von beiden Seiten über einen längeren Zeitraum erfüllt worden ist.[603]

d) Ausnahmeregelungen (§ 491 Abs. 2, Abs. 3)

270 Unter der Geltung des VerbrKrG waren die Ausnahmeregelungen des § 3 VerbrKrG (jetzt § 491 Abs. 2, Abs. 3) nicht entsprechend auf die in § 2 VerbrKrG (jetzt § 505 Abs. 1 Nr. 1–3) genannten Geschäfte anzuwenden.[604]

271 Nunmehr bestimmt § 505 Abs. 1 S. 2, dass die Ausnahmeregelungen des § 491 Abs. 2, Abs. 3 auf alle Verträge aus § 505 Abs. 1 Nr. 1–3 anzuwenden sind. Danach findet jetzt auch die Bagatellegrenze des § 491 Abs. 2 Nr. 1 (Nettobetrag über 200,00 €) Anwendung.[605]

272 Zur Berechnung der unter 200 Euro liegenden Zahlungspflichten ist auch hier darauf abzustellen, welche Zahlungen der Verbraucher bis zum frühest möglichen Zeitpunkt einer ihm möglichen, ordentlichen Kündigung erbringen muß.[606] Bei unbefristeten Dauerschuldverhältnissen sind die §§ 488 Abs. 3, 489 Abs. 1 Nr. 2, Abs. 3 entsprechend anzuwenden.[607]

273 Ratenlieferungsverträge wie z.B. Zeitschriftenabonnements, bei denen alle bis zur ersten Kündigungsmöglichkeit zu entrichtenden Zahlungen einen Gesamtbetrag von 200 Euro nicht überschreiten, unterliegen nach § 505 Abs. 1 S. 2 i.V.m. § 491 Abs. 2 Nr. 1 nicht dem Schriftformerfordernis des § 505 Abs. 2 S. 1.[608] Zudem entfällt bei derartigen Verträgen nach §§ 505 Abs. 1 S. 2, 491 Abs. 2 Nr. 1 auch das Widerrufsrecht des Verbrauchers.[609]

---

[602] Bamberger/Roth-*Möller/Wendehorst* § 505 Rdn. 17 und *Bülow* § 505 Rdn. 20; Müko-*Habersack,* 4. Aufl., § 505 Rdn. 37 a.E.: § 242 bei beiderseiziger vollständiger Erfüllung; zum alten Recht W/E/R-*Graf von Westphalen* § 2 VerbrKrG Rdn. 39 und Staudinger/Kessal-*Wulf* § 2 VerbrKrG Rdn. 28.

[603] Erman-*Saenger* § 505 Rdn. 21; Staudinger/Kessal-*Wulf* § 505 Rdn. 28 a.E.

[604] BGH NJW 1995, 722; NJW 1997, 2185 zu § 3 Abs. 1 Nr. 2 VerbrKrG; OLG Karlsruhe WM 1993, 1130; LG München I WM 1999, 2024; Staudinger/Kessal-*Wulf* § 2 VerbrKrG Rdn. 3, 4; a.A. zum alten Recht Müko-*Ulmer* § 2 VerbrKrG Rdn. 10, 18; *Windel* JuS 1996, 812, 813.

[605] BGH NJW-RR 2004, 841 = MDR 2004, 1013; OLG Oldenburg NJW-RR 2004, 701 = MDR 2004, 800; Erman-*Saenger* § 505 Rdn. 5; Staudinger/Kessal-*Wulf* § 505 Rdn. 4; Müko-*Habersack* § 505 Rdn. 31; anders zum alten Recht OLG Karlsruhe NJW-RR 1993, 635 und LG München I NJW 1999, 2127.

[606] Müko-*Habersack* § 505 Rdn. 31; *Staudinger* a.a.O.

[607] Müko-*Habersack* § 505 Rdn. 31.

[608] BGH NJW-RR 2004, 841 = MDR 2004, 1013; OLG Oldenburg NJW-RR 2004, 701 = MDR 2004, 800, 801; auch *Bülow* § 505 Rdn. 24 a.E. und Erman-*Saenger* § 505 Rdn. 5: Summe aller vom Verbraucher bis zum frühestmöglichen Kündigungszeitpunkt zu entrichtenden Teilzahlungen maßgeblich.

[609] OLG Oldenburg NJW-RR 2004, 701 = MDR 2004, 800, 801.

Ist der Ratenlieferungsvertrag für die „Aufnahme“ einer gewerblichen oder selbständigen beruflichen Tätigkeit einer natürlichen Person bestimmt, ist § 505 – insbesondere in den Fällen des § 505 Abs. 1 S. 1 Nr. 3 – gem. § 507 ebenfalls einschlägig, sofern die Summe aller vom Existenzgründer bis zum frühestmöglichen Kündigungszeitpunkt zu entrichtenden Teilzahlungen 50000 Euro nicht übersteigt.[610] 274

Wird ein Ratenlieferungsvertrag nach § 505 Abs. 1 notariell beurkundet oder in einem gerichtlichen Protokoll festgehalten, sind die Vorschriften über das Formerfordernis, das Widerrufsrecht (§ 355) sowie die Verbundvorschriften (§§ 358, 359) bei Vorliegen der Voraussetzungen des § 491 Abs. 3 Nr. 1 n.F. nicht anzuwenden.[611] 275

Verlangt wird jedoch die Angabe etwaiger Kosten, die über das Entgelt für die einzelnen Teilleistungen hinausgehen, und die Angabe der Änderungsbedingungen, z.B. für die Erhöhung der Preise für die zu liefernden Waren.[612] 276

e) Teilzahlungsgeschäfte und Dreimonatsgrenze (§ 499 Abs. 1 und 2)

Kreditiert der Verkäufer, Werkunternehmer o.a. die vom Verbraucher zukünftig zu erbringenden Leistungen über die Vertragsgestaltungen des § 505 Abs. 1 Nr. 1–3 hinaus, so ist § 499 Abs. 1, Abs. 2 anzuwenden, ohne dass es auf das Vorliegen der Voraussetzungen des § 505 Abs. 1 Nr. 1–3 ankommt.[613] Im Übrigen ist nach h.M. die 3-Monats-Grenze des § 499 Abs. 1 auch im Rahmen des § 505 anzuwenden, um kurzfristige Lieferverträge von dessen Schutzbereich auszunehmen.[614] 277

f) Konkurrenz zu §§ 312, 312b

Nach der im Rahmen des OLGVertrÄndG angefügten Klarstellung in §§ 312a, 312d haben – soweit dem Verbraucher ein Widerrufs- oder Rückgaberecht nach den verbraucherkreditrechtlichen Regelungen etwa der §§ 491, 499, 505 tatsächlich zusteht – letztere Vorrang vor den Bestimmungen über Haustür- und Fernabsatzgeschäfte (§§ 312, 312b).[615] 278

---

[610] Erman-*Saenger* § 505 Rdn. 3, 5; Staudinger/Kessal-*Wulf* § 505 Rdn. 4 a.E.; anders noch BGH NJW 1995, 722, 724 zum alten Recht.

[611] *Bülow* § 505 Rdn. 23; Müko-*Habersack,* 4. Aufl., § 505 Rdn. 31 a.E.

[612] Bamberger/Roth-*Möller/Wendehorst* § 505 Rdn. 4; Anwaltkomm-*Reiff* § 505 Rdn. 16; a.A. Staudinger/Kessal-*Wulf* § 505 Rdn. 4 a.E.

[613] LG Mannheim NJW-RR 1996, 118; *Bülow* § 505 Rdn. 11, 32; Erman-*Saenger* § 505 Rdn. 32.

[614] *Habersack* BKR 2001, 72, 74; Bamberger/Roth-*Möller/Wendehorst* § 505 Rdn. 11; Rdn. 4, 11; Müko-*Habersack,* 4. Aufl., § 505 Rdn. 32; a.A. *Bülow* § 505 Rdn. 25.

[615] Vgl. Bamberger/Roth-*Möller/Wendehorst* § 505 Rdn. 15; Erman-*Saenger* § 505 Rdn. 34, 35; Müko-*Habersack,* 4. Aufl., § 505 Rdn. 3.

279 Allerdings ergibt sich aus den zwingenden Vorgaben der Fernabsatz-Richtlinie und § 312c Abs. 2 eine Besonderheit. Danach beginnt die Widerrufsfrist bei Ratenlieferungsverträgen, die auch unter § 312b fallen würden, die Widerrufsfrist des § 355 Abs. 1 erst mit Erfüllung der Informationspflichten aus § 312c Abs. 2 zu laufen.[616]

2. Einzelne Verträge (§ 505 Abs. 1 Nr. 1–3)

a) Lieferung in Teilleistungen (§ 505 Abs. 1 Nr. 1)

aa) Teillieferungsverträge

280 Voraussetzung der Anwendbarkeit des § 505 Abs. 1 Nr. 1 ist die von vornherein begründete Pflicht des Lieferanten aus einem Kauf- oder Werklieferungsvertrag (§ 651 a.F.), eine bestimmte Sachgesamtheit oder eine von vornherein bestimmte Warenmenge in Teilleistungen zu liefern und die Pflicht des Kunden, das Entgelt für die Gesamtheit in Teilleistungen zu erbringen.[617]

281 Dabei ist es nicht erforderlich, dass das Entgelt in gleich bleibenden Raten bzw. Teilleistungen zu zahlen ist.[618]

282 Schuldet der Verbraucher den Kaufpreis in einem einzigen Betrag im Voraus, ist § 505 Abs. 1 nicht anwendbar.[619] Teilweise wird eine analoge Anwendung des § 505 Abs. 1 Nr. 1 bei Vereinbarung einer nachträglichen Verpflichtung des Verbrauchers zur Erbringung von Teilleistungen bejaht.[620]

283 Auch wenn ein reiner Dienst- oder Werkvertrag vorliegt, greift § 505 Abs. 1 Nr. 1 nicht ein.[621]

bb) Beweislast

284 Die Beweislast für die Verbraucher- oder Existenzgründereigenschaft[622] und Vereinbarung, dass der Verbraucher den Kaufpreis bzw. Werklohn

---

[616] Bamberger/Roth-*Möller/Wendehorst* § 505 Rdn. 15: Günstigkeitsprinzip; Müko-*Habersack,* 4. Aufl., § 505 Rdn. 3; Staudinger/Kessal-*Wulf* § 505 Rdn. 33.

[617] *Martis* MDR 1998, 1189, 1194; Müko-*Habersack,* 4. Aufl., § 505 Rdn. 12, 15; Staudinger/Kessal-*Wulf* § 2 VerbrKrG Rdn. 9ff. und § 505 Rdn. 10ff; W/E/R-*Graf von Westphalen* § 2 VerbrKrG Rdn. 7, 12, 14.

[618] Erman-*Saenger* § 505 Rdn. 8; Müko-*Habersack,* 4. Aufl., § 505 Rdn. 16.

[619] BGH NJW 1990, 1046, 1047; OLG Hamm VuR 1998, 355; *Bülow* § 505 Rdn. 31; Müko-*Habersack,* 4. Aufl., § 505 Rdn. 16; Staudinger/Kessal-*Wulf* § 505 Rdn. 5, 12 und W/E/R-*Graf von Westphalen* § 2 VerbrKrG Rdn. 14, 12: Bei Stundung über drei Monate kann aber § 499 Abs. 1, Abs. 2 eingreifen.

[620] *Bülow* § 505 Rdn. 31; Staudinger/Kessal-*Wulf* § 505 Rdn. 12 a.E.: § 499 Abs. 1.

[621] BGH NJW 2003, 1932 und OLG Dresden ZIP 2000, 830, 833: Staudinger/Kessal-*Wulf* § 505 Rdn. 8, 13; *Martis* MDR 1998, 1189, 1194; a.A. OLG Koblenz OLGR 2004, 588 für Werkverträge; *Bülow* § 505 Rdn. 10 und Erman-*Saenger* § 505 Rdn. 6: analoge Anwendung des § 505 Abs. 1 Nr. 1.

[622] Müko-*Habersack,* 4. Aufl., § 505 Rdn. 45.

in Teilleistungen zu erbringen hat, trägt der Verbraucher.[623] Dagegen ist es Aufgabe des Unternehmers, bei zur Existenzgründung geschlossenen Verträgen ein Überschreiten der 50000 Euro-Grenze nachzuweisen.[624]

cc) Zusammengehörig verkauft

Als „zusammengehörig verkauft" sind Sachen dann, wenn (alternativ) zwischen ihnen eine funktionelle Verbindung besteht, wenn der Gesamtwert der Lieferung die Summe der Teilwerte übersteigt oder wenn die Parteien die Lieferung zum einheitlichen Gegenstand des Kaufvertrages gemacht haben[625] oder wenn die übrigen Lieferungen wirtschaftlich nicht sinnvoll genutzt werden können.[626] **285**

Kein Teillieferungsvertrag liegt in der Begründung eines Wiederkehrschuldverhältnisses, allerdings kann das Umgehungsverbot des § 506 Abs. 1 eingreifen,[627] etwa wenn den einzelnen Teillieferungen ein einheitlicher Kaufentschluss zugrunde liegt.[628] **286**

dd) Beispiele

Unter § 505 Abs. 1 Nr. 1 fallen z. B. Verträge über die Lieferung von **287**

- Materialien für den Eigenbau von Wohnhäusern (sogenannter Bausatz), sofern die Kreditgewährung dabei „entgeltlich" ist und keine Errichtungsverpflichtung des Verkäufers gem. §§ 631, 640 Abs. 1 besteht;[629] gleiches gilt für einen Vertrag über die Lieferung eines kompletten Bausatzes für ein Fertighaus,[630]
- Hard- und Software bei Computern, etwa wenn die Hardware auf die nachzuliefernden und gesondert zu bezahlenden Programme zugeschnitten ist,[631]

---

623 OLG Karlsruhe WM 1993, 1130; *Bülow* § 505 Rdn. 31.

624 Müko-*Habersack* § 505 Rdn. 45.

625 Bamberger/Roth-*Möller/Wendehorst* § 505 Rdn. 9.

626 Müko-*Habersack* § 505 Rdn. 15; ebenso *Bülow* § 505 Rdn. 29.

627 Bülow § 505 Rdn. 29.

628 Erman-*Saenger* § 505 Rdn. 10; Müko-*Habersack* § 505 Rdn. 18.

629 OLG Köln OLR-Report 1996, 257 = BauR 1995, 709; Erman-*Saenger* § 505 Rdn. 9; Müko-*Habersack* § 505 Rdn. 17; Staudinger/Kessal-*Wulf* § 2 VerbrKrG Rdn. 13 und § 505 Rdn. 13; *Martis* MDR 1998, 1189, 1195.

630 OLG Hamm VuR 1998, 355; OLG Koblenz OLGR 2004, 588; *Bülow* § 505 Rdn. 30; a. A. Erman-*Saenger* § 505 Rdn. 9: Fertighausvertrag, bei dem das Entgelt nach Maßgabe der jeweils erbrachten Leistungen in Teilbeträgen zu entrichten ist, kann Gegenstand eines Teilzahlungsgeschäftes i. S. d. § 499 Abs. 2 sein.

631 *Martis* MDR 1998, 1189, 1195; Müko-*Habersack* § 505 Rdn. 17 m. w. N.: wenn Soft- und Hardware Gegenstand eines einheitlichen Liefer- bzw. Kaufvertrages sind; Staudinger/Kessal-*Wulf* § 2 VerbrKrG Rdn. 13 und § 505 Rdn. 13.

- Sprach- und sonstigen Fernlehrkursen, die aus Büchern, Kassetten etc. bestehen,[632]
- mehrbändigen Lexika zu einem Gesamtpreis, wenn zusätzlich Verbindungselemente hinzutreten, die nach der Verkehrsanschauung ernsthafte Zweifel an der Zusammengehörigkeit nicht zulassen,[633]
- sonstiger mehrbändiger Buchreihen mit Gesamtabnahmeverpflichtung (wie z.B. des „Münchener Kommentars"), wenn der auf den einzelnen Band entfallende Teil des Kaufpreises jeweils bei Lieferung fällig ist, sofern die einzelnen Bände einen literarischen Einzelwert haben und objektiv isoliert benutzt werden können,[634]
- Tafelgeschirr und aufeinander abgestimmte Wohnungseinrichtungsgegenstände.[635]

ee) Umgehungsfälle

288 § 505 Abs. 1 Nr. 1 ist über § 506 Abs. 1 S. 2 entsprechend anzuwenden, wenn die Gesamtlieferung war aufgrund mehrerer Verträge über die jeweiligen Teillieferungen erfolgt, den Einzelverträgen jedoch ein einheitlicher Kaufentschluss zugrunde liegt.[636] Grundsätzlich erfordert die Annahme einer Umgehung einen engen zeitlichen Zusammenhang zwischen den Einzelverträgen.[637] Anders aber, wenn die einzelnen Teillieferungen für den Käufer nicht oder nur eingeschränkt brauchbar wären.[638]

ff) Umfang des Widerrufs

289 Bei Anwendbarkeit des § 505 Abs. 1 Nr. 1 erfasst der Widerruf nach § 355 von Teillieferungsverträgen den gesamten Vertrag, eine Aufspaltung nach Maßgabe der Vertragsdurchführung ist ausgeschlossen.[639]

---

[632] BGH NJW-RR 1990, 1011 = MDR 1990, 798; Staudinger/Kessal-*Wulf* § 2 VerbrKrG Rdn. 13 und § 505 Rdn. 13; *Bülow* § 505 Rdn. 30: nur in Bezug auf das Lehrmaterial.

[633] BGH NJW 1993, 2054; W/E/R-*Graf von Westphalen* § 2 VerbrKrG Rdn. 13; Müko-*Habersack* § 505 Rdn. 17: wenn die Lieferung in Teilleistungen erfolgt.

[634] *Martis* MDR 1998, 1189, 1195; Erman-*Saenger* § 505 Rdn. 9 und Müko-*Habersack,* 4. Aufl., § 505 Rdn. 17: Lieferung eines mehrbändigen Lexikons oder einer Buchreihe, bei welcher der auf den einzelnen Band entfallende Teil des Kaufpreises jeweils bei Lieferung fällig ist; Staudinger/Kessal-*Wulf* § 2 VerbrKrG Rdn. 13 und § 505 Rdn. 13.

[635] *Martis* MDR 1998, 1189, 1195; Müko-*Habersack* § 505 Rdn. 17: als zusammengehörend verkaufte Möbelgruppe; Staudinger/Kessal-*Wulf* § 2 VerbrKrG Rdn. 13 a.E. und § 505 Rdn. 13 a.E.

[636] Müko-*Habersack* § 505 Rdn. 18; Staudinger/Kessal-*Wulf* § 505 Rdn. 24.

[637] Müko-*Habersack* § 505 Rdn. 18; W/E/R-*Graf von Westphalen* § 2 VerbrKrG Rdn. 16; zum engen zeitlichen Zusammenhang bei Haustürgeschäften vgl. 3. Teil, C Rdn. 37ff.

[638] Müko-*Habersack* § 505 Rdn. 18.

[639] Müko-*Ulmer* § 2 VerbrKrG Rdn. 39 und Müko-*Habersack* § 505 Rdn. 41; Staudinger/Kessal-*Wulf* § 2 VerbrKrG Rdn. 30 und § 505 Rdn. 30; *Martis* MDR 1998, 1189, 1195.

b) Regelmäßige Lieferung von Sachen gleicher Art (§ 505 Abs. 1 Nr. 2)

aa) Sukzessivlieferungsverträge

§ 505 Abs. 1 Nr. 2 setzt die regelmäßige Lieferung von gleichartigen Sachen voraus. Hierunter fallen Teillieferungsverträge über feste, aber nicht als zusammengehörend (§ 469 S. 2 a.F.) verkaufte Warenmengen und Sukzessivlieferungsverträge, bei denen die Gesamtwarenmenge nicht von vornherein festgelegt ist.[640] **290**

Wie bei § 505 Abs. 1 Nr. 1 werden reine Werkverträge nicht vom Schutz des § 505 Abs. 1 Nr. 2 erfasst.[641] **291**

bb) Mehrere Teilzahlungen erforderlich

Problematisch ist, ob es für die Anwendung des § 505 Abs. 1 Nr. 2 darauf ankommt, dass das vom Verbraucher geschuldete Entgelt in Teilleistungen zu erbringen ist oder ob es bereits genügt, wenn der Käufer bzw. Auftraggeber zu einer einmaligen Zahlung verpflichtet ist. **292**

Teilweise wird darauf abgestellt, ob nach den Umständen des Einzelfalls ein Schutzbedürfnis des Verbrauchers zu bejahen ist. Ist der Bezugspreis niedrig, die Dauer der Bindung begrenzt und eine automatische Verlängerung der Bezugsverpflichtung nicht vorgesehen, wird es regelmäßig zu verneinen sein.[642] **293**

Nach h.L. ist die Vorschrift trotz ihres Wortlauts insoweit teleologisch zu reduzieren, als ausschließlich Verträge gegen (mehrere) Teilzahlungen des Verbrauchers erfasst werden, weil bei einer einmaligen Zahlung nicht das für die Fälle des § 505 typische Bedürfnis nach Übereilungsschutz besteht.[643] **294**

Dies führt zur entsprechenden Anwendung der Dreimonatsgrenze des § 499 Abs. 1 für einen entgeltlichen Zahlungsaufschub auch auf Sukzessiv- bzw. Ratenlieferungsverträge.[644] **295**

---

[640] Bamberger/Roth-*Möller/Wendehorst* § 505 Rdn. 10; Staudinger/Kessal-*Wulf* § 505 Rdn. 14, 16: genaue, periodisch wiederkehrende Termine nicht erforderlich; *Bülow* § 505 Rdn. 33: Ob der Lieferumfang wie bei § 505 Abs. 1 Nr. 1 von vornherein feststeht, ist gleichgültig; enger Erman-*Saenger* § 505 Rdn. 11: die Leistungen müssen in bestimmten Zeitabschnitten regelmäßig zu erbringen sein; Müko-*Habersack,* 4. Aufl., § 505 Rdn. 19, 20: Lieferung gleichartiger Sachen zu festen, periodisch wiederkehrenden Terminen.

[641] OLG Dresden ZIP 2000, 830, 833; W/E/R-*Graf von Westphalen* § 2 VerbrKrG Rdn. 22, 23; *Martis* MDR 1998, 1189, 1195; a.A. *Bülow* § 505 Rdn. 33: anwendbar für Kauf-, Werklieferungs-, Werk- und Geschäftsbesorgungsverträge; Erman-*Saenger* § 505 Rdn. 6: nach seinem Schutzzweck ist § 505 auch auf Verträge über die Erbringung einer sonstigen Leistung anzuwenden.

[642] BGH NJW 1990, 1046; zust. Erman-*Saenger* § 505 Rdn. 12.

[643] Bamberger/Roth-*Möller/Wendehorst* § 505 Rdn. 11; *Bülow* § 505 Rdn. 33; Müko-*Habersack,* 4. Aufl., § 505 Rdn. 22; Staudinger/Kessal-*Wulf* § 2 VerbrKrG Rdn. 14 und § 505 Rdn. 14 W/E/R-*Graf von Westphalen* § 2 VerbrKrG Rdn. 23; *Martis* MDR 1998, 1189, 1195; a.A. Palandt-*Putzo* § 505 Rdn. 7.

[644] Bamberger/Roth-*Möller/Wendehorst* § 505 Rdn. 11; *Bülow* § 505 Rdn. 33; Müko-*Habersack,* 4. Aufl., § 505 Rdn. 32; *Habersack* BKR 2001, 72, 74.

cc) Beispiele

296 Von § 505 Abs. 1 Nr. 2 werden z.B. erfasst:

- Abonnements für Zeitungen und Zeitschriften mit Ausnahme eines ein- oder mehrmonatigen Probeabonnements und eines im Voraus bezahlten Jahresabonnements.[645]
- Vertragsverhältnisse, die die regelmäßige Belieferung von Kunden mit Clubmitteilungen, insbesondere Anlageempfehlungen zum Gegenstand haben.[646]
- Aussteuersortimente z.B. für Bett- und Haushaltswäsche, dessen einzelne Teile in jeweils gleichen Zeitabständen zu liefern und zu bezahlen sind.[647]
- Die regelmäßige Lieferung von Nahrungs- und Genussmitteln ohne jeweils gesonderte Bestellung.[648]
- Nach einer in der Rspr. und großen Teilen der Literatur vertretenen Auffassung auch Pay-TV-Abonnementverträge.[649]

  Nach zutreffender Ansicht des BGH[650] steht dem Verbraucher beim Abschluss eines Pay-TV-Abonnementvertrages kein Widerrufsrecht in entsprechender Anwendung des § 505 Abs. 1 Nr. 2 i.V.m. § 355 zu.

  Eine unmittelbare Anwendung scheidet aus, weil sich die Vorschrift nur auf die Lieferung von Sachen gleicher Art bezieht. Eine Analogie ist nicht zulässig, da das Gesetz keine planwidrige Regelungslücke enthält.

  Bereits die enumerative Aufzählung der Tatbestände in § 505 Abs. 1, die zur Anwendung des § 355 führen, spricht gegen die Annahme einer Regelungslücke.[651] Zudem waren dem Gesetzgeber die Probleme und der Meinungsstreit bei der am 1. 1. 2002 in Kraft getretenen SMG bekannt.

---

645 BGH NJW-RR 2004, 841 = MDR 2004, 1013; BGH MDR 1990, 312 zum einmonatigen Probeabonnement; BGH MDR 1990, 699 zum Jahresabonnement; OLG Oldenburg NJW-RR 2004, 701; *Martis* MDR 1998, 1189, 1195; Erman-*Saenger* § 505 Rdn. 14; Müko-*Habersack* § 505 Rdn. 23; Staudinger/Kessal-*Wulf* § 2 VerbrKrG Rdn. 18 und § 505 Rdn. 18; W/E/R-*Graf von Westphalen* § 2 VerbrKrG Rdn. 26.

646 OLG Köln NJW 2001, 1288, 1289.

647 Erman-*Saenger* § 505 Rdn. 14; Müko-*Habersack* § 505 Rdn. 23; Staudinger/Kessal-*Wulf* § 2 VerbrKrG Rdn. 18 und § 505 Rdn. 18.

648 *Martis* MDR 1998, 1189, 1195; Erman-*Saenger* § 505 Rdn. 14; Müko-*Ulmer* § 2 VerbrKrG Rdn. 24; Müko-*Habersack* § 505 Rdn. 23; W/E/R-*Graf von Westphalen* § 2 VerbrKrG Rdn. 26; *Staudinger* a.a.O.

649 LG Hamburg VuR 2000, 253 = ZIP 2000, 974; LG Koblenz VuR 1998, 266, 267; *Mankowski* VuR 2001, 112, 113; Anwaltkommentar-*Reiff* § 505 Rdn. 4, 10; Bamberger/Roth-*Möller/Wendehorst* § 505 Rdn. 6; *Bülow* § 505 Rdn. 37, 40; Erman-*Saenger* § 505 Rdn. 14.

650 BGH NJW 2003, 1932, 1933; ebenso OLG Hamburg OLG-Report 2001, 114; OLG Dresden ZIP 2000, 830, 833; Müko-*Habersack* § 505 Rdn. 24; Staudinger/Kessal-*Wulf* § 505 Rdn. 18 a.E.; *Laukemann* WRP 2000, 624, 627.

651 BGH NJW 2003, 1932, 1933; *Staudinger* a.a.O. Rdn. 7, 18, 26: keine Analogie.

Hätte er eine Änderung des bisherigen Rechtszustandes erreichen wollen, so wäre dies in den Gesetzesvorlagen erkennbar geworden.

§ 505 stellt – wie die Vorgängerregelung des § 2 VerbrKrG– gerade keinen allgemeinen Rechtsgrundsatz dahingehen aus, dass einem Verbraucher bei langfristigen Verträgen mit laufenden Zahlungsverpflichtungen ein Widerrufsrecht zustehen muss.[652]

– Energie- und Wasserlieferungsverträge,[653] nach h. M. jedoch nur mit Einschränkungen.

Zunächst ist § 505 Abs. 1 Nr. 2 auf Verträge über die Lieferung von Strom, Gas oder Wasser insoweit nicht anwendbar, als es sich um leitungsgebundene Energie oder Wasser handelt, hier handelt es sich auch nicht um „Sachen" i. S. d. § 505 Abs. 1 Nr. 2.[654]

Für Verträge mit Tarifkunden im leistungsgebundenen öffentlichen Versorgungsbereich gelten die AVB als Sonderregelungen, die die Vorschriften der §§ 505, 491 ff. verdrängen.[655]

Nach teilweise vertretener Ansicht soll § 505 Abs. 1 Nr. 2 jedoch anwendbar sein, soweit es um Verträge über den individuellen Bezug nicht leitungsgebundener Energie (z. B. Flüssiggas) ohne Anschluss- oder Abnahmezwang geht. Sofern die Lieferungen nicht nach dem wechselnden Bedarf des Verbrauchers, sondern regelmäßig zu erbringen sind, würde danach § 505 Abs. 1 Nr. 2 eingreifen.[656]

dd) Umgehungsfälle

Die Aufspaltung in mehrere Einzelverträge anlässlich jeder Lieferung kann den Umgehungstatbestand des § 506 Abs. 1 erfüllen.[657] 297

ee) Umfang des Widerrufs

Die Folgen des Widerrufs nach §§ 505 Abs. 1 Nr. 2, 355 werden nach h. M. auf die zukünftigen Leistungen beschränkt; bereits vollständig erbrachte Teilleistungen, die für den Verbraucher einen eigenständigen Wert 298

652 BGH NJW 2003, 1932, 1933.

653 Müko-*Ulmer* § 2 VerbrKrG Rdn. 24; Müko-*Habersack*, 4. Aufl., § 505 Rdn. 23; W/E/R-*Graf von Westphalen* § 2 VerbrKrG Rdn. 26, 27; a. A. Erman-*Saenger* § 505 Rdn. 19.

654 Staudinger/Kessal-*Wulf* § 505 Rdn. 20; im Erg. auch *Bülow* § 505 Rdn. 9, 38.

655 W/E/R-*Graf von Westphalen* § 2 VerbrKrG Rdn. 26; *Staudinger* a. a. O.; Erman-*Saenger* § 505 Rdn. 19 mit Hinweis auf Art 1 Abs. 2 c der Verbraucherkreditrichtlinie und die Rechtsprechung zu § 1 c AbzG; a. A. Müko-*Habersack*, 4. Aufl., § 505 Rdn. 23: es spricht mehr für die Anwendung des § 505 Abs. 1 Nr. 2.

656 *Bülow* § 505 Rdn. 39, 50: bei unregelmäßigen Lieferungen § 505 Abs. 1 Nr. 3.

657 *Bülow* § 505 Rdn. 33 und § 506 Rdn. 3; Müko-*Habersack*, 4. Aufl., § 505 Rdn. 25.

haben, sind nicht rückabzuwickeln: Denn eine Notwendigkeit rückwirkender Korrektur ist im Hinblick auf den Normzweck nicht gegeben.[658]

c) Wiederkehrender Erwerb oder Bezug (§ 505 Abs. 1 Nr. 3)

aa) Rahmen-und Sukzessivlieferungsverträge

299 Bei § 505 Abs. 1 Nr. 3 kommt es nicht wie in § 505 Abs. 1 Nr. 1 auf die Zusammengehörigkeit der Sachen oder wie bei § 505 Abs. 1 Nr. 2 auf deren regelmäßigen Bezug und die Gleichartigkeit der Sachen an. Maßgebend ist vielmehr die wiederkehrende Erwerbs- oder Bezugsverpflichtung des Verbrauchers aus einem Kaufvertrag.[659]

300 Bei § 505 Abs. 1 Nr. 3 1. Alt. (Erwerb) handelt es sich um einen Auffangtatbestand, der bei Teil- oder Sukzessivlieferungsverträgen eingreift, wenn §§ 505 Abs. 1 Nr. 1 und Nr. 2 wegen mangelnder Zusammengehörigkeit, Regelmäßigkeit oder Gleichartigkeit nicht einschlägig sind. Von § 505 Abs. 1 Nr. 3 2. Alt. (Bezug) sind dagegen insbesondere Rahmenverträge gemeint, die zum späteren Abschluss von einzelnen Kaufverträgen verpflichten.[660]

301 Auf Wiederkehrschuldverhältnisse, die den mehrmaligen Abschluss einzelner Verträge in der Zukunft vorsehen, bei denen der Verbraucher den jeweiligen Vertragsabschluss aber verweigern kann, ist § 505 Abs. 1 Nr. 3 dagegen nicht anwendbar.[661]

bb) Beispiele

302 Von § 505 Abs. 1 Nr. 3 werden erfasst:

- Franchiseverträge in der Phase der Existenzgründung, die einen Franchisenehmer zum Bezug von Waren des Franchisegebers verpflichten, während dieser die Einrichtung des Geschäftslokals, die Warenausstattung sowie die laufende Belieferung mit dem wechselnden Bedarf des Franchisenehmers übernimmt, wenn sich der Bezug der Waren nicht nur als völlig unwesentliche Nebenleistung aus dem Vertragsverhältnis dar-

---

[658] Müko-*Ulmer* § 2 VerbrKrG Rdn. 41; Müko-*Habersack* § 505 Rdn. 43; Staudinger/Kessal-*Wulf* § 505 Rdn. 30; *Martis* MDR 1998, 1189, 1195; a. A. W/E/R-*Graf von Westphalen* § 2 VerbrKrG Rdn. 46 und *Bülow* § 505 Rdn. 46: vollständige Rückabwicklung.

[659] Müko-*Habersack* § 505 Rdn. 26; W/E/R-*Graf von Westphalen* § 2 VerbrKrG Rdn. 28, 29, 35: ebenso bei Werklieferungsverträgen nach § 651 a.F.; Erman-*Saenger* § 505 Rdn. 16, 6: Rahmen- oder Sukzessivlieferungsvertrag über eine Sache oder die Erbringung einer sonstigen Leistung.

[660] Bamberger/Roth-*Möller/Wendehorst* § 505 Rdn. 12; Müko-*Habersack* § 505 Rdn. 26; Staudinger/Kessal-*Wulf* § 505 Rdn. 19.

[661] OLG Frankfurt NJW-RR 1990, 1081; *Bülow* § 505 Rdn. 41 a.E.: aber Umgehung denkbar, § 506 Abs. 1; Müko-*Habersack* § 505 Rdn. 26 a.E.

stellt.[662] Der Franchisenehmer wird gem. § 507 jedoch nur in der Existenzgründungsphase und bei zu entrichtenden Teilzahlungen bis 50000 Euro geschützt,[663] die bis zum frühestmöglichen, für ihn bestehenden Kündigungszeitpunkt zu entrichten sind.[664]

- Lizenzverträge mit Abnahmeverpflichtung des Lizenznehmers, Vertragshändlerverträge und sonstige Absatzmittlungsverträge in der Phase der Existenzgründung.[665] Anders als im Rahmen des § 2 VerbrKrG können Lizenzverträge sowohl Kreditverträge nach § 499 Abs. 1, Abs. 2 wie auch Verträge nach § 505 Abs. 1 Nr. 3 sein, soweit der Lizenznehmer Verbraucher oder Existenzgründer (§§ 13, 507) ist.[666]
- Bierlieferungs- und sonstige Getränkebezugsverträge, die einen Gastwirt im Rahmen einer Existenzgründung zum wiederkehrenden Bezug von Getränken verpflichten,[667] auch wenn der Mieter einer Gaststätte im Mietvertrag ein auf der Gaststätte liegendes Bierlieferungsrecht übernimmt[668] oder die Bezugsverpflichtung mit einem Grundstückskaufvertrag gekoppelt ist.[669]

  Wird eine Getränkebezugsverpflichtung in einem notariell beurkundeten Grundstückskaufvertrag übernommen, finden die §§ 358 Abs. 2, 4 und 5, 492 bis 495 wegen § 491 Abs. 3 Nr. 1 allerdings keine Anwendung.[670]

  Ob im Fall des Widerrufs nicht nur die Bezugsverpflichtung wegfällt, sondern auch der Grundstückskaufvertrag hinfällig wird, bestimmt sich nach § 139.[671]

  Die Bezugsverpflichtung muss sich nicht notwendig gegenüber dem Vertragspartner, etwa einer Gaststätte, sondern kann sich auch auf einen Dritten, etwa eine Brauerei beziehen.[672]

---

[662] BGH NJW 1995, 722; OLG Hamm NJW 1992, 3179, 3180; LG Berlin NJW-RR 1994, 692; *Martis* MDR 1998, 1189, 1195; Erman-*Saenger* § 505 Rdn. 18; *Bülow* § 505 Rdn. 51: soweit kein Gesellschaftsverhältnis besteht; Müko-*Habersack* § 505 Rdn. 28 und Staudinger/Kessal-*Wulf* § 505 Rdn. 22: soweit damit die Verpflichtung zum Warenbezug verbunden ist; W/E/R-*Graf von Westphalen* § 2 VerbrKrG Rdn. 33: soweit die kaufrechtlichen Verpflichtungen in Rede stehen.

[663] Erman-*Saenger* § 505 Rdn. 18; Staudinger/Kessal-*Wulf* § 505 Rdn. 22.

[664] Müko-*Habersack* § 505 Rdn. 6, 28.

[665] Staudinger/Kessal-*Wulf* § 2 VerbrKrG Rdn. 22 und § 505 Rdn. 23; Müko-*Habersack* § 505 Rdn. 28; *Martis* MDR 1998, 1189, 1195.

[666] *Bülow* § 505 Rdn. 53.

[667] BGH NJW 1997, 933 = MDR 1997, 329; NJW 1995, 2290; OLG Köln MDR 1997, 32; *Martis* MDR 1998, 1189, 1195; Erman-*Saenger* § 505 Rdn. 17.

[668] OLG Köln MDR 1997, 32; *Martis* MDR 1998, 1189, 1195.

[669] W/E/R-*Graf von Westphalen* § 2 VerbrKrG Rdn. 32; *Bülow* § 505 Rdn. 48.

[670] *Staudinger* a.a.O. Rdn. 23 a.E.; Erman-*Saenger* § 505 Rdn. 17 a.E.; anders noch Erman-*Saenger*, 10. Aufl., § 2 VerbrKrG Rdn. 14 zum alten Recht.

[671] BGH NJW 1991, 2903 für gleichzeitig abgeschlossenen Darlehensvertrag; BGH NJW 1997, 933: ggf. Wegfall der Geschäftsgrundlage; *Bülow* § 505 Rdn. 48.

[672] OLG Hamm NJW 1992, 3179; *Bülow* § 505 Rdn. 48.

- Mitgliedschaften in Buchgemeinschaften oder Schallplattenringen mit einer allgemeinen Bezugverpflichtung[673]
- Nach h. M.[674] auch ein Vertrag, der den Besteller des Grundwerks einer Loseblattsammlung darüber hinaus zum Bezug von jährlichen Nach- oder Ergänzungslieferungen verpflichtet.

303 Bei der Frage, ob die aufgrund einer Bezugsverpflichtung i. S. d. § 505 Abs. 1 Nr. 3 zu erwerbenden Sachen für eine bereits ausgeübte gewerbliche oder selbständige Tätigkeit (vgl. §§ 13, 507) bestimmt sind, ist nicht auf den Zeitpunkt der Erfüllung dieser Verpflichtung, sondern jeweils auf den Zeitpunkt des Vertragsabschlusses abzustellen.[675]

cc) Umfang des Widerrufs

304 Ist § 505 Abs. 1 Nr. 3 anwendbar, erstrecken sich die Folgen des Widerrufs nach h. M. nur auf die Bezugsverpflichtungen in der Zukunft, während die auf der Grundlage des Rahmenvertrages geschlossenen Einzelverträge wirksam bleiben, es sei denn, die früheren Teilleistungen wären für den Verbraucher dann nutzlos.[676]

305 Nach der Gegenauffassung[677] erscheint es nicht gerechtfertigt, den sich gesetzwidrig verhaltenden, weil die Widerrufsbelehrung nicht erteilenden Lieferanten sanktionslos zu stellen und die Rückgewährpflicht aus §§ 355, 347, 346 einzuschränken.

306 Ist dem Verbraucher, z. B. im Rahmen eines Getränkelieferungsvertrages, nach dem Wegfall der Bezugsverpflichtung die Verwertung der bezogenen Einzelposten nicht mehr zumutbar, kann auch nach der Rspr. ein Wegfall der Geschäftsgrundlage (jetzt § 313) in Betracht kommen.[678]

307 Im Einzelfall kann auch auf § 139 zurückgegriffen werden.[679] So ist z. B. regelmäßig davon auszugehen, dass der Vermieter einen Mietvertrag über die Gaststätte nicht ohne die Übernahme des bestehenden Bierlieferungsrechts abgeschlossen hätte.[680]

---

[673] Erman-*Saenger* § 505 Rdn. 17; Müko-*Habersack* § 505 Rdn. 27; Staudinger/Kessal-*Wulf* § 2 VerbrKrG Rdn. 19 und § 505 Rdn. 19 a. E; W/E/R-*Graf von Westphalen* § 2 VerbrKrG Rdn. 31; *Martis* MDR 1998, 1189, 1195.

[674] AG Frankfurt NJW-RR 1994, 1400; zustimmend W/E/R-*Graf von Westphalen* § 2 VerbrKrG Rdn. 31; *Bülow* § 505 Rdn. 53; Müko-*Habersack* § 505 Rdn. 27; *Martis* MDR 1998, 1189, 1195.

[675] BGH NJW 1995, 722; Staudinger/Kessal-*Wulf* § 505 Rdn. 22.

[676] BGH NJW 1997, 933, 935; Müko-*Ulmer* § 2 VerbrKrG Rdn. 40; Müko-*Habersack* § 505 Rdn. 42; Staudinger/Kessal-*Wulf* § 2 VerbrKrG Rdn. 30, 32 und § 505 Rdn. 30; *Martis* MDR 1998, 1189, 1195; a. A. W/E/R-*Graf von Westphalen* § 2 VerbrKrG Rdn. 44, 46 und *Bülow* § 505 Rdn. 46: vollständige Widerruflichkeit.

[677] *Bülow* § 505 Rdn. 46 und W/E/R-*Graf von Westphalen* § 2 VerbrKrG Rdn. 44, 46.

[678] BGH NJW 1997, 935 = MDR 1997, 329; *Martis* MDR 1998, 1189, 1195.

[679] BGH MDR 1997, 329; OLG Köln MDR 1997, 32; *Bülow* § 505 Rdn. 47; Erman-*Saenger* § 505 Rdn. 23, 24.

[680] OLG Köln MDR 1997, 32; *Martis* MDR 1998, 1189, 1196.

Hat der Verbraucher oder Existenzgründer in engem rechtlichen und wirtschaftlichen Zusammenhang mit einem Franchisevertrag einen Kaufvertrag betreffend die Warenausstattung oder einen Vertrag zur Anmietung des Geschäftslokals und Lieferung des Inventars geschlossen, der – für den Vertragspartner erkennbar – mit dem Franchisevertrag „stehen und fallen" soll, erfolgt die Rückabwicklung des rechtzeitig widerrufenen Franchisevertrages über §§ 355, 357, 346ff. und der weiteren, selbst nicht gem. §§ 505, 355 widerruflichen Vereinbarungen (Kauf- und Mietvertrag) über §§ 139, 812, 818.[681] 308

Bilden der Franchise- oder Getränkelieferungsvertrag einerseits und der zur Finanzierung abgeschlossene Verbraucherdarlehnsvertrag jedoch eine wirtschaftliche Einheit i.S.d. § 358 Abs. 2 bzw. Abs. 3, erfasst der Widerruf der auf die Bezugsverpflichtung gerichteten Willenserklärung gem. § 358 Abs. 1 auch die auf den Abschluss des Verbraucherdarlehnsvertrages gerichtete Willenserklärung.[682] 309

3. Weitere Rechtsfolgen

a) Widerrufsrecht

Liegt ein Ratenlieferungsvertrag nach § 505 Abs. 1 Nr. 1–3 vor, so steht dem Verbraucher das Widerrufsrecht nach § 355 zu (vgl. hierzu 2. Teil, F.). Gem. §§ 355 Abs. 1 S. 2, 355 Abs. 3 S. 1 erlischt das Widerrufsrecht zwei Wochen, spätestens jedoch sechs Monate nach Vertragsschluss, wobei die Frist gem. § 355 Abs. 3 S. 2 bei der Lieferung von Waren nicht vor dem Tag des Eingangs beim Empfänger beginnt.[683] 310

b) Schuldbeitritt und Schuldübernahme

Das Widerrufsrecht gilt im Falle des Schuldbeitritts[684] oder bei vertraglicher Übernahme einer bereits bestehenden Bezugsverpflichtung durch einen Dritten (Verbraucher oder Existenzgründer)[685] entsprechend. 311

c) Rückgaberecht (§ 356)

Liegen die Voraussetzungen der §§ 505 Abs. 1 Nr. 1, Nr. 2 oder Nr. 3, 507, 13 vor, steht dem Verbraucher bzw. Existenzgründer nach 312

---

681 Erman-*Saenger* § 505 Rdn. 24 mit Hinweis auf BGH NJW 1995, 722 zu §§ 7 Abs. 4 VerbrKrG, 3 HausTWG; Müko-*Habersack* § 505 Rdn. 42: Rückabwicklung nach §§ 812, 818, wenn von der Unwirksamkeit weiterer Vertragsteile auszugehen ist.

682 Erman-*Saenger* § 505 Rdn. 25 und § 358 Rdn. 15–17, 21; s.u. 2. Teil, H. Rdn. 129ff.

683 Vgl. Erman-*Saenger* § 505 Rdn. 22; Staudinger/Kessal-*Wulf* § 505 Rdn. 29.

684 BGH NJW 1991, 2903; Erman-*Saenger* § 505 Rdn. 26.

685 OLG Frankfurt NJW-RR 1989, 1082; Erman-*Saenger* § 505 Rdn. 27.

dem Wortlaut des § 505 Abs. 1 S. 1 a.E. nur das Widerrufsrecht gem. § 355 zu.

313 Eine Ansicht[686] hält dies für ein Redaktionsversehen und tritt dafür ein, das Widerrufsrecht nach Wahl des Verbrauchers durch ein freies Rückgaberecht nach § 356 zu ersetzen.

314 Nach zutreffender, überwiegender Ansicht ist vom eindeutigen Wortlaut des § 505 Abs. 1 S. 1 auszugehen. Die Korrektur – Einfügung eines alternativen Rückgaberechts – kann danach nur durch den Gesetzgeber erfolgen.[687]

VII. Darlehensvermittlungsvertrag (§§ 655 a–655 e)

315 Die vormaligen Vorschriften des Kreditvermittlungsvertrages (§§ 1 Abs. 3, 15–17 VerbrKrG) finden sich als Bestimmungen über den Darlehensvermittlungsvertrag nun in §§ 655 a–655 e wieder. Wie in der Vorauflage wird dem Darlehensvermittlungsvertrag ein eigenes Kapitel (s. 2. Teil, P.) gewidmet.

D. Unbeschränkte und beschränkte Ausnahmen von der Anwendbarkeit verbraucherschutzrechtlicher Bestimmungen nach §§ 491 Abs. 2, Abs. 3, 499 Abs. 1, 499 Abs. 3, 505 Abs. 1 S. 2

1 § 491 Abs. 2 und Abs. 3 übernehmen die Beschränkungen, die in § 3 Abs. 2 und § 3 Abs. 3 VerbrKrG enthalten waren. Dabei sind in § 491 Abs. 2 eine Reihe unbeschränkter Ausnahmen aufgelistet, die dem Umstand Rechnung tragen, dass der Verbraucher unter bestimmten Voraussetzungen nicht schutzbedürftig ist und daher der Rechtsverkehr durch die §§ 491 ff., 499 ff. unangemessen behindert werden würde. § 491 Abs. 3 enthält dagegen lediglich beschränkte Ausnahmen, die auf die Eigenheiten bestimmter Geschäftstypen Rücksicht nehmen, auf die die §§ 492 ff., 499 ff. nicht in vollem Umfang passen.[688]

I. Unbeschränkte Anwendungsausnahmen des § 491 Abs. 2 Nr. 1–3

1. Bagatellgeschäfte (§ 491 Abs. 2 Nr. 1)

2 Gem. § 492 Abs. 2 Nr. 1 gelten die § 492 ff. wegen des geringen wirtschaftlichen Risikos für den Verbraucher nicht bei sogenannten Bagatellkre-

---

686 Anwaltkommentar-*Reiff* § 505 Rdn. 18, 19; Erman-*Saenger* § 505 Rdn. 31; Müko-*Habersack* § 505 Rdn. 44; auch *Schneider* ZGS 2003, 21, 22.

687 *Bülow* NJW 2002, 1148; Bamberger/Roth-*Möller/Wendehorst* § 505 Rdn. 14; *Bülow* § 505 Rdn. 19; Palandt-*Putzo* § 505 Rdn. 15; *Staudinger* a. a. O. Rdn. 29.

688 Bamberger/Roth-*Möller/Wendehorst* § 491 Rdn. 8.

diten bzw. Kleindarlehensverträgen, bei denen der auszuzahlende Nettodarlehensbetrag 200,00 € nicht übersteigt.[689]

Die Bagatellgrenze gilt für Darlehensverträge i.S.d. § 491 Abs. 1, Darle- 3
hensvermittlungsverträge i.S.d. § 655a, Teilzahlungsgeschäfte gem. § 499 Abs. 2, Abs. 3, 501, Finanzierungsleasingverträge gem. §§ 499 Abs. 2, Abs. 3, 500 und sonstige Finanzierungshilfen gem. § 499 Abs. 1, Abs. 3.[690]

a) Begriff des Nettodarlehensbetrages

„Nettodarlehensbetrag" ist der nach Abzug von Kosten, Gebühren, Zin- 4
sen und etwaiger Provisionen tatsächlich an den Verbraucher oder eine von ihm gem. §§ 362 Abs. 2, 185 ermächtigte Person zur Auszahlung gelangender Betrag, vgl. § 492 Abs. 1 S. 5 Nr. 1.[691]

Bei Rahmen- und Kontokorrentkrediten, insbesondere beim Überzie- 5
hungskredit i.S.d. § 493, ist auf die Kreditlinie (Darlehnsrahmen) abzustellen, nicht auf den vom Verbraucher tatsächlich abgerufenen Betrag.[692]

Bei einer – internen oder externen – Umschuldung stellt der Ablösebetrag 6
den Nettodarlehensbetrag dar. Gebühren, Spesen, Disagio oder Vermittlerkosten, die der Verbraucher an den Unternehmer zahlen muss, werden grundsätzlich nicht berücksichtigt.[693]

Wird ein bestehender Kreditvertrag im Wege der Vertragsänderung auf- 7
gestockt, kommt es nach zutreffender Ansicht auf den Gesamtnettobetrag an. Liegt dieser über 200,00 €, wird das Gesetz nachträglich anwendbar, d.h. das gesamte Kreditverhältnis unterliegt dann der Schriftform, den Angabeerfordernissen nach § 492 Abs. 1 S. 5 und dem Widerruf.[694] Nach anderer Auffassung[695] müssen nachträgliche Erweiterungen, die allein im Interesse des Verbrauchers erfolgen, jedenfalls dann unbeachtlich sein, wenn es sich um eine unselbständige Aufstockung bzw. Verlängerung des Kredits und nicht um einen weiteren, rechtlich selbständigen Kreditvertrag handeln. Andernfalls würden die Interessen des Verbrauchers gefährdet, da sich ein Unternehmer wegen der nachteiligen Folgen aus §§ 492, 495 u.a. andernfalls nie auf eine solche Verlängerung einlassen würde.

---

[689] Vgl. Bamberger/Roth-*Möller/Wendehorst* § 491 Rdn. 13.

[690] Vgl. *Bülow* § 491 Rdn. 163, § 499 Rdn. 85, 86, 101, § 500 Rdn. 25, § 501 Rdn. 11.

[691] *Martis* MDR 1998, 1189, 1196; *Bülow* § 491 Rdn. 164 und § 492 Rdn. 84; Erman-*Saenger* § 491 Rdn. 27; Müko-*Ulmer,* 4. Aufl., § 491 Rdn. 92; Staudinger/Kessal-*Wulf* § 491 Rdn. 66: Gesamtdarlehensbetrag abzgl. auch der laufzeitunabhängigen Gesamtdarlehenskosten.

[692] *Bülow* § 491 Rdn. 164; Bamberger/Roth-*Möller/Wendehorst* § 491 Rdn. 13; Erman-*Saenger* § 491 Rdn. 27; Müko-*Ulmer* § 3 VerbrKrG Rdn. 8 und 4. Aufl., § 491 Rdn. 93; a. A. W/E/R-*Graf von Westphalen* § 3 VerbrKrG Rdn. 9: tatsächlich abgerufener Betrag.

[693] *Bülow* § 491 Rdn. 164.

[694] *Bülow* § 491 Rdn. 165.

[695] Bamberger/Roth-*Möller/Wendehorst* § 491 Rdn. 16; Staudinger/Kessal-*Wulf* § 3 VerbrKrG Rdn. 7 und § 491 Rdn. 71 a E.

b) Zahlungsaufschub (§ 499 Abs. 1)

8 Bei einem Zahlungsaufschub (§ 499 Abs. 1) wird der Verbraucher vorübergehend – bis zu drei Monaten – von seiner Zahlungspflicht befreit. Hier ist der Betrag maßgeblich, den der Verbraucher bei sofortiger Zahlung zu entrichten hätte, der ihn durch den Aufschub bzw. die Stundung als Liquidität zur Verfügung steht.[696]

c) Teilzahlungsgeschäfte

9 Bei den Teilzahlungsgeschäften (§§ 499 Abs. 2, 501) kommt es auf den „Barzahlungspreis“ an. Hier entspricht der Barzahlungspreis dem Betrag, den der Verbraucher zu entrichten hätte, wenn der Preis spätestens bei Übergabe der Sache in voller Höhe fällig bzw. kein Zahlungsaufschub vereinbart worden wäre.[697]

10 § 491 Abs. 2 Nr. 1 ist auch auf solche Darlehens- bzw. Kreditverträge anzuwenden, durch die das Entgelt für die Sache oder die Leistung nicht in Raten (Teilzahlung), sondern in einem einzigen Betrag zu entrichten ist, nachdem der Darlehnsgeber (Unternehmer) vorgeleistet hatte.[698]

11 Bei einem Zahlungsaufschub, Finanzierungsleasingvertrag oder einer sonstigen Finanzierungshilfe (§§ 499, 500) kommt es nach einer Ansicht auf den Brutto-Barzahlungspreis an, der – etwa beim Verhältnis zwischen Leasinggeber und Lieferant des Leasinggutes – in Rechnung gestellt wird.[699]

12 Nach anderer Auffassung[700] ist auf den Anschaffungspreis abzustellen, den der Verbraucher (nicht der Leasinggeber) bei Barzahlung für den Erwerb der Sache hätte aufwenden müsen.

2. Existenzgründungskredite nach § 3 Abs. 1 Nr. 2 VerbrKrG

13 Der bis zum 31. 12. 2001 geltende § 3 Abs. 1 Nr. 2 VerbrKrG nahm Existenzgründungskredite mit einem Nettokreditbetrag bzw. einem Barzahlungspreis über 100000,00 DM von der Anwendung des VerbrKrG aus.

14 Diese Vorschrift ist jetzt in § 507 aufgegangen. Danach gelten die § 491–506 nicht für solche, von §§ 491 Abs. 1, 499, 500, 501 erfassten Verträge, wenn der Nettodarlehensbetrag oder Barzahlungspreis 50000,00 € übersteigt (vgl. hierzu oben 2. Teil, B. Rdn. 87ff.).

---

[696] Erman-*Saenger* § 491 Rdn. 28; Staudinger/Kessal-*Wulf* § 3 VerbrKrG Rdn. 4 und § 491 Rdn. 67 a. E.; abw. Müko-*Habersack* § 499 Rdn. 40: es ist auf den kreditierten Teil des Entgelts abzustellen.

[697] Erman-*Saenger* § 491 Rdn. 28; W/E/R-*Graf von Westphalen* § 3 VerbrKrG Rdn. 6; Müko-*Ulmer* § 3 VerbrKrG Rdn. 7; *Martis* MDR 1998, 1189, 1196.

[698] *Bülow* § 499 Rdn. 88; s. o.

[699] *Martis* MDR 1998, 1189, 1196; Staudinger/Kessal-*Wulf* § 491 Rdn. 69 und § 502 Rdn. 2; W/E/R-*Graf von Westphalen* § 3 VerbrKrG Rdn. 14, 33; *Bülow* § 499 Rdn. 91: der vom Leasinggeber im Fall einer Barzahlung tatsächlich geforderte Preis.

[700] Erman-*Saenger* § 491 Rdn. 28.

3. Zahlungsaufschub bis zu drei Monaten nach § 3 Abs. 1 Nr. 3 VerbrKrG

Die Ausnahmeregelung des bis zum 31. 12. 2001 geltenden § 3 Abs. 1 Nr. 3 VerbrKrG wurde in § 499 Abs. 1 übernommen (s.o. 2. Teil, C. Rdn. 28ff.). 15

4. Arbeitgeberdarlehen, § 491 Abs. 2 Nr. 2 (vormals § 3 Abs. 1 Nr. 4 VerbrKrG)

Unter den marktüblichen Zinsen liegende, vom Arbeitgeber an Arbeit- 16
nehmer, arbeitnehmerähnliche Personen oder deren Angehörige vergebene Kredite werden gleichfalls von der Anwendung der §§ 492ff., 499ff. ausgeschlossen.[701]

Bei der Frage, ob die vom Arbeitgeber verlangten Zinsen unter den 17
marktüblichen Sätzen liegen, ist auf die untere Schwankungsgrenze der Monatsberichte der Deutschen Bundesbank[702] abzustellen.

Die Beweislast dafür, dass der Zinssatz unter den marktüblichen Sätzen 18
liegt, liegt beim Arbeitgeber.[703]

Den Darlehensverträgen zwischen Arbeitgeber und Arbeitnehmern sind 19
solche zwischen dem Arbeitgeber und nahen Angehörigen des Arbeitnehmers gleichzustellen, die mit Rücksicht auf die Betriebszugehörigkeit des Arbeitnehmers abgeschlossen werden.[704]

5. Öffentliche Fördermittel, § 491 Abs. 2 Nr. 3 (vormals § 3 Abs. 1 Nr. 5 VerbrKrG)

Öffentliche Darlehen im Bereich des Wohnungswesens und des Städte- 20
baus sind ebenfalls von der Anwendung der §§ 492ff., 499ff. ausgeschlossen, wenn die Zinsen unter den Markt üblichen liegen und die öffentlich-rechtliche Anstalt dem Verbraucher das Darlehen „unmittelbar“, also ohne Einschaltung eines Kreditinstituts gewährt.

Vergibt eine Bank oder Sparkasse das Darlehen und refinanziert sich das 21
Kreditinstitut bei der öffentlich-rechtlichen Anstalt, fehlt es an der erforder-

---

[701] *Bülow* § 491 Rdn. 169; Erman-*Saenger* § 491 Rdn. 29; W/E/R-*Graf von Westphalen* § 3 VerbrKrG Rdn. 49, 50; *Martis* MDR 1998, 1189, 1196.

[702] Abgedruckt in NJW 2003, 1168; NJW 2002, 1480; NJW 2001, 1627; NJW 2000, 1394; NJW 1998, 1211; NJW 1997, 1428; NJW 1996, 1262; NJW 1995, 1074; NJW 1991, 2403; vgl. Staudinger/Kessal-*Wulf* § 3 VerbrKrG Rdn. 18 und § 491 Rdn. 76 a.E.; Müko-*Ulmer* § 3 VerbrKrG Rdn. 16 und § 491 Rdn. 96: der Effektivzins muss unterhalb der dortigen Streubreite liegen; *Bülow* § 491 Rdn. 170: unterste Marge; *Martis* MDR 1998, 1189, 1196; a.A. W/E/R-*Graf von Westphalen* § 3 VerbrKrG Rdn. 51, 52 und M/H Rdn. 156: durchschnittlicher effektiver Jahreszins vergleichbarer Konsumentenkredite.

[703] *Bülow* § 491 Rdn. 171; Erman-*Saenger* § 491 Rdn. 29.

[704] Müko-*Ulmer* § 491 Rdn. 95; *Bülow* § 491 Rdn. 169.

lichen „Unmittelbarkeit".[705] Das schließt aber nicht aus, dass die öffentliche Hand ein öffentlich-rechtliches Kreditinstitut als Stellvertreter einschaltet.[706] Dann verbleibt es bei der Privilegierung.

22 Meist wird die öffentliche Hand bei der Vergabe von Wohnungsbauförderdarlehen auch nicht als Unternehmer i.S.d. § 14 tätig, sodass regelmäßig die Voraussetzungen des § 491 Abs. 1 nicht vorliegen werden.[707]

II. Teilausnahmen nach §§ 491 Abs. 3 Nr. 1 a.F., 491 Abs. 3 Nr. 1, Nr. 2 n.F.

1. § 491 Abs. 1 Nr. 3 a.F. (vormals § 3 Abs. 2 Nr. 2 VerbrKrG)

23 Die bis zum 31. 12. 2001 – noch für Altverträge aus dieser Zeit – geltende Ausnahmevorschrift des § 3 Abs. 2 Nr. 2 VerbrKrG sah die Unanwendbarkeit der §§ 4 Abs. 1 S. 4 Nr. 1, 7, 9, 11, 12 und 13 VerbrKrG auf grundpfandrechtlich gesicherte Realkredite einschließlich der Zwischenfinanzierungen und ihnen gleichgestellten Bauspardarlehen vor, wenn die grundpfandrechtliche Absicherung jedenfalls des ganz überwiegenden Teils des Kredits im Vertrag selbst vereinbart war.[708]

24 Unterfiel der Kredit- bzw. Darlehensvertrag § 1 VerbrKrG und war die Ausnahmeregelung des § 3 Abs. 2 Nr. 2 VerbrKrG nicht einschlägig, konnte jedoch auch ein finanziertes Immobiliengeschäft mit dem der finanzierung dienenden Verbraucherkreditvertrag ein verbundenes Geschäft i.S.d. § 9 VerbrKrG bilden, wie der BGH[709] ausdrücklich klar gestellt hat.

25 War ein Einwendungsdurchgriff aus § 9 Abs. 3 VerbrKrG nach § 3 Abs. 2 Nr. 2 VerbrKrG ausgeschlossen, kam ein Rückgriff auf die von der Rspr. zum AbzG aus § 242 hergeleiteten Grundsätze über den Einwendungsdurchgriff nicht in Betracht.[710]

a) *Inhalt des § 491 Abs. 3 Nr. 1 a.F.*

26 Das SMG hat diese noch für Altfälle geltende Vorschrift zunächst im Wesentlichen in § 491 Abs. 3 Nr. 1 a.F. übernommen. Diese Vorschrift hat für die zwischen dem 1. 1. und 1. 11. 2002 geschlossenen Verträge nach wie vor Bedeutung. Danach fanden – was in der Praxis oft übersehen

---

[705] Erman-*Saenger* § 491 Rdn. 30; Müko-*Ulmer* § 491 Rdn. 98; Staudinger/Kessal-*Wulf* § 3 VerbrKrG Rdn. 22 und § 491 Rdn. 81.

[706] Müko-*Ulmer* § 491 Rdn. 98; *Staudinger* a.a.O.

[707] Vgl. *Bülow* § 491 Rdn. 173.

[708] Vgl. hierzu Staudinger/Kessal-*Wulf* § 3 VerbrKrG Rdn. 32, 33; *Martis* MDR 1998, 1189, 1197.

[709] BGH NJW 2003, 3703 = WM 2003, 2232.

[710] BGH NJW 2004, 1376, 1378; OLG Schleswig WM 2005, 607, 610; OLG Köln WM 2005, 792, 799; a.A. KG WM 2005, 596. 604f. Müko-*Habersack* § 9 VerbrKrG Rdn. 79.

wird – folgende Vorschriften *keine Anwendung* auf Verbraucherdarlehensverträge, bei denen die Gewährung des Darlehens von der Sicherung durch ein Grundpfandrecht abhängig gemacht wurde und zu Bedingungen erfolgte, die für grundpfandrechtlich abgesicherte Darlehensverträge und deren Zwischenfinanzierung üblich waren, wobei es der Sicherung durch ein Grundpfandrecht gleichstand, wenn von einer solchen Sicherung gem. § 7 Abs. 3 bis Abs. 5 des Gesetzes über Bausparkassen abgesehen wurde:

- 492 Abs. 1 S. 5 Nr. 2 (Angabe des Gesamtbetrages aller vom Darlehensnehmer zur Tilgung des Darlehens sowie zur Zahlung der Zinsen und sonstigen Kosten zu entrichtenden Teilzahlungen),
- § 495 i. V. m. § 355 (Widerrufsrecht),
- § 358 (Vorschrift über verbundene Verträge),
- § 359 (Einwendungen bei verbundenen Verträgen),
- § 497 Abs. 2, Abs. 3 (Verbuchung von Verzugszinsen, Verrechnungen von Zahlungen des Verbrauchers) und
- § 498 (Gesamtfälligstellung bei Teilzahlungsdarlehen).

b) Entscheidung des EuGH vom 13. 12. 2001

Bis zur Entscheidung des EuGH vom 13. 12. 2001[711] und der Folgeentscheidungen des BGH[712] war die Frage, ob die bis zum 31. 12. 2001 geltende Konkurrenzregelung des § 5 Abs. 2 HausTWG dem Rückgriff auf das HausTWG auch dann entgegenstand, wenn der Darlehens- bzw. Kreditvertrag auf einer „Haustürsituation“ i. S. d. § 1 Abs. 1 HausTWG (jetzt § 312 Abs. 1) beruhte und die Anwendung der §§ 7, 9 VerbrKrG betreffend das Widerrufsrecht durch § 3 Abs. 2 Nr. 2 VerbrKrG ausgeschlossen war. 27

Nach bis dahin überwiegender Ansicht war bei Eingreifen einer Ausnahmeregelung des § 3 Abs. 2 weder das VerbrKrG noch das HausTWG anzuwenden.[713] 28

Nach der damaligen Mindermeinung konnte das HausTWG von dessen § 5 Abs. 2 nur dann verdrängt werden, wenn das vorrangig anzuwendende VerbrKrG dem Verbraucher einen gleich effektiven Schutz bot.[714] 29

---

[711] EuGH NJW 2002, 281.

[712] BGH NJW 2002, 1881; NJW 2003, 199 = MDR 2003, 101; NJW 2003, 1390 = MDR 2003, 466.

[713] OLG Stuttgart NJW-RR 1999, 1726; WM 1999, 1419; WM 2000, 1942, 1948; OLG München, 31. Zivilsenat, WM 2001, 680; WM 1999, 728; 19. Zivilsenat WM 2001, 1215; OLG Frankfurt WM 2000, 2135, 2137; OLG Koblenz WM 1999, 2353; OLG Dresden WM 2002, 493; OLG Köln WM 2000, 2139; OLG Karlsruhe WM 2001, 2002; LG Berlin WM 2000, 1484, 1486; LG Frankfurt WM 2001, 257, 262; *Habersack* WM 2000, 981, 990; Müko-*Ulmer* § 5 HausTWG Rdn. 15; *Bülow,* 3. Aufl. 1998, § 3 VerbrKrG Rdn. 28; vgl. 2. Teil, A. Rdn. 48 ff.

[714] OLG München, 20. Zivilsenat, WM 2002, 694, 695; OLG München, 5. Zivilsenat, WM 2000, 1336; OLG Oldenburg VuR 2002, 321, 322; LG München I WM 2000,

30 Der BGH[715] hatte sich zunächst der h.M. angeschlossen und die Frage wegen noch bestehender Zweifel zur Vereinbarkeit dieser Auslegung des § 5 Abs. 2 HausTWG mit der EG-Richtlinie 85/577/EWG dem EuGH zur Vorabentscheidung vorgelegt.

31 Der EuGH[716] hat entschieden, dass die Ausnahmen des Anwendungsbereichs der Richtlinien 85/577/EWG eng auszulegen seien und der Schutz der Haustürgeschäfte-Richtlinie nicht durch die erst nachfolgend erlassene Verbraucherkreditrichtlinie eingeschränkt werde.

32 Darüber hinaus hat der EuGH den Mitgliedstaaten die Befugnis abgesprochen, das in Art. 5 der Haustürgeschäfte-Richtlinie vorgesehene Widerrufsrecht für den Fall, dass der Verbraucher nicht nach Art. 4 dieser Richtlinie belehrt wurde, etwa in entsprechender Anwendung des § 7 Abs. 2 S. 3 VerbrKrGauf ein Jahr bzw. unter Anwendung des § 355 Abs. 3 a.F. auf sechs Monate zu befristen.

33 Der BGH[717] hat sich dieser Auffassung – gezwungenermaßen – angeschlossen und nunmehr entschieden, § 5 Abs. 2 HausTWG sei einschränkend dahingehend auszulegen, dass Kreditverträge insoweit nicht als Geschäfte i.S.d. § 5 Abs. 2 HausTWG anzusehen sind, die „die Voraussetzungen eines Geschäfts nach dem VerbrKrG" erfüllen, als dieses Gesetz kein gleichweit reichendes Widerrufsrecht wie das HausTWG einräumt. Durch die Subsidiaritätsklausel des § 5 Abs. 2 HausTWG, jetzt § 312 a, werden die Widerrufsvorschriften des HausTWG, die nunmehr in § 312 Abs. 1 normiert sind, daher nur dann verdrängt, wenn auch das VerbrKrG – jetzt §§ 491 Abs. 1, 499, 500, 501, 505, 507, 495 i.V.m. § 355 – dem Verbraucher ein Widerrufsrecht gewährt.

c) Gesetzesänderungen durch das OLG-VertrÄndG

34 Der Gesetzgeber hat auf die Entscheidung des EuGH reagiert, insbesondere die §§ 355 Abs. 2 S. 2, 355 Abs. 3, 358 Abs. 3 S. 3, 495 Abs. 2, 506, 312a geändert (hierzu 2. Teil, F. Rdn. 12ff., H. Rdn. 124ff.).

35 Für die nach dem 1. 8. 2002 abgeschlossenen Haustürgeschäfte und nach dem 1. 11. 2002 entstandenen sonstigen Schuldverhältnisse (vgl. Art. 229 § 9 Abs. 1) hat der Gesetzgeber im OLG-VertrÄndG die – nach der Entscheidung des EuGH vom 13. 12. 2001 an sich nicht gebotene und auch nicht unbedingt nahe liegende – Lösungsvariante gewählt, unter Straffung des Ausnahmekatalogs des § 491 Abs. 3 die Realkreditverträge des § 491 Abs. 3 Nr. 1 a.F. (vormals § 3 Abs. 2 Nr. 2 VerbrKrG), nunmehr als „Immobi-

---

866, 867; *Stüsser* NJW 1999, 1586, 1589; Staudinger-*Werner,* 13. Bearb., § 5 HausTWG Rdn. 24; Vorauflage S. 2/3.

[715] BGH NJW 2000, 521, 522.

[716] EuGH NJW 2002, 281.

[717] BGH NJW 2002, 1881, 1882; NJW 2003, 199; NJW 2003, 1390, 1391; ebenso OLG Karlsruhe; OLG-Report 2004, 60, 62; OLG Stuttgart WM 2005, 972ff.

liardarlehensverträge" (vgl. § 492 Abs. 1a S. 2 n.F.) nicht mehr als Ausnahmen in § 491 Abs. 3 aufzuführen.

Durch die Streichung des § 491 Abs. 3 a.F. wurden Immobiliardarlehensverträge, die als Haustürgeschäfte nach dem 1. 8. 2002 bzw. ansonsten nach dem 1. 11. 2002 abgeschlossen worden sind, generell widerruflich. Auf solche Verträge sind § 358, 359 grundsätzlich anwendbar. Um eine Ausuferung der Haftungsrisiken der Darlehnsgeber (also der Banken und Sparkassen) zu vermeiden, hat der Gesetzgeber mit Wirkung ab dem 1. 11. 2002 – für Haustürgeschäfte i.S.d. § 312 Abs. 1 ab dem 1. 8. 2002 – die „wirtschaftliche Einheit" beim finanzierten Erwerb eines Grundstücks oder eines grundstücksgleichen Rechts abweichend von § 358 Abs. 3 S. 1 definiert.[718] 36

Danach liegt eine wirtschaftliche Einheit nur vor, wenn der Darlehensgeber selbst gleichsam als Anbieter der zu finanzierenden Immobilie auftritt oder wenn er über die zur Verfügung Stellung des Darlehens hinaus den Erwerb der Immobilie durch ein Zusammenwirken mit dem Verkäufer i.S.d. § 358 Abs. 3 letzter HS fördert, wobei allein die Darlehensgewährung an Bauherrn, Verkäufer oder Verbraucher nicht genügt.[719] 37

Das Gericht nennt drei typische Fälle, die den Begriff des „Förderns" ausfüllen, nämlich[720] 38

- sich das Erwerbsinteresse des Verkäufers ganz oder teilweise zu Eigen machen,
- die Planung, Werbung oder Durchführung des Verkäufers übernehmen oder
- einseitig den Verkäufer begünstigen.

Die nunmehr gegenüber § 9 Abs. 1 VerbrKrG bzw. § 358 Abs. 3 S. 2 qualifizierten Anforderungen für die Annahme einer „wirtschaftlichen Einheit" bei Immobiliardarlehensverträgen begründet der Gesetzgeber im Wesentlichen mit den Besonderheiten der Immobilienfinanzierung. Diese sei regelmäßig nicht ohne die Bereitschaft des Verkäufers darstellbar, dem Erwerber eine Finanzierungsvollmacht zur Belastung des Grundstücks zu erteilen.[721] 39

Daneben machte die Streichung des § 491 Abs. 3 Nr. 1 a.F. weitere Folgeänderungen notwendig. So finden auf das Immobiliardarlehen keine Anwendung[722] 40

- die Pflicht des Darlehensgebers zur Angabe des Gesamtbetrages aller zur Tilgung des Darlehens sowie zur Zahlung der Zinsen und Kosten zu entrichtenden Teilzahlungen (§ 492 Abs. 1a),

---

[718] Vgl. *Koch* WM 2002, 1593, 1599; *Schmidt-Kessel* ZGS 2002, 311, 313ff.; *Meinhof* NJW 2002, 2273, 2274.

[719] Vgl. *Bülow* § 495 Rdn. 267c.

[720] Vgl. *Lauer* BKR 2004, 92, 94ff.; *Bülow* § 495 Rdn. 267c.; vgl. 2. Teil, H. Rdn. 146ff.

[721] *Koch* WM 2002, 1593, 1599.

[722] Vgl. *Meinhof* NJW 2002, 2273, 2274; *Schmidt-Kessel* ZGS 2002, 311, 313ff.

- der gesetzliche Verzugszinssatz von 5 Prozentpunkten bzw. 2,5 Prozentpunkten über dem Basiszinssatz (§ 497 Abs. 1 S. 1, 2. HS; § 497 Abs. 1 S. 2),
- die Regelung über die gesonderte Verbuchung von Verzugszinsen (§ 497 Abs. 4, Abs. 2),
- die von § 367 abweichende Tilgungsreihenfolge im Verbraucherdarlehensrecht (§ 497 Abs. 4, Abs. 3 S. 1),
- das Verbot, Teilleistungen zurückzuweisen (§ 497 Abs. 4, Abs. 3 S. 2),
- die Verjährungsfrist von 30 Jahren auf titulierte Zinsansprüche (§ 497 Abs. 4, Abs. 3 S. 4), sodass diese gem. § 197 Abs. 2 nach der allgemeinen Verjährungsfrist des § 195 verjähren, die Vorschriften über die Hemmung nach § 497 Abs. 3 S. 3 jedoch anwendbar bleiben,
- die einschränkenden Voraussetzungen bei der Gesamtfälligstellung von Teilzahlungsdarlehen (§ 498 Abs. 3).

41 Allerdings eröffnet § 506 Abs. 3 den Beteiligten, d.h. den Darlehensgebern für eine bis zum 30. 6. 2005 befristete Zeit die Möglichkeit, das Widerrufsrecht bei Immobiliardarlehensverträgen durch Individualvereinbarung oder AGB auszuschließen.[723]

d) Voraussetzungen des § 491 Abs. 3 Nr. 1 1. Alt. a.F. (vormals § 3 Abs. 2 Nr. 2 VerbKrG)

42 Voraussetzungen des Ausnahmetatbestandes aus § 491 Abs. 3 Nr. 1 a.F. (vormals § 3 Abs. 2 Nr. 2 VerbrKrG) sind
- die Abhängigkeit des Kredits von der Sicherheit durch ein Grundpfandrecht und
- die Üblichkeit der Bedingungen.

aa) Abhängigkeit des Kredits von der Sicherheit durch ein Grundpfandrecht

43 Eine Anhängigmachen von der Sicherung durch ein Grundpfandrecht liegt nach h.M. vor, wenn die Bestellung des Grundpfandrechts eine conditio sine qua non für die Auszahlung des Darlehens darstellt, nicht dagegen bereits, wenn sich der Verbraucher nur zur späteren Bestellung des Grundpfandrechts verpflichtet.[724]

44 Die Ausnahmeregelung, für die bis zum 1. 11. 2002 – bzw. bei Haustürgeschäften bis zum 1. 8. 2002 – geschlossenen Verträge greift also bereits dann ein, wenn bei Abschluss des Darlehensvertrages die tatsächliche Gewährung des Darlehens von der Sicherung durch ein Grundpfandrecht abhängig ge-

[723] Müko-*Ulmer* § 492 Rdn. 83; Müko-*Habersack* § 506 Rdn. 18.

[724] BGH NJW 2000, 2352, 2354; OLG München WM 2000, 130, 132; OLG Hamm WM 1998, 1230, 1233; OLG Braunschweig WM 1998, 1223, 1226; *Bruchner* WM 2004, 825, 828; Bamberger/Roth-*Möller/Wendehorst* § 491 Rdn. 22; Staudinger/Kessal-*Wulf* § 358 Rdn. 50.

macht worden ist. Bleibt der dingliche Vollzug der Sicherung durch Bestellung des Grundpfandrechts und Eintragung im Grundbuch aus, so ändert dies nichts am Vorliegen des Ausnahmetatbestandes.[725]

Die in § 491 Abs. 3 Nr. 1 a.F. bestimmte Unanwendbarkeit der §§ 358, **45** 359, 492 Abs. 1 S. 5 Nr. 2, 495 i.V.m. § 355, 397 Abs. 2, Abs. 3 und § 498 setzt nicht voraus, dass der Kredit vollständig bzw. ausschließlich durch Grundpfandrechte bei entsprechendem Wert des Grundstücks gesichert ist.[726]

Die Gewährung weiterer Sicherheiten, insbesondere die Abtretung von **46** Ansprüchen aus einer Kapitallebensversicherung und/oder einem Bausparvertrag[727] oder ein Schuldbeitritt bzw. die Bürgschaft eines Dritten[728] lässt das Merkmal der „Abhängigkeit" nicht entfallen.

Etwas anderes gilt aber dann, wenn die Absicherung durch das Grund- **47** pfandrecht gegenüber sonstigen bestellten Sicherheiten wertmäßig nicht ins Gewicht fällt,[729] etwa wenn die Grundschuld nur „pro forma" bestellt worden ist und die Zinssätze wegen des weitestgehend ungedeckten Kreditrisikos wie bei einem Personalkredit festgelegt werden[730] oder sich die Besicherung auf einen nur unwesentlichen Teil des Kredits erstreckt.[731]

Das Darlehen ist jedoch dann nicht mehr von der Bestellung eines **48** Grundpfandrechts „abhängig", wenn evident ist, dass sich der Darlehensgeber in der Krise an die anderen gestellten „Zusatzsicherheiten" halten muss, weil das Grundpfandrecht offensichtlich insuffizient ist.[732]

Eine solche „Evidenz" liegt nach zutreffender h.M. aber nicht bereits **49** dann vor, wenn satzungsmäßige bzw. bankinterne Beleihungsgrenzen der Bank oder Sparkasse[733] oder gesetzliche Beleihungsrahmen nicht eingehalten werden, so gem. § 7 Abs., 1 des Bausparkassengesetzes 80% und gem. § 11 Abs. 2 Hypothekenbankgesetz 60% des Beleihungswertes.[734]

---

725 BGH NJW 2002, 1199, 1200; Bamberger/Roth-*Möller/Wendehorst* § 491 Rdn. 22.

726 BGH WM 2004, 172; NJW 2003, 2093; WM 2002, 588; NJW 2000, 2352; OLG Karlsruhe WM 2001, 245, 251; OLG München WM 2000, 130, 133; OLG Braunschweig WM 1998, 1223; OLG Frankfurt WM 2000, 2135, 2137; auch OLG Hamm WM 1998, 1230; Staudinger/Kessal-*Wulf* § 492 Rdn. 70.

727 BGH NJW 2002, 3103 = WM 2002, 588.

728 BGH WM 2003, 916, 917; Müko-*Ulmer* § 492 Rdn. 79; krit. *Bülow* § 491 Rdn. 180ff., 185.

729 BGH WM 2003, 916, 917; Müko-*Ulmer* § 492 Rdn. 79.

730 OLG München WM 2000, 130, 133: im entschiedenen Fall jedoch verneint, da der Effektivzins noch innerhalb der „Streubreite" für Grundschulddarlehen aus den Berichten der Deutschen Bundesbank bzw. der EZB lag.

731 Staudinger/Kessal-*Wulf* § 3 VerbrKrG Rdn. 33 und Staudinger/Kessal-*Wulf* § 358 Rdn. 50: Umgehungsverbot nach § 506 Abs. 1 tangiert.

732 *Bülow* § 491 Rdn. 183 und WM 2001, 2225, 2226.

733 OLG Karlsruhe WM 2001, 245, 251; OLG Stuttgart WM 2000, 292; OLG Hamm WM 1998, 1230, 1233.

734 BGH WM 2004, 172; NJW 2003, 2093, 2094 = WM 2003, 916, 917; NJW 2002,

50 Das Risiko der nachrangigen Beleihung bzw. einer Überschreitung von Beleihungsgrenzen darf sich sogar in einem erhöhten Zinssatz niederschlagen.[735]

51 Auch zur Frage der „Abhängigkeit" sind leichte Überschreitungen der Streubreite für grundpfandrechtlich gesicherte Darlehen aus den Monatsberichten der Deutschen Bundesbank bzw. der EZB richtigerweise unschädlich.[736]

52 Nach abweichender Ansicht ist ein „Abhängigmachen" nur dann gegeben, wenn der Darlehensgeber in der Krise Befriedigung allein oder ganz überwiegend aus dem Grundpfandrecht erlangen kann[737] bzw. wenn der Kredit den Beleihungswert der Sicherheit nicht um einen bestimmten Prozentsatz übersteigt.[738]

53 Kann sich die Aussicht zur Befriedigung nur durch zusätzliche Sicherheiten, z.B. Personalsicherheiten verwirklichen, greift die Ausnahmevorschrift des § 491 Abs. 3 Nr. 1 a.F. nach dieser Ansicht nicht ein.[739]

54 Nach dieser Auffassung besteht eine „Abhängigkeit" bereits dann nicht, wenn der Beleihungswert von 80% bzw. 60% des Beleihungswerts nach § 7 Bausparkassengesetz bzw. §§ 11, 12 Hypothekenbankgesetz überschritten wird,[740] jedenfalls aber, wenn das Doppelte der Beleihungsgrenzen erreicht wird.[741]

55 Der BGH hat diese abweichenden Auffassungen jedoch ausdrücklich zurückgewiesen.[742]

56 § 491 Abs. 3 Nr. 1 a.F. (entschieden für § 3 Abs. 2 Nr. 2 VerbrKrG) ist nach Auffassung des BGH vielmehr nur dann nicht anzuwenden, wenn die

---

3103; WM 2002, 588; WM 2001, 20, 21 f.; NJW 2000, 2352; OLG Karlsruhe NJW-RR 2003, 185, 186 = OLG-Report 2003, 20, 21; WM 2001, 245, 251; OLG Hamm WM 1998, 1230, 1233; OLG Hamburg WM 2002, 1289, 1290; OLG Stuttgart WM 2000, 292, 294 und WM 2000, 133, 136; OLG Köln WM 2000, 2139, 2145.

[735] BGH WM 2004, 172, 175 und OLG Karlsruhe OLGR 2005, 115, 118: Überschreitung der „Streubreite" um 0,4 Prozentpunkte unschädlich; BGH NJW 2003, 2093, 2094 und OLG Karlsruhe OLGR 2005, 115, 118: Überschreitung der „Streubreite" von mehr als einem Prozentpunkt jedoch zuviel; großzügiger noch OLG Karlsruhe NJW-RR 2003, 185, 186: Überscheitung um 1,15 Prozentpunkte noch tolerabel; Staudinger/Kessal-*Wulf* § 358 Rdn. 50 und § 492 Rdn. 70, 71.

[736] BGH WM 2004, 172, 175; NJW 2003, 2093, 2094; LG Berlin WM 2000, 1484; LG Stuttgart WM 2000, 1103; LG Nürnberg-Fürth WM 2000, 2153, 2156; OLG München WM 2002, 2460, 2463; OLG Karlsruhe OLGR 2005, 115, 118.

[737] OLG Stuttgart WM 2000, 1190, 1191; *Frisch* VuR 1999, 423, 434; *Bülow* § 491 Rdn. 181, 183; M/H Rdn. 166, 167.

[738] *Pfeiffer* ZBB 1996, 304, 308; noch weitergehender *Bülow* § 491 Rdn. 183.

[739] *Bülow* § 491 Rdn. 181; ablehnend aber BGH WM 2002, 588 und Bamberger/Roth-*Möller/Wendehorst* § 491 Rdn. 22.

[740] *Bülow* § 491 Rdn. 183: jede Überschreitung des Beleihungswerts beseitigt die Abhängigkeit.

[741] *Pfeiffer* ZBB 1996, 304, 308; *Bülow* WM 2001, 2225, 2226.

[742] BGH NJW 2002, 3103 = WM 2002, 588, 589; NJW 2003, 2093 = WM 2003, 916 = MDR 2003, 820.

Überschreitung der „Streubreite" auch in Anbetracht des eingegangenen, höheren Risikos der Bank nicht mehr unerheblich ist[743] oder die Voraussetzungen des § 506 Abs. 1 (vormals § 18 S. 2 VerbrKrG) vorliegen, etwa weil nur ein nicht wesentlicher Teil des Kredits grundpfandrechtlich abgesichert ist. Dies ist z.B. nicht der Fall, wenn eine Grundschuld über 175 000,00 DM bestellt wird und der Wert des Objekts ca. 100 000,00 DM beträgt.[744]

Ohne jede Bedeutung für die Abhängigkeit des Kredits von einem Grundpfandrecht ist es schließlich, ob und wie die kreditgebende Bank den grundpfandrechtlich gesicherten Kredit refinanziert.[745] 57

Eine für das Merkmal der „Abhängigkeit" ausreichende Sicherung liegt nach der wohl zu großzügigen Auffassung des OLG Karlsruhe sogar dann vor, wenn der Darlehensgeber von einem Wert des gesicherten Objekts ausgehen durfte, der jedenfalls mehr als die Hälfte des Kredits ausmachte.[746] 58

Nach dem klaren Wortlaut des § 3 bs. 2 Nr. 2 VerbrKrG kommt es nicht darauf an, ob der erste Kreditnehmer selbst Sicherungsgeber ist oder der Erwerber, etwa im Rahmen eines Beitritts zu einem Immobilienfonds, ein bestehendes Grundpfandrecht ganz oder teilweise übernimmt.[747] 59

bb) Übliche Bedingungen

Die Befreiung nach § 491 Abs. 3 Nr. 1 a.F. (vormals § 3 Abs. 2 Nr. 2 VerbrKrG) greift nur ein, wenn das Darlehen zu Bedingungen vergeben wird, die für grundpfandrechtlich abgesicherte Kredite bzw. deren Zwischenfinanzierung „üblich" sind. 60

Für die Frage, ob der Kredit zu den „üblichen Bedingungen" gewährt worden ist, kommt es entscheidend auf die Zinshöhe und die sonstigen Kreditkonditionen an.[748] Dabei stellen die in den Monatsberichten der Deutschen Bundesbank bzw. der EZB ausgewiesenen Zinssätze für erstrangige Grundpfandrechte[749] einen Anhaltspunkt für die Marktüblichkeit dar.[750] 61

---

[743] BGH NJW 2003, 2093, 2094: durchschnittlich mehr als ein Prozentpunkt.

[744] BGH NJW 2003, 2093, 2094.

[745] BGH NJW 2002, 3103, 3104 = WM 2002, 588, 589; a. A. *Bülow* WM 2001, 2225, 2226.

[746] OLG Karlsruhe WM 2001, 245, 251.

[747] BGH, XI. ZS., WM 2005, 127, 130; OLG Düsseldorf WM 2005, 881, 886; OLG Schleswig WM 2005, 607, 608; OLG Köln WM 2005, 792, 799; *Jork/Engel* BKR 2005, 3, 11; *Wolf/Großerichter* WM 2004, 1993, 1995 f.; a. A. aber BGH, II. ZS., WM 2004, 1529, 1533 undWM 2004, 1536, 1540.

[748] BGH WM 2004, 172, 175; NJW 2003, 2093, 2094 = WM 2003, 916, 917; NJW 2002, 3103 = WM 2002, 588; NJW 2000, 2352 = WM 2000, 1245, 1247.

[749] Abgedruckt unter „Hypothekarkredite" in NJW 2003, 1168, 1169; NJW 2001, 1480, 1481; NJW 2001, 1627, 1628; NJW 2000, 1394, 1395; NJW 1998, 1211, 1212; NJW 1998, Heft 10, S. XXI, NJW 1997, Heft 7, XXV; NJW 1997, Heft 16, XXIV; NJW 1996, Heft 48, XXIV.

[750] BGH WM 2004, 172, 175; NJW 2003, 2093, 2094; NJW-RR 1999, 1274; *Bülow*

62 Allerdings ist nicht jeder Kredit, der einen oberhalb der dort ausgewiesenen Streubreite liegenden effektiven Jahreszins vorsieht, schon deswegen von der Privilegierung ausgenommen.[751] Denn die Monatsberichte erfassen nur erstrangig gesicherte Realkredite für Wohngrundstücke unter Einhaltung der Beleihungsgrenzen von 60% (Realkreditinstitute) bzw. 80% (Bausparkassen) und mit Laufzeiten von 2, 5 und 10 Jahren.[752]

63 So kann sich ein gegenüber den von der Bundesbank erfassten Krediten erhöhtes Risiko des Darlehensgebers – etwa durch Überschreiten der gesetzlich vorgesehenen Beleihungsgrenze – in einem erhöhten Zinssatz niederschlagen.[753]

64 Bei bloß geringfügigen Abweichungen können die in den Monatsberichten ausgewiesenen Zinssätze mit Rücksicht darauf, dass sie allein auf einer statistischen Stichprobenerhebung beruhen, noch als ausreichender Anhaltspunkt für die Marktüblichkeit des konkreten vereinbarten effektiven Jahreszinses dienen.[754]

65 Als unschädlich wurden folgende Überschreitungen oberhalb der Streubreite jeweils in Prozentpunkten angesehen:
- 0,08,[755]
- 0,10,[756]
- 0,21–0,25,[757]
- 0,40,[758]
- 0,43,[759]
- 0,47 bzw. 0,59[760]
- 1,15,[761]

---

§ 491 Rdn. 195; Müko-*Ulmer,* 4. Aufl., § 492 Rdn. 81; Staudinger/Kessal-*Wulf,* 2004, § 358 Rdn. 50 und § 492 Rdn. 71.

[751] BGH NJW 2003, 2093, 2094; WM 2004, 172, 175; OLG Köln WM 2000, 2139, 2145; OLG Karlsruhe NJW-RR 2003, 185, 186; LG Stuttgart WM 2000, 1103, 1105; LG Stuttgart WM 2000, 1388, 1392; LG Berlin WM 2000, 1484.

[752] Staudinger/Kessal-*Wulf,* 2004, § 358 Rdn. 50.

[753] BGH WM 2004, 172, 174; NJW 2003, 2093, 2094; NJW-RR 2000, 1431 = WM 2000, 1580, 1581; OLG Köln WM 2000, 2139; OLG Schleswig WM 2005, 607, 608; KG WM 2005, 596, 604; LG Stuttgart WM 2000, 1103, 1105; WM 2000, 1388, 1392.

[754] BGH NJW 2003, 2093, 2094; auch WM 2004, 172, 175.

[755] OLG Stuttgart WM 2000, 1190, 1191.

[756] LG Berlin WM 2000, 1484, 1486.

[757] OLG Karlsruhe NJW-RR 2003, 185, 186: 0,25 absolute, 2,8% relative Überschreitung; KG WM 2005, 596, 604: 0,21.

[758] BGH WM 2004, 172, 175; OLG Karlsruhe OLGR 2005, 115, 118.

[759] OLG München WM 2002, 2460, 2463: 8,74% anstatt der als Obergrenze angegebenen 8,31%.

[760] OLG Köln WM 2000, 2139, 2145: 0,47; OLG Schleswig WM 2005, 607, 608: 0,59.

[761] OLG Karlsruhe NJW-RR 2003, 185, 186: 0,25 bis 1,15 absolute, 2,8% bis 12,84% relative Überschreitung; a.A. aber BGH NJW 2003, 2093, 2094 und OLG Karlsruhe OLGR 2005, 115, 118 bei mehr als einem Prozentpunkt.

– 1,7 *unterhalb* der Streubreite für nicht dinglich gesicherte Personalkredite.[762]

Anders ist es jedoch, wenn der vereinbarte Zins die in der Zinsstatistik der Deutschen Bundesbank bzw. der EZB ausgewiesenen Zinssätze erheblich überschreitet.[763] Dies ist etwa dann der Fall, wenn der vereinbarte effektive Jahreszins deutlich mehr als einen Punkt über dem obersten Wert der für diesen Zeitraum maßgeblichen Streubreite liegt.[764] **66**

Die Einhaltung einer bestimmten Beleihungsgrenze oder eines Beleihungsrahmens zählt grundsätzlich nicht zu den „üblichen Bedingungen".[765] **67**

Eine etwaige „Untersicherung" fäll in den Risikobereich der Bank und kann nach dem Zweck des § 3 Abs. 2 Nr. 2 VerbrKrG nicht dazu führen, das sie deshalb dem Einwendungsdurchgriff des § 9 VerbrKrG (jetzt §§ 358 Abs. 2, 359) ausgesetzt wird. § 3 Abs. 2 Nr. 2 VerbrKrG greift allerdings nicht ein, wenn die Absicherung durch ein Grundpfandrecht gegenüber sonstigen Sicherheiten wertmäßig nicht ins Gewicht fällt[766] oder von vornherein klar ist, dass das Grundpfandrecht praktisch wertlos ist bzw. nur „pro forma" bestellt wurde.[767] **68**

Die Bedingungen eines Realkreditvertrages (§ 3 Abs. 2 Nr. 2 VerbrKrG) bzw. eines Immobiliardarlehensvertrages (§ 492 Abs. 1 a S. 2) sind auch nicht deshalb „unüblich", weil die Bank nicht nur Grundschulden bestellen, sondern sich auch Rechte aus einer Lebensversicherung und einem Wertpapierdepot verpfänden,[768] eine Lebensversicherung und einen Bausparvertrag abtreten[769] oder Personalsicherheiten (Bürgschaft, Schuldbeitritt) bestellen lässt.[770] **69**

---

[762] LG Stuttgart WM 2000, 1388, 1392.

[763] BGH NJW 2003, 2093, 2094.

[764] BGH NJW 2003, 2093, 2094 = MDR 2003, 820: 1,8 Punkte über dem obersten Wert für Kredite mit 5-jähriger Laufzeit, 0,86 Punkte über der Obergrenze für Kredite mit 10-jähriger Laufzeit.

[765] BGH WM 2004, 172, 175; NJW 2003, 2093, 2094; VuR 2003, 424; NJW 2002, 3103 = WM 2002, 588; NJW 2001, 509 = WM 2001, 20, 21; OLG Braunschweig WM 1998, 1223, 1226; OLG Hamm WM 1999, 1230, 1233; OLG München WM 2000, 130, 133; OLG Stuttgart WM 2000, 133, 136; OLG Schleswig WM 2000, 1381, 1387; OLG Frankfurt WM 2000, 2135, 2137; OLG Hamburg WM 2002, 1289, 1290; Staudinger/Kessal-*Wulf* § 358 Rdn. 50.

[766] BGH VuR 2003, 424; Müko-*Ulmer* § 492 Rdn. 79; Staudinger/Kessal-*Wulf* § 3 VerbrKrG Rdn. 33.

[767] OLG München WM 2000, 130, 133; zustimmend Staudinger/Kessal-*Wulf* § 358 Rdn. 50.

[768] OLG Frankfurt WM 2000, 2135, 2137.

[769] BGH WM 2002, 588.

[770] Müko-*Ulmer* § 492 Rdn. 79.

2. Zwischenfinanzierungen und Bauspardarlehn (§ 491 Abs. 3 Nr. 1 a.F.)

a) Zwischenfinanzierungen (§ 491 Abs. 3 Nr. 1 a.F.)

70 Unter Zwischenfinanzierungen versteht man die Bereitstellung kurz- und mittelfristiger Gelder, deren Ablösung durch Mittel der Endfinanzierung vorgesehen ist, wie etwa Baukredite, die durch eine demnächst fällig werdende Lebensversicherung oder ein Bauspardarlehen abgelöst werden sollen[771] oder kurzfristige Kredite, die von vornherein auf eine Endfinanzierung durch einen grundpfandrechtlich abgesicherten Kredit gerichtet sind.[772]

71 Typischerweise sind solche Zwischenkredite nicht grundpfandrechtlich abgesichert. § 491 Abs. 3 Nr. 1 a.F. hatte solche Zwischenkredite dennoch ausdrücklich in den Ausnahmetatbestand einbezogen.

72 Bei Zwischenfinanzierungen ist auf die üblichen Bedingungen für solche Kredite abzustellen, bei denen der Darlehnsgeber Befriedigung ganz überwiegend aus dem Grundstück erlangen kann.[773]

b) Bauspardarlehen (§ 491 Abs. 3 Nr. 1 a.F.)

73 Bei Bauspardarlehen fand § 491 Abs. 3 Nr. 1 a.F. (wie bereits § 3 Abs. 2 Nr. 2 VerbrKrG) auch dann Anwendung, wenn statt des Grundpfandrechts eine ausreichende anderweitige Sicherheit gestellt wurde (vgl. § 7 Abs. 3 BausparkassenG).

74 In den Fällen des § 7 Abs. 4 Nr. 1 und Nr. 2 sowie des § 7 Abs. 5 Nr. 4 BausparkassenG konnte von einer Sicherung durch Grundpfandrechte wie auch durch anderweitige Sicherheiten vollkommen abgesehen werden, etwa bei geringer Höhe des Darlehensbetrages oder Verpflichtung des Darlehensnehmers, das Grundstück nicht anderweitig zu verpfänden oder zu veräußern und auch dann, wenn eine öffentlich-rechtliche Körperschaft oder Anstalt für den Darlehensnehmer (Bausparer) die Gewährleistung übernommen hat, so genanntes „Negativattest".[774]

3. Gerichtliches oder notarielles Protokoll (§ 491 Abs. 3 Nr. 1 n.F.)

a) Notwendiger Inhalt der Urkunde

75 Gem. § 491 Abs. 3 Nr. 1 n.F. (bis zum 31. 12. 2001 § 3 Abs. 2 Nr. 3 VerbrKrG, bis zum 1. 11. 2003 § 491 Abs. 3 Nr. 2 a.F.) müssen gerichtlich protokollierte – einschließlich vor einem Schiedsgericht geschlossene – sowie notariell beurkundete Verbraucherdarlehensverträge weder der Form des § 492 Abs. 1 S. 1 entsprechen noch die Pflichtangaben aus § 492 bzw.

---

[771] Bamberger/Roth-*Möller/Wendehorst* § 491 Rdn. 23.
[772] *Bülow* § 491 Rdn. 191; Staudinger/Kessal-*Wulf* § 492 Rdn. 74.
[773] Bamberger/Roth-*Möller/Wendehorst* § 491 Rdn. 23.
[774] Vgl. hierzu OLG Koblenz WM 1999, 2353, 2354.

§ 493 Abs. 1 enthalten; auch das Widerrufsrecht aus §§ 495, 355, 358 Abs. 2, Abs. 4 und Abs. 5 entfällt, wenn das gerichtliche Protokoll bzw. der notarielle Vertrag die folgenden Angaben enthält:

- Den auf ein Jahr bezogenen Jahreszins. Damit ist – trotz bestehender Bedenken wegen einer Vereinbarkeit mit Art. 4 Abs. 2 S. 2 der Verbraucherkreditrichtlinie, der die Angabe des effektiven Jahreszinses fordert, soweit dies möglich ist – der nominelle Jahreszins gemeint.[775]
- Die bei Abschluss des Vertrages anfallenden Darlehenskosten, nämlich die Bearbeitungs- oder Antragsgebühren,[776] Maklergebühren i.S.d. § 655d,[777] ein Disagio,[778] nicht jedoch die Prämie für eine etwaige Restschuldversicherung,[779] ebenso wenig die Anwalts- und Gerichtskosten eines Prozessvergleichs oder die Kosten der notariellen Beurkundung.[780]
- Die Bedingungen für Zins- und Kostenänderungen, also Zinsanpassungs- und Zinsgleitklauseln ähnlich wie in § 492 Abs. 1 Nr. 5 2. HS im Zusammenhang mit der Angabe des effektiven Jahreszinses, sofern eine Verzinsung überhaupt vereinbart worden ist.[781] Hier genügt etwa die Angabe, dass der Jahreszins z.B. 5 Prozentpunkte über dem jeweiligen Basiszins der EZB liegen soll.[782]

b) Anwendbarkeit des § 491 Abs. 3 Nr. 1 n.F.

§ 491 Abs. 3 n.F. ist auf Verbraucherdarlehensverträge i.S.d. § 491 Abs. 1, **76**
aber auch auf Verträge über Finanzierungshilfen nach § 499 Abs. 1, Teil-

---

[775] *Martis* MDR 1998, 1189, 1197; *Bülow* § 491 Rdn. 211: wegen der situativen Besonderheit eines Gerichts- oder Notartermins noch tragbar; Erman-*Saenger* § 491 Rdn. 33; Müko-*Ulmer* § 491 Rdn. 106: „kann die Frage nach richtlinienkonformer Auslegung aufwerfen"; Palandt-*Putzo* § 491 Rdn. 20; W/E/R-*Graf von Westphalen* § 3 VerbrKrG Rdn. 101: trotz bestehender Bedenken; eine richtlinienkonforme Auslegung für Darlehensverträge befürworten Bamberger/Roth-*Möller/Wendehorst* § 491 Rdn. 25 sowie Staudinger/Kessal-*Wulf* § 491 Rdn. 87 a.E.

[776] *Bülow* § 491 Rdn. 212; Müko-*Ulmer* § 492 Rdn. 106; *Martis* MDR 1998, 1189, 1197.

[777] *Bülow* § 491 Rdn. 212.

[778] *Grziwotz* MDR 1997, 434; *Bülow* § 491 Rdn. 212.

[779] *Bülow* § 491 Rdn. 212; Staudinger/Kessal-*Wulf* § 491 Rdn. 88 a.E.; a.A. Müko-*Ulmer* § 491 Rdn. 106 a.E. und W/E/R-*Graf von Westphalen* § 3 VerbrKrG Rdn. 103, 104: Beurkundungsgebühr und Restschuldversicherung anzugeben.

[780] Staudinger/Kessal-*Wulf* § 491 Rdn. 88; Erman-*Saenger* § 3 VerbrKrG Rdn. 33; *Grziwotz* MDR 1997, 432, 434; *Martis* MDR 1998, 1189, 1197; a.A. Müko-*Ulmer* § 3 VerbrKrG Rdn. 35 und § 491 Rdn. 106 a.E. sowie W/E/R-*Graf von Westphalen* § 3 VerbrKrG Rdn. 104: Beurkundungsgebühr anzugeben, nicht jedoch Gerichts- und Anwaltsgebühren bzw. Anteil der Verfahrenskosten.

[781] Staudinger/Kessal-*Wulf* § 3 VerbrKrG Rdn. 43 und § 491 Rdn. 89; W/E/R-*Graf von Westphalen* § 3 VerbrKrG Rdn. 106; *Martis* MDR 1998, 1189, 1197; Müko-*Ulmer* § 491 Rdn. 106: Änderungsvoraussetzungen aufzunehmen.

[782] *Bülow* § 491 Rdn. 213.

zahlungsgeschäfte und Finanzierungsleasingverträge gem. §§ 499 Abs. 2, 500, 501 anzuwenden (vgl. § 499 Abs. 3 Satz 1).[783]

77 Die Anwendung des § 491 Abs. 3 Nr. 1 n.F. kommt auch bei protokollierten Klage- oder Rechtsmittelrücknahmen in Betracht.[784]

78 Auf Darlehensvermittlungsverträge nach § 655a, außergerichtliche Vergleiche, nicht notariell beurkundete Vergleiche und Anwaltsvergleiche nach § 796a erstreckt sich der Ausnahmetatbestand des § 491 Abs. 3 Nr. 1 n.F. grundsätzlich nicht.[785]

79 Ein Anerkenntnis (§ 307 ZPO) des Anspruchs aus einem Darlehensvertrag bedarf nicht der Angaben des § 491 Abs. 3 Nr. 1.[786]

c) Rechtsfolgen bei Fehlen der Angaben

80 Bei Fehlen oder Unvollständigkeit der in § 491 Abs. 3 Nr. 1 n.F. genannten (obigen) Angaben bleiben die §§ 492–495, 355, 358 Abs. 2, Abs. 4 und Abs. 5 nach zutreffender Ansicht anwendbar.[787]

81 Nach abweichender Ansicht von Bülow[788] ist das gerichtlich (im Vergleich) protokollierte Darlehen bei Nichteinhaltung der Formvorschriften aus § 491 Abs. 3 Nr. 1 n.F. gem. § 494 Abs. 1 nichtig, aber nach Maßgabe des § 494 Abs. 2 heilbar mit der Folge, dass der Vertrag nach einer Heilung gem. §§ 495, 355 vom Verbraucher widerrufen werden kann.

4. Finanzierte Risikogeschäfte (§ 491 Abs. 3 Nr. 2 n.F. = § 491 Abs. 3 Nr. 3 a.F.)

82 Die Teilausnahmen des § 491 Abs. 3 Nr. 2 n.F. haben den Zweck, die Anwendbarkeit der Verbundgeschäftsregelung (§§ 358 Abs. 2, 4, 5 und § 359) auf finanzierte Risikogeschäfte, insbesondere Aktien, Zertifikate, die Aktien vertreten, Schuldverschreibungen, Genussscheine, Optionsscheine u.a. auszuschließen. Andernfalls hätte z.B. ein Wertpapierkäufer die Möglichkeit, sich durch Widerruf des Darlehensvertrages gem. § 358 Abs. 2 bis Abs. 5 auch vom Wertpapiergeschäft zu lösen und so zulasten des Kreditinstituts während des Laufs der Widerrufsfrist risikolos zu spekulieren.[789]

83 Die Ausnahme hat durch das SMG eine nicht unerhebliche Ausweitung erfahren, weil nunmehr auch der finanzierte Erwerb von Derivaten erfasst wird (Bamberger/Roth-Möller/Wendehorst § 491 Rdn. 26).

---

[783] *Bülow* § 491 Rdn. 209.

[784] Erman-*Saenger* § 491 Rdn. 32; Staudinger/Kessal-*Wulf* § 491 Rdn. 84.

[785] *Bülow* § 491 Rdn. 209, 216; Staudinger/Kessal-*Wulf* § 491 Rdn. 86.

[786] Erman-*Saenger* § 491 Rdn. 33; Staudinger/Kessal-*Wulf* § 3 VerbrKrG Rdn. 39 und § 491 Rdn. 84; a.A. *Bülow* § 491 Rdn. 214.

[787] Müko-*Ulmer* § 3 VerbrKrG Rdn. 36 und 4. Aufl. § 491 Rdn. 107; Staudinger/Kessal-Wulf § 491 Rdn. 90 a.E.; *Martis* MDR 1998, 1189, 1197.

[788] *Bülow* § 491 Rdn. 209, 215.

[789] Erman-*Saenger* § 491 Rdn. 36; Staudinger/Kessal-*Wulf* § 3 VerbrKrG Rdn. 45 und § 491 Rdn. 91; *Martis* MDR 1998, 1189, 1197.

Nicht anzuwenden ist die Ausnahmevorschrift nach h.M. auf bloße Wertrechte wie Bundesanleihen, Bundesschatzbriefe und andere nicht verbriefte Optionen.[790] 84

E. Wirksamkeitsvoraussetzungen von Verbraucherdarlehensverträgen (§§ 492, 493, 494), Teilzahlungsgeschäften (§§ 501, 502) und Finanzierungshilfen (§§ 499 Abs. 1, 492 Abs. 1 S. 1–4, 492 Abs. 1, Abs. 2, Abs. 3, 494)

I. Anwendbarkeit der Formvorschriften der §§ 492, 493, 494 und 502

1. Gesetzessystematik

In Anlehnung und Erweiterung des § 1a I AbzG schrieb § 4 Abs. 1 S. 4 Nr. 1 und Nr. 2 VerbrKrG vor, welche Pflichtangaben zum Schutz des Verbrauchers vor Übereilung und Warnung vor dem unüberlegten Eingehen finanzieller Verpflichtungen gemacht werden mussten. 1

Durch die Änderung der Gesetzessystematik im Zuge der Schuldrechtsmodernisierung sind die Regelungen über die Informations- und Schriftformerfordernisse bei den bislang von § 4 Abs. 1 S. 4 Nr. 2a–f VerbrKrG und § 6 Abs. 3, Abs. 4 VerbrKrG erfassten Teilzahlungsgeschäften ausgesondert und in § 502 angesiedelt worden, während §§ 492, 494 die bislang in §§ 4 Abs. 1 S. 4 Nr. 1, 6 Abs. 1, Abs. 2, Abs. 4 VerbrKrG geregelten (jetzigen) Verbraucherdarlehensverträge erfasst. 2

a) § 492 Abs. 1 S. 5 und § 502 Abs. 1

Unter § 492 Abs. 1 S. 5 fallen alle Verbraucherdarlehensverträge i.S.d. §§ 13, 14, 491 Abs. 1, 492 Abs. 1 und alle Finanzierungshilfen i.S.d. § 499 Abs. 1, die nicht Teilzahlungsgeschäfte und Finanzierungsleasingverträge sind, insbesondere also Darlehensverträge, nicht jedoch die in § 493 besonders geregelten Überziehungskredite.[791] 3

§ 492 Abs. 2 und Abs. 3 sind auf Teilzahlungsgeschäfte i.S.d. §§ 499 Abs. 2, 501, 502 Abs. 1 Nr. 1–6, nach h.M. auch auf den einfachen Zah- 4

---

[790] *Bülow* § 491 Rdn. 223; Müko-*Ulmer* § 3 VerbrKrG Rdn. 37 und 4. Aufl., § 491 Rdn. 109 a.E.; W/E/R-*Graf von Westphalen* § 3 VerbrKrG Rdn. 112; a.A. Erman-*Saenger* § 491 Rdn. 36 und Staudinger/Kessal-*Wulf* § 491 Rdn. 95: wertungsmäßig kein Unterschied zwischen Wertrechten und Wertpapieren; Palandt-*Putzo* § 491 Rdn. 21: § 491 Abs. 3 Nr. 2 n.F. auch auf nicht verbriefte Rechte wie Optionen anzuwenden.

[791] Erman-*Saenger* § 492 Rdn. 12.

lungsaufschub des § 499 Abs. 1, bei dem der geschuldete Betrag nach Fristablauf auf einmal zu zahlen ist, analog anzuwenden.[792]

5 Dagegen werden von § 502 Abs. 1 Teilzahlungsgeschäfte und solche Finanzierungsleasingverträge erfasst, die einen Eigentumserwerb des Leasingnehmers vorsehen.[793]

b) Finanzierungsleasingverträge

6 Aus § 500, wo weder § 492 Abs. 1 S. 5 Nr. 1–7 noch § 502 Abs. 1 Nr. 1–6 für entsprechend anwendbar erklärt wird, folgt, dass in Finanzierungsleasingverträgen die dortigen Angaben nicht gemacht werden müssen.[794]

7 Das Schriftformerfordernis aus § 492 Abs. 1 S. 1–4 und die Angabepflicht betreffend den effektiven Jahreszins für Finanzierungsleasingverträge mit Erwerbsrecht gelten aber auch bei Finanzierungsleasingverträgen.[795]

c) Vollmachten

8 Als wichtige Neuerung ist in § 492 Abs. 4 im Hinblick auf die gegenteilige Rechtsprechung des BGH[796] und die bislang hierzu vertretene, herrschende Ansicht[797] bestimmt worden, dass das Schriftform- und Informationserfordernis des § 492 Abs. 1, Abs. 2 auch für Vollmachten gilt, die der Darlehensnehmer zum Abschluss von Darlehensverträgen erteilt. Ausgenommen von dieser Regelung sind nach wie vor Prozessvollmachten und notariell beurkundete Vollmachten.[798]

9 Für die Teilzahlungsgeschäfte des § 502 wurde eine entsprechende Neuregelung entsprechend § 492 Abs. 4 nicht eingeführt.

d) Schuldbeitritt

10 An die Formwirksamkeit des Schuldbeitritts sind grundsätzlich dieselben strengen Anforderungen zu stellen wie an den Verbraucherdarlehensvertrag (§§ 491 Abs. 1, 492) bzw. das Teilzahlungsgeschäft (§§ 499 Abs. 2, 501, 502) selbst. Denn der Beitretende hat das wirtschaftliche Risiko des Kreditge-

---

[792] Bamberger/Roth-*Möller/Wendehorst* § 502 Rdn. 3; Palandt-*Putzo* § 499 Rdn. 7.

[793] Erman-*Saenger* § 492 Rdn. 12; Staudinger/Kessal-*Wulf* § 500 Rdn. 12 zum Leasingvertrag.

[794] *Bülow* § 500 Rdn. 27 und § 492 Rdn. 31, 74: weder Formzwang noch § 494 Abs. 4 betreffend dieVollmacht.

[795] *Bülow* § 492 Rdn. 31 und § 500 Rdn. 37; Staudinger/Kessal-*Wulf* § 500 Rdn. 12.

[796] BGH NJW 2001, 1931; NJW 2001, 2963; NJW 2001, 3479.

[797] Vgl. etwa OLG Köln NZM 2000, 924; WM 2000, 127, 130; OLG Frankfurt MDR 2000, 1181; WM 2001, 353, 354f.; OLG Karlsruhe, 17. Senat, WM 2001, 356, 359; OLG Stuttgart WM 2000, 292; OLG Zweibrücken OLG-Report 2000, 336; LG Hechingen WM 2000, 818; LG München I WM 2000, 1488; LG Stuttgart WM 1999, 1822, 1826.

[798] Bamberger/Roth-*Möller/Wendehorst* § 492 Rdn. 3, 35, 36; kritisch Müko-*Ulmer* § 492 Rdn. 90, 102.

schäfts im Fall der Zahlungsunfähigkeit des Hauptschuldners allein zu tragen, ohne einen eigenen Anspruch auf Auszahlung der Darlehensvaluta zu besitzen. Sein Schutzbedürfnis ist nicht geringer als dasjenige des Darlehensnehmers.[799]

Deshalb erfüllt der Schuldbeitritt eines Verbrauchers zu einem Verbrau- 11
cherdarlehensvertrag bzw. einem Teilzahlungsgeschäft nur dann das Schriftformerfordernis, wenn der Beitretende vor Begründung der Mithaftung über alle Darlehenskonditionen i. S. d. § 494 Abs. 1 S. 5 bzw. § 502 Abs. 1 informiert wird. Erforderlich ist insbesondere die Angabe des effektiven Jahreszinses.[800]

Wird der Beitretende nicht über alle Darlehenskonditionen i. S. d. § 492 12
Abs. 1 S. 5 bzw. 502 Abs. 1 belehrt, wird der hierdurch entstehende Formmangel (vgl. §§ 494 Abs. 1, 502 Abs. 3 S. 1) nicht dadurch geheilt, dass die Darlehensmittel an den Darlehensnehmer (Verbraucher) ausbezahlt werden.[801]

Auch wenn das Darlehen von der Hauptschuldnerin zu gewerblichen 13
Zwecken aufgenommen worden ist, kommt es für die Frage, ob die Pflichtangaben nach §§ 492 Abs. 1 S. 5, 502 Abs. 1 gegenüber dem Beitretenden zu machen sind, auf die Verbrauchereigenschaft, d. h. die persönlichen Verhältnisse des Beitretenden im Zeitpunkt der Mithaftungserklärung an.[802]

Bei einer Vertragsübernahmevereinbarung wird dem Schriftformerfor- 14
dernis des § 492 Abs. 1 S. 1–4 nicht genügt, wenn die schriftliche Übernahmeerklärung des Verbrauchers nicht den Inhalt des zu übernehmenden Vertrages wiedergibt.[803]

---

[799] BGH NJW 2000, 3496, 3498 zum Schuldbeitritt; BGH NJW 2002, 133, 136 zum Schuldbeitritt bei Leasingverträgen; BGH NJW 1999, 2664 zum Schriftformerfordernis bei einer Vertragsübernahme; *Bülow* § 492 Rdn. 30 und § 491 Rdn. 123, 127; Bamberger/Roth-*Möller/Wendehorst* § 492 Rdn. 8; *Bülow-Artz* ZIP 1998, 629, 630.

[800] BGH NJW 2000, 3496, 3498: alle Angaben, insbesondere effektiver Jahreszins; BGH NJW 2002, 133, 136: alle Angaben nach § 4 Abs. 1 S. 4 VerbrKrG bzw. § 492 Abs. 1 S. 5; Müko-*Ulmer* § 4 VerbrKrG Rdn. 16 und § 492 Rdn. 23, 24: alle Angaben, gem. § 492 Abs. 1 S. 5 Nrn. 2, 3, 4, 6, die Aufschluss über die Höhe der Zahlungsverpflichtung, aber auch über die Zahlungsweise geben, nicht dagegen die Angaben aus § 492 Abs. 1 S. 5 Nrn. 1, 5, 7; *Bülow* § 492 Rdn. 30: alle Angaben nach § 492 Abs. 1 bzw. 502 Abs. 1 – auch beim Bürgschaftsvertrag.

[801] BGH NJW 2000, 2496, 2498; NJW 1997, 3169; NJW 1997, 1443, 1444; NJW 1997, 654, 655; *Graf von Westphalen* MDR 11997, 228; MDR 1997, 307, 309; Bamberger/Roth-*Möller/Wendehorst* § 494 Rdn. 8; Müko-*Ulmer* § 494 Rdn. 20; a. A. noch Müko-*Ulmer*, 3. Aufl., § 6 VerbrKrG Rdn. 15.

[802] BGH NJW 2000, 3496, 3497; NJW 1997, 3169.

[803] BGH NJW 1999, 2664, 2667.

II. Ausnahmen von der Anwendbarkeit der §§ 492 und 502 Abs. 1

1. Ausnahmen nach § 491 Abs. 2, Abs. 3

15 Die Pflichtangaben nach § 492 Abs. 1 S. 5 bzw. § 502 Abs. 1 sind natürlich nicht erforderlich, wenn eine der Ausnahmen gem. § 491 Abs. 2 Nr. 1–3, Abs. 3 Nr. 1 a.F., Nr. 1 n.F. oder Nr. 2 n.F. vorliegt. Für die Teilzahlungsgeschäfte ergibt sich dies aus § 499 Abs. 3.[804]

2. Ausnahme gem. § 493 bei Überziehungskrediten

16 Für den Abschluss eines Verbraucherdarlehensvertrages nach § 491 Abs. 1 gelten die Formvorschriften des § 492 dann nicht, wenn es sich bei dem Unternehmer um ein Kreditinstitut handelt und dieses dem Verbraucher (Darlehensnehmer) das Recht einräumt, sein laufendes Konto in bestimmter Höhe zu überziehen und ihm hierfür außer den Zinsen für das Darlehen keine weiteren Kosten in Rechnung gestellt werden. An die Stelle der Formvorschriften treten dann die Unterrichtungs- und Bestätigungspflichten nach § 493 Abs. 1 S. 2–5. Für deren Verletzung ist – anders als in § 494 für die Verletzung der Pflichten aus § 492 – bewusst keine Sanktion vorgesehen.[805] § 493 unterscheidet zwischen dem im Voraus eingeräumten Dispositionskredit nach § 493 Abs. 1 und dem nachträglich konkludent vereinbarten Überziehungskredit in § 493 Abs. 2.

a) Voraussetzungen des § 493 Abs. 1 (Dispositionskredit)

17 Die Formvorschriften des § 492 gelten nicht, wenn folgende Voraussetzungen vorliegen:

aa) Darlehensgeber ist ein Kreditinstitut.

18 Hierzu zählen Unternehmen, die Kreditinstitute i.S.d. § 1 Abs. 1 KWG sind, also Banken, Sparkassen, Kreditgenossenschaften, aber auch die Postbank.[806]

bb) Der Verbraucher muss zur Überziehung berechtigt sein.

19 Dem Verbraucher muss das Recht eingeräumt werden, sein vom Darlehensgeber geführtes, vor der Einräumung eines Überziehungskredits bereits vorhandenes Girokonto bis zu einem bestimmten Höchstbetrag, regelmä-

---

[804] Vgl. *Bülow* § 501 Rdn. 11 und § 499 Rdn. 84 ff.

[805] Bamberger/Roth-*Möller/Wendehorst* § 493 Rdn. 11; Müko-*Ulmer* § 493 Rdn. 32, 33, 42: ggf. Schadensersatz wegen Nichterfüllung von Informationspflichten.

[806] *Bülow* § 493 Rdn. 15, 16; Müko-*Ulmer* § 493 Rdn. 6.

ßig, aber nicht zwingend bis zum dreifachen der monatlichen Gutschriften auf dem laufenden Konto zu überziehen.[807]

Unerheblich ist dabei, ob der Verbraucher seinen Zahlungsverkehr später über ein anderes Konto leitet[808] oder wenn der Verbraucher das Konto über einen längeren Zeitraum überzieht.[809] 20

Kontokorrentkredite bzw. Kontokorrentratenkredite, z.B. Scheckrahmen-, Vario-, Dauer- oder Idealkredite, bei denen eine bestimmte Art der Rückführung des Darlehens (z.B. in monatlichen Raten) vor oder nach der Überziehung vereinbart worden ist und/oder bei denen neben den Zinsen auch Bearbeitungskosten anfallen, werden nicht von § 493 Abs. 1 privilegiert; hier bleibt es bei der Anwendung der §§ 492, 494.[810] Dies gilt insbesondere, wenn ein bestehendes Gehaltskonto für die Abwicklung eines Darlehens umgewidmet wird, sodass es nicht mehr dem Zahlungsverkehr dient.[811] 21

Kommen Kreditinstitut und Kunde nachträglich überein, den auf dem laufenden Konto in Anspruch genommenen Kredit ratenweise oder innerhalb eines bestimmten Zeitraumes zurückzuführen, so verliert der Kreditrahmen dadurch nachträglich die Eigenschaft als Überziehungskredit und unterliegt dann den Formvorschriften des § 492, soweit keine Ausnahme nach § 491 Abs. 2, Abs. 3 eingreift.[812] 22

Die Ausnahmeregelung des § 493 ist nach zutreffender Ansicht ebenfalls unanwendbar, wenn ein verbundener Vertrag i.S.d. § 358 über ein Kontokorrentkonto abgewickelt wird.[813] 23

cc) Außer Zinsen keine weiteren Kosten

Für das Darlehen dürfen außer den – regelmäßig bis zu 4,5% über den von Ratenkrediten liegenden – Zinsen keine weiteren Kosten in Rechnung gestellt werden, etwa Abschluss- oder Bearbeitungsgebühren, Vermitt- 24

---

[807] Müko-*Ulmer* § 5 VerbrKrG Rdn. 8, 11, 14, 16 und Müko-*Ulmer,* 4. Aufl., § 493 Rdn. 16: zwei- bis dreifacher Betrag der monatlichen Gutschriften; Bamberger/Roth-*Möller/Wendehorst* § 493 Rdn. 3; *Bülow* § 493 Rdn. 23 und Staudinger/Kessal-*Wulf* § 493 Rdn. 13 a.E., 22: keine Beschränkung auf das dreifache eines Monatsgehalts.

[808] Palandt-*Putzo* § 493 Rdn. 6; Bamberger/Roth-*Möller/Wendehorst* § 493 Rdn. 4; Müko-*Ulmer,* 4. Aufl., § 493 Rdn. 15; *Staudinger* a.a.O. Rdn. 15.

[809] Bamberger/Roth-*Möller/Wendehorst* § 493 Rdn. 4; Müko-*Ulmer* § 5 VerbrKrG Rdn. 13 und Müko-*Ulmer,* 4. Aufl., § 493 Rdn. 15: aber Kündigungsrecht des Kreditinstituts; W/E/R-*von Rottenburg* § 5 VerbrKrG Rdn. 16.

[810] Bülow § 493 Rdn. 11, 13; Müko-Ulmer § 5 VerbrKrG Rdn. 12 und Müko-Ulmer, 4. Aufl., § 493 Rdn. 14; W/E/R-*von Rottenburg* § 5 VerbrKrG Rdn. 18.

[811] *Bülow* § 493 Rdn. 11; Staudinger/Kessal-*Wulf* § 493 Rdn. 12, 14.

[812] Müko-*Ulmer,* 4. Aufl., § 493 Rdn. 14; *Bülow* § 493 Rdn. 11.

[813] H.M.: *Bülow* § 493 Rdn. 13; Bamberger/Roth-*Möller/Wendehorst* § 493 Rdn. 3; Müko-*Ulmer,* 4. Aufl., § 493 Rdn. 14; Staudinger/Kessal-*Wulf* § 5 VerbrKrG Rdn. 16 und § 493 Rdn. 16; a.A. *Vortmann* NJW 1992, 1865, 1867; *Claussen* NJW 1993, 564, 566; *Drescher* WM 1993, 1445, 1446; *von Rottenburg* WM 1992, 720.

lungsprovisionen oder Versicherungskosten.[814] Unschädlich sind allerdings die mit der Kontoführung im Zusammenhang stehenden, nicht für die Inanspruchnahme des Darlehens berechneten Kosten, insbesondere allgemeine Kontoführungsgebühren.[815]

25 Die Anwendung des § 493 ist nach h.M. auch ausgeschlossen, wenn für den Überziehungskredit Grundpfandrechte oder andere zusätzliche, mit Kosten verbundene Sicherheiten außerhalb des allgemeinen Bankenpfandrechts (Nr. 13, 14 AGB-Banken, Nr. 21, 22 AGB-Sparkassen, Nr. 14 AGB-Postbank) bestellt werden sollen.[816]

26 Nach einschränkender Auffassung[817] ist nicht ersichtlich, dass die Bestellung von Sicherheiten für den Überziehungskredit das Formprivileg aus § 493 ausschließen könnte. Dieses entfällt aber auch nach dieser Ansicht, wenn der Verbraucher für die Sicherheitenbestellung Kosten tragen soll.

dd) Zinsabrechnungsperiode mindestens drei Monate

27 Die Zinsen dürfen nicht in kürzeren Abständen als drei Monaten belastet werden (§ 493 Abs. 1 S. 1 a.E.).

ee) Unterrichtungspflicht gem. § 493 Abs. 1 S. 2 Nr. 1 bis 4

28 Die Unterrichtspflicht gem. § 493 Abs. 1 S. 2 Nr. 1 bis 4, § 493 Abs. 1 S. 4 tritt bei Vorliegen der Voraussetzungen aa. bis dd. an die Stelle der §§ 492, 494. Die Unterrichtung muss in zeitlicher Hinsicht erst bei einer Überziehungsdauer von mehr als drei Monaten alsbald vorgenommen werden.[818]

29 Es genügt, wenn die Unterrichtung in Textform auf einem Kontoauszug erfolgt (§ 493 Abs. 1 S. 5). Auch die Unterrichtung durch AGB und Aushang in den zugänglichen Geschäftsräumen ist möglich.[819]

30 Informiert werden muss der Verbraucher gem. § 493 Abs. 1 S. 2 Nr. 1 bis 4 über

– die Höchstgrenze des Darlehens, und zwar in einem absoluten Betrag,[820]

---

[814] Müko-*Ulmer* § 5 VerbrKrG Rdn. 15, 16 und Müko-*Ulmer* § 493 Rdn. 18; *Bülow* § 493 Rdn. 21: nach dessen Auffassung auch keine Gebühren für die Kreditkartennutzung.

[815] Bamberger/Roth-*Möller/Wendehorst* § 493 Rdn. 5; *Bülow* § 493 Rdn. 21; Müko-*Ulmer* § 493 Rdn. 17; W/E/R-*von Rottenburg* § 5 VerbrKrG Rdn. 23.

[816] Müko-*Ulmer* § 493 Rdn. 19; W/E/R-*von Rottenburg* § 5 VerbrKrG Rdn. 22 a.E.; Bamberger/Roth-*Möller/Wendehorst* § 493 Rdn. 5; differenzierend *Bülow* § 493 Rdn. 23 und Staudinger/Kessal-*Wulf* § 493 Rdn. 18 a.E.

[817] *Bülow* § 493 Rdn. 23; Staudinger/Kessal-*Wulf* § 493 Rdn. 18 a.E.

[818] Müko-*Ulmer* § 5 VerbrKrG Rdn. 36 und Müko-*Ulmer* § 493 Rdn. 17.

[819] Palandt-*Putzo* § 493 Rdn. 12; *Bülow* § 493 Rdn. 33 auch Unterrichtung auf der Web-Site des Kreditinstituts möglich; Müko-*Ulmer* § 493 Rdn. 28: auf Kontoauszug, bei konkludentem Einverständnis des Kunden auch per Fax oder E-Mail.

[820] *Bülow* § 493 Rdn. 26; Bamberger/Roth-*Möller/Wendehorst* § 493 Rdn. 6; W/E/R-*von Rottenburg* § 5 VerbrKrG Rdn. 26; *Staudinger* a.a.O. Rdn. 22; a.A. Palandt-*Putzo* § 493 Rdn. 7: auch bestimmbarer Betrag, z.B. zwei Monatsgehälter.

- den zum Zeitpunkt der Unterrichtung geltenden Jahreszins, wobei der Nominalzins und nicht der effektive Jahreszins gemeint ist,[821]
- die Bedingungen, unter denen der Zinssatz geändert werden kann, wobei sich ein solches Zinsanpassungsrecht auch aus AGB ergeben kann,[822]
- die Regelung der Vertragsbeendigung, d.h. über die Voraussetzungen, unter denen die Befugnis zur Überziehung des Kontos erlischt.[823]

Gem. § 493 Abs. 1 S. 3 sind die Informationen nach § 493 Abs. 1 S. 2 **31** Nr. 1 bis 4 spätestens nach der ersten Inanspruchnahme zu bestätigen. Wenn die Bestätigung schon vor der Kontoeröffnung erfolgt ist, besteht nach h.M. keine Wiederholungspflicht, wenn der Kunde ggf. Jahre später erstmals oder erneut eine Überziehung in Anspruch nimmt.[824] Die Bestätigung nach § 493 Abs. 1 S. 3 bedarf der Textform i.S.d. § 126b (vgl. § 493 Abs. 1 S. 5). Kopien, Telefax oder Übermittlungen per E-Mail genügen insoweit nicht.[825]

ff) Spätere Zinsänderungen (§ 493 Abs. 1 S. 4)

Der Verbraucher muss gem. § 493 Abs. 1 S. 4 über jede Zinsänderung in- **32** formiert werden, solange er das Darlehen in Anspruch nimmt.

Die Unterrichtung muss erfolgen, sobald die Zinsänderung eintritt. Die **33** h.M. nimmt einen nachträgliche Informationspflicht an, wenn die Zinsänderung während einer Zeitspanne eingetreten ist, in der das Konto nicht überzogen wurde.[826]

In der Praxis werden die Zinsänderungen stets allen überziehungsberech- **34** tigten Kontoinhabern mitgeteilt, um Einzelfallprüfungen zu vermeiden.[827]

b) Informationspflicht bei geduldeter Kontoüberziehung (§ 493 Abs. 2)

Bei vom Kreditinstitut geduldeter, nicht jedoch bei eigenmächtiger und **35** nicht noch nachträglich – konkludent – genehmigter Überziehung des Girokontos oder des bereits eingeräumten Kreditrahmens trifft das Kreditinstitut die Informationspflicht aus § 493 Abs. 2.[828]

---

821 *Bülow* § 493 Rdn. 27; Müko-*Ulmer,* 4. Aufl., § 493 Rdn. 23.

822 *Bülow* § 493 Rdn. 28; Müko-*Ulmer,* 4. Aufl., § 493 Rdn. 24.

823 *Bülow* § 493 Rdn. 29; Müko-*Ulmer,* 4. Aufl., § 493 Rdn. 25.

824 Bamberger/Roth-*Möller/Wendehorst* § 493 Rdn. 8; Müko-*Ulmer* § 5 VerbrKrG Rdn. 17, 24, 25 und Müko-*Ulmer,* 4. Aufl., § 493 Rdn. 27; Palandt-*Putzo* § 493 Rdn. 13; a.A. *Bülow* § 493 Rdn. 30, 31: Verbraucher ist ggf. mehrmals zu unterrichten.

825 *Bülow* § 493 Rdn. 35; a.A. Müko-*Ulmer,* 4. Aufl., § 493 Rdn. 28 a.E.: Übermittlung auch per Fax und E-Mail; Staudinger/Kessal-*Wulf* § 493 Rdn. 25: E-Mail muss zugehen.

826 Bamberger/Roth-*Möller/Wendehorst* § 493 Rdn. 9 a.E.; Müko-*Ulmer* § 5 VerbrKrG Rdn. 26 und Müko-*Ulmer,* 4. Aufl., § 493 Rdn. 30.

827 Müko-*Ulmer,* 4. Aufl., § 493 Rdn. 30 a.E.

828 Vgl. Bamberger/Roth-*Möller/Wendehorst* § 493 Rdn. 12; Müko-*Ulmer,* 4. Aufl., § 493 Rdn. 34: § 493 Abs. 2 erfasst nur die Fälle geduldeter Überziehung des Giro-

36 Die Hinnahme der Überziehung durch das Kreditinstitut muss dabei länger als drei Monate andauern. Nach Ablauf dieser Frist liegt eine geduldete Überziehung mit der Folge der Anwendbarkeit des § 493 Abs. 2 vor, wenn die Bank über die Freigabe des Betrages entscheiden kann, wie etwa bei einer Barauszahlung an der Kasse oder bei Überweisungsaufträgen.[829]

37 Keine geduldete Überziehung ist gegeben, wenn die Bank etwa einen Euroscheck (bis Ende 2001) trotz mangelnder Deckung bis zum garantierten Betrag einlöst oder eine Überweisung versehentlich trotz mangelnder Deckung ausführt.[830] In einem solchen Fall greifen weder § 493 Abs. 1, Abs. 2 noch §§ 491 Abs. 1, 492 ein.

38 Setzt die Bank dem Kunden aber eine Frist zur Rückführung, ist der Duldungstatbestand für die Dauer der Frist erfüllt.[831] Auch wenn die Bank es unterlässt, den Kunden aufzufordern, den Fehlbetrag zeitnah zurückzuzahlen, kann eine nachträgliche Duldung i. S. d. § 493 Abs. 2 vorliegen.[832]

39 Im Rahmen des § 493 Abs. 2 hat das Kreditinstitut den Verbraucher zu unterrichten über

- den Jahreszins, wobei der Nominalzins im Zeitpunkt der Unterrichtung gemeint ist,[833]
- die Kosten der Überziehung (insbesondere Überziehungsprovisionen),
- die diesbezüglichen Änderungen.

40 Die Unterrichtung kann auch hier auf dem Kontoauszug erfolgen.[834]

3. Formerleichterungen im Fernabsatz (§ 502 Abs. 2)

41 § 502 Abs. 2 hat die Regelung des § 8 VerbrKrG, der sich auf Geschäfte im Versandhandel bezog, übernommen.

a) Betroffene Geschäfte

42 Danach gelten die Formerfordernisse des § 492 Abs. 1 S. 1 bis 4 und des § 492 Abs. 3 nicht für Teilzahlungsgeschäfte (§§ 499 Abs. 2, 501) im Fernabsatz, wenn die in § 502 Abs. 1 S. 1 bis 5 bezeichneten Angaben mit Ausnahme des Betrages der einzelnen Teilzahlungen dem Verbraucher so rechtzeitig in Textform mitgeteilt sind, dass er die Angaben vor Vertragsabschluss zur Kenntnis nehmen kann.

---

kontos bzw. des Kreditrahmens; Staudinger/Kessal-*Wulf* § 5 VerbrKrG Rdn. 33, 35 und § 493 Rdn. 32 ff.; W/E/R-*von Rottenburg* § 5 VerbrKrG Rdn. 45, 46.

829 Bamberger/Roth-*Möller/Wendehorst* § 493 Rdn. 12.

830 *Bülow* § 493 Rdn. 44.

831 *Bülow* § 493 Rdn. 44 a. E.; Müko-*Ulmer* § 5 VerbrKrG Rdn. 31 und Müko-*Ulmer* § 493 Rdn. 35 a. E., 36 a. E.; Staudinger/Kessal-*Wulf* § 493 Rdn. 35.

832 Bamberger/Roth-*Möller/Wendehorst* § 493 Rdn. 12; Müko-*Ulmer* § 5 VerbrKrG Rdn. 29 f. und Müko-*Ulmer* § 493 Rdn. 35 a. E.

833 Bülow § 493 Rdn. 47.

834 Bamberger/Roth-*Möller/Wendehorst* § 493 Rdn. 13.

Betroffen sind hiervon nur Teilzahlungsgeschäfte der §§ 499 Abs. 2, 501 43
und nach h.M. auch Finanzierungsleasingverträge, die einen Eigentumserwerb des Leasingnehmers vorsehen.[835]

b) Voraussetzung für das Eingreifen der Formerleichterungen

Voraussetzungen für das Eingreifen der Formerleichterungen sind 44
- das Vorliegen eines Fernabsatzvertrages i.S.d. § 312b,[836]
- die Erteilung der Pflichtangaben nach § 502 Abs. 1 S. 1 Nr. 1–5 mit Ausnahme des Betrages der Einzelnen Teilzahlungen aus § 502 Abs. 1 S. 1 Nr. 3 in Textform vor Abschluss des Vertrages,[837]
- die Möglichkeit eingehender Kenntnisnahme durch den Verbraucher innerhalb eines angemessenen Zeitraums vor Abgabe seiner Willenserklärung.[838]

c) Fehlende oder unrichtige Angaben

Liegen die Voraussetzungen des § 502 Abs. 2 vor, entfallen die Erforder- 45
nisse aus §§ 492 Abs. 1 S. 1–4, 492 Abs. 3, 502 Abs. 1 S. 1 Nr. 6. Fehlt auch nur eine Angabe aus § 502 Abs. 1 S. 1 Nrn. 1–5, entfällt das Fernabsatzprivileg.[839]
Dagegen sind unrichtige Angaben unschädlich, sofern der effektive Jahreszins nicht zu niedrig dargestellt wurde oder die unrichtige Angabe wegen Fehlens jeglichen Informationsgehalts nicht der Fehlenden gleichsteht.[840]

III. Schriftform, Formerleichterungen, Aushändigung einer Abschrift

1. Schriftform (§ 492 Abs. 1 S. 1–4)

Gem. § 492 Abs. 1 S. 1 muss der Verbraucherdarlehensvertrag schriftlich 46
abgeschlossen werden, sodass § 126 Anwendung findet.[841]

Der Verbraucherkreditvertrag muss vom Verbraucher eigenhändig durch 47
Namensunterschrift oder mittels notariell beglaubigten Handzeichens un-

---

[835] BGH NJW 2002, 133, 136; Erman-*Saenger* § 492 Rdn. 12.

[836] Vgl. Müko-*Habersack* § 502 Rdn. 18 und unten 4. Teil., B. Rdn. 17ff.

[837] Müko-*Habersack* § 502 Rdn. 19, 23, 24: ausgenommen sind die Angaben zum Betrag der einzelnen Teilzahlungen sowie die Angabe der zu bestellenden Sicherheiten.

[838] Müko-*Habersack* § 502 Rdn. 24; weitergehend Bamberger/Roth-*MöllerWendehorst* § 502 Rdn. 14: Bedenkzeit von einigen Tagen.

[839] Müko-*Habersack* § 502 Rdn. 25; Staudinger/Kessal-*Wulf* § 502 Rdn. 33.

[840] Müko-*Habersack* § 502 Rdn. 25 a.E.; auch *Bülow* § 502 Rdn. 32; a.A. Staudinger/Kessal-*Wulf* § 502 Rdn. 33 nur c.i.c. bzw. § 311 Abs. 2, 3.

[841] Vgl. *Bülow* § 492 Rdn. 33ff.; Bamberger/Roth-*Möller/Wendehorst* § 492 Rdn. 4.

terzeichnet werden, wobei die Unterschrift den Vertragstext räumlich abschließen muss. Eine „Über- oder Oberschrift" genügt dem Schriftformerfordernis des § 492 Abs. 1 S. 1 ebenso wenig wie die Blankounterschrift des Verbrauchers.[842] Gleiches gilt für vom Verbraucher blanko erteilte Vollmachten.[843] Die Blankounterschrift des Unternehmers ist dagegen wirksam.[844]

48 Das Schriftformerfordernis steht einem konkludenten Verzicht des Verbrauchers oder des Unternehmers auf den Zugang der Annahmeerklärung gemäß § 151 jedoch nicht entgegen.[845]

49 Bei Einbeziehung allgemeiner Geschäftsbedingungen muss zwischen den AGB und der Vertragsurkunde spätestens im Zeitpunkt der Unterschrift durch den Verbraucher eine Einheit hergestellt werden, etwa durch fortlaufende Paginierung, fortlaufende Nummerierung der einzelnen Textbestandteile,[846] andernfalls muss die Zusammengehörigkeit auf andere Weise erkennbar gemacht werden.[847] Die bloße Bezugnahme entsprechend § 305 Abs. 2 Nr. 1 auf separate AGB reicht nicht aus.[848]

50 Ausnahmsweise kann auf die Beifügung und die feste Verbindung von AGB verzichtet werden und ein deutlicher Hinweis auf ihre Geltung ausreichen, wenn bei Abschluss des Verbraucherdarlehensvertrages bereits eine Geschäftsverbindung zwischen den Vertragsparteien besteht, in welche die geltenden AGB des Darlehnsgebers unter Beachtung des § 305 Abs. 2 bereits einbezogen worden sind, soweit die AGB den Darlehensvertrag nicht in seinen spezifischen Elementen berühren.[849]

51 Obige Ausführungen gelten auch, wenn die AGB Dritter, etwa von Lieferanten oder Leasinggebern Geltung beanspruchen sollen.[850] Die Unterschrift des Verbrauchers muss auch hier die AGB erkennbar mittragen.[851]

---

842 *Bülow* § 392 Rdn. 36, 49; Bamberger/Roth-*Möller/Wendehorst* § 492 Rdn. 4; Erman-*Saenger* § 492 Rdn. 5; Müko-*Ulmer* § 492 Rdn. 17.

843 *Bülow* § 492 Rdn. 36 a. E.; Staudinger/Kessal-*Wulf* § 492 Rdn. 10.

844 *Bülow* § 492 Rdn. 49 a. E.

845 BGH WM 2004, 1381 = MDR 2004, 1127.

846 Bamberger/Roth-*Möller/Wendehorst* § 492 Rdn. 5; Erman-*Saenger* § 492 Rdn. 5: AGB müssen mit dem Vertrag fest verbunden und vor der Unterschrift des Verbrauchers erkennbar mitgetragen sein; Müko-*Ulmer* § 492 Rdn. 29 a. E.: bloßes Beifügen oder leicht lösliches Beiheften mit Büroklammern genügt nicht.

847 BGH NJW 1999, 1104; WM 1999, 2088; OLG Brandenburg VuR 2000, 356; *Bülow* § 492 Rdn. 54.

848 Bamberger/Roth-*Möller/Wendehorst* § 492 Rdn. 5; *Bülow* § 492 Rdn. 53; Müko-*Ulmer* § 492 Rdn. 29.

849 Erman-*Saenger* § 492 Rdn. 5; Staudinger/Kessal-*Wulf* § 4 VerbrKrG Rdn. 14 und § 492 Rdn. 14; enger *Bülow* § 492 Rdn. 53 und Müko-*Ulmer* § 492 Rdn. 30.

850 *Bülow* § 492 Rdn. 53 m. w. N.

851 Bamberger/Roth-*Möller/Wendehorst* § 492 Rdn. 5.

Die Übermittlung der unterzeichneten Erklärung in Kopie auf dem Postweg oder per Telefax genügt dem Schriftformerfordernis nicht.[852] 52

Auch durch BTX, E-Mail oder bei Übermittlung durch das Internet kann, wie sich aus § 492 Abs. 1 S. 2 ergibt, die Schriftform nicht gewahrt werden.[853] Ein über E-Mail oder das Internet abgeschlossener Verbraucherkreditvertrag ist daher gem. § 494 Abs. 1 S. 1 nichtig. 53

In Ausnahmefällen kann die Berufung auf den Formmangel jedoch rechtsmissbräuchlich sein, wenn der Verbraucher – oder der Unternehmer – über längere Zeit aus dem nichtigen Vertrag Vorteile gezogen hat und sich nunmehr der eigenen Verpflichtung entziehen will.[854] 54

Der BGH[855] hat einen Verstoß gegen § 242 in den Fällen des etwa gem. § 134 unwirksamen finanzierten Beitritts zu einem Immobilienfonds (BGB-Gesellschaft), wobei der Verbraucher vier bis sechs Jahre lang Steuervorteile erzielen konnte, abgelehnt. 55

Die Unterschrift des Verbrauchers unter die Widerrufsbelehrung (§ 355 Abs. 2) kann auch durch qualifizierte elektronische Signatur geleistet werden,[856] er kann den Widerruf in Textform erklären. Die E-Commerce-Richtlinie (2000/31/EG vom 8. 6. 2000) lässt das von § 492 Abs. 1 geforderte Schutzniveau unberührt.[857] 56

2. Formerleichterungen (§ 492 Abs. 1 S. 3 und 4)

§ 492 Abs. 1 S. 3 und 4 sehen bestimmte Erleichterungen von den Formen der §§ 492 Abs. 1 S. 1, S. 2, 126 Abs. 2 vor. 57

§ 492 Abs. 1 S. 3 durchbricht das Prinzip der Einheitlichkeit der Urkunde und gestattet, dass Angebot und Annahme in getrennten Urkunden erklärt werden können, wobei die Vertragsurkunden nur insoweit deckungsgleich sein müssen als ein übereinstimmender Vertragswille erklärt wird.[858] 58

Gem. § 492 Abs. 1 S. 4 bedarf die Erklärung des Darlehensgebers keiner Unterzeichnung, wenn sie mit Hilfe einer automatischen Einrichtung, also etwa einem Computerausdruck erstellt wird.[859] 59

Nach allgemeinen Regeln (§ 151 S. 1, 2. Alt.) kann der Darlehensnehmer auf den Zugang der Annahmeerklärung des Darlehensgebers verzich- 60

---

[852] BGH NJW 1997, 3169, 3170 und NJW 1993, 1126; Staudinger/Kessal-*Wulf* § 492 Rdn. 9; *Bülow* § 492 Rdn. 43; Bamberger/Roth-*Möller/Wendehorst* § 492 Rdn. 4.

[853] *Bülow* § 492 Rdn. 44; Bamberger/Roth-*Möller/Wendehorst* § 492 Rdn. 4; *Staudinger* a. a. O.; zum alten Recht *Geis* NJW 1997, 3000.

[854] BGH WM 1996, 762; WM 2001, 2379; *Bülow* § 492 Rdn. 42.

[855] BGH, II. Zivilsenat, WM 2004, 1529, 1532 = NJW 2004, 2736, 2738; WM 2004, 1536, 1539 = NJW 2004, 2742 LS.

[856] *Bülow* § 492 Rdn. 44 und § 495 Rdn. 120.

[857] *Bülow* § 492 Rdn. 45.

[858] *Bülow* § 492 Rdn. 58; *Bülow* NJW 1993, 1617; Bamberger/Roth-*Möller/Wendehorst* § 492 Rdn. 5 jeweils gegen *von Westphalen* ZIP 1993, 476.

[859] Bamberger/Roth-*Möller/Wendehorst* § 492 Rdn. 6; *Bülow* § 492 Rdn. 59.

ten.[860] Bei Aufnahme einer Verzichtsklausel in den AGB des Darlehensgebers (Unternehmers) muss er den Verbraucher zur Vermeidung von Schadensersatzansprüchen aus §§ 311 Abs. 2, 241 Abs. 2, 280 Abs. 1 (vormals c.i.c.) unverzüglich unterrichten, wenn er eine Darlehensgewährung ablehnt.[861]

3. Reichweite des Formerfordernisses

61 Das Formerfordernis der §§ 492 Abs. 1 S. 1 bis 4, 126 erfasst den gesamten Vertragsinhalt einschließlich aller wesentlichen Nebenabreden.[862] Entspricht eine dem Verbraucher günstige wesentliche Vertragsbedingung nicht dem Schriftformerfordernis des § 492 Abs. 1 S. 1 bis 4, kann sich der Darlehensgeber im Hinblick auf den Schutzzweck dieser Bestimmungen auf die Formnichtigkeit nicht berufen.[863]

62 Das Schriftformerfordernis gilt grundsätzlich auch für Änderungen des Darlehnsvertrages. Hier soll jedoch eine Bezugnahme auf den Ausgangsvertrag im Änderungsvertrag auch ohne körperliche Verbindung beider Urkunden zur Wahrung der Schriftform ausreichen, wenn die Änderungen schriftlich niedergelegt werden, die Bezugnahme eindeutig ist und zum Ausdruck kommt, das es im übrigen bei den ursprünglich vereinbarten Bedingungen verbleiben soll.[864]

63 Das Schriftformerfordernis des § 492 Abs. 1 S. 1 bis 4 ist auch auf den Schuldbeitritt, die Schuldübernahme eines Verbrauchers oder die Vertragsübernahme durch einen Verbraucher anwendbar (s. o. I.1. zum Schuldbeitritt).

64 Ulmer[865] vertritt die – von der h. M. und der Rspr. abweichende- Auffassung, sowohl gegenüber dem Bürgen als auch dem der Schuld des Verbrauchers Beitretenden müssten die Pflichtangaben nach § 492 Abs. 1 S. 5 Nrn. 2, 3, 4 und 6 erteilt werden.

4. Aushändigung einer Abschrift

65 Gem. § 492 Abs. 3 hat der Darlehensgeber dem Darlehensnehmer eine Abschrift (Durchschrift, Fotokopie, Telefax, Computerausdruck) mit dem

---

860 BGH MDR 2004, 1127.

861 Bamberger/Roth-*Möller/Wendehorst* § 492 Rdn. 6 a. E.; Müko-*Ulmer* § 492 Rdn. 32 a. E.; W/E/R-*von Rottenburg* § 4 VerbrKrG Rdn. 38.

862 Bamberger/Roth-*Möller/Wendehorst* § 492 Rdn. 7; *Bülow* § 492 Rdn. 50, 51.

863 Bamberger/Roth-*Möller/Wendehorst* § 492 Rdn. 7 und § 494 Rdn. 5.

864 Erman-*Saenger* § 492 Rdn. 6 mit Hinweis auf BGH NJW 1992, 2283, 2284 zum Mietvertrag; Müko-*Ulmer* § 492 Rdn. 19: es ist vertretbar, in den Zusatzerklärungen nur die Vertragsverlängerung zu regeln und im Übrigen auf den ursprünglichen Vertrag zu verweisen, die Beiheftung von Kopien empfiehlt sich jedoch; enger noch Müko-*Ulmer* § 4 VerbrKrG Rdn. 13 Fn. 26; weitergehend *Bülow* § 491 Rdn. 150: Konditionen können formlos geändert werden.

865 Müko-*Ulmer* § 492 Rdn. 23, 24.

vollständigen Inhalt beider Vertragserklärungen zur Verfügung zu stellen.[866]

Den Anspruch auf „Zur-Verfügung-Stellung" der Abschrift mit dem vollständigen Inhalt beider Vertragserklärungen kann der Verbraucher nach Unterzeichnung den Ansprüchen des Darlehensgebers gem. § 273 einredeweise entgegenhalten.[867] **66**

Wird ein gem. §§ 492 Abs. 1, 494 Abs. 1 bzw. § 502 Abs. 3 S. 1 nichtiger Vertrag später gem. § 494 Abs. 2 bzw. § 502 Abs. 3 S. 2 bis 6 geheilt, besteht allerdings kein Anspruch des Verbrauchers auf nachträgliche Erstellung und Aushändigung einer Urkunde bzw. Abschrift.[868] Gem. § 355 Abs. 2 S. 3 beginnt die 2-wöchige Widerrufsfrist des § 355 Abs. 1 erst zu laufen, wenn dem Darlehensnehmer die Abschrift – oder ein Original – der vollständigen Vertragserklärungen zur Verfügung gestellt worden ist.[869] **67**

Bei verbundenen Geschäften (§ 358 Abs. 1, Abs. 2) reicht es aus, wenn die Urkunde vom Darlehensgeber ausgehändigt wird.[870] **68**

Der Darlehensgeber hat die Aushändigung der Abschrift (bzw. des Originals) zu beweisen,[871] weshalb ihm zu empfehlen ist, dem Verbraucher die Bestätigung des Empfangs einer Abschrift auf einem separaten Schriftstück bestätigen zu lassen.[872] **69**

IV. Vollmacht (§ 492 Abs. 4)

1. Rechtslage nach § 4 Abs. 1 VerbrKrG

Ein Teil der Rechtsprechung verlangte für eine – jedenfalls unwiderruflich erteilte – Vollmacht, die zum Abschluss von Darlehensverträgen ermächtigte, nach dem damit verbundenen Schutzzweck sowohl die Schriftform des § 4 Abs. 1 S. 1 VerbrKrG als auch die Angaben nach § 4 Abs. 1 S. 4 Nr. 1 VerbrKrG.[873] **70**

Innerhalb dieser Gruppe bejahte ein Teil der Rechtsprechung eine Heilung nach § 6 Abs. 2 S. 1 VerbrKrG, wenn das Darlehen an den Vollmachtgeber – nicht den Bevollmächtigten – ausbezahlt worden ist.[874] **71**

---

[866] Bamberger/Roth-Möller/Wendehorst § 492 Rdn. 26; Bülow § 492 Rdn. 62, 65.

[867] Bamberger/Roth-*Möller/Wendehorst* § 492 Rdn. 26; *Bülow* § 492 Rdn. 63; Erman-*Saenger* § 492 Rdn. 52.

[868] *Bülow* § 492 Rdn. 63.

[869] Bamberger/Roth-*Möller/Wendehorst* § 492 Rdn. 26, *Bülow* § 492 Rdn. 62 und § 495 Rdn. 105.

[870] *Bülow* § 492 Rdn. 63 a. E.; Staudinger/Kessal-*Wulf* § 492 Rdn. 23 a. E.

[871] *Bülow* § 492 Rdn. 66; Staudinger/Kessal-*Wulf* § 492 Rdn. 24.

[872] Bamberger/Roth-*Möller/Wendehorst* § 492 Rdn. 26 a. E. mit Hinweis auf § 309 Nr. 12 b; Staudinger/Kessal-*Wulf* § 492 Rdn. 24 a. E.

[873] OLG München NJW 1999, 2196, 2197 unter Aufhebung von LG München I NJW 1999, 1193; OLG Karlsruhe WM 2000, 1996, 2002; LG Chemnitz NJW 1999, 1193, 1194; LG Frankfurt WM 2000, 301 ff.; LG Frankfurt WM 2001, 353.

[874] LG München WM 2000, 820, 822; auch OLG Karlsruhe WM 2000, 1996 und LG Hechingen WM 2000, 818, 820.

72 Eine weitergehende Ansicht hielt dies auch für widerrufliche Vollmachten für erforderlich.[875]

73 Die h.M. hielt zwar die Schriftform des § 4 Abs. 1 S. 1 VerbrKrG jedenfalls bei einer unwiderruflichen oder einer widerruflichen, mit einer Vertragsstrafe bewährten Vollmacht für erforderlich, nicht jedoch die Aufnahme der nach § 4 Abs. 1 S. 4 Nr. 1 VerbrKrG erforderlichen Mindestangaben.[876]

74 Der BGH hatte sich dieser herrschenden Meinung angeschlossen.[877] Er hat zu § 4 Abs. 1 S. 4 Nr. 1 VerbrKrG entschieden, dass eine Vollmacht, die zum Abschluss eines Verbraucherkreditvertrages erteilt wird, grundsätzlich nicht die Mindestangaben über die Kreditbedingungen in § 4 Abs. 1 S. 4 Nr. 1a bis g VerbrKrG enthalten muss. Die Frage, ob und unter welchen Voraussetzungen Vollmachten zum Abschluss von Verbraucherkreditverträgen schriftlich erteilt werden müssen, stellte sich in den vom BGH entschiedenen Fällen nicht, da diesem notariell beurkundete Vollmachten zugrunde lagen.

75 Der BGH argumentiert wie folgt: Wer einen anderen über bestimmte Umstände zu unterrichten hat, genügt dieser Verpflichtung regelmäßig durch Unterrichtung des Bevollmächtigten. Dessen Kenntnis muss sich der Vertragspartner nach § 166 Abs. 1 zurechnen lassen.[878] Es sei kein Grund dafür ersichtlich, warum es nicht genügen soll, die Informationen nicht dem Stellvertreter bei Abschluss des Darlehensvertrages zu erteilen.[879]

76 Auch nach der Rechtsprechung zum Haustürwiderrufsgesetz ist regelmäßig darauf abzustellen, ob der Bevollmächtigte bei Abgabe der Willenserklärung in einer Haustürsituation gehandelt hat.[880] Eine rechtsgeschäftliche Stellvertretung bei Verbraucherkreditverträgen wäre weitgehend unmöglich, müssten die nach § 4 Abs. 1 S. 4 Nr. 1 VerbrKrG geforderten Angaben bereits in der Vollmachtsurkunde aufgenommen werden. Wird der Bevollmächtigte beauftragt, die Bedingungen des Darlehensvertrages, insbesondere den konkreten Zinssatz noch auszuhandeln, so ist es bei der Vollmachtser-

---

[875] LG Potsdam WM 1998, 1235, 1236; *Derleder* NJW 1993, 2401, 2404; W/E/R-*Graf von Westphalen* § 4 VerbrKrG Rdn. 28; *Bülow* 3. Aufl., § 4 VerbrKrG Rdn. 27; Staudinger/Kessal-*Wulf* § 492 Rdn. 16.

[876] OLG Frankfurt MDR 2000, 1181; WM 2001, 353, 355; WM 2003, 332; OLG Köln WM 2000, 127, 130; NZM 2000, 924; OLG Stuttgart WM 2000, 292; OLG Karlsruhe, 17. Senat, WM 2001, 356, 359; OLG Karlsruhe, 17. Senat, WM 2003, 1218, 1222; OLG Zweibrücken OLG Report 2000, 336; OLG Koblenz VuR 2002, 205; OLG Naumburg WM 2002, 2200; LG Berlin WM 2000, 1484; LG Hechingen WM 2000, 818; LG München I WM 2000, 1488; NJW 1999, 1193; LG Stuttgart WM 1999, 1822, 1826; *Peters* WM 2000, 554, 559ff.; *Bruchner* WM 1999, 825, 836; *Horn/Balzer* WM 2000, 333, 338ff.; Müko-*Ulmer* § 4 VerbrKrG Rdn. 17.

[877] BGH NJW 2001, 1931; NJW 2001, 1931; NJW 2001, 2963; NJW 2001, 3479; WM 2003, 2328; WM 2003, 1710; zustimmend *Horn/Balzer* WM 2000, 333, 342.

[878] BGH NJW 2001, 2963, 2964.

[879] BGH NJW 2001, 1931, 1932.

[880] BGH NJW 2001, 1931, 1932; NJW 2001, 2963, 2964.

teilung noch gar nicht möglich, die Mindestangaben zu machen. Wollte man eine Pflicht zur Aufnahme dieser Angaben die Vollmachtsurkunde statuieren, so liefe dies auf einen Ausschluss der Stellvertretung im Bereich der Verbraucherkredite hinaus.[881]

Müsste schon die Kreditvollmacht die Mindestangaben enthalten, hätte 77 der Darlehnsgeber letztendlich für Versäumnisse einzustehen, auf deren Vermeidung er im Normalfall keinen Einfluss hat.[882]

Die h. L. hat dem BGH im Ergebnis und in wesentlichen Teilen der Be- 78 gründung zugestimmt.[883] Von Rottenburg[884] hält jedenfalls das Ergebnis in den konkreten, vom BGH entschiedenen Fällen notariell beurkundeter Vollmachten für richtig.

2. Korrektur des Gesetzgebers

Der Gesetzgeber hat die Entscheidung des BGH durch die Neuregelung 79 des § 492 Abs. 4, die erst in der Schlussphase des Gesetzgebungsverfahrens formuliert wurde, korrigiert.

Gem. § 492 Abs. 4 gilt das strenge Schriftformerfordernis mit den Infor- 80 mationspflichten nach § 492 Abs. 1 S. 5 Nr. 1 bis 7 auch für die Vollmacht, die ein Darlehensnehmer zum Abschluss eines Verbraucherdarlehensvertrages erteilt. Ausgenommen sind jedoch Prozessvollmachten und eine Vollmacht, die notariell beurkundet ist (§ 492 Abs. 4 S. 2). Für den Gesetzgeber war dabei entscheidend, dass bei einer Stellvertretung gerade beim Abschluss von Verbraucherdarlehensverträgen nicht immer sichergestellt ist, dass der Verbraucher die notwendigen Informationen erhält. Der Verbraucher soll vielmehr von einer „übereilten" Erteilung der Vollmacht und somit vor einem übereilten Vertragsabschluss abgehalten werden.[885] Ob der Gesetzgeber mit dieser Vorschrift sein Ziel erreicht hat, den Verbraucher zu schützen, wird gerade im Hinblick auf die Ausnahmetatbestände (notarielle Vollmacht) bezweifelt.[886]

Bedenken werden vor allem gegen die Ausnahmeregelung des § 492 81 Abs. 4 S. 2 vorgebracht. Es waren ja gerade die Fälle notariell beurkundeter Vollmachten, die zu den vom Gesetzgeber für Korrekturbedürftig erachteten Entscheidungen des BGH geführt haben. Ulmer[887] empfiehlt, derartigen,

---

[881] BGH NJW 2001, 2963, 2964; NJW 2001, 1931, 1932.

[882] BGH NJW 2001, 2963, 2965.

[883] *Horn/Balzer* WM 2000, 333, 342; *Saenger* EWiR 2001, 563, 564; *Graf von Westphalen* BGH-Report 2001, 464; kritisch *Bülow* NJW 2002, 1145, 1147 und *Ulmer* BB 2001, 1365, 1372; vgl. auch *Peters/Gröpper* WM 2001, 2199; *Masuch* ZIP 2001, 143, 14.

[884] WM 2001, 2194, 2198.

[885] *Wittig/Wittig* WM 2002, 145, 151; abl. Staudinger/Kessal-*Wulf* § 492 Rdn. 16.

[886] *Wittig/Wittig* WM 2002, 145, 152; *Bülow* § 492 Rdn. 76; Müko-*Ulmer* § 492 Rdn. 100, 102; *Staudinger* a. a. O.

[887] Müko-*Ulmer* § 492 Rdn. 90, 100, 102.

die Pflichtangaben des § 492 Abs. 1 S. 5 nicht enthaltenden notariellen Vollmachten die Wirksamkeit insbesondere bei einem Näheverhältnis zwischen Vertreter und Darlehensgeber[888] unter Umgehungsgesichtspunkten (§ 506 Abs. 1 S. 2) oder aber dann zu versagen, wenn ihre Erteilung bereits als solche zu einer rechtlichen oder faktischen Bindung des Verbrauchers als Vollmachtgeber führt.

3. Fortgeltung vor dem 1. 1. 2002 erteilter Vollmachten

82 Da § 492 selbst keine Überleitungsvorschrift enthält, kann ein Vertreter jedoch auch nach dem 1. 1. 2002 aufgrund einer vor diesem Zeitpunkt erteilten formlosen Vollmacht einen wirksamen Verbraucherdarlehensvertrag im Namen des vertretenen Verbrauchers abschließen. Denn die Frage, ob eine Vollmacht wirksam zustande gekommen ist, richtet sich stets nach dem zum Zeitpunkt ihrer Erteilung geltenden Recht (vgl. Art. 229 § 5 EGBGB).[889]

83 Der Kreditwirtschaft wird dennoch empfohlen, beim Abschluss von Verbraucherkreditverträgen nur noch Vollmachten zu akzeptieren, die den Anforderungen des neuen Rechts entsprechen.[890]

4. Abschluss eines Verbraucherdarlehensvertrages mit fehlerhafter Vollmacht

84 Wird ein Verbraucherdarlehensvertrag aufgrund einer nach § 492 Abs. 4 fehlerhaften Vollmacht abgeschlossen, so treten grundsätzlich die Nichtigkeitsfolgen des § 494 Abs. 1 ein.[891]

85 Der Bevollmächtigte handelt als Vertreter ohne Vertretungsmacht mit den Folgen aus §§ 177, 179. Der von einem Vertreter mit formnichtiger Vollmacht abgeschlossene Darlehensvertrag wird jedoch nach einer Ansicht stets gem. §§ 177 Abs. 1, 182 Abs. 1, 184 Abs. 1 rückwirkend wirksam, wenn der Darlehesnehmer selbst – nicht der Vertreter – formfrei genehmigt oder den Darlehensbetrag erhält und damit zumindest konkludent den Vertragsabschluss durch den Vertreter genehmigt.[892]

---

[888] In diese Richtung nunmehr BGH, II. ZS., WM 2004, 1529, 1531 = NJW 2004, 2736, 2738; WM 2004, 1536, 1538 f.; zu Recht ablehnend jedoch BGH WM 2005, 127, 131; OLG Bamberg WM 2005, 593, 595 f.; OLG Köln WM 2005, 792, 799; *Jork/Engel* BKR 2005, 3, 10 f.; *Wolf/Großerichter* WM 2004, 1993 ff.; *Mülbert/Hoger* WM 2004, 2281, 2282/2284; *Peters/Bräuninger* WM 2004, 2294 ff.

[889] *Wittig/Wittig* WM 2002, 145, 152; *Peters/Gröpper* WM 2001, 2199, 2203; Anwaltkommentar-*Reiff* § 492 Rdn. 17; *Bülow* § 492 Rdn. 79; Erman-*Saenger* § 492 Rdn. 57; Müko-*Ulmer*, 4. Aufl., § 492 Rdn. 25 a. E., 92; Palandt-*Putzo* § 492 Rdn. 22; abl. Bamberger/Roth-*Möller/Wendehorst* § 492 Rdn. 30.

[890] *Wittig/Wittig* WM 2002, 145, 152.

[891] Bamberger/Roth-*Möller/Wendehorst* § 492 Rdn. 33; Müko-*Ulmer* § 492 Rdn. 96: Ausnahme: fehlende Angaben zu bestellender Sicherheiten.

[892] *Wittig/Wittig* WM 2002, 145, 152 unter Hinweis auf BT-Drucks. 14/7025, S. 202,

Bülow,[893] Möller und Wendehorst[894] sowie Ulmer[895] lehnen eine konkludente Genehmigung mit Inanspruchnahme des Darlehensbetrages gem. §§ 177 Abs. 1, 182, 184, 185 ab und weisen darauf hin, dass eine Genehmigung angesichts der Parallelregelung des § 182 Abs. 2 ihrerseits formbedürftig wäre. **86**

Danach kann der Verbraucher die Genehmigung nur in Kenntnis der ihm selbst erteilten Pflichtangaben aus § 492 Abs. 1 S. 5 Nr. 1–6 erteilen, wobei die schriftliche Genehmigung unter Bezugnahme auf den ihm bekannten Vertragsinhalt genügt.[896] **87**

Eine nach §§ 492 Abs. 4, 494 Abs. 1 nichtige Vollmacht wird nach zutreffender Ansicht entsprechend § 494 Abs. 2 ohne Einhaltung der Formvorschriften des § 492 Abs. 1 und 2 dadurch geheilt, dass der Darlehensbetrag an den Verbraucher selbst ausbezahlt oder das Darlehen von ihm in Anspruch genommen wird.[897] **88**

Allein in der Zahlung einer Darlehensrate liegt aber noch keine konkludente Genehmigung der Erfüllungshandlung.[898] **89**

Es tritt dabei – wie bei einem mündlichen Vertragsabschluss – jedoch die volle Anspruchsminderung entsprechend § 494 Abs. 2 S. 2 bis 6 ein.[899] Die Widerrufsfrist nach § 355 beginnt in beiden oben dargestellten Fällen erst mit dem Eintritt der Heilung bzw. der Genehmigung zu laufen, sofern der Verbraucher bis dahin ordnungsgemäß belehrt worden ist.[900] **90**

V. Pflichtangaben bei Verbraucherdarlehensverträgen (§ 492 Abs. 1 S. 5 Nr. 1–7)

§ 492 Abs. 1 S. 5 zählt Mindestangaben auf, die in der Erklärung des Darlehensnehmers enthalten sein müssen, wobei es sich bei Nr. 3, Nr. 4, Nr. 7 und hinsichtlich der Höchstgrenze des Darlehens auch bei Nr. 1 um wesentliche Nebenabreden handelt, die schon nach § 492 Abs. 1 S. 1 i.V.m. **91**

---

327 ff.; Staudinger/Kessal-*Wulf* § 492 Rdn. 16 und § 494 Rdn. 13 a.E.; Erman-*Saenger* § 492 Rdn. 58: Konkludente Genehmigung, wenn der Verbraucher die Darlehnsvaluta selbst erhält; *Roth* WM 2003, 2356, 2359 f.

[893] *Bülow* NJW 2002, 1145, 1147 und § 492 Rdn. 76, 77.

[894] Bamberger/Roth-*Möller/Wendehorst* § 492 Rdn. 33.

[895] Müko-*Ulmer* § 492 Rdn. 97, § 494 Rdn. 17, 39, 40; ablehnend auch Anwaltkommentar-*Reiff* § 494 Rdn. 14, 15; Jauernig-*Berger* § 494 Rdn. 4.

[896] Müko-*Ulmer* § 492 Rdn. 97; auch *Bülow* § 492 Rdn. 72, 76.

[897] *Wittig/Wittig* WM 2002, 145, 152; *Roth* WM 2003, 2356, 2357 und 2360: Wenn der Verbraucher oder ein mit gesondert ausgestatteter Vollmacht bestellter Vertreter das Darlehen erhält oder es selbst in Anspruch nimmt; auch *Bülow* § 492 Rdn. 76 und § 494 Rdn. 45; Erman-*Saenger* § 492 Rdn. 58 m.w.N.; Müko-*Ulmer* § 492 Rdn. 98; Staudinger/Kessal-*Wulf* § 494 Rdn. 13.

[898] *Roth* WM 2003, 2356, 2359; Staudinger/Kessal-*Wulf* § 492 Rdn. 16 a.E: nur bei Zahlung in Kenntnis des Formmangels.

[899] *Bülow* § 494 Rdn. 45 a.E.

[900] Müko-*Ulmer* § 492 Rdn. 97 a.E., 98 a.E.

§ 126 formbedürftig sind und deshalb in der Erklärung jeder Partei enthalten sein müssen.[901] § 492 Abs. 1 S. 5 Nr. 1–7 entspricht im Wesentlichen der früheren Regelung der § 4 Abs. 1 S. 4 Nr. 1 a–g VerbrKrG.

1. Nettodarlehensbetrag (§ 492 Abs. 1 S. 5 Nr. 1; vormals § 4 Abs. 1 S. 4 Nr. 1a VerbrKrG)

92 Nettodarlehensbetrag ist nach der Legaldefinition des § 491 Abs. 2 Nr. 1 der tatsächlich zur Auszahlung an den Verbraucher oder an einen von diesem benannten Dritten (§§ 362 Abs. 2, 185), etwa eine andere Bank zur Auszahlung gelangende Betrag.[902]

93 Er setzt sich aus dem Betrag zusammen, der sich ergibt, wenn vom Darlehensnennbetrag alle mitkreditierten Einmalkosten wie z.B. Bearbeitungsgebühren, Schätzkosten, ein Disagio[903] abgezogen werden. Nach zutreffender Ansicht ist auch die Prämie für eine Restschuldversicherung nicht in den „Nettodarlehnsbetrag“ einzurechnen.[904]

94 Wird dem Verbraucher ein Kreditrahmen eingeräumt (Kontokorrentkredit, Kontokorrentratenkredit, auch Kreditkartenkredit), ist die Höchstgrenze, also das Ausmaß des Kreditrahmens anzugeben, bei Immobiliardarlehensverträgen (vgl. § 492 Abs. 1a S. 2) ein fiktiver Nettokreditbetrag ohne Bereitstellungszinsen und ohne Zinsen auf die Auszahlungsteilbeträge.[905] Bei Vereinbarung eines Kreditrahmens wird die Angabe des Gesamtbetrages nach § 492 Abs. 1 S. 5 Nr. 2 entbehrlich.[906] Handelt es sich um einen Überziehungskredit i.S.d. § 493 Abs. 1, bedarf es keiner Schriftform, sondern lediglich einer Unterrichtung des Verbrauchers gem. § 493 Abs. 1 S. 2 Nr. 1–4.

95 Bei dem von §§ 492 Abs. 1, 499 Abs. 1 erfassten Zahlungsaufschub ist als Nettodarlehensbetrag der Betrag anzugeben, den der Verbraucher beim Unterlassen des Hinausschiebens der Fälligkeit zu zahlen hätte.[907] Gegenüber einem der Schuld des Verbrauchers Beitretenden, in dessen Person die Voraussetzungen des § 13 gegeben sind, müssen die Angaben zur Höhe des Nettodarlehensbetrages ebenfalls gemacht werden.[908]

---

[901] Bamberger/Roth-*Möller/Wendehorst* § 492 Rdn. 7, 10.

[902] Vgl. Bamberger/Roth-*Möller/Wendehorst* § 492 Rdn. 11; *Bülow* § 492 Rdn. 84; Müko-*Ulmer,* 4. Aufl., § 492 Rdn. 39.

[903] Bamberger/Roth-*Möller/Wendehorst* § 492 Rdn. 11; Müko-*Ulmer,* 4. Aufl., § 492 Rdn. 39.

[904] Erman-*Saenger* § 492 Rdn. 14; Müko-*Ulmer,* 4. Aufl., § 492 Rdn. 39 Fn. 70; *Bülow* § 492 Rdn. 85: Kosten für Restschuldversicherung und Sicherheiten abzuziehen.

[905] *Bülow* § 492 Rdn. 86; Erman-*Saenger* § 492 Rdn. 14 und Müko-*Ulmer,* 4. Aufl., § 492 Rdn. 42: Höchstgrenze des Darlehns anzugeben.

[906] *Bülow* § 492 Rdn. 86, 93.

[907] Zu § 4 Abs. 1 S. 4 Nr. 1a VerbrKrG Müko-*Ulmer* § 4 VerbrKrG Rdn. 32; zu § 492 Abs. 1 S. 5 Nr. 1 Müko-*Ulmer,* 4. Aufl., § 492 Rdn. 40.

[908] BGH NJW 2002, 133, 136; NJW 2000, 3496, 3498; WM 1997, 664; *Graf von Westphalen* MDR 1997, 309; weitergehend Müko-*Ulmer,* 4. Aufl., § 492 Rdn. 23, 24: alle Angaben nach § 492 Abs. 1 S. 5 Nrn. 2, 3, 4 und 6.

2. Gesamtbetrag der Teilzahlungen (§ 492 Abs. 1 S. 5 Nr. 2; vormals § 4 Abs. 1 S. 4 Nr. 1 b VerbrKrG)

a) § 492 Abs. 1 S. 5 Nr. 2, 1. Hs.

§ 492 Abs. 1 S. 5 Nr. 2 S. 1 (ab 2. 11. 2002: Nr. 2, 1. Hs..) erfasst alle Verbraucherdarlehensverträge, denen fixe Konditionen zugrunde liegen, insbesondere Ratenkredite mit fester Laufzeit und gleich bleibenden Raten.[909] 96

Hier sind alle vom Darlehensnehmer zur Tilgung des Darlehens sowie zur Zahlung der Zinsen und sonstigen Kosten zu entrichtenden Teilzahlungen einschließlich der in § 492 Abs. 1 S. 5 Nr. 6 genannten Kosten einer Restschuld- oder sonstigen Versicherung, die im Zusammenhang mit dem Verbraucherdarlehensvertrag abgeschlossen wird, mitzuteilen.[910] Auch ein Disagio ist dem Gesamtbetrag der Teilzahlung als „sonstige Kosten" hinzuzurechnen.[911] 97

Nicht anzugeben sind ein etwa vom Verbraucher zu ersetzender Verzugsschaden, eine vereinbarte Vorfälligkeitsentschädigung für den Fall, dass der Verbraucher ein Darlehen vorzeitig zurückzahlen will[912] oder der Nennbetrag des Darlehens.[913] 98

Auch Festdarlehen, bei denen während der Laufzeit nur bereits festgelegte Zinsen zu entrichten und die erst am Ende zu tilgen sind, fallen unter § 492 Abs. 1 S. 5 Nr. 2, 1. Hs.[914] 99

Die Verpflichtung des Darlehnsgebers zur Gesamtbetragsangabe gem. § 492 Abs. 1 S. 5 Nr. 2 (vormals § 4 Abs. 1 S. 4 Nr. 1 b S. 2 VerbrKrG in der ab dem 1. 5. 1993 geltenden Fassung) besteht auch bei so genannten *„unechten Abschnittsfinanzierungen"*, bei welchen nach Ablauf eines Finanzierungsabschnitts mit Festzins auf Verlangen des Darlehensgebers eine Konditionenanpassung für die Restlaufzeit des Darlehens verlangt werden kann, das Darlehen jedoch bei Widerspruch des Darlehensnehmers gegen die Anpassung vorzeitig fällig wird.[915] 100

Diese Pflicht obliegt dem Darlehensgeber bei den unechten Abschnittsfinanzierungen nach Auffassung des OLG Karlsruhe auch dann, wenn zwi- 101

---

[909] Bamberger/Roth-*Möller/Wendehorst* § 492 Rdn. 12; Erman-*Saenger* § 492 Rdn. 17; Müko-*Ulmer,* 4. Aufl., § 492 Rdn. 43; *Peters* WM 1994, 1405, 1406.

[910] *Bülow* § 492 Rdn. 88, 91; Müko-*Ulmer,* 4. Aufl., § 492 Rdn. 43: alle Anzahlungs- und Tilgungsraten, Kosten und Zinsen, auch bei „endfälligen" Festkrediten.

[911] *Bülow* § 492 Rdn. 90; offen gelassen von BGH WM 2000, 1243.

[912] Vgl. hierzu BGH NJW 2003, 2230; NJW 1997, 2875; zur Berechnung der Vorfälligkeitsentschädigung vgl. BGH WM 2005, 322 ff.

[913] *Bülow* § 492 Rdn. 88, 89.

[914] Erman-*Saenger* § 492 Rdn. 17; *Bülow* § 492 Rdn. 91; Müko-*Ulmer,* 4. Aufl., § 492 Rdn. 43 a. E.

[915] BGH NJW-RR 2005, 483; NJW 2005, 1190; NJW 2004, 2820, 2821; WM 2004, 2436, 2437; OLG Karlsruhe OLG-Report 2003, 320; OLG-Report 2004, 111; OLG-Report 2004, 60; *Bülow* § 492 Rdn. 97; Erman-*Saenger* § 492 Rdn. 18, 19; Staudinger/Kessal-*Wulf* § 492 Rdn. 43, 38; a. A. OLG Stuttgart WM 2003, 2234, 2236.

schen dem Darlehensvertrag mit ausgesetzter Tilgung und der zur (teilweisen) Tilgung vorgesehenen Lebensversicherung keine unauflösliche wirtschaftliche Einheit besteht.[916]

102 Nach h.M. besteht bei einem Verbraucherdarlehen, dessen Fälligkeit von der Auszahlung eines Bausparvertrages oder einer Kapitallebensversicherung abhängt, durch die das Darlehen ganz oder teilweise getilgt werden soll, die Pflicht zur Angabe des Gesamtbetrages gem. § 492 Abs. 1 S. 5 Nr. 2, 1. Hs.[917] Dies gilt jedenfalls dann, wenn zwischen dem Darlehens- und dem Ansparvertrag – wie regelmäßig – eine enge Verbindung besteht.[918]

103 Eine Angabepflicht besteht in solchen Fällen, wenn der Festkredit mit einem Bausparvertrag, einer Lebensversicherung oder einem sonstigen Ansparvertrag derart verbunden wird, dass die Tilgung für die Laufzeit ausgesetzt wird und dafür parallel Zahlungen auf einen der genannten Ansparverträge geleistet werden.[919]

104 Dass die Versicherungssumme niedriger ist als der Kredit, die Laufzeiten differieren oder die Abtretung des Lebensversicherungsvertrages an den Unternehmer nur für den Todesfall erfolgt, steht dem nicht entgegen.[920]

105 Dies gilt nach Auffassung des OLG Karlsruhe auch dann, wenn die als Ansparvertrag dienende Lebensversicherung nicht zwingend zur Tilgung des Darlehns bei Endfälligkeit zum Einsatz kommen muss, schon länger vor Abschluss des Darlehensvertrages abgeschlossen und der Kredit gebenden Bank nur zur Sicherheit auf den Todesfall abgetreten worden war.[921]

106 Nach Ansicht des OLG Stuttgart[922] ist die Bank im Rahmen des § 4 Abs. 1 S. 4 Nr. 1 b VerbrKrG bzw. jetzt des § 492 Abs. 1 Nr. 2 bei einer unechten Abschnittsfinanzierung nicht zur Angabe des Gesamtbetrages aller vom Verbraucher zu entrichtenden Leistungen verpflichtet, wenn der Kredit nicht in Teilzahlungen zu tilgen ist und eine abgetretene Lebensversicherung nicht als Tilgungsersatz dient. Denn die Pflicht zur Angabe des Gesamtbetrages setze nach dem Wortlaut dieser Bestimmung voraus, dass der Kredit „in Teilzahlungen“ getilgt wird.

---

916 OLG Karlsruhe OLG-Report 2004, 111; OLG-Report 2003, 320; OLG-Report 2004, 60.

917 BGH NJW-RR 2005, 483; NJW 2004, 2820, 2822 = WM 2004, 1542, 1544 f.; NJW 2002, 957; OLG Dresden NJW-RR 2001, 1716; Bamberger/Roth-*Möller/Wendehorst* § 492 Rdn. 12; W/E/R-*von Rottenburg* § 4 VerbrKrG Rdn. 66, 79; Müko-*Ulmer* § 4 VerbrKrG Rdn. 34 und Müko-*Ulmer* § 492 Rdn. 45; a. A. *Peters* WM 1994, 1405,1407.

918 BGH NJW 2004, 2820, 2822 = WM 2004, 1542, 1544 f.

919 BGH NJW 2004, 2820, 2822 = WM 2004, 1542, 1545.

920 BGH NJW 2004, 2820, 2822; auch OLG Karlsruhe OLG-Report 2004, 60; OLG-Report 2003, 320; a. A. OLG Stuttgart WM 2003, 2234, 2236 = OLG-Report 2003, 492, 494 zur Abtretung der LV auf den Todesfall.

921 OLG Karlsruhe OLG-Report 2004, 60 und OLG-Report 2003, 320.

922 OLG Stuttgart WM 2003, 2234, 2236 = OLG-Report 2003, 492, 494.

107 Dies sei zwar dann anzunehmen, wenn der Kredit nach dem Ende der Laufzeit in einem Betrag zurückzuzahlen ist und hierfür eine dann fällig werdende Lebensversicherung oder ein Bausparvertrag eingesetzt werden soll.[923] Dagegen liege ein von § 492 Abs. 1 S. 5 Nr. 2 erfasster Fall nicht vor, wenn die Pflicht zur Rückzahlung des Gesamtdarlehensbetrages von der Lebensversicherung unabhängig ist, diese der Bank nur als Sicherheit und nicht als (teilweiser) Tilgungsersatz dient.

108 Der BGH[924] hat sich insoweit der Auffassung des OLG Stuttgart angeschlossen und ausgeführt, § 4 Abs. 1 S. 4 Nr. 1b S. 2 VerbrKrG a.F. hätte den Darlehensgeber nur zur Angabe des Gesamtbetrages aller vom Verbraucher zu erbringenden Leistungen, nicht hingegen zu dessen Aufschlüsselung in die monatlich zu entrichtenden Zins- und Tilgungsleistungen und zur Auflistung sämtlicher Einzelpositionen verpflichtet.

b) § 492 Abs. 1 S. 5 Nr. 2 2. Hs.

109 Bei Ratenkrediten mit variablen Konditionen, etwa einer Tilgung in Teilbeträgen, mit variablen Zinssätzen oder ungewissen Laufzeiten muss gem. § 492 Abs. 1 S. 5 Nr. 2 (ab 2. 11. 2002: Nr. 2, 2. Hs.; bis 31. 12. 2001: § 4 Abs. 1 S. 4 Nr. 1b S. 2 VerbrKrG in der Fassung ab dem 1. 5. 1993) ein Gesamtbetrag unter Zugrundelegung der im Ursprungsvertrag genannten Bedingungen angegeben werden.[925] Es handelt sich um einen „fiktiven Gesamtbetrag" anhand des im Zeitpunkt des Vertragsabschlusses geltenden Zinssatzes, der bei Ratenkrediten, nicht jedoch bei Festkrediten angegeben werden muss.[926]

110 § 492 Abs. 1 S. 5 Nr. 2 2. Hs. verpflichtet den Unternehmer jedoch nur zur Angabe des Gesamtbetrages aller vom Verbraucher zu erbringenden Leistungen, nicht hingegen zu dessen Aufschlüselung in die monatlich zu entrichtenden Zins- und Tilgungsleistungen.[927]

111 Nach der bis zum 30. 4. 1993 gültigen Fassung des § 4 Abs. 1 S. 2 Nr. 1d VerbrKrG bestand bei einer sogenannten „unechten Abschnittsfinanzierung" keine Pflicht zur Angabe des Gesamtbetrages aller vom Verbraucher zu erbringenden Leistungen. Dies folgt aus dem Wortlaut der bis zum 30. 4. 1993 gültigen Fassung des § 4 Abs. 1 S. 2 Nr. 1b VerbrKrG,

---

[923] OLG Stuttgart WM 2003, 2234, 2236 im Anschluss an BGH WM 2002, 380 = NJW 2002, 957, 958; ebenso OLG Karlsruhe OLG-Report 2003, 320 und OLG-Report 200, 111.

[924] BGH, XI. ZS., vgl. NJW-RR 2005, 354, 355 = WM 2004, 2436, 2437.

[925] Bamberger/Roth-*Möller/Wendehorst* § 492 Rdn. 13; Staudinger/Kessal-*Wulf* § 492 Rdn. 42: Auffangtatbestand zu Nr. 2 1. Hs.

[926] *Bülow* § 492 Rdn. 97; Erman-*Saenger* § 492 Rdn. 18; Müko-*Ulmer* § 492 Rdn. 44: fiktiver Gesamtbetrag mit dem Hinweis auf bei Konditionenanpassung eintretende Änderungen.

[927] S. o.; BGH WM 2004, 2436, 2437 = NJW-RR 2005, 354, 355.

der die Ausweisung des Gesamtbetrages nur „wenn möglich" verlangte.[928]

112 Die h.M. hat eine rückwirkende Geltung des § 4 Abs. 1 S. 4 Nr. 1b S. 2 VerbrKrG i.d.F. ab dem 1. 5. 1993 auf vor dem 1. 5. 1993 abgeschlossene Darlehensverträge abgelehnt.[929]

c) § 492 Abs. 1a S. 1

113 Keinerlei Angabepflicht hinsichtlich des Gesamtbetrages trifft den Darlehensgeber gem. § 492 Abs. 1 S. 5 Nr. 2 S. 3 (ab 2. 11. 2002: § 492 Abs. 1a S. 1) bei Rahmenkrediten, bei denen der Darlehensnehmer ein Darlehen bis zu einer gewissen Höhe in Anspruch nehmen kann und die tatsächliche Inanspruchnahme bei Vertragsabschluss völlig offen ist bzw. bei denen dem Verbraucher die Inanspruchnahme bis zu einer Höchstgrenze freigestellt ist.[930]

114 Durch die Streichung des § 491 Abs. 3 Nr. 1 a.F. wurden die Realkredite i.S.d. § 3 Abs. 2 Nr. 2 VerbrKrG, jetzt in § 492 Abs. 1a S. 2 als „Immobiliardarlehensverträge" bezeichnet und definiert, in den Anwendungsbereich der §§ 491 Abs. 1, 492ff. einbezogen (vgl. oben D. Rdn. 35ff.). Während die Freistellung von der Verpflichtung zu den Angaben nach § 4 Abs. 1 S. 4 Nr. 1b VerbrKrG bzw. § 492 Abs. 1 S. 5 Nr. 2 bei Realkreditverträgen bzw. Immobiliardarlehensverträgen zuvor (bis zum 1. 11. 2002) in der Teilausnahmeregelung des § 491 Abs. 3 Nr. 1 a.F. bzw. der Vorgängerregelung des § 3 Abs. 2 Nr. 2 VerbrKrG enthalten war, findet sie sich jetzt ohne inhaltliche Änderung in § 492 Abs. 1a, insoweit bezogen auf die Pflichtangaben, ohne inhaltliche Änderung wieder.[931] Handelt es sich inhaltlich um einen Immobiliardarlehensvertrag (zu den Voraussetzungen oben D. Rdn. 42ff.), ist die Angabe des Gesamtbetrages der Teilzahlungen also nach wie vor entbehrlich, was in der Praxis oft übersehen wird.

3. Art und Weise der Rückzahlung (§ 492 Abs. 1 S. 5 Nr. 3; vormals § 4 Abs. 1 S. 4 Nr. 1c VerbrKrG)

115 Bei Ratenkrediten ist die Angabe von Betrag, Zahl und Zeitpunkt der Fälligkeit der einzelnen Teilzahlungen bzw. vereinbarten Zahlungsintervallen erforderlich; ein Tilgungsplan ist dagegen nicht beizufügen.[932] Bei Fest-

---

[928] BGH NJW 2005, 1190, 1192 = WM 2005, 327, 328; LG Bonn WM 1995, 1055, 1056; LG Schwerin WM 1994, 1286, 1287; Staudinger/Kessal-*Wulf* § 492 Rdn. 38; a. A. MüKo-*Ulmer* § 4 VerbrKrG Rdn. 30.

[929] LG Schwerin a. a. O.; LG Bonn a. a. O.; *Peters* WM 1994, 1405, 1411; W/E/R – *von Rottenburg* § 4 VerbrKrG Rdn. 60; a. A.; MüKo-*Ulmer* § 4 VerbrKrG Rdn. 35.

[930] BGH NJW 2002, 957, 958; Bamberger/Roth-*Möller/Wendehorst* § 492 Rdn. 24.

[931] *Bülow* § 492 Rdn. 98 a.

[932] Bamberger/Roth-*Möller/Wendehorst* § 492 Rdn. 14; *Bülow* § 492 Rdn. 100; Erman-*Saenger* § 492 Rdn. 27; Müko-*Ulmer* § 492 Rdn. 47: Angaben über Zahl, Zahlungstermine oder Intervalle und Höhe der einzelnen Tilgungsraten; OLG Karls-

darlehen ist der Betrag und der Fälligkeitstag der Rückzahlung und die Art und Weise der Rückzahlung anzugeben.[933] Wurde eine Rückzahlungsvereinbarung, etwa bei Kontokorrentkrediten, nicht oder nur unvollständig getroffen, ist jedenfalls die Vertragsbeendigung – durch Fristablauf, Kündigung oder Rücktritt – zu regeln,[934] und zwar auch im Vertrag mit einem der Schuld des Darlehensnehmers Beitretenden.[935]

Über die Rechtsfolgen von Leistungsstörungen, etwa bei Zahlungsverzug des Verbrauchers, braucht nicht aufgeklärt zu werden.[936] 116

4. Zinssatz und Kosten (§ 492 Abs. 1 S. 5 Nr. 4; vormals § 4 Abs. 1 S. 4 Nr. 1 d VerbrKrG)

Anzugeben ist gem. § 492 Abs. 1 S. 5 Nr. 4, welchen Anteil Zinsen und Kosten am Gesamtbetrag haben, weil nur dann Preisvergleiche sinnvoll durchgeführt werden können.[937] 117

a) Zinsen

Mit dem „Zinssatz" ist in Nr. 4 nicht der effektive Jahreszins (vgl. hierzu § 492 Abs. 1 S. 5 Nr. 5) gemeint, sondern der sich unter Einbeziehung von Antrags-, Abschluss-, Teilzahlungs- und Kreditgebühren, Schätzgebühren, Kosten für Sicherheiten und Provisionen für Vermittler etc. errechnete Nominalzins.[938] 118

Das Disagio stellt wie die „Kreditgebühren" i. d. R. ein laufzeitunabhängiges Entgelt dar,[939] ist nach überwiegender Ansicht jedoch nicht in den Nominalzins einzurechnen, sondern gesondert als solches auszuweisen.[940] 119

---

ruhe WM 1999, 222: Höhe der einzelnen Tilgungsraten, Zahlungstermine und Anzahl derTilgungsraten.

933 Erman-*Saenger* § 492 Rdn. 27; Staudinger/Kessal-*Wulf* § 492 Rdn. 46.

934 Bamberger/Roth-*Möller/Wendehorst* § 492 Rdn. 14; Müko-*Ulmer* § 4 VerbrKrG Rdn. 39 und Müko-*Ulmer* § 492 Rdn. 19.

935 BGH WM 1997, 159; *Graf von Westphalen* MDR 1997, 309.

936 Erman-*Saenger* § 492 Rdn. 27; Staudinger/Kessal-*Wulf* § 4 VerbrKrG Rdn. 48 und § 492 Rdn. 48; a. A. W/E/R-*Graf von Westphalen* § 4 VerbrKrG Rdn. 92.

937 Bamberger/Roth-*Möller/Wendehorst* § 492 Rdn. 15.

938 W/E/R-*von Rottenburg* § 4 VerbrKrG Rdn. 103, 107, 111, 112: einschl. Disagio; Bamberger/Roth-*Möller/Wendehorst* § 492 Rdn. 15: unter Einbeziehung aller laufzeitabhängigen Vergütungen einschließlich der Kreditgebühren und Kreditprovisionen; Müko-*Ulmer* § 492 Rdn. 50: Zinsen sind auch „Kreditgebühren", „Kreditprovisionen" sowie ein Disagio, soweit laufzeitabhängig zu entrichten; Staudinger/Kessal-*Wulf* § 492 Rdn. 51: aktueller Nominalzins.

939 Vgl. BGH NJW 1990, 2250; WM 1989, 1011.

940 Staudinger/Kessal-*Wulf* § 492 Rdn. 52; W/E/R-*von Rottenburg* § 4 VerbrKrG Rdn. 104: getrennt auszuweisen, sofern laufzeitabhängig; differenzierend Müko-*Ulmer* § 492 Rdn. 50, 51: laufzeitabhängiges Disagio als „Zinsen", laufzeitunabhängiges Disagio als „sonstige Kosten" auszuweisen; abweichend *Bülow* § 492 Rdn. 90, 102; a. A. Erman-*Saenger* § 492 Rdn. 29: Disagio einzubeziehen; offen gelassen von BGH NJW 2000, 2816, 2817.

120 Nach Ansicht von Bülow[941] ist ein Disagio nicht in den Rahmen von Nr. 4 einzubeziehen, wenn es Zinscharakter hat, sondern in den Gesamtbetrag nach § 492 Abs. 1 S. 5 Nr. 2 als „sonstige Kosten".

b) Sonstige Kosten des Darlehens

121 Mit den „sonstigen Kosten" i. S. d. § 492 Abs. 1 S. 5 Nr. 4 sind alle übrigen und laufzeitunabhängigen Ausgaben gemeint, die der Darlehensnehmer bei ordnungsgemäßer Abwicklung des Darlehens zu tragen hat,[942] insbesondere Bearbeitungsgebühren, Antrags- und Abschlussgebühren, ein etwaiges „Aufgeld",[943] Spesen, Notar- und Gerichtsgebühren für die Eintragung von Grundpfandrechten,[944] die vorausgehenden Schätzkosten zur Ermittlung des Beleihungswerts,[945] Kosten eines abstrakten Schuldanerkenntnisses, von dessen Erteilung die Darlehensgewährung abhängig gemacht wird,[946] Kosten für die Freigabe von Sicherheiten,[947] aber auch ein Disagio,[948] Provisionen, Cap-Prämien, ggf. auch Teilzahlungsaufschläge und Bereitstellungszinsen.[949]

122 Nach h. L. zählen zu den „sonstigen Kosten" auch vom Darlehensnehmer zu tragende Vermittlungskosten, die aufgrund des mit einem Darlehensvermittler geschlossenen Darlehensvermittlungsvertrages entstehen.[950]

123 In der Rechtsprechung[951] wird zutreffender Weise wie folgt differenziert:

---

[941] *Bülow* § 492 Rdn. 90, 102; offen gelassen von BGH NJW 2000, 2816, 2817.

[942] Bamberger/Roth-*Möller/Wendehorst* § 492 Rdn. 16; Müko-*Ulmer* § 4 VerbrKrG Rdn. 41 und Müko-*Ulmer* § 492 Rdn. 51.

[943] *Bülow* § 492 Rdn. 103; Erman-*Saenger* § 492 Rdn. 29.

[944] *Bülow* § 492 Rdn. 103; Erman-*Saenger* § 492 Rdn. 29; Müko-*Ulmer* § 492 Rdn. 51 Fn. 96.

[945] OLG Zweibrücken WM 2000, 2150, 2152; *Bülow* § 492 Rdn. 103; Erman-*Saenger* § 492 Rdn. 29.

[946] OLG Köln bei *Bülow* § 492 Rdn. 103; Staudinger/Kessal-*Wulf* § 492 Rdn. 53.

[947] *Bülow* § 492 Rdn. 103; Müko-*Ulmer* § 4 VerbrKrG Rdn. 41 und Müko-*Ulmer* § 492 Rdn. 51 Fn. 96.

[948] W/E/R-*von Rottenburg* § 4 VerbrKrG Rdn. 104, 105; Müko-*Ulmer* § 4 VerbrKrG Rdn. 41 Fn. 83 und Müko-*Ulmer* § 492 Rdn. 51: Disagio, sofern laufzeitunabhängig; Bamberger/Roth-*Möller/Wendehorst* § 492 Rdn. 16; Erman-*Saenger* § 492 Rdn. 29: Agio und Disagio; a. A. *Bülow* § 492 Rdn. 90, 102: Disagio beim Gesamtbetrag nach Nr. 2 als „sonstige Kosten" anzugeben; der BGH hat in NJW 2000, 2816, die Frage, ob das Disagio den Kreditkosten zuzurechnen ist, offen gelassen.

[949] Erman-*Saenger* § 492 Rdn. 29; Staudinger/Kessal-*Wulf* § 492 Rdn. 53.

[950] Bamberger/Roth-*Möller/Wendehorst* § 492 Rdn. 16; *Bülow* § 492 Rdn. 104: unerheblich, in wessen Interesse der Vermittler tätig wurde; Staudinger/Kessal-*Wulf* § 492 Rdn. 55; Müko-*Ulmer* § 492 Rdn. 51: auch die in Form eines „packing" vom Darlehensnehmer erhobene Vermittlungsgebühr.

[951] BGH NJW-RR 2004, 632, 634; NJW-RR 2003, 1203, 1204; OLG Karlsruhe WM 2001, 356; OLG Brandenburg WM 2000, 2191; LG Frankfurt WM 2001, 257; auch Staudinger/Kessal-*Wulf* § 4 VerbrKrG Rdn. 55 und § 492 Rdn. 55 a. E.

Liegt die Tätigkeit es Vermittlers nicht „so sehr im Interesse der Bank", sondern vor allem[952] oder allein im Interesse des Darlehnsnehmers bzw. erfolgt sie auf dessen Initiative, müssen die Vermittlungsgebühren nicht als „sonstige Kosten" i.S.d. § 492 Abs. 1 S. 5 Nr. 4 (vormals § 4 Abs. 1 S. 4 Nr. 1 d VerbrKrG) im Darlehensvertrag angegeben werden.[953] **124**

Gleiches gilt nach der unbestimmten Formulierung des BGH,[954] wenn die Tätigkeit des Vermittlers dem Darlehensnehmer „besondere Vorteile gebracht hat". **125**

Dies ist etwa bei der Finanzierungsvermittlung im Rahmen eines Steuersparmodells regelmäßig anzunehmen, weil die im Konzept des Steuersparmodells vorgesehene Einschaltung des Finanzierungsvermittlers mit der Folge der Entstehung der vom Darlehnsgeber zu zahlenden Vermittlungsgebühr i.d.R. der Erzielung von Steuervorteilen dient.[955] **126**

Erfolgt die Einschaltung des Vermittlers „im überwiegenden Interesse der Bank" und werden „ihr organisatorische und finanzielle Aufwendungen für die Anwerbung von Kunden oder die Unterhaltung von Zweigstellen erspart",[956] sind die Vermittlungskosten nicht nur im Darlehensvermittlungsvertrag (§§ 655 a, 655 b), sondern auch im Verbraucherdarlehensvertrag mit der Bank anzugeben.[957] **127**

Vermittlungsprovisionen, die der Vermittler von der Bank erhält und die in deren Zinskalkulation einfließen (so genanntes „packing"), müssen nach einer Ansicht zwar im Darlehensvermittlungsvertrag gem. § 655 b Abs. 1 S. 2,[958] nicht jedoch im Verbraucherdarlehensvertrag im Rahmen des § 492 Abs. 1 S. 5 Nr. 4 aufgeführt werden.[959] **128**

Nach anderer Auffassung ist ein in den Zins eingespeistes „packing" gem. § 492 Abs. 1 S. 5 Nr. 4 betragsmäßig anzugeben.[960] **129**

---

[952] BGH NJW-RR 2004, 632, 634; NJW-RR 2003, 1203, 1204.

[953] OLG Karlsruhe WM 2001, 356, 358: allein auf Initiative des Verbrauchers eingeschaltet; LG Frankfurt WM 2001, 257; OLG Brandenburg WM 2000, 2191: wenn der Darlehensgeber nichts von der Beauftragung des Vermittlers weiß oder der Vermittler für den Darlehensnehmer besondere Leistungen erbracht hat; OLG Köln NJW-RR 2002, 1573: Keine Angabepflicht, wenn Vermittler „vornehmlich im Interesse des Darlehnsnehmers" eingeschaltet wurde.

[954] BGH NJW-RR 2004, 632, 634; NJW-RR 2003, 1203, 1204 = WM 2003, 1710, WM 2003, 1710, 1711; WM 2003, 2328, 2330.

[955] BGH NJW-RR 2003, 1203, 1204 = WM 2003, 1710, 1711.

[956] So BGH NJW-RR 2004, 632, 634.

[957] BGH NJW-RR 2004, 632, 634; ebenso insoweit OLG Brandenburg WM 2000, 2191; W/E/R-*von Rottenburg* § 4 VerbrKrG Rdn. 112.

[958] Vgl. *Bülow* § 492 Rdn. 104 und § 655 b Rdn. 9.

[959] LG Frankfurt WM 2001, 257, 263; *Bülow* § 492 Rdn. 104; offengelassen von LG Nürnberg-Fürth WM 2000, 2153 und OLG München WM 2001, 1215.

[960] OLG Dresden WM 2003, 1802, 1808; Erman-*Saenger* § 492 Rdn. 30; Müko-*Ulmer* § 492 Rdn. 51 Fn. 95; Staudinger/Kessal-*Wulf* § 492 Rdn. 55; differenzierend Bamberger/Roth-*Möller/Wendehorst* § 492 Rdn. 16: „Packing" anzugeben, sofern vom Darlehensgeber offen als Kosten ausgewiesen.

130 Nicht bei Nr. 4 anzugeben sind gewöhnliche Kontoführungs- oder Überweisungsgebühren, Notar- und Grundbuchkosten für den Grundstückserwerb,[961] Kosten der Sicherheitenverwertung und eine Vorfälligkeitsenschädigung[962] sowie Verzugszinsen,[963] ebenso wenig etwaige Kosten der nicht vertragsgerechten Erfüllung und Abwicklung des Vertrages einschließlich der Rechtsverfolgungskosten.[964]

131 Die Kosten einer Lebensversicherung müssen ebenfalls nicht gem. § 492 Abs. 1 S. 5 Nr. 4 bzw. Nr. 6 in der Vertragsurkunde ausgewiesen werden, wenn die Versicherung vom Darlehensnehmer nicht im Zusammenhang mit dem Darlehensvertrag geschlossen worden ist.[965] Für die Kosten einer Restschuld- oder sonstigen Versicherung gilt im Übrigen die Sonderregelung des § 492 Abs. 1 S. 5 Nr. 6.[966]

c) Unrichtige Angaben

132 Sind die Angaben nach § 492 Abs. 1 S. 5 lediglich unrichtig, tritt die Nichtigkeitsfolge des § 494 Abs. 1 nicht ein.[967] Dies gilt insbesondere, wenn ein als „Bearbeitungskosten" ausgewiesener Betrag nicht vom Darlehnsgeber vereinnahmt wird, sondern tatsächlich an einen im überwiegenden Interesse der Bank eingeschalteten Finanzierungsvermittler ausbezahlt werden soll.[968]

5. Effektiver Jahreszins (§§ 492 Abs. 1 S. 5 Nr. 5, 492 Abs. 2; vormals § 4 Abs. 1 S. 4 Nr. 1 e, § 4 Abs. 2 VerbrKrG)

a) Begriff und Berechnung

133 Nach § 492 Abs. 1 S. 5 Nr. 5 muss in Verbraucherdarlehensverträgen der effektive Jahreszins oder – bei variablen Konditionen – der anfängliche effektive Jahreszins angegeben werden. Entsprechend der Legaldefinition in § 492 Abs. 2 S. 1 ist „effektiver Jahreszins" die jährliche Gesamtbelastung des Verbrauchers, ausgedrückt in einem Prozentsatz des Nettodarlehensbetrages. Diese konkrete Prozentzahl muss zur Vermeidung eines Verstoßes gegen das Transparenzgebot in der Vertragsurkunde selbst enthalten sein; es genügt nicht, dass in der Vertragsurkunde nur die Berech-

---

961 *Bülow* § 492 Rdn. 103.

962 BGH WM 1997, 2353; Staudinger/Kessal-*Wulf* § 492 Rdn. 53 a. E.

963 Müko-*Ulmer* § 492 Rdn. 51.

964 W/E/R-*von Rottenburg* § 4 VerbrKrG Rdn. 109; Müko-*Ulmer* § 4 VerbrKrG Rdn. 41 und Müko-*Ulmer* § 492 Rdn. 51; Staudinger/Kessal-*Wulf* § 492 Rdn. 53 a. E.

965 OLG Karlsruhe WM 2001, 356.

966 Vgl. Müko-*Ulmer* § 492 Rdn. 51, 69, 72; Staudinger a. a. O. Rdn. 54.

967 BGH NJW-RR 2004, 632, 634; NJW 2004, 154, 155; WM 2004, 172, 176; WM 2003, 2328, 2330; Staudinger/Kessal-*Wulf* § 6 VerbrKrG Rdn. 9; Müko-*Ulmer* § 6 VerbrKrG Rdn. 11.

968 BGH NJW-RR 2004, 632, 634; NJW 2004, 154, 155.

nungsgrundlagen aufgeführt werden[969] oder auf eine Anlage oder Tabelle verwiesen wird.[970]

Die bloße Bezeichnung als „Effektivzinssatz" ohne zeitlichen Bezug[971] genügt den Erfordernissen des § 492 Abs. 1 S. 5 Nr. 5 ebenso wenig wie die Angabe „Zinssatz 7,0%", selbst wenn es sich bei letzterem um den Nominalzins handelt, der nur geringfügig (im entschiedenen Fall 0,05%) vom Effektivzins abweicht.[972] **134**

Laufende Beiträge zu einer Kapitallebensversicherung, deren Ablaufleistung zur Tilgung eines endfälligen Verbraucherkredits beitragen soll, sind in die Berechnung des effektiven Jahreszinses gem. § 4 Abs. 1 S. 4 Nr. 1e VerbrKrG (jetzt § 492 Abs. 1 S. 5 Nr. 5) nicht einzubeziehen.[973] **135**

Während sich die Berechnung vor dem 1. 9. 2000 nach § 4 Abs. 2 VerbrKrG i. V. m. § 4 der Preisangabenverordnung (PAV) i. d. F. vom 14. 10. 1992 richtete, wurde die bis dahin angewandte „360-Tage-Methode" in § 6 PAV i. d. F. vom 28. 7. 2000, in Kraft seit dem 1. 9. 2000, aufgegeben. Zurückgehend auf die Änderungsrichtlinie 98/7/EG vom 16. 2. 1998 werden der Berechnung nunmehr 365 Tage pro Jahr zugrundegelegt.[974] **136**

Auszug aus § 6 PAV-Kredite **137**

(1) Bei Krediten sind als Preis die Gesamtkosten als jährlicher Vom Hundertsatz des Kredits anzugeben und als „effektiver Jahreszins" oder, wenn eine Änderung des Zinssatzes oder anderer Preis bestimmender Faktoren vorbehalten ist (§ 1 Abs. 4), als „anfänglicher effektiver Jahreszins" zu bezeichnen. Zusammen mit dem anfänglichen effektiven Jahreszins ist anzugeben, wann Preis bestimmende Faktoren geändert werden können und auf welchen Zeitraum Belastungen, die sich aus einer nicht vollständigen Auszahlung des Kreditbetrages oder aus einem Zuschlag zum Kreditbetrag ergeben, zum Zweck der Preisangabe verrechnet worden sind.

(2) Der anzugebende Vom Hundertsatz gem. Abs. 1 ist mit der im Anhang angegebenen mathematischen Formel und nach der im Anhang zugrunde gelegten Vorgehensweise zu berechnen. Er beziffert den Zinssatz, mit dem sich der Kredit bei regelmäßigem Kreditverlauf, ausgehend von den tatsächlichen Zahlungen des Darlehnsgebers und des Darlehnsnehmers, auf der Grundlage taggenauer Verrechnung aller Leistungen abrechnen lässt. Es gilt die exponentielle Verzinsung auch im unterjährigen Bereich. Bei der Berechnung des anfänglichen effektiven Jahreszinses sind die zum Zeitpunkt

---

[969] Bamberger/Roth-*Möller/Wendehorst* § 492 Rdn. 17.

[970] Müko-*Ulmer* § 4 VerbrKrG Rdn. 63 und § 6 VerbrKrG Rdn. 42; Müko-*Ulmer* § 492 Rdn. 57; W/E/R-*von Rottenburg* § 6 VerbrKrG Rdn. 65.

[971] Vgl. BGH NJW 1996, 1759; zust. Staudinger/Kessal-*Wulf* § 492 Rdn. 57.

[972] OLG Naumburg NZG 1999, 30.

[973] OLG Stuttgart OLG-Report 2005, 56, 58; aber bei § 492 Abs. 1 S. 5 Nr. 2, s. o.

[974] Zu den Einzelheiten und den Rechenschritten vgl. *Bülow* § 492 Rdn. 108–121 und Staudinger/Kessal-*Wulf* § 492 Rdn. 78–87.

des Angebots oder der Werbung geltenden Preis bestimmenden Faktoren zugrunde zu legen. Der anzugebende Vom Hundertsatz ist mit der im Kreditgewerbe üblichen Genauigkeit zu berechnen.

(3) In die Berechnung des anzugebenden vom Hundert satzes sind die Gesamtkosten des Kredits für den Darlehnsnehmer einschließlich etwaiger Vermittlungskosten mit Ausnahme folgender Kosten einzubeziehen:

1. *Kosten, die vom Darlehnsnehmer bei Nichterfüllung seiner Verpflichtungen aus dem Kreditvertrag zu tragen sind;*
2. *Kosten mit Ausnahme des Kaufpreises, die vom Darlehnsnehmer beim Erwerb von Waren oder Dienstleistungen unabhängig davon zu tragen sind, ob es sich um ein Bar- oder Kreditgeschäft handelt;*
3. *Überweisungskosten sowie die Kosten für die Führung eines Kontos, das für die Tilgungszahlung im Rahmen der Rückzahlung des Kredits sowie für die Zahlung von Zinsen und sonstigen Kosten dienen soll, es sei denn, der Darlehnsnehmer hat hierbei keine angemessene Wahlfreiheit und diese Kosten sind ungewöhnlich hoch; diese Bestimmung gilt jedoch nicht für die Inkassokosten dieser Rückzahlungen oder Zahlungen, unabhängig davon, ob sie in bar oder auf eine andere Weise erhoben werden;*
4. *Mitgliedsbeiträge für Vereine oder Gruppen, die sich aus anderen Vereinbarungen als dem Kreditvertrag ergeben, obwohl sie sich auf die Kreditbedingungen auswirken;*
5. *Kosten für Versicherungen oder Sicherheiten; es werden jedoch die Kosten einer Versicherung einbezogen, die die Rückzahlung an den Darlehensgeber bei Tod, Invalidität, Krankheit oder Arbeitslosigkeit des Darlehnsnehmers zum Ziel haben, über einen Betrag, der höchstens dem Gesamtbetrag des Kredits, einschließlich Zinsen und sonstigen Kosten entspricht, und die der Darlehensgeber zwingend als Bedingung für die Gewährung des Kredits vorschreibt.*

(4) Ist eine Änderung des Zinssatzes oder sonstiger in die Berechnung des anzugebenden Vom Hundertsatzes einzubeziehender Kosten vorbehalten und ist ihre zahlenmäßige Bestimmung im Zeitpunkt der Berechnung des anzugebenden vom Hundertsatzes nicht möglich, so wird bei der Berechnung von der Annahme ausgegangen, dass der Zinssatz und die sonstigen Kosten gemessen an der ursprünglichen Höhe fest bleiben und bis zum Ende des Kreditvertrages gelten.

(5) Erforderlichenfalls ist bei der Berechnung des anzugebenden Vomhundertsatzes von folgenden Annahmen auszugehen:

1. *Ist keine Darlehensobergrenze vorgesehen, entspricht der Betrag des gewährten Kredits 2000,00 €;*
2. *Ist kein Zeitplan für die Tilgung festgelegt worden und ergibt sich ein solcher nicht aus den Vertragsbestimmungen oder aus den Zahlungsmodalitäten, so beträgt die Kreditlaufzeit ein Jahr;*

3. Vorbehaltlich einer gegenteiligen Bestimmungen gilt, wenn mehrere Termine für die Aus- oder Rückzahlung vorgesehen ist, sowohl die Auszahlung als auch die Rückzahlung des Darlehens als zu dem Zeitpunkt erfolgt, der als frühestmöglicher Zeitpunkt vorgesehen ist.

(6) Bei einer vertraglich möglichen Neufestsetzung der Konditionen eines Kredits ist der effektive oder anfängliche effektive Jahreszins anzugeben.

(7) Wird die Gewährung eines Kredits allgemein von einer Mitgliedschaft oder vom Abschluss eines Versicherung abhängig gemacht, so ist diese anzugeben.

(8) Bei Bauspardarlehen ist bei der Berechnung des anzugebenden Vomhundertsatzes davon auszugehen, dass im Zeitpunkt der Kreditauszahlung das vertragliche Mindestsparguthaben angespart ist. Von der Abschlussgebühr ist im Zweifel lediglich der Teil zu berücksichtigen, der auf den Darlehensanteil der Bausparsumme entfällt. Bei Krediten, die der Vor- oder Zwischenfinanzierung von Leistungen einer Bausparkasse aus Bausparverträgen dienen und deren Preis bestimmende Faktoren bis zur Zuteilung unveränderbar sind, ist als Laufzeit von den Zuteilungsfristen auszugehen, die sich aus der Zielbewertungszahl für Bausparverträge gleicher Art ergeben.

(9) Bei Krediten, die auf einem laufenden Konto zur Verfügung gestellt werden, sind abweichend von Abs. 1 der Zinssatz pro Jahr und die Zinsbelastungsperiode anzugeben, wenn diese nicht kürzer als drei Monate ist und keine weiteren Kreditkosten anfallen."

b) Variable Konditionen

Bei Darlehensverträgen mit variablen Konditionen kommt es auf die Angabe des anfänglichen effektiven Jahreszinses an (s.o. § 6 Abs. 1 PAV), d.h. den effektiven Jahreszins, wie er sich auf der Grundlage der bei Abschluss des Darlehensvertrages maßgeblichen Bedingungen darstellt.[975] Daneben muss der Vertrag die Angabe enthalten, zu welchen Zeitpunkt die preisbestimmenden Faktoren unter welchen Voraussetzungen der Zinssatz oder andere den Preis bestimmende Umstände entsprechend § 6 Abs. 1, Abs. 2 S. 4, Abs. 4 PAV) geändert werden können.[976] **138**

Bei Zinsanpassungsklauseln wird diesem Erfordernis nicht schon dann genügt, wenn auf die Gültigkeit des „jeweils geltenden Zinssatzes" des Darlehensgebers verwiesen wird; es muss zusätzlich mitgeteilt werden, unter welchen Umständen der Darlehensgeber den Zinssatz und/oder andere Preis bestimmende Faktoren ändern kann.[977] **139**

---

[975] Bamberger/Roth-*Möller/Wendehorst* § 492 Rdn. 19.

[976] Müko-*Ulmer* § 492 Rdn. 58, 59.

[977] Bamberger/Roth-*Möller/Wendehorst* § 492 Rdn. 19; Erman-*Saenger* § 492 Rdn. 35; Müko-*Ulmer* § 492 Rdn. 58; Staudinger/Kessal-*Wulf* § 492 Rdn. 58.

140 Eine Zinsanpassungsklausel betreffend variable Zinsen genügt den Anforderungen des § 492 Abs. 1 S. 5 Nr. 5 jedoch, wenn mindestens der Referenzzinssatz und die Anpassungsmarge vorgegeben ist, um dem Verbraucher eine angemessene Kontrolle der Abwicklung seines Darlehensvertrages zu ermöglichen.[978]

141 Es soll auch ausreichen, eine Koppelung des Vertragszinses an entsprechende Änderungen der Refinanzierungskonditionen vorzusehen, sofern auch eine Zinssenkung bei Sinken der Refinanzierungskosten vorgesehen ist.[979]

142 Eine Zinsanpassungsklausel, die einseitig vom Darlehnsgeber festgesetzt werden kann und dem Darlehnsnehmer kein Kündigungsrecht einräumt[980] oder die dem wesentlichen Regelungsgehalt des § 492 Abs. 1 S. 5 Nr. 5 (vormals § 4 Abs. 1 S. 4 Nr. 1 e VerbrKrG) widerspricht, insbesondere keine Angaben darüber enthält, auf welchen Markt oder welches Marktsegment oder welchen Vergleichszins abgestellt werden soll und auf welche Anpassungsmarge es ankommen soll, ist wegen Verstoßes gegen das Transparenzgebot des § 307 Abs. 1 S. 2 unwirksam.[981]

c) Fehlende oder falsche Angaben

143 Fehlt die Angabe des effektiven oder anfänglichen effektiven Jahreszinses (§ 492 Abs. 1 S. 5 Nr. 5) oder die Angabe des Gesamtbetrages (§ 492 Abs. 1 S. 5 Nr. 2), so verringert sich der im Vertrag vereinbarte Zinssatz gem. § 494 Abs. 2 S. 2 auf den gesetzlichen Zinssatz gem. § 246, also 4% p. a.[982]

144 Der Darlehensnehmer kann gem. § 494 Abs. 2 S. 4 unter Berücksichtigung der verminderten Zinsen eine Neuberechnung der monatlichen Leistungsraten und gem. § 812 Abs. 1 S. 1 die Rückzahlung überzahlter Zinsen verlangen.[983] Die Berufung des Verbrauchers auf die Formvorschrift des § 492 Abs. 1 S. 5 Nr. 5 sowie auf § 494 Abs. 2 S. 2 und das Rückforderungsverlangen aus § 812 Abs. 1 ist regelmäßig nicht gem. § 242 treuwidrig.[984]

145 Ist der effektive Jahreszins falsch angegeben, bleibt der Vertrag jedoch wirksam (s. u. E. Rdn. 193 ff.). Bei Angabe eines zu niedrigen effektiven Jahreszinses wird der Nominalzins der Falschangabe entsprechend in der ab-

---

[978] LG Dortmund WM 2000, 2095; auch LG Köln WM 2001, 201, 202 zum Fehlen eines nachvollziehbaren Referenzzinssatzes.

[979] BGH NJW 1993, 3257, 3258; Bamberger/Roth-*Möller/Wendehorst* § 492 Rdn. 19.

[980] BGH NJW 1989, 1796; Erman-*Saenger* § 492 Rdn. 35.

[981] LG Dortmund WM 2000, 2095; LG Köln WM 2001, 201.

[982] BGH WM 2001, 2379, 2381; MDR 2002, 469, 470; OLG Karlsruhe OLG-Report 2004, 116; Müko-*Ulmer*, 4. Aufl., § 492 Rdn. 28, 35.

[983] BGH NJW-RR 2005, 483, 484; WM 2001, 2379, 2381; MDR 2002, 469, 470; NJW 2000, 2816; OLG Dresden WM 2001, 1854.

[984] BGH WM 2001, 2379, 2382.

soluten Zinsdifferenz, nicht etwa nur in der relativen Zinsdifferenz gem. § 494 Abs. 3 herabgesetzt.[985]

6. Kosten einer Restschuld- oder sonstigen Versicherung (§ 492 Abs. 1 S. 5 Nr. 6; vormals § 4 Abs. 1 S. 4 Nr. 1f VerbrKrG)

Auch die vom Verbraucher zu tragenden Kosten einer Restschuldversicherung, also einer Risikolebensversicherung, die um eine Krankengeld- und eine Arbeitsunfähigkeitsversicherung ergänzt werden kann, einer mit Abschluss des Kreditvertrages verbundenen Kapitallebensversicherung, einer Feuerversicherung bei Immobiliardarlehensverträgen und einer Vollkaskoversicherung, soweit der Darlehensgeber von deren Abschluss die Darlehensgewährung abhängig macht, sind anzugeben.[986] **146**

Die Kosten einer Lebensversicherung sind aber dann nicht in der Vertragsurkunde auszuweisen, wenn die Versicherung vom Darlehensnehmer nicht im Zusammenhang mit dem Darlehensvertrag abgeschlossen worden ist.[987] **147**

Die Ausweisung muss infolge des Fixbetrages der Einmalprämie und nicht als Prozentsatz des Nettodarlehensbetrages erfolgen.[988] **148**

Steht die Höhe der Kosten einer Versicherung zum Zeitpunkt des Vertragsabschlusses noch nicht fest, etwa weil die Kosten bei Rahmenkrediten erst nach der Inanspruchnahme des Kredits berechnet werden (sogenannte Saldenversicherung) oder weil die Prämie von persönlichen Eigenschaften des Verbrauchers abhägt, so genügt die Angabe der Bedingungen der Berechnung der Restschuldversicherungskosten.[989] **149**

---

[985] *Bülow* § 492 Rdn. 125 und § 494 Rdn. 74; Müko-*Ulmer* § 6 VerbrKrG Rdn. 43; W/E/R-*von Rottenburg* § 6 VerbrKrG Rdn. 66; auch LG Stuttgart NJW 1993, 208.

[986] Bamberger/Roth-*Möller/Wendehorst* § 492 Rdn. 20–22: vom Darlehensgeber vermittelte Restschuldversicherung, vom Darlehnsgeber verlangte Kapitallebens- und Vollkaskoversicherung; *Bülow* § 492 Rdn. 127–129: Restschuldversicherung, Risikolebens- und Vollkaskoversicherung, von denen die Darlehensgewährung abhängt; Erman-*Saenger* § 492 Rdn. 37, 39, 40 und Staudinger/Kessal-*Wulf* § 492 Rdn. 64: Prämien für Kapitallebensversicherung, Kosten einer mit einem Bauspardarlehen verbundenen Risikolebensversicherung, Prämien der Kaskoversicherung für ein sicherungsübereignetes Fahrzeug, Gebäudeversicherungsprämien für ein beliehenes Grundstück; Müko-*Ulmer* § 492 Rdn. 69, 72: Restschuldversicherung, Risikolebensversicherung, ggf. kombiniert mit einer Berufsunfähigkeits- und Krankentagegeldversicherung, Kapitallebensversicherung, Feuerversicherung bei Realkrediten, Vollkaskoversicherung bei sicherungsübereignetem oder geleastem PKW; W/E/R-*von Rottenburg* § 4 VerbrKrG Rdn. 135, 139, 142, 143.

[987] OLG Karlsruhe WM 2001, 356; *Bohner* WM 2001, 2227, 2229.

[988] Bamberger/Roth-*Möller/Wendehorst* § 492 Rdn. 21; Erman-*Saenger* § 492 Rdn. 37: Bei Restschuldversicherung für Raten- oder Festdarlehen.

[989] Bamberger/Roth-*Möller/Wendehorst* § 497 Rdn. 21; *Bülow* § 492 Rdn. 128: Staudinger/Kessal-*Wulf* § 492 Rdn. 62; Erman-*Saenger* § 492 Rdn. 37: Bei Restschuldversicherung für Kontokorrentkredite; Müko-*Ulmer* § 492 Rdn. 69: die für den geforderten Versicherungsschutz maßgeblichen Umstände sind genau zubeschreiben; Palandt-*Putzo* § 492 Rdn. 14.

150 Bei monatlich, halbjährlich, jährlich etc. laufend zu entrichtenden Prämien einer Kredithöhen- oder Risikolebensversicherung muss die Summe aller Prämien mitgeteilt werden.[990]

151 Gem. § 6 Abs. 3 Nr. 5 PAV (s.o.) sind die Kosten einer Restschuldversicherung auch bei der Berechnung des effektiven Jahreszinses (§ 492 Abs. 1 S. 5 Nr. 5) zu berücksichtigen, soweit der Abschluss der Versicherung vom Darlehensgeber zwingend als Bedingung für die Gewährung des Kredits gefordert wird. Dies ändert jedoch nichts an der Verpflichtung des Darlehensgebers, die Kosten der Restschuldversicherung in § 492 Abs. 1 S. 5 Nr. 6 gesondert auszuweisen.[991]

152 Auch die Kosten zur Finanzierung der Versicherungsprämie fallen nach dem Wortlaut an sich unter § 492 Abs. 1 S. 5 Nr. 6 (vormals § 4 Abs. 1 S. 4 Nr. 1f VerbrKrG); sie sind nach h.M. dennoch nicht unter Nr. 6 aufzuführen, da sie bereits von § 492 Abs. 1 S. 5 Nr. 2 (vormals § 4 Abs. 1 S. 4 Nr. 1b VerbrKrG) erfasst werden und als „sonstige Kosten" in den Gesamtbetrag nach Nr. 2 eingehen.[992]

153 Werden die auf einem Vertrag mit einem Dritten (Versicherer, Makler o.a.) beruhenden Kosten einer anzugebenden Versicherung, Prämien oder Vermittlungsgebühren nicht mitgeteilt, sind die entsprechenden Prämien im Verhältnis zum Versicherer dennoch geschuldet. Nach bislang h.M. steht dem Darlehensnehmer dann ein Freistellungsanspruch[993] bzw. ein Anspruch auf Erstattung der entsprechenden Prämien oder Kosten gegen den Darlehensgeber zu.[994]

154 Der BGH hat nunmehr entschieden, dass dem Darlehensnehmer dann weder ein Anspruch auf Erstattung bereits bezahlter Prämien und Kosten noch ein Freistellungsanspruch zusteht.[995]

---

[990] W/E/R-*von Rottenburg* § 4 VerbrKrG Rdn. 137; *Bülow* § 492 Rdn. 128.

[991] Bamberger/Roth-*Möller/Wendehorst* § 492 Rdn. 21; *Bülow* § 492 Rdn. 127; Erman-*Saenger* § 492 Rdn. 37; Staudinger/Kessal-*Wulf* § 492 Rdn. 54, 61, 82; W/E/R-*von Rottenburg* § 4 VerbrKrG Rdn. 135; a.A. Müko-*Ulmer* § 4 VerbrKrG Rdn. 51 und Müko-*Ulmer* § 492 Rdn. 69: Versicherungsprämien für obligatorische Restschuldversicherungen fließen bereits in den effektiven Jahreszins i.S.d. § 492 Abs. 1 S. 5 Nr. 5 ein.

[992] W/E/R-*von Rottenburg* § 4 VerbrKrG Rdn. 136 a.E.; Bamberger/Roth-*Möller/Wendehorst* § 492 Rdn. 20 Fn. 58; Staudinger/Kessal-*Wulf* § 492 Rdn. 62 a.E.; *Hemmerde/von Rottenburg* WM 1993, 181, 182

[993] Bamberger/Roth-*Möller/Wendehorst* § 494 Rdn. 11; Staudinger/Kessal-*Wulf* § 494 Rdn. 30.

[994] Müko-*Ulmer* § 494 Rdn. 30; Erman-*Saenger* § 494 Rdn. 14, auch W/E/R-*von Rottenburg* § 4 VerbrKrG Rdn. 146, 147 und § 6 VErbrKrG Rdn. 28, 30.

[995] BGH NJW 2005, 985, 987; ebenso bereits OLG Frankfurt BKR 2002, 271, 273 und *Bohner* WM 2001, 2227, 2229.

7. Sicherheiten (§ 492 Abs. 2 S. 5 Nr. 7; vormals § 4 Abs. 1 S. 4 Nr. 1g VerbrKrG)

Die vom Verbraucher zu bestellenden Sicherheiten (z.B. Grundschuld, Bürgschaft, Lohnabtretung, Sicherungsübereignung) müssen so konkret wie möglich angegeben werden.[996] Etwa erst später zu bestellende Sicherheiten müssen im Verbraucherdarlehensvertrag bereits einzeln benannt werden.[997] **155**

Die unbestimmten Sicherungsklauseln in § 13 Abs. 1 und 2 AGB-Banken bzw. Nrn. 21 und 22 AGB-Sparkassen reichen nicht aus.[998] Die Sicherheiten können unmittelbar in der Vertragsurkunde bestellt werden, etwa die Abtretung künftiger Lohn- bzw. Gehaltsansprüche.[999] Ist dies der Fall, bedarf es einer gesonderten Hervorhebung der schuldrechtlichen Sicherungsabrede nicht.[1000] **156**

Hat der Darlehensnehmer dem Darlehensgeber aus einer früheren Geschäftsverbindung bereits Sicherheiten bestellt, die nunmehr den neuen Kredit sichern soll, etwa eine nicht mehr valutierte Grundschuld, muss im Rahmen des § 492 Abs. 1 S. 5 Nr. 7 angegeben werden, dass die Sicherheit bestehen bleibt.[1001] **157**

Bei einer schon bestehenden weiten Sicherungszweckerklärung muss jede der zur Sicherung des neuen Kredits einbezogenen Sicherheiten bezeichnet werden.[1002] **158**

Auf nicht angegebene Sicherheiten hat der Unternehmer auch bei Heilung gem. § 494 Abs. 2 S. 6 keinen Anspruch.[1003] Die Sicherungsabrede ist allerdings gem. § 494 Abs. 2 S. 6 dennoch verbindlich, wenn der Nettodarlehensvertrag 50 000,00 € übersteigt, sofern nicht wiederum die Voraussetzungen eines Umgehungsgeschäfts nach § 506 Abs. 1 vorliegen.[1004] **159**

Die Nachforderung von Sicherheiten bei Nettodarlehensbeträgen über 50 000 Euro ist auch ohne vorherige konkrete Angabe in der Vertragsurkunde verbindlich.[1005] **160**

Die Kosten für die Bestellung der Sicherheit sind nach § 492 Abs. 1 S. 5 Nr. 4 anzugeben und in den Gesamtbetrag nach § 492 Abs. 1 S. 5 Nr. 2 einzuberechnen.[1006] Mindern sie den auszuzahlenden Kreditbetrag, so sind die **161**

---

[996] Erman-*Saenger* § 492 Rdn. 42.

[997] *Bülow* § 492 Rdn. 132.

[998] Erman-*Saenger* § 492 Rdn. 42; Müko-*Ulmer* § 492 Rdn. 73; Staudinger/Kessal-*Wulf* § 492 Rdn. 65; auch *Bülow* § 492 Rdn. 132.

[999] Bamberger/Roth-*Möller/Wendehorst* § 492 Rdn. 23; Staudinger/Kessal-*Wulf* § 492 Rdn. 65.

[1000] Bamberger/Roth-*Möller/Wendehorst* § 492 Rdn. 23.

[1001] *Bülow* § 492 Rdn. 131; *Staudinger* a.a.O. Rdn. 66.

[1002] *Bülow* § 492 Rdn. 132.

[1003] *Bülow* § 492 Rdn. 130 und § 494 Rdn. 67.

[1004] *Bülow* § 492 Rdn. 133; Staudinger/Kessal-*Wulf* § 494 Rdn. 8, 33.

[1005] Erman-*Saenger* § 492 Rdn. 42.

[1006] *Bülow* § 492 Rdn. 134.

Kosten auch bei der Angabe des Nettokreditbetrages nach § 492 Abs. 1 S. 5 Nr. 1 in Abzug zu bringen, jedoch nicht in die Berechnung des effektiven Jahreszinses gem. § 492 Abs. 2 i.V.m. § 6 Abs. 3 Nr. 5 PAV einzubeziehen.[1007]

VI. Rechtsfolge von Formmängeln bei Verbraucherdarlehensverträgen (§ 494)

1. Nichtigkeit des Verbraucherdarlehensvertrages und einer Vollmacht des Verbrauchers

a) Nichtigkeit gem. § 494 Abs. 1 bzw. § 125

162 Nach der gegenüber §§ 125, 139 vorrangigen Sonderregelung des § 494 Abs. 1 ist der Verbraucherdarlehensvertrag nichtig, wenn die Schriftform des § 492 Abs. 1 S. 1 bis S. 4 nicht eingehalten ist oder eine der in § 492 Abs. 1 S. 5 Nr. 1–7 vorgeschriebenen Angaben fehlt.[1008]

b) Unrichtige Angaben

163 Nach h.M. führt eine lediglich unrichtige Angabe nicht zur Nichtigkeit des Vertrages.[1009]

164 Sind Pflichtangaben fehlerhaft und gehören sie gleichzeitig zu den „essentialia negotii" des Darlehensvertrages, kann dies die Nichtigkeit des Vertrages nach sich ziehen.[1010]

165 Dem Fehlen einer Pflichtangabe ist nach weitergehender Ansicht auch die unverständliche oder inhaltlich nicht hinreichend differenzierte Angabe[1011] und eine grob unrichtige Angabe ohne jeden Informationsgehalt gleichzustellen.[1012]

[1007] *Bülow* § 492 Rdn. 134.

[1008] Vgl. Müko-*Ulmer* § 6 VerbrKrG Rdn. 8, 13, 14; Müko-*Ulmer* § 494 Rdn. 9, 13, 14; W/E/R-*von Rottenburg* § 4 VerbrKrG Rdn. 9, 10; Staudinger/Kessal-*Wulf* § 6 VerbrKrG Rdn. 4 und § 494 Rdn. 4: Vorrang des § 494 ggü. § 125; Bamberger/Roth-*Möller/Wendehorst* § 494 Rdn. 1, 3; abw. Erman-*Saenger* § 492 Rdn. 2: Gesamtnichtigkeit bei Mangel der Schriftform richtet sich nach §§ 125, 139, Fehlen von Pflichtangaben nach § 492 Abs. 1 mit Ausnahme des § 492 Abs. 1 S. 5 Nr. 7 führt zur Gesamtnichtigkeit.

[1009] BGH NJW 2004, 154, 155: Bearbeitungskosten unrichtig angegeben; BGH NJW-RR 2004, 632, 634; WM 2004, 172, 176; WM 2003, 2328, 2330; auch BGH NJW 2005, 985: Prämien für LV; Müko-*Ulmer,* 4. Aufl., § 494 Rdn. 12; Staudinger/Kessal-*Wulf* § 494 Rdn. 2, 9, 35; W/E/R-*Graf von Westphalen* § 6 VerbrKrG Rdn. 13.

[1010] OLG Celle VuR 2001, 324; Erman-*Saenger* § 494 Rdn. 2; auch MüKo-*Ulmer* § 6 VerbrKrG Rdn. 11: nur bei wesentlichen Abweichungen von der vertraglichen Einigung, die sich für den Verbraucher nachteilig auswirken.

[1011] Bamberger/Roth-Möller/Wendehorst § 494 Rdn. 3.

[1012] Müko-*Ulmer* § 6 VerbrKrG Rdn. 11; Müko-*Ulmer* § 494 Rdn. 12, 28.

Die h.M. lehnt die Gleichstellung „grob unrichtiger", unverständlicher und nicht hinreichend differenzierter Angaben mit deren vollständigem Fehlen unter Hinweis auf den eindeutigen Gesetzeswortlaut ab und bejaht einen aufrechenbaren Gegenanspruch des Verbrauchers aus c.i.c. bzw. § 311 Abs. 2, Abs. 3.[1013]

c) Erfüllungsanspruch des Verbrauchers

Da die §§ 492, 494 Abs. 1 allein dem Verbraucherschutz dienen, steht 166
– nur – dem Verbraucher trotz Formnichtigkeit des – bis zu seinem Widerruf an sich schwebend wirksamen – Verbraucherdarlehensvertrages der Erfüllungsanspruch zu. Der Darlehensgeber würde sich rechtsmissbräuchlich (§ 242) verhalten, wenn er sich im Fall der Nichtigkeit nach § 494 Abs. 1 aufgrund eines von ihm zu vertretenden oder ihm zuzurechnenden Verstoßes gegen § 492 auf den Formmangel berufen würde.[1014]

Allerdings kann der Darlehensgeber die Erfüllung des Vertrages verwei- 167
gern, wenn sich der Darlehensnehmer nicht mit einer Erfüllung zu den vereinbarten Konditionen einverstanden erklärt[1015] oder der Darlehensnehmer die Formwidrigkeit erkannt hat.[1016]

d) Vollmacht

Der von einem Vertreter mit formnichtiger Vollmacht abgeschlossene 168
Darlehensvertrag kann nach h.M. sowohl nach § 494 Abs. 2 geheilt als auch gem. §§ 177 Abs. 1, 182 Abs. 2, 184 Abs. 1 genehmigt und damit rückwirkend wirksam werden, wenn der Darlehensnehmer selbst den Darlehensbetrag erhält bzw. dieses in Anspruch nimmt.[1017] Die Gegenauffassung[1018] lehnt eine konkludente Genehmigung mit Inanspruchnahme des Darlehensbetrages ab und weist darauf hin, dass eine Genehmigung

---

[1013] *Bülow* § 494 Rdn. 38, 42; Staudinger/Kessal-*Wulf* § 6 VerbrKrG Rdn. 9 und § 494 Rdn. 9; W/E/R-*von Rottenburg* § 6 VerbrKrG Rdn. 26; Erman-*Saenger* § 494 Rdn. 18 a.E.: Bei fehlerhaften Pflichtangaben kommt ein Schadensersatzanspruch des Verbrauchers aus c.i.c., jetzt § 311 Abs. 2, Abs. 3 in Betracht.

[1014] Bamberger/Roth-*Möller/Wendehorst* § 494 Rdn. 5; *Bülow* § 494 Rdn. 25, 26; Müko-*Ulmer* Rdn. 20, 25 und § 6 VerbrKrG Rdn. 13; Staudinger/Kessal-*Wulf* § 6 VerbrKrG Rdn. 11 und § 494 Rdn. 11.

[1015] Bamberger/Roth-*Möller/Wendehorst* § 494 Rdn. 5.

[1016] *Bülow* § 494 Rdn. 27; Staudinger/Kessal-*Wulf* § 494 Rdn. 11 a.E.

[1017] *Roth* WM 2003, 2356, 2359 f.: oder wenn die Auszahlung an einen Vertreter mit separater Vollmacht erfolgt bzw. vom Verbraucher konkludent genehmigt wird; Müko-*Ulmer* § 494 Rdn. 17, 40: wenn der Darlehensnehmer die Darlehensvaluta tatsächlich erhält oder der Vertreter nach seinen Weisungen darüber disponiert; Staudinger/Kessal-*Wulf* § 494 Rdn. 13: formfreie Genehmigung nach § 177 Abs. 1, 184; Anwaltkommentar-*Reiff* § 494 Rdn. 15; *Wittig/Wittig* WM 2002, 145, 152 unter Hinweis auf BT-Drucks. 14/7025, S. 202, 327 ff.; s.o. E. Rdn. 84 ff.

[1018] *Bülow* § 494 Rdn. 8, 9 und NJW 2002, 1145, 1147; Bamberger/Roth-*Möller/Wendehorst* § 494 Rdn. 14.

angesichts der Parallelregelung des § 182 Abs. 2 ihrerseits formbedürftig wäre.

169 Kommt es nicht zur Genehmigung, sondern empfängt der Verbraucher das Darlehen trotz Unwirksamkeit des Darlehensvertrages aufgrund der formwidrigen Vollmacht, tritt aber auch nach dieser Auffassung die Heilung gem. § 494 Abs. 2 S. 1 genauso ein, wie wenn der Verbraucher selbst einen formwidrigen Vertrag abgeschlossen hätte.[1019]

2. Heilung; Empfang des Darlehens

a) Empfang des Darlehens

170 Der Verbraucherdarlehensvertrag wird jedoch gem. § 494 Abs. 2 S. 1 voll wirksam, wenn der Verbraucher das Darlehen empfängt oder in Anspruch nimmt. „Empfangen" i.S.d. § 492 Abs. 2 S. 1 (vormals § 6 Abs. 2 S. 1 VerbrKrG) ist das Darlehen, wenn der Darlehensgeber das Geld an den Darlehensnehmer oder auf dessen Weisung an einen Dritten auszahlt oder das Darlehen vereinbarungsgemäß, etwa im Rahmen einer Umschuldung, mit anderen Forderungen verrechnet.[1020]

171 Ein „Empfang" liegt auch dann vor, wenn der Verbraucher seine Forderung gegen den Darlehensgeber abgetreten hat und dieser an den Zessionar leistet, selbst wenn die Voraussetzungen der §§ 491 Abs. 1, 13 in dessen Person nicht vorliegen.[1021]

172 Bei Hingabe eines Schecks durch den Darlehensgeber erfolgt eine Heilung erst mit dessen Einlösung, vgl. § 364 Abs. 2.[1022]

173 „In Anspruch" nimmt der Verbraucher das Darlehen, wenn er über den Darlehensbetrag verfügt, etwa durch Barabhebung,[1023] Auszahlungsverlan-

---

[1019] *Bülow* § 494 Rdn. 9.

[1020] Vgl. BGH NJW 2004, 2090, 2091; WM 2000, 1243, 1244; NJW 1995, 3386, 3387: auch durch Verrechnung mit bestehenden Verbindlichkeiten des Verbrauchers gegenüber dem Darlehensgeber; OLG Düsseldorf WM 2005, 881, 884; Bamberger/Roth-*Möller/Wendehorst* § 494 Rdn. 7 und Erman-*Saenger* § 494 Rdn. 4: auch durch Verrechnung mit bestehenden Verbindlichkeiten gegenüber dem Darlehensgeber; *Bülow* § 494 Rdn. 48: sowohl bei interner als auch bei externer Umschuldung; a.A. OLG Karlsruhe WM 1999, 222 und LG Köln ZIP 2000, 2161, 2162: nicht bei Aufrechnung mit Forderungen aus Altkrediten; Müko-*Ulmer*, 4. Aufl., § 494 Rdn. 21, § 495 Rdn. 32 und W/E/R-*von Rottenburg* § 6 VerbrKrG Rdn. 16 sowie § 7 VerbrKrG Rdn. 74–76: auch bei einverständlicher Zahlung an Dritte und externer Umschuldung, *nicht* dagegen durch Aufrechnung nach interner Umschuldung.

[1021] *Bülow* ZIP 1997, 400, 401 und § 494 Rdn. 48; ebenso Staudinger/Kessal-*Wulf* § 6 VerbrKrG Rdn. 20 a.E. und § 494 Rdn. 20 a.E.

[1022] OLG Zweibrücken WM 2000, 2150, 2152; Bamberger/Roth-*Möller/Wendehorst* § 494 Rdn. 7; Staudinger/Kessal-*Wulf* § 494 Rdn. 20; a.A. *Bülow* § 494 Rdn. 48: entscheidend ist der Zeitpunkt der Hingabe und gewollten Entgegennahme durch den Verbraucher.

[1023] W/E/R-*von Rottenburg* § 6 VerbrKrG Rdn. 16.

gen, dem der Darlehensgeber freiwillig folgt,[1024] Abruf von Teilbeträgen bei Rahmenkreditverträgen,[1025] Ausstellung eines Schecks auf den Darlehensgeber, der beabsichtigt, diesen einzulösen, etwa durch Belastung des Ausstellerkontos oder auch durch eine Bezahltmeldung nach § 9 Abs. 2 S. 3 der AGB-Banken.[1026]

174 Nach h.M. tritt eine Heilung auch durch Überweisung oder Gutschrift auf einem beim Darlehensgeber anderweitig geführten Konto bzw. im Rahmen der Kreditgewährung eingerichten Konto ein.[1027] Dies gilt jedenfalls dann, wenn der Darlehensgeber nicht erkennen kann, dass kein Einverständnis des Verbrauchers mit der dortigen Gutschrift besteht.[1028]

b) Zurückweisungsrecht des Verbrauchers

175 Der Verbraucher ist – in den Grenzen des § 242- berechtigt, die Erfüllung eines als nichtig erkanten Darlehensvertrages zurückzuweisen.[1029] Ist eine Überweisung oder Kontogutschrift vorgesehen, muss er jedoch sein Einverständnis hierzu – für den Darlehensgeber erkennbar – zurückziehen.[1030]

c) Schuldbeitritt

176 Ist der Schuldbeitritt zu einem Verbraucherdarlehensvertrag in entsprechender Anwendung des § 494 Abs. 1 etwa wegen fehlender Angaben des Gesamtbetrages (Nr. 2), der Zinsen und Kosten (Nr. 4–6) oder des Nettodarlehensbetrages (Nr. 1) nichtig, so tritt eine Heilung nach § 494 Abs. 2 S. 1 *nicht* dadurch ein, dass der Darlehensnehmer, zu dessen Gunsten der Schuldbeitritt erfolgt ist, das Darlehen empfängt oder es in Anspruch nimmt.[1031]

177 Dies gilt auch dann, wenn der der Schuld Beitretende, z.B. als Ehegatte oder Alleingesellschafter des Darlehensnehmers, durch die Auszah-

---

[1024] *Bülow* § 494 Rdn. 22, 49.

[1025] *Bülow* § 494 Rdn. 49.

[1026] BGH NJW 1997, 2112; *Bülow* § 494 Rdn. 49.

[1027] BGH NJW 1995, 3386, 3387; Staudinger/Kessal-*Wulf* § 494 Rdn. 20; W/E/R-*von Rottenburg* § 6 VerbrKrG Rdn. 16; a A. OLG München NJW 1999, 2196, Müko-*Ulmer* § 494 Rdn. 21, 23; auch *Bülow* § 494 Rdn. 48.

[1028] Erman-*Saenger* § 494 Rdn. 6.

[1029] Erman-*Saenger* § 494 Rdn. 5 a.E., 7: nicht jedoch, wenn er bereits Vorteile hieraus gezogen hat; Staudinger/Kessal-*Wulf* § 494 Rdn. 10.

[1030] Erman-*Saenger* § 494 Rdn. 6.

[1031] BGH NJW 2003, 1494; WM 2000, 1799, 1801; NJW 2000, 2496, 2498; NJW 1997, 654; WM 1997, 2001; OLG Karlsruhe WM 1999, 222; WM 1997, 1344; OLG Naumburg NZG 1999, 30; OLG Desden NZG 2002, 292, 293; OLG Düsseldorf OLG-Report 1997, 233; *Bülow* ZIP 1997, 400, 403; *Graf von Westphalen* MDR 1997, 309 und MDR 1997, 228; Bamberger/Roth-*Möller/Wendehorst* § 494 Rdn. 8; Erman-*Saenger* § 494 Rdn. 9; Müko-*Ulmer* § 494 Rdn. 19 unter Aufgabe der gegenteiligen Ansicht in der 3. Aufl., § 6 VerbrKrG Rdn. 15; a.A. Staudinger/Kessal-*Wulf* § 6 VerbrKrG Rdn. 16 und § 494 Rdn. 15, 16.

lung des Darlehens an den Darlehensnehmer mittelbare Vorteile erlangt.[1032]

178 Denn § 494 Abs. 2 soll einerseits den Verbraucher, der sich auf die Nutzung des Darlehenskapitals eingestellt hat, davor schützen, gem. § 812 Abs. 1 S. 1 das Darlehen sofort zurückzahlen zu müssen, andererseits dem Darlehensgeber im Fall des § 494 Abs. 2 S. 1 und 2 den gesetzlichen Zinssatz sichern. Für den Mithaftenden kommt im Fall der Formnichtigkeit seines Schuldbeitritts eine Verpflichtung zur Rückzahlung des Darlehens und der Zinsen nicht in Betracht. § 494 Abs. 2 ist von seinem Sinn und Zweck her zum Nachteil des Beitretenden nicht entsprechend anwendbar.[1033]

179 Eine Heilung nach § 494 Abs. 2 S. 1 setzt im Hinblick auf den Schuldbeitritt eine Auszahlung an den Beitretenden selbst oder auf dessen Weisung an den Darlehensnehmer bzw. einen Dritten voraus.[1034]

3. Heilung und Widerrufsrecht

180 Das Widerrufsrecht des Darlehensnehmers nach §§ 495 Abs. 1, 355 wird durch die Heilung des Vertrages nicht berührt. Auch ein noch nicht geheilter Verbraucherdarlehensvertrag kann grundsätzlich widerrufen werden.[1035]

181 Der Lauf der Widerrufsfrist beginnt frühestens mit dem Zeitpunkt der Heilung.[1036] Der Beginn der Widerrufsfrist richtet sich nach § 355 Abs. 1 S. 2, Abs. 2 S. 1, Abs. 2 S. 2, Abs. 3 S. 1, Abs. 3 S. 3. Wird der Verbraucher bis zum Empfang des Darlehens nicht schriftlich über sein Widerrufsrecht belehrt und wird die Belehrung auch nicht nachgeholt, erlischt das Widerrufsrecht gem. § 355 Abs. 3 S. 3 – anders als nach der bisherigen, eine Jahresfrist vorsehende Regelung des § 7 Abs. 2 S. 3 VerbrKrG – nicht.[1037]

182 Erklärt ein den Voraussetzungen des § 13, 491 Abs. 1 unterfallender Verbraucher den Schuldbeitritt zu einem künftig abzuschließenden Verbraucherdarlehensvertrag eines Dritten, so ist für den Beginn der Widerrufsfrist der Zeitpunkt seiner Beitrittserklärung maßgebend.[1038] Der Ver-

---

[1032] BGH NJW 1997, 654 zum im Betrieb mitarbeitenden Ehegatten; BGH NJW 1997, 1444 zum Geschäftsführer und Alleingesellschafter einer GmbH; *Graf von Westphalen* MDR 1997, 309 und MDR 1997, 228.

[1033] BGH WM 2000, 1799, 1801; NJW 1997, 654, 655; NJW 1997, 1443, 1444; NJW 1997, 3170.

[1034] OLG Naumburg NZG 1999, 30: LG Mannheim BB 1999, 2049: er muss das Darlehen für sich in Anspruch genommen haben.

[1035] Bamberger/Roth-*Möller/Wendehorst* § 494 Rdn. 10; *Bülow* § 494 Rdn. 28 und § 495 Rdn. 69, 71; Müko-*Ulmer*, 4. Aufl., § 494 Rdn. 7; Erman-*Saenger* § 494 Rdn. 10 a. E.; Staudinger/Kessal-*Wulf* § 494 Rdn. 19 und § 495 Rdn. 13.

[1036] Bamberger/Roth-*Möller/Wendehorst* § 494 Rdn. 10; W/E/R-*von Rottenburg* § 6 VerbrKrG Rdn. 6, 18, 43; Staudinger/Kessal-*Wulf* § 494 Rdn. 19.

[1037] Vgl. zuletzt BGH NJW-RR 2005, 180, 182; abweichend Staudinger/Kessal-*Wulf* § 494 Rdn. 19: spätestens sechs Monate nach der Heilung.

[1038] BGH NJW 1996, 2865.

braucher handelt durch die Erklärung des Widerrufs grundsätzlich nicht rechtsmissbräuchlich.[1039]

4. Heilungsumfang, Sanktionen (§ 494 Abs. 2 S. 2–6)

a) Ermäßigung des Zinssatzes (§ 494 Abs. 2 S. 2)

Enthält die Vertragsurkunde keine Angaben über den dem Verbraucher- **183** kreditvertrag zugrunde gelegten Zinssatz, den effektiven bzw. anfänglichen effektiven Jahreszins (§ 492 Abs. 1 S. 5 Nr. 5) oder den Gesamtbetrag (§ 492 Abs. 1 S. 5 Nr. 2, Abs. 1 a), so ermäßigt sich der vertragliche auf den gesetzlichen Zinssatz, also gem. § 246 auf 4% p.a.[1040] Dies gilt nach Ansicht des OLG Karlsruhe auch dann, wenn der Formmangel „nur" wegen Fehlens der Einheitlichkeit einer aus getrennten Blättern bestehenden Darlehensurkunde nach § 492 Abs. 1 S. 1 begründet ist.[1041]

Der Zinssatz des § 352 HGB (5% p.a.) bei beiderseitigen Handelsge- **184** schäften kommt dabei nur bei Existenzgründungsdarlehen des § 507 in Betracht.[1042]

Wurde der Kredit zu einem Zinssatz gewährt, der unter dem gesetzlichen **185** Zinssatz liegt, was z.B. beim Kauf eines Neuwagens nicht unüblich ist, so gilt dieser niedrigere Zinssatz.[1043]

Ist der effektive Jahreszins angegeben, aber zu niedrig, bleibt es bei der **186** Verminderung des zutreffend angegebenen Vertragszinses nach Maßgabe des § 494 Abs. 3.

Ermäßigt sich ein Zinssatz nach § 494 Abs. 2 S. 2 (vormals § 6 Abs. 2 S. 2 **187** VerbrKrG) auf den gesetzlichen Zinssatz, so ist in die Erstattung darüber hinausgehender Zinszahlungen ein vereinbartes Disagio, das i.d.R. als laufzeitabhängiger Ausgleich für den vertraglich vereinbarten niedrigeren Nominalzins und damit als Teil des Entgelts für die Überlassung der Kapitalnutzung sowie als integraler Bestandteil der Zinskalkulation anzusehen ist, nach Auffassung des BGH[1044] einzubeziehen. Gleiches gilt für eine Bearbeitungsgebühr, wenn auch diese als laufzeitabhängige Vergütung mit zinsähnlichem Charakter ausgestaltet ist.[1045]

Nach Ansicht des BGH kommt es auf die formale Einordnung des Disa- **188** gios oder einer „Bearbeitungsgebühr" als Zins oder Kosten i.S.d. § 492 Abs. 1 S. 5 Nr. 4 (entschieden für § 4 Abs. 1 S. 4 Nr. 1d VerbrKrG) für die

---

1039 Vgl. BGH NJW 2002, 368, 370; *Bülow* § 495 Rdn. 70.

1040 Vgl. OLG Karlsruhe WM 2000, 1996; Erman-*Saenger* § 494 Rdn. 13; Müko-*Ulmer* § 494 Rdn. 28, 35.

1041 OLG Karlsruhe NJW-RR 2004, 1497; u.E. fraglich.

1042 W/E/R-*von Rottenburg* § 6 VerbrKrG Rdn. 22; Erman-*Saenger* § 494 Rdn. 13.

1043 Bamberger/Roth-*Möller/Wendehorst* § 494 Rdn. 11; Müko-*Ulmer* § 494 Rdn. 28, 38; W/E/R-*von Rottenburg* § 6 VerbrKrG Rdn. 23.

1044 BGH NJW 2000, 2816, 2817; WM 2004, 2306, 2308.

1045 BGH WM 2004, 2306, 2308.

Auslegung des § 494 Abs. 2 S. 2 nicht entscheidend an. Wesentlich ist vielmehr die Abgrenzung zwischen laufzeitabhängigen Zinsen auf der einen und allen laufzeitunabhängigen Kreditkosten auf der anderen Seite[1046] und das wechselseitige Abhängigkeitsverhältnis zwischen einem angegebenen Nominalzinssatz und einem vereinbarten Disagio mit Zinscharakter, das im wirtschaftlichen Ergebnis zu einer beliebigen Austauschbarkeit von Disagio und Zins als Entgeltbestandteilen führt.[1047]

189 In der Literatur wird das Disagio teilweise wegen des Entgeltcharakters den Kosten (§ 492 Abs. 1 S. 5 Nr. 4) zugerechnet, aber dabei als „vom Hundertsatz" ausgedrückt, um den laufzeitabhängigen Charakter hervorzuheben.[1048] Teilweise werden alle laufzeitabhängigen Kosten dem Zinssatz zugerechnet,[1049] wobei eine separate Ausweisung des Disagio für ausreichend erachtet wird.

190 Nach einer weiteren Ansicht ist ein Disagio im Rahmen des § 492 Abs. 1 S. 5 Nr. 4 (Zinssatz und alle sonstigen Kosten) nur anzugeben, sofern es ausnahmsweise zu den „Einmalkosten" gehört, also nur einmal und endgültig berechnet wird und auch für den Fall vorzeitiger Darlehensbeendigung ungeteilt dem Darlehensgeber verbleibt. Kommt dem Disagio dagegen – wie regelmäßig – Zinscharakter zu, müsse es (nur) in den Gesamtbetrag nach § 492 Abs. 1 S. 5 Nr. 2, dort jedoch nicht als „Zinsen", sondern als „sonstige Kosten" einbezogen werden.[1050]

191 Ermäßigt sich bei einer so genannten „unechten Abschnittsfinanzierung" (s.o. E. Rdn. 100ff.) der Zinssatz wegen Fehlens der gem. § 4 Abs. 1 S. 4 Nr. 1 b.S. 2 VerbrKrG (jetzt § 492 Abs. 1 S. 5 Nr. 2 1. Hs.) erforderlichen Angabe des Gesamtbetrages aller vom Verbraucher zu erbringenden Leistungen im Kredit- bzw. Darlehensvertrag nach § 6 Abs. 2 S. 2 VerbrKrG (jetzt § 494 Abs. 2 S. 2), so erstreckt sich die Ermäßigung auf die gesamte Vertragslaufzeit.[1051]

192 Ist der Kreditvertrag nichtig, weil der Nettodarlehensbetrag (§ 492 Abs. 1 S. 5 Nr. 1) nicht angegeben wurde, ändert sich der Leistungsumfang nicht. Heilung tritt ein, soweit das Darlehen ausbezahlt wird, die Konditionen richten sich nach den sonst gemachten Angaben, andernfalls nach § 494 Abs. 2 S. 2.[1052]

[1046] BGH WM 2004, 2306, 2308.

[1047] BGH NJW 2000, 2816, 2817 = WM 2000, 1243, 1244.

[1048] Müko-*Ulmer* § 4 VerbrKrG Rdn. 41 Fn. 83; auch Staudinger/Kessal-*Wulf* § 491 Rdn. 49, § 492 Rdn. 52 und § 494 Rdn. 28 m. w. N.

[1049] W/E/R-*von Rottenburg* § 4 VerbrKrG Rdn. 104.

[1050] *Bülow* § 492 Rdn. 90, 103.

[1051] BGH NJW-RR 2005, 483, 485 = WM 2004, 2306, 2309.

[1052] *Bülow* § 494 Rdn. 56.

b) Verminderung des ursprünglich zugrunde gelegten Zinssatzes (§ 494 Abs. 3)

Die unrichtige – zu niedrige – Angabe des effektiven Jahreszinses führt zur Verminderung des dem Darlehensvertrag zugrunde gelegten Zinssatzes, § 494 Abs. 3. Nach dem Wortlaut des § 494 Abs. 3 vermindert sich der dem Verbraucherdarlehensvertrag zugrunde gelegte Zinssatz um den Prozentsatz, um den der effektive oder anfängliche effektive Jahreszins zu niedrig angegeben worden ist, was an sich für eine prozentuale Ermäßigung spricht. **193**

Nach h.M. ist im Hinblick auf die Entstehungsgeschichte und die Praktikabilität eine „absolute Kürzung" vorzunehmen.[1053] **194**

Eine Ermäßigung unter den gesetzlichen Zinssatz (4% p.a.) soll dabei jedoch nicht in Betracht kommen.[1054] Beispiel: Gem. § 492 Abs. 1 S. 5 Nr. 5 angegeben sind effektiv 15% Zinsen p.a. anstatt eines nach § 6 Abs. 2 PAV korrekt berechneten effektiven Jahreszinses von 18% p.a. **195**

Der nach § 492 Abs. 1 S. 5 Nr. 4 im Vertrag mit 12% p.a. festgelegte Zinssatz ist um die „absolute" Differenz von 3% auf 9% zu kürzen; die Raten sind dann neu zu berechnen, § 494 Abs. 2 S. 4, Abs. 3.[1055] **196**

Der so ermäßigte Zins heilt bei Krediten mit variabler Verzinsung den Mangel für die gesamte Laufzeit; danach erfolgt die Zinsanpassung auf der Basis des berechneten, ermäßigten Zinssatzes.[1056] Wäre also aufgrund der Zinsanpassungsklausel im obigen Beispiel eine Erhöhung des Zinssatzes nach § 492 Abs. 1 S. 5 Nr. 4 um 1% auf 13% möglich, so beschränkt sich die zulässige Anhebung nach h.M. von 9% auf 10%[1057]. **197**

c) Nicht angegebene Kosten (§ 494 Abs. 2 S. 3)

Nicht in der Vertragsurkunde angegebene, mit der Finanzierung im Zusammenhang stehende Kosten einschließlich etwaiger Restschuldversicherungsprämien (§ 492 Abs. 1 S. 5 Nr. 4) hat der Verbraucher nicht zu bezah- **198**

[1053] LG Stuttgart NJW 1993, 208, 209; Bamberger/Roth-*Möller/Wendehorst* § 494 Rdn. 15; *Bülow* § 494 Rdn. 75; Erman-*Saenger* § 494 Rdn. 20; Müko-*Ulmer* § 6 VerbrKrG Rdn. 43 und Müko-*Ulmer* § 494 Rdn. 37; Staudinger/Kessal-*Wulf* § 494 Rdn. 36, 37 m.N. der Gegenansicht; W/E/R-*von Rottenburg* § 6 VerbrKrG Rdn. 66.

[1054] Bamberger/Roth-*Möller/Wendehorst* § 494 Rdn. 15; Müko-*Ulmer* § 6 VerbrKrG Rdn. 43, 44 und Müko-*Ulmer* § 494 Rdn. 38; W/E/R-*von Rottenburg* § 6 VerbrKrG Rdn. 67; Staudinger/Kessal-*Wulf* § 6 VerbrKrG Rdn. 48 und § 494 Rdn. 39; a.A. *Bülow* § 494 Rdn. 75 und *Brinkmann* BB 1991, 1947, 1949.

[1055] Vgl. Bamberger/Roth-*Möller/Wendehorst* § 494 Rdn. 15; Erman-*Saenger* § 494 Rdn. 20; Staudinger/Kessal-*Wulf* § 494 Rdn. 36; Müko-*Ulmer* § 494 Rdn. 37; W/E/R-*von Rottenburg* § 6 VerbrKrG Rdn. 66.

[1056] W/E/R-*von Rottenburg* § 6 VerbrKrG Rdn. 68; Müko-*Ulmer* § 6 VerbrKrG Rdn. 43.

[1057] Bamberger/Roth-*Möller/Wendehorst* § 494 Rdn. 15.

len.[1058] Gleiches gilt, wenn Kosten in irreführender Weise zusammengefasst werden.[1059] Dies hat vor allem Bedeutung, wenn sich die Übernahme der Kosten aus einer Verweisung auf AGB des Darlehensgebers bezieht, die der Vertragsurkunde nicht in der erforderlichen Weise beigeheftet sind.[1060]

199 Behält der Darlehensgeber gem. §§ 492 Abs. 1 S. 5 Nr. 4, 494 Abs. 2 S. 3 nicht geschuldete Kosten ein, bleibt der Erfüllungsanspruch (Anspruch auf Auszahlung des Darlehens in voller Höhe) insoweit erhalten. Nicht geschuldete, jedoch an den Darlehensgeber gezahlte bzw. verrechnete Kosten kann der Verbraucher aus § 812 Abs. 1 S. 1 1. Alt. herausverlangen.[1061] § 814 steht dem Anspruch des Verbrauchers wegen des Normzweckes des § 494 Abs. 2 S. 3 nicht entgegen.[1062] Hat der Darlehensgeber wegen § 494 Abs. 2 S. 3 nicht geschuldete Kosten bei der Auszahlung der Valuta einbehalten, so tritt Heilung nur in Höhe des ausbezahlten Betrages ein.[1063]

200 Beruht die Kostentragungspflicht des Verbrauchers auf einem wirksamen Vertrag mit einem Dritten (z.B. Versicherer, Makler, Kreditvermittler), steht ihm nach h.L. gegenüber dem Darlehensgeber ein Erstattungsanspruch zu, mit dem er gegenüber dessen Zins- und Tilgungsansprüchen aufrechnen kann.[1064]

201 Nach Auffassung von Möller und Wendehorst[1065] kann die Geltendmachung des Erstattungs- oder Freistellungsanspruchs jedoch rechtsmissbräuchlich sein.[1065]

202 Der BGH[1066] hat nunmehr entschieden, dass dem Darlehensnehmer gegenüber dem Darlehensgeber weder ein Anspruch auf Erstattung an einen Dritten bezahlter Versicherungsprämien oder sonstiger Kosten, die im Vertrag nicht angegeben sind, noch ein Freistellungsanspruch hinsichtlich der

---

[1058] Vgl. *Bülow* § 494 Rdn. 57, 59; Erman-*Saenger* § 494 Rdn. 14; Müko-*Ulmer* § 494 Rdn. 29; W/E/R-*von Rottenburg* § 6 VerbrKrG Rdn. 27, 28, 39, 60.

[1059] Bamberger/Roth-*Möller/Wendehorst* § 494 Rdn. 11; siehe aber oben Rdn. 165.

[1060] Müko-*Ulmer* § 494 Rdn. 29 und § 492 Rdn. 29: leicht lösliches Beiheften mit Büroklammern o.a. genügt nicht.

[1061] BGH NJW 2000, 2816; NJW-RR 2005, 483, 484 jeweils zur Rückforderung überzahlter Zinsen; *Bülow* § 494 Rdn. 57; Müko-*Ulmer* § 494 Rdn. 29 a.E.; a.A. Staudinger/Kessal-*Wulf* § 494 Rdn. 31: nur ex-nunc-Wirkung.

[1062] Müko-*Ulmer* § 494 Rdn. 29 a.E.

[1063] Müko-*Ulmer* § 494 Rdn. 29 a.E., 18.

[1064] Müko-*Ulmer* § 6 VerbrKrG Rdn. 25 a.E. und Müko-*Ulmer* § 494 Rdn. 30: Freistellungsanspruch, nach Zahlung an den Dritten Erstattungsanspruch; W/E/R-*von Rottenburg* § 6 VerbrKrG Rdn. 30 und § 4 VerbrKrG Rdn. 146, 147: Erstattungsanspruch; Staudinger/Kessal-*Wulf* § 494 Rdn. 30: Erstattungs- oder Freistellungsanspruch; Bamberger/Roth-*Möller/Wendehorst* § 494 Rdn. 11: Freistellungsanspruch; Erman-*Saenger* § 494 Rdn. 14: Erstattung oder Gutschrift.

[1065] Bamberger/Roth-*Möller/Wendehorst* § 494 Rdn. 11; auch Staudinger/Kessal-*Wulf* § 494 Rdn. 30 a.E.: Rechtsmissbrauch, wenn der Verbraucher den Versicherungsvertrag o.a. direkt abgeschlossen hat und die Kosten besser kennt.

[1066] BGH NJW 2005, 985, 987; OLG Frankfurt BKR 2002, 271, 273; *Bohner* WM 2001, 2227, 2229; *Sauer* BKR 2005, 157.

zukünftig fällig werdenden Prämien zusteht. Denn andernfalls würde der Darlehensgeber das von ihm ausgereichte Darlehen mit Hilfe der ausschließlich von ihm anzusparenden Lebensversicherung quasi selber tilgen müssen.

d) Neuberechnung der Raten (§ 494 Abs. 2 S. 4)

Vereinbarte Raten sind unter Berücksichtigung der nach § 494 Abs. 2 S. 2 und S. 3 bzw. § 494 Abs. 3 verminderten Zinsen oder Kosten neu zu berechnen. Die Neuberechnung gilt ab dem Wirksamwerden des Darlehensvertrages, also dem Eingreifen des Heilungstatbestandes gem. § 494 Abs. 2 S. 1. **203**

Hat der Verbraucher nicht geschuldete Leistungen an den Darlehensgeber erbracht, können diese gem. § 812 Abs. 1 S. 1 1. Alt. kondiziert werden.[1067] **204**

Bis zur Vornahme der Neuberechnung kann er weitere Leistungen gem. § 273 verweigern.[1068] **205**

Nach h.L. hat der Verbraucher darüber hinaus ein Wahlrecht, anstatt der neu berechneten, niedrigeren Raten eine Verkürzung der Gesamtlaufzeit unter Beibehaltung der Höhe der einzelnen, falsch berechneten Raten zu verlangen.[1069] **206**

e) Änderung preisbestimmender Faktoren, § 494 Abs. 2 S. 5

Werden die Voraussetzungen einer Änderung preisbestimmender Faktoren, insbesondere des Zinssatzes entgegen § 492 Abs. 1 S. 5 Nr. 5 nicht in der Urkunde aufgenommen, lassen sie sich gem. § 494 Abs. 2 S. 5 nachträglich nicht mehr zu Lasten des Darlehensnehmers abändern, wohl aber zu seinen Gunsten.[1070] **207**

f) Sicherheiten (§ 494 Abs. 2 S. 6)

In der Vertragsurkunde nicht genannte Sicherheiten (§ 492 Abs. 1 S. 5 Nr. 7) hat der Verbraucher nicht zu stellen, soweit der Nettodarlehensbetrag 50000,00 € nicht übersteigt (§ 494 Abs. 2 S. 6). **208**

1067 BGH NJW-RR 2005, 483, 484; NJW 2002, 368, 370; zur Rückforderung überzahlter Zinsen; *Bülow* § 494 Rdn. 61; a.A. Staudinger/Kessal-*Wulf* § 494 Rdn. 31: nur ex-nunc.

1068 OLG Dresden WM 2001, 1854; *Bülow* § 494 Rdn. 63; Erman-*Saenger* § 494 Rdn. 15.

1069 Bamberger/Roth-*Möller/Wendehorst* § 494 Rdn. 12; *Bülow* § 494 Rdn. 61; Erman-*Saenger* § 494 Rdn. 15; Müko-*Ulmer* § 6 VerbrKrG Rdn. 26 und Müko-*Ulmer* § 494 Rdn. 31; Staudinger/Kessal-*Wulf* § 494 Rdn. 31; W/E/R-*von Rottenburg* § 6 VerbrKrG Rdn. 32.

1070 Bamberger/Roth-*Möller/Wendehorst* § 494 Rdn. 11 a.E.; *Bülow* § 494 Rdn. 64; Erman-*Saenger* § 494 Rdn. 16; Müko-*Ulmer* § 494 Rdn. 32; Staudinger/Kessal-*Wulf* § 494 Rdn. 32; differenzierend W/E/R-*von Rottenburg* § 6 VerbrKrG Rdn. 35–38.

209 Auch wenn der Sicherungsvertrag formwirksam zustande gekommen ist, der Darlehensvertrag jedoch nicht, hat der Darlehensgeber keinen Anspruch auf die Bestellung der Sicherheiten.[1071]

210 Dem Darlehensgeber hingegebene, gem. § 494 Abs. 2 S. 6 i.V.m. § 492 Abs. 1 S. 5 nicht geschuldete Sicherheiten kann der Verbraucher nach nunmehr herrschender Ansicht gem. §§ 812 Abs. 1 S. 1 1. Alt., 818 I, II kondizieren.[1072]

211 Allerdings kann die Geltendmachung des Rückforderungsanspruchs aus §§ 812, 813 rechtsmissbräuchlich (§ 242) sein.[1073] Die Kondiktionssperre des § 814 soll nach Sinn und Zweck der §§ 6 Abs. 2 VerbrKrG, 494 Abs. 2 jedoch nicht eingreifen.[1074]

212 Der Darlehensgeber kann bei Bestehen einer entsprechenden – auch mündlichen[1075] – Nebenabrede die Bestellung der Sicherheiten jedoch weiterhin fordern, wenn der Nettodarlehensbetrag 50000,00 € übersteigt und kein Umgehungsgeschäft (§ 506 Abs. 1) vorliegt.

VII. Erforderliche Angaben und Rechtsfolgen von Formmängeln bei Teilzahlungsgeschäften (§§ 501, 502)

1. Übersicht

213 § 502 Abs. 1 entspricht der bisherigen Regelung in § 4 Abs. 1 S. 4 Nr. 2a–f, die Ausnahmeregelung für Fernabsatzgeschäfte in § 502 Abs. 2 dem früheren § 8 Abs. 1 VerbrKrG, die Vorschriften über die Rechtsfolgen bei fehlenden oder fehlerhaften Pflichtangaben nach § 502 Abs. 3 dem bisherigen § 6 Abs. 3 VerbrKrG. Allerdings gestaltete sich die Regelung in § 4 Abs. 1 S. 4 Nr. 2 a–f umfassender.

a) Schriftform

214 Teilzahlungsgeschäfte und ihre Abänderungen bedürfen nach §§ 501 S. 1, 492 Abs. 1 S. 1 der Schriftform des § 126, deren Ersetzung durch die elektronische Form des § 126 Abs. 3 gem. §§ 501 S. 1, 492 Abs. 1 S. 2 ausgeschlossen ist. Die getrennte schriftliche Niederlegung von Angebot und Annahme reicht aus.[1076]

[1071] *Bülow* § 494 Rdn. 66; a. A. Staudinger/Kessal-*Wulf* § 494 Rdn. 33.

[1072] *Bülow* § 494 Rdn. 67 und Erman-*Saenger* § 494 Rdn. 17 sowie Müko-*Ulmer* § 6 VerbrKrG Rdn. 24, 28, Müko-*Ulmer,* 4. Aufl., § 494 Rdn. 33: gem. § 812 Abs. 1 S. 1 1. Alt.; Bamberger/Roth-*Möller/Wendehorst* § 494 Rdn. 13: gem. § 813 Abs. 1 S. 1; offen gelassen von BGH WM 2002, 380, 381 und WM 2004, 2306, 2307 f.: § 812 Abs. 1 S. 1 1. Alt. hinsichtlich überzahlter Zinsen; a. A. OLG Dresden WM 2001, 1854 und W/E/R-*von Rottenburg* § 6 VerbrKrG Rdn. 41 sowie Staudinger/Kessal-*Wulf* § 494 Rdn. 33: kein Informationsbedürfnis bei bereits bestellter Sicherheit.

[1073] Bamberger/Roth-*Möller/Wendehorst* § 494 Rdn. 13.

[1074] Müko-*Ulmer* § 6 VerbrKrG Rdn. 24, 28 und 4. Aufl., § 494 Rdn. 29 a. E.

[1075] Vgl. Müko-*Ulmer,* 4. Aufl., § 494 Rdn. 34 a. E.

[1076] Erman-*Saenger* § 502 Rdn. 3 und § 492 Rdn. 4, 6.

b) Vollmacht

Die Vollmacht zum Abschluss eines Teilzahlungsgeschäfts kann – in Ermangelung einer § 492 Abs. 4 entsprechenden Vorschrift – formlos erteilt werden.[1077] 215

c) Zahlungsaufschub

Der jetzt in § 499 Abs. 1 gesondert genannte Zahlungsaufschub wurde in § 4 Abs. 1 S. 5 Nr. 2 als Fall des Teilzahlungsgeschäfts eingeordnet und den entsprechenden Pflichtangaben aus § 4 Abs. 1 S. 4 Nr. 2 a–f unterworfen.[1078] 216

Beim einfachen Zahlungsaufschub, bei dem der geschuldete Betrag nach Fristablauf auf einmal zu zahlen ist, wendet die h.L. § 502 Abs. 1 in Fortführung des bisherigen Rechts analog an.[1079]

Ein Zahlungsaufschub liegt nach § 499 Abs. 1 jedoch nur vor, wenn das Entgelt für die gelieferte Ware oder die erbrachte Leistung in mindestens einem zusätzlichen Betrag mehr als drei Monate nach der eigentlichen Fälligkeit zu zahlen und dieser Aufschub entgeltlich ist.[1080] 217

d) Fernabsatzgeschäfte

Wurde das Teilzahlungsgeschäft im Fernabsatz (bis zum 31. 12. 2001 im Versandhandel, § 8 VerbrKrG) geschlossen, greift die Sonderregelung des § 502 Abs. 2 ein, die §§ 492 Abs. 1 S. 1–4 und 492 Abs. 3 für unanwendbar erklärt (s. o. E. Rdn. 41 ff.). Bei finanzierten Teilzahlungsgeschäften sind §§ 358, 359 mit den dortigen Voraussetzungen einschlägig. 218

2. Notwendige Angaben bei Teilzahlungsgeschäften (§ 502 Abs. 1 Nr. 1–6)

Folgende Angaben sind bei Teilzahlungsgeschäften erforderlich:

a) Barzahlungspreis (§ 502 Abs. 1 Nr. 1)

aa) Kaufvertrag, Werk- und Dienstvertrag

Barzahlungspreis ist der Betrag, den der Käufer bzw. Besteller zu entrichten hätte, wenn der Preis bei der Übergabe der Sache in voller Höhe fällig wäre.[1081] 219

1077 Erman-*Saenger* § 502 Rdn. 3; Staudinger/Kessal-*Wulf* § 501 Rdn. 1.

1078 Vgl. Müko-*Habersack* § 4 VerbrKrG Rdn. 28.

1079 Bamberger/Roth-*Möller/Wendehorst* § 502 Rdn. 3; Palandt-*Putzo* § 499 Rdn. 7.

1080 *Bülow* § 499 Rdn. 19, 30, 61, 100, 105; Müko-*Ulmer* § 4 VerbrKrG Rdn. 28, 55 und § 1 VerbrKrG Rdn. 68, 72; Müko-*Habersack* § 499 Rdn. 9, 12, 33; W/E/R-*von Rottenburg* § 4 VerbrKrG Rdn. 159 und § 1 VerbrKrG Rdn. 158.

1081 Bamberger/Roth-*Möller/Wendehorst* § 502 Rdn. 5; Erman-*Saenger* § 502 Rdn. 5; Müko-*Habersack* § 502 Rdn. 4; W/E/R-*von Rottenburg* § 4 VerbrKrG Rdn. 163; *Grziwotz* MDR 1997, 433.

220 Bei Erbringung einer Werk- oder Dienstleistung kommt es auf die Vergütung an, die der Verbraucher zum gesetzlichen Fälligkeitszeitpunkt (§§ 641, 646, 614) zu entrichten hätte.[1082]

bb) Ausschließlich abgeschlossene Teilzahlungsgeschäfte

221 Erbringt der Unternehmer seine konkrete Leistung ausschließlich gegen Teilzahlung, was im Bestreitensfall von ihm zu beweisen ist,[1083] entfällt die Pflicht zur Angabe des Barzahlungspreises, § 502 Abs. 1 S. 2. Dies gilt auch, wenn der Darlehensgeber Bargeschäfte ebenfalls zum Teilzahlungspreis abschließt oder wenn er hinsichtlich anderer Waren Bargeschäfte zum Barzahlungspreis tätigt.[1084]

222 Der Barzahlungspreis muss in diesen Fällen selbst dann nicht angegeben werden, wenn der Darlehensgeber für den Fall auf den „Listenpreis“ Skonto gewährt, dass der Verbraucher bar bezahlt.[1085]

223 Wie sich aus §§ 502 Abs. 1 S. 2, 504 S. 2 ergibt, wird die Entgeltlichkeit allerdings vermutet. Nach h.M. gilt diese Entgeltlichkeitsvermutung in allen Fällen, in denen ein Unternehmer einem Verbraucher von vornherein einen Zahlungsaufschub gewährt, wenn der Barzahlungspreis nicht identisch ist.[1086]

224 Jedenfalls wenn in der schriftlichen Urkunde nicht klargestellt wird, dass Barzahlungspreis und Teilzahlungspreis identisch sind, ist der Darlehensgeber mit dem Einwand ausgeschlossen, bei einem ausschließlichen Angebot zum Teilzahlungspreis fehle es an der Entgeltlichkeit des Zahlungsaufschubs, so dass §§ 499, 502 überhaupt nicht anzuwenden seien.[1087]

225 Wird in der Vertragserklärung des Verbrauchers der Teilzahlungspreis nicht genannt, kommt der Vertrag nach § 502 Abs. 3 S. 3 mit Übergabe der Sache oder Leistungserbringung zum Barzahlungspreis zustande.[1088]

[1082] Bamberger/Roth-*Möller/Wendehorst* § 502 Rdn. 5; Erman-*Saenger* § 502 Rdn. 5; abw. Müko-*Ulmer* § 4 VerbrKrG Rdn. 57 und Müko-*Habersack* § 502 Rdn. 4: Betrag anzugeben, den der Werkunternehmer, Dienstleister o.a. ohne Kreditierung üblicherweise fordert.

[1083] Erman-*Saenger* § 502 Rdn. 15; Staudinger/Kessal-*Wulf* § 502 Rdn. 1.

[1084] *Bülow* § 502 Rdn. 13; Bamberger/Roth-*Möller/Wendehorst* § 502 Rdn. 9; Müko-*Ulmer* § 4 VerbrKrG Rdn. 69 und Müko-*Habersack* § 502 Rdn. 14.

[1085] *Bülow* § 502 Rdn. 13; Erman-*Saenger* § 502 Rdn. 15; Müko-*Ulmer* § 4 VerbrKrG Rdn. 61 und Müko-*Habersack* § 502 Rdn. 15; Staudinger/Kessal-*Wulf* § 4 VrbrKrG Rdn. 77 und § 502 Rdn. 11 a.E.

[1086] Erman-*Saenger* § 502 Rdn. 15; Müko-*Habersack* § 502 Rdn. 16, § 499 Rdn. 9: unwiderlegliche Entgeltlichkeitsvermutung; Staudinger/Kessal-*Wulf* § 502 Rdn. 11 a.E.: widerlegliche Vermutung.

[1087] *Bülow* § 502 Rdn. 13; Müko-*Ulmer* § 4 VerbrKrG Rdn. 70 und Müko-*Habersack* § 502 Rdn. 16; Erman-*Saenger* § 502 Rdn. 6, 15.

[1088] *Bülow* § 502 Rdn. 12.

cc) Umsatzsteuer und Skonti

In den Barzahlungspreis einzubeziehen sind auch die Umsatzsteuer, nicht aber ein Skontoabzug bei Barzahlung innerhalb bestimmter Fristen, und zwar auch bei einer Vorsteuerabzugsberechtigung des Darlehensnehmers.[1089] **226**

b) Teilzahlungspreis (§ 502 Abs. 1 Nr. 2)

Der Teilzahlungspreis ist in § 502 Abs. 1 Nr. 2 (vormals § 4 Abs. 1 S. 4 Nr. 2b VerbrKrG) definiert. Bei der Berechnung sind alle vertraglich vereinbarten Ansprüche des Darlehensgebers (Unternehmers) einzubeziehen, insbesondere Kosten, Gebühren, Spesen, Provisionen, durch die Finanzierung anfallende Versicherungsprämien, die Mehrwertsteuer, der auf die Gesamtbelastung anzurechnende Wert einer in Zahlung genommenen Sache, im Gegensatz zu § 492 Abs. 1 S. 5 Nr. 2 auch eine Anzahlung, nicht dagegen z.B. Porti, Fracht, Überweisungs- und Rechtsverfolgungskosten und andere unabhängig von der Finanzierung anfallende Kosten.[1090] **227**

c) Teilzahlungen (§ 502 Abs. 1 Nr. 3)

Ebenso wie gem. § 1a Abs. 1 S. 2 AbzG und gem. § 4 Abs. 1 S. 4 Nr. 2c VerbrKrG ist in der Vertragsurkunde ein Teilzahlungsplan zu erstellen, der die geschuldeten Raten nach Betrag, Anzahl und Fälligkeit nennt. Die einzelnen Raten sind in ihrer absoluten Höhe auszurechnen, die Angabe der Raten in Bruchteilen des Teilzahlungspreises genügt ebenso wenig wie die Aufgliederung der einzelnen Raten in ihre Bestandteile ohne Nennung der Summe.[1091] **228**

Eine Teilzahlung liegt auch dann vor, wenn sich der Verbraucher zu einer *einmaligen* Abschlusszahlung verpflichtet hat.[1092] **229**

d) Effektiver Jahreszins (§ 502 Abs. 1 Nr. 4)

Hier gelten die Ausführungen zu § 492 Abs. 1 S. 5 Nr. 5 entsprechend (oben 2. Teil, E. Rdn. 133ff.).

In entsprechender Anwendung des § 492 Abs. 1 S. 5 Nr. 5 müssen auch der anfängliche effektive Jahreszins und die Voraussetzungen, unter denen **230**

1089 OLG Karlsruhe WM 1998, 2156, 2157; *Bülow* § 502 Rdn. 15, 16; Erman-*Saenger* § 502 Rdn. 5, 7; Müko-*Ulmer* § 4 VerbrKrG Rdn. 58 und Müko-*Habersack* § 502 Rdn. 5; Staudinger/Kessal-*Wulf* § 502 Rdn. 2, 6.

1090 Müko-*Ulmer* § 4 VerbrKrG Rdn. 60, 61; Müko-*Habersack* § 502 Rdn. 8: einzubeziehen sind Kosten, Gebühren, Provisionen, USt., nicht jedoch Porti, Frachten, Verzugszinsen, Rechtsverfolgungskosten u.a.; W/E/R-*von Rottenburg* § 4 VerbrKrG Rdn. 168, 169: zusätzlich Porti anzugeben; *Bülow* § 502 Rdn. 18: einschließlich Umsatzsteuer, Anzahlung, Kosten einer Restschuldversicherung.

1091 *Bülow* § 502 Rdn. 22.

1092 Müko-*Habersack* § 502 Rdn. 9 und § 499 Rdn. 8, 37.

preisbestimmende Faktoren geändert werden können, in der Vertragsurkunde angegeben werden.[1093]

231 Die Angabe des effektiven Jahreszinses und des anfänglichen effektiven Jahreszinses ist jedoch gem. § 502 Abs. 1 S. 2 entbehrlich, wenn der Unternehmer nur gegen Teilzahlungen liefert bzw. Leistungen erbringt.[1094] Dasselbe gilt auch für Finanzierungsleasingverträge mit Erwerbsoption.[1095]

e) Versicherungskosten (§ 502 Abs. 1 Nr. 5)

232 Wie im Rahmen des § 492 Abs. 1 S. 5 Nr. 6 (vgl. E. Rdn. 146ff.) ist in § 502 Abs. 1 Nr. 5 die Angabe von Versicherungskosten in der Vertragserklärung erforderlich.

f) Sicherheiten (§ 502 Abs. 1 Nr. 6)

233 Entsprechend der Regelung bei den Verbraucherdarlehensverträgen (§ 492 Abs. 1 S. 5 Nr. 7, vgl. E. Rdn. 155ff.) müssen auch die zu bestellenden Sicherheiten angegeben werden.

234 Anzugeben ist insbesondere die Vereinbarung eines Eigentumsvorbehalts oder einer Sicherungsübereignung. Fehlt die Angabe, ist der Darlehensvertrag wirksam, die Sicherheit kann dann jedoch gem. § 502 Abs. 3 S. 5 nicht gefordert werden. Bei einem bereits vollzogenen Eigentumsvorbehalt hat der Verbraucher nach verbreiteter Ansicht Anspruch auf bedingungslose Übereignung.[1096] Da dem Verbraucher mangels wirksamer obligatorischer EV-Abrede grundsätzlich nur ein Anspruch auf Leistung Zug um Zug gegen Zahlung des Kaufpreises zusteht, kann er nach u. E. zutreffender Auffassung selbst bei fehlender EV-Abrede weder nach § 433 Abs. 1 S. 1 noch nach § 812 Abs. 1 die unbedingte Übereignung bzw. den Verzicht auf den Eigentumsvorbehalt verlangen.[1097]

3. Rechtsfolgen fehlender oder fehlerhafter Pflichtangaben bei Teilzahlungsgeschäften (§ 502 Abs. 3)

a) Nichtigkeit des Teilzahlungsgeschäfts

235 Nach der gegenüber §§ 125, 139 vorrangigen Sonderregelung des § 502 Abs. 3 S. 1, der Parallelvorschrift zu § 494 Abs. 2 S. 1, ist der Darlehensvertrag (Teilzahlungsgeschäft) nichtig, wenn die Schriftform des § 492 Abs. 1

[1093] Bamberger/Roth-*Möller/Wendehorst* § 502 Rdn. 7; *Bülow* § 502 Rdn. 23; Erman-*Saenger* § 502 Rdn. 12; W/E/R-*von Rottenburg* § 4 VerbrKrG Rdn. 174.

[1094] Vgl. Erman-*Saenger* § 502 Rdn. 12; Müko-*Habersack* § 502 Rdn. 14, 15; Staudinger/Kessal-*Wulf* § 502 Rdn. 11; s. o. E. Rdn. 221ff.

[1095] *Bülow* § 502 Rdn. 25 und § 500 Rdn. 38; vgl. BGH WM 2001, 2162.

[1096] *Bülow* § 502 Rdn. 27; Bamberger/Roth-*Möller/Wendehorst* § 502 Rdn. 22.

[1097] Müko-*Habersack* § 502 Rdn. 36 a. E. m. w. N.; W/E/R-*von Rottenburg* § 6 VerbrKrG Rdn. 58, 59; Staudinger/Kessal-*Wulf* § 6 VerbrKrG Rdn. 42 und § 502 Rdn. 20.

S. 1–4 nicht eingehalten ist oder wenn eine der in § 502 Abs. 1 Nr. 1–5 vorgeschriebenen Angaben fehlt.

b) Unrichtige Angaben

Dem Fehlen einer Mindestangabe ist eine nur unrichtige Angabe nicht ohne weiteres gleichzustellen, nach umstrittener Ansicht wohl aber ggf. eine unverständliche oder inhaltlich nicht hinreichend differenzierte Angabe.[1098] Nach zutreffender Ansicht[1099] ist eine Gleichstellung nach dem Wortlaut des Gesetztes nicht zu begründen. Bei unrichtigen Angaben kommen jedoch Schadensersatzanspruch des Verbrauchers aus c.i.c. bzw. §§ 311 Abs. 2, 280 Abs. 1 in Betracht. **236**

Für die Teilzahlungsgeschäfte gelten im Einzelnen folgende Rechtsfolgen bei fehlenden oder fehlerhaften Pflichtangaben:

c) Heilung im Umfang erbrachter Leistungen (§ 502 Abs. 3 S. 2)

Gem. § 502 Abs. 3 S. 2 werden Formmängel – einschließlich solcher, die sich aus der Nichteinhaltung der Schriftform ergeben[1100] – von Teilzahlungsgeschäften geheilt und diese mit Wirkung ex nunc gültig, wenn dem Verbraucher die Sache übergeben oder wenn die Leistung erbracht wird. **237**

Übergabe liegt vor, wenn der Unternehmer die tatsächliche Sachherrschaft aufgegeben und der Verbraucher sie auf Veranlassung des Unternehmers erlangt hat, §§ 929 S. 1, 854.[1101] **238**

Die Vereinbarung eines Besitzmittelungsverhältnisses (§§ 930, 868) genügt nach h.M. nicht, weil der Veräußerer dabei nicht jede besitzrechtliche Position aufgibt.[1102] **239**

Dagegen soll die Abtretung des Herausgabeanspruchs gem. §§ 929 S. 1, 931 nach h.M. ausreichen,[1103] jedenfalls wenn der erneute Abschlusswille des Verbrauchers bei Abtretung des Herausgabeanspruchs zum Ausdruck kommt.[1104] **240**

[1098] Bamberger/Roth-*Möller/Wendehorst* § 502 Rdn. 19; Müko-*Habersack* § 502 Rdn. 38 und Müko-*Ulmer* § 494 Rdn. 12: grob unrichtige und fehlende vertragswesentliche sind fehlenden Angaben gleichzustellen, aber auch Schadensersatzansprüche des Verbrauchers möglich.

[1099] *Bülow* § 494 Rdn. 39 und Staudinger/Kessal-*Wulf* § 494 Rdn. 29 a.E. sowie W/E/R-*von Rottenburg* § 6 VerbrKrG Rdn. 26; s.o. E. Rdn. 163–165.

[1100] Erman-*Saenger* § 502 Rdn. 25.

[1101] Bamberger/Roth-*Möller/Wendehorst* § 502 Rdn. 20.

[1102] Bamberger/Roth-*Möller/Wendehorst* § 502 Rdn. 20; Staudinger/Kessal-*Wulf* § 6 VerbrKrG Rdn. 25 und § 502 Rdn. 13; Müko-*Ulmer* § 6 VerbrKrG Rdn. 33, 34 und Müko-*Habersack* § 502 Rdn. 30; W/E/R-*von Rottenburg* § 6 VerbrKrG Rdn. 46; differenzierend *Bülow* § 502 Rdn. 42.

[1103] Müko-*Ulmer* § 6 VerbrKrG Rdn. 33, 34 und Müko-*Habersack* § 502 Rdn. 30; W/E/R-*von Rottenburg* § 6 VerbrKrG Rdn. 46; a.A. Bamberger/Roth-*Möller/Wendehorst* § 502 Rdn. 20 m.w.N.; Palandt-*Putzo* § 502 Rdn. 14.

[1104] BGH NJW 1977, 1632f.; *Bülow* § 502 Rdn. 42.

241 Dies ist der Fall, wenn die Parteien nachträglich die Eigentumsverschaffung gem. §§ 929 S. 1, 931 vereinbaren, nicht jedoch, wenn die Abtretung lediglich im ursprünglichen und nichtigen Vertrag vorgesehen war oder der Verbraucher, ohne die Tragweite erneuter Verhandlungen zu erkennen, überrumpelt wird.[1105]

242 Werk- und Dienstleistungen müssen zum Eintritt der Heilung gem. § 502 Abs. 3 S. 2 tatsächlich erbracht und vom Verbraucher als Leistung auf den (formnichtigen) Vertrag anerkannt worden sein.[1106]

243 Der Verbraucher ist jedoch berechtigt, die Erfüllung, d.h. die Abnahme der Sache oder der Leistung, zu verweigern.[1107]

244 Die Darlegungs- und Beweislast für den Eintritt der Heilung trägt der Darlehensgeber.[1108]

245 Die Heilung gem. § 502 Abs. 3 S. 2 erfolgt stets unter dem Vorbehalt eines nach §§ 495 Abs. 1, 501, 355 zu diesem Zeitpunkt ggf. noch möglichen Widerrufs.[1109]

246 Anders als im Rahmen des § 494 Abs. 2 S. 1, wonach eine nur teilweise Heilung des Geschäfts möglich ist, sieht § 502 Abs. 3 S. 2 nur eine Heilung des Teilzahlungsgeschäfts insgesamt vor.[1110]

247 Bei Lieferung mehrerer Sachen bzw. Erbringung mehrerer Leistungen wurde im Rahmen des § 6 Abs. 3 VerbrKrG die Bestimmung des § 469 S. 2 a.F. analog angewandt.[1111] Danach hing die Möglichkeit einer teilweisen Heilung davon ab, ob die Sachen bzw. Leistungen nach dem Parteiwillen zusammengehörten. Traf dies zu, konnte der Darlehensgeber die Teilleistung gem. § 812 Abs. 1 S. 1 herausverlangen, andernfalls musste der Verbraucher die Leistung behalten und hatte einen Anspruch auf die Lieferung bzw. Leistung des restlichen Teils, Zug zum Zug gegen Erbringung der im (nichtigen) Vertrag vereinbarten Gegenleistung.

248 Die – zwischenzeitlich abgeschaffte – Altregelung des § 469 S. 2 a.F. (analog) ist in diesen Fällen nach verbreiteter Ansicht wie vor anzuwenden.[1112] Habersack[1113] gelangt über eine teleologische Auslegung des § 502

[1105] *Bülow* § 502 Rdn. 42; ebenso Staudinger/Kessal-*Wulf* § 6 VerbrKrG Rdn. 25 und § 502 Rdn 13.

[1106] Müko-*Habersack* § 502 Rdn. 31; W/E/R-*von Rottenburg* § 6 VerbrKrG Rdn. 48; *Bülow* § 502 Rdn. 43 und Staudinger/Kessal-*Wulf* § 502 Rdn. 13: tatsächliche Abnahme bzw. Billigung der Werkleistung.

[1107] Erman-*Saenger* § 502 Rdn. 26 a.E.

[1108] *Bülow* § 502 Rdn. 44.

[1109] *Bülow* § 502 Rdn. 40, 45; Erman-*Saenger* § 502 Rdn. 29 a.E.: Widerrufsrecht wird durch die Heilung nicht berührt.

[1110] Vgl. Erman-*Saenger* § 502 Rdn. 27; Müko-*Habersack* § 502 Rdn. 28; Staudinger/Kessal-*Wulf* § 502 Rdn. 15.

[1111] Vgl. W/E/R-*von Rottenburg* § 6 VerbrKrG Rdn. 44; Müko-*Ulmer* § 6 VerbrKrG Rdn. 32.

[1112] *Bülow* § 502 Rdn. 47; Bamberger/Roth-*Möller/Wendehorst* § 502 Rdn. 20 a.E.

[1113] Müko-*Habersack* § 502 Rdn. 28; im Erg. auch Staudinger/Kessal-*Wulf* § 502 Rdn. 15 a.E.

Abs. 3 S. 2 letztlich zum gleichen Ergebnis. Die Einschränkung des § 502 Abs. 3 S. 2, wonach die Heilung erst bei *vollständiger* Lieferung eintritt, entspreche bei einer Teilerfüllung nämlich nicht ohne weiteres dem Interesse des Verbrauchers, aber auch nicht demjenigen des Unternehmers. Daher sei insoweit grundsätzlich von der Gültigkeit des Vertrages bezüglich der erbrachten Teilleistung oder Teillieferung auszugehen. Entsprechend den zu § 323 Abs. 5 entwickelten Grundsätzen bleibe es aber bei der Formnichtigkeit nach § 502 Abs. 3 S. 1, wenn das Festhalten an der Teilerfüllung für den Verbraucher ohne Interesse oder für den Unternehmer nicht zumutbar sei.

d) Fehlende Angabe des Teilzahlungspreises oder des effektiven Jahreszinses (§ 502 Abs. 3 S. 3)

Werden bei finanzierten Kauf-, Werk-, Dienstleistungs- oder sonstigen Verträgen, nach h.M. einschließlich eines gewährten Zahlungsaufschubs (§ 499 Abs. 1) der Teilzahlungspreis oder der effektive Jahreszins (§ 502 Abs. 1 Nr. 2, Nr. 4) bzw. der anfängliche effektive Jahreszins (s.o. E. Rdn. 133ff.) nicht genannt, schuldet der Verbraucher den höchstens mit dem gesetzlichen Zinssatz (gem. § 246: 4% p.a., gem. § 352 HGB 5% p.a.) zu verzinsenden Barzahlungspreis gem. § 502 Abs. 1 Nr. 1.[1114] **249**

Die Verzinsung richtet sich dabei streng genommen nicht nach dem Barzahlungspreis, sondern nach der tatsächlich kreditierten Summe, d.h. eine Anzahlung muss bei der Berechnung des Teilzahlungspreises abgezogen werden.[1115] **250**

Allerdings ist die Angabe des effektiven Jahreszinses bzw. des anfänglichen effektiven Jahreszinses nicht erforderlich – es bedarf dann keiner Anwendung des § 502 Abs. 3 –, wenn der Darlehensgeber (Unternehmer) seine entsprechenden Leistungen ausschließlich gegen Teilzahlung erbringt (§ 502 Abs. 1 S. 2). Dann genügt die Angabe des Teilzahlungspreises gem. § 502 Abs. 1 Nr. 2.[1116] **251**

e) Zu niedrige Angabe des effektiven Jahreszinses (§ 502 Abs. 3 S. 6)

Bei unrichtiger – zu niedriger – Angabe des effektiven Jahreszinses eines Teilzahlungsgeschäfts vermindert sich – wie im Rahmen der §§ 492 Abs. 1 S. 5 Nr. 5, 494 Abs. 3 – auch hier der Teilzahlungspreis um die „absolute" Differenz zwischen dem angegebenen und dem korrekt nach § 6 PAV berechneten Effektivzins.[1117] **252**

[1114] Vgl. Erman-*Saenger* § 502 Rdn. 31; Müko-*Habersack* § 502 Rdn. 33; W/E/R-*von Rottenburg* § 6 VerbrKrG Rdn. 51, 53; *Bülow* § 502 Rdn. 49, 50.

[1115] Bamberger/Roth-*Möller/Wendehorst* § 503 Rdn. 21; *Bülow* § 502 Rdn. 50; Müko-*Habersack* § 502 Rdn. 33.

[1116] Erman-*Saenger* § 502 Rdn. 15; Müko-*Ulmer* § 6 VerbrKrG Rdn. 36 und Müko-*Habersack* § 502 Rdn. 14, 15; s.o. E. Rdn. 221ff.

[1117] *Bülow* § 502 Rdn. 56, 57; Erman-*Saenger* § 502 Rdn. 37, 38 im Anschluss an LG

253 Im obigen Beispiel (s.o. Rdn. 195f.) wäre ein angegebener Teilzahlungspreis um die errechnete Zinsdifferenz von 3% auf 97% zu kürzen.

254 Weiteres Beispiel (nach Erman-*Saenger* § 502 Rdn. 37):

Der effektive Jahreszins aus dem Teilzahlungspreis von 2400 Euro beträgt tatsächlich 8% p.a., ist jedoch in der Vertragsurkunde mit 6% p.a. angegeben. Nach § 502 Abs. 3 S. 6 ist der Teilzahlungspreis um 2% von 2400 Euro, also um 48 Euro auf 2352 Euro zu kürzen.

255 Nach h.M. ist die Minderung jedoch nur bis zur Höhe des mit dem gesetzlichen Zinssatz verzinsten Barzahlungspreises möglich.[1118]

256 Denn der Käufer darf durch die Angabe des falschen effektiven Jahreszinses nicht besser gestellt werden als er bei einem Barkauf stehen würde.[1119]

257 Wird der effektive Jahreszins bei einem finanzierten Teilzahlungsgeschäft (vgl. § 358 Abs. 3) falsch angegeben, so ist der Nominalzins des Verbraucherdarlehens herabzusetzen. Der neue Teilzahlungspreis muss dann ausgerechnet werden, ist aber nicht um die absolute Zinsdifferenz zwischen richtigem und falsch angegebenem effektiven Jahreszins zu vermindern.[1120]

258 Nach h.M. steht dem Verbraucher in analoger Anwendung des § 494 Abs. 2 S. 4 – entsprechend der früheren Rechtslage zu § 1a AbzG – ein Wahlrecht zu, die neu berechneten, niedrigeren Zinsen im Rahmen der vereinbarten Laufzeit oder die Raten nach der ursprünglich vereinbarten Höhe und Fälligkeit unter Verkürzung der Gesamtlaufzeit zu entrichten.[1121]

259 Daneben hat der Verbraucher einen Anspruch auf die Neuberechnung des Zinssatzes bzw. der dann kürzeren Gesamtlaufzeit durch den Darlehensgeber.[1122]

260 Überzahlte Zinsen kann der Verbraucher aus § 812 Abs. 1 S. 1 BGB kondizieren.[1123]

Stuttgart WM 1993, 208: Toleranz bis 0,05%; Müko-*Ulmer* § 6 VerbrKrG Rdn. 45 und Müko-*Habersack,* 4. Aufl., § 502 Rdn. 37; Palandt-*Putzo* § 502 Rdn. 19; W/E/R-*von Rottenburg* § 6 VerbrKrG Rdn. 69, 70.

[1118] Bamberger/Roth-*Möller/Wendehorst* § 502 Rdn. 23; Staudinger/Kessal-*Wulf* § 502 Rdn. 22; Palandt-*Putzo* § 502 Rdn. 19; Müko-*Habersack,* 4. Aufl., § 502 Rdn. 37: sofern der Teilzahlungspreis nicht niedriger ist; W/E/R-*von Rottenburg* § 6 VerbrKrG Rdn. 67, 71; differenzierend *Bülow* § 502 Rdn. 50, 57: Barzahlungspreis darf nicht unterschritten werden, Unterschreitung des gesetzlichen Zinssatzes bleibt dagegen möglich.

[1119] W/E/R-*von Rottenburg* § 6 VerbrKrG Rdn. 67, 71.

[1120] *Bülow* § 502 Rdn. 59.

[1121] *Bülow* § 502 Rdn. 51, 58 und § 494 Rdn. 61; Müko-*Habersack,* 4. Aufl., § 502 Rdn. 33 a.E.; Müko-*Ulmer* § 494 Rdn. 31; s.o. E. Rdn. 203ff., 199.

[1122] BGH NJW-RR 2005, 483, 484 = WM 2004, 2306, 2307 zu § 6 Abs. 2 S. 2 VerbrKrG; *Bülow* § 502 Rdn. 51; Müko-*Ulmer* § 494 Rdn. 31.

[1123] BGH WM 2004, 2306, 2397; WM 2001, 2379, 2381; *Bülow* § 502 Rdn. 51 a.E.

f) Fehlen des Barzahlungspreises (§ 502 Abs. 3 S. 4)

Ist ein Barzahlungspreis nicht genannt, so ist gem. § 502 Abs. 1 S. 4 im Zweifel der Marktpreis zugrunde zu legen, wobei diese Vermutung von beiden Teilen widerlegt werden kann.[1124] Dies gilt entsprechend, wenn der Darlehensgeber nur Verträge auf Teilzahlungsbasis (vgl. § 502 Abs. 1 S. 2) schließt.[1125] **261**

g) Nicht angegebene Sicherheiten (§ 502 Abs. 3 S. 5)

Wie bei Verbraucherdarlehensverträgen (§ 494 Abs. 2 S. 6, vgl. E. Rdn. 208ff.) kann der Darlehensgeber nicht angegebene Sicherheiten, insbesondere einen in der Vertragserklärung nicht angegebenen Eigentumsvorbehalt, nicht verlangen, § 502 Abs. 3 S. 5. Die Grenze von 50000,00 € (§ 494 Abs. 2 S. 6) gilt im Rahmen des § 502 Abs. 3 S. 5 jedoch nicht. **262**

Ein in der Vertragsurkunde nicht erwähnter Eigentumsvorbehalt, den der Darlehensgeber bei der Übergabe durch eine nur aufschiebend bedingte Einigung durchgesetzt hat (§§ 929, 158 Abs. 1), entfaltet zwar zunächst dingliche Wirkung, jedoch kann der Verbraucher nach verbreiteter Meinung auf schuldrechtlicher Ebene weiterhin die unbedingte Übereignung, d.h. die Aufhebung der Bedingung verlangen.[1126] **263**

Nach zutreffender Ansicht[1127] hat der Verbraucher mangels wirksamer anderweitiger Abrede nur einen Anspruch auf Eigentumsübertragung Zug um Zug gegen Kaufpreiszahlung. **264**

An den Darlehensgeber trotz fehlender Angaben geleistete Sicherheiten können nach h.M. vom Verbraucher gem. § 812 Abs. 1 S. 1 1. Alt. kondiziert werden (s.o. E. Rdn. 210, 211).[1128] **265**

Teilweise wird angenommen, dass der Darlehensgeber trotz Formnichtigkeit des Teilzahlungsvertrages nach § 502 Abs. 3 S. 1 dennoch Anspruch **266**

[1124] Bamberger/Roth-*Möller/Wendehorst* § 502 Rdn. 21: bei Sonderaktionen vom Verbraucher; Erman-*Saenger* § 502 Rdn. 32; Staudinger/Kessal-*Wulf* § 502 Rdn. 11.

[1125] *Bülow* § 502 Rdn. 12, 52; Bamberger/Roth-*Möller/Wendehorst* § 502 Rdn. 21; Müko-*Ulmer* § 6 VerbrKrG Rdn. 38a; differenzierend W/E/R-*von Rottenburg* § 6 VerbrKrG Rdn. 56.

[1126] Bamberger/Roth-*Möller/Wendehorst* § 502 Rdn. 22; *Bülow* § 502 Rdn. 54; Erman-*Saenger* § 502 Rdn. 33: Unternehmer bleibt ungesichert, selbst wenn sich der Verbraucher nachträglich auf eine Übereignung unter EV einlässt.

[1127] Müko-*Ulmer* § 6 VerbrKrG Rdn. 39 und Müko-*Habersack* § 502 Rdn. 36; W/E/R-*von Rottenburg* § 6 VerbrKrG Rdn. 58, 59; ebenso Staudinger/Kessal-*Wulf* § 6 VerbrKrG Rdn. 42 und § 502 Rdn. 20: kein Anspruch auf unbedingte Übereignung.

[1128] *Bülow* § 494 Rdn. 67; Bamberger/Roth-*Möller/Wendehorst* § 494 Rdn. 13; § 813 Abs. 1 S. 1; Müko-*Ulmer* § 6 VerbrKrG Rdn. 28, 39 und § 494 Rdn. 33; offen gelassen von BGH WM 2002, 380, 381; a.A. OLG Dreden WM 2001, 1854, 1858; W/E/R-*von Rottenburg* § 6 VerbrKrG Rdn. 41, 57; Staudinger/Kessal-*Wulf* § 6 VerbrKrG Rdn. 37 und § 494 Rdn. 33: kein Anspruch aus §§ 812, 813.

auf Bestellung der Sicherheit hat, wenn der Nettokreditvertrag entsprechend § 494 Abs. 2 S. 6 € 50000,00 übersteigt.[1129]

267 Es ist jedoch nicht ersichtlich, dass ein Redaktionsversehen des Gesetzgebers, dem die Problematik aus § 6 Abs. 2 S. 6 bekannt war, vorliegen würde. Eine planwidrige Regelungslücke, die die analoge Anwendung des § 494 Abs. 2 S. 6 rechtfertigen würde, kann deshalb nach u.E. zutreffender Ansicht ausgeschlossen werden.[1130]

h) Nicht angegebene Versicherungskosten (§ 494 Abs. 2 S. 3 analog)

268 § 502 Abs. 3 normiert im Gegensatz zu § 494 Abs. 2 S. 3 keine Sanktion bei fehlenden Angaben von Versicherungskosten, insbesondere Kreditkosten. Da eine unterschiedliche Behandlung hier nicht zu rechtfertigen ist, wendet die h.M. hier § 494 Abs. 2 S. 3 analog an.[1131]

i) Fehlende Angabe von Betrag, Zahl und Fälligkeit der einzelnen Teilzahlungen (§ 502 Abs. 1 Nr. 3)

269 Werden Betrag, Zahl und/oder Fälligkeiten der einzelnen Raten nicht gem. § 502 Abs. 1 Nr. 3 angegeben, haben sich die Parteien nach einer Ansicht über vertragswesentliche Punkte des Darlehens nicht geeinigt, der Vertrag wäre danach im Zweifel gem. §§ 154, 155 nichtig und nach §§ 812 Abs. 1 S. 1, 818 Abs. 2, Abs. 3 rückabzuwickeln.[1132]

270 Nach richtiger Auffassung verbindet sich mit der Nicht- oder Falschangabe von Betrag, Zahl und Fälligkeit der Teilzahlungen (§ 502 Abs. 1 Nr. 3) keine über die Rechtsfolgen des § 502 Abs. 3 hinausgehende, ihrerseits unter dem Vorbehalt der Heilung stehende Sanktion.[1133] Entsprechend § 502 Abs. 1 S. 3, S. 4 hat der Verbraucher hat dann aber nur den mit 4% (§ 246) zu verzinsenden Barzahlungspreis innerhalb der vereinbarten Zeit zu entrichten.[1134]

271 Nach einer dritten Auffassung bleibt die fehlende Angabe des Teilzahlungsplans nach § 502 Abs. 1 Nr. 3 trotz bzw. nach Heilung sanktionslos.[1135]

[1129] W/E/R-von Rottenburg § 6 VerbrKrG Rdn. 57 m.w.N.

[1130] Bamberger/Roth-*Möller/Wendehorst* § 502 Rdn. 22 Fn. 32; Staudinger/Kessal-*Wulf* § 502 Rdn 20.

[1131] Bamberger/Roth-*Möller/Wendehorst* § 502 Rdn. 21; Müko-*Habersack* § 502 Rdn. 38; Staudinger/Kesal-*Wulf* § 502 Rdn. 17; W/E/R-*von Rottenburg* § 6 VerbrKrG Rdn. 60; a.A. *Bülow* § 502 Rdn. 48: fehlende Angabe sanktionslos.

[1132] W/E/R-*von Rottenburg* § 6 VerbrKrG Rdn. 61 m.w.N.

[1133] Müko-*Habersack*, 4. Aufl., § 502 Rdn. 38; auch *Bülow* § 502 Rdn. 48: keine Nichtigkeit nach §§ 154, 155.

[1134] Müko-*Ulmer* § 6 VerbrKrG Rdn. 40, 36, 26.

[1135] *Bülow* § 502 Rdn. 48.

k) Fehlen übriger Angaben

Im Übrigen bleibt auch im Fall der Heilung nach § 502 Abs. 3 die Unvollständigkeit oder Unrichtigkeit der nach § 502 Abs. 1 Nr. 1–6 erforderlichen Angaben sanktionslos.[1136] 272

4. Freistellung für Fernabsatzgeschäfte (§ 502 Abs. 2 i. V. m. §§ 492 Abs. 1 S. 1–4, 492 Abs. 3)

§ 502 Abs. 2 übernimmt die Regelung des § 8 VerbrKrG betreffend Versandhandelsgeschäfte. 273

Erfüllt der Verbraucherdarlehensvertrag bzw. das Teilzahlungsgeschäft die Voraussetzungen eines Fernabsatzvertrages nach § 312b Abs. 1 (s. u. 4. Teil, B. Rdn. 12ff., 42ff.) und ist die Anwendbarkeit des Fernabsatzgesetzes nicht nach § 312b Abs. 3 Nr. 1–7 ausgeschlossen, so finden die Formerfordernisse des § 492 Abs. 1 S. 1–4 (Schriftform unter Ausschluss der elektronischen Form u. a.), des § 492 Abs. 3 (Pflicht zur Übergabe einer Abschrift der Vertragserklärung an den Verbraucher) und des § 502 Abs. 1 keine Anwendung, wenn die in § 502 Abs. 1 Nr. 1–5 bezeichneten Angaben mit Ausnahme des Betrages der einzelnen Teilzahlungen dem Verbraucher so rechtzeitig in Textform mitgeteilt sind, dass er die Angaben vor Abschluss des Vertrages zur Kenntnis nehmen kann.[1137] 274

„Rechtzeitig" bedeutet „vor Abschluss des Vertrages"[1138] bzw. „innerhalb eines angemessenen Zeitraumes vor Abschluss des Vertrages",[1139] nach weitergehender Auffassung „mindestens einige Tage".[1140] 275

Die bloße Zurverfügungstellung der Angaben auf einer Internet-Seite reicht für das Schriftformerfordernis nach h. M. jedoch nicht aus; der Verbraucher muß die Angaben in „Textform" des § 126b erhalten oder einen tatsächlichen Download vorgenomen haben.[1141] 276

Fehlt eine dieser Angaben, bleibt es beim Schriftformerfordernis nach §§ 501, 492 Abs. 1 S. 1–4 und den Rechtsfolgen nach § 502 Abs. 3.[1142] 277

1136 *Bülow* § 502 Rdn. 48: fehlende Angabe des Teilzahlungsplanes, der Kosten einer Versicherung und des Barzahlungspreises sanktionslos; Müko-*Ulmer* § 6 VerbrKrG Rdn. 11, 40 und Müko-*Habersack*, 4. Aufl., § 502 Rdn. 38.

1137 Vgl. *Bülow* § 502 Rdn. 29, 31, 37; Erman-*Saenger* § 502 Rdn. 16, 17, 21; Müko-*Habersack*, 4. Aufl., § 502 Rdn. 17ff., 25; kritisch Staudinger/Kessal-*Wulf* § 502 Rdn. 25: § 502 Abs. 1 ist richtlinienwidrig.

1138 Erman-*Saenger* § 502 Rdn. 18.

1139 Müko-*Habersack*, 4. Aufl., § 502 Rdn. 24.

1140 Palandt-*Putzo* § 502 Rdn. 11; Bamberger/Roth-*Möller/Wendehorst* § 502 Rdn. 14; hiergegen Müko-*Habersack*, 4. Aufl., § 502 Rdn. 24.

1141 *Bülow* § 502 Rdn. 36; Erman-*Saenger* § 502 Rdn. 20; Müko-*Habersack*, 4. Aufl., § 502 Rdn. 23 a. E.; *Lorenz* NJW 2001, 2230, 2231; a. A. OLG München NJW 2001, 2263 zur überholten Vorgängerregelung des § 8 VerbrKrG und *Steins* WM 2002, 53, 59 m. w. N.

1142 *Bülow* § 502 Rdn. 32, 37; Staudinger/Kessal-*Wulf* § 502 Rdn. 33.

278 Gleiches gilt nach h.M., wenn die nach § 502 Abs. 2 mitzuteilenden Angaben unrichtig wiedergegeben sind.[1143]

279 Leistet der Unternehmer ausschließlich gegen Teilzahlung, so hat er dem Verbraucher gem. § 502 Abs. 1 S. 2, 502 Abs. 2 nur den Teilzahlungspreis, Zahl und Fälligkeit der Raten sowie etwaige Versicherungskosten mitzuteilen.[1144]

F. Das Widerrufsrecht (§ 355 i.V.m. §§ 312 Abs. 1 S. 1, 312d Abs. 1 S. 1, 495, 499 Abs. 1, 500, 501, 505 Abs. 1)

I. Allgemeines

1 Die Regelungen über das Widerrufs- und Rückgaberecht bei Verbraucherverträgen aus §§ 361a, 361b a.F. i.d.F. vom 30. 6. 2000 sind durch das SMG als eigenständiger zweiter Untertitel des 5. Titels im 3. Abschnitt des 2. Buches unter der Überschrift „Widerrufs- und Rückgaberecht bei Verbraucherverträgen" in §§ 355 bis 357 zusammengefasst worden. Mit der Integration auch des VerbrKrG, des HausTWG, des FernAbsG und des TzWrG in das BGB wurde die bereits durch Einfügung der ehemaligen §§ 361a, 361b begonnene Öffnung des BGB für die Vorschriften des Verbraucherschutzes fortgeführt und zu einem vorläufigen Abschluss gebracht.[1145]

2 Die Bestimmungen des § 355ff. sind wie die Vorgängervorschriften der §§ 7 VerbrKrG, 2 HausTWG, 5 TzWrG, 3 Abs. 1 FernAbsG grundsätzlich „halb zwingender Natur", d.h. sie stehen vertraglichen Vereinbarungen nur insoweit entgegen, als sie den Verbraucher belasten, nicht aber, soweit sie ihn begünstigen.[1146]

3 Während dies vor Einführung der §§ 361a, 361b zu den Vorgängervorschriften der §§ 7 VerbrKrG, 2 HausTWG, 5 TzWrG, 3 FernAbsG umstritten[1147] war, ist das Widerrufsrecht nach § 355 wie auch das Rückgaberecht aus § 356 nunmehr nach herrschender Ansicht als ein in seinen

---

[1143] Bamberger/Roth-*Möller/Wendehorst* § 502 Rdn. 16; Müko-*Ulmer* § 8 VerbrKrG Rdn. 22; einschränkend jetzt Müko-*Habersack,* 4. Aufl., § 502 Rdn. 25 a.E.: nur wenn die unrichtigen der fehlenden Angaben wegen Fehlens jeglichen Informationsgehalts gleichstehen; a.A. *Bülow* § 494 Rdn. 39; W/E/R-*von Rottenburg* § 3 VerbrKrG Rdn. 26; *Staudinger* a.a.O.: fehlerhafte Angaben sanktionslos, 99f. Anspruch aus § 311 (c.i.c.).

[1144] Erman-*Saenger* § 502 Rdn. 20.

[1145] Müko-*Ulmer,* 4. Aufl., § 355 Rdn. 1, 6, 8.

[1146] Müko-*Ulmer,* 4. Aufl., § 355 Rdn. 4; Staudinger-*Kaiser* § 361a Rdn. 107 und § 355 Rdn. 65.

[1147] Vgl. BGH NJW 1996, 57f.; *Martis* MDR 1998, 1260; Staudinger-*Kaiser*, 2004, § 355 Rdn. 17 und Staudinger/Kessal-*Wulf,* 2004, § 495 Rdn. 3.

Wirkungen dem Rücktrittsrecht entsprechendes Gestaltungsrecht anzusehen.[1148]

1. Rechtslage bis zum 31. 12. 2001

Das Gesetz über Fernabsatzverträge hatte das Widerrufs- und Rückgaberecht bei Verbraucherverträgen in §§ 361 a, 361 b und die Grundbegriffe des Verbrauchers sowie des Unternehmers mit Wirkung für das VerbrKrG, das HausTWG, das TzWrG und das FernAbsG einheitlich in §§ 13, 14 geregelt. Art. 229 § 2 Abs. 1 EGBGB sah die Anwendung der §§ 361 a, 361 b auf Sachverhalte vor, die nach dem 29. 6. 2000 entstanden sind. Dementsprechend fand das FernAbsG vom 27. 6. 2000 und das TzWrG i. d. F. vom 29. 6. 2000 sowie das FernUSG keine Anwendung auf Verträge, die vor dem 30. 6. 2000 abgeschlossen worden sind (§§ 6 Abs. 1 FernAbsG i. d. F. vom 27. 6. 2000; § 11 S. 2 TzWrG i. d. F. vom 29. 6. 2000; § 27 FernUSG). 4

Die Übergangsregelungen des VerbrKrG und des HausTWG bestimmten, dass diese Gesetze in der bis dahin geltenden Fassung auf Verträge, die vor dem 1. 10. 2000 abgeschlossen worden sind, anzuwenden seien (§ 19 VerbrKrG a. F.; § 9 Abs. 3 HausTWG a. F.). 5

Dies hatte insbesondere Auswirkungen auf den Lauf der Widerrufsfristen bei fehlender oder nicht ordnungsgemäßer Belehrung. § 7 Abs. 1 S. 3 VerbrKrG a. F. sah hierfür eine Frist von einem Jahr, § 2 Abs. 1 S. 4 HausTWG a. F. eine Frist von einem Monat, beginnend mit dem Zeitpunkt der beidseits vollständig erbrachten Leistung vor.[1149] 6

2. Rechtslage seit dem 1. 1. 2002

Das Gesetz zur Modernisierung des Schuldrechts (SMG) hat die §§ 361 a, 361 b mit Wirkung zum 1. 1. 2002 durch die §§ 355, 356, 357 ersetzt.[1150] 7

Gem. Art. 229 § 9 EGBGB (die Nummerierung der zunächst als § 8 bezeichneten Vorschrift ist durch BGBl. 2002, 4410 zwischenzeitlich in § 9 berichtigt worden, vgl. Palandt-Heinrichs Art. 229 § 9 EGBGB Rdn. 1) findet § 358 Abs. 3 S. 2 jedoch nur auf die nach dem 1. 8. 2002 abgeschlossenen 8

[1148] *Bülow* ZIP 1999, 1293, 1294 f. und WM 2000, 2361 f.: „schwebende Wirksamkeit"; *Kamanabrou* WM 2000, 1417, 1418; *Martis/Meinhof* MDR 2004, 4, 5; *Bülow* § 495 Rdn. 34, 37, 41, 42; Erman-*Saenger* § 355 Rdn. 4, 5; auch Bamberger/Roth-*Grothe* § 355 Rdn. 3 und Palandt-*Heinrichs* § 355 Rdn. 3: jedoch kein Bedürfnis für eine neue dogmatische Kategorie „schwebende Wirksamkeit"; für Einordnung als gesetzliches Rücktrittsrecht: *Fuchs* ZIP 2000, 1273, 1281 f.; *Lorenz* JuS 2000, 833, 835 f., 843; *von Koppenfels* WM 2001, 1360, 1361; Müko-*Ulmer* § 355 Rdn. 9, 24, 30, 31, 35; Staudinger-*Kaiser* § 355 Rdn. 18.

[1149] Vgl. zur Rechtslage bis zum 1. 10. 2000 *Martis* MDR 1998, 1260, 1264 und MDR 1999, 198, 202 sowie Vorauflage S. 76 ff. und 220 ff.

[1150] Vgl. Palandt-*Heinrichs* vor § 355 Rdn. 3; Staudinger-*Kaiser* § 355 Rdn. 14, 15.

Haustürgeschäfte und sonstige nach dem 1. 11. 2002 zustande gekommenen anderen Schuldverhältnisse Anwendung.[1151]

9 Grundnorm ist das jetzt in § 355 Abs. 1 bis Abs. 3 geregelte „Widerrufsrecht bei Verbraucherverträgen", das, soweit durch das jeweilige Gesetz zugelassen (vgl. §§ 312 Abs. 1 S. 2, 312d Abs. 1 S. 2, 503 Abs. 1), durch ein in § 356 geregeltes Rückgaberecht ersetzt werden kann. Die Rechtsfolgen des Widerrufs und der Rückgabe werden durch § 357 i.V.m. §§ 346, 347 n.F. geregelt, die Vorschriften über verbundene Verträge und die Einwendungen aus verbundenen Verträgen finden sich jetzt in §§ 358, 359.

10 In den Verbraucher schützenden Blankettnormen wird jeweils auf die §§ 355 bis 359 bzw. die maßgeblichen Teile der Vorschriften verwiesen, so bei den Haustürgeschäften in § 312 Abs. 1, Abs. 2 (Verweisung auf die §§ 355, 356 mit zusätzlichem Erfordernis für die Belehrung zu § 357 Abs. 1, Abs. 3), bei den Fernabsatzverträgen in § 312d Abs. 1 S. 1, Abs. 1 S. 2, 312 Abs. 2 (Verweisung auf §§ 355, 356 mit zusätzlichem Erfordernis für den Beginn der Widerrufsfrist in § 312d Abs. 2), bei den Teilzeit-Wohnrechteverträgen in § 485 Abs. 1, Abs. 2, Abs. 3 (mit dem zusätzlichen Erfordernis der Belehrung über die zu erstattenden Kosten in § 485 Abs. 2 und der Verlängerung der Widerrufsfrist in § 485 Abs. 3 bei Verwendung einer dem §§ 483 Abs. 1 nicht entsprechenden Sprache), im Verbraucherkreditrecht in §§ 495 Abs. 1, 499 Abs. 1, 500, 501, 503 Abs. 1, 505 Abs. 1 S. 1 (bei § 495 Abs. 1 auf § 355, bei § 499 Abs. 1 auf die §§ 358, 359, bei §§ 500, 501 auf die §§ 495, 358, 359, bei § 503 auf § 356, bei § 501 Abs. 1 S. 1 auf § 355).[1152]

11 Gegenüber den uneinheitlichen Regelungen der §§ 361a, 361b i.V.m. §§ 7 VerbrKrG, 2 HausTWG, 3 FernAbsG, 5 TzWrG wurde durch das neue Recht in § 355 Abs. 3 eine einheitliche Frist von sechs Monaten für die Fälle nicht erfolgter bzw. nicht ordnungsgemäß erfolgter Widerrufsbelehrung, der nicht ordentlich erfüllten Informationspflicht nach § 312d Abs. 2 und der fehlenden Angabe nach § 485 Abs. 4 geschaffen. Weiter regelt das neue Recht die Rechtsfolgen des wirksamen Widerrufs grundsätzlich nach den Bestimmungen über den Rücktritt (§ 357 Abs. 1 S. 1 i.V.m. §§ 346ff.), sieht aber abweichend hiervon in engen Grenzen eine Verpflichtung des Verbrauchers zu Wertersatz bei bestimmungsgemäßer Ingebrauchnahme der bezogenen Sache und eine Haftung für zufällig eintretende Unmöglichkeit der Rückgabe vor (§ 357 Abs. 3 S. 1 i.V.m. § 346 Abs. 2 S. 1 Nr. 3 HS 2 n.F., § 357 Abs. 3 S. 3.[1153]

[1151] Erman-*Saenger* vor §§ 355–359 Rdn. 4; Staudinger-*Kaiser* § 355 Rdn. 14–16 und Staudinger/Kessal-*Wulf* § 495 Rdn. 1: neues Recht gilt ab dem 2. 8. bzw. 2. 11. 2002.

[1152] Vgl. *Martis/Meinhof* MDR 2004, 4ff.

[1153] Palandt-*Heinrichs* vor § 355 Rdn. 1, 2 und § 357 Rdn. 10, 13; *Martis/Meinhof* MDR 2004, 4ff.

3. Rechtslage seit dem 2. 8. bzw. 2. 11. 2002

Der EuGH hatte mit Urteil vom 13. Dezember 2001[1154] entschieden, die Haustürgeschäfte-Richtlinie 85/577/EWG sei dahin auszulegen, dass sie auch auf einen in der Haustürsituation zustande gekommenen Realkreditvertrag i.S.d. § 3 Abs. 2 Nr. 2 VerbrKrG (§ 491 Abs. 3 Nr. 1 a.F. i.d.F. vom 1. 1. 2002) anwendbar sei, sodass dem Verbraucher, der einen derartigen Vertrag im Bereich einer Privatwohnung (vgl. §§ 1 Abs. 1 Nr. 1 HausTWG/§ 312 Abs. 1 Nr. 1) geschlossen hat, das Widerrufsrecht nach Art. 5 der Richtlinie zusteht. 12

Der EuGH hat den Mitgliedsstaaten zudem die Befugnis abgesprochen, das in Art. 5 der Richtlinie vorgesehene Widerrufsrecht für den Fall, dass der Verbraucher nicht nach Art. 4 der Richtlinie belehrt wurde, in entsprechender Anwendung des § 7 Abs. 2 S. 3 VerbrKrG a.F. auf ein Jahr bzw. unter Anwendung des § 355 Abs. 3 a.F. auf sechs Monate zu befristen.[1155] Der Gesetzgeber war deshalb zu einer weiteren, kurzfristig in das OLG-Vertretungsänderungsgesetz – OLG-VertrÄndG – vom 23. 7. 2002, BGBl. I 2850) aufgenommenen und für Hautürgeschäfte rückwirkend geltenden Gesetzesänderung gezwungen. 13

Vorschläge der Literatur,[1156] eine Höchstfrist jedenfalls für die nicht von der Haustürgeschäfte-Richtlinie erfassten Widerrufsrechte des vormaligen VerbrKrG, FernAbsG und TzWrG vorzusehen, hat der Gesetzgeber nicht aufgegriffen, vielmehr das Widerrufsrecht bei nicht ordnungsgemäßer Belehrung durchweg unbefristet eröffnet (§ 355 Abs. 3 S. 3) und dafür die Möglichkeit der nachträglichen Belehrung geschaffen (§ 355 Abs. 2 S. 2 1. Hs.). Die Unterzeichnung der Belehrung durch den Verbraucher ist nun nicht mehr erforderlich. Die Regelung des § 355 Abs. 2 S. 2 i.d.F. vom 1. 1. 2002, wonach die Widerrufsbelehrung vom Verbraucher zu unterschreiben bzw. elektronisch zu signieren war, ist weggefallen. Es genügt nun die Mitteilung der Belehrung in Textform nach § 126b. 14

Der Unternehmer kann auch bei vor Geltung des § 355 Abs. 2 S. 2 n.F. abgeschlossenen Altverträgen eine versäumte oder nicht ordnungsgemäße Belehrung gem. § 355 Abs. 2 S. 2, Art. 229 § 9 Abs. 2 EGBGB (vormals Art. 229 § 8 Abs. 2, der doppelt vergeben und durch BGBl. 2002, 4410 be- 15

[1154] EuGH C-481/99, NJW 2002, 281; im Anschluss hieran BGH NJW 2002, 1881 = MDR 2002, 894 und der Vorlagebeschluss OLG Bremen NJW 2004, 2238 und des LG Bochum NJW 2003, 2612 ablehnend zu LG Bochum BGH NJW 2004, 153 = WM 2003, 2184 und WM 2003, 2186; KG WM 2005, 596, 606f. sowie *Schwesig* ZGS 2003, 447 und *Bungeroth* WM 2004, 1505, 1510; zustimmend *Derleder* NJW 2003, 2064, 2065.

[1155] Vgl. hierzu *Habersack/Mayer* WM 2002, 253; *Martis/Meinhof* MDR 2004, 4, 11/12; *Meinhof* NJW 2002, 2273; *Schmidt-Kessel* ZGS 2002, 311ff.; *Rott* VuR 2002, 49ff.; *Staudinger* NJW 2002, 653ff.; *Timmerbeil* NJW 2003, 569 f.

[1156] Vgl. etwa *Habersack/Mayer* WM 2002, 253, 259; *Rott* VuR 2002, 49, 52; *Staudinger* NJW 2002, 653, 656.

richtigt wurde) nachholen und dadurch eine Widerrufsfrist von einem Monat in Lauf setzen.[1157]

16 Der Anwendungsbereich des § 355 Abs. 3 S. 1 beschränkt sich damit seit dem 2. 8. bzw. 2. 11. 2002 auf diejenigen Fälle, in welchen zwar eine ordnungsgemäße Widerrufsbelehrung erfolgt ist, es für den Beginn der Widerrufsfrist jedoch an der Erfüllung darüber hinausgehender Voraussetzungen fehlt (vgl. etwa §§ 312d Abs. 2 betreffend Fernabsatzverträge, 312e Abs. 3 betreffend Vertragsabschlüsse im elektronischen Geschäftsverkehr, § 485 Abs. 4 bezüglich Teilzeit-Wohnrechteverträge, § 4 Abs. 1 S. 2 FernUSG betreffend Fernunterrichtsvertäge nach § 1 FernUSG). Mangelt es hingegen (auch) an einer ordnungsgemäßen Widerrufsbelehrung, besteht das Widerrufsrecht – vorbehaltlich anderweitiger Spezialregelungen (vgl. §§ 312d Abs. 3 Nr. 1, Nr. 2; 312d Abs. 4 Nr. 6 n.F., § 4 Abs. 2 FernUSG) oder der Nachholung einer ordnungsgemäßen Belehrung nach § 355 Abs. 2 S. 2 n.F. zeitlich unbegrenzt.[1158]

17 Um dem Rechtsverkehr im Hinblick auf die Unübersichtlichkeit der gefundenen Regelung entgegen zu kommen, hat das Bundesministerium der Justiz von der Ermächtigung in Art. 245 EGBGB Gebrauch gemacht und in der BGB-InfoV ein Muster für eine ordnungsgemäße Widerrufs- bzw. Rückgabebelehrung festgelegt.[1159]

18 Verwendet der Unternehmer diese Musterbelehrung, soll dies den gesetzlichen Anforderungen aus §§ 355 bis 358 sowie den weiteren Sonderregelungen etwa in § 312d, 485, 495 genügen (so ausdrücklich § 14 Abs. 1 BGB-InfoV). Problematisch erscheint allerdings, ob der Verordnungsgeber die gesetzlichen Anforderungen an die Widerrufsbelehrung modifizieren darf, sollte sich herausstellen, dass die Belehrungsmuster der BGB-InfoV den gesetzlichen Anforderungen an die Belehrungspflicht tatsächlich nicht genügen sollten. Ob der Verordnungsgeber aufgrund von Art. 245 EGBGB ermächtigt ist bzw. war, die teilweise durch EG-Verordnung vorgegebenen Anforderungen an die Belehrung zu modifizieren, ist mehr als fraglich.[1160]

19 Masuch[1161] hält die Belehrung in der Informationspflichtenverordnung für unzureichend mit der Folge, dass sie den Fristenlauf nicht in Gang setzt.

[1157] Martis/Meinhof MDR 2004, 4, 6 und 12; *Meinhof* NJW 2002, 2273, 2274; *Timmerbeil* NJW 2003, 569, 570; *Bülow,* 5. Teil, II Rdn. 4c, 4d, S. 619; Müko-*Ulmer* § 355 Rdn. 7, 55, 56, 57; Palandt-*Heinrichs* § 355 Rdn. 22.

[1158] Müko-*Ulmer* § 355 Rdn. 43, 57, 59; Erman-*Saenger* § 355 Rdn. 15, 18.

[1159] BGBl. 2002 I S. 3002ff.; abgedruckt bei Palandt-*Heinrichs,* 63. Aufl., Anh. zu § 355 und 64. Aufl., S. 2733; sehr kritisch hierzu: *Bodendiek* MDR 2003, 1, 3; *Masuch* NJW 2002, 2931, 2932; Müko-*Ulmer* § 355 Rdn. 57; Staudinger-*Kaiser*, 2004, § 355 Rdn. 4 und Staudinger/Kessal-*Wulf* § 495 Rdn. 35.

[1160] Vgl. *Bodendiek* MDR 2003, 1, 3; *Martis/Meinhof* MDR 2004, 4, 11; *Masuch* NJW 2003, 2931, 2932; Erman-*Saenger* § 355 Rdn. 12 a.E.; Müko-*Ulmer* § 355 Rdn. 52 a.E., 57 a.E.; Staudinger-*Kaiser* § 355 Rdn. 4.

[1161] *Masuch* NJW 2002, 2931, 2932 und Staudinger/Kessal-*Wulf* § 495 Rdn. 35.

Kaiser[1162] geht von der Nichtigkeit der jetzigen Musterbelehrungen zu §§ 355, 358 aus. Bodendiek[1163] meint, sie genüge jedenfalls nicht den strengen Anforderungen der §§ 495, 355, 312d Abs. 2. Habersack und Saenger[1164] halten die Gesetzmäßigkeit des § 14 BGB-InfoV zumindest für zweifelhaft.

Nachdem der BGH[1165] im Anschluss an das Urteil des EuGH[1166] ent- 20
schieden hatte, die richtlinienkonforme, einschränkende Auslegung des § 5 Abs. 2 HausTWG a.F. führe zur Widerruflichkeit von Realkreditverträgen i.S.d. § 3 Abs. 2 Nr. 2 VerbrKrG (§ 491 Abs. 3 Nr. 1 a.F.), die in einer Haustürsituation i.S.d. § 1 Abs. 1 Nr. 1 HausTWG/312 Abs. 1 Nr. 1 zustande gekommen sind, grundsätzlich jedoch nicht dazu, dass der Widerruf eines Kreditvertrages gegenüber der Bank die Unwirksamkeit eines mit dem Kredit finanzierten Grundstücksgeschäfts nach sich ziehe,[1167] wurde durch das OLG-VertrÄndG dem § 358 Abs. 3 jetzt ein S. 3 hinzugefügt, der – den durch das Urteil des EuGH bei Haustürgeschäften erweiterten – Verbraucherschutz einschränkend regelt, wann eine wirtschaftliche Einheit zwischen dem Grundstückserwerb und dem Immobiliardarlehen (vormals: Realkreditvertrag) anzunehmen ist.

4. Änderungen durch das Gesetz zur Änderung der Vorschriften über Fernabsatzverträge bei Finanzdienstleistungen

Die jüngsten Änderungen und Ergänzungen der §§ 312b Abs. 1, Abs. 3 21
Nr. 3, Abs. 4, 312c Abs. 1, Abs. 2, Abs. 3, 312d Abs. 3 Nrn. 1 und 2, Abs. 4 Nr. 6, 355 Abs. 3 S. 3 2. Hs., 357 Abs. 1 S. 2, Abs. 2 S. 2 sowie des § 1 Abs. 1 Nrn. 1–3, 7, 8, 10–12, Abs. 2 Nrn. 1–8, Abs. 3 und Abs. 4 der BGB-InfoV beruhen auf den Richtlinien 2002/65/EG, 90/619/EWG, 97/7/EG und 98/27/EG, die bis zum 9. 10. 2004 in deutsches Recht umzusetzen war, sind am 8. 12. 2004 in Kraft getreten.[1168]

Da die bisher geltenden Vorschriften über Fernabsatzverträge Finanz- 22
dienstleistungen vom Schutz der §§ 312b ff. ausklammerten, werden durch das Gesetz etwa jene Verbraucher besser geschützt, die Kredite per Post

---

1162 Staudinger-*Kaiser* § 355 Rdn. 4; ebenso Kessal-*Wulf* § 495 Rdn. 35.

1163 *Bodendiek* MDR 2003, 1, 3.

1164 Erman-*Saenger* § 355 Rdn. 12; Müko-*Ulmer* § 355 Rdn. 52, 57; ebenso *Martis/Meinhof* MDR 2004, 4, 11.

1165 BGH, XI. Senat, NJW 2002, 1881, 1882; nachfogend auch II. Senat, Urt. v. 14. 6. 2004 – II ZR 395/01, WM 2004, 1521, 1522; anders: OLG Bamberg WM 2002, 537; OLG Frankfurt WM 2002, 1281; OLG Hamburg WM 2002, 1290; LG Ravensburg WM 2004, 1033, 1037 für die nicht von § 3 Abs. 2 Nr. 2 VerbrKrG erfassten Personalkredite.

1166 EuGH NJW 2002, 281.

1167 Hiergegen: LG Bochum, Vorlagebeschluss zum EuGH, NJW 2003, 2612 = WM 2003, 1609; OLG Bremen NJW 2004, 2238, Vorlagebeschluss zum EuGH; *Derleder* NJW 2003, 2064, 2065; *Deutsch* NJW 2003, 281, 2882.

1168 Vgl. hierzu den synoptischen Abdruck bei *Schulte-Nölke/Börger* ZGS 2004, 461–466 und die inhaltliche Darstellung bei *Knöfel* ZGS 2004, 182ff.

aufnehmen, eine Versicherung oder einen Rentenvertrag im Internet abschließen oder eine Geldanlage per Telefax erwerben.[1169]

23 Das Gesetz ändert auch die bisherige Regelung zu den Rücksendekosten im Versandhandel bei Ausübung des Widerrufsrechts. Nunmehr können den Bestellern gem. §§ 312d Abs. 6, 357 Abs. 2 S. 3 n.F. die regelmäßigen Kosten der Rücksendung vertraglich auferlegt werden, wenn der Preis der zurückzusendenden Sache 40 Euro nicht übersteigt oder wenn die Besteller die Gegenleistung oder eine Teilzahlung bei einem höheren Preis zum Zeitpunkt des Widerrufs noch nicht erbracht haben.[1170]

24 Auf die Änderungen wird im Zusammenhang der jeweiligen Darstellung des Fernabsatzrechts (vgl. 4. Teil, A. Rdn. 9, B Rdn. 24), dem Erlöschen (§ 355 Abs. 3 S. 3 2. Hs. n.F.; s.u. F. Rdn. 230ff.) und den Rechtsfolgen des Widerrufsrechts (§ 357 Abs. 2 S. 2 n.F.) eingegangen.

II. Zeitlicher Anwendungsbereich und Rückwirkung auf bestehende Vertragsverhältnisse

25 Die durch das SMG neu in das BGB eingefügten §§ 355 bis 359 gelten grundsätzlich für Verträge, die ab dem 1. 1. 2002 abgeschlossen worden sind, vgl. Art. 229 § 5 EGBGB. Die durch das OLG-VertrÄndG geänderten, in Art. 229 § 9 Abs. 1 S. 1 EGBGB genannten Normen gelten in ihrer neuen Fassung für Schuldverhältnisse aus Verbraucherverträgen (mit Ausnahme der Haustürgeschäfte), die nach dem 1. 11. 2002 entstanden sind, vgl. Art. 229 § 9 Abs. 1 Nr. 2 EGBGB. Der Stichtag 1. 11. 2002 bezieht sich auf Fernabsatzverträge (§ 312 d), Teilzeit-Wohnrechteverträge (§ 485 Abs. 1) und Verbraucherdarlehensverträge (§ 495 Abs. 1), die nicht zugleich Haustürgeschäfte nach § 312 Abs. 1 Nr. 1 bis 3 sind. Hier finden insbesondere die geänderten §§ 355 Abs. 2 S. 2, 355 Abs. 3, 358 Abs. 3 S. 3 Anwendung, wenn das Schuldverhältnis seit dem 2. 11. 2002 entstanden ist (s.o.).

1. Änderungen bei Verbraucherdarlehen

26 Für vor dem 2. 11. 2002 abgeschlossene Verbraucherdarlehensverträge bleibt es gem. § 495 Abs. 2 a.F. dabei, dass der Widerruf als nicht erfolgt gilt, wenn der Darlehensnehmer das Darlehen nicht innerhalb von zwei Wochen zurückzahlt.[1171] Für die zwischen dem 2. 11. 2002 und 30. 6. 2005 geschlossenen Verträge gilt dies nur, wenn diese Rechtsfolge ausdrücklich vertraglich vereinbart war (§ 506 Abs. 2, Abs. 4). Die Geltung des § 506 Abs. 2–4 ist gem. Art. 229 § 9 Abs. 1 S. 1 Nr. 2 EGBGB bis zum 30. 6. 2005 befristet.

[1169] Vgl. Mitteilung des BMJ, MDR 2005, Seite R 8.

[1170] Mitteilung des BMJ, MDR 2005, Seite R 8.

[1171] Vgl. Palandt-*Heinrichs* Art. 229 § 9 EGBGB Rdn. 3; *Martis/Meinhof* MDR 2004, 4, 11f.

Für die nach dem 31. 12. 2001, aber vor dem 2. 11. 2002 abgeschlossenen Verbraucherdarlehensverträge gilt gem. § 355 Abs. 2 S. 2 a.F. das Erfordernis der gesonderten Unterschrift oder der qualifizierten elektronischen Signatur des Verbrauchers. Der Unternehmer kann jedoch eine versäumte Widerrufsbelehrung nach § 355 Abs. 2 S. 2 n.F. i.V.m. Art. 229 § 9 Abs. 2 EGBGB auch bei vor dem 2. 11. 2002 abgeschlossenen Verträgen nachholen.[1172] 27

Wird der Darlehensnehmer über sein Widerrufsrecht nicht ordnungsgemäß belehrt, erlischt dieses nach § 355 Abs. 1 a.F. spätestens sechs Monate nach Vertragsabschluss, wenn der Darlehensvertrag nach dem 31. 12. 2001 und vor dem 2. 11. 2002 geschlossen wurde. Erfolgte die Vertragsannahme später, kommt ein Erlöschen des Widerrufsrechts nach § 355 Abs. 3 nicht mehr in Betracht, vgl. Art. 229 § 9 Nr. 2 EGBGB. 28

2. Änderungen bei Haustürgeschäften

Auf Haustürgeschäfte i.S.d. § 312 Abs. 1 Nr. 1 bis 3 finden die neuen bzw. geänderten Vorschriften insbesondere der §§ 355, 358 gem. Art. 229 § 9 Abs. 1 S. 1 auf Verträge, die nach dem 1. 8. 2002 abgeschlossen worden sind, Anwendung. Aufgrund der Entscheidung des EuGH vom 13. 12. 2001[1173] musste der Rechtsverkehr nach Auffassung des Gesetzgebers mit einer solchen Änderung rechnen, sodass die neuen Vorschriften ohne Übergangsfrist in Kraft gesetzt werden konnten. 29

Eine rückwirkende Änderung des Verbrauchervertragsrechts sieht das Gesetz nur in Art. 229 § 9 Abs. 1 S. 2 EGBGB vor. Durch diese Regelung wird der erst durch das SMG eingeführte Erlöschenstatbestand des § 355 Abs. 3 im Geltungsbereich des Haustür-Vertragsrechts wieder beseitigt. Das Widerrufsrecht im Haustürgeschäft besteht also ohne zeitliche Schranke, wenn die darüber erfolgte Belehrung nicht den gesetzlichen Anforderungen entsprach. Dies gilt insbesondere auch für Geschäfte, die zugleich die Voraussetzungen eines Verbraucherdarlehensvertrages, insbesondere nach § 3 Abs. 2 Nr. 2 VerbrKrG/§ 491 Abs. 3 Nr. 1 a.F. erfüllten.[1174] 30

Die einwöchige Widerrufsfrist des § 1 Abs. 1 HausTWG wird nämlich auch in den Fällen, in denen einem Darlehensnehmer mit Rücksicht auf die nach der Entscheidung des EuGH vom 13. 12. 2001[1175] und des BGH vom 9. 4. 2002[1176] eine richtlinienkonforme Auslegung des § 5 Abs. 2 HausTWG zusteht, *nur* durch eine den Vorgaben des HausTWG entsprechende Widerrufsbelehrung in Gang gesetzt.[1177] 31

1172 Palandt-*Heinrichs* Art. 229 EGBGB § 9 Rdn. 4; *Bülow,* 5. Teil, II Rdn. 4 g und § 495 Rdn. 94 b, 116 b, 116 c; *Martis/Meinhof* MDR 2004, 4, 11.

1173 EuGH NJW 2002, 281.

1174 Bülow 5. Teil II Rdn. 4 i.; einschränkend *Schaffelhuber* WM 2005, 765, 771 f.

1175 EuGH NJW 2002, 281.

1176 BGH WM 2002, 1181.

1177 BGH WM 2003, 61; WM 2004, 1579 = NJW 2004, 2744; OLG Karlsruhe OLG-Report 2004, 60; a.A. OLG Stuttgart WM 2005, 972, 978 f.

32 Eine zeitliche Grenze gilt nur für die vor dem 2. 1. 2002 geschlossenen Verträge. Hier begrenzt § 2 HausTWG das Widerrufsrecht in zeitlicher Hinsicht auf einen Monat nach beiderseits vollständiger Erbringung der Leistung.

3. Änderungen im Fernabsatzvertrag und im Recht der Teilzeit-Wohnrechte

33 Auf Fernabsatzverträge und Teilzeit-Wohnrechteverträge, die nach dem 29. 6. 2000, aber vor dem 1. 1. 2002 abgeschlossen worden sind, ist § 361a a.F. anzuwenden, vgl. §§ 6 Abs. 1 FernAbsG, 11 TzWrG. Bei Verbraucherkreditverträgen und Haustürgeschäften gelten §§ 361a, 361b a.F. für die in der Zeit vom 1. 10. 2000 bis 31. 12. 2001 geschlossenen Verträge, vgl. §§ 19 VerbrKrG, 9 Abs. 3 HausTWG.[1178] Das OLG-VertrÄndG hat hier im Wesentlichen Konkurrenzfragen klargestellt.

34 Weitere Änderungen und Einfügungen erfolgten durch das Gesetz zur Änderung der Vorschriften über Fernabsatzverträge bei Finanzdienstleistungen vom 2. Dezember 2004, so
- die Definition der „Finanzdienstleistungen" in § 312b Abs. 1 S. 2 n.F.,
- die Änderung des § 312b Abs. 3 Nr. 3,
- die Einfügung der Abs. 4 und 5 in § 312b,
- die Änderung der Verweisungsvorschrift des § 312c Abs. 1 auf die geänderte Fassung des § 1 Abs. 1–4 der BGB-InfoV,
- die Änderung des § 312b Abs. 2 mit der Einfügung der Nrn. 1 und 2,
- die Änderung der Vorschrift des § 312d Abs. 3 zum Erlöschen des Widerrufsrechts,
- die Einfügung des Hinweises in § 312d Abs. 4 Nr. 6 auf das Nichtbestehen des Widerrufsrechts bei der Lieferung von Waren und der Erbringung von Dienstleistungen, deren Peis auf dem Finanzmarkt Schwankungen unterliegt,
- die Einfügung des § 355 Abs. 3 S. 3 2. Hs., wonach das Widerrufsrecht bei Fernabsatzverträgen über Finanzdienstleistungen (auch) dann nicht erlischt, wenn der Unternehmer seine Mitteilungspflicht gem. § 312c Abs. 2 Nr. 1 nicht erfüllt hat.

III. Rechtsnatur des Widerrufsrechts

1. Gestaltungsrecht

35 Während nach § 7 Abs. 1 VerbrKrG in der bis zum 30. 9. 2000 geltenden Fassung die auf den Abschluss des Kreditvertrages gerichtete Willenserklärung des Verbrauchers erst wirksam wurde, wenn er sie nicht rechtzeitig

---

[1178] Palandt-*Heinrichs* vor § 355 Rdn. 4; *Bülow* 5. Teil Rdn. 16ff., S. 624ff.; Erman-*Saenger* vor §§ 355–359 Rdn. 4, 5.

widerrief, der Vertrag bis dahin also schwebend unwirksam war, folgt bereits § 361a Abs. 1 i.d.F. seit dem 1. 10. 2000, ebenso die Nachfolgeregelung des § 355 Abs. 1 ab dem 1. 1. 2002 dem Konzept der „schwebenden Wirksamkeit". Danach ist der Verbraucher an seine Willenserklärung nicht mehr gebunden, wenn er sie fristgerecht widerruft.[1179]

Während dies für § 7 Abs. 1 VerbrKrG a.F. streitig war,[1180] wird es nunmehr als gesetzliches Rücktrittsrecht bzw. als Gestaltungsrecht angesehen, das in seinen Wirkungen dem Rücktrittsrecht entspricht.[1181] 36

Der „schwebend wirksame" Vertrag wird durch den fristgerechten Widerruf des Verbrauchers endgültig und unheilbar unwirksam und kann dann nur durch eine Neuvornahme des Geschäfts zustande kommen.[1182] Ein Teilwiderruf ist grundsätzlich nicht möglich.[1183] 37

2. Erfüllungs- und Schadensersatzansprüche

Haben die Parteien vor dem Widerruf oder ungeachtet dessen Leistungen erbracht, sind diese nach dem Widerruf gem. §§ 357 Abs. 1, 346ff. zurückzugewähren.[1184] 38

Unter der Geltung des § 7 VerbrKrG a.F. konnten auf der Grundlage der „schwebenden Unwirksamkeit" bis zum Ablauf der – ggf. gem. § 7 Abs. 2 S. 3 VerbrKrG auf ein Jahr verlängerten – Widerrufsfrist keine gegenseitigen Erfüllungsansprüche, vom Darlehens- bzw. Darlehnsgeber auch keine Schadensersatzansprüche geltend gemacht werden.[1185] 39

Nunmehr können nach Abschluss des Vertrages unter der Geltung des § 355 – wie bereits nach § 361a – im Zweifel (§ 271 Abs. 1) sofort Erfüllungsansprüche entstehen. Bei einem Verbraucherdarlehensvertrag (§ 491 Abs. 1) steht dem Verbraucher also im Zweifel sofort der volle Anspruch auf Auszahlung des Darlehens, bei Teilzahlungsgeschäften (§ 501) sofort ein 40

1179 *Bülow* ZIP 1999, 1293, 1294; WM 2000, 2361f.; *Bülow/Artz* NJW 2000, 2049, 2052; *Bülow* § 495 Rdn. 34, 37, 41, 42; Erman-*Saenger* § 355 Rdn. 4, 5; Müko-*Ulmer*, 4. Aufl., § 355 Rdn. 9, 24, 30, 31, 35; Staudinger/Kessal-*Wulf* § 495 Rdn. 4; kritisch Bamberger/Roth-*Grothe* § 355 Rdn. 3 und Palandt-*Heinrichs* § 355 Rdn. 3 sowie Staudinger-*Kaiser* § 355 Rdn. 18: Kategorie der „schwebenden Wirksamkeit" ist dem geltenden Recht unbekannt; zum Widerrufsrecht nach § 7 VerbrKrG a. F. *Martis* MDR 1998, 1260.

1180 Vgl. *Martis* MDR 1998, 1260 und Vorauflage S. 65ff.

1181 *Bülow* § 495 Rdn. 41; Erman-*Saenger* § 355 Rdn. 4; Palandt-*Heinrichs* § 355 Rdn. 3; für gesetzliches Rücktrittsrecht *Fuchs* ZIP 2000, 1273, 1281f.; *Lorenz* JuS 2000, 833, 835f., 843; *von Koppenfels* WM 2001, 1360, 1361; Bamberger/Roth-*Grothe* § 355 Rdn. 3; Müko-*Ulmer* § 355 Rdn. 9, 24, 30, 31; Staudinger-*Kaiser* § 355 Rdn. 18.

1182 *Bülow* § 495 Rdn. 34, 37; Müko-*Ulmer* § 355 Rdn. 30, 32, 33.

1183 Staudinger-*Kaiser* § 355 Rdn. 22; a.A. aber Müko-*Ulmer* § 355 Rdn. 22.

1184 *Bülow* § 495 Rdn. 37; Müko-*Ulmer* § 355 Rdn. 33 und § 357 Rdn. 8, 10, 12ff.

1185 BGH NJW 1993, 64; NJW 1996, 2368; *Martis* MDR 1998, 1260 m.w.N.

Anspruch auf Lieferung der Sache, bei einer Pflichtverletzung nach Maßgabe der §§ 280, 281, 286 ein Anspruch auf Schadensersatz zu.[1186]

41 Allerdings kann sich der Unternehmer gem. § 308 Nr. 1 2. HS. in seinen AGB oder individualvertraglich vorbehalten, erst nach Ablauf der Widerrufsfrist nach § 355 Abs. 1 zu liefern bzw. zu leisten.[1187] Dies gilt gem. § 312 d Abs. 2 allerdings nicht bei Fernabsatzverträgen über Warenlieferungen; hier beginnt die Widerrufsfrist erst mit dem Erhalt der Ware zu laufen.[1188]

42 Die Erfüllungspflicht gilt auch zulasten des Verbrauchers.[1189] Sein Widerrufsrecht gibt dem Verbraucher keine dilatorische Einrede, solange er den Widerruf nicht erklärt.[1190]

43 Nur bei Teilzeit-Wohnrechteverträgen ist der Zahlungsanspruch des Unternehmers gem. § 486 S. 1 erst mit Ablauf der Widerrufsfrist durchsetzbar.[1191]

44 Auch ein Bürge kann sich entsprechend § 770 Abs. 1 darauf berufen, dass dem Hauptschuldner (Verbraucher) ein Widerrufsrecht zusteht.[1192]

3. Präklusion (§ 767 Abs. 2 ZPO)

45 Wird der Verbraucher vom Unternehmer auf Rückzahlung des Darlehens, Zahlung der Kaufpreis- oder Leasingraten aus einem Verbraucherkreditgeschäft (§§ 491 Abs. 1, 499 Abs. 1, 500, 501, 505 Abs. 1), Zahlung aus einem im Fernabsatz oder im Rahmen eines Haustürgeschäfts geschlossenen Vertrages (§§ 312b Abs. 1, 312 Abs. 1) in Anspruch genommen und unterlässt er es bis zum Zeitpunkt der letzten mündlichen Verhandlung (§ 767 Abs. 2 ZPO), den Widerruf, der auch in einer Kündigungs- oder Anfechtungserklärung enthalten ist,[1193] geltend zu machen, ist fraglich, ob der Verbraucher den Widerruf noch nachträglich erklären kann.

[1186] *Bülow* § 495 Rdn. 38, 70; Müko-*Ulmer* § 355 Rdn. 32; Staudinger-*Kaiser* § 355 Rdn. 20 und Staudinger/Kessal-*Wulf* § 495 Rdn. 5.

[1187] Erman-*Saenger* § 355 Rdn. 4; Müko-*Ulmer* § 355 Rdn. 32; Staudinger-*Kaiser* § 355 Rdn. 20, 66.

[1188] Vgl. Staudinger-*Kaiser* § 355 Rdn. 66.

[1189] Erman-*Saenger* § 355 Rdn. 4; Müko-*Ulmer* § 355 Rdn. 32; *Fuchs* ZIP 2000, 1273, 1282; im Ergebnis ebenso *Bülow-Artz* NJW 2000, 2049, 2052 und *Kamanabrou* WM 2000, 1417, 1418; a. A. Palandt-*Heinrichs* § 355 Rdn. 4.

[1190] *Fuchs* ZIP 2000, 1273, 1282; *Kamanabrou* WM 2000, 1417, 1418; Müko-*Ulmer*, 4. Aufl., § 355 Rdn. 32; Staudinger-*Kaiser* § 355 Rdn. 20; a. A. Palandt-*Heinrichs* § 355 Rdn. 4 und Gernhuber WM 1998, 1797, 1804: der Verbraucher darf die Leistung wegen der ihm gesetzlich zustehenden Überlegungszeit bis zum Ende der Widerrufsfrist verweigern.

[1191] Staudinger-*Kaiser* § 355 Rdn. 20.

[1192] Müko-*Ulmer* § 355 Rdn. 32.

[1193] BGH NJW 1993, 128; OLG Düsseldorf NJW-RR 2003, 126, 127; KG WM 2001, 1859, 1860 jeweils zur „Kündigung"; BGH NJW 2001, 1642, 1643 zur „Anfechtung"; Erman-*Saenger* § 355 Rdn. 7, 20.

Der BGH[1194] ging beim Widerrufsrecht nach §§ 7 Abs. 1 VerbrKrG a.F. von einer rechtshindernden Einwendung aus. In der – bis zur letzten mündlichen Verhandlung nicht genutzten – Möglichkeit der Ausübung eines Widerrufs lag keine „neue Tatsache" i.S.d. § 767 Abs. 2 ZPO. 46

Nach h.L. war eine auf den nach Schluss der letzten mündlichen Verhandlung erklärten Widerruf gestützte Vollstreckungsgegenklage unabhängig von der Rechtsnatur des Widerrufsrechts unzulässig, da es für das Vorliegen neuer Tatsachen i.S.d. § 767 Abs. 2 ZPO auch bei Gestaltungsrechten nicht auf den Zeitpunkt der Ausübung, sondern auf den Zeitpunkt der objektiven Entstehung ankam.[1195] 47

Ist es – wie bei einer arglistigen Täuschung der Ausübung eines vertraglichen Rücktrittsrechts oder beim Widerrufsrecht nach § 7 Abs. 1 VerbrKrG bzw. § 2 HWG – jedoch Hauptzweck eines Gestaltungsrechts, zu dem das Widerrufsrecht aus § 355 jetzt einhellig gezählt wird, dem Gestaltungsberechtigten die Wahl des Zeitpunkts von dessen Ausübung zu überlassen, so muss jedenfalls in diesen Fällen der Zeitpunkt der tatsächlichen Geltendmachung maßgeblich sein. 48

Deshalb scheitert die Vollstreckungsabwehrklage – jedenfalls bei fehlender Kenntnis des Verbrauchers von seinem Widerrufsrecht mangels Erteilung einer Widerrufsbelehrung – wegen des besonderen Verbraucher schützenden Zwecks des Widerrufsrechts nicht an § 767 Abs. 2 ZPO, soweit die Widerrufsfrist bis zum Zeitpunkt der letzten mündlichen Verhandlung nicht ohnehin abgelaufen ist.[1196] 49

Jedenfalls ist die Auffassung des BGH[1197] mit der Einordnung des Widerrufs als gesetzliches Rücktrittsrecht obsolet, weil allein die Erklärung des Widerrufs keine neue Tatsache i.S.d. § 767 Abs. 2 schafft.[1198] 50

Daneben kann der Schutz eines rechtskräftig zur Zahlung verurteilten Verbrauchers im Einzelfall über § 826 erfolgen.[1199] 51

[1194] BGH NJW 1996, 58; MDR 1996, 247; zustimmend Staudinger-*Werner,* 13. Bearb., § 3 HausTWG Rdn. 24 und Vorauflage S. 66, 67.

[1195] Staudinger-*Werner,* 13. Bearb. § 3 HausTWG Rdn. 25; Müko-*Ulmer,* 3. Aufl., § 7 VerbrKrG Rdn. 33; *Martis* MDR 1998, 1260 je m.w.N.

[1196] *Berger* Jura 2001, 289, 292; *Lorenz* JuS 2000, 833, 836; *Mankowski* WM 2001, 793, 801; *Roth* JZ 2000, 1013, 1017; *Schmidt* JuS 2000, 1096, 1099; *Bülow* § 495 Rdn. 138; Müko-*Ulmer* § 355 Rdn. 34; im Ergebnis auch Staudinger-*Kaiser* § 355 Rdn. 23; zum alten Recht gegen die h.L. bereits OLG Stuttgart NJW 1994, 1225; OLG Karlsruhe NJW 1990, 2474, 2475; W/E/R-*Graf von Westphalen* § 7 VerbrKrG Rdn. 65; a.A. Staudinger/Kessal-*Wulf* § 495 Rdn. 10.

[1197] BGH NJW 1996, 57,58.

[1198] Staudinger-*Kaiser* § 355 Rdn. 23, 18; auch *Lorenz* JuS 2000, 833, 836.

[1199] Vgl. hierzu BGH NJW 1996, 59; NJW-RR 1993, 1013; NJW 1987, 3256; OLG Stuttgart NJW 1994, 331.

IV. Widerrufsberechtigter

1. Handeln durch Stellvertreter

52 Beim Handeln eines Vertreters reicht es aus, wenn dieser ordnungsgemäß belehrt wird.[1200]

53 Ist auf Seiten des Verbrauchers ein vollmachtloser Vertreter beim Abschluss eines Verbrauchervertrages, etwa nach §§ 491 Abs. 1, 499 Abs. 1, Abs. 2, 500, 501, 312 Abs. 1, 312b Abs. 1, 485 Abs. 1 aufgetreten und lehnt der Verbraucher die Genehmigung ab, so kann sich der Vertreter der Haftung aus § 179 Abs. 1 in analoger Anwendung des § 355 Abs. 1 S. 1 auch dann durch eigenen Widerruf entziehen, wenn er selbst nicht „Verbraucher" i.S.d. § 13 ist, etwa wenn das Geschäft in engem Zusammenhang mit einer bereits ausgeübten gewerblichen Tätigkeit steht. Es kommt nur auf die Verbrauchereigenschaft des – vorgeblich – Vertretenen an, denn dieser kann das Geschäft durch eine Genehmigung ja „an sich ziehen".[1201]

2. Mehrheit von Verbrauchern

54 Ist am Abschluss des Verbrauchervertrages eine Mehrheit von Verbrauchern beteiligt, so können sie das Widerrufsrecht grundsätzlich unabhängig voneinander ausüben. In Abweichung von den bisherigen Regelungen über das Widerrufsrecht umfasst die Verweisung in § 357 auf die Vorschriften des Rücktrittsrechts nicht auch die Bestimmung des § 351 (§ 356 a.F.) über die Unteilbarkeit des Rücktrittsrechts.

55 Hieraus wird der Schluss gezogen, dass in denjenigen Fällen, in denen zwei oder mehrere natürliche Personen gemeinschaftlich einen Fernabsatzvertrag bzw. einen Vertrag über einen Verbraucherkredit oder ein Teilzeitwohnrecht abschließen, grundsätzlich jeder unabhängig vom anderen von seinem Widerrufsrecht Gebrauch machen kann. Entsprechend § 139 richtet sich die vertragliche Bindung der übrigen Beteiligten dann danach, ob sie trotz des partiellen Widerrufs Bestand hat oder ob die widerrufsbedingte Umwandlung in ein Abwicklungsschuldverhältnis sich auf sie erstreckt.[1202]

[1200] Vgl. Müko-*Ulmer* § 355 Rdn. 24; *Masuch* ZIP 2001, 143, 145 mit Vorbehalten im Hinblick auf Haustürgeschäfte; vgl. hierzu 3. Teil, B. Rdn. 20ff.

[1201] BGH WM 1991, 860; NJW-RR 191, 1079; *Pfeiffer/Dauck* NJW 1997, 31; Müko-*Ulmer* § 355 Rdn. 20, 24; Staudinger/*Schilken* § 179 Rdn. 15; W/E/R-*Graf von Westphalen* § 7 VerbrKrG Rdn. 5; abw. Bamberger/Roth-*Möller/Wendehorst* § 495 Rdn. 11: Handelnder kann selbst widerrufen, muss aber „Verbraucher" sein.

[1202] Müko-*Ulmer* § 355 Rdn. 21, 25: dem mithaftenden Dritten steht ein eigenes Widerrufsrecht zu, nicht jedoch dem Bürgen; zu § 361a a.F. auch *Bülow* WM 2000, 2361, 2364: jeder widerrufsberechtigte Verbraucher kann den Widerruf unabhängig von den anderen ausüben; a.A. Staudinger-*Kaiser* § 355 Rdn. 30.

Hat jedoch einer der gemeinschaftlich beteiligten Verbraucher wirksam über das Widerrufsrecht disponiert, etwa durch Veranlassung der Ausführung einer Dienstleistung oder Entsiegelung eines gelieferten Datenträgers (vgl. § 312d Abs. 3, Abs. 4 Nr. 2), so müssen sich das auch die übrigen Beteiligten auch nach dieser Ansicht entgegenhalten lassen.[1203] 56

Entsprechendes gilt für einen nachträglichen Schuldbeitritt oder eine kumulative Schuldübernahme. 57

Kommt es zum Widerruf des Schuldbeitritts oder der Schuldübernahme, so hängen dessen Folgen für den Hauptvertrag nach h.M. davon ab, ob dieser auch ohne das durch den Widerruf weggefallene Rechtsgeschäft Bestand hat bzw. der Unternehmer gleichwohl an ihm festhalten will.[1204] 58

Nach u.E. zutreffender Ansicht von *Kaiser*[1205] kann das Widerrufsrecht mehrerer Verbraucher nur einheitlich ausgeübt werden. Denn § 355 verweist über § 357 Abs. 1 auch auf § 361. Zudem geht auch der Gesetzgeber, der die Gestaltungsberechtigung durchgängig nur allen Berechtigten gemeinsam überantwortet hat (vgl. §§ 351, 441 Abs. 2, 638 Abs. 2, 461, 471) davon aus, dass Gestaltungs- bzw. Rücktrittsrechte nur einheitlich ausgeübt werden können. 59

Gem. § 357 Abs. 1 S. 2 i.V.m. § 351 kann auch der Widerruf gegenüber mehreren Unternehmern nur einheitlich ausgeübt werden.[1206] 60

V. Verhältnis zu sonstigen Rechtsbehelfen

1. Anfechtung, Rücktritt, Schadensersatz

Der Verbraucher kann einen in den Anwendungsbereich des § 355 fallenden Vertrag auch dann widerrufen, wenn ihm diesbezüglich ein Anfechtungsrecht, ein gesetzliches oder vertragliches Rücktrittsrecht oder ein Schadensersatzanspruch in Form eines Freistellungsrechts aus § 280 Abs. 1 i.V.m. § 311 Abs. 2, Abs. 3 (vormals c.i.c.) oder aus §§ 823ff. zusteht.[1207] 61

Ergibt sich aus dem Vorbringen des Verbrauchers nicht eindeutig, auf welches Lösungsrecht er sich stützt, ist im Zweifel davon auszugehen, dass er den für ihn günstigeren Rechtsbehelf, regelmäßig also das Widerrufsrecht, wählt.[1208] 62

Schadensersatzansprüche können neben dem Widerruf geltend gemacht werden, jedenfalls wenn sie aus §§ 823ff. oder aus §§ 280 Abs. 1, 311 Abs. 2 63

1203 Müko-*Ulmer* § 355 Rdn. 25.

1204 *Bülow* NJW 1996, 2889, 2893; Müko-*Ulmer* § 355 Rdn. 26 a.E.; auch Staudinger/Kessal-*Wulf* § 7 VerbrKrG Rdn. 19.

1205 Staudinger-*Kaiser* § 355 Rdn. 30.

1206 Staudinger-*Kaiser* § 355 Rdn. 31; zur Kündigung eines Darlehens gegenüber allen Gesamtschuldenern auch BGH NJW 2002, 2866f.

1207 Müko-*Ulmer* § 355 Rdn. 27 m.w.N.; Müko-*Ulmer* § 495 Rdn. 12.

1208 Müko-*Ulmer* § 355 Rdn. 28.

(vormals c.i.c.) resultieren[1209]. So haftet die finanzierende Bank dem Anleger auch nach wirksamem Widerruf oder nichtigem Darlehensvertrag wegen Verschuldens bei Vertragsabschluss auf Schadensersatz, wenn sie ihn über ihr bekannte Risiken des von einer Fondsgesellschaft angebotenen Fondsprojekts nicht aufklärt, obwohl sie in Bezug auf diese Risiken, etwa die drohende Insolvenz der Fondsgesellschaft, einen konkreten Wissensvorsprung gegenüber dem Anleger hat und dies auch erkennen kann.[1210]

2. Nichtigkeit des Vertrages

64 Der Widerruf wird nicht dadurch ausgeschlossen, dass der Verbrauchervertrag gem. § 494 Abs. 1 bzw. § 502 Abs. 2 wegen Formmangels oder z.B. gem. §§ 134, 138 nichtig ist.[1211]

65 Dies gilt – in den Grenzen des § 242 („Arglisteinwand") – selbst dann, wenn der Verbraucher den die Vertragsnichtigkeit begründenden Umstand selbst zu vertreten hat.[1212]

66 Der Verbraucher verhielt sich aber auch zum alten Recht nicht schon deshalb rechtsmissbräuchlich, wenn er innerhalb der Widerrufsfrist des § 7 Abs. 1, Abs. 2 VerbrKrG a.F. auf Vertragserfüllung bestand.[1213]

VI. Übersicht: Prüfungsschema zum Widerrufsrecht

1. Anwendbarkeit

67 § 355 muss in persönlicher und sachlicher Hinsicht anwendbar sein, §§ 312 Abs. 1 S. 1, 312d Abs. 1 S. 1, 485 Abs. 1, 495 Abs. 1, 499 Abs. 1, 500, 501, 505 Abs. 1 S. 1, § 4 FernUSG.

2. Keine Ausnahmen, Ausschlüsse oder Sonderregelungen

68 Es dürfen keine Ausnahmen, Ausschlüsse bzw. Sonderregelungen eingreifen, bei den Haustürgeschäften etwa § 312 Abs. 3 Nr. 1 bis 3, bei den Fernabsatzverträgen § 312b Abs. 3 Nr. 1 bis 7 und § 312d Abs. 3, § 312d Abs. 4 Nr. 1 bis 5, 312d Abs. 5, bei den Verbraucherdarlehensverträgen

---

[1209] Müko-*Ulmer,* 4. Aufl., § 355 Rdn. 28; Staudinger/Kessal-*Wulf* § 495 Rdn. 5: kein Ersatz des Erfüllungsinteresses.

[1210] BGH WM 2004, 1529, 1536 = NJW 2004, 2736, 2741 f.

[1211] BGH WM 2004, 1529, 1536; Staudinger/Kessal-*Wulf* § 494 Rdn. 19 und § 495 Rdn. 13; Müko-*Ulmer,* 4. Aufl., § 355 Rdn. 29.

[1212] W/E/R-*Graf von Westphalen* § 7 VerbrKrG Rdn. 14; abweichend Müko-*Ulmer,* 4. Aufl., § 355 Rdn. 29: Widerruf ausgeschlossen, wenn der Verbraucher den die Nichtigkeit begründenden Umstand selbst zu vertreten hat; auch BGH, II. ZS., WM 2004, 1529, 1532 und WM 2004, 1536, 1539: Keine Anwendung des § 242, wenn Darlehensvertrag gem. § 134 i.V.m. § 1 RBerG unwirksam ist.

[1213] W/E/R-*Graf von Westphalen* § 7 VerbrKrG Rdn. 21; im neuen Recht besteht ohnehin ein Erfüllungsanspruch s.o. F. Rdn. 39ff.

§ 491 Abs. 2 Nr. 1 bis 3, Abs. 3 Nr. 1, bei den Ratenlieferungsverträgen § 505 Abs. 1 S. 2.

Gem. § 356 Abs. 1 S. 1 kann das Widerrufsrecht bei ausdrücklicher Zulassung durch das Gesetz (§§ 312 Abs. 1 S. 2, 312d Abs. 1 S. 2, 503 Abs. 1) durch ein uneingeschränktes Rückgaberecht ersetzt werden. 69

Liegen eine Verweisung aus den genannten Spezialvorschriften oder die Voraussetzungen des § 356 Abs. 1 S. 2 Nr. 1 bis 3 nicht vor, verbleibt es jedoch beim Widerrufsrecht aus § 355.[1214] 70

Das Widerrufsrecht wird durch den Untergang, die Verschlechterung, die Beschädigung oder die Weiterveräußerung durch den nicht oder nicht ordnungsgemäß belehrten Verbraucher oder die anderweitige Unmöglichkeit der Herausgabe eines empfangenen Gegenstandes nicht ausgeschlossen.[1215] 71

Das Entfallen der § 350 bis 353 a.F. hat zur Folge, dass nach neuem Recht ein Rücktritt auch dann möglich bleibt, wenn der Rücktrittsberechtigte (Verbraucher) die Unmöglichkeit der Rückgewähr oder eine Verschlechterung des von ihm empfangenen Leistungsgegenstandes zu vertreten hat.[1216] 72

3. Widerrufserklärung

Gem. § 355 Abs. 1 S. 2 ist der Widerruf in Textform oder durch Rücksendung der Sache gegenüber dem Unternehmer zu erklären. 73

4. Widerrufsfrist

Nach § 355 Abs. 1 S. 2 muss der Widerruf innerhalb von zwei Wochen gegenüber dem Unternehmer erklärt werden. Wird die Belehrung erst nach Vertragsabschluss mitgeteilt, beträgt die Frist zum Widerruf einen Monat, § 355 Abs. 2 S. 2. 74

Die Frist beginnt mit dem Zeitpunkt, in dem dem Verbraucher eine deutlich gestaltete Widerrufsbelehrung in Textform mitgeteilt worden ist. 75

Gem. § 355 Abs. 3 S. 1 erlischt das Widerrufsrecht spätestens sechs Monate nach Vertragsabschluss, gem. § 355 Abs. 3 S. 3 jedoch nicht, wenn eine ordnungsgemäße Widerrufsbelehrung – auch nachträglich – nicht erteilt worden ist. 76

[1214] Vgl. Müko-*Habersack* § 356 Rdn. 15, 22, 26.

[1215] W/E/R-*Graf von Westphalen* § 7 VerbrKrG Rdn. 95 zum alten Recht; Müko-*Habersack* § 357 Rdn. 26, 37 und Müko-*Gaier* § 346 n.F. Rdn. 14 zum neuen Recht; *Otte/Kapitza* ZGS 2004, 55, 56f. zum Rückgaberecht nach § 356.

[1216] Müko-*Gaier* § 346 n.F. Rdn. 14: auch bei vorsätzlicher Zerstörung; auch *Otte/Kapitza* ZGS 2004, 54, 57 zum Rückgaberecht nach § 356; a.A. *Kohler* JZ 2001, 325, 329.

5. Besonderheiten bei Fernabsatz- und Haustürgeschäften, Teilzeit-Wohnrechteverträgen u. a.

77 In den einzelnen Vertragsverhältnissen sind die zusätzlichen Anforderungen zu beachten, vgl. etwa § 312 Abs. 2 bei Haustürgeschäften, §§ 312c Abs. 2, d Abs. 2 und Abs. 3 bei Fernabsatzverträgen, § 312e Abs. 1 S. 1 bei Geschäften im E-Commerce, 485 Abs. 2, Abs. 4, Abs. 5 S. 2 bei Teilzeit-Wohnrechteverträgen, § 506 Abs. 2, Abs. 3 bei Verbraucherdarlehensverträgen und § 358 Abs. 5 bei verbundenen Geschäften.

6. Rechtsfolgen

78 Die Rechtsfolgen nach wirksam erklärten Widerruf richten sich nach §§ 357, 346ff.

Voraussetzungen im Einzelnen:

VII. Bestehen eines Rechts zum Widerruf

1. Einzelne Vertragsarten

79 Dem Verbraucher muss durch Gesetz, etwa durch §§ 312 Abs. 1 S. 1, 312d Abs. 1 S. 1, 485 Abs. 1, 495 Abs. 1, 499 Abs. 1, 500, 501, 505 Abs. 1 S. 1 oder § 4 FernUSG ein Widerrufsrecht nach § 355 eingeräumt worden sein.

80 Danach ist zunächst festzustellen, ob die Voraussetzungen

- eines Haustürgeschäftes (§ 312 Abs. 1 Nr. 1 bis 3),
- eines Fernabsatzgeschäfts (§ 312b Abs. 1),
- eines Teilzeit-Wohnrechtevertrages (§ 481 Abs. 1),
- eines Verbraucherdarlehensvertrages (§ 491 Abs. 1),
- eines Zahlungsaufschubes (§ 499 Abs. 1),
- eines Finanzierungsleasingvertrages (§§ 499 Abs. 2, 500),
- eines Teilzahlungsgeschäfts (§ 501) oder
- eines Ratenlieferungsvertrages (§ 505 Abs. 1)

vorliegen, keine Ausschlüsse, Ausnahmen und Sonderregelungen eingreifen, bei den

- Haustürgeschäften etwa § 312 Abs. 3 Nr. 1 bis 3 (s. u. 3. Teil, E. Rdn. 4ff., 29ff.),
- Fernabsatzverträgen § 312b Abs. 3 Nr. 1 bis 7 und § 312d Abs. 3, Abs. 4 Nr. 1 bis 5, Abs. 5 (s. u. 4. Teil, B. Rdn. 42ff., E. Rdn. 2ff.; vgl. auch Härting MDR 2002, 61ff. und Härting/Schirnbacher MDR 1998, 917),
- Verbraucherdarlehensverträgen § 491 Abs. 2 Nr. 1 bis 3, Abs. 3 Nr. 1 n.F. (s. o. 2. Teil, D. Rdn. 2ff.),
- Ratenlieferungsverträgen § 505 Abs. 1 S. 2 (s. o. 2. Teil, C. Rdn. 270ff.).

2. Ersetzung durch das Rückgaberecht aus § 356

Das Widerrufsrecht aus § 355 kann in den im Gesetz ausdrücklich geregelten Fällen der § 312 Abs. 1 S. 2, 312d Abs. 1 S. 2 und 503 Abs. 1 durch ein uneingeschränktes Rückgaberecht des Verbrauchers ersetzt werden, soweit die Voraussetzungen des § 356 Abs. 1 S. 2 Nr. 1 bis 3 vorliegen (vgl. hierzu unten 2. Teil G.). 81

Ist der Anwendungsbereich des § 356 nicht eröffnet oder werden die Anforderungen des § 356 Abs. 1 nicht bzw. nicht in vollem Umfang beachtet, kann das Widerrufsrecht aus § 355 nicht wirksam durch ein Rückgaberecht ersetzt werden. In derartigen Fällen wird es regelmäßig an einer ordnungsgemäßen Belehrung über das Widerrufsrecht fehlen, sodass die Widerrufsfrist nach § 355 Abs. 2 S. 1 nicht in Gang gesetzt wird.[1217] 82

3. Kein Ausschluss durch die Verschlechterung der Sache

Das Widerrufsrecht wird durch den Untergang, die Verschlechterung, die Beschädigung, die Weiterveräußerung oder die anderweitige Unmöglichkeit der Herausgabe des empfangenen Gegenstandes nicht ausgeschlossen.[1218] 83

Nach neuem Recht bleibt dem Rücktrittsberechtigten (Verbraucher) nach einer Ansicht das Rücktrittsrecht grundsätzlich auch bei grob fahrlässiger und sogar vorsätzlicher Zerstörung des Leistungsgegenstandes erhalten.[1219] Nach zutreffender Auffassung[1220] kann dem Rücktritt „in krass liegenden Fällen" der Einwand des Rechtsmissbrauchs entgegenstehen. 84

Ein bei Vorliegen der Voraussetzungen des § 356 durch das Rückgaberecht ersetztes Widerrufsrecht lebt bei Unmöglichkeit der Rückgewähr wieder auf.[1221] In diesem Fall gilt für den Widerruf aber eine Besonderheit: Der Unternehmer, der über den Untergang oder das Abhandenkommen der Sache nicht informiert ist, müsste eine bloße Widerrufserklärung des Verbrauchers für unwirksam halten. Daher muss der an sich nicht begründungsbedürftige Widerruf hier die Information an den Unternehmer enthalten, warum der Verbraucher nicht zur Rückgewähr in der Lage ist.[1222] 85

[1217] Müko-*Habersack* § 356 Rdn. 15, 22, 26.

[1218] Vgl. Müko-*Ulmer* § 7 VerbrKrG Rdn. 61 und W/E/R-*Graf von Westphalen* § 7 VerbrKrG Rdn. 95 zum alten Recht; Bamberger/Roth-*Grothe* § 346 Rdn. 14, Staudinger-*Kaiser* § 346 Rdn. 183f., Müko-*Gaier* § 346 Rdn. 14, 17 und *Gaier* WM 2002, 1, 3 sowie *Rheinländer* ZGS 2004, 178ff. m. w. N. zum neuen Recht.

[1219] Müko-*Gaier* § 346 Rdn. 14; *Gaier* WM 2002, 1, 3.

[1220] *Kohler* JZ 2001, 325, 329 bei Vorsatz; Bamberger/Roth-*Grothe* § 346 Rdn. 6, 14: Bei Vorsatz Einwand aus § 242 möglich; Palandt-*Heinrichs* § 346 Rdn. 1 unter Hinweis auf OLG Düsseldorf NJW 1989, 3163: „in krass liegenden Fällen".

[1221] *Otte/Kapitza* ZGS 2004, 54, 56f.

[1222] *Otte/Kapitza* ZGS 2004, 54, 57; Staudinger/Kessal-*Wulf* § 7 VerbrKrG Rdn. 82; Staudinger-*Kaiser* § 356 Rdn. 39.

4. Rechtsmissbräuchliche Ausübung des Widerrufsrechts

86 Die Ausübung des Widerrufsrechts wurde unter Geltung der §§ 7, 9 VerbrKrG, 3 Abs. 1 S. 2 HausTWG als rechtsmissbräuchlich angesehen, wenn der Verkäufer dem Käufer (Verbraucher) acht Monate nach Vertragsabschluss anstelle der vereinbarten Zahlung die Gewährung eines Darlehens durch seine Hausbank vermittelt und dieser den Kaufvertrag anschließend widerruft,[1223] ein Werkunternehmer das am Fahrzeug des Bestellers (Verbrauchers) bestehende Unternehmerpfandrecht erkennbar im Vertrauen auf das Zustandekommen eines Darlehensvertrages durch Herausgabe des reparierten Pkw aufgibt[1224] oder der ordnungsgemäß belehrte Verbraucher einen vom Darlehnsgeber empfangenen Gegenstand veräußerte.[1225]

87 Mehrere Instanzgerichte gehen bzw. gingen von einer Verwirkung aus, wenn der – nicht ordnungsgemäß über sein Widerrufsrecht belehrte – Verbraucher den Widerruf erst nach mehreren Jahren erklärt.[1226]

88 Das OLG Frankfurt weist zutreffend darauf hin, dass es an dem für die Verwirkung erforderlichen Umstandsmoment fehlt, wenn etwa eine große deutsche Geschäftsbank eine unwirksame Widerrufsbelehrung erteilt hat, da sie es jederzeit in der Hand hat, durch das Nachschieben einer ordnungsgemäßen Belehrung den Schwebezustand endgültig zu beenden. Danach liegen die Voraussetzungen einer Verwirkung selbst bei Ablauf von neun Jahren nach Abschluss des Vertrages nicht vor.[1227]

89 Selbst wenn zwischen dem Beitritt zu einer Anlagegesellschaft (KG, BGB-Gesellschaft o. a.) und dem Widerruf 10 Jahre liegen, genügt dies nach Auffassung des BGH[1228] nicht, um eine Verwirkung anzunehmen.

[1223] LG Trier WM 1994, 436.

[1224] LG Zweibrücken NJW 1995, 600; *Scholz* WM 1996, 1430.

[1225] W/E/R-*Graf von Westphalen* § 7 VerbrKrG Rdn. 98; Müko-*Ulmer* § 7 VerbrKrG Rdn. 61; OLG Düsseldorf WM 1987, 601.

[1226] OLG Hamm MDR 1999, 537: ein Jahr; OLG Braunschweig NJW-RR 2000, 63: ein Jahr, wenn dem Verbraucher zuvor seine Verpflichtungen „hinreichend deutlich vor Augen geführt" wurde; OLG Karlsruhe OLG-Report 2003, 75, 77: sechs Jahre bei Gesellschaftsbeteiligung; OLG Karlsruhe ZGS 2004, 6: vier Jahre bei Beteiligung an einer BGB-Gesellschaft, wenn laufend Ausschüttungen entgegengenommen wurden; OLG München WM 2001, 680: neun Jahre; LG München II WM 2000, 1101, 1102: fünf bis zehn Jahre; LG Paderborn ZIP 2001, 1002: neun Jahre.

[1227] OLG Frankfurt NJW-RR 2001, 1279: neun Jahre; OLG Frankfurt WM 2002, 545, 548: fünf Jahre; OLG Stuttgart MDR 1998, 144, 145: über sechs Jahre; OLG Rostock WM 2001, 1413; auch BGH NJW 2001, 2718: zehn Jahre bei Treuhandmodell; BGH NJW 2004, 2736, 2738 = WM 2004, 1529, 1532 und WM 2004, 1536, 1539: knapp zehn Jahre bei gem § 134 i. V. m. § 1 RBerG unwirksamer Vollmacht bei einem Treuhandmodell; BGH NJW-RR 2005, 180, 182: 3,5 bzw. 10 Jahre nach dem Beitritt zu einer Anlagegesellschaft, hier einer KG.

[1228] BGH WM 2004, 2491, 2494 = NJW-RR 2005, 180, 182.

VIII. Ausübung des Widerrufsrechts

1. Erklärung des Verbrauchers

Der Verbraucher muss den Widerruf gegenüber dem Unternehmer ausüben, wobei die Erklärung auch durch einen Vertreter erfolgen kann.[1229] 90

Der Widerruf muss den betroffenen Vertrag und die Identität der widerrufenden Person erkennen lassen. Als Gestaltungsrecht ist er grundsätzlich bedingungsfeindlich und nach seinem Wirksamwerden selbst unwiderruflich.[1230] Ebenso wie eine Eventualanfechtung ist aber auch ein Eventualwiderruf zulässig.[1231] 91

2. Form

Gem. § 355 Abs. 1 S. 2 ist der Widerruf in Textform oder durch Rücksendung der Sache gegenüber dem Unternehmer zu erklären. 92

Textform verlangt nach § 126b die Erklärung in einer Urkunde oder auf andere zur dauerhaften Wiedergabe in Schriftzeichen geeigneter Weise. Sie muss die Person des Erklärenden nennen und den Abschluss der Erklärung durch Unterschrift bzw. Nachbildung der Namensunterschrift oder in anderer Weise erkennbar machen. Die Einhaltung der Schriftform des § 126 reicht in jedem Fall aus.[1232] 93

Die Erklärung kann dem Empfänger per Post oder Telefax übermittelt werden. Anders als nach § 7 Abs. 1 VerbrKrG i.V.m. § 361a Abs. 1 S. 2 a.F. genügt auch eine am PC abgefasste und per E-Mail oder Bildschirmtext zugeleitete Erklärung. Dem Lesbarkeitserfordernis ist Genüge getan, wenn der Empfänger den dort ankommenden Text tatsächlich auf seinem Bildschirm lesen kann[1233] bzw. die Belehrung auf einer Festplatte, Diskette oder CD-Rom tatsächlich gespeichert hat.[1234] Möglich ist danach auch eine Belehrung per Diskette oder CD-Rom.[1235] 94

Dagegen reicht ein vom Erklärenden in das Internet etwa auf der Homepage zum Abruf eingestellter, nicht durch E-Mail o.a. übermittelter Text nach h.M. nur dann aus, wenn es tatsächlich zu einem Download kommt.[1236] 95

1229 Müko-*Ulmer* § 355 Rdn. 24, 35; Müko-*Ulmer* § 495 Rdn. 20: nur, wenn sich die Vollmacht hierauf erstreckt.

1230 Müko-*Ulmer* § 355 Rdn. 35.

1231 Müko-*Ulmer* § 355 Rdn. 35; Palandt-*Heinrichs* § 355 Rdn. 6.

1232 Vgl. Müko-*Ulmer* § 355 Rdn. 36; Staudinger-*Kaiser* § 355 Rdn. 41.

1233 OLG München NJW 2001, 2263, 2265 zu § 8 Abs. 1 VerbrKrG; LG Kleve NJW-RR 2003, 196; *Martis/Meinhof* MDR 2004, 4, 5; *Bülow* § 495 Rdn. 92; Palandt-*Heinrichs* § 126b Rdn. 3; Staudinger-*Kaiser* § 355 Rdn. 42.

1234 Staudinger-*Kaiser* § 355 Rdn. 42.

1235 *Fuchs* ZIP 2000, 1273, 1283; *Lorenz* JuS 2000, 1273, 833, 837; Staudinger-*Kaiser* § 355 Rdn. 26, 41, 42.

1236 LG Kleve NJW-RR 2003, 196; *Fuchs* ZIP 2000, 1273, 1278; *Kamanabrou* WM 2000, 1417, 1423; *Lorenz* JuS 2000, 833, 837; Palandt-*Heinrichs* § 126b Rdn. 3 und

96 Die Übermittlung auf einen flüchtigen Arbeitsspeicher, der beim Abschalten gelöscht wird, genügt jedoch nicht.[1237]

97 Die elektronische Übersendung per E-Mail, Telefax, Btx u.a. genügt aber nur dann den Erfordernissen des § 130, wenn der Empfänger durch Mitteilung seiner Fax-Nummer oder E-Mail-Anschrift oder in sonstiger Weise zu erkennen gegeben hat, dass er mit einer solchen Übermittlung einverstanden ist.[1238]

98 So reicht es etwa nicht aus, dem Verbraucher eine CD-Rom zu schicken, wenn dieser über kein entsprechendes Laufwerk verfügt, oder ihm die Belehrung in einem Dateiformat zu übersenden, das dieser nicht problemlos lesen bzw. konvertieren kann.[1239]

99 Fehlt die Widerrufsbelehrung oder ist diese unvollständig und gibt der Verbraucher die Sache innerhalb der Sechsmonatsfrist des § 355 Abs. 3 S. 1 (früher: Jahresfrist des § 7 Abs. 2 S. 3 VerbrKrG) zurück, so kann sich der Unternehmer – auch beim verbundenen Geschäft nach § 358 – nicht auf die mangelnde Textform berufen, wenn er aufgrund der veröffentlichten BGH-Rechtsprechung wissen musste, dass die Belehrung unwirksam ist und er den Verbraucher nicht auf die noch bestehende, schriftliche Widerrufsmöglichkeit hingewiesen hat[1240] oder wenn er den formwidrigen Widerruf selbst als wirksam behandelt hat.[1241]

100 Als zweite Variante gestattet § 355 Abs. 1 S. 2 auch die bloße Rücksendung der Sache, also die konkludente Erklärung des Widerrufs.[1242]

3. Auslegung der Widerrufserklärung

101 Den Ausdruck „Widerruf" muss der Verbraucher nicht verwenden. Es genügt, wenn er in Textform, auch in einem Anwaltschriftsatz zum Ausdruck bringt, er wolle den Vertrag nicht mehr gegen sich gelten lassen und zum Beispiel von Rücktritt, Kündigung oder Anfechtung des Vertrages spricht.[1243]

---

§ 355 Rdn. 20; Staudinger-*Kaiser* § 355 Rdn. 42; a.A. OLG München NJW 2001, 2263, 2265 zu § 8 VerbrKrG; Müko-*Ulmer* § 355 Rdn. 49.

[1237] *Bülow* § 495 Rdn. 92 und § 503 Rdn. 27; *Martis/Meinhof* MDR 2004, 4, 5.

[1238] Palandt-*Heinrichs* § 126b Rdn. 3 und § 130 Rdn. 7a: Zugang mit abrufbarer Speicherung während der üblichen Geschäftszeit; Staudinger-*Kaiser* § 355 Rdn. 26, 41, 43.

[1239] *Kamanabrou* WM 2000, 1417, 1419; Staudinger-*Kaiser* § 355 Rdn. 41.

[1240] OLG Düsseldorf OLG-Report 1994, 271; *Martis* MDR 1998, 1260, 1261.

[1241] *Bülow* § 495 Rdn. 92; *Martis/Meinhof* MDR 2004, 4, 5.

[1242] Vgl. Müko-*Ulmer* § 355 Rdn. 36; Palandt-*Heinrichs* § 355 Rdn. 8: für den Unternehmer muss erkennbar sein, auf welchen Vertrag sich der Widerruf bezieht.

[1243] BGH NJW 1993, 128, 129; NJW 2001, 1642, 1643: „Anfechtung"; KG WM 2001, 1859, 1860 und OLG Düsseldorf NJW-RR 2003, 126, 127: „Kündigung"; *Martis/Meinhof* MDR 2004, 4, 5; Erman-*Saenger* § 355 Rdn. 7; Staudinger-*Kaiser*, 2004, § 355 Rdn. 25; Staudinger/Kessal-*Wulf* § 495 Rdn. 50: „Kündigung zweifelhaft".

Selbst der bloße Widerspruch des Verbrauchers gegen den Mahnbescheid, mit dem der Unternehmer die Forderung aus dem Verbraucherdarlehensvertrag geltend macht,[1244] die Erklärung zu einem gerichtlichen Protokoll,[1245] in einem dem Gericht in der mündlichen Verhandlung übergebenen Schriftsatz[1246] sowie die Anzeige des Verbrauchers, sich gegen eine Klage des Unternehmers aus dem Verbraucherdarlehensvertrag verteidigen zu wollen[1247] wurden zum alten Recht als ausreichende schriftliche Widerrufsbelehrungen angesehen. 102

4. Adressat der Widerrufserklärung

Die Ausübung des einseitigen Gestaltungsrechts wird mit dem Zugang der empfangsbedürftigen Willenserklärung beim Unternehmer wirksam. Allein hinsichtlich der Frage der Fristwahrung stellt das Gesetz auf die Absendung des Widerrufs durch den Verbraucher ab. Ein rechtzeitig gegenüber einem vom Unternehmer als Empfangsperson benannten Dritten abgeschickter Widerruf wahrt die Widerrufsfrist, weil sich der Unternehmer den von ihm verursachten Rechtsschein auch bei fehlender Botenmacht des Dritten gegen sich gelten lassen muss.[1248] 103

Der richtige Adressat der Erklärung wird auch – wie bereits nach §§ 7 Abs. 1 VerbrKrG, 361 a Abs. 1 S. 2 a.F. – dadurch erreicht, dass die Erklärung in einem Anwaltschriftsatz an das Gericht enthalten ist, wenn dieser dem Unternehmer zugeleitet wird[1249] oder wenn die Widerrufserklärung in der Sitzungsniederschrift des befassten Gericht aufgenommen wird.[1250] 104

IX. Widerrufsfrist und Inhalt der Belehrung

Der Gesetzgeber hat die zuvor im VerbrKrG (§ 7 Abs. 1 VerbrKrG: eine Woche), HausTWG (§ 1 Abs. 1 HausTWG: eine Woche nach vollständiger Erfüllung), FernAbsG (sieben Werktage) und TzWrG (§ 5 Abs. 1 TzWrG: zehn Tage) unterschiedlich langen Fristen in § 355 Abs. 1 S. 2 für alle Verbraucherverträge (vgl. §§ 312 Abs. 1 S. 1, 312 d Abs. 1 S. 1, 485 Abs. 1, 495 Abs. 1, 499 Abs. 1, 500, 503 Abs. 1) nunmehr einheitlich geregelt. 105

[1244] BGH NJW 1996, 2156, 2158 = WM 1996, 1258, 1260; *Martis/Meinhof* MDR 2004, 4, 5; *Martis* MDR 1998, 1260, 1262.

[1245] BGH NJW 1985, 1544, 1546; Erman-*Saenger* § 355 Rdn. 7 m. w. N.; Staudinger-*Kaiser*, 2004, § 355 Rdn. 26 a. E. und Staudinger/Kessal-*Wulf* § 495 Rdn. 50.

[1246] BGH NJW 1990, 567, 570 f.; Staudinger-*Kaiser*, 2004, § 355 Rdn. 26 a. E.

[1247] OLG Karlsruhe WM 1997, 1340, 1343; zustimmend noch Staudinger/Kessal-*Wulf* § 7 VerbrKrG Rdn. 60; ablehnend Palandt-*Heinrichs* § 355 Rdn. 6; kritisch Staudinger-*Kaiser*, 2004, § 355 Rdn. 25: „zweifelhaft".

[1248] *Bülow* § 495 Rdn. 123; *Martis/Meinhof* MDR 2004, 4, 5.

[1249] BGH MDR 1996, 1106; *Bülow* § 495 Rdn. 91; Erman-*Saenger* § 355 Rdn. 7.

[1250] *Bülow* § 495 Rdn. 91; Erman-*Saenger* § 355 Rdn. 7;. Staudinger/Kessal-*Wulf* § 495 Rdn. 50: Unternehmer muss Abschrift erhalten.

1. Dauer der Frist (§ 355 Abs. 1 S. 2)

a) Zwei-Wochen-Frist

106 Nach § 355 Abs. 1 S. 2 muss der Widerruf innerhalb von zwei Wochen gegenüber dem Unternehmer erklärt werden. Bereits die Absendung der Erklärung wahrt die Frist, § 355 Abs. 1 S. 2, letzter HS.

107 Geht der schriftliche Widerruf auf dem Weg zum Empfänger verloren, darf der Verbraucher seine Erklärung unverzüglich fristwahrend wiederholen.[1251]

108 Nach h. L. hat er jedoch Erkundigungen beim Unternehmer einzuziehen, sobald zweifelhaft wird, ob diesem der erste Widerruf zugegangen ist[1252] und im Bestreitensfalle den Nachweis zu führen, dass er den ersten, verloren gegangenen Widerruf innerhalb der Zwei-Wochen-Frist abgesendet hat.[1253]

b) Monatsfrist

109 Wird die Belehrung erst nach Vertragsabschluss mitgeteilt, beträgt die Widerrufsfrist gem. § 355 Abs. 2 S. 2 einen Monat.

110 Während nach § 7 Abs. 2 S. 3 VerbrKrG das Widerrufsrecht bei unvollständiger oder fehlerhafter Belehrung erst nach beidseits vollständiger Erbringung der Leistung, spätestens jedoch ein Jahr nach Abgabe der auf Abschluss des Vertrages gerichteten Willenserklärung des Verbrauchers erlosch,[1254] sah § 355 Abs. 3 S. 1 i.d.F. vom 1. 1. 2002 zunächst für alle Verbraucherverträge eine Höchstfrist von sechs Monaten vor. Obwohl an sich nicht geboten[1255] hat der Gesetzgeber aufgrund der Entscheidung des EuGH,[1256] wonach § 355 Abs. 3 wegen des insoweit vorliegenden Verstoßes gegen die Richtlinie 85/577/EWG dahingehend auszulegen war, dass er für Haustürgeschäfte nicht gilt, mit Geltung für nach dem 1. 8. bzw. 1. 11. 2002 geschlossenen Verträge entschieden, dass das Widerrufsrecht nicht nur bei Haustürgeschäften, sondern auch bei Fernabsatzgeschäften, Teilzeit-Wohnrechteverträgen und Verbraucherkreditverträgen nicht erlischt, wenn der Verbraucher nicht ordnungsgemäß belehrt worden ist (vgl. § 355 Abs. 3 S. 3 n.F.).

111 § 355 Abs. 3 S. 3 n.F. würde bewirken, dass die 6-Monats-Frist des § 355 Abs. 3 S. 1 in diesem Fall überhaupt nicht gilt. Um dem Unternehmer den-

---

[1251] OLG Dresden NJW-RR 2000, 356 = MDR 2000, 407; *Martis/Meinhof* MDR 2004, 4, 5; Müko-*Ulmer* § 355 Rdn. 39; Staudinger-*Kaiser* § 355 Rdn. 24 a.E.; Staudinger/Kessal-*Wulf* § 495 Rdn. 51; W/E/R-*Graf von Westphalen* § 7 VerbrKrG Rdn. 35; a.A. Bamberger/Roth-*Grothe* § 355 Rdn. 11.

[1252] *Martis/Meinhof* MDR 2004, 4, 5; *Martis* MDR 1998, 1260, 1262; Müko-*Ulmer* § 355 Rdn. 39; W/E/R-*Graf von Westphalen* § 7 VerbrKrG Rdn. 35.

[1253] Staudinger-*Kaiser* § 355 Rdn. 24 a.E.; Kessal-*Wulf* a.a.O.

[1254] Vgl. hierzu *Martis* MDR 1998, 1260, 1264.

[1255] Vgl. *Habersack/Mayer* WM 2002, 253, 259; *Staudinger* NJW 2002, 653.

[1256] EuGH NJW 2002, 281.

noch eine Möglichkeit zu eröffnen, Rechtsklarheit zu schaffen, wurde gleichzeitig § 355 Abs. 2 S. 2 n.F. eingeführt, der eine nachträgliche Belehrung ermöglicht.[1257]

Der Unternehmer kann den Verbraucher nach h.M. also jederzeit belehren und dadurch den Beginn der Monatsfrist des § 355 Abs. 2 S. 2 auslösen. 112

Nach Ansicht von Timmerbeil[1258] ist § 355 Abs. 3 S. 1 dahingehend teleologisch zu reduzieren, dass die Regelung im Fall einer nachträglichen Belehrung nach § 355 Abs. 2 S. 2 nicht anwendbar ist. Bei einer nachträglichen Belehrung etwa erst fünf Monate, drei Wochen und zwei Tage nach Vertragsabschluss würde das Widerrufsrecht nach § 355 Abs. 3 S. 1 auch in diesem Fall sechs Monate nach Vertragsabschluss erlöschen, dem Verbraucher bliebe eine Überlegungsfrist von weniger als einem Monat (§ 355 Abs. 2 S. 2), ja weniger als zwei Wochen (§ 355 Abs. 1 S. 2). Andererseits würde bei einer Belehrung sechs Monate und zwei Tage nach Vertragsabschluss wieder die Monatsfrist des § 355 Abs. 2 S. 2 gelten. 113

Richtigerweise überschneiden sich die Regelungsbereiche des § 355 Abs. 2 S. 2 und des § 355 Abs. 3 nicht. Bei nicht ordnungsgemäßer Belehrung ist nur eine Nachholung der Belehrung nach § 355 Abs. 2 S. 2 möglich. Sie setzt die Monatsfrist nur in Gang, wenn sie ihrerseits ordnungsgemäß erfolgt ist. Bei nicht ordnungsgemäßer Belehrung bei oder nach Vertragsabschluss erlischt das Widerrufsrecht gem. § 355 Abs. 3 S. 3 nicht.[1259] Die danach mögliche Nachholung der Belehrung nach dem 1. 8. 2002 ist, nachdem das schon zu §§ 7 VerbrKrG, 361a Abs. 1 S. 4 a.F. bestehende Unterschriftserfordernis des § 355 Abs. 2 S. 2 a.F. zum Ablauf des 31. 7. 2002 aufgehoben wurde, gem. Art. 229 § 9 Abs. 2 auch bei Altverträgen zulässig, für die nach §§ 361a Abs. 1 S. 4 a.F., 355 Abs. 2 S. 2 a.F. die Unterschrift Wirksamkeitsvoraussetzung der Belehrung war.[1260] 114

Gleiches soll entgegen der Formulierung des Art. 229 § 9 Abs. 2 EGBGB gelten, wenn die schriftliche Widerrufsbelehrung vom Unternehmer nachträglich, aber vor In-Kraft-Treten des OLG-VertrÄndG zum 1. 8. 2002 unter Anwesenden erteilt worden ist.[1261] 115

Von einer nachträglichen Belehrung ist allerdings nicht schon dann auszugehen, wenn die Widerrufsbelehrung im Anschluss an die zum Vertragsabschluss führenden Erklärungen erteilt wird. Erforderlich ist nach Ansicht von Ulmer vielmehr, dass zwischen Vertragsschluss und Widerrufsbelehrung eine Unterbrechung des Geschehensablaufs liegt, weil es andernfalls 116

[1257] Vgl. hierzu *Meinhof* NJW 2002, 2273, 2274; *Schmidt-Kessel* ZGS 2002, 311, 312; *Timmerbeil* NJW 2003, 569, 570.

[1258] *Timmerbeil* NJW 2003, 569, 570.

[1259] *Martis/Meinhof* MDR 2004, 4, 12; Palandt-*Heinrichs* § 355 Rdn. 22.

[1260] *Martis/Meinhof* MDR 2004, 4, 6; *Bülow* § 495 Rdn. 116c, 119; Palandt-*Heinrichs* § 355 Rdn. 18.

[1261] *Bülow* § 495 Rdn. 19: Unterschrift ist jedoch erforderlich, wenn die nachträgliche Widerrufsbelehrung unter Abwesenden erfolgte.

auf den oftmals zufälligen Umstand ankäme, ob der Verbraucher zuerst das Vertragsformular unterzeichnet und dann die Widerrufsbelehrung ausgehändigt bekommt oder ob dies umgekehrt der Fall ist.[1262]

117 Artz[1263] nimmt in entsprechender Anwendung des § 187 Abs. 1 eine nachträgliche Belehrung erst ab dem auf den Vertragsschluss folgenden Tag an.

118 Kaiser[1264] stellt darauf ab, ob Vertragsabschluss und Belehrung einen „einheitlichen Vorgang" bilden. Ist dies der Fall, soll die Zwei-Wochen-Frist des § 355 Abs. 1 S. 2 laufen, andernfalls die Monatsfrist des § 355 Abs. 2 S. 2.

119 Nach u.E. zutreffender Auffassung von Saenger[1265] muss die Belehrung spätestens zeitgleich mit der Annahme des Antrages auf Abschluss des Verbrauchervertrages durch den Unternehmer erfolgen, wenn das Angebot vom Verbraucher ausgeht. Wenn der Gesetzgeber den Unternehmer, der die Belehrung nicht mit Abschluss des Vertrages, sondern erst später erteilt, mit einer längeren Widerrufsfrist belasten will, muss dies wegen der Gefahr der fehlenden Kenntnisnahme durch den Verbraucher erst Recht in solchen Fällen gelten, in denen die Belehrung u.U. absichtlich noch am selben Tag, aber nicht im Zusammenhang mit dem Vertragsabschluss erfolgt. Kommt der Vertrag auf ein Angebot des Unternehmers durch die Annahme des Verbrauchers zustande, muss die Belehrung dem Verbraucher nach dieser Ansicht erteilt werden, bevor die Annahmeerklärung dem Unternehmer zugeht.[1266]

120 An die nachträgliche Belehrung sind inhaltlich die gleichen Anforderungen wie an die rechtzeitige Belehrung zu stellen. Auf die nachträgliche Erfüllung sonstiger über eine ordnungsgemäße Widerrufsbelehrung hinausgehender Voraussetzungen für den Beginn der Widerrufsfrist findet § 355 Abs. 2 S. 2 n.F. keine entsprechende Anwendung.[1267]

2. Ordnungsgemäße Belehrung als Voraussetzung für den Beginn des Fristenlaufs

121 Die Zwei-Wochen- bzw. Monatsfrist beginnt mit dem Zeitpunkt, zu dem dem Verbraucher eine deutlich gestaltete Belehrung über sein Widerrufsrecht in Textform mitgeteilt worden ist, die Namen und Anschrift des Erklärungsgegners, einen Hinweis auf den Fristbeginn und die Fristwahrung durch rechtzeitige Absendung enthält (§ 355 Abs. 2 S. 1).

1262 Müko-*Ulmer* § 355 Rdn. 53.

1263 *Artz* BKR 2002, 603, 607; abl. Staudinger-*Kaiser* § 355 Rdn. 46: „wirkt gekünstelt".

1264 Staudinger-*Kaiser* § 355 Rdn. 47.

1265 Erman-*Saenger* § 355 Rdn. 13.

1266 Erman-*Saenger* § 355 Rdn. 13.

1267 Müko-*Ulmer* § 355 Rdn. 53.

a) Adressat der Belehrung

Die Belehrung nach § 355 Abs. 2 S. 1 ist an den Vertragspartner zu richten. 122

Einem mit verpflichteten Lebensgefährten des Verbrauchers oder einem sonstigen gleichgründigen Gesamtschuldner braucht jedenfalls dann keine gesonderte Widerrufsbelehrung ausgehändigt werden, wenn er an der ihm und dem Verbraucher bei der gemeinsamen Vertragsunterzeichnung übergebenen Widerrufsbelehrung Mitbesitz erlangt hat.[1268] 123

Grundsätzlich ist ansonsten jedem Gesamtschuldner gegenüber bei einem Verbraucherdarlehensvertrag nicht nur die Form aus §§ 492, 502 zu wahren und – unter Geltung des § 7 Abs. 1, Abs. 2 VerbrKrG bei Altverträgen – jeweils eine Vertragsurkunde auszuhändigen, sondern auch jeweils eine Widerrufsbelehrung zu erteilen.[1269] 124

Gleiches gilt im Fall des Schuldbeitritts, soweit der Hauptschuldner bzw. der Beitretende jeweils Verbraucher ist.[1270] 125

Auf eine Bürgschaft sind die §§ 491, 495, 355 – anders als auf einen Schuldbeitritt – nach zutreffender, herrschender Ansicht nicht, auch nicht entsprechend anzuwenden.[1271] 126

Würde man mit der Mindermeinung[1272] von der Anwendbarkeit ausgehen, so wäre auch der Bürge Adressat der Widerrufsbelehrung. Da der zu sichernde Vertrag und das Sicherungsgeschäft getrennte Verträge sind, kommt eine gemeinsame Widerrufsbelehrung wie bei einer Gesamtschuld hierbei nicht in Betracht.[1273] 127

Wird der Vertrag – wie regelmäßig – schriftlich abgeschlossen, muss dem Verbraucher eine Vertragsurkunde, eine Abschrift hiervon oder sein schriftlicher Antrag ausgehändigt werden (§ 355 Abs. 2 S. 3). 128

Eine Widerrufsbelehrung ist dabei nur dann ausgehändigt bzw. dem Verbraucher zur Verfügung gestellt, wenn sie ihm für die Dauer der Wider rufsfrist verbleibt. Nimmt der Unternehmer die Belehrung unmittelbar nach der Unterzeichnung des Vertrages wieder an sich und ist der Verbraucher dadurch außerstande, sich innerhalb der Widerrufsfrist nochmals zweifelsfrei über seine Rechte zu vergewissern, so wird die jetzt zweiwöchige Widerrufsfrist nicht in Lauf gesetzt.[1274] 129

1268 LG Oldenburg NJW-RR 1999, 1734; zustimmend *Bülow* § 495 Rdn. 96 und *Martis/Meinhof* MDR 2004, 4, 6; kritisch *Mankowski* VuR 1999, 429 ff. und Staudinger/Kessal-*Wulf* § 495 Rdn. 34, 37 a. E.

1269 LG Oldenburg a. a. O.; *Martis/Meinhof* MDR 2004, 4, 6; *Bülow* § 495 Rdn. 96; Müko-*Ulmer* § 495 Rdn. 21; *Staudinger* a. a. O.

1270 *Bülow* § 495 Rdn. 97.

1271 BGH NJW 1998, 1939; OLG Stuttgart NJW 1997, 3450; OLG Rostock WM 1998, 446; OLG Hamm WM 1998, 171; *Martis/Meinhof* MDR 2004, 4, 6.

1272 *Bülow* § 495 Rdn. 99 und § 491 Rdn. 123; Artz VuR 1997, 229; *Graf von Westphalen* MDR 1997, 307 und DB 1998, 297.

1273 *Bülow* § 495 Rdn. 99.

1274 OLG Koblenz WM 2002, 2456, 2460; *Martis/Meinhof* MDR 2004, 4, 6.

130 Wird eine GmbH, selbst keine „Verbraucherin" i.S.d. § 13, als Leasinggeberin bei Vertragsabschluss von ihrem Geschäftsführer, in dessen Person die Kriterien des § 13 erfüllt sind und der der Schuld der GmbH beigetreten ist, vertreten, bedarf es zur Wirksamkeit des Schuldbeitritts keiner separaten Aushändigung einer Belehrung an den Mithaftenden.[1275]

131 Gleiches gilt, wenn mehrere in häuslicher Gemeinschaft lebende Verbraucher einen Verbrauchervertrag gemeinsam abschließen, die Widerrufsbelehrung gemeinsam unterzeichnen und ihnen die schriftliche Belehrung gemeinsam ausgehändigt wird.[1276]

132 Bereits unter Geltung der §§ 7 Abs. 2 S. 2 VerbrKrG a.F., 2 Abs. 1 HausTWG a.F. sowie des § 355 Abs. 2 S. 2 a.F. (Fassung vom 1. 1. bis 31. 7. 2002) reichte es aus, wenn die nach diesen Bestimmungen noch erforderliche Unterschrift des Verbrauchers auf ein Exemplar der Vertragsurkunde bzw. einer Abschrift hiervon gesetzt wurde, das der Unternehmer behielt, wenn dem Verbraucher eine Abschrift bzw. Kopie der Belehrungsurkunde ausgehändigt wurde.[1277]

133 Eine Widerrufsbelehrung mit dem Wortlaut „Meine Erklärung kann ich innerhalb einer Frist von einer Woche nach Unterzeichnung dieser Erklärung ohne Angabe von Gründen widerrufen; die Frist beginnt mit der Aushändigung eines Exemplars dieser Erklärung" war nach §§ 7 VerbrKrG, 2 Abs. 1 HausTWG wirksam, auch wenn die Aushändigung der Erklärung und die Unterzeichnung nicht am gleichen Tag erfolgten.[1278]

b) Inhalt der Belehrung

Inhaltlich muss der Verbraucher über folgende Einzelheiten belehrt werden:

aa) Recht zum beliebigen und an keine Voraussetzungen gebundenen Widerruf

134 Eine besondere, vom Gesetz nicht vorgeschriebene Form, z.B. Widerruf nur per Einschreiben, eine gegenüber der gesetzlichen Regelung einschränkende Bedingung oder Befristung oder ein verwirrender Zusatz macht die Belehrung unrichtig und damit ungeeignet, den Lauf der Zwei-Wochen-Frist in Gang zu setzen.[1279]

[1275] LG Essen NJW-RR 1998, 1526; *Martis/Meinhof* MDR 2004, 4, 6.

[1276] LG Oldenburg NJW-RR 1999, 1734; zustimmend *Bülow* § 495 Rdn. 96 und *Martis/Meinhof* MDR 2004, 4, 6; kritisch *Mankowski* VuR 1999, 429; s.o. Fn. 1268.

[1277] BGH NJW 1998, 540 = MDR 1998, 267; NJW 1998, 2438 = MDR 1998, 1088; zustimmend *Bydlinsky* VuR 1998, 147 und Terlau MDR 1998, 268.

[1278] KG KG-Report 2004, 477.

[1279] OLG Zweibrücken NJW 1994, 203, 204: Widerruf per Einschreiben; Staudinger-*Kaiser* § 355 Rdn. 40; Staudinger/Kessal-*Wulf* § 495 Rdn. 28, 29, 38; *Martis/Meinhof* MDR 2004, 4, 7; s.u. F. Rdn. 170ff.

Dagegen ist die bloße „Empfehlung“, die Erklärung per Einschreiben mit Rückschein zu widerrufen[1280] ebenso unschädlich wie der Zusatz „Die große X-Telefonkarte kann ich natürlich auch bei Widerruf behalten“.[1281] 135

Wird der Verbraucher über eine Rückzahlungsverpflichtung nach § 7 Abs. 3 VerbrKrG bzw. § 495 Abs. 2 a.F. (Fassung bis zum 1. 11. 2002) belehrt, die gar nicht besteht, weil die Parteien keinen Sach- oder Gelddarlehensvertrag abgeschlossen haben, so ist die Belehrung schon aus diesem Grund unwirksam.[1282] 136

Eine den inhaltlichen Vorgaben des VerbrKrG entsprechende Widerrufsbelehrung genügt auch dann nicht den Voraussetzungen der §§ 2 HausTWG, 361a Abs. 1 a.F., wenn die Belehrung nach dem HausTWG nur mit Rücksicht auf die in der Vergangenheit herrschende Auslegung der § 5 Abs. 2 HausTWG unterblieben war, die davon ausging, dass das HausTWG bei Verbraucherkreditverträgen verdrängt sei.[1283] 137

bb) Zwei-Wochen-Frist bzw. Monatsfrist nach § 355 Abs. 2 S. 2 und Fristbeginn

Die Belehrung hat sich auch auf den Beginn der zweiwöchigen Widerrufsfrist zu erstrecken. Ein konkretes Datum muss vom Unternehmer nicht genannt werden. Er muss aber zutreffend und widerspruchsfrei das Ereignis benennen, das den Fristbeginn auslöst, nämlich die Übermittlung der Belehrung auf einem dauerhaften Datenträger oder die Aushändigung der Urkunde über die Widerrufsbelehrung,[1284] etwa mit den Worten „Fristbeginn nach Aushändigung dieser Urkunde“ oder wie in der Muster-Widerrufsbelehrung des Gesetzgebers vorgesehen „frühestens mit Erhalt dieser Belehrung“.[1285] 138

Es empfiehlt sich daher -entgegen der Muster-Widerrufsbelehrung des Gesetzgebers- jedenfalls bei der Widerrufsbelehrung nach § 495 i.V.m. 139

1280 OLG Stuttgart WM 1991, 64; a.A. jedoch Staudinger/Kessal-*Wulf* § 7 VerbrKrG Rdn. 28 a.E. und § 495 Rdn. 28: „bedenklich“.

1281 OLG Stuttgart NJW 1994, 3110.

1282 BGH NJW 2004, 2744f. mit Nachweisen der Gegenansicht; NJW 2003, 424, 425 = WM 2003, 61, 62; OLG Schleswig WM 2005, 607, 608; OLG Karlsruhe NJW-RR 2003, 185, 187 = OLG-Report 2003, 20, 23; OLG-Report 2003, 75; OLG-Report 2004, 60; OLG München OLG-Report 2002, 458; OLG Hamburg WM 2002, 1289, 1294; *Martis/Meinhof* MDR 2004, 4, 7.

1283 BGH NJW 2004, 2744 = WM 2004, 1579; NJW 2003, 424, 425; OLG Schleswig WM 2005, 607, 608; OLG Karlsruhe OLG-Report 2004, 60; OLG-Report 2003, 75; NJW-RR 2003, 185, 187; OLG München OLG-Report 2002, 458; a.A. OLG Stuttgart OLG-Report 2002, 317, 322 = BKR 2002, 828, 833; *Edelmann/Krümmel* BKR 2003, 99, 100f.; *Peters/Ivanova* WM 2003, 55, 57f.

1284 *Bülow* § 495 Rdn. 109, 110; *Martis/Meinhof* MDR 2004, 4, 7.

1285 Sehr kritisch zur Muster-Widerrufsbelehrung: *Bodendiek* MDR 2003, 1, 3; *Martis/Meinhof* a.a.O.; *Masuch* NJW 2002, 2929, 2931f.; *Kroiß-Wittig* § 6 Rdn. 112 a.E.; Staudinger-*Kaiser*, 2004, § 355 Rdn. 4, 40 a.E.

§ 355, den Fristbeginn wie folgt zu konkretisieren:[1286] *„Die Frist beginnt einen Tag, nachdem ihnen ein Exemplar dieser Widerrufsbelehrung und eine Vertragsurkunde, ihr schriftlicher Vertragsantrag oder eine Abschrift der Vertragsurkunde oder des Vertragsantrages zur Verfügung gestellt worden ist"*.

140 Die bloße Erklärung, das Widerrufsschreiben sei „binnen zweier Wochen" an den Unternehmer abzusenden, der Verbraucher könne die Erklärung „innerhalb von zwei Wochen" schriftlich widerrufen,[1287] der Widerruf könne „zwei Wochen nach Aushändigung des Antrags auf Abschluss des Leasingvertrages" erfolgen,[1288] der Vertrag könne „innerhalb von zwei Wochen nach Vorlage einer schriftlichen Genehmigung widerrufen" werden[1289] setzt die Zwei-Wochen-Frist nicht in Gang.

141 Auch die Bezeichnung des Fristbeginns mit den Worten „ab heute" bzw. „Fristbeginn mit dem heutigen Tag" genügt nicht, wenn die Widerrufsbelehrung mit dem Verbrauchervertrag ausgehändigt wird, weil diese Formulierung beim Verbraucher den unzutreffenden (vgl. § 187 Abs. 1) Eindruck nahe legt, bei der Fristberechnung werde dieser Tag mitgezählt.[1290]

142 Gleiches gilt, wenn die Belehrung in der Unterschriftszeile nach den Worten „Ort, Datum" den Zusatz „Beginn der Widerrufsfrist" enthält.[1291]

143 Die einem Verbraucher mit dem Zusatz erteilte Widerrufsbelehrung, „der Lauf der Widerrufsfrist beginnt nicht, bevor die auf Abschluss des Vertrages gerichtete Willenserklärung vom Auftraggeber abgegeben wurde", entspricht ebenfalls nicht dem Deutlichkeitsgebot des § 355 Abs. 1, Abs. 2.[1292] Eine solche Widerrufsbelehrung legt nämlich das unrichtige Verständnis nahe, dass auch Fälle denkbar seien, in denen die Widerrufsfrist nicht bereits mit der Aushändigung der die Widerrufsbelehrung enthaltenden Vertragsurkunde zu laufen beginne, sondern erst mit der zeitlich nachfolgenden Abgabe der auf den Abschluss des Vertrages gerichteten Willenserklärung des Verbrauchers. Dies ist jedoch unzutreffend.[1293]

144 Unschädlich ist es dagegen, wenn die Aushändigung der Erklärung und deren Unterzeichnung nicht am selben Tag erfolgen.[1294]

145 Wird ein Datum in der Reihenfolge Jahr/Monat/Tag (z.B. 20050515) angegeben, macht dies die Widerrufsbelehrung gleichfalls unwirksam, weil der

---

[1286] Vgl. *Kroiß-Wittig* § 6 Rdn. 112, 113.

[1287] BGH MDR 1996, 892 = NJW 1996, 1965; NJW 1993, 1013 = MDR 1993, 953.

[1288] OLG Düsseldorf NJW-RR 2003, 126; *Martis/Meinhof* MDR 2004, 4, 7; abw. Staudinger-*Kaiser* § 355 Rdn. 34: Benennung des den Fristbeginn auslösenden Ereignises reicht aus.

[1289] OLG Koblenz NJW-RR 1998, 1525; *Martis/Meinhof* MDR 2004, 4, 7.

[1290] BGH NJW 1997, 2185 = MDR 1997, 491; OLG Karlsruhe VuR 1999, 61; OLG Frankfurt MDR 2001, 77; LG Hamburg VuR 1999, 47; *Martis/Meinhof* MDR 2004, 4, 7; Staudinger-*Kaiser* § 355 Rdn. 34.

[1291] BGH WM 2004, 2491, 2493.

[1292] BGH NJW 2002, 3396, 3398 = WM 2002, 1989, 1991.

[1293] BGH NJW 2002, 3396, 3398.

[1294] KG KG-Report 2004, 477: Frist läuft ab dem Tag der Aushändigung.

Verbraucher den Beginn des Fristablaufs hieraus nicht ohne weiteres ersehen kann.[1295]

Bei einem Kauf auf Probe beginnt die Widerrufsfrist des Verbrauchers nicht vor dem Zeitpunkt zu laufen, in dem der Kaufvertrag für diesen durch seine Billigung bindend geworden ist.[1296] 146

cc) Inhalt, Form und die möglichen Alternativen der Widerrufserklärung

Der Verbraucher muss darauf hingewiesen werden, dass er seine Vertragserklärung *ohne Angabe von Gründen* und *in Textform* (z.B. durch Brief, Fax, E-Mail) oder *durch Rücksendung* der ihm vertragsgemäß überlassenen Sache erklären kann.[1297] 147

Eine Unterschrift unter die Widerrufsbelehrung ist für die seit dem 2. 8. 2002 bzw. 2. 11. 2002 abgeschlossenen („schwebend wirksamen") Verträge nicht (mehr) erforderlich. Eine Grußformel, Datumsangabe oder Schlussbemerkung genügt.[1298] 148

Fehlt ein Hinweis darauf, dass der Verbraucher *ohne Begründung* auch *durch Datenträger* widerrufen kann, ist die Belehrung ebenfalls unwirksam.[1299] 149

Bei elektronischer Übermittlung muss der Verbraucher aufgefordert werden, die Belehrung auszudrucken oder elektronisch zu speichern.[1300] 150

Die Widerrufsbelehrung nach § 7 Abs. 2 VerbrKrG bzw. § 355 Abs. 1 S. 2 i.d.F. bis zum 1. 8. 2002 bzw. 1. 11. 2002 musste den unmissverständlichen und eindeutigen Hinweis enthalten, dass der Widerruf schriftlich zu erfolgen hat.[1301] Ein Widerruf per E-Mail genügte den Erfordernissen der Schriftlichkeit des Widerrufs nach § 7 Abs. 1, Abs. 2 VerbrKrG, § 2 HausTWG nicht.[1302] 151

dd) Fristwahrung bereits durch Absendung der Widerrufserklärung

Die Belehrung mit dem Inhalt, es genüge die „Einsendung des Widerrufs" innerhalb von zwei Wochen, kann beim Verbraucher den unzutreffenden 152

[1295] OLG Koblenz NJW 1994, 2099; Staudinger/Kessal-*Wulf* § 495 Rdn. 29; *Martis* MDR 1998, 1260, 1263; *Martis/Meinhof* MDR 2004, 4, 7; ablehnend jedoch *Bülow* § 495 Rdn. 110 und Palandt-*Heinrichs,* 63. Aufl., § 355 Rdn. 14.

[1296] BGH NJW-RR 2004, 1058 = NJW 2005, 283 LS.

[1297] *Martis/Meinhof* MDR 2004, 4, 7; *Bülow* § 495 Rdn. 90, 92, 93, 116a; Palandt-*Heinrichs* § 355 Rdn. 14 m.w.N.

[1298] Erman-*Palm* § 126b Rdn. 5; Staudinger-*Kaiser* § 355 Rdn. 27 a.E.

[1299] AG Siegburg NJW-RR 2002, 129; *Martis/Meinhof* MDR 2004, 4, 8; Palandt-*Heinrichs* § 355 Rdn. 14 m.w.N.

[1300] Erman-*Saenger* § 355 Rdn. 9; Palandt-*Heinrichs* § 355 Rdn. 18 und § 126 b Rdn. 3.

[1301] OLG Celle NJW-RR 2000, 1656 = WM 2000, 816, 817; OLG Braunschweig WM 2000, 814, 815.

[1302] OLG Braunschweig WM 2000, 814; *Martis/Meinhof* MDR 2004, 4, 8.

Eindruck hervorrufen, es sei der Eingang beim Unternehmer maßgebend und löst deshalb nicht den Lauf der Zwei-Wochen-Frist aus.[1303] Der Verbraucher muss auch darauf hingewiesen werden, dass die rechtzeitige Absendung des Widerrufs oder der Sache, sofern eine versandfähige Sache Gegenstand des Vertrages ist, ausreicht.[1304]

ee) Name und Anschrift des Widerrufsempfängers.

153 Nach Auffassung des BGH zu § 7 VerbrKrG genügte die Angabe eines Postfachs.[1305]

154 § 312c Abs. 1 i.V.m. § 1 Abs. 1 Nr. 3 der BGB-InfoVo[1306] verlangt nunmehr jedoch die Angabe einer „ladungsfähigen Anschrift". Die Angabe der Postfachanschrift ist somit unter Geltung der §§ 312d, 355 seit dem 1. 1. 2002 nicht mehr ausreichend.[1307]

155 Ist der Unternehmer eine juristische Person (KG, GmbH, AG u.a.), müssen auch Name und ladungsfähige Anschrift jedenfalls einer vertretungsberechtigten Person mitgeteilt werden.[1308]

156 Bei einer einheitlichen Urkunde reicht es aus, wenn die jeweilige Anschrift dem Vertragsrubrum zu entnehmen ist, in der Belehrung selbst aber nur der Name des Unternehmers vermerkt ist[1309] bzw. wenn die Belehrung einen Teil der Vertragserklärungen bildet und dort die Anschrift bereits erwähnt ist.[1310]

157 Zur Mitteilung seiner Telefon- und Telefaxnummer sowie seiner Internet-Adresse ist der Unternehmer jedoch nicht verpflichtet.[1311]

ff) Klarstellung, auf welchen Vertrag sich die Belehrung bei verbundenen Geschäften bezieht

158 So beginnt beim finanzierten Kauf eines Kraftfahrzeugs als verbundenem Geschäft i.S.d. § 358 die Frist zum Widerruf für den Verbraucher nicht zu

---

[1303] LG Stuttgart NJW 1995, 667; *Martis* MDR 1998, 1260, 1263; *Martis/Meinhof* MDR 2004, 4, 8.

[1304] Palandt-*Heinrichs* § 355 Rdn. 8, 14; Müko-*Ulmer* § 355 Rdn. 45.

[1305] BGH NJW 2002, 2391, 2392; ebenso OLG Stuttgart NJW-RR 2001, 423 zu § 7 VerbrKrG; auch *Bülow* § 495 Rdn. 121, 122 und Erman-*Saenger* § 355 Rdn. 9 sowie Staudinger/Kessal-*Wulf* § 495 Rdn. 31; jeweils zu §§ 495, 355 n.F.

[1306] Abgedruckt bei Palandt, 64. Aufl., Seite 2722 ff.

[1307] OLG Hamburg NJW 2004, 1114; *Hoffmann* NJW 2004, 2569, 2570; *Kroiß-Wittig* § 6 Rdn. 111; Palandt-*Heinrichs* § 355 Rdn. 14 und § 1 BGB-InfoV Rdn. 2; Staudinger-*Kaiser* § 355 Rdn. 34 a.E.

[1308] Palandt-*Heinrichs* § 1 BGB-InfoV Rdn. 2.

[1309] *Bülow* § 495 Rdn. 122; *Martis/Meinhof* MDR 2004, 4, 8.

[1310] Müko-*Ulmer* § 355 Rdn. 45; *Martis/Meinhof* MDR 2004, 4, 8; ablehnend jedoch OLG Bamberg VuR 2002, 33, 34.

[1311] OLG Hamm NJW-RR 2004, 1045 für Telefonnummer; a.A. jedoch Palandt-*Heinrichs* § 1 BGB-InfoV Rdn. 2: Verpflichtung folgt aus § 1 Abs. 1 Nr. 3 BGB-InfoV bzw. § 242.

laufen, wenn zwar der Darlehensantrag eine zutreffende Belehrung über den Fristbeginn enthält, die entsprechende Belehrung in der „verbindlichen Bestellung" aber falsch oder missverständlich ist.[1312]

gg) Verbundene Geschäfte

Bei verbundenen Geschäften muss der Verbraucher auch über den Wegfall der Bindung an den Darlehensvertrag bei Widerruf des finanzierten Geschäfts, i. d. R. des Kaufvertrages sowie über den Wegfall der Bindung an den finanzierten Vertrag beim Widerruf des Darlehensvertrages (§ 358 Abs. 1, Abs. 2 S. 1. sowie über die Verpflichtung des Verbrauchers zum Wertersatz nach § 358 Abs. 4 S. 1 i.V.m. § 357 Abs. 3 S. 1 und die Möglichkeit, einen Wertersatzanspruch des Unternehmers zu vermeiden, belehrt werden.[1313] 159

c) Form und Gestaltung der Belehrung

Die Belehrung hat in Textform zu erfolgen, § 126b. Soweit die Belehrung üblicherweise schriftlich erfolgt, bedarf sie keiner gesonderten Urkunde; als getrennte Urkunde muss sie nicht unbedingt mit der Vertragserklärung des Verbrauchers fest verbunden sein.[1314] 160

aa) Drucktechnisch deutlich gestaltete Belehrung

Die Belehrung muss jedoch gegenüber dem übrigen Vertragstext drucktechnisch unübersehbar hervortreten, so etwa durch ein auffälliges Druckbild, bei Zusammenfassung von Belehrung und Vertragsinhalt auch durch ihre räumliche Trennung vom Vertragstext, durch Fett- oder Farbdruck oder ins Auge fallenden Einrahmungen bzw. durchgezogene Trennlinien.[1315] 161

Durch den in der seit dem 1. 1. 2002 geltenden, veränderten Wortlaut („deutlich gestaltete Belehrung" in § 355 Abs. 2 S. 1 anstatt „drucktechnisch deutliche Gestaltung" in § 7 Abs. 2 S. 2 VerbrKrG) wollte der Gesetzgeber die Anforderungen nicht reduzieren.[1316] 162

1312 OLG Schleswig MDR 2000, 944; *Martis/Meinhof* MDR 2004, 4, 8.

1313 Palandt-*Heinrichs* § 357 Rdn. 10, § 358 Rdn. 9 und § 312d Rdn. 5, 7; Palandt-*Putzo* § 485 Rdn. 5, 6 und § 506 Rdn. 9a; *Martis/Meinhof* MDR 2004, 4, 8; s.u. Rdn. 198ff.

1314 *Bülow* § 495 Rdn. 112; Staudinger/Kessal-*Wulf* § 7 VerbrKrG Rdn. 25; *Martis/Meinhof* MDR 2004, 4, 8.

1315 BGH NJW 1994, 1801 = MDR 1994, 660; NJW 1996, 1964, 1965 = MDR 1996, 892, 893; NJW-RR 1996, 472, 473; auch BGH WM 2004, 2491, 2493; OLG München NJW-RR 2002, 399; OLG Stuttgart NJW-RR 1995, 114, 115; OLG Hamm VuR 2003, 303: eingerahmte, farblich unterlegte und vollständig in Fettdruck gehaltene Belehrung; KG KG-Report 2004, 477: Fettdruck und/oder größere Buchstaben, farblich unterlegt genügt; Erman-*Saenger* § 355 Rdn. 10; Müko-*Ulmer* § 355 Rdn. 48; Palandt-*Heinrichs* § 355 Rdn. 16; Staudinger-*Kaiser* § 355 Rdn. 39.

1316 BGH MDR 2003, 404.

163 Zeichnen sich auch andere Teile des Vertragstextes durch Hervorhebungen aus, kann die Wirkung dadurch wieder aufgehoben werden.[1317] Eine Widerrufsbelehrung, die eingerahmt, farblich unterlegt und zudem vollständig in Farbdruck gehalten ist, zieht den Blick des Adressaten nach Ansicht des OLG Hamm aber regelmäßig auch dann auf sich, wenn das gesamte Formular auch an anderer Stelle Elemente des Fettdrucks oder der farblichen Unterlegung enthält.[1318]

164 Eine den genannten Erfordernissen entsprechende Widerrufsbelehrung auf der ansonsten leeren Rückseite eines Bestellformulars genügt den Voraussetzungen des § 355 Abs. 2 S. 1, selbst wenn sich im Vertragstext auf der Vorderseite kein Hinweis auf die rückseitig abgedruckte Widerrufsbelehrung findet.[1319]

165 Ein bloßer Abdruck der Belehrung oder drucktechnische Hervorhebungen sind für eine Widerrufsbelehrung unzureichend, wenn

- sowohl die Schriftgröße als auch der Fettdruck wie auch die Einrahmung und die farbige Unterlegung der Belehrung auch im sonstigen Text des Antrages vorkommen,[1320]
- sich eine Widerrufsbelehrung weder in der farblichen Gestaltung noch im Schriftbild abhebt und sogar noch eine schmalere Umrandung als die anderen Textpassagen aufweist, wobei lediglich das Wort „Widerrufsbelehrung" fett gedruckt ist,[1321]
- die Belehrung zwar mit grauer Farbe unter Aussparung eines weißen Kastens für Datum und Unterschrift unterlegt ist, eine solche graue Unterlegung sowie die Aussparung aber auch im sonstigen Vertragstext vorkommen,[1322]
- sich unmittelbar über der Belehrung in einem Abstand von ca. 3 cm ein weiterer Absatz im gleichen Fettdruck befindet und dadurch die Aufmerksamkeit von der Belehrung abgelenkt wird,[1323]
- lediglich ein etwa fünf Schreibmaschinen-Leerzeichen umfassender Abstand zum vorangegangenen Vertragstext sowie ein geringerer Abstand vom linken Seitenrand eingehalten werden, wenn sonstige Hervorhebungen, etwa in Form von Unterstreichungen, Einrahmungen, Trennungslinien

---

[1317] BGH NJW 1996, 1964, 1965; auch BGH NJW-RR 1990, 368, 370 und OLG Naumburg NJW-RR 1994, 377; Staudinger-*Kaiser* § 355 Rdn. 39 a. E.; großzügiger OLG Hamm VuR 2003, 303.

[1318] OLG Hamm VuR 2003, 303.

[1319] BGH NJW-RR 2003, 1481, 1482; zustimmend Staudinger-*Kaiser* § 355 Rdn. 39.

[1320] LG Dortmund VuR 2001, 454; *Martis/Meinhof* MDR 2004, 4, 8; großzügiger OLG Hamm VuR 2003, 303, s. o.

[1321] OLG Düsseldorf OLG-Report 1994, 271; *Martis* MDR 1998, 1260, 1262.

[1322] LG Gießen MDR 2000, 693; *Martis/Meinhof* MDR 2004, 4, 8.

[1323] OLG Naumburg NJW-RR 1994, 377; Müko-*Ulmer* § 355 Rdn. 48; *Martis/Meinhof* MDR 2004, 4, 9.

oder die Verwendung von Sperrschrift bzw. einer anderen Drucktype fehlen,[1324]
- die zur Belehrung eingesetzten Gestaltungsmittel in dieser oder ähnlicher Form auch für andere Textteile Verwendung finden,[1325]
- die Belehrung an einer Stelle abgedruckt wird, an der sie für den Verbraucher überraschend erscheint und objektiv nicht mit einer gesetzlich gebotenen Belehrung gerechnet werden muss,[1326]
- die Belehrung in kleiner Schrift an versteckter Stelle erscheint und der Verbraucher nach der Sachlage keine Veranlassung hat, nach weiteren Angaben zu suchen,[1327]
- mit dem Belehrungstext lediglich ein geringerer Randabstand eingehalten und etwas größere Absätze verwendet werden,[1328]
- die Urkunde kein besonderes Feld für die – vor dem 2. 8. bzw. 2. 11. 2002 erforderliche – gesonderte Unterschrift des Verbrauchers enthält.[1329]

Eine solche „gesonderte Unterschrift" liegt nicht vor, wenn sich diese zugleich auf eine Empfangsbestätigung o. a. erstreckt.[1330]

bb) Belehrung muss dem Verbraucher zur Verfügung gestellt werden

Bei Vertragsabschluss mittels Telekopien, E-Mails, Tele- und Medien- **166**
diensten (vgl. § 312b Abs. 2) ist die Belehrung wirksam, wenn sie in einer der genannten Formen deutlich gestaltet und dem Verbraucher in lesbarer Weise in Textform zur Verfügung gestellt worden ist, um ihm während der Widerrufsfrist die jederzeitige, inhaltlich unveränderte Wiedergabe der Information über die Ausübung des Widerrufsrechts zu ermöglichen.[1331]

In diesen Fällen wird auch die Belehrung mittels Telekopien, E-Mails **167**
oder anderen Telekommunikationsmitteln von einer Ansicht für ausreichend erachtet, sofern sie in einer der genannten Formen deutlich gestaltet ist und der Verbraucher sie speichern und/oder ausdrucken kann;[1332] zumindest wird die Aufforderung an den Verbraucher für erforderlich gehalten, die Belehrung auszudrucken oder elektronisch zu speichern.[1333]

1324 BGH ZIP 1994, 884 = MDR 1994, 660; *Martis* MDR 1998, 1260, 1262; *Martis/Meinhof* MDR 2004, 4, 9.

1325 BGH NJW-RR 1990, 368, 370; OLG Stuttgart NJW 1992, 3245, 3246; Müko-*Ulmer* § 355 Rdn. 48; Staudinger-*Kaiser* § 355 Rdn. 39 a. E.

1326 BGH NJW 1996, 1964, 1965; MDR 1996, 381; *Martis/Meinhof* MDR 2004, 4, 9.

1327 OLG Hamburg NJW 2004, 1114.

1328 *Martis* MDR 1998, 1260, 1262 m. w. N.

1329 *Bülow* § 495 Rdn. 114, 116 b; *Martis/Meinhof* MDR 2004, 4, 9.

1330 BGH NJW 1995, 2290; OLG Bamberg VuR 2002, 105, 106; OLG Stuttgart NJW-RR 1990, 1273; *Kroiß-Wittig* § 6 Rdn. 115: Gesonderte Empfangsbestätigung erforderlich; *Martis/Meinhof* MDR 2004, 4, 9; Müko-*Ulmer* § 355 Rdn. 51; Staudinger-*Kaiser* § 355 Rdn. 40 und Staudinger/Kessal-*Wulf* § 495 Rdn. 38.

1331 Müko-*Ulmer* § 355 Rdn. 49.

1332 Müko-*Ulmer* § 355 Rdn. 49.

1333 Erman-*Saenger* § 355 Rdn. 9 und Anwaltkommentar-Ring § 355 Rdn. 28.

168 Nach zutreffender, weitergehender Auffassung muss es tatsächlich zu einem Download der Belehrung kommen.[1334]

169 Bei der Beurteilung der Frage, ob eine Widerrufsbelehrung deutlich gestaltet ist, ist allein auf den Zeitpunkt abzustellen, zu dem der Verbraucher von der Belehrung anlässlich ihrer Aushändigung und – bis zum 1. 11. 2002 – Unterzeichnung Kenntnis nehmen kann.[1335]

cc) Belehrung darf keine weiteren Erklärungen enthalten

170 Anders als § 7 Abs. 2 S. 2 VerbrKrG bestimmte § 2 Abs. 1 S. 3 HausTWG ausdrücklich, dass die Widerrufsbelehrung keine weiteren Erklärungen enthalten darf.

171 Diesen Grundsatz hat der BGH[1336] auch auf die Belehrung für Verbraucherkreditgeschäfte als Ausprägung des Deutlichkeitsgebotes angewandt.

172 Danach fehlt es an der hinreichenden Deutlichkeit der Belehrung, wenn
- sich die Unterschrift des Verbrauchers gleichzeitig auf ein Empfangsbekenntnis bzw. die Bestätigung, eine Durchschrift der Belehrung erhalten zu haben, bezieht,[1337]
- der Verbraucher der Meinung sein kann, die Unterschrift beziehe sich auch auf eine Bankeinzugsermächtigung und/oder eine Vollmacht, die jeweils auf derselben Seite des Formulars über der Belehrung angebracht ist,[1338]
- sich die zweite Unterschrift nicht „unter", sondern „neben" der Widerrufsbelehrung befindet.[1339]

173 Bei einer einheitlichen Urkunde waren in bis zum 1. 11. 2002 (bzw. für Haustürgeschäfte bis zum 1. 8. 2002) geschlossenen Verträgen somit mindestens zwei Unterschriften seitens des Verbrauchers zu leisten. Für ein vom Unternehmer gewünschtes Empfangsbekenntnis war eine dritte Unterschrift erforderlich.[1340]

[1334] *Kamanabrou* WM 2000, 1417, 1423; Bamberger/Roth-*Grothe* § 355 Rdn. 8; Palandt-*Heinrichs* § 355 Rdn. 20 und § 126b Rdn. 3; Staudinger-*Kaiser*, 2004, § 355 Rdn. 42; auch LG Kleve NJW-RR 2003, 196.

[1335] BGH MDR 2003, 404; *Martis/Meinhof* MDR 2004, 4, 9.

[1336] BGH NJW 1993, 2868; zum neuen Recht *Bülow* § 495 Rdn. 114; Staudinger-*Kaiser*, 2004, § 355 Rdn. 41; Staudinger/Kessal-*Wulf* § 495 Rdn. 28, 38.

[1337] BGH WM 2004, 2491, 2493; MDR 1996, 892 = NJW 1996, 1964; NJW 1993, 2686f.; OLG Düsseldorf NJW-RR 2001, 641, 642; OLG Bamberg VuR 2002, 105, 106; Müko-*Ulmer*, 4. Aufl., § 355 Rdn. 51; Staudinger-*Kaiser*, 2004, § 355 Rdn. 41.

[1338] OLG Stuttgart NJW-RR 1990, 1273; *Martis* MDR 1998, 1260, 1263.

[1339] BGH NJW 1996, 1964.

[1340] Müko-*Ulmer*, 4. Aufl., § 355 Rdn. 59; *Bülow* § 495 Rdn. 116c; *Kroiß-Wittig* § 6 Rdn. 115.

3. Wirksamkeit des Verbrauchervertrages

Der Fristbeginn setzt weiter voraus, dass der Verbrauchervertrag, wenn auch schwebend wirksam, zustande gekommen ist. Erteilt der Unternehmer die Belehrung, bevor der Verbraucher seine auf den Vertragsabschluss gerichtete Erklärung abgegeben hat,[1341] beginnt die Frist nicht zu laufen. Gleiches gilt bei Formnichtigkeit des Vertrages (vgl. §§ 494 Abs. 1, 503 Abs. 1 S. 1, 125, 134, 138 u.a.) und bei Vertragsabschlüssen durch vollmachtlose Vertreter. Die Frist beginnt in diesen Fällen mit dem Wirksamwerden des Vertrages durch Heilung oder Genehmigung.[1342] 174

4. Berechnung der Frist

Die Berechnung der Widerrufsfrist richtet sich nach §§ 187 Abs. 1, 188 Abs. 2. Danach endet die Frist um 24.00 Uhr des gleichnamigen Wochentags, an dem sie zu laufen begann. Ist der letzte Tag ein Samstag, Sonntag oder Feiertag, endet die Frist am nächsten Werktag.[1343] Die Beweislast für die rechtzeitige Absendung innerhalb der Frist, also bis 24.00 Uhr des letzten Tages, trägt der Verbraucher, die Beweislast für den Fristbeginn, also den Zeitpunkt, zu dem dem Verbraucher die Widerrufsbelehrung in Textform überlassen und – vor dem 2. 11. 2002 (bzw. 2. 8. 2002 bei Haustürgeschäften) unter der Geltung des § 355 Abs. 2 S. 2 a.F. – unterschrieben bzw. elektronisch signiert worden ist, trägt der Unternehmer, § 355 Abs. 2 S. 4.[1344] 175

X. Zusätzliche Anforderungen an die Belehrung bei besonderen Vertragsverhältnissen (§§ 312 Abs. 2, 312c Abs. 2, 312d Abs. 2 S. 1, 312e Abs. 1 S. 1, 355 Abs. 3 S. 2, 358 Abs. 5, 485 Abs. 2, Abs. 4, Abs. 5 S. 2)

Für einige Widerrufsrechte muss sich die Belehrung auch auf bestimmte, für den Verbraucher mit dem Widerruf verbundene Belastungen erstrecken. 176

So muss bei Haustürgeschäften der Hinweis auf die Rechtsfolgen des § 357 Abs. 1, 2 und 3 (vgl. § 312 Abs. 2) erfolgen, bei Teilzeit-Wohnrechteverträgen der Hinweis auf die Kosten, die der Verbraucher im Fall des Widerrufs zu erstatten hat (§ 485 Abs. 2, Abs. 5 S. 2). Bei Fernabsatzverträgen müssen – unbeschadet der Ausnahmen nach § 312d Abs. 4, Abs. 5 – die In- 177

[1341] Vgl. BGH ZIP 2002, 1730; *Bülow* § 495 Rdn. 85.

[1342] *Bülow* § 495 Rdn. 85; Staudinger/Kessal-*Wulf* § 494 Rdn. 19 und § 495 Rdn. 13 *Martis/Meinhof* MDR 2004, 4, 11.

[1343] *Bülow* § 495 Rdn. 87.

[1344] *Bülow* § 354 Rdn. 84, 88, 117; Palandt-*Heinrichs* § 355 Rdn. 23.

formationspflichten aus § 312c Abs. 2 i.V.m. § 1 BGB-InfoV[1345] erfüllt werden.[1346]

178 Bei verbundenen Verträgen muss gem. § 358 Abs. 5 auf die Rechtsfolgen nach dem Widerruf des verbundenen Vertrages, also insbesondere auf das Entfallen der Bindung aus dem damit verbundenen Vertrag hingewiesen werden (§ 358 Abs. 5, Abs. 1, Abs. 2).

179 Außerdem wird der Fristbeginn in einigen Fällen zusätzlich von weiteren Informationen abhängig gemacht, so bei Verträgen im elektronischen Geschäftsverkehr von der Erfüllung der Pflichten aus § 312e Abs. 1 S. 1 Nr. 1 bis 4, bei Teilzeit-Wohnrechteverträgen gem. § 485 Abs. 4 vom Erhalt der Angaben gem. § 482 Abs. 2 i.V.m. § 2 der InfoVO.[1347]

180 In Fernabsatzverträgen über Warenlieferungen ist der Fristbeginn abhängig vom Eingang der Ware beim Käufer, bei der wiederkehrenden Leistung gleichartiger Waren beginnt die Widerrufsfrist nicht vor dem Tag des Eingangs der ersten Teillieferung und bei Dienstleistungen nicht vor dem Tag des Vertragsabschlusses, § 312d Abs. 2.

181 In Verträgen über die Erteilung von Fernunterricht beginnt die Widerrufsfrist nicht vor Zugang der ersten Lieferung des Fernlehrmaterials. Wird der Fernunterricht gegen Teilzahlungen im Sinn von § 499 Abs. 2 des Bürgerlichen Gesetzbuchs erbracht, beginnt der Lauf der Frist nach § 4 Abs. 1 des FernUSG erst, wenn dem Teilnehmer eine Abschrift ausgehändigt wird, die auch die in § 502 Abs. 1 S. 1 genannten Angaben enthält, § 9 FernUSG.

1. Besonderheiten bei Haustürgeschäften

182 Bei Haustürgeschäften (§ 312 Abs. 1 Nr. 1 bis 3) muss die Belehrung über das Widerrufs- oder Rückgaberecht auf die Rechtsfolgen des § 357 Abs. 1, Abs. 3 hinweisen (vgl. § 312 Abs. 3).

183 Die Belehrung über die Widerrufsfolgen nach § 312 Abs. 2 i.V.m. § 357 Abs. 1, Abs. 3 müsste – entsprechend der Musterwiderrufsbelehrung des Gesetzgebers[1348] – wie folgt lauten:

184 „Im Fall eines wirksamen Widerrufs sind die beiderseits empfangenen Leistungen zurückzugewähren und ggf. gezogene Nutzungen (z.B. Zinsen) herauszugeben. Können sie uns die empfangene Leistung ganz oder teilweise nicht oder nur in verschlechtertem Zustand zurückgewähren, müssen Sie uns soweit ggf. Wertersatz leisten. Bei der Überlassung von Sachen gilt dies nicht, wenn die Verschlechterung der Sache ausschließlich auf deren Prü-

---

[1345] Fassung vom 8. 12. 2004 – mit der „Aufbrauchfrist" für alte Verkaufsprospekte bis 31. 3. 2005 – abgedruckt bei Palandt-*Heinrichs* S. 2722ff.

[1346] *Knöfel* ZGS 2004, 182ff.; *Martis/Meinhof* MDR 2004, 4, 9/10; *Schmidt-Kessel* ZGS 2002, 311, 312.

[1347] Unveränderte Fassung vom 1. 8. 2002 – abgedruckt bei Palandt-*Putzo*, 63. Aufl., Anhang zu § 482 und Palandt-*Putzo* S. 2725f.

[1348] Vgl. Palandt-*Heinrichs*, 63. Aufl., Anhang zu § 355; Palandt-*Heinrichs*, S. 2733f.

fung – wie Sie Ihnen etwa im Ladengeschäft möglich gewesen wäre – zurückzuführen ist. Im Übrigen können Sie die Wertersatzpflicht vermeiden, indem Sie die Sache nicht wie ein Eigentümer in Gebrauch nehmen und alles unterlassen, was den Wert beeinträchtigt. Paketversandfähige Sachen sind auf unsere Kosten und Gefahr zurückzusenden. Nicht paketversandfähige Sache werden bei Ihnen abgeholt."

Ist entsprechend § 357 Abs. 2 S. 3 eine Übernahme der Versandkosten **185** durch den Verbraucher vereinbart, ist statt des Hinweises „paketversandfähige Sachen sind auf unsere Kosten und Gefahr zurückzusenden" wie folgt zu formulieren:[1349]

„Sie haben die Kosten der Rücksendung zu tragen, wenn die gelieferte **186** Ware der bestellten entspricht und der Bestellwert einen Betrag von 40 Euro nicht übersteigt oder wenn sie bei einem höheren Bestellwert zum Zeitpunkt des Widerrufs noch nicht die Gegenleistung oder eine vertraglich vereinbarte Teilzahlung erbracht haben. Andernfalls ist die Rücksendung für sie kostenfrei".

Bezieht sich das Haustürgeschäft – oder ein anderer Verbrauchervertrag – **187** auf Dienstleistungen des Unternehmers, muss auf den Umstand hingewiesen werden, dass der Verbraucher nach § 357 Abs. 1 S. 1 i.V.m. §§ 346 Abs. 2 S. 1 Nr. 1, 346 Abs. 2 S. 2 zur Zahlung der vertraglich vereinbarten Vergütung für die Zeit bis zum Widerruf verpflichtet bleibt. Bei Sachleistungen ist er vor allem über seine Rückgabe – und evtl. Wertersatzpflicht zu belehren.[1350]

Bildeten der in einer Haustürsituation vorbereitete Beitritt zu einem Im- **188** mobilienfonds und der der Finanzierung dienende Darlehensantrag ein verbundenes Geschäft i.S.d. § 9 Abs. 1, Abs. 2 VerbrKrG, musste die Belehrung bereits nach altem Recht den Hinweis enthalten, dass im Fall des Widerrufs des Beitritts auch der verbundene Vertrag nicht wirksam zustande kommt.[1351]

Einen den inhaltlichen Vorgaben des § 7 VerbrKrG entsprechende Wi- **189** derrufsbelehrung genügte den Anforderungen des § 2 HausTWG auch dann nicht, wenn die Belehrung nach dem HausTWG nur mit Rücksicht auf die in der Vergangenheit herrschende Auslegung des § 5 Abs. 2 HausTWG unterblieben war, die davon ausging, dass das HausTWG bei Verbraucherkreditverträgen verdrängt sei. Denn nach der durch die Entscheidung des

---

1349 Vgl. Musterbelehrung, Palandt-*Heinrichs* S. 2733.

1350 Müko-*Ulmer* § 355 Rdn. 46.

1351 OLG München OLG-Report 2002, 458; OLG Karlsruhe, 17. Zivilsenat, NJW-RR 2003, 185, 187; OLG Karlsruhe, 6. Zivilsenat, OLG-Report 2003, 75; *Martis/Meinhof* MDR 2004, 4, 9; zur Anwendbarkeit des § 9 Abs. 3 auf den kreditfinanzierten Erwerb einer Beteiligung an einer Anlagegesellschaft vgl. BGH NJW 2003, 2821; WM 2004, 1518 = NJW 2004, 2735 LS; WM 2004, 1521 = NJW 2004, 2731; WM 2004, 1525 = NJW 2004, 2742 LS; WM 2004, 1529 = NJW 2004, 2736; WM 2004, 1536 = NJW 2004, 2742 LS; WM 2004, 1675; unten 2. Teil, H. Rdn. 222ff.

EuGH[1352] gebotenen Auslegung des § 5 Abs. 2 HausTWG besteht auch bei Verbraucherkreditgeschäften, die in einer Haustürsituation (§ 1 Abs. 1 Nr. 1 bis 3 HausTWG bzw. § 312 Abs. 1 Nr. 1 bis 3) geschlossen worden sind, ein Widerrufsrecht nach dem HausTWG.

190 In diesen Fällen stellt eine den Darlehnsnehmern nach den Vorschriften des § 7 Abs. 1 bis 3 VerbrKrG ordnungsgemäß erteilte Belehrung keine wirksame Belehrung gem. § 2 Abs. 1 HausTWG dar. Denn der – nach § 7 Abs. 3 VerbrKrG notwendige – Hinweis in der Belehrung, dass der Darlehnsnehmer/Verbraucher nach Auszahlung des Kredits sein Widerrufsrecht verliert, wenn er das Darlehen nicht innerhalb von zwei Wochen nach Auszahlung oder nach dem Widerruf zurückzahlt, stellte eine nach § 2 Abs. 1 HausTWG unzulässige „andere Erklärung" dar.[1353]

191 Die Widerrufsfrist des danach nicht ordnungsgemäß belehrten Verbrauchers begann bei Hingabe eines Darlehens nach § 2 Abs. 1 S. 4 HausTWG erst, wenn dieser die dem Darlehensgeber geschuldeten Zinsen vollständig bezahlt hatte.[1354]

192 Das Widerrufsrecht erlosch aber nach § 2 Abs. 1 S. 4 HausTWG auch bei nicht ordnungsgemäßer Belehrung mit dem Abschluss einer Aufhebungsvereinbarung zwischen dem Verbraucher und der Bank und der daraufhin erfolgten Zahlung einer Vorfälligkeits- bzw. Nichtabnahmeentschädigung.[1355]

193 Im Gegensatz zu der in § 355 Abs. 3 ausdrücklich anders geregelten Frist für das Erlöschen des Widerrufsrechts kommt es für den Beginn der Widerrufsfrist des § 355 Abs. 1 für Haustürgeschäfte über Warenlieferungen nicht auf den Eingang der Waren beim Empfänger, sondern allein auf die ordnungsgemäße Widerrufsbelehrung gem. § 355 Abs. 2 an.[1356]

2. Besonderheiten bei Verbraucherdarlehensverträgen

194 Das Widerrufsrecht nach § 495 Abs. 1 i.V.m. § 355 besteht nicht bei vereinbarten Überziehungskrediten (§§ 495 Abs. 2, 493 Abs. 1 S. 1), wenn diese

---

[1352] EuGH NJW 2002, 281; ihm folgend BGH NJW 2002, 1881, 1882; NJW 2003, 199; WM 2005, 547, 548; WM 2004, 1521, 1523; OLG Stuttgart WM 2005, 972 ff.

[1353] BGH WM 2004, 1579; WM 2005, 547, 548; WM 2004, 1521, 1523; NJW 2003, 424, 425; OLG Karlsruhe NJW-RR 2003, 185, 187; OLG-Report 2004, 60; OLG München OLG-Report 2002, 458; *Martis/Meinhof* MDR 2004, 4, 10; *Mülbert/Hoger* WM 2004, 2281, 2290 m.w.N.; *Schaffelhuber* WM 2005, 765; a.A. OLG Stuttgart OLG-Report 2002, 317, 322; OLG München ZIP 2003, 338; OLG Oldenburg BKR 2002, 731, 736; OLG Hamburg WM 2002, 1289, 1295; *Edelmann/Krümmel* BKR 2003, 99, 100 f.

[1354] OLG Hamm WM 1999, 1057, 1058 = MDR 1999, 537; OLG Köln NJW-RR 1993, 428; *Martis/Meinhof* MDR 2004, 4, 9; a.A. LG Kassel NJW-RR 1989, 105: mit Auszahlung des Darlehensbetrages.

[1355] OLG Hamm WM 1999, 1057 = MDR 1999, 537: ein Monat nach Zahlung der Nichtabnahmeentschädigung; LG Bonn WM 2002, 2051.

[1356] LG Dortmund NJW 2003, 3355; zustimmend Erman-*Saenger* § 355 Rdn. 17 und Palandt-*Heinrichs* § 355 Rdn. 12 a.E.

zu den dort genannten Konditionen abgeschlossen worden sind und dem Verbraucher das Recht eingeräumt wurde, den Darlehensvertrag jederzeit fristlos zu kündigen, ohne dass ihm dadurch zusätzliche Kosten entstehen.[1357]

Sofern in einem später abgeschlossenen Verbraucherdarlehensvertrag die bis zum 1. 11. 2002 geltende gesetzliche Regelung des § 495 Abs. 2 a. F. (vormals § 7 Abs. 3 VerbrKrG) gem. § 506 Abs. 2 S. 1 vertraglich – auch durch AGB – vereinbart worden ist (was bis zum 30. 6. 2005 möglich ist bzw. war, vgl. Art. 25 Abs. 2 i. V. m. Art. 34 S. 3 OLGVertrÄndG), wonach der Widerruf bei nicht rechtzeitiger Rückzahlung des Darlehens als nicht erfolgt gilt, ist in die Belehrung folgender Hinweis aufzunehmen:[1358] 195

„Ihr Widerruf gilt als nicht erfolgt, wenn Sie das empfangene Darlehen nicht binnen zweier Wochen entweder nach Erklärung des Widerrufs oder nach Auszahlung des Darlehens zurückzahlen.“ 196

Hinsichtlich des Beginns der Widerrufsfrist wird – abweichend von der Musterbelehrung des Gesetzgebers – eine Konkretisierung („einen Tag nach Aushändigung der Widerrufsbelehrung und der Vertragsurkunde im Orginal oder in Abschrift“) empfohlen.[1359] 197

3. Besonderheiten bei verbundenen Verträgen (§ 358 Abs. 1, Abs. 2)

Liegt ein „verbundener Vertrag“ (§ 358 Abs. 1, Abs. 2 i. V. m. §§ 499 Abs. 1, 500, 501 bzw. §§ 312 Abs. 1, 312b, 485) vor, muss die erforderliche Belehrung über das Widerrufs- oder Rückgaberecht auch auf die Rechtsfolgen nach § 358 Abs. 1, Abs. 2 S. 1 und S. 2 hinweisen. Wenn für das finanzierte Geschäft (Kaufvertrag, Werkvertrag o.a.) belehrt werden soll, muss der Hinweis erfolgen, dass der Verbraucher beim Widerruf des finanzierten Vertrages (Kaufvertrag, Werkvertrag o. a.) auch an den Darlehensvertrag nicht mehr gebunden ist, wenn beide Verträge eine wirtschaftliche Einheit bilden. Soll für den Darlehensvertrag belehrt werden, muss der Hinweis dahin gehen, dass der Verbraucher bei einem Widerruf des Darlehensvertrages auch an den finanzierten Vertrag nicht mehr gebunden ist, wenn beide Verträge eine wirtschaftliche Einheit bilden.[1360] 198

Danach ist die Widerrufsbelehrung beim Vorliegen einer „wirtschaftlichen Einheit“ zwischen dem finanzierten Geschäft (Kaufvertrag, Werkver- 199

[1357] Palandt-*Putzo* § 495 Rdn. 6; *Martis/Meinhof* MDR 2004, 4, 10; s.o. E. Rdn. 17ff.

[1358] Vgl. die Musterwiderrufsbelehrung des Gesetzgebers, abgedruckt bei Palandt-*Heinrichs*, 63. Aufl. Anhang zu § 355, Palandt-*Heinrichs* S. 2734 sowie *Bülow* § 495 Rdn. 139, 139a, 140.

[1359] *Kroiß-Wittig* § 6 Rdn. 112, 113; s.u. XIII.

[1360] Vgl. das Muster für die Widerrufsbelehrung bei Palandt-*Heinrichs*, 63. Aufl., Anhang zu § 355; Palandt-*Heinrichs* S. 2734; *Bülow* § 495 Rdn. 277, 278, 282; Müko-*Habersack* § 358 Rdn. 65–71.

trag o. a.) und dem Darlehensvertrag (vgl. hierzu unten H. Rdn. 79ff.) insbesondere in folgenden Fällen unwirksam mit der Folge, dass das Widerrufsrecht des Verbrauchers nach § 355 Abs. 3 S. 3 nicht erlischt:[1361]

- Der Verbraucher wird nicht darüber belehrt, dass er mit der Ausübung seines Widerrufsrechts auch an den verbundenen Vertrag nicht mehr gebunden ist.[1362]
- Die Widerrufsbelehrung macht – entgegen § 506 Abs. 2 S. 2 (der noch für die bis zum 30. 6. 2005 geschlossenen Verträge gilt) – die Wirksamkeit des Widerrufs von der Rückzahlung des Darlehens binnen zweier Wochen abhängig.[1363]
- Der Verbraucher wird darauf hingewiesen, dass ihm „ein Widerrufsrecht sowohl hinsichtlich des Darlehensvertrages als auch hinsichtlich des finanzierten Vertrages zusteht",[1364] insbesondere wenn die Belehrung im Kaufvertrag lediglich mitteilt, dass auch der Darlehensvertrag widerruflich sei, ohne auf den Automatismus des § 358 Abs. 2 S. 1 aufmerksam zu machen[1365] oder wenn die Belehrung nur im finanzierten Vertrag (Kaufvertrag, Werkvertrag u.a.), nicht jedoch im Darlehensvertrag erteilt wird.[1366]
- Es erfolgt nur ein allgemeiner Hinweis des Inhalts, der Widerruf des Darlehensvertrages erfasse auch den verbundenen Vertrag.[1367]
- Es erfolgt eine Aufspaltung der Widerrufsbelehrung in dem Sinne, dass der zu widerrufende Vertrag die allgemeine Widerrufsbelehrung und der verbundene Vertrag die Zusatzbelehrung des § 358 Abs. 5 enthält.[1368]
- Der verbundene Vertrag enthält eine vom zu widerrufenden Vertrag abweichende Belehrung.[1369]
- Die Widerrufsbelehrung in der „verbindlichen Bestellung" lautet dahin, der Verbraucher könne seine „verbindliche Bestellung sowie den an die Bank gerichteten Darlehensantrag binnen zweier Wochen, gerechnet vom Zeitpunkt der Bestellung/Antragstellung gegenüber der als Verkäufer genannten Firma oder gegenüber der Bank schriftlich widerrufen".[1370]

[1361] Müko-*Habersack* § 358 Rdn. 68, 70.

[1362] Müko-*Habersack* § 358 Rdn. 68; *Martis/Meinhof* MDR 204, 4, 8.

[1363] Müko-*Habersack* § 358 Rdn. 69, 70; *Bülow* § 495 Rdn. 282.

[1364] Müko-*Habersack* § 358 Rdn. 70; *Martis/Meinhof* MDR 2004, 4, 8.

[1365] *Bülow* § 495 Rdn. 278.

[1366] *Bülow* § 495 Rdn. 278: Darlehensvertrag bedarf zwingend der Widerrufsbelehrung.

[1367] Müko-*Habersack* § 358 Rdn. 71; *Bülow* § 495 Rdn. 277 mit Hinweis auf OLG Düsseldorf WM 1993, 1179: Der finanzierte Vertrag muss benannt werden.

[1368] Müko-*Habersack* § 358 Rdn. 66, 70; Staudinger/Kessal-Wulf § 358 Rdn. 59; a. A. *Bülow* § 495 Rdn. 278: Der Verbraucher wird dadurch ja über die wirkliche Rechtslage aufgeklärt.

[1369] OLG Schleswig MDR 2000, 944, 945; Müko-*Habersack* § 358 Rdn. 70; Staudinger/Kessal-Wulf § 358 Rdn. 59.

[1370] OLG Schleswig MDR 2000, 944, 945: Zeitpunkte der Bestellung der Kaufsache einerseits und der Antragstellung andererseits können auseinander fallen.

- Es wird eine alternative Belehrung sowohl nach § 358 Abs. 5 als auch nach § 355 Abs. 2 oder eine alternative Belehrung sowohl nach § 506 Abs. 2 S. 2 als auch nach § 506 Abs. 2 S. 1 erteilt[1371] bzw. dem Verbraucher die Beurteilung überlassen, ob eine „wirtschaftliche Einheit“ vorliegt oder unter welchen Voraussetzungen er welchen Vertrag widerrufen kann.[1372]
- Der Verbraucher wird nach Maßgabe des § 358 Abs. 5 belehrt, die Voraussetzungen eines verbundenen Vertrages liegen jedoch nicht vor.[1373]
- Gegenüber einem mithaftenden Dritten (etwa nach Bürgschaft, Schuldbeitritt u. a.), der selbst nicht Partei des finanzierten Vertrages ist, wird die Zusatzbelehrung nach § 358 Abs. 5 erteilt.[1374]
- Der Verbraucher als Leasingnehmer wird im Fall des Sale-and-lease-back-Verfahrens nicht darüber belehrt, dass der Widerruf der auf den Abschluss des Leasingvertrages gerichteten Willenserklärung auch die Unwirksamkeit des Kaufvertrages über das Leasinggut zur Folge hat.[1375]

Genügt die Belehrung aus dem genannten oder anderen Gründen nicht 200
den gesetzlichen Anforderungen, erlischt das Widerrufsrecht nach zutreffender Ansicht[1376] gem. § 355 Abs. 3 S. 3 grundsätzlich nicht, nach anderer Ansicht[1377] gem. § 355 Abs. 3 S. 1 nach sechs Monaten.

4. Besonderheiten bei Fernabsatzverträgen (§§ 312b, 312d Abs. 2, Abs. 3)

Bei Fernabsatzverträgen beginnt die zweiwöchige Widerrufsfrist des 201
§ 355 Abs. 2 S. 1 grundsätzlich mit der Belehrung, jedoch nicht vor Erfüllung der Informationspflichten des § 312c Abs. 2 i. V. m. § 1 der BGB-InfoV (Fassung vom 8. 12. 2004 – abgedruckt und kommentiert bei Palandt-*Heinrichs* S. 2722 ff.) zu laufen, bei Lieferung von Waren nicht vor dem Eingang der Ware beim Empfänger, bei wiederkehrenden Leistungen gleichartiger Waren nicht vor dem Tag des Eingangs der ersten Teillieferung und bei Dienstleistungen nicht vor dem Tag des Vertragsabschlusses, §§ 312c Abs. 2, 312d Abs. 2 (s. u. 4. Teil, E. Rdn. 32 ff.).

Bei einem im Fernabsatz geschlossenen Kauf auf Probe beginnt die Wi- 202
derrufsfrist im Übrigen nicht vor der Billigung der Ware durch den Käufer.[1378]

1371 Müko-*Habersack* § 358 Rdn. 71; auch Staudinger/Kessal-Wulf § 358 Rdn. 59.

1372 Staudinger/Kessal-*Wulf* § 358 Rdn. 59; Erman-*Saenger* § 358 Rdn. 18.

1373 Müko-*Habersack* § 358 Rdn. 71; Staudinger/Kessal-*Wulf* § 9 VerbrKrG Rdn. 52.

1374 Müko-*Habersack* § 358 Rdn. 78; Staudinger/Kessal-*Wulf* § 9 VerbrKrG Rdn. 57.

1375 *Bülow* § 495 Rdn. 280.

1376 Müko-*Habersack* § 358 Rdn. 70; Staudinger-*Kaiser* § 355 Rdn. 60; auch Erman-*Saenger* § 355 Rdn. 18.

1377 *Bülow* § 495 Rdn. 277.

1378 BGH NJW-RR 2004, 1058 = ZGS 2004, 246.

a) Allgemeine Informationspflichten bei Fernabsatzverträgen aus § 312c i. V.m. § 1 Abs. 1 BGB-InfoV

203 Gem. § 312 Abs. 1, Abs. 2 i.V.m. § 1 Abs. 1 Nrn. 1–12 sowie § 1 Abs. 4 S. 1 Nr. 1 der BGB-InfoV, muss der Unternehmer dem Verbraucher insbesondere folgende Informationen zur Verfügung stellen:

- Name, Firma, Rechtsform, Unternehmensregister sowie – gem. § 1 Abs. 4 S. 3 i.V.m. § 1 Abs. 1 Nr. 3 BGB-InfoV in hervorgehobener und deutlich gestalteter Form- die ladungsfähige Anschrift mit Postleitzahl, Ort und Strasse, vgl. § 1 Abs. 1 Nrn. 1–3.[1379]
- Benennung eines Vertreters, bei juristischer Person oder Personenvereinigung mit ladungsfähiger Anschrift.
- Detaillierte, übersichtliche Beschreibung der wesentlichen Merkmale der zu erbringenden Leistung und Hinweis, wie der Vertrag zustande kommt, also z.B. durch Auftragsbestätigung, Warenauslieferung o.a., vgl. § 1 Abs. 1 Nr. 4.
- Mindestlaufzeit des Vertrages bei dauernden oder regelmäßig wiederkehrenden Leistungen, § 1 Abs. 1 Nr. 5.
- Vorbehalt, eine in Qualität und Preis gleichwertige Leistung zu erbringen, § 1 Abs. 1 Nr. 6.
- Umfassende Hinweise auf den Preis einschließlich aller möglichen Nebenkosten entsprechend § 1 Abs. 1 der PreisangabenVO unmittelbar nach der Kontaktaufnahme mit dem Verbraucher, vgl. § 1 Abs. 1 Nr. 7, Nr. 8.[1380]
- Hinweis, wann und wie die Zahlung erfolgen soll sowie wann und wie geliefert wird, vgl. § 1 Abs. 1 Nr. 9 BGB-InfoV.[1381]
- Hinweis auf das Bestehen oder Nichtbestehen eines Widerrufs- oder Rückgaberechts einschließlich der Bedingungen, der Ausübung und Rechtsfolgen des Widerrufs- oder Rücktrittsrechts in hervorgehobener und deutlich gestalteter Form, § 1 Abs. 1 Nr. 10 i.V.m. § 1 Abs. 4 S. 3 BGB-InfoV.
- Etwa erhöhte, vom Verbraucher zu zahlende Telefon- oder Internetkosten, vgl. § 1 Abs. 1 Nr. 11.
- Hinweis auf mögliche Änderungen, Befristungen und die Gültigkeitsdauer der Informationen, insbesondere des Preises, vgl. § 1 Abs. 1 Nr. 12.

b) Zusätzliche Informationspflichten bei Finanzdienstleistungen gem. § 312c i. V.m. § 1 Abs. 2 BGB-InfoV

204 Sofern es sich nicht nur um eine telefonische Kontaktaufnahme handelt, – hier genügen unter den Voraussetzungen des § 1 Abs. 3 S. 2 BGB-InfoV

1379 Palandt-*Heinrichs* § 1 BGB-InfoV Rdn. 2, 23.
1380 Palandt-*Heinrichs* § 1 BGB-InfoV Rdn. 5 m.w.N.
1381 Palandt-*Heinrichs* § 1 BGB-InfoV Rdn. 6.

die Angaben des § 1 Abs. 1, – muss der Unternehmer dem Verbraucher bei Fernabsatzverträgen über Finanzdienstleistungen gem. § 312c Abs. 1, Abs. 2 i.V.m. § 1 Abs. 2 Nr. 1–8, § 1 Abs. 4 Nr. 2 BGB-InfoV zusätzlich folgende Informationen zur Verfügung stellen:

- Angabe über die Hauptgeschäftstätigkeit und die zuständige Aufsichtsbehörde, Vgl. § 1 Abs. 2 Nr. 1.
- Hinweis auf evtl. spezifische Risiken sowie Kurs- und Preisschwankungen, auf die der Unternehmer keinen Einfluss hat, vgl. § 1 Abs. 2 Nr. 2.[1382]
- Voraussetzungen der Kündigung des Vertrages, der Kündigungsfristen sowie Höhe einer evtl. Vertragsstrafe in hervorgehobener und deutlich gestalteter Form, vgl. § 1 Abs. 2 Nr. 3 i.V.m. § 1 Abs. 4 S. 3 BGB-InfoV.[1383]
- Hinweis auf das anzuwendende Recht und das zuständige Gericht, vgl. § 1 Abs. 2 Nr. 4, Nr. 5.
- Hinweis auf die einschlägige Verhandlungs- und Vertragssprache, vgl. § 1 Abs. 2 Nr. 6.
- Möglichkeit und Voraussetzung eines Schlichtungsverfahrens, vgl. § 1 Abs. 2 Nr. 7.
- Ggf. Bestehen eines Garantiefonds, etwa die Sicherungseinrichtung der Volks- und Raiffeisenbanken, vgl. § 1 Abs. 2 Nr. 8.[1384]

c) Zusätzliche Informationspflichten bei der Lieferung von Waren und sonstigen Dienstleistungen gem. § 312c Abs. 1 i. V. m. § 1 Abs. 4 S. 1 Nr. 3 BGB-InfoV

Bezieht sich der Fernabsatzvertrag auf die Lieferung von Waren oder **205**
sonstigen Dienstleistungen (mit Ausnahme der Finanzdienstleistungen, die von § 1 Abs. 2 Nrn. 1–8 BGB-InfoV erfasst werden), hat der Unternehmer dem Verbraucher gem. § 312 Abs. 2 i.V.m. § 1 Abs. 4 S. 1 Nr. 3 – neben denjenigen aus § 1 Abs. 1 Nrn. 1–12 BGB-InfoV – auch folgende Informationen in Textform zu erteilen:

- Bei Dauerschuldverhältnissen die Voraussetzungen der Kündigung, der Kündigungsfristen und des Adressaten der Kündigungserklärung, vgl. § 1 Abs. 4 S. 1 Nr. 3a i.V.m. § 1 Abs. 2 Nr. 3 BGB-InfoV.[1385]
- Hinweis über den Kundendienst und geltende Gewährleistungs- bzw. Garantiebedingungen, vgl. § 1 Abs. 4 S. 1 Nr. 3b BGB-InfoV. Gelten für die Haftung die gesetzlichen Regelungen (§§ 437ff., 633ff.), genügt insoweit ein unspezifizierter Hinweis, ein detaillierte Information über die Sachmängelhaftung ist dann entbehrlich.[1386] Bei einer Hersteller- oder

[1382] Palandt-*Heinrichs* § 1 BGB-InfoV Rdn. 11.
[1383] Palandt-*Heinrichs* § 1 BGB-InfoV Rdn. 12, 23.
[1384] Palandt-*Heinrichs* § 1 BGB-InfoV Rdn. 16.
[1385] Palandt-*Heinrichs* § 1 BGB-InfoV Rdn. 12, 21.
[1386] Bamberger/Roth-*Schmidt-Räntsch* BGB-InfoV Rdn. 26; *Lütcke* § 312c Rdn. 93;

Händlergarantie muss spezifiziert werden, welche Rechte diese beeinhalten; bei fehlenden Garantien oder Kundendiensten ist kein Hinweis hierauf erforderlich.[1387]

d) Muster-Widerrufsbelehrung des Gesetzgebers

206 Die Muster-Widerrufsbelehrung zu § 14 Abs. 1, Abs. 3 der BGB-InfoVO[1388] sieht zum Erlöschen des Widerrufsrechts bei Fernabsatzverträgen folgenden Hinweis vor:

„Die Frist beginnt frühestens mit Erhalt dieser Belehrung (...). Ihr Widerrufsrecht erlischt vorzeitig, wenn Ihr Vertragspartner mit der Ausführung der Dienstleistung mit Ihrer ausdrücklichen Zustimmung vor Ende der Widerrufsfrist begonnen hat oder Sie diese selbst veranlasst haben (z.B. durch Download etc.)"

207 Gilt das Widerrufsrecht nach § 312d Abs. 1 für einen Fernabsatzvertrag über Finanzdienstleistungen, muss noch folgender Hinweis erfolgen:

„Ihr Widerrufsrecht erlischt vorzeitig, wenn der Vertrag vollständig erfüllt ist und sie dem ausdrücklich zugestimmt haben".

208 Diese zusätzliche Belehrung wird im Hinblick auf die oben angeführten Erfordernisse der §§ 355 Abs. 2 S. 1, 312d Abs. 2, 312c Abs. 2 i.V.m. § 1 Abs. 1, Abs. 2, Abs. 4 S. 1 Nr. 3 der BGB-InfoVO (jetzt Fassung vom 8. 12. 2004) u.E. zu recht als unzureichend angesehen.[1389]

5. Besonderheiten bei Teilzeit-Wohnrechteverträgen (§§ 482 Abs. 1, Abs. 2, 485 Abs. 1, 2 und 5)

209 Bei Teilzeit-Wohnrechteverträgen muss die Widerrufsbelehrung auch die – genau zu beziffernden[1390] – Beurkundungskosten angeben, die der Verbraucher im Fall des Widerrufs zu erstatten hat (§ 485 Abs. 2, Abs. 5 S. 2). Dies gilt jedoch nur, wenn der Vertrag zur Wirksamkeit der notariellen Beurkundung bedarf.[1391]

a) Informationspflichten nach § 482 Abs. 1, Abs. 2 i. V. m. § 2 Abs. 1 BGB-InfoV

210 Dem Verbraucher ist gem. § 482 Abs. 1, Abs. 2 ein Prospekt auszuhändigen, der gem. § 482 Abs. 1 als „allgemeine Beschreibung" folgende Angaben enthalten muss:

Rdn. 93; Palandt-*Heinrichs* § 1 BGB-InfoV Rdn. 22; a.A. Müko-*Wendehorst* § 312c Rdn. 109.

[1387] Palandt-*Heinrichs* § 1 BGB-InfoV Rdn. 22.

[1388] Palandt-*Heinrichs* S. 2733.

[1389] *Bodendiek* MDR 2003, 1, 3; *Masuch* NJW 2002, 2931, 2932.

[1390] Vgl. Mögle NJW 2000, 103, 106; Erman-*Saenger* § 485 Rdn. 5.

[1391] Erman-*Saenger* § 485 Rdn. 5 und § 484 Rdn. 1.

Größe der Wohnräume und des Grundstücks, Zahl der Wohnungen, Bauart und technische Einrichtung, Parkplätze, Lage und unmittelbare Umgebung sowie Verkehrsanbindung, außerdem alle Angaben nach § 2 BGB-InfoV[1392] insbesondere 211
- Name, Sitz und ladungsfähige Anschrift des Unternehmers (§ 1 Abs. 1 Nr. 1 BGB-InfoV).
- Genaue Beschreibung des Nutzungsrechts sowie Hinweis auf die zur Ausübung des Nutzungsrechts zu erfüllenden Voraussetzungen (§ 1 Abs. 1 Nr. 2 BGB-InfoV).
- Hinweis, dass der Verbraucher kein Eigentum und kein dingliches Wohn- oder Nutzungsrecht erwirbt (§ 1 Abs. 1 Nr. 3 BGB-InfoV).
- Genaue Beschreibung des Wohngebäudes und seiner Belegenheit (§ 1 Abs. 1 Nr. 4 BGB-InfoV).
- Zusätzliche Angaben bei einem in Planung oder im Bau befindlichen Wohngebäude (§ 1 Abs. 1 Nr. 5 BGB-InfoV),
- vorhandene Versorgungseinrichtungen und gemeinsame Einrichtungen wie Schwimmbad u.a. und deren Nutzungsbedingungen (§ 2 Abs. 1 Nr. 6, Nr. 7 BGB-InfoV),
- Grundsätze zur Instandhaltung, Instandsetzung u.a. (§ 2 Abs. 1 Nr. 8 BGB-InfoV),
- Preis des Nutzungsrechts, Berechnungsgrundlagen, geschätzter Betrag der laufenden Kosten u.a. (§ 2 Abs. 1 Nr. 9 BGB-InfoV),
- Bestehende Regelung für den Umtausch und die Weiterveräußerung des Objekts (§ 2 Abs. 1 Nr. 10 BGB-InfoV).

b) Bei Teilzeit-Wohnrechteverträgen gem. § 2 Abs. 3 BGB-InfoV zusätzlich erforderliche Angaben

Bei Teilzeit-Wohnrechteverträgen sind zudem die Angaben aus § 2 Abs. 3 Nr. 1 – 4 BGB-InfoV erforderlich, also den Namen und Wohnsitz der Verbrauchers, die genaue Bezeichnung der Nutzungszeit, die Geltungsdauer des Nutzungsrechts, Zeitpunkt und Ort der Vertragsunterzeichnung und die Erklärung, dass der Erwerb und die Ausübung des Nutzungsrechts mit keinen anderen als den im Vertrag angegebenen Kosten verbunden ist. 212

c) Belehrung über das Widerrufsrecht (§§ 485 Abs. 1, Abs. 2, § 2 Abs. 2 Nr. 1 BGB-InfoV)

Die Pflicht des Unternehmers, den Verbraucher daneben gem. § 2 Abs. 2 Nr. 1 BGB-InfoV, §§ 485, 355 über das Widerrufsrecht einschließlich des Namens und der ladungsfähigen Anschrift des Unternehmers, der Widerrufsfrist des § 355 Abs. 1 S. 2 und deren Wahrung durch rechtzeitige Ab- 213

[1392] Fassung vom 8. 12. 2000, vgl. Palandt-*Putzo* § 482 Rdn. 5.

sendung des Widerrufs, der Form der Widerrufserklärung und der evtl. vom Verbraucher zu erstattenden Beurkundungskosten (§ 485 Abs. 5 S. 2) aufzuklären, besteht bereits für den Inhalt des Prospekts.[1393]

214 Die Belehrung muss sich auch auf die ggf. nach § 485 Abs. 3 verlängerte Widerrufsfrist, nicht jedoch auf den ggf. nach § 485 Abs. 4 verlängerten Fristbeginn beziehen.[1394]

215 Gem. § 2 Abs. 2 Nr. 2 BGB-InfoV muss der Unternehmer daneben mindestens die Anschrift der Quelle, einschließlich Telefon- und Telefaxnummer für weitere Informationen mitteilen.[1395]

d) Verlängerte Widerrufsfrist (§ 485 Abs. 3)

216 Die Zweiwochen-Frist des § 355 Abs. 1 S. 2 verlängert sich gem. § 485 Abs. 3 auf einen Monat, und zwar auch dann, wenn der Fristbeginn gem § 485 Abs. 4 hinausgeschoben ist,[1396] wenn der Unternehmer dem Verbraucher den Prospekt nach § 482 Abs. 1 überhaupt oder nicht in der nach § 483 Abs. 1 vorgesehenen Sprache ausgehändigt hat,[1397] der Verbraucher vom Unternehmer nicht gem. § 485 Abs. 1, Abs. 2 i. V. m. § 355 über sein Widerrufsrecht belehrt wurde,[1398] der Vertrag den Inhaltlichen Anforderungen gem. § 482 Abs. 2 i. V. m. § 2 BGB-InfoV nicht entspricht[1399] bzw. entgegen § 485 Abs. 4 i. V. m. § 482 Abs. 2 notwendige Pflichtangaben nicht enthält.[1400]

e) Hinausgeschobener Fristbeginn (§ 485 Abs. 4)

217 Enthält der Vertrag gem. § 482 i. V. m. § 2 BGB-InfoV erforderliche Pflichtangaben nicht, beginnt die – ggf. gem. § 485 Abs. 3 auf einen Monat verlängerte – Widerrufsfrist nach § 485 Abs. 4 erst mit dem Zugang der Mitteilung der fehlenden Angaben beim Verbraucher in Textform (§ 126 b) zu laufen.[1401] Es gilt jedoch die Höchstfrist des § 355 Abs. 3 S. 1 von sechs Monaten.[1402]

[1393] Palandt-*Putzo* § 2 BGB-InfoV Rdn. 4.

[1394] Müko-*Franzen* § 485 Rdn. 32: dementsprechend wurde die Muster-Widerrufsbelehrung des Gesetzgebers abgefasst; weitergehend Müko-*Ulmer* § 355 Rdn. 43, 45: wohl auch Angaben über den verlängerten Fristbeginn; a. A. *Mäsch* DNotZ 1997, 180 und 202 zum alten Recht: keine Belehrung über verlängerte Widerrufsfrist und verlängerten Fristbeginn.

[1395] Palandt-*Putzo* § 2 BGB-InfoVO Rdn. 4 a. E.

[1396] Müko-*Franzen* § 485 Rdn. 22; Palandt-*Putzo* § 485 Rdn. 7.

[1397] Müko-*Franzen* § 485 Rdn. 20; Palandt-*Putzo* § 485 Rdn. 6.

[1398] Müko-*Franzen* § 485 Rdn. 22.

[1399] H/K/M-*Kappus* § 5 TzWrG Rdn. 8; Palandt-*Putzo* § 485 Rdn. 6.

[1400] Müko-*Franzen* § 485 Rdn. 22 und Palandt-*Putzo* § 485 Rdn. 7: auch hier §§ 485 Abs. 3, 355 Abs. 2 S. 1 einerseits und § 485 Abs. 4 andererseits kumulativ anzuwenden; a. A. insoweit H/K/M-*Kappus* § 5 TzWrG Rdn. 13.

[1401] *Neises* NZM 2000, 1033, 1034 f.; Palandt-*Putzo* § 485 Rdn. 9: bei mehreren fehlenden Angaben mit dem Zugang der letzten Mitteilung; Müko-*Franzen* § 485 Rdn. 16.

[1402] Müko-*Franzen* § 485 Rdn. 22; Palandt-*Putzo* § 485 Rdn. 4 a. E.

f) Muster-Widerrufsbelehrung des Gesetzgebers

Die Muster-Widerrufsbelehrung des Gesetzgebers empfiehlt insoweit folgende Formulierung: 218

„Die Frist beginnt frühestens mit Erhalt dieser Belehrung ... Die Widerrufsfrist verlängert sich auf einen Monat, wenn Ihnen nicht bereits vor Vertragsschluss ein Prospekt über das Wohnungsobjekt ausgehändigt worden ist oder wenn der Prospekt nicht in der Sprache des Staates, dem Sie angehören oder in dem Sie Ihren Wohnsitz haben, abgefasst ist. Ist der Prospekt in Deutsch abgefasst, gilt dies, wenn Sie Bürger eines Mitgliedsstaates der Europäischen Union oder eines Vertragsstaates des Abkommens über den europäischen Wirtschaftsraum sind, nur, wenn Sie um einen Prospekt in der oder einer der Amtssprachen Ihres Heimatlandes gebeten und ihn nicht erhalten haben. Beim Widerruf müssen Sie ggf. auch die Kosten einer notariellen Beurkundung erstatten."

XI. Unterschrift des Verbrauchers unter die Widerrufsbelehrung

Die Unterschrift des Verbrauchers war nach § 355 Abs. 2 S. 2 a.F. Wirksamkeitsvoraussetzung der Belehrung. Bei Verträgen ab 2. 11. 2002 (bzw. ab 2. 8. 2002 bei Haustürgeschäften) ist die Unterschrift des Verbrauchers nicht mehr erforderlich. Außerdem bedarf es der Verbraucherunterschrift auch für Altverträge nicht mehr, wenn die Widerrufsbelehrung nachgeholt wird.[1403] 219

Verweigerte der Verbraucher unter der bis 1. 8. 2002 für Haustürgeschäfte bzw. bis 1. 11. 2002 für andere Schuldverhältnisse geltende Rechtslage die Unterschrift unter die Widerrufsbelehrung bei schriftlich abgeschlossenem Vertrag, wurde dies teilweise als konkludente Ausübung des Widerrufsrechts gewertet.[1404] 220

Nach anderer Ansicht führte die nach Ablauf der Zwei-Wochen-Frist bzw. der Monatsfrist des § 355 Abs. 2 S. 2 ausdrücklich oder konkludent erklärte Weigerung des Verbrauchers, eine ihm angebotene, ordnungsgemäße Widerrufsbelehrung zu unterzeichnen, zum Erlöschen des Widerrufsrechts.[1405] 221

Nach zutreffender Ansicht[1406] kann sich der Verbraucher jedenfalls dann nicht auf den fehlenden Fristbeginn berufen, wenn er dem Verlangen des Unternehmers nicht nachkam; nach den Umständen des Einzelfalls konnte in der Unterschriftsverweigerung auch nach Auffassung von Bülow die konkludente Erklärung des Widerrufs erblickt werden.[1407] 222

[1403] *Bülow* § 495 Rdn. 116 b.

[1404] Müko-*Ulmer* § 7 VerbrKrG Rdn. 39; abl. Staudinger/Kessal-*Wulf* § 495 Rdn. 39.

[1405] W/E/R-*Graf von Westphalen* § 7 VerbrKrG Rdn. 68.

[1406] *Bülow* § 495 Rdn. 118; Staudinger/Kessal-*Wulf* § 495 Rdn. 39.

[1407] *Bülow* § 495 Rdn. 118; offen gelassen bei *Martis/Meinhof* MDR 2004, 4, 11.

XII. Verwendung der Musterbelehrung

223 Im Zuge der Änderung bzw. Streichung der § 355 Abs. 2 S. 1 a.F. (Wegfall des Unterschriftserfordernisses), § 355 Abs. 2 S. 2 n.F. (Möglichkeit zur nachträglichen Belehrung mit dem Lauf der Monatsfrist), § 355 Abs. 3 S. 3 n.F. (kein Erlöschen des Widerrufsrechts bei nicht ordnungsgemäßer Belehrung), § 491 Abs. 3 S. 1 a.F. (Aufhebung der Vorschrift, womit alle Immobiliardarlehensverträge grundsätzlich widerruflich wurden), § 358 Abs. 3 S. 3 (deshalb engere Definition der wirtschaftlichen Einheit beim finanzierten Erwerb eines Grundstücks) durch das OLG-VertrÄndG hat das Justizministerium mit Wirkung zum 1. 9. 2002 von der Ermächtigung in Art. 245 EGBGB Gebrauch gemacht und als Anlage 2 zu § 14 Abs. 1, Abs. 3 der BGB-InfoVO dem Rechtsverkehr Muster für eine Widerrufsbelehrung sowie für eine Rückgabe-Belehrung zur Verfügung gestellt.[1408]

224 Die Belehrung ist in der Praxis schwer handhabbar. Der Unternehmer muss die Widerrufsbelehrung durch Streichung von Passagen und Hinzufügung besonderer Hinweise dem konkreten Geschäft anpassen. Der juristisch nicht vorgebildete Unternehmer muss dabei die Rechtsfrage entscheiden, wann eine Belehrung „nach Vertragsschluss" mitgeteilt wird und ob der im Belehrungsmuster vorgesehene Abschnitt über die Widerrufsfolgen weggelassen werden kann, weil eine Rückabwicklung im Einzelfall gar nicht in Betracht kommt.[1409]

225 Die Belehrung genügt in mancherlei Hinsicht nicht den strengen Anforderungen der §§ 495, 355, 312d Abs. 2. So wird hinsichtlich der Widerrufsfrist nur allgemein mitgeteilt, dass sie frühestens mit Erhalt der Widerrufsbelehrung beginnt, obwohl es in §§ 312d Abs. 2, 312e Abs. 3 S. 2, 355 Abs. 2 S. 3 i.V.m. § 492 eine ganze Reihe von Sonderregelungen gibt (s.o.), nach denen etwa beim Fernabsatzgeschäft oder beim Verbraucherkreditgeschäft die Widerrufsfrist unter Umständen deutlich später zu laufen beginnt.[1410]

226 An anderen Stellen enthält die Belehrung vom Gesetz gar nicht geforderte Informationen, etwa die vorgesehenen Hinweise auf die Folgen des Widerrufs. Diese müssen nur bei Haustürgeschäften, nicht jedoch im Fernabsatz oder bei einem Verbraucherkredit in die Belehrung aufgenommen werden.[1411]

227 Teilweise wird die Belehrung deshalb als nichtig bzw. nicht fristauslösend angesehen,[1412] teilweise wird die Wirksamkeit der InfoVO zumindest als

---

[1408] Abgedruckt bei Palandt-*Heinrichs,* 63. Aufl. Anhang zu § 355 und Palandt-*Heinrichs* S. 2733 f.

[1409] *Bodendiek* MDR 2003, 1, 3.

[1410] *Martis/Meinhof* MDR 2004, 4, 11; *Masuch* NJW 2002, 2931, 2932.

[1411] *Bodendiek* MDR 2003, 1, 3; *Masuch* NJW 2002, 2931, 2932; Palandt-*Heinrichs,* § 14 BGB-InfoV Rdn. 5.

[1412] *Masuch* NJW 2002, 2931, 2932; Erman-*Saenger* § 355 Rdn. 12: teilweise unwirksam; Staudinger/Kessal-*Wulf* § 495 Rdn. 35 und Staudinger-*Kaiser* § 355 Rdn. 4:

„zweifelhaft" bzw. „fraglich" bezeichnet.[1413] Nach Auffassung von Heinrichs[1414] ist der Schutz des § 14, wonach den Anforderungen der §§ 355, 356 bei Verwendung der Musterbelehrung genügt wird, dem Unternehmer im Einzelfall zu versagen, wenn sich ein Fehler der Verordnung im Einzelfall zum Nachteil des Unternehmers auswirkt.

Erteilt ein Unternehmer im Vertrauen auf die Wirksamkeit der InfoVO **228**
entsprechende Widerrufsbelehrungen, erweisen sich diese danach als unwirksam oder nicht geeignet, den Lauf der Widerrufsfrist in Gang zu setzen und erleidet der Unternehmer aufgrund des gem. § 355 Abs. 3 S. 3 nach wie vor möglichen Widerrufs des Verbrauchers dadurch einen Schaden, sind Ersatzansprüche des Unternehmers gegen den Verordnungsgeber gemäß § 839 in Verbindung mit Art. 34 GG denkbar.

Es empfiehlt sich zumindest, bei der Widerrufsbelehrung nach § 495 **229**
i.V.m. § 355 den Fristbeginn etwa wie folgt zu konkretisieren:[1415]

„Die Frist beginnt um 0.00 Uhr des dem Tag folgenden Tages, an dem Ihnen ein Exemplar dieser Widerrufsbelehrung und eine Vertragsurkunde, ihr schriftlicher Vertragsantrag oder eine Abschrift der Vertragsurkunde oder ihres Vertragsantrages zur Verfügung gestellt wurden."

XIII. Erlöschen des Widerrufsrechts (§ 355 Abs. 3)

1. Rechtsverlust in Vertragsverhältnissen, die vor dem 2. 11. 2002 begründet wurden und Beginn der Sechsmonatsfrist

a) Verträge vor dem 2. 11. 2002

Bei fehlender, unvollständiger oder missverständlicher Widerrufsbeleh- **230**
rung, die nach dem 31. 7. 2002 auch nicht wirksam nachgeholt worden ist, endet das Widerrufsrecht für Verträge, die bis einschließlich 1. 11. 2002 abgeschlossen worden sind, sechs Monate nach Vertragsabschluss (§ 355 Abs. 3 S. 1). Für alle Haustürgeschäfte (§ 312 Abs. 1) gilt § 355 Abs. 3 n.F. mit Rückwirkung bereits für alle nach dem 31. 12. 2001 abgeschlossenen Geschäfte.[1416]

b) Beginn der Sechsmonatsfrist

Die Frist des § 355 Abs. 3 S. 1 beginnt mit dem Zugang der Vertragsan- **231**
nahmeerklärung.[1417]

Belehrung nichtig; a.A. *Bodendiek* MDR 2003, 1, 3 und Palandt-*Heinrichs* § 14 BGB-InfoV: wohl als wirksam anzusehen.

1413 *Martis/Meinhof* MDR 2004, 4, 11; Müko-*Ulmer* § 355 Rdn. 53, 57.

1414 Palandt-*Heinrichs* § 14 BGB-InfoV Rdn. 6 a.E.

1415 Vgl. *Kroiß-Wittig* § 6 Rdn. 112, 113.

1416 Art. 229 § 9 Abs. 1 S. 2 EGBGB; vgl. *Martis* MDR 2003, 961, 968; *Martis/Meinhof* MDR 2004, 4, 11; Staudinger-*Kaiser* § 355 Rdn. 59.

1417 Vgl. § 355 Abs. 1 S. 1: „Nach Vertragsschluss; vgl. *Martis/Meinhof* MDR 2004,

232 Für den Fall, dass der Vertrag die Lieferung einer Ware zum Gegenstand hat (vgl. § 499 Abs. 2), beginnt die Frist jedoch nicht vor Eingang der Ware beim Empfänger, vgl. § 355 Abs. 3 S. 2.[1418] Ein Vorbehalt, die Leistung erst nach Ablauf der Widerrufsfrist zu erbringen, ist in diesem Falle ohne weiteres unwirksam.[1419]

233 Bei Sukzessivlieferungsverträgen bzw. wiederkehrenden Lieferungen gleichartiger Teilleistungen ist für den Stichtag der Eingang der letzten Teillieferung entscheidend.[1420]

234 Es kommt dabei nicht darauf an, ob die Ware mangelfrei ist, d.h. ihre Lieferung zu einer vollständigen Erfüllung führt oder ein aliud geliefert wird.[1421]

235 Ist der Vertrag, etwa ein Verbraucherkreditvertrag, gem. §§ 494 Abs. 1, 502 Abs. 3 S. 1 wegen Formwidrigkeit nichtig, beginnt die 6-Monatsfrist erst mit der Heilung des Vertrages, etwa gem. § 494 Abs. 2 S. 1 bzw. § 502 Abs. 3 S. 2.[1422]

236 Zur Einhaltung der 6-Monatsfrist genügt die rechtzeitige Absendung des Widerrufs – anders als bei der 2-Wochen-Frist – nicht; die Erklärung muss dem Unternehmer innerhalb dieser Frist zugegangen sein.[1423]

2. Rechtsverlust in Vertragsverhältnissen, die ab dem 2. 11. 2002 begründet wurden

237 Der Rechtsuntergang nach § 355 Abs. 3 S. 1 hat für die nach dem 1. 11. 2002 geschlossenen Verträge wegen der Einschränkung durch S. 3 noch dann Bedeutung, wenn die Frist für das Widerrufsrecht nicht zu laufen beginnt, weil der Unternehmer andere als das Widerrufsrecht selbst betreffende Informationspflichten verletzt hat. Dies betrifft die Informationen, die im Rahmen von Fernabsatz- oder Teilzeit-Wohnrechteverträgen zu erteilen

---

4, 12 und Müko-*Ulmer* § 355 Rdn. 58 sowie Palandt-*Heinrichs* § 355 Rdn. 22; abweichend *Bülow* § 495 Rdn. 133.

[1418] LG Dortmund NJW 2003, 3355, 3356; *Bülow* § 495 Rdn. 133; Erman-*Saenger* § 355 Rdn. 17; Müko-*Ulmer* § 355 Rdn. 58; Müko-*Wendehorst* § 312d Rdn. 87, 72.

[1419] Müko-*Wendehorst* § 312d Rdn. 72; Palandt-*Heinrichs* § 312d Rdn. 4 a.E.; Staudinger-*Kaiser* § 355 Rdn. 66.

[1420] Müko-*Ulmer* § 355 Rdn. 58; Palandt-*Heinrichs* § 355 Rdn. 20; Stillner VuR 2002, 90, 93; *Roth* JZ 2000, 1013, 1018; a.A. *Fuchs* ZIP 2000, 1273, 1282: erste Teillieferung maßgebend; kritisch Müko-*Wendehorst* § 312d Rdn. 87: nach Ablauf von mehreren Jahren nach Vertragsabschluss ggf. § 242 anzuwenden.

[1421] Müko-*Wendehorst* § 312d Rdn. 75: auch bei aliud; differenzierend MüKo-*Ulmer* § 355 Rdn. 58 und Staudinger/Kessal-*Wulf* § 495 Rdn. 48: auch kein Fristbeginn bei aliud.

[1422] *Bülow* § 495 Rdn. 68, 71, 134 und § 494 Rdn. 26; *Staudinger* a.a.O. Rdn. 13.

[1423] *Martis* MDR 1998, 1260, 1264 zu § 7 VerbrKrG; *Martis/Meinhof* MDR 2004, 4, 12.

sind[1424] und deren Erfüllung Voraussetzung für den Beginn der Widerrufsfrist sind.[1425]

So beginnt die Widerrufsfrist bei Fernabsatzverträgen gem. § 312d Abs. 2 abweichend von § 355 Abs. 2 S. 1 nicht zu laufen, wenn dem Verbraucher die gem. § 312c Abs. 2 i.V.m. § 1 der BGB-InfoVO erforderlichen Angaben etwa über die Person, den Vertragsgegenstand und die Vertragsbedingungen nicht erteilt worden sind.[1426] **238**

Entsprechendes gilt hinsichtlich der nicht das Widerrufsrecht selbst betreffenden Angaben bei Teilzeit-Wohnrechteverträgen nach §§ 485 Abs. 4, 482 Abs. 2 i.V.m. § 2 der BGB-InfoVO und bei Fernunterrichtsverträgen.[1427] **239**

Mangelt es hingegen (auch) an einer ordnungsgemäßen Widerrufsbelehrung, besteht das Widerrufsrecht – vorbehaltlich der Spezialregelungen in §§ 312d Abs. 3, Abs. 4 Nr. 2 (Erlöschen bzw. Nichtbestehen des Widerrufsrechts), § 4 Abs. 2, Abs. 3 FernUSG oder der Nachholung einer ordnungsgemäßen Belehrung gem. § 355 Abs. 2 S. 2 – zeitlich unbegrenzt.[1428] Dies gilt aufgrund richtlinienkonformer Auslegung des § 312a a.F. auch, wenn ein Immobiliardarlehensvertrag (vormals: Realkreditvertrag) vor dem 2. 8. 2002 (vgl. Art 229 § 9 Abs. 1 S. 2 EGBGB) als Haustürgeschäft abgeschlossen wurde.[1429] **240**

So kommt bei Teilzeit-Wohnrechteverträgen gem. § 485 Abs. 2 ein Ausschluss des Widerrufsrechts nach § 355 Abs. 3 S. 1 nicht in Betracht, weil die dort geforderte Belehrung über die vom Verbraucher im Falle des Widerrufs zu tragenden Kosten Bestandteil einer ordnungsgemäßen Widerrufsbelehrung ist.[1430] **241**

Entsprechendes gilt in den Fällen des fehlenden Hinweises auf die Rechtsfolgen des § 357 Abs. 1, Abs. 3 bei Haustürgeschäften (vgl. § 312 Abs. 1, Abs. 2). Dieses Verständnis entspricht dem gesetzlichen Wortlaut der §§ 312 Abs. 2 und 485 Abs. 2. Auch das Belehrungsmuster nach Anlage 2 zu § 14 Abs. 1 und Abs. 3 BGB-InfoVO enthält entsprechende Hinweise, sodass augenscheinlich auch der Verordnungsgeber diese Rechtsauffassung vertritt.[1431] Das Widerrufsrecht kann danach in diesn Fällen bis zur Grenze der Verwirkung (§ 242) ausgeübt werden. **242**

1424 Erman-*Saenger* § 355 Rdn. 15; Palandt-*Heinrichs* § 355 Rdn. 22.

1425 Palandt-*Heinrichs* § 355 Rdn. 22; Staudinger/Kessal-*Wulf* § 495 Rdn. 44.

1426 Vgl. *Bülow* § 495 Rdn. 128a; Erman-*Saenger* § 355 Rdn. 15; *Martis/Meinhof* MDR 2004, 4, 11/12; s.u. 4. Teil, E. Rdn. 32ff.

1427 *Bülow* § 495 Rdn. 128a; Müko-*Franzen* § 485 Rdn. 16, 22; Palandt-*Heinrichs* § 355 Rdn. 22; Palandt-*Putzo* § 485 Rdn. 4, 9; *Meinhof* NJW 2002, 2273.

1428 Erman-*Saenger* § 355 Rdn. 18; Müko-*Ulmer* § 355 Rdn. 57; auch Staudinger-*Kaiser* § 355 Rdn. 60 und Staudinger/Kessal-*Wulf* § 495 Rdn. 44.

1429 BGH NJW 2002, 1881; Erman-*Saenger* § 355 Rdn. 18.

1430 Erman-*Saenger* § 355 Rdn. 19 und § 485 Rdn. 5: Kosten sind genau zu beziffern; *Martis/Meinhof* MDR 2004, 4, 12; *Schmidt-Kessel* ZGS 2002, 311, 312; *Richard*, NJW-Heft 35/2002, S. XVIII.

1431 *Martis/Meinhof* MDR 2004, 4, 12; *Schmidt-Kessel* ZGS 2002, 311, 312.

243 Nach § 355 Abs. 3 S. 2 2. Hs., der durch das am 8. 12. 2004 in Kraft getretene Gesetz zur Änderung der Vorschriften über Fernabsatzverträge und Finanzdienstleistungen eingefügt worden ist, erlischt das Widerrufsrecht abweichend von § 355 Abs. 3 S. 1 auch dann nicht, wenn der Unternehmer bei einem Vertrag über Finanzdienstleistungen im Fernabsatz seine Mitteilungspflicht nach § 312c Abs. 2 Nr. 1 i.V.m. § 1 BGB-InfoV nicht ordnungsgemäß erfüllt hat.

3. Verwirkung und Verjährung

244 Für eine Verwirkung des Widerrufsrechts konnte für Haustürgeschäfte bereits unter der Geltung der §§ 2 HausTWG, 7 VerbrKrG nicht auf die Jahresfrist des § 7 Abs. 2 S. 3 abgestellt werden.[1432]

245 Das OLG Frankfurt hat zutreffend darauf hingewiesen, dass es an dem für die Verwirkung erforderlichen Umstandsmoment fehlt, wenn etwa eine große deutsche Geschäftsbank eine unwirksame Widerrufsbelehrung nach dem HausTWG erteilt hat, da sie es jederzeit in der Hand hat, durch das Nachschieben einer ordnungsgemäßen Belehrung den Schwebezustand endgültig zu beenden.

246 Danach liegen die Voraussetzungen einer Verwirkung selbst bei Ablauf von neun Jahren nach Abschluss des Vertrages nicht vor.[1433]

247 Zahlreiche andere Instanzgerichte gehen jedoch von einer Verwirkung aus, wenn der Verbraucher den Widerruf erst nach mehreren Jahren erklärt hat.[1434]

248 Schmidt-Kessel[1435] befürwortet die Anwendung der Verjährungsvorschriften aus §§ 218, 438 Abs. 4, Abs. 5, 634a Abs. 4, Abs. 5 auf das Widerrufsrecht nach § 355 Abs. 1, da § 357 Abs. 1 S. 1 die Vorschriften über den

---

[1432] BGH NJW-RR 2005, 180, 182 = WM 2004, 2491, 2493; OLG Rostock WM 2001, 1413; OLG Frankfurt NJW-RR 2001, 1279; OLG Stuttgart ZIP 2001, 322 und WM 2005, 972, 979; zustimmend *Staudinger* NJW 2002, 653, 655; *Martis/Meinhof* MDR 2004, 4, 12; a. A. OLG Hamm MDR 1999, 537.

[1433] OLG Frankfurt NJW-RR 2001, 1279: 9 Jahre; OLG Frankfurt WM 2002, 545, 548: 5 Jahre; OLG Rostock WM 2001, 1413; OLG Stuttgart MDR 1998, 144, 145: über 6 Jahre; auch OLG Stuttgart WM 2005, 972, 979; BGH NJW 2001, 2718: 10 Jahre bei Treuhandmodell; BGH NJW-RR 2005, 180, 182: Widerruf nach §§ 1, 2 HausTWG 3,5 bzw. 10 Jahre nach dem Beitritt zu einer Anlagegesellschaft möglich; BGH, WM 2004, 1529, 1532 und WM 2004, 1536, 1539: keine Verwirkung bei Nichtigkeit einer dem Treuhänder erteilten Vollmacht im Rahmen einer finanzierten Fondsbeteiligung.

[1434] OLG Hamm MDR 1999, 537: 1 Jahr; OLG Braunschweig NJW-RR 2000, 63: 1 Jahr, wenn dem Verbraucher zuvor seine Verpflichtungen „hinreichend deutlich vor Augen geführt" wurden; OLG Karlsruhe OLG-Report 2003, 75, 77: 6 Jahre bei Gesellschaftsbeteiligung; OLG Karlsruhe ZGS 2004, 6: 4 Jahre bei Gesellschaftsbeteiligung; OLG München WM 2001, 680: 9 Jahre; LG München II WM 2000, 1101, 1102: 5–10 Jahre.

[1435] *Schmidt-Kessel* ZGS 2002, 311, 313; a. A. Staudinger-*Kaiser*, 2004, § 355 Rdn. 64.

gesetzlichen Rücktritt für entsprechend anwendbar erklären und dies – anders noch als § 361a Abs. 1 a.F. – nicht mehr ausdrücklich auf das Rücktrittsfolgenrecht beschränkt.

Richtigerweise dürften diese Fälle im Einzelfall ausschließlich über § 242 (Fallgruppe des widersprüchlichen Verhaltens, Verwirkung) zu lösen sein.[1436] So wird die Missbrauchsgrenze etwa überschritten, wenn der Verbraucher dazu übergeht, in Schädigungsabsicht oder aus sonstigen Schikanegründen (vgl. § 226) Bestellungen aufzugeben und diese sodann routinemäßig zu widerrufen.[1437] 249

Dies ist nicht schon dann der Fall, wenn der Verbraucher – etwa nach einem Beitritt zu einer BGB-Gesellschaft (siehe hierzu 2. Teil, H. Rdn. 180ff., 337ff.) – jahrelang Vorteile aus der Beteiligung gezogen, insbesondere Zahlungen entgegengenommen hat.[1438] 250

XIV. Wegfall des Widerrufsrechts bei nicht fristgerechter Darlehensrückzahlung

1. Streichung des § 495 Abs. 2 S. 1 a.F.

Wie bereits § 7 Abs. 3 VerbrKrG sah § 495 Abs. 2 S. 1 a.F. vor, dass der form- und fristgerecht erklärte Widerruf als nicht erfolgt gilt, wenn der empfangene Geldbetrag nicht binnen zweier Wochen nach der Erklärung des Widerrufs oder der Auszahlung des Darlehens zurückgezahlt wurde.[1439] 251

Im Lichte des EuGH-Urteils vom 13. 12. 2001[1440] hat der Gesetzgeber diese Vorschrift für Haustürgeschäfte, die nach dem 1. 8. 2002 abgeschlossen worden sind und andere Schuldverhältnisse, die nach dem 1. 11. 2002 entstanden sind, gestrichen. Gleichzeitig lässt er für einen Übergangszeitraum bis 30. 6. 2005 eine vertragliche Regelung mit dem bisherigen Inhalt des § 495 Abs. 2 a.F. zu, soweit es sich nicht um ein Haustürgeschäft oder einen verbundenen Vertrag i.S.d. § 358 Abs. 2 handelt, vgl. §§ 506 Abs. 2 bis 4 und Art. 229 § 9 Abs. 1.[1441] 252

[1436] *Martis/Meinhof* MDR 2004, 4, 12; auch Staudinger-*Kaiser* § 355 Rdn. 64.

[1437] Müko-*Ulmer* § 355 Rdn. 65.

[1438] BGH, II. ZS.,WM 2004, 1529, 1532 = NJW 2004, 2736, 2737 und WM 2004. 1536, 1539 bei Nichtigkeit des Darlehensvertrages gem. § 134 i.V.m. § 1 RBerG; BGH, II. ZS., WM 2004, 2491, 2494: Anleger hat vor dem Widerruf nach §§ 1, 2 HausTWG jahrelang Steuervorteile erzielt; a.A. aber OLG Karlsruhe ZGS 2004, 6 und OLG-Report 2003, 75, 77: unzulässige Rechtsausübung.

[1439] Zur Altregelung vgl. *Martis* MDR 1998, 1260, 1264.

[1440] EuGH NJW 2002, 281.

[1441] *Meinhof* NJW 2002, 2273, 2275; *Schmidt-Kessel* ZGS 2002, 311, 314; Müko-*Ulmer* § 495 Rdn. 25ff.

2. Anwendungsbereich des § 506 Abs. 2 und Abs. 4 n. F.

253 Eine solche Vereinbarung nach § 506 Abs. 2 ist nur dann wirksam, wenn sie in einer gesonderten schriftlichen Vereinbarung getroffen oder in die vom Darlehensnehmer zu unterzeichnende Vertragserklärung nach § 492 Abs. 1 S. 5 aufgenommen und dort deutlich hervorgehoben wird, § 506 Abs. 4. Unter diesen Voraussetzungen ist auch eine Vereinbarung in AGB möglich.[1442]

254 §§ 495 Abs. 2 S. 1 a. F., 7 Abs. 3 VerbrKrG enthielten – wie jetzt auch § 506 Abs. 2 S. 1 bei entsprechender, nun banküblicher Vereinbarung – eine zusätzliche, negative Voraussetzung für die Rechtsbeständigkeit des Widerrufs bei bereits valutiertem Verbraucherdarlehen.

255 Die Vorschriften gelten bzw. galten lediglich für Gelddarlehen i. S. d. § 4 Abs. 1 S. 4 VerbrKrG bzw. des § 492 Abs. 1 S. 5, nicht jedoch bei Teilzahlungsgeschäften, d. h. bei Waren- und Dienstleistungskrediten (§ 4 Abs. 1 S. 4 Nr. 2 VerbrKrG bzw. §§ 501, 502 Abs. 1), Teillieferungs- und Teilleistungsverträgen (§ 2 Nr. 1–3 VerbrKrG bzw. § 505 Abs. 1 S. 1 Nr. 1–3), bei Finanzierungsleasingverträgen, Darlehensverträgen im verbundenen Geschäft und auch nicht für sonstige Verträge über Finanzierungshilfen i. S. d. § 499 Abs. 1, die nicht Gelddarlehen sind.[1443]

256 §§ 7 Abs. 3 VerbrKrG, 495 Abs. 2 a. F., 506 Abs. 2 n. F. sind auch nicht bei einem Widerruf eines Gesamtschuldners anzuwenden, der der Schuld des Darlehensnehmers lediglich beigetreten ist.[1444]

257 Gleiches gilt nach h. M. auch für einen Bürgen.[1445]

258 Konnte der Unternehmer/Darlehensgeber bei einer gleichgründigen Gesamtschuld mit befreiender Wirkung an den einen oder den anderen Verbraucher leisten, so ist jedoch jeder Gesamtschuldner mit der Rückzahlungsobliegenheit belastet.[1446]

259 Widerruft der Verbraucher einen gemischten Vertrag, etwa einen Bierbezugsvertrag, der mit einer Darlehensgewährung gekoppelt ist (Existenzgründungsdarlehen nach §§ 507, 505 Abs. 1, 491 Abs. 1), muss der Verbraucher bzw. Existenzgründer das empfangene Darlehen zur Wirksamkeit seines Widerrufs gem. § 495 Abs. 2 a. F., § 7 Abs. 3 VerbrKrG bzw. nach

---

[1442] *Bülow* § 506 Rdn. 28 b; *Martis/Meinhof* MDR 2004, 4, 13; *Schmidt-Kessel* ZGS 2001, 311, 314.

[1443] *Martis/Meinhof* MDR 2004, 4, 13; *Bülow* § 495 Rdn. 139, 159; Müko-*Ulmer* § 495 Rdn. 29, 30: keine Anwendung auf den Zahlungsaufschub, Teilzahlungsgeschäfte, Finanzierungsleasingverträge, sonstige Finanzierungshilfen und verbundene Verträge; zum alten Recht Müko-*Ulmer* § 7 VerbrKrG Rdn. 48, 49; W/E/R-*Graf von Westphalen* § 7 VerbrKrG Rdn. 71–73.

[1444] BGH WM 1997, 159 = NJW 1997, 654; *Bülow* § 495 Rdn. 157; Müko-*Ulmer* § 495 Rdn. 31 und Staudinger/Kessal-*Wulf* § 506 Rdn. 18: anders aber, wenn der Darlehensvertrag gem. § 139 als Ganzes nichtig wird.

[1445] LG Neubrandenburg WM 1997, 817; *von Westphalen* MDR 1997, 307, 310; *Martis* MDR 1998, 1260, 1264; a. A. jedoch Müko-*Ulmer* § 1 VerbrKrG Rdn. 37.

[1446] *Bülow* § 495 Rdn. 157 a. E.; *Martis/Meinhof* MDR 2004, 4, 13.

§ 506 Abs. 2 nicht zurückgewähren, soweit die nach § 506 Abs. 2 S. 1 getroffene besondere schriftliche Vereinbarung sich nicht auch auf diesen Fall bezieht.[1447]

260 Nach Ansicht von *Bülow* (Fn. 1445 zu §§ 7 Abs. 3 VerbrKrG und 495 Abs. 2 S. 1 a.F.) kann der Verbraucher bzw. Existenzgründer den „gemischten" Getränkebezugs- und Darlehensvertrag nur dann endgültig unwirksam machen, wenn er das gesamte Darlehen zurückzahlt.

261 §§ 7 Abs. 3 VerbrKrG, 495 Abs. 2 a.F., 506 Abs. 2 n.F. sind auch unanwendbar, wenn der Verbraucher den Darlehensbetrag erst „empfangen" hat, nachdem der Widerruf dem Darlehnsgeber bereits zugegangen ist; denn damit wurde die Willenserklärung des Verbrauchers endgültig unwirksam mit der Folge, dass ein „Darlehen" nicht mehr empfangen werden konnte. Die Rückabwicklung erfolgt dann über §§ 812ff., 818 Abs. 2.[1448]

3. Empfang des Darlehens

262 Der Verbraucher hat das Darlehen nach §§ 7 Abs. 3 VerbrKrG, 495 Abs. 2 a.F. 506 Abs. 2 n.F. „empfangen", wenn es endgültig aus dem Vermögen und der Verfügungsgewalt des Unternehmers ausgeschieden und dem Vermögen des Verbrauchers bzw. einem von diesem bestimmten Dritten (vgl. §§ 362 Abs. 2, 185) zugeführt worden ist.[1449]

263 Ein „Empfang" liegt nach h.M. auch dann vor, wenn der Unternehmer/ Darlehensgeber das Darlehen vereinbarungemäß an einen Dritten auszahlt[1450] oder gegen den Auszahlungsanspruch mit eigenen Forderungen aus Altkrediten aufrechnet (interne Umschuldung).[1451]

264 Die Gegenansicht[1452] weist darauf hin, dass es bei der Aufrechnung des Darlehensgebers mit seinem Rückzahlungsanspruch aus Altkrediten an seiner erneuten Vorleistung fehle. Bei der gebotenen teleologischen Auslegung des § 7 Abs. 3 VerbrKrG/495 Abs. 2 a.F. gelte das Darlehen danach nicht

1447 BGHZ 129, 371, 381 zum alten Recht; *Martis/Meinhof* MDR 2004, 4, 13; a.A. aber *Bülow* § 495 Rdn. 159, 160.

1448 Staudinger/Kessal-*Wulf* § 495 Rdn. 20 a.E.; W/E/R-*Graf von Westphalen* § 7 VerbrKrG Rdn. 79; auch Müko-*Ulmer* § 495 Rdn. 34: Rückabwicklung aber nach § 346.

1449 BGH, XI. ZS. NJW 2004, 2090, 2091: wenn der Kreditgeber es vereinbarungsgemäß an einen Dritten ausbezahlt hat; *Bülow* § 495 Rdn. 48 und § 495 Rdn. 55; Müko-*Ulmer* § 495 Rdn. 32; Staudinger/Kessal-*Wulf* § 494 Rdn. 20; W/E/R-*Graf von Westphalen* § 7 VerbrKrG Rdn. 74.

1450 BGH, XI. ZS. NJW 2004, 2090 2091; NJW 2003, 422, 423: externe Umschuldung.

1451 BGH WM 2000, 1243; *Bülow* § 494 Rdn. 48 und § 495 Rdn. 153, 155; Staudinger/Kessal-*Wulf* § 494 Rdn. 20 m.w.N.; *Martis* MDR 1998, 1260, 1264; *Martis/Meinhof* MDR 2004, 4, 13; a.A. aber W/E/R-*Graf von Westphalen* § 7 VerbrKrG Rdn. 75 und Müko-*Ulmer* § 495 Rdn. 32 zur internen Umschuldung bzw. Aufrechnung des Darlehensgebers mit seinem Rückzahlungsanspruch.

1452 LG Köln ZIP 2000, 2161, 2162; Müko-*Ulmer* § 495 Rdn. 32.

als „empfangen“, sodass das Widerrufsrecht dem Verbraucher bei einer internen Umschuldung erhalten bleiben müsse.[1453]

265 Kein „Empfang“ des Darlehens liegt jedoch vor, wenn es aufgrund einer Abrede zwischen dem Darlehensgeber und einem Verkäufer einerseits sowie zwischen dem Verkäufer und dem Verbraucher (Käufer) andererseits verrechnet werden sollte und sich der Kaufvertrag dann als nichtig herausstellt.[1454]

266 Der II. Zivilsenat des BGH[1455] vertritt im Anschluss an die Ausführungen des XI. Zivilsenates (BGH WM 2002, 2501) die Auffassung, bei Vorliegen eines „verbundenen Geschäfts“ i.S.d. §§ 9 Abs. 1, 4 VerbrKrG, 358 Abs. 1 und 2 liege kein „Empfang“ des Darlehensbetrages durch den Verbraucher vor, wenn die Zahlung von den Bank direkt an den Verkäufer oder sonstigen Leistungserbringer erfolgt. So hat der Erwerber einer Fondsbeteiligung das Darlehen nicht „empfangen“, wenn sich die Fondsgesellschaft und die den Fondsanteil (BGB-Gesellschaftsanteil) finanzierende Bank derselben Vertriebsorganisation bedienen und die Bank das Darlehen zum Erwerb der Beteiligung direkt an die Fondsgesellschaft auszahlt.[1456]

267 Die h.L. lehnt diese Entscheidungen des II. Zivilsenates ab.[1457]

4. Rechtzeitige Rückzahlung des Netto-Kreditbetrages

268 Zurückzuführen hat der Verbraucher allein den ihm tatsächlich zugeflossenen Netto-Darlehensbetrag i.S.d. § 492 Abs. 1 S. 5 Nr. 1 (Legaldefinition in § 491 Abs. 2 Nr. 1), wozu weder die vom Nominalbetrag in Abzug gebrachten Kosten, Vermittlercourtagen, Versicherungsprämien, Zinsen noch ein Disagio oder sonstige Kosten gehören.[1458]

269 Die Rückzahlungsfrist beginnt nach bislang herrschender Ansicht grundsätzlich mit Abgabe der Widerrufserklärung.[1459] Nach Auffassung von Bülow[1460] ist § 495 Abs. 2 S. 1 a.F. – und damit auch § 506 Abs. 2 S. 1 – zugunsten des Verbrauchers dahingehend zu interpretieren, dass die Frist von

---

[1453] LG Köln NJW-RR 2001, 778; Müko-*Ulmer* § 7 VerbrKrG Rdn. 50 und 4. Aufl., § 495 Rdn. 32; W/E/R-*Graf von Westphalen* § 7 VerbrKrG Rdn. 75.

[1454] BGH MDR 2000, 945; ZiP 2000, 1101; *Martis/Meinhof* MDR 2004, 4, 13.

[1455] BGH WM 2004, 1529, 1533 = NJW 2004, 2736, 2739.

[1456] BGH WM 2004, 1529, 1533 = NJW 2004, 2736, 2739; WM 2004, 1536, 1540.

[1457] *Edelmann* BKR 2004, 337f.; *Jork/Engel* BKR 2005, 3, 10f.; *Mülbert/Hoger* WM 2004, 2281ff.; *Wallner* BKR 2004, 367ff.; *Wolf/Großerichter* WM 2004, 1993ff.; ablehnend auch BGH XI. ZS. WM 2004, 127, 130f.; OLG Bamberg WM 2005, 593, 595; OLG Köln OLG-Report 2004, 383, 385; WM 2005, 792, 799; zu den Einzelheiten vgl. H. Rdn. 180ff., 203ff.

[1458] *Martis/Meinhof* MDR 2004, 4, 13; *Bülow* § 491 Rdn. 164 und § 492 Rdn. 84; Müko-*Ulmer* § 495 Rdn. 35; Staudinger/Kessal-*Wulf* § 506 Rdn. 19; W/E/R-*Graf von Westphalen* § 7 VerbrKrG Rdn. 82.

[1459] Müko-*Ulmer* § 7 VerbrKrG Rdn. 54, 55, Staudinger/Kessal-*Wulf* § 506 Rdn. 20; *Martis/Meinhof* MDR 2004, 4, 13.

[1460] *Bülow* § 495 Rdn. 147; zustimmend jetzt MüKo-Ulmer § 495 Rdn. 36, 37.

vierzehn Tagen mit dem späteren der beiden in Frage kommenden Zeitpunkte – nämlich dem Zeitpunkt des Darlehensempfangs oder der Abgabe der Widerrufserklärung – beginnt:

Bei Auszahlung des Darlehens vor Abgabe der Widerrufserklärung spä- 270
testens vierzehn Tage nach Ablauf der Widerrufsfrist, wenn der Widerruf am letzten Tag der 2-Wochen-Frist erklärt wurde; bei Auszahlung des Darlehens nach Abgabe der Widerrufserklärung, aber vor deren Zugang zwei Wochen nach Auszahlung, auch wenn die Auszahlung nach Ablauf der Widerrufsfrist stattfand.

Erfolgt die Auszahlung nach Zugang der Widerrufserklärung, erlischt das 271
Widerrufsrecht auch bei Ausbleiben der Rückzahlung nicht. Eine Vereinbarung nach § 506 Abs. 2 S. 1 findet keine Anwendung, weil der Darlehensgeber andernfalls den wirksam widerrufenen Vertrag einseitig erneut in Vollzug setzen könnte.

Für die Rechtzeitigkeit der Rückzahlung genügt gem. § 270 die Einreichung 272
des Überweisungsauftrages vor Fristablauf bei der kontoführenden Bank des Verbrauchers, wenn das Konto entsprechend gedeckt ist.[1461] Bei Zahlung durch Scheck kommt es auf den Zeitpunkt der Aufgabe zur Post an.[1462]

XV. Rechtsfolgen des Widerrufs (§§ 355, 357, 346 ff.)

Ist der Widerruf nach den obigen Ausführungen zu § 355 möglich und 273
vom Verbraucher wirksam erklärt, wird seine auf den Abschluss des Verbrauchervertrages gerichtete Willenserklärung endgültig unwirksam, der Vertrag wandelt sich in ein Rückabwicklungs-Schuldverhältnis um.[1463]

Dementsprechend kommt dem Widerruf ex nunc-Wirkung zu.[1464] Zwi- 274
schenzeitlich entstandene Sekundäransprüche, etwa solche aus §§ 280 Abs. 1, 241 Abs. 2 (vormals p.V.v.) bzw. aus §§ 280 Abs. 1, 286 (entstandener Verzugsschaden) bestehen grundsätzlich fort, soweit nicht der in § 357 Abs. 4 statuierte Haftungsausschluss zugunsten des Verbrauchers entgegensteht.[1465] Vom Haftungsausschluss des § 357 Abs. 4 unberührt bleiben

---

1461 *Martis/Meinhof* MDR 2004, 4, 13; Müko-*Ulmer* § 7 VerbrKrG Rdn. 57 und 4. Aufl., § 495 Rdn. 39; W/E/R-*Graf von Westphalen* § 7 VerbrKrG Rdn. 86.

1462 W/E/R-*Graf von Westphalen* § 7 VerbrKrG Rdn. 86.

1463 *Bülow* § 495 Rdn. 14, 37, 41, 43: schwebend wirksam; Erman-*Saenger* § 357 Rdn. 2 und § 355 Rdn. 4: schwebend wirksam, Umwandlung in ein Rückabwicklungsverhältnis; Erman-*Bezzenberger* § 346 Rdn. 2 ff.; Müko-*Gaier* § 357 Rdn. 10 ff.; Palandt-*Heinrichs* § 355 Rdn. 3: kein Bedürfnis für die Kategorie „schwebende Wirksamkeit“.

1464 Vgl. Müko-*Gaier* § 357 Rdn. 10; Palandt-*Heinrichs* § 357 Rdn. 2; *Lorenz* JuS 2000, 833, 835.

1465 Vgl. *Gaier* WM 2002, 1,4 und Palandt-*Heinrichs* § 355 Rdn. 3: kein Bedürfnis für die Kategorie „schwebende Wirksamkeit“; Müko-*Gaier* vor § 346 Rdn. 44, 45: Anspruch auf Ersatz des Verzögerungsschadens nach §§ 280, 286 entfällt gem. § 325

nach zutreffender Auffassung[1466] auch Schadensersatzansprüche des Verbrauchers aus Vertrag, c.i.c. (§ 311 Abs. 1, Abs. 2), und Delikt, die sich unabhängig vom Widerrufsrecht aus dem Verhalten des Unternehmers und seiner Erfüllungsgehilfen bei Vertragsabschluss ergeben sowie Ansprüche des Unternehmers aus § 357 Abs. 1 i.V.m. §§ 346 Abs. 1, Abs. 2 S. 1 Nr. 1 auf Vergütung für die Nutzung der zurück zu gewährenden Hauptleistung und die Ansprüche gegen den Verbraucher aus § 285 auf Herausgabe des Surrogats, das der Verbraucher bei Unmöglichkeit der Herausgabe des erlangten Gegenstandes und Freiwerden von seiner Rückgewährpflicht erlangt.[1467]

275 Die gem. § 357 Abs. 1 i.V.m. §§ 346–352 eingreifenden Rückabwicklungsvorschriften schließen gem. § 357 Abs. 4 weitergehende Ansprüche des Unternehmers gegen den Verbraucher, etwa aus §§ 242 Abs. 2, 280, 311 Abs. 2, 812, 823 im Übrigen aus. Die Geltendmachung von Ansprüchen aus § 826 bleibt dagegen möglich.[1468]

276 Nach Auffassung von Grothe[1469] gilt der Ausschluss weitergehender Ansprüche in diesem Umfang auch zugunsten des Unternehmers. Nach h.M.[1470] bedarf § 357 Abs. 4 der teleologischen, auf die Ansprüche gegen den Verbraucher bezogenen Reduktion. Danach ist der abschließende Charakter des § 357 nur auf Ansprüche des Unternehmers zu beziehen.

277 Tritt der **Unternehmer** (Darlehensgeber) bei einem Teilzahlungsgeschäft nach § 503 Abs. 2 zurück, so richtet sich die Rückabwicklung allein nach den Rücktrittsvorschriften der §§ 346ff. ohne Privilegierung des Unternehmers aus § 357 Abs. 3 bzw. des Verbrauchers gem. § 357 Abs. 4. Hatte der Darlehensgeber die Sache i.S.d. § 503 Abs. 2 S. 4 wieder an sich genommen und erklärt der Verbraucher nunmehr wirksam den Widerruf gem. § 355, bleibt es – abweichend zur bisherigen Rechtslage bis zum 31. 12. 2001 – ebenfalls bei den allgemeinen Bestimmungen der §§ 346ff.[1471]

---

durch den Rücktritt grundsätzlich nicht; Erman-Bezenberger vor §§ 346–354 Rdn. 6: Ansprüche aus §§ 280 Abs. 2, 286 wg. eingetretener Verzugsschäden, § 281 wegen Verletzung des Erfüllungsinteresses, 281 Abs. 1 S. 1, 249 Abs. 1, 252 wg. entgangenen Gewinns können mit Ansprüchen aus §§ 346, 347 einhergehen.

[1466] Palandt-*Heinrichs* § 357 Rdn. 16; Müko-*Ulmer* § 357 Rdn. 45; Staudinger-*Kaiser* § 357 Rdn. 32, 64: c.i.c.

[1467] Müko-*Gaier* § 357 Rdn. 39, 46.

[1468] Bamberger/Roth-*Grothe* § 357 Rdn. 14; *Bülow* § 495 Rdn. 184; Müko-*Gaier* § 357 Rdn. 10, 45–47.

[1469] Bamberger/Roth-*Grothe* § 357 Rdn. 14; ebenso Staudinger-*Kaiser* § 357 Rdn. 32, 64.

[1470] Anwaltkommentar-*Reiff* § 357 Rdn. 47, Müko-*Gaier* § 357 Rdn. 45.

[1471] *Bülow* § 495 Rdn. 186 und § 503 Rdn. 73; a.A. BGH NJW-RR 1990, 368 zu §§ 7 Abs. 4 VerbrKrG, 3 HausTWG.

1. Ansprüche des Unternehmers

a) Rückgewähransprüche (§§ 357 Abs. 1 S. 1, 346 Abs. 1)

aa) Rückgewähr gegenständlicher Leistungen, Kosten und Gefahr der Rücksendung

Nach erklärtem Widerruf – oder einem Rücknahmeverlangen nach § 356 Abs. 2 S. 1 – sind die Parteien gem. §§ 346 Abs. 1, 348 verpflichtet, einander die empfangenen Leistungen Zug um Zug zurückzugewähren. Gem. § 357 Abs. 2 S. 1 hat der Verbraucher dem Unternehmer eine an ihn in Vollzug des widerrufenen Verbrauchervertrages geleistete Sache zurückzusenden, wenn die Sache durch Paket versandt werden kann. Der Unternehmer trägt die Gefahr der Rücksendung, d.h. der Verbraucher wird auch bei zufälligem Untergang oder zufälliger Verschlechterung der Sache von seiner Rückgewährpflicht frei. **278**

Der Verbraucher hat allerdings für eine geeignete Verpackung zu sorgen, andernfalls haftet er nach § 280 Abs. 1 S. 1 i.V.m. § 241 Abs. 2 für einen dadurch entstehenden Schaden.[1472] **279**

Gem. § 357 Abs. 2 S. 3 a.F. (bis zum 8. 12. 2004 geltende Fassung) konnten dem Verbraucher durch AGB oder Individualvertrag bis zum Betrag von 40,00 € die bei allen auf § 357 verweisenden Verbraucherkreditverträgen (vgl. § 495 Abs. 1, 355 bei Verbraucherkreditverträgen, § 321 d Abs. 6 n.F. bei Fernabsatzgeschäften; Sonderregelungen in § 485 Abs. 5 S. 1 bei Teilzeit-Wohnrechteverträgen und in § 312 Abs. 3 Nr. 2 bei Haustürgeschäften) die regelmäßigen Rücksendungskosten auferlegt werden. **280**

Maßgeblich für die Betragsberechnung ist nach h.M. der Wert der jeweiligen Gesamtbestellung, nicht der Bestellwert der konkret zugesandten Waren.[1473] Nach anderer Ansicht[1474] können dem Verbraucher die Kosten der Rücksendung dem Verbraucher auch dann nicht auferlegt werden, wenn aus einer Gesamtbestellung von mehr als 40 Euro nur ein Artikel mit einem Wert von weniger als 40 Euro zurückgesandt wird. **281**

Eine Aufteilung durch den Unternehmer auf mehrere Verträge, um bei der Bestellung einer Mehrzahl kleinpreisiger Artikel die Grenze von jeweils 40,00 € nicht zu überschreiten, würde am Umgehungsverbot des § 506 Abs. 1 scheitern und benachteiligte den Verbraucher i.S.d. § 307 Abs. 1, Abs. 2 unangemessen.[1475] **282**

1472 Bamberger/Roth-*Grothe* § 357 Rdn. 4: Schickschuld mit besonderer Kostentragungsregel in § 357 Abs. 2 S. 2; Müko-*Gaier* § 357 Rdn. 13; Staudinger-*Kaiser* § 357 Rdn. 30: gem. §§ 280 Abs. 1; Abs. 3, 281.

1473 Bamberger/Roth-*Grothe* § 357 Rdn. 6; Erman-*Saenger* § 357 Rdn. 10: Bruttowarenpreis einschließlich aller Nebenkosten; Palandt-*Heinrichs*, 63. Aufl., § 357 Rdn. 6; Müko-*Gaier* § 357 Rdn. 16; Staudinger-*Kaiser* § 357 Rdn. 56: Wert der Gesamtbestellung.

1474 Erman-*Saenger* § 357 Rdn. 10; *Härting/Schirmbacher* MDR 2000, 917, 921.

1475 Müko-*Gaier* § 357 Rdn. 16: Ausnahmen jedoch bei Lieferengpässen.

283 Der durch das am 8. 12. 2004 in Kraft getretene Gesetz zur Änderung der Vorschriften über Fernabsatzverträge und Finanzdienstleistungen modifizierte § 357 Abs. 2 S. 3 n.F. sieht vor, dass dem Verbraucher die Kosten der Rücksendung nur bei Bestehen eines Widerrufsrechts bei Fernabsatzverträgen (§ 312d Abs. 1 S. 1) generell bis zur Höhe von 40 Euro auferlegt werden können oder aber dann, wenn der Verbraucher bei einem höheren Preis der Sache die Gegenleistung oder eine Teilzahlung zum Zeitpunkt des Widerrufs noch nicht erbracht hatte.

284 Wird ein aliud geliefert oder weist die gelieferte Ware Mängel auf, die den Verbraucher zur Geltendmachung eines Nacherfüllungs- oder Rücktrittsanspruchs berechtigen würden (§ 437 Nr. 1, Nr. 2 i.V.m. §§ 439, 440, 323; §§ 634 Nr. 1, Nr. 3 i.V.m. §§ 635, 636, 323), ist eine vertragliche Kostenverlagerung auf den Verbraucher entsprechend § 357 Abs. 2 S. 3 letzter HS. (alte und neue Fassung) unzulässig.[1476]

285 Bei nicht paketversandfähigen Sachen (Pakete über 20 kg) reicht in entsprechender Anwendung des § 356 Abs. 2 S. 1 ein Rücknahmeverlangen des Verbrauchers aus. In diesem Fall hat der Unternehmer auch die Kosten der Abholung zu tragen.[1477] In beiden Fällen liegt der Leistungsort für die Rücksendung bzw. Abholung am Wohnort des Verbrauchers.[1478]

286 Ein Anspruch des Verbrauchers auf Zahlung eines Vorschusses für die Rücksendekosten besteht nach h.M. nicht.[1479]

bb) Rückgewähr nicht gegenständlicher Leistungen

287 Ist Gegenstand des Verbrauchervertrages eine Dienst- oder Werkleistung bzw. Geschäftsbesorgung des Unternehmers oder ein Gelddarlehen, so ist der Anspruch des Unternehmers gem. § 357 Abs. 1 i.V.m. § 346 Abs. 2 Nr. 1 von vornherein auf Wertersatz gerichtet und beschränkt.[1480]

b) Nutzungsersatz

288 Der Verbraucher hat gem. § 357 Abs. 1 i.V.m. § 346 Abs. 1 a.E. tatsächlich gezogene Nutzungen herauszugeben. Zu den Nutzungen zählen gem. § 100 insbesondere die Gebrauchsvorteile, beim Gebrauch einer Sache etwa das Bewohnen eines Hauses als Grundstücksnutzung, das Bewohnen eines

---

[1476] *Bülow* § 495 Rdn. 176: bei aliud; Erman-*Saenger* § 357 Rdn. 11: bei Sach- oder Rechtsmangel einschl. aliud; Müko-*Gaier* § 357 Rdn. 17; *Lütcke* § 357 Rdn. 10.

[1477] Erman-*Saenger* § 357 Rdn. 6, 7: dann Holschuld; Müko-*Gaier* § 357 Rdn. 13.

[1478] *Bülow* § 495 Rdn. 174; Erman-*Saenger* § 357 Rdn. 7; Müko-*Gaier* § 357 Rdn. 13; 16; Bamberger/Roth-*Grothe* § 357 Rdn. 4, 5.

[1479] *Roth* JZ 2000, 1013, 1018; Bamberger/Roth-*Grothe* § 357 Rdn. 6; Erman-*Saenger* § 357 Rdn. 8; *Lütcke* § 357 Rdn. 11; Palandt-*Heinrichs* § 357 Rdn. 5; Staudinger-*Kaiser* § 357 Rdn. 55; a.A. *Bülow/Artz* NJW 2000, 2049, 2052.

[1480] *Bülow* § 495 Rdn. 215; Müko-*Gaier* § 357 Rdn. 19, 20.

Raumes, die Benutzung von Kraftfahrzeugen[1481] zu den Gebrauchsvorteilen von Geld grundsätzlich die gezogenen Zinsen aus einem erlangten Geldbetrag sowie die Zinsersparnis durch Tilgung eigener Schulden mit dem erhaltenen Kapital.[1482]

aa) Bewegliche Sachen, insbesondere Kraftfahrzeuge

War eine bewegliche Sache Gegenstand des Verbrauchervertrages, be- **289**
stimmen sich die zu ersetzenden Gebrauchsvorteile (§ 100) nach §§ 357 Abs. 1, 346 Abs. 1 weiterhin nach der zeitanteiligen linearen Wertminderung im Vergleich zwischen tatsächlichem Gebrauch und voraussichtlicher Gesamtnutzungsdauer.[1483]

Bei Rückabwicklung eines Kaufvertrages, sei es nach erklärtem Rücktritt **290**
gem. §§ 437 Nr. 2, 440, 323, sei es nach dem Widerruf eines Verbrauchervertrages gem. §§ 355, 357 Abs. 1, 346 Abs. 1, 347 Abs. 1, wird die den Verkäufer/Unternehmer zu erstattende Nutzungsentschädigung von der bislang h.M. mit 0,67% des Bruttokaufpreises je 1000 km Laufleistung bemessen. Dabei wurde von einer durchschnittlichen Gesamtfahrleistung eines Kraftfahrzeugs von 150 000 km ausgegangen.[1484]

Insbesondere bei Fahrzeugen der gehobenen Klasse oder Diesel-Fahr- **291**
zeugen, zwischenzeitlich auch bei Mittelklassewagen muss heutzutage von einer Gesamtfahrleistung von mindestens 200 000 km ausgegangen werden. Dies entsprich 0,5% des Bruttokaufpreises je 1000 km Fahrleistung.[1485]

[1481] Bamberger/Roth-*Fritzsche* § 100 Rdn. 6.

[1482] Bamberger/Roth-*Fritzsche* § 100 Rdn. 7; Erman-*Saenger* § 357 Rdn. 4: Zinsgewinne; Staudinger-*Kaiser* § 357 Rdn. 41, 43: gezogene Zinsen.

[1483] *Gaier* WM 2002 1, 6; Müko-*Gaier* § 346 Rdn. 27, 28; Bamberger/Roth-*Grothe* § 346 Rdn. 13; Staudinger-*Kaiser* § 357 Rdn. 41 und § 346 Rdn. 228 ff.; *Bülow* § 495 Rdn. 208 und § 503 Rdn. 60: nicht dagegen ein üblicher oder fiktiver Mietzins.

[1484] Nachweise bei *Martis* MDR 1999, 581, 587 und MDR 2000, 485, 493; Staudinger-*Kaiser* § 346 Rdn. 233; OLG Braunschweig NJW-RR 1998, 1586, 1587; OLG Hamm MDR 1994, 138; OLG Köln DAR 1993, 349; OLG Koblenz NJW-RR 1997, 431; OLG Oldenburg NJW-RR 1995, 689, 691; OLG Rostock DAR 1997, 277; LG Giesen NJW-RR 1995, 687.

[1485] OLG Stuttgart DAR 1998, 393, 394: Dieselfahrzeug, 200 000 km; OLG Stuttgart ZGS 2004, 434, 436; OLG Celle DAR 1995, 404, 406: neuer DB 500 SEC; OLG Celle NJW-RR 1997, 1008: 200 000 km; OLG Hamm DAR 1997, 111: 300 000 km bei Fahrzeug der Luxusklasse; OLG Hamm bei *Reinking/Eggert* Rdn. 322: 250 000 km bei Diesel-Fahrzeug der gehobenen Mittelklasse und damit 0,4%; OLG Koblenz VersR 1993, 1492: 170 000 km bei BMW 323 i; OLG Koblenz NJW-RR 1999, 702 für Audi A 8; OLG Dresden DAR 1999, 68, 69: 200 000 km bei Diesel-Fahrzeug; OLG Braunschweig OLG-Report 2001, 205: 200 000 km; OLG Oldenburg DAR 2000, 219: 250 000 km bei Pkw der gehobenen Mittelklasse; OLG Hamm OLG-Report 1992, 353: 200 000 km bei Ford Sierra mit 75-PS-Motor, OLG Karlsruhe NJW-RR 1992, 1144: 300 000 km; OLG Karlsruhe NZV 2003, 524, 525 = MDR 2003, 1176, 1177: mindestens 250 000 km bei Audi 2,5 TDI und damit 0,4% des Brutto-Kaufpreises pro angefangene 1000 km, im Ergebnis 0,17 Euro pro km; OLG Nürnberg NJW-RR 2002, 628, 630: 200 000 km und damit 0,5% für Wohnmobil;

292 Ausgehend von einer Gesamtfahrleistung von 150000km bzw. 200000km wurden teilweise pauschal 0,15 DM/0,08 € pro gefahrene Kilometer zugesprochen.[1486]

293 Für Lkw und Omnibusse muss die Berechnung anhand der dort zu erwartenden höheren Gesamtlaufleistungen erfolgen.[1487] Bei einem LKW können Fahrleistungen bis zu 750000km zu Grunde gelegt werden.[1488] Bei gebrauchten Fahrzeugen ist von der voraussichtlichen Restlaufleistung und dem konkreten Gebrauchtwagenpreis auszugehen.[1489]

294 Berechnungsbeispiel (nach Reinking/Eggert, 8. Aufl. Rdn. 1526): Der Gebrauchtwagen wird bei einem km-Stand von 68000 für 8000,00 € erworben. Bei einer zu erwartenden Gesamtlaufleistung von 200000 km ergibt sich eine Restlaufleistung von 132000km. Die Nutzungsvergütung pro km berechnet sich mit (8000: 132000 =) 0,06 €.

295 Weist das Fahrzeug Mängel auf, ist ein geminderter Gebrauchswert durch den Ansatz eines entsprechend geminderten Kaufpreises zu berücksichtigen.[1490]

296 Bei der Bemessung der Gebrauchsvorteile für eine Einbauküche geht das OLG Köln[1491] von einer Gesamtnutzungsdauer von 14–20 Jahren aus. Im dort entschiedenen Fall ergab sich nach Abzug einer mangelbedingten Wertminderung ein Anschaffungswert von 15500,00 €. Bei einer 17-jährigen Gesamtlebensdauer der Einbauküche errechnete sich die monatliche Abschreibung auf 76,00 €.

297 Bei Gegenständen, die durch Gebrauch oder Zeitablauf nicht an Wert verlieren, etwa bei Grundstücken oder Antiquitäten, müssen die Gebrauchsvorteile mit Hilfe des durchschnittlichen Miet- oder Pachtzinses pauschaliert werden.[1492]

LG Dortmund NJW 2001, 3196: 250 000 km bei BMW 530; LG Münster ZfS 1993, 409: 250 000 km bei VW Golf TDI; zusammenfassend *Reinking/Eggert* Rdn. 322, 1524; Müko-*Gaier* § 346 Rdn. 28; *Martis* MDR 2000, 485, 494 und MDR 1999, 581, 588.

[1486] OLG Düsseldorf NZV 1999, 130: 0,13–0,19 DM bei 150000km Gesamtfahrleistung; OLG Dresden DAR 1999, 68: 0,15 DM bei 200000km; OLG Hamm ZfS 1995, 133: 0,19 DM bei Motorrad; OLG Celle ZGS 2004, 74: 0,15 Euro pro km.

[1487] *Reinking/Eggert* Rdn. 233 a. E.

[1488] OLG Saarbrücken NJW-RR 1990, 493, 494 und Ermann-*Saenger* § 346 Rdn. 28: 0,133% des Brutto-Kaufpreises; abw. OLG Stuttgart DAR 1998, 393: 0,5% bei Nutzfahrzeugen.

[1489] BGH NJW 1995, 2159, 2161; *Reinking/Eggert* Rdn. 1526; Müko-*Gaier* § 346 Rdn. 28.

[1490] OLG Köln NJW-RR 1999, 774, 775; OLG Nürnberg NJW-RR 2002, 628, 630; Müko-*Gaier* § 346 Rdn. 28; differenzierend Erman-*Saenger* § 357 Rdn. 28: Mängel sind bei der Bemessung des Ausgangswertes zu berücksichtigen.

[1491] OLG Köln NJW-RR 1999, 774; OLG Braunschweig OLGR 1996, 133: 20 Jahre; OLG Düsseldorf NJW-RR 1996, 46: 15 Jahre.

[1492] BGH NJW 1992, 892 für Reihenhaus; BGH NJW 2002, 1050, 1052 sowie NJW 1983, 2024, 2025 für Wohnung; BGHZ 87, 296, 301 für bebautes Grundstück; Bam-

bb) Nutzungsüberlassung als Hauptpflicht

War die Nutzungsüberlassung Hauptpflicht des widerrufenen Vertrages (Miete, Leasing, Darlehen u.a.), schuldet der Verbraucher dem Unternehmer nach erklärtem Rücktritt oder Widerruf nicht nur Nutzungsherausgabe nach §§ 346 Abs. 1 a.E., 100, sondern Wertersatz nach § 346 Abs. 2 Nr. 1 in Form des vereinbarten Mietzinses oder Darlehenszinses, bei dessen Fehlen den üblichen, andernfalls einen fiktiven Miet- oder Darlehenszins.[1493] **298**

Erfährt die herauszugebende Sache durch Zeitablauf oder Nutzung keinen messbaren Wertverlust, etwa bei Grundstücken, kann für die Bestimmung der Gebrauchsvorteile der objektive Mietwert herangezogen werden.[1494] **299**

cc) Zinsen

Die vom Gesetzgeber durch die zum 1. 8. 2002 in Kraft getretene Änderung der Eingangsformulierung des § 346 Abs. 2 S. 1 („Rückgewähr oder Herausgabe") und die Einfügung des § 346 Abs. 2 S. 2 2. HS („Ist Wertersatz für den Gebrauchsvorteil eines Darlehens zu leisten, kann nachgewiesen werden, dass der Wert des Gebrauchsvorteils niedriger war") bestätigt die Einschätzung der h.M., dass Zinsen als Gebrauchsvorteile eines gewährten Darlehens nicht von § 346 Abs. 1 S. 1 a.E. bzw. § 347 Abs. 1, sondern im Rahmen des vom Verbraucher zu leistenden Wertersatzes von § 346 Abs. 2 S. 1 Nr. 1, 346 Abs. 2 S. 2 erfasst werden.[1495] **300**

Bülow[1496] und Saenger[1497] weisen zutreffend darauf hin, der Verbraucher schulde für die Gebrauchsüberlassung der Valuta bei nach dem 1. 11. 2002 abgeschlossenen Verbraucherdarlehensverträgen bzw. nach dem 1. 8. 2002 abgeschlossenen Haustürgeschäften Wertersatz nach § 346 Abs. 2 S. 1 Nr. 1, gem. § 346 Abs. 2 S. 2 1. HS höchstens jedoch den Vertragszins, außerdem etwaige Anlageerlöse oder zu erwirtschaftende, aber nicht erwirtschaftete Erlöse solcher Art. Hat der Verbraucher keine Gebrauchsvorteile erzielt, muss er danach gem. § 346 Abs. 2 2. HS keinen Wertersatz an den Darlehnsgeber leisten. **301**

---

berger/Roth-*Grothe* § 346 Rdn. 13 a.E.; Erman-*Saenger* § 346 Rdn. 27; Müko-*Gaier* § 346 Rdn. 29; Staudinger-*Kaiser* § 346 Rdn. 236.

1493 *Bülow* § 495 Rdn. 211; Müko-*Gaier* § 346 Rdn. 29: objektiver Mietwert bei Grundstücken u.a.; Staudinger-*Kaiser* § 346 Rdn. 236: Gewinnanteil des Vermieters abzuziehen.

1494 BGH NJW 1992, 892; Bamberger/Roth-*Grothe* § 346 Rdn. 13 a.E.; Erman-*Saenger* § 346 Rdn. 27; Gaier WM 2002, 1, 6; Müko-*Gaier* § 346 Rdn. 29; s.o.

1495 Bamberger/Roth-*Grothe* § 346 Rdn. 11; Müko-*Gaier* § 346 Rdn. 23 und § 347 Rdn. 8; Staudinger-*Kaiser* § 346 Rdn. 222, 106; differenzierend *Bülow* § 195 Rdn. 216, 216a und Erman-*Saenger* § 357 Rdn. 4; a.A. *Koch* WM 2002, 1593, 1569.

1496 *Bülow* § 495 Rdn. 216a.

1497 Erman-*Saenger* § 357 Rdn. 4; auch Staudinger-*Kaiser* § 357 Rdn. 43.

302 Für die bis zum 1. 11. 2002 geschlossenen Altverträge sind insoweit für den Zeitraum bis zur Ausübung des Widerrufs der vereinbarte Vertragszins und für die Zeit danach die tatsächlich gezogenen oder aber nach § 347 Abs. 1 zu ziehenden Nutzungen maßgeblich.[1498]

303 Dem Verbraucher wird somit bei den nach dem 1. 8. 2002 abgeschlossenen Haustürgeschäften und den nach dem 1. 11. 2002 abgeschlossenen Verbraucherkredit- und Fernabsatzgeschäften durch § 346 Abs. 2 S. 2 2. HS die Möglichkeit eingeräumt, nachzuweisen, dass der Wert des Gebrauchsvorteils des ihm überlassenen Darlehens geringer als der im Vertrag vereinbarte Zins war. Danach begründet § 346 Abs. 2 S. 2 nur eine widerlegliche Vermutung.[1499]

304 Nach Auffassung von Gaier[1500] konnte der Darlehensgeber nach der bis zum 31. 12. 2001 geltenden Rechtslage bei einem Widerruf des Verbrauchervertrages nur den Marktzins verlangen. Nach § 346 Abs. 2 S. 2 n.F. (Fassung ab dem 2. 8./2. 11. 2002) ergebe sich der Marktzins als Wert des Gebrauchsvorteils. Insbesondere im Fall verbundener Geschäfte (§ 358 Abs. 3) könnten die Verluste aus der mit dem Darlehen finanzierten Anschaffung bei der Bemessung des Werts der Gebrauchsvorteile keine Berücksichtigung finden.[1501]

305 Nach Ansicht des BGH[1502] hat der Verbraucher nach wirksamem Widerruf an den Unternehmer (Bank) den ausgezahlten Nettokreditbetrag sowie marktübliche Zinsen auf den ausgezahlten Nettobetrag zu erstatten, nicht dagegen angefallene Bearbeitungskosten oder ein Disagio.

306 Für die im Zeitraum vom 1. 10. 2000–31. 12. 2001 abgeschlossenen Realkredit- bzw. Immobiliardarlehensverträge ergibt sich der Anspruch des Darlehensgebers (Bank) auf Rückzahlung des Darlehens und Entrichtung der marktüblichen Zinsen aus §§ 1 HausTWG, 361 a Abs. 2 S. 1 a.F., 347 S. 3 a.F. und ein Anspruch auf einen etwa höheren Marktzins aus § 1 HausTWG i.V.m. § 362 a Abs. 2 S. 6 1. HS a.F.[1503]

307 Bei den seit dem 1. 1. 2002 abgeschlossenen Immobiliardarlehensverträgen ist nach Auffassung von Koch[1504] die vor dem 1. 10. 2000 geltende Rechtslage praktisch wiederhergestellt worden.

[1498] *Bülow* § 495 Rdn. 216, 216 a; Erman-*Saenger* § 357 Rdn. 4.

[1499] Schmidt-*Kessel* ZGS 2002, 311, 315; auch *Arnold/Dötsch* NJW 2003, 187, 189 und Erman-*Saenger* § 346 Rdn. 29 und § 357 Rdn. 4.

[1500] Müko-*Gaier* § 346 Rdn. 23.

[1501] A. A. insoweit *Schmidt-Räntsch* ZIP 2002, 1100, 1103.

[1502] BGH NJW 2003, 422, 423 = MDR 2003, 224, 225 zu dem bis 30. 9. 2000 geltenden Recht; ebenso *Koch* WM 2002, 1593, 1595 und Knott WM 2003, 49, 54 sowie *Martis* MDR 2003, 961, 969; anders BGH WM 2004, 1529, 1534 ff.; WM 2004, 1536, 1541 f.; WM 2004, 1525, 1527 zur Rückabwicklung des Beitritts zu einer Immobilienfonds-GbR.

[1503] *Koch* WM 2002, 1593, 1596; *Martis* MDR 2003, 961, 969.

[1504] *Koch* WM 2002, 1593, 1595; zustimmend *Martis* MDR 2003, 961, 969.

Nach der am 8. 12. 2004 in Kraft getretenen Neufassung des § 357 Abs. 1 durch das Gesetz zur Änderung der Vorschriften über Fernabsatzverträge bei Finanzdienstleistungen gilt § 357 Abs. 1 S. 2, S. 3 n.F. auch zu Lasten des Verbrauchers, soweit er Zahlungen zu erstatten hat. Er gerät ohne Mahnung gem. § 357 Abs. 1 S. 2, S. 3 i.V.m. § 286 Abs. 3 dreißig Tage nach Abgabe seiner Widerrufserklärung in Verzug und hat dann aus dem rückständigen Betrag Verzugszinsen gem. § 288 Abs. 1 an den Unternehmer zu entrichten. 308

dd) Nicht gezogene Nutzungen (§ 347 Abs. 1)

§ 347 Abs. 1 regelt den Ersatz nicht gezogener Nutzungen – anders als § 347 S. 2 a.F. i.V.m. § 987 Abs. 2 – ohne Verweisung auf das Eigentümer-Besitzer-Verhältnis eigenständig. Gem. § 347 Abs. 1 S. 2 hat der Rücktrittsberechtigte, infolge § 357 Abs. 1 also der Verbraucher bei Ausübung des Widerrufsrechts Wertersatz für nicht gezogene Nutzungen nur dann zu leisten, wenn er die in eigenen Angelegenheiten übliche Sorgfalt außer Acht lässt. Maßgebend sind hier die individuellen, persönlichen Eigenarten des Rücktritts- bzw. Widerrufsberechtigten.[1505] 309

Nach § 347 Abs. 1 S. 1 ist der Rücktrittsberechtigte zum Wertersatz verpflichtet, wenn er Nutzungen entgegen den Regeln einer ordnungsgemäßen Wirtschaft nicht gezogen hat. Die Regeln einer „ordnungsgemäßen Wirtschaft" umschreiben einen im Ansatz objektiven Maßstab der vernünftigen Wirtschaftsführung, bei dem allerdings der Vertragszweck zu berücksichtigen ist.[1506] 310

So darf eine erworbenes Mietshaus nicht grundlos unvermietet bleiben, fällige Mieten sind einzuziehen.[1507] 311

Wurde eine Geldsumme als verzinsliches Darlehen überlassen, ist jedoch die Wertersatzpflicht aus § 346 Abs. 2 S. 1 Nr. 1, 346 Abs. 2 S. 2 vorrangig.[1508] 312

§ 347 Abs. 1 S. 2 privilegiert den gesetzlich zum Rücktritt Berechtigten in ähnlicher Weise wie § 346 Abs. 3 S. 1 Nr. 3. Nach h.M. kann § 347 Abs. 1 S. 2 zugunsten des Rücktrittsberechtigen (etwa nach §§ 437 Nr. 2, 440, 423 bzw. 634 Nr. 3, 636, 323) ebenso wenig wie der Ausschlusstatbestand des § 346 Abs. 3 S. 1 Nr. 3 eingreifen, wenn er Kenntnis vom Rücktrittsgrund hat oder diesen grob fahrlässig nicht kennt.[1509] Dem ist in entsprechender Anwendung des § 357 Abs. 3 Satz 3 für den Fall der Kenntnis des Verbrauchers vom Rücktrittsrecht zuzustimmen. 313

[1505] *Gaier* WM 2002, 1, 6; Bamberger/Roth-*Grothe* § 347 Rdn. 2.

[1506] Bamberger/Roth-*Grothe* § 347 Rdn. 2; *Kaiser* JZ 2001, 1057, 1067.

[1507] Müko-*Gaier* § 347 Rdn. 7.

[1508] Müko-*Gaier* § 346 Rdn. 23 und § 347 Rdn. 8.

[1509] Müko-*Gaier* § 347 Rdn. 11 und § 346 Rdn. 59 und Staudinger-*Kaiser* § 357 Rdn. 28: Kenntnis und Kennen müssen; Bamberger/Roth-*Grothe* § 347 Rdn. 3 und § 346 Rdn. 26, 30, 31 und Palandt-*Heinrichs* § 346 Rdn. 11: Kenntnis vom Rücktrittsgrund bzw. objektive Pflichtverletzung des Rücktrittsgegners.

314 Das Gesetz regelt die Unanwendbarkeit des § 346 Abs. 3 S 1 Nr. 3 – also die Privilegierung des gesetzlich zum Rücktritt Berechtigten – ausdrücklich in § 357 Abs. 3 S. 3. Danach findet die Privilegierung in § 346 Abs. 3 S 1 Nr. 3 keine Anwendung, wenn der Verbraucher über sein Widerrufsrecht ordnungsgemäß belehrt worden ist oder hiervon anderweitig Kenntnis erlangt hat. Unter denselben Voraussetzungen hat die entsprechende Privilegierung hinsichtlich nicht gezogener Nutzungen nach § 347 Abs. 1 Satz 2 auszuscheiden.[1510]

315 Nach anderer Ansicht[1511] greift die Vergünstigung des § 347 Abs. 1 S. 2 (Haftung nur für die eigenübliche Sorgfalt) auch dann ein, wenn der Rückgewährschuldner, im Rahmen der §§ 357, 346, 347 also der Verbraucher, den Rücktrittsgrund kennt oder kennen muss.

316 Ungeachtet der Sonderregelung des § 357 Abs. 3 S. 1 ist die Privilegierung des Rücktrittsberechtigten mit der Haftung eines „Verschulden gegen sich selbst" aber auch nach h.M. nicht einschlägig, wenn der Rücktrittsgegner (Unternehmer) für den Rücktrittsgrund nicht verantwortlich ist, was insbesondere bei einem Rücktritt wegen Störung der Geschäftsgrundlage (§ 313 Abs. 3) oder wegen schuldlos nicht oder nicht vertragsgemäß erbrachter Leistung (§ 323 Abs. 1 – Rücktritt nach neuem Recht ohne Verschulden des Rücktrittsgegners möglich) in Betracht kommt.[1512]

317 Andererseits wird § 347 Abs. 1 S. 2 auch bei einem vertraglichen Rücktrittsrecht angewandt, wenn dieses ein gesetzliches Rücktrittsrecht wegen nicht ordnungsgemäßer Leistung konkretisiert, modifiziert oder ersetzt.[1513]

c) Wertersatz

318 Gem. § 357 Abs. 1 hat der Verbraucher nach § 346 Abs. 2 Nr. 1–3 immer dann Wertersatz zu leisten, wenn er den empfangenen Gegenstand nicht mehr in Natur zurückgewähren kann oder dieser beschädigt bzw. verschlechtert ist. Anders als im Rahmen der §§ 346, 347, 350, 351 a.F. kommt es auf ein Vertretenmüssen des Verbrauchers nicht mehr an. Das Widerrufsrecht bleibt dem Verbraucher grundsätzlich auch bei einer grob fahrlässigen Zerstörung des Vertragsgegenstandes erhalten.[1514]

[1510] Vgl. Erman-*Saenger* § 357 Rdn. 22: Positive Kenntnis erforderlich.

[1511] Erman-*Saenger* § 347 Rdn. 2 und § 346 Rdn. 21.

[1512] Müko-*Gaier* § 347 Rdn. 11 und § 346 Rdn. 56; auch Erman-*Saenger* § 346 Rdn. 20 und Palandt-*Heinrichs* § 346 Rdn. 13 jew. zu § 346 Abs. 3 Nr. 3; a.A. aber Staudinger-*Kaiser* § 346 Rdn. 191: keine Privilegierung des Rücktrittsgegners.

[1513] Müko-*Gaier* § 347 Rdn. 11 und § 346 Rdn. 56; Palandt-*Heinrichs* § 347 Rdn. 1, 2: § 347 gilt grds. Für das vertragliche und gesetzliche Rücktrittsrecht.

[1514] Bamberger/Roth-*Grothe* § 346 Rdn. 6, 14 a.E.: nicht dagegen bei Vorsatz; Palandt-*Heinrichs* § 346 Rdn. 1: nur in „krass liegenden Fällen" Ausschluss nach § 242; Staudinger-*Kaiser* § 346 Rdn. 171: Wert = Ersatzpflicht bei vors. Zerstörung; *Kohler* JZ 2001, 325, 329.

Nach weitergehender Ansicht[1515] ist ein Rücktritt bzw. Widerruf selbst bei vorsätzlicher Zerstörung des Leistungsgegenstandes möglich. 319

Zum richtigen Verständnis für die Neufassung des § 346 n.F. ist zu beachten, dass § 346 Abs. 2 S. 1 Nr. 2 und Nr. 3 nur die Risikoverteilung bei Zufall betrifft.[1516] 320

§ 346 Abs. 2 S. 1 Nr. 1–3 nennt abschließend drei Fälle, in denen der Rückgewährschuldner (hier: Verbraucher) vorbehaltlich § 346 Abs. 3 Nr. 1–3 Wertersatz zu leisten hat, wobei es bei § 346 Abs. 2 S. 1 Nr. 1 darum geht, dass das Erlangte von vornherein nicht rück- bzw. herausgabefähig ist, § 346 Abs. 2 S. 1 Nr. 2 sich auf den Verbrauch, die Veräußerung, die Belastung, Verarbeitung oder Umgestaltung des erhaltenen Gegenstandes bezieht und § 346 Abs. 2 S. 1 Nr. 3 als Auffangtatbestand eine Wertersatzpflicht für den Fall vorsieht, dass der empfangene Gegenstand untergegangen ist oder sich verschlechtert hat. Abweichend von § 346 Abs. 2 S. 1 Nr. 3 bestimmt § 357 Abs. 3 S. 1, dass der Verbraucher Wertersatz auch für eine durch die bestimmungsgemäße Ingebrauchnahme der Sache entstandene Verschlechterung Wertersatz zu leisten hat, wenn er spätestens bei Vertragsschluss in Textform erstens auf diese Rechtsfolge und zweitens auf eine Möglichkeit ihrer Vermeidung hingewiesen worden ist.[1517] 321

aa) Rückgewährausschluss „nach der Natur des Erlangten“

§ 346 Abs. 2 S. 1 Nr. 1 verpflichtet den Rücktrittsberechtigten (Verbraucher) zum Wertersatz, wenn die Rückgewähr oder Herausgabe nach der Natur des Erlangten nicht möglich ist, etwa bei unkörperlichen Leistungen wie Konzerten, Reisen, Architektenleistungen,[1518] bei Werkleistungen, die untrennbar mit anderen Sachen verbunden sind, Dienstleistungen oder Gebrauchsüberlassungen wie Miete und Pacht als Hauptleistungspflicht.[1519] 322

§ 346 Abs. 2 Nr. 1 erstreckt sich auch auf Nutzungen und Gebrauchsvorteile.[1520] So erfaßt § 346 Abs. 2 S. 1 Nr. 1 – und nicht § 346 Abs. 1 2. HS – auch die Nutzungen aus Gelddarlehensverträgen, insbesondere Verbraucherkreditverträgen i.S.d. §§ 491 Abs. 1, 495 Abs. 1.[1521] 323

Bei der Berechnung des Wertersatzanspruchs für ein hingegebenes Gelddarlehen schuldet der Verbraucher gem. §§ 357 Abs. 1 S. 1, 346 Abs. 2 S. 1 324

[1515] MüKo-*Gaier* § 346 Rdn. 14.

[1516] MüKo-*Gaier* § 346 Rdn. 38, *Gaier* WM 2002, 1, 8.

[1517] Vgl. Bamberger/Roth-*Grothe* § 357 Rdn. 9 und § 346 Rdn. 15.

[1518] Bamberger/Roth-*Grothe* § 346 Rdn. 16; Staudinger-*Kaiser* § 346 Rdn. 100, 101; *Gaier* WM 2002, 1, 4; *Kaiser* JZ 2001, 1057, 1059.

[1519] Bamberger/Roth-*Grothe* § 346 Rdn. 16; *Bülow* § 495 Rdn. 215; Erman-*Saenger* § 346 Rdn. 5; Müko-*Gaier* § 346 Rdn. 21; differenzierend bei Werkleistungen Staudinger-*Kaiser* § 346 Rdn. 102, 103.

[1520] Erman-*Saenger* § 346 Rdn. 5.

[1521] Bamberger/Roth-*Grothe* § 346 Rdn. 16; Erman-*Saenger* § 346 Rdn. 29; Müko-*Gaier* § 346 Rdn. 21, 23.

Nr. 1 grundsätzlich Wertersatz. Nach § 346 Abs. 2 S. 2 a.F. i.d.F. vom 1. 1. 2002 (seit dem 1. 8. 2002 nunmehr § 346 Abs. 2 S. 2 1. HS) würde sich dieser Wertersatz nach dem vereinbarten Vertragszins richten.[1522]

325 Durch den für Haustürgeschäfte ab dem 2. 8. 2002 und andere Schuldverhältnisse ab dem 2. 11. 2002 anwendbaren § 346 Abs. 2 S. 2 2. HS, der bestimmt, dass bei der Berechnung des Wertersatzes zwar grundsätzlich die vertraglich vereinbarte Gegenleistung zugrunde zu legen ist, der Rücktritts- bzw. Widerrufsberechtigte aber nachweisen kann, dass der Wert des Gebrauchsvorteils eines Darlehens niedriger war, wird dem Verbraucher die Möglichkeit eingeräumt nachzuweisen, dass die Gebrauchsvorteile des ihm überlassenen Darlehens einen geringeren oder gar keinen Wert besaßen. § 346 Abs. 2 S. 2 begründet somit nur noch eine widerlegliche Vermutung.[1523]

326 Gleichzeitig legt § 346 Abs. 2 S. 2 2. HS auch den Umkehrschluss nahe, dass weitere Ausnahmen von der Berechnung des Wertersatzes über die Gegenleistung nicht in Betracht kommen.[1524]

327 Von § 346 Abs. 2 S. 1 Nr. 1 abweichende Sondervorschriften finden sich für Teilzeit-Wohnrechteverträge und Fernunterrichtsverträge.

328 § 485 Abs. 5 S. 1 bestimmt, dass der Verbraucher für vom Unternehmer geleistete Dienste und für die vertragliche Überlassung der Nutzung des Wohngebäudes keine Vergütung zu leisten hat. § 4 Abs. 3 FernUSG schließt eine Vergütungspflicht des Verbrauchers für die Erteilung von Unterricht und die Überlassung des Gebrauchs der Lehrmaterialien für die Zeit vor Ausübung des Widerrufs aus.[1525]

bb) Wertersatz nach Verbrauch, Veräußerung, Belastung, Verarbeitung oder Umgestaltung

329 § 346 Abs. 2 S. 1 Nr. 2 betrifft die Fälle, bei denen der Rücktrittsberechtigte (hier: Verbraucher) den empfangenen Gegenstand verbraucht, veräußert, belastet, verarbeitet oder umgestaltet hat. Dann tritt – sowohl bei Zufall als auch bei Fahrlässigkeit oder grober Fahrlässigkeit des Rücktrittsberechtigten[1526] – an die Stelle des Herausgabeanspruchs der Wertersatzanspruch.

330 Nicht von § 346 Abs. 2 S. 1 Nr. 2 erfasst wird der durch den Rückgewährschuldner (Unternehmer) herbeigeführte Untergang des erlangten Gegenstandes, ebenso wenig wie dessen Verschlechterung.[1527]

1522 Vgl. *Schmidt-Kessel* ZGS 2002, 311, 315 und *Meinhof* NJW 2002, 2273, 2275.

1523 Schmidt-Kessel ZGS 2002, 311, 315; Bamberger/Roth-*Grothe* § 346 Rdn. 24; Erman-*Saenger* § 346 Rdn. 29 und § 357 Rdn. 13; Müko-*Gaier* § 346 Rdn. 23.

1524 Schmidt-Kessel ZGS 2002, 311, 315.

1525 Vgl. Müko-*Gaier* § 357 Rdn. 22.

1526 Bamberger/Roth-*Grothe* § 346 Rdn. 6, 14; und *Kohler* JZ 2001, 325, 329: bei grober Fahrlässigkeit und Zufall, bei Vorsatz jedoch Ausschluss des Rücktritts- bzw. Widerrufsrechts; a.A. Müko-*Gaier* § 346 Rdn. 14: § 346 Abs. 2 S. 1 Nr. 2 auch bei vorsätzlicher Herbeiführung der Unmöglichkeit oder Verschlechterung anwendbar.

1527 H/M/R/S/W-*Rolland* Kap. 4 Rdn. 43.

Ungeschriebenes Tatbestandsmerkmal des § 346 Abs. 2 S. 1 Nr. 2 ist – ausgenommen in den Fällen des Verbrauchs – das Unvermögen des Rücktrittsberechtigten zur vollständigen Rückgewähr. Steht im Einzelfall fest, dass er in der Lage ist, den empfangenen Gegenstand zurück zu erwerben, eine Belastung zu beseitigen oder eine Verbindung zu lösen, ohne die durch § 275 Abs. 2 definierte „Opfergrenze" zu beschreiten, so ist er zur Rückgewähr der veräußerten, unbelasteten oder wiederhergestellten Sache verpflichtet.[1528] 331

Die „Opfergrenze" ist etwa überschritten, wenn die Erwerbs- oder Wiederherstellungskosten den Zeitwert oder die Reparaturkosten um ein Vielfaches,[1529] nicht jedoch, wenn die Kosten das Leistungsinteresse des Rückgewährgläubigers (Unternehmers) um weniger als 100% übersteigen.[1530] 332

Unter Verbrauch ist nur der bestimmungsgemäße Verzehr der Sachsubstanz, wie etwa bei Lebensmitteln und Brennstoffen zu verstehen.[1531] Kein Verbrauch (vgl. § 92) ist der Gebrauch und die damit einhergehende Abnutzung der Sache.[1532] Für das Vorliegen einer Veräußerung oder Belastung der Sache ist das dingliche Rechtsgeschäft maßgeblich; gleichzustellen sind der Verlust der Sache durch Zwangsvollstreckung oder die Belastung durch eine Zwangssicherungshypothek.[1533] 333

Die Wertersatzpflicht besteht aber nicht nur bei Belastung des Grundstücks durch den Rücktrittsberechtigten mit einer Grundschuld oder Hypothek, sondern auch, wenn über die zurück zu gewährende Sache ein gegenüber dem Rücktrittsgegner (Unternehmer) wirksamer Miet- oder Pachtvertrag abgeschlossen worden ist.[1534] 334

Die Begriffe „Verarbeitung" oder „Umgestaltung" sind i.S.d. § 950 („Umbildung") zu verstehen.[1535] Eine bloße, auch umfangreiche Reparatur reicht hierfür – wie bereits zum alten Recht (§ 352 a.F.) nicht aus.[1536] Für wertsteigernde Verwendungen ohne Umgestaltung ist der Ausgleich unter den Voraussetzungen des § 347 Abs. 2 zu leisten.[1537] Nach der Sonderregelung des § 357 Abs. 4 sind weitergehende als die in § 357 Abs. 1–3 i.V.m. 335

[1528] *Gaier* WM 2002, 1, 9; *Schwab* JuS 2002, 630, 632; Bamberger/Roth-*Grohe* § 346 Rdn. 18; Müko-*Gaier* § 346 Rdn. 41: bis zur Opfergrenze des § 275 Abs. 2; Palandt-*Heinrichs* § 346 Rdn. 8; a.A. *Benicke* ZGS 2002, 369, 371 und Erman-*Saenger* § 346 Rdn. 7 sowie nunmehr auch Staudinger-*Kaiser* § 346 Rdn.135, 153, 154: dann Wahlrecht des Schuldners zwischen Rückgewähr und Wertersatz.

[1529] Bamberger/Roth-*Grüneberg* § 275 Rdn. 39.

[1530] Bamberger/Roth-*Grüneberg* § 275 Rdn. 39.

[1531] Erman-*Saenger* § 346 Rdn. 6; Müko-*Gaier* § 346 Rdn. 40.

[1532] Bamberger/Roth-*Grothe* § 346 Rdn. 17.

[1533] Müko-*Gaier* § 346 Rdn. 41; Bamberger/Roth-*Grothe* § 346 Rdn. 19.

[1534] *Gaier* WM 2002, 1, 9 und ZfIR 2002, 608, 610; Palandt-*Heinrichs* § 346 Rdn. 8.

[1535] Palandt-*Heinrichs* § 346 Rdn. 8; Müko-*Gaier* § 346 Rdn. 42.

[1536] *Gaier* WM 2003, 1, 8; Müko-*Gaier* § 346 Rdn. 42; Bamberger/Roth-*Grothe* § 346 Rdn. 19.

[1537] MüKo-*Gaier* § 346 Rdn. 42.

§§ 346ff. statuierten Ansprüche zum Nachteil des Verbrauchers ausgeschlossen.

336 Eine analoge Anwendung des § 346 Abs. 2 S. 1 Nr. 2 wird bei inhaltlicher Veränderung eines Rechts oder bei der Umgestaltung des Leistungsgegenstandes durch Dritte befürwortet.[1538]

cc) Wertersatz nach Verschlechterung oder Untergang des Gegenstandes (§ 346 Abs. 2 S. 1 Nr. 3)

337 § 346 Abs. 2 S. 1 Nr. 3 ersetzt die bisherigen §§ 347, 350 und 351 und behandelt nach Art eines Auffangtatbestandes die Wertersatzpflicht für den Fall, dass der empfangene Gegenstand sich verschlechtert hat oder untergegangen ist. Auf ein Verschulden des Rücktrittsberechtigten kommt es dabei nicht an.[1539] Untergang bedeutet dabei die gänzliche Zerstörung der Sache.

338 Nach h.M. erfasst § 346 Abs. 2 S. 1 Nr. 3 auch die Fälle der subjektiven und objektiven (vgl. § 275 Abs. 1) Unmöglichkeit[1540] sowie die Fälle der Vermischung (§ 948) und der Verbindung des empfangenen Gegenstandes insbesondere mit einem Grundstück (§§ 946, 947) wie auch den Verlust des Leistungsgegenstandes durch Enteignung.[1541]

339 Verschlechterung bedeutet jede nachteilige Veränderung der Sachsubstanz oder Beeinträchtigung ihrer Funktionstauglichkeit.[1542]

340 Anders als im Rahmen des § 351 S. 1 a.F. ist dabei eine „wesentliche Verschlechterung" nicht mehr erforderlich.[1543] Eine für Kraftfahrzeuge typische Verschlechterung besteht z.B. darin, dass als Unfallfolge eine merkantile Wertminderung zurückbleiben kann.[1544]

341 Nicht unter § 346 Abs. 2 Nr. 3 fällt – vorbehaltlich der Sonderregelung des § 357 Abs. 3 S. 1 und S. 2 – die Abnutzung der Sache durch deren bestimmungsgemäßen Gebrauch sowie ihre hierdurch entstehende Verschlechterung.[1545]

342 Der Wertverlust geht dabei in den vom Rücktrittsberechtigten (Käufer) gem. § 346 Abs. 2 Nr. 1 herauszugebenden gezogenen Nutzungen auf.[1546]

[1538] Bamberger/Roth-*Grothe* § 346 Rdn. 19; Staudinger-*Kaiser* § 346 Rdn. 138.

[1539] Bamberger/Roth-*Grothe* § 346 Rdn. 20; Palandt-*Heinrichs* § 346 Rdn. 9.

[1540] Bamberger/Roth-*Grothe* § 346 Rdn. 22; Erman-*Saenger* § 346 Rdn. 8: Diebstahl und sonstiges Abhandenkommen; Müko-*Gaier* § 346 Rdn. 45; Palandt-*Heinrichs* § 346 Rdn. 9: auch bei Zufall, Diebstahl oder höherer Gewalt; a.A. *Motsch* JR 2002, 221, 224.

[1541] Müko-*Gaier* § 346 Rdn. 45; Gaier WM 2002, 1, 8.

[1542] Erman-*Saenger* § 346 Rdn. 8; Müko-*Gaier* § 346 Rdn. 43; Palandt-*Heinrichs* § 346 Rdn. 9; Staudinger-*Kaiser* § 346 Rdn. 140.

[1543] Bamberger/Roth-*Grothe* § 346 Rdn. 20.

[1544] *Reinking/Eggert* Rdn. 304.

[1545] Erman-*Saenger* § 346 Rdn. 8, 9; Palandt-*Heinrichs* § 346 Rdn. 9.

[1546] Erman-*Saenger* § 346 Rdn. 9; Müko-*Gaier* § 346 Rdn. 43; kritisch hierzu Staudinger-*Kaiser* § 346 Rdn. 141.

343 Durch die Bestimmung des § 346 Abs. 2 Nr. 3 soll außerhalb des Anwendungsbereichs des § 357 Abs. 3 S. 1 lediglich die Wertminderung vom Wertersatzanspruch ausgenommen sein, die dadurch entsteht, dass die Sache infolge der Ingebrauchnahme als solche an Wert verliert, etwa der Wertverlust, der durch die Zulassung eines Kraftfahrzeugs oder durch das Tragen gekaufter Kleidungsstücke entsteht.[1547]

344 Ein bestimmungswidriger Gebrauch ist dabei anzunehmen, wenn ein Kraftfahrzeug während der Zeit der Überlassung einem im Vergleich zu seiner Laufleistung übermäßigen Verschleiß ausgesetzt ist, z. B. durch den Einsatz bei Rennveranstaltungen.[1548]

345 Auch Schäden, die anlässlich der Teilnahme am Straßenverkehr ohne Verschulden des Käufers eintreten, wie etwa die Verwicklung des Fahrzeugs in einen Verkehrsunfall, bei dem es beschädigt wird, werden nicht vom „bestimmungsgemäßen Gebrauch" umfasst.[1549]

346 Abweichend von der allgemeinen Regel des § 346 Abs. 2 S. 1 Nr. 3 hat der Verbraucher – und hierin liegt eine deutliche Verschlechterung gegenüber der Rechtslage nach §§ 7 Abs. 4 VerbrKrG, 3 HausTWG[1550] – gem. § 357 Abs. 3 S. 1 Wertersatz zu leisten, wenn er spätestens bei Vertragsabschluss in Textform (§ 126b) auf diese Rechtsfolge und auf die Möglichkeit der Vermeidung hingewiesen worden ist.

347 Die Musterwiderrufsbelehrung nach Anlage 2 zu § 14 BGB-InfoV (vgl. Palandt-Heinrichs Anhang zu § 355) sieht hierzu folgenden Hinweis vor:

„Können Sie uns die empfangene Leistung ganz oder teilweise nicht oder nur in verschlechtertem Zustand zurückgewähren, müssen Sie uns insoweit ggf. Wertersatz leisten. Bei der Überlassung von Sachen gilt dies nicht, wenn die Verschlechterung der Sache ausschließlich auf deren Prüfung – wie Sie Ihnen etwa im Ladengeschäft möglich gewesen wäre – zurückzuführen ist. Im Übrigen können Sie die Wertersatzpflicht vermeiden, indem Sie die Sache nicht wie ein Eigentümer in Gebrauch nehmen und alles unterlassen, was deren Wert beeinträchtigt".[1551]

348 Der Gesetzgeber rechtfertigt die verschärfte Verbraucherhaftung im Vergleich zum gesetzlichen Rücktrittsrecht (etwa §§ 437 Nr. 2, 440, 323, 346) damit, dass die Rechte des Rücktrittsberechtigten auf einer Vertragsverletzung des Sach- oder Dienstleiters beruhen, während der Unternehmer im

---

1547 *Bülow* § 495 Rdn. 197; H/M/R/S/W-*Rolland* Kap. 4 Rdn. 47; Palandt-*Heinrichs* § 346 Rdn. 10.

1548 *Reinking/Eggert* Rdn. 304.

1549 *Reinking/Eggert* Rdn. 304; Gaier WM 2000, 1, 8; Bamberger/Roth-*Grothe* § 346 Rdn. 21 a. E.; a. A. Staudinger-*Kaiser* § 357 Rdn. 25 und § 346 Rdn. 142 f.: Wertersatz für alle Verschleißschäden.

1550 Vgl. hierzu *Martis* MDR 1998, 1260, 1265.

1551 Kritisch hierzu Palandt-*Heinrichs* § 357 Rdn. 10: Karge, nicht auf das konkrete Vertragsobjekt abstellende Formulierung informiert nicht ausreichend.

Verbrauchervertrag einen Widerruf bzw. eine Rückgabe auch durch eine ordnungsgemäße Vertragserfüllung nicht verhindern könne.[1552] Hinzu tritt, dass der Verbraucher aufgrund der Widerrufsbelehrung um die Vorläufigkeit seines Erwerbs weiß und die Rückabwicklung des Vertrags allein in seine Entscheidung gestellt ist.

349 Gegenstand des Hinweises nach § 357 Abs. 3 Satz 1 muss insbesondere die Möglichkeit zur Vermeidung der Wertersatzpflicht im Fall des Widerrufs bzw. der Rückgabe sein. Für den Fall eines Fahrzeugkaufs nennt die Gesetzesbegründung dementsprechend die Möglichkeit des Verbrauchers, das Fahrzeug erst zuzulassen, nachdem er von seinem Widerrufs- bzw. Rückgaberecht keinen Gebrauch machen will, weil er das Fahrzeug – beispielsweise bei einer Probefahrt auf Privatgelände oder mit einer „roten Nummer“ – bereits geprüft hat.[1553]

350 Die Wertersatzpflicht des Verbrauchers erstreckt sich bei ordnungsgemäßer Unterrichtung gem. § 357 Abs. 3 S. 1 nur auf solche Verschlechterungen infolge bestimmungsgemäßer Ingebrauchnahme, die über eine allein durch die Sachprüfung entstandene Wertminderung hinausgehen.[1554]

351 Nach Ansicht von Reinking/Eggert[1555] muss das Recht der erweiterten Prüfung der Sache, das beim Gebrauchtwagenkauf eine Probefahrt einschließt, jedenfalls denjenigen Verbrauchern zugestanden werden, die ein Neufahrzeug im Fernabsatzweg kaufen. Eine Probefahrt sei auch keine „bestimmungsgemäße Ingebrauchnahme des Fahrzeugs“, weil sie nicht zum Zweck der Teilnahme am allgemeinen Straßenverkehr, sondern lediglich zur Erprobung und Prüfung vorgenommen wird.

352 In den Fällen, in denen kein Fernabsatzgeschäft vorliegt und für den Verbraucher die Möglichkeit besteht, das Neu- oder Gebrauchtfahrzeug vor Übergabe mit einer „roten Nummer“ oder einem Kurzzeitkennzeichen des Händlers Probe zu fahren, muss ihm jedoch keine zusätzliche Gelegenheit eingeräumt werden, das Fahrzeug innerhalb der Widerrufsfrist nochmals im Rahmen einer Probefahrt zu überprüfen.[1556]

353 Praktische Bedeutung erlangt § 357 Abs. 3 S. 1 bei Fernabsatzverträgen, weil dort die Widerrufsfrist nicht vor der Anlieferung der Waren an den Verbraucher beginnt (§ 312d Abs. 2) sowie bei Verbraucherkredit- und Haustürgeschäften, bei denen der Unternehmer den Vertragsgegenstand vor Ablauf der zweiwöchigen Widerrufsfrist ausliefert bzw. den Verbraucher nicht ordnungsgemäß belehrt. Vor allem bei Kraftfahrzeugen oder

---

[1552] Vgl. Müko-*Gaier* § 357 Rdn. 28.

[1553] *Bülow* § 495 Rdn. 192, 202: enge Auslegung des § 357 Abs. 3 S. 2; Erman-*Saenger* § 357 Rdn. 21: Wirklichkeitsfremde Vorstellung des Gesetzgebers; Müko-*Gaier* § 357 Rdn. 32; kritisch *Reinking/Eggert* Rdn. 102.

[1554] Müko-*Gaier* § 357 Rdn. 35; a. A. Staudinger-*Kaiser* § 357 Rdn. 25: auf jeden Verschleiß.

[1555] *Reinking/Eggert* Rdn. 102.

[1556] *Reinking/Eggert* Rdn. 104.

Bekleidungsstücken (s.o.) kann es in diesen Fällen durch die bestimmungsgemäße Ingebrauchnahme zu einer erheblichen Wertminderung kommen.[1557]

Allerdings ist der Verbraucher von der Pflicht zum Wertersatz ohne den Hinweis des Darlehensgebers nach § 357 Abs. 3 S. 1 nur bis zur Erklärung des Widerrufs befreit, weil er von da an weiß, dass er die Sache zurückzugeben hat und gerade nicht weiter gebrauchen darf.[1558] **354**

Mit dem Zugang der Widerrufserklärung beim Unternehmer gilt § 357 Abs. 1 S. 1 in Verbindung mit § 346 Abs. 4, wonach der Verbraucher als Rückgewährschuldner für Vorsatz und Fahrlässigkeit für die Unversehrtheit des Leistungsgegenstandes haftet, ohne dass es eines besonderen Hinweises durch den Unternehmer bedarf.

Nach h.M. verstößt § 357 Abs. 3 S. 1 nicht gegen europarechtliche Vorschriften.[1559] **355**

Zwar bestimmt Art. 6 Abs. 1 S. 2, Art. 6 Abs. 2 S. 2 der Richtlinie 97/7/EG (Fernabsatz-Richtlinie), dass die einzigen Kosten, die dem Verbraucher infolge der Ausübung seines Widerrufsrechts auferlegt werden dürfen, die unmittelbaren Rücksendungskosten sind. Im Rahmen des § 357 Abs. 3 S. 1 geht es jedoch um etwas anderes, nämlich um die Kompensation von Verschlechterungen, die durch die vorhergehende Benutzung der Sache entstehen.[1560] Dem Zweck dieser Richtlinie, die Effektivität des Widerrufsrechts zu sichern, wird nach h.M. durch die tatbestandlichen Einschränkungen des § 357 Abs. 3 S. 1 hinreichend Rechnung getragen. Im Übrigen wurde den Mitgliedsstaaten in der Richtlinie gestattet, weitere Bedingungen und Einzelheiten für den Fall der Ausübung des Widerrufsrechts festzulegen.[1561] **356**

dd) Höhe des Wertersatzes

Der zu ersetzende Wert richtet sich nach § 346 Abs. 2 S. 2 1. HS nach der im Vertrag bestimmten Gegenleistung. Bei Rückabwicklung nach einer mangelhaften Leistung (vgl. etwa §§ 437 Nr. 2, 440, 323, 346) besteht Einigkeit, dass hier nicht die volle Gegenleistung als Wertersatz geschuldet ist. **357**

Nach verbreiteter Ansicht ist bei der Berechnung des Wertersatzes insbesondere in diesem Fall entsprechend § 818 Abs. 2 auf den objektiven Wert **358**

[1557] Bamberger/Roth-*Grothe* § 357 Rdn. 8; Palandt-*Heinrichs* § 357 Rdn. 9.

[1558] *Bülow* § 495 Rdn. 203: Absendung des Widerrufs entscheidend; a.A. BGH NJW 1990, 321 zu §§ 347, 350, 351 a.F.

[1559] Bamberger/Roth-*Grothe* § 357 Rdn. 10; *Bülow* § 495 Rdn. 199; *Bülow* NJW 2002, 1145, 1150; Erman-*Saenger* § 357 Rdn. 16; *Lütcke* § 357 Rdn. 28, 29; Palandt-*Heinrichs* § 357 Rdn. 14; Staudinger-*Kaiser* § 346 Rdn. 31 m.w.N.; a.A. Müko-*Gaier* § 357 Rdn. 5 und *Rott* VuR 2001, 78, 82ff.: Verstoß gegen Art. 5 Abs. 2 der Richtlinie 85/577/EWG sowie gegen Art. 6 Abs. 2 der Richtlinie 97/7/EG.

[1560] Bamberger/Roth-*Grothe* § 357 Rdn. 10 und Palandt-*Heinrichs* § 357 Rdn. 14 unter Hinweis auf BT-Drucks. 14/6040, S. 199.

[1561] Kritisch hierzu Müko-*Gaier* § 357 Rdn. 5.

der mangelhaften Sache (als Obergrenze) abzustellen, um insbesondere den Käufer, der eine mangelhafte Sache erhalten hat, nicht mit einem Gewinnanteil des Verkäufers zu belasten.[1562]

359 Saenger[1563] und Benicke[1564] gehen bei vertraglichen Rücktrittsrechten, die eine Lösung des Käufers von einem anfänglich ungünstigen Geschäft bezwecken, sowie bei den Widerrufs- und Rückgaberechten nach §§ 355, 356 ebenfalls vom objektiven Wert der Sache i.S.d. § 818 Abs. 2, ansonsten von der entsprechenden Anwendung der §§ 441 Abs. 3, 638 aus.

360 Nach h.M. ist die entsprechend §§ 441 Abs. 3, 638 geminderte Gegenleistung maßgeblich. War der geleistete Gegenstand mangelhaft, so ist danach im Falle des Rücktritts beim Wertersatz der mangelbedingte Minderwert abzuziehen.[1565]

361 Innerhalb der herrschenden Ansicht wird teilweise dafür plädiert, bei der Ermittlung des Wertersatzes nach Maßgabe des § 441 Abs. 3 die im Kaufpreis enthaltenen Gewinnanteile des Verkäufers ebenfalls vom Kaufpreis abzuziehen.[1566]

362 Überwiegend wird jedoch davon ausgegangen, dass die vertraglich bestimmte Gegenleistung nicht um den Gewinnanteil des Rücktrittsgegners gekürzt werden darf.[1567]

363 Eine Obergrenze finden die Ansprüche des Kreditgebers auf Wertersatz in dessen Erfüllungsinteresse. Nicht zu ersetzen sind darüber hinausgehende Schäden infolge Verschlechterung der Sache etwa auf Ersatz entgangenen Gewinns des Kreditgebers.[1568] Derartige Schäden sind nur dann erstattungsfähig, wenn der Verbraucher den Untergang, eine Verschlechterung oder die Unmöglichkeit der Rückgewähr, die in der Zeit nach Erklärung des Widerrufs entstanden ist (vgl. § 357 Abs. 1, S. 1, 346 Abs. 4), zu vertreten hat.

364 Ein Abrücken vom Kaufpreis erscheint bei der Bemessung der Höhe des Wertersatzes nach zutreffender Auffassung auch dann geboten, wenn der Verkäufer für ein untergegangenes Altfahrzeug einen überhöhten An-

---

[1562] *Arnold/Dötsch* NJW 2003, 187, 188; *Kaiser* JZ 2001, 1057, 1059; *Kohler* JZ 2002, 682, 688/691; Palandt-*Heinrichs* § 357 Rdn. 15 und § 346 Rdn. 10; Staudinger-*Kaiser* § 346 Rdn. 158; auch OLG Köln ZIP 1995, 21; differenzierend *Benicke* ZGS 2002, 369, 375; Erman-*Saenger* § 346 Rdn. 11, 12.

[1563] Erman-*Saenger* § 346 Rdn. 11, 12.

[1564] *Benicke* ZGS 2002, 369, 375.

[1565] *Arnold/Dötsch* NJW 2003, 187, 188; *Gaier* WM 2002, 1, 9; Bamberger/Roth-*Grothe* § 346 Rdn. 23; Erman-*Saenger* § 346 Rdn. 11 beim Rücktritt vom Kaufvertrag; H/M/R/S/W-*Rolland* Kap. 4 Rdn. 49; Müko-*Gaier* § 346 Rdn. 47; *Reinking/Eggert*, 8. Aufl., Rdn. 305; Staudinger-*Kaiser* § 346 Rdn. 156, 157; zum alten Recht auch OLG Köln NJW-RR 1999, 774; OLG Koblenz DAR 2002, 452.

[1566] *Reinking/Eggert* Rdn. 305; Arnold Jura 2002, 154, 157; auch Palandt-*Heinrichs* § 346 Rdn. 10.

[1567] *Benicke* ZGS 2002, 369, 374; Müko-*Gaier* § 346 Rdn. 47; Erman-*Saenger* § 346 Rdn. 11; Staudinger-*Kaiser* § 346 Rdn. 158 a.E.

[1568] *Bülow* § 495 Rdn. 207.

rechnungspreis gezahlt hat. In solchen Fällen ist der Anspruch des Käufers auf den geringeren Verkehrswert zu beschränken, wenn der Verkäufer das Altfahrzeug etwa im Rahmen einer Verschrottungsaktion oder bei der Gewährung eines „verdeckten Rabattes" in Zahlung genommen hat.[1569]

Bei der Berechnung der Höhe des Wertersatzes ist nach h.M. auf den Zeitpunkt der Leistung abzustellen.[1570] 365

Die obigen Ausführungen gelten grundsätzlich auch für Gelddarlehen. Durch den mit Geltung zum 2. 8. 2002 eingefügten § 346 Abs. 2 S. 2 2. Hs. wollte der Gesetzgeber sicherstellen, dass der Verbraucher für die Kapitalüberlassung bei einem Darlehensvertrag nicht nach § 346 Abs. 2 S. 1 Nr. 1, § 346 Abs. 2 S. 2 1. Hs. den Vertragszins als vereinbarte Gegenleistung zahlen muss, wenn er nur einen niedrigeren oder gar keinen Gebrauchsvorteil hatte.[1571] 366

d) Ausschluss des Wertersatzanspruchs

§ 346 Abs. 3 schränkt den Grundsatz, dass der Rücktrittsberechtigte Wertersatz zu leisten hat, wenn er den empfangenen Gegenstand nicht oder nicht im ursprünglichen Zustand zurückgewähren kann, ein. Liegen die Voraussetzungen des § 346 Abs. 1 Nr. 1, Nr. 2 oder Nr. 3 vor, so entfällt der Wertersatzanspruch. 367

Die Privilegierung nach § 346 Abs. 3 Satz 1 Nr. 3 gilt jedoch nicht, wenn der Verbraucher über sein Widerrufsrecht ordnungsgemäß belehrt worden ist oder hiervon anderweitig Kenntnis erlangt hat, § 357 Abs. 3 S. 3. 368

Die besondere Belehrung (s.o. Rdn. 347) muss den Verbraucher spätestens bei Vertragsschluss in Textform (§ 126b) sowohl auf die Verpflichtung selbst und ihren voraussichtlichen Umfang als auch auf die Möglichkeit ihrer Vermeidung – nämlich indem die Sache nicht bestimmungsgemäß in Gebrauch genommen wird – hinweisen.[1572] 369

aa) Mängelkenntnis bei der Verarbeitung (§ 346 Abs. 3 S. 1 Nr. 1)

Nach § 346 Abs. 3 S. 1 Nr. 1, der die Regelungen der §§ 467 S. 2, 434 Abs. 4 a.F. übernimmt, besteht keine Wertersatzpflicht, wenn sich der zum Rücktritt berechtigende Mangel erst während der Verarbeitung oder Umgestaltung gezeigt hat. 370

[1569] OLG Düsseldorf OLG-Report 1999, 30, 31; *Reinking/Eggert* Rdn. 305.

[1570] Bamberger/Roth-*Grothe* § 346 Rdn. 23 a.E.; Palandt-*Heinrichs* § 346 Rdn. 10; a.A. Müko-*Gaier* § 346 Rdn. 46: Verhältnisse zum Zeitpunkt der letzten mündlichen Verhandlung in einer Tatsacheninstanz entscheidend; Staudinger-*Kaiser* § 346 Rdn. 161: beim Entstehen der Wertersatzpflicht.

[1571] Vgl. *Arnold/Dötsch* NJW 2003, 187, 189; Erman-*Saenger* § 346 Rdn. 29 und § 357 Rdn. 4; auch *Schmidt-Kessel* ZGS 2002, 311, 315.

[1572] Erman-*Saenger* § 357 Rdn. 19.

371 Nach h.M. ist § 346 Abs. 3 S. 1 Nr. 1 entsprechend anzuwenden, wenn sich der Mangel nicht „während“, sondern erst nach der Verarbeitung oder Umgestaltung bzw. beim oder nach dem bestimmungsgemäßen Verbrauch der Sache zeigt, etwa beim Verzehr verdorbener Speisen.[1573]

372 Der Ausschlusstatbestand findet jedoch keine Anwendung, wenn der Rücktrittsberechtigte den Mangel bei der Verarbeitung, der Umgestaltung oder dem Verbrauch der Sache kannte oder – nach der Mindermeinung – kennen musste.[1574]

bb) Vertretenmüssen des Rückgewährgläubigers und Reserveursachen (§ 346 Abs. 3 S. 1 Nr. 2)

373 § 346 Abs. 3 S. 1 Nr. 2 regelt zwei Fallgruppen, in denen es zum Wegfall der Wertersatzpflicht kommt.

374 Die erste Fallgruppe behandelt das Vertretenmüssen der Verschlechterung durch den Rückgewährgläubiger bzw. Rücktrittsgegner (hier: Unternehmer). Hier gelten die §§ 276, 277, 278, 287, 300.[1575]

375 Die Wertersatzpflicht entfällt nicht nur in den von § 346 Abs. 3 S. 1 Nr. 2 genannten Fällen der Verschlechterung oder des Untergangs des Leistungsgegenstandes, sondern in allen Fällen der Unmöglichkeit der Rückgewähr, die auf einen an Sorgfaltskriterien messbaren Umgang des Rückgewährgläubigers mit der Sache zurückzuführen sind, so auch bei der Veräußerung, Belastung, Entwendung oder dem Verbrauch der Sache.[1576]

376 Wann der Rückgewährgläubiger die Verschlechterung, den Untergang oder die sonstige Unmöglichkeit der Rückgabe „zu vertreten“ hat, richtet sich nach § 326 Abs. 2 unter Einschluss der Risikoverteilung gem. §§ 433 Abs. 1 S. 2, 434.[1577]

377 Im Rahmen des § 326 Abs. 2 kommt zunächst eine unmittelbare Anwendung der § 276, 278 insoweit in Betracht, als es um die schuldhafte Verletzung eigener Haupt- oder Nebenpflichten geht, der Rückgewährgläubiger also zugleich Schuldner der vertraglichen Leistung ist.[1578]

[1573] *Benicke* ZGS 2002, 369; *Gaier* WM 2002, 1, 10; *Kaiser* JZ 2001, 1057, 1062; Bamberger/Roth-*Grothe* § 346 Rdn. 26; Erman-*Saenger* § 346 Rdn. 15; Palandt-*Heinrichs* § 346 Rdn. 11; Staudinger-*Kaiser* § 346 Rdn. 167.

[1574] Staudinger-*Kaiser* § 346 Rdn. 168 und Bamberger/Roth-*Grothe* § 346 Rdn. 26 sowie Palandt-*Heinrichs* § 346 Rdn. 11: Positive Kenntnis erforderlich; Müko-*Gaier* § 346 Rdn. 52: grob fahrlässige Unkenntnis reicht aus; Erman-*Saenger* § 346 Rdn. 15: Gem. § 442 analog schadet bereits grob fahrlässige Unkenntnis, wenn der Unternehmer den Mangel nicht arglistig verschwiegen und keine Beschaffenheitsgarantie übernommen hat.

[1575] Vgl. Gaier WM 2002, 1, 10; H/M/R/S/W-*Rolland* Kap. 4 Rdn. 54.

[1576] Müko-*Gaier* § 346 Rdn. 53, 57; Bamberger/Roth-*Grothe* § 346 Rdn. 27 und Staudinger-*Kaiser* § 346 Rdn. 148: analoge Anwendung auf alle Fälle sonstigen Unvermögens.

[1577] Bamberger/Roth-*Grothe* § 346 Rdn. 27; Erman-*Saenger* § 346 Rdn. 16: § 326 Abs. 2 analog; *Gaier* WM 2002, 1, 10.

[1578] Bamberger/Roth-*Grothe* § 326 Rdn. 14.

Eine Verantwortlichkeit i.S.d. § 326 Abs. 2 besteht bei unerlaubten Handlungen (§§ 823 ff.) des Rückgewährgläubigers, vertraglicher Risikoübernahme sowie bei Verletzung von Mitwirkungsobliegenheiten.[1579] 378

Ein „Vertretenmüssen" des Rückgewährgläubigers i.S.d. §§ 346 Abs. 3 S. 1 Nr. 2, 326 Abs. 2, 323 Abs. 6 liegt auch bei „weit überwiegender Verantwortlichkeit" i.S.d. § 254 Abs. 1 vor.[1580] 379

Bei Annahmeverzug des Rückgewährgläubigers (hier: Unternehmer) haftet der Verbraucher gem. § 300 Abs. 1 ohnehin nur für Vorsatz und grobe Fahrlässigkeit. 380

Führt ein Mangel des Leistungsgegenstandes i.S.d. §§ 433 Abs. 1 S. 2, 434 zum Untergang, zur Verschlechterung oder zur anderweitigen Unmöglichkeit von dessen Herausgabe, ist auch dies i.S.d. § 346 Abs. 3 S. 1 Nr. 2 vom Rückgewährgläubiger (Verkäufer bzw. Unternehmer) zu „vertreten".[1581] 381

Die zweite Alternative des § 346 Abs. 3 S. 1 Nr. 2 verlagert die Sachgefahr auf den Rückgewährgläubiger (hier: Unternehmer), wenn der Schaden bei ihm gleichfalls eingetreten wäre, etwa wenn die verkaufte Garage bei einem Unwetter zerstört wird oder der verkaufte Pkw polizeilich beschlagnahmt wird.[1582] 382

Es genügt jedoch nicht, dass der Gegenstand anderweitig durch bloßen Zufall untergegangen ist.[1583] 383

Wenn der Rücktrittsberechtigte den Untergang bzw. die Verschlechterung der Sache zu vertreten hat, lässt ein hypothetischer in gleicher Weise erfolgter Schadenseintritt beim Unternehmer die Wertersatzhaftung des Verbrauchers unberührt.[1584] 384

cc) Gesetzliches Rücktrittsrecht (§ 346 Abs. 3 S. 1 Nr. 3)

Der Ausschlusstatbestand des § 346 Abs. 3 S. 1 Nr. 3, der den §§ 7 Abs. 4 VerbrKrG, 2 HausTWG nachgebildet ist, greift ein, wenn der Rücktrittsberechtigte von einem gesetzlichen Rücktrittsrecht, insbesondere bei Sach- und Rechtsmängeln nach §§ 437 Nr. 2, 634 Nr. 2, aber auch den Rücktritts- und Widerrufsrechten aus §§ 355, 356 i.V.m. §§ 312 Abs. 1, 312d Abs. 1, 485 Abs. 1, 495 Abs. 1 Gebrauch gemacht, die Sache sich verschlechtert hat 385

1579 Bamberger/Roth-*Grothe* § 326 Rdn. 14 und § 323 Rdn. 35, 36; Erman-*Saenger* § 346 Rdn. 16: Wenn sich ein Risiko verwirklicht, das dem Rückgewährgläubiger zugewiesen ist.

1580 Bamberger/Roth-*Grothe* § 326 Rdn. 15.

1581 Bamberger/Roth-*Grothe* § 346 Rdn. 27; Erman-*Saenger* § 346 Rdn. 16; Müko-*Gaier* § 346 Rdn. 53; Staudinger-*Kaiser* § 346 Rdn. 170.

1582 *Gaier* WM 2002, 1, 10; Müko-*Gaier* § 346 Rdn. 54; Palandt-*Heinrichs* § 346 Rdn. 12; Staudinger-*Kaiser* § 346 Rdn. 175 f.

1583 H/M/R/S/W-*Rolland* Kap. 4 Rdn. 55; Palandt-*Heinrichs* § 346 Rdn. 12.

1584 Bamberger/Roth-*Grothe* § 346 Rdn. 28 a.E.

oder untergegangen ist und der Schuldner die „eigenübliche Sorgfalt" (Verschulden gegen sich selbst) beachtet hat.[1585]

386 Nach h.M. ist § 346 Abs. 3 S. 1 Nr. 3 auch in sämtlichen anderen Fällen der subjektiven oder objektiven Unmöglichkeit der Rückgewähr der Sache anzuwenden, insbesondere bei deren Verbrauch, Belastung, Veräußerung und Entwendung, soweit der Rücktrittsberechtigte die „eigenübliche Sorgfalt" beachtet hat.[1586]

387 Nach anderer Ansicht[1587] gilt § 346 Abs. 3 S. 1 Nr. 3 nicht in Fällen der Veräußerung und des Verbrauchs der Sache[1588] sowie bei deren Verarbeitung und Umgestaltung.[1589]

388 Bei der Weiterveräußerung der Sache vor Kenntnis des Mangels wird die Wertersatzpflicht jedoch nicht durch eine entsprechende Anwendung des § 346 Abs. 3 S. 1 Nr. 1 auf die verbliebene Bereicherung beschränkt.[1590]

389 Zugunsten des Verbrauchers soll § 346 Abs. 3 S. 1 Nr. 3 über seinen Wortlaut hinaus auch auf die Fälle anzuwenden sein, in denen der Unternehmer bei einem Teilzahlungsgeschäft von seinem Rücktrittsrecht aus §§ 498 Abs. 1, 503 Abs. 2 Gebrauch macht.[1591]

390 Schließlich ist § 346 Abs. 3 S. 1 Nr. 3 trotz seines Bezuges auf ein „gesetzliches Rücktrittsrecht" auch dann einschlägig, wenn ein vertragliches Rücktrittsrecht lediglich ein Rücktrittsrecht, das sich aus dem Gesetz wegen nicht ordnungsgemäßer Leistung ergibt, konkretisiert, modifiziert oder ersetzt.[1592]

391 Die u.E. zutreffende Ansicht wendet § 346 Abs. 3 S. 1 Nr. 3 aufgrund teleologischer Reduktion nur an, wenn der Rückgewährgläubiger (hier: Unternehmer) den Rücktrittsgrund zu vertreten hat.[1593] Denn es gibt Situatio-

---

1585 Vgl. *Gaier* WM 2002, 1, 11; *Rheinländer* ZGS 2004, 178–181 m.w.N.; Erman-*Saenger* § 346 Rdn. 18, 20; Müko-*Gaier* § 346 Rdn. 55–59.

1586 *Kaiser* JZ 2001, 1057, 1062: Veräußerung und Verbrauch; Bamberger/Roth-*Grothe* § 346 Rdn. 32; Müko-*Gaier* § 346 Rdn. 57; Palandt-*Heinrichs* § 346 Rdn. 13, 13b: unter Aufgabe der gegenteiligen Ansicht in der 63. Aufl. auch bei Verbrauch und Weiterveräußerung; *Reinking/Eggert,* 8. Aufl., Rdn. 306; Staudinger-*Kaiser* § 346 Rdn. 148; differenzierend *Benicke* ZGS 2002, 369, 370 und 372: analoge Anwendung des § 346 Abs. 3 S. 1 Nr. 3 beim Verbrauch der Sache zu bejahen, bei der Veräußerung dagegen zu verneinen.

1587 Erman-*Saenger* § 346 Rdn. 20; H/M/R/S/W-*Rolland* Kap. 4 Rdn. 56.

1588 Erman-*Saenger* § 346 Rdn. 20.

1589 H/M/R/S/W-*Rolland* Kap. 4 Rdn. 56; *Kaiser* JZ 2001, 1057, 1061.

1590 *Benicke* ZGS 2002, 369, 373.

1591 Bamberger/Roth-*Grothe* § 346 Rdn. 32; Anwaltkommentar-*Hager* § 346 Rdn. 55.

1592 Erman-*Saenger* § 346 Rdn. 20 und Staudinger-*Kaiser* § 346 Rdn. 186 a.E.: dem gesetzlichen Rücktrittsrecht nachgebildetes vertragliches Rücktrittsrecht; Müko-*Gaier* § 346 Rdn. 56 a.E.; Palandt-*Heinrichs* § 346 Rdn. 13.

1593 *Gaier* WM 2002, 1, 11; *Kaiser* JZ 2001, 1057, 1064; *Kamanabrou* NJW 2003, 30, 31; H/M/R/S/W-*Rolland* Kap. 4 Rdn. 62; Müko-*Gaier* § 346 Rdn. 56; a.A. Erman-*Saenger* § 346 Rdn. 20 und Palandt-*Heinrichs* § 346 Rdn. 13, 13b sowie Staudinger-*Kaiser* § 346 Rdn. 191: Verschulden des Rückgewährgläubigers unerheblich.

nen, in denen den Rücktrittsgegner keine Verantwortung am Bestehen des Rücktrittsrechts trifft, so etwa im Fall des Wegfalls der Geschäftsgrundlage (§ 313 Abs. 3 S. 1) oder in Fällen höherer Gewalt.[1594] Nach Auffassung von Heinrichs[1595] und Grothe[1596] soll § 346 Abs. 3 S. 1 Nr. 3 unverändert zugunsten des Rücktrittsberechtigten (hier: des Verbrauchers) angewandt werden. Denn wenn der Gesetzgeber die Anwendung der Nr. 3 von einem Verschulden hätte abhängig machen wollen, hätte er dies, wie etwa in §§ 437 Nr. 3, 634 Nr. 4, ausdrücklich klargestellt. Eine solche „Weitsicht" sollte dem Gesetzgeber nach den Erfahrungen des am Gesetzgebungsverfahren zum SMG beteiligten Mitautors aber nicht unbedingt unterstellt werden!

Schwab[1597] geht von der Nichtanwendbarkeit des § 346 Abs. 3 S. 1 Nr. 3 **392** ab Kenntnis vom Rücktrittsgrund aus. Nach Auffassung von Gaier[1598] ist die Berufung auf diese Norm sogar bereits dann ausgeschlossen, wenn der Rücktrittsberechtigte den gesetzlichen Rücktrittsgrund hätte kennen müssen. Die Kenntnis von einem Rücktrittsrecht ist bei Ausübung eines Widerrufsrechts dessen Kenntnis gleichzustellen.[1599]

Einigkeit besteht im Wesentlichen darüber, den gesetzlich zum Rücktritt **393** bzw. zum Widerruf Berechtigten von der Wertersatzpflicht bei zufälligem Untergang der Sache zu befreien.[1600]

Nach eindeutiger gesetzlicher Regelung findet § 346 Abs. 3 S. 1 Nr. 3 **394** keine Anwendung, wenn der Verbraucher über sein Widerrufsrecht ordnungsgemäß belehrt worden ist oder hiervon anderweitig Kenntnis erlangt hat, § 357 Abs. 3 S. 3.

Voraussetzung des Eingreifens dieser „Ausnahme von der Ausnahme", **395** d.h. der fortbestehenden Verpflichtung des Verbrauchers zum Wertersatz gem. §§ 346 Abs. 2, 357 Abs. 3 S. 1 ist entweder die ordnungsgemäße Belehrung des Verbrauchers über das Widerrufsrecht (siehe hierzu oben Rdn. 347) oder seine anderweitige Kenntnis hiervon.[1601]

Dem Verbraucher muss zumindest bekannt sein oder werden, wem ge- **396** genüber der Widerruf zu erklären ist, welche Frist er hierfür einhalten muss und dass der Widerruf nicht begründet zu werden braucht.[1602]

[1594] *Gaier* WM 2002, 1, 11; *Kaiser* JZ 2001, 1057, 1064/1065; Müko-*Gaier* § 346 Rdn. 56; für die Unanwendbarkeit des § 346 Abs. 3 S. 1 Nr. 3 insbesondere bei Wegfalls der Geschäftsgrundlage auch Erman-*Saenger* § 346 Rdn. 20.

[1595] Palandt-*Heinrichs* § 346 Rdn. 13, 13b.

[1596] Bamberger/Roth-*Grothe* § 346 Rdn. 30, 31; auch Erman-*Saenger* § 346 Rdn. 20.

[1597] *Schwab* JuS 2002, 630, 635; abl. Staudinger-*Kaiser* § 346 Rdn. 187.

[1598] Müko-*Gaier* § 346 Rdn. 56, 59; auch *Rheinländer* ZGS 2004, 178, 179 Fn. 8 und 180: einfache Fahrlässigkeit genügt.

[1599] *Rheinländer* ZGS 2004, 178, 180.

[1600] *Kaiser* JZ 2001, 1057, 1064; *Krebs* DB-Beilage 14/2000, 13; *Rheinländer* ZGS 2004, 178, 179 Fn. 8 und 179; a.A. aber Palandt-*Heinrichs* § 346 Rdn. 13 a.E.

[1601] Bamberger/Roth-*Grothe* § 357 Rdn. 12.

[1602] Müko-*Habersack* § 357 Rdn. 37.

397 Sind die Voraussetzungen des § 357 Abs. 3 S. 3 nicht erfüllt, haftet der Verbraucher nur für die „eigenübliche Sorgfalt" („deligentia quam in suis"), also einem „Verschulden gegen sich selbst", definiert als „Außerachtlassung der Sorgfalt, die nach Lage der Sache erforderlich erscheint, um sich selbst vor Schaden zu bewahren".[1603]

398 Hierbei handelt es sich nicht um ein Verschulden „im technischen Sinne" der §§ 276, 278, vielmehr gilt ein subjektiver, auf die Veranlagung und das gewohnheitsmäßige Verhalten des Handelnden abgestellter Maßstab. Der „persönliche Schlendrian" bzw. die Schlamperei sind daher für den Rücktrittsberechtigten solange unschädlich, als nicht die Indikatoren grober Fahrlässigkeit verwirklicht sind.[1604]

399 Danach entfällt die Wertersatzpflicht eines Käufers (hier: Verbrauchers) regelmäßig nicht, wenn er unter Verletzung verkehrsrechtlicher Vorschriften mit dem erworbenen Pkw einen Unfall verschuldet, bei dem dieser beschädigt oder zerstört wird. Von der Verpflichtung zum Wertersatz bleibt er nur dann freigestellt, wenn er den Unfall nicht verschuldet hat oder sich nicht gem. § 7 Abs. 2 StVG a. F., § 17 Abs. 3 StVG n. F. (unabwendbares Ereignis) bzw. § 7 Abs. 2 StVG n. F. (Fassung ab dem 1. 8. 2002: höhere Gewalt) entlasten kann. In Fällen des Mitverschuldens bzw. einer ihn treffenden Haftungsquote soll ihn die Verpflichtung zum Wertersatz lediglich in Höhe seines Haftungsanteils treffen.[1605]

400 Umstritten ist die Rechtslage bei Kenntnis des Rücktrittsberechtigten vom Rücktrittsgrund bzw. dessen fahrlässiger Unkenntnis.

401 Nach zutreffender, herrschender Ansicht greift der Ausschlusstatbestand des § 346 Abs. 3 S. 1 Nr. 3 dann nicht ein, wenn der Rücktrittsberechtigte *positive Kenntnis* vom Vorliegen des Rücktrittsgrundes hat.[1606]

402 Dabei steht die Kenntnis des Verbrauchers von einem gesetzlichen Rücktrittsrecht der Kenntnis von einem bestehenden Widerrufsrecht gleich.[1607]

403 Gaier[1608] hält die *fahrlässige Unkenntnis* („Kennenmüssen" i. S. d. § 122 Abs. 2) des Rücktrittsberechtigten vom Vorliegen des Rücktrittsgrundes für

---

[1603] Müko-*Gaier* § 346 Rdn. 58; Müko-*Habersack* § 357 Rdn. 37, 38; Bamberger/Roth-*Grothe* § 357 Rdn. 12 und § 346 Rdn. 30.

[1604] Müko-*Gaier* § 346 Rdn. 58; Bamberger/Roth-*Grüneberg* § 277 Rdn. 8; *Kaiser* JZ 2001, 1057, 1063; Staudinger-*Kaiser* § 346 Rdn. 183; enger Palandt-*Heinrichs* § 346 Rdn. 13 b.

[1605] *Reinking/Eggert* Rdn. 306, zweifelhaft.

[1606] *Kamanobrou* NJW 2003, 30, 31; *Rheinländer* ZGS 2004, 178, 180 und 181; *Schwab* JuS 2002, 630, 635 f.; Anwaltkommentar-*Hager* § 346 Rdn. 50; H/M/R/S/W-*Rolland* Kap. 4 Rdn. 65, 74: Offen gelassen, ob § 276 ab Kenntnis oder fahrlässiger Unkenntnis anzuwenden ist, der Rücktrittsberechtigte darf den empfangenen Gegenstand bis zur Rückgabe in jedem Falle weiter vertragsgemäß nutzen; Palandt-*Heinrichs* § 346 Rdn. 13, 13 b, 18; Staudinger-*Kaiser* § 346 Rdn. 187, 188; a. A. Müko-*Gaier* § 346 Rdn. 59: bei Kenntnis und fahrlässiger Unkenntnis.

[1607] *Rheinländer* ZGS 2004, 178, 180.

[1608] *Gaier* WM 2002, 1, 11; Müko-*Gaier* § 346 Rdn. 59; auch *Kaiser* JZ 2001, 1057, 1064: jedenfalls keine Haftung bei zufälligem Untergang.

ausreichend, um die Anwendbarkeit des § 346 Abs. 3 S. 1 Nr. 3 zu verneinen. Dies kann aber nicht für das Widerrufsrecht nach § 355 gelten, da § 357 Abs. 3 S 3 insoweit eine klare und enge Ausnahmeregelung enthält, wonach nur bei Kenntnis des Widerrufsrechts die Anwendung des Privilegierungstatbestands ausgeschlossen ist.

Eine starke Gruppe plädiert für eine uneingeschränkte Anwendung des 404
§ 346 Abs. 3 S. 1 Nr. 3 auf jeden Rücktrittsberechtigten. Danach haftet der Rücktrittsberechtigte auch bei Kenntnis vom Rücktrittsgrund nur für die eigenübliche Sorgfalt.[1609]

Innerhalb dieser Gruppe wird zum Teil die Ansicht vertreten, der Rück- 405
trittsberechtigte könne sich gem. § 242 nicht auf § 346 Abs. 3 S. 1 Nr. 3 berufen, wenn er den Rücktritt bzw. den Widerruf nach Kenntniserlangung ungebührlich verzögert hat. Nach Erklärung des Rücktritts haftet dagegen auch der Rücktrittsberechtigte verschärft nach §§ 346 Abs. 4, 286, 287.[1610]

Teilweise wird eine teleologische Reduktion des § 346 Abs. 3 S. 1 Nr. 3 406
auf Schäden vor Kenntniserlangung (bzw. Kennenmüssen) der das Rücktrittsrecht begründenden Umstände befürwortet.[1611] Nach anderer Auffassung[1612] ist eine teleologische Reduktion unter Hinweis auf die Erläuterungen zum Gesetzentwurf[1613] abzulehnen.

Meinungsunterschiede bestehen schließlich auch im Hinblick auf den Zeitpunkt der Entstehung von Sorgfaltspflichten nach § 346 Abs. 4, bei deren Verletzung der Gläubiger (hier: Rücktrittsberechtigter bzw. Verbraucher) nach Maßgabe der §§ 280–283 Schadensersatz verlangen kann.

Die h.M. bejaht das Entstehen eines solchen Sorgfaltspflichtverhältnisses 407
ab dem Zeitpunkt des Kennens oder Kennenmüssens des gesetzlichen Rücktritts- bzw. Widerrufsrechts.[1614]

1609 Bamberger/Roth-*Grothe* § 346 Rdn. 30; Erman-*Saenger* § 346 Rdn. 21; Palandt-*Heinrichs* § 346 Rdn. 13, 13 b, 18.

1610 Erman-*Saenger* § 346 Rdn. 22.

1611 *Schwab* JuS 2002, 630, 635; Anwaltkommentar-Hager § 346 Rdn. 50; s.o. Rdn. 392.

1612 *Kamanabrou* NJW 2003, 30, 31; Staudinger-*Kaiser* § 346 Rdn. 188.

1613 BT-Drucks. 14/6040, S. 192, 196.

1614 *Gaier* WM 2002, 1, 11 und Müko-*Gaier* § 346 Rdn. 59, 63: ab Kenntnis oder fahrlässiger Unkenntnis; *Kamanabrou* NJW 2003, 30, 31: auch bei grob fahrlässiger Unkenntnis; *Schwab* JuS 2002, 630, 636: nur bei positiver Kenntnis; Bamberger/Roth-*Grothe* § 346 Rdn. 30: §§ 276, 278 ab Kenntnis bzw. fahrlässiger Unkenntnis des Rücktrittsgrundes anzuwenden; H/M/R/S/W-*Rolland* Kap. 4 Rdn. 72, 73, 74: § 346 Abs. 4 bezieht sich auch auf Pflichtverletzungen nach Kenntnis des Rücktrittsgrundes bzw. schuldhafter Unkenntnis vor Erklärung des Rücktritts, Haftungsmaßstab ist § 276; Palandt-*Heinrichs*, 64. Aufl., § 346 Rdn. 13 b, 18: sobald der Rücktrittsberechtigte/Verbraucher weiß oder wissen muß, dass die Rücktrittsvoraussetzungen vorliegen; bis dahin Haftung nach § 277; Staudinger-*Kaiser* § 357 Rdn. 28 für § 357 Abs. 3: ab Kenntnis Haftung nach §§ 280 Abs. 1, 276; a.A. *Rheinländer* ZGS 2004, 178, 179 Fn. 8 und 181 sowie Erman-*Saenger* § 346 Rdn. 34, 36: Sorgfaltspflichten nach § 346 Abs. 4 entstehen erst mit der Erklärung des Rücktritts bzw. des Widerrufs.

408 Denn der Rücktrittsberechtigte und künftige Rückgewährschuldner muss ab Kenntnis oder Kenntnismöglichkeit vom Rücktrittsgrund mit der Verpflichtung zur Rückgewähr rechnen. Danach darf er die Sache ab Kenntnismöglichkeit nicht abredewidrig oder im Übermaß gebrauchen und darf sie keiner über das normale, dem geschlossenen Vertrag immanente Maß hinausgehenden Gefahr aussetzen.[1615] Diese Auffassung erscheint – jedenfalls soweit das fahrlässige Nichtkennen der das Rücktrittsrecht begründenden Umstände die Privilegierung nach § 346 Abs. 3 S. 1 Nr. 3 ausschließt – als zu weitgehend, wobei beim Widerrufsrecht ohnehin die Sonderregelung des § 357 Abs. 3 S. 3 („Kenntnis" des Widerrufsberechtigten) zu beachten ist.

409 U.E. hat der Rücktrittsberechtigte außerhalb der Regelung des § 357 Abs. 3 S. 3 allenfalls bei und ab Kenntnis des Rücktrittsrechts für ein Verschulden nach §§ 276, 278 einzustehen.[1616] Im Fall des Schuldnerverzuges (Verzug des Leistungsempfängers mit der Rückgabe der Sache nach erklärtem Rücktritt) haftet er gem. § 287 S. 2 auch bei zufälligem Untergang der Sache, bei Annahmeverzug des Rückgewährberechtigten (hier: des Unternehmers) gem. § 300 Abs. 1 nur für Vorsatz und grobe Fahrlässigkeit.

410 Gelingt ihm der Gegenbeweis aus § 280 Abs. 1 S. 2, die nicht ordnungsgemäße Rückgewähr nicht zu vertreten zu haben, nicht, so ist er nach h.M. bei Rückgabe eines verschlechterten Leistungsgegenstandes bzw. bei Unmöglichkeit der Rückgewähr aus §§ 280 Abs. 1, 281 bzw. 283 zum Schadensersatz verpflichtet.[1617]

411 Nach anderer Auffassung[1618] schlägt die Haftungsmilderung des § 346 Abs. 3 S. 1 Nr. 3 auch auf die Schadensersatzhaftung des § 346 Abs. 4 durch, so dass der Rücktrittsberechtigte nur für die eigenübliche Sorgfalt (§ 277) haftet. Eine dritte Ansicht[1619] befürwortet die Entstehung von Sorgfaltspflichten i.S.d. § 346 Abs. 4 erst ab Erklärung des Rücktritts (s.o.), ab diesem Zeitpunkt greife aber die Haftung des Rücktrittsberechtigten auch bei einfacher Fahrlässigkeit ein.

[1615] So die h.M.: H/M/R/S/W-*Rolland* Kap. 4 Rdn. 72, 74; Müko-*Gaier* § 346 Rdn. 59, 63, 64; im Ansatz auf positive Kenntnis abstellend auch *Rheinländer* ZGS 2004, 178, 180; a.A. Erman-*Saenger* § 346 Rdn. 34, 36.

[1616] Ebenso: *Schwab* JuS 2002, 630, 636; Palandt-*Heinrichs* § 346 Rdn. 13b, 18.

[1617] *Gaier* WM 2002, 1, 11/13; *Kamanabrou* NJW 2003, 30, 31; H/M/R/S/W-*Rolland* Kap. 4 Rdn. 65, 72, 74: §§ 276, 280 Abs. 1 nach Kenntnis bzw. schuldhafter Unkenntnis des Rücktrittsgrundes; Palandt-*Heinrichs*, 63. Aufl., § 346 Rdn. 18: Anwendung des § 277 nur, wenn der Berechtigte beweist, dass er allgemein nicht sorgfältiger verfährt als im konkreten Fall; *Reinking/Eggert* Rdn. 306.

[1618] Erman-*Saenger* § 346 Rdn. 37, 21: Anwendung des § 346 Abs. 3 S. 1 Nr. 3 auch nach Kenntnis vom Rücktrittsrecht; Palandt-*Heinrichs*, 64. Aufl., § 346 Rdn. 13b, 18: Anwendung des § 277 bis zur Abgabe der Rücktrittserklärung.

[1619] *Rheinländer* ZGS 2004, 178, 180f.; auch *Kaiser* JZ 2001, 1057, 1063: Ansprüche aus § 346 Abs. 4 nur für den Zeitraum ab Ausübung des Rücktrittsrechts.

e) Herausgabe verbliebener Bereicherung (§ 346 Abs. 3 S. 2)

Nach § 346 Abs. 3 S. 2 hat der Rückgewährberechtigte trotz Wegfalls der Wertersatzpflicht eine noch vorhandene Bereicherung herauszugeben. Da es sich hier – wie bei § 327 S. 2 a. F. – um eine Rechtsfolgenverweisung handelt, kann er sich insbesondere auch auf den Wegfall der Bereicherung (§ 818 Abs. 3) berufen, sofern nicht die Voraussetzungen der §§ 818 Abs. 4, 819, 820 vorliegen.[1620] 412

f) Weitere Vorschriften

aa) § 348

Gem. § 348 sind die sich aus dem Rücktritt bzw. dem Widerruf ergebenden Verpflichtungen der Parteien Zug um Zug zu erfüllen. §§ 320, 322, die gem. § 309 Nr. 2 auch für den Fall des Rücktritts nicht durch AGB abbedungen werden können, finden entsprechende Anwendung.[1621] 413

bb) § 349

Gem. § 349 ist der Rücktritt dem anderen Teil gegenüber zu erklären. Ein Widerruf des Rücktritts bzw. des Widerrufs ist nicht möglich.[1622] Als Gestaltungsrecht ist der Widerruf bedingungsfeindlich. Auch kann er nicht unter einer Zeitbestimmung abgegeben werden. Insofern gilt § 388 Satz 2 analog für alle Gestaltungsrechte. 414

cc) § 350

Anders als nach § 355 a. F. kann der Rücktrittsgegner dem Rücktrittsberechtigten nur noch für die Ausübung des vertraglichen Rücktrittsrechts eine angemessene Frist setzen, § 350 S. 2. Nach fruchtlosem Ablauf der gesetzten, angemessenen Frist erlischt das vertragliche Rücktrittsrecht. Nach dem Willen des Gesetzgebers ist § 350 auf das gesetzliche Rücktrittsrecht bzw. das Widerrufsrecht nicht – auch nicht analog – anzuwenden.[1623] 415

Nach zutreffender, differenzierender Ansicht ist immer dann Raum für eine analoge Anwendung des § 350, wenn es an einer Pflichtwidrigkeit des Rücktrittsgegners (§§ 276 ff., 280 ff.) fehlt, etwa bei einem Rücktritt wegen 416

1620 *Gaier* WM 202, 1, 10; Kohler JZ 2002, 682, 684 ff.; Bamberger/Roth-*Grothe* § 346 Rdn. 34; H/M/R/S/W-*Rolland* Kap. 4 Rdn. 50, 67, 68: subsidiäre Anwendung der § 812, 818 ff.; Müko-*Gaier* § 346 Rdn. 60; Palandt-*Heinrichs* § 346 Rdn. 14.

1621 Palandt-*Heinrichs* § 348 Rdn. 1 m. w. N.

1622 Palandt-*Heinrichs* § 349 Rdn. 2; *Gaier* WM 2002, 1, 2.

1623 H/M/R/S/W-*Rolland* Kap. 4 Rdn. 83; *Gaier* WM 2002, 1, 14; Staudinger-*Kaiser* § 350 Rdn. 7; differenzierend Bamberger/Roth-*Grothe* § 350 Rdn. 1 und Müko-*Gaier* § 350 Rdn. 2 sowie Palandt-*Heinrichs* § 350 Rdn. 1: Beschränkung des § 350 auf das vertragliche Rücktrittsrecht problematisch.

Störung der Geschäftsgrundlage (§ 313 Abs. 3 S. 1) oder bei einem Rücktritt gem. § 323 in den Fällen höherer Gewalt.[1624] Ernsthaft zu Erwägen ist auch die Möglichkeit einer Fristsetzung entsprechend § 264 Abs. 2. Befindet sicht der Rücktrittsberechtigte (Verbraucher) mit der Ausübung seines Wahlrechts (Erfüllung, bzw. Rücktritt, Minderung und/oder Schadensersatz) in Verzug, so kann ihm der Rücktrittsgegner (Unternehmer) danach eine Frist setzen mit der Aufforderung, sein „Wahlrecht" auszuüben bzw. den Rücktritt zu erklären Mit fruchtlosem Fristablauf besteht das Rücktrittsrecht zwar fort, das „Wahlrecht" zwischen Rücktritt und Erfüllung geht dann auf den Unternehmer über.[1625]

dd) §§ 351, 352

417 Gem. § 351 kann das Rücktrittsrecht – anders als das Widerrufsrecht nach § 355 (siehe oben unter F. IV. 2) – bei einer Mehrheit von Beteiligten nur einheitlich ausgeübt werden. Die Vorschrift ist jedoch abdingbar und gilt nicht für die Anfechtung und die Kündigung. Die Möglichkeit zur Aufrechnung nach Nichterfüllung (§ 352) ist – anders als § 357 a.F. – auch auf das gesetzliche Rücktrittsrecht anzuwenden. Die Vorschrift findet auf das Widerrufsrecht, das nicht von der Nichterfüllung einer Verbindlichkeit abhängt, naturgemäß keine Anwendung.

2. Ansprüche des Verbrauchers

a) Rückgewähransprüche und Überlassungsvergütung (§§ 357 Abs. 1 S. 1, 346 Abs. 1)

aa) Vom Unternehmer empfangene Geldbeträge

418 Soweit die vom Verbraucher bereits erbrachten Leistungen bei entsprechender – AGB-üblicher – Vereinbarung im Fall des § 506 Abs. 2 (vormals § 7 Abs. 2 VerbrKrG bzw. § 495 Abs. 2 a.F.) nicht beim Geldkredit mit der Darlehensvaluta verrechnet wurden, kann der Verbraucher vom Unternehmer Rückerstattung seiner Zins- und Tilgungsleistungen verlangen.

419 Bei einem Verbraucherdarlehen hat der Unternehmer (die Bank) dem Verbraucher die Zins- und Tilgungsleistungen sowie Zinsen in marktüblicher Höhe als Gebrauchsvorteile des empfangenen Geldes i.S.d. § 346 Abs. 2 S. 1 Nr. 1,[1626] nach a. A. als Nutzungen aus § 346 Abs. 1 2. Hs.[1627] zu erstatten.[1628]

[1624] Bamberger/Roth-*Grothe* § 350 Rdn. 1; Müko-*Gaier* § 350 Rdn. 2.

[1625] Palandt-*Heinrichs* § 350 Rdn. 1 a.E. und § 262 Rdn. 6; *Schwab* JR 2003, 136.

[1626] Vgl. Müko-*Gaier* § 346 Rdn. 23, Bamberger/Roth-*Grothe* § 346 Rdn. 11 a.E.

[1627] *Koch* WM 2002, 1593, 1595; *Meinhof* NJW 2002, 2273, 2275; *Martis* MDR 2003, 961, 969.

[1628] BGH NJW 2003, 422, 423 = MDR 2003, 224, 225 zum alten Recht; *Bülow* § 495 Rdn. 224, 216, 216a; *Koch* WM 2002, 1593, 1595; *Martis* MDR 2003, 961, 969; zur

Für die bis zum 1. 11. 2002 geschlossenen Altverträge sind insoweit für den Zeitraum bis zur Ausübung des Widerrufs der Vertragszins und für die Zeit danach die tatsächlich gezogenen oder nach § 347 Abs. 1 S. 1 zu ziehenden Nutzungen maßgeblich.[1629] 420

Soweit die Bank den geleisteten Geldwert nicht zu marktüblichen Zinsen angelegt hat, schuldet sie in dieser Höhe gem. § 347 Abs. 1 S. 1[1630] bzw. gem. § 346 Abs. 2 S. 1 Nr. 1[1631] Wertersatz. 421

Der marktübliche Zins wird auf der Grundlage der amtlichen Zinsstatistik der Deutschen Bundesbank (Monatsberichte) ermittelt.[1632] 422

Diese Grundsätze finden nach einer Ansicht[1633] auch für Darlehensverträge Anwendung, die nach dem 1. 8. bzw. 1. 11. 2002 abgeschlossen worden sind. 423

Nach zutreffender Auffassung haben die vorstehenden Ausführungen infolge der Neufassung des § 346 Abs. 2 S. 2 2. Hs. durch das OLG-VertrÄndG für die nach dem 1. 11. 2002 geschlossenen Neuverträge nur mit der Einschränkung Geltung, dass der vom Verbraucher geleistete Geldbetrag vom Unternehmer (Bank) tatsächlich Zins bringend angelegt wurde. Hat der Unternehmer den Geldbetrag nicht oder nur zu einem unter dem Vertragszins liegenden Zins angelegt, hat er danach mangels entsprechender Gebrauchsvorteile keine bzw. nur die niedrigeren Zinsen zu bezahlen.[1634] 424

Gem. § 357 Abs. 1 S. 2 n.F. (Fassung vom 8. 12. 2004) gerät der Unternehmer, ohne dass es einer Mahnung bedarf, mit der Rückgewähr des empfangenen Geldes spätestens 30 Tage nach Zugang der Widerrufs- oder Rückgabeerklärung in Verzug,[1635] sodass ab diesem Zeitpunkt jedenfalls die gesetzlichen Verzugszinsen nach § 288 Abs. 1 zu entrichten sind (§ 357 Abs. 1 S. 2, 286 Abs. 3). Die Einfügung des § 357 Abs. 1 S. 2 durch das Gesetz zur Änderung der Vorschriften über Fernabsatzverträge bei Finanzdienstleistungen zum 8. 12. 2004 entspricht insoweit der bis dahin bestehenden Rechtslage.[1636] Freilich ist der Verbraucher nicht gehindert, den 425

Rückabwicklung bei Kündigung bzw. Widerruf eines Beitritts zu einer Immobilienfonds-GbR vgl. BGH WM 2004, 1529, 1534ff.; WM 2004, 1536, 1541f., s.u. H. Rdn. 85ff.

1629 *Bülow* § 495 Rdn. 216, 216a; Erman-*Saenger* § 357 Rdn. 4.

1630 *Bülow* § 495 Rdn. 216, 216a; *Koch* WM 2002, 1593, 1595; *Martis* MDR 2003, 961, 969.

1631 So *Schmidt-Kessel* ZGS 2002, 311, 315; Bamberger/Roth-*Grothe* § 346 Rdn. 11, 24; Müko-*Gaier* § 346 Rdn. 23; Palandt-*Heinrichs* § 346 Rdn. 10: § 346 Abs. 2 S. 2 2. Hs.

1632 Knott WM 2003, 49, 54; *Martis* MDR 2003, 961, 969; veröffentlicht in NJW 2003, 1168; NJW 2002, 1480; NJW 2001, 1627; NJW 2000, 1394; NJW 1998, 1211; NJW 1997, 1428; NJW 1996, 1262; NJW 1995, 1074; NJW 1991, 2403.

1633 *Koch* WM 2002, 1593, 1595; zunächst zustimmend *Martis* MDR 2003, 961, 963.

1634 *Bülow* § 495 Rdn. 216a; Erman-*Saenger* § 346 Rdn. 4.

1635 Vgl. Palandt-*Heinrichs* § 357 Rdn. 4b.

1636 MüKo-*Ulmer* § 357 Rdn. 25.

Unternehmer zu einem früheren Zeitpunkt – unter Mahnung nach § 286 Abs. 1 S. 1 – in Verzug zu setzen. § 357 Abs. 1 S. 2, S. 3 n.F. i.V.m. § 286 Abs. 3 gilt nach der Neufassung des § 357 Abs. 1 aber auch zu Lasten des Verbrauchers, soweit er Zahlungen zu erstatten hat (s.o.). Für ihn beginnt die 30-Tagesfrist bereits mit der Abgabe der Widerrufserklärung (vgl. § 357 Abs. 1 S. 3 n.F.).

bb) Vom Unternehmer empfangene bewegliche Sachen

426 Bewegliche Sachen – und andere Leistungen – sind so zurückgewähren, wie sie empfangen wurden. Eine Pflicht zur Rücknahme (Beseitigung) der vertraglich erbrachten Primärleistung besteht nach h.M. nicht.[1637] Nach anderer Ansicht[1638] besteht beim gesetzlichen Rücktrittsrecht dann eine Pflicht zur Rücknahme, wenn der Rücktrittsbrechtigte hieran ein schutzwürdiges Interesse hat.

cc) Rückgewähr von Sicherheiten

427 Ob Sicherheiten, die der Verbraucher vereinbarungsgemäß bestellt hatte, zurückzugewähren sind, richtet sich nach dem Sicherungszweck. Ist dem Sicherungsvertrag zu entnehmen, dass der Sicherungsgegenstand auch Ansprüche des Unternehmers für den Fall des Widerrufs sichern sollte, so ist der Sicherungszweck noch nicht erledigt und die Sicherheit nicht zurückzugewähren.[1639] Für eine Grundschuld und eine persönliche Haftungsübernahme mit Unterwerfung unter die sofortige Zwangsvollstreckung hat der BGH[1640] entschieden, dass diese im Fall einer auch formlos und konkludent möglichen „weiten Sicherungszweckerklärung" des mit dem Schuldner identischen Grundschuldbestellers bei einem wirksamen Widerruf des Verbrauchervertrages auch Ansprüche des Unternehmers aus § 3 HausTWG a.F. (§§ 357 Abs. 1, 346 n.F.) sichern.

428 Etwas anderes kann jedoch bei Vorliegen besonderer, vom Schuldner darzulegender Gründe gelten, die ausnahmsweise gegen die Einbeziehung der Folgeansprüche in die Sicherungsvereinbarung sprechen.[1641]

429 Im Übrigen kommt es darauf an, ob die Grundschuld nur für den Kaufpreis bzw. das Darlehen oder für die gesamten Ansprüche gegen den Verbraucher bestellt ist.[1642] Bezog sich der Sicherungszweck, wie regelmäßig, lediglich auf die Ansprüche des Unternehmers für den Fall des endgül-

---

1637 Bamberger/Roth-*Grothe* § 346 Rdn. 10; Müko-*Gaier* § 346 Rdn. 17; Staudinger-*Kaiser* § 346 Rdn. 136, 153; auch *Benicke* ZGS 2002, 369, 371.

1638 Palandt-*Heinrichs* § 346 Rdn. 5 im Anschluss an BGH NJW 1983, 1479.

1639 *Bülow* § 495 Rdn. 228; enger Staudinger-*Kaiser* § 346 Rdn. 114: Rückgewähransprüche i.d.R. nicht besichert.

1640 BGH NJW 2003, 885 = MDR 2003, 343; MDR 2004, 287.

1641 BGH MDR 2004, 287; MDR 1991, 718.

1642 Müko-*Gaier* vor § 346 Rdn. 48.

tigen Wirksambleibens des Verbrauchervertrages, so ist die Sicherheit zurückzugewähren.[1643]

Bei einem Eigentumsvorbehalt des Unternehmers (Verkäufers) fällt das Besitzrecht des Verbrauchers dagegen durch den Widerruf weg, sodass er die unter Eigentumsvorbehalt übergebene Sache an den Unternehmer bereits gem. § 985 herausgeben muss.[1644] 430

b) Verwendungs- und Aufwendungsersatz

aa) Ersatz notwendiger Verwendungen (§ 347 Abs. 2 S. 1)

Ansprüche auf Verwendungsersatz können sich aus der Verweisung des § 357 Abs. 1 S. 1 auf § 347 Abs. 2 ergeben. 431

Ein Anspruch des Verbrauchers auf Ersatz seiner „notwendigen Verwendungen" (§ 347 Abs. 2 S. 1) bzw. anderer Aufwendungen (§ 347 Abs. 2 S. 2) setzt grundsätzlich voraus, dass empfangene Gegenstände zurückgegeben werden, für diese Wertersatz geleistet wird oder letzteres nur deshalb nicht der Fall ist, weil die Voraussetzungen des § 346 Abs. 3 S. 1 Nr. 1 oder Nr. 2 vorliegen.[1645] 432

Die Ersatzpflicht ist nach dem Einleitungssatz auch dann ausgeschlossen, wenn der Rückgewährschuldner (hier: Verbraucher) die Sache nicht herausgeben kann und hierfür auf Grund der Privilegierung aus § 346 Abs. 3 S. 1 Nr. 3 keinen Wertersatz schuldet.[1646] 433

In den Fällen des § 346 Abs. 3 S. 1 Nr. 1 oder Nr. 2 können allerdings Aufwendungen, die bereits nach § 818 Abs. 3 zu einem Wegfall oder zu einer Verminderung des Bereicherungsanspruchs des Rückgewährberechtigten (hier: des Unternehmers) aus § 346 Abs. 3 S. 2 geführt haben, nicht erneut liquidiert werden.[1647] 434

Gleiches gilt, wenn die Aufwendungen bereits bei der Ermittlung der Nutzungsentschädigung des Rücktrittsgegners (hier: des Unternehmers) als Minderungsposten berücksichtigt wurden.[1648] 435

Aus der Nichterwähnung des § 346 Abs. 3 S. 1 Nr. 3 in § 347 Abs. 2 S. 1 folgt, dass Ansprüche auf Verwendungs- oder Aufwendungsersatz dem gesetzlich zum Rücktritt bzw. zum Widerruf Berechtigten (hier: Verbraucher) nicht zustehen, wenn er die eigenübliche Sorgfalt beachtet hat und deshalb dem Rückgewährgläubiger (hier: Unternehmer) gem. § 346 Abs. 3 S. 1 Nr. 3 436

[1643] *Bülow* § 495 Rdn. 228; W/E/R-*Graf von Westphalen* § 7 VerbrKrG Rdn. 117.

[1644] *Bülow* § 495 Rdn. 228.

[1645] Vgl. Bamberger/Roth-*Grothe* § 347 Rdn. 4; Erman-*Saenger* § 347 Rdn. 3 a. E.; Müko-*Habersack*, 4. Aufl., § 357 Rdn. 44 und Müko-*Gaier* § 347 Rdn. 14; *Gaier* WM 2002, 1, 7; Staudinger-*Kaiser* § 347 Rdn. 23.

[1646] Palandt-*Heinrichs* § 347 Rdn. 4.

[1647] Bamberger/Roth-*Grothe* § 347 Rdn. 7; Erman-*Saenger* § 347 Rdn. 4; *Gaier* WM 2002, 1, 7 und Müko-*Gaier* § 346 Rdn. 15.

[1648] Müko-*Gaier* § 347 Rdn. 14; Bamberger/Roth-*Grothe* § 347 Rdn. 7; Palandt-*Heinrichs* § 347 Rdn. 4.

zum Wertersatz nicht verpflichtet ist.[1649] Insoweit verbleibt dem Rücktrittsberechtigten ein etwaiger Anspruch auf Ersatz anderer als notwendiger Aufwendungen aus § 347 Abs. 2 S. 2, soweit der Unternehmer durch sie bereichert ist.[1650]

437 Wie nach altem Recht (§ 3 Abs. 3 HausTWG), kann der Rücktrittsberechtigte bis zur Rechtshängigkeit des ihm gegenüber bestehenden Anspruchs auf Rückgewähr,[1651] u.E. jedoch nur bis zum Zeitpunkt der Ausübung des Widerrufsrechts die auf die Sache gemachten notwendigen Verwendungen verlangen.

438 Im Gegensatz zu § 994 Abs. 1, auf den in § 347 n.F. nicht verwiesen wird, werden von § 347 Abs. 2 S. 1 auch die gewöhnlichen Erhaltungskosten wie etwa die Kosten für Reparatur, Unterbringung und Lagerung der Sache vom Anspruch auf Ersatz der notwendigen Verwendungen erfasst, da der Rücktrittsberechtigte (hier: Verbraucher) den Rücktrittsgläubiger (hier: Unternehmer) die Nutzungen der Sache gem. §§ 346 Abs. 1 2. Hs., 347 Abs. 1 herauszugeben bzw. zu vergüten hat.[1652]

439 Der Mitberücksichtigung der gewöhnlichen Erhaltungskosten in § 347 Abs. 2 S. 1 liegt die Überlegung zugrunde, dass der Rücktrittsgläubiger (hier: Unternehmer) diese Aufwendungen ebenfalls hätte tragen müssen, wäre die Sache in seinen Händen geblieben. Insbesondere aus diesem Grund hängt die Ersatzpflicht nach § 347 Abs. 2 S. 1 nicht davon ab, ob und in welchem Umfang sie zu einer Erhöhung des Wertes der Sache beigetragen haben.[1653]

440 Der Rücktrittsberechtigte, der weder den Gegenstand zurückgeben noch aufgrund § 346 Abs. 3 S. 1 Nr. 3 (nicht jedoch gem. § 346 Abs. 3 S. 1 Nr. 1, Nr. 2) Wertersatz leisten muss, hat die notwendigen Aufwendungen einschließlich der gewöhnlichen Erhaltungskosten nach h.M. selbst zu tragen.[1654]

441 Unter „Verwendungen" i.S.d. § 347 Abs. 2 S. 1 sind – wie im Rahmen des § 994 – Vermögensaufwendungen zu verstehen, die der Sache zugute kommen, indem sie unmittelbar ihrer Erhaltung, Wiederherstellung oder Verbesserung dienen.[1655]

[1649] Bamberger/Roth-*Grothe* § 347 Rdn. 4; H/M/R/S/W-*Rolland* Kap. 4 Rdn. 80; Müko-*Gaier* § 347 Rdn. 15; kritisch und differenzierend *Kaiser* JZ 2001, 1057, 1068.

[1650] Bamberger/Roth-*Grothe* § 347 Rdn. 4; H/M/R/S/W-*Rolland* Kap. 4 Rdn. 80, 81; Staudinger-*Kaiser* § 347 Rdn. 50, 53.

[1651] *Bülow* § 495 Rdn. 226.

[1652] *Arnold* Jura 2002, 154, 159; *Bülow* § 495 Rdn. 236; *Gaier* WM 2002, 1, 7; *Reinking/Eggert*, 8. Aufl., Rdn. 308; Staudinger-*Kaiser* § 347 Rdn. 23, 24.

[1653] *Reinking/Eggert* Rdn. 308; *Gaier* WM 2002, 1, 7.

[1654] *Gaier* WM 2002, 1, 7; H/M/R/S/W-*Rolland* Kap. 4 Rdn. 80; Staudinger-*Kaiser* § 347 Rdn. 42, 43, 45.

[1655] BGH NJW 1996, 921, 922; Bamberger/Roth-*Grothe* § 347 Rdn. 4; Erman-*Saenger* § 347 Rdn. 3; Müko-*Gaier* § 347 Rdn. 17; *Reinking/Eggert* Rdn. 308.

So genannte „Umgestaltungsaufwendungen“, die den Zustand der Sache so grundlegend verändern, dass sie künftig für einen anderen Zweck zu benutzen ist, etwa die Kosten für die Bebauung eines bislang unbebauten Grundstücks, unterfallen nicht dem „engen Verwendungsbegriff“.[1656] 442

„Notwendig“ sind die Verwendungen, wenn sie zur Erhaltung oder ordnungsgemäßen Bewirtschaftung der Sache erforderlich sind.[1657] 443

Die Notwendigkeit der Verwendung ist auch im Rahmen des § 347 Abs. 2 nach einem objektiven Maßstab aus einer ex-ante-Betrachtung zu beurteilen.[1658] 444

Zu den notwendigen Verwendungen gehören insbesondere[1659] Reparaturkosten,[1660] Unterbringungs- und Lagerkosten,[1661] Mietzahlungen, wenn die Miete von Räumlichkeiten zur Erhaltung der zurückzugewährenden Sache notwendig ist,[1662] nicht dagegen die Miete für die Unterstellung eines Fahrzeugs in der eigenen bzw. bereits zuvor angemieteten Garage.[1663] 445

Keine notwendigen Verwendungen sind die reinen Betriebskosten, etwa die Aufwendungen für Kraftstoffe für ein Kfz,[1664] Steuern und Versicherungskosten für ein Kfz,[1665] Kosten für Reifenersatz und TÜV-Untersuchung und die Kosten der vollständigen Instandsetzung eines altersschwachen Gebrauchtwagens zur Herstellung der Fahrbereitschaft.[1666] 446

Untersuchungskosten gehören nur dann zu den ersatzfähigen Verwendungen, wenn sie dazu dienen, einen Fehler zu finden, um das Fahrzeug, das Haus o. a. vor weiteren Schäden zu bewahren.[1667] 447

1656 BGH NJW 2001, 3118; Müko-*Gaier* § 347 Rdn. 17; a. A. Staudinger-*Gursky*, Bearb. 1999, vor § 994 Rdn. 8 und Staudinger-*Kaiser* § 347 Rdn. 26, 34.

1657 BGH NJW 1996, 921, 922; Bamberger/Roth-*Grothe* § 347 Rdn. 4; Erman-*Saenger* § 34 Rdn. 3; Müko-*Gaier* § 347 Rdn. 18.

1658 BGH NJW 1996, 921, 922; Müko-*Gaier* § 347 Rdn. 18; *Reinking/Eggert* Rdn. 308; a. A. Staudinger-*Kaiser* § 347 Rdn. 32, 33: Maßstab der vertragsgemäßen Nutzung.

1659 Vgl. Müko-*Gaier* § 347 Rdn. 18 und *Reinking/Eggert* Rdn. 308–310.

1660 *Reinking/Eggert* Rdn. 309: Reparatur einer schadhaften Bremsanlage, defekter Radlager, eines Auspuffs, Ventilators, Luftfilters, des Motors u.a.; Staudinger-*Kaiser* § 347 Rdn. 36.

1661 OLG Schleswig OLG-Report 1996, 339; Müko-*Gaier* § 347 Rdn. 18; *Reinking/Eggert* Rdn. 308: Unterstell- und Aufbewahrungskosten.

1662 BGH NJW 1978, 1256; Müko-*Gaier* § 347 Rdn. 18; *Reinking/Eggert* Rdn. 308: Garagenmiete für ein Neufahrzeug, wenn die Anmietung zum Zweck seiner Aufbewahrung erfolgt; a. A. Staudinger-*Kaiser* § 347 Rdn. 29.

1663 OLG Celle DAR 1995, 404, 406; *Reinking/Eggert* Rdn. 308.

1664 Erman-*Saenger* § 347 Rdn. 3; Müko-*Gaier* § 347 Rdn. 18.

1665 *Reinking/Eggert,* 8. Aufl., Rdn. 310: anders allerdings, wenn der Verbraucher die Steuern bzw. Versicherungsprämien ausschließlich deshalb aufwendet, um ein nicht betriebsfähiges Kfz mangels anderweitiger Einstellmöglichkeit im öffentlichen Verkehrsraum abstellen zu dürfen; a. A. Staudinger-*Kaiser* § 347 Rdn. 39: Kfz-Haftpflichtvers. notwendig, Kaskovers. nicht.

1666 OLG Celle NJW-RR 1995, 1527; *Reinking/Eggert* Rdn. 310.

1667 *Reinking/Eggert* Rdn. 309; Staudinger-*Kaiser* § 347 Rdn. 30.

448 Die Kosten für eine Begutachtung oder eine Vermessung eines Kfz zum Zweck der Durchsetzung des Rücktritts- oder Widerrufsrechts sind dagegen nicht gem. § 347 Abs. 2 S. 1 zu erstatten.[1668]

bb) Aufwendungsersatz (§ 347 Abs. 2 S. 2)

449 Gem. § 347 Abs. 2 S. 2 kann der Rücktrittsberechtigte (hier: Verbraucher) andere als nützliche Verwendungen nur insoweit ersetzt verlangen, als der Rückgewährgläubiger (hier: Unternehmer) durch sie i.S.d. §§ 812ff., 818 Abs. 3, 818 Abs. 4, 819, 820 Abs. 1 bereichert ist.

450 Nicht ersatzfähig sind – wie bisher im Rahmen der §§ 347 a.F., 996 – Aufwendungen des Rücktrittsberechtigten in der Zeit nach Rechtshängigkeit des Rückgewähranspruchs, §§ 292 Abs. 2, 994 Abs. 2.[1669]

451 Aufwendungen des Verbrauchers, die bereits bei der Ermittlung der Nutzungsentschädigung im Rahmen des § 346 Abs. 1 bzw. 347 Abs. 1 oder bei einem Bereicherungsanspruch des Rücktrittsgegners aus § 346 Abs. 3 S. 2 Berücksichtigung fanden, können auch im Rahmen des § 347 Abs. 2 S. 2 nicht zusätzlich verlangt werden.[1670]

452 Gegenüber den „Verwendungen“ handelt es sich bei den „Aufwendungen“ um den weitergehenden Begriff. Darunter fallen alle zweckbestimmten freiwilligen Vermögensopfer im Interesse eines Anderen.[1671] Anders als die „Verwendungen“ des § 994 Abs. 1 bzw. des § 347 Abs. 2 S. 1 müssen die „Aufwendungen“ des § 347 Abs. 2 S. 2 nicht dem Leistungsgegenstand selbst zugute kommen, insbesondere nicht dessen Erhaltung, Verbesserung oder Wiederherstellung dienen.[1672]

453 Unter § 347 Abs. 2 S. 2 fallen etwa[1673] die so genannten „Umgestaltungsaufwendungen“, etwa die Bebauung eines unbebauten Grundstücks mit einem Bauwerk, die komplette Neulackierung eines Fahrzeugs vor Kenntniserlangung des Rücktritts- bzw. Widerrufsrechts, die Ausstattung eines Pkws mit Fußmatten, neuen Reifen, Sportfelgen oder einem Wagenheber,[1674] Frachtkosten, Zölle, Vermittlungsprovisionen u.a.[1675]

454 Weitere Voraussetzung eines Erstattungsanspruchs aus § 347 Abs. 2 S. 2 ist jedoch, dass die Aufwendungen des Rücktrittsberechtigten (hier: des Verbrauchers) zu einer Bereicherung des Rücktrittsgegners (hier: Unternehmer) im Zeitpunkt der Wiedererlangung der Sache geführt haben. § 347 Abs. 2 S. 2 enthält insoweit eine Rechtsfolgenverweisung auf §§ 812ff.,

---

[1668] *Reinking/Eggert* Rdn. 310.
[1669] Müko-*Gaier* § 347 Rdn. 19; *Gaier* WM 2002, 1, 7.
[1670] Bamberger/Roth-*Grothe* § 347 Rdn. 7 und *Gaier* WM 2002, 1, 7.
[1671] BGH NJW 1989, 2816, 2818; Müko-*Gaier* § 347 Rdn. 20.
[1672] Müko-*Gaier* § 347 Rdn. 20; Staudinger-*Kaiser* § 347 Rdn. 48.
[1673] Vgl. Müko-*Gaier* § 347 Rdn. 20, 21; *Reinking/Eggert* Rdn. 311.
[1674] *Reinking/Eggert* Rdn. 311.
[1675] Müko-*Gaier* § 347 Rdn. 20.

818 Abs. 2, Abs. 3, Abs. 4.[1676] Ein zu leistender Aufwendungsersatz, der zur Bereicherung des Rücktrittsgegners geführt hat, bemisst sich nach der Steigerung des Verkehrswertes der zurückerhaltenen Sache.[1677]

Einer „aufgedrängten Bereicherung“ kann sich der Rücktrittsberechtigte wie im Rahmen des § 818 Abs. 2, Abs. 3 durch Gestattung der Wegnahme bzw. Zurückweisung der Sache entziehen.[1678] **455**

Rückabwicklungskosten, z.B. für den Ausbau und Rücktransport der Sache, führen zu keiner Bereicherung des Rücktrittsgegners (hier: des Unternehmers) und können nach h.M. daher nur aufgrund eines Schadensersatzanspruchs als vergebliche Aufwendungen gem. §§ 437 Nr. 3, 284 erstattet verlangt werden.[1679] **456**

Nach a.A.[1680] ist § 284 auf den Ersatz von Rückabwicklungskosten nicht anwendbar. Denn die Aufwendungen sind nicht im Vertrauen auf die Leistung erbracht worden. Hat der Rücktrittsgegner den Rücktrittsgrund (z.B. §§ 437 Nr. 2, 323 Abs. 1) zu vertreten, liegt hierin eine Pflichtverletzung i.S.d. § 280 Abs. 1. Die Rückgewährkosten sind nach dieser Auffassung dann gem. §§ 280 Abs. 3, 281 Abs. 1 2. Alt. zu ersetzen. **457**

cc) Fälligkeit des Anspruchs aus § 347 Abs. 2

Nach der Gesetzesfassung des § 347 Abs. 2 sind die Verwendungs- und Aufwendungsersatzansprüche aufschiebend bedingt durch die Rückgabe des Leistungsgegenstandes bzw. die Leistung des Wertersatzes geschuldet. **458**

Nach h.M. steht dem Rücktrittsberechtigten (hier: Verbraucher) in entsprechender Anwendung des § 348 ein Zurückbehaltungsrecht zu. Ungeachtet der fehlenden Fälligkeit wird auch eine Aufrechnung „zur Vermeidung eines unsinnigen Hin und Her“ zugelassen.[1681] **459**

c) Schadensersatz und Vertragsstrafe

Folge der Umwandlung des Schuldverhältnisses nach Ausübung des Rücktritts- bzw. Widerrufsrechts ist zunächst das Erlöschen der noch nicht erfüllten primären Leistungspflichten. **460**

[1676] Müko-*Gaier* § 347 Rdn. 21; Staudinger-*Kaiser* § 347 Rdn. 50: Zeitpunkt der Unmöglichkeit der Rückgabe.

[1677] BGH NJW 1982, 1154, 1156; Erman-*Saenger* § 347 Rdn. 3; Müko-*Gaier* § 347 Rdn. 21.

[1678] *Arnold* Jura 2002, 154, 160; *Bülow* § 495 Rdn. 227; *Gaier* WM 2002, 1, 7; Müko-*Gaier* § 347 Rdn. 21; Staudinger-*Kaiser* § 347 Rdn. 49; kritisch *Reinking/Eggert* Rdn. 311: § 347 Abs. 2 S. 2 läuft dann leer.

[1679] *Gaier* WM 2002, 1, 7; Staudinger-*Kaiser* § 347 Rdn. 57, 58: ggf. gem. §§ 280, 281; Bamberger/Roth-*Grothe* § 347 Rdn. 6; Palandt-*Heinrichs* § 347 Rdn. 4 a.E.: nutzlos gewordene Aufwendungen bei Vorliegen der Voraussetzungen aus § 284 zu ersetzen.

[1680] H/M/R/S/W-*Rolland* Kap. 4 Rdn. 32; Staudinger-*Kaiser* § 347 Rdn. 58.

[1681] Müko-*Gaier* § 347 Rdn. 16; Staudinger-*Kaiser* § 348 Rdn. 3.

aa) Schadensersatz, Verzugszinsen

461 Während nach § 346 a.F. insbesondere ein vor Ausübung des Rücktrittsrechts entstandener deliktischer oder vertraglicher Anspruch auf Schadensersatz nach Ausübung des Rücktrittsrechts zum Erlöschen gebracht wurde, ist dem Rücktrittsberechtigten aus § 325 n.F. nunmehr die Kumulierung von Rücktritt von Schadensersatz eröffnet. Nach h.M. kann er auch nach Ausübung des Rücktrittsrechts noch Schadensersatz statt der Leistung verlangen und in diesen einen bis zur Ausübung des Rücktritts entstandenen Verzögerungsschaden einbeziehen.[1682]

462 Liegen die Voraussetzungen eines Schadensersatzanspruchs gem. §§ 280, 281, 286 nicht vor, etwa weil ein Rücktritt wegen eines vertraglichen Vorbehalts oder aufgrund einer nicht verschuldeten Leistungsstörung (§ 323) bzw. wegen Wegfalls der Geschäftsgrundlage (vgl. § 313 Abs. 3) erfolgt, so können trotz Streichung des § 347 S. 3 a.F., der die Verzinsung einer empfangenen Geldsumme vorsah, für den Ersatz von Verzugszinsen weiterhin die Wertungen maßgeblich sein, die § 346 Abs. 1 und § 347 Abs. 1 für den Fall des Rücktritts selbst treffen.[1683] Da der Rücktrittsberechtigte danach bei rechtzeitiger Zahlung die Nutzungen in Form von Zinsen nach Rücktritt bzw. Widerruf hätte herausgeben müssen, ist es nicht gerechtfertigt, ihm in diesen Fällen einen Anspruch auf Verzugszinsen zu belassen.[1684]

463 Eine Gegenausnahme wird allerdings dann gemacht – und dem Rücktrittsberechtigten ein Zinsanspruch zugestanden –, wenn der Rücktrittsgrund für den Rücktrittsberechtigten erst durch die nicht rechtzeitige Leistung des Rücktrittsgegners (hier: des Unternehmers) geschaffen worden ist. In einem solchen Fall hätte der Rücktrittsberechtigte bei pünktlicher Zahlung die Geldsumme behalten, es wäre dann gar nicht zum Rücktritt gekommen.[1685]

bb) Vertragsstrafe

464 Regelmäßig können deshalb auch nach neuem Recht in derartigen Fällen die infolge des Verzuges des Rücktrittsgegners (hier: des Unternehmers) bzw. einer schuldhaften Pflichtverletzung entstandenen Kosten für Mahnschreiben, nach Eintritt des Verzuges bzw. der schuldhaften Pflichtverletzung eingeschaltete Anwälte oder die wegen der Verzögerung verwirkte Vertragsstrafe verlangt werden.[1686]

[1682] *Gaier* WM 2002, 1, 4; Müko-*Gaier* vor § 346 Rdn. 44, 45; Palandt-*Heinrichs* vor § 346 Rdn. 6 und § 325 Rdn.4; Staudinger-*Kaiser* Vorbem. zu §§ 346ff. Rdn. 88; anders noch BGH NJW 1998, 3268, 3269 zum alten Recht.

[1683] Vgl. Müko-*Gaier* vor § 346 Rdn. 45; Staudinger-*Kaiser* Vorbem. zu §§ 346ff. Rdn. 80, 88 zum alten Recht BGH NJW 1998, 3268, 3269.

[1684] *Gaier* WM 2002, 1, 4; zum alten Recht BGH NJW 1998, 3268, 3269.

[1685] *Gaier* WM 2002, 1, 4.

[1686] Müko-*Gaier* vor § 346 Rdn. 46; *Gaier* WM 2002, 1, 4.

Ist eine Vertragsstrafe dagegen auf das Erfüllungsinteresse gerichtet, so ist nicht nur ihre Verwirkung nach dem Rücktritt bzw. Widerruf ausgeschlossen, vielmehr erlischt dann auch eine bereits verfallene Strafe.[1687] 465

3. Leistungsort

„Nach h. M. hat der Rücktrittsberechtigte (hier: Verbraucher) den Leis- 466 tungsgegenstand beim gesetzlichen Rücktrittsrecht an dem Ort (vgl. §§ 29 Abs. 1 ZPO, 269 BGB) zurückzugeben, an dem er sich zum Zeitpunkt des Zugangs der Widerrufs- oder Rücktrittserklärung befindet.[1688]

Nach verbreiteter Auffassung wird der Lageort der Sache nicht nur für 467 die Rückgewährpflicht des Rücktrittsberechtigten (hier: des Verbrauchers) für maßgeblich erachtet, sondern als gemeinsamer Erfüllungsort der beiderseitigen Rückgewährpflichten angesehen.[1689]

Nach zutreffender Ansicht besteht kein gemeinsamer Erfüllungsort für 468 die beiderseitigen Rückgewährpflichten.[1690] Als Leistungsort ist danach im Zweifel der Wohnort bzw. die gewerbliche Niederlassung des jeweiligen Rückgewährschuldners anzusehen, d. h. für die Rückzahlung des Kaufpreises bzw. die Rückgewähr der leisteten Darlehensraten die Niederlassung des Verkäufers bzw. Darlehensgebers, für die Rückgewähr der Kaufsache bzw. des hingegebenen Darlehens der Wohnort des Käufers bzw. der Ort, an dem sich die Kaufsache zum Zeitpunkt des Zugangs der Widerrufs- bzw. Rücktrittserklärung befindet.[1691]

G. Rückgaberecht des Verbrauchers (§§ 503 Abs. 1, 356)

I. Rückgaberecht anstelle des Widerrufsrechts

Bei Teilzahlungsgeschäften (§§ 499 Abs. 2, 501) ermöglicht es § 503 1 Abs. 1 i.V.m. § 356 Abs. 1 dem Unternehmer, dem Verbraucher ein uneingeschränktes Rückgaberecht anstelle des Widerrufsrechts nach § 355 einzu-

---

[1687] Müko-*Gaier* vor § 346 Rdn. 47; a. A. Staudinger-*Rieble*, 2004, § 340 Rdn. 61.

[1688] Bamberger/Roth-*Grothe*, vor § 346 Rdn. 16; *Bülow* § 495 Rdn. 174; Staudinger-*Kaiser*, 2004, § 346 Rdn. 81, 84 und § 357 Rdn. 8; Staudinger-*Peters*, 2003, § 634 Rdn. 95.

[1689] BGH NJW 1983, 1479, 1480; OLG Frankfurt MDR 1991, 159; Müko-*Krüger*, 4. Aufl., § 269 Rdn. 41; Bamberger/Roth-*Grothe* vor § 346 Rdn. 16.

[1690] Staudinger-*Kaiser*, 2004, § 346 Rdn. 86 und § 357 Rdn. 8, 9; Staudinger-*Peters*, 2003, § 634 Rdn. 95

[1691] Staudinger-*Kaiser*, 2004, § 346 Rdn. 81, 83, 84 und § 357 Rdn. 8, 9; Müko-*Gaier* § 346 Rdn. 33: Ort, an dem sich die Sache vertragsgemäß befindet; für vertragliche Rücktrittsrechte auch Bamberger/Roth-*Grothe* vor § 346 Rdn. 16; a. A. für gesetzliche Rücktrittsrechte Bamberger/Roth-*Grothe* § 357 Rdn. 3; Müko-*Ulmer*, 4. Aufl., § 357 Rdn. 13.

räumen. Die Zulässigkeit der vertraglichen Ersetzung des Widerrufsrechts aus § 355 besteht auch bei Fernabsatzverträgen (§ 312d Abs. 1 S. 2) und Haustürgeschäften (§ 312 Abs. 1 S. 2). Das Rückgaberecht kann innerhalb einer Frist von zwei Wochen (§ 356 Abs. 2 S. 1 i.V.m. § 355 Abs. 1) ausgeübt werden und erfolgt üblicherweise bei paketversandfähigen Sachen (bis 20 kg) durch Rücksendung der Sache, deren Kosten und Gefahr regelmäßig der Unternehmer zu tragen hat, §§ 356 Abs. 2, 357 Abs. 2 S. 2.[1692]

II. Rechtsnatur

2 Beim Rückgaberecht des § 356 (i.V.m. §§ 503 Abs. 1, 312 Abs. 1 S. 2 oder § 312d Abs. 1 S. 2) als Nachfolgeregelung des § 8 VerbrKrG handelt es sich nach h.M. um ein modifiziertes Rücktrittsrecht, auf das die Vorschriften über das gesetzliche Rücktrittsrecht nach §§ 357 Abs. 1 S. 1, 357 Abs. 2 S. 2, 346ff. anzuwenden sind.[1693]

III. Das Rückgaberecht des Verbrauchers im Einzelnen

3 Das Widerrufsrecht des Verbrauchers aus § 355 kann bei Teilzahlungsgeschäften, Haustürgeschäften mit fortbestehender Geschäftsverbindung und Fernabsatzverträgen über Warenlieferungen gem. § 356 nach Maßgabe der §§ 312 Abs. 1 S. 2, 312d Abs. 1 S. 2 oder § 503 Abs. 1 ersetzt werden, also dann, wenn ein Teilzahlungsgeschäft über eine Sache vorliegt (§§ 499 Abs. 2, 501), bei Haustürgeschäften unter den Voraussetzungen des § 312 Abs. 1 S. 2, bei Fernabsatzverträgen, wenn die Voraussetzungen des § 312d Abs. 1 S. 2 gegeben sind, also der Vertrag durch einen Verkaufsprospekt angebahnt wurde, das Rückgaberecht dem Verbraucher uneingeschränkt in Textform gewährt wird, im Verkaufsprospekt eine deutlich gestaltete Belehrung über das Rückgaberecht enthalten ist und der Verbraucher den Verkaufsprospekt in Abwesenheit des Unternehmers eingehend zur Kenntnis nehmen konnte.[1694]

4 Sind die Voraussetzungen des § 356 Abs. 1 S. 2 nicht erfüllt, steht dem Verbraucher weiterhin das ihm vom Gesetz eingeräumte Widerrufsrecht (§ 355 i.V.m. §§ 312 Abs. 1 S. 1, 312d Abs. 1 S. 1, 495 Abs. 1, 499 Abs. 1, 501) zu. Andernfalls entsteht ab dem Zugang der rechtzeitig innerhalb der Rückgabefrist abgesandten Widerrufserklärung bzw. abgeschickten paket-

---

[1692] Vgl. Bamberger/Roth-*Möller/Wendehorst* § 503 Rdn. 3, 4 und § 356 Rdn. 1; Erman-*Saenger* § 356 Rdn. 8–10.

[1693] *Bülow/Artz* NJW 2000, 2049, 2053; *Bülow* WM 2000, 2361, 2362; *Bülow* § 503 Rdn. 12: gesetzliches Rücktrittsrecht; Müko-*Ulmer* § 356 Rdn. 11, 13 und Staudinger-*Kaiser* § 356 Rdn. 35: vertragliches Rücktrittsrecht.

[1694] *Bülow* § 503 Rdn. 14ff., Bamberger/Roth-*Möller/Wendehorst* § 356 Rdn. 1, 2; Erman-*Saenger* § 356 Rdn. 4ff.,10 und § 503 Rdn. 7; Müko-*Ulmer* § 356 Rdn. 7ff., 16ff.; Staudinger-*Kaiser* § 356 Rdn. 11ff.

versandfähigen Sache ein Rückabwicklungsschuldverhältnis gem. §§ 357 Abs. 1 S. 1, 357 Abs. 2 S. 2, 346ff.

Voraussetzungen und Rechtsfolgen des Rückgaberechts im Einzelnen:

1. Bestehen eines Rückgaberechts

Während dem Verbraucher ein Widerrufsrecht nach § 355 durch die 5
§§ 312 Abs. 1 S. 1, 312d Abs. 1 S. 1, 485 Abs. 1, 495 Abs. 1, 499 Abs. 1, 500, 501, 505 Abs. 1 S. 1 sowie durch § 4 FernUSG eingeräumt wird, ist der sachliche Anwendungsbereich des § 356 wesentlich enger. Durch ein Rückgaberecht können nur die Widerrufsrechte bei Teilzahlungsgeschäften über eine Sache gem. §§ 499 Abs. 2, 501 ersetzt werden, bei Haustürgeschäften, wenn zwischen dem Verbraucher und dem Unternehmer im Zusammenhang mit dem getätigten oder einem späteren Geschäft auch eine ständige Verbindung aufrechterhalten werden soll (§ 312 Abs. 1 S. 2) und bei Fernabsatzverträgen über die Lieferung von Waren.

Das Rückgaberecht kann auch bei Haustürgeschäften nur bei Veträgen 6
vereinbart werden, die die Lieferung oder Herstellung von Sachen zum Gegenstand haben.[1695]

Soweit sich § 499 Abs. 2 i.V.m. § 503 Abs. 1 auch auf Verträge über die 7
Erbringung einer bestimmten anderen Leistung erstreckt, handelt es sich um ein offensichtliches Redaktionsversehen des Gesetzgebers, da bei sonstigen Leistungen keine Rückgabe möglich ist.[1696]

Erfüllt der Vertrag über die Lieferung einer Sache zugleich die Voraussetzungen eines Fernabsatzvertrages (§§ 312b Abs. 1, 312d Abs. 1), wurde der 8
Vertrag also unter ausschließlicher Verwendung von Fernkommunikationsmitteln im Rahmen eines für den Fernabsatz organisierten Vertriebs- oder Dienstleistungssystems geschlossen (vgl. hierzu 4. Teil, B. Rdn. 17ff.), so ist das Widerrufsrecht des Verbrauchers aus § 495 Abs. 1 i.V.m. § 355 Abs. 1 gem. § 358 Abs. 2 S. 2 ausgeschlossen. In diesem Fall greift nicht das Rückgaberecht aus § 503 Abs. 1 i.V.m. § 356, sondern dasjenige aus § 312d Abs. 1 S. 2 i.V.m. § 356 ein.[1697] Auch dieses Rückgaberecht bezieht sich nur auf Verträge über die Lieferung von Waren; die Rückgabefrist beginnt dort erst mit deren Anlieferung zu laufen.[1698]

Unanwendbar sind die Bestimmungen über das Rückgaberecht (§§ 503 9
Abs. 1, 356) auf Ratenlieferungsverträge nach § 505,[1699] auf Darlehensvermittlungsverträge nach § 655a[1700] sowie auf Finanzierungsleasingverträge

---

1695 Staudinger-*Kaiser* § 356 Rdn. 8, 9.

1696 Müko-*Ulmer* § 356 Rdn. 8; Staudinger-*Kaiser* § 356 Rdn. 10; a.A. *Bülow* § 503 Rdn. 15: Anwendung auch auf Direktunterrichtsverträge im Hinblick auf das Lehrmaterial.

1697 *Bülow* § 503 Rdn. 18.

1698 Staudinger-*Kaiser* § 356 Rdn. 9, 42.

1699 *Bülow* § 503 Rdn. 15 und § 505 Rdn. 19; Staudinger-*Kaiser* § 356 Rdn. 10 a.E.

1700 *Bülow* § 503 Rdn. 15.

nach §§ 499 Abs. 2, 500.[1701] Handelt es sich um einen Finanzierungsleasingvertrag mit Erwerbsoption des Verbrauchers/Leasingnehmers, ist die Rücktrittsfiktion des § 503 Abs. 2 S. 3 bei Rücknahme des Leasinggutes durch den Unternehmer jedoch entsprechend anzuwenden.[1702]

2. Kein Eingreifen von Ausnahmen, Ausschlüssen und Sonderregelungen

10 Soweit dem Verbraucher gem. §§ 312 Abs. 1 S. 2, 312d Abs. 1 S. 2 oder § 503 Abs. 1 i.V.m. § 356 anstelle des Widerrufsrechts ein Rückgaberecht eingeräumt worden ist, greift dies bei Vorliegen der Ausnahmen und Ausschlusstatbestände der §§ 312 Abs. 3 (vgl. hierzu 3. Teil, E. Rdn. 4ff.), 312b Abs. 3, 312d Abs. 3, Abs. 4 (vgl. hierzu 4. Teil, B. Rdn. 42ff. und E. Rdn. 1ff.), § 499 i.V.m. § 491 Abs. 2, Abs. 3 nicht ein.

11 Soweit das Widerrufsrecht kraft Gesetzes ausgeschlossen ist, gilt dies auch für ein an dessen Stelle tretendes Rückgaberecht.

3. Einräumung des Rückgaberechts im Verkaufsprospekt

12 Das Widerrufsrecht des Verbrauchers kann nur bei Vertragsabschlüssen „aufgrund eines Verkaufsprospekts" durch ein Rückgaberecht ersetzt werden (§ 356 Abs. 1 S. 1).

13 Hierunter fallen Druckerzeugnisse wie Kataloge, kleinere Werbeprospekte, Postwurfsendungen, aber auch Inserate mit vergleichbarem Informationsgehalt in einer Zeitschrift.[1703] Nach h.M. gehören zu den Verkaufsprospekten auch sonstige Datenträger wie CD-ROM oder Internetkataloge, die eine Beschreibung der Produkte enthalten.[1704]

14 Danach reicht es aus, dass der Unternehmer dem Verbraucher die Möglichkeit eröffnet, sich die Erklärung zum dauerhaften Abspeichern aus dem Internet selbst „herunterzuladen".[1705] Eine in einem Katalog enthaltene Belehrung muß auf einem dauerhaften Datenträger wiederholt und dem Verbraucher die Möglichkeit verschafft werden, diese auf seinen Bildschirm herunterzuladen, also auf dem Bildschirm wiederzugeben oder auszudrucken.[1706]

[1701] *Bülow* § 500 Rdn. 30 und § 503 Rdn. 15, 48, 63, 83.

[1702] BGH NJW 2002, 133, 135; *Bülow* 503 Rdn. 83; Müko-*Habersack* § 495 Rdn. 7.

[1703] Müko-*Ulmer* § 356 Rdn. 9; Staudinger-*Kaiser* § 356 Rdn. 12.

[1704] *Fuchs* ZIP 2000, 1273, 1285; *Härting* § 3 FernAbsG Rdn. 57, 58; *Lorenz* JuS 2000, 833, 838; *Lütcke* § 312d Rdn. 99: CD-ROM, E-Mail, Internetangebote; Müko-*Ulmer* § 356 Rdn. 9; Palandt-*Heinrichs* § 356 Rdn. 4; Staudinger-*Kaiser* § 356 Rdn. 12 a.E., 34: elektroniche Verkaufsprospekte sowie Rundfunk- und Teledienste.

[1705] Erman-*Saenger* § 356 Rdn. 7; Staudinger-*Kaiser* § 356 Rdn. 13, 27, 29, 42.

[1706] Staudinger-*Kaiser* § 356 Rdn. 27, 29, 42; Müko-*Ulmer* § 356 Rdn. 20: Unternehmer muss die Belehrung auf dauerhaftem Datenträger wiederholen.

Hält man Angaben in flüchtigen Medien, insbesondere Internetpräsentationen, mit einer zurückhaltenderen Ansicht zur Ausfüllung des Begriffs „Verkaufsprospekt" generell nicht für ausreichend,[1707] würde die dem Unternehmer mit § 312d Abs. 1 Satz 2 BGB eingeräumte Ersetzungsbefugnis leer laufen. 15

Der „Verkaufsprospekt" muss für den Kaufentschluss des Verbrauchers zumindest mitursächlich gewesen sein. Liegt der Verkaufsprospekt im Geschäft des Unternehmers aus, spricht jedoch der Beweis des ersten Anscheins für dessen Kausalität.[1708] 16

Wird der prima-facie-Beweis durch den Verbraucher erschüttert, so kann er sich auf die Unwirksamkeit der Ersetzung des Widerrufsrechts wegen mangelnder Kausalität berufen.[1709] 17

4. Uneingeschränkte Gewährung des Rückgaberechts

Gem. § 356 Abs. 1 darf das Rückgaberecht nicht an weitere als die im Gesetz genannten Bedingungen gebunden sein. Die Ersetzung des Widerrufsrechts durch das Rückgaberecht nach § 356 Abs. 1 ist deshalb insgesamt unwirksam, sodass es beim Widerrufsrecht des Verbrauchers aus § 355 (i.V.m. §§ 312 Abs. 1 S. 1, 312d Abs. 1 S. 1, 495 Abs. 1, 499 Abs. 1, 500, 501 Abs. 1 S. 1) verbleibt, wenn das Rückgaberecht 18

- an den fristgerechten Eingang der Sache gekoppelt ist[1710]
- an die Übernahme bestimmter Gebühren, Kosten oder einer Abstandssumme geknüpft wird,[1711]
- ausgeschlossen sein soll, wenn die Sache bei der Rücksendung verloren gegangen oder vom Verbraucher bzw. Dritten beschädigt wurde.[1712]

5. Belehrung über das Rückgaberecht

Abweichend von der Regelung des früheren § 8 Abs. 2 VerbrKrG hat eine deutlich gestaltete Belehrung des Verbrauchers über das Rückgaberecht nunmehr konstitutive Bedeutung für die Ersetzungsbefugnis. Liegt keine vollständige, den Voraussetzungen des § 356 Abs. 1 Nr. 1 entsprechende Belehrung vor, bleibt es beim Widerrufsrecht des Verbrauchers.[1713] 19

[1707] *Bülow* § 503 Rdn. 16; a.A. Staudinger-*Kaiser* § 356 Rdn. 19 a.E., 27 a.E., 29: es genügt, die Anforderungen an die Belehrung des Verbrauchers in besagter Weise heraufzusetzen.

[1708] Müko-*Ulmer* § 356 Rdn. 10; *Bülow* § 503 Rdn. 17.

[1709] Müko-*Ulmer* § 356 Rdn. 10 a.E.

[1710] Müko-*Ulmer* § 356 Rdn. 15; W/E/R-*von Westphalen* § 8 VerbrKrG Rdn. 33.

[1711] *Bülow* § 503 Rdn. 19; Müko-*Ulmer* § 356 Rdn. 15; Staudinger-*Kaiser* § 356 Rdn. 33; W/E/R-*von Westphalen* § 8 VerbrKrG Rdn. 33.

[1712] *Bülow* § 503 Rdn. 19; W/E/R-*von Westphalen* § 8 VerbrKrG Rdn. 33; Müko-*Ulmer* § 356 Rdn. 15.

[1713] *Bülow* § 503 Rdn. 20; Erman-*Saenger* § 503 Rdn. 2; Müko-*Ulmer* § 356 Rdn. 16.

6. Einräumung des Rückgaberechts in Textform

20 Gem. § 356 Abs. 1 Nr. 3 muss dem Verbraucher das Rückgaberecht in Textform eingeräumt werden. Ausreichend ist die Niederlegung in einer Urkunde, etwa dem Verkaufsprospekt, aber auch die Einräumung per E-Mail und im Rahmen eines Angebots durch das Internet.[1714]

21 Die Erklärung ist dem Verbraucher jedoch nur dann zugegangen, wenn sie in seinen Verfügungsbereich gelangt ist und er sie abrufen kann, bei der Überlassung von Disketten, Videobändern oder einer CD-ROM dann, wenn der Verbraucher über entsprechende Geräte verfügt, bei der Einräumung via Internet nach einer Ansicht, wenn der Verbraucher die Erklärung tatsächlich auf seine Festplatte heruntergeladen oder ausgedruckt hat.[1715] Nach wohl zutreffender Auffassung reicht es aus, wenn der Verbraucher sich die Belehrung aus dem Katalog bzw. vom Bildschirm heruntergeladen und er entweder die Möglichkeit der Wiedergabe auf dem Bildschirm oder sich die Informationen tatsächlich ausgedruckt hat.[1716]

7. Form und Gestaltung der Belehrung

22 Wie im Rahmen des § 355 muss die Belehrung im Verkaufsprospekt o. a. deutlich gestaltet sein, etwa durch Fett- oder Farbdruck, ins Auge fallende Einrahmungen, durchgezogene Trennlinien o. a.[1717]

23 Erforderlich ist im Rahmen des § 356 zusätzlich, den Verbraucher darauf hinzuweisen, dass er das Recht nur durch Rücksendung der Sache und ausnahmsweise bei nicht paketversandfähigen Waren durch einfaches, nicht zu begründendes Rücknahmeverlangen in Textform erklärt werden kann.[1718]

8. Name und Anschrift des Rückgabeempfängers

24 Anders als im Rahmen des § 355 Abs. 2 S. 1 müssen Name und Anschrift des Rückgabeempfängers in der Belehrung nicht enthalten sein, wenn der Verbraucher diese Angaben anderweitig aus dem Verkaufsprospekt entnehmen kann.[1719]

[1714] Bamberger/Roth-*Grothe* § 356 Rdn. 2; *Bülow* § 503 Rdn. 23, 25; Erman-*Saenger* § 356 Rdn. 7; Müko-*Ulmer* § 356 Rdn. 16, 17, 20; Staudinger-*Kaiser* § 356 Rdn. 13, 19, 27, 29; s. o.

[1715] *Bülow* § 503 Rdn. 25: Aufforderung des Unternehmers zum Herunterladen genügt nicht.

[1716] Staudinger-*Kaiser* § 356 Rdn. 27, 29; Erman-*Saenger* § 356 Rdn. 7: Möglichkeit, die Erklärung „herunterzuladen", genügt.

[1717] Müko-*Ulmer* § 356 Rdn. 17; *Bülow* § 503 Rdn. 42, 43; Staudinger-*Kaiser* § 356 Rdn. 17 und § 355 Rdn. 39 f.; *Martis/Meinhof* MDR 2004, 4, 8/9.

[1718] Staudinger-*Kaiser* § 356 Rdn. 17.

[1719] *Bülow* § 503 Rdn. 43; W/E/R-*von Westphalen* § 8 VerbrKrG Rdn. 40; a. A. aber Müko-*Ulmer* § 356 Rdn. 17: „Entsprechend § 355 Abs. 2 S. 1 muss stets der Name und die ladungsfähige Anschrift des Rückgabeempfängers angegeben werden".

9. Möglichkeit eingehender Kenntnisnahme

Abweichend von § 355 Abs. 1 muss dem Verbraucher die Möglichkeit gewährt werden, den Verkaufsprospekt in Abwesenheit des Unternehmers eingehend zur Kenntnis nehmen zu können (§ 356 Abs. 1 Nr. 2). 25

Der Verbraucher muss die tatsächliche Möglichkeit haben, sich anhand des Prospektinhalts während einer angemessenen Zeitspanne eingehend über die Waren und die mit ihrem Erwerb verbundenen finanziellen Belastungen zu informieren, ohne dass der Unternehmer oder ihm zuzurechnende Personen in dieser Zeit körperlich anwesend sind.[1720] Dies ist etwa dann nicht der Fall, wenn der Verbraucher den Prospekt eines Versandhandelsunternehmens in den Verkaufsräumen erhält und nicht mitnehmen darf bzw. ein Vertreter oder Sammelbesteller des Unternehmers den Verbraucher anlässlich eines Hausbesuchs nicht oder nur kurze Zeit alleine lässt.[1721] 26

Teilweise wird gefordert, dass er die Offerte „überschlafen konnte".[1722] 27

10. Rückgabefrist

Die Rückgabefrist beträgt gem. § 356 Abs. 2 S. 1 i.V.m. § 355 Abs. 1 S. 2 zwei Wochen und beginnt mit der Erteilung der ordnungsgemäßen Belehrung durch den Unternehmer im Verkaufsprospekt, nicht jedoch vor Erhalt der Sache, vgl. §§ 356 Abs. 2 S. 1.[1723] Bei flüchtigen Verkaufsprospekten, insbesondere Internetkatalogen, beginnt die Frist erst mit Erhalt der Ware und der gesonderten Belehrung in Textform bzw. zum Zeitpunkt, in dem der Verbraucher die Belehrung ausdruckt, herunterlädt oder die tatsächliche Möglichkeit hierzu hat.[1724] 28

Zur Wahrung der Widerrufsfrist genügt bei paketversandfähigen Waren die rechtzeitige Absendung der Sache, andernfalls die rechtzeitige Absendung des Rücknahmeverlangens.[1725] 29

Grundsätzlich scheidet ein Transport durch Postpaket bei einem Gewicht von über 20 kg aus.[1726] Dabei wird z. Zt. noch weitergehend zwischen Paketen mit einem Höchstmaß von 120 x 60 x 60 cm mit einem Höchstgewicht von 20 kg und solchen in Rollenform mit einer maximalen Länge von 120 cm, einem Durchmesser von höchstens 15 cm und einem Höchstgewicht von 5 kg unterschieden. 30

[1720] Müko-*Ulmer* § 356 Rdn. 18; Staudinger-*Kaiser* § 356 Rdn. 22, 23.

[1721] Staudinger-*Kaiser* § 356 Rdn. 22.

[1722] *Bülow* § 503 Rdn. 22; Müko-*Ulmer* § 356 Rdn. 18: keine Beschränkung auf eine bestimmte Zeitspanne, etwa 24 Stunden.

[1723] *Bülow* § 503 Rdn. 31; Staudinger-*Kaiser* § 356 Rdn. 42; Müko-*Ulmer* § 356 Rdn. 16, 21; bei Fernabsatzverträgen vgl. § 312 d Abs. 2: Eingang der Ware bzw. der ersten Teillieferung.

[1724] Staudinger-*Kaiser* § 356 Rdn. 26, 27, 29, 32, 42.

[1725] *Bülow* § 503 Rdn. 31, 33; Müko-*Ulmer* § 356 Rdn. 23, 24; Staudinger-*Kaiser* § 356 Rdn. 36, 38.

[1726] Bamberger/Roth-*Grothe* § 356 Rdn. 5; Erman-*Saenger* § 356 Rdn. 10.

31 Als Sperrgut werden quaderförmige Pakete bis 200 cm Länge transportiert, wenn die Länge zzgl. dem größten nicht in Längsrichtung gemessenem Umfang maximal 360 cm betragen. Rollenförmiges Sperrgut ist bis zu 200 cm Länge und einem Durchmesser von maximal 60 cm versandfähig.[1727]

32 Übt der Verbraucher bei einer paketversandfähigen Sache (bis 20 kg) sein Rückgaberecht durch Rücknahmeverlangen in Textform aus, geht diese Fehleinschätzung zu seinen Lasten. Das Rückgabeverlangen ist dann wirkungslos, der Verbraucher verliert das ihm anstatt des Widerrufsrechts eingeräumte Rückgaberecht.[1728]

33 Kann die Sache nicht als Paket versandt werden, muss das Rückgaberecht innerhalb von zwei Wochen durch Rücknahmeverlangen in Textform ausgeübt werden, § 356 Abs. 2 S. 2 i.V.m. § 355 Abs. 1 S. 2.[1729] Bei Fernabsatzverträgen schließt § 312d Abs. 4 Nr. 1 das Rückgaberecht für solche Waren aus, „die aufgrund ihrer Beschaffenheit für die Rücksendung nicht geeignet sind"; hierunter fällt etwa online übermittelte Software.[1730]

11. Zeitpunkt der Einräumung des Rückgaberechts

34 Nach einer Ansicht ist die Belehrung Tatbestandsvoraussetzung für die Ersetzung des Widerrufsrechts durch das Rücktrittsrecht. Eine Nachholung der Belehrung entsprechend § 355 Abs. 2 S. 2 kommt danach nicht in Betracht.[1731]

35 Nach a. A. kann auch die Information über das Rückgaberecht entsprechend § 355 Abs. 2 S. 2 n. F. nachgeholt werden. Bis zu diesem Zeitpunkt besteht das Widerrufsrecht des Verbrauchers aus § 355.[1732]

36 In diesem Fall beginnt die Rückgabefrist erst mit dem Zeitpunkt der Nachholung der Belehrung über das Rückgaberecht zu laufen und beträgt in entsprechender Anwendung des § 355 Abs. 2 S. 2 n. F. nicht zwei Wochen, sondern einen Monat.[1733]

[1727] Erman-*Saenger* § 356 Rdn. 10 zu den im Januar 2004 geltenden AGB der Deutschen Post AG.

[1728] Bamberger/Roth-*Grothe* § 356 Rdn. 6; *Bülow* § 503 Rdn. 37; großzügiger W/E/R-*von Westphalen* § 8 VerbrKrG Rdn. 55: Rückgabeverlangen wirksam, wenn der Verbraucher im Rahmen der Anlieferung von mangelnder Versandfähigkeit ausgehen durfte.

[1729] Bamberger/Roth-*Grothe* § 356 Rdn. 5; Staudinger-*Kaiser* § 356 Rdn. 37.

[1730] Staudinger-*Kaiser* § 356 Rdn. 37.

[1731] *Bülow* § 503 Rdn. 34.

[1732] Müko-*Ulmer* § 356 Rdn. 21.

[1733] Müko-*Ulmer* § 356 Rdn. 21; Staudinger-*Kaiser* § 356 Rdn. 42 a. E.

12. Rechtsfolgen

a) Fehlerhaft eingeräumtes Rückgaberecht

Sind die obigen Voraussetzungen des § 356 nicht erfüllt, fehlt es an einem wirksam eingeräumten Rückgaberecht. Es verbleibt dann beim Widerrufsrecht des Verbrauchers aus § 355 i.V.m. §§ 312 Abs. 1 S. 1, 312d Abs. 1 S. 1, 495 Abs. 1, 499 Abs. 1, 501,[1734] und zwar in Ermangelung einer – auch nicht nachgeholten – wirksamen Widerrufsbelehrung gem. § 355 Abs. 3 S. 3 für unbegrenzte Zeit.[1735] 37

b) Wirksame Ausübung des Rückgaberechts

Mit wirksamer Ausübung des Rückgaberechts treten die Rechtsfolgen des § 357 Abs. 1 ein, nämlich die entsprechende Anwendung der Vorschriften über den Rücktritt, §§ 346ff. Sobald der Verbraucher ernsthafte Anhaltspunkte dafür hat, dass die zurückgesandte Sache nicht beim Unternehmer angekommen ist, – etwa weil der Unternehmer Bezahlung verlangt, – muss er nach u.E. zutreffender Ansicht in Textform erklären, dass er sein Rückgaberecht ausgeübt hat.[1736] Nach h.M. liegt bereits in der Absendung der Ware eine wirksame Rücktrittserklärung.[1737] 38

Liegt ein Teilzahlungsgeschäft vor (§§ 501, 503 Abs. 1) und ist hiermit ein Verbraucherdarlehensvertrag (§ 591 Abs. 1) verbunden, sind auch die §§ 358, 359, 503 Abs. 2 S. 5 anzuwenden.[1738] Auch im Rahmen des § 356 bleibt es bei der gesteigerten Haftung des Verbrauchers gem. § 357 Abs. 3.[1739] 39

c) Kosten und Gefahr der Beförderung

Die Kosten der Beförderung trägt der Unternehmer. Bei Bestellwerten bis zu 40,00 € können dem Verbraucher im Fernabsatzvertrag die regelmäßigen Kosten in entsprechender Anwendung des § 357 Abs. 2 S. 3 vertraglich auferlegt werden.[1740] Die Gefahr des zufälligen Untergangs oder zufälligen Verschlechterung der Ware trägt entsprechend § 357 Abs. 2 S. 2 der Unternehmer.[1741] 40

[1734] Bamberger/Roth-*Grothe* § 356 Rdn. 7; Müko-*Ulmer* § 356 Rdn. 15, 16, 22, 26; Staudinger-*Kaiser* § 356 Rdn. 7.

[1735] Staudinger-*Kaiser* § 356 Rdn. 7 a.E., 44 und § 355 Rdn. 60.

[1736] Staudinger-*Kaiser* § 356 Rdn. 36, 43: Rückgaberecht erst mit Zugang des Rücknahmeverlangens ausgeübt.

[1737] Erman-*Saenger* § 356 Rdn. 8; Müko-*Ulmer* § 356 Rdn. 23.

[1738] Palandt-*Putzo* § 503 Rdn. 5.

[1739] *Bülow* § 503 Rdn. 29.

[1740] *Bülow* § 503 Rdn. 37 zur alten Rechtslage.

[1741] *Bülow* § 503 Rdn. 39.

H. Verbundene Geschäfte (§§ 358, 359)

I. Einführung

1 In dem bis zum 31. 12. 2001 geltenden § 9 VerbrKrG wurden die von der Rspr. aus §§ 6 AbzG, 242 BGB entwickelten Lösungen zur Erstreckung des Widerrufsrechts des Verbrauchers bzw. des Abzahlungskäufers bei Umgehungsgeschäften sowie zum Einwendungsdurchgriff bei finanzierten Abzahlungsgeschäften erstmals unter dem Oberbegriff „verbundene Geschäfte" einer ausdrücklichen gesetzlichen Regelung zugeführt.[1742] Der Verbraucher soll vor den Risiken geschützt werden, die ihm durch Aufspaltung eines Teilzahlungsgeschäfts i. S. d. §§ 4 Abs. 1 S. 4 Nr. 2 VerbrKrG bzw. 499 Abs. 2, 501 in ein Bargeschäft und einen damit in Zusammenhang stehenden Kreditvertrag i. S. d. § 4 Abs. 1 S. 4 Nr. 1 VerbrKrG bzw. eines Verbraucherdarlehensvertrages i. S. d. § 491 Abs. 1, 492 Abs. 1 drohen.[1743] Er Verbraucher soll nicht schlechter, aber auch nicht besser[1744] gestellt sein als wenn ihm nur ein Vertragspartner gegenüberstünde, und zwar – wie nunmehr auch § 358 Abs. 4 S. 3 deutlich macht – der Darlehensgeber.[1745]

1. Einwendungsdurchgriff (§§ 9 Abs. 3 VerbrKrG, 359)

2 § 9 Abs. 3 VerbrKrG (jetzt § 359) gestattete es dem Verbraucher, auf dem finanzierten Vertrag – regelmäßig einem Kauf- oder Werkvertrag – beruhende Einwendungen und Einreden auch dem Darlehensgeber entgegenzuhalten. § 9 Abs. 1, Abs. 2, Abs. 4 VerbrKrG (jetzt § 358) erstreckte die Rechtsfolgen des Widerrufs des finanzierten Geschäfts (Kauf-, Werkvertrag o. a.) oder des Verbraucherdarlehensvertrages auf den jeweils anderen Vertrag.

2. Abhängigkeit des Darlehensvertrags vom Bestand des finanzierten Geschäfts (§§ 9 Abs. 2, 4 VerbrKrG, 358 Abs. 1)

3 Während nach § 9 Abs. 2 VerbrKrG nur der Kreditvertrag Gegenstand des Widerrufs sein und dazu führen konnte, so dass der Verbraucher/Darlehensnehmer auch an den finanzierten Kaufvertrag – oder anderen finanzierten Vertrag i. S. d. § 9 Abs. 4 – nicht mehr gebunden war, wenn es sich bei dem Kredit- und dem Kaufvertrag um verbundene Geschäfte han-

---

[1742] Vgl. hierzu *Martis* MDR 1999, 65.

[1743] Vgl. Müko-*Habersack* § 358 Rdn. 1; *Martis* MDR 1999, 65.

[1744] Vgl. hierzu zuletzt *Mülbert/Hoger* WM 2004, 2281, 2292 und *Wolf/Großerichter* WM 2004, 1993, 1997.

[1745] Bamberger/Roth-*Möller/Wendehorst* § 358 Rdn. 2.

delte,[1746] nimmt nunmehr § 358 Abs. 1 – über die Regelung in § 9 VerbrKrG hinausgehend – die Perspektive eines widerrufbaren finanzierten Vertrages ein. Ist der Widerruf des finanzierten Kaufvertrages, Werkvertrages o.a. möglich und hat der Verbraucher seine auf Abschluss dieses Vertrages gerichtete Willenserklärung wirksam widerrufen, so ist er bei verbundenen Verträgen bei Vorliegen der Voraussetzungen des § 358 Abs. 3 auch nicht mehr an seine Willenserklärung gebunden, die auf den Abschluss des zugehörigen Verbraucherdarlehensvertrages i.S.d. §§ 491 Abs. 1, 492 Abs. 1 gerichtet war.[1747]

3. Abhängigkeit des finanzierten Geschäfts vom Bestand des Darlehensvertrages (§ 358 Abs. 2)

§ 358 Abs. 2 S. 1 hat die aus § 9 Abs. 2 S. 1 VerbrKrG bekannte Rege- 4
lung übernommen, wonach der Verbraucher nach möglichem und wirksamem Widerruf der auf Abschluss des Verbraucherdarlehensvertrages gerichteten Willenserklärung auch an seine auf den Abschluss des finanzierten Vertrages (Kauf-, Werkvertrag o.a.) gerichtete Erklärung nicht mehr gebunden ist.

Gegenstand des Widerrufs nach neuem Recht ist daher entweder die auf 5
Abschluss des finanzierten Vertrages oder die auf Abschluss des Verbraucherdarlehensvertrages gerichtete Willenserklärung des Verbrauchers. Daher hat die erforderliche Belehrung (vgl. § 358 Abs. 5) den Verbraucher auch auf die Rechtsfolgen nach § 358 Abs. 1 und Abs. 2 hinzuweisen.[1748]

Da in den Fällen des § 358 Abs. 1 das auf den finanzierten Kauf-, Werk- 6
oder sonstigen Bezugsvertrag bezogene Widerrufsrecht mit dem auf den Verbraucherdarlehensvertrag bezogenen Widerrufsrecht nach §§ 495, 355, 358 Abs. 2 S. 1 zusammentreffen kann, bedurfte es zunächst der mit § 358 Abs. 2 S. 2 eingeführten Konkurrenzregel. Danach ist, wenn der Verbraucher das finanzierte Geschäft widerrufen kann, das auf den Verbraucherdarlehensvertrag bezogene Widerrufsrecht aus §§ 495, 355 ausgeschlossen. Die Folge ist, dass es zu einem Widerruf des Verbraucherdarlehensvertrages i.S.d. § 358 Abs. 2 S. 1 nach dem Gesetzeswortlaut nicht kommen kann und demgemäß allein § 358 Abs. 1 Anwendung findet.[1749]

Der Verbraucher soll hierdurch jedoch keinen Nachteil erleiden. § 358 7
Abs. 2 S. 3 hebt diese Konkurrenzregel des § 358 Abs. 2 S. 2 de facto wieder auf und fingiert, dass der „richtige Widerruf" des verbundenen Vertrages (Kaufvertrag, Werkvertrag o.a.) erklärt wurde, falls der Verbraucher nicht

---

[1746] Vgl. Bamberger/Roth-*Möller/Wendehorst* § 358 Rdn. 3; W/E/R-*Emmerich* § 9 VerbrKrG Rdn. 86, 87, 103; *Martis* MDR 1999, 65, 66.

[1747] Bamberger/Roth-*Möller/Wendehorst* § 358 Rdn. 11; Erman-*Saenger* § 358 Rdn. 15, 16.

[1748] Erman-*Saenger* § 358 Rdn. 16, 18; Bamberger/Roth-*Möller/Wendehorst* § 358 Rdn. 15, 16.

[1749] Vgl. Erman-*Saenger* § 358 Rdn. 17; Müko-*Habersack* § 358 Rdn. 3, 19.

diesen, sondern fälschlicherweise den Verbraucherdarlehensvertrag widerruft.[1750]

8 Darüber hinaus ist ein dem Unternehmer gegenüber erklärter Widerruf des Verbraucherdarlehensvertrages i. d. R. als Widerruf des finanzierten Vertrages auszulegen.[1751]

9 Im Rahmen des § 9 VerbrKrG bestanden Probleme für den Fall, dass der Widerruf unzulässigerweise gegenüber dem Vertragspartner des finanzierten Vertrages (Kaufvertrag o. a.) erklärt worden war[1752]

10 Hier wurde ein gegenüber dem Verkäufer bzw. anderen Leistungserbringer ausgesprochener Widerruf nur dann als beachtlich angesehen, wenn der Verkäufer in der Widerrufsbelehrung als Widerrufsempfänger bezeichnet wurde oder als passiver Stellvertreter bzw. Empfangsbote – ggf. nach Rechtsscheingrundsätzen – anzusehen war.[1753]

11 Diese Probleme sind mit der Neuregelung beseitigt.[1754] Insbesondere wird die Einhaltung der Widerrufsfrist nunmehr nach dem zuerst vom Verbraucher erklärten Widerruf beurteilt.[1755]

4. Legaldefinition des verbundenen Geschäfts (§ 358 Abs. 3 S. 1)

12 In § 358 Abs. 3 S. 1 findet sich – systematisch etwas unglücklich, da der Begriff bereits von § 358 Abs. 1 und Abs. 2 vorausgesetzt wird – die Definition des „verbundenen Vertrages".[1756]

Ein verbundener Vertrag liegt vor, wenn (1.) das Darlehen der Finanzierung des anderen Vertrags über die Erbringung einer Leistung dient und (2.) beide Verträge eine wirtschaftliche Einheit bilden.

5. Gesetzliches Fallbeispiel einer wirtschaftlichen Einheit beider Verträge (§ 358 Abs. 3 S. 2)

13 § 358 Abs. 3 S. 2 stellt eine unwiderlegliche Vermutung für das Vorliegen einer wirtschaftlichen Einheit auf, wenn der Unternehmer selbst die Gegenleistung des Verbrauchers finanziert oder wenn sich der Darlehensgeber bei der Vorbereitung oder dem Abschluss des Darlehensvertrages der Mitwirkung des Erbringers der finanzierten Leistung bedient.

[1750] Bamberger/Roth-*Möller/Wendehorst* § 358 Rdn. 18; Erman-*Saenger* § 358 Rdn. 17: Widerruf des finanzierten Vertrages wird fingiert, so dass es im Ergebnis unerheblich ist, ob der Widerruf gegenüber dem Darlehnsgeber oder dem Verkäufer erklärt wird; Müko-*Habersack* § 358 Rdn. 3, 20, 64: Fiktion wäre unnötig gewesen.

[1751] Erman-*Saenger* § 358 Rdn. 17; Müko-*Habersack* § 358 Rdn. 65 a. E., 66.

[1752] Vgl. hierzu *Martis* MDR 1999, 65, 66 m. w. N.

[1753] Müko-*Habersack* § 9 VerbrKrG Rdn. 56, 57; *Martis* MDR 1999, 65, 66.

[1754] Bamberger/Roth-*Möller/Wendehorst* § 358 Rdn. 18; *Bülow* § 495 Rdn. 272.

[1755] Bamberger/Roth-*Möller/Wendehorst* § 358 Rdn. 18 unter Hinweis auf BT-Drucks. 14/7052, 195.

[1756] Vgl. etwa *Lauer* BKR 2004, 92, 95; Bamberger/Roth-*Möller/Wendehorst* § 358 Rdn. 5.

Für nach dem 1. 8. 2002 geschlossene Haustürgeschäfte und andere nach dem 1. 11. 2002 begründete Schuldverhältnisse hat der Gesetzgeber in § 358 Abs. 3 S. 3 den Begriff der wirtschaftlichen Einheit eingeschränkt, nachdem er im selben Zug als Reaktion auf die Rechtsprechung des EuGH[1757] Immobiliardarlehensverträge (definiert in § 492 Abs. 1 a S. 2 – vormals Realkreditverträge i. S. d. § 3 Abs. 2 Nr. 2 VerbrKrG) dem gesetzlichen Widerrufsrecht nach § 355 unterworfen hat. Diese Einschränkung des Anwendungsbereichs war notwendig, da die Mitwirkung des Grundstücksveräußerers im Zuge der Finanzierung des Erwerbs (Zustimmung des „Noch-Eigentümers" zur Belastung des Grundstücks mit Grundpfandrechten) die Regel darstellt, aber auch in Fällen anzutreffen ist, in denen der Veräußerer kein engeres Verhältnis zur finanzierenden Bank als der Erwerber aufweist. 14

So hätte allein die Zustimmung des Noch-Eigentümers zur Beleihung/Belastung des zu veräußernden Grundstücks zu einer Mitwirkung des Unternehmers und damit zu einem verbundenen Geschäft geführt. Nach der unveränderten Fassung des § 358 Abs. 3 hätten deshalb eine Vielzahl von Grundstückserwerbsgeschäften als verbundene Geschäfte abgewickelt werden müssen. Dieser umfassende Anwendungsbereich erschien dem Gesetzgeber für die Immobilienfinanzierung zu weitgehend. Wäre die Regelung des § 358 Abs. 3 S. 2 auch für diese Verträge beibehalten worden, hätten sich die Risiken für die Banken erhöht mit der Folge, dass sich auch die Darlehenskonditionen verschlechtert hätten, ohne dass dies in einer finanziellen Verbundenheit oder einem Zusammenwirken des Kreditinstituts mit dem Verkäufer eine innere Rechtfertigung gefunden hätte.[1758] 15

Nunmehr ist bei einem finanzierten Erwerb eines Grundstücks eine wirtschaftliche Einheit beider Verträge nur anzunehmen, wenn der Darlehensgeber selbst das Grundstück oder das grundstücksgleiche Rechts verschafft oder wenn er über die Gewährung von Darlehen hinaus den Erwerb des Grundstücks oder grundstücksgleichen Rechts durch Zusammenwirken mit dem Unternehmer fördert, indem er sich dessen Veräußerungsinteressen ganz oder teilweise zu eigen macht, bei der Planung, Werbung oder Durchführung des Projekts Funktionen des Veräußerers übernimmt oder diesen einseitig begünstigt.[1759] Ein verbundenes Geschäft liegt danach vor, wenn der Darlehensgeber im Lager des Grundstücksveräußerers steht (s. u.). 16

6. Rechtsfolge des Widerrufs im verbundenen Vertrag (§ 358 Abs. 4)

§ 358 Abs. 4 S. 1 verweist für die Rechtsfolgen des Widerrufs bei verbundenen Verträgen auf die allgemeine Regelung in § 357, der wiederum auf §§ 346 ff. Bezug nimmt. In § 358 Abs. 4 S. 2 wurde die früher umstrittene, 17

1757 EuGH NJW 2002, 281; im Anschluss hieran BGH NJW 2002, 1881.

1758 Vgl. *Lauer* BKR 2004, 92; *Meinhof* NJW 2002, 2273, 2274.

1759 Vgl. *Lauer* BKR 2004, 92, 94; *Meinhof* NJW 2002, 2273, 2274; *Schmidt-Kessel* ZGS 2002, 311, 316; Müko-*Habersack* § 358 Rdn. 50, 51.

zuvor in § 4 Abs. 1 S. 3 FernAbsG sowie in § 6 Abs. 1 S. 3 TzWrG normierte Anordnung übernommen, wonach Zinsen und Kosten der Rückabwicklung im Rahmen des § 358 Abs. 1 nicht gegenüber dem Verbraucher geltend gemacht werden dürfen.

18 § 358 Abs. 4 S. 3 entspricht der Regelung des § 9 Abs. 2 S. 4. Ist der Nettokreditbetrag bereits an den Verkäufer, Werkunternehmer o. a. geflossen, tritt der Darlehensgeber nach dieser Vorschrift im Verhältnis zum Verbraucher hinsichtlich der Rechtsfolgen des Widerrufs in die Rechte und Pflichten des Verkäufers, Werkunternehmers o.a. aus dem mit dem Verbraucherdarlehensvertrag verbundenen Kaufvertrag, Werkvertrag o.a. ein. Der Eintritt des Darlehensgebers in die Rechte und Pflichten des Verkäufers, Werkunternehmers o.a. erfolgt nicht neben diesem, sondern an dessen Stelle.

19 Das Rückabwicklungsverhältnis besteht aus Sicht des Verbrauchers deshalb ausschließlich mit dem Darlehensgeber, allerdings zu den Konditionen, die sich aus dem finanzierten Vertrag (Kaufvertrag, Werkvertrag o.a.) ergeben.[1760]

20 Der BGH[1761] befürwortet eine analoge Anwendung des § 9 Abs. 2 S. 4 VerbrKrG bzw. des § 358 Abs. 4 S. 3 beim finanzierten Beitritt zu einer Fondsgesellschaft. Wurde der Anleger etwa beim Fondsbeitritt vom Vertreter einer Fondsgesellschaft oder einem Vermittler, dessen Rechtshandlungen der finanzierenden Bank nach den Grundsätzen des § 123 Abs. 2 zurechenbar sind, getäuscht, kann er die ihm gegen die Gründungsgesellschafter und die Prospektverantwortlichen zustehenden Schadensersatzansprüche auch gegenüber der Bank geltend machen, wenn der Fondsbeitritt und der Darlehensvertrag ein verbundenes Geschäft i.S.d. §§ 9 Abs. 1, 4 VerbrKrG bzw. des § 358 Abs. 1, Abs. 3 S. 1 bilden. Die Bank hat den Anleger (Verbraucher) dann so zu stellen, als wäre er dem Fonds nicht beigetreten.

7. Belehrung über die Rechtsfolgen des Widerrufs (§ 358 Abs. 5)

21 Liegt ein „verbundener Vertrag" i.S.d. § 358 Abs. 1 bis 3 vor, muss die erforderliche Widerrufsbelehrung nach §§ 358 Abs. 5, 355 Abs. 1 auch auf die Rechtsfolgen nach § 358 Abs. 1, Abs. 2 S. 1 und 2 hinweisen. Wenn für das finanzierte Geschäft (Kaufvertrag, Werkvertrag o.a.) belehrt werden soll, muss der Hinweis erfolgen, dass der Verbraucher beim Widerruf des finanzierten Vertrages auch an den Darlehensvertrag nicht mehr gebunden ist, wenn beide Verträge eine wirtschaftliche Einheit bilden. Soll für den Darlehensvertrag belehrt werden, muss der Hinweis dahin gehen, dass der

---

[1760] Bamberger/Roth-*Möller/Wendehorst* § 358 Rdn. 6; *Martis* MDR 1999, 65, 68.

[1761] BGH, II. ZS., BKR 2005, 73, 74; WM 2005, 547, 548; WM 2004, 1529, 1534 und 1535 = NJW 2004, 2736, 2740 und 2741; WM 2004, 1536, 1541 und 1542; WM 2004, 1525, 1527; NJW 2003, 2821, 2823; zustimmend OLG Stuttgart WM 2005, 972, 976; *Nittel* NJW 2004, 2712, 2713; *Schäfer* BKR 2005, 98, 100f.; ablehnend OLG Köln OLG-Report 2004, 2821, 2823; *Edelmann* BKR 2004, 337f.; *Mülbert/Hogner* WM 2004, 2281ff.; *Wallner* BKR 2004, 367ff.; *Wolf/Großerichter* WM 2004, 1993ff.

Verbraucher bei einem Widerruf des Darlehensvertrages auch an den finanzierten Vertrag nicht mehr gebunden ist, wenn beide Verträge eine wirtschaftliche Einheit bilden.[1762]

II. Übersicht; Prüfungsschema zum Widerruf bei verbundenen Geschäften

1. Sachliche und persönliche Anwendbarkeit

22 *a) Verbrauchereigenschaft des Widerrufenden*

b) Unternehmereigenschaft des Widerrufsempfängers

2. Kein Eingreifen von Ausnahmen, Ausschlüssen oder Sonderregelungen

a) § 491 Abs. 2 Nr. 1

Unanwendbarkeit des § 358 Abs. 2 S. 1 auf Finanzierungsdarlehen bis zur Bagatellegrenze von 200,00 €. 23

b) § 507

Keine Anwendung bei Existenzgründern, wenn der Nettodarlehensbetrag oder Barzahlungspreis 50 000,00 € übersteigt. 24

c) § 491 Abs. 2 Nr. 2

Keine Anwendung der §§ 491 ff., 355, 358 auf Arbeitgeberdarlehen. 25

d) § 491 Abs. 2 Nr. 3

Keine Anwendung der §§ 491 ff., 355, 358 bei Förderdarlehen. 26

e) §§ 3 Abs. 2 Nr. 2 VerbrKrG bzw. 491 Abs. 3 Nr. 1 a. F. bei Altverträgen

Keine Anwendung der §§ 358, 359 auf Realkredit- bzw. Immobiliardarlehensverträge 27

f) § 491 Abs. 3 Nr. 1 n. F.

Keine Anwendung des § 358 Abs. 2, Abs. 4 und Abs. 5 bei notarieller Beurkundung oder gerichtlicher Protokollierung 28

g) § 491 Abs. 3 Nr. 2 n. F.

Keine Anwendung des § 358 Abs. 2, Abs. 4, Abs. 5 und des § 359 auf Verbraucherdarlehensverträge, die der Finanzierung des Erwerbs von Wertpapieren, Devisen, Derivaten oder Edelmetallen dienen. 29

[1762] Vgl. *Martis/Meinhof* MDR 2004, 4, 8; *Bülow* § 495 Rdn. 277, 278, 282; Muster der Widerrufsbelehrung zu § 14 Abs. 1 und Abs. 3 der InfoVO bei Palandt-*Heinrichs*, 63. Aufl., Anhang zu § 355 und 64. Aufl., S. 2734.

h) Keine Anwendung des § 358 Abs. 1 und Abs. 2 auf Finanzierungshilfen, insbesondere Leasingverträge, §§ 499, 500

30 Auf Finanzierungshilfen und Leasingverträge findet § 358 Abs. 1, Abs. 2 keine Anwendung, da der Verbraucher hier regelmäßig nur einen und nicht die von § 358 vorausgesetzten zwei Verträge schließt.[1763]

Ausnahme: Bestellereintritt, d.h. Kaufvertrag mit Leasingfinanzierungsklausel.[1764]

i) Teilzahlungsgeschäfte

31 Keine Anwendung finden § 358 Abs. 1 und Abs. 2 auf Teilzahlungsgeschäfte i.S.d. § 501, die nicht drittfinanziert werden.[1765] §§ 358, 359 sind jedoch einschlägig, wenn es sich um ein finanziertes Teilzahlungsgeschäft bei Abschluss zweier entsprechender, verbundener Verträge handelt.

k) Vorrangregel des § 312a bei Haustürgeschäften

32 Wird ein Haustürgeschäft durch ein Verbraucherdarlehen finanziert, gilt § 358 Abs. 1. Ist das Haustürgeschäft aber zugleich Verbraucherkreditgeschäft, etwa ein Teilzahlungsgeschäft nach §§ 499 Abs. 2, 501, hat das Widerrufsrecht aus §§ 355, 495 Vorrang vor dem Widerrufsrecht aus § 312.[1766]

33 Nach der zum 1. 8. 2002 angefügten Neufassung des § 312a wird das Widerrufsrecht aus § 312 allerdings nur verdrängt, wenn den Verbraucher das in § 495 i.V.m. § 355 geregelte Widerrufsrecht tatsächlich zusteht, d.h. nicht etwa durch § 491 Abs. 2 und Abs. 3 ausgeschlossen ist.[1767]

l) Vorrang von Fernabsatz- und Teilzeitwohnrechterecht

34 Treffen das Widerrufsrecht bei Fernabsatzverträgen (§ 312b, 312d) bzw. bei Teilzeit-Wohnrechteverträgen (§ 485) und das verbraucherkreditrechtliche Widerrufsrecht aufeinander, so haben §§ 312d, 485 Vorrang, sodass der Verbraucher den Darlehensvertrag nicht gem. § 358 Abs. 2 S. 2 widerrufen kann. Widerruft er dennoch den „falschen", also den Darlehensvertrag, greift allerdings die Fiktion des § 358 Abs. 2 S. 3 ein, sodass der Widerruf wirksam ist.[1768]

[1763] Müko-*Habersack* § 358 Rdn. 16; *Habersack* BKR 2001, 72, 76; a.A. *Bülow* § 495 Rdn. 280 und § 500 Rdn. 11, 12: § 358 im Fall des Bestellereintritts und des sale-end-lease-back-Verfahrens anwendbar; Erman-*Saenger* § 358 Rdn. 4, 12: § 358 auf Finanzierungsleasingverträge anzuwenden.

[1764] Müko-*Habersack* § 358 Rdn. 17; *Bülow* § 495 Rdn. 280 und § 500 Rdn. 11, 12.

[1765] Müko-*Habersack* § 358 Rdn. 16; a.A. *Bülow* § 501 Rdn. 4.

[1766] Vgl. *Bülow* § 495 Rdn. 322; OLG Stuttgart WM 2005, 972, 973 zu § 5 HausTWG.

[1767] Müko-*Habersack* § 358 Rdn. 21.

[1768] *Bülow* § 495 Rdn. 248, 321.

Zu beachten ist allerdings, dass ein Widerrufsrecht bei Fernabsatzverträgen gem. § 312d Abs. 5 dann nicht besteht, wenn dem Verbraucher ein solches bereits gem. §§ 499–507 i.V.m. §§ 355, 356 zusteht.[1769] 35

3. Zu finanzierender Vertrag zwischen Verbraucher und einem Dritten

In Betracht kommen Kaufverträge, Werkverträge, Pauschalreiseverträge, Partnerschaftsvermittlungsverträge u.a.,[1770] nach h.M auch der Beitritt zu einem Immobilienfonds, insbesondere einer BGB-Gesellschaft, einer OHG oder KG.[1771] 36

4. Vorliegen einer „wirtschaftlichen Einheit" zwischen dem Darlehens- und dem finanzierten Vertrag

Das Darlehen muss der Finanzierung des anderen Vertrages (Kaufvertrag, Werkvertrag o.a.) dienen.[1772] § 358 Abs. 3 S. 2 enthält eine unwiderlegliche Vermutung, wenn der Unternehmer selbst die Gegenleistung des Verbrauchers finanziert oder wenn sich der Darlehensgeber bei Vorbereitung oder dem Abschluss des Darlehensvertrages der Mitwirkung des Erbringers der finanzierten Leistung bedient (weitere Kriterien siehe unten Rdn. 128ff.). 37

5. Vorliegen der Voraussetzungen des § 355

§ 358 Abs. 1 und Abs. 2 setzen die Existenz und wirksame Ausübung eines Widerrufsrechts nach § 355 voraus und regeln allein dessen Erstreckung auf den verbundenen Kaufvertrag.[1773] Ein Widerrufsdurchgriff scheidet aus, wenn die Voraussetzungen des § 355 nicht gegeben sind (vgl. hierzu oben F.), die Widerrufsfrist bereits abgelaufen oder ein Ausschlussgrund vorhanden ist.[1774] 38

[1769] Palandt-*Heinrichs* § 312d Rdn. 15.

[1770] Bamberger/Roth-*Möller/Wendehorst* § 358 Rdn. 11, 12; Staudinger/Kessal-*Wulf*, 2004, § 358 Rdn. 36.

[1771] BGH, XI. ZS., WM 2005, 327ff.; BGH, II. ZS., WM 2005, 547; BKR 2005, 73; WM 2004, 1529 = NJW 2004, 2736; WM 2004, 1536 = NJW 2004, 2742 LS; WM 2004, 1525, 1526 = NJW 2004, 2742 LS; WM 2004, 1518 = NJW 2004, 2735 LS; WM 2004, 1521 = NJW 2004, 2731; BGH NJW 2003, 2821, 2822; OLG Frankfurt WM 2002, 1275, 1278; OLG Köln OLG-Report 2004, 383, 385; OLG Stuttgart WM 2005, 972; WM 2005, 981; OLG Bamberg WM 2005, 593, 594; *Lauer* BKR 2004, 92, 99; *Wolf/Großerichter* WM 2004, 1993ff.; Bamberger/Roth-*Möller/Wendehorst* § 358 Rdn. 12; Erman-*Saenger* § 358 Rdn. 4, 10 a.E.; Müko-*Habersack* § 358 Rdn. 14; Staudinger/Kessal-*Wulf*, 2004, § 358 Rdn. 46; a.A. noch OLG Karlsruhe OLG-Report 2002, 295; WM 2003, 1218, 1220; WM 2003, 182, 185.

[1772] Bamberger/Roth-*Möller/Wendehorst* § 358 Rdn. 20; Staudinger/Kessal-*Wulf* § 358 Rdn. 27ff.; *Martis* MDR 1999, 65, 66.

[1773] Müko-*Habersack* § 358 Rdn. 7.

[1774] Müko-*Habersack* § 358 Rdn. 8.

6. Fristgerechte und wirksame Ausübung des Widerrufs (§§ 358 Abs. 1, Abs. 2, 355)

a) § 355 Abs. 1 S. 2, Abs. 2

39 Für den Lauf der zweiwöchigen Widerrufsfrist des § 355 Abs. 1 S. 2 kommt es auch bei Vorliegen verbundener Geschäfte allein auf die Abgabe der zu widerrufenden Willenserklärung und der hierauf bezogenen Voraussetzungen des § 355 Abs. 2 an. Wird zunächst der verbundene Vertrag geschlossen, beginnt der Lauf der Widerrufsfrist erst mit dem Vorliegen der auf den zu widerrufenden Vertrag bezogenen Voraussetzungen des § 355 Abs. 2. Der verbundene Vertrag kann in diesem Fall auch noch nach Ablauf von zwei Wochen in ein Rückgewährschuldverhältnis umgewandelt werden.[1775]

40 Kommt es zuerst zum Abschluss des zu widerrufenden Darlehensvertrages, wird der Lauf der Widerrufsfrist durch den nachträglichen Abschluss des finanzierten Vertrages (Kaufvertrag, Werkvertrag o. a.) nicht unterbrochen. Ist die Widerrufsfrist für den Verbraucherdarlehensvertrag noch nicht abgelaufen, ist gem. § 358 Abs. 2 S. 3 der Widerruf des „falschen“ Vertrages unschädlich und Frist wahrend.

b) § 358 Abs. 5

41 Zusätzlich zu den nach § 355 Abs. 2 S. 1 erforderlichen Angaben hat die Widerrufsbelehrung nach § 358 Abs. 5 den Hinweis auf die Rechtsfolgen nach § 358 Abs. 1, Abs. 2 zu enthalten.[1776]

7. Rückabwicklung nach wirksamem Widerruf (§§ 358 Abs. 4, 357, 346 ff.)

42 *a) Rückabwicklung zwischen Verbraucher und Drittem (Verkäufer, Werkunternehmer u. a.), § 358 Abs. 4 S. 3* (s. u. Rdn. 250 ff.)

43 *b) Rückabwicklung zwischen Darlehensgeber und Verkäufer, Werkunternehmer u. a.), §§ 358 Abs. 4 S. 3 analog, 812 Abs. 1, 813* (s. u. Rdn. 276 ff.)

44 *c) Einwendungsdurchgriff, § 359* (vgl. hierzu Rdn. 310 ff.)

III. Anwendbarkeit der §§ 358, 13, 14 in persönlicher und sachlicher Hinsicht

1. Persönlicher Anwendungsbereich

45 Bei dem zu widerrufenden Vertrag muss es sich um einen Verbrauchervertrag i. S. d. §§ 312 Abs. 1, 312 b, 485 Abs. 1, 491 Abs. 1, 499, 500, 501 handeln, den ein Verbraucher mit einem Unternehmer geschlossen hat.[1777]

[1775] Müko-*Habersack* § 358 Rdn. 72.

[1776] Erman-*Saenger* § 358 Rdn. 18; Müko-*Habersack* § 358 Rdn. 68.

[1777] *Bülow* § 495 Rdn. 269 und § 491 Rdn. 62.

Entsprechendes gilt für den damit verbundenen Kauf-, Werk- oder sonstigen Vertrag. § 358 Abs. 2 S. 1 nimmt ersichtlich auf § 358 Abs. 1 Bezug und setzt deshalb wie dieser voraus, dass das finanzierte Geschäft des Verbrauchers mit einem Unternehmer i.S.d. § 14 zustande gekommen ist.[1778] 46

2. Sachlicher Anwendungsbereich

Zum sachlichen Anwendungsbereich der §§ 491 ff., 495, 355 wird zunächst auf die Ausführungen zum Widerrufsrecht verwiesen (siehe oben F.). 47

a) Finanzierungsleasingverträge (§§ 499 Abs. 2, Abs. 3, 500)

Die Anwendbarkeit der Vorgängerregelung (§ 9 VerbrKrG) auf Leasingverträge war umstritten.

Auf Finanzierungsleasingverträge war § 9 Abs. 1 und Abs. 2 nach h.M. jedenfalls dann analog anwendbar, wenn der Verkäufer/Lieferant den Verbraucher/Leasingnehmer (LN) auf die Möglichkeit des Finanzierungsleasing hingewiesen und die geschäftliche Beziehung des Verbrauchers zum Leasinggeber (LG) in die Wege geleitet hatte oder wenn der LN zunächst mit dem Verkäufer einen Kaufvertrag mit Leasingfinanzierungsklausel schloss, in den der LG dann im Wege des Vertrags- oder Schuldbeitritts bzw. der Schuldübernahme eintrat („Eintrittsmodell") und die weiteren Voraussetzungen („wirtschaftliche Einheit" u.a.) vorlagen.[1779] 48

Eine analoge Anwendung des § 9 Abs. 3 auf Finanzierungsleasingverträge wurde von der h.M. zum alten Recht jedoch abgelehnt.[1780] 49

Nach herrschender Ansicht findet § 358 Abs. 1, Abs. 2 auf Finanzierungsleasingverträge und sonstige Finanzierungshilfen grundsätzlich keine Anwendung, da der Verbraucher keine i.S.d. § 358 Abs. 3 S. 1 „verbundenen Verträge" abschließt.[1781] 50

Eine Ausnahme gilt im Fall des so genannten „Bestellereintritts", d.h. wenn der Verbraucher vor Abschluss des Leasingvertrages zunächst einen Kaufvertrag mit Leasingfinanzierungsklausel schließt, in den der Leasing- 51

1778 Müko-*Habersack* § 358 Rdn. 18.

1779 *Lieb* WM 1991, 1535 ff.; *Martis* MDR 1999, 65; *Michalski* Jura 1997, 177, 178; Müko-*Habersack* § 9 VerbrKrG Rdn. 145; Staudinger/Kessal-*Wulf* § 9 VerbrKrG Rdn. 42; W/E/R-*Emmerich* § 9 VerbrKrG Rdn. 211, 212, 213: wenn sonst trotz des Widerrufs des Leasingvertrages die Gefahr der Bindung an den Kauf- oder sonstigen Leistungsvertrag drohte; a.A. *Slama* WM 1991, 659, 572.

1780 *Lieb* WM 1991, 1535, 1539/1542; *Martis* MDR 1999, 65; *Reinking/Nießen* ZIP 1991, 638; *Slama* WM 1991, 569, 573; Müko-*Habersack* § 9 VerbrKrG Rdn. 147 und Leasing Rdn. 22, 32; a.A. für analoge Anwendung des § 9 Abs. 3 VerbrKrG: W/E/R-*Emmerich* § 9 VerbrKrG Rdn. 216–218; *Michalski* Jura 1997, 177.

1781 *Bülow* § 495 Rdn. 280 und § 500 Rdn. 12, 13; Müko-*Habersack* § 358 Rdn. 16; grundsätzlich auch Staudinger/Kessal-*Wulf*, 2004, § 358 Rdn. 42, 43; differenzierend Bamberger/Roth-*Möller/Wendehorst* § 500 Rdn. 19, 20, 21; a.A. Erman-*Saenger* § 358 Rdn. 4, 12; s.o. Rdn. 30.

geber anschließend im Weg des Vertrags- oder Schuldbeitritts eintritt.[1782]

52 Gleiches gilt dann, wenn der Lieferant des Leasinggutes als Erfüllungsgehilfe des Leasinggebers tätig wurde, indem er den Abschluss des Leasingvertrages vorbereitet oder hierzu behilflich ist[1783] oder für den Fall, dass der Vertrag zwischen dem Leasinggeber und dem Lieferanten eine Bestimmung enthält, wonach im Fall des Widerrufs des Leasingvertrages auch die Verpflichtung des Leasingnehmers aus dem Kaufvertrag hinfällig wird.[1784]

53 Schließlich wird die Anwendung der §§ 358, 359 – einschließlich der Pflicht zur Belehrung nach Maßgabe des § 358 Abs. 5 – beim sale-and-lease-back-Verfahren bejaht, bei dem der Verbraucher die gekaufte Sache dem Leasinggeber übereignet, aber als Leasingnehmer behält und sie nutzt.[1785] Nach zutreffender Auffassung von Kessal-Wulf[1786] muss dem Leasingnehmer unter entsprechender Anwendung des § 359 jedenfalls die Möglichkeit eingeräumt werden, beim Vorliegen von Sachmängeln des Leasinggutes auch im Zeitraum nach dem Fehlschlagen der Nacherfüllung durch den Verkäufer/Lieferanten die weitere Zahlung der Leasingraten einzustellen, ohne zuvor aus abgetretenem Recht des Leasingnehmers eine Klage auf Rücktritt vom Kaufvertrag anhängig machen zu müssen, um eine „Schutzlücke" zu vermeiden.

b) Teilzahlungsgeschäfte (§ 501)

54 Die Finanzierung des Kaufpreises durch ein Darlehen, das der Darlehensgeber an den Verkäufer leistet und das durch Darlehensraten des Verbrauchers an den Darlehensgeber getilgt wird, stellt den klassischen Fall des verbundenen Geschäfts dar.[1787] Schließt der Verbraucher jedoch nur einen Vertrag, scheidet die Anwendung des § 358 mangels „verbundener Geschäfte" aus.[1788]

c) Ratenlieferungsverträge (§ 505)

55 Anders als im Rahmen der Vorgängerregelungen des §§ 2, 9 VerbrKrG ist § 358 bei Vorliegen eines Ratenlieferungsvertrages (§ 505), der mit einem zu

---

[1782] Bamberger/Roth-*Möller/Wendehorst* § 500 Rdn. 19 a. E.; *Bülow* § 495 Rdn. 280 und § 500 Rdn. 12; Müko-*Habersack* § 500 Rdn. 12; Staudinger/Kessal-*Wulf,* 2004, § 358 Rdn. 43; § 356 Rdn. 43; für weitergehende Anwendbarkeit des § 358 auf Leasingverträge Erman-*Saenger* § 358 Rdn. 4, 12.

[1783] *Bülow* § 500 Rdn. 12.

[1784] Müko-*Habersack* § 358 Rdn. 17; *Peters* WM 1992, 1797, 1804; a. A. *Lieb* WM 1991, 1535, 1536.

[1785] *Bülow* § 495 Rdn. 280, § 499 Rdn. 77 und § 500 Rdn. 12 a. E.; Staudinger/Kessal-*Wulf,* 2004, § 358 Rdn. 43 a. E.

[1786] Staudinger/Kessal-*Wulf,* 2004, § 358 Rdn. 45 a. E.

[1787] Vgl. *Bülow* § 501 Rdn. 4; Erman-*Saenger* § 358 Rdn. 4.

[1788] Vgl. Müko-*Habersack* § 358 Rdn. 16; a. A. *Bülow* § 501 Rdn. 4.

seiner Finanzierung abgeschlossenen Verbraucherdarlehensvertrag verbunden ist, grundsätzlich anwendbar.[1789]

IV. Kein Eingreifen von Ausnahmen, Ausschlüssen oder Sonderregelungen im Hinblick auf den verbundenen Darlehensvertrag

1. Bereichsausnahmen

Die §§ 355, 358 Abs. 2 S. 1 sind nicht auf die in § 491 Abs. 2 Nr. 1–3 geregelten Ausnahmen anwendbar.[1790] **56**

2. Ausschluss der Anwendbarkeit auf Realkreditverträge bzw. Immobiliardarlehensverträge (§ 491 Abs. 3 Nr. 1 a.F.)

Auf einen Realkreditvertrag i.S.d. § 3 Abs. 2 Nr. 2 VerbrKrG war § 9 VerbrKrG als Vorgängerregelung des § 358 grundsätzlich nicht anzuwenden. Gleiches gilt für die Nachfolgeregelung des § 491 Abs. 3 Nr. 1 a.F., die für bis zum 1. 11. 2002 entstandene Schuldverhältnisse noch anzuwenden ist. Hiervon geht auch der Gesetzgeber aus, der mit dem zum 1. 8. bzw. 1. 11. 2002 eingefügten § 358 Abs. 3 S. 3 auch für die Zukunft klargestellt hat, dass Darlehensverträge und die durch sie finanzierten Grundstückserwerbsgeschäfte nur ausnahmsweise und unter ganz bestimmten engen Voraussetzungen als verbundene Verträge anzusehen sind.[1791] **57**

Der Einwendungsdurchgriff beim Kauf von Wohnungen und Hausgrundstücken scheitert daher regelmäßig an § 3 Abs. 2 Nr. 2 VerbrKrG bzw. § 491 Abs. 3 Nr. 1 a.F.[1792] § 491 Abs. 3 Nr. 1 a.F. ist jedoch auf die nach dem 1. 11. 2002 entstandenen Schuldverhältnisse nicht mehr anzuwenden (vgl. Art. 229 § 9 Abs. 1 Nr. 2 EGBGB). **58**

§ 3 Abs. 2 Nr. 2 VerbrKrG greift nach Auffassung des II. Zivilsenats des BGH[1793] aber dann nicht ein, wenn das Darlehen durch ein Grundpfandrecht gesichert wird, das nicht erst im Zusammenhang mit der Darlehensgewährung, sondern schon zuvor zur Sicherung einer Zwischenfinanzierung bestellt worden ist, ohne dass der Verbraucher auch an dem Zwischenfinanzierungskredit beteiligt war. **59**

1789 *Bülow* § 495 Rdn. 247.

1790 *Bülow* § 495 Rdn. 247; Müko-*Habersack* § 358 Rdn. 15.

1791 BGH NJW 2003, 422, 423; NJW 2003, 199; *Lauer* BKR 2004, 92, 95 ff.; kritisch *Hoffmann* ZIP 2002, 1066; *Fischer* DB 2002, 1266, 1267; *Rörig* MDR 2002, 894, 895.

1792 BGH NJW 2003, 3703 = MDR 2004, 105; BGH NJW 2004, 1376; KG WM 2005, 596, 604; OLG Köln WM 2005, 792, 799; OLG Karlsruhe OLG-Report 2003, 20, 24; NJW-RR 2003, 185, 189; OLG Hamm WM 1998, 1230; *Bungeroth* WM 2004, 1505, 1507; *Lauer* BKR 2004, 92, 93.

1793 BGH (1782) BGH WM 2005, 843, 844 f.; WM 2004, 1529, 1533 = NJW 2004, 2736, 2739; WM 2004, 1536, 1540 = NJW 2004, 2742 LS; zustimmend *Nittel* NJW 2004, 2712, 2714.

60 Einer Bank, die sich in ein Treuhandmodell einbindet und sich derselben Vertriebsorganisation bzw. desselben Finanzierungsvermittlers wie die Fondsgesellschaft bedient, wäre nach Ansicht des II. Zivilsenates des BGH danach der Schutz des § 3 Abs. 2 Nr. 2 VerbrKrG zu versagen.[1794]

61 Der XI. Zivilsenat[1795] und die h. L.[1796] lehnen diese Auffassung des II. ZS. zu Recht ab (zu den Argumenten vgl. Rdn. 203 ff.).

62 Ist ein Einwendungsdurchgriff gem. § 9 Abs. 3 S. 1 VerbrKrG (bzw. § 359) nach § 3 Abs. 2 Nr. 2 VerbrKrG (bzw. § 491 Abs. 3 Nr. 1 a.F.) ausgeschlossen, kommt ein Rückgriff auf die von der Rechtsprechung zum AbzG aus § 242 hergeleiteten Grundsätze über den Einwendungsdurchgriff nicht in Betracht.[1797]

63 Andererseits kann auch ein finanziertes Immobiliengeschäft mit dem der Finanzierung dienenden Verbraucherkreditvertrag nach neuerer Rechtsprechung des BGH ein verbundenes Geschäft i.S.d. §§ 9 VerbrKrG, 358, 359 bilden, sofern der Kreditvertrag dem Verbraucherkreditgesetz unterfällt und die Ausnahmeregelung der §§ 3 Abs. 2 Nr. 2 VerbrKrG, 491 Abs. 3 Nr. 1 a. F. nicht greifen.[1798]

3. Gerichtliches Protokoll oder notarielle Beurkundung (§ 491 Abs. 3 Nr. 1 n.F.)

64 Die in § 491 Abs. 3 Nr. 1 und Nr. 2 (n.F.) aufgezählten Ausnahmen betreffen gerade verbundene Verträge, was durch die ausdrückliche Nennung des § 358 Abs. 2, Abs. 4 und Abs. 5 klargestellt ist. Der Widerruf eines notariell beurkundeten Verbraucherdarlehensvertrages ist daher auch dann nicht möglich, wenn dieser mit einem anderen Verbrauchervertrag i.S.d. §§ 312 Abs. 1, 312b, 485 Abs. 1, 491 Abs. 1, 499, 500, 501 verbunden ist.[1799]

65 Allerdings kann in den Fällen des § 358 Abs. 1, also bei Widerruflichkeit des finanzierten Geschäfts, auch ein für sich nicht widerruflicher Verbraucherdarlehensvertrag vom Widerruf des finanzierten Geschäfts erfasst werden.[1800]

4. Finanzierter Erwerb von Wertpapieren u.a. (§ 491 Abs. 3 Nr. 2 n.F.)

66 Nach § 491 Abs. 3 Nr. 2 n.F. (§ 491 Abs. 3 Nr. 3 a.F.) finden § 358 Abs. 2, Abs. 4 und Abs. 5 auf Verbraucherdarlehensverträge, die der Finan-

---

[1794] *Nittel* NJW 2004, 2712, 2714.

[1795] BGH WM 2005, 127, 130; WM 2005, 72; NJW 2005, 664.

[1796] *Jork/Engel* BKR 2005, 3, 11; *Mülbert/Hoger* WM 2004, 2281, 2284 ff.; *Wolf/Großerichter* WM 2004, 1993, 1995 und 2001; Staudinger/Kessal-*Wulf* § 359 Rdn. 8, 15, 29, 33; auch OLG Köln WM 2005, 792, 799; KG WM 2005, 596, 604.

[1797] BGH NJW 2004, 1376, 1378; OLG Köln WM 2005, 792, 799; a.A. KG WM 2005, 605.

[1798] BGH NJW 2003, 3703 = WM 2003, 2232.

[1799] Bamberger/Roth-*Möller/Wendehorst* § 358 Rdn. 19.

[1800] Bamberger/Roth-*Möller/Wendehorst* § 358 Rdn. 19.

zierung des Erwerbs von Wertpapieren, Devisen, Derivaten oder Edelmetallen dienen, keine Anwendung. Die Folge ist, dass – anders als bei Eingreifen des § 491 Abs. 3 Nr. 1 n.F. – zwar das Finanzierungsdarlehen gem. § 495 i.V.m. § 355 widerrufen werden kann, der Widerruf jedoch abweichend von § 358 Abs. 2 S. 1 den Bestand des finanzierten Geschäfts nicht berührt. Kann dagegen das finanzierte Geschäft widerrufen werden, bleibt es bei der Geltung des § 358 Abs. 1.[1801]

V. Vorrangige Regelungen

1. Vorrangregelung bei Haustürgeschäften (§ 312a)

Die Vorrangregel des § 312a ist der Konkurrenzregel des § 358 Abs. 2 S. 2 67
vorgelagert. Aus § 312a folgt, dass § 358 Abs. 2 anzuwenden ist, wenn der Verbraucherdarlehensvertrag ein Haustürgeschäft ist, d.h. die Voraussetzungen des § 312 erfüllt.[1802] Ist das Haustürgeschäft zugleich Verbraucherkreditgeschäft, z.B. ein Teilzahlungsgeschäft nach §§ 499 Abs. 2, 501, hat das Widerrufsrecht nach §§ 499, 500, 501 i.V.m. § 355 Vorrang.[1803]

Nach der seit dem 2. 8. 2002 für Haustürgeschäfte und seit dem 2. 11. 68
2002 für andere Verbraucherverträge geltenden Neufassung des § 312a wird das Widerrufsrecht aus § 312 jedoch nur verdrängt, wenn dem Verbraucher das in § 495 geregelte Widerrufsrecht „zusteht". Dies ist nur dann der Fall, wenn das Widerrufsrecht nicht gem. § 491 Abs. 2, Abs. 3 ausgeschlossen ist und vom Verbraucher innerhalb der Widerrufsfrist des § 495 Abs. 1 i.V.m. § 355 tatsächlich ausgeübt werden kann.[1804]

Gegenstand des Widerrufs ist auch in diesen Fällen das Verbraucherdar- 69
lehen, nicht das finanzierte Geschäft.[1805] Wegen § 358 Abs. 2 S. 3 kommt es letztlich jedoch nicht darauf an, ob der Widerruf gegenüber dem Verkäufer, Werkunternehmer o.a. oder aber gegenüber dem Darlehnsgeber erklärt wird.[1806]

2. Vorrangregelung bei Fernabsatzverträgen (§ 312d Abs. 5)

Wird ein Fernabsatzgeschäft (siehe unten 4. Teil) durch einen Verbrau- 70
cherdarlehensvertrag finanziert, beendet der fernabsatzrechtliche Widerruf nach § 312d zugleich die Bindung an den Darlehensvertrag, wie § 358 Abs. 1 zu entnehmen ist.[1807]

1801 Müko-*Habersack* § 358 Rdn. 9.
1802 Müko-*Habersack* § 358 Rdn. 21.
1803 *Bülow* § 495 Rdn. 322.
1804 Müko-*Habersack* § 358 Rdn. 21.
1805 Müko-*Habersack* § 358 Rdn. 21.
1806 Erman-*Saenger* § 358 Rdn. 17; s.o. H. Rdn. 7, 8.
1807 *Bülow* § 495 Rdn. 321.

71 Ist das Fernabsatzgeschäft selbst zugleich ein Vertrag über eine Finanzierungshilfe, etwa ein Teilzahlungsgeschäft nach § 499 Abs. 2, 501, ohne dass daneben ein Darlehensvertrag abgeschlossen wurde, ergibt sich aus § 358 Abs. 1 kein Vorrang.

72 Gem. § 312b Abs. 3 Nr. 3 a.F. (bis zum 8. 12. 2004 geltende Fassung) finden die Vorschriften über Fernabsatzverträge auf Finanzierungsgeschäfte, etwa Darlehensverträge nach §§ 607ff., 491 Abs. 1 keine Anwendung.[1808]

73 Durch das am 8. 12. 2004 in Kraft getretene Gesetz zur Änderung der Vorschriften über Fernabsatzverträge bei Finanzdienstleistungen wurden die Vorschriften zum Fernabsatzrecht auch auf Finanzdienstleistungsverträge für anwendbar erklärt und bestimmten Ausnahmeregelungen unterworfen.[1809]

74 Für nach dem 1. 11. 2002 abgeschlossene Fernabsatzverträge trifft § 312d Abs. 5 S. 1 jedoch eine Sonderregelung. Danach besteht das Widerrufsrecht bei Fernabsatzverträgen (§§ 312b, 312d Abs. 1) nicht, wenn dem Verbraucher ein Widerrufs- oder Rückgaberecht aus §§ 499–507, 355, 356 zusteht.

75 Gem. § 312d Abs. 5 S. 2 i.V.m. § 312d Abs. 2 beginnt die Widerrufsfrist in solchen Fällen – abweichend von § 355 Abs. 2 S. 1 – nicht vor Erfüllung der Informationspflichten gem. § 312c Abs. 2, bei der Lieferung von Waren nicht vor dem Tag ihres Eingangs beim Empfänger und bei wiederkehrenden Lieferungen gleichartiger Waren nicht vor dem Tag des Eingangs der ersten Teillieferung.[1810]

76 Gem. § 355 Abs. 3 S. 3 2. Hs. n.F. (Fassung vom 8. 12. 2004) erlischt ein bei Fernabsatzverträgen über Finanzdienstleistungen bestehendes – und nicht nach §§ 312b Abs. 3 Nr. 3, § 312d Abs. 3 Nr. 1, § 312d Abs. 4 Nr. 6 ausgeschlossenes- Widerrufsrecht nicht, wenn der Unternehmer seine Mitteilungspflichten gem. § 312c Abs. 2 Nr. 1 i.V.m. § 1 BGB-InfoV nicht ordnungsgemäß erfüllt hat.

3. Vorrangregelung bei Teilzeit-Wohnrechteverträgen

77 Wird ein Teilzeit-Wohnrechtevertrag durch einen Verbraucherdarlehensvertrag finanziert, beendet der Widerruf des Teilzeit-Wohnrechtevertrages (§§ 485 Abs. 1 i.V.m. § 355) auch die Bindung an den Darlehensvertrag.[1811]

78 Gem. § 358 Abs. 2 S. 2 ist das Widerrufsrecht aus § 495 Abs. 1 nach Auffassung von Bülow[1812] auch dann ausgeschlossen, wenn der Verbraucher die

---

1808 *Bülow* § 495 Rdn. 321; Bamberger/Roth-*Schmidt-Räntsch* § 312b Rdn. 33.

1809 Vgl. §§ 312b Abs. 1, 312c Abs. 2, Abs. 3, 312d Abs. 3 Nrn. 1 und 2, 312d Abs. 4 Nr. 6 n.F.; s.o. F. Rdn. 201ff. und 4. Teil, C. Rdn. 5ff.

1810 Vgl. *Martis/Meinhof* MDR 2004, 4, 10.

1811 *Bülow* § 495 Rdn. 321; Müko-*Franzen* § 485 Rdn. 44; vgl. zum Widerruf von Teilzeit-Wohnrechteverträgen oben F. Rdn. 209ff.

auf den Abschluss des Geschäfts gerichtete Willenserklärung gem. § 485 widerrufen kann.

Eggert[1813] weist darauf hin, dass der ausdrückliche Vorrang des Widerrufs nach dem TzWrG vor demjenigen des VerbrKrG für alle ab dem 1. 1. 2002 und nach dem 1. 1. 2003 auch für die zuvor abgeschlossenen Verträge aufgehoben ist und für alle verbundenen Verträge die einheitliche Regelung des § 358 gilt.

VI. Abschluss eines verbundenen Vertrages

Hat der Verbraucher seine auf Abschluss des finanzierten Vertrages ge- 79
richtete Willenserklärung wirksam widerrufen, so ist er bei verbundenen Verträgen auch nicht mehr an seine Willenserklärung gebunden, die auf den Abschluss des zugehörigen Verbraucherdarlehensvertrages gerichtet war.[1814]

Entsprechend der Vorgängerregelung des § 9 Abs. 1, Abs. 4 VerbrKrG 80
enthält § 358 Abs. 1 die Ausweitung des Anwendungsbereichs finanzierter Verträge über die Lieferung einer Ware im Rahmen eines Kaufvertrags auf die Erbringung einer anderen Leistung.

Wie im Rahmen der § 9 Abs. 1, Abs. 4 kommen als finanzierte Verträge 81
insbesondere in Betracht:

- Kaufverträge, Werk- und Werklieferungsverträge.[1815]
- Finanzierte Verträge über Fernlehrgänge.[1816]
- Finanzierte Kurse sämtlicher Art.[1817]
- Finanzierte Pauschalreiseverträge.[1818]
- Verträge über die Durchführung von Schlankheitsprogrammen[1819]
- Ehe- und Partnerschaftsvermittlungsverträge.[1820]

1812 *Bülow* § 495 Rdn. 323, 323b.

1813 Bamberger/Roth-*Eggert* § 485 Rdn. 17.

1814 Vgl. Bamberger/Roth-*Möller/Wendehorst* § 358 Rdn. 11.

1815 Bamberger/Roth-*Möller/Wendehorst* § 358 Rdn. 11; Erman-*Saenger* § 358 Rdn. 4; Müko-*Habersack* § 358 Rdn. 12; Staudinger/Kessal-*Wulf* § 9 VerbrKrG Rdn. 36; Staudinger/Kessal-*Wulf* § 358 Rdn. 36; *Martis* MDR 1999, 65.

1816 Bamberger/Roth-*Möller/Wendehorst* § 358 Rdn. 11, Müko-*Habersack* § 358 Rdn. 12; *Martis* MDR 1999, 65.

1817 Müko-*Habersack* § 358 Rdn. 12.

1818 Erman-*Saenger* § 358 Rdn. 4; Müko-*Habersack* § 358 Rdn. 12; Staudinger/Kessal-*Wulf* § 358 Rdn. 36.

1819 Bamberger/Roth-*Möller/Wendehorst* § 358 Rdn. 11; Staudinger/Kessal-*Wulf* § 9 VerbrKrG Rdn. 36; Staudinger/Kessal-*Wulf* § 358 Rdn. 36.

1820 OLG Dresden ZIP 2000, 830, 832; Bamberger/Roth-*Möller/Wendehorst* § 358 Rdn. 11: der Verbraucher kann dem Darlehensgeber auch die Unklagbarkeit der Vermittlerprovision gem. § 656 analog entgegenhalten; Erman-*Saenger* § 358 Rdn. 4; Müko-*Habersack* § 358 Rdn. 12; *Bülow* § 495 Rdn. 341 und Staudinger/Kessal-*Wulf* § 358 Rdn. 37 m. w. N.: Unklagbarkeit des Vergütungsanspruchs gem. § 656 Abs. 1 S. 1 ist Einwendung i. S. d. § 359.

– Finanzierungsvermittlungsverträge (§§ 655a ff.); die gleichzeitige Kreditierung der Vergütung für die Vermittlung eines Kreditvertrages kann zu einem verbundenen Geschäft führen.[1821]
– Finanzierungsleasingverträge im Rahmen des „Eintrittsmodells"[1822] sowie im Rahmen einer sale-and-lease-back-Konstruktion, in der der Verbraucher dem Leasinggeber die gekaufte Sache übereignet, aber als Leasinggeber behält und nutzt.[1823]

82 Dagegen kommt die Anwendung des § 358 Abs. 1, Abs. 2 auf sonstige Finanzierungsleasingverträge[1824] und Realkreditverträge i.S.d. § 3 Abs. 2 Nr. 2 VerbrKrG bzw. Immobiliardarlehensverträge i.S.d. § 492 Abs. 1a S. 1[1825] nicht in Betracht.

83 – Der finanzierten Anteilserwerb und der finanzierten Beitritt zu einer Personen- oder Kapitalgesellschaft[1826] oder einem Anspar- und Lebensversicherungsfonds.[1827]

1. Finanzierungsleasingverträge

84 Unter dem seit dem 1. 1. 2002 geltenden Recht findet die Nachfolgeregelung der § 358, 359 auf Finanzierungsleasingverträge – von den oben (vgl.

[1821] Staudinger/Kessal-*Wulf* § 358 Rdn. 40; ebenso *Bülow* § 495 Rdn. 261.

[1822] *Bülow* § 495 Rdn. 265 und § 500 Rdn. 12, 13; Müko-*Habersack* § 358 Rdn. 17; Staudinger/Kessal-*Wulf* § 358 Rdn. 42, 43; s.o. H. Rdn. 48ff.

[1823] *Bülow* § 500 Rdn. 12; Staudinger/Kessal-*Wulf* § 358 Rdn. 43.

[1824] Müko-*Habersack* § 358 Rdn. 16; *Bülow* § 495 Rdn. 265 und § 500 Rdn. 12; Staudinger/Kessal-*Wulf* § 358 Rdn. 43, 45: aber analoge Anwendung des § 359 beim Vorliegen von Sachmängeln nach dem Fehlschlagen der Nacherfülung; a.A. Erman-*Saenger* § 358 Rdn. 4, 12; zum alten Recht vgl. *Martis* MDR 1999, 65 m.w.N. und oben H. Rdn. 48ff.

[1825] BGH NJW 2003, 3703; NJW 2003, 422, 423; NJW 2003, 199; NJW 2000, 3065, 3066; OLG Karlsruhe, 17. Senat, OLG-Report 2003, 20, 24; NJW-RR 2003, 185, 186; OLG Stuttgart OLG-Report 1999, 300, 303; OLG Hamm WM 1999, 1056, 1057; Bamberger/Roth-*Möller/Wendehorst* § 358 Rdn. 12; Staudinger/Kessal-*Wulf* § 9 VerbrKrG Rdn. 27, 28, 45.

[1826] BGH, XI. ZS., WM 2005, 227ff.; BGH, II. ZS., WM 2005, 843; BKR 2005, 73; NJW-RR 2005, 635, 636; WM 2004, 1529 = NJW 2004, 2736; WM 2004, 1536 = NJW 2004, 2742 LS; WM 2004, 1525, 1526 = NJW 2004, 2742 LS; WM 2004, 1518 = NJW 2004, 2735f. LS; WM 2004, 1521 = NJW 2004, 2731; WM 2004, 2491, 2494; NJW 2003, 2821; OLG Bamberg WM 2005, 593, 596; OLG Frankfurt WM 2002, 1275, 1278; OLG Celle WM 2000, 816, 817; OLG Stuttgart WM 2005, 972; WM 2005, 981; *Lauer* BKR 2004, 92, 99; *Nittel* NJW 2004, 2712; *Staudinger* ZGS 2004, 241; Bamberger/Roth-*Möller/Wendehorst* § 358 Rdn. 12; Müko-*Habersack* § 358 Rdn. 14; Staudinger/Kessal-*Wulf* § 358 Rdn. 46; a.A. noch OLG Karlsruhe OLG-Report 2002, 295, 297; WM 2003, 1218, 1220; WM 2003, 182, 185; OLG Hamm WM 1999, 1056; OLG Köln WM 1994, 197; OLG Braunschweig WM 1998, 1223; *Oechsler* NJW 2005, 1406, 1407; *Westermann* ZIP 2002, 189, 199.

[1827] OLG Frankfurt WM 2002, 1275, 1278; OLG Karlsruhe WM 1999, 128, offengelassen von BGH ZIP 2000, 1430, 1432.

oben H. Rdn. 48ff.) genanten Ausnahmen abgesehen – keine Anwendung.[1828]

2. Finanzierter Anteilserwerb und finanzierter Beitritt zu einer Personen- oder Kapitalgesellschaft

Ob §§ 358, 359 auf den finanzierten Anteilserwerb und den finanzierten Beitritt zu einer Personen- oder Kapitalgesellschaft (BGH-Gesellschaft, OHG, KG, AG, GmbH, Fondanteile) anwendbar sind, war in Rechtsprechung und Literatur umstritten. 85

a) Aktuelle Rechtsprechung des BGH

Der BGH hat zunächst im Urt. v. 21. 7. 2003[1829] entschieden, dass der Einwendungsdurchgriff nach § 9 Abs. 3 VerbrKrG bzw. § 359 in der ab dem 1. 1. 2002 geltenden Fassung auf den kreditfinanzierten Erwerb einer Beteiligung an einer Anlagegesellschaft entsprechende Anwendung findet. 86

Diese Grundsätze hat der BGH (II. Zivilsenat) in mehreren im Wesentlichen gleich lautenden Urteilen vom 14. 6. 2004[1830] und weiteren Urteilen[1831] bekräftigt. 87

Der Beitritt zu einem Immobilienfonds, etwa im Rahmen einer BGB-Gesellschaft und der in diesem Zusammenhang abgeschlossenen Darlehensvertrag können danach auch ein „verbundenes Geschäft" bilden.[1832] 88

Auch die Regelung über den Rückforderungsdurchgriff aus § 9 Abs. 2 S. 4 VerbrKrG bzw. § 358 Abs. 4 S. 3 in der ab dem 1. 1. 2002 geltenden Fassung sei nach Ansicht des II. Zivilsenates in den Fällen des § 9 Abs. 3 VerbrKrG bzw. des 359 entsprechend anzuwenden.[1833] 89

[1828] Müko-*Habersack* § 358 Rdn. 16, 17; *Bülow* § 495 Rdn. 265 und § 500 Rdn. 11, 12; grds. auch Staudinger/Kessal-*Wulf* § 358 Rdn. 42, 43, 45; differenzierend Bamberger/Roth-*Möller/Wendehorst* § 500 Rdn. 20, 21; a. A. Erman-*Saenger* § 358 Rdn. 4, 12.

[1829] II. Senat, NJW 2003, 2821 = WM 2003, 1762; zunächst zustimmend OLG Stuttgart OLG-Report 2004, 244, 250f.; *Lauer* BKR 2004, 92, 94.

[1830] BGH WM 2004, 1518 = NJW 2004, 2735 LS; WM 2004, 1521 = NJW 2004, 2731; WM 2004, 1525 = NJW 2004, 2742; WM 2004, 1529 = NJW 2004, 2736; WM 2004, 1536 = NJW 2004, 2742 LS.

[1831] Etwa BGH WM 2004, 1675; NJW-RR 2005, 180, 181; WM 2005, 843, 844f.

[1832] BGH WM 2005, 127ff.; WM 2005, 843, 844f.; WM 2005, 547, 548; NJW-RR 2005, 180ff. = WM 2004, 2491ff.; WM 2004, 1529, 1531 = NJW 2004, 2736, 2737; WM 2004, 1536, 1538 und 1540; WM 2004, 1525, 1526 = NJW 2004, 2742 LS; WM 2004, 1518, 1519 = NJW 2004, 2735 LS; WM 2004, 1521, 1524 = NJW 2004, 2731, 2733f.; BGH NJW 2003, 2821, 2823; OLG Bamberg WM 2005, 593ff.; OLG Stuttgart OLG-Report 2004, 244, 250f.; WM 2005, 972ff.; WM 2005, 981ff.

[1833] BGH NJW 2003, 2821, 2824 = MDR 2003, 1188, 1190; WM 2004, 1529, 1534 und 1535 = NJW 2004, 2736, 2740 und 2741; WM 2004, 1536, 1541 und 1542; WM 2004, 1518, 1520; WM 2004, 1521, 1524; WM 2004, 1675, 1676; WM 2005, 843, 845;

90 Danach muss sich die finanzierende Bank alle Einwendungen entgegenhalten lassen, die dem Anleger gegen den Fonds, i.d.R. eine BGB-Gesellschaft oder KG, aber auch gegen die Gründungsgesellschafter des Fonds und die für den Anlageprospekt Verantwortlichen zustehen. Darüber hinaus hat er im Wege des Rückforderungsdurchgriffs einen Anspruch gegen die Finanzierungsbank auf Ersatz aller von ihm erbrachten Leistungen abzüglich der ihm verbliebenen Vorteile aus der Fondsbeteiligung. Da die Fondsbetreiber die Anleger so zu stellen haben, als wären sie dem Fonds nie beigetreten, ist die Bank verpflichtet, alle Beiträge an die Anleger zurückzuzahlen, die sie aus dem eigenen Anlegervermögen, nicht jedoch aus den Erträgen des Fonds an die Banken bzw. in den Fonds einbezahlt hatten. Im Gegenzug sind die Anleger verpflichtet, ihre Anteile und möglichen Ansprüche gegen die Fondsbetreiber an die Bank abzutreten und sich vereinnahmte Gewinnanteile und Steuervorteile, denen keine Nachzahlungsansprüche des Finanzamts gegenüberstehen, schadensmindernd anrechnen zu lassen.[1834]

91 Die Bank hat dem Anleger auch die an sie zur Sicherheit abgetretenen Rechte aus dessen Lebensversicherungsvertrag zurück zu übertragen.[1835]

92 Auch nach Ansicht der Mehrzahl der Oberlandesgerichte[1836] sowie der h.L.[1837] kann die finanzierte Beteiligung an einem Immobilienfonds ein verbundenes Geschäft i.S.d. § 9 Abs. 1 VerbrKrG bzw. des § 358 Abs. 1, Abs. 2 darstellen. Gem. § 9 Abs. 3 VerbrKrG bzw. § 359 kann sich der Verbraucher auch nach dieser Auffassung mit Einwendungen gegen den Vertragspartner des finanzierten Geschäfts (Verkäufer, Werkunternehmer u.a.) gegenüber dem Darlehensgeber (Unternehmer) verteidigen.

b) Anwendung der Grundsätze der „fehlerhaften Gesellschaft“

93 Fällt der finanzierte Erwerb von Gesellschaftsbeteiligungen unter § 9 Abs. 4 VerbrKrG bzw. § 358 Abs. 1, können einem Einwendungsdurchgriff aus § 9 Abs. 3 VerbrKrG bzw. 359 die Grundsätze über die „fehlerhafte Gesellschaft“ entgegenstehen.[1838]

WM 2005, 547, 548; BKR 2005, 73, 74; zustimmend OLG Stuttgart WM 2005, 972ff.; OLG-Report 2004, 244, 246; ablehnend zum Rückforderungsdurchgriff *Mülbert/Hoger* WM 2004, 2281, 2292f.; *Wolf/Großerichter* WM 2004, 1993, 1997f. m.w.N.

[1834] BGH BKR 2005, 73, 74; WM 2004, 1529; WM 2004, 1529, 1533 und 1535 = NJW 2004, 2736, 2740 und 2741; WM 2004, 1536, 1541f.; WM 2004, 1675; abw. OLG Stuttgart WM 2005, 981, 985.

[1835] BGH WM 2004, 1521, 1523 = NJW 2004, 2731, 2733.

[1836] OLG Frankfurt WM 2002, 1275, 1278; OLG München ZIP 2000, 2295, 2301; OLG Celle WM 2000, 816, 817; OLG Stuttgart WM 2005, 972ff.; WM 2005, 981ff.; OLG Bamberg WM 2005, 593.

[1837] *Lauer* BKR 2004, 92, 99; *Habersack* ZIP 2001, 327, 328; Bamberger/Roth-*Möller/Wendehorst* § 358 Rdn. 12; Erman-*Saenger* § 358 Rdn. 4; Müko-*Habersack* § 358 Rdn. 14.

[1838] BGH WM 2005, 547, 549; NJW-RR 2005, 627, 628; offengelassen von BGH WM 2004, 1521, 1524 und OLG Stuttgart WM 2005, 972, 980; OLG München WM 2003, 191; OLG Dresden WM 2002, 1881, 1883.

Nach den Grundsätzen der „fehlerhaften Gesellschaft" führt ein anfechtbarer oder widerruflicher und daher fehlerhafter Gesellschaftsbeitritt grundsätzlich nicht zur Unwirksamkeit des Beitritts. Der Gesellschaftsbeitritt ist vielmehr, wenn er in Vollzug gesetzt worden ist, zunächst wirksam. Der Gesellschafter, der sich auf den Mangel berufen will, hat aber das Recht, sich jederzeit auf dem Weg der außerordentlichen Kündigung von seiner Beteiligung für die Zukunft zu lösen. An die Stelle des ihm nach allgemeinen Grundsätzen zustehenden Anspruchs auf Rückzahlung der geleisteten Einlagen tritt – selbst bei einem durch arglistige Täuschung verursachten Beitritt – ein Anspruch auf das ihm nach den Grundsätzen gesellschaftsrechtlicher Abwicklung zustehende Abfindungsguthaben. Dessen Höhe bemisst sich nach dem Wert der Beteiligung im Kündigungszeitpunkt.[1839] 94

Diese Grundsätze über die fehlerhafte Gesellschaft finden auch nach der bisherigen Rechtsprechung des BGH und einiger Oberlandesgerichte auf den Beitritt zu einem Immobilienfonds oder einer atypisch stille Beteiligung an einer Gesellschaft Anwendung. Der Gedanke des Verbraucherschutzes schließt die Anwendung dieser Grundsätze nicht aus.[1840] 95

Der geschädigte, anfechtende oder widerrufende Anleger kann nach der bisherigen Rspr. des BGH und der Mehrzahl der Oberlandesgerichte nicht die Rückzahlung seiner Einlage, sondern allenfalls die Auseinandersetzung der Gesellschaft verlangen. Die Einzelansprüche aus dem Gesellschaftsverhältnis sind dabei lediglich unselbständige Rechnungsposten der Auseinandersetzungsrechnung und können daher grundsätzlich nicht mehr selbständig geltend gemacht werden. 96

Der Anspruch des ausscheidenden Gesellschafters auf Auszahlung des Auseinandersetzungsguthabens wird erst nach der Auseinandersetzung mit der Fertigstellung der Auseinandersetzungsbilanz fällig.[1841] 97

Da der Mangel des Beitrittsvertrages, also dessen Anfechtbarkeit oder Widerruflichkeit, einer von den Gesellschaftern einverständlich in Vollzug gesetzten Gesellschaft den betroffenen Gesellschafter nur zur Lösung mit ex-nunc-Wirkung berechtigt, kann er im Rahmen der Rückabwicklung nicht einfach die eingelegten Beträge zurückfordern. Vielmehr steht ihm nur 98

1839 BGH, II. ZS., NJW 2003, 2821, 2823; bestätigt von BGH, II. ZS., WM 2004, 2491, 2494; NJW-RR 2005, 627, 628.

1840 BGH, II. ZS., WM 2001, 1464; nunmehr ausdrücklich bestätigt von BGH, II. ZS., WM 2004, 2491, 2494 und WM 2005, 547, 548 sowie NJW-RR 2005, 627, 628: Beitritt zu einer Anlagegesellschaft; OLG Dresden WM 2002, 2334, 2336; OLG Karlsruhe WM 2003, 1218, 1221; KG WM 2005, 549, 552; a. A. noch OLG Stuttgart OLG-Report 1999, 430 und OLG-Report 2003, 69; OLG Karlsruhe OLG-Report 2003, 202, 204; OLG Rostock WM 2001, 1413: Gedanke des Verbraucherschutzes vorrangig; zunächst hierhin tendierend, aber im Ergebnis offen lassend auch BGH, II. ZS., WM 2004, 1518, 1520 und WM 2004, 1521, 1524 = NJW 2004, 2731, 2734 sowie OLG Stuttgart WM 2005, 972, 980.

1841 OLG Dresden WM 2002, 2334, 2337; auch OLG Karlsruhe OLG-Report 2002, 295, 298 und zuletzt BGH, II ZS., WM 2005, 547, 549.

ein Abfindungsanspruch nach Maßgabe des § 738 zu.[1842] Insbesondere nach einem Widerruf gem. §§ 7 VerbrKrG, 1, 2 HausTWG bzw. § 355 kann der Verbraucher nur die Auszahlung des Auseinandersetzungsguthabens zum Stichtag des Wirksamwerdens seiner Widerrufserklärung verlangen.[1843]

99 Der ausgeschiedene Gesellschafter einer KG, GbR bzw. einer stillen Gesellschaft kann nach diesen Grundsätzen der bislang herrschenden Meinung nur ausnahmsweise Rückzahlung ohne vorherige Auseinandersetzung verlangen, wenn vor Beendigung der Auseinandersetzung mit Sicherheit feststeht, dass ihm jedenfalls ein bestimmter Betrag zusteht.[1844] In dem am 18. 10. 2004 vom BGH[1845] entschiedenen Fall hatten die Prozessbevollmächtigten der Bank den Vortrag des die Beitrittserklärung zu einer Anlagegesellschaft (hier: KG) widerrufenden Verbrauchers, *sein Auseinandersetzungsguthaben sei nicht geringer als die Einlage nebst Agio,* nicht bestritten!

100 Hat der Anleger (Verbraucher) Beiträge zu einer KG, GbR bzw. einem Immobilienfonds geleistet oder gesellschaftsvertragliche Rechte ausgeübt, so konnte er einen auf Rückgewähr der Einlage gerichteten Schadensersatzanspruch aus c.i.c. (seit dem 1. 1. 2002: § 311 Abs. 2, Abs. 3) gegen die Gesellschaft nach der bisherigen Rspr. des BGH und der Oberlandesgerichte erst und nur dann durchsetzen, wenn er von seiner Befugnis zur außerordentlichen Kündigung des Beitrittsvertrages Gebrauch gemacht hat. Solange dies nicht geschehen war, konnte der Darlehensnehmer, der den Erwerb seines Geschäftsanteils mittels eines verbundenen Darlehensvertrages finanziert hat, auch nicht gem. § 9 Abs. 3, Abs. 4 VerbrKrG bzw. §§ 358, 359 die Rückzahlung des Darlehens unter Berufung auf den fehlerhaften Beitritt verweigern.[1846]

101 Nach den Urteilen des II. Zivilsenats des BGH vom 21. 7. 2003[1847] und vom 14. 6. 2004[1848] ist jedenfalls die außerordentliche Kündigung gegenüber

---

[1842] OLG Karlsruhe OLG-Report 2002, 295, 298; OLG Karlsruhe WM 2003, 1218, 1221 im Anschluss an BGH NJW 2000, 3558, 3559 und BGH WM 2001, 1464; VersR 2002, 988; OLG Stuttgart OLG-Report 2004, 244, 251 ff. im Anschluss an BGH, II. ZS., NJW 2003, 2821 und BGH NJW 2001, 2718.

[1843] BGH, II. ZS., WM 2004, 2491, 2494 = NJW-RR 2005, 180, 182.

[1844] BGH WM 2001, 1464: im dortigen Fall bejaht; BGH WM 2004, 2491, 2494 = NJW-RR 2005, 180, 182: im dortigen Fall bejaht; OLG Dresden WM 2002, 2334, 2337: im dortigen Fall verneint.

[1845] BGH WM 2004, 2491, 2494 = NJW-RR 2005, 180, 182.

[1846] So noch BGH NJW 2000, 3558, 3560; NJW-RR 2001, 1576; VersR 2002, 986; VersR 2002, 988; OLG Dresden WM 2002, 1881, 1883; OLG Stuttgart WM 2001, 1667; OLG Karlsruhe OLG-Report 2002, 295, 296.

[1847] BGH NJW 2003, 2821, 2823; zustimmend OLG Stuttgart OLG-Report 2004, 244, 247; teilw. abweichend OLG Stuttgart WM 2005, 972, 980.

[1848] BGH WM 2004, 1518 = NJW 2004, 2735 LS; WM 2004, 1525 = NJW 2004, 2742 LS; WM 2004, 1529 = NJW 2004, 2736; WM 2004, 1536; ebenso BGH, II. ZS., WM 2005, 843, 845; BKR 2005, 73, 74; WM 2004, 1675; ablehnend *Jork/Engel* BKR 2005, 3, 10 f. und Staudinger/Kessal-*Wulf,* 2004, § 358 Rdn. 46 und § 359 Rdn. 8, 15, 29, 33.

der Gesellschaft nicht (mehr) notwendig, um den fehlerhaften Gesellschafterbeitritt dem Darlehensrückzahlungsanspruch entgegen halten zu können. Nach dieser Rechtsprechung genügt es, wenn sich der Darlehensnehmer gegenüber der finanzierenden Bank auf eine entsprechende Kündigungsmöglichkeit beruft, weil über die Konstruktion des verbundenen Geschäfts die Kündigung im Verhältnis zur Bank gleichsam fingiert wird, wenn der Anleger der Bank seinen Geschäftsanteil anbietet.[1849]

Der XI. Zivilsenat hat mitgeteilt, dass er insoweit an seinen gegenteiligen, **102** eine Kündigung gegenüber der Gesellschaft für notwendig erachtenden Rechtsprechung[1850] nicht mehr festhalten werde.[1851]

Der Anleger muss aber stets einen Grund für eine fristlose Kündigung **103** nach § 723 haben, den er gegenüber Gesellschaft oder der Bank – ausdrücklich oder konkludent – vorbringen muss.[1852]

Selbst bei Bestehen einer Aufklärungspflicht führt die Täuschung oder **104** Falschberatung von Anlegern jedenfalls bei Publikumsgesellschaften (BGB-Gesellschaft, KG) nach der bisherigen Rechtsprechung des BGH und der überwiegenden Ansicht der Instanzgerichte nicht zu einem Schadensersatzanspruch des Anlegers (Verbrauchers) gegen die Fondsgesellschaft, der der darlehensgebenden Bank im Wege des Einwendungsdurchgriffs entgegengehalten werden könnte. Die Zulassung derartiger – sich wirtschaftlich gegen die anderen, gleich zu behandelnden Mitgesellschafter richtende – Ansprüche begründete die Gefahr, dass das verbleibende Gesellschaftsvermögen ungerechtfertigter Weise auf diejenigen getäuschten Anleger verteilt werden würde, die die Gesellschaft als erste in Anspruch nehmen.[1853]

Die Täuschung eines Gesellschafters (Anlegers) durch den Initiator im **105** Zusammenhang mit dem Gesellschaftsbeitritt ist bei Publikumsgesellschaften den anderen Gesellschaftern nach der bisherigen Rspr. selbst dann nicht zurechenbar, wenn der täuschende Mitgesellschafter zu deren Vertretung berechtigt war.[1854]

1849 BGH WM 2004, 1518, 1520; WM 2004, 1525, 1527; WM 2004, 1529, 1534 = NJW 2004, 2736, 2740; WM 2004, 1536, 1542; WM 2004, 1575, 1576; NJW 2003, 2821, 2823; OLG Stuttgart OLG-Report 2004, 244, 247.

1850 BGH NJW 2000, 3558, 3560 = WM 2000, 1685, 1687 = MDR 2000, 1201.

1851 Vgl. OLG Stuttgart OLG-Report 2004, 244, 247.

1852 OLG Stuttgart OLG-Report 2004, 244, 247; BGH WM 2004, 1518 und WM 2004, 1521 sowie WM 2004, 1529 und OLG Dresden BKR 2005, 190, 194 jeweils arglistige Täuschung des Anlegers; BGH WM 2004, 1527 und WM 2004, 2491, 2494 sowie WM 2005, 547: Widerruf der Beitritts zu einer Anlagegesellschaft.

1853 OLG Dresden WM 2002, 1881, 1883; OLG Hamm WM 2002, 2456, 2459; OLG München NJW-RR 2000, 624; ZIP 2000, 2295; OLG Karlsruhe OLG-Report 2002, 295, 297; OLG Stuttgart OLG-Report 2004, 244, 246f.; im Erg. auch BGH, II. ZS., WM 2004, 2491, 2494.

1854 BGH, II. Senat, NJW 2003, 2821, 2822/2824; OLG Dresden WM 2002, 1883, 1884; OLG Koblenz WM 2002, 2456, 2459; OLG Hamm WM 2002, 2456, 2459; OLG Stuttgart OLG-Report 2003, 69, 73; OLG-Report 2004, 244, 246f.; OLG

106 Der Grund hierfür liegt darin, dass die übrigen Gesellschafter keine Möglichkeit haben, auf die Beitrittsverhandlungen Einfluss zu nehmen und ein „Kündigungswettlauf" vermieden werden muss.[1855]

107 Wurde der Anleger bei dem Fondsbeitritt durch die Fondsgesellschaft, den Anlagevermittler[1856] oder den im Auftrag der Fondsgesellschaft tätigen Finanzierungsvermittler[1857] getäuscht, kann er der neueren, umstrittenen und über das Urteil vom 21. 7. 2003[1858] hinausgehenden Rspr. des II. Zivilsenates des BGH jedoch die ihm gegen die Gründungsgesellschafter des Fonds, dessen Initiatoren, dessen maßgebliche Betreiber, Manager, Prospektherausgeber und sonst für den Anlageprospekt Verantwortliche zustehenden Schadensersatzansprüche gem. § 9 Abs. 3 S. 1 VerbrKrG bzw. § 359 S. 1 auch gegenüber der Bank geltend machen, wenn der Fondsbeitritt und der Darlehensvertrag ein verbundenes Geschäft i.S.d. § 9 Abs. 1, Abs. 2 VerbrKrG bzw. des § 358 Abs. 1, Abs. 3 S. 1 bilden.[1859]

108 Zugleich hat er nach Ansicht des BGH (II. ZS.) im Wege des „Rückforderungsdurchgriffs" entsprechend § 9 Abs. 2 S. 2 VerbrKrG bzw. § 358 Abs. 4 S. 3 einen Anspruch gegen die Bank auf Zahlung dessen, was ihm diese Prospektverantwortlichen und Gründungsgesellschafter an Schadensersatz schulden[1860] sowie auf Rückgewähr der von ihm auf Grund des Darlehensvertrages aus dem eigenen Vermögen erbrachten Leistungen.[1861]

c) Abweichende Ansichten

109 Nach Auffassung des OLG Karlsruhe[1862] sind §§ 9 Abs. 1, Abs. 4 VerbrKrG bzw. §§ 358, 359 nicht – auch nicht analog – auf eine Darlehensgewährung zum Zweck der Beteiligung an einem Immobilienfonds oder einer sonstigen, kapitalistischen GbR anwendbar.

Karlsruhe WM 2003, 1218, 1219f; ZIP 2001, 692, 697; OLG München ZIP 2000, 2295, 2305.

[1855] OLG Stuttgart OLG-Report 2003, 69, 73; OLG-Report 2004, 244, 247; OLG Karlsruhe WM 2003, 1218, 1219 f.

[1856] BGH WM 2004, 1529 = NJW 2004, 2736; WM 2004, 1536, 1537; OLG Dresden BKR 2005, 190, 194; OLG Stuttgart WM 2005, 972, 975 f.

[1857] BGH WM 2004, 1675.

[1858] BGH II. ZS., NJW 2003, 2821, 2822/2824.

[1859] BGH WM 2004, 1529, 1535 = NJW 2004, 2736, 2740f.; WM 2004, 1536, 1542; WM 2004, 1518, 1520; WM 2004, 1525, 1527; WM 2005, 843, 845; WM 2005, 547, 548; zustimmend *Nittel* NJW 2004, 2712, 2713; ablehnend: *Jork/Engel* BKR 2005, 3, 10f.; *Mülbert/Hoger* WM 2004, 2281, 2292f.; *Wallner* BKR 2004, 367, 371; *Wolf/Großerichter* WM 2004, 1993, 1998f.; Staudinger/Kessal-*Wulf* § 358 Rdn. 46 und § 359 Rdn. 8, 15, 29, 33; s.u. H. Rdn. 203ff.

[1860] BGH WM 2004, 1529, 1535 = NJW 2004, 2736, 2740; WM 2004, 1536, 1542; WM 2004, 1518, 1520; WM 2004, 1525, 1527; WM 2004, 1521, 1525; WM 2005, 547f.

[1861] BGH WM 2004, 1518, 1520; WM 2004, 1675, 1676.

[1862] 1. Senat, WM 2003, 182, 185; 6. Senat, WM 2003, 1218; OLG-Report 2002, 295 – vom BGH aufgehoben, NJW 2003, 2821 = MDR 2003, 1188.

Nach dieser Ansicht führen Mängel des Beitritts zu einer Fondsgesellschaft zur Anwendung der Grundsätze über die fehlerhafte Gesellschaft, so dass die Vorschriften über den Einwendungsdurchgriff (§§ 9 Abs. 3 VerbrKrG, 358 Abs. 1, 359) weder nach ihrem Tatbestand noch nach der von ihr vorgesehenen Rechtsfolgenanordnung zur Konfliktlösung in den Fällen des finanzierten Gesellschaftsbeitritts herangezogen werden können.[1863] 110

Auch das OLG Köln[1864] lehnt die Entscheidungen des II. ZS des BGH ab. 111

Der finanzierenden Bank könnten dogmatisch nachvollziehbar nur solche Vorgänge zugerechnet werden, die sie selbst veranlasst hat bzw. für die sie zumindest einen Rechtsschein gesetzt hat. 112

Hierfür reiche es nicht aus, wenn die Bank lediglich ihre Darlehensformulare demselben Vertriebsunternehmer überlasse, dessen sich auch die Initiatoren und Gründungsgesellschafter des Fonds bedienen.

Das OLG Bamberg[1865] fordert für die Zurechnung eine „strukturierte Zusammenarbeit" im Sinn eines planmäßigen und arbeitsteiligen Zusammenwirkens zwischen der finanzierenden Bank und Vertriebesorganisation.

Das Kammergericht[1866] bejaht eine wirtschaftliche Verflechtung nur dann, wenn sich die Bank nicht mit ihrer Finanzierungsrolle begnügt, sondern Funktionen des Verkäufers (etwa Werbung und Vertrieb, rechtliche Ausgestaltung der Geschäfte) im Zusammenwirken mit diesem in einer Weise wahrnimmt, dass die Berufung auf die rechtliche Selbstständigkeit der Verträge treuwidrig erschiene. Allein der Umstand, dass sich der Unternehmer und die Bank derselben Vertriebsorganisation bedienen, reiche nicht aus.

Der XI. ZS des BGH[1867] und die h. L. lehnen die Entscheidung des II. ZS gleichfalls und mit u. E. zutreffenden Gründen ab.[1868]

3. Grundstückskaufverträge

Der Wortlaut des § 358 Abs. 2 S. 1 bezieht sich auf Verträge über die Lieferung von Waren, also bewegliche Sachen, nicht aber von Immobilien. Jedenfalls auf Realkreditverträge i. S. d. § 3 Abs. 2 Nr. 2 VerbrKrG, in § 492 Abs. 1 a n. F. nunmehr als „Immobiliardarlehensverträge" bezeichnet waren 113

1863 OLG Karlsruhe WM 2003, 182, 185, rechtskräftig; WM 2003, 1218, 1220; OLG-Report 2002, 295, 297 – aufgehoben durch BGH, II. ZS, NJW 2003, 2821.

1864 OLG Köln WM 2005, 792, 799.

1865 OLG Bamberg WM 2005, 593, 596.

1866 KG WM 2005, 596, 605 zum finanzierten Grundstückserwerb.

1867 BGH WM 2005, 127, 130 ff.; WM 2005, 72 ff.; NJW 2005, 664, 666 ff.

1868 *Edelmann* BKR 2004, 337, 338; *Jork/Engel* BKR 2005, 3, 10 f.; *Mülbert/Hoger* WM 2004, 2281 ff.; *Wolf/Großerichter* WM 2004, 1993 ff.; Staudinger/Kessal-*Wulf*, 2004, § 359 Rdn. 8, 15, 29, 33; Einzelheiten vgl. unten Rdn. 203 ff.

§§ 9 VerbrKrG bzw. 358, 359 für die bis zum 1. 11. 2002 abgeschlossenen Verträge nicht anwendbar.

114 Soweit ein Einwendungsdurchgriff gem. § 9 Abs. 3 S. 1 VerbrKrG nach § 3 Abs. 2 Nr. 2 VerbrKrG ausgeschlossen war, kam auch ein Einwendungsdurchgriff aus § 242 nicht in Betracht.[1869]

115 Sofern der Kredit- bzw. Darlehensvertrag den Bestimmungen der §§ 1, 9 VerbrKrG bzw. der §§ 491, 13, 14 unterfällt und die Ausnahmeregelungen der §§ 3 Abs. 2 Nr. 2 VerbrKrG, 491 Abs. 3 Nr. 1 a.F. (Fassung bis zum 1. 11. 2002) nicht greifen, konnte auch ein finanziertes Immobiliengeschäft mit dem zur Finanzierung dienenden Verbraucherkreditvertrag ein verbundenes Geschäft i.S.d. §§ 9 VerbrKrG, 358, 359 bilden.[1870]

116 Von diesen Grundsätzen ging auch der Gesetzgeber aus, der mit dem am 23. 7. 2002 eingefügten § 358 Abs. 3 S. 3 auch für die Zukunft klargestellt hat, dass Darlehensverträge und die durch sie finanzierten Grundstückserwerbsgeschäfte nur ausnahmsweise unter ganz bestimmten engen Voraussetzungen (vgl. hierzu unten Rdn. 143ff.) als „verbundene Verträge" anzusehen sind.[1871]

117 Durch die neue, ab dem 2. 11. 2002 geltende Regelung des § 358 Abs. 3 S. 3 wird die Möglichkeit des Verbundes von Darlehen und Grundstückskauf vorausgesetzt. Auf die Widerruflichkeit des finanzierten Vertrages, d.h. des Grundstückskaufvertrages kommt es nicht an.[1872]

118 Im Hinblick auf die Entscheidungen des für das Gesellschaftsrecht zuständigen II. Zivilsenats[1873] zur Rückabwicklung finanzierter Beitritte zu einer Fondsgesellschaft wird die – konsequente- Auffassung vertreten,[1874] die dortige Argumentation zu § 3 Abs. 2 Nr. 2 VerbrKrG (s.o. 2. Teil, D. Rdn. 23ff.) führe auch bei im Treuhandmodell abgewickelten „Steuersparimmobilien" zu einer Versagung der Privlegierung der finanzierenden Bank nach dieser Vorschrift, so dass auch dort der Einwendungsdurchgriff grundsätzlich eröffnet wäre. Denn soweit § 3 Abs. 2 Nr. 2 VerbrKrG bzw. § 491 Abs. 3 Nr. 1 a.F. (Fassung vom 1. 1. 2002) nicht eingreift, kann § 9 VerbrKrG bzw. § 358 auch nach Ansicht des XI. Zivilsenats eingreifen.[1875] Sollte sich der hierfür zuständige XI. Zivilsenat der Auffassung des II. Zivilsenats nicht anschließen – wovon nicht auszugehen ist –, ist in absehba-

[1869] BGH NJW 2004, 1376; OLG Köln WM 2005, 792, 799; OLG Schleswig WM 2005, 607, 610; OLG Frankfurt OLG-Report 2005, 85, 88; a.A. KG WM 2005, 596, 604f.

[1870] BGH NJW 2003, 3703 = MDR 2004, 105; vgl. Rdn. 131ff.

[1871] BGH NJW 2003, 422, 423; NJW 2003, 199; *Lauer* BKR 2004, 92, 94ff.; *Bülow* § 495 Rdn. 239; kritisch *Hoffmann* ZIP 2002, 1066 und *Rörig* MDR 2002, 894, 895.

[1872] *Bülow* § 495 Rdn. 239, 267 a.

[1873] BGH WM 2004, 1529, 1533 = NJW 2004, 2736, 2739; WM 2004, 1536, 1540; WM 2005, 547ff.; WM 2005, 843, 845; BKR 2005, 73f.

[1874] Vgl. etwa *Nittel* NJW 2004, 2712, 2714; a.A. jedoch die h.L., vgl. Rdn. 203ff.

[1875] BGH, XI. ZS., NJW 2003, 3703; weitere Einzelheiten vgl. Rdn. 131ff.

rer Zeit mit einer abschließenden Entscheidung des Großen Senates zu rechnen.

VII. Zweckbindung des Kredits

Wie die Vorgängerregelung des § 9 Abs. 1 S. 1 VerbrKrG verlangt § 358 Abs. 3 S. 1, dass das Darlehen der Finanzierung des Kaufpreises bzw. des Entgelts für eine andere Leistung „dient". Nach h.M. ist dieses Merkmal dahin zu verstehen, dass allein der objektive Einsatz der Darlehensvaluta zum Zweck der Finanzierung eines Kauf- oder sonstigen Vertrages gemeint ist.[1876] **119**

Danach setzt das Tatbestandsmerkmal der „Zweckbindung" keine entsprechende Vereinbarung der Parteien voraus.[1877] **120**

Nach anderer Auffassung[1878] muss der Erbringer der finanzierten Leistung den Zusammenhang zwischen Leistungs- und Verbraucherdarlehensvertrag kennen und ihn billigen. **121**

Dem Tatbestandselement der „Zweckbindung" kommt in der Praxis jedoch keine erhebliche Bedeutung zu. Die Verbindung beider Verträge wird selbst bei einer deutlichen zeitlichen Trennung, die unter Umständen Monate währen kann, bejaht.[1879] **122**

VIII. Wirtschaftliche Einheit zwischen dem Darlehensvertrag und dem damit verbundenen Vertrag

Eine wirtschaftliche Einheit zwischen dem Darlehensvertrag und dem Kaufvertrag oder sonstigen finanzierten Verträgen liegt nur vor, wenn beide Geschäfte über das normale Zweck-Mittel-Verhältnis derart miteinander verbunden sind, dass keines ohne das andere geschlossen worden wäre und jeder der Verträge seinen Sinn erst durch den anderen erhält.[1880] **123**

[1876] OLG Düsseldorf NJW 1997, 2056; auch OLG Karlsruhe WM 2001, 245, 250; im Ergebnis auch BGH NJW 1996, 3414; *Martis* MDR 1999, 65, 66; Müko-*Habersack* § 358 Rdn. 24, 31; Staudinger/Kessal-*Wulf* § 358 Rdn. 27, 52, 58 m.w.N.: „wirtschaftliche Einheit ist objektiv zu bestimmen"; *Bülow* § 495 Rdn. 259: „Objektivierung der subjektiven Vorstellungen" eines vernünftigen Durchschnittsverbrauchers; a.A. *Metz* NJW 1991, 2804, 2812; Bamberger/Roth-*Möller/Wendehorst* § 358 Rdn. 20; W/E/R-*Emmerich* § 9 VerbrKrG Rdn. 47.

[1877] *Bülow* § 495 Rdn. 250, 257; Müko-*Habersack* § 358 Rdn. 24, 31.

[1878] Bamberger/Roth-*Möller/Wendehorst* § 358 Rdn. 20; W/E/R-*Emmerich* § 9 VerbrKrG Rdn. 38, 43.

[1879] OLG Celle DAR 1995, 404; Staudinger/Kessal-*Wulf* § 9 VerbrKrG Rdn. 26; Staudinger/Kessal-*Wulf*, 2004, § 358 Rdn. 27, 58; W/E/R-*Emmerich* § 9 VerbrKrG Rdn. 43; *Martis* MDR 1999, 65, 65.

[1880] BGH NJW 2000, 3065, 3066; OLG Karlsruhe WM 2001, 1210, 1213; *Lauer* BKR 2004, 92, 94ff.; Bamberger/Roth-*Möller-Wendehorst* § 358 Rdn. 22; *Bülow*

124 Die „wirtschaftliche Einheit“ zwischen dem Darlehensvertrag und dem hierdurch finanzierten Vertrag ist dabei (ausschließlich, s.o.) objektiv zu bestimmen.[1881]

125 Darauf, ob die Geschäfte beim Verbraucher den subjektiven Eindruck erwecken, Darlehensgeber und Verkäufer bzw. Erbringer der sonstigen finanzierten Leistung stünden ihm gemeinsam als Vertragspartner gegenüber,[1882] kommt es nach h.M. nicht[1883] bzw. nur zugunsten des Verbrauchers an, der vom Bestehen verbundener Verträge ausgehen darf.[1884]

126 Die zeitliche Reihenfolge der Vertragsabschlüsse ist grundsätzlich unerheblich.[1885]

127 Gem. § 358 Abs. 3 S. 2 liegt eine „wirtschaftliche Einheit“ auch dann vor, wenn der Unternehmer selbst die Gegenleistung des Verbrauchers finanziert. Dies entspricht der herrschenden Ansicht zur Vorgängerregelung des § 9 Abs. 3 VerbrKrG.[1886]

1. Kriterien und Fallgruppen einer „wirtschaftlichen Einheit“

128 Zur Feststellung einer wirtschaftlichen Einheit hat die Rspr. bestimmte – nicht als abschließend zu betrachtende – Verbindungselemente entwickelt, die jeweils das Vorliegen einer „wirtschaftlichen Einheit“ indizieren.

a) Vorliegen einer „wirtschaftlichen Einheit“ bejaht

129 Danach liegt eine „wirtschaftliche Einheit“ insbesondere in folgenden Fällen vor:

– Der Darlehensgeber „bedient“ sich bei der Vorbereitung oder beim Abschluss des Darlehensvertrages der Mitwirkung des Verkäufers bzw. sonstigen Leistungserbringers. Bei diesem in § 358 Abs. 3 S. 2 wie bereits

---

§ 495 Rdn. 259; Erman-*Saenger* § 358 Rdn. 7, 8; Müko-*Habersack* § 358 Rdn. 36; Staudinger/Kessal-*Wulf*, 2004, § 358 Rdn. 28–32.

1881 BGH NJW 1996, 3414; OLG Karlsruhe WM 2001, 245, 250; Müko-*Habersack* § 358 Rdn. 24, 37 a.E.; Staudinger/Kessal-*Wulf* § 9 VerbrKrG Rdn. 27; Staudinger/Kessal-*Wulf*, 2004, § 358 Rdn. 27, 52, 58; a.A. OLG Braunschweig WM 1998, 1223, 1227; OLG Köln NJW-RR 1995, 1008; OLG Hamm WM 1999, 1056, 1057; LG Ulm WM 2000, 825, 828.

1882 So die überwiegende Ansicht in der Rspr. Zu § 9 VerbrKrG: OLG Braunschweig WM 1998, 1223, 1227; OLG Köln NJW-RR 1995, 1008; OLG Hamm WM 1999, 1056, 1057.

1883 Vgl. Erman-*Saenger* § 358 Rdn. 8 a.E.; Müko-*Habersack* § 358 Rdn. 24, 37; Staudinger/Kessal-*Wulf*, 2004, § 358 Rdn. 27, 58: den OLG-Urteilen (Fn. 1882) „fehlt jegliches Problembewusstsein“; auch OLG Karlsruhe WM 2001, 245, 250.

1884 Bamberger/Roth-*Möller/Wendehorst* § 358 Rdn. 22.

1885 Bamberger/Roth-*Möller/Wendehorst* § 358 Rdn. 21; *Bülow* § 495 Rdn. 245; Müko-*Habersack* § 358 Rdn. 33.

1886 Erman-*Saenger* § 358 Rdn. 11: kein Dreipersonenverhältnis erforderlich; Müko-*Habersack* § 358 Rdn. 45, 46; Staudinger/Kessal-*Wulf*, 2004, § 359 Rdn. 6.

in § 9 Abs. 1 S. 2 VerbrKrG genannten Kriterium handelt es sich um eine unwiderlegliche Vermutung.[1887]

Nach h. M. reicht es aus, wenn die Finanzierung auf der Grundlage einer nur gelegentlichen oder einmaligen Vereinbarung oder Verbindung zwischen dem Darlehensgeber und dem Verkäufer bzw. sonstigen Leistungserbringer erfolgt.[1888]

Die Vermutung des § 358 Abs. 3 S. 2 greift insbesondere dann ein, wenn ein Vertriebsbeauftragter des Anlagevertreibers bzw. Verkäufers dem Interessenten zugleich mit den Anlageunterlagen einen Kreditantrag der Bank vorgelegt hat[1889] oder wenn der Darlehensgeber und der Verkäufer bzw. sonstige Leistungserbringer einen Rahmenvertrag abgeschlossen haben bzw. unabhängig hiervon planmäßig und arbeitsteilig zusammenwirken.[1890]

Dies gilt etwa dann, wenn der Darlehensgeber Funktionen des Verkäufers (Werbung, Vertrieb, rechtliche Ausgestaltung der Geschäfte) im Zusammenwirken mit diesem in einer Art und in einem Umfang wahrnimmt, dass die Berufung auf die rechtliche Selbständigkeit gegen Treu und Glauben verstoßen würde.[1891] Die Vermutungswirkung des § 358 Abs. 3 S. 2 besteht nach u. E. zu weit gehender Ansicht auch dann, wenn sich der Darlehensgeber dabei nicht oder nicht nachweislich der Mitwirkung des Verkäufers oder sonstigen Leistungserbringers bedient hat.[1892] Nach zutreffender Ansicht ist ein „planmäßiges und arbeitsteiliges Zusammenwirken" zwischen Unternehmer/Verkäufer und Darlehensgeber erforderlich.[1893]

Der Darlehnsgeber muss jedoch die Möglichkeit gehabt haben, die Seriosität und Solvenz des Unternehmers (Verkäufers oder sonstigen Leistungserbringers) zu prüfen, um sich eine entsprechende Regressmöglichkeit vorzubehalten.[1894]

1887 BGH NJW 2003, 3703, 3704; NJW 2003, 2821 = WM 2003, 1762, 1763; Bamberger/Roth-*Möller/Wendehorst* § 358 Rdn. 24; Müko-*Habersack* § 358 Rdn. 38; Staudinger/Kessal-*Wulf* § 358 Rdn. 28; offengelassen von OLG Stuttgart WM 2005, 972, 976.

1888 OLG Köln NJW-RR 1995, 1008; Bamberger/Roth-*Möller/Wendehorst* § 358 Rdn. 24; *Bülow* § 495 Rdn. 261; Müko-*Habersack* § 358 Rdn. 38, 40; W/E/R-*Emmerich* § 9 VerbrKrG Rdn. 49; Staudinger/Kessal-*Wulf* § 358 Rdn. 28: ein einmaliges Zusammenwirken kann ausreichen, wenn der Darlehensgeber von der Tätigkeit des Unternehmers/Verkäufers weiß und dies billigt; a. A. *Lauer* BKR 2004, 92, 95 zu § 358 Abs. 3 S. 3: planmäßiges und arbeitsteiliges Zusammenwirken erforderlich.

1889 BGH NJW 2003, 3703, 3704 = MDR 2004, 105, 106.

1890 Müko-*Habersack* § 358 Rdn. 38, 42; Staudinger/Kessal-*Wulf* § 358 Rdn. 28; *Martis* MDR 1999, 65, 66.

1891 OLG München WM 2001, 252, 256; OLG Karlsruhe WM 2001, 245, 251; auch BGH WM 2000, 1287, 1288 und KG WM 2005, 596, 605.

1892 Müko-*Habersack* § 358 Rdn. 38.

1893 OLG Bamberg WM 2005, 593, 596; Staudinger/Kessal-*Wulf* § 358 Rdn. 28; auch W/E/R-*Emmerich* § 9 VerbrKrG Rdn. 49.

1894 Müko-*Habersack* § 358 Rdn. 40; Staudinger/Kessal-*Wulf* § 9 VerbrKrG Rdn. 29; W/E/R-*Emmerich* § 9 VerbrKrG Rdn. 49, 50.

- Ein Immobilienfonds (BGB-Gesellschaft, KG o.a.) und die den Fondsbeitritt des Anlegers finanzierende Bank bedienen sich nach Ansicht des II. ZS. des BGH derselben Vertriebsorganisation, wenn die Bank ihre Vertragsformulare dem von den Initiatoren und Gründungsgesellschaftern eingeschalteten Vertriebsunternehmen überlässt oder sich der Selbstauskunftsformulare des Vertriebsunternehmens bedient.[1895]
  Dabei liegt ein „verbundenes Geschäft" nach Ansicht des II. ZS. auch dann vor, wenn die Vermittlung der Finanzierung nicht durch den Anlagevermittler selbst, sondern durch einen in seinem Auftrag tätigen Finanzierungsvermittler erfolgt.[1896]
- Der Verkäufer oder sonstige Leistungserbringer ist im Besitz der Antragsformulare des Darlehensgebers,[1897] die Initiative zum Abschluss des Darlehensvertrages ging vom Verkäufer bzw. sonstigen Leistungserbringer aus, wobei das Formular bei ihm unterschrieben wird[1898] oder der Darlehensgeber verwendet speziell für finanzierte Geschäfte mit dem Verkäufer oder sonstigen Leistungserbringer angefertigte Formulare.[1899]
  Gleiches gilt, wenn der Inhalt der Formulare zwischen einem mit dem Darlehensgeber zusammenarbeitenden Makler und dem Verkäufer abgesprochen worden ist.[1900]
- Der Darlehensgeber verweist den potentiellen Kreditnehmer/Verbraucher an ein anderes Finanzierungsinstitut, das einen Rahmenvertrag mit dem Unternehmer unterhält oder in besagter Weise mit diesem bereits zuvor planmäßig zusammenarbeitet und das verbundene Geschäft dann finanziert.[1901]

[1895] So BGH WM 2004, 1529, 1531 = NJW 2004, 2736, 2737; WM 2004, 1536, 1538; NJW-RR 2005, 635, 637; BKR 2005, 73, 74; auch BGH WM 2004, 1518, 1520 sowie WM 2004, 1521, 1524; WM 2005, 547f.: Bank überlässt dem Vertriebsunternehmen ihre Formulare; BGH BKR 2005, 73, 74 und WM 2004, 1525, 1526: dieselbe Vertriebsorganisation ist für Bank und Fonds tätig; ablehnend zu den Urteilen des II. ZS.: BGH, XI. ZS. WM 2005, 127, 130ff.; OLG Bamberg WM 2005, 593, 595f.; OLG Köln WM 2005, 792, 799; KG WM 2005, 596, 605; *Jork/Engel* BKR 2005, 3, 10f.; *Mülbert/Hoger* WM 2004, 2281, 2292; *Wolf/Großerichter* WM 2004, 1993, 1997ff.; s.u. Rdn. 203ff.

[1896] BGH BKR 2005, 73, 74; WM 2004, 1675, 1676.

[1897] BGH NJW 1995, 3386; NJW 2003, 3703, 3704 bei Anlagevertrieb; BGH WM 2004, 1529, 1531 = NJW 2004, 2736, 2737; WM 2004, 1536, 1538 und WM 2005, 547: die Bank überlässt ihre Vertragsformulare dem vom Leistungserbringer eingeschalteten Vertriebsunternehmen; BGH WM 2004, 1575, 1576: der Finanzierungsvermittler der Fondsgesellschaft ist im Besitz der Formulare; BGH NJW 1987, 1698, 1700; OLG Düsseldorf NJW 1997, 2057; OLG Karlsruhe WM 2001, 245, 250: Darlehensformulare beim Verkäufer; OLG Köln NJW-RR 1995, 1008; Erman-*Saenger* § 358 Rdn. 7; Staudinger/Kessal-*Wulf* § 358 Rdn. 31.

[1898] BGH NJW 1995, 3386; Bamberger/Roth-*Möller/Wendehorst* § 358 Rdn. 24.

[1899] Müko-*Habersack* § 358 Rdn. 42; Staudinger/Kessal-*Wulf* § 358 Rdn. 30.

[1900] OLG Düsseldorf NJW 1997, 2057; *Martis* MDR 1999, 65, 66.

[1901] Staudinger/Kessal-*Wulf* § 358 Rdn. 29.

- Die Gültigkeit des Kauvertrages wird – etwa in Form einer aufschiebenden oder auflösenden Bedingung – vom Abschluss des Darlehensvertrages abhängig gemacht[1902] oder beide Geschäfte sind in sonstiger Weise derart miteinander verbunden, dass keines ohne das andere geschlossen worden wäre und jeder der Verträge seinen Sinn erst durch den anderen erhält.[1903]
- Bei vereinbarter Zweckbindung des Darlehens wird der Verbraucher von jeder freien Verfügung über die Darlehensvaluta ausgeschlossen, es erfolgt eine unmittelbare Auszahlung der Valuta an den Verkäufer oder sonstigen Leistungserbringer.[1904] Nach weitergehender Ansicht von Kessal-Wulf[1905] soll es sogar ausreichen, wenn der Darlehensbetrag dem Verbraucher zur Verfügung gestellt wird und dieser sich gegenüber dem Darlehensgeber verpflichtet, mit dem Betrag vereinbarungsgemäß zu verfahren.
  Es genügt jedoch nicht, wenn der Verkäufer dem Verbraucher die Finanzierungsunterlagen aushändigt und die darlehensgebende Bank die Valuta auf Anweisung des Käufers dann direkt an den Verkäufer überweist.[1906]
  Habersack[1907] vertritt die Ansicht, eine „wirtschaftliche Einheit" setze in diesen Fällen daneben voraus, dass auch der Anspruch des Unternehmers (Verkäufers oder sonstigen Leistungserbringers) gegen den Verbraucher entsprechend beschränkt ist, der Unternehmer also keinen Anspruch gegen den Verbraucher auf Zahlung mit eigenen oder anderweitig zu beschaffenden Mitteln hat und somit sein Zahlungsanspruch gegen den Verbraucher und der Anspruch des Verbrauchers gegen den Darlehensgeber auf Auszahlung der Valuta „miteinander stehen und fallen".
  Nach ebenfalls einschränkender Auffassung ist dem Umstand, dass die Parteien des Darlehensvertrages eine Zweckabrede treffen, nach welcher die freie Verfügung über die Valuta ausgeschlossen ist, diese vielmehr zur Tilgung der vom Verbraucher zu erbringenden Gegenleistung aus dem finanzierten Vertrag zu verwenden ist, lediglich Indizwirkung beizumessen.[1908]

1902 BGH NJW 1989, 163; *Martis* MDR 1999, 65, 66; Staudinger/Kessal-*Wulf* § 358 Rdn. 32.

1903 BGH NJW 2000, 3065, 3066; OLG Karlsruhe WM 2001, 1210, 1213; *Martis* MDR 1999, 65, 66; Müko-*Habersack* § 358 Rdn. 36; Staudinger/Kessal-*Wulf* § 358 Rdn. 31.

1904 OLG Köln NJW-RR 1995, 1008; OLG Oldenburg VuR 2002, 321, 322 zum Erwerb von Wohnungseigentum; *Martis* MDR 1999, 65, 66; Erman-*Saenger* § 358 Rdn. 8; W/E/R-*Emmerich* § 9 VerbrKrG Rdn. 52; Staudinger/Kessal-*Wulf* § 358 Rdn. 32: unmittelbare Auszahlung an den Unternehmer; einschränkend Müko-*Habersack* § 358 Rdn. 48, 49; a.A. OLG Düsseldorf NJW 1997, 2056; *Bülow* § 495 Rdn. 262.

1905 Staudinger/Kessal-*Wulf* § 358 Rdn. 32; zutreffend anderer Auffassung Müko-*Habersack* § 358 Rdn. 49.

1906 BGH NJW-RR 1990, 1072; *Reinking/Eggert,* 8. Aufl., Rdn. 710 a.E.; Müko-*Habersack* § 358 Rdn. 49.

1907 Müko-*Habersack* § 358 Rdn. 49.

1908 OLG Düsseldorf NJW 1997, 2056; *Bülow* § 495 Rdn. 262.

– Beide Verträge werden zeit- und ortsgleich abgeschlossen[1909] oder die Verbraucher werden unter gegenseitiger Bezugnahme der Verträge aufeinander als „Käufer und Darlehensnehmer“ bezeichnet.[1910]
  Nach Ansicht des OLG Celle[1911] steht der Annahme eines verbundenen Geschäfts nicht entgegen, dass der Darlehensvertrag erst Monate später nach dem Abschluss des Kaufvertrages geschlossen worden ist.
  Wird eine Finanzierungsabrede jedoch erst nachträglich getroffen, kann die Berufung auf ein Widerrufsrecht nach §§ 355, 358 jedoch im Einzelfall rechtsmissbräuchlich sein, etwa wenn auf Bitten des Verbrauchers ein Bargeschäft acht Monate später finanziert wird und der Verbraucher sodann den Darlehensvertrag widerruft.[1912]
– Der Unternehmer übernimmt gegenüber dem Darlehensgeber die Mithaftung für die Verbindlichkeiten des Verbrauchers, etwa in Form einer Bürgschaft, eines Schuldbeitritts oder einer garantiemäßigen Ausfallhaftung.[1913]
– Nur geringen Indizwert haben die Sicherungsübereignung des Kaufgegenstandes an den Verkäufer bzw. anderen Leistungserbringer,[1914] eine pro forma erteilte Widerrufsbelehrung des Verbrauchers im Kreditvertrag[1915] oder die Erteilung einer Zusatzbelehrung nach § 358 Abs. 5 im Darlehens- oder verbundenen Vertrag[1916] sowie die Übereinstimmung von Nettokreditbetrag und Kaufpreis.[1917]

[1909] BGH NJW 2003, 2093; NJW 2003, 3703, 3704 = MDR 2004, 105, 106; BGH NJW 1987, 1814 f.; OLG Köln WM 1995, 611, 612; *Martis* MDR 1999, 65, 66; Erman-*Saenger* § 358 Rdn. 8; *Reinking/Eggert* Rdn. 710 a. E.; Staudinger/Kessal-*Wulf*, 2004, § 358 Rdn. 30, 32: Abschluss zeitgleich bzw. in Gegenwart des Unternehmers.

[1910] BGH MDR 1988, 1036; BGH NJW 2003, 3703, 3704: Konkrete wechselseitige Hinweise auf den jeweils anderen Vertrag; Staudinger/Kessal-*Wulf* § 358 Rdn. 32; *Martis* MDR 1999, 65, 66.

[1911] OLG Celle DAR 1995, 404; auch Erman-*Saenger* § 358 Rdn. 8; a. A. *Reinking/Eggert* Rdn. 710 a. E.

[1912] Zutreffend LG Trier NJW 1993, 2121; Bamberger/Roth-*Möller/Wendehorst* § 358 Rdn. 21; a. A. Müko-*Habersack* § 358 Rdn. 34 und Staudinger/Kessal-*Wulf* § 358 Rdn. 56 a. E. m. w. N.

[1913] BGH NJW 1980, 782; Staudinger/Kessal-*Wulf* § 358 Rdn. 32.

[1914] Bamberger/Roth-*Möller/Wendehorst* § 358 Rdn. 23; *Bülow* § 495 Rdn. 263, 264; Müko-*Habersack* § 358 Rdn. 43; Staudinger/Kessal-*Wulf* § 358 Rdn. 32 a. E.: „kein wesentliches Anzeichen“; W/E/R-*Emmerich* § 9 VerbrKrG Rdn. 53: „Kann am Rande darauf hindeuten“; a. A. OLG Köln NJW-RR 1995, 1008.

[1915] Staudinger/Kessal-*Wulf* § 9 VerbrKrG Rdn. 30 und *Martis* MDR 1999, 65, 66 zu §§ 7, 9 VerbrKrG.

[1916] BGH NJW 2003, 3703, 3704 bei im Kreditvertrag enthaltener Belehrung über verbundene Geschäfte; Müko-*Habersack* § 358 Rdn. 43; Staudinger/Kessal-*Wulf* § 358 Rdn. 30: „Nur schwach ausgeprägt“.

[1917] Bamberger/Roth-*Möller/Wendehorst* § 358 Rdn. 23 a. E.; Müko-*Habersack* § 358 Rdn. 43; Staudinger/Kessal-*Wulf* § 358 Rdn. 30.

b) Keine Annahme einer „wirtschaftlichen Einheit"

Eine „wirtschaftliche Einheit" liegt jedoch nicht vor, wenn 130

- der Verkäufer oder sonstige Leistungserbringer den Verbraucher lediglich auf eine Finanzierungsmöglichkeit hinweist und sich der Verbraucher daraufhin das Darlehen „auf eigene Faust" beschafft,[1918]
- ein finanziertes Geschäft nachträglich dadurch in ein echtes Bargeschäft umgewandelt wird, dass sich der Darlehensnehmer ein anderweitiges Darlehen selbst beschafft,[1919]
- der Unternehmer den Verbraucher lediglich zum Darlehensgeber begleitend und dort bei der Unterschrift „behilflich" ist,[1920]
- das Kreditinstitut insbesondere bei Werbemaßnahmen klargestellt hat, dass sich seine Rolle nur auf die Finanzierung beschränkt und es sich auch dementsprechend verhalten hat,[1921]
- ein selbständiger Vermittler zwischengeschaltet wird, der i.S.d. § 278 weder dem Unternehmer noch dem Darlehensgeber zuzurechnen ist, soweit sich nicht aus sonstigen Umständen ein arbeitsteiliges Zusammenwirken zwischen dem Darlehensgeber und dem Unternehmer ergibt und der Darlehensvertrag sowie der Darlehenvermittlungsvertrag nicht ihrerseits einen verbundenen Vertrag darstellen.[1922]

2. Finanzierte Grundstücksgeschäfte

Bei den bis zum 1. 8. 2002 in einer Haustürsituation und bis zum 131
1. 11. 2002 abgeschlossenen, sonstigen Grundstücksgeschäften kann das Vorliegen einer „wirtschaftlichen Einheit" nach bisheriger Rechtsprechung nur unter ganz besonderen Voraussetzungen angenommen werden.[1923]

a) Bislang herrschende Ansicht

Regelmäßig besteht beim finanzierten Immobilienerwerb nach §§ 9 Abs. 3 132
VerbrKrG und § 358 Abs. 3 a.F. (in der bis zum 1. 8. 2002 geltenden Fassung) nach bislang überwiegender Ansicht keine „wirtschaftliche Einheit".

[1918] Bamberger/Roth-*Möller/Wendehorst* § 358 Rdn. 24 a.E.; Müko-*Habersack* § 358 Rdn. 41; Staudinger/Kessal-*Wulf* § 358 Rdn. 28 a.E.; W/E/R-*Emmerich* § 9 VerbrKrG Rdn. 50, 96; *Martis* MDR 1999, 65, 66.

[1919] *Bülow* § 495 Rdn. 245; Müko-*Habersack* § 358 Rdn. 33.

[1920] Bamberger/Roth-*Möller/Wendehorst* § 358 Rdn. 24; u.E. mehr als fraglich.

[1921] OLG Stuttgart ZIP 2001, 692, 694; *Lauer* BKR 2004, 92, 98; a.A. Erman-*Saenger* § 358 Rdn. 8: unmissverständlicher Hinweis unerheblich, wenn hinreichende objektive Verbindungselemente gegeben sind.

[1922] Müko-*Habersack* § 358 Rdn. 44; *Lauer* BKR 2004, 92, 97 zu § 358 Abs. 3 S. 3.

[1923] BGH NJW 2000, 3065, 3066; WM 2000, 1287, 1288; KG WM 2005, 596, 605f.; OLG Köln WM 2005, 792, 799; *Lauer* BKR 2004, 92, 93ff.; weitergehend aber jetzt BGH NJW 2003, 3703 = WM 2003, 2232.

Hier liegt nicht die gleiche Interessenlage wie beim klassischen finanzierten Kauf, bei finanzierten Werk-, Dienst- und Leasingverträgen vor. Denn selbst der rechtsunkundige Laie weiß, dass der Immobilienverkäufer und darlehensgebende Bank verschiedene Rechtsträger sind, die jeweils verschiedene, eigene Interessen wahrnehmen.[1924]

133 Beim Darlehensnehmer wird regelmäßig nicht der Eindruck erweckt, Verkäufer und Darlehensgeber stünden ihm gemeinsam als Vertragspartner gegenüber.[1925]

134 Die Einschaltung der finanzierenden Bank liegt nämlich im Interesse des Käufers, denn nur eine hohe Fremdfinanzierung ermöglicht steuerliche Auswirkungen zu seinen Gunsten. Die Trennung des Darlehensvertrages von dem Kaufvertrag in zwei selbständige Verträge ist damit regelmäßig rechtlich und wirtschaftlich beabsichtigt.[1926]

135 Nach abweichender Ansicht des OLG Karlsruhe[1927] können der Kauf einer Eigentumswohnung und die dazu erforderliche Kreditaufnahme ein verbundenes Geschäft i. S. d. §§ 9 Abs. 1, Abs. 3 VerbrKrG, 358 Abs. 3 a. F. darstellen, weil hierzu eine objektive Betrachtungsweise geboten sei und es nicht darauf ankomme, ob die Aufspaltung im Interesse des Konsumenten geschieht. Aus der Sicht des Verbrauchers liege eine wirtschaftliche Einheit vor, wenn das Darlehen der Finanzierung des Kaufpreises dient und der Verkäufer bei der Vorbereitung oder dem Abschluss des Kreditvertrages im Einvernehmen mit dem Darlehensgeber arbeitsteilig zusammenwirkt. Wichtig sei es allein, dass der Darlehensgeber vom Tätigwerden des Verkäufers/Leistungserbringers in seiner Sphäre weiß und dies billigt, da andernfalls nicht davon gesprochen werden könne, dass er sich der Mitwirkung des Verkäufers „bedient".

136 Nach überwiegender, bislang zu § 9 VerbrKrG vertretener Ansicht kann eine wirtschaftliche Verflechtung des Anlagengeschäfts und des Darlehensvertrages im Allgemeinen nur dann angenommen werden, wenn der Darlehensgeber sich nicht nur mit seiner Finanzierungsrolle begnügt, sondern Funktionen des Verkäufers (Werbung, Vertrieb, gesamte rechtliche Ausgestaltung) im Zusammenwirken mit diesem in einer Weise und einem

---

[1924] BGH NJW 2000, 3065, 3066; NJW 2002, 1881, 1884; OLG Karlsruhe, 17. Senat, OLG-Report 2003, 20, 24; 17. Senat, WM 2001, 1210, 1213; OLG Hamm WM 2003, 1809, 1810; WM 1999, 1056, 1057; OLG Koblenz WM 1999, 2353, 2555; OLG München WM 2000, 130; OLG Stuttgart OLG-Report 2003, 69, 72; WM 2000, 2146; OLG-Report 1999, 300, 303; OLG Braunschweig WM 1998, 1223, 1228; OLG Zweibrücken WM 1999, 2022, 2023; KG WM 2005, 596, 605 f.; OLG Köln WM 2005, 792, 799; LG Stuttgart WM 2000, 1388, 1393; LG Ulm WM 2000, 825, 828; *Lauer* BKR 2004, 92, 93 f.

[1925] OLG Koblenz WM 1999, 2353, 2355; OLG Karlsruhe, 17. Senat WM 2001, 1210, 1213; *Lauer* BKR 2004, 92, 93.

[1926] OLG Karlsruhe, 17. Senat, WM 2001, 1210, 1213; ebenso NJW-RR 2003, 185, 188; kritisch OLG Karlsruhe, 10.Senat, WM 2001, 245, 250.

[1927] OLG Karlsruhe, 10. Zivilsenat, WM 2001, 245, 250.

Umfang wahrnimmt, dass die Berufung auf die rechtliche Selbständigkeit gegen Treu und Glauben verstoßen würde.[1928]

Der Umstand, dass die finanzierende Bank sowohl die Globalfinanzierung des Anlageprojekts als auch die Endfinanzierung verschiedener Anleger übernommen hat, begründet dabei noch keine über die Rolle als Darlehensgeberin hinausgehende Projektbeteiligung der Bank.[1929] **137**

Die den Kauf von Eigentumswohnungen u.a. finanzierende Bank trifft auch keine allgemeine, über das Rechtsinstitut der c.i.c. (jetzt § 311 Abs. 2, Abs. 3) sanktionierte Aufklärungspflicht über die Zweckmäßigkeit des Kredits und die mit der Kreditaufnahme verbundenen Risiken und Folgen.[1930] **138**

Auch ein Treuhandvertrag und der vom Treuhänder für den Treugeber abgeschlossene Darlehensvertrag zur Finanzierung einer Immobilie oder eines Immobilienfondsanteils bilden keine wirtschaftliche Einheit.[1931] Etwas anderes gilt nur dann, wenn die späteren Geschäftsabschlüsse nicht getätigt worden wären, wenn der Treuhandvertrag nicht abgeschlossen worden wäre.[1932] **139**

b) Aktuelle obergerichtliche Rechtsprechung

Andererseits kann ein finanziertes Immobiliengeschäft mit dem der Finanzierung dienenden Verbraucherkreditvertrag auch nach neuerer Ansicht des BGH[1933] dann ein „verbundenes Geschäft" i.S.d. §§ 9 VerbrKrG, 358 **140**

[1928] BGH NJW 2000, 3065, 3066; WM 1992, 901, 905; OLG Karlsruhe, 17. Senat, NJW-RR 2003, 185, 188 = OLG-Report 2003, 20, 24; OLG Frankfurt OLG-Report 2005, 85, 88; OLG Köln WM 2005, 792, 796ff.; OLG München WM 2001, 252, 256; *Lauer* BKR 2004, 92, 93ff.; weitergehend jedoch OLG Karlsruhe, 10. Senat, WM 2001, 245, 250: wirtschaftliche Einheit bei „arbeitsteiligem Zusammenwirken"; OLG Oldenburg VuR 2002, 321, 322: Direktüberweisung entsprechend dem Anlagekonzept an den Verkäufer; vgl. zum Bestehen einer Aufklärungspflicht der Bank und eines Anspruchs des Verbrauchers aus § 311 Abs. 2, Abs. 3 bzw. c.i.c. unten J. Rdn. 8ff.

[1929] BGH NJW 1988, 1583, 1584; OLG Karlsruhe, 17. Senat, NJW-RR 2003, 185, 189 und WM 2001, 1210, 1213; OLG Köln WM 2005, 792, 798.

[1930] BGH NJW 2004, 154, 156; NJW 2004, 2378, 2380; NJW 2004, 2737, 2741; BKR 2004, 108, 109f. = WM 2004, 172, 173f.; NJW 2003, 2529, 2530; VersR 2002, 986, 987; NJW 2000, 2352, 2353; OLG Dresden WM 2003, 1802, 1807; WM 2002, 1881, 1882; OLG Stuttgart WM 2001, 1667; WM 2000, 2146, 2147; WM 2000, 1942, 1946; OLG-Report 2002, 317, 318 und 2001, 222; OLG München WM 1999, 1818, 1820; OLG Koblenz WM 1999, 2353, 2355; OLG Karlsruhe NJW-RR 2003, 185, 188; WM 2001, 245, 248; OLG Hamburg WM 2002, 1289, 1293; OLG Frankfurt WM 2000, 2135, 2137; OLG Naumburg WM 2001, 1411, 1412; vgl. hierzu unten J. Rdn. 2, 52.

[1931] BGH NJW 2000, 2270, 2272; a.A. LG Koblenz VuR 2002, 73.

[1932] BGH NJW 2000, 2270, 2272.

[1933] BGH, XI. ZS., NJW 2003, 3703 = WM 2003, 2232 = MDR 2004, 105; im Erg. auch OLG Karlsruhe WM 2001, 245, 250 und OLG Oldenburg VuR 2002, 321, 322.

Abs. 2, 3 (Fassung vom 1. 1. 2002, gültig bis 1. 11. 2002 bzw. 1. 8. 2002) bilden, sofern der Keditvertrag dem VerbrKrG bzw. den §§ 491, 358 unterfällt und die Ausnahmeregelung des § 3 Abs. 2 Nr. 2 VerbrKrG bzw. des § 491 Abs. 3 Nr. 1 a.F. (Fassung vom 1. 1. 2002 bis 1. 11. 2002) nicht eingreift. Dies ist etwa dann der Fall, wenn der Vertriebsbeauftragte des Anlagevertreibers dem Interessenten zugleich mit den Anlageunterlagen einen Kreditantrag der Bank vorgelegt hat.[1934]

141 Der XI. Zivilsenat des BGH[1935] hat die Auffassung des II. ZS.,[1936] wonach sich die Bank nicht auf § 3 Abs. 2 Nr. 2 VerbrKrG berufen kann, wenn das Grundpfandrecht nicht erst im Zusammenhang mit der Darlehensgewährung, sondern schon zuvor zur Sicherung einer Zwischenfinanzierung bestellt worden ist, an der der Verbraucher nicht beteiligt war, mit deutlichen Worten („ im Ansatz unzutreffend", „geht nicht an"; zu den Einzelheiten Rdn. 203ff.) abgelehnt.

142 Auf die Kritik des XI. ZS hat der II. ZS des BGH seine Rspr. auf die Fälle kreditfinanzierter Fondsbeteiligungen beschränkt.

Danach findet die Vorschrift des § 3 Abs. 2 Nr. 2 VerbrKrG (nur) auf grundpfandrechtlich besicherte Darlehen, die zur Finanzierung der Beteiligung an einer Anlagegesellschaft gewährt werden, keine Anwendung:[1937]

Eine Vorlage an den großen Senat für Zivilsachen wurde damit erneut vermieden.[1938]

c) Neu eingefügter § 358 Abs. 3 S. 3

143 Die bisherige, gem. § 491 Abs. 3 Nr. 1 a.F. auf Realkreditverträge i.S.d. § 3 Abs. 2 Nr. 2 VerbrKrG bzw. Immobiliardarlehensverträge i.S.d. § 492 Abs. 1a S. 2 nicht anzuwendende Regelung des § 358 Abs. 3 S. 2 nahm eine wirtschaftliche Einheit – mit der Folge, dass der Verbraucher auch vom finanzierten Geschäft freikam (§ 358 Abs. 1) bzw. dem Darlehensgeber die Einwendungen aus dem Kaufvertrag entgegenhalten konnte (§ 359) bereits dann an, wenn sich der Darlehensgeber bei der Vorbereitung oder beim Abschluss des Verbraucherdarlehensvertrages der Mitwirkung des Unternehmers bediente. Diese weite Definition erschien dem Gesetzgeber im Anschluss an die so genannte Heininger-Entscheidung des EuGH[1939] und der hierauf nachfolgenden Entscheidung des BGH[1940] sowie

---

1934 BGH, XI. ZS., NJW 2003, 3703, 3704.

1935 BGH WM 2005, 127, 130f.; abl. auch BGH, XI. ZS., WM 2005, 72; NJW 2005, 664, 666f.; OLG Köln 2005, 792, 799; KG WM 2005, 596, 604f.; OLG Schleswig WM 2005, 607, 610.

1936 BGH WM 2004, 1529, 1533 = NJW 2004, 2736, 2739; WM 2004, 1536, 1540; WM 2005, 843, 845.

1937 BGH, II. ZS., WM 2005, 843, 844f.

1938 Vgl. *Nittel* NJW 2004, 2712, 2714; BGH WM 2005, 843, 845.

1939 EuGH NJW 2002, 281.

der dadurch veranlassten Änderung der §§ 312a, 355 Abs. 2, Abs. 3, 358 Abs. 3 durch das OLG-VertrÄndG vom 23. 7. 2000[1941] zu weitgehend.

144 Wäre die Regelung des § 358 Abs. 3 S. 2 auch für diese Verträge beibehalten worden, so wäre die Mehrzahl der Immobiliardarlehensverträge (vormals Realkreditverträge i.S.d. § 3 Abs. 2 Nr. 2 VerbrKrG) als verbundene Geschäfte zu behandeln gewesen, wodurch sich die Risiken für die Banken erhöht und folglich auch die Darlehenskonditionen verschlechtert hätten, ohne dass dies in einer finanziellen Verbundenheit oder einem Zusammenwirken des Kreditinstituts mit dem Verkäufer eine innere Rechtfertigung gefunden hätte.[1942]

145 Beim finanzierten Erwerb eines Grundstücks oder eines grundstücksgleichen Rechts ist deshalb nach § 358 Abs. 3 S. 3 n.F. i.d. F. vom 1. 8. 2002 eine wirtschaftliche Einheit nur dann anzunehmen, wenn der Darlehensgeber sich selbst das Grundstück verschafft (§ 358 Abs. 3 S. 3 1. Alt.) oder wenn er über die Gewährung von Darlehen hinaus den Erwerb des Grundstücks durch Zusammenwirken mit dem Unternehmer/Verkäufer fördert, indem er sich dessen Veräußerungsinteressen ganz oder teilweise zu eigen macht (§ 358 Abs. 3 S. 3 2.Alt.), bei der Planung, Werbung oder Durchführung des Projekts Funktionen des Veräußerers übernimmt (§ 358 Abs. 3 S. 3 3.Alt.; insoweit Übernahme der bisherigen Rechsprechung),[1943] oder den Veräußerer einseitig begünstigt.[1944]

146 Die drei Kriterien, bei deren Vorliegen – alternativ – eine „wirtschaftliche Einheit“ bei finanzierten Grundstücksgeschäften zu bejahen ist, sind der Rspr. zur Bankenhaftung bei Verletzung einer Aufklärungspflicht (vgl. hierzu J. Rdn. 8ff.) entnommen.[1945]

aa) Darlehensgeber und Veräußerer sind personenidentisch (§ 358 Abs. 3 S. 3 1. Alt.)

147 Ein verbundenes Geschäft liegt nach § 358 Abs. 3 S. 3 1. Alt. zunächst vor, wenn die Bank dem Darlehnsnehmer das Grundstück selbst verschafft bzw. den Vertrieb der Immobilie selbst übernimmt. Hauptanwendungsfall des § 358 Abs. 3 S. 3 1. Alt. dürfte die Veräußerung und gleichzeitige Finanzierung solcher Immobilien sein, die zuvor aus einer „stecken gebliebenen“

[1940] BGH NJW 2001, 1881.

[1941] Vgl. oben F. Rdn. 12ff.; *Lauer* BKR 2004, 92, 94ff.; Bamberger/Roth-*Möller/Wendehorst* § 358 Rdn. 25; *Bülow* § 495 Rdn. 239, 250, 267a.

[1942] *Lauer* BKR 2004, 92; *Meinhof* NJW 2002, 2273, 2274; Erman-*Saenger* § 358 Rdn. 10.

[1943] BGH NJW 2000, 3065, 3066; OLG München WM 2001, 252, 256; OLG Hamm WM 2003, 1809, 1810; OLG Karlsruhe NJW-RR 2003, 185, 189.

[1944] Vgl. *Lauer* BKR 2004, 92, 95ff.; *Meinhof* NJW 2002, 2273, 2275.

[1945] Vgl. *Lauer* BKR 2004, 92, 95ff., 97: insoweit keine Änderung der Rechtslage beabsichtigt; Bamberger/Roth-*Möller/Wendehorst* § 358 Rdn. 25 a.E.; Müko-*Habersack* § 358 Rdn. 53; Staudinger/Kessal-*Wulf* § 358 Rdn. 53.

Baufinanzierung in den Bestand des Kreditinstitutes übernommen worden sind.[1946]

148 Auch bei Veräußerungen über Tochtergesellschaften oder im Rahmen einer Veräußerungsvollmacht zugunsten der Bank ist die Bestimmung einschlägig.[1947]

bb) Darlehensgeber und Veräußerer sind nicht personenidentisch (§ 358 Abs. 3 S. 3 2. Alt.)

149 § 358 Abs. 3 S. 3 2.Alt. erfasst die Fälle der Überschreitung der Kreditgeberrolle (vgl. hierzu unten J. Rdn. 98ff.) der finanzierenden Bank, indem sie dem Veräußerer oder Vermittler der Immobilie vorbehaltene Funktionen ganz oder teilweise übernimmt.[1948]

150 Im Rahmen dieser Fallgruppe muss die Bank „gleichsam (auch) als Partei" des finanzierten Geschäfts erscheinen.[1949]

151 Dies ist etwa der Fall, wenn die Bank

- in die Projektplanung, Projektgestaltung und/oder Projektdurchführung eingeschaltet ist und sich dabei die Vertriebsinteressen des Bauträgers zu Eigen macht,[1950]
- gemeinsame Werbemaßnahmen mit dem Veräußerer oder Vermittler ohne rollenmäßige Differenzierung und ohne Hinweis durchführt,[1951]
- es duldet, dass ein vom Veräußerer beauftragter Vermittler gegenüber Kaufinteressenten zugleich mit dem Namen, dem Logo, Formularen des Kreditinstituts oder dem Slogan „bankgeprüfte Immobilie" wirbt,[1952]
- das fertig gestellte Objekt selbst oder durch eine Tochtergesellschaft veräußert oder vertreibt und gleichzeitig den Enderwerber der Immobilie finanziert,[1953]
- gleichzeitig seitens des Verkäufers als Makler der Immobilie eingeschaltet ist.[1954]

Die darlehensgebende Bank überschreitet ihre Kreditgeberrolle i.S.d. § 358 Abs. 3 S. 2 n.F. noch *nicht,* wenn

- sie sich im Prospekt als „Finanzierer" bezeichnen lässt oder dem Unternehmer bzw. einem Treuhänder die Darlehensformulare überlässt,[1955]

[1946] *Lauer* BKR 2004, 92, 95.

[1947] *Lauer* BKR 2004, 92, 95.

[1948] Vgl. BGH NJW 2004, 154, 156; BGH BKR 2004, 108, 109; 2003, 112; *Lauer* BKR 2004, 92, 95 und 97.

[1949] BGH WM 2003, 1710, 1713; NJW 2004, 2736, 2741; BKR 2005, 73; OLG Köln WM 2005, 792, 798; WM 2005, 557ff.; *Lauer* BKR 2004, 92, 96.

[1950] *Lauer* BKR 2004, 92, 96; *Schmidt-Kessel* ZGS 2002, 311, 316.

[1951] *Lauer* BKR 2004, 92, 96.

[1952] *Lauer* BKR 2004, 92, 96/97.

[1953] *Lauer* BKR 2004, 92, 96; vgl. aber J. Rdn. 105ff.

[1954] *Lauer* BKR 2004, 92, 96.

- sie mit dem Veräußerer bzw. Vermittler der Immobilie nur bezüglich der Finanzierung zusammenarbeitet,[1956]
- sie insbesondere bei Werbemaßnahmen klargestellt hat, dass sich ihre Rolle ausschließlich auf die Finanzierung beschränkt und sich auch dementsprechend verhält,[1957]
- durch Zusatzerklärungen verdeutlicht, dass es sich bei dem Kreditvertrag und dem Kaufvertrag nicht um ein einheitliches Geschäft handelt,[1958]
- sie als Darlehensgeber sowohl den Unternehmer (Bauträger) als auch den Verbraucher finanziert bzw. zu finanzieren beabsichtigt,[1959]
- die Darlehenssumme entsprechend dem Anlagekonzept zweckgebunden und der Verbraucher von der freien Verfügung ausgeschlossen ist,[1960]
- sie (lediglich) versucht, ein Not leidendes Darlehen durch mehrere sichere Kredite zu ersetzen.[1961]

Ungeschriebene Voraussetzung des § 358 Abs. 3 S. 3 n.F. ist stets, dass **152** die Tätigkeit des Finanzierers vom Veräußerer (Bauträger) gewünscht oder zumindest geduldet wird.[1962]

§ 358 Abs. 3 S. 3 n.F. ist auf Haustürgeschäfte, die nach dem 1. 8. 2002 **153** abgeschlossen worden sind, sowie auf andere Schuldverhältnisse, also Verbraucherkredit-, Fernabsatz- und Teilzeit-Wohnrechteverträge, die nach dem 1. 11. 2002 entstanden sind, anzuwenden (vgl. Art. 229 § 9 Abs. 1 Nr. 1 und Nr. 2 EGBGB).[1963]

d) Keine Anwendung des § 358 Abs. 3 auf Altverträge

Auf früher geschlossene Realkreditverträge i.S.d. § 3 Abs. 2 Nr. 2 **154** VerbrKrG bzw. § 491 Abs. 3 Nr. 1 a.F. (Fassung vom 1. 1. 2002) sind die Vorschriften des § 358 Abs. 3 n.F. (Fassung vom 1. 1. 2002) nach Ansicht des BGH grundsätzlich nicht anzuwenden.[1964]

1955 *Bruchner* WM 1999, 825, 833 und ZIP 2000, 677, 679; *Lauer* BKR 2004, 92, 97; Müko-*Habersack* § 358 Rdn. 54.

1956 BGH BKR 2003, 112 = ZIP 2003, 160, 161 und *Lauer* BKR 2004, 92, 96/97: auf Finanzierungstätigkeit beschränkte Zusammenarbeit; vgl. hierzu J. Rdn. 105, 107.

1957 *Lauer* BKR 2004, 92, 98.

1958 BGH BKR 2003, 106; *Lauer* BKR 2004, 92, 98.

1959 *Lauer* BKR 2004, 92, 97; Müko-*Habersack* § 358 Rdn. 54 unter Hinweis auf BT-Drucks. 14/9266, S. 47; weitergehend *Schmidt-Kessel* ZGS 2002, 311, 316: § 358 Abs. 3 S. 2 n.F. anwendbar, wenn die Bank Käufer und Bauträger finanziert und sich die Vertriebsinteressen zu eigen macht; weitere Einzelheiten hierzu s. u. J. Rdn. 108f.

1960 *Lauer* BKR 2004, 92, 98.

1961 *Lauer* BKR 2004, 92, 98.

1962 *Schmidt-Kessel* ZGS 2002, 311, 316; Müko-*Habersack* § 358 Rdn. 55: Zusammenwirken mit dem Unternehmer erforderlich; Staudinger/Kessal-*Wulf* § 358 Rdn. 28, 53.

1963 Anders Palandt-*Heinrichs*, 63. Aufl., § 358 Rdn. 14: auf alle nach dem 1. 8. 2002 geschlossenen, eine wirtschaftliche Einheit bildenden Verträge.

1964 BGH NJW 2002, 1881, 1884; NJW 2003, 199; NJW 2003, 422, 424; ebenso OLG Dresden BKR 2003, 115; zustimmend *Bülow* § 495 Rdn. 267a; Erman-*Saenger*

155 Konsequenz der Auffassung des BGH ist, dass sich der Verbraucher durch einen Widerruf zwar vom Verbraucherdarlehensvertrag bzw. dem Haustürgeschäft lösen kann, nicht aber von finanzierten Grundstücksgeschäft.[1965]

156 Der BGH[1966] weist selbst darauf hin, dass mit der dadurch begründeten Pflicht des Verbrauchers zur sofortigen Rückzahlung und marktüblichen Verzinsung der Darlehensvaluta (§§ 7 Abs. 4, 9 Abs. 3 VerbrKrG, 3 Abs. 1 HausTWG bzw. §§ 358 Abs. 3, 357 Abs. 1, 346) ein Widerruf der Darlehensvertragserklärung für viele Darlehensnehmer wirtschaftlich nicht interessant ist.

e) Kritik an der Rechtsprechung des BGH (XI. Zivilsenat)

157 Die Rspr. des BGH ist teilweise auf Zustimmung,[1967] teilweise auf heftige Kritik gestoßen.[1968] Eine mittlere Position nehmen einige Autoren ein, die dem BGH zwar im Grundsatz zustimmen, im Einzelfall jedoch Ausnahmen befürworten.[1969]

158 Die Kritiker bemängeln insbesondere, dass die Pflicht des Widerrufenden zur sofortigen Rückzahlung des Darlehens sowie zur Verzinsung des Nettokreditbetrages eine unangemessene Härte darstelle, die die Ausübung des Widerrufs wirtschaftlich unsinnig erscheinen lässt und faktisch unmöglich mache.[1970]

---

§ 358 Rdn. 10; *Lauer* BKR 2004, 92, 98; *Martis* MDR 2003, 961, 969; *Ulmer* ZIP 2002, 1080, 1083; a. A. und für entsprechende Anwendung OLG Karlsruhe BKR 2003, 26; OLG Oldenburg BKR 2003, 28; LG Bremen VuR 2002, 787 = WM 2002, 1450; OLG Bremen NJW 2004, 2238 und LG Bochum NJW 2003, 2612: Vorlage an den EuGH; *Deutsch* NJW 2003, 2881; *Hoffmann* ZIP 2002, 1066; *Kulke* ZBB 2002, 33, 39 ff; *Fischer* DB 2002, 1643, 1645 und DB 2002, 1266, 1267; *Rörig* MDR 2002, 894, 895; *Tonner* BKR 2002, 856, 859; Bamberger/Roth-*Möller/Wendehorst* § 358 Rdn. 26.

1965 Vgl. Bamberger/Roth-*Möller/Wendehorst* § 358 Rdn. 26.

1966 BGH; XI. ZS., NJW 2003, 422, 423; vgl. auch *Bungeroth* WM 2004, 1505, 1507 f. m. w. N.; *Edelmann* BKR 2004, 172 ff.; *Lauer* BKR 2004, 92, 94; *Schulte/Nölke* ZGS 2004, 81; *Schwesig* ZGS 2004, 447 f.

1967 *Bungeroth* WM 2004, 1505, 1508 f. m. w. N.; *Edelmann* BKR 2003, 710 ff.; *ders.* BKR 2004, 172 ff.; *Ehricke* ZIP 2004, 1025 ff.; *Freckmann* BKR 2003, 30 f.; *Knott* WM 2003, 49 ff.; *Münscher* BKR 2003, 86, 89 ff.; *Oechsler* NJW 2005, 1406, 1407; *Rohe* BKR 2002, 575, 577; *Schwesig* ZGS 2003, 447, 448 ff.

1968 *Derleder* ZBB 2002, 202, 208 f.; *ders.* NJW 2003, 2064, 2066; *Deutsch* NJW 2003, 2881 f.; *Fischer* DB 2002, 1266, 1267; *ders.* DB 2003, 83, 85; *ders.* VuR 2004, 8 ff.; *ders.* DB 2004, 639, 642; *Häublein* ZBB 2004, 1, 5 ff.; *Hoffmann* ZIP 2002, 1066 ff.; *ders.* ZIP 2004, 49 ff.; *Lindner* ZIP 2003, 67, 68 f.; *Reich* VuR 2003, 64, 65; *Reiter/Methner* VuR 2002, 316, 318 ff.; *dies.* BKR 2004, 169 ff.; *Rörig* MDR 2002, 894, 895; *dies.* ZIP 2003, 26, 28; *dies.* VuR 2004, 3, 5 f.; *Rott* VuR 2003, 409 ff.; *Stickelbrock* ZGS 2002, 225, 228; *Strube* BKR 2002, 938, 940; *Tonner* BKR 2002, 856, 859 f.

1969 *Koch* WM 2002, 1593, 1597 f.; *Schmidt-Kessel* ZGS 203, 321 f.; *Ulmer* ZIP 2002, 1080, 1083.

1970 *Derleder* NJW 203, 2064, 2066; *ders.* ZfIR 2003, 177, 187 f.; *Deutsch* NJW 2003, 2281, 2282; *Fischer* VuR 2004, 8, 10; *Fritz* ZfIR 2002, 529, 530 f.; *Häublein* ZBB 2004,

Die Entscheidungen des BGH würden gegen §§ 1 Abs. 1 Nr. 1, 3 HausTWG[1971] bzw. Art. 3 der Richtlinie 87/102/EWG[1972] verstoßen. Jedenfalls sei die Richtlinie 87/102/EWG nicht entsprechend Art. 7 wirkungsvoll umgesetzt worden (sog. „effet utile“).[1973] 159

§ 9 VerbrKrG bzw. §§ 358, 359 müssten direkt oder jedenfalls entsprechend angewandt werden.[1974] 160

Mehrere Kritiker befürworten eine Auslegung des § 3 HausTWG dahingehend, die Erwerber von „Schrottimmobilien“ in einer „Haustürsituation“ im Falle des Widerrufs von der sofortigen Fälligkeit der Rückzahlungspflicht[1975] bzw. von der Pflicht zur marktüblichen Verzinsung der Darlehensbeträge freizustellen.[1976] Den Verbrauchern müsse jedenfalls die Möglichkeit eingeräumt werden, die Rückzahlungspflicht – ähnlich wie bei der Rückabwicklung finanzierter Fondsbeteiligungen (vgl. Rdn. 85 ff., 180 ff.) – durch die Übertragung der Immobilie abzulösen.[1977] 161

Bungeroth, bis August 2004 Mitglied des XI. Zivilsenats, weist die teilweise in der Tat unsachliche Kritik an der Rechtsprechung des BGH (XI. Zivilsenat) zurück.[1978] In einem erheblichen Teil der Fälle komme § 1 Abs. 1 Nr. 1 HausTWG bzw. § 312 Abs. 1 Nr. 1 in Ermangelung der tatbestandsmäßigen Voraussetzungen nicht zur Anwendung. So lag etwa auch im Fall „Heininger“ keine Situation des § 1 Abs. 1 Nr. 1 HausTWG vor.[1979] Häufig kann eine vorliegende „Haustürsituation“ bei Auftreten eines Finanzierungsvermittlers der Bank nicht zugerechnet werden.[1980] 162

1, 6; *Hoffmann* ZIP 2004, 49, 56; *Reich* VuR 2003, 64, 65; *Reiter/Methner* BKR 2004, 169, 171; *Rott* VuR 2003, 409, 414; *Strube* BKR 2002, 938, 942 ff.

[1971] *Fischer* DB 2003, 83, 85 f.; *ders.* VuR 2004, 8, 9; *Fritz* ZfIR 2002, 529, 530 f.; *Hoffmann* ZIP 2002, 1066, 1070; *ders.* ZIP 2004, 49, 50; *Linder* ZIP 2003, 67, 68 f.; *Reiter/Methner* VuR 2002, 316, 318 ff.

[1972] *Derleder* ZfIR 2003, 177, 188; *Fischer* DB 2003, 83, 85 f.; *ders.* VuR 2004, 8, 10; *Fritz* ZfIR 2002, 529, 530; *Häublein* ZBB 2004, 1, 5 ff.; *Hoffmann* ZIP 2004, 49, 55 f.; *Linder* ZIP 2003, 67, 69; *Reiter/Methner* VuR 2002, 316, 320; *dies.* BKR 2004, 169 f.; *Rott* VuR 2003, 409, 411 ff.; *Strube* BKR 2002, 938, 941 f.

[1973] Vgl. *Fischer* VuR 2004, 8, 10; *Häublein* ZBB 2004, 1, 6; *Hoffmann* ZIP 2004, 49, 55 f.; *Kulke* ZfIR 2004, 138, 142; *Rott* VuR 2003, 409, 411 ff.

[1974] *Derleder* ZfIR 2003, 177, 189; *Fischer* VuR 2004, 8, 9; *ders.* DB 2002, 1266, 1267; *ders.* DB 2003, 83, 85 ff.; *Hoffmann* ZIP 2002, 1066, 1072 ff.; *ders.* ZIP 2004, 49, 50; *Kulke* ZfIR 2004, 138, 143 f.; *Reiter/Methner* VuR 2002, 316, 318 ff.; *Rörig* MDR 2002, 894, 895; *dies.* ZIP 2003, 26, 28; *Rott* VuR 2003, 409, 412 f.; *Tonner* BKR 2002, 856, 860.

[1975] Vgl. *Derleder* ZfIR 2003, 177, 188; *Häublein* ZBB 2004, 1, 9; *Kulke* ZfIR 2004, 138, 142; *Reich* VuR 2003, 64, 65; *Rott* VuR 2003, 409, 414.

[1976] *Kulke* ZfIR 2004, 138, 142; *Reiter/Methner* BKR 2004, 169, 171; *Strube* BKR 2003, 529, 531.

[1977] *Reiter/Methner* BKR 2004, 169, 172; *Strube* BKR 2002, 938, 943 f.

[1978] *Bungeroth* WM 2004, 1505, 1508 ff.

[1979] OLG München WM 2003, 69 f.; *Bungeroth* WM 2004, 1505, 1508.

[1980] Vgl. hierzu einerseits BGH, IX. ZS., NJW-RR 2004, 1126 und NJW 2004, 844: Keine Zurechnung nach § 123 Abs. 2, weil die Bank davon Kenntnis hat, dass für den

163 Der Vorwurf, die nach dem Widerruf sofort fällige Rückzahlungsverpflichtung stelle den Verbraucher schlechter, als er ohne den Widerruf stünde, gehe fehl.[1981] Wenn der Darlehensnehmer seine auf den Abschluss des Vertrages gerichtete Willenserklärung widerrufe, bringe er zum Ausdruck, dass er das Darlehen nicht will, weshalb er die Valuta sofort zurückzahlen müsse. Für seine finanzielle Leistungsfähigkeit habe er immer einzustehen. Selbst bei einer Anfechtung des Vertrages wegen arglistiger Täuschung würde ihn anerkanntermaßen für die Rückzahlungsverpflichtung die verschärfte Haftung nach §§ 818 Abs. 4, 819 Abs. 1 treffen.[1982] Es bestehe kein Grund, den Verbraucher bei der Rückabwicklung aus § 3 HausTWG bzw. §§ 357, 346, 347 besser zu stellen.

164 Regelmäßig greift auch bei der Finanzierung von „Schrottimmobilien" § 3 Abs. 2 Nr. 2 VerbrKrG a.F. ein, der die von vielen Kritikern geforderte Anwendung des § 9 VerbrKrG ausschließt.[1983]

165 Notariell beurkundete Kaufverträge sind gem. § 1 Abs. 2 Nr. 3 HausTWG bzw. § 312 Abs. 3 Nr. 3 ohnehin von der Anwendung des HausTWG bzw. des § 312 Abs. 1 ausgeschlosen.

166 Art. 3 Abs. 2a der Haustürgeschäfterichtlinie nimmt Immobiliengeschäfte ausdrücklich von deren Anwendungsbereich aus, daneben enthält auch die Verbraucherkreditrichtlinie 87/102/EWG in Art. 2 Abs. 1a einen ausdrücklichen Ausschluss ihrer Anwendung für Immobiliengeschäfte. Die Entscheidungen des BGH (XI. ZS.) stünden daher auch nicht im Widerspruch zum europäischen Recht.[1984]

Verkäufer ein Vermittler tätig wurde; andererseits BGH, II. ZS., WM 2004, 1521, 1523 und WM 2004, 1527, 1528: Zurechnung nach § 123 Abs. 2, wenn die Bank erkennen muss, dass Darlehensantrag am Wohnort des Verbrauchers und nicht am Sitz des Verkäufers bzw. der Fondsgesellschaft unterzeichnet wurde; abweichend OLG Stuttgart OLG-Report 2004, 244, 249f. und WM 2005, 972, 975: Zurechnung des Vermittlers nach 123 Abs. 1 entsprechend einem eigenen Mitarbeiter; KG WM 2005, 596, 602f.: keine Zurechnung nach § 123 Abs. 2 bzw. Abs. 1 erforderlich, da die objektiv bestehende Situation entscheidend sei.

[1981] *Bungeroth* WM 2004, 1505, 1509.

[1982] BGH WM 1999, 724, 725; WM 2004, 620, 623; *Bungeroth* WM 2004, 1505, 1509.

[1983] BGH NJW 2003, 3703; *Bungeroth* WM 2004, 1505, 1509; vgl. aber BGH, II. ZS., WM 2004, 1529, 1533 = NJW 2004, 2736, 2739 und BGH WM 2004, 1536, 1540 sowie WM 2005, 843ff.: anders jedoch, wenn das Grundpfandrecht bereits zuvor für eine Zwischenfinanzierung bestellt worden ist und der Verbraucher hieran nicht beteiligt war; hiergegen wiederum zutreffend BGH, XI. ZS., WM 2005, 127, 130f. und NJW 2005, 664; KG WM 2005, 596, 604; OLG Köln WM 2005, 792, 799; OLG Schleswig WM 2005, 607f.; *Jork/Engel* BKR 2005, 3, 10; *Mülbert/Hoger* WM 2004, 2281, 2284ff.

[1984] *Bungeroth* WM 2004, 1505, 1510; *Ehricke* ZIP 2004, 1025, 1027f. und 1030f.; *Edelmann* BKR 2004, 172, 174.

f) Vorlagebeschlüsse des LG Bochum und des OLG Bremen

aa) Vorlagebeschluss des LG Bochum

Das LG Bochum[1985] hat die Frage dem EuGH wegen eines möglichen Verstoßes gegen Art. 3 Abs. 2a der Richtlinie 85/577/EWG zur Entscheidung vorgelegt. 167

Nach seiner Auffassung widerspricht es jedenfalls bei Haustürgeschäften dem Schutzzweck der Widerrufsregelung des § 1 Abs. 1 HausTWG bzw. § 312 Abs. 1, dessen Anwendung auf Ratenkreditverträge vom EuGH gerade mit dem Erfordernis eines wirksamen Verbraucherschutzes begründet worden ist,[1986] wenn der Widerrufende dem Darlehensgeber den an den Immobilienverkäufer ausbezahlten Darlehensbetrag erstatten muss. Der Rechtsgedanke des § 9 Abs. 3 VerbrKrG, wonach dem Darlehensgeber bei Vorliegen einer wirtschaftlichen Einheit lediglich die Rechte des Verkäufers, mithin das Recht auf Herausgabe des finanzierten Kaufgegenstandes zusteht, müsse zugunsten des Verbrauchers trotz des Ausschlusstatbestandes des § 3 Abs. 2 Nr. 1 VerbrKrG bei Altfällen Berücksichtigung finden. 168

Die Richtlinie 85/577/EWG müsse im Sinne eines effektiven Verbraucherschutzes ausgelegt und dadurch die Gefahr vermieden werden, dass dem Verbraucher zwar aus Gründen des wirksamen Verbraucherschutzes ein Widerrufsrecht zugestanden wird, dessen Rechtsfolgen diesen Verbraucherschutz aber nicht außer Acht lassen können. 169

Dem Grundsatz eines effektiven Verbraucherschutzes würde es widersprechen, wenn der Verbraucher nach einem Widerruf wirtschaftlich möglicherweise sogar schlechter dastehen würde als bei Fortbestand des Darlehensvertrages. 170

Denn bei Fortbestand des Darlehensvertrages hat er das Darlehen mit dem vereinbarten Zins in den vereinbarten Raten zurückzuzahlen, im Fall eines Widerrufs wird der Gesamtbetrag einschließlich marktüblicher Zinsen, die unter Umständen nur geringfügig unter den vereinbarten Zinsen liegen, sofort fällig. Der für die Vergangenheit zu zahlende marktübliche Zins kann im Einzelfall auch über dem in einer Niedrigzinsphase vereinbarten vertraglichen Zinssatz liegen.

Ob und welcher Mindeststandard durch die nationale Rechtsordnung im Rahmen der §§ 355, 358 gewährleistet sein muss, müsse vom EuGH entschieden werden. In Betracht kommen nach Ansicht des LG Bochum[1987] drei Möglichkeiten: 171

[1985] LG Bochum NJW 2003, 2612; zustimmend EG-Kommission ZGS 2004, 98ff.; *Deutsch* NJW 2003, 2881, 2882; im Erg. auch *Reiter/Methner* VuR 2004, 52, 55f.; ablehnend BGH NJW 2004, 153 = WM 2003, 2184; WM 2003, 2186 = ZGS 2003, 475; *Bungeroth*, Richter am BGH a.D., WM 2004, 1505, 1509f. m.w.N.; *Edelmann* BKR 2004, 172, 173 m.w.N.; *Schmidt-Kessel* ZGS 2003, 321: „keine präzise Vorarbeit des Gerichts"; *Schwesig* ZGS 2003, 447, 451.

[1986] EuGH NJW 2002, 281.

[1987] NJW 2003, 2612, 2615.

172 Ratierliche Rückzahlung auch nach dem Widerruf entgegen §§ 358 Abs. 3, 357 Abs. 1, 346, Bemessung des Rückzahlungsbetrages an dem zur Finanzierung des üblichen Verkehrswerts des Objekts zur Zeit des Erwerbs bzw. des Widerrufs notwendigen Kreditbedarfs, Erfüllung der Rückzahlungsverpflichtung durch den Verbraucher mit Übereignung des finanzierten Objekts an das Kreditinstitut.

173 Der BGH[1988] hat die Entscheidung des LG Bochum und eine Verpflichtung zur Vorlage an den EuGH abgelehnt.

bb) Vorlagebeschluss des OLG Bremen

174 Auch das OLG Bremen[1989] hat dem EuGH vier Fragen zur Vereinbarkeit der §§ 1–3 HausTWG (jetzt §§ 312, 355, 358, 357) bzw. der durch den BGH vorgenommenen Auslegung dieser Vorschriften vorgelegt und dabei Folgendes ausgeführt:

175 aa) Die erste Vorlagefrage greift die Voraussetzungen auf, unter denen eine Haustürsituation i.S.d. §§ 1 Abs. 1 Nr. 1 HausTWG, 312 Abs. 1 S. 1 dem Darlehensgeber zuzurechnen ist. Der BGH[1990] vertritt hierzu die Auffassung, das Handeln eines selbständigen Kreditvermittlers, der nicht ausnahmsweise wegen seiner engen Beziehungen zum Darlehensgeber als dessen Angestellter, Mitarbeiter, Beauftragter oder dessen Vertrauensperson erscheint, sei diesem nur unter den Voraussetzungen des § 123 Abs. 2 zuzurechnen, d.h. wenn der Darlehnsgeber dessen Handeln kannte oder kennen musste.

176 Demgemäß ging die erste Vorlagefrage dahin, ob es mit Art. 1 Abs. 1 der Richtlinie 85/577/EWG vereinbar ist, das Widerrufsrecht des Verbrauchers nicht nur vom Vorliegen der Haustürsituation, sondern auch derartiger Zurechnungskriterien abhängig zu machen.[1991]

177 bb) Die zweite Vorlagefrage betrifft die vom BGH[1992] in ständiger Rspr. vertretene Ansicht, wonach der Darlehensnehmer die Darlehensvaluta auch dann zurückzahlen muss, wenn diese an den Partner des finanzierten Geschäfts, einen Bauträger o.a. geflossen ist. Das OLG Bremen[1993] ist der Auffassung, dass das Widerrufsrecht des Verbrauchers dadurch unterlaufen werde. Bei Wahrung des „effet utile" insbesondere des Art. 5 Abs. 2 der

---

[1988] BGH NJW 2004, 153 = WM 2003, 2184 = ZGS 2003, 476; WM 2004, 2186 = ZGS 2003, 475.

[1989] OLG Bremen NJW 2004, 2238 = ZGS 2004, 311.

[1990] BGH NJW 2003, 424, 425; NJW 2003, 1390, 1391; BGH-Report 2004, 326; abweichend OLG Stuttgart OLG-Report 2004, 244, 249f. und WM 2005, 972, 975 bei Vermittlern ist zur Vermeidung von Wertungswidersprüchen auf § 123 Abs. 1 abzustellen.

[1991] OLG Bremen NJW 2004, 238, 2240.

[1992] BGH NJW 2003,422, 423; ablehnend insbesondere *Häublein* ZBB 2004, 1, 7; *Hoffmann* ZIP 2004, 49, 53.

[1993] NJW 2004, 2238, 2241; a.A. *Bungeroth* WM 2004, 1505, 1510.

Richtlinie 85/577/EWG müsse der Darlehensnehmer das Darlehen nicht zurückzahlen, wenn er in einer Haustürsituation nicht nur zum Abschluss des Darlehensvertrages, sondern zugleich auch dazu bewogen worden ist, die Darlehensvaluta ohne weiteres Dispositionsrecht an einen Dritten fließen zu lassen.

cc) Die dritte und vierte Vorlagefrage entsprechen dem Beschluss des LG Bochum.[1994] Auch das OLG Bremen[1995] ist der Ansicht, es sei nicht mit Art. 5 Abs. 2 der Richtlinie 85/577/EWG vereinbar, dass der Immobiliardarlehensnehmer bzw. der Kreditnehmer eines Realkreditvertrages die Darlehensvaluta nach einem wirksamen Widerruf sofort in einer Summe zurückzahlen muss (dritte Vorlagefrage) und das Darlehen marktüblich zu verzinsen hat (vierte Vorlagefrage). 178

cc) Entscheidung des EuGH

Die Entscheidung des EuGH lag bei Abschluss des Manuskripts noch nicht vor. Eine Zusammenfassung ihres Inhalts wird nach Erscheinen in einem Nachtrag (Einlegeblatt) beigelegt. 179

Die h.M. geht davon aus, dass den Vorlagebeschlüssen des LG Bochum und des OLG Bremen nach dem Plädoyer des Generalanwalts leger kaum ein Erfolg beschieden sein dürfte.[1996]

3. Finanzierter Anteilserwerb; Beitritt zu einer Personen- oder Kapitalgesellschaft

§§ 9 Abs. 2, Abs. 3 VerbrKrG bzw. 358 Abs. 2, Abs. 3 S. 1 und S. 2 finden auf den finanzierten Anteilserwerb und den finanzierten Beitritt zu einer Personen- oder Kapitalgesellschaft (AG, GmbH, KG, GbR) nach h.M. direkte oder zumindest entsprechende Anwendung.[1997] 180

1994 NJW 2003, 2613.

1995 OLG Bremen JW 2004, 2238, 2242.

1996 *Oechsler* NJW 2005, 1406, 1407.

1997 BGH WM 2005, 127, 130; WM 2005, 843, 845; WM 2005, 547f.; BKR 2005, 73f.; NJW-RR 2005, 180, 181f. = WM 2004, 2491, 2494; WM 2004, 1518 = NJW 2004, 2735 LS; WM 2004, 1521 = NJW 2004, 2731; WM 2004, 1525 = NJW 2004, 2742 LS; WM 2004, 1529 = NJW 2004, 2736; WM 2004, 1536 = NJW 2004, 2742 LS; WM 2004, 1675; NJW 2003, 2821; WM 2004, 2349, 2353; KG BKR 2005, 76; OLG Köln OLG-Report 2004, 383, 385; WM 2005, 792, 799; OLG München ZIP 2000, 2295; grds. auch OLG München, 30. Senat, WM 2003, 191; OLG Frankfurt WM 2002, 1275; OLG Karlsruhe, 1. Senat, WM 2003, 182, 185; WM 1999, 127 = NJW-RR 1999, 124; OLG Stuttgart OLG-Report 2004, 244, 250f.; WM 2005, 972, 976; WM 2005, 981, 984f.; OLG-Report 2003, 69, 73; OLG Dresden BKR 2005, 190, 194; OLG Bamberg WM 2005, 593, 596; OLG Celle WM 2000, 816, 817; LG Stuttgart WM 2001, 140, 143; *Bülow* WM 2004, 1257, 1258; *Bungeroth* WM 2004, 1505, 1507; *Hahn/Brockmann* VuR 2004, 173, 174; *Jork/Engel* BKR 2005, 3ff.; *Lauer* BKR 2004, 92, 99; *Mülbert/-Hoger* WM 2004, 2281ff.; *Nittel* NJW 2004, 2712ff.; *Wolf/Großerichter* WM 2004, 1993; Bamberger/Roth-*Möller-Wendehorst* § 358 Rdn. 12; Erman-*Saenger* § 358

a) Rechtsprechung des BGH (II. Zivilsenat)

181 Der BGH[1998] hat – unter Aufgabe der bisherigen Rspr.[1999] entschieden, dass jedenfalls der Einwendungsdurchgriff des § 359 bzw. des § 9 Abs. 3 VerbrKrG auf den kreditfinanzierten Erwerb einer Beteiligung an einer Anlagegesellschaft (BGB-Gesellschaft) entsprechende Anwendung findet.

182 Bildet der Vertrag über den Erwerb einer Gesellschaftsbeteiligung mit dem zur Finanzierung der Einlage geschlossenen Kreditvertrag ein verbundenes Geschäft, kann danach der unter Verletzung einer Aufklärungspflicht oder durch Täuschung zum Gesellschaftsbeitritt veranlasste Anleger sein Recht, jederzeit fristlos unter Forderung des ihm nach den Regeln des fehlerhaften Gesellschaftsbeitritts mit ex-nunc-Wirkung zustehenden Abfindungsguthabens aus der Anlagegesellschaft auszuscheiden auch dem Rückzahlungsanspruch des Kreditinstituts entgegenhalten. Das Kündigungsrecht kann unmittelbar der Fondsgesellschaft gegenüber ausgeübt werden, aber – nach jetziger Auffassung des BGH (II. ZS) – auch dadurch, dass der getäuschte Anleger lediglich der finanzierenden Bank mitteilt, er sei durch Täuschung zum Erwerb der Beteiligung veranlasst worden, und ihm die Übernahme seines Gesellschaftsanteils anbietet.[2000] Danach genügt also die Mitteilung an die Bank über den Grund der Rechtsgestaltung, z. B. die Mangelhaftigkeit einer Sache oder eine angeblich vom Unternehmer begangene arglistige Täuschung, ohne das Gestaltungsrecht konkret auszuüben.[2001]

183 Folge ist, dass der Verbraucher nicht mehr zur Rückzahlung des Kredits verpflichtet ist, sondern das Kreditinstitut entsprechend § 9 Abs. 2 S. 4

Rdn. 4; Müko-*Habersack* § 358 Rdn. 14; Palandt-*Heinrichs*, 63. Aufl. § 358 Rdn. 7, 14; Staudinger/Kessal-*Wulf* § 358 Rdn. 46; a. A. OLG Karlsruhe, 6. Senat, OLG-Report 2003, 75, 77; WM 2003, 1218, 1220; OLG-Report 2002, 295, 297; OLG Köln WM 1994, 197; OLG Hamm WM 1999, 1056; OLG Braunschweig WM 1998, 1223; OLG München, 27.Senat, ZIP 2003, 38; *Schnauder* OLG-Report 2003, K 1 bis K 4; offen gelassen bei OLG Koblenz WM 2002, 2456, 2458.

[1998] BGH, II. Zivilsenat, NJW 2003, 2821, 2823 = WM 2003, 1762, 1764 =MDR 2003, 1188; BGH WM 2004, 1529, 1534 f. = NJW 2004, 2740 f.; WM 2004, 1536, 1541 f. = NJW 2004, 2742 LS; WM 2004, 1518, 1520 = NJW 2004, 2735 LS; WM 2004, 1521, 1524 = NJW 2004, 2731, 2734; WM 2004, 1525, 1526 = NJW 2004, 2742, 2743; WM 2005, 843, 845; WM 2005, 547, 548; BKR 2005, 73, 74; zustimmend OLG Stuttgart OLG-Report 2004, 244, 250 ff.; WM 2005, 972, 976; *Hahn/Brockmann* VuR 2004, 174, 175; *Lauer* BKR 2004, 92, 100 f.; *Nittel* NJW 204, 2712 ff.; *Schäfer* BKR 2005, 98 ff.

[1999] BGH NJW 2000, 3558, 3559; NJW-RR 2000, 1576; NJW 2001, 2718.

[2000] BGH, II. ZS., NJW 2003, 2821, 2823; WM 2004, 1529, 1534 = NJW 2004, 2740 f.; WM 2004, 1536, 1542; WM 2004, 1518, 1520; WM 2004, 1521, 1525 = NJW 2004, 2731, 2734; WM 2004, 1525, 1526 = NJW 2004, 2742, 2743; WM 2004, 1675, 1676; WM 2005, 843, 845; WM 2005, 547, 548; BKR 2005, 73, 74; anders noch BGH NJW 2000, 3558, 3560 und NJW-RR 2000, 1576.

[2001] So auch *Bülow* WM 2004, 1257, 1258; *Hahn/Brockmann* VuR 2004, 173, 175; *Nittel* NJW 2004, 2412, 2713; *Schäfer* BKR 2005, 98 ff.

VerbrKrG bzw. § 358 Abs. 4 S. 3 seinen Anspruch auf Rückzahlung der Darlehensvaluta mit seiner aus der Einnahme der Stellung der Fondsgesellschaft resultierenden Verpflichtung zur Auszahlung des Abfindungsguthabens des Anlegers zu saldieren hat.[2002]

Ist das zu errechnende Abfindungsguthaben niedriger als die noch offene Darlehensvaluta, bleibt der Anleger jedoch verpflichtet, die Differenz an die finanzierende Bank zu zahlen. Die Bank trägt jedoch die Darlegungs- und Beweislast für das Bestehen und die Höhe des ihr gegen den Verbraucher etwa noch zustehenden Anspruchs. 184

Deshalb ist sie nach der Auffassung des BGH (II. ZS) auch hinsichtlich der Höhe des zu berücksichtigenden Abfindungsguthabens des Anlegers darlegungs- und beweispflichtig.[2003] Die Bank trägt das Risiko, das Abfindungsguthaben nicht realisieren zu können; sie kann sich bei dessen Uneinbringlichkeit nicht entsprechend § 128 HGB an die übrigen Gesellschafter des Fonds halten, weil bei Publikumsgesellschaften eine Haftung der Gesellschafter für auf Beitrittsmängeln oder arglistiger Täuschung durch die Initiatoren und Gründer der Gesellschaft beruhende Abfindungsforderungen von Mitgesellschaftern nicht in Betracht kommt.[2004] 185

In den Urteilen vom 14. 6. 2004[2005] räumt der BGH den Anlegern auch die Möglichkeit ein, der Bank gem. § 9 Abs. 3 S. 1 VerbrKrG bzw. § 359 die Ansprüche entgegenzuhalten, die er gegen die Gründungsgesellschafter des Fonds und die Initiatoren, maßgeblichen Betreiber, Manager, Prospektverantwortlichen und die sonst für den Anlageprospekt Verantwortlichen hat. Zugleich hat er danach in analoger Anwendung des § 9 Abs. 2 S. 4 VerbrKrG bzw. des § 358 Abs. 4 S. 3 einen Anspruch gegen die Bank auf Zahlung dessen, was ihm die Prospektverantwortlichen und Gründungsgesellschafter u. a. an Schadensersatz schulden. 186

Die dem Verbundgeschäft zugrunde liegende Dreiecksbeziehung Kunde-Verkäufer-Bank erweitert sich damit auf diese Personen, die damit wie Verkäufer zu behandeln sind.[2006] 187

2002 BGH NJW 2003, 2821, 2824; WM 2004, 1529, 1535 = NJW 2004, 2736, 2741; WM 2004, 1536, 1542; WM 2004, 1518, 1520; WM 2005, 843, 845 f.; WM 2005, 547, 548; BKR 2005, 73, 74; für die analoge Anwendung des § 9 Abs. 2 S. 4 bzw. des § 358 Abs. 4 S. 3 auch OLG Stuttgart OLG-Report 2004, 244, 246; WM 2005, 972, 980; unter Aufgabe von OLG Stuttgart OLG-Report 2001, 332, 338 sowie BKR 2002, 828, 832; *Hahn/Brockmann* VuR 2004, 173, 178; *Nittel* NJW 2004, 2712, 2713; *Schäfer* BKR 2005, 98, 103: Rückforderungsdurchgriff analog § 358 Abs. 4 Satz 3 ohne Einbeziehung der Schadensersatzansprüche gegen Fondsinitiatoren und andere für die Anwendung des § 813 i. V. m. § 9 Abs. 3 S. 1 bzw. des § 359 *Lenenbach* WM 2004, 501, 511.

2003 BGH, II. ZS., NJW 2003, 2821, 2824.

2004 BGH NJW 2003, 2821, 2824 unter Aufgabe von BGH NJW 2001, 2718.

2005 BGH WM 2004, 1529, 1535 = NJW 2004, 2736, 2740; WM 2004, 1536, 1541; WM 2004, 1518, 1520.

2006 *Nittel* NJW 2004, 2712, 2713; *Schäfer* BKR 2005, 98, 103 f: Rückforderungsdurchgriff analog § 358 Abs. 4 S. 3 bzw. § 9 Abs. 3 S. 4 VerbrKrG, jedoch ohne Ein-

188 Wie vom II. ZS am 21. 7. 2003 entschieden[2007] besteht daneben ein Anspruch der Bank auf eine Nutzungsentschädigung für die Zeit ab Auszahlung der Darlehensvaluta bis zur Kündigung der Beteiligung, während der Anleger entsprechend § 9 Abs. 2 S. 4 VerbrKrG bzw. § 358 Abs. 4 S. 3 die Rückzahlung der geleisteten Zins- und Tilgungsraten verlangen kann.

189 Darlehensvaluta und eine Nutzungsentschädigung der Bank für deren Überlassung sind nach der nunmehr seit dem 14. 6. 2004 ständigen Rspr. des II. ZS des BGH nicht in die Abrechnung einzubeziehen.[2008]

Damit hat der II. ZS des BGH einen der Grundsätze seiner Entscheidung vom 21. 7. 2003, nämlich dass auch unter Berücksichtigung der Verbrauchervorschriften dort konkret des VerbrKrG das Anlagerisiko beim Anleger verbleibt, zumindest stark ausgehöhlt.[2009]

190 Vereinnahmte Gewinnanteile sowie sonstige Leistungen des Fonds und erzielte Steuervorteile, denen keine Nachzahlungspflicht des Finanzamts gegenübersteht, muss er sich aber im Wege der Vorteilsausgleichung anrechnen lassen.[2010]

191 Für den Fall, dass der Verbraucher seine Einlage noch nicht eingezahlt hat, kann er der Einlageforderung der BGB-Gesellschaft (Immobilienfonds) lediglich im Wege der dolo-facit-Einrede seinen Abfindungsanspruch entgegensetzen und mit diesem aufrechnen.[2011]

192 Nach grundsätzlich zustimmender, insoweit weitergehender Ansicht[2012] ist der Verbraucher und Mitgesellschafter sogar berechtigt, die Einlageleistung zu verweigern und diese Einwendung auch gegenüber dem Kreditinstitut geltend zu machen.

b) Rechtsprechung der Instanzgerichte

193 Das OLG Stuttgart[2013] hat sich zunächst der Entscheidung des BGH (II. ZS) vom 21. 7.2003[2014] angeschlossen.

---

beziehung von Schadensersatzansprüchen gegen die Fondsinitiatoren und andere; ablehnend zur analogen Anwendung des § 358 Abs. 4 S. 3; *Jork/Engel* BKR 2005, 3, 10f; *Mülbert/Hoger* WM 2004, 2281, 2292f.; *Wallner* BKR 2004, 367ff.; *Wolf/Großerichter* WM 2004, 1993, 1998ff.; kritisch auch *Schmidt-Räntsch* MDR 2005, 6, 12.

[2007] So noch BGH, II. ZS, NJW 2003, 2821, 2824.

[2008] BGH, II. ZS, WM 2004, 1527; WM 2004, 1521; OLG Stuttgart WM 2005, 972, 980.

[2009] OLG Stuttgart WM 2005, 927, 980.

[2010] BGH WM 2004, 1529, 1535 = NJW 2004, 2736, 2741; WM 2004, 1536, 1542; WM 2005, 843, 846; BKR 2005, 73, 74; vgl. aber BGH WM 2004, 1527, 1529 und OLG Stuttgart WM 2005, 981 , 985: Bei der Rückabwicklung nach dem HausTWG ist für eine Vorteilsausgleichung wegen ersparter Steuern von Vornherein kein Raum.

[2011] BGH NJW 2003, 2821, 2824; weitergehend *Hahn/Brockmann* VuR 2004, 173, 177.

[2012] *Hahn/Brockmann* VuR 2004, 173, 177.

[2013] OLG Stuttgart OLG-Report 2004, 244, 247ff.

[2014] BGH NJW 2003, 2821.

Aus Gründen der Vereinheitlichung der Rspr. folgt das OLG Stuttgart[2015] nun der modifizierten Rspr. des II. ZS aus den Urteilen vom 14. 6. 2004 und den Folgentscheidungen.[2016]

Danach bleiben zunächst die Grundsätze der „fehlerhaften Gesellschaft" anwendbar. Ein Gesellschafter scheidet bei Unwirksamkeit, Anfechtung oder Widerruf des Beitrittsvertrages bzw. der entsprechenden Willenserklärung lediglich mit ex-nunc-Wirkung aus der Gesellschaft aus.[2017] 194

Bei Vorliegen eines – nach wie vor erforderlichen – außerordentlichen Kündigungsgrundes gem. § 723 Abs. 1, etwa einer arglistigen Täuschung durch die Initiatoren des Fonds, genüge es aber, wenn sich der Darlehnsnehmer gegenüber der Bank auf eine entsprechende Kündigungsmöglichkeit beruft, weil die Kündigung im Verhältnis zum Kreditinstitut beim Vorliegen eines verbundenen Geschäfts fingiert werde, wenn ihm der Anleger seinen Geschäftsanteil anbietet.[2018] 195

Im Anschluss an die Entscheidung des BGH (II. ZS) vom 21. 7. 2003 hat das OLG Stuttgart zunächst ausgeführt, im Rahmen des dem Anleger zustehenden Abfindungsanspruchs (§ 738) sei die Bank bei Vorliegen eines „verbundenen Geschäfts" im Ergebnis verpflichtet, das Auseinandersetzungsguthaben, nicht jedoch die geleistete Einlage des Anlegers in die Abrechnung des nach dem Widerruf endgültig unwirksamen Darlehensvertrages einzustellen.[2019] 196

Dem Kreditinstitut würde danach ein Anspruch auf Rückzahlung des Nettokreditbetrages ohne etwaige Bearbeitungskosten und ohne Disagio zustehen.[2020] 197

Daneben könne die Bank als Nutzungsentschädigung die marktüblichen Zinsen zum Zeitpunkt der Ausreichung der Darlehensvaluta verlangen.[2021]

Obergrenze bleibt jedoch der vereinbarte Vertragszins.[2022]

[2015] OLG Stuttgart WM 2005, 972, 979 ff.; WM 2005, 981, 982 ff.

[2016] BGH, II. ZS, WM 2004, 1521 ff. = NJW 2004, 2731 ff.; WM 2004, 1527 ff. = NJW 2004, 2735 ff; WM 2004, 1675; BKR 2005, 73, 74.

[2017] OLG Stuttgart OLG-Report 2004, 244, 251; auch BGH, II. ZS, NJW-RR 2005, 627, 628; WM 2005, 547, 549; NJW-RR 2005, 180, 182; Grundsätze der „fehlerhaften Gesellschaft" mit der Folge, dass dem Anleger kein Anspruch auf Rückgewähr der gezahlten Einlagen zusteht, weiter anzuwenden; offengelassen von OLG Stuttgart WM 2005, 972, 980.

[2018] BGH WM 2005, 843, 845; WM 2005, 547, 548 f.; BKR 2005, 73, 74; OLG Stuttgart OLG-Report 2004, 244, 247.

[2019] OLG Stuttgart OLG-Report 2004, 244, 251 f. im Anschluss an BGH NJW 2003, 2821, 2824.

[2020] OLG Stuttgart OLG-Report 2004, 244, 252 im Anschluss an BGH, XI. ZS, NJW 2003, 422, 423.

[2021] OLG Stuttgart OLG-Report 2004, 244, 252 im Anschluss an BGH, XI. ZS, NJW 2003, 422 und BGH II. ZS, NJW 2003, 2821.

[2022] OLG Stuttgart OLG-Report 2004, 244, 252 m. w. N.

198 Der Anleger/Darlehensnehmer kann im Gegenzug seine Zins- und Tilgungsraten von der Bank zurückverlangen. Auch die Leistungen des Anlegers seien marktüblich zu verzinsen.[2023]

199 Hinzu kommt noch der – ggf. nach dem Gesellschaftsvertrag nur in Raten fällige und im Einzelnen zu berechnende – Abfindungsanspruch des Anlegers aus § 738.[2024]

199a Diese Rspr. hat das OLG Stuttgart zwischenzeitlich zur Vereinheitlichung der Rspr. im Anschluss an die Entscheidungen des BGH vom 14. 6. 2004 modifiziert.

Danach sind die Darlehensvaluta und eine Nutzungsentschädigung der Bank für die Überlassung des Darlehens nicht (mehr) in die Abrechnung einzubeziehen.[2025] Jedenfalls bei der Rückabwicklung nach §§ 2, 3 HausTWG (jetzt §§ 312, 355, 358, 359) ist für eine Vorteilsausgleichung wegen ersparter Steuern nach Auffassung des OLG Stuttgart kein Raum.[2026]

200 Das OLG Dresden[2027] stimmt dem BGH (II. ZS) zur Frage der Rückabwicklung nach § 9 Abs. 3 S. 1 VerbrKrG zu. Auch danach kann der Anleger, der bei einem kreditfinanzierten Beitritt zu einem geschlossenen Immobilienfonds getäuscht worden ist, seine Schadensersatzansprüche gegen die Gründungsgesellschafter und die sonst für die Täuschung Verantwortlichen auch gegenüber der finanzierenden Bank geltend machen, wenn der Fondsbeitritt und der Kreditvertrag ein verbundenes Geschäft bilden.[2028]

201 Gegen eine „wirtschaftliche Einheit“ des Fonds-Erwerbs und des Darlehensgeschäfts hatten sich vormals das OLG Hamm,[2029] das OLG Köln,[2030] das OLG Karlsruhe[2031] und im Ergebnis auch das OLG München[2032] ausgesprochen. Die Unterstellung des Beitritts zu einem als GbR verfassten Immobilienfonds kann nach dieser Auffassung nicht mit dem Gesetzeswortlaut

---

[2023] OLG Stuttgart OLG-Report 2004, 244, 253 im Anschluss an BGH, XI. ZS, NJW 2003, 422, 424; BGH WM 2003, 64, 66 = MDR 2003, 343; a. A. BGH, II. ZS, NJW 2001, 2718: keine Verzinsung bei Rückabwicklung einer BGB-Gesellschaft.

[2024] OLG Stuttgart OLG-Report 2004, 244, 253 f.

[2025] OLG Stuttgart WM 2005, 972, 980 im Anschluss an BGH, II. ZS, WM 2004, 1527 ff. und WM 2004, 1521 ff.; OLG Stuttgart WM 2005, 981, 985 f.: Darlehensnehmer kann nicht (mehr) wenigstens die Rückzahlung der Darlehensvaluta nebst marktüblicher Verzinsung verlangen.

[2026] OLG Stuttgart WM 2005, 972, 980 f.; WM 2005, 981, 985 f.

[2027] OLG Dresden BKR 2005, 190, 194.

[2028] OLG Karlsruhe, 4. Senat, NJW-RR 2003, 191, 192; ebenso noch OLG Stuttgart OLG-Report 1999, 288, 291.

[2029] OLG Hamm WM 1999, 1056.

[2030] OLG Köln WM 1994, 197.

[2031] OLG Karlsruhe, 6. Senat, OLG-Report 2003, 75, 77; 6. Senat, WM 2003, 1218, 1220 = OLG-Report 2002, 295, 297 – jetzt von BGH NJW 2003, 2821 aufgehoben; OLG Karlsruhe ZIP 2003, 202, 205 – nicht rechtskräftg; a. A. OLG Karlsruhe, 4. Senat, NJW-RR 2003, 191, 192.

[2032] OLG München, 27. Senat, ZIP 2003, 338.

gerechtfertigt werden.[2033] Denn das finanzierte Entgelt, also die Leistung, steht mit der anderen Leistung des verbundenen Geschäfts bei solchen Beitritten nicht in einem „Austauschverhältnis". Die geschuldete Einlage (§§ 705, 706) ist nicht das Entgelt für die Mitgliedschaft.[2034] Es fehle deshalb an dem Erfordernis eines verbundenen Vertrages über die Lieferung einer Ware oder die Erbringung einer anderen Leistung durch einen Unternehmer bzw. an einem Austauschverhältnis zwischen dem finanzierten Entgelt und der anderen Leistung des verbundenen Geschäfts.[2035]

Jedenfalls könne dem Darlehensrückzahlungsanspruch der Bank, die die Beteiligung finanziert hat, über § 9 Abs. 3 VerbrKrG bzw. § 359 die Unwirksamkeit des Fondsbeitritts nicht entgegengehalten werden.[2036] 202

c) Ablehnende Ansichten des XI. Zivilsenates und der Literatur

Die Entscheidungen des II. Zivilsenates werden von der h.L., aber auch vom XI. Zivilsenat mit u.E. zutreffenden dogmatischen Erwägungen abgelehnt: 203

aa) Kein Ausschluss des Einwendungsdurchgriffs nach § 3 II Nr. 2 VerbrKrG

Der II. Zivilsenat des BGH hat ausgeführt, § 3 II Nr. 2 VerbrKrG greife nicht ein, „wenn das Darlehen durch ein Grundpfandrecht gesichert wird, das nicht erst im Zusammenhang mit der Darlehensgewährung, sondern schon zuvor zur Sicherung einer Zwischenfinanzierung bestellt worden ist, ohne dass der Verbraucher auch an dem Zwischenfinanzierungskredit beteiligt war".[2037] 204

Dies ergebe sich aus einer „Auslegung" des § 3 Abs. 2 Nr. 2 VerbrKrG unter Berücksichtigung der zugrunde liegenden EG-Verbraucherkreditrichtlinie 87/102/EWG. 205

Der besondere Schutz des Verbrauchers durch die für die Bestellung des Grundpfandrechts geltenden Bestimmungen werden nämlich nicht gewährleistet, wenn das Grundpfandrecht schon vor Abschluss der Endfinanzierungskredite bestellt gewesen sei, ein Notartermin unter Beteiligung der Anleger oder Personen ihres Vertrauens dann nicht stattfinde. 206

Hiergegen werden in der Rspr. und Literatur zu Recht insbesondere die nachfolgenden Argumente vorgebracht: 207

- Eine Einschränkung des Wortlautes des § 3 Abs. 2 Nr. 2 VerbrKrG scheidet schon deshalb aus, weil die Norm den Nachteil der Nichtanwen-

[2033] OLG Karlsruhe OLG-Report 2002, 295, 297.
[2034] OLG Karlsruhe OLG-Report 2002, 295, 297.
[2035] OLG Karlsruhe OLG-Report 2002, 295; WM 2003, 1218, 1220/1221.
[2036] OLG München, 27. Senat, ZIP 2003, 338.
[2037] BGH, II. ZS., NJW 2004, 2736, 2739 = WM 2004, 1529, 1533; WM 2004, 1536, 1540; von BGH, II. ZS., WM 2005, 843ff. nunmehr beschränkt auf Darlehen zur Finanzierung einer Beteiligung an einer Anlagegesellschaft.

dung bestimmter Schutzvorschriften mit auf diese Weise ermöglichten günstigeren Zinskonditionen eines Realkredits aufwiegt.[2038]

- Die Annahme des BGH (II. ZS), die Bestellung eines Grundpfandrechts setze die notarielle Beurkundung voraus, ist falsch. § 3 Abs. 2 Nr. 2 VerbrKrG knüpft an der schuldrechtlichen Verpflichtung zur Bestellung der Grundschuld und nicht an der – zu beurkundenden – Bestellung selbst an.[2039]
- Die Bestellung von Grundpfandrechten bedarf keiner notariellen Beurkundung, sondern ist nach § 873 Abs. 1 formfrei möglich. Die Eintragungsbewilligung bedarf gem. § 19 GBO lediglich einer notariell beglaubigten Unterschrift des Eigentümers; bei einer Unterschriftsbeglaubigung ist gem. § 39 BeurkG eine Belehrung durch den Notar nicht vorgesehen. Der Notar hat den Grundschuldbesteller nach § 17 BeurkG somit nicht über die Risiken des ihm ja gar nicht bekannten Kreditvertrages, geschweige denn über die Risiken des Verwendungszweckes zu belehren.[2040] Der künftige Darlehensnehmer kann sich ja auch ohne weiteres Grundpfandrechte in Form einer Eigentümerbriefgrundschuld „auf Vorrat" bestellen. Nach Eingehung der Verpflichtung gegenüber Dritten zur Bestellung des Grundpfandrecht ist eine etwaige, ohnehin nicht bestehende Schutz- und Warnfunktion dann obsolet.[2041]
- Da nach dem klaren Wortlaut des § 3 Abs. 2 Nr. 2 VerbrKrG lediglich „von der Sicherung durch ein Grundpfandrecht" die Rede ist, liegt ein Realkredit auch dann vor, wenn dieses nicht vom Kreditnehmer, sondern – wie in der Praxis regelmäßig – von einem Dritten bestellt wird und der Erwerber das Grundpfandrecht dann lediglich übernimmt.[2042]
- Es ist auch kein vernünftiger Grund dafür ersichtlich, den Darlehensnehmer durch die Nichtanwendung des § 3 Abs. 2 Nr. 2 VerbrKrG bzw. die Bejahung einer „Durchgriffsmöglichkeit" besser zu stellen als denjenigen, der aufgrund arglistiger Täuschung zum Beitritt bzw. Erwerb veranlasst worden ist.[2043]

[2038] OLG Schleswig WM 2005, 607, 608; *Wolf/Großerichter* WM 2004, 1993, 1994/1995; *Mülbert/Hoger* WM 2004, 2281, 2287.

[2039] BGH, XI. ZS., NJW 2005, 664, 666 f.; *Wolf/Großerichter* WM 2004, 1993, 1995; *Mülbert/Hoger* WM 2004, 2281, 2287; auch *Jork/Engel* BKR 2005, 3, 11.

[2040] BGH, XI. ZS., NJW 2005, 664, 666 f.; WM 2005, 127, 131: Argument des II. ZS. „schon im Ansatz unzutreffend"; OLG Schleswig WM 2005, 607, 608; OLG Köln WM 2005, 792, 799; KG WM 2005, 596, 604; *Jork/Engel* BKR 2005, 3, 11; *Wolf/Großerichter* WM 2004, 1993, 1995.

[2041] BGH, XI. ZS., WM 2005, 127, 131; *Jork/Engel* BKR 2005, 3, 11; *Wolf/Großerichter* WM 2004, 1993, 1995 und 2001; *Mülbert/Hoger* WM 2004, 2281, 2287.

[2042] BGH, XI. ZS., WM 2005, 127, 130; auch NJW 2005, 664, 666 und WM 2004, 2410, 2411; *Jork/Engel* BKR 2004, 3, 11; *Wolf/Großerichter* WM 2004, 1993, 1995.

[2043] *Mülbert/Hoger* WM 2004, 2281, 2287; auch *Edelmann* BKR 2004, 172 und BGH, XI. ZS., WM 2002, 2501, 2503.

– Auch das Gemeinschaftsrecht (insbesondere die Verbraucherkreditrichtlinie 87/102/EWG und die Änderungsrichtlinie 90/88/EWG) enthält hinsichtlich der Ausnahmeregelung des § 3 Abs. 2 Nr. 2 VerbrKrG keinerlei Vorgaben. Dieses finder ausweislich Art. 2 Abs. 1 der Verbraucherkreditrichtlinie 87/102/EWG auf Realkreditverträge und allgemein auf Kreditverträge, die hauptsächlich zum Erwerb von Eigentumsrechten an einem Grundstück dienen, keine Anwendung.[2044] Da das Gemeinschaftsrecht dem nationalen Recht die Wahl zwischen verschiedenen in Betracht kommenden Umsetzungsmöglichkeiten lässt, können die EG-Richtlinien – anders als vom II. Zivilsenat des BGH angenommen[2045] – keine einschränkende Auslegung der Ausnahmevorschrift des § 3 Abs. 2 Nr. 2 VerbrKrG gebieten.[2046]

Somit ergibt die grammatische, die systematische, die historische und die teleologische Auslegung eindeutig, dass § 3 II Nr. 2 VerbrKrG nicht den Sinn haben kann, den Verbraucher dann durch dessen Nichtanwendung zu schützen, wenn das Grundpfandrecht von einem Dritten zu einer Zwischenfinanzierung bestellt worden ist.

bb) Ablehnung des Rückforderungsdurchgriffs nach § 9 Abs. 2 4 VerbrKrG analog (jetzt § 358 Abs. 4 S. 3 BGB analog)

Der BGH hat ausgeführt, der Rückforderungsdurchgriff aus § 9 Abs. 2 S. 4 analog i.V.m. § 9 Abs. 3 S. 1 VerbrKrG sei zum Schutz des Verbrauchers anzuwenden. Hieraus ergebe sich ein Anspruch gegen die Bank auf Zahlung dessen, was die Prospektverantwortlichen und Gründungsgesellschafter eines Fonds bzw. einer BGB-Gesellschaft dem Verbraucher an Schadensersatz schulden.[2047] **208**

Ein solcher Rückforderungsdurchgriff wird von der h.M. richtigerweise generell abgelehnt.[2018] Soweit in Teilen der Literatur die Anwendung von § 813 Abs. 1 für einen solchen „Rückforderungsdurchgriff“ befürwortet werde, werde übersehen, dass § 813 Abs. 1 das Bestehen der Einrede schon zum Zeitpunkt der Leistungserbringung voraussetzt; entsteht die Einrede ex nunc, scheidet die Rückforderung auch nach dieser Ansicht aus.[2049] **209**

2044 BGH, XI. ZS., WM 2005, 127, 130; NJW 2005, 664, 666; OLG Schleswig WM 2005, 607, 608; OLG Köln WM 2005, 792, 799; *Mülbert/Hoger* WM 2004, 2281, 2284f.; *Knott* WM 2003, 49, 53; a.A. *Reither/Methner* VuR 2004, 52, 55f.

2045 BGH WM 2004, 1529, 1533.

2046 So jetzt auch BGH, XI. ZS., WM 2005, 127, 130; OLG Köln WM 2005, 792, 799.

2047 BGH, II. ZS., NJW 2004, 2736, 2741 = WM 2004, 1529, 1534f.; WM 2004, 1536, 1541f.; WM 2004, 1525, 1527; WM 2004, 1518, 1520; NJW 2004, 2731, 2734 = WM 2004, 1521, 1524f.; WM 2004, 1675, 1676; WM 2005, 843, 845; WM 2005, 547f.

2048 *Mülbert/Hoger* WM 2004, 2281, 2292f.; *Wallner* BKR 2004, 367, 370f.; *Wolf/Großerichter* WM 2004, 1993, 1996 mit Fn. 27; Staudinger-*Lorenz*, 13. Bearb. 1999, § 813 Rdn 5; Staudinger/Kessal-*Wulf* § 359 Rdn 29, 33; weitere Argumente und Nachweise s.u. Rdn. 281, 309, 436.

2049 *Wolf/Großerichter* WM 2004, 1993, 1997 mit Fn 41.

- Der Wortlaut des § 9 Abs. 3 VerbrKrG bzw. des § 359 schließt es aus, dass der Käufer o.a. der Bank Einwendungen aus sonstigen Rechtsgeschäften entgegenhält, die er neben dem finanzierten Vertrag getätigt hat.[2050]
- Aus dem Wortlaut und der Entstehungsgeschichte des § 9 VerbrKrG, insbesondere aus der Gegenüberstellung mit dem nicht Gesetz gewordenen Entwurf der Bundesregierung, der einen solchen Rückforderungsdurchgriff im Ansatz vorsah, ergibt sich, dass ein solcher Durchgriff vom Gesetzgeber nicht beabsichtigt war.[2051]
- Auch Sinn und Zweck des Einwendungsdurchgriffs gebieten keine Fortentwicklung in Richtung auf einen Rückforderungsdurchgriff, da lediglich das „Aufspaltungsrisiko" ausgeschlossen, aber keine Besserstellung des Verbrauchers gegenüber einem selbst finanzierten Kauf o.a. erreicht werden sollte.[2052] Der II. ZS überbürdet der Bank nicht nur das „Aufspaltungsrisiko", sondern auch das „Anlagerisiko", das nach einhelliger Ansicht grundsätzlich der Anleger tragen muss.[2053]
- Auch bei arglistiger Täuschung des Verbrauchers/Mitgesellschafters ist der fehlerhafte Beitritt nur mit Wirkung für die Zukunft (ex nunc) vernichtbar. Nach entsprechender Anfechtung bzw. außerordentlicher Kündigung steht dem Gesellschafter ein Abfindungsguthaben zu. Nach bislang einhelliger Rspr. eröffnet eine von den Initiatoren der Gesellschaft oder deren Vertriebsorganisation begangene Täuschung dem Verbraucher keinen Anspruch auf Schadensersatz. Selbst eine arglistige Täuschung begründet somit keine Einwendung i.S.d. 9 Abs. 3 VerbrKrG bzw. des § 359.[2054] Auch im Urt. v. 21. 7. 2003[2055] hat der II. ZS noch zutreffend die Auffassung vertreten, „dass dem Anleger aufgrund einer Täuschung durch die Initiatoren bzw. die von ihnen eingesetzte Vertriebsorganisation kein Anspruch auf Schadensersatz aus Verhandlungsverschulden gegen die Fondsgesellschaft zusteht, den er über § 9 Abs. 3 VerbrKrG dem Anspruch des finanzierenden Kreditinstituts entgegenhalten könnte". Im Urt. v. 21. 7. 2003 hatte der II. ZS den Einwendungsdurchgriff noch auf die Geltendmachung des dem Anleger nach der Kündigung des Gesellschaftsvertrages zustehenden Abfindungsanspruchs beschränkt.[2056]
- In den Entscheidungen vom 14. 6. 2004[2057] konstruiert der II. ZS einen Einwendungsdurchgriff mit Einwendungen außerhalb des verbundenen

---

[2050] *Wolf/Großerichter* WM 2004, 1993, 1997, Fn. 33; *Mülbert/Hoger* WM 2004, 2281, 2293; Staudinger/Kessal-*Wulf*, 2004, § 359 Rdn 8.

[2051] *Wolf/Großerichter* WM 2004, 1993, 1997.

[2052] *Wolf/Großerichter* WM 2004, 1993, 1997; *Wallner* BKR 2004, 367, 370f.; auch *Mülbert/Hoger* WM 2004, 2281, 2293f.

[2053] *Wallner* BKR 2004, 367, 370.

[2054] *Wolf/Großerichter* WM 2004, 1993, 1998.

[2055] NJW 2003, 2821 = WM 2003, 1762.

[2056] *Wallner* BKR 2004, 367, 370; *Wolf/Großerichter* WM 2004, 1993, 1998.

[2057] WM 2004, 1521, 1524/1525; WM 2004, 1525, 1526/1527; WM 2004, 1529, 1534; WM 2004, 1536, 1542; nachfolgend WM 2005, 843, 845; WM 2005, 547, 548.

Geschäfts und mit Einwendungen, die sich überhaupt nicht gegen den Vertragspartner des verbundenen Geschäfts richten.[2058] Diese Erstreckung auf Prospektherausgeber, Prospektverantwortliche und irgendwelche Dritte, mit denen „die Bank zu tun gehabt hat“[2059] wird vom Normzweck und dem Wortlaut des § 9 Abs. 3 VerbrKrG bzw. der §§ 358, 359 nicht getragen.[2060]

Die lapidare Begründung, der Anspruch gegen die Betreiber, Manager, Prospektherausgeber, Prospektverantwortlichen, mit denen „die Bank zu tun gehabt“ hätte, überzeugt nicht; hier werden die von der Rspr. aufgestellten und über §§ 278, 123 Abs. 1 und 2 begründeten Grundsätze, letzlich auch die von der Rechtsprechung des BGH und der Instanzgerichte praktizierten Grundlagen zur Aufklärungspflicht der Banken (s.u. J.) verwässert und durchbrochen.[2061] Der II. ZS übernimmt hier die Funktion des Gesetzgebers, indem er letztlich eine Schuldmitübernahme der finanzierenden Bank konstruiert.[2062]

- Aus dem Normzweck des § 9 VerbrKrG bzw. der §§ 358, 359 ergibt sich im übrigen, dass ein Ausgleich von Leistungen ausscheiden muss, die gegenüber dem Vertragspartner des verbundenen Geschäfts erbracht wurden, da auch ein Teilzahlungskäufer diese in der Insolvenz seines Vertragspartners nicht zurückerhalten würde.[2063]
- Etwaige Schadensersatzansprüche gegenüber den Initiatoren der Fondsgesellschaft berühren die Wirksamkeit der Darlehensverträge grundsätzlich nicht, gewähren danach auch keinen Anspruch auf Aufhebung der Darlehensverträge im Rahmen eines Anspruchs aus § 311 Abs. 2 und 3 (vormals c.i.c.). Etwaige Täuschungshandlungen der Initiatoren würden auch nicht zur Nichtigkeit oder rückwirkenden Anfechtbarkeit des Beitritts und somit nicht zur Möglichkeit der Rückgewähr der Einlage führen.[2064]
- Schließlicht trifft es auch nicht zu, dass der Anleger „allein die Beteiligung aus der Gesellschaft erlangt“ habe,[2065] wobei der II. ZS im Urt. v. 21. 7. 2003 noch gegenteiliger Ansicht war.[2066]

[2058] Vgl. *Wolf/Großerichter* WM 2004, 1993, 1999f.; *Mülbert/Hoger* WM 2004, 2281, 2293.

[2059] BGH WM 2004, 1529, 1535; WM 2004, 1536, 1541f.

[2060] *Mülbert/Hoger* WM 2004, 2281, 2294; *Wolf/Großerichter* WM 2004, 1993, 1999; insoweit auch *Schäfer* BKR 2005, 98, 103f.

[2061] *Wallner* BKR 2004, 367, 370; auch *Wolf/Großerichter* WM 2004, 1993, 1999.

[2062] *Wolf/Großerichter* WM 2004, 1993, 1999.

[2063] *Martis* MDR 1999, 65, 70; *Wolf/Großerichter* WM 2004, 1993, 2000; Müko-*Habersack* § 359 Rdn 77; Staudinger/Kessal-*Wulf* § 9 VerbrKrG Rdn 98.

[2064] *Wolf/Großerichter* WM 2004, 1993, 2000.

[2065] So BGH WM 2004, 1529, 1534; WM 2004, 1536, 1541.

[2066] *Wallner* BKR 2004, 367, 370; vgl. auch OLG Stuttgart WM 2005, 972, 980.

cc) Verstoß gegen das Rechtsberatungsgesetz

210 Entgegen der Auffassung des II. Zivilsenats[2067] führt ein Verstoß gegen § 1 RBerG weder unmittelbar zur Nichtigkeit auch der Vollmacht noch kommt es zu deren Nichtigkeit nach § 139, sofern nicht Anhaltspunkte für einen abweichenden Parteiwillen bestehen.[2068]

211 Der XI. und V. Zivilsenat der BGH[2069] weisen – in Abgrenzung zu den Entscheidungen des II. Zivilsenats – zutreffend darauf hin, dass der Treuhänder eines Steuersparmodells nach Maßgabe der §§ 171 Abs. 1, 172 Abs. 1 trotz Nichtigkeit seiner Vollmacht wegen Verstoßes gegen das RBerG auch gegenüber dem Verkäufer und Initiator des Modells vertretungsbefugt ist, soweit letzterer den Mangel weder kennt noch kennen muss und auch nicht selbst gegen das RBerG verstößt.

212 Den vor dem Jahr 2000 ergangenen Entscheidungen des BGH ließ sich nichts entnehmen, was für einen Verstoß eines umfassenden Geschäftsbesorgungsvertrages und der mit ihm verbundenen Vollmacht des Treuhänders gegen § 1 RBerG i. V. m. § 134 gesprochen hätte.[2070]

213 Danach konnte ein Verkäufer und Initiator eines Steuersparmodells den auf einem Verstoß gegen das Rechtsberatungsgesetz beruhenden Mangel einer notariell beurkundeten und vorgelegten Vollmacht vor dem Jahr 2000 nicht erkennen.[2071]

214 Erforderlich ist aber, dass der Treuhänder eine notariell beurkundete Ausfertigung der Vollmacht vorgelegt hat.[2072] Dabei genügt die Vorlage einer Ausfertigung der im notariell beurkundeten Geschäftsbesorgungsvertrag enthaltenen Vollmacht; die Vorlage der notariell beurkundeten Annahmeerklärung des Unternehmers oder der Stammurkunde ist nicht erforderlich.[2073]

215 *Wallner*[2074] und *Schmidt-Räntsch*[2075] weisen darauf hin, dass es für die Rechtsscheinhaftung nach §§ 172, 173 nicht darauf ankommt, wer wessen

---

[2067] BGH NJW 2004, 2736, 2737f. = WM 2004, 1529, 1530f.; WM 2004, 1536, 1538f.

[2068] *Mülbert/Hoger* WM 2004, 2281, 2282f. und 2293; auch *Wallner* BKR 2004, 367, 368.

[2069] BGH, XI. ZS., WM 2005, 127, 131; NJW 2005, 664, 666f.; NJW 2003, 2091f = MDR 2003, 797; NJW-RR 2003, 1203f.; BGH V. ZS.WM 2004, 2349, 2352f.; KG BKR 2005, 76; OLG Köln WM 2005, 792, 794f.; KG WM 2005, 549, 552 ebenso *Schmidt-Räntsch* MDR 2005, 6, 7.

[2070] BGH, XI. ZS., WM 2005, 127, 132; NJW 2005, 664, 667; NJW 2005, 668, 669; WM 2004, 1127, 1128; WM 2004, 1221, 1224.

[2071] BGH, XI. ZS., WM 2005, 127, 132; WM 2004, 2349, 2353; NJW 2005, 664, 667; OLG Köln WM 2005, 792, 795; *Jork/Engel* BKR 2005, 3, 10.

[2072] BGH; XI. ZS., NJW 2005, 664, 667; NJW 2004, 2745, 2746; MDR 2004, 822; NJW 2003, 2091; NJW-RR 2003, 1203 = WM 2003, 1710, 1711; WM 2003, 2328, 2333; *Oechsler* NJW 2005, 1406, 1407; *Jork/Engel* BKR 2005, 3, 5; *Mülbert/Hoger* WM 2004, 2281, 2293; *Rott* NJW 2004, 2794, 2795 auch zur Duldungsvollmacht.

[2073] BGH, XI. ZS., WM 2005, 127, 131.

[2074] *Wallner* BKR 2004, 367, 368; auch BGH NJW 2005, 664, 667.

[2075] *Schmidt-Räntsch* MDR 2005, 6, 7; auch *Jork/Engel* BKR 2005, 3, 10.

Vertrauensperson ist; der Verstoß gegen das RBerG sei kein speziell mit dem Vertriebskonzept verbundenes Risiko. Entscheidend ist allein, ob die Bank bzw. der Verkäufer wusste oder zumindest erkennen konnte, dass die Vollmacht selbst unwirksam war.[2076] Selbst eine langjährige und organisierte Zusammenarbeit zwischen der finanzierenden Bank und dem Leistungserbringer reicht nicht aus, um den Gutglaubensschutz zu versagen.[2077]

dd) Nichtigkeit nach § 6 I VKG (jetzt § 494 I BGB)

Der II. Zivilsenat des BGH verneint eine Heilung des Verstoßes gegen die Angabeverpflichtungen nach § 4 Abs. 1 5 Nr. 1a, Nr. 1b und Nr. 1f VerbrKrG über § 6 Abs. 1 VerbrKrG, da der Verbraucher/Beitretende das Darlehen nicht „empfangen“ habe, wenn die Zahlung direkt von der Bank an die Fondsgesellschaft erfolgt und beide sich „derselben Vertriebsorganisation bedienen“.[2078] 216

Nach h.M. hat der Darlehensnehmer den Kreditbetrag auch „empfangen“, soweit dieser auf seine wirksame Anweisung an einen Dritten ausbezahlt wird, was auch beim verbundenen Geschäft gilt.[2079] 217

Ist der Treuhandvertrag tatsächlich nichtig und schlägt dies auf die Anweisung durch, treffe das Ergebnis des II. ZS. nach zutreffender Ansicht von Wallner zu; ist die Weisung an einen Treuhänder aber wirksam, wäre eine Empfangnahme des Darlehens durch den Verbraucher nicht zu leugnen.[2080] 218

ee) Zurechnung der Haustürsituation

Der BGH[2081] rechnet der finanzierenden Bank die Haustürsituation zu, wenn die Bank dem Vermittler der Fondsanteile ihre Vertragsformulare überlassen hat und sie nach der Rückreichung der Formulare hätte erkennen können, dass diese am Wohnort des Verbrauchers und nicht am Ort des Firmensitzes der Vertriebsfirma unterzeichnet wurden. 219

Allein der Umstand, dass das Darlehen durch Vertriebsmitarbeiter beworben wird, lässt jedoch keine Haustürsituation vermuten; Vertrieb und Haustürsituation sind nicht deckungsgleich. Angesichts des eindeutigen Wortlauts des § 5 Abs. 2 HausTWG, nach dem sich die Bank auf die ausschließliche Geltung des VerbrKrG verlassen konnte, bestand bis zur Veröffentlichung der Entscheidung des EuGH vom 13. 12. 2001[2082] auch 220

[2076] *Wallner* BKR 2004, 367, 368.
[2077] *Edelmann* BKR 2004, 338 unter Hinweis auf BGH WM 2004, 1127, 1129.
[2078] BGH NJW 2004, 2736, 2739 = WM 2004, 1529, 1533; WM 2004, 1536, 1540.
[2079] Vgl. OLG Dresden BKR 2005, 190, 192f.; *Wallner* BKR 2004, 367, 368.
[2080] *Wallner* BKR 2004, 367, 368; vgl. hierzu 2. Teil, E. Rdn. 170ff.
[2081] BGH, II. ZS., NJW 2004, 2731, 2733 = WM 2004, 1521, 1523; WM 2004, 1527, 1528.
[2082] EuGH WM 2004, 2001, 2434.

kein Anlass zur Erkundigung, ob der Vermittler den Anleger zuhause besucht oder dieser den Vertrag in dessen Geschäftslokal unterschrieben hat.[2083]

ff) Verwirkung

221 Teilweise wird angenommen,[2084] dass der grundsätzlich über sein Widerrufsrecht nach § 7 VerbrKrG aufgeklärte Verbraucher, der den Darlehensvertrag über viele Jahre hinweg erfüllt und in dieser Zeit auch die Position als Gesellschafter wahrgenommen, Mietausschüttungen aus dem Fonds und Steuererstattungen entgegengenommen hat, sein Widerrufsrecht gem. § 242 verwirkt. Dem hat jedoch der BGH in mehreren Entscheidungen widersprochen.[2085]

IX. Widerruf des Verbraucherdarlehensvertrages oder des verbundenen Vertrages

1. Bisherige Rechtslage

222 Anders als bei den nach dem früheren AbzG zu beurteilenden Geschäften konnte der Verbraucher bei verbundenen Geschäften i.S.d. § 9 Abs. 1 VerbrKrG ausschließlich die auf den Abschluss des Kreditvertrages gerichtete Willenserklärung gegenüber dem Kreditgeber widerrufen, nicht jedoch die auf den Abschluss des Kaufvertrages oder sonstigen verbundenen Vertrages gerichtete Willenserklärung gegenüber dem Verkäufer.[2086] Ein gegenüber dem Verkäufer/Leistungserbringer ausgesprochener Widerruf war nur dann beachtlich, wenn der Verkäufer in der Widerrufsbelehrung als Widerrufsempfänger bezeichnet wird oder als passiver Stellvertreter bzw. Empfangsbote – ggf. nach Rechtsscheingrundsätzen – anzusehen war.[2087]

223 Eine konkludente Bevollmächtigung ergab sich nach h.M. bereits dadurch, dass der Kreditgeber dem Verkäufer bei Abschluss des Kreditvertrages für sich handeln ließ.[2088]

[2083] *Jork/Engel* BKR 2005, 3, 11; *Wallner* BKR 2004, 367, 369; in diese Richtung auch BGH, V. ZS., WM 2004, 2349, 2352f.

[2084] Vgl. *Jork/Engel* BKR 2005, 3, 11.

[2085] Vgl. BGH, II. ZS., NJW-RR 2005, 180, 182: Widerruf auch nach 3, 5 bzw. 10 Jahre nach dem Gesellschaftsbeitritt möglich; vgl. hierzu 2. Teil, F. Rdn. 244ff.

[2086] BGH MDR 1996, 33; OLG Dresden ZIP 2000, 362; Staudinger/Kessal-*Wulf* § 9 VerbrKrG Rdn. 47, 51; *Martis* MDR 1999, 65, 66.

[2087] *Martis* MDR 1999, 65, 66; Müko-*Habersack* § 9 VerbrKrG Rdn. 56, 57; Staudinger/Kessal-*Wulf* § 9 VerbrKrG Rdn. 51; Staudinger/Kessal-*Wulf* § 358 Rdn. 57 s.o. H. Rdn. 1ff.

[2088] Staudinger/Kessal-*Wulf* § 9 VerbrKrG Rdn. 51; Staudinger/Kessal-*Wulf* § 358 Rdn. 57 a.E.; *Martis* MDR 1999, 65, 66.

2. Widerruf des finanzierten Vertrages nach neuem Recht gem. § 358 Abs. 1

§ 358 Abs. 1 nimmt – über die Regelung des § 9 Abs. 1 VerbrKrG hinausgehend – die Perspektive eines widerrufbaren finanzierten Vertrages ein: 224

§ 358 Abs. 1 ist anwendbar, wenn für einen Kaufvertrag über eine Ware oder einen Vertrag über die Erbringung einer anderen Leistung ein Widerrufsrecht nach § 312 (Haustürgeschäft), 312d (Fernabsatzvertrag), § 485 (Teilzeit-Wohnrechtevertrag) oder § 4 FernUSG (Fernunterrichtsvertrag) besteht und dieser Vertrag eine wirtschaftliche Einheit mit einem Verbraucherdarlehensvertrag i.S.d. § 491 bildet. Hat der Verbraucher seine auf Abschluss dieses Vertrages gerichtete Willenserklärung wirksam widerrufen, so ist er bei verbundenen Verträgen auch nicht mehr an seine Willenserklärung gebunden, die auf den Abschluss des zugehörigen Verbraucherdarlehensvertrages gerichtet war.[2089] 225

Für die Fälle eines drittfinanzierten Fondsbeitrittes (BGB-Gesellschaft) hat der BGH[2090] nunmehr entschieden, dass der Verbraucher sein Kündigungsrecht unmittelbar gegenüber der Fondsgesellschaft ausüben kann, aber wahlweise auch gegenüber dem finanzierenden Kreditinstitut. Dabei genügt die bloße Erklärung, dass er durch Täuschung zum Erwerb der Beteiligung veranlasst worden ist und er die Übernahme des Gesellschaftsanteils anbiete.[2091] 226

Ob und in wie weit ein Widerrufsrecht für das finanzierte Geschäft besteht, richtet sich nach den zugrunde liegenden Vorschriften der §§ 312 Abs. 1 mit den Ausnahmen in § 312 Abs. 3 bei Haustürgeschäften, 312b Abs. 1 und den Ausnahmen in §§ 312b Abs. 3, 312d Abs. 4, 312d Abs. 5 bei Fernabsatzverträgen, §§ 481 Abs. 1, 485 Abs. 1 bei Teilzeit-Wohnrechteverträgen. 227

3. Widerruf des Darlehensvertrages nach neuem Recht gem. § 358 Abs. 2

§ 358 Abs. 2 S. 1 übernimmt die aus § 9 Abs. 2 bekannte Regelung. Hier wird das Widerrufsrecht, das dem Darlehensnehmer gem. §§ 491, 495 228

[2089] Bamberger/Roth-*Möller/Wendehorst* § 358 Rdn. 11; Erman-*Saenger* § 358 Rdn. 15, 16; Müko-*Habersack,* 4. Aufl., § 358 Rdn. 3, 19, 64, 65; Palandt-*Heinrichs*, 63. Aufl., § 358 Rdn. 3.

[2090] BGH WM 2005, 547, 548; WM 2004, 1529, 1543 = NJW 2004, 2740; WM 2004, 1536, 1541; WM 2004, 1525, 1527 = NJW 2004, 2742, 2743; WM 2004, 1521, 1525; BKR 2005, 73, 74; zustimmend OLG Stuttgart OLG-Report 2004, 244, 251; WM 2005, 972, 980 f.; *Hahn/Brockmann* VuR 2004, 173, 175; *Lauer* BKR 2004, 92, 101; *Nittel* NJW 2004, 2712 ff.; u.E. zu Recht ablehnend *Mülbert/Hoger* WM 2004, 2281 ff.; *Wallner* BKR 2004, 367 ff.; *Wolf/Großerichter* WM 2004, 1993 ff.; s.o. Rdn. 180 ff., 203 ff.

[2091] BGH a.a.O.; OLG Stuttgart a.a.O.; a.A. hierzu Staudinger/Kessal-*Wulf* § 358 Rdn. 46 mit dem Hinweis auf die frühere Rspr. des BGH: Kündigung muß erklärt werden.

i. V. m. § 355 zusteht, auf den verbundenen Vertrag über die Lieferung einer Ware oder die Erbringung einer Leistung erstreckt.[2092]

229 Da in den Fällen des § 358 Abs. 1 das auf das finanzierte Geschäft bezogene Widerrufsrecht mit dem Widerrufsrecht aus § 495 zusammentreffen kann, wurde mit § 358 Abs. 2 S. 2 eine Konkurrenzregel eingeführt. Danach ist das auf den Verbraucherdarlehensvertrag (§ 491) bezogene Widerrufsrecht aus § 495 i. V. m. § 355 ausgeschlossen, wenn der Verbraucher das finanzierte Geschäft gem. §§ 312 Abs. 1, 312d, 485 Abs. 1 bzw. § 4 FernUSG i. V. m. § 355 widerrufen kann.[2093] Folge ist, dass es zu einem Widerruf des Verbraucherdarlehensvertrages (§ 491 Abs. 1) i. S. d. § 358 Abs. 2 S. 1 an sich nicht kommen kann und danach allein § 358 Abs. 1 Anwendung finden würde.

230 § 358 Abs. 2 S. 3 ergänzt diese Konkurrenzregel dahingehend, dass es als Widerruf des finanzierten Geschäfts nach § 358 Abs. 1 gilt, wenn der Verbraucher abweichend von § 358 Abs. 2 S. 2 den Widerruf des Verbraucherdarlehensvertrages (§ 491) gegenüber dem Kreditgeber erklärt.[2094] § 358 Abs. 2 S. 3 fingiert also, dass stets der „richtige" Widerruf erklärt wurde. Die nach altem Recht bestehende Problematik, dass der Widerruf unzulässigerweise gegenüber dem Vertragspartner des finanzierten Vertrages (Verkäufer/Leistungserbringer) erklärt worden war, ist nach h. M. damit beseitigt.[2095]

231 Insbesondere wird die Einhaltung der Widerrufsfrist nach dem zuerst vom Verbraucher erklärten Widerruf beurteilt.[2096]

232 Nach Auffassung von Kessal-Wulf[2097] geht der Widerruf jedoch ins Leere, wenn nur der Verbraucherdarlehensvertrag widerruflich ist, der Verbraucher aber den Widerruf seiner auf den Abschluss des finanzierten Vertrages gerichtete Willenserklärung widerruft.

233 § 358 Abs. 2 S. 3 bedarf nach zutreffender Ansicht jedoch einer teleologischen Reduktion. Will der Verbraucher am Liefervertrag festhalten und sich nur vom Kreditvertrag lösen, kann er den Widerruf auf den Darlehensvertrag beschränken.[2098]

234 Eine starke Gegenmeinung hält einen solchen „isolierten Widerruf" jedoch für ausgeschlossen. Will der Verbraucher etwa trotz des erklärten Widerrufs der Darlehensvertrages an dem Bargeschäft (Kaufvertrag o. a.) fest-

---

[2092] Bamberger/Roth-*Möller/Wendehorst* § 358 Rdn. 15; Erman-*Saenger* § 358 Rdn. 16, 17; Palandt-*Heinrichs* § 358 Rdn. 5; s. o. H. Rdn. 4ff.

[2093] Müko-*Habersack* § 358 Rdn. 3, 19.

[2094] Müko-*Habersack* § 358 Rdn. 20.

[2095] Bamberger/Roth-*Möller/Wendehorst* § 358 Rdn. 18, *Bülow* § 495 Rdn. 272; Erman-*Saenger* § 358 Rdn. 17.

[2096] Bamberger/Roth-*Möller/Wendehorst* § 358 Rdn. 18 unter Hinweis auf BT-Drucks. 14/7052, 195.

[2097] Staudinger/Kessal-*Wulf*, 2004, § 358 Rdn. 55.

[2098] Bamberger/Roth-*Möller/Wendehorst* § 358 Rdn. 15; Palandt-*Heinrichs* § 355 Rdn. 8; zum alten Recht auch W/E/R-*Emmerich* § 9 VerbrKrG Rdn. 92, 93.

halten, muß er sich danach mit dem Unternehmer auf einen Neuabschluss einigen.[2099]

4. Gegenstand und Adressat des Widerrufs

Gemäß § 358 Abs. 1 hat grundsätzlich die auf Abschluss des finanzierten Vertrages gerichtete Willenserklärung gegenüber dem in der Widerrufsbelehrung zu benennenden (vgl. § 355 Abs. 2 S. 1) Unternehmer/Leistungserbringer zu erfolgen.[2100] Nach § 358 Abs. 2 S. 2 gilt dies auch dann, wenn neben dem finanzierten Vertrag auch der Verbraucherdarlehensvertrag (§ 491) widerrufen werden kann. Erklärt der Verbraucher dennoch den Widerruf des Verbraucherdarlehensvertrages (§ 491) gegenüber dem Darlehensgeber, gilt dies gem. § 358 Abs. 2 S. 3 als Widerruf des verbundenen Kauf- oder sonstigen Vertrages gegenüber dem Unternehmer/Leistungserbringer. Darüber hinaus ist ein gegenüber dem Verkäufer oder sonstigen Leistungserbringer gegenüber erklärter Widerruf des Verbraucherdarlehensvertrages regelmäßig als Widerruf des finanzierten Vertrages auszulegen.[2101] **235**

In den Fällen der finanzierten Beteiligung an einem Fondsbeitritt reicht es nach neuester Rspr. des BGH[2102] aus, dass der Verbraucher der finanzierenden Bank mitteilt, er sei durch Täuschung zum Fondsbeitritt veranlasst worden. **236**

Bei unterbliebener Widerrufsbelehrung oder bei Nichtangabe eines Widerrufsempfängers kann der Verbraucher den Widerruf gem. § 355 Abs. 3 S. 3 auch bei Überschreitung der zweiwöchigen Widerrufsfrist erklären. In diesem Fall hat der Widerruf in den Fällen des § 358 Abs. 1, Abs. 2 S. 2 gegenüber dem Unternehmer (Verkäufer/Leistungserbringer) und in den Fällen des § 358 Abs. 2 S. 1 und S. 3 gegenüber dem Darlehensgeber zu erfolgen. Jedoch ist ein dem Darlehensgeber gegenüber erklärter Widerruf des finanzierten Vertrages auch hier als Widerruf des Darlehensvertrages auszulegen.[2103] **237**

Ist der Darlehensgeber in der Widerrufsbelehrung zutreffend als Widerrufsadressat bezeichnet, erklärt der Verbraucher dennoch den Widerruf des Darlehensvertrages gegenüber dem Unternehmer, liegt grundsätzlich kein wirksamer Widerruf nach § 358 Abs. 2 vor. Wie zum alten Recht treten die Rechtsfolgen der §§ 355 Abs. 1, 358 Abs. 2 S. 1 jedoch auch in diesem Fall ein, wenn der Verkäufer in der Widerrufsbelehrung als Widerrufsempfänger **238**

2099 Müko-*Habersack* § 358 Rdn. 22; Staudinger/Kessal-*Wulf* § 358 Rdn. 55 a. E.: auch die Vereinbarung eines Wahlrechts ist unzulässig; zum alten Recht Staudinger/Kessal-*Wulf* § 9 VerbrKrG Rdn. 47.

2100 Müko-*Habersack* § 358 Rdn. 19, 20, 65.

2101 Erman-*Saenger* § 358 Rdn. 17: es kommt nicht darauf an, wem gegenüber der Widerruf erklärt wird; Müko-*Habersack* § 358 Rdn. 65 a. E.

2102 BGH WM 2004, 1529, 1534 = NJW 2004, 2736, 2740; WM 2004, 1536, 1542; a. A. Staudinger/Kessal-*Wulf* § 358 Rdn. 46 m. w. N. iS. o. Rdn. 180 ff., 203 ff.

2103 Erman-*Saenger* § 358 Rdn. 17; Müko-*Habersack* § 358 Rdn. 65, 66; anders wohl Staudinger/Kessal-*Wulf* § 358 Rdn. 55.

bezeichnet wird oder als passiver Stellvertreter bzw. Empfangsbote – ggf. nach Rechtsscheingrundsätzen – anzusehen ist.[2104] Die genannten Rechtsfolgen treten auch dann ein, wenn der Unternehmer die Widerrufserklärung innerhalb der zweiwöchigen oder ggf. gem. § 355 Abs. 3 verlängerten Widerrufsfrist an den Darlehensgeber weiterleitet.[2105] Im Einzelfall kann der Unternehmer (Verkäufer bzw. Erbringer der sonstigen Leistung) zur Vermeidung von Schadensersatzansprüchen aus §§ 280 Abs. 1, 249 Abs. 1 verpflichtet sein, die fälschlicherweise ihm zugeleitete Widerrufserklärung unverzüglich an den Darlehensgeber weiterzuleiten.[2106]

5. Mischfälle

239 Hat der Verbraucher ein Darlehen aufgenommen, das teilweise der Finanzierung eines Kauf- oder sonstigen Leistungsvertrages dient, teilweise jedoch nicht zweckgebunden ist, liegt regelmäßig nur ein einziger Kreditvertrag in Form des Darlehensvertrages (§ 491) vor, der schwebend wirksam ist und dessen endgültige Unwirksamkeit nur durch einen einheitlichen Widerruf herbeigeführt werden kann, der sich auf den gesamten Darlehensvertrag bezieht.[2107]

240 Da das Widerrufsrecht grundsätzlich nur einheitlich ausgeübt werden kann, war nach alter Rechtslage, d.h. für die bis 1. 8. 2002 geschlossenen Haustürgeschäfte und die bis 1. 11. 2002 entstandenen sonstigen Schuldverhältnisse, bei derartigen Mischfällen auch der Eintritt der Rechtsfolge des § 358 Abs. 2 S. 1 von der Rückzahlung des nicht der Finanzierung des Bargeschäfts dienenden Teils des Darlehens abhängig (§ 495 Abs. 2 a.F.). Deshalb war der finanzierte Kauf- oder sonstige Leistungsvertrag bestandskräftig, wenn der Verbraucher nicht binnen zweier Wochen nach Erklärung des Widerrufs oder Auszahlung des Darlehens den überschießenden Teil der Valuta zurückgezahlt hatte.[2108] In der Widerrufsbelehrung durfte die Wirksamkeit des Widerrufs (allein) von der rechtzeitigen Rückzahlung dieses Teils des Darlehens abhängig gemacht werden.[2109] Führte der Verbraucher das Darlehen insgesamt nicht zurück, war der Widerruf unwirksam, auch soweit er das verbundene Geschäft betraf.[2110]

[2104] Müko-*Habersack* § 358 Rdn. 67; Staudinger/Kessal-*Wulf* § 358 Rdn. 57; zum alten Recht Staudinger/Kessal-*Wulf* § 9 VerbrKrG Rdn. 51 und *Martis* MDR 1999, 65, 66.

[2105] Müko-*Habersack* § 358 Rdn. 67.

[2106] Müko-*Habersack* § 358 Rdn. 67.

[2107] *Bülow* § 495 Rdn. 283.

[2108] Müko-*Habersack* § 358 Rdn. 74; *Bülow* § 495 Rdn. 283; Staudinger/Kessal-*Wulf* § 358 Rdn. 62; a.A. zum alten Recht W/E/R-*Emmerich* § 9 VerbrKrG Rdn. 98: Teilwiderruf zulässig.

[2109] Zweifelhaft, so aber ausdrücklich Müko-*Habersack* § 358 Rdn. 74 a.E. mit Verweis auf die Rechtslage zum VerbrKrG; Staudinger/Kessal-*Wulf* § 9 VerbrKrG Rdn. 56 zum alten Recht.

[2110] *Bülow* § 495 Rdn. 284.

Nach Streichung des § 495 Abs. 2 a.F. mit Wirkung zum 1. 8. 2002 und Einfügung des bis zum 30. 6. 2005 geltenden § 506 Abs. 2 kann durch AGB oder Individualvereinbarung bestimmt werden, dass der Widerruf als nicht erfolgt gilt, wenn der Verbraucher das empfangene Darlehen nicht binnen zweier Wochen entweder nach Erklärung des Widerrufs oder nach Auszahlung des Darlehens zurückzahlt. Diese Rechtsfolge gilt jedoch nicht bei verbundenen Darlehensverträgen und Haustürgeschäften, § 506 Abs. 2 S. 2. 241

In Mischfällen stellt sich deshalb lediglich die Frage, ob der Teil des Darlehens, der nicht der Finanzierung eines verbundenen Vertrags dient, endgültige Wirksamkeit erlangt, wenn es der Darlehensnehmer insoweit nicht binnen der Zwei-Wochen-Frist zurückzahlt. Klarzustellen ist, dass sich der zur Rückzahlung anstehende Betrag nur auf den Teil der Valuta bezieht, der nicht mit einem Kauf- oder sonstigen Leistungsvertrag verbunden ist.[2111] 242

Derjenige Teil des Darlehens, der der Finanzierung des verbundenen Vertrags dient, bleibt gemäß § 506 Abs. 2 S. 2 stets wirksam widerrufen, der Darlehensvertrag und das finanziertes Geschäft für den Verbraucher unverbindlich, auch wenn der Darlehensbetrag nicht fristgerecht zurückgezahlt wird. In den Fällen des § 358 Abs. 1, 358 Abs. 2 S. 2 und S. 3 erstreckt sich der Widerruf des finanzierten Vertrages nur insoweit auf das Verbraucherdarlehen, als dieses der Finanzierung des widerrufenen Vertrages dient.[2112] Ein Entfallen der Wirkungen des Widerrufs kommt von vorn herein nicht in Betracht, weil sich der Widerruf nicht auf den Darlehensvertrag sondern das finanzierte Geschäft bezog. 243

6. Beteiligung Dritter

Soweit mithaftende Dritte, insbesondere der Schuld des Verbrauchers beitretende Personen vom sachlichen und persönlichen Anwendungsbereich der §§ 491 ff. erfasst werden, haben sie in den Fällen des § 358 Abs. 2 ein eigenes Recht zum Widerruf ihrer auf Übernahme der Mithaftung gerichteten Willenserklärung.[2113] Der Mithaftende ist deshalb gesondert zu belehren, wobei die Zusatzbelehrung nach § 358 Abs. 5 nur dann erforderlich ist, wenn der mithaftende Dritte auch Partei des finanzierten Vertrages ist.[2114] 244

2111 *Bülow* § 495 Rdn. 283, 285 und § 506 Rdn. 128e; abw. Staudinger/Kessal-*Wulf* § 358 Rdn. 62: Widerruf wird auch nach neuem Recht insgewsamt hinfällig, wenn das Darlehen nicht fristgerecht und vollständig zurückbezahlt wird; vgl. hierzu *Martis/Meinhof* MDR 2004, 4, 13.

2112 Müko-*Habersack* § 358 Rdn. 75.

2113 BGH NJW 1994, 1726; Müko-*Habersack* § 358 Rdn. 78.

2114 Müko-*Habersack* § 358 Rdn. 78; Staudinger/Kessal-*Wulf* § 358 Rdn. 63; Staudinger/Kessal-*Wulf* § 9 VerbrKrG Rdn. 57 zum alten Recht.

245 Soweit der Mithaftende gem. § 495 Abs. 1 zum Widerruf berechtigt ist, steht seinem Widerrufsrecht die Konkurrenzregel des § 358 Abs. 2 S. 2 nicht entgegen.[2115]

246 Widerruft ein Mithaftender seinen auf den Darlehensvertrag bezogenen Schuldbeitritt, bleiben die eine wirtschaftliche Einheit bildenden Verträge im Verhältnis zu den übrigen Schuldnern regelmäßig aufrechterhalten.[2116] Widerruft der am Darlehens- und am finanzierten Vertrag beteiligte Verbraucher seine auf Abschluss des Darlehensvertrages gerichtete Willenserklärung, ist auch der Mithaftung der übrigen Gesamtschuldner (allein) des Darlehensvertrages die Grundlage entzogen.[2117] Mit Ausübung des Widerrufsrechts durch den Verbraucher sind beide Verträge gem. § 358 Abs. 4, 357 rück abzuwickeln.[2118]

X. Fristgerechte Ausübung des Widerrufs; ordnungsgemäße Widerrufsbelehrung

1. Widerrufsfrist

247 Nach § 355 Abs. 1 S. 2 muss der Widerruf innerhalb von zwei Wochen gegenüber dem Unternehmer erklärt werden. Zur Dauer der Frist, der ordnungsgemäßen Widerrufsbelehrung, der Form und Gestaltung der Belehrung, den zusätzlichen Anforderungen an die Belehrung bei Haustürgeschäften, Verbraucherdarlehensverträgen, Fernabsatzverträgen, Teilzeit-Wohnrechteverträgen, den Lauf der Sechsmonatsfrist gem. § 355 Abs. 3 S. 1 wird auf die dortigen Ausführungen verwiesen. So wird die Einhaltung der – damals einwöchigen – Widerrufsfrist des § 1 Abs. 1 HausTWG auch in den Fällen, in denen dem Darlehensnehmer mit Rücksicht auf die richtlinienkonforme Auslegung des § 5 Abs. 2 HausTWG ein Widerrufsrecht zusteht, nur durch eine den Vorgaben des HausTWG entsprechende Belehrung in Gang gesetzt. Ein zusätzlicher Hinweis auf § 7 Abs. 3 VerbrKrG bzw. nunmehr § 506 Abs. 2 (Geltung bis 30. 6. 2005), wonach der Widerruf als nicht erfolgt gilt, wenn der Nettokreditbetrag nicht innerhalb von zwei Wochen zurückgezahlt wird, macht die Belehrung unwirksam.[2119]

[2115] Müko-*Habersack* § 358 Rdn. 79.

[2116] Staudinger/Kessal-*Wulf*, 2004, § 358 Rdn. 63 a. E.

[2117] *Bülow* NJW 1996, 1889, 2893; Staudinger/Kessal-*Wulf*, 2004, § 358 Rdn. 63 a. E.: aber Haftung aus § 358 Abs. 4, 357 möglich.

[2118] Müko-*Habersack* § 358 Rdn. 80; Staudinger/Kessal-*Wulf*, 2004, § 358 Rdn. 63 a. E.

[2119] BGH NJW 2004, 2744; WM 2004, 2491, 2493; WM 2004, 1521, 1523 = NJW 2004, 2731, 2733; WM 2003, 61, 63; NJW 2003, 424, 425f.; zustimmend *Mülbert/Hoger* WM 2004, 2281, 2290f.: aber ggf. § 242 anzuwenden; kritisch *Edelmann/Krümmel* BKR 2003, 99, 100; *Peters/Ivanova* WM 2003, 55; a. A. noch BGH WM 2000, 1687, 1688; OLG München ZIP 2003, 338; OLG Oldenburg BKR 2002,

Die Einhaltung der zweiwöchigen bzw. der verlängerten Widerrufsfrist wird nach dem zuerst vom Verbraucher erklärten Widerruf – also entweder des finanzierten Vertrages (Kauf-, Werkvertrag o.a., §§ 358 Abs. 1, 499 Abs. 1, 500, 501, 502) oder des Verbraucherdarlehensvertrages (§§ 491 Abs. 1, 495 Abs. 1) – beurteilt.[2120] 248

2. Ordnungsgemäße Widerrufsbelehrung

Neben den gem. § 355 Abs. 2 S. 1 erforderlichen Angaben hat die Widerrufsbelehrung nach § 358 Abs. 5 unmissverständlich auf die Rechtsfolgen nach § 358 Abs. 1 und Abs. 2 hinzuweisen, d.h. der Verbraucher ist darüber zu belehren, dass er mit Ausübung seines Widerrufsrechts auch an den verbundenen Vertrag nicht mehr gebunden ist, weiterhin, dass allein der verbundene Vertrag (Kaufvertrag, Werkvertrag u.a.) widerruflich ist, wenn auch für ihn ein Widerrufsrecht besteht.[2121] 249

XI. Rückabwicklung nach wirksamem Widerruf

Wird der Widerruf rechtzeitig erklärt, werden die bis dahin schwebend wirksam begründeten Verpflichtungen sowohl aus dem Darlehens- als auch aus dem Kauf- oder sonstigen verbundenen Vertrag endgültig unwirksam; hinsichtlich beider Verträge entsteht ein Rückabwicklungsschuldverhältnis.[2122] 250

1. Rückabwicklung vor Valutierung

Hat der Darlehensgeber das Darlehen noch nicht ausgezahlt, so erfolgt die Rückabwicklung ausschließlich im Verhältnis zwischen Unternehmer (Verkäufer, Werkunternehmer o.a.) und Verbraucher.[2123] 251

Ist der Nettodarlehensbetrag zwar bereits dem Verbraucher zugeflossen, hat dieser das Darlehen aber zum maßgeblichen Zeitpunkt des Zugangs der Widerrufserklärung beim Widerrufsempfänger (s.o.) noch nicht an den Unternehmer (Verkäufer, Werkunternehmer o.a.) weitergeleitet, so erfolgt die Rückabwicklung innerhalb der jeweiligen Leistungsbeziehung, also sowohl hinsichtlich des widerrufenen Vertrages einerseits als 252

731, 736; OLG Hamburg WM 2002, 1289, 1295; OLG Schleswig WM 2004, 1659, 1663.

[2120] Bamberger/Roth-*Möller/Wendehorst* § 358 Rdn. 18; Müko-*Habersack* § 358 Rdn. 72, 73.

[2121] Erman-*Saenger* § 358 Rdn. 18; Müko-*Habersack* § 358 Rdn. 68ff; zu den Einzelheiten vgl. oben F. Rdn. 198ff.

[2122] *Lauer* BKR 2004, 92, 99; *Martis* MDR 1999, 65, 67; *Bülow* § 495 Rdn. 288; Erman-*Saenger* § 358 Rdn. 20ff.; Müko-*Habersack* § 358 Rdn. 81.

[2123] Müko-*Habersack* § 358 Rdn. 83; Erman-*Saenger* § 358 Rdn. 24; Staudinger/Kessal-*Wulf* § 358 Rdn. 65.

auch des verbundenen Vertrages andererseits entsprechend § 357 i.V.m. §§ 346ff.[2124]

253 Zugeflossen ist dem Verkäufer der Nettodarlehensbetrag dann, wenn er endgültig in dessen Vermögen gelangt ist, also bei erfolgter Barauszahlung, Gutschrift auf einem seiner Konten oder Verrechnung (vgl. §§ 387, 389) mit dessen Kaufpreis- bzw. sonstiger Forderung.[2125]

254 Bei Übergabe eines Schecks erfolgt der Zufluss, wenn der Scheck bei der Ausstellerbank des Verbrauchers eingelöst wurde und der Scheckbetrag bei der kontoführenden Bank des Verkäufers eintrifft.[2126]

255 Hat der Verbraucher gem. § 358 Abs. 2 S. 1 seine auf den Abschluss eines Verbraucherdarlehensvertrages gerichtete Willenserklärung wirksam widerrufen und ist der Nettodarlehensbetrag zwar dem Verbraucher, jedoch noch nicht dem Verkäufer oder sonstigen Leistungserbringer zugeflossen, so hat der Verbraucher dem Darlehensgeber den nach §§ 357 Abs. 1 S. 1, 346 Abs. 1, 347 Abs. 1 S. 2 zu verzinsenden Nettodarlehensbetrag (vgl. § 491 Abs. 2 Nr. 1) abzgl. von ihm bereits erbrachter Zins- und Tilgungsleistungen zurückzuzahlen, bei bestehender, bis zum 30.6. 2005 begründeter Vereinbarung innerhalb der Zwei-Wochen-Frist des § 506 Abs. 2 S. 1.[2127]

256 Dem Verkäufer oder sonstigen Leistungserbringer hat er gem. §§ 357 Abs. 1, 346 Abs. 1 die empfangene Leistung zurückzugewähren, Zug um Zug gegen Rückzahlung einer etwa bereits erbrachten Anzahlung sowie gegen Rückzahlung eines etwa bereits weitergeleiteten Darlehensbetrages. Für Ansprüche auf Nutzungs- und Wertersatz gelten die obigen Ausführungen (vgl. F. Rdn. 278ff., 418ff.).

257 Gem. § 358 Abs. 4 S. 2 sind Ansprüche auf Zahlung von Zinsen und Kosten aus der Rückabwicklung des Verbraucherdarlehensvertrages gegen den Verbraucher ebenso ausgeschlossen wie Ansprüche auf Erstattung einer „Bearbeitungsgebühr" oder einer Aufwandsentschädigung.[2128]

2. Rückabwicklung zwischen Verbraucher und Darlehensgeber nach Valutierung

258 Ist der Nettodarlehensbetrag bereits an den Verkäufer, Werkunternehmer o.a. geflossen, tritt der Darlehensgeber gem. § 358 Abs. 4 S. 3 – wie bei der

---

2124 Müko-*Habersack* § 358 Rdn. 84; zust. Staudinger/Kessal-*Wulf* § 358 Rdn. 61, 66: Leistungen innerhalb der jeweiligen vertraglichen Beziehung zurückzugewähren.

2125 BGH NJW 2004, 2090, 2091: vereinbarungsgemäße Auszahlung an einen Dritten; BGH NJW 1995, 3386; OLG Dresden BKR 2005, 190, 192; *Bülow* § 495 Rdn. 290; Erman-*Saenger* § 358 Rdn. 23; Müko-*Habersack* § 358 Rdn. 86.

2126 BGH NJW 1995, 3386; *Bülow* § 495 Rdn. 290; Erman-*Saenger* § 358 Rdn. 23: mit Einlösung des Schecks; s.o. E. Rdn. 170ff. zu §§ 6 Abs. 2 VerbrKrG, 494 Abs. 2.

2127 Müko-*Habersack* § 358 Rdn. 84; Staudinger/Kessal-*Wulf* § 358 Rdn. 61, 66: teleologische Reduktion des § 506 Abs. 2 S. 2.

2128 Müko-*Habersack* § 358 Rdn. 84 a.E.

Vorgängerregelung des § 9 Abs. 2 S. 4 VerbrKrG – im Verhältnis zum Verbraucher hinsichtlich der Rechtsfolgen des Widerrufs in die Rechte und Pflichten des Verkäufers, Werkunternehmers o.a. aus dem mit dem Darlehensvertrag verbundenen Vertrag ein. Der Darlehensgeber wird anstelle des Verkäufers, Werkunternehmers o.a. Gläubiger und Schuldner des Verbrauchers und für einen Prozess aktiv- und passiv legitimiert.[2129]

Dies gilt auch für die Rückgabe einer vom Verbraucher aus eigenen Mitteln an den Verkäufer geleisteten Anzahlung, die dem Verbraucher vom Kreditgeber zurückzuerstatten ist.[2130] **259**

§ 358 Abs. 4 S. 3 ist auch zugunsten des Verbrauchers anzuwenden, wenn der Nettodarlehensbetrag vom Darlehensgeber nur teilweise ausbezahlt worden ist. Die Rückabwicklung hat auch dann vollständig im Verhältnis zwischen Darlehensgeber und Verbraucher stattzufinden, wenn der Verkäufer oder sonstige Leistungserbringer erst eine Anzahlung vom Darlehensgeber erhalten hatte.[2131] **260**

Die unmittelbare Rechtsbeziehung zwischen dem Verbraucher und dem Unternehmer (Verkäufer o.a.) bleibt jedoch unberührt, soweit Ansprüche aus §§ 823ff., 311 Abs. 2, Abs. 3 (vormals c.i.c.) oder Produkthaftung betroffen sind, insbesondere soweit es um den Ersatz von Schäden aus Mängeln des Kaufgegenstandes, der Werkleistung o.a. geht.[2132] **261**

a) Ansprüche des Darlehensgebers gegen den Verbraucher

Der Verbraucher hat dem Darlehensgeber in der gem. § 358 Abs. 4 S. 3 fingierten Rolle des Unternehmers (Verkäufer o.a.) die finanzierte Leistung zurückzuerstatten, insbesondere eine finanzierte Immobilie zu übertragen[2133] bzw. dem Darlehensgeber das Eigentum an dem finanzierten Kaufgegenstand zu übertragen, und zwar Zug um Zug gegen Freistellung von der Darlehenssumme und Erstattung der vom Verbraucher bereits erbrachten Zins- und Tilgungsleistungen sowie von ihm bezahlter Kosten.[2134] **262**

War die Kaufsache an den Darlehensgeber zur Sicherung übereignet, hat der Verbraucher ihm den Besitz hieran zu verschaffen.[2135] **263**

2129 BGH NJW 1995, 3386 = MDR 1996, 33; *Martis* MDR 1999, 65, 68; Erman-*Saenger* § 358 Rdn. 23; Müko-*Habersack* § 358 Rdn. 85; Staudinger/Kessal-*Wulf* § 358 Rdn. 67; a.A. aber *Bülow* § 495 Rdn. 299: gesetzlicher Schuldbeitritt.

2130 OLG Düsseldorf OLG-Report 1995, 50; *Martis* MDR 1999, 65, 68; Staudinger/Kessal-*Wulf* § 358 Rdn. 67.

2131 *Martis* MDR 1999, 65, 68; *Bülow* § 495 Rdn. 293; Staudinger/Kessal-*Wulf* § 358 Rdn. 67.

2132 Staudinger/Kessal-*Wulf* § 358 Rdn. 67 a.E. m.w.N.

2133 BGH NJW 2003, 3703: sofern § 3 Abs. 2 Nr. 2 VerbrKrG bzw. § 491 Abs. 3 Nr. 1 a.F. nicht eingreifen; *Lauer* BKR 2004, 92, 100.

2134 *Lauer* BKR 2004, 92, 100; *Bülow* § 495 Rdn. 295; Müko-*Habersack* § 358 Rdn. 87; Staudinger/Kessal-*Wulf* § 358 Rdn. 67.

2135 Müko-*Habersack* § 358 Rdn. 87; Staudinger/Kessal-*Wulf* § 358 Rdn. 67 m.w.N.

264 Der Darlehensgeber muss die Sache aufbewahren bzw. lagern und kann mit der Rücknahme gem. § 293 in Annahmeverzug geraten.[2136] Nutzungs- und Wertersatzansprüche gem. §§ 357 Abs. 1, Abs. 3, 346, 347 stehen dem Darlehensgeber gegenüber dem Verbraucher zu, soweit und solange dieser den Geldbetrag empfangen hatte. Gegebenenfalls kann die finanzierende Bank als Nutzungsentschädigung marktübliche, den Monatsberichten der Deutschen Bundesbank (Nachweise hierzu oben F. Rdn. 22) zu entnehmende Zinsen verlangen.[2137] Obergrenze ist stets der vereinbarte Vertragszins.[2138]

265 Den Nettodarlehensbetrag, der an den Verkäufer, Werkunternehmer o.a. geflossen ist, muss der Verbraucher jedoch nicht zurückzahlen. Denn der Eintritt des Darlehensgebers in die Rechte und Pflichten des Verkäufers erfolgt nicht neben diesem sondern an dessen Stelle, sodass dem Anspruch des Darlehensgebers der Anspruch des Darlehensnehmers (Verbrauchers) auf Rückgewähr des gezahlten Entgelts entgegen gehalten werden kann.[2139]

b) Ansprüche des Verbrauchers gegen den Darlehensgeber

266 Der Verbraucher hat zunächst Anspruch auf Rückerstattung der an den Darlehensgeber erbrachten Tilgungs- und Zinszahlungen sowie der an den Unternehmer geleisteten Anzahlung.[2140]

267 Die Leistungen des Verbrauchers sind marktüblich zu verzinsen.[2141]

268 Der dem Verkäufer zugeflossene Darlehensbetrag bleibt bei der Rückabwicklung im Verhältnis zwischen Verbraucher und Darlehensgeber außer Betracht.[2142]

269 Ersatz der auf das finanzierte Objekt gemachten Aufwendungen gem. §§ 357 Abs. 1, 347 Abs. 2 kann der Verbraucher vom Darlehensgeber er-

---

[2136] OLG Düsseldorf WM 1993, 1179; *Bülow* § 495 Rdn. 295.

[2137] BGH NJW 2003, 422, 424; NJW 2003, 2821; OLG Stuttgart OLG-Report 2004, 244, 251 f.; teilw. abweichend OLG Stuttgart WM 2005, 972, 980 f.

[2138] OLG Stuttgart OLG-Report 2004, 244, 252.

[2139] BGH NJW 1996, 3414; BKR 2005, 73, 74; *Martis* MDR 1999, 65, 68; Erman-*Saenger* § 358 Rdn. 23, 24; Müko-*Habersack* § 358 Rdn. 87; Staudinger/Kessal-*Wulf* § 358 Rdn. 67: Konsumtion; auch *Bülow* § 495 Rdn. 296.

[2140] BGH NJW 1995, 3386 = MDR 1996, 33; OLG Stuttgart OLG-Report 2004, 244, 253 f.: Zins- und Tilgungsraten mit marktüblicher Verzinsung; *Lauer* BKR 2004, 92, 100: sowie bezahlter Kosten; *Martis* MDR 1999, 65, 68; *Bülow* § 495 Rdn. 295; Erman-*Saenger* § 358 Rdn. 24; Müko-*Habersack* § 358 Rdn. 87; Staudinger/Kessal-*Wulf* § 358 Rdn. 67.

[2141] BGH, XI. Zivilsenat, NJW 2003, 422, 424 = MDR 2003, 343; ZIP 2003, 1741, 1744; OLG Stuttgart OLG-Report 2004, 244, 253; WM 2005, 972, 979 f.; a.A. noch BGH, II. ZS., NJW 2001, 2718 = MDR 2001, 1163; zur Rückabwicklung bei finanzierten Fondsbeteiligungen s.o. H. Rdn. 82 ff., 193 ff.

[2142] OLG Düsseldorf NJW 1997, 2057; *Bülow* § 495 Rdn. 296; Erman-*Saenger* § 358 Rdn. 24; Staudinger/Kessal-*Wulf* § 358 Rdn. 67.

stattet verlangen; der Darlehensgeber kann auch insoweit beim Unternehmer (Verkäufer u. a.) regressieren.[2143]

Schadensersatzansprüche des Verbrauchers, die diesem aufgrund der Lie- 270
ferung einer mangelhaften Sache oder der Erbringung einer mangelhaften Leistung zustehen, können nur gegen den Unternehmer geltend gemacht werden.[2144]

Nach Ansicht mehrerer Instanzgerichte hat der Verbraucher beim Rück- 271
tritt von einem Verbundgeschäft keinen Anspruch auf Rückerstattung der Zins- und Kostenanteile; denn es sei nicht einzusehen, warum der Verbraucher, der fremdes Kapital einsetzt, hierfür im Fall des Rücktritts (vormals: der Wandelung) besser gestellt werden soll als ein Anderer, der den Kauf mit eigenem Geld oder mit einem separat aufgenommenen Darlehen finanziert hat.[2145] Diese Entscheidungen dürften angesichts der ab 1. 1. 2002 geltenden §§ 437 Nr. 3, 281, 284 überholt sein.

Beim finanzierten Erwerb eines Gesellschaftsanteils (insbesondere KG, 272
BGB-Gesellschaft u. a.) muss der Verbraucher (Anleger) dem Darlehensgeber seinen Anspruch auf das Auseinandersetzungsguthaben abtreten, um den Darlehensgeber in die Lage zu versetzen, das Auseinandersetzungsguthaben bei der Fondsgesellschaft einzufordern.[2146]

Der Darlehensgeber muss seinen Anspruch auf Rückzahlung der Darle- 273
hensvaluta bei der Rückabwicklung des finanzierten Erwerbs eines Gesellschaftsanteils mit seiner aus der Einnahme der Stellung der Fondsgesellschaft resultierenden Verpflichtung zur Auszahlung des – typischerweise niedrigen – Abfindungsguthabens des Anlegers (Verbrauchers) saldieren. Ist das Abfindungsguthaben – wie regelmäßig – niedriger als die noch offene Darlehensvaluta, hat der Verbraucher allerdings die Differenz an den Darlehensgeber zu zahlen, da ihm das Anlagerisiko nicht abgenommen wird.[2147]

Nach Auffassung von Bülow[2148] muss es dem Verbraucher unbenommen 274
bleiben, sich wegen seiner Ansprüche wahlweise an den Verkäufer oder den

---

[2143] *Bülow* § 495 Rdn. 295.

[2144] Müko-*Habersack* § 358 Rdn. 88; *Bülow* § 495 Rdn. 301; Staudinger/Kessal-*Wulf* § 358 Rdn. 67 a. E.

[2145] LG Bochum NJW-RR 2002, 349, 350; LG Hagen NJW-RR 1994, 1260; LG Bonn NJW-RR 1993, 1269.

[2146] BGH NJW 2003, 2821, 2824; OLG Stuttgart OLG-Report 2004, 244, 253; zu Einzelheiten des finanzierten Erwerbs eines Gesellschaftsanteils s. o. H. Rdn. 180 ff.

[2147] BGH NJW 2003, 2821, 2824; in diesem Sinne auch BGH WM 2004, 2491, 2494 = NJW-RR 2005, 180, 182; *Lauer* BKR 2004, 92, 101; zusammenfassend zur Rückabwicklung bei unwirksamem Beitritt zu einem Fonds bzw. einer BGB-Gesellschaft *Nittel* NJW 2004, 2712, 2715; teilweise abweichend *Hahn/Brockmann* VuR 2004, 173, 177: Gesellschafter ist berechtigt, die noch nicht erbrachte Einlage zu verweigern und dies auch der Bank gegenüber einzuwenden.

[2148] *Bülow* WM 2004, 1257, 1262; *ders.* § 495 Rdn. 299, 313, 314: Eintritt des Darlehensgebers in die Rechte und Pflichten des Verkäufers o. a. ist als gesetzlicher Schuldbeitritt zu qualifizieren.

Darlehensgeber halten zu können, wobei der eine mit befreiender Wirkung für den anderen leisten kann.

275 Die h.M. lehnt ein solches Wahlrecht des Verbrauchers ab.[2149] Denn der Verbraucher ist wegen § 358 Abs. 4 S. 3 und der Möglichkeit des Einwendungsdurchgriffs (vgl. unten Rdn. 310ff.) nicht schutzbedürftig. Der Darlehensgeber tritt gem. § 358 Abs. 4 S. 3 nicht – wie etwa bei einem Schuldbeitritt – neben den Verkäufer, sondern an dessen Stelle. Ein Schuldbeitritt entsprach auch nicht der Intention des Gesetzgebers.

3. Rückabwicklung zwischen Darlehensgeber und Unternehmer (Verkäufer)

276 Auf welche Rechtsgrundlage die weitere Rückabwicklung zwischen dem Darlehensgeber und dem Verkäufer bzw. sonstigen Leistungserbringer zu stützen ist, wenn keine anderweitigen, vertraglichen Regelungen, insbesondere ein Rahmenvertrag zwischen Verkäufer und Darlehensgeber getroffen worden sind, ist streitig.

a) Direktkondiktion des Darlehensgebers aus § 812 Abs. 1 S. 1 2. Alt.

277 Nach h.M. hat die Rückabwicklung zwischen dem Darlehensgeber und dem Verkäufer o.a. über § 812 Abs. 1 S. 1 2. Alt. („Durchgriff") i.V.m. § 818 Abs. 2 zu erfolgen.[2150]

278 Danach kann sich der Verbraucher nach erfolgtem Widerruf nicht mehr darauf berufen, der Verkäufer habe als Empfänger das Geld als Leistung des Verbrauchers erhalten, sodass die Rückabwicklung mangels vorrangiger Leistungskondiktion im Verhältnis Verbraucher/Verkäufer zwischen dem Darlehensgeber und dem Verkäufer im Wege der „Durchgriffskondiktion" erfolgen könnte. Der BGH hat in einem Fall eine „Durchgriffsmöglichkeit" des Darlehensgebers gegenüber dem Verkäufer aus § 812 Abs. 1 S. 1 2. Alt. bejaht und eine Rückabwicklung „übers Dreieck" unter Einbeziehung des Verbrauchers abgelehnt.[2151]

[2149] BGH NJW 1995, 3386 = WM 1995, 1988; Erman-*Saenger* § 358 Rdn. 23: Kein Schuldbeitritt, sondern Konzentration der Rückabwicklung allein auf das Verhältnis Verbraucher-Darlehensgeber; Müko-*Habersack* § 358 Rdn. 88; Staudinger/Kessal-*Wulf* § 358 Rdn. 67.

[2150] BGH NJW 1996, 3414: § 812 Abs. 1 S. 1 2. Alt. in einem Sonderfall; OLG München WM 2003, 66: „Durchgriffskondiktion"; *Bülow* § 495 Rdn. 304, 308: „Durchgriff"; Bamberger/Roth-*Möller/Wendehorst* § 358 Rdn. 29, 31: „Durchgriff" gem. § 812 Abs. 1 S. 1 2. Alt., bei „Doppelmangel" § 358 Abs. 4 S. 3 anzuwenden; Erman-*Saenger* § 358 Rdn. 25: Ausgleich nach § 812 Abs. 1 S. 1 2.Alt. naheliegend; W/E/R-*Emmerich* § 9 VerbrKrG Rdn. 123, 124, 125: „Durchgriff"; im Ergebnis auch Staudinger/Kessal-*Wulf* § 358 Rdn. 69, 71: „Durchgriff" über „Nichtleistungskondiktion" nach §§ 267, 812 Abs. 1 S. 1 2. Alt.

[2151] BGH MDR 1996, 24 = NJW 1996, 3414.

b) Analoge Anwendung des § 358 Abs. 4 S. 3

Einem Anspruch des Darlehensgebers gegen den Verkäufer aus § 812 Abs. 1 S. 1 2. Alt. steht nach abweichender Ansicht bereicherungsrechtliche Grundsatz des „Vorrangs des Leistungsverhältnisses“ zwischen Darlehensgeber und Verbraucher einerseits sowie zwischen Verbraucher rund Verkäufer andererseits entgegen. Die hierdurch entstehende Regelungslücke in der Rechtsbeziehung zwischen Darlehensgeber und Verkäufer wird deshalb nach dieser Auffassung über eine analoge Anwendung des § 358 Abs. 4 S. 3 gelöst, d.h. der Kreditgeber rückt im Verhältnis zum Verkäufer nunmehr in die Stellung des Verbrauchers ein.[2152] 279

Der BGH (II. ZS.) befürwortet die entsprechende Anwendung des § 358 Abs. 4 S. 3 (bzw. des § 9 Abs. 2 S. 4 VerbrKrG) zum Schutz des Verbrauchers insbesondere beim finanzierten Beitritt zu einem Immobilienfonds.[2153] 280

Die h.L. lehnt die vom II. ZS. favorisierte Anwendung des § 358 Abs. 4 S. 3 (bzw. des § 9 Abs. 2 S. 4 VerbrKrG) nach dem Widerruf bzw. der Kündigung eines finanzierten Beitritts zu einer BGB-Gesellschaft, KG o.a. aus zutreffenden Gründen ab.[2154] 281

c) Anspruchsinhalt bei Rückabwicklung zwischen Darlehensgeber und Verkäufer

aa) Ansprüche des Darlehensgebers

Nach beiden Auffassungen stehen dem Darlehensgeber gegenüber dem Verkäufer oder sonstigem Leistungserbringer nach erfolgtem Widerruf des Verbrauchers und vorangegangener Abwicklung im Verhältnis zwischen dem Darlehensgeber und dem Verbraucher im Ergebnis folgende Ansprüche zu: 282

- Anspruch auf Rückzahlung des Nettodarlehensbetrages sowie der vom Verbraucher an den Unternehmer geleisteten und vom Darlehensgeber nach § 358 Abs. 4 S. 3 zurückerstatteten Anzahlung,[2155]

[2152] *Scholz* MDR 1989, 1054, 1057; *Schäfer* BKR 2005, 98, 102; Müko-*Habersack* § 9 VerbrKrG Rdn. 72 und § 358 Rdn. 90, 91; bei Vorliegen eines „Doppelmangels“ auch Bamberger/Roth-*Möller/Wendehorst* § 358 Rdn. 31.

[2153] BGH WM 2005, 547, 548; WM 2005, 843, 845; WM 2004, 1529, 1534f.; WM 2004, 1536, 1541f.; WM 2004, 1675, 1676; WM 2004, 1518, 1520; WM 2004, 1521, 1524f.

[2154] *Mülbert/Hoger* WM 2004, 2281, 2293; *Wallner* BKR 2004, 367, 370f.; *Wolf/Großerichter* WM 2004, 1993, 1997ff.; kritisch auch *Schmidt-Räntsch* MDR 2005, 6, 12; *Jork/Engel* BKR 2005, 3, 10f.; Staudinger/Kessal-*Wulf* § 359 Rdn. 14, 29, 33; s.o. Rdn. 203ff.

[2155] *Martis* MDR 1999, 65, 68; *Bülow* § 495 Rdn. 306, 307; Müko-*Habersack* § 358 Rdn. 91; Staudinger/Kessal-*Wulf* § 358 Rdn. 69, 71 a.E.: der Anzahlung, die aus eigenen Mitteln des Verbrauchers an den Unternehmer geflossen ist.

- Rückerstattung des an den Verbraucher gem. §§ 357 Abs. 1, 347 Abs. 2 geleisteten Aufwendungsersatzes,[2156]
- Lagerkosten hinsichtlich des in Empfang genommenen Gegenstandes,[2157]
- marktübliche Zinsen für den tatsächlichen Zeitraum der Kapitalüberlassung[2158] bzw. Zahlung einer Vergütung für die Überlassung des Kaufpreises in Form der Darlehensvaluta bis zur Ausübung des Widerrufsrechts,[2159]
- nach Verzugseintritt im Verhältnis zwischen Darlehensgeber und Verkäufer Verzugszinsen gem. §§ 286, 288,[2160] nicht aber Anspruch auf volle Erfüllung, d.h. insbesondere nicht auf den Vertragszins für die volle, geplante Vertragslaufzeit.[2161]

bb) Ansprüche des Verkäufers oder sonstigen Leistungserbringers

283 Der Verkäufer bzw. sonstige Leistungserbringer kann vom Darlehensgeber nach wirksamem Widerruf des Verbrauchers und vorangegangener Rückabwicklung zwischen dem Darlehensgeber und dem Verbraucher verlangen:

- Herausgabe bzw. Rückübereignung der Kaufsache bzw. des finanzierten Objekts,[2162]
- vom Verbraucher an den Darlehensgeber gem. §§ 357 Abs. 1, 346 Abs. 2, 347 Abs. 1 geleistete Nutzungsvergütung,[2163]

d) Gefahrtragung

284 Bis zum Ablauf der regulären Widerrufsfrist trägt der Verkäufer das Risiko eines ersatzlosen Untergangs der Kaufsache, danach nach h.L. der Darlehensgeber, da er es in der Hand hat, den Verbraucher ordnungsgemäß zu belehren.[2164]

2156 *Bülow* § 495 Rdn. 306; Staudinger/Kessal-*Wulf* § 358 Rdn. 71.

2157 *Bülow* § 495 Rdn. 306.

2158 BGH NJW 1993, 1912; *Bülow* § 495 Rdn. 307 a.E.

2159 Müko-*Habersack* § 9 VerbrKrG Rdn. 72; Müko-*Habersack* § 358 Rdn. 91; *Martis* MDR 1999, 65, 68; für Erstattung der „marktüblichen Zinsen" auch BGH NJW 2002, 422, 423 und OLG Stuttgart OLG-Report 2004, 244, 253; gegen einen gesetzlichen Anspruch auf Verzinsung noch BGH NJW 1993, 1912, 1914.

2160 *Bülow* § 495 Rdn. 306.

2161 *Bülow* § 495 Rdn. 307 a.E.

2162 Müko-*Habersack* § 358 Rdn. 91; Staudinger/Kessal-*Wulf* § 358 Rdn. 69, 71; *Martis* MDR 1999, 65, 68.

2163 Müko-*Habersack* § 358 Rdn. 91; Staudinger/Kessal-*Wulf* § 358 Rdn. 71 a.E.; *Martis* MDR 1999, 65, 68.

2164 *Martis* MDR 1999, 65, 68; *Bülow* § 495 Rdn. 310; Müko-*Habersack* § 9 VerbrKrG Rdn. 72, 73; Staudinger/Kessal-*Wulf* § 358 Rdn. 69, 71 a.E.: das Risiko trägt die Partei, die für eine ordnungsgemäße Widerrufsbelehrung verantwortlich gewesen wäre.

Dies gilt jedoch nicht, wenn zwischen dem Darlehensgeber und dem Verkäufer bzw. anderen Leistungserbringer eine abweichende Vereinbarung getroffen worden ist.[2165] 285

Nach – in einem Einzelfall geäußerter – Ansicht des BGH trägt der Darlehensgeber dadurch, dass er vom Verkäufer nur die Rückzahlung des Nettokreditbetrages und der Zinsen erst ab Verzugsbeginn des Verkäufers verlangt, seinem Anteil an der gemeinsamen Verantwortung für eine objektiv fehlerhafte Widerrufsbelehrung hinreichend Rechnung.[2166] 286

XII. Rückabwicklung bei nichtigen Verträgen

1. Rückabwicklung bei Nichtigkeit des Kauf- und des Darlehensvertrages

Sind sowohl der Darlehensvertrag als auch der verbundene Kauf- oder sonstige Vertrag unwirksam, etwa gem. §§ 134, 138, 142 i.V.m. §§ 119, 123, so sind beide Verträge jeweils über §§ 812, 818 Abs. 2, Abs. 3 rückabzuwickeln. Soweit der Darlehensgeber dem Verbraucher die geleisteten Raten zurückzuerstatten hat, kann er sich wegen der Darlehensauszahlung an den Verkäufer nicht auf den Wegfall der Bereicherung (§ 818 Abs. 3) berufen, da die Auszahlung nicht im Vertrauen auf den Bestand des verbundenen Geschäfts erfolgen konnte.[2167] Ebenso wenig kann sich der Verkäufer bzw. Partner des sonstigen finanzierten Vertrages darauf berufen, er habe im Vertrauen auf den Erwerb der Darlehensvaluta dem Verbraucher die Kaufsache ausgehändigt bzw. die sonstige Leistung erbracht.[2168] 287

Die h.M. befürwortet eine Rückabwicklung auf dem Weg der „Kondiktion der Kondiktion“ d.h. der Verbraucher kann vom Darlehensgeber Rückzahlung der bereits geleisteten Raten Zug um Zug gegen Abtretung seines Bereicherungsanspruchs gegen den Verkäufer hinsichtlich des vom Darlehensgeber finanzierten Nettokreditbetrages verlangen, sodass dem Darlehensgeber das „doppelte Insolvenzrisiko“ aufgebürdet wird.[2169] 288

2165 *Bülow* § 495 Rdn. 10; Müko-*Habersack* § 358 Rdn. 93; Staudinger/Kessal-*Wulf* § 358 Rdn. 69: z.B. Schuldbeitritt oder Garantieerklärung des Unternehmers.

2166 BGH NJW 1993, 1913.

2167 *Martis* MDR 1999, 65, 69; Bamberger/Roth-*Möller/Wendehorst* § 359 Rdn. 32; Müko-*Habersack* § 9 VerbrKrG Rdn. 110, 116 und § 359 Rdn. 58; Staudinger/Kessal-*Wulf* § 359 Rdn. 25.

2168 OLG Celle NJW 1992, 3178, 3179; Bamberger/Roth-*Möller/Wendehorst* § 359 Rdn. 32.

2169 BGH NJW 1980, 1155, 1158: Abwicklung über's Dreieck; *Martis* MDR 1999, 65, 69; *Bülow* § 495 Rdn. 313; Erman-*Saenger* § 359 Rdn. 4; Müko-*Habersack* § 359 Rdn. 56, 57 und § 9 VerbrKrG Rdn. 107, 108, 110; im Ergebnis auch Staudinger/Kessal-*Wulf* § 359 Rdn. 26, 27 a.E. und § 358 Rdn. 71: Rückabwicklung über „Drittleistungskondiktion“ nach §§ 267, 812 Abs. 1 S. 1.

289 Eine an den Verkäufer geleistete Anzahlung kann der Verbraucher nach h.M. dagegen allein von diesem als Leistungsempfänger, nicht jedoch vom Darlehensgeber zurückfordern, wobei es unerheblich ist, ob die finanzierte Sache dem Darlehensgeber zur Sicherheit übereignet worden ist.[2170]

290 Da der Verkäufer bzw. sonstige Partner des finanzierten Vertrages seinerseits gegen den Verbraucher einen Anspruch auf Rückgewähr der Sache hat, kann der Verkäufer diesen Anspruch aus § 812 Abs. 1 S. 1 1. Alt. gem. §§ 404, 273 dem Darlehensgeber entgegensetzen, an den die Bereicherungsansprüche des Verbrauchers im Rahmen der Rückabwicklung abgetreten worden sind.[2171]

291 Der Verbraucher kann seinerseits die Herausgabe der Kaufsache sowie die Abtretung seines Kondiktionsanspruchs aus § 812 Abs. 1 S. 1 1. Alt. gegen den Verkäufer von der Rückzahlung der geleisteten Raten durch den Darlehensgeber abzgl. einer etwaigen Nutzungsentschädigung abhängig machen. Eine Kondiktion hinsichtlich einer an den Verkäufer geleisteten, nicht finanzierten Anzahlung findet im Verhältnis zum Darlehensgeber jedoch auch über die Konstruktion eines „Rückforderungsdurchgriffs" nicht statt.[2172]

292 Möller/Wendehors[2173] befürworten beim „Doppelmangel" eine Ausnahme vom Grundsatz der Rückabwicklung innerhalb der jeweiligen Leistungsbeziehungen und die analoge Anwendung des § 358 Abs. 4 S. 3. Danach tritt der Darlehensgeber gegenüber dem Verkäufer bzw. sonstigen Partner des finanzierten Vertrages in die Rolle des Verbrauchers ein. Der Verbraucher muss sich dann nur mit dem i.d.R. potenteren Darlehensgeber auseinandersetzen. Die finanzierte Leistung muss der Verkäufer nach dieser Auffassung über den Darlehensgeber zurückfordern.

293 Bülow[2174] spricht sich zwar grundsätzlich für eine „Rückabwicklung übers Dreieck" und die „Kondiktion der Kondiktion" aus, ist jedoch der

---

[2170] *Martis* MDR 1999, 65, 69; Erman-*Saenger* § 359 Rdn. 4; Müko-*Habersack* § 359 Rdn. 58 a.E.; *Reinking/Eggert* Rdn. 734, 735; Staudinger/Kessal-*Wulf* § 359 Rdn. 25, 33; W/E/R-*Emmerich* § 9 VerbrKrG Rdn. 163, 164, 170; a.A. *Bülow* § 495 Rdn. 313, 298 und WM 2004, 1257, 1262: Wahlrecht des Verbrauchers wegen der Anzahlung; a.A. auch Bamberger/Roth-*Möller/Wendehorst* § 358 Rdn. 31: § 358 Abs. 4 S. 2 beim Doppelmangel analog anzuwenden.

[2171] *Martis* MDR 1999, 65, 69/70; *Bülow* § 495 Rdn. 315; Staudinger/Kessal-*Wulf* § 9 VerbrKrG Rdn. 92, 95.

[2172] *Martis* MDR 1999, 65, 69/70; Erman-*Saenger* § 359 Rdn. 4; Müko-*Habersack* § 359 Rdn. 58, 75; *Reinking/Eggert* Rdn. 734, 735; Staudinger/Kessal-*Wulf* § 9 VerbrKrG Rdn. 91, 97 und Staudinger/Kessal-*Wulf* § 359 Rdn. 25, 33; W/E/R-*Emmerich* § 9 VerbrKrG Rdn. 164; gegen einen „Rückforderungsdurchgriff" bei wirksamen, widerrufenen Verträgen auch OLG Karlsruhe WM 2003, 336; OLG Stuttgart WM 2001, 1667, 1675; OLG Koblenz OLG-Report 2003, 15 = WM 2002, 2456; OLG Frankfurt WM 2002, 1275; LG Bochum NJW-RR 2002, 349; LG Ulm WM 2000, 825; LG Stuttgart WM 2000, 1492, 1496; LG Bonn NJW 1993, 1269; differenzierend *Bülow* WM 2004, 1257, 1263.

[2173] Bamberger/Roth-*Möller/Wendehorst* § 358 Rdn. 31.

[2174] *Bülow* § 495 Rdn. 313, 298 und in WM 2004, 1257, 1262.

Ansicht, dass der Verbraucher vom Darlehensgeber (Bank) sowohl die Rückzahlung der an diese geleisteten Raten, außerdem wahlweise eine etwa an den Verkäufer geleistete Anzahlung verlangen kann. Ein „Rückforderungsdurchgriff" kommt nach seiner Auffassung für die nach der Widerrufs- oder Rücktrittserklärung erbrachten Tilgungsleistungen, aber auch für diejenigen Zahlungen in Betracht, die nach Entdeckung eines zur Rücktritts- oder Widerrufserklärung führenden Sachmangels noch erbracht wurden, sofern nicht § 814 eingreift.[2175] Hat der Verbraucher gegen den Unternehmer (Verkäufer o. a.) etwa wegen Verletzung von Aufklärungspflichten aus § 311 Abs. 2 Nr. 1 (vormals c. i. c.) einen Anspruch auf Vertragsaufhebung, tritt nach dieser Auffassung auch insoweit Rückwirkung mit der Folge eines Rückforderungsanpruchs aus § 812 Abs. 1 ein.

Hatte der Verbraucher die finanzierte Kaufsache – wie regelmäßig – an den Darlehensgeber zur Sicherheit übereignet (§§ 929, 930), so kann er bei Nichtigkeit des Darlehens- und des Kaufvertrages bzw. sonstigen verbundenen Vertrages deren Rückabwicklung, insbesondere die Rückzahlung bereits erbrachter Raten vom Darlehensgeber verlangen. Die Kaufsache hat er dem Verkäufer zurück zu geben, Zug um Zug gegen Rückzahlung einer etwaigen Anzahlung.[2176] 294

Habersack[2177] befürwortet einen komplexen Abwicklungsmechanismus mit einem Anspruch des Darlehensgebers auf Einräumung von Miteigentum in entsprechender Anwedung der §§ 812 Abs. 1 S. 1 1. Alt., 818 Abs. 1 2. Alt. 295

Kessal-Wulf[2178] stimmt dem zu, gewinnt das Ergebnis (den Anspruch auf Einräumung bzw. Behalt eines Miteigentumsanteils) aber über eine entsprechende Auslegung der Sicherungsabrede. 296

Ein „Durchgriff" des Verkäufers gegen den Darlehensgeber hinsichtlich des Eigentums an der Kaufsache scheidet nach h. M. aber auch hier aus.[2179] 297

Ist es (ausnahmsweise) nicht zu einer Sicherungsübereignung der Kaufsache an den Darlehensgeber gekommen, so steht der Anspruch auf deren Rückübereignung und Rückgabe dem Verkäufer gegenüber dem Verbraucher, nach Rückgabe an den Darlehensgeber diesem gegenüber zu.[2180] 298

2. Rückabwicklung bei Nichtigkeit des Darlehensvertrages

Ist nur der Darlehensvertrag, etwa gem. §§ 134, 138, 142 nichtig, findet der Ausgleich über §§ 812, 818 Abs. 2 und Abs. 3 allein im Verhältnis zwischen Darlehensgeber und Verbraucher statt. Da der Darlehensbetrag i. d. R. 299

2175 *Bülow* WM 2004, 1257, 1262.

2176 W/E/R-*Emmerich* § 9 VerbrKrG Rdn. 168; *Michalski* Jura 1997, 175.

2177 Müko-*Habersack* § 9 VerbrKrG Rdn. 112–116 und § 359 Rdn. 59–64.

2178 Staudinger/Kessal-*Wulf* § 359 Rdn. 30.

2179 W/E/R-*Emmerich* § 9 VerbrKrG Rdn. 168; *Martis* MDR 1999, 65, 69.

2180 W/E/R-*Emmerich* § 9 VerbrKrG Rdn. 166, 167, 171, 187; *Bülow* § 495 Rdn. 315.

direkt an den Verkäufer ausbezahlt worden ist, besteht der vom Verbraucher herauszugebende Bereicherungsgegenstand nicht in der Valuta, sondern allein in der Befreiung von seiner Verbindlichkeit gegenüber dem Verkäufer infolge der Auszahlung oder Weiterleitung der Valuta an diesen, sodass der Verbraucher nach überwiegender Ansicht gem. § 818 Abs. 2 dessen objektiven Wert zu ersetzen hat.[2181] Der objektive Wert ist unter Berücksichtigung der Einwendungen aus dem Kaufvertrag bzw. sonstigen finanzierten Vertrag zu ermitteln.[2182]

300 Dem Verbraucher wird gestattet, Einwendungen aus dem Kaufvertrag bzw. sonstigen finanzierten Vertrag dem Bereicherungsanspruch des Darlehensgebers entgegenzuhalten; andernfalls stünde der Darlehensgeber bei Nichtigkeit des Darlehens besser als bei Wirksamkeit des Vertrages.[2183]

301 Nach Auffassung von Bülow[2184] folgt aus der Verbundenheit der Geschäfte i.S.d. § 358 Abs. 3, dass der Verbraucher die Bereicherungsschuld gegenüber dem Darlehensgeber, der seinerseits an den Verkäufer geleistet hatte, in der Abfolge des – nichtigen – vereinbarten Ratenplans erbringen darf, wahlweise mit entsprechend niedrigeren Raten oder mit gleich hohen, aber entsprechend weniger Raten.

302 Saenger[2185] lässt die Nichtigkeit eines gem. §§ 119, 123 angefochtenen Darlehensvertrages gem. § 139 bzw. § 358 Abs. 2 S. 1 analog auch auf den verbundenen Kauf- oder sonstigen finanzierten Vertrag durchschlagen.

303 Bleibt die Verbindung des Finanzierungsgeschäfts mit dem finanzierten Geschäft (Kaufvertrag, Werkvertrag o.a.) aus, kann sich jede Partei durch Kündigung bzw. Rücktritt aus der bereits eingegangenen rechtsgeschäftlichen Verpflichtung nach den Grundsätzen des Wegfalls der Geschäftsgrundlage (jetzt §§ 313, 314) lösen.[2186]

304 Kessal-Wulf[2187] befürwortet die Anwendung der Regeln des Wegfalls der Geschäftsgrundlage (jetzt § 313 n.F.) bei Nichtigkeit des Darlehensvertrages, soweit sich diese nicht aus §§ 134, 138 ergibt.

[2181] *Martis* MDR 1999, 65, 70; Müko-*Habersack* § 359 Rdn. 65; Staudinger/Kessal-*Wulf* § 9 VerbrKrG Rdn. 97 a.E. und Staudinger/Kessal-*Wulf* § 359 Rdn. 31; W/E/R-*Emmerich* § 9 VerbrKrG Rdn. 175; a.A. Erman-*Saenger* § 358 Rdn. 26: Nichtigkeit des angefochtenen Darlehensvertrages schlägt gem. § 139 bzw. gem. § 358 Abs. 2 S. 1 analog auch auf den verbundenen Kauf- oder sonstigen Vertrag durch.

[2182] BGH NJW 1980, 2301, 2302; Müko-*Habersack* § 359 Rdn. 65 a.E.

[2183] *Martis* MDR 1999, 65, 70; *Bülow* § 495 Rdn. 317; Müko-*Habersack* § 9 VerbrKrG Rdn. 117 a.E.; W/E/R-*Emmerich* § 9 VerbrKrG Rdn. 175.

[2184] *Bülow* § 495 Rdn. 317, 342.

[2185] Erman-*Saenger* § 358 Rdn. 26; a.A. Müko-*Habersack* § 9 VerbrKrG Rdn. 85, 86 und Staudinger/Kessal-*Wulf* § 359 Rdn. 21, 31.

[2186] Staudinger/Kessal-*Wulf* § 9 VerbrKrG Rdn. 86, 94 und Staudinger/Kessal-*Wulf* § 359 Rdn. 20, 21, 22; *Martis* MDR 1999, 65, 70.

[2187] Staudinger/Kessal-*Wulf* § 359 Rdn. 21.

3. Rückabwicklung bei Nichtigkeit des Kaufvertrages

Ist allein der Kaufvertrag oder sonstige finanzierte Vertrag nichtig, ist er im Verhältnis zwischen Verbraucher und Verkäufer rückabzuwickeln. 305

Da bei Vorliegen eines Nichtigkeitsgrundes von Anfang an ein Leistungsverweigerungsrecht des Verbrauchers besteht, das die Geltendmachung des Darlehensrückzahlungsanspruchs des Darlehensgebers gemäß § 359 auf Dauer ausschließt, ist der Verbraucher in diesem Fall berechtigt, jedenfalls die bis zur Kenntnis der Nichtigkeit bzw. Anfechtbarkeit geleisteten Raten über § 813 Abs. 1 (auch) vom Darlehensgeber zurückzufordern, allerdings nur Zug um Zug gegen Abtretung seiner gegen den Verkäufer bestehenden Bereicherungsansprüche aus § 812 Abs. 1 S. 1 1. Alt. hinsichtlich der geleisteten Anzahlung abzgl. einer etwaigen Nutzungsentschädigung.[2188] 306

Mit dem Vollzug der Abwicklung endet auch das Recht des Verbrauchers zum Besitz der Kaufsache. Der Darlehensgeber kann als Sicherungseigentümer folglich die Herausgabe der Sache vom Verbraucher oder vom Verkäufer verlangen. Der Verkäufer kann gegenüber dem an den Darlehensgeber abgetretenen Rückzahlungsanspruch des Verbrauchers nach § 404 einwenden, er sei zur Rückzahlung des Kaufpreises nur Zug um Zug gegen Rückgabe der Sache verpflichtet.[2189] 307

Nach Auffassung von Bülow[2190] wird sich bei der Anwendung des Rechtsgedankens aus § 139 meistens ergeben, dass auch der Darlehensvertrag unwirksam ist. 308

Für die Fälle des finanzierten Beitritts zu einem Immobilienfonds (BGB-Gesellschaft) befürwortet der BGH[2191] bei Unwirksamkeit des Gesellschaftsbeitritts die analoge Anwendung des § 9 Abs. 2 S 4 VerbrKrG bzw. des § 358 Abs. 4 S. 3 zugunsten des Verbrauchers und billigt diesem einen Anspruch 309

[2188] OLG Dresden WM 2001, 136, 139 = OLG-Report 2000, 211, 212: Anwendung des § 813 Abs. 1 S. 1 jedenfalls im Falle der anfänglichen Nichtigkeit; *Bülow* WM 2004, 1257, 1262; *Bülow* § 495 Rdn. 316, 341; Erman-*Saenger* § 359 Rdn. 5; Müko-*Habersack* § 359 Rdn. 66f.; Staudinger/Kessal-*Wulf* § 359 Rdn. 33: § 813 Abs. 1 bei anfänglicher Nichtigkeit; W/E/R-*Emmerich* § 9 VerbrKrG Rdn. 169; *Martis* MDR 1999, 65, 70; a.A. noch Müko-*Habersack* § 9 VerbrKrG Rdn. 85: vor erklärter Anfechtung des finanzierten Vertrages geleistete Darlehensraten können nicht vom Darlehensgeber zurückgefordert werden.

[2189] Müko-*Habersack* § 359 Rdn. 67; Staudinger/Kessal-*Wulf* § 359 Rdn. 33: Zug um Zug gegen Abtretung der gegen den Unternehmer bestehenden Kondiktionsansprüche.

[2190] *Bülow* § 495 Rdn. 316; auch Erman-*Saenger* § 358 Rdn. 26 im umgekehrten Fall der Nichtigkeit des Kaufvertrages; bei Fehleridentität auch Staudinger/Kessal-*Wulf* § 359 Rdn. 23 m.w.N.

[2191] BGH, II. ZS., WM 2004, 1529, 1535 = NJW 2004, 2736, 2741; WM 2004, 1536, 1542; WM 2004, 1521, 1524; WM 2005, 843, 845f.; zust. *Nittel* NJW 2004, 2712, 2713; u.E. zu Recht ablehnend *Mülbert/Hoger* WM 2004, 2282, 2292; *Wallner* BKR 2004, 367, 370; *Wolf/Großerichter* WM 2004, 1993, 1997ff.; Staudinger/Kessal-*Wulf* § 359 Rdn. 8, 15, 29, 33; s.o. H. Rdn. 180ff.

gegen die finanzierende Bank auf Zahlung dessen, was die Prospektverantwortlichen und Gründungsgesellschafter ihm als Schadensersatz schulden.

XIII. Der Einwendungsdurchgriff (§ 359)

310 Nach der herrschenden Trennungstheorie sind der Darlehensvertrag und der finanzierte Kauf- oder sonstige Vertrag trotz der wirtschaftlichen Verflechtung rechtlich als zwei voneinander getrennte Verträge anzusehen.[2192]

311 Wie die Vorgängerregelung des § 9 Abs. 3 VerbrKrG ermöglicht es § 359 dem Verbraucher, aus dem finanzierten Kauf- oder sonstigen Vertrag herrührende Einwendungen, etwa die Einrede des nicht erfüllten Vertrages (§§ 273, 320), die Einrede der erklärten Aufrechnung (§§ 387, 389), die Einrede der Verjährung (§§ 195, 199, 438 Abs. 1 Nr. 2, Nr. 3, 634a Abs. 1 Nr. 1, Nr. 2), die Einrede, der Käufer könne wegen bestehender Mängel der Sache vom Vertrag zurücktreten, den Kaufpreis mindern oder Schadensersatz verlangen (§§ 437 Nr. 2, Nr. 3) auch dem Darlehensgeber entgegenzuhalten.[2193] Der Einwendungsdurchgriff beinhaltet jedoch nur das Recht zur Verweigerung künftiger Leistungen.[2194]

312 Der Einwendungsdurchgriff ist nur eröffnet, wenn der die Rückzahlung des Darlehens verweigernde Verbraucher, Darlehensgeber und Verkäufer bzw. sonstige Partner des finanzierten Geschäfts Unternehmer sind, das Darlehen ganz oder teilweise der Finanzierung des Kaufvertrages bzw. anderen finanzierten Vertrages dient, der Verbraucherdarlehensvertrag und der finanzierte Vertrag eine wirtschaftliche Einheit bilden (s. o. H. Rdn. 123 ff.), die Ausnahmeregelungen nach §§ 491 Abs. 2, 491 Abs. 3 Nr. 2, 359 S. 2 (Bagatellegrenze) nicht eingreifen, Einwendungen des Verbrauchers gegenüber dem Verkäufer aus dem verbundenen Kauf- oder sonstigen finanzierten Vertrag bestehen und bei Vorliegen von Sachmängeln ein Nacherfüllungsanspruch gem. § 439 wegen Unmöglichkeit, Unverhältnismäßigkeit, Unzumutbarkeit oder zu Unrecht erklärte Verweigerung des Verkäufers bzw. Werkunternehmers ausscheidet.

Voraussetzungen und Rechtsfolgen des Einwendungsdurchgriffs nach § 359 im Einzelnen:

[2192] BGH MDR 1988, 1036; Staudinger/Kessal-*Wulf* § 9 VerbrKrG Rdn. 7.

[2193] *Martis* MDR 1999, 65, 68; Bamberger/Roth-*Möller/Wendehorst* § 359 Rdn. 4; Müko-*Habersack* § 359 Rdn. 8, 36 ff.; Staudinger/Kessal-*Wulf* § 359 Rdn. 7 ff.

[2194] Bamberger/Roth-*Möller/Wendehorst* § 359 Rdn. 8, 9; Müko-*Habersack* § 359 Rdn. 75, 77; Staudinger/Kessal-*Wulf* § 359 Rdn. 25, 33.

1. Anwendbarkeit des § 359

a) Anwendbarkeit in persönlicher Hinsicht

Der die Rückzahlung des Darlehens Verweigernde muss Verbraucher (§ 13), der Darlehensgeber und der Partner des verbundenen Vertrages (Verkäufer, Werkunternehmer o.a.) muss Unternehmer (§ 14) sein (vgl. hierzu oben Rdn. 1ff., 33ff.). Unter den Voraussetzungen des § 507 (s.o. B. Rdn. 73ff.) wird auch der Existenzgründer geschützt.[2195] **313**

b) Sachliche Anwendbarkeit

aa) Vorliegen eines verbundenen Geschäfts

Weitere Voraussetzung des Einwendungsdurchgriffs ist das Vorliegen eines – mit dem finanzierten Vertrag gem. § 358 Abs. 3 verbundenen – Verbraucherdarlehensvertrages i.S.d. § 491 Abs. 1 (vgl. hierzu oben H. Rdn. 79ff.). **314**

bb) Insbesondere: Finanzierungsleasingverträge

Auf Finanzierungsleasingverträge ist § 359 nach h.M. nicht – auch nicht analog – anwendbar (zu den Ausnahmen vgl. oben H. Rdn. 51ff.). Der Verbraucher/Leasingnehmer ist regelmäßig durch die Möglichkeit, sich nach Vollzug der Wandelung nach altem Recht bzw. nach erklärtem Rücktritt (§§ 437 Nr. 2, 440, 423, 326 Abs. 5 bzw. §§ 634 Nr. 3, 636, 323, 326 Abs. 5 n.F.) vom Kaufvertrag aus abgetretenem Recht des Leasinggebers auf den Wegfall der Geschäftsgrundlage (jetzt § 313) des Leasingvertrags zu berufen, ausreichend geschützt. **315**

Die Fassung des § 500 ist nach h.M. auf ein Redaktionsversehen zurückzuführen, das darauf zurückzuführen ist, dass die Vorschrift – anders als die Vorgängerregelung des § 3 Abs. 2 Nr. 1 VerbrKrG – die anwendbaren Vorschriften positiv bestimmt und nicht die unanwendbaren ausnimmt, so dass § 500 entsprechend zu korrigieren bzw. einschränkend auszulegen ist.[2196] **316**

Dies gilt nach überwiegender Ansicht auch nach der Modernisierung des Schuldrechts für die Fälle des Rücktritts.[2197] **317**

[2195] Müko-*Habersack* § 359 Rdn. 19.

[2196] Zum neuen Recht *Habersack* BKR 2001 72, 76; *Bülow* § 500 Rdn. 11; H/M/R/S/W-*Schäfer* Kap. 7 Rdn. 52; Müko-*Habersack* § 359 Rdn. 9, 10, 12; zum alten Recht *Lieb* WM 1991, 1536, 1539/1542; *Reinicke/Tiedtke* ZIP 1992, 228; *Slama* WM 1991, 569, 572; Müko-*Habersack* § 9 VerbrKrG Rdn. 147; *Reinicke/Tiedtke*, Kaufrecht, 6. Aufl., Rdn. 1455; grundsätzlich auch Staudinger/Kessal-*Wulf* § 358 Rdn. 43, 45; a.A. für analoge Anwendung: *Canaris* ZIP 1993, 409; *Michalski* Jura 1997, 177/178; *Peters* WM 1992, 1797, 1805; *Reinking/Eggert* Rdn. 800, 830; *Zahn* DB 1991, 81, 84; Erman-*Saenger* § 358 Rdn. 4, 12; W/E/R-*Emmerich* § 9 VerbrKrG Rdn. 215, 217.

[2197] *Gebler/Müller* ZBB 2002, 107, 113; *Graf von Westphalen* DB 2001, 1291, 1293; *Bülow* § 500 Rdn. 11; Müko-*Habersack* § 359 Rdn. 10–12; Staudinger/Kessal-*Wulf* § 358 Rdn. 43, 45.

318 Nach dieser, wohl herrschenden Auffassung fehlt es nach wie vor an einer Regelungslücke für eine analoge Anwendung des § 359. Der vom Leasingnehmer aus abgetretenem Recht bzw. aufgrund der Ermächtigung des Leasinggebers bewirkte Rücktritt vom Kaufvertrag führt nach wie vor zum Wegfall der Geschäftsgrundlage (§ 313) des Leasingvertrages mit Wirkung ex-tunc. Der Leasingnehmer wird danach nicht nur von seiner Zahlungspflicht frei, sondern kann darüber hinaus auch die Rückzahlung der bereits geleisteten Leasingraten verlangen. Bereits mit der Erhebung einer Klage auf Rückzahlung des Kaufpreises an den Leasinggeber dürfe er die Zahlung der weiteren Leasingraten einstellen.[2198]

319 Möller/Wendehorst[2199] weisen allerdings darauf hin, dass auf Finanzierungsleasingverträge nach neuem Recht § 313 Abs. 3 S. 2 anzuwenden ist. Dort ist anstelle des Rücktrittsrechts ein Kündigungsrecht vorgesehen, das den Leasingvertrag nur für die Zukunft (ex-nunc) beseitigt. Die Anwendung bereicherungsrechtlicher Grundsätze nach dem durch den Rücktritt bzw. die Kündigung herbeigeführten Wegfall der Geschäftsgrundlage für den Leasingvertrag sei problematisch. Richtigerweise stünde dem Leasinggeber bei Anwendung der §§ 437, 634, 313 n. F. lediglich ein Recht zur außerordentlichen Kündigung des Leasingvertrages analog § 543 zu, die den Vertrag mit Wirkung ex-nunc beendet und insbesondere den Amortisationsanspruch des Leasinggebers bestehen lässt. Ein Schutzbedürfnis, das die analoge Anwendung des § 359 auch auf Finanzierungsleasingverträge rechtfertigen würde, wäre danach hinsichtlich der vor der Kündigungserklärung bezahlten Leasingraten sowie der Anzahlung nicht entfallen.

320 Kessal-Wulf[2200] stimmt der h.M. grundsätzlich zu, plädiert aber wegen einer bestehenden „Schutzlücke“ für den Zeitraum zwischen dem Fehlschlagen der Nacherfüllung und der Erhebung der Rücktrittsklage des Verbrauchers/Leasingnehmers aus abgetretenem Recht des Leasingnehmers für eine entsprechende Anwendung des § 359. Dem Leasingnehmer wird so die Möglichkeit eingeräumt, die weitere Zahlung der Leasingraten unter Hinweis auf die Mangelhaftigkeit der Leasingsache einzustellen, ohne zuvor Klage auf Rücktritt einreichen zu müssen. U.E. erscheint diese – differenzierende – Ansicht der h.M. vorzugswürdig.

321 Saenger[2201] hält die Vorschriften der §§ 358, 359 auf Finanzierungsleasingverträge grundsätzlich für anwendbar, um der Gefahr zu begegnen, dass der Verbraucher/Leasingnehmer sein Zurückbehaltungsrecht wegen Mängeln der Leasingsache gegenüber dem Leasingnehmer verliert.

2198 So Müko-*Habersack* § 359 Rdn. 12 zum neuen Recht.
2199 Bamberger/Roth-*Möller/Wendehorst* § 500 Rdn. 40.
2200 Staudinger/Kessal-*Wulf*, 2004, § 358 Rdn. 45 a.E.
2201 Erman-*Saenger* § 358 Rdn. 4, 12.

322 Reinking/Eggert[2202] lehnen die h.M., wonach eine korrigierende Auslegung des § 500 vorzunehmen sei, ab. Nach deren Ansicht ist ein Verbund zwischen Leasing und Kaufvertrag i.S.d. §§ 500, 358 Abs. 3 anzunehmen, wenn der Leasingvertrag ganz der teilweise der Finanzierung des Kaufvertrages dient und beide Verträge eine wirtschaftliche Einheit bilden. Diese Voraussetzungen sind i.d.R. erfüllt, wenn der Verbraucher gleichzeitig eine Fahrzeugbestellung unterschreibt und von vornherein geplant ist, dass der Leasinggeber den Vertrag übernimmt.[2203]

323 Entgegen dem Wortlaut der §§ 499, 500, 501 findet § 359 auch auf den Zahlungsaufschub, sonstige Finanzierungshilfen wie den Mietkauf und die Teilzahlungsgeschäfte keine – auch keine entsprechende – Anwendung.[2204]

cc) Ratenlieferungsverträge, Zahlungsaufschub

324 Allerdings kann die Finanzierung eines Ratenlieferungsvertrages (§ 505) durch einen Verbraucherdarlehensvertrag ohne weiteres den §§ 358, 359 unterfallen.[2205]

2. Kein Eingreifen von Ausnahmen und Ausschlüssen

325 Vom Anwendungsbereich des § 359 ausgenommen sind die in § 491 Abs. 2 Nr. 1 bis 3 sowie die in § 491 Abs. 3 Nr. 2 genannten Verträge.[2206]

326 Der Einwendungsdurchgriff steht dem Verbraucher auch nicht zur Verfügung, wenn das auf das konkrete, finanzierte Einzelgeschäft bezogene Entgelt 200,00 € nicht überschreitet (§ 359 S. 2 1. Alt.).

327 Die Vorschrift ist im Hinblick auf § 491 Abs. 1 Nr. 1 nicht überflüssig. Während § 491 Abs. 1 Nr. 1 auf das nach dem Inhalt des Darlehensvertrages auszuzahlende Darlehen abstellt, ist der Bezugspunkt für das Eingreifen der Bagatellgrenze des § 359 S. 2 allein der finanzierte Vertrag. Übersteigt also der Nettodarlehensbetrag die Bagatellgrenze des § 491 Abs. 1 Nr. 1, dient aber lediglich ein unterhalb der Grenze liegender Anteil des Darlehens der Finanzierung des vom Verbraucher geschuldeten Entgelts, greift ausschließlich die Ausnahmevorschrift des § 359 S. 2 ein.[2207]

3. Keine nachträgliche Vertragsänderung (§ 359 S. 2 2. Alt.)

328 § 359 ist auf Einwendungen des Verbrauchers, die auf einer zwischen diesem und dem Unternehmer nach Abschluss des Verbraucherdarlehensvertrages vereinbarten Vertragsänderung beruhen, nicht anzuwenden.

[2202] *Reinking/Eggert* Rdn. 800.
[2203] *Reinking* DAR 2002, 145, 147; *Reinking/Eggert* Rdn. 800.
[2204] Müko-*Habersack* § 359 Rdn. 9.
[2205] Müko-*Habersack* § 359 Rdn. 9; s.o. 2. Teil, B. Rdn. 275.
[2206] Müko-*Habersack* § 359 Rdn. 13, 14; s.o. 2. Teil, D. Rdn. 2ff.
[2207] *Bülow* § 359 Rdn. 349; Müko-*Habersack* § 359 Rdn. 45.

329 Bei einem Ratenkredit zur Finanzierung eines Kaufvertrages kann der Darlehensnehmer dem Darlehensgeber insbesondere keine Einwendungen entgegensetzen, die nicht entscheidend aus dem Kauf, sondern aus anderen neben dem Kauf herlaufenden, mit dem Verkäufer getroffenen Abreden erwachsen, auch wenn diese mit dem Kauf wirtschaftlich und rechtlich verknüpft sind.[2208]

330 Vereinbaren Verkäufer und Verbraucher etwa nachträglich eine Kaufpreisreduzierung, muss der Verbraucher dennoch die vollen Raten an den Darlehensgeber bezahlen und vom Verkäufer Rückzahlung der Kaufpreisdifferenz verlangen.[2209]

331 Hiervon nicht betroffen sind jedoch Einwendungen und Einreden wie z.B. aus §§ 280, 281, 323, 437 Nr. 2, 634 Nr. 2, die ihre Grundlage im ursprünglichen Kaufvertrag haben und nachträglich vom Verkäufer anerkannt worden sind, soweit nicht z.B. §§ 442 (Mangelkenntnis des Käufers), 444 (zulässig vereinbarter Haftungsausschluss), 438 Abs. 1 (Verjährung der Mängelansprüche) o.a. entgegenstehen.[2210]

332 Sind Darlehensgeber und Verkäufer bzw. sonstige Partner des finanzierten Vertrages identisch, fehlt es an der von § 359 S. 2 vorausgesetzten Schutzwürdigkeit des Darlehensgebers. Gegenüber diesem findet § 359 S. 2 2. Alt. keine Anwendung; jedenfalls ist dann im Zweifel davon auszugehen, dass nach dem Willen der Parteien eine nachträgliche Änderung des finanzierten Vertrages auch auf den Verbraucherdarlehensvertrag durchschlagen soll.[2211]

4. Vorliegen eines finanzierten Vertrages

333 Die Einwendung bzw. Einrede des Verbrauchers muss auf einem Kauf- oder sonstigen drittfinanzierten Vertrag zwischen dem Verbraucher und dem Verkäufer, Werkunternehmer u.a. beruhen. In Frage kommen insbesondere folgende Verträge:

334 *a) Kaufverträge, Werkverträge, Geschäftsbesorgungsverträge.*[2212]

b) Ehe- und Partnerschaftsvermittlungsverträge

335 Bei finanzierten Ehe- und Partnerschaftsvermittlungsverträgen kann ein Einwendungsdurchgriff nicht auf die Nicht- oder Schlechterfüllung des Vermittlungsvertrages gestützt werden.[2213]

2208 OLG Koblenz NJW-RR 2003, 1634 = MDR 2003, 1282 = VuR 2003, 347.

2209 *Bülow* § 495 Rdn. 350.

2210 Müko-*Habersack* § 359 Rdn. 47; W/E/R-*Emmerich* § 9 VerbrKrG Rdn. 144, 151.

2211 Müko-*Habersack* § 359 Rdn. 36, 46; im Ergebnis auch *Bülow* § 495 Rdn. 351.

2212 Vgl. Müko-Habersack § 359 Rdn. 16; s.o. H. Rdn. 81 ff.

2213 Müko-*Habersack* § 359 Rdn. 16; Palandt-*Sprau* § 656 Rdn. 5.

Der Verbraucher kann jedoch die Rückzahlung des Darlehens im Hinblick auf die Klagbarkeitssperre des § 656 Abs. 1 S. 1 verweigern.[2214] Diese Einrede schließt das Bestehen einer Regelungslücke aus, weshalb eine analoge Anwendung des § 656 Abs. 1 S. 2, wonach das aufgrund des Versprechens Geleistete nicht deshalb zurückgefordert werden kann, weil eine Verbindlichkeit nicht bestanden hat, nach h. M. nicht in Betracht kommt.[2215] 336

c) *Finanzierter Anteilserwerb und finanzierter Beitritt zu einer Personen- oder Kapitalgesellschaft*

aa) *Rechtsprechung des BGH (II. Zivilsenat)*

§ 359 findet – wie die Vorgängerregelung des § 9 Abs. 3 VerbrKrG – auf den kreditfinanzierten Erwerb einer Beteiligung an einer Anlagegesellschaft entsprechende Anwendung. Unter teilweiser Aufgabe seiner früheren Rspr.[2216] hält der BGH (II. ZS.) § 359 sowie den Rückforderungsdurchgriff des § 358 Abs. 4 S. 3 in Fällen finanzierter Beteiligungen an einer Fondsgesellschaft für entsprechend anwendbar.[2217] 337

Wenn der Vertrag über den Erwerb einer Gesellschaftsbeteiligung mit dem zur Finanzierung der Einlage geschlossenen Kreditvertrag ein verbundenes Geschäft i. S. d. § 358 Abs. 3 bildet, kann der unter Verletzung einer Aufklärungspflicht oder durch Täuschung zum Gesellschaftsbeitritt veranlasste Anleger sein Recht, jederzeit fristlos unter Forderung des ihm nach den Regeln des fehlerhaften Gesellschaftsbeitritts zustehenden Abfindungsguthabens aus der Anlagegesellschaft auszuscheiden, auch dem Rückzahlungsanspruch des Darlehensgebers entgegenhalten.[2218] 338

[2214] Müko-*Habersack* § 359 Rdn. 16; Palandt-*Sprau* § 656 Rdn. 4, 10; Staudinger/Kessal-*Wulf*, 2004, § 358 Rdn. 37 m. w. N.

[2215] Müko-*Habersack* § 359 Rdn. 16; a. A. Palandt-*Sprau* § 656 Rdn. 4, 10 und *Compensis/Reiserer* BB 1991, 2457, 2464.

[2216] Vgl. BGH NJW 2000, 3558; NJW-RR 2000, 1576; NJW 2001, 2718.

[2217] BGH WM 2005, 843, 845; WM 2005, 547, 548; WM 2004, 1529, 1535 = NJW 2004, 2736, 2740 f.; WM 2004, 1536, 1541; WM 2004, 1518, 1520; WM 2004, 1521, 1524 = NJW 2004, 2731, 2734; NJW 2003, 2821 = WM 2003, 1762; zustimmend OLG Stutgart OLG-Report 2004, 244, 250 f.; *Hahn/Brockmann* VuR 2004, 173, 175; *Lauer* BKR 2004, 92, 101; *Nittel* NJW 2004, 2712, 2713; *Schäfer* BKR 2005, 98, 102; grds. a. A. *Mülbert/Hoger* WM 2004, 2281, 2292 f.; *Wallner* BKR 2004, 367, 370; *Wolf/Großerichter* WM 2004, 1993, 1997 ff.; Staudinger/Kessal-*Wulf*, 2004, § 359 Rdn. 8, 15, 29, 33; s. o. Rdn. 180 ff., 203 ff.

[2218] BGH WM 2005, 843, 845; WM 2005, 547, 548; WM 2004, 1529, 1534 = NJW 2004, 2736, 2740 f.; WM 2004, 1536, 1541 = NJW 2004, 2742 LS; WM 2004, 1525, 1526 = NJW 2004, 2742, 2743; WM 2004, 1518, 1520; WM 2004, 1521, 1524 = NJW 2004, 2731, 2734; NJW 2003, 2821 = WM 2003, 1762; OLG Stuttgart OLG-Report 2004, 244, 250 ff.; *Hahn/Brockmann* VuR 2004, 173, 175; *Lauer* BKR 2004, 92, 101; *Nittel* NJW 2004, 2712, 2713; *Schäfer* BKR 2005, 98, 102 f.; a. A. OLG Karlsruhe OLG-Report 2002, 295, 297; OLG Dresden WM 2002, 1881, 1883; OLG München WM 2003, 191; WM 2003, 338; LG Stuttgart WM 2001, 140; s. o. H. Rdn. 182 ff., 203 ff.

339 Das Kündigungsrecht des getäuschten Anlegers kann bei Bestehen eines Lösungsrechts, etwa wegen Verschuldens bei Vertragsabschluss (jetzt § 311 Abs. 2, Abs. 3) unmittelbar der Fondsgesellschaft gegenüber ausgeübt werden,[2219] nach jetziger Auffassung des BGH aber auch dadurch, dass der getäuschte Anleger (lediglich) dem Finanzierungsinstitut mitteilt, er sei durch Täuschung zum Erwerb der Beteilung veranlasst worden und dem Kreditinstitut (Darlehensgeber) die Übernahme seines Gesellschaftsanteils anbietet.[2220]

340 Auch die Regelung des § 358 Abs. 4 S. 3 (vormals § 9 Abs. 2 S. 4 VerbrKrG), wonach der Darlehensgeber im Rahmen der Rückabwicklung im Verhältnis zum Verbraucher hinsichtlich der Rechtsfolgen des Widerrufs in die Rechte und Pflichten des Unternehmers aus dem verbundenen Vertrag, hier der Fondsgesellschaft aus dem Gesellschaftsbeitritt, eintritt, wenn das Darlehen dem Unternehmer bei Wirksamwerden des Widerrufs bereits zugeflossen ist, ist nach der neueren Rspr. des BGH[2221] in den Fällen des § 359 (vormals § 9 Abs. 3 VerbrKrG) entsprechend anzuwenden.

341 Nach jetziger Auffassung des II. Zivilsenats des BGH[2222] kann der Anleger der finanzierenden Bank auch alle Ansprüche entgegensetzen, die er gegen die Gründungsgesellschafter, Initiatoren eines Fonds, dessen Betreiber, Manager Prospektverantwortliche und sonst für den Anlageprospekt Verantwortliche hat.

[2219] Nach früherer Rspr. des BGH NJW 2000, 3558 = WM 2000, 1685 und BGH NJW-RR 2000, 1576 = WM 2000, 1687: ausschließlich gegenüber der Fondsgesellschaft; dem zustimmend Staudinger/Kessal-*Wulf*, 2004, § 358 Rdn. 46.

[2220] BGH, II. ZS., WM 2004, 1529, 1534 = NJW 2004, 2737, 2740; WM 2004, 1536, 1542; WM 2004, 1525, 1526f.; WM 2004, 1521, 1525 = NJW 2004, 2731, 2734; NJW 2003, 2821, 2823 unter Aufgabe von BGH NJW 2000, 3558 und NJW-RR 2000, 1576; der neueren Rspr. des BGH zustimmend OLG Stuttgart OLG-Report 2004, 244, 251; WM 2005, 972, 978 ff.; *Lauer* BKR 2004, 92, 101; *Nittel* NJW 2004, 2712ff.; zu den Folgerungen auch *Bülow* WM 2004, 1257, 1258ff.; a. A. Staudinger/Kessal-*Wulf* § 358 Rdn. 46 und § 359 Rdn. 8, 15, 29, 33.

[2221] BGH, II. ZS., WM 2005, 843, 845; WM 2004, 1529, 1534 = NJW 2004, 2736, 2741; WM 2004, 1536, 1542; WM 2004, 1518, 1520; WM 2004, 1521, 1524 = NJW 2004, 2731, 2734; NJW 2003, 2821 unter Aufgabe von BGH NJW 2001, 2718; zustimmend *Hahn/Brockmann* VuR 2004, 173, 178; *Lauer* BKR 2004, 92, 101; *Nittel* NJW 2004, 2712, 2713; für Anwendung des § 813 Abs. 1 i.V.m. § 359 *Lenenbach* WM 2004, 501, 511; ablehnend *Mülbert/Hoger* WM 2004, 2281, 2292f.; *Wallner* BKR 2004, 367, 370; *Wolf/Großerichter* WM 2004, 1993, 1997ff.; s.o. H. Rdn. 180ff., 203ff.

[2222] BGH, II. Senat, BKR 2005, 73, 74; WM 2005, 547, 548; WM 2004, 1529, 1535 = NJW 2004, 2736, 2740; WM 2004, 1536, 1542; zust. *Nittel* NJW 2004, 2712, 2713; u.E. zu Recht ablehnend *Jork/Engel* BKR 2005, 3, 10f.; *Mülbert/Hoger* WM 2004, 2281, 2292f.; *Wallner* BKR 2004, 367, 370; *Wolf/Großerichter* WM 2004, 1993, 1997ff.; zu Teilaspekten aus den Urteilen des II. ZS. auch BGH, XI. ZS., WM 2005, 127, 130ff.; s.o. H. Rdn. 180ff., 203ff.

bb) Bisherige Rspr. der Instanzgerichte

In der Instanzrechtsprechung ist bzw. war die Frage, ob § 9 Abs. 3 VerbrKrG – bzw. jetzt § 359 – auf den finanzierten Erwerb einer Beteiligung an einer Anlagegesellschaft entsprechende Anwendung findet, umstritten. **342**

Das OLG Stuttgart[2223] hat sich nunmehr ausdrücklich der – geänderten – Rspr. des BGH[2224] angeschlossen. **343**

Für die Anwendung des § 9 Abs. 3 VerbrKrG (bzw. des § 359) auf den finanzierten Fondserwerb hatte sich schon zuvor unter anderem der 9. Zivilsenat des OLG Karlsruhe,[2225] das OLG München,[2226] das OLG Frankfurt,[2227] das LG Stuttgart[2228] und das LG Meiningen[2229] ausgesprochen. **344**

Die Oberlandesgerichte Dresden,[2230] Stuttgart[2231] und Koblenz[2232] hatten die Frage im Ergebnis bislang offen gelassen. **345**

Nach Auffassung des OLG München[2233] fällt der finanzierte Erwerb von Gesellschaftsbeteiligungen zwar unter § 358 Abs. 3 (vormals § 9 Abs. 1 und Abs. 4 VerbrKrG). Einem Einwendungsdurchgriff (§ 9 Abs. 3 VerbrKrG bzw. § 359) stünden jedoch die Grundsätze über die „fehlerhafte Gesellschaft" entgegen[2234] **346**

Hatte der Anleger Beiträge zu einer GbR bzw. einem Immobilienfonds geleistet oder gesellschaftsvertragliche Rechte ausgeübt, so konnte er nach dieser, der nunmehr überholten Rspr. des BGH folgenden Ansicht einen auf Rückgewähr der Einlage gerichteten Schadensersatzanspruch aus c.i.c. (jetzt § 311 Abs. 2, Abs. 3) gegen die Gesellschaft erst und nur dann durchsetzen, wenn er von seiner Befugnis zur außerordentlichen Kündigung des Beitrittsvertrages gegenüber der Gesellschaft Gebrauch gemacht hatte.[2235] **347**

2223 OLG Stuttgart OLG-Report 2004, 244, 250ff.; WM 2005, 972, 976ff.

2224 Vgl. Fn. 2206 und oben H. Rdn. 193ff.

2225 OLG Karlsruhe NJW-RR 1999, 124 = WM 1999, 127.

2226 OLG München WM 2003, 191: grundsätzlich anwendbar, jedoch stehen die Grundsätze über die fehlerhafte Gesellschaft entgegen; OLG München ZIP 2000, 2295 und ZIP 2003, 338.

2227 OLG Frankfurt WM 2002, 1275, 1378: „Einwendungsdurchgriff" bejaht.

2228 LG Stuttgart WM 2001, 140, 143.

2229 LG Meiningen VuR 2001, 55.

2230 OLG Dresden WM 2002, 1881, 1883; nunmehr dem BGH zustimmend: OLG Dresden BKR 2005, 190, 194.

2231 WM 2001, 1667, 1672/1673: wirksame Kündigung gegenüber der Fondsgesellschaft erforderlich; nunmehr dem BGH zustimmend WM 2005, 972, 976ff.

2232 OLG Koblenz WM 2002, 2456, 2458.

2233 OLG München, 30. Senat, WM 2003, 191.

2234 Ebenso insoweit noch BGH NJW 2000, 3558 = WM 2000, 1685; NJW-RR 2000, 1576 = WM 2000, 1687; OLG Stuttgart, OLG-Report 2003, 69, 73; WM 2001, 1667, 1672; OLG Dresden WM 2002, 1881, 1883; WM 2002, 2334, 2336; OLG Karlsruhe OLG-Report 2002, 295, 298; LG Stuttgart WM 2001, 140, 144; Müko-*Habersack* § 359 Rdn. 17.

2235 So OLG Dresden WM 2002, 1881, 1883; auch OLG Stuttgart WM 2001, 1667 im Anschluss an BGH NJW 2000, 3558 und NJW-RR 2000, 1576, Staudinger/*Kessal-Wulf* § 358 Rdn. 46.

348 Solange die Kündigung nicht erklärt wurde, konnte der Darlehensnehmer, der den Erwerb seines Geschäftsanteils mittels eines verbundenen Darlehensvertrages finanziert hatte, nach dieser bislang geltenden Rspr. gem. §§ 358 Abs. 3, Abs. 4, 359 (vormals § 9 Abs. 3, Abs. 4 VerbrKrG) die Rückzahlung des Darlehens unter Berufung auf den fehlerhaften Beitritt nicht verweigern. Auch im Urteil vom 21. 7. 2003[2236] hatte der II. Zivilsenat noch die Auffassung vertreten, „dass dem Anleger aufgrund einer Täuschung durch die Initiatoren bzw. die von ihnen eingesetzte Vertriebsorganisation kein Anspruch auf Schadensersatz aus Verhandlungsverschulden gegen die Fondsgesellschaft zusteht, den er über § 9 Abs. 3 VerbrKrG dem Anspruch des finanzierenden Kreditinstituts entgegenhalten könnte. In diesem Urteil hatte der II. ZS. den Einwendungsdurchgriff – in zutreffende Weise[2237] – noch auf die Geltendmachung der dem Anleger nach der Kündigung des Gesellschaftsvertrages zustehenden Abfindungsansprüche beschränkt.

349 Die Zulassung des Einwendungsdurchgriffs begründete auch nach bislang ganz herrschender Auffassung die Gefahr, dass das verbleibende Gesellschaftsvermögen in ungerechtfertigter Weise auf diejenigen der getäuschten Anleger verteilt würde, die die Gesellschaft als erste in Anspruch nehmen.[2238]

350 Die Täuschung eines Gesellschafters durch den Initiator im Zusammenhang mit dem Gesellschaftsbeitritt ist bei Publikumsgesellschaften den anderen Gesellschaftern nach bislang fast einhelliger Rspr. selbst dann nicht zurechenbar, wenn der täuschende Mitgesellschafter zur Vertretung der Gesellschaft berechtigt war.[2239]

351 Mängel des Beitritts zu einer Fondsgesellschaft führten im Übrigen auch nach der bislang überwiegenden Ansicht der Instanzgerichte zur Anwendung der Grundsätze von der „fehlerhaften Gesellschaft“, d.h. der Mangel

---

[2236] BGH, II. ZS., WM 2003, 1762 = NJW 2003, 2821, 2823; dem zustimmend *Wolf/Großerichter* WM 2004, 1993, 1998 und *Mülbert/Hoger* WM 2004, 2281, 2292; a. A. ohne Auseinandersetzung mit der früher abweichenden Ansicht nunmehr BGH, II. ZS., WM 2004, 1521, 1534f. = NJW 2004, 2731, 2734f.; WM 2004, 1536, 1542; WM 2004, 1529, 1534f. = NJW 2004, 2736, 2741; vgl. hierzu bereits oben H. Rdn. 182ff.

[2237] Vgl. *Wolf/Großerichter* WM 2004, 1993, 1998.

[2238] So bisher OLG Dresden WM 2002, 1881, 1883; ebenso OLG Karlsruhe OLG-Report 2002, 295, 297f.; OLG Celle ZIP 1999, 1128; OLG Koblenz WM 2002, 2456, 2459; OLG München NJW-RR 2000, 624; ZIP 2000, 2295; OLG Stuttgart OLG-Report 2003, 69, 73; ebenso OLG Stuttgart OLG-Report 2004, 244, 251 im Anschluss an BGH NJW 2003, 2821, 2822; teilw. abweichend jetzt OLG Stuttgart WM 2005, 972, 980f.; s. o. Rdn. 193ff.

[2239] OLG Dresden WM 2002, 1881, 1883/1884; OLG Celle ZIP 1999, 1128; OLG Karlsruhe OLG – Report 2002, 295, 297f.; OLG Koblenz WM 2002, 2456, 2459; OLG München NJW-RR 2000, 624 = ZIP 2000, 2295; OLG Stuttgart OLG-Report 2003, 69, 73/74; ZIP 2001, 692, 697; bestätigt von OLG Stuttgart OLG-Report 2004, 244, 246 im Anschluss an BGH NJW 2003, 2821, 2822/2824; zustimmend Müko-*Habersack* § 359 Rdn. 17.

des Beitrittsvertrages einer von den Gesellschaftern einverständlich in Vollzug gesetzten Gesellschaft berechtigt den betroffenen Gesellschafter nur zur Lösung mit ex-nunc-Wirkung. Im Rahmen der Rückabwicklung kann er nach bislang überwiegender Ansicht die eingelegten Beträge nicht zurückfordern. Vielmehr steht ihm nur ein Abfindungsanspruch nach Maßgabe des § 738 zu.[2240]

Auch der II. ZS des BGH[2241] hat mittlerweile aber klar gestellt, dass er an den Grundsätzen über die „fehlerhafte Gesellschaft" festhält, die Anleger also auch nach der Anfechtung, Kündigung oder dem Widerruf ihrer auf Abgabe der Beteiligungserklärung gerichteten Willenserklärung ihre Einlagen nicht zurückverlangen können, sondern „nur" einen Anspruch auf Auszahlung des Auseinandersetzungsguthabens zum Stichtag des Wirksamwerdens ihres Widerrufs bzw. der Kündigung haben können. 352

Der ausgeschiedene Gesellschafter kann nach bislang h.M. nur ausnahmsweise Rückzahlung ohne vorherige Auseinandersetzung verlangen, wenn vor Beendigung der Auseinandersetzung mit Sicherheit feststeht, dass er jedenfalls einen bestimmten Betrag verlangen kann.[2242] 353

Ist die Fondsgesellschaft offensichtlich erfolgreich und liquide, besteht die Gefahr einer Schädigung der Gesellschaftsgläubiger oder einer Ungleichbehandlung der Mitgesellschafter nicht, weil das dem Widerrufenden bzw. Kündigenden zustehende Auseinandersetzungsguthaben jedenfalls nicht geringer ist als der von ihm im Rechtsstreit verfolgte Anspruch. In diesem Fall kann der Rückgewähranspruch des Widerrufenden nach §§ 357 Abs. 1, 346 ausnahmsweise sämtliche Beitragsraten und die sonstigen, von ihm entrichteten Beträge in voller Höhe umfassen.[2243] 354

[2240] So OLG Karlsruhe OLG-Report 2002, 295, 298; OLG Dresden WM 2002, 2334, 2336: der Gedanke des Verbraucherschutzes schließt die Anwendung dieser Grundsätze nicht aus; OLG München WM 2003, 191; LG Stuttgart WM 2001, 140, 143; ebenso schon bislang BGH NJW 2001, 2718, 2720 und BGH, II. ZS., NJW 2003, 2821, 2822 sowie OLG Stuttgart OLG-Report 2004, 244, 251; a.A. noch OLG Stuttgart OLG-Report 1999, 340 und OLG Rostock WM 2001, 1413: Vorrang des Verbraucherschutzes; nunmehr offen gelassen von OLG Stuttgart WM 2005, 972, 980.

[2241] BGH, II. ZS., BGH, II. ZS., WM 2005, 547, 549 und WM 2004, 2191, 2194 = NJW-RR 2005, 180, 82: Widerruf nach §§ 1, 2 HausTWG; NJW-RR 2005, 627, 628.

[2242] OLG Dresden WM 2002, 2334, 2337 – im konkreten Fall verneint; BGH WM 2001, 1464: im dortigen Fall bejaht; BGH NJW-RR 2005, 180, 182: im konkreten Fall aufgrund eines Fehlers des Prozessbevollmächtigten der beklagten Bank bejaht; auch OLG München WM 2003, 191; LG Stuttgart WM 2001, 140, 143: „Durchsetzungssperre", bis der Anteil des Anlegers mit der GbR insgesamt auseinandergesetzt und festgestellt ist, ob der Anleger nachschusspflichtig ist oder ob ihm ein Guthaben zusteht; abw. *Hahn/Brockmann* VuR 2004, 173, 177: Gesellschafter ist berechtigt, noch nicht erbrachte Einlage zu verweigern und dies der Bank entgegen zu halten.

[2243] So bislang der BGH, NJW 2001, 2718, 2720; WM 2001, 1464; bestätigt von BGH, II. ZS., WM 2004, 2491, 2494 = NJW-RR 2005, 180, 182.

d) Finanzierter Immobilienerwerb

355 Beim finanzierten Immobilienerwerb ist für den Einwendungsdurchgriff bei Schuldverhältnissen, die nach dem 1. 11. 2002 entstanden sind (vgl. Art. 229 § 9 Abs. 1 Nr. 1, Nr. 2 EGBGB) nur unter den besonderen Voraussetzungen des § 358 Abs. 3 S. 3 n.F. Raum.[2244]

356 Die Anwendung des § 359 ist danach ausgeschlossen, wenn es an den Voraussetzungen einer „wirtschaftlichen Einheit“ i.S.d. § 358 Abs. 2 und selbst bei deren Vorliegen an den besonderen Voraussetzungen für den finanzierten Erwerb eines Grundstücks oder gründstücksgleichen Rechts nach § 358 Abs. 3 S. 3 n.F. fehlt.[2245]

357 Allerdings kann auch ein finanziertes Immobiliengeschäft mit dem der Finanzierung dienenden Verbraucherkreditvertrag nach jetziger Auffassung des BGH (XI. Zivilsenat) dann ein verbundenes Geschäft i.S.d. § 9 VerbrKrG (jetzt § 358 Abs. 1, Abs. 2) bilden, sofern der Darlehensvertrag die Voraussetzungen des § 1 Abs. 1, Abs. 2 VerbrKrG bzw. § 491 Abs. 1 erfüllt und die Ausnahmeregelung des § 3 Abs. 2 Nr. 2 VerbrKrG (bis zum 1. 8. bzw. 1. 11. 2002 § 491 Abs. 3 Nr. 1) nicht eingreift.[2246]

358 Hahn/Brockmann[2247] sehen hierin eine Aufgabe der ständigen Rspr. des BGH und der Oberlandesgerichte, wonach der Realkreditvertrag und das finanzierte Grundstücksgeschäft grundsätzlich nicht als zu einer Einheit verbundene Geschäfte i.S.d. §§ 9 VerbrKrG, 358 anzusehen sind.[2248] Die Neuregelung des § 358 Abs. 3 S. 3 n.F. bleibe in bedenklicher Weise hinter dem vom XI. Senat nunmehr angenomenen Anlegerschutz zurück.

359 Abzuwarten bleibt, ob die Argumentation des II. Senates zur Rückabwicklung einer finanzierten Fondsbeteiligung[2249] in konsequenter Anwendung nicht zur Eröffnung des Einwendungsdurchgriffs bei im Treuhandmodell abgewickelten Steuersparimmobilien führt.[2250]

360 Im Hinblick auf die divergierenden Entscheidungen des II. Zivilsenats einerseits und des XI. Zivilsenats[2251] andererseits ist in absehbarer Zeit mit einer Entscheidung des Großen Senates für Zivilsachen, ggf. auch des EuGH zu rechnen.

[2244] Vgl. hierzu *Bungeroth* WM 2004, 1505, 1509f. zu § 9 Abs. 3 VerbrKrG; *Lauer* BKR 2004, 92, 95ff. zu § 358 Abs. 3 S. 3 n.F.; s.o. H. Rdn. 143ff.

[2245] *Lauer* BKR 2004, 92, 97f.; Müko-*Habersack* § 359 Rdn. 18.

[2246] BGH NJW 2003, 3703 = WM 2003, 2232 = MDR 2004, 105 zum alten Recht vor Einführung des § 358 Abs. 3 S. 3 n.F.

[2247] *Hahn/Brockmann* VuR 2004, 173, 178.

[2248] BGH VersR 2004, 795; ZIP 2003, 160; NJW 2002, 1881, 1884; OLG Hamm WM 2003, 1809; OLG Karlsruhe NJW-RR 2003, 185.

[2249] BGH WM 2004, 1529, 1533f. = NJW 2004, 2736, 2740f.; WM 2004, 1536, 1540f.; s.o. H. Rdn. 180ff.

[2250] Vgl. *Nittel* NJW 2004, 2712, 2714.

[2251] In dessen Sinne auch *Schmidt-Räntsch*, Mitglied des V. ZS., MDR 2005, 6, 12.

5. Vorliegen eines „verbundenen Geschäfts“

Das Verbraucherdarlehen muss der Finanzierung des verbundenen Kauf- oder sonstigen Vertrages dienen, d.h. die Finanzierung muss wirtschaftlicher Grund für den Abschluss des Verbraucherdarlehensvertrages sein.[2252] Zwischen beiden Verträgen muss eine „wirtschaftliche Einheit“ i.S.d. § 358 Abs. 3 bestehen (siehe dazu oben H. Rdn. 81ff.). **361**

6. Einwendungen des Verbrauchers

Wichtigste Voraussetzung neben der bestehenden „wirtschaftlichen Einheit“ ist das Bestehen von Einwendungen des Verbrauchers gegenüber dem Verkäufer, Werkunternehmer o.a. aus dem verbundenen Kauf- oder sonstigen Vertrag. **362**

Infrage kommen sämtliche rechtshindernden, rechtsvernichtenden oder rechtshemmenden Einwendungen.[2253] **363**

Eine bloße Gestaltungslage, etwa die Anfechtbarkeit, Aufrechenbarkeit u.a. begründet im Verhältnis zum Unternehmer des finanzierten Vertrages (Verkäufer o.a.) grundsätzlich noch keine Einrede gegen den Darlehensgeber i.S.d. § 359.[2254] Nach h.M. kann der Verbraucher jedoch dem Darlehensgeber wegen der gegenüber dem Unternehmer bestehenden Gegenforderung des Zurückbehaltungsrecht aus § 273 entgegensetzen.[2255] **364**

Im Einzelnen kommen etwa folgende Einwendungen und Einreden in Betracht:

a) Nichtige Verträge

Kommt einer der beiden Verträge, etwa wegen eines versteckten Dissenses (vgl. § 155) nicht oder wegen Sittenwidrigkeit, Verstoß gegen ein gesetzliches Verbot bzw. nach Anfechtung (§§ 138, 134, 142 Abs. 1 i.V.m. §§ 119, 123) nicht wirksam zustande, sind drei (vier) Fallgruppen zu unterscheiden: **365**

aa) Fallgruppe 1: gewollter Verbund

Haben die Parteien von Anfang an einen Verbund gewollt, so hat das Nichtzustandekommen eines der beiden Verträge auch die Unwirksamkeit des anderen Vertrages zur Folge.[2256] **366**

[2252] Bamberger/Roth-*Möller/Wendehorst* § 358 Rdn. 20; *Bülow* § 495 Rdn. 257.

[2253] *Martis* MDR 1999, 65, 69; Bamberger/Roth-*Möller/Wendehorst* § 359 Rdn. 4; *Bülow* § 495 Rdn. 328, 331, 334, 335; Erman-*Saenger* § 359 Rdn. 4ff.; Müko-*Habersack* § 359 Rdn. 24, 30ff., 37ff.; *Reinking/Eggert* Rdn. 718–733; Staudinger/Kessal-*Wulf* § 359 Rdn. 8–12.

[2254] *Bülow* WM 2004, 1257; *Bülow* § 495 Rdn. 336; Staudinger/Kessal-*Wulf* § 359 Rdn. 9.

[2255] Müko-*Ulmer* § 359 Rdn. 41; Staudinger/Kessal-*Wulf* § 359 Rdn. 9, s.u. Rdn. 404.

[2256] Müko-*Habersack* § 359 Rdn. 30; auch Erman-*Saenger* § 358 Rdn. 26 für den Fall der Anfechtung des Darlehensvertrages.

367 *Habersack*[2257] leitet dieses Ergebnis aus einer dem mutmaßlichen Willen der Parteien entsprechenden rechtsgeschäftlichen Verknüpfung der beiden Verträge mittels einer auflösenden Bedingung her.

368 *Saenger*[2258] läst die Nichtigkeitsfolge auch den verbundenen Kauf- oder sonstigen finanzierten Vertrag ergreifen, wenn der Darlehensvertrag vom Verbraucher gem. §§ 119, 123 wirksam angefochten worden ist. Unternehmer und Darlehensgeber sind im Hinblick auf den o.g. Schutzzweck der §§ 358, 359 dabei nicht als „Dritte" i.S.d. § 123 Abs. 2 anzusehen.[2259] Wurde nur der finanzierte und nicht auch der Darlehensvertrag angefochten, kann der Verbraucher dies gegenüber dem Darlehensgeber dennoch gem. §§ 359 S. 1, 320 bzw. 273 einwenden.[2260]

369 Liegt keine „Fehleridentität" und keine Nichtigkeit des Darlehensvertrages nach §§ 134, 138 vor zieht *Kessal-Wulf*[2261] die Grundsätze des Wegfalls der Geschäftsgrundlage (jetzt § 313 mit dem Erfordernis der Rücktritts- bzw. Kündigungserklärung gem. § 313 Abs. 3) und einer Abwicklung über §§ 812, 818 heran. Ist der Darlehensvertrag – etwa wegen einer Überschreitung des Marktzinses um 100% bzw. mindestens 90–93% – gem. § 138 oder gem. § 138 nichtig, bestimmen sich die Rückabwicklungsansprüche zwischen Verbrauchers und Darlehensnehmer nach §§ 812 Abs. 1 S. 1 1. Alt., 817 S. 1, 817 S. 2.[2262] § 359 wirkt auch gegenüber den bereicherungsrechtlichen Ansprüchen des Darlehensgebers, einer Berufung auf § 313 (Wegfall der Geschäftsgrundlage) bedarf es auch nach Auffassung von Kessal-Wulf dann nicht.[2263]

370 *Reinking/Eggert*[2264] befürworten auch in dieser Fallgruppe zutreffend (s.o. Rdn. 288ff.) eine bereicherungsrechtliche Abwicklung gem. § 812 Abs. 1 S. 1 1. Alt. „übers Dreieck".

bb) Fallgruppe 2: Nichtigkeit des Darlehensvertrages

371 Bei Nichtigkeit des Darlehensvertrages bleibt nach der herrschenden „Trennungstheorie" der Kauf- oder sonstige verbundene Vertrag wirksam.

372 Die Rückabwicklung erfolgt auch in diesem Fall „übers Dreieck" gem. § 812 Abs. 1 S. 1 1. Alt.[2265]

2257 Müko-*Habersack* § 359 Rdn. 31.

2258 Erman-*Saenger* § 358 Rdn. 26; auch Staudinger/Kessal-*Wulf* § 359 Rdn. 23 bei „Fehleridentität".

2259 Staudinger/Kessal-*Wulf* § 359 Rdn. 23: aber zwei Anfechtungserklärungen erforderlich; W/E/R-*Emmerich* § 9 VerbrKrG Rdn. 158.

2260 Staudinger/Kessal-*Wulf* § 359 Rdn. 23 a.E., 9 a.E.

2261 Staudinger/Kessal-*Wulf* § 9 VerbrKrG Rdn. 86 und Staudinger/Kessal-*Wulf* § 359 Rdn. 20, 21.

2262 Vgl. BGH NJW 1989, 3217f.; NJW 1983, 1420; NJW 1983, 2692.

2263 Staudinger/Kessal-*Wulf* § 359 Rdn. 21.

2264 *Reinking/Eggert* Rdn. 720 unter Hinweis auf BGH NJW 1980, 1155, 1158; auch *Martis* MDR 1999, 65, 69.

2265 *Martis* MDR 1999, 65, 70; *Bülow* § 495 Rdn. 342; *Reinking/Eggert* Rdn. 721;

Durch die Auszahlung der Darlehensvaluta aus dem unwirksamen Darlehensvertrag erlangt der Käufer/Verbraucher rechtsgrundlos die Befreiung von der Kaufpreisverbindlichkeit. Folglich hat der Verbraucher gem. § 818 Abs. 2 den objektiven Wert dieser Befreiung zu ersetzen,[2266] zzgl. 50% der Kosten für eine etwaige Restschuldversicherung,[2267] jedoch ohne vertragliche Kapitalnutzungskosten.[2268] 373

Diesen Betrag muss der Verbraucher in der Abfolge des Tilgungsplans innerhalb der im Darlehensvertrag vereinbarten Laufzeit zurückzahlen.[2269] Soweit sich die Nichtigkeit des Darlehensvertrages nicht aus §§ 134, 138 ergibt, befürwortet Habersack[2270] eine Rückabwicklung nach den Grundsätzen des Wegfalls der Geschäftsgrundlage, wobei eine Rücktrittserklärung des Verbrauchers gem. § 313 Abs. 3 S. 1 erforderlich wird. Die Rechtsfolgen richten sich auch in diesem Fall nach § 818 Abs. 2.[2271] 374

Auch gegenüber dem Bereicherungsanspruch der Bank kann der Verbraucher Einwendungen aus dem – als wirksam unterstellten – Kauf- oder sonstigen verbundenen Vertrag geltend machen, da er durch die Nichtigkeit des Darlehensvertrages nicht schlechter stehen darf als bei dessen Wirksamkeit.[2272] 375

cc) Fallgruppe 3: Nichtigkeit des Kaufvertrages oder sonstigen finanzierten Vetrages

Bei Nichtigkeit des Kaufvertrages bzw. sonstigen finanzierten Vertrages spricht sich die h. L.[2273] für die Anwendung der Regeln des Wegfalls der Geschäftsgrundlage aus. Dies führe nur zu einem Ruhen des noch nicht erfüllten Darlehensvertrages und damit zu einem Leistungsverweigerungsrecht des Darlehensgebers.[2274] 376

---

abweichend Staudinger/Kessal-*Wulf* § 359 Rdn. 21 und Staudinger/Kessal-*Wulf* § 358 Rdn. 71: Wegfall der Geschäftsgrundlage bzw. „Durchgriffskondiktion" als Nichtleistungskondiktion; s. o. Rdn. 288 ff.

2266 *Martis* MDR 1999, 65, 70; auch Müko-*Habersack* § 359 Rdn. 31 bei Nichtigkeit des Kreditvertrages nach §§ 134, 138; *Reinking/Eggert* Rdn. 721.

2267 BGH NJW 1987, 2076.

2268 *Bülow* § 495 Rdn. 317, 342.

2269 BGH NJW 1989, 3217; *Bülow* § 495 Rdn. 317, 342; *Reinking/Eggert* Rdn. 721; auch Müko-*Habersack* § 359 Rdn. 31 bei Nichtigkeit des Kreditvertrages nach §§ 134, 138.

2270 Müko-*Habersack* § 359 Rdn. 31; ebenso Staudinger/Kessal-*Wulf* § 359 Rdn. 21.

2271 Staudinger/Kessal-*Wulf* § 359 Rdn. 21, 31 a. E., und § 358 Rdn. 71.

2272 BGH NJW 1980, 2301; *Bülow* § 495 Rdn. 342.

2273 Müko-*Habersack* § 359 Rdn. 32; auch Erman-*Saenger* § 359 Rdn. 4: WGG für die Abwicklung des Darlehensvertrages; Staudinger/Kessal-*Wulf* § 9 VerbrKrG Rdn. 86, 88; Staudinger/Kessal-*Wulf* § 359 Rdn. 22.

2274 Müko-*Habersack* § 359 Rdn. 32; Staudinger/Kessal-*Wulf* § 359 Rdn. 22: Primär Vertragsanpassung; für Anwendung des § 813 Abs. 1: *Reinking/Eggert* Rdn. 722 a. E.; zur Rückabwicklung eines finanzierten, unwirksamen Beitritts zu einer BGB-Gesellschaft bzw. einem Immobilienfonds vgl. BGH NJW 2004, 2736 = WM 2004, 1529 und

377 Da bei Vorliegen eines Nichtigkeitsgrundes von Anfang an ein Leistungsverweigerungsrecht des Verbrauchers besteht, das die Geltendmachung des Darlehensrückzahlungsanspruchs des Darlehensgebers auf Dauer ausschließt, ist der Verbraucher in diesem Fall nach h.L. berechtigt, die bis zur Kenntnis der Nichtigkeit bzw. Anfechtbarkeit geleisteten Raten über § 813 Abs. 1 auch vom Darlehensgeber zurückzufordern, allerdings nur Zug um Zug gegen Abtretung seiner gegen den Verkäufer bestehenden Bereicherungsansprüche aus § 812 Abs. 1 S. 1 1. Alt. hinsichtlich der geleisteten Anzahlung abzgl. einer etwaigen Nutzungsentschädigung.[2275]

378 Im Fall einer Heilung des gem. § 502 Abs. 3 S. 1 nichtigen Kauf- oder sonstigen verbundenen Vertrages durch Übergabe bzw. Leistungserbringung gem. § 502 Abs. 3 S. 2 kann der Verbraucher dem Darlehensgeber den danach reduzierten Leistungsumfang entgegensetzen.[2276]

b) Mängelansprüche (Nacherfüllung, Minderung und Rücktritt vom Kauf- oder Werkvertrag)

aa) Vorliegen eines Sach- oder Werkmangels

379 Liegt ein Sachmangel der Kaufsache (§ 434) oder ein Werkmangel der finanzierten Werkleistung (§ 633) vor, kann der Käufer/Verbraucher vom Verkäufer bzw. Werkunternehmer beim Vorliegen der Voraussetzungen der §§ 434, 437 Nr. 2, 440, 323 bzw. §§ 633, 634 Nr. 3, 636, 323 vom Vertrag zurücktreten oder gem. §§ 434, 437 Nr. 2, 441 den Kaufpreis bzw. gem. §§ 633, 634 Nr. 3, 638 die Vergütung mindern.

380 § 437 erfasst sowohl den Sachmangel gem. § 434 Abs. 1 S. 1 einschließlich des Montagefehlers (§ 434 Abs. 2 S. 1), der mangelhaften Montageanleitung (§ 434 Abs. 2 S. 2), der Falschlieferung (§ 434 Abs. 3 1. Alt.), der Zuweniglieferung (§ 434 Abs. 3 2. Alt.) als auch den Rechtsmangel (§ 435), den

---

Nittel NJW 2004, 2712 ff. sowie *Jork/Engel* BKR 2005, 3, 8 f.; und *Wolf/Großerichter* WM 2004, 1993 ff.; s.o. Rdn. 180 ff., 203 ff.

[2275] OLG Dresden WM 2001, 136, 139: § 813 Abs. 1 S. 1 im Fall der anfänglichen Nichtigkeit des Kaufvertrages anzuwenden; *Bülow* WM 2004, 1257, 1262 f.; *Martis* MDR 1999, 65, 70; *Bülow* § 495 Rdn. 316, 337, 341: Eingreifen des § 813 Abs. 1 S. 1, ggf. jedoch Anwendung des § 139; Erman-*Saenger* § 359 Rdn. 4, 5: § 813 Abs. 1 S. 1 bei anfänglicher Nichtigkeit, aber auch nach Anfechtung hinsichtlich der vor der Anfechtung geleisteten Darlehensraten; *Reinking/Eggert* Rdn. 722: § 813 Abs. 1; im Erg. auch Staudinger/Kessal-*Wulf* § 359 Rdn. 33, 34 und § 358 Rdn. 71: „Drittleistungskondiktion" aus § 812 Abs. 1 S. 1 2. Alt. bzw. § 813 Abs. 1, aber kein Rückforderungsdurchgriff; a.A. Müko-*Habersack* § 359 Rdn. 34 und § 9 VerbrKrG Rdn. 85: § 813 Abs. 1 S. 1 bei Nichtigkeit gem. § 142 i.V.m. §§ 119, 123 unanwendbar.

[2276] *Bülow* § 495 Rdn. 342 a.E.; abweichend Müko-*Habersack* § 359 Rdn. 31: Die Heilung lässt das Rücktrittsrecht des Verbrauchers hinsichtlich des finanzierten Vertrages entfallen.

Rechtskauf (§ 453) und den Vertrag über die Lieferung herzustellender oder noch zu erzeugender beweglicher Sachen (§ 651).

Sach- und Rechtsmängel werden auch in § 633 Abs. 1 gleichgestellt. **381**

bb) Kein Ausschluss der Mängelgewährleistungsrechte

Der Anspruch des Käufers darf nicht wegen Kenntnis oder fahrlässiger **382**
Unkenntnis des Mangels der Kaufsache (§ 442 Abs. 1), derjenige des Bestellers (Verbrauchers) nicht wegen Kenntnis des Mangels bei der Abnahme (§ 640 Abs. 2) oder durch einen vereinbarten Haftungsausschluss in Individualvereinbarungen oder AGB – soweit letztere nicht gem. §§ 475, 309 Nr. 8b, 307 unwirksam sein sollten[2277] – ausgeschlossen sein.

Eine Verjährung der Mängelansprüche nach §§ 438, 375, 634a lässt das **383**
auf § 359 S. 1 gestützte Leistungsverweigerungsrecht dagegen nicht entfallen. Denn gem. §§ 438 Abs. 4 S. 2, 438 Abs. 5, 634a Abs. 4 S. 2, 634a Abs. 5 kann der Verbraucher auch nach Eintritt der Verjährung seines Nacherfüllungsanspruchs die Leistung ganz oder teilweise verweigern, soweit er aufgrund des Rücktritts hierzu berechtigt sein würde. Dieses Leistungsverweigerungsrecht steht dem Verbraucher ungeachtet des § 359 S. 3 (Nacherfüllungsverlangen) auch gegenüber dem Darlehensgeber zu.[2278]

Letzterer kann dann in entsprechender Anwendung der §§ 438 Abs. 4, **384**
438 Abs. 5, 634a Abs. 4, 634 Abs. 5 die Rückabwicklung einleiten.[2279]

cc) Fehlschlagen der Nacherfüllung im Kauf- und Werkvertragsrecht

Nach § 359 S. 3 kann der Verbraucher die Rückzahlung des Darlehens im **385**
Fall des Rücktritts wie auch der Minderung erst verweigern, wenn er Nacherfüllung verlangen kann und diese fehlgeschlagen ist.

Dabei ist unerheblich, ob sich der Verkäufer oder Werkunternehmer das **386**
Recht zur Nacherfüllung individualvertraglich oder durch AGB vorbehalten hat oder ob dem Verbraucher das Recht zur Nacherfüllung gem. § 439 bzw. §§ 634 Nr. 1, 635 zusteht.[2280]

2277 Vgl. zum unwirksamen Gewährleistungsausschluss im Kaufrecht durch AGB zuletzt BGH NJW 2005, 1039 und OLG Stuttgart OLG-Report 2004, 291: Agenturgeschäft beim Gebrauchtwagenkauf; OLG Oldenburg ZGS 2004, 75: „Bastlerfahrzeug"; BGH NJW 2004, 2299 und OLG Stuttgart ZGS 2005, 36, ZGS 2005, 156 sowie OLG Bremen ZGS 2004, 394: Ausschluss der Vermutungswirkung des § 476; OLG Koblenz NJW 2004, 1670: Beschaffenheitsgarantie beim Gebrauchtwagenkauf; *Deckenbrock/Dötsch* ZGS 2004, 62: Geltungserhaltende Reduktion im Rahmen des § 475 Abs. 3; *Schulte-Nölke* ZGS 2004, 184 zu den Anforderungen an haftungseinschränkende Beschaffenheitsvereinbarungen beim Verbrauchsgüterkauf; *Tiedtke/Burgmann* NJW 2005, 1153ff.; *Graf von Westphalen* NJW 2004, 1993, 1998; NJW 2003, 1981, 1984f.; NJW 2003, 1635, 1640f. jeweils zu den AGB im Kaufrecht.

2278 Müko-*Habersack* § 359 Rdn. 39; W/E/R-*Emmerich* § 9 VerbrKrG Rdn. 144.

2279 Müko-*Habersack* § 359 Rdn. 39, 71, 73.

2280 Müko-*Habersack* § 359 Rdn. 48; auch *Bülow* § 495 Rdn. 354.

387 Gem. § 439 Abs. 1 kann ein Käufer als Nacherfüllung nach seiner Wahl die Beseitigung des Mangels oder die Lieferung einer mangelfreien Sache verlangen. Ein Nachlieferungsanspruch steht dem Käufer nach h.M. auch im Falle der Stückschuld zu.[2281]

388 Gem. § 635 Abs. 1 steht das Wahlrecht, den Mangel zu beseitigen oder ein neues Werk herzustellen, beim Werkvertrag dem Unternehmer zu.

389 Mängelrechte aus dem Kauf- oder Werkvertrag kann der Verbraucher dem Darlehensgeber nur dann entgegenhalten, wenn die Nacherfüllung fehlgeschlagen ist. In Anknüpfung an die zu § 11 Nr. 10b AGBG (jetzt § 309 Nr. 8b. bb) entwickelte Rechtsprechung ist ein Fehlschlagen anzunehmen bei objektiver Unmöglichkeit der Nachbesserung, ernsthafter und endgültiger Verweigerung durch den Verkäufer bzw. Werkunternehmer, unzumutbarer Verzögerung sowie bei Erfolglosigkeit von regelmäßig zwei Nachbesserungsversuchen.[2282]

390 Gem. § 440 S. 2 gilt die Nachbesserung nach dem erfolglosen zweiten Versuch als fehlgeschlagen, soweit sich nicht aus den Umständen etwas anderes ergibt.

391 Mehr als zwei Versuche sind dem Verkäufer nach der Stellungnahme des Bundesrats auch zuzubilligen, wenn der Käufer zu erkennen gegeben hat, er sei mit weiteren Nachbesserungsversuchen einverstanden.[2283]

392 Bei technisch aufwendigen Geräten und Werkleistungen mit funktionellen Mängeln, deren Ursache schwer oder nur mit großem Aufwand zu finden sind, sind nach h.M. zu § 11 Nr. 10 b AGBG im Einzelfall auch drei und mehr Nachbesserungsversuche hinzunehmen.[2284]

[2281] OLG Braunschweig NJW 2003, 1053, 1054 = JZ 2003, 863, 864; LG Ellwangen NJW 2003, 517; *Ball* NZV 2004, 217, 220; *Bitter/Meidt* ZIP 2001, 2114, 2119; *Boerner* ZIP 2001, 2264, 2269; *Canaris* JZ 2003, 831, 833ff.; H/M/R/S/W Kap. 5 Rdn. 84; *Kamanabrou* ZGS 2004, 57, 59f.; *Oechsler* NJW 2004, 1825, 1828f.; *Schubel* JuS 2002, 313, 316; a.A. *Ackermann* JZ 2002, 378, 379, diesem zustimmend *Fest* ZGS 2005, 18, 19; *Huber* NJW 2002, 1004, 1006; *Lorenz* JZ 2001, 742, 743f.; *Reinking* ZfS 2003, 57, 58; *Wieser* NJW 2001, 121, 123.

[2282] Zum alten Recht: BGH NJW 1994, 1004, 1005; OLG Koblenz NJW 1993, 71; OLG Hamm NZV 1995, 69; zum neuen Recht OLG Naumburg NJW 2004, 2022: keine Nacherfüllungsfrist, wenn der Verkäufer bereits zuvor seine fehlende Erfüllungsbereitschaft zum Ausdruck gebracht hat; OLG Karlsruhe VersR 2005, 372: zwei Nachbesserungsversuche; Bamberger/Roth-*Möller/Wendehorst* § 359 Rdn. 5; Bamberger/Roth-*Becker* § 309 Nr. 8 Rdn. 31; *Bülow* § 495 Rdn. 355; Erman-*Saenger* § 359 Rdn. 16 mit Hinweis auf die einschlägigen §§ 281 Abs. 1 und 2, 323 Abs. 1, Abs. 2 Nr. 1–3, 326 Abs. 5, 440 S. 1; Müko-*Habersack* § 359 Rdn. 51, 52; Staudinger/Kessal-*Wulf* § 359 Rdn. 4: auch bei Unzumutbarkeit aus sonstigen Gründen; ablehnend jedoch Bamberger/Roth-*Faust* § 440 Rdn. 30, 31, 35: kein Fehlschlagen bei Unmöglichkeit, unberechtigter Verweigerung, ungebührlicher Verzögerung der Nacherfüllung im neuen Recht; einschränkend *Ball* NZV 2004, 217, 225: ggf. mehr als nur zwei Ersatzlieferungsversuche zumutbar.

[2283] Bamberger/Roth-*Faust* Rdn. 32 unter Hinweis auf BT-Drucks. 14/6857, S. 27; auch *Ball* NZV 2004, 217, 225.

[2284] Zum alten Recht: OLG Jena MDR 1998, 143; OLG Karlsruhe DAR 1977, 323;

Andererseits kann ein „Fehlschlagen" der Nachbesserung auch nur nach einem einzigen Versuch angenommen werden, etwa wenn es sich um technisch einfache Geräte wie Mixer, Staubsauger, Bohrmaschinen handelt[2285] oder wenn der Besteller auf die Kaufsache für seine Arbeit dringend angewiesen ist und der erste, erfolglose Nachbesserungsversuch bereits sechs Wochen in Anspruch genommen hat.[2286] **393**

Ein zweiter Nachbesserungsversuch ist dem Käufer auch dann nicht zuzumuten, wenn der Verkäufer die erste Nachbesserung nur vorgetäuscht oder erheblich mangelhaft ausgeführt hat,[2287] dem Käufer durch den Mangel bzw. die erste Nachbesserung weitere Schäden entstanden sind[2288] oder nach dem ersten Nachbesserungsversuch weitere, nicht unerhebliche Fehler auftreten,[2289] schließlich wenn das Scheitern der ersten Nachbesserung auf einem sonstigen, grob fahrlässigen Verhalten des Verkäufers beruht.[2290] **394**

In besonderen Ausnahmefällen sind Nachbesserungsarbeiten dem Käufer insbesondere bei einer Häufung von Mängeln, überhaupt nicht zuzumuten.[2291] Im Werkvertragsrecht ist das „Fehlschlagen" der Nacherfüllung bei mangelhafter Werkleistung in § 636 nicht definiert. Nach Auffassung von Habersack[2292] kommt es dort „ganz auf die Umstände des Einzelfalls an". U. E. sind die o. g., von der Rspr. zum „Fehlschlagen der Nachbesserung" im Rahmen des § 11 Nr. 10b ABGB bzw. des § 634 Abs. 1 a.F. entwickelten Kriterien entsprechend anzuwenden. **395**

Macht der Verbraucher (Käufer oder Besteller) nach § 437 Nr. 3, 440, 280, 281 bzw. §§ 434 Nr. 4, 636, 280, 281 den „kleinen Schadensersatzanspruch" geltend, d.h. will er die mit dem Mangel behaftete Sache behalten und nur die Wertdifferenz zu einem entsprechenden fehlerlosen Stück liquidieren, ist § 359 S. 3 entsprechend anzuwenden.[2293] **396**

OLG Köln DAR 1995, 287; LG Offenburg NJW-RR 1997, 1422; Wolf/Horn/Lindacher-*Wolf,* 4. Aufl., § 11 Nr. 10b AGBG Rdn. 22; zum neuen Recht OLG Karlsruhe VersR 2005 372: Zwei Nachbesserungsversuche bei Wassereintritt (Pkw).

2285 Wolf/Horn/Lindacher-*Wolf,* 4. Aufl., § 11 Nr. 10b AGBG Rdn. 21.

2286 AG Mannheim NJW-RR 1997, 560.

2287 OLG Düsseldorf MDR 1994, 32; OLG Köln VersR 1995, 420; OLG Karlsruhe VersR 2005, 372; Wolf/Horn/Lindacher-*Wolf,* 4. Aufl., § 11 Nr. 10b AGBG Rdn. 29.

2288 Wolf/Horn/Lindacher-*Wolf,* 4. Aufl., § 11 Nr. 10b AGBG Rdn. 26.

2289 OLG Koblenz ZfS 1994, 209.

2290 BGH NJW 1998, 677, 678; Bamberger/Roth-*Faust* § 440 Rdn. 32 a.E.

2291 OLG Köln NJW-RR 1992, 1142: „Mängelpaket" bei Neuwagen; OLG Düsseldorf MDR 1994, 32: ständige Undichtigkeiten im Dachbereich eines Fahrzeugs; OLG Saarbrücken MDR 1993, 213: erhebliche Rostschäden eines Neuwagens; OLG Düsseldorf NZV 1996, 314: nachträgliche Ganzlackierung eines Neuwagens erforderlich; OLG Köln NJW 1995, 278: völlig untaugliche Reparaturanweisungen des Verkäufers; OLG Frankfurt NZV 1990, 70: zahlreiche Mängel eines Neuwagens innerhalb kürzester Frist.

2292 Müko-*Habersack* § 359 Rdn. 51.

2293 *Martis* MDR 1999, 65, 69; Bamberger/Roth-*Möller/Wendehorst* § 359 Rdn. 5;

397 Dies bedeutet, dass der Käufer bzw. Besteller auch in diesem Fall zunächst Nacherfüllung vom Verkäufer verlangen kann bzw. diese fehlgeschlagen sein muss, bevor er die Rückzahlung des Darlehens verweigern kann.

398 Nachdem der Gesetzgeber auch für ein Schadensersatzverlangen den „Vorrang der Nacherfüllung“ eingeführt hat, muss der Käufer auch vor der Geltendmachung des „großen Schadensersatzanspruchs“, also der Rückgabe der Kaufsache und Liquidierung des ihm entstandenen Schadens, zuvor Nacherfüllung verlangen, soweit die Nacherfüllung nicht unmöglich ist (§ 275 Abs. 1), vom Verkäufer/Unternehmer verweigert wird, (vgl. §§ 281 Abs. 2 1. Alt., 323 Abs. 2 Nr. 1, 440 S. 1), die Nacherfüllung fehlgeschlagen (§ 440 S. 1 2. Alt.) oder unzumutbar (§ 440 S. 1 3. Alt.) ist.[2294]

dd) Entbehrlichkeit der vorherigen Inanspruchnahme des Verkäufers bzw. Werkunternehmers

399 Ist der Verbraucher nach dem Vertrag unmittelbar zu Rücktritt oder Minderung berechtigt oder will er einen Anspruch auf Rücktritt oder Minderung nach dem Fehlschlagen der Nacherfüllung gegenüber dem Darlehensrückzahlungsanspruch einwenden, so ist die vorherige, gleichzeitige oder nachfolgende Inanspruchnahme des Verkäufers oder Werkunternehmers nicht erforderlich.[2295]

ee) Minderung des Kaufpreises bzw. des Werklohns

400 Soweit der Verbraucher für die Vergangenheit im Hinblick auf eine erklärte Minderung zu hohe Ratenzahlungen oder trotz bestehendem Leistungsverweigerungsrecht überhaupt Zahlungen erbracht hat, kann er die überzahlten Beträge nicht über § 359 vom Darlehensgeber, sondern allein vom Verkäufer zurückverlangen.[2296]

401 Der Verbraucher (Käufer, Besteller) ist nach erklärter Minderung berechtigt, die Rückzahlung des Darlehens insoweit zu verweigern, als der Kaufpreis oder die Vergütung nach §§ 441 Abs. 3, 638 Abs. 3 herabzusetzen ist. Der Betrag der Minderung ist auf die einzelnen Darlehensraten (einschließlich der bereits getilgten Raten) umzulegen, die –in ihrer Anzahl

Staudinger/Kessal-*Wulf* § 9 VerbrKrG Rdn. 91; W/E/R-*Emmerich* § 9 VerbrKrG Rdn. 146.

[2294] Vgl. Bamberger/Roth-*Faust* § 440 Rdn. 18, 20, 29, 31, 35.

[2295] So ausdrücklich Erman-*Saenger* § 359 Rdn. 8 und *Bülow* § 495 Rdn. 328; zu § 9 Abs. 3 VerbrKrG; ebenso OLG Dresden NZM 2000, 207; *Reinicke/Tiedtke* ZIP 1992, 221; *Staudinger* NZM 2000, 689; Staudinger/Kessal-*Wulf* § 359 Rdn. 4 und § 358 Rdn. 45 a.E. auch zum Leasingvertrag; a.A. Palandt-*Heinrichs*, 63. Aufl., § 359 Rdn. 7; *Lieb* WM 1991, 1533, 1538 zu § 9 Abs. 3 VerbrKrG.

[2296] *Reinking/Eggert* Rdn. 733, 737; *Martis* MDR 1999, 65, 69.

gleich bleibenden- Raten müssen auf der Grundlage der geminderten Darlehensvaluta neu berechnet werden.[2297]

402 Die h.M. räumt dem Käufer bzw. Besteller ein Wahlrecht sogar ein, entweder den geminderten Betrag bei gleich bleibender Anzahl der Raten auf die Dauer der Laufzeit des Darlehensvertrages zu verteilen oder aber die Anzahl der Raten bei unveränderter Höhe entsprechend zu verringern.[2298]

ff) Konkludente Rücktrittserklärung

403 Verweigert der Verbraucher unter Berufung auf einen Mangel die Rückzahlung des Darlehens, so hat er sich grundsätzlich gegenüber dem Darlehensnehmer zu erklären, ob er zurücktreten oder mindern will.[2299] Ist die noch offene Restschuld, deren Zahlung verweigert wird, höher als der geminderte Preis zuzüglich angefallener Zinsen und Kosten, liegt hierin nach Auffassung von Saenger[2300] die konkludente Erklärung des Rücktritts.

c) Einrede des nicht erfüllten Vertrages (§§ 273, 320)

404 Der Verbraucher ist auch dann zur Einstellung der Darlehensrückzahlung berechtigt, wenn der Unternehmer die von ihm geschuldete Leistung nicht oder nicht ordnungsgemäß erbringt, der Verkäufer vom Vertrag zurücktritt, das endgültige Scheitern des finanzierten Vertrages wegen des Untergangs der Kaufsache feststeht[2301] oder der Verbraucher (Käufer oder Besteller) gegenüber dem Unternehmer (Verkäufer bzw. Werkunternehmer) zunächst nur die nach altem Recht auf § 478 a.F., nach neuem Recht auf §§ 320, 242[2302] gestützte „allgemeine Mängeleinrede" bzw. die hierdurch begründete Einrede aus § 320 erhebt,[2303] aber sein Gestal-

---

2297 Erman-*Saenger* § 359 Rdn. 10; Müko-*Habersack* § 359 Rdn. 40; *Reinking/Eggert* Rdn. 733, 737; Staudinger/Kessal-*Wulf* § 359 Rdn. 13; W/ER-*Emmerich* § 9 VerbrKrG Rdn. 192.

2298 *Bülow* WM 2004, 1257, 1261; *Bülow* § 495 Rdn. 334; Müko-*Habersack* § 359 Rdn. 40; W/E/R-*Emmerich* a.a.O.; a.A. Staudinger/Kessal-*Wulf* § 359 Rdn. 13, 33: Verringerung der Gesamtzahl der Raten nicht möglich.

2299 Erman-*Saenger* § 359 Rdn. 9.

2300 Erman-*Saenger* § 359 Rdn. 9; a.A. *Bülow* § 495 Rdn. 335 und Müko-*Habersack* § 359 Rdn. 41; vgl. nachfolgend.

2301 Müko-*Habersack* § 359 Rdn. 41.

2302 Vgl. *Hofmann/Pammler* ZGS 2004, 293, 295.

2303 *Bülow* WM 2004, 1257, 1258: „Gewährleistungseinrede aus §§ 320, 433 Abs. 1 S. 2, 633 Abs. 1"; *Hofman/Pammler* ZGS 2004, 293, 296: allgemeine Mängeleinrede innerhalb angemessener Entscheidungsfrist aus § 242; *Martis* MDR 1999, 65, 69; *Bülow* § 495 Rdn. 335; H/M/R/S/W-*Haas* Kap. 5 Rn 263; Müko-*Habersack* § 359 Rdn. 41; *Reinking/Eggert* Rdn. 732; Staudinger/Kessal-*Wulf* § 359 Rdn. 7 a.E., 10: § 320 oder „allgemeine Mängeleinrede"; W/E/R-*Emmerich* § 9 VerbrKrG Rdn. 136, 139, 141; zur „allgemeinen Mängeleinrede" aus § 478 a.F. auch BGH NJW 1991,

tungsrecht aus den ihm zustehenden Gewährleistungsrechten nicht ausübt.[2304]

405 Wie bereits unter Geltung des § 9 Abs. 3 VerbrKrG kann der Verbraucher dem Darlehensgeber daher auch entgegenhalten, dass ihm gegenüber dem Unternehmer (Verkäufer, Werkunternehmer) ein Schadensersatzanspruch aus Verzug (§§ 280 Abs. 2, 286), Nichterfüllung (§§ 280 Abs. 3, 281), Schlechterfüllung wegen Mängeln (§§ 437 Nr. 3, 440, 280, 281, 283 bzw. §§ 634 Nr. 4, 636, 280, 281, 283), aus Verschulden bei Vertragsabschluss (§ 311 Abs. 2, Abs. 3), positiver Vertragsverletzung (§ 280 Abs. 1), unerlaubter Handlung (§§ 823 ff.), ein Anspruch auf Ersatz vergeblicher Aufwendungen (§ 284) bzw. Herausgabe eines Ersatzes (§ 285) zusteht.[2305]

406 Beruft sich der Käufer wegen – angeblich – bestehender Sachmängel auf die „allgemeine Mängeleinrede"[2306] bzw. die Einrede aus § 320,[2307] so kann ihm der Darlehensgeber nach h. M. in entsprechender Anwendung des § 350 S. 1 eine Frist zur Erklärung des Rücktritts setzen, wobei mit fruchtlosem Fristablauf analog § 350 S. 2 die Möglichkeit entfällt, dem Darlehensgeber diese Rechte über § 359 entgegenzuhalten.[2308]

407 In konsequenter Anwendung der zur Kündigung einer Beteiligung an einem geschlossenen Immobilienfonds ergangenen Urteile[2309] müsste es nunmehr sogar genügen, wenn der Verbraucher seine Absicht, den Vertrag anzufechten oder vom Vertrag zurückzutreten, gegenüber dem Darlehensgeber offen legt und ihm zugleich die Abtretung seiner Ansprüche gegen den Unternehmer, ggf. die Rückerstattung der vom Unternehmer erhaltenen Vertragsleistung anbietet oder deutlich macht, dass er mindern will.[2310]

1048, 1049 und Erman-*Grunewald,* 10. Aufl., vor § 459 a. F. Rdn. 5, § 465 a. F. Rdn. 2 sowie Müko-*Emmerich,* 4. Aufl., § 320 Rdn. 6.

[2304] *Bülow* § 495 Rdn. 335 und WM 2004, 1257, 1258 f.; *Hofman/Pammler* ZGS 2004, 293, 295 f.; Müko-*Habersack* § 359 Rdn. 41 und § 9 VerbrKrG Rdn. 93; teilweise abweichend Erman-*Saenger* § 359 Rdn. 10, 11: u. U. konkludente Rücktrittserklärung, auch Aufrechnung mit Schadensersatzansprüchen möglich.

[2305] Müko-*Habersack* § 359 Rdn. 41; *Reinking/Eggert,* 8. Aufl., Rdn. 718, 731; Staudinger/Kessal-*Wulf* § 9 VerbrKrG Rdn. 72 und Staudinger/Kessal-*Wulf,* 2004, § 359 Rdn. 7 a. E., 8; auch BGH WM 2000, 1685 und WM 2000, 1687, 1689.

[2306] Vgl. BGH NJW 1991, 1049; *Martis* MDR 1999, 65, 69; Staudinger/Kessal-*Wulf,* 2004, § 359 Rdn. 7 a. E.

[2307] *Bülow* WM 2004, 1257, 1258: §§ 320, 433 Abs. 1 S. 2, 633 Abs. 1; Müko-*Emmerich,* 4. Aufl. § 320 Rdn. 6; Staudinger/Kessal-*Wulf,* 2004, § 359 Rdn. 7 a. E.; für Anwendung des § 242: *Hofmann/Pammler* ZGS 2004, 293, 296.

[2308] Bamberger/Roth-*Möller/Wendehorst* § 359 Rdn. 4; *Bülow* § 495 Rdn. 335: aus konkludentem Inhalt des Darlehensvertrages herzuleiten; *Bülow* WM 2004, 1257, 1259.

[2309] BGH, II. ZS., NJW 2003, 2821, 2823; NJW 2004, 2736, 2741 = WM 2004, 1529, 1534 f; NJW 2004, 2742 = WM 2004, 1536, 1541 f.; WM 2004, 1525, 1526; WM 2004, 1521, 1525; WM 2004, 1675, 1676; s. o. H. Rdn. 180 ff.

[2310] So *Bülow* WM 2004, 1257, 1259.

Dem Darlehensgeber müsse dann aber auch zugebilligt werden, in die Rechte des Unternehmers (Verkäufers) aus § 350 einzutreten und ihm zu gestatten, den Verbraucher unter Fristsetzung zur Abgabe einer Erklärung, ob er zurücktritt, aufzufordern. 408

U. E. ist sowohl die Übertragung der zur Rückabwicklung einer finanzierten BGB-Gesellschaftsbeteiligung – in Abweichung zum bisherigen Recht- aufgestellten Grundsätze aus den BGH-Urteilen vom 21. 7. 2003[2311] und vom 14. 6. 2004[2312] auf das Kauf- und Werkvertragsrecht als auch eine analoge Anwendung des § 350 im Rahmen des § 359 abzulehnen. 409

§ 350 beschränkt sich – anders als der frühere § 355 – ausdrücklich auf das vertragliche Rücktrittsrecht. Zudem würde der „Vorrang der Nacherfüllung[2313]" (§§ 440, 439) den Käufer bei analoger Anwendung des § 350 dazu zwingen, ggf. vorschnell – und wegen eines fehlenden Nacherfüllungsverlangens nicht rechtswirksam – den Rücktritt vom Kaufvertrag zu erklären bzw. ohne vorangegangenes Nacherfüllungsverlangen Schadensersatzansprüche geltend zu machen. Schließlich bezieht sich § 350 n. F. – anders als §§ 466, 634 Abs. 4 a. F. – ausschließlich auf ein „in der Schwebe" befindliches Rücktrittsrecht und nicht auf das Recht zur Geltendmachung von Minderungs- oder Schadensersatzansprüchen. Zuzustimmen ist vielmehr der vermittelnden Auffassung von Hofmann und Pammler,[2314] wonach die aus dem Verbot rechtsmissbräuchlichen Verhaltens („dolo agit qui petit quod *statim* redditurus est") nach § 242 herzuleitende Mängeleinrede dem Käufer nicht unbeschränkt, sondern nur für die Dauer einer angemessenen Entscheidungsfrist zusteht. 410

Nach deren Ablauf kann sich der Käufer gegen das Zahlungsbegehren nur durch die Ausübung eines konkreten Mängelrechts zur Wehr setzen.

d) Aufrechnung

Grundsätzlich ist der Verbraucher auch berechtigt, dem Darlehensgeber über § 359 entgegenzuhalten, er habe gegenüber dem Unternehmer (Verkäufer, Werkunternehmer) bereits aufgerechnet. Nach einer Ansicht kann der Verbraucher gegenüber dem Darlehensrückzahlungsanspruch des Darlehensgebers trotz fehlender Gegenseitigkeit i. S. d. § 387 sogar mit einem Schadensersatzanspruch gegen den Unternehmer, etwa aus §§ 280 Abs. 1, 281, 286, 311 aufrechnen.[2315] 411

2311 BGH II. ZS., NJW 2003, 2821, 2823; ebenso BGH WM 2004, 2491, 2494 = NJW-RR 2005, 180, 182; WM 2005, 843, 845; WM 2005, 547, 548.

2312 BGH, II. ZS., WM 2004, 1529 = NJW 2004, 2736; WM 2004, 1536; WM 2004, 1525; WM 2004, 1518; WM 2004, 1521 = NJW 2004, 2731.

2313 Bamberger/Roth-*Faust* § 439 Rdn. 2.

2314 *Hofmann/Pammler* ZGS 2004, 293, 296.

2315 *Martis* MDR 1999, 65, 69; hieran wird nicht festgehalten; Erman-*Saenger* § 359 Rdn. 11; W/E/R-*Emmerich* § 9 VerbrKrG Rdn. 196, 198.

412 Hierfür besteht nach anderer Auffassung jedoch kein Bedürfnis, da der Verbraucher durch die Einrede des nicht erfüllten Vertrages (§ 320) bzw. durch das Zurückbehaltungsrecht (§ 273) hinreichend geschützt ist, sodass vom Gegenseitigkeitserfordernis bei der Aufrechnung (§ 387) vor vom Verbraucher erklärter Aufrechnung nicht abgewichen werden muss.[2316] Da §§ 358, 359 den Schutz des Verbrauchers vor dem „Aufspaltungsrikiko" verbundener Geschäfte bezwecken, steht die fehlende Konnexität der sich gegenüberstehenden Forderungen dem nicht entgegen.[2317]

e) Verjährung des Kaufpreis- bzw. Werklohnanspruchs

413 Der Verbraucher kann sich gegenüber dem Darlehensrückzahlungsanspruch des Darlehensgebers auch auf die Einrede der Verjährung aus der im Verhältnis zum Verkäufer geltenden Verjährungsfrist des § 196 Abs. 1 Nr. 1 a.F. (zwei Jahre) bzw. der Verjährungsfrist aus §§ 195, 199 Abs. 1 n.F. (drei Jahre) berufen.[2318]

414 Die Berufung auf die Einrede der Verjährung kann im Einzelfall jedoch rechtsmissbräuchlich sein, etwa wenn der Verbraucher seine vertragliche Verpflichtung zur Mitteilung eines Wohnungswechsels schuldhaft verletzt und dadurch die wirksame Zustellung eines Mahn- und Vollstreckungsbescheids bzw. einer Klage vereitelt hat.[2319]

7. Rechtsfolgen des Einwendungsdurchgriffs aus § 359

a) Rückabwicklung bei Nichtigkeit des Kaufvertrages oder des Darlehensvertrages

aa) Nichtigkeit des Kauf- sowie des Darlehensvertrages

415 Sind sowohl der Darlehensvertrag als auch der verbundene Kauf- oder sonstige Vertrag unwirksam, etwa gem. §§ 134, 138, 142 i.V.m. §§ 119, 123, so sind beide Verträge jeweils über §§ 812 Abs. 1 S. 1 1. Alt., 818 Abs. 2, Abs. 3rück abzuwickeln (s.o. H. Rdn. 287ff.). Soweit der Darlehensgeber dem Verbraucher die geleisteten Raten zurückzuerstatten hat, kann er sich wegen der Darlehensauszahlung an den Verkäufer nicht auf § 818 Abs. 3 berufen, da die Auszahlung nicht im Vertrauen auf den Bestand des verbundenen Geschäfts erfolgen konnte.[2320]

[2316] *Bülow* § 495 Rdn. 336; Staudinger/Kessal-*Wulf* § 359 Rdn. 7 a.E., 9; Müko-*Habersack* § 359 Rdn. 41: lediglich „Konnexität" im weiteren Sinn erforderlich.

[2317] Staudinger/Kessal-*Wulf* § 359 Rdn. 9 a.E.; ebenso Müko-*Habersack* § 359 Rdn. 41.

[2318] BGH NJW 2002, 137; BGH MDR 2005, 81; OLG Stuttgart NJW-RR 2002, 856; *Martis* MDR 1999, 65, 69; *Bülow* § 495 Rdn. 328; Bamberger/Roth-*Möller*/*Wendehorst* § 359 Rdn. 4; Müko-*Habersack* § 359 Rdn. 44; Staudinger/Kessal-*Wulf* § 359 Rdn. 10 a.E.

[2319] BGH MDR 2005, 81.

[2320] Staudinger/Kessal-*Wulf* § 359 Rdn. 25; *Martis* MDR 1999, 65, 69.

Ein Rückforderungsdurchgriff hinsichtlich einer an den Verkäufer geleisteten Anzahlung findet im Verhältnis zum Darlehensgeber nicht statt.[2321] 416

Die h.M. befürwortet vielmehr auch in diesem Fall eine Rückabwicklung „übers Dreieck", also eine „Kondiktion der Kondition".[2322] 417

bb) Nichtigkeit des Darlehensvertrages

Ist nur der Darlehensvertrag nichtig, findet der Ausgleich über § 812 Abs. 1 S. 1 1. Alt., 818 Abs. 2, Abs. 3 allein im Verhältnis zwischen Darlehensgeber und Verbraucher statt. Da der Darlehensbetrag i.d.R. direkt an den Verkäufer oder sonstigen Partner des finanzierten Geschäfts ausbezahlt worden ist, besteht der vom Verbraucher herauszugebende Bereicherungsgegenstand in der Befreiung von einer Verbindlichkeit, sodass der Verbraucher gem. § 818 Abs. 2 dessen objektiven Wert zu ersetzen hat.[2323] 418

cc) Nichtigkeit des Kauf- oder sonstigen finanzierten Vertrages

Ist allein der Kaufvertrag oder sonstige finanzierte Vertrag nichtig, so ist er im Verhältnis zwischen Verbraucher und Verkäufer bzw. sonstigem Partner des finanzierten Geschäfts rückabzuwickeln (s.o. H. Rdn. 305ff.). 419

Da bei Vorliegen eines Nichtigkeitsgrundes von Anfang an ein Leistungsverweigerungsrecht des Verbrauchers besteht, das die Geltendmachung eines Darlehensrückzahlungsanspruchs des Darlehensgebers auf Dauer ausschließt, ist der Verbraucher in diesem Fall berechtigt, die bis zur Kenntnis der Nichtigkeit bzw. Anfechtbarkeit geleisteten Raten über § 813 Abs. 1 S. 1 (auch) vom Darlehensgeber zurückzufordern.[2324] 420

2321 OLG Stuttgart ZIP 2002, 1885, 1890, OLG Koblenz WM 2002, 2456; *Martis* MDR 1999, 65, 69; *Reinking/Eggert* Rdn. 734, 735, Staudinger/Kessal-*Wulf* § 9 VerbrKrG Rdn. 91;Staudinger/Kessal-*Wulf* § 359 Rdn. 25, 33, 34; W/E/R-*Emmerich* § 9 VerbrKrG Rdn. 164; differenzierend *Bülow* WM 2004, 1257, 1263; a.A. für die Rückabwicklung der finanzierten Beteiligung an einem Immobilienfonds BGH NJW 2003, 2821, 2823; WM 2004, 1521, 1524 = NJW 2004, 2731, 2734; WM 2004, 1536, 1542; WM 2004, 1529, 1534 = NJW 2004, 2736, 2741; zustimmend *Hahn/Brockmann* VuR 2004, 173, 178 und *Lauer* BKR 2004, 92, 101 sowie *Schäfer* BKR 2005, 98, 102; ablehnend die h.L., vgl. H. Rdn. 208, 436ff.

2322 *Martis* MDR 1999, 65, 69; *Bülow* § 495 Rdn. 313, 341; differenzierend jetzt in WM 2004, 1257, 1262; Erman-*Saenger* § 359 Rdn. 4; Müko-*Habersack* § 359 Rdn. 48, 49 und § 9 VerbrKrG Rdn. 107, 108, 110 a.E.; *Reinking/Eggert* Rdn. 720, 735; W/E/R-*Emmerich* § 9 VerbrKrG Rdn. 160, 161, 163, 164, 170; im Erg. auch Staudinger/Kessal-*Wulf* § 359 Rdn. 20, 21, 25, 26, 33, 34 und § 358 Rdn. 71; zu den Einzelheiten s.o. H. Rdn. 288ff.

2323 *Martis* MDR 1999, 65, 69; *Bülow* § 495 Rdn. 317, 342; Müko-*Habersack* § 359 Rdn. 65; *Reinking/Eggert* Rdn. 720; im Erg. auch Staudinger/Kessal-*Wulf* § 359 Rdn. 21, 22, 25, 26, 27, s.o.; abw. Erman-*Saenger* § 358 Rdn. 26: bei Anfechtung des Darlehensvertrages gem. §§ 119, 123 erfasst dessen Nichtigkeit über § 139 bzw. § 358 Abs. 2 S. 1 analog auch den Kaufvertrag oder sonstigen finanzierten Vertrag; zu den Einzelheiten vgl. oben H. Rdn. 299ff.

2324 OLG Dresden OLG-Report 2000, 211, 212 = ZIP 2000, 180, 183 = WM 2001,

421 Jedoch hat der Darlehensgeber gegen den Verbraucher Anspruch auf Abtretung derjenigen Bereicherungsansprüche, die ihm gegen den Verkäufer bzw. sonstigen Leistungserbringer zustehen. Er kann deshalb die Rückzahlung der Darlehensraten von der Abtretung dieses Anspruchs abhängig machen.[2325]

b) Rückabwicklung bei Rücktritt vom Kaufvertrag oder Werkvertrag

422 Tritt der Käufer vom Kaufvertrag bzw. der Besteller vom Werkvertrag wirksam zurück, hat die Rückabwicklung nach h. M. zunächst im Verhältnis zwischen Verbraucher und Verkäufer zu erfolgen.[2326]

423 Ein Rücktrittsrecht des Käufers ergibt sich bei Sachmängeln aus §§ 434, 437 Nr. 2, 440, 323, 326 Abs. 5 und bei sonstigen Pflichtverletzungen wie der Nichtleistung (Verzögerung einer fälligen Leistung, unabhängig davon, ob der Schuldner sie zu vertreten hat), anderer nicht vertragsgemäßer Leistungen und Unmöglichkeit aus §§ 323, 326 Abs. 5, wobei ein Verschulden des Verkäufers jeweils nicht erforderlich ist.[2327]

424 Beim Werkvertrag sind die §§ 634 Nr. 3, 636, 323, 326 Abs. 5 einschlägig.

425 Hat der Verkäufer bzw. Besteller den Rücktritt erklärt, ergeben sich folgende Ansprüche:

- Der Käufer kann und muß nach h. M. vom Verkäufer/Werkunternehmer die Rückzahlung des diesem über den Darlehensgeber zugeflossenen Nettodarlehensbetrages einschließlich einer direkt an den Verkäufer geleisteten Anzahlung verlangen.[2328]

136, 138; *Bülow* WM 2004, 1257, 1262 f.; *Lauer* BKR 2004, 92, 99 f.: § 813 Abs. 1 S. 1, jedoch kein „Rückforderungsdurchgriff"; *Lenenbach* WM 2004, 501, 511 für die Rückabwicklung einen gekündigten Beteiligung an einer GbR; *Martis* MDR 1999, 65, 70; *Staudinger* NZM 2000, 689; Bamberger/Roth-*Möller/Wendehorst* § 359 Rdn. 9 a. E.; *Bülow* § 495 Rdn. 338, 341; Müko-*Habersack* § 359 Rdn. 66; Staudinger/Kessal-*Wulf*, 2004, § 359 Rdn. 26, 33; a. A. *Reinking/Nießen* ZIP 1991, 79, 84 und *Reinicke/Tiedtke* ZIP 1992, 224/225; zur Rückabwicklung eines finanzierten, unwirksamen Beitritts zu einer BGB-Gesellschaft s. o. H. Rdn. 181 ff., 193 ff.

[2325] *Bülow* § 495 Rdn. 338; Müko-*Habersack* § 359 Rdn. 67; Staudinger/Kessal-*Wulf* § 359 Rdn. 33; *Staudinger* NZM 2000, 689, 691; *Martis* MDR 1999, 65, 70; weitere Einzelheiten s. o. H. Rdn. 305 ff.

[2326] *Bülow* § 495 Rdn. 331, 339; Müko-*Habersack* § 359 Rdn. 69, 71; Palandt-*Heinrichs* § 359 Rdn. 7; a. A. jedoch BGH NJW 2003, 2821, 2823, NJW 2004, 2736, 2740 f. = WM 2004, 1529, 1534 f., WM 2004, 1536, 1541 f. sowie *Hahn/Brockmann* VuR 2004, 173, 178 und *Lauer* BKR 2004, 92, 100 jeweils zur Rückabwicklung einer gekündigten Beteiligung an einer GbR: § 358 Abs. 4 S. 3 bzw. § 9 Abs. 2 S. 4 analog anzuwenden; hiergegen *Mülbert/Hoger* WM 2004, 2281, 2292 f. und *Wolf/Großerichter* WM 2004, 1993, 1997 f.; Staudinger/Kessal-*Wulf* § 359 Rdn. 29, 33; s. o. H. Rdn. 203 ff.; Bamberger/Roth-*Möller/Wendehorst* § 359 Rdn. 9: grundsätzlich entsprechende Anwendung des § 358 Abs. 4 S. 2 – Rückabwicklung zwischen Darlehensgeber und Verbraucher; abweichend *Reinking/Eggert*, 8. Aufl. Rdn. 727.

[2327] Vgl. Bamberger/Roth-*Grothe* § 323 Rdn. 9, 10.

[2328] *Bülow* § 495 Rdn. 331, 332; Müko-*Habersack* § 359 Rdn. 71; Staudinger/Kessal-*Wulf* § 359 Rdn. 34.

Nach abweichender Ansicht erstattet der Darlehensgeber dem Verbraucher die von diesem geleistete Anzahlung abzgl. der Gebrauchsvorteile (§ 347 Abs. 1; vgl. hierzu oben F. Rdn. 419ff.) Zug um Zug gegen Abtretung der Kaufpreisrückzahlungsansprüche, nimmt das Fahrzeug entgegen und wickelt anschließend das Kaufvertragsverhältnis mit dem Verkäufer eigenständig ab; die Tragung des Insolvenzrisikos des Verkäufers ist dem Darlehensgeber dabei zuzumuten, weil dieser aufgrund der ihm zugänglichen Informationen dieses Risiko besser als der Verbraucher abschätzen kann.[2329]

- Wert- und Nutzungsersatzansprüche gem. §§ 346, 347 sind zwischen Verkäufer/Werkunternehmer und Käufer/Besteller auszugleichen.[2330]
- Der Verkäufer/Werkunternehmer hat gegen den Verbraucher einen Anspruch auf Rückübereignung der Sache bzw. auf Rückübereignung an dessen Lieferanten, sofern er selbst unter Eigentumsvorbehalt beliefert worden ist.[2331] War die Sache dem Darlehensgeber zur Sicherheit übereignet und erstreckt sich der Sicherungszweck des mit diesem geschlossenen Vertrages, wovon in neueren Verträgen regelmäßig auszugehen ist – auf den Anspruch des Darlehensgebers auf Weiterleitung der vom Verkäufer/Werkunternehmer an den Verbraucher zurückgezahlten Valuta, verbleibt das Sicherungseigentum beim Darlehensgeber, bis dieser Anspruch erfüllt ist. Nach Erfüllung ist der Darlehensgeber zur Zustimmung in die Rückübereignung durch den Verbraucher an den Verkäufer gem. § 185 verpflichtet.[2332]
  Erstreckt sich der Sicherungszweck des Vertrages nicht auf diese Ansprüche des Darlehensgebers, ist dieser sogleich zur Zustimmung in die Übereignung an den Verkäufer durch den Verbraucher verpflichtet, kann sich aber gem. § 273 auf sein Zurückbehaltungsrecht hinsichtlich des Anspruchs auf Rückzahlung der Valuta berufen.[2333] Der Darlehensgeber kann die Erteilung der Genehmigung nach § 185 Abs. 2 S. 1 aber vom Ausgleich des sich zu seinen Gunsten ergebenden Saldos aus den beiderseitigen Zahlungsverpflichtungen abhängig machen; verlangt der Verbraucher Einwilligung in die Übereignung an den Verkäufer, kann der Darlehensgeber diese unter der Bedingung erteilen, dass der Verbraucher den

---

[2329] *Reinking/Eggert* Rdn. 724, 727; abw. hierzu Staudinger/Kessal-*Wulf* § 359 Rdn. 34, 35: Insolvenzrisiko liegt im Ergebnis beim Verbraucher.

[2330] Müko-*Habersack* § 359 Rdn. 71 und § 358 Rdn. 87; Staudinger/Kessal-*Wulf* § 359 Rdn. 34: Unternehmer kann vom Verbraucher Wert- bzw. Nutzungsersatz verlangen.

[2331] *Bülow* § 495 Rdn. 333; Müko-*Habersack* § 359 Rdn. 71.

[2332] *Bülow* § 495 Rdn. 333: auch auflösend bedingte Sicherungsübereignung, „doppelte" Rückübereignung oder Direktübereignung zwischen Bank und Verkäufer möglich.

[2333] *Bülow* § 495 Rdn. 333; Staudinger/Kessal-*Wulf* § 359 Rdn. 30, 34 a. E.

Verkäufer unwiderruflich zur Direktauszahlung des entsprechenden Teils der Valuta an den Darlehensgeber anweist.[2334]

Der Käufer/Verbraucher kann gegenüber dem Anspruch des Darlehensgebers mit einem ihm vom Verkäufer abgetretenen Anspruch auf Eigentumsverschaffung jedoch kein Zurückbehaltungsrecht ausüben, wenn dem Darlehensgeber wegen des Kaufpreises gegen den Verkäufer die Einrede aus § 320 zusteht.[2335]

- Die Anzahlung übersteigende Leistungen abzüglich geleisteter Tilgungsanteile, also die Ratenbestandteile, mit denen der Kaufpreis (Nettokreditbetrag) bereits zurückgeführt worden ist, hat er anschließend an den Darlehensgeber weiterzuleiten.[2336]
- Der Darlehensgeber hat dem Verbraucher nach einer Ansicht sämtliche von diesem geleisteten Zinsen und sonstigen Finanzierungskosten zu erstatten.[2337]

  Nach anderer Auffassung gilt dies ausnahmslos nur dann, wenn der Verbraucher etwa bei Ratenkrediten mit jeder Rate bereits Vorausleistungen auf die Zinsen erbracht hatte.[2338] Soweit es sich dagegen um Zinsen und Kreditkosten für den Zeitraum zwischen der Auszahlung an den Verkäufer und der Erklärung des Rücktritts handelt, sind die auf diesen Zeitraum entfallenden Zinsen und anteiligen Kosten nach dieser zutreffenden Ansicht von ihm selbst zu tragen, da er das Darlehen ja vertragsgemäß in Anspruch genommen hatte. Es ist nicht einzusehen, warum der Käufer, der fremdes Kapital einsetzt, hierfür im Fall des Rücktritts nichts bezahlen soll. Insoweit darf er nicht besser gestellt werden als ein Anderer, der den Kauf mit eigenem Geld oder mit einem Nichtverbundkredit finanziert.[2339]
- Nach u.E. zutreffender herrschender Meinung kann der Verbraucher auch bei Insolvenz oder Zahlungsunwilligkeit des Verkäufers/Werkunternehmers lediglich die nach Entstehen der Voraussetzungen des Einwen-

---

[2334] Müko-*Habersack* § 359 Rdn. 71; zustimmend Staudinger/Kessal-*Wulf* § 359 Rdn. 34 a.E.

[2335] BGH MDR 2000, 945.

[2336] Staudinger/Kessal-*Wulf* § 359 Rdn. 34; ebenso Müko-*Habersack* § 359 Rdn. 71; W/E/R-*Emmerich* § 9 VerbrKrG Rdn. 170; auch *Hahn/Brockmann* VuR 2004, 173, 178: Marktübliche Verzinsung.

[2337] OLG Düsseldorf NJW-RR 1996, 1265; NJW 1997, 2056; OLG Stuttgart OLG-Report 2004, 244, 252f. zur Rückabwicklung eines geschlossenen Immobilienfonds: Anleger kann Zins- und Tilgungsraten und deren marktübliche Verzinsung verlangen; Müko-*Habersack* § 359 Rdn. 71.

[2338] *Bülow* § 495 Rdn. 296, 332.

[2339] LG Bochum NJW-RR 2002, 349, 350; LG Hagen NJW-RR 1994, 1260; LG Bonn NJW-RR 1993, 1269; zustimmend *Bülow* § 495 Rdn. 332; *Martis* MDR 1999, 65, 70; *Reinking/Eggert* Rdn. 725, 735; Der Verkäufer muss dem Käufer/Verbraucher im Fall des Rücktritts die zeitanteiligen Zinsen und Darlehenskosten nicht ersetzen; a.A. aber OLG Düsseldorf a.a.O.; Müko-*Habersack* § 359 Rdn. 71.

dungsdurchgriffs, also nach Erklärung des Rücktritts an den Darlehensgeber bezahlten Raten aus § 813 Abs. 1 S. 1 bzw. § 812 Abs. 1 S. 2 1. Alt. zurückfordern, sofern nicht § 814 entgegensteht, nicht dagegen die an den Verkäufer/Werkunternehmer geleistete Anzahlung und die an den Darlehensgeber vor Geltendmachung der Mängelgewährleistungsrechte bzw. der sonstigen Einreden bezahlten Raten.[2340]
- Bei schuldhafter Geltendmachung eines unbegründeten Rücktrittsrechts macht sich der Käufer nach §§ 280, 241 Abs. 2 gegenüber dem Verkäufer und dem Darlehensgeber schadensersatzpflichtig. Bei einem schwerwiegenden Verschulden kann der Darlehensgeber den Darlehensvertrag in einem solchen Fall kündigen.[2341]

c) Rechtsfolgen bei Ausübung des Minderungsrechts

Entscheidet sich der Verbraucher bei Vorliegen der Voraussetzungen der §§ 437 Nr. 2, 440, 441 bzw. §§ 634 Nr. 3, 638 für die Minderung des Kaufpreises bzw. Werklohns, so kann er die Rückzahlung des Darlehens nur insoweit verweigern, als der Kaufpreis oder die Vergütung nach §§ 441 Abs. 3, 638 Abs. 3 herabzusetzen ist. Dem Verbraucher steht nach h.M. ein Wahl- **426**

[2340] OLG Stuttgart WM 2001, 1667, 1673: Möglichkeit des Einwendungsdurchgriffs besteht erst, wenn die Einwendungen dem Partner des finanzierten Geschäfts entgegengehalten werden können; teilw. abweichend jetzt OLG Stuttgart OLG-Report 2004, 244, 246 und WM 2005, 972, 979f. zum „Rückforderungsdurchgriff" aus § 9 Abs. 3 S. 4 VerbrKrG analog; OLG Koblenz WM 2002, 2456, 2460: kein Rückforderungsdurchgriff für die vor einer Kündigung bzw. einer Rücktrittserklärung geleisteten Raten; OLG Frankfurt WM 2002, 1275, 1279: kein Rückforderungsdurchgriff; LG Bochum NJW-RR 2002, 340: kein Anspruch des Verbrauchers auf Rückerstattung der Zinsen- und Kostenanteile; auch LG Bonn BB 1999, 1319; LG Dortmund DB 2001, 915; *Bülow* WM 2004, 1257, 1263: kein Rückforderungsdurchgriff; *Lauer* BKR 2004, 92, 100f.: kein „Rückforderungsdurchgriff", wenn Verbraucher wegen eines Sachmangels vom finanzierten Vertrag zurückgetreten ist; *Wolf/Großerichter* WM 2004, 1993, 1997: auch keine Anwendung des § 813, wenn die Einrede erst ex-nunc entsteht; Bamberger/Roth-*Möller/Wendehorst* § 359 Rdn. 9: kein Anspruch aus §§ 812, 813, jedoch analoge Anwendung des § 358 Abs. 4 S. 2; gegen einen „Rückforderungsdurchgriff" auch *Bülow* § 495 Rdn. 337, 338; differenzierend aber jetzt in WM 2004, 1257, 1263; Erman-*Saenger* § 359 Rdn. 4, 5: Anspruch des Verbrauchers ggü. dem Darlehensnehmer auf Rückzahlung der vor einer Anfechtung bereits geleisteter Darlehensraten zu bejahen, i.Ü. kein Rückforderungsdurchgriff etwa hinsichtlich einer geleisteten Anzahlung; Müko-*Habersack* § 359 Rdn. 75, 77; Palandt-*Heinrichs*, 63. Aufl., § 359 Rdn. 7; Staudinger/Kessal-*Wulf* § 9 VerbrKrG Rdn. 99 und Staudinger/Kessal-*Wulf* § 359 Rdn. 33, 34: kein „Rückforderungsdurchgriff"; a.A. für einen „Rückforderungsdurchgriff" LG Braunschweig NJW 1994, 2701; W/E/R-*Emmerich* § 9 VerbrKrG Rdn. 62, 178 a.E., 180, 185, 188: Anzahlung aber allein vom Verkäufer zurückzuzahlen; OLG Düsseldorf NJW-RR 1996, 1265 und Emmerich JuS 1997, 172 für Zins- und Kostenanteile; OLG Karlsruhe WM 2003, 336 in einem Sonderfall; *Hahn/Brockmann* VuR 2004, 173, 178 und *Nittel* NJW 2004, 2712 sowie *Schäfer* BKR 2005, 98, 102 beim finanzierten Beitritt zu einem Immobilienfonds; vgl. H. Rdn. 208, 436ff.

[2341] *Reinking/Eggert* Rdn. 732; *Graf von Westphalen* ZIP 2001, 2258, 2261.

recht zu, entweder die Anzahl der an den Darlehensgeber zu entrichtenden Raten bei unveränderter Höhe zu verringern oder den Minderungsbetrag auf die gleich bleibende Anzahl der Raten umzulegen und den Betrag der einzelnen Rate entsprechend zu reduzieren.[2342]

d) Rechtsfolgen bei Geltendmachung von Schadensersatzansprüchen

427 Macht der Verbraucher gegenüber dem Verkäufer/Werkunternehmer Schadensersatz- oder Aufwendungsersatzansprüche (etwa aus §§ 437 Nr. 3, 440, 280, 281, 283, 284, 311 a) geltend und liegen die Voraussetzungen eines Schadensersatzanspruchs vor, so kann er das ihm hieraus erwachsene Zurückbehaltungsrecht auch dem Darlehensgeber entgegenhalten. Mit dem Wegfall seiner Primärleistungspflicht gegenüber dem Verkäufer/Werkunternehmer, also insbesondere bei Geltendmachung von Schadensersatz statt der Leistung (§ 281 Abs. 1) kann der Verbraucher die Rückzahlung des Darlehens gegenüber dem Darlehensgeber dauerhaft verweigern.[2343]

428 Der Käufer muss die Kaufsache dann auf Verlangen Zug um Zug gegen Zahlung der Schadensersatzleistung wegen der ganzen Leistung zurückgeben und Nutzungen (§ 347 Abs. 1) vergüten. Die Rückabwicklung richtet sich nach den zum Rücktritt ausgeführten Grundsätzen.[2344]

e) Geltendmachung der Einreden aus §§ 320, 273

429 Macht der Käufer/Besteller lediglich die „allgemeine Mängeleinrede“[2345] bzw. die Einrede des nicht erfüllten Vertrages (§ 320) geltend, ohne sich für ein weitergehendes Gewährleistungsrecht (Rücktritt oder Minderung bzw. Schadensersatz) zu entscheiden, kann der Verbraucher grundsätzlich die Ratenzahlungen gegenüber dem Darlehensgeber – vorläufig – im Umfang bestehender Gegenrechte einstellen,[2346] jedenfalls wenn die von ihm verlangte Nacherfüllung fehlgeschlagen ist, § 359 S. 3.

430 Soweit sich die Einrede aus §§ 273, 320 auf Mängelgewährleistungsansprüche bezieht, ist er im Umfang der bestehenden Gegenrechte nach zu-

---

[2342] *Bülow* WM 2004, 1257, 1261; *Bülow* § 495 Rdn. 334; Müko-*Habersack* § 359 Rdn. 40, 72; W/E/R-*Emmerich* § 9 VerbrKrG Rdn. 192; abw. Staudinger/Kessal-*Wulf* § 359 Rdn. 13, 33: Verringerung der Gesamtzahl der Raten nicht möglich.

[2343] Müko-*Habersack* § 359 Rdn. 40, 72; auch *Bülow* § 495 Rdn. 334: Verbraucher kann den Anspruch in voller Höhe auch dem Anspruch des Darlehensgebers auf Zahlung der Raten entgegensetzen.

[2344] *Reinking/Eggert* Rdn. 731, 727.

[2345] Vgl. BGH NJW 1991, 1049; *Bülow* WM 2004, 1257, 1258: „Gewährleistungseinrede“; *Bülow* § 495 Rdn. 335; Staudinger/Kessal-*Wulf* § 359 Rdn. 7 a. E.; *Hofman/Pammler* ZGS 2004, 293, 295: aus § 242 herzuleiten.

[2346] Müko-*Habersack* § 359 Rdn. 21, 41, einschränkend bei § 359 Rdn. 70, 51; Staudinger/Kessal-*Wulf* § 359 Rdn. 7, 9, 10.

treffender Ansicht erst mit Fehlschlagen der Nacherfüllung des Verkäufers bzw. Werkunternehmers zur (teilweisen) Zahlungseinstellung berechtigt.[2347]

Dieses Recht des Verbrauchers ist dabei nicht von der klageweisen Geltendmachung der gegen den Verkäufer gerichteten Ansprüche auf Rückzahlung des Kaufpreises oder auf Leistung von Schadensersatz abhängig.[2348] 431

Beruft sich der Verbraucher auf die Einrede aus §§ 273, 320 bzw. die „allgemeine Mängeleinrede", kann ihm der Darlehensgeber nach h. M. in entsprechender Anwendung des § 350 n. F. eine Frist zur Geltendmachung konkreter Mängelansprüche gegenüber dem Verkäufer setzen.[2349] 432

Nach fruchtlosem Fristablauf soll dem Darlehensgeber der Anspruch auf die in der Zwischenzeit fällig gewordenen sowie die künftigen Raten wieder zustehen[2350]. 433

Gem. § 438 Abs. 4 S. 2 bleibt es jedoch auch in diesem Fall dabei, dass der Käufer trotz eines etwa unwirksamen Rücktritts wegen eingetretener Verjährung der Mängelansprüche gegenüber dem Verkäufer die Zahlung des Kaufpreises – und damit gem. § 359 auch der Darlehensraten – insoweit verweigern kann, als er aufgrund des Rücktritts hierzu berechtigt sein würde.[2351] Ein Anspruch gegen den Verkäufer auf Rückzahlung von Anzahlung und Darlehensvaluta sowie ein Rückgewähranspruch gegen den Darlehensgeber hinsichtlich der bereits geleisteten Raten steht ihm jedoch auch im Fall der Verjährung von Mängelansprüchen nicht zu.[2352] 434

Die allgemeine Mängeleinrede kann der Verbraucher jedenfalls nur für die Dauer einer angemessenen Entscheidungsfrist wirksam erheben.[2353] Nach Ablauf dieser Frist kann sich der Verbraucher gegen das Zahlungsbegehren durch Ausübung eines Mängelrechtes wehren. Hierdurch wird zum einen vermieden, dass der Käufer zu einer voreiligen Entscheidung gedrängt wird oder das Risiko der Rückforderbarkeit seines Kaufpreises trägt, zum anderen, dass der Verkäufer bis kurz vor dem Eintritt der Verjährung der Mängelrechte über den Bestand des Vertrages im Unklaren gelassen wird.[2354] 435

[2347] Müko-*Habersack* § 359 Rdn. 70, 51, 52; s. o. H. Rdnr. 404 ff.

[2348] Müko-*Habersack* § 359 Rdn. 70; auch Staudinger/Kessal-*Wulf*, 2004, § 358 Rdn. 45, 46 und § 359 Rdn. 10.

[2349] *Bülow* WM 2004, 1257, 1259; *Bülow* § 495 Rdn. 335; Bamberger/Roth-*Grothe* § 350 Rdn. 1: analoge Anwendung, soweit es an einer Pflichtwidrigkeit des Fristsetzenden fehlt; Müko-*Habersack* § 359 Rdn. 70; zu den Gegenargumenten s. o. Rdn. 409 f.

[2350] Müko-*Habersack* § 359 Rdn. 70, 39.

[2351] Müko-*Habersack* § 359 Rdn. 39, 70.

[2352] Müko-*Habersack* § 359 Rdn. 72.

[2353] Hofmann/Pammler ZGS 2004, 293, 296 f.

[2354] So zutreffend *Hofman/Pammler* ZGS 2004, 293, 297; s. o. H. Rdn. 410.

f) Rückforderungsdurchgriff des Verbrauchers

436 Insbesondere beim Rücktritt oder einem Schadensersatzverlangen „statt der Leistung" (früher „großer Schadensersatz") des Käufers bzw. Bestellers im verbundenen Kauf- oder Werkvertrag ist umstritten, ob er bei Insolvenz oder Zahlungsunwilligkeit des Verkäufers/Werkunternehmers gegen den Darlehensgeber einen Anspruch auf Rückzahlung von Raten hat, die vor der Geltendmachung des Einwendungsdurchgriffs bzw. der Rücktrittserklärung geleistet wurden.

437 Teilweise wird ein Rückforderungsdurchgriff sowohl hinsichtlich der nach als auch der schon vor Geltendmachung der Einreden aus §§ 634, 437, 440, 323, 320, 273 u.a. an den Darlehensgeber bezahlten Raten aus § 813 Abs. 1 bzw. § 242 bejaht.[2355]

438 Das OLG Düsseldorf[2356] und das LG Braunschweig[2357] haben dem Käufer im Weg des „Rückforderungsdurchgriffs" einen Anspruch gegen den Darlehensgeber auf Rückzahlung der geleisteten Darlehensraten einschließlich der darin enthaltenen Zins- und Kostenanteile gewährt. Bülow[2358] befürwortet einen Rückforderungsdurchgriff –über die Fälle der Nichtigkeit des finanzierten Vertrages hinaus- dann, wenn der Verbraucher nach der Rücktritts- oder Widerrufserklärung oder schon zuvor nach Entdeckung eines Mangels Tilgungsleistungen an den Darlehensgeber erbringt, wobei dem Anspruch die Kondiktionssperre des § 814 entgegenstehen kann, ebenso dann, wenn dem Verbraucher gegenüber dem Unternehmer (Verkäufer o.a.) wegen Verletzung von Aufklärungspflichten aus § 311 Abs. 2 Nr. 1 ein Anspruch auf Vertragsaufhebung zustand und er nach Fällgkeit dieses Anspruchs noch Zahlungen erbracht hat.

439 Nach u.E. zutreffender, überwiegender Ansicht kann der Verbraucher lediglich die nach Entstehen der Voraussetzungen des Einwendungsdurchgriffs aus § 359, also *nach* Erklärung des Rücktritts, des Verlangens nach Schadensersatz oder der Minderung an den Kreditgeber bezahlten bzw. zuviel bezahlten Raten aus § 813 Abs. 1 S. 1 bzw. § 812 Abs. 1 S. 2 1. Alt. zurückfordern, sofern nicht § 814 entgegensteht, nicht dagegen eine an den Verkäufer/Werkunternehmer geleistete Anzahlung und die an den Darlehensgeber vor Geltendmachung der Mängelgewährleistungsrechte bzw. der sonstigen Einreden bezahlten Raten.[2359]

[2355] LG Braunschweig NJW 1994, 2701: Darlehensgeber ist zur Rückzahlung verpflichtet, wenn zwischen ihm und dem Verkäufer aus Sicht des Verbrauchers keine klare Trennungslinie besteht; OLG Dresden WM 2001, 136, 139: § 813 Abs. 1 S. 1 jedenfalls bei anfänglicher Nichtigkeit des Kaufvertrages anzuwenden; OLG Düsseldorf NJW-RR 1996, 1265 sowie *Emmerich* JuS 1997, 172 für Zins- und Kostenanteile; W/E/R-*Emmerich* § 9 VerbrKrG Rdn. 62, 178 a.E., 180, 185, 188: Anzahlung aber allein vom Verkäufer zurückzuzahlen; *Schäfer* BKR 2005, 98, 102.

[2356] OLG Düsseldorf NJW-RR 1996, 1265.

[2357] LG Braunschweig NJW 1994, 2701.

[2358] *Bülow* WM 2004, 1257, 1263.

[2359] OLG Koblenz WM 2002, 2456, 2460; OLG Stuttgart WM 2001, 1667, 1675;

Denn der Rücktritt, das Minderungsrecht und das Verlangen nach Schadensersatz statt der Leistung führen zu einer Umgestaltung des Kaufvertrages mit Wirkung ex nunc und begründen somit erst von diesem Zeitpunkt an ein Leistungsverweigerungsrecht gegenüber dem Darlehensgeber. § 813 Abs. 1 setzt jedoch das Bestehen der Einrede im Zeitpunkt der Leistung voraus.[2360] **440**

Gleiches gilt, wenn der Verbraucher die Einrede aus §§ 273, 320 erhebt und die weitere Rückzahlung der Darlehensraten verweigert.[2361] **441**

Ein „Rückforderungsdurchgriff" würde zu einer Verlagerung des Insolvenzrisikos des Verkäufers auf die Bank führen, woraus sich ein Aufspaltungsvorteil zugunsten des Verbrauchers ergeben würde, der von § 9 VerbrKrG bzw. §§ 358, 359, die lediglich die Nachteile einer Aufspaltung vermeiden wollen, nicht beabsichtigt ist.[2362] **442**

Der Verbraucher soll durch § 359 nicht besser gestellt werden, als wenn ihm lediglich der Verkäufer als Vertragspartner gegenüberstünde. Dann aber könnten die bereits bezahlten Raten und eine Anzahlung ausschließlich vom Verkäufer, bei dessen Insolvenz jedoch nicht gegenüber einer dritten Person zurückverlangt werden.[2363] **443**

Obwohl dem Gesetzgeber die Problematik bereits im Zusammenhang mit §§ 5, 6 AbzG und umfassend aufgrund der Rechtsprechung zu § 9 Abs. 3 VerbrKrG bekannt war, hat er ausdrücklich auf eine Regelung des Rückforderungsdurchgriffs verzichtet und dem Verbraucher im Rahmen des § 359 lediglich den Einwendungsdurchgriff gestattet.[2364] **444**

OLG Frankfurt WM 2002, 1275, 1279; LG Bochum NJW-RR 2002, 349 für Zins- und Kostenanteile; LG Bonn NJW-RR 1993, 1269; LG Hagen NJW-RR 1994, 1260; LG Dortmund DB 2001, 915; LG Stuttgart WM 2000, 1492; *Karollus* JuS 1993, 820, 821; *Lauer* BKR 2004, 92, 100 f.; *Martis* MDR 1999, 65, 70; auch *Wallner* BKR 2004, 367, 371 und *Wolf/Großerichter* WM 2004, 1993, 1997; Bamberger/Roth-*Möller/Wendehorst* § 359 Rdn. 9: jedoch analoge Anwendung des § 358 Abs. 4 S. 2 bejaht; auch *Bülow* § 495 Rdn. 337, 338, differenzirend aber in WM 2004, 1257, 1263; Erman-*Saenger* § 359 Rdn. 4, 5; Müko-*Habersack* § 359 Rdn. 75, 77; Palandt-*Heinrichs*, 63. Aufl., § 359 Rdn. 7; *Reinking/Eggert* Rdn. 734, 735; Staudinger/Kessal-*Wulf* § 359 Rdn. 25, 33, 34; offen gelassen von BGH VersR 2002, 988, 989; NJW-RR 2000, 1576, 1577 und OLG Dresden ZIP 2000, 180, 183; vgl. bereits oben H. Rdn. 208, 425 Fn. 2324.

2360 *Martis* MDR 1999, 65, 70; *Wolf/Großerichter* WM 2004, 1993, 1997; Müko-*Habersack* § 359 Rdn. 75; Staudinger/Kessal-*Wulf* § 359 Rdn. 33; insoweit auch *Bülow* § 495 Rdn. 337, 338.

2361 Müko-*Habersack* § 359 Rdn. 75; *Bülow* § 495 Rdn. 338.

2362 OLG Koblenz WM 2002, 2456, 2460; OLG Frankfurt WM 2002, 1275, 1279; *Wallner* BKR 2004, 367, 371; *Wolf/Großerichter* WM 2004, 1993, 2000; Staudinger/Kessal-*Wulf* § 9 VerbrKrG Rdn. 98 und Staudinger/Kessal-*Wulf* § 359 Rdn. 33, 34.

2363 *Martis* MDR 1999, 65, 70; *Wolf/Großerichter* WM 2004, 1993, 1997; Müko-*Habersack* § 359 Rdn. 77; *Reinking/Eggert* Rdn. 735; Staudinger/Kessal-*Wulf* § 9 VerbrKrG Rdn. 98 und Staudinger/Kessal-*Wulf* § 359 Rdn. 33, 34.

2364 *Reinking/Eggert* Rdn. 735.

445 Auch ein auf § 242 gestützter „Rückforderungsdurchgriff" zugunsten des Verbrauchers ist nach h. M. im Hinblick auf die vom Gesetzgeber getroffene abschließende Regelung der §§ 9 Abs. 3 VerbrKrG bzw. 358, 359 ausgeschlossen.[2365]

446 Insbesondere dann, wenn ein Einwendungsdurchgriff gem. § 9 Abs. 3 S. 1 VerbrKrG nach § 3 Abs. 2 Nr. 2 VerbrKrG bzw. gem. §§ 358, 359 nach § 491 Abs. 3 Nr. 1 a. F. (Fassung bis zum 1. 8./1. 11. 2002) ausgeschlossen ist, kommt im Annwendungsbereich des § 1 VerbrKrG bzw. der §§ 491 Abs. 1, 499ff. ein Rückgriff auf die aus § 242 hergeleiteten Grunsätze über den Einwendungsdurchgriff nicht in Betracht.[2366]

447 Nach überwiegend vertretener Ansicht ist ein Rückforderungsdurchgriff gem. § 813 Abs. 1 S. 1 jedoch für den Fall der anfänglichen Nichtigkeit des Kaufvertrages bzw. Werkvertrages nach §§ 138, 134 gegeben, da in diesem Fall der Anspruch auf Rückzahlung des Darlehens von Anfang und dauernd einredebehaftet war. Die unmittelbare Anwendbarkeit des § 813 Abs. 1 S. 1 ist durch die Bestimmung der §§ 9 Abs. 3 VerbrKrG bzw. 359 nicht ausgeschlossen.[2367]

448 Aktuell hat der BGH[2368] bei der Rückabwicklung des gem. § 134 unwirksamen Beitritts zu einem geschlossenen Immobilienfonds einen Anspruch des Verbrauchers auf Rückzahlung schon geleisteter Darlehensraten gegen

---

[2365] BGH NJW 2004, 1376; WM 2002, 2501, 2503; BGH NJW 2000, 3065, 3066: keine Risikoverschiebung zum Nachteil des Verbrauchers, wenn dieser aus Eigeninteresse Kreditverträge abschließt; OLG Dresden WM 2003, 1802, 1809; OLG Stuttgart WM 2000, 2146, 2150; OLG Frankfurt OLG-Report 2005, 85, 88 und OLG Köln WM 2005, 792, 799 zum finanzierten Immobiliengeschäft; OLG München WM 2001, 252, 257: keine Risikoverschiebung zum Nachteil des Verbrauchers; OLG Schleswig WM 2005, 607, 610; *Knott* WM 2003, 49, 52; Müko-*Habersack* § 359 Rdn. 19, 20; offengelassen von OLG Braunschweig WM 1998, 1223, 1227 und OLG Köln WM 2000, 2139, 2145; a. A. OLG Karlsruhe WM 2001, 245, 250: Einwendungsdurchgriff aus § 242, wenn sich die Bank aktiv am finanzierten Geschäft beteiligt hat und dadurch den Käufer gleichsam als Partner des finanzierten Geschäfts gegenübergetreten ist; KG WM 2005, 596, 604f.: § 242 analog beim Widerruf finanzierter Immobiliengeschäfte nach § 2 HausTWG.

[2366] BGH NJW 2004, 1376; OLG Frankfurt OLG-Report 2005, 85, 88.

[2367] OLG Dresden OLG-Report 2000, 211, 212; WM 2001, 136, 139; OLG Koblenz WM 2002, 2456, 2460; OLG Stuttgart WM 2001, 1667, 1675; *Bülow* WM 2004, 1257, 1262f. und *Bülow* § 495 Rdn. 337, 338; Bamberger/Roth-*Möller/Wendehorst* § 359 Rdn. 9 Fn 26; Staudinger/Kessal-*Wulf*, 2004, § 359 Rdn. 33; auch *Lenenbach* WM 2004, 501, 511 und *Wolf/Großerichter* WM 2004, 1993, 1997; a. A. *Coester* Jura 1992, 617, 624; *Füller* ZBB 2001, 157, 168.

[2368] BGH, II. ZS., WM 2005, 843, 845; WM 2004, 1529, 1534f. = NJW 2004, 2736, 2740f.; WM 2004, 1536, 1542; WM 2004, 1518, 1520f.; WM 2004, 1521 = NJW 2004, 2731; zustimmend: OLG Stuttgart OLG-Report 2004, 244, 246; WM 2005, 972, 980f.; *Hahn/Brockmann* VuR 2004, 173, 178; *Lauer* BKR 2004, 92, 101; im Erg. auch *Lenenbach* WM 2004, 501, 511; u. E. zu Recht ablehnend *Jork/Engel* BKR 2005, 3, 10f.; *Mülbert/Hoger* WM 2004, 2281, 2292f.; *Wallner* BKR 2004, 367, 371; *Wolf/Großerichter* WM 2004, 1993, 1997ff.; Staudinger/Kessal-*Wulf*, 2004, § 359 Rdn. 29, 33; siehe ausführlich oben Rdn. 180ff., 203ff.

die seine Beteiligung finanzierende Bank in dem Umfang bejaht, in dem ihm ein Abfindungsguthaben gegen den Immobilienfonds, i.d.R. eine BGB-Gesellschaft[2369] oder gegen die Prospektverantwortlichen und die Gründungsgesellschafter des Fonds[2370] zusteht.

J. Exkurs: Aufklärungspflicht der Banken bei finanzierten Immobiliengeschäften

I. Grundlagen

1 Eine kreditgebende Bank ist nach ständiger Rechtsprechung des BGH und der Oberlandesgerichte insbesondere bei „steuersparenden" Bauherren-, Bauträger- und Erwerbermodellen zur Risikoaufklärung über das finanzierte Geschäft nur unter ganz besonderen Voraussetzungen verpflichtet. Sie darf regelmäßig davon ausgehen, dass der Darlehensnehmer entweder selbst über die notwendigen Kenntnisse und Erfahrungen verfügt oder sich jedenfalls der Hilfe von Fachleuten (Steuerberater, Rechtsanwälte, Architekten u.a.) bedient hat.[2371]

2 Etwaige Erkenntnisse hinsichtlich der Werthaltigkeit, des Wertsteigerungspotentials und der Ertragfähigkeit des finanzierten Objekts[2372] muss die Bank daher ebenso wenig offenbaren wie etwaige Bedenken gegen die Zweckmäßigkeit der Kreditaufnahme[2373] oder Bedenken gegen die Realisierbarkeit der mit dem Erwerb des finanzierten Objekts bzw. einer finanzierten Beteiligung verbundenen wirtschaftlichen und/oder steuerlichen Vor- oder Nachteile.[2374]

2369 BGH NJW 2003, 2821, 2823.

2370 BGH BKR 2005, 73, 74; WM 2004, 1529, 1535 = NJW 2004, 2736, 2742; WM 2004, 1536, 1542; WM 2004, 1521, 1524 = NJW 2004, 2731, 2734; s.o. Rdn. 186, 193.

2371 BGH BKR 2004, 108, 109 = WM 2004, 172, 173; NJW 2004, 2736, 2741 = WM 2004, 1529, 1536; NJW 2004, 2378, 2380; VersR 2004, 918, 921; NJW 2003, 2529, 2530; NJW 2003, 2088, 2090; NJW-RR 2003, 1203; NJW 2000, 2352, 2353; OLG Dresden WM 2002, 1881, 1882; OLG Köln WM 2005, 557, 558; WM 2000, 127, 129; OLG Stuttgart OLG-Report 2003, 69, 71; OLG-Report 2001, 12; OLG-Report 2002, 317, 318; WM 2000, 292, 296; OLG Brandenburg WM 2005, 463, 468.

2372 OLG Dresden WM 2002, 1881, 1882; OLG Schleswig WM 2000, 1381, 1385; OLG Stuttgart WM 2000, 292, 296; OLG Köln WM 2000, 127, 129.

2373 OLG Stuttgart MDR 2001, 1127, 1128; WM 2001, 1667, 1671; WM 2000, 1146; WM 2000, 2146, 2149; OLG Hamm WM 1999, 1056, 1057; OLG Naumburg WM 2001, 1411, 1412.

2374 OLG Stuttgart MDR 2001, 1127, 1128; WM 2000, 2146, 2149: Zweckmäßigkeit der Kreditaufnahme sowie wirtschaftliche bzw. steuerliche Vorteile; OLG Hamm WM 1999, 1056, 1057: keine Beratungspflicht bezüglich der Geschäfte, die der Darlehensnehmer mit dem Darlehen verwirklichen will; OLG Naumburg WM 2001, 1411, 1412: Bedenken gegen die Zweckmäßigkeit der gewährten Kreditart; OLG München WM 1999, 1416, 1418: Wert des Objekts, Steuervorteile; OLG Bamberg WM 2002,

3 Dass eine finanzierte Kapitalanlage für den Kreditnehmer angesichts seiner Einkommensverhältnisse wegen geringer Steuerspareffekte und Mieteinnahmen[2375] oder aus sonstigen Gründen, etwa der Beschaffenheit des Objekts, nicht rentabel ist, begründet grundsätzlich keine Aufklärungspflicht der finanzierenden Bank.[2376]

4 Eine Bank verletzt auch keine vorvertragliche Aufklärungspflicht gegenüber dem Kreditnehmer, wenn sie sich nur unzureichende Selbstauskünfte des Kreditnehmers beschafft, die Bedienung eines Fondskredits durch diesen nicht überprüft und auch keinen aktuellen Grundbuchauszug hinsichtlich des zu besichernden Objekts einholt.[2377] Die Prüfung der Einkommensverhältnisse des Kreditnehmers erfolgt nämlich grundsätzlich im Interesse der Bank und nicht in Erfüllung einer Verpflichtung gegenüber dem Kreditinteressenten. Die Bank ist deshalb nicht verpflichtet, dem Kreditnehmer die Grenzen seiner eigenen wirtschaftlichen Leistungsfähigkeit aufzuzeigen.[2378]

5 Nur ausnahmsweise können sich Aufklärungs- und Hinweispflichten aus den besonderen Umständen des Einzelfalls ergeben.

6 So kann im Einzelfall eine Aufklärungspflicht im Fall der augenfälligen wirtschaftlichen Sinnlosigkeit des Geschäfts[2379] angenommen werden oder wenn die Bank bei einem Vergleich von Kaufpreis und Wert des Objekts von einer sittenwidrigen Übervorteilung des Käufers/Verbrauchers durch den Verkäufer/Unternehmer ausgehen muss.[2380]

7 Gleiches gilt, wenn die kreditgebende Bank einem Interessenten eine Beteiligung an einem Bauherrenmodell empfiehlt und ihr bekannt ist, dass die tatsächlich erzielten Mieterträge der im Rahmen des Steuersparmodells bereits erstellten Eigentumswohnungen nicht den im Anlageprospekt prognostizierten Mieten entsprechen und die Vermietung der Wohnungen

537, 542 und LG Berlin WM 2000, 1484, 1487: steuerliche Auswirkungen und Rentabilität; OLG Schleswig WM 2000, 1381: Gefahren eines steuersparenden Bauherrenmodells; OLG Stuttgart OLG-Report 2003, 69, 71: wirtschaftliche Zweckmäßigkeit, steuerliche Vorteile; OLG Karlsruhe WM 2001, 1210, 1214: Risiken eines geplanten Anlagegeschäfts; OLG Koblenz WM 2003, 1228, 1232; LG Stuttgart WM 2001, 140, 142: Wirtschaftlichkeit und Risiken des beabsichtigten Erwerbs; LG Stuttgart WM 2000, 1388, 1390: Wertsteigerung, Realisierbarkeit und Sinnhaftigkeit des verfolgten Steuerkonzepts; OLG Karlsruhe WM 2003, 182, 184: Unrentabilität einer Anlage.

[2375] LG Berlin WM 2000, 1484, 1487.

[2376] BGH NJW 2000, 2352, 2353; OLG Karlsruhe WM 2003, 182, 184; OLG Bamberg WM 2002, 537, 542; OLG Stuttgart WM 2000, 292, 296.

[2377] KG WM 2001, 1859.

[2378] OLG Stuttgart WM 2003, 343; OLG Karlsruhe WM 2001, 245, 250.

[2379] Wegen eines beabsichtigten Beitritts zu einem Immobilienfonds: BGH NJW 2000, 2352, 2353; OLG Karlsruhe WM 2003, 182, 185.

[2380] BGH BKR 2004, 108, 110 = WM 2004, 172, 173f.; NJW 2004, 1732, 1734; NJW 2004, 154, 156; NJW-RR 2004, 1126, 1128; BKR 2003, 583 = WM 2003, 1370, 1372; OLG Köln WM 2005, 792, 797; OLG Celle WM 2005, 877, 879; OLG Frankfurt OLG-Report 2005, 85, 88.

Schwierigkeiten bereitet.[2381] Zum Bestehen einer Aufklärungspflicht hat die Rechtsprechung vier – abschließende[2382] – Fallgruppen entwickelt, bei deren Vorliegen eine Haftung der finanzierenden Bank aus dem Gesichtspunkt des Verschuldens bei Vertragsabschluss (c.i.c.), jetzt in § 311 Abs. 2, Abs. 3 normiert, bejaht wird:

1. „Wissensvorsprung"

Die Bank hat in Bezug auf spezielle Risiken des Vorhabens einen konkreten Wissensvorsprung vor dem Darlehensnehmer und kann dies auch erkennen.[2383] 8

2. „Überschreiten der Rolle des Kreditgebers"

Die Bank haftet selbst, wenn sie im Zusammenhang mit der Planung, Durchführung oder dem Vertrieb des finanzierten Projekts nach außen erkennbar über ihre Rolle als Kreditgeberin hinausgeht, insbesondere, wenn sie selbst „gleichsam als Partei des finanzierten Geschäfts" erscheint.[2384] 9

[2381] BGH NJW 2004, 1868 = BKR 2004, 152 = VersR 2004, 740.

[2382] Vgl. BGH NJW 2004, 2378, 2380; OLG Dresden WM 2002, 1881, 1882; OLG München WM 2000, 130; OLG Stuttgart WM 2000, 292, 296.

[2383] BGH WM 2005, 127, 129; BKR 2004, 108, 110 = WM 2004, 172, 173; NJW 2004, 2736, 2741 = WM 2004, 1529, 1536; NJW 2004, 2378, 2380; NJW 2004, 1376, 1378; NJW 2004, 154, 156; NJW-RR 2004, 632; NJW 2003, 2529, 2530; NJW 2003, 2088, 2090; WM 2003, 1710, 1713; WM 2003, 916, 917; NJW 2003, 424, 425; WM 2000, 1245, 1246; NJW 2000, 2352, 2353; WM 1999, 678, 679; OLG Karlsruhe NJW-RR 2003, 185, 189 = OLG-Report 2003, 20, 25; OLG-Report 2002, 295, 296; WM 2001, 245, 248; OLG Stuttgart OLG-Report 2003, 69, 71; OLG-Report 2002, 317, 318; OLG-Report 2001, 12; OLG-Report 2001, 222; WM 2001, 1667, 1670; WM 2000, 2146, 2147; WM 2000, 1942, 1946; WM 2000, 292; WM 2000, 295; ZIP 1999, 529; OLG Dresden WM 2003, 1802, 1807; WM 2002, 1881, 1882; OLG Koblenz WM 2003, 1228, 1232; OLG Koblenz WM 2002, 2456, 2458; WM 1999, 2353, 2355; OLG Frankfurt OLG-Report 2005, 85, 88; WM 2002, 1275, 1281; WM 2000, 2135, 2137; OLG Hamburg WM 2002, 1289, 1292; OLG Köln WM 2005, 557, 558; WM 2005, 792, 797; OLG Brandenburg WM 2005, 463, 469; VersR 2002, 990, 991; OLG Naumburg WM 2001, 1411, 1412; OLG München ZIP 2000, 2295; WM 2001, 1215, 1216; WM 1999, 1818, 1820; OLG Hamm WM 2002, 2326, 2328; LG München I WM 2002, 285, 286; WM 2000, 820, 823; LG Stuttgart WM 2001, 140, 142; WM 2000, 1388, 1389.

[2384] BGH NJW 2004, 1376, 1379 und NJW 2003, 2088, 2090: Bank muss nach außen erkennbar Funktionen oder Aufgaben des Veräußerers oder Vertreibers übernommen und damit einen zusätzlichen, auf die übernommenen Funktionen bezogenen Vertrauenstatbestand geschaffen haben; BGH NJW 2004, 2736, 2741 = WM 2004, 1529, 1536; WM 2003, 1710, 1713; WM 1999, 678, 679; BGH WM 1992, 901, 905; OLG Köln WM 2005, 792, 798; OLG Brandenburg WM 2005, 463, 468; OLG Celle WM 2005, 877, 879; OLG Koblenz WM 2003, 1228, 1233; OLG Dresden WM 2003, 1802, 1807; WM 2002, 1881, 1882; OLG Stuttgart WM 2001, 1667, 1670; WM 2000, 2146, 2147; OLG-Report 2002, 317, 318; OLG Karlsruhe NJW-RR 2003, 185, 189; WM 2003, 182, 185; WM 2001, 245, 251; OLG Hamm WM 1998, 1230; OLG München WM 2000, 130, 133; WM 1997, 254, 256; OLG Bamberg WM 2002, 537, 542; OLG Frankfurt WM 2000, 2135, 2137; OLG Schleswig WM 2000, 1381, 1385; LG Stuttgart

3. Schaffung eines „besonderen Gefährdungstatbestandes"

10 Eine Eigenhaftung der Bank ist begründet, wenn sie einen zu den allgemeinen wirtschaftlichen Risiken des Objekts hinzutretenden „besonderen Gefährdungstatbestand" für den Kunden geschaffen oder das Entstehen eines solchen „besonderen Gefährdungstatbestandes" begünstigt hat.[2385]

4. Bestehen einer „schwerwiegenden Interessenkollision"

11 Eine Aufklärungspflicht der Bank besteht auch dann, wenn sie sich im Zusammenhang mit der Kreditgewährung sowohl an den Bauträger/Verkäufer als auch an die einzelnen Darlehensnehmer/Käufer in schwerwiegende Interessenkonflikte verwickelt. Ein solcher Interessenkonflikt ist allerdings nicht schon deshalb zu bejahen, wenn die finanzierende Bank zugleich Kreditgeberin des Bauträgers oder Verkäufers und des Erwerbers andererseits ist.[2386]

5. Nicht: „Erkennbare Geschäftsunerfahrenheit"

12 Eine erkennbare Geschäftsunerfahrenheit des Kunden begründet dagegen ohne Hinzutreten weiterer Umstände keine Aufklärungspflicht der Bank.[2387]

WM 2001, 140, 142; LG Frankfurt WM 2001, 257, 261; LG München I WM 2002, 285, 286.

[2385] BGH BKR 2004, 108, 109 = WM 2003, 172, 173; NJW 2004, 2736, 2741 = WM 2004, 1529, 1536; NJW 2004, 2378, 2380 = WM 2004, 1221, 1224; NJW 2003, 2088, 2090; NJW 2003, 2529, 2530; WM 2003, 1710, 1713; OLG Koblenz WM 1999, 2353, 2356; OLG Dresden WM 2003, 1802, 1807; WM 2002, 1881, 1882; OLG Stuttgart OLG-Report 2002, 317, 319; WM 2001, 1667, 1670; WM 2000, 292, 294; WM 2000, 2146, 2147; WM 2000, 1942, 1946; OLG Karlsruhe BKR 2005, 157, 158; WM 2003, 182, 185; WM 2001, 245, 248; OLG Hamburg WM 2000, 1289, 1292; OLG Frankfurt WM 2000, 2135, 2138; OLG Dresden WM 2002, 1881, 1882; OLG Koblenz WM 1999, 2353, 2356; OLG Naumburg WM 2001, 1411, 1412; LG Stuttgart WM 2001, 140, 142; WM 2000, 1388, 1389; LG München I WM 2002, 285, 286; WM 2000, 820, 823.

[2386] BGH WM 2005, 127, 129; NJW 2004, 1376, 1379; NJW 2004, 2736, 2741 = WM 2004, 1529, 1536; BKR 2004, 108, 109 = WM 2004, 172, 173; NJW 2004, 2378, 2380 = WM 2004, 1221, 1224f.; NJW 2003, 2088, 2090 = WM 2003, 918, 921; WM 1988, 561, 562; OLG Koblenz WM 2003, 1228, 1232; OLG Köln WM 2005, 792, 798; OLG Frankfurt OLG-Report 2005, 85, 88; OLG Dresden WM 2003, 1802, 1807; WM 2002, 1881, 1883; OLG Stuttgart OLG-Report 2003, 69, 71; OLG-Report 2002, 317, 319; WM 2001, 1667, 1670; WM 2000, 2146, 2147; LG Stuttgart WM 2001, 140, 142; WM 2000, 1388, 1389; LG München I WM 2002, 285, 286; WM 2000, 820, 823; LG Frankfurt WM 2001, 257, 261.

[2387] OLG Stuttgart WM 2001, 1667, 1671; WM 2000, 292, 298; OLG Köln WM 2000, 2139, 2144; OLG Frankfurt WM 2002, 1281, 1286; OLG München ZIP 2000, 2295,2299f.; Palandt-*Heinrichs* § 280 Rdn. 68; a.A. OLG Frankfurt WM 2002, 549, 552f. und LG Freiburg BB 1999, 1727.

II. Wissensvorsprung

Eine Aufklärungspflicht besteht, wenn die Bank gegenüber dem Kunden einen konkreten Wissensvorsprung hinsichtlich bestimmter Risiken der Anlage, also etwa dem zu finanzierenden Kauf eines Hausgrundstücks oder dem finanzierten Beitritt zu einem Immobilienfonds, hat.[2388] 13

1. Keine Nachforschungspflicht

Zu einem „Wissensvorsprung" gehört das positive Wissen der Bank hinsichtlich der aufklärungspflichtigen Umstände und die Erkennbarkeit dieses Wissensvorsprungs.[2389] 14

Dabei ist die Bank weder verpflichtet, einen möglichen Informationsbedarf beim Kunden zu erforschen noch sich durch gezielte Auswertung ihr zugänglicher Unterlagen oder durch Nachforschungen einen solchen Wissensvorsprung erst zu verschaffen.[2390] 15

Nur wenn sich bedeutsame Tatsachen nach den Umständen aufdrängen müssen[2391] oder sich die Bank als besonders kompetent geriert und beim Kunden ein Vertrauen in das Vorhandensein eines Wissensvorsprungs erweckt,[2392] ist dies der „positiven Kenntnis" gleichzusetzen. 16

2. Abschluss eines Beratungsvertrages im Einzelfall

Zwischen der Bank und ihrem Kunden kommt konkludent ein Beratungsvertrag zustande, wenn im Zusammenhang mit der Anlageentscheidung tatsächlich eine vom Kunden gewünschte oder von der Bank initiierte Beratung stattfindet.[2393] Ist der Bank in diesem Fall bekannt oder muss es sich ihr aufdrängen, dass die tatsächlich erzielten Mieterträge der im Rahmen eines 17

[2388] BGH NJW 2004, 2736, 2741 = WM 2004, 1529, 1536; BKR 2004, 108, 110 = WM 2004, 172, 173; NJW 2004, 2378, 2380; NJW 2004, 154, 156; NJW 2004, 1376, 1378; NJW-RR 2004, 632; NJW 2003, 2529, 2530; NJW 2003, 2088, 2090; NJW 2003, 424, 425; WM 2003, 1710, 1713; WM 2003, 916, 917 und die in Fn. 2367 genannten.

[2389] BGH BKR 2004, 108, 109f. = WM 2004, 172, 173; OLG Stuttgart OLG-Report 2001, 222.

[2390] BGH NJW 2004, 1376, 1378; WM 2004, 172, 173; NJW 2004, 1376, 1378; NJW-RR 1992, 879 = WM 1992, 901, 904; WM 1992, 601, 602; OLG Karlsruhe WM 2001, 245, 248: gezielte Auswertung von Unterlagen nicht erforderlich; OLG Karlsruhe NJW-RR 2003, 185, 190; OLG Schleswig WM 2000, 1381, 1385; OLG Köln WM 2005, 792, 797; OLG Bamberg WM 2002, 537, 542; LG Berlin WM 2000, 1484, 1486; *Barnert* WM 2004, 2002, 2006.

[2391] LG Berlin WM 2000, 1484, 1486; OLG Karlsruhe OLG-Report 2004, 448, 451; OLG Hamm WM 2002, 2326, 2328: Bank ist im Besitz eines dem Erwerber nicht zugänglichen Gutachtens; OLG Bamberg WM 2002, 537, 542: Kenntnis von Mängeln, die dem Kunden verborgen geblieben sind; LG Stuttgart WM 2001, 140, 143 und LG Frankfurt WM 2001, 257: der Bank sind versteckte Mängel bekannt.

[2392] So OLG Karlsruhe WM 2001, 245, 248.

[2393] BGH NJW 2005, 820, 822; NJW 2005, 983; NJW 2004, 1868, 1870.

steuersparenden Bauherrenmodells bereits erstellten Eigentumswohnungen nicht den in den Anlageprospekten prognostizierten Mieten entsprechen, die Vermietung der Wohnungen Schwierigkeiten bereitet und sie ihrem Kunden dennoch eine Beteiligung an dem betreffenden Bauherrenmodell empfiehlt,[2394] kann der Kunde bei – vermuteter und von der Bank zu widerlegender – schuldhafter Verletzung des Beratungsvertrages verlangen, so gestellt zu werden, als hätte er die Anlageentscheidung nicht getroffen.[2395]

3. Zurechnung von Kenntnissen Dritter

18 Die Bank muss sich dabei unter Umständen auch Wissen ihres nicht an der Kreditvergabe beteiligten Personals zurechnen lassen.[2396]

19 Die den Erwerb einer Immobilie finanzierende Bank muss sich das Verhalten und die Aussagen des Veräußerers oder Finanzierungsvermittlers aber nur insoweit zurechnen lassen, als diese den Bereich der Anbahnung des Darlehensvertrages betreffen; nur insoweit sind die Vermittler und sonstige Dritte als Erfüllungsgehilfen (§ 278) im Pflichtenkreis der Bank tätig.[2397]

20 Angaben über den Wert des Objekts, zur monatlichen Belastung des Kunden unter Berücksichtigung der etwaigen Mieteinnahmen, über die Miethöhe, Steuervorteile, Wertsteigerungsmöglichkeiten[2398] gehören ebenso wenig zum Pflichtenkreis der Bank wie die Beratung oder Aufklärung über Markttendenzen, die Frage, ob eine Immobilie als Altersvorsorge geeignet sein kann, den Erhaltungszustand der Immobilie, Art und Umfang der

---

[2394] BGH NJW 2004, 1868 = BKR 2004, 152 = MDR 2004, 520.

[2395] BGH BKR 2004, 152, 155 = NJW 2004, 1868, 1871 f.; zur Haftung bei Vorlage eines „Berechnungsbeispiels“ vgl. BGH NJW 2003, 1811, 1812 und BGH WM 2004, 2349, 2353 sowie *Schmidt-Räntsch* MDR 2005, 6, 8 ff..

[2396] BGH NJW 1989, 2881; Palandt-*Heinrichs* § 280 Rdn. 65.

[2397] BGH NJW 2004, 2378, 2380 f.; NJW 2004, 1376, 1377; NJW 2004, 154, 157; NJW-RR 2004, 632, 633; WM 2003, 1710, 1713; WM 2000, 1685, 1686; MDR 2000, 1201, 1202; OLG Stuttgart WM 2000, 2146, 2149; OLG Koblenz WM 2003, 1228, 1234; OLG Köln WM 2005, 792, 798; VersR 2004, 1180: „haftungsrechtliche Trennung nach Pflichtenkreisen“; OLG Frankfurt WM 2002, 1275, 1281; OLG München WM 2002, 2460, 2465; LG Stuttgart WM 2000, 1388, 1391; WM 2001, 140, 143; vgl. zur Zurechnung einer „Haustürsituation“ nach § 123 Abs. 2 BGH, XI. Senat, NJW-RR 2004, 1126 und NJW 2003, 424, 425 einerseits und BGH, II. Senat, NJW 2004, 2731, 2732 f. = WM 2004, 1521, 1523 sowie WM 2004, 1527, 1528 und OLG Stuttgart WM 2005, 972, 975 andererseits; zusammenfassend *Weber/Kesselring* NJW 2004, 3469, 3473.

[2398] BGH NJW 2004, 154, 157; NJW-RR 2004, 632 633; NJW 2003, 2088, 2090 = WM 2003, 918, 922; OLG München WM 2002, 2460, 2465: Angaben zur Miethöhe, zum Wert der Immobilie, zu den erzielbaren Steuervorteilen; OLG München WM 2001, 1215, 1217; WM 1999, 1417, 1418; OLG Stuttgart WM 1999, 844; WM 2000, 2146, 2149: Nachhaltige Mieteinnahmen und Steuervorteile beim Erwerb des Objekts; OLG Frankfurt WM 2000, 2135, 2138: Mieteinnahmen und Steuervorteile; OLG Karlsruhe WM 2001, 245, 249; OLG Düsseldorf WM 2005, 881, 885; OLG Brandenburg WM 2005, 463, 468; LG Stuttgart WM 2001, 140, 143.

hierfür laufend zu erbringenden Aufwendungen,[2399] die Durchführung der Schlüssigkeitsprüfung vom Verkäufer oder Vermittler vorgelegter Liquiditäts- und sonstiger Berechnungen[2400] oder die Beratung über mögliche steuerliche bzw. wirtschaftliche Nachteile beim Erwerb eines Immobilienfondsanteils.[2401]

Möglicherweise falsche Erklärungen des mit der Bank nicht identischen Vermittlers oder Verkäufers zum Wert und zur Wiederveräußerungsmöglichkeit des Objekts, zur monatlichen Belastung des Käufers/Darlehensnehmers unter Berücksichtigung von Mieteinnahmen, zu den möglichen Steuervorteilen, den auf ihn letztlich zukommenden Zins- und Tilgungsaufwendungen betreffen danach nicht das Darlehensgeschäft und liegen damit außerhalb des Pflichtenkreises der Bank.[2402] 21

Andererseits wurde die fehlende Aufklärung über die Vor- und Nachteile der Finanzierung einer Eigentumswohnung mittels einer Kapitallebensversicherung als auf das Darlehen bezogen angesehen.[2403] Die Vergabe des Darlehens, seine Tilgung und insbesondere seine Absicherung durch Abtretung der Lebensversicherung sind Umstände, die das Darlehensverhältnis selbst betreffen. 22

Dies gilt auch für die in der Darlehenssumme versteckte Innenprovision. Berechnet der Verkaufs- und Finanzierungsvermittler daher die Zinsbelastung sowie die Höhe der Lebensversicherungsbeiträge – für die Bank erkennbar- schuldhaft falsch, hat sich die Bank dies zurechnen zu lassen.[2404] 23

Für eine Einbeziehung in den Pflichtenkreis der Bank reicht es nach h.M. nicht aus, dass diese einen Anlagevermittler mit Kreditformularen ausstattet und verprovisioniert.[2405] 24

Beschränkt sich die Tätigkeit eines Anlagevermittlers hinsichtlich des Abschlusses eines Kreditvertrages auf das Einfordern und die Weiterleitung der üblichen Unterlagen beim Kreditnehmer, so ist er im Verhältnis zur Bank als Dritter i.S.d. § 123 Abs. 2 und nicht als Erfüllungsgehilfe i.S.d. § 278 an- 25

2399 OLG Stuttgart WM 2000, 2146, 2149.

2400 OLG Karlsruhe OLG-Report 2003, 20, 26 = NJW-RR 2003, 185, 190.

2401 OLG Karlsruhe WM 2003, 182, 184.

2402 BGH NJW 2004, 1376, 1378; NJW 2004, 154, 157; NJW-RR 2004, 632,633; NJW 2003, 2088, 2090; WM 2003, 2328, 2333; WM 2003, 1710, 1713; OLG Köln WM 2005, 792, 798; OLG Karlsruhe WM 2001, 245, 249: falsche bzw. unvollständige Angaben eines Vermittlers betreffend den Wert einer Immobilie, die Finanzierbarkeit des Vorhabens, die Vermietbarkeit der finanzierten Wohnung, die Höhe des Mietzinses, die Werthaltigkeit einer Mietgarantie, die sich auf einen Immobilienfonds beziehenden Umstände u.a. sind der Bank grundsätzlich nicht zuzurechnen.

2403 OLG Koblenz WM 2003, 1228, 1234.

2404 OLG Koblenz WM 2003, 1228, 1234.

2405 OLG Braunschweig WM 1998, 1223, 1229; OLG München, 19. Senat, WM 2001, 1215, 1217; OLG Schleswig WM 2000, 1381, 1386; *Bruchner* WM 1999, 825, 834; a.A. OLG Düsseldorf WM 1993, 2207, 2209f.; offen gelassen von OLG München WM 1999, 1417, 1418 und LG Stuttgart WM 2000, 1388, 1391.

zusehen, da die Bank die Kreditprüfung einschließlich der Bonitätsprüfung ausschließlich im eigenen Interesse ausführt.[2406]

26 Der BGH[2407] rechnet der Bank eine Haustürsituation über § 123 Abs. 2 zu, wenn sie dem Vermittler bei Anbahnung des Kreditvertrages ihre Kreditunterlagen überlässt und sich anhand der aus dem unterzeichneten Vertrag erkennbaren Ortsverschiedenheit zwischen dem Wohnort des Verbrauchers und dem Geschäftssitz des Vermittlers der Eindruck des Abschlusses in einer solchen Situation aufdrängen muss.

27 Grundsätzlich im eigenen Interesse überprüft die Bank auch gegenwärtige und künftige Einkommens- und Vermögensverhältnisse eines Darlehensinteressenten.[2408] Gleiches gilt hinsichtlich der Werthaltigkeit der zu finanzierenden Immobilie[2409] und der vor einer Kreditgewährung und Grundschuldbestellung vorgenommenen „Einwertung" einer Immobilie.[2410]

28 Die Bank ist nicht verpflichtet, dem Darlehensinteressenten die Grenzen seiner eigenen wirtschaftlichen Leistungsfähigkeit aufzuzeigen,[2411] die Darlehensaufnahme auf ihre wirtschaftliche Zweckmäßigkeit hin zu prüfen oder der Frage nachzugehen, ob das zu finanzierende Geschäft für den Kunden unter wirtschaftlichen Gesichtspunkten überhaupt vorteilhaft ist.[2412]

29 Dies gilt insbesondere bei Steuersparmodellen, bei denen das Finanzierungsinstitut davon ausgehen darf, dass die Interessenten entweder selbst über die notwendigen Kenntnisse und Erfahrungen verfügen oder sich der Hilfe von Fachleuten (Steuerberater, Wirtschaftsprüfer, Rechtsanwälte) bedienen.[2413]

[2406] OLG Stuttgart WM 2000, 1942; anders aber jetzt OLG Stuttgart WM 2005, 972, 975 und OLG-Report 2004, 244, 249 zum Haustürgeschäft: Kenntnisse und Handlungen des Vermittlers eines Immobilienfonds im Rahmen eines Haustürgeschäftes sind der Bank nach § 123 Abs. 1 zuzurechnen.

[2407] BGH, II. ZS., NJW 2004, 2731, 2733 = WM 2004, 1536, 1538; WM 2004, 1527, 1528 zu Recht ablehnend *Wallner* BKR 2004, 367, 369; tendenziell anders BGH, XI. ZS. NJW 2003, 424, 425 und BGH, V. ZS. WM 2004, 2349, 2353; kritisch zur Anwendung des § 123 Abs. 2 i.S.d. II. ZS. dagegen OLG Bremen NJW 2004, 2238, 2240 im Vorlagebeschluss zum EuGH sowie KG WM 2005, 596, 602: objektive Rechtslage entscheidend.

[2408] OLG Stuttgart WM 2003, 343.

[2409] OLG Stuttgart WM 2003, 343.

[2410] OLG Stuttgart WM 2000, 292; LG Stuttgart WM 2000, 1388; *Edelmann* MDR 2000, 1172, 1175.

[2411] OLG Stuttgart WM 2003, 343.

[2412] OLG Stuttgart OLG-Report 2003, 69, 71; MDR 2001, 1127, 1128; WM 2001, 1667, 1670; WM 2000, 2146, 2149; OLG Naumburg WM 2001, 1411, 1412.

[2413] BGH BKR 2004, 108, 109 = WM 2004, 172, 173; NJW 2004, 2736, 2741 = WM 2004, 1529, 1536; NJW 2004, 2378, 2380 = WM 2004, 1221, 1224f.; VersR 2004, 918, 921; NJW-RR 2003, 1203, 1205; NJW 2000, 3558, 3559; OLG Stuttgart OLG-Report 2003, 69, 71; WM 2000, 2146, 2149; OLG Dresden WM 2003, 1802, 1807; OLG Koblenz WM 2003, 1228, 1232; OLG München ZIP 2000, 2295; OLG Karlsruhe OLG-Report 2002, 295, 296; OLG Frankfurt WM 2002, 1275 und OLG-Report 2005, 85, 88.

4. Aufklärungspflicht der Bank bejaht

In folgenden Fällen wurde eine Aufklärungspflicht der Bank aus dem Gesichtspunkt eines „konkreten Wissensvorsprungs" bejaht:[2414] 30

a) Die Bank kennt Umstände, die zum Scheitern des Projekts führen können

Eine Aufklärungspflicht besteht, wenn die Bank im Zeitpunkt der Darlehensgewährung positiv weiß, dass der Verkäufer des Objekts bzw. Initiator eines Fonds vor der Insolvenz steht und die Fertigstellung des Objekts bzw. das zu finanzierende Projekt zu scheitern droht.[2415] 31

So liegt ein zu offenbarender „Wissensvorsprung" der Bank etwa dann vor, wenn sie aufgrund der ihr, nicht jedoch dem Anleger vorliegenden Bilanzen eines Immobilienfonds (BGB-Gesellschaft) Kenntnis von deren Überschuldung und damit der wirtschaftlichen Wertlosigkeit einer von dieser erteilten „Mietgarantie" für das Anlageobjekt hat.[2416] 32

Gleiches gilt, wenn der Bank die Unzuverlässigkeit des Treuhänders, Manipulationen des Verkäufers in erheblichem Umfang oder vorangegangene arglistige Täuschungen des Kunden durch den Verkäufer oder Vermittler bekannt ist.[2417] 33

Auch Kenntnisse der finanzierenden Bank darüber, ob der Erwerb eines Gesellschaftsanteils (insbesondere an einer KG oder BGB-Gesellschaft) für den Interessenten wirtschaftlich, insbesondere in steuerlicher Hinsicht sinnvoll ist, können dann eine Aufklärungspflicht begründen, wenn sich der Bank aufdrängen muss, dass die gesamte Kapitalanlage von vornherein zum Scheitern verurteilt war.[2418] 34

Auch in diesem Zusammenhang muss sich die Bank aber nur das Verhalten derjenigen Personen zurechnen lassen, deren sie sich als Verhandlungsgehilfen zum Abschluss des Darlehensvertrages, ggf. einschließlich seiner Besicherung, bedient.[2419] 35

b) Die Bank hat von Falschangaben des Vermittlers Kenntnis

Ein Wissensvorsprung wird auch dann bejaht, wenn der Bank positiv bekannt ist oder sich ihr hätte aufdrängen müssen, dass die in den Werbeunter- 36

[2414] Vgl. etwa OLG Brandenburg WM 2005, 463, 468; OLG Köln WM 2005, 792, 797.

[2415] BGH NJW 2004, 2736, 2742 = WM 2004, 1529, 1536; NJW 1992, 2146, 2147; OLG Bamberg WM 2002, 537, 542; OLG Köln WM 2005, 557, 559: Kenntnis der Konkursreife.

[2416] BGH NJW 2004, 2736, 2742; OLG Köln WM 2005, 557, 559.

[2417] BGH NJW 1989, 2879; OLG Bamberg WM 2002, 537, 542.

[2418] OLG Stuttgart WM 2001, 1667, 1671 – im entschiedenen Fall verneint; OLG Karlsruhe WM 2003, 182, 185: bei augenfälliger, wirtschaftlicher Sinnlosigkeit, im entschiedenen Fall ebenfalls verneint.

[2419] BGH VersR 2002, 986, 987; OLG Köln VersR 2002, 990, 992; OLG Frankfurt WM 2002, 1275, 1280.

lagen gemachten Angaben über die Mieteinnahmen und Rentabilität des Objekts falsch sind und die falschen Angaben dem Zweck dienen, die Kaufinteressenten durch arglistige Täuschung zum Erwerbsentschluss zu bewegen.[2420]

37 Die Kenntnis der Bank, dass die projektierte Miete eines Objekts nicht nachhaltig erzielbar sein wird, stellt aber jedenfalls dann keinen zur Aufklärung verpflichtenden konkreten Wissensvorsprung dar, wenn im Verkaufsprospekt ausdrücklich auf die Möglichkeit der Unterschreitung der zunächst für einige Jahre garantierten Miete nach Ablauf der Mietgarantie hingewiesen wurde.[2421]

c) Die Bank kennt Mängel des Objekts

38 Kenntnisse der Bank über das zu finanzierende Objekt stellen regelmäßig keinen Wissensvorsprung über spezielle Risiken dar, der zur Aufklärung des Darlehensnehmers verpflichten könnte. Die Bank trifft jedoch dann eine Informationspflicht, wenn sie um Mängel des Objekts weiß, die dem Kunden trotz dessen eigener Prüfungspflicht – für die Bank erkennbar – verborgen geblieben sind.[2422] Dies kann insbesondere dann der Fall sein, wenn die Bank im Besitz eines dem Erwerbsinteressenten nicht zugänglichen Gutachtens ist, aus dem sich das Vorhandensein versteckter Mängel ergibt.[2423]

39 Die Bank ist jedoch nicht verpflichtet, den Erwerbsinteressenten über einen ihr bekannten desolaten Zustand des zu erwerbenden Objekts aufzuklären, da sie davon ausgehen kann, dass sich der Erwerber vom Zustand selbst Kenntnis verschafft hat.[2424]

d) Rentabilität durch Sicherheitseinbehalt verschlechtert

40 Der Interessent ist auch zu informieren, wenn sich die Rentabilität eines Fonds, an dem sich der Erwerber beteiligen will, durch einen Sicherungseinbehalt verschlechtert und dies der Bank bekannt ist.[2425]

[2420] BGH NJW 1989, 2881: unrichtige Angaben über die erzielbare Miete; BGH MDR 1999, 687, 688: die Bank weiss, dass dem Verkäufer bei der Kalkulation des Kaufpreises berücksichtigte Gegenstände nicht zur Verfügung stehen; einschränkend aber jetzt BGH NJW 2004, 2378, 2380.

[2421] BGH, XI. Senat, NJW 2004, 2378, 2380.

[2422] OLG Bamberg WM 2002, 537, 542; OLG Hamm WM 2002, 2326, 2328; LG Stuttgart WM 2001, 140, 143; *Edelmann* MDR 2000, 1172, 1176.

[2423] OLG Hamm WM 2002, 2326, 2328; LG Frankfurt WM 2001, 257.

[2424] OLG Stuttgart WM 1989, 775, 777; OLG München WM 1997, 254, 257; OLG Hamm WM 1998, 1230, 1234; OLG Braunschweig WM 1998, 1223, 1229; OLG Frankfurt WM 2002, 1281; LG Stuttgart WM 2000, 1388, 1390; auch OLG Brandenburg WM 2005, 463, 469: Risiken im Prospekt beschrieben.

[2425] OLG Karlsruhe NJW-RR 1999 124; Palandt-*Heinrichs* § 280 Rdn. 65; a. A. *Früh* ZIP 1999, 701.

e) Spezielle Risiken einer Anlage

Bei einem konkreten Wissensvorsprung über spezielle Risiken des Projekts ist die Bank nach Auffassung des OLG Stuttgart[2426] zur Aufklärung des Interessenten verpflichtet. Voraussetzung ist das positive Wissen der Bank hinsichtlich der aufklärungspflichtigen Umstände und die Erkennbarkeit ihres Wissensvorsprungs. 41

Ein Wissensvorsprung über allgemeine, auch für den Darlehensnehmer jederzeit erkennbare Risiken wie etwa die Dauer einer Vornutzung des zu erwerbenden Grundstücks und den damit verbundenen Umfang eines Kundenstamms, reichen dabei nicht aus.[2427] 42

f) Prognostizierte Mieterträge nicht erreichbar

Empfiehlt eine kreditgebende Bank einem Anlageinteressenten eine Beteiligung an einem Bauherrenmodell, so muss sie ihn ungefragt informieren, wenn die erzielten Mieterträge der in einem steuersparenden Bauherrenmodell bereits erstellten Eigentumswohnungen den prognostizierten Erträgen nicht entsprechen und die Vermietung der Wohnungen Schwierigkeiten bereitet.[2428] Zwischen der Bank und dem Kunden kommt konkludent ein Auskunftsvertrag zustande, wenn im Zusammenhang mit einer Anlageentscheidung auf Initiative der Bank oder des Kunden tatsächlich eine Beratung stattfindet.[2429] 43

Die Kenntnis der Bank, dass die projektierte Miete eines Objekts nicht nachhaltig erzielbar sein wird, stellt jedenfalls dann keinen zur Aufklärung verpflichtenden konkreten Wissensvorsprung dar, wenn im Verkaufsprospekt ausdrücklich auf die Möglichkeit der Unterschreitung der zunächst für einige Jahre garantierten Miete nach Ablauf der Mietgarantie hingewiesen wurde.[2430] 44

g) Ungesicherte Darlehensverträge

Schließlich hat die Bank aufzuklären, wenn ihr bekannt ist, dass von den Darlehensverträgen, die der Kunde übernehmen will, zwei ungesichert sind und diesem Interessenten möglicherweise unbekannt geblieben ist.[2431] 45

h) Sittenwidrige Übervorteilung des Kunden

Eine Aufklärungspflicht bei Kenntnis der Bank, dass der vom Erwerber zu zahlende Kaufpreis in keinem angemessenen Verhältnis zum Wert des zu 46

2426 OLG Stuttgart WM 2003, 343 – rechtskräftig.

2427 OLG Stuttgart WM 2003, 343.

2428 BGH NJW 2004, 1868 = MDR 2004, 520.

2429 BGH NJW 2004, 1868, 1870; BKR 2004, 152, 154; zum Auskunftsvertrag auch *Schmidt-Räntsch* MDR 2005, 6, 9 f..

2430 BGH, IX. Senat, NJW 2004, 2378, 2380.

2431 BGH NJW 1999, 2032; Palandt-*Heinrichs* § 280 Rdn. 65.

erwerbenden Objekts steht, kommt schließlich (und nur) in Betracht, wenn die Bank bei einem Vergleich von Kaufpreis und Wert des Objekts von einer sittenwidrigen Übervorteilung des Käufers durch den Verkäufer ausgehen muss.[2432]

47 Nicht jedes, auch nicht jedes auffällige Missverhältnis zwischen Leistung und Gegenleistung führt zur Sittenwidrigkeit eines Rechtsgeschäfts.

48 Von einem „besonders groben Missverhältnis", das eine Vermutung für die subjektiven Voraussetzungen der Sittenwidrigkeit nach § 138 Abs. 1 begründet, kann vielmehr erst dann ausgegangen werden, wenn der Wert der Leistung doppelt so hoch oder knapp doppelt so hoch ist wie der Wert der Gegenleistung.[2433]

49 Nach Ansicht des OLG Karlsruhe[2434] reicht es zur Begründung einer Aufklärungspflicht aus, wenn die Bank in der internen Kalkulation den Verkehrswert des Objekts mit dem Kaufpreis gleichsetzt, obwohl sie den Ertragswert mit weniger als der Hälfte des Kaufpreises bewertet und dieser mit 90% knapp doppelt so hoch wie der Verkehrswert ist.

50 Ein Missverhältnis von 70–80% reicht für ein solches „besonders grobes Missverhältnis" und damit für eine Aufklärungspflicht der Bank nicht aus.[2435]

5. Aufklärungspflicht der Bank verneint

51 In folgenden Fällen wurde eine Aufklärungspflicht der Bank wegen eines – angeblichen – „konkreten Wissensvorsprungs" verneint:[2436]

[2432] BGH WM 2004, 172, 174; NJW 2004, 2378, 2380; NJW 2004, 154, 156 = WM 2003, 2328, 2331; NJW-RR 2004, 1126, 1128; NJW-RR 2004, 632; NJW 2003, 2529, 2530; NJW 2003, 2088, 2090; NJW 2003, 424, 425; WM 2003, 916, 917; OLG Karlsruhe NJW-RR 2003, 185, 190; OLG Dresden WM 2003, 1802, 1807; OLG München WM 2001, 1215, 1216; OLG Frankfurt WM 2000, 2135, 2138; WM 2002, 1281; OLG Stuttgart OLG-Report 2002, 317, 318; OLG Köln WM 2005, 792, 797; OLG Brandenburg WM 2005, 463, 469; OLG Celle WM 2005, 877, 879.

[2433] BGH WM 2004, 172, 174; NJW 2004, 2378, 2380; NJW-RR 2004, 632; NJW 2004, 154, 156; NJW 2003, 2088, 2090; NJW 2003, 2529, 2530 = WM 2003, 1370, 1372; WM 2003, 916, 917; WM 2003, 61, 62; NJW 2001, 1127, 1128; NJW 2000, 2352, 2353; OLG Dresden WM 2002, 1881, 1882; OLG Köln WM 2005, 792, 797; OLG Frankfurt WM 2000, 2135, 2138; WM 2002, 1281; LG München I WM 2001, 285, 287; *Bungeroth* WM 2004, 1505, 1511; *Schmidt-Räntsch* MDR 2005, 6, 10 und Fn 2416.

[2434] OLG Karlsruhe OLG-Report 2004, 448, 450.

[2435] BGH NJW-RR 2004, 632: 75%; BGH NJW 2004, 2378, 2380: 39,3%; BGH NJW 2003, 2088, 2090: 81,39% bzw. 77,77%; BGH NJW 2003, 2529, 2530: ca. 80%; BGH NJW 2003, 2093, 2094: ca. 70%; OLG Karlsruhe NJW-RR 2003, 185, 190: ca. 37%; OLG München WM 2001, 252, 254: 70%; a.A. jedoch OLG Jena WM 1999, 2315, 2318: bei 74% Aufklärungspflicht bejaht; OLG Frankfurt OLG-Report 2005, 85, 88: bei Provision i.H.v. 33% des Kaufpreises bejaht.

[2436] Vgl. BGH NJW 2004, 2736, 2741.

a) Zweckmäßigkeit der Anlage und der Kreditaufnahme

Grundsätzlich ist eine Bank weder verpflichtet, die Kreditaufnahme auf ihre wirtschaftliche Zweckmäßigkeit hin zu prüfen, noch muss sie der Frage nachgehen, ob das zu finanzierende Geschäft für den Kunden unter wirtschaftlichen, insbesondere auch steuerlichen Gesichtspunkten vorteilhaft ist. Dies gilt insbesondere bei Steuersparmodellen, bei den das Finanzierungsinstitut davon ausgehen darf, dass die Interessenten entweder selbst über die notwendigen Kenntnisse und Erfahrungen verfügen oder sich der Hilfe von Fachleuten bedienen.[2437] **52**

Die Bank muss den Interessenten insbesondere nicht darüber informieren, ob die Geschäfte, die er mit dem Darlehen verwirklichen will, zweckmäßig,[2438] wirtschaftlich sinnvoll,[2439] möglicherweise nicht rentabel[2440] oder sogar riskant sind.[2441] **53**

Selbst bei erkennbarer Geschäftsunerfahrenheit des Darlehensinteressenten besteht keine weitergehende Aufklärungspflicht der finanzierenden Bank.[2442] **54**

b) Spezielle Risiken

Der Bank obliegt auch keine Nachforschungspflicht in Bezug auf spezielle Risiken des zu finanzierenden Vorhabens.[2443] **55**

[2437] BGH WM 2004, 172, 173; NJW 2004, 2736, 2741 = WM 2004, 1529, 1536; NJW 2004, 2378, 2380 = WM 2004, 1221, 1224 f.; VersR 2004, 918, 921; NJW 2000, 3558; OLG Stuttgart OLG-Report 2003, 69, 71; OLG-Report 2001, 12; WM 2001, 1667, 1670; WM 2000, 2146, 2149; WM 2000, 1146; WM 2000, 2146; OLG Karlsruhe OLG-Report 2002, 295, 296; OLG Hamburg WM 2002, 1289, 1292; OLG Frankfurt WM 2002, 1275, 1281; OLG-Report 2005, 85, 88; OLG-Celle WM 2005, 877, 879; OLG Köln WM 2005, 557, 558; OLG Brandenburg WM 2005, 463, 468.

[2438] OLG Hamm WM 1999, 1056, 1057; OLG Stuttgart WM 2001, 1667, 1670; WM 2000, 2146, 2149; MDR 2001, 1127, 1128; OLG Naumburg WM 2001, 1411, 1412.

[2439] BGH NJW-RR 2004, 632, 633: Wert und Widerveräußerungsmöglichkeit, monatliche Belastung, Steuervorteile u. a.; OLG Stuttgart OLG-Report 2003, 69, 71; LG Stuttgart WM 2001, 140, 142; *Edelmann* MDR 2000, 1172, 1174.

[2440] BGH NJW-RR 2004, 632, 633; NJW 2004, 154, 157; NJW-RR 2003, 1203, 1206 = WM 2003, 1710, 1713; NJW 2003, 2088, 2090; OLG Düsseldorf WM 2005, 881, 885; OLG Bamberg WM 2002, 537, 542; LG Berlin WM 2000, 1484, 1487.

[2441] OLG Karlsruhe WM 2001, 1210, 1214: keine Aufklärung über Risiken des geplanten Anlagegeschäfts, sofern kein gesonderter Beratungsvertrag zustande gekommen ist; OLG Schleswig WM 2000, 1381: keine Aufklärungspflicht über Gefahren, die im Rahmen eines Steuer sparenden Bauherrenmodells drohen; OLG Bamberg WM 2002, 537, 542: keine Aufklärungspflicht bei Steuer sparenden Bauherren oder Erwerbermodellen; siehe aber oben BGH BKR 2004, 152 = NJW 2004, 1868 zum Abschluss eines gesonderten Beratungsvertrages.

[2442] OLG Stuttgart WM 2001, 1667, 1671; WM 2000, 298; OLG München ZIP 2000, 2295; LG Frankfurt WM 2001, 257, 262; auch BGH WM 2000, 2353.

[2443] OLG Bamberg WM 2002, 537, 542; auch OLG Karlsruhe WM 2001, 245, 248 und OLG Schleswig WM 2000, 1381, 1385: keine Nachforschungspflicht.

Auch ein Wissensvorsprung über allgemeine, auch für den Darlehensnehmer jederzeit erkennbare spezielle Risiken wie etwa die Dauer einer Vornutzung des zu erwerbenden Grundstücks und den damit verbundenen Umfang eines Kundenstamms, reichen nicht aus.[2444]

c) *Kein Wissensvorsprung zu verschaffen*

56 Die Bank ist grundsätzlich nicht verpflichtet, sich durch eigene Ermittlung einen noch nicht vorhandenen „Wissensvorsprung", etwa durch gezielte Auswertung von Unterlagen, zu verschaffen. Es können zur Beurteilung eines „Wissensvorsprungs" nur solche Umstände herangezogen werden, hinsichtlich derer bei den Angestellten der Bank konkretes Wissen über spezielle Risiken des zu finanzierenden Geschäfts gegeben war.[2445]

57 Nur wenn sich bedeutsame Tatsachen nach den Umständen aufdrängen müssen, ist dies der „positiven Kenntnis" gleichzusetzen.[2446]

d) *Zustand des zu erwerbenden Objekts*

58 Es ist auch allein Aufgabe des Darlehensnehmers und Erwerbers einer Immobilie, sich vom Zustand des zu erwerbenden Objekts Kenntnis zu verschaffen. Die finanzierende Bank kann davon ausgehen, dass der Darlehensnehmer dies getan hat und ist nicht verpflichtet, über den desolaten Zustand der zu erwerbende Objekte aufzuklären.[2447]

59 Dies gilt auch hinsichtlich der aus dem erwerbenden Objekt erzielbaren Mieten.[2448]

[2444] OLG Stuttgart WM 2003, 343.

[2445] BGH BKR 2004, 108, 110 = WM 2004, 172, 173 und NJW 2004, 1376, 1378 m.w.N.: Bank muss sich keinen Wissensvorsprung verschaffen; OLG Schleswig WM 2000, 1381, 1385; OLG Karlsruhe WM 2001, 245, 248: gezielte Auswertung von Unterlagen nicht erforderlich; OLG Bamberg WM 2002, 537, 542: keine Nachforschungspflicht hinsichtlich spezieller Risiken des zu finanzierenden Vorhabens; LG Berlin WM 2000, 1484, 1486: keine gezielte Auswertung von Unterlagen erforderlich.

[2446] LG Berlin WM 2000, 1484, 1486; zur bestehenden Aufklärungspflicht bei Kenntnis von „versteckten Mängeln" s.o. Rdn. 38 und OLG Hamm WM 2002, 2326, 2328: Bank ist im Besitz eines dem Erwerber nicht zugänglichen Gutachtens; OLG Bamberg WM 2002, 537, 542: Kenntnis von Mängeln, die dem Kunden verborgen geblieben sind; LG Frankfurt WM 2001, 257 und OLG Stuttgart WM 2001, 140, 143: der Bank sind versteckte Mängel bekannt.

[2447] BGH WM 1988, 561, 562f. zur Sanierungsbedürftigkeit des Objekts; OLG Stuttgart WM 1989, 775, 777; OLG München WM 1997, 254, 257; OLG Hamm WM 1998, 1230, 1234; OLG Braunschweig WM 1998, 1223, 1229; LG Stuttgart WM 2000, 1388, 1390 – zu den Ausnahmen bei „versteckten Mängeln" und Vorliegen eines dem Erwerber unbekannten Gutachtens s. o. Rdn. 38.

[2448] BGH NJW 2004, 2378, 2380; OLG Stuttgart WM 1989, 775, 777; OLG Braunschweig WM 1998, 1223, 1229; LG Stuttgart WM 2000, 1388, 1390: Wert des Objekts, Miethöhe, Steuervorteile, Wertsteigerungsmöglichkeiten; ebenso OLG München WM 2001, 1215, 1217 und OLG Karlsruhe WM 2001, 245, 249.

e) Kenntnis der schlechten Lage des Objekts

Auch die Kontrolle und Dokumentation des Bauvorhabens aufgrund laufender Baustellenbesuche eines Bankmitarbeiters, die eine Kenntnis von der schlechten Lage des Objekts vermitteln, begründen keine Aufklärungspflicht der Bank; denn sie darf auch insoweit davon ausgehen, dass sich der Erwerber selbst über die Lage und den Zustand des Objekts informiert.[2449] 60

f) Werthaltigkeit der Anlage

Die Bank ist grundsätzlich nicht verpflichtet, den Darlehensnehmer über die Werthaltigkeit der Anlage sowie darüber, ob bei einer Immobilienkapitalanlage der Verkehrswert in einem angemessenen Verhältnis zu den Gesamtkosten steht, aufzuklären.[2450] 61

Eine Aufklärungspflicht der Bank über die Unangemessenheit von Kaufpreis und Wert des zu erwerbenden Objekts kommt erst dann in Betracht, wenn der Wert der Leistung doppelt so hoch oder knapp doppelt so hoch ist wie der Wert der Gegenleistung.[2451] 62

Eine Überschreitung von 70–82% genügt nicht.[2452] 63

g) Überprüfung des Beleihungswertes

Schließlich begründet auch die bankinterne Überprüfung des Beleihungswertes des Objekts keine Aufklärungspflicht aus dem Gesichtspunkt des „Wissensvorsprungs".[2453] 64

Die Prüfung des Beleihungswerts des Objekts,[2454] der Werthaltigkeit der zu finanzierenden Immobilie,[2455] der gegenwärtigen und künftigen Einkommens- und Vermögensverhältnisse eines Darlehensinteressenten[2456] er- 65

2449 OLG Karlsruhe WM 2001, 245, 249.

2450 BGH NJW 2004, 1376, 1377; NJW 2004, 154, 156; NJW-RR 2004, 632, 633; NJW 2003, 2088, 2090; NJW 2003, 2529, 2530; WM 2003, 916, 917; WM 2003, 61, 62; NJW 2000, 2352, 2353; OLG München WM 1995, 289, 292; WM 2001, 1215, 1216; OLG Stuttgart WM 1999, 844, 846; OLG Frankfurt WM 2002, 1281.

2451 BGH BKR 2004, 108 109 = WM 2004, 172, 174; NJW 2004, 2378, 2380 = WM 2004, 1221, 1224 f.; NJW-RR 2004, 1126, 1128; NJW-RR 2004, 623; NJW 2004, 154, 156 = WM 2003, 2828, 2331; NJW 2003, 2088, 2090; NJW 2003, 2529, 2530 = WM 2003, 1370, 1372; WM 2003, 916, 917; WM 2003, 61, 62; OLG Dresden WM 2003, 1802, 1807; WM 2002, 1881, 1882; OLG Karlsruhe NJW-RR 2003, 185, 189; WM 2001, 1210, 1213; OLG München WM 2001, 1215, 1216; WM 2001, 252, 254; OLG Frankfurt WM 2000, 2135, 2138; LG München I WM 2001, 285, 287; s. o. Rdn. 48, 49.

2452 BGH NJW-RR 2004, 632: 75%; NJW 2003, 2088, 2090: 77,77% bzw. 81,39%; NJW 2003, 2529, 2530: ca. 80%; OLG München WM 2001, 252, 254: 70%; OLG Köln WM 2005, 792, 797: 81,63%; a. A. OLG Jena WM 1999, 2315 bei 74%.

2453 OLG Köln WM 1999, 1817; LG Stuttgart WM 2000, 1388, 1390.

2454 OLG Köln WM 1999, 1817; LG Stuttgart WM 2000, 1388, 1390.

2455 OLG Stuttgart WM 2003, 343; OLG München WM 2001, 1218.

2456 OLG Stuttgart WM 2003, 343; OLG Karlsruhe WM 2001, 245, 250.

folgt ausschließlich im Eigeninteresse der Bank und nicht in Erfüllung einer Verpflichtung gegenüber dem Interessenten.

66 Die Bank ist auch nicht verpflichtet, dem Darlehensinteressenten die Grenzen seiner eigenen wirtschaftlichen Leistungsfähigkeit aufzuzeigen,[2457] selbst wenn der Darlehensnehmer bedingungsgemäß eine Schätzgebühr für die Prüfung der Werthaltigkeit des Objekts zu zahlen hat.[2458]

67 Die Bank verletzt keine vorvertragliche Aufklärungspflicht gegenüber dem Darlehensnehmer, wenn sie nur unzureichende Selbstauskünfte des Darlehensnehmers einholt, die Bedienung eines Vorkredits nicht überprüft und keinen aktuellen Grundbuchauszug einholt.[2459]

h) Doppelfinanzierung des Käufers und des Bauträgers

68 Der Umstand, dass eine Bank den Kaufpreis für die Gesamtliegenschaft des früheren Eigentümers finanziert, begründet keinen eine Aufklärungspflicht begründenden Wissensvorsprung hinsichtlich des tatsächlichen Wertes der nach den Teilungserklärungen entstandenen einzelnen Eigentumswohnungen.[2460]

69 Allein eine Doppelfinanzierung des Bauträgers einerseits sowie des Erwerbers andererseits führt nicht zu einer Aufklärungspflicht aus dem Gesichtspunkt des „konkreten Wissensvorsprungs" oder eines „schwerwiegenden Interessenkonflikts".[2461]

i) Kenntnis der Vermittlung im Strukturvertrieb

70 Die Kenntnis der Bank, dass die zu finanzierenden Objekte den Anlegern im so genannten „Strukturvertrieb" vermittelt werden, begründet keine Aufklärungspflicht über diese Umstände.[2462]

71 Dies gilt nach h.M. auch für die üblicherweise in den Kaufpreis einbezogenen, unter dem Stichwort „versteckte Innenprovisionen" abgehandelten

---

[2457] OLG Stuttgart WM 2003, 343.

[2458] OLG München WM 2001, 1218.

[2459] KG WM 2001, 1859, 1860.

[2460] LG Frankfurt WM 2001, 257.

[2461] BGH WM 2005, 127, 129: Wissen der Bank von der „Doppelrolle" des Treuhänders als Beauftragter des Verbrauchers, Initiator des Bauherrenmodells und Finanzierungsvermittler; OLG Brandenburg WM 2005, 463, 468; OLG Köln WM 2005, 792, 798; OLG Dresden WM 2002, 1881, 1883; OLG Stuttgart OLG-Report 2001, 12, 14; WM 2001, 1667, 1671; OLG München WM 2001, 2460, 2464; WM 2001, 252, 254; OLG Frankfurt OLG-Report 2005, 85, 88 und WM 2000, 2135, 2137; LG Berlin WM 2000, 1484, 1487.

[2462] BGH, XI. ZS., WM 2005, 127, 129; II. ZS., BKR 2005, 73; OLG Köln VersR 2002, 990, 991; OLG Zweibrücken WM 2000, 2150; zur Erkundigungspflicht der Bank bei Vermittlungen an der „Haustür" verneinend BGH, XI. Senat, NJW-RR 2004, 1126, auch WM 2005, 127, 132 und *Wallner* BKR 2004, 367, 369 sowie *Jork/Engel* BKR 2005, 3, 11 einerseits und bejahend BGH, II. Senat, NJW 2004, 2731, 2732 = WM 2004, 1521, 1523 andererseits; s. o. Rdn. 180ff., 203ff.

hohen Vertriebskosten, die wegen des dadurch verteuerten Kaufpreises auch bei günstiger Marktentwicklung einen Wertzuwachs der Immobilie mit einer verlustlosen oder gar gewinnbringenden Weiterveräußerung in absehbarer Zeit ausschließen.[2463]

k) An Vermittler bezahlte Innenprovisionen

Der BGH hat mehrfach entschieden, dass das finanzierende Kreditinstitut 72
bei steuersparenden Bauherren- und Erwerbermodellen nicht verpflichtet ist, den Darlehensnehmer über eine im finanzierten Kaufpreis enthaltene „versteckte Innenprovision" aufzuklären. Eine Aufklärungspflicht der Bank über die Unangemessenheit des Kaufpreises kommt auch bei hohen Innenprovisionen nur ausnahmsweise in Betracht, wenn die Innenprovision zu einer so wesentlichen Verschiebung der Relation zwischen Kaufpreis und Verkehrswert beiträgt, dass die Bank von einer sittenwidrigen Übervorteilung des Käufers durch den Verkäufer (hierzu oben Rdn. 46ff.) ausgehen muss.[2464]

Dies entspricht auch der überwiegenden Ansicht in der Instanzrechtspre- 73
chung.[2465]

Auch soweit der Wert der Immobilie einem im Emissionsprospekt 74
angegebenen Preis für den Kauf des Grundstücks sowie die Planung und schlüsselfertige Erstellung des zu errichtenden Gebäudes deshalb nicht entspricht, weil sich darin weitere, im Prospekt nicht angegebene „Innenprovisionen" verbergen, ist die Bank nicht zur Weitergabe eines entsprechenden Wissens an den Darlehensnehmer/Käufer verpflichtet.[2466]

[2463] OLG Köln VersR 2002, 990, 991; OLG Stuttgart WM 2001, 1667, 1671; WM 2000, 1190, 1191; WM 2000, 292, 296; im Erg. auch BGH BKR 2005, 73.

[2464] BGH, XI. Senat, NJW 2004, 2378, 2380 bei Innenprovisionen von 18,4%, wodurch der Gesamtaufwand um 39,3% verteuert wurde; BGH XI. ZS., WM 2005, 127, 129; NJW 2004, 154, 156; NJW-RR 2004, 632f. jeweils bei einer Innenprovision von 18,4% des Kaufpreises; BGH, XI. Senat, NJW 2003, 424 = MDR 2003, 225; BGH, XI. ZS., NJW 2003, 2529, 2530; BGH, V. ZS., NJW 2003, 1811, 1812 und BGH, V. ZS., WM 2004, 2349, 2351ff. zur Aufklärungspflicht des Verkäufers; BGH NJW-RR 2004, 1126, 1127 zur dort bejahten Offenbarungspflicht bei Beteiligung des Vermögensverwalters des Kunden an den Provisionen der Bank.

[2465] OLG Hamm WM 2002, 2326, 2328; NZM 2002, 966: verneint im Fall einer Provision von 9%; OLG Karlsruhe WM 2001, 1210, 1214; NJW-RR 2003, 185, 190; OLG Dresden WM 2002, 1881, 1882: verneint bei 18% des Kaufpreises; OLG München WM 2002, 2460, 2464; WM 2001, 1215; WM 2001, 252, 255; OLG Stuttgart WM 2001, 1667, 1671: verneint bei einer Provision von 6% bzw. 9%; WM 2000, 292, 296; OLG Braunschweig WM 1998, 1223; 1229; OLG Bamberg WM 2002, 537, 542; OLG Köln NJW-RR 2002, 1573 bei 2%; a.A. OLG Frankfurt OLG-Report 2005, 85, 88: Sittenwidrigkeit bejaht bei 33% vom Kaufpreis.

[2466] OLG Dresden WM 2002, 1881, 1882; vgl. aber BGH BKR 2004, 152 = NJW 2004, 1868 zu der vom BGH bejahten Aufklärungspflicht bei konkludentem Abschluss eines Beratungsvertrages, s.o. Rdn. 17.

75 Dies gilt selbst dann, wenn der Verkäufer des Objekts entgegen den Angaben im Emissionsprospekt nicht 6%, sondern sogar 18% an Vertriebsprovisionen für die Eigenkapitalvermittlung an den Vermittler bezahlt hat.[2467]

76 Die Nichtaufklärung über etwaige „versteckte Innenprovisionen" betrifft nach h.M. auch nicht den Pflichtenkreis der kreditgewährenden Bank; ein etwaiges Fehlverhalten des Verkäufers oder Vermittlers hinsichtlich der unterlassenen Aufklärung über „versteckte Innenprovisionen" muss sie sich nicht gem. § 278 zurechnen lassen.[2468]

77 Nach anderer Auffassung verletzt die Bank eine vorvertragliche Nebenpflicht, wenn sie den Darlehensnehmer/Erwerber nicht darüber aufklärt, dass der Vermittler der Immobilie vom Verkäufer eine Innenprovision von mehr als 3% zzgl. Umsatzsteuer erhält.[2469]

78 Eine Aufklärungspflicht wird teilweise auch bejaht, wenn die Zahlung dieser Provision die Kreditkosten für den Kunden erhöht, dagegen verneint, wenn die Bank diese Provision aus ihrer Gewinnmarge bezahlt.[2470]

79 Das OLG Karlsruhe[2471] hielt in einer früheren Entscheidung die Tatsache der Zahlung einer Innenprovision an den Vermittler in Höhe von 14% des Kaufpreises für aufklärungspflichtig.

80 Das OLG Stuttgart[2472] hatte die Aufklärungsbedürftigkeit im Grundsatz bejaht, wenn die Innenprovision nicht – wie die übrigen Kosten – gesondert aufgeschlüsselt wird und keinen Niederschlag im Wert der Immobilie findet.

81 Der BGH[2473] lehnt eine Aufklärungspflicht in ständiger Rspr. mit folgenden Argumenten ab:

82 Die Innenprovision ist Teil der Vertriebskosten. Solche Kosten kalkuliert grundsätzlich jeder gewerblich tätige Verkäufer in den Verkaufspreis ein, ohne sie dem Käufer offen zu legen. Von der das Kaufgeschäft finanzierenden Bank könne eine solche Offenlegung erst recht nicht verlangt werden.

[2467] OLG Dresden WM 2002, 1881, 1882; vgl. auch BGH WM 2004, 2349, 2351 f.

[2468] BGH NJW 2004, 154, 157; NJW-RR 2004, 632, 633; NJW-RR 2003, 1203, 1206; OLG Stuttgart WM 2001, 1667, 1671.

[2469] LG Stuttgart VuR 1999, 157 im Anschluss an die frühere Rspr. des OLG Stuttgart VuR 1996, 33; OLG Frankfurt OLG-Report 2005, 85, 88 bei 33%; weitere Nachweise bei *Gallandi* WM 2000, 279 ff.; *Rohlfig* MDR 2002, 738 ff.; *Schirp/Mosgo* BKR 2002, 354 ff.

[2470] OLG Köln VersR 2002, 990, 991; LG Nürnberg-Fürth WM 2000, 2153, 2156; zum Meinungsstand *Gallandi* WM 2000, 279 ff. und *Loritz* WM 2000, 1831 ff. sowie *Rohlfing* MDR 2002, 738 ff.

[2471] OLG Karlsruhe bei *Rohlfing* MDR 2002, 738, 740.

[2472] OLG Stuttgart OLG-Report 1999, 386.

[2473] BGH, XI. ZS., NJW 2003, 424, 425; ebenso XI. ZS., NJW 2004, 2378, 2380 und XI. ZS., NJW 2004, 154, 156; zustimmend *Staudinger* BKR 2004, 257; im Erg. auch BGH, V. ZS., WM 2004, 2349, 2351 bei unrichtigen Angaben des Vermittlers; anders BGH, III. ZS., NJW 2004, 1732, 1734 f. = WM 2004, 631, 633 f. mit abl. Anm. *Staudinger* BKR 2004, 257 ff. bei unrichtigen Angaben des Vermittlers.

Eine Aufklärungspflicht komme auch in solchen Fällen nur ausnahmsweise in Betracht, wenn die Innenprovision zu einer so wesentlichen Verschiebung der Relation zwischen Kaufpreis und Verkehrswert beiträgt, dass die Bank von einer sittenwidrigen Übervorteilung des Käufers durch den Verkäufer ausgehen muss.[2474] Danach besteht grundsätzlich auch keine Aufklärungspflicht des Bauträgers bzw. Verkäufers der Immobilie.

Anders als einen Anlagevermittler, der dem Anlageinteressenten zu wahrheitsgemäßer, richtiger und vollständiger Information über alle für die Anlageentscheidung bedeutsamen Umstände vertraglich verpflichtet ist und der den Interessenten nach Auffassung des III. Zivilsenats[2475] jedenfalls über eine *im Anlageprospekt* nicht ausgewiesene, an den Vermittler gezahlte Innenprovision von 15% und mehr unterrichten muss, trifft eine Bank, die die Anlage nicht empfiehlt, sondern sich auf ihre Rolle als Kreditgeberin beschränkt, nach Ansicht des XI. Senates[2476] eine solche Pflicht nicht. 83

Auch nach h.L.[2477] sind Innenprovisionen grundsätzlich nicht zu beanstanden. Es besteht weder beim Bauherren- noch beim Bauträger- oder Erwerbermodell eine Pflicht, den Kunden über die Tatsache der Auszahlung von Innenprovisionen bzw. deren Höhe aufzuklären. Auch ein unerfahrener Kunde müsse davon ausgehen, dass eine Vertriebsgesellschaft, sofern sie nicht von ihm Provision verlange, eine solche vom Bauträger erhalte.[2478] 84

Kiethe[2479] geht davon aus, dass Innenprovisionen bei Immobilien keine wertmindernde Bedeutung zukomme, sodass sie haftungsrechtlich regelmäßig irrelevant seien. Er postuliert eine Ausnahme für den Fall der Sittenwidrigkeit, d.h. beim Bestehen eines groben Missverhältnisses von Innenprovision und Vermittlungsleistung. 85

Dies entspricht grundsätzlich auch der bisherigen Position des BGH.[2480] Danach kommt ein Anspruch des Käufers aus c.i.c. (jetzt § 311 Abs. 2, Abs. 3) gegenüber dem Verkäufer wie auch gegenüber der Bank nur in Betracht, wenn ein „besonders grobes Missverhältnis" zwischen Kaufpreis und Verkehrswert i.S.d. einer sittenwidrigen Übervorteilung des Käufers durch den Verkäufer besteht.[2481] 86

2474 BGH NJW 2003, 424, 425; NJW 2000, 2352, 2353.

2475 BGH NJW 2004, 1723, 1733.

2476 BGH NJW 2004, 2378, 2380.

2477 *Wagner* WM 1998, 694, 698; Loritz WM 2000, 1831, 1833/1837; differenzierend *Rohlfing* MDR 2002, 738,741.

2478 *Loritz* WM 2000, 1831, 1837.

2479 NZG 2001, 107, 109.

2480 BGH, V. Senat, NJW 2003, 1811, 1812; auch V. ZS., WM 2004, 2349, 2351 f.; BGH, XI. ZS., NJW 2003, 424, 425 und NJW 2004, 154, 156.

2481 BGH NJW 2003, 1811, 1812; NJW 2003, 424, 425; NJW 2000, 2352, 2353; s.o.; weitergehend jetzt BGH, III. Senat, NJW 2004, 1732 ff. bei unrichtigen Angaben des Vermittlers.

l) Exkurs: Ansprüche gegen den Vermittler einer Kapitalanlage

aa) Aufklärung über 15% übersteigende Innenprovisionen

87 Der BGH[2482] hat nunmehr entschieden, dass Ersatzansprüche des Käufers jedenfalls gegenüber dem für den Prospekt verantwortlichen Vertreiber wie auch dem sich des Prospektes bedienenden Vermittler von Immobilien-Anlagemodellen, etwa Beteiligungen an geschlossenen Immobilienfonds u.a., unter dem Gesichtspunkt der Prospekthaftung im weiteren Sinne dann in Betracht kommen, wenn der Anleger nicht darüber unterrichtet wird, dass aus dem Kaufpreis bzw. der Einlage Innenprovisionen von mehr als 15% abfließen sollen.

88 Denn im prospektgestützten Vertrieb von Anlagemodellen, insbesondere vom Immobilienfonds ist der Aufklärungsbedarf des interessierten Verbrauchers nach dieser neueren Auffassung des BGH typischerweise größer als sonst. Der Prospekt ist bei solchen Anlagemodellen oftmals die einzige oder jedenfalls die wichtigste Informationsquelle und damit die maßgebliche Quelle für seine Anlageentscheidung. Eine nähere Prüfung der Werthaltigkeit des angebotenen Produkts ist ihm regelmäßig nicht möglich. Deshalb sei in Erfüllung der Pflicht des sich auf den Prospekt stützenden Vertreibers über sämtliche für die Anlageentscheidung bedeutsamen Umstände eine wahrheitsgemäße und vollständige Darstellung zu bieten. Der Kunde müsse danach auch über im Erwerbspreis steckende, erheblich überdurchschnittliche Innenprovisionen, die 15% überschreiten, aufgeklärt werden.[2483]

89 Staudinger[2484] lehnt die Entscheidung des BGH mit dogmatisch zutreffenden Argumenten ab. Zunächst sei die Grenzziehung bei 15% willkürlich. Da eine Offenbarungspflicht bei Innenprovisionen von über 15% von der Rspr. bislang überwiegend verneint wurde[2485] fehle es auch bei Änderung der Rechtsprechung in den bisherigen Beratungsfällen an einem Verschulden des Vermittlers i.S.d. § 280 Abs. 1 S. 2. Hat sich die Innenprovision und damit der aufklärungspflichtige Umstand nicht auf den Wert der Kapitalanlage oder die Renditen ausgewirkt, liege schließlich auch kein Vermögensschaden des Anlegers vor.[2486]

90 Der V. Zivilsenat[2487] vertritt die Ansicht, dass der Verkäufer oder dessen Repräsentant im Rahmen einer *mündlichen Beratung* auch dann nicht ungefragt auf neben dem eigentlichen Kaufpreis im angegebenen Gesamtauf-

---

2482 BGH, III. ZS., NJW 2004, 1732 = BKR 2004, 195 = WM 2004, 631 mit dogmatisch zu Recht ablehnender Anm. *Staudinger* BKR 2004, 257 ff.

2483 BGH NJW 2004, 1732, 1734 f.

2484 BKR 2004, 257 ff.

2485 Vgl. OLG Köln WM 2002, 118, 121; WM 2000, 127, 129; OLG Stuttgart WM 2000, 292, 296 f.; OLG Düsseldorf bei *Staudinger* BKR 2004, 257., 259; siehe auch oben Rdn. 72 f.

2486 *Staudinger* BKR 2004, 257, 260.

2487 BGH WM 2004, 2349, 2351 f.; NJW 2005, 820, 822.

wand enthaltene Entgelte und Provisionen für andere Leistungen (externe Entgelte) hinweisen muss, wenn der Anteil dieser Leistungen am Gesamtaufwand 15% übersteigt. Jedenfalls wenn ein Anlageobjekt durch persönliche Beratung anhand von Berechnungsbeispielen vertrieben wird, sei der Erwerber typischerweise nicht auf einen Prospekt und darauf angewiesen, dass dieser die Antworten auf erhebliche Fragen bereithält.

Der XI. Senat[2488] hat es ausdrücklich abgelehnt, die Entscheidung auf Banken, die sich auf ihre Rolle als Kreditgeberinnen beschränken, zu übertragen. 91

bb) Prospekthaftung

Beruht der wirtschaftliche Anlageerfolg eines geschlossenen Immobilienfonds allein auf der nachhaltigen Erzielung von Einnahmen aus der Vermietung oder Verpachtung des Anlageobjekts, so hat der Prospektverantwortliche bzw. der Vertreiber in dem Anlageprospekt deutlich auf mögliche, der Erreichbarkeit dieser Einnahmen entgegenstehende Umstände und die sich hieraus für die Anleger ergebenden Risiken hinzuweisen.[2489] 92

cc) Abschluss eines Beratungsvertrages zwischen Käufer und Verkäufer

Ein Schadensersatzanspruch wegen Verletzung einer besonderen vertraglichen Beratungspflicht – also eines gesonderten, auch konkludent abgeschlossenen „Beratungsvertrages" zwischen dem Käufer und dem Verkäufer – besteht nach der Rechtsprechung des BGH, wenn der Verkäufer dem Käufer im Rahmen eingehender Vertragsverhandlungen und auf Befragen des Käufers einen ausdrücklichen Rat erteilt.[2490] Dabei steht es einem auf Befragen des Käufers erteilten Rat gleich, wenn der Verkäufer als Ergebnis intensiver Vertragsverhandlungen ein „Berechnungsbeispiel" über Kosten und finanzielle Vorteile des Erwerbs vorlegt, das zur Förderung der Vermittlung des Geschäfts dienen soll.[2491] 93

Muss der Verkäufer einer Immobilie damit rechnen, dass das von ihm beauftragte Vermittlungsunternehmen auch andere Makler als Untervermittler tätig werden lässt, so können auch diese bei der Erstellung eines „persönlichen Berechnungsbeispiels" stillschweigend zum Abschluss des Beratungsvertrages zwischen dem Verkäufer und dem Käufer bevollmächtigt sein.[2492] 94

[2488] BGH WM 2005, 127, 129; WM 2004, 1221, 1225; NJW 2004, 2378, 2380.

[2489] BGH NJW 2004, 2228; VersR 2005, 1614, 1615; zusammenfassend zur Prospekthaftung zuletzt *Kouba* VersR 2004, 570–576 und *Schmidt-Räntsch* MDR 2005, 6, 8/9 je m. w. N.; zur Verpflichtung, einen Prospekt beim Eintritt nachteiliger Veränderungen zu ergänzen BGH VersR 2004, 753.

[2490] BGH NJW 2004, 1868, 1869; NJW 2003, 1811, 1812; WM 2002, 2281, 2283; zum Beratungsvertrag auch *Schmidt-Räntsch* MDR 2005, 6, 9/10.

[2491] BGH NJW 2003, 1811, 1812; ebenso LG Stuttgart VuR 2003, 188; BGH MDR 2004, 205 zur Vorlage eines „Berechnungsbeispiels"; BGH NJW 2004, 1868, 1869 zur Beratung des Kunden über die Beteiligung an einem Bauherrenmodell.

[2492] BGH NJW 2003, 1811.

95 Wird das „persönliche Berechnungsbeispiel" vom beauftragten Vermittler oder dem Untervermittler sorgfaltswidrig erstellt, etwa weil die monatlichen Belastungen für den Vermittler erkennbar zu niedrig angegeben wurden, muss sich der Verkäufer dies gem. § 278 zurechnen lassen.[2493]

96 Infolge der unrichtigen Beratung entsteht dem Käufer auch dann ein Schaden, wenn nicht festgestellt werden kann, dass sich die fehlerhafte Beratung auf den Verkehrswert des Objekts ausgewirkt hat. Hierfür reicht es aus, dass für den Käufer in Anbetracht seiner – nach den Finanz-, Steuer- und Zielplan des Verkäufers ersichtlich – beschränkten finanziellen Möglichkeiten ein Immobilienerwerb subjektiv nur dann sinnvoll war, wenn sich dadurch keine nachhaltige Beeinträchtigung der sonstigen Lebensführung ergab.[2494]

97 Eine Kürzung des Schadensersatzanspruchs aus dem Gesichtspunkt des Mitverschuldens (§ 254 Abs. 1) kommt in derartigen Fällen regelmäßig nicht in Betracht.[2495] Eine finanzierende Bank muss den Darlehensnehmer auch nicht auf den Umstand hinweisen, dass ein geschäftsführender Gesellschafter der Treuhänderin zugleich Gründungsgesellschafter und Aufsichtsrat der Grundstücksverkäuferin ist. Dies gilt jedenfalls dann, wenn der Bank nicht zugleich bekannt ist, dass sich die personelle Verflechtung der Treuhänderin zum Nachteil des Darlehensnehmers in den Konditionen des finanzierten Projekts niedergeschlagen hatte.[2496]

III. Überschreiten der Rolle der Kreditgeberin

98 Eine Aufklärungspflicht der Bank besteht auch, wenn sie im Zusammenhang mit der Planung, der Durchführung oder dem Vertrieb des Projekts nach außen erkennbar ihre Rolle als Kreditgeberin überschreitet. Eine solche Aufklärungspflicht setzt voraus, dass die Bank im Zusammenhang mit der Planung, der Durchführung oder dem Vertrieb des Objekts „gleichsam als Partei" des zu finanzierenden Geschäfts in nach außen erkennbarer Weise Funktionen oder Aufgaben des Veräußerers oder Vertreibers übernommen und damit einen zusätzlichen auf die übernommenen Funktionen bezogenen Vertrauenstatbestand geschaffen hat.[2497]

[2493] BGH NJW 2003, 1811, 1813; zum Abschluß eines Beratungsvertrages zwischen Anleger und Vermittler vgl. etwa BGH MDR 2003, 1428; MDR 2000, 405; MDR 1993, 956.

[2494] BGH NJW 2003, 1811, 1813; BGH NJW 1998, 302, 304/305 für einen Anspruch aus c. i. c.

[2495] BGH NJW 2003, 1811, 1814.

[2496] BGH WM 2003, 1710, 1713; a. A. LG München I BKR 2004, 120: Bank muss darüber aufklären, dass sie am Bauträger und Verkäufer einen Gesellschaftsanteil hält.

[2497] BGH BKR 2005, 73; NJW 2004, 2736, 2741 = WM 2004, 1529, 1536; NJW 2004, 1376, 1378; BKR 2004, 108, 110 = WM 2004, 172, 174; NJW 2003, 2088, 2090 = WM 2003, 918, 922; WM 2003, 1710, 1713; OLG Köln WM 2005, 557, 558; WM 2005,

1. Überschreitung der Rolle der Kreditgeberin bejaht

In folgenden Fällen wird – grundsätzlich – eine Überschreitung der Kreditgeberrolle angenommen:[2498] 99

a) Einschaltung in Planung, Werbung und Durchführung des Projekts

Die Bank schaltet sich erkennbar in die unternehmerische Planung, Werbung und Durchführung des Projekts ein und tritt „gleichsam als Partei" des zu finanzierenden Geschäfts auf.[2499] 100

Dies ist etwa dann der Fall, wenn die Bank die Werbung, die Erstellung des Prospekts oder die Rolle des Treuhänders übernimmt.[2500] Sie müsste dabei aber Tätigkeiten übernehmen, die typischerweise nur von einem Treuhänder, Veräußerer, Bauträger oder dem Vertrieb wahrzunehmen sind.[2501] 101

Die Anleger müssen außerdem bei ihrer Entscheidung Kenntnis von einer – angeblichen – Beteiligung der Bank an der Planung, dem Vertrieb und der Durchführung des Projekts gehabt haben.[2502] 102

b) Die Bank lässt sich als Referenz benennen

Eine „Überschreitung der Kreditgeberrolle" liegt auch vor, wenn sich die Bank mit ihrem Wissen und Wollen in der Werbung als Referenz benennen lässt; dagegen ist es unschädlich, wenn sie lediglich als „Finanzierer des Projekts" auftritt oder dem Vertrieb ihre Darlehensformulare zur Verfügung stellt.[2503] 103

2. Überschreitung der Rolle der Kreditgeberin verneint

In folgenden Fällen wurde die „Überschreitung der Kreditgeberrolle" verneint:[2504] 104

792, 798; OLG Brandenburg WM 2005, 881, 885; OLG Karlsruhe WM 2003, 182, 185; WM 2001, 1210, 1214; OLG Dresden WM 2002, 1881, 1882; OLG Stuttgart OLG-Report 2002, 317, 318; WM 2001, 1667, 1670; WM 2000, 1942, 1946; WM 2000, 2146, 2147; OLG Hamburg WM 2002, 1289, 1293; OLG München WM 2001, 1215, 1216; OLG Schleswig WM 2000, 1381, 1385; OLG Bamberg WM 2002, 537, 542; LG München I WM 2002, 285, 286; WM 2000, 820, 823; LG Frankfurt WM 2001, 257, 261; LG Stuttgart WM 2000, 1388, 1389.

[2498] Vgl. BGH NJW 2004, 1376, 1379.

[2499] OLG Karlsruhe WM 2001, 1210, 1214; OLG Bamberg WM 2002, 537, 542; OLG Hamm WM 1998, 1230 – im entschiedenen Fall jeweils verneint; OLG München WM 2000, 130, 133; OLG Koblenz WM 1999, 2353, 2355; *Horn/Balzer* WM 2000, 333, 335.

[2500] BGH NJW 1988, 1583; OLG Bamberg WM 2002, 537, 542.

[2501] OLG Bamberg WM 2002, 537, 542; OLG Frankfurt WM 2000, 2135, 2137.

[2502] OLG Dresden WM 2002, 1881, 1882; auch OLG Köln WM 2000, 2139.

[2503] OLG Stuttgart WM 2001, 1667; OLG Köln WM 2005, 792, 798; BGH BKR 2004, 108, 110 = WM 2004, 172, 174: Zusammenarbeit mit dem Verkäufer oder Vermittler und Vorlage von deren Verkaufsprospekten reicht nicht aus.

[2504] Vgl. auch *Barnert* WM 2004, 2002 ff.

a) Benennung als „Finanziererin des Projekts"

105 Die Bank lässt sich als „Finanziererin des Projekts" im Prospekt des Veräußerers benennen. Hierdurch wird kein besonderer Vertrauenstatbestand im Hinblick auf die Solidität des Anlagemodells oder des Nichtvorhandenseins wirtschaftlicher oder rechtlicher Risiken begründet.[2505]

b) Darstellung des Objekts als „bankgeprüft"

106 Eine Überschreitung der Kreditgeberrolle liegt auch nicht schon deshalb vor, wenn Mitarbeiter des Vermittlers oder Veräußerers das zu finanzierende Objekt als „bankgeprüft" darstellen und die Bank hiervon Kenntnis hat.[2506]

c) Ständige Geschäftsbeziehung zwischen Bank und Verkäufer

107 Selbst eine auf Dauer angelegte Geschäftsbeziehung zwischen der Bank und dem Verkäufer bzw. der Vertriebsfirma stellt als solche keine Überschreitung der Kreditgeberrolle dar. Die bloße Zusammenarbeit der Bank mit dem Vertreiber oder dem Finanzierungsvermittler reicht grundsätzlich nicht aus, eine Aufklärungspflicht zu begründen.[2507] Hierfür ist auch der Umstand, dass der Bank der Verkaufsprospekt der Anlage vorliegt, ohne Belang.[2508]

d) Doppelfinanzierung des Verkäufers und des Käufers

108 Der Umstand, dass die Bank sowohl die Globalfinanzierung des Bauträgers bzw. Veräußerers als auch die Endfinanzierung verschiedener Kaufinteressenten übernommen hat, begründet keine über ihre Rolle als Kreditgeberin hinausgehende Projektbeteiligung.[2509] Gleiches gilt, wenn die Bank den überwiegenden Anteil der Kapitalanleger eines Fonds finanziert.[2510]

109 Eine Bank bewegt sich noch innerhalb ihrer Kreditgeberrolle und begründet kein überzogenes Vertrauen, wenn sie in einem Schreiben, das dem Anlageprospekt beigefügt ist, ihre Bereitschaft zur Enderwerbsfinanzierung vorbehaltlich einer eigenen Bonitätsprüfung zusagt, gegenüber dem Initiator

---

[2505] BGH WM 1992, 901, 906; OLG München WM 1995, 289, 291; OLG Schleswig WM 2000, 1381, 1385; LG Bremen WM 1999, 847, 849; OLG Köln WM 2005, 792, 798; OLG Brandenburg WM 2005, 463, 468; auch OLG Stuttgart WM 2001, 1667: Auftreten als „Finanzierer des Projekts" unschädlich".

[2506] OLG München WM 1997, 254, 256; *Edelmann* MDR 2000, 1172, 1175.

[2507] BGH BKR 2004, 108, 110 = WM 2004, 172, 174; BKR 2003, 112, 113 = ZIP 2003, 160, 161; OLG Köln WM 2005, 792, 798.

[2508] BGH BKR 2004, 108, 110 = WM 2004, 172, 174; OLG Köln a. a. O.

[2509] OLG Karlsruhe NJW-RR 2003, 185, 189: Globalfinanzierung des Bauträgers und der Kaufinteressenten; OLG Dresden WM 2002, 1881, 1883; OLG Stuttgart WM 1999, 844, 846; OLG Zweibrücken OLG-Report 2000, 66 = WM 1999, 2022; OLG Frankfurt OLG-Report 2005, 85, 88; OLG Köln WM 2005, 792, 798.

[2510] *Edelmann* MDR 2000, 1172, 1175; auch BGH, XI.ZS., WM 2005, 127, 129 und II. ZS., BKR 2005, 73 sowie OLG Köln WM 2005, 792, 798.

ihre generelle Finanzierungszusage von bestimmten Bedingungen abhängig macht und eine entsprechende vertragliche Gestaltung des Erwerbermodells zur eigenen Risikosicherung durchsetzt.[2511]

e) Vornahme einer Einwertung der Immobilie

Eine Aufklärungspflicht unter dem Gesichtspunkt des „Überschreitens der Kreditgeberrolle" oder des „Wissensvorsprungs" wird auch nicht schon durch Abgabe der generellen Bereitschaftserklärung, eine „Einwertung" der Immobilie vorzunehmen, begründet, denn dies erfolgt grundsätzlich im eigenen Interesse der Bank und nicht in demjenigen des Erwerbers.[2512] **110**

Auch die bloße Überlassung von Darlehensantrags- oder Selbstauskunftsformularen reicht zur Begründung einer Aufklärungspflicht nicht aus.[2513] **111**

f) Zahlung einer „versteckten Innenprovision"

Die Zahlung einer „versteckten Innenprovision" begründet keine Aufklärungspflicht der Bank aus dem Gesichtspunkt des „Überschreitens der Kreditgeberrolle" oder des „Wissensvorsprungs".[2514] **112**

g) Stellung von Sicherheiten durch Initiatoren des Fonds

Eine Bank verläst ihre Rolle als Kreditgeberin auch nicht bereits dadurch, dass sie vor Abschluss des Darlehensvertrages Kontakt mit den Initiatoren eines Immobilienfonds hatte und sich von diesen eine Sicherheit in Höhe von 3% des von ihr ausgelegten Finanzierungsvolumens stellen ließ.[2515] Der Beitritt zu einem Immobilienfonds und dessen Finanzierung durch die Bank kann allerdings ein verbundenes Geschäft i.S.d. §§ 358, 359 darstellen, wenn sich die Fondsorganisation und das Finanzierungsinstitut derselben Vertriebsorganisation bedienen.[2516] **113**

h) Laufende Baustellenbesuche

Die Kontrolle und Dokumentation des Bauvorhabens aufgrund laufender Baustellenbesuche eines Bankmitarbeiters, die eine Kenntnis von der schlechten Lage des Objekts vermitteln, begründen keine Aufklärungspflicht der Bank; denn sie kann davon ausgehen, dass der Erwerber sich selbst über die Lage des Objekts informiert.[2517] **114**

2511 LG Ulm WM 2000, 825, 827; auch OLG Hamburg WM 2002, 1289, 1293 und OLG Stuttgart WM 2000, 292, 295.

2512 OLG Stuttgart WM 2000, 292; WM 1999, 844, 846; *Edelmann* MDR 2000, 1172, 1175.

2513 OLG Stuttgart WM 2000, 133; auch OLG Köln WM 2005, 792, 798.

2514 OLG Stuttgart WM 2000, 1190, 1191; WM 2000, 292, 296; OLG Braunschweig WM 1998, 1223, 1229; s. o. Rdn. 72ff.

2515 BGH, II. ZS., BKR 2005, 73.

2516 BGH, II. ZS., BKR 2005, 73; s. o. H. Rdn. 180ff.

2517 OLG Karlsruhe WM 2001, 245, 249.

IV. Schaffung eines „besonderen Gefährdungstatbestandes" für den Kunden

115 Eine Aufklärungspflicht in Bezug auf das zu finanzierende Geschäft besteht, wenn die Bank einen zu den allgemeinen wirtschaftlichen Risiken des Objekts hinzutretenden besonderen Gefährdungstatbestand für den Kunden geschaffen oder das Entstehen eines solchen Gefährdungstatbestandes begünstigt hat.[2518]

1. Vorliegen eines „besonderen Gefährdungstatbestandes" bejaht

a) Verlagerung des Insolvenzrisikos auf den Kunden

116 Eine besondere Gefährdung kann sich im Einzelfall etwa aus der Verlagerung des eigenen wirtschaftlichen Wagnisses auf den Kunden und dessen bewusster Belastung mit einem Risiko ergeben, das über die mit dem zu finanzierenden Vorhaben normalerweise verbundenen Gefahren hinausgeht.[2519]

117 Hierzu gehört etwa die Verlagerung eines der Bank bekannten Insolvenzrisikos auf die Anleger, wenn die Bank nicht nur die Beteilungen der einzelnen Gesellschafter, sondern auch die Kosten des Initiators oder des Immobilienfonds selbst finanziert hat.[2520]

118 Diese Konstellation liegt jedoch nicht bereits vor, wenn die Bank den Anlegern Darlehen zur Finanzierung ihres Anteilserwerbs an einem Immobilienfonds zur Verfügung stellt. Auch im Rahmen dieser Fallgruppe liegen Schätzungen über den voraussichtlichen Wert des Objekts in der Zukunft nicht im Pflichtenkreis der Bank.[2521]

119 Auch eine Vollfinanzierung des Bauträgers kann ein konkretes Insolvenzrisiko und damit eine Gefährdungslage begründen, die zu vorvertraglichen Aufklärungspflichten der Bank gegenüber den Darlehensinteressenten führen kann, wenn aufgrund konkreter Umstände die Wohnungsvermarktung gefährdet und dies der finanzierenden Bank bekannt ist.[2522]

120 Die Bank schafft jedoch nicht schon deshalb einen „besonderen Gefährdungstatbestand", wenn sie sowohl den Bauträger als auch die Mehrzahl der

---

[2518] BGH WM 2004, 172, 174; NJW 2004, 2736, 2741 = WM 2004, 1529, 1536; OLG Dresden WM 2002, 1881, 1882; OLG Karlsruhe BKR 2005, 157, 158; WM 2003, 182, 185; WM 2001, 245, 248; OLG Stuttgart OLG-Report 2002, 317, 319; WM 2000, 2146, 2147; WM 2000, 1942, 1946; OLG Frankfurt WM 2000, 2135, 2137; OLG Koblenz WM 1999, 2353, 2356; OLG Hamburg WM 2002, 1289, 1292; KG OLG-Report 2005, 194, 195; OLG Düsseldorf WM 2005, 881, 885; OLG Naumburg WM 2001, 1411, 1412; LG München I WM 2002, 285, 286.

[2519] BGH BKR 2004, 108, 110 = WM 2004, 172, 174; WM 1999, 678, 679.

[2520] OLG Stuttgart OLG-Report 2002, 317, 319; zur Aufklärungspflicht der Bank bei Kenntnis der Überschuldung vgl. BGH NJW 2004, 2736, 2742 oben Rdn. 31.

[2521] OLG Stuttgart OLG-Report 2002, 317, 319/320.

[2522] OLG München WM 2001, 252, 254.

Erwerber finanziert oder entsprechende Hinweise an den Darlehensnehmer unterlässt, nachdem der Kredit für den Bauträger notleidend geworden ist, sofern keine konkreten Anhaltspunkte für eine drohende Insolvenz vorliegen.[2523]

b) Übertragung einer auf dem finanzierten Objekt lastenden Globalgrundschuld

Die Bank schafft einen besonderen Gefährdungstatbestand für den Anleger, wenn sie sich eine auf dem Fondsgrundstück lastende Globalgrundschuld einräumen lässt, welche die Rückzahlung der Kredite zahlreicher weiterer Kommanditisten sichert. Eine aus dieser Pflichtverletzung folgende Haftung der Bank führt allerdings nicht zu einem Anspruch der Anleger auf Ersatz aller auf der Pflichtverletzung kausal beruhenden Schäden. Nach dem Schutzweck der Norm muss die Bank nur für diejenigen Risiken einstehen, für deren Einschätzung die unterlassene Aufklärung maßgebend war. Deshalb beschränkt sich der Ersatzanspruch des Anlegers in einem solchen Fall darauf, dass es die Bank unterlassen hat, von der ihr eingeräumten Grundschuld als Sicherungsmittel für die an andere Kommanditisten ausgereichten Darlehen Gebrauch zu machen, falls diese ihren Verpflichtungen zur Darlehensrückzahlung nicht nachkommen. Für weitere Schäden der Anleger im Zusammenhang mit dem Beitritt zu einer Fondsgesellschaft hat die Bank dagegen nicht aufzukommen.[2524] **121**

c) Besondere Risiken der angebotenen Darlehensform

Im Einzelfall kann eine Aufklärungspflicht der finanzierenden Bank bestehen, wenn die dem Kunden angebotene und von diesem gewählte Darlehensform besondere Risiken in sich birgt oder mit einem besonderen Kostenaufwand verbunden ist, den der Darlehensnehmer üblicherweise nicht von sich aus erkennen kann.[2525] **122**

Insbesondere bei der Kombination eines langfristigen Kreditvertrages mit dem Abschluss einer Kapitallebensversicherung, wobei das Darlehen bei Fälligkeit der Lebensversicherung getilgt werden soll, muss der Kreditinteressent darauf hingewiesen werden, dass diese Art der Finanzierung für ihn mit besonderen Nachteilen verbunden ist, die bei einer anderen Darlehensform, etwa einem marktüblichen Ratenkredit mit Restschuldversicherung, vermieden werden kann.[2526] **123**

[2523] OLG Frankfurt WM 2000, 2135, 2138; auch OLG Köln WM 2005, 557, 559.

[2524] OLG Dresden WM 2002, 1881, 1883.

[2525] OLG Stuttgart OLG-Report 2002, 317, 319, WM 292, 294; ZIP 2001, 692, 696; OLG München ZIP 2000, 2295, 2296/2300.

[2526] BGH NJW 1990, 1844; NJW 1989, 1667, 1668; OLG Koblenz WM 2003, 1228, 1231; OLG Stuttgart OLG-Report 2003, 69, 71; OLG-Report 2002, 317, 319; OLG München ZIP 2000, 2295, 2299 für die Finanzierung der Beteiligung an einem Immo-

124 Nachteile bei der Kombination eines langfristigen Darlehensvertrages mit einer Kapitallebensversicherung liegen beispielsweise darin, dass über die gesamte Laufzeit des Darlehens Zinsen über den vollen Nominalbetrag zu zahlen sind; auch ist der Darlehensnehmer langfristig an den Darlehens- und Versicherungsvertrag gebunden und kann sich hiervon nicht ohne wirtschaftliche Verluste lösen.[2527]

125 Die Undurchschaubarkeit der Belastung wiegt für den Kreditbewerber dann besonders schwer, wenn ihm lediglich an der Darlehensgewährung als solcher und nicht am Abschluss einer Kapitallebensversicherung gelegen ist. Dies ist im Allgemeinen dann der Fall, wenn das Darlehen der Ablösung von Altkrediten dienen soll, dürfte jedoch auch bei der Aufnahme von Konsumentenkrediten geregelt sein.[2528]

126 Insbesondere nach neuerer Rspr. des BGH[2529] ist die Bank im Regelfall nicht gehalten, den Kreditsuchenden von sich aus auf mögliche Bedenken gegen die Zweckmäßigkeit der von ihm gewählten Kreditart hinzuweisen. Zwar gilt dies nicht in den Fällen, in denen die Bank dem Kunden anstelle eines von ihm gewünschten üblichen Ratenkredits einen mit einer Kapitallebensversicherung verbundenen Kreditvertrag anbietet, obwohl ein Versicherungsbedürfnis nicht besteht und die Vertragskombination für den Kunden wirtschaftlich ungünstiger ist als ein marktüblicher Ratenkredit, mit dem der verfolgte Zweck ebenso gut erreichbar ist.[2530]

2. Vorliegen eines besonderen Gefährdungstatbestandes verneint

127 Diese Voraussetzungen, die zu einer Aufklärungspflicht der Bank aus dem Gesichtspunkt der Schaffung eines „besonderen Gefährdungstatbestandes“ des Kunden führen würden, liegen insbesondere in folgenden Fallgestaltungen nicht vor:[2531]

---

bilienfonds; OLG Karlsruhe OLG-Report 2001, 368; OLG Frankfurt WM 2002, 549; einschränkend aber BGH WM 2004, 172, 174 und WM 2005, 69, 71.

[2527] OLG Koblenz WM 2003, 1228, 1231; vgl. auch BGH NJW 2005, 983, 985.

[2528] BGH NJW 1989, 1667, 1668; OLG Stuttgart MDR 2001, 1127, 1128.

[2529] BGH NJW 2004, 154, 156; NJW-RR 2004, 1126, 1127; WM 2004, 172, 174; NJW 2003, 2529, 2531; VersR 2003, 1396, 1398; BGH NJW 2005, 983, 985: bei Abschluss eines Beratungsvertrages; auch OLG Stuttgart OLG-Report 2003, 69, 71; OLG-Report 2002, 317, 320; OLG Frankfurt WM 2002, 1275, 1280.

[2530] BGH NJW 2004, 154, 157; NJW-RR 2004, 1126, 1127f.; BKR 2004, 108, 111 = WM 2004, 172, 174; NJW 2003, 2529, 2531; VersR 2003, 1396, 1398 jeweils mit Hinweis auf BGH NJW 1989, 1667 und BGH NJW 1990, 1844; ebenso OLG München ZIP 2000, 2295, 2299; OLG Karlsruhe ZIP 2001, 1914; OLG Frankfurt WM 2002, 549; OLG Stuttgart OLG-Report 2003, 69, 71; OLG-Report 2002, 317, 319; OLG Koblenz WM 2003, 1228, 1231.

[2531] Vgl. zuletzt BGH NJW 2005, 983, 985 = WM 2005, 69, 71.

a) Gewünschte Finanzierung über eine Kapitallebensversicherung

Bietet die Bank dem Kunden auf gezielte Nachfrage des vom Kunden eingeschalteten Finanzierungsvermittlers, der mit einem vollständigen, die Tilgung des Festdarlehens durch eine Kapitallebensversicherung vorsehenden Finanzierungskonzept an die Bank herangetreten ist und um ein entsprechendes Angebot zum Abschluss eines Darlehensvertrages gebeten hat, einen solchen mit einer Kapitallebensversicherung verbundenen Kreditvertrag an, so ist sie nicht verpflichtet, von sich aus auf die Nachteile einer solchen Koppelung zwischen dem Darlehensvertrag und der Kapitallebensversicherung hinzuweisen, ebenso wenig darauf, dass die Vertragskombination möglicherweise wirtschaftlich ungünstiger ist als ein marktüblicher Ratenkredit. 128

Sie kann in einem solchen Fall davon ausgehen, dass kein Informationsbedarf beim Darlehensinteressenten vorliegt.[2532] 129

b) Vom Kunden erwartete Steuervorteile

Eine Aufklärungspflicht wird insbesondere verneint, wenn der Darlehensnehmer eine Kapitalanlage unter Ausnutzung größtmöglicher Steuervorteile finanzieren will, wobei die langfristig hohe Zinsbelastung durch ein tilgungsfreies Darlehen in diesem Fall gewollt ist bzw. die Bank hiervon ausgehen kann.[2533] Die Kombination mit einer Lebensversicherung brachte – jedenfalls früher – weitere Vorteile mit sich, weil die Beiträge steuermindernd geltend gemacht werden konnten und in der Lebensversicherung – seit 2002 zwischenzeitlich stark reduzierte – Gewinnbeteiligungen erzielt werden.[2534] 130

Hinzu kommt, dass nunmehr – nach den Entscheidungen des BGH aus den Jahren 1989 und 1990[2535] zur im Einzelfall bestehenden Aufklärungspflicht bei einer Finanzierung über eine Kapitallebensversicherung- nunmehr auch Kredite zur Finanzierung von Kapitalanlagen unter §§ 491, 492 Abs. 1 S. 5 (vormals §§ 1, 4 Abs. 1 S. 5 Nr. 1 VerbrKrG. fallen, sodass die Bank ohnehin umfangreiche Angaben über die den Darlehensnehmer treffenden Belastungen machen muss. So gilt die Pflicht zur Angabe des Gesamtbetrages aller zu erbringenden Leistungen auch dann, wenn das Darlehen durch eine Kapitallebensversicherung getilgt werden soll.[2536] 131

[2532] BGH NJW 2004, 154, 157; auch BGH BKR 2004, 108 111 = WM 2004, 172, 174 und BGH VersR 2003, 1396, 1398: Kombination nicht auf Veranlassung der Bank angeboten.

[2533] OLG Stuttgart OLG-Report 2002, 317, 320.

[2534] OLG Stuttgart OLG-Report 2003, 69, 71; OLG-Report 2002, 317, 320; OLG Hamburg WM 2002, 1289, 1293; das Bestehen einer Aufklärungspflicht wurde in derartigen Fallkonstellationen offen gelassen von OLG Stuttgart OLG-Report 2001, 241; OLG Hamm WM 1999, 1056; OLG Koblenz ZIP 2000, 1436.

[2535] BGH NJW 1989, 1667; NJW 1990, 1844; zuletzt NJW 2005, 983,985.

[2536] BGH NJW-RR 2003, 1203, 1205; NJW 2005, 985, 986; MDR 2002, 469; OLG Stuttgart OLG-Report 2003, 69, 72; OLG-Report 2002, 317, 320.

c) Wirtschaftliche Nachteile nicht substantiiert dargetan

132 Ein „besonderer Gefährdungstatbestand" wurde auch verneint, wenn der Darlehensnehmer (bzw. dessen Prozessbevollmächtigter!) die wirtschaftlichen Nachteile einer solchen Finanzierung gegenüber einem herkömmlichen Ratenkredit nicht substantiiert dargetan hat.[2537]

V. Schwerwiegender Interessenkonflikt der Bank

133 Schließlich besteht eine Aufklärungspflicht der Bank dann, wenn sie sich im Zusammenhang mit der Kreditgewährung in einem „schwerwiegenden Interessenkonflikt" befindet.[2538]

1. Schwerwiegender Interessenkonflikt bejaht

134 Ein solcher die Aufklärungspflicht der Bank begründender „schwerwiegender Interessenkonflikt" liegt in folgenden Fallgestaltungen vor:[2539]

a) Unterlassene Aufklärung über bestehendes Insolvenzrisiko

135 Die Bank klärt die Darlehensinteressenten nicht über ein ihr bekanntes, beim Bauträger bestehendes hochgradiges Insolvenzrisiko, welches möglicherweise das Scheitern des Projekts erwarten lässt, auf und verlagert ihr eigenes wirtschaftliches Wagnis auf die Erwerber der zu finanzierender Immobilien.[2540]

136 Den Darlehensnehmern obliegt es dabei, im Einzelnen darzulegen und zu beweisen, dass die Insolvenzgefahr bereits bei Abschluss des Darlehensvertrages bestand,[2541] wofür es nicht ausreicht zu behaupten, dass eine Initiatorengesellschaft mehrere Jahre nach Fertigstellung des Objekts nicht mehr in

---

[2537] BGH NJW 2003, 2529, 2531; OLG Köln WM 2000, 127, 129.

[2538] BGH NJW 2005, 668, 670; WM 2005, 127, 129; NJW 2004, 2736, 2742 = WM 2004, 1529, 1536; NJW 2004, 1376, 1379; NJW 2004, 154, 156; NJW 2003, 2088, 2090; NJW 2003, 2529, 2531; NJW-RR 2003, 1203; OLG Stuttgart OLG-Report 2003, 69, 71; OLG Report 2002, 317, 319; WM 2000, 1942, 1946; WM 2000, 2146, 2147; OLG Frankfurt OLG-Report 2005, 85, 88; OLG Hamburg WM 2002, 1289, 1292; OLG Karlsruhe BKR 2005, 157, 158; NJW-RR 2003, 185, 189; WM 2001, 245, 248; OLG Koblenz WM 1999, 2353, 2356; OLG Dresden WM 2002, 1881, 1883; OLG München WM 2001, 2460, 2464; LG München I WM 2002, 285, 286; WM 2000, 820, 823; LG Stuttgart WM 2000, 1388, 1389.

[2539] Vgl. zuletzt BGH NJW 2004, 1376, 1379; OLG Karlsruhe BKR 2005, 157, 158.

[2540] BGH WM 1992, 1310, 1311; von BGH NJW 2004, 2736, 2742 und BGH WM 1999, 678, 679 der Fallgruppe des „Wissensvorsprungs" bzw. des „besonderen Gefährdungstatbestandes" zugeordnet, s.o. Rdn. 116ff.; OLG Stuttgart WM 1999, 844; OLG Karlsruhe NJW-RR 2003, 185, 190; OLG Hamm WM 1999, 1056, 1057; *Edelmann* MDR 2000, 1172, 1178.

[2541] BGH WM 1992, 901; OLG München WM 1995, 289; *Edelmann* MDR 2000, 1172, 1176.

der Lage war, ihre Verpflichtungen, etwa aus einer Mietgarantie einzuhalten.[2542]

b) Finanzierung des Gesamtprojekts

Die Bank finanziert nicht nur die Beitritte einzelner Anleger zu einem 137
Immobilienfonds, sondern auch das Gesamtprojekt, nämlich den Erwerb und die Vermarktung der Immobilie durch den Initiator, und verlagert dabei das Risiko des Forderungsausfalls – insbesondere bei drohender Insolvenz des Projektinitiators – auf eine Vielzahl von Darlehensnehmern, durch deren Einlagen das Not leidend gewordene Darlehen des Initiators zurückbezahlt wird, sie aber dabei keinen entsprechenden Gegenwert erhalten.[2543]

Der BGH[2544] weist in ständiger Rechtsprechung darauf hin, dass ein 138
„schwerwiegender Interessenkonflikt" bei der Finanzierung des Gesamtprojekts nur dann vorliegen kann, wenn zu dieser „Doppelfinanzierung" besondere Umstände hinzutreten. Gegen die Annahme eines „Interessenkonflikts" spricht vor allem, wenn die Insolvenz des Verkäufers bzw. Bauträgers erst ca. zwei Jahre nach Fertigstellung des Objekts eintritt.

c) Finanzierung illiquider Kommanditisten

Die Bank finanziert den Anteilserwerb zahlreicher Kommanditisten und 139
zeigt damit ein gesteigertes Interesse am wirtschaftlichen Erfolg eines aufgelegten Immobilienfonds, wobei eine größere Anzahl dieser Kommanditisten – für die Bank erkennbar – nicht über eine ausreichende Bonität verfügt, sodass das damit verbundene Risiko des Ausfalls der Forderungen aus den zugehörigen Darlehensverträgen auf den betroffenen, liquiden Darlehensnehmer verlagert wird.[2545]

d) Übertragung einer Globalgrundschuld

Die Bank läst sich eine auf dem Fondsgrundstück lastende Globalgrund- 140
schuld in der Größenordnung von 750000,00 €, welche die Rückzahlung der Kredite zahlreicher weiterer Kommanditisten sichert, übertragen und weist nicht darauf hin, dass der Darlehensnehmer mit seiner Fondsbeteiligung mittelbar auch für die Rückzahlung dieser, durch die Grundschuld besicherten Kredite einzustehen hat.[2546]

Dies ist jedoch dann nicht der Fall, wenn die Bank zwar den Erwerb des 141
Bauträgers bzw. ehemaligen Eigentümers finanziert, dieser das ihm ge-

---

2542 OLG Stuttgart WM 2000, 292, 295; *Edelmann* MDR 2000, 1172, 1176.

2543 OLG Stuttgart OLG-Report 2003, 69, 71: im entschiedenen Fall verneint.

2544 BGH NJW 2004, 1376, 1379; auch BKR 2005, 73, 74.

2545 OLG Dresden WM 2002, 1881, 1883.

2546 OLG Dresden WM 2002, 1881, 1883.

währte Darlehen nach dem Verkauf der Wohnungen an die Bank zurückführt bzw. die Rückführung durch diesen gesichert ist.[2547]

2. Schwerwiegender Interessenkonflikt verneint

142 Ein „schwerwiegender Interessenkonflikt" liegt dagegen in folgenden Fällen nicht vor:[2548]

a) Beschränkung auf die Finanzierung des Objekts

143 Eine Aufklärungspflicht besteht unter dem Gesichtspunkt eines „schwerwiegenden Interessenkonflikts" nicht, wenn die Bank als „Finanzierer des Projekts" auftritt bzw. dem Vertrieb ihre Darlehensformulare zur Verfügung stellt,[2549] lediglich den Anteilserwerb von Kommanditisten an einem Immobilienfonds finanziert[2550] oder sowohl die Finanzierung des Bauträgers bzw. der Gesamtliegenschaft des früheren Eigentümers als auch diejenige der Mehrzahl der Erwerber übernommen hat;[2551] dies gilt selbst dann, wenn der Kaufpreis mit Nebenkosten zu 100% finanziert wird.[2552]

144 Ein schwerwiegender Interessenkonflikt kann vielmehr nur vorliegen, wenn zu einer „Doppelfinanzierung" besondere Umstände hinzutreten, wofür es nicht ausreicht, dass die Bank dem Bauträger einen ungesicherten Kredit in der Größenordnung von 450 000,00 gewährt hat, um diesem die Rückführung eines Teils hingegebener Darlehen zu ermöglichen.[2553]

b) Doppelfinanzierung bei späterer Insolvenz des Bauträgers

145 Ein schwerwiegender Interessenkonflikt liegt ebenso wenig vor, wenn die Bank sowohl die Finanzierung des Bauträgers als auch die des Darlehensnehmers übernommen hat und der Bauträger anschließend in Zahlungsverzug oder Insolvenz gerät, sofern sich eine Insolvenz des Bauträgers nicht bis zum Abschluss des Darlehensvertrages aufdrängte[2554] oder ein bestehendes hochgradiges Insolvenzrisiko möglicherweise das Scheitern des Projekts erwarten ließ.[2555]

[2547] LG Frankfurt WM 2001, 257, 261.

[2548] Vgl. zuletzt BGH NJW 2004, 1376, 1379; OLG Köln WM 2005, 792, 798.

[2549] OLG Stuttgart WM 2001, 1667, 1671; OLG Köln WM 2000, 2139, 2142.

[2550] OLG Dresden WM 2002, 1881, 1883.

[2551] BGH NJW 2004, 1376, 1379; NJW 2003, 2088, 2090; NJW-RR 1992, 879, 882; OLG Karlsruhe NJW-RR 2003, 185, 189; OLG Stuttgart WM 2001, 1667, 1671; WM 2000, 292, 295; OLG Frankfurt WM 2000, 2135, 2137; OLG Köln WM 2000, 2139, 2142; OLG München WM 2001, 252, 254; WM 2001, 2460, 2464; KG OLG-Report 2005, 194, 195; LG Berlin WM 2000, 1484, 1487; LG Frankfurt WM 2001, 257, 261.

[2552] OLG München WM 2001, 2460, 2464.

[2553] BGH NJW 2003, 2088, 2090.

[2554] OLG Frankfurt WM 2000, 2135, 2138; auch BGH NJW 2004, 1376, 1379.

[2555] BGH WM 1992, 1310, 1311; OLG Hamm WM 1999, 1056, 1057; OLG Stuttgart WM 1999, 844; KG OLG-Report 2005, 194 f.; OLG Köln WM 2005, 792, 798.

c) Kenntnis der Vermittlung im Strukturvertrieb

Schließlich scheidet auch in dieser Fallgruppe eine Aufklärungspflicht aus, wenn die Bank ihre Darlehen durch Mitarbeiter eines Dritten vertreiben lässt und hierfür Provisionen zahlt.[2556] Die Zahlung einer „versteckten Innenprovision" begründet weder einen „konkreten Wissensvorsprung" noch einen „besonderen Gefährdungstatbestand".[2557] **146**

VI. Schaden des Darlehensnehmers

Selbst wenn man eine grundsätzliche Aufklärungspflicht der Bank über die besonderen Risiken der gewährten Kreditform bzw. spezielle Risiken des Vorhabens o.a. im Rahmen der obigen Fallgruppen bejahen würde, scheitert der Anspruch des Darlehensnehmers regelmäßig daran, dass die Verletzung der Aufklärungspflicht für den von ihm geltend gemachten Schaden regelmäßig nicht ursächlich geworden ist. Auf die Vermutung aufklärungsrichtigen Verhaltens kann sich der Darlehensnehmer nämlich nur berufen, wenn feststeht, dass eine andere Darlehensform für ihn konkret günstiger gewesen wäre.[2558] **147**

Etwaige Aufklärungsdefizite führen nicht ohne weiteres zu einem umfassenden Schadensersatz- oder Freistellungsanspruch, sondern nur zu einem auf den sogenannten „Differenzschaden" gerichteten Anspruch im Umfang der auf Ersatz der durch die gewählte Finanzierung entstandenen Mehrkosten.[2559] **148**

Hat die Bank dem Darlehensnehmer anstelle eines üblichen Ratenkredits einen mit einer Kapitallebensversicherung verbundenen Kreditvertrag angeboten, ohne ihn auf die besonderen Risiken dieser gewählten Kreditform hinzuweisen, kann er allenfalls Ersatz des Mehrbetrages gegenüber einem allgemeinen Ratenkreditvertrag verlangen.[2560] **149**

2556 OLG Köln WM 2000, 2139, 2142; auch *Jork/Engel* BKR 2005, 3, 11; *Wallner* BKR 2004, 367, 369 zur Zurechnung einer Haustürsituation.

2557 LG Frankfurt WM 2001, 257, 261; differenzierend LG Nürnberg-Fürth WM 2000, 2153, 2156; s.o. Rdn. 70, 71.

2558 OLG Frankfurt WM 2002, 1275; auch BGH NJW 2003, 2529, 2531 = MDR 2003, 1190, 1191.

2559 BGH BKR 2004, 108, 111 = WM 2004, 174, 175f.; NJW-RR 2004, 1126, 1128; NJW 2003, 2529, 2531; OLG Frankfurt WM 2002, 1275, 1278; OLG Hamburg WM 2002, 1289, 1293; OLG Stuttgart WM 2001, 1667, 1672; OLG Karlsruhe WM 2001, 245, 249.

2560 BGH NJW 2003, 2529, 2531; OLG Frankfurt WM 2002, 1275, 1280; OLG Hamm WM 1999, 1056, 1057; OLG Karlsruhe WM 2001, 245, 249; OLG Schleswig WM 2000, 1381, 1387; OLG Stuttgart WM 2001, 1667, 1672; zu einer Begrenzung der Schadensersatzpflicht aus dem Gesichtspunkt des „Schutzzwecks der Norm" bei Übertragung einer Globalgrundschuld vgl. OLG Dresden WM 2002, 1881, 1883.

150 Allerdings kann dem Darlehensnehmer grundsätzlich selbst dann ein Schaden entstehen, wenn die Leistung, im entschiedenen Fall die Kaufpreiszahlung an den Verkäufer und Gegenleistung, d.h. die Eigentumsübertragung einer Immobilie gleichwertig sind. Für die Annahme eines Schadens reicht es nämlich aus, dass ein Immobilienerwerb für den Käufer in Anbetracht seiner finanziellen beschränkten Möglichkeiten subjektiv nur dann sinnvoll sein kann, wenn sich dadurch keine nachhaltige Beeinträchtigung der sonstigen Lebensführung ergibt.[2561]

151 Hat die Bank den Anleger nicht von der ihr nach Einsicht in die Bilanzen bekannten Überschuldung einer Fondsgesellschaft unterrichtet und sind deshalb von der Gesellschaft erteilte Mietgarantien nicht realisierbar, ist ohne weiteres von einem durch die unterlassene Aufklärung entstandenen Schaden auszugehen.[2562]

152 Bei schuldhafter Verletzung eines mit der finanzierenden Bank – neben dem Darlehensvertrag ausdrücklich oder konkludent – geschlossenen Beratungsvertrages (s.o. Rdn. 17) kann der zum Kauf einer Immobilie, eines Fondsanteils o.a. veranlasste Bankkunde im Rahmen der §§ 280 Abs. 1, 311 Abs. 2, 249 Abs. 1 S. 1 verlangen, so gestellt zu werden, als hätte er sich an dem Anlagemodell nicht beteiligt.[2563]

153 Dabei genügt es für den Nachweis eines Vermögensschadens, dass die Kaufsache den bezahlten Kaufpreis nicht wert ist oder wenn trotz Werthaltigkeit des Kaufgegenstandes die mit dem Vertrag verbundenen Verpflichtungen und sonstigen Nachteile durch die Vorteile nicht ausgeglichen werden.[2564]

154 Empfiehlt eine kreditgebende Bank einem Anlageinteressenten eine Beteiligung an einem Bauherrenmodell, ohne ihn darüber zu informieren, dass die erzielten bzw. erzielbaren Mieterträge der bereits erstellten Eigentumswohnungen nicht den im Anlageprospekt prognostizierten Mieten entsprechen und die Vermietung der Wohnungen Schwierigkeiten bereitet, liegt der Eintritt eines Schadens nach Auffassung des BGH[2565] angesichts des geminderten Ertragswertes des Objekts auf der Hand.

155 Bei der Schadensabwicklung sind dabei nicht nur die angefallenen Kreditkosten, sondern auch die aufgrund der Anlageentscheidung ausgereichten Darlehen zu berücksichtigen. Die Schadensersatzpflicht der Bank ist nicht auf einen Ausgleich des Minderwertes der Kaufsache beschränkt.[2566]

[2561] BGH NJW 2003, 1686, 1690 für einen Anspruch aus c.i.c. bzw. § 311 Abs. 2, Abs. 3 n.F. gegen den Verkäufer bzw. Vermittler; BGH NJW 2004, 1868, 1870.

[2562] BGH NJW 2004, 2736, 2742 = WM 2004, 1529, 1536.

[2563] BGH NJW 2004, 1868, 1869; WM 2000, 426, 429.

[2564] BGH NJW 2004, 1868, 1870; WM 1997, 2309, 2311.

[2565] BGH NJW 2004, 1868, 1870 = BKR 2004, 152, 155.

[2566] BGH NJW 2004, 1868, 1870.

K. Gesamtfälligstellung bei Teilzahlungsdarlehen

I. Übersicht, Konkurrenzen

Wie die Vorgängervorschrift des § 12 Abs. 1 VerbrKrG soll § 498 Abs. 1 den Verbraucher davor schützen, bereits bei geringfügigen Zahlungsrückständen und Vorliegen der Voraussetzungen der §§ 280, 286 (§§ 284, 285 a.F.) die gesamte Restschuld auf einmal zahlen zu müssen. Die Vorschrift legt fest, unter welchen Voraussetzungen der Darlehensgeber bei einem Kredit, der nach h.M. in *mindestens drei* Teilzahlungen zu tilgen ist,[2567] zur Kündigung des Vertrages wegen Zahlungsverzuges berechtigt ist. 1

§§ 498 Abs. 1, 503 Abs. 2 S. 1 gehen bei Kündigung oder Rücktritt wegen Zahlungsverzuges den allgemeinen Vorschriften, etwa den §§ 323, 324, 543, 569 vor; eine auf diese Vorschriften ohne Erfüllung der zusätzlichen Voraussetzungen des § 498 Abs. 1 gestützte Kündigung ist unwirksam.[2568] 2

Das Recht des Darlehensgebers, den Vertrag gem. §§ 314, 490 Abs. 1 bzw. §§ 626, 723 analog auf andere fristlose Kündigungsgründe als denjenigen des Verzuges zu stützen, bleibt unberührt.[2569] 3

In Betracht kommen insbesondere eine Kündigung wegen wesentlicher Vermögensverschlechterung des Verbrauchers,[2570] unrichtiger Angaben des Darlehensnehmers über seine Vermögensverhältnisse bei Vertragsabschluss,[2571] soweit dem Darlehensgeber die Fortsetzung des Vertrages dadurch unzumutbar wird,[2572] die Einleitung von Zwangsvollstreckungsmaß- 4

[2567] Bamberger/Roth-*Möller/Wendehorst* § 498 Rdn. 2; *Bülow* § 498 Rdn. 13; Erman-*Saenger* § 498 Rdn. 1; Müko-*Habersack* § 498 Rdn. 3; Palandt-*Putzo* § 498 Rdn. 2; Staudinger/Kessal-*Wulf* § 498 Rdn. 5 und § 12 VerbrKrG Rdn. 5; a. A. Bamberger/Roth-*Möller/Wendehorst* § 498 Rdn. 2 und W/E/R-*Emmerich* § 12 VerbrKrG Rdn. 7: insgesamt zwei Teilzahlungen genügen zur entsprechenden Anwendbarkeit.

[2568] *Bülow* § 498 Rdn. 8, 14; Palandt-*Putzo* § 498 Rdn. 3.

[2569] BGH NJW 2004, 3782; MDR 2005, 102; OLG Hamm MDR 1998, 1211; Bamberger/Roth-*Möller/Wendehorst* § 498 Rdn. 3 und Palandt-*Putzo* 3498 Rdn. 3: fristlose Kündigung wegen wesentlicher Verschlechterung der Vermögensverhältnisse gem. §§ 314, 490 Abs. 1; *Bülow* § 498 Rdn. 8, 12, 15: Kündigungsrecht aus wichtigem Grund gem. §§ 488 Abs. 3, 489, 490 Abs. 1, 490 analog; Müko-*Habersack* § 498 Rdn. 7, 22: außerordentliche Kündigung gem. §§ 490, 314 möglich.

[2570] BGH NJW 2004, 3782: wesentliche Vermögensverschlechterung, die eine ins Auge gefasste Sanierung nicht mehr aussichtsreich erscheinen lässt; OLG Hamm NJW-RR 1998, 1672; *Bülow* § 498 Rdn. 12, 15; Bamberger/Roth-*Möller/Wendehorst* § 498 Rdn. 3: §§ 490 Abs. 1, 490 analog; Staudinger/Kessal-*Wulf* § 498 Rdn. 6; enger Müko-*Habersack* § 498 Rdn. 22: nur, wenn „Schieflage von Dauer ist".

[2571] *Bülow* § 498 Rdn. 8: vgl. Nr. 19 Abs. 3 AGB-Banken, Nr. 26 Abs. 2c AGB-Sparkassen, Nr. 18 Abs. 3 AGB-Postbank; Bamberger/Roth-*Möller/Wendehorst* § 498 Rdn. 3; Staudinger/Kessal-*Wulf* § 498 Rdn. 6.

[2572] OLG Karlsruhe WM 2000, 1996, 2001; Müko-*Habersack* § 498 Rdn. 22 mit Hinweis auf Nr. 19 Abs. 3 S. 1 AGB-Banken.

nahmen durch einen Dritten in ein Grundstück aufgrund eines vorrangig besicherten Kredits,[2573] unzureichender Besicherung des Darlehens, sofern die beanspruchten Sicherheiten gem. § 492 Abs. 1 S. 5 Nr. 7 in der Vertragsurkunde angegeben sind,[2574] eine Überziehung des Girokontos um einen vereinbarten oder geduldeten Kreditbetrag (Kontokorrentkredit), wenn keine ratenweise Tilgung des Kredits vereinbart wurde[2575] und bei einer Beschädigung des Leasinggutes, sofern ein Kündigungsrecht für diesen Fall vereinbart worden ist.[2576]

5 Darüber hinaus ist nach Auffassung des OLG Köln[2577] eine fristlose Kündigung auch unabhängig vom Vorliegen der Voraussetzungen des § 498 Abs. 1 zulässig, wenn innerhalb von zwei Jahren ein vierzehn monatlichen Zinsraten entsprechender Rückstand aufgelaufen ist.

6 Ein Recht zur außerordentlichen Kündigung des Darlehensvertrages besteht jedoch nicht, wenn die Umstände, die zur Kündigung herangezogen werden, dem Darlehensgeber bereits im Zeitpunkt der Kreditgewährung bekannt waren.[2578] Andererseits soll eine fristlose Kündigung möglich sein, wenn seit dem Zeitpunkt der Darlehenszusage eine wesentliche Vermögensverschlechterung eingetreten ist, mit der das Kreditinstitut jedenfalls rechnen musste.[2579]

7 Als Folge der vorrangig auf Geldkredite zugeschnittenen Kreditkündigung sieht § 498 Abs. 2 – entsprechend der Vorgängervorschrift des § 12 Abs. 2 VerbrKrG – die Gutschrift nicht verbrauchter Kreditkosten und – im Unterschied zu § 503 Abs. 2 – nicht die Rückabwicklung, sondern den Wegfall der Teilzahlungsabrede und damit die sofortige Fälligkeit der Gesamtforderung des Darlehensgebers vor.[2580]

8 Der Verbraucher verliert damit ex nunc das Recht zur Nutzung des Kapitals für die vertraglich vereinbarte Dauer.[2581]

[2573] Müko-*Habersack* § 498 Rdn. 7.

[2574] Müko-*Habersack* § 498 Rdn. 22 a. E.; Staudinger/Kessal-*Wulf* a. a. O.

[2575] OLG Brandenburg MDR 1998, 483.

[2576] *Bülow* § 498 Rdn. 8.

[2577] OLG Köln WM 2003, 826: gem. §§ 626, 554 a. F. analog.

[2578] BGH NJW-RR 2002, 1273.

[2579] BGH NJW 2004, 3782 = MDR 2005, 102; MDR 2004, 1307.

[2580] Bamberger/Roth-*Möller/Wendehorst* § 498 Rdn. 10; Müko-*Habersack* § 498 Rdn. 23; W/E/R-*Emmerich* § 12 VerbrKrG Rdn. 9.

[2581] Bamberger/Roth-*Möller/Wendehorst* § 498 Rdn. 10; Müko-*Habersack* § 498 Rdn. 23; Staudinger/Kessal-*Wulf* § 498 Rdn. 25.

II. Voraussetzungen einer Kündigung und Gesamtfälligstellung nach § 498 Abs. 1

1. Sachliche und persönliche Anwendbarkeit der §§ 491, 499, 500, 501

a) Darlehensverträge, Teilzahlungsgeschäfte und sonstige Finanzierungshilfen

§ 498 ist auf alle Verbraucherdarlehensverträge (§ 491 Abs. 1) anzuwen- 9
den, bei denen der Rückerstattungsanspruch (§ 488 Abs. 1) in Teilzahlungen zu erfüllen ist, gem. § 498 Abs. 3 jedoch nicht auf Immobiliardarlehensverträge.[2582]

Der Anwendungsbereich des § 498 erstreckt sich somit auf die Verbrau- 10
cherdarlehensverträge gem. §§ 491, 492 (vormals §§ 1 Abs. 2, 4 Abs. 1 S. 4 Nr. 1 VerbrKrG), den Zahlungsaufschub, insbesondere also finanzierte Kaufverträge und andere Teilzahlungsgeschäfte (§§ 499 Abs. 1, Abs. 3, 501; vormals §§ 1 Abs. 2, 4 Abs. 1 S. 4 Nr. 2), auf Finanzierungsleasingverträge und sonstige Finanzierungshilfen (§§ 499 Abs. 2, 500, vormals §§ 1 Abs. 2, 3 Abs. 2 Nr. 1 VerbrKrG).[2583]

Jedoch folgt aus § 498 Abs. 1 S. 1 Nr. 1, dass abweichend von §§ 501, 503 11
Abs. 2 (vormals § 4 Abs. 1 S. 4 Nr. 2 VerbrKrG) nur solche Teilzahlungsgeschäfte erfasst werden, die in *mindestens drei* Ratenzahlungen zu tilgen sind, da sich andernfalls eine Kündigung ohnehin erübrigt.[2584]

§ 498 ist entsprechend anzuwenden, wenn ein Verbraucherdarlehensver- 12
trag mit einer Kapitallebensversicherung verbunden wird, statt einer Tilgung Zins- und Prämienanteile enthaltende Raten zu zahlen sind und der zunächst tilgungsfreie Kredit bei Fälligkeit der Versicherungssumme durch Einmalzahlung getilgt wird.[2585]

[2582] Vgl. §§ 3 Abs. 2 Nr. 2 VerbrKrG, 491 Abs. 3 Nr. 1 a.F., 492 Abs. 1a S. 2 n.F.; vgl.Erman-*Saenger* § 498 Rdn. 3; Müko-*Habersack* § 498 Rdn. 4, 6; Palandt-*Putzo* § 498 Rdn. 2; Staudinger/Kessal-*Wulf* § 498 Rdn. 3, 4.

[2583] Vgl. BGH NJW 2001, 1349; OLG Dresden ZMR 2001, 442; Erman-*Saenger* § 498 Rdn. 3; Bamberger/Roth-*Möller/Wendehorst* § 498 Rdn. 1, 2 und § 499 Rdn. 5; 498 Rdn. 2; Müko-*Habersack* § 498 Rdn. 4, 6, 28.

[2584] *Bülow* § 498 Rdn. 13; Müko-*Habersack* § 12 VerbrKrG Rdn. 3 a.E. und § 498 Rdn. 3; Palandt-*Putzo* § 498 Rdn. 2; Staudinger/Kessal-*Wulf* § 498 Rdn. 5; a.A. W/E/R-*Emmerich* § 12 VerbrKrG Rdn. 7 und Bamberger/Roth-*Möller/Wendehorst* § 498 Rdn. 2: Zwei Teilzahlungen genügen; Erman-*Saenger* § 498 Rdn. 1, 9: für die Anwendung des § 498 Abs. 1 ist ein in mindestens drei Teilzahlungen zu tilgendes Darlehen erforderlich, bei der Prüfung des Verzuges bleiben rückständige Anzahlungsraten außer Betracht.

[2585] *Bülow* § 498 Rdn. 13 a.E.; Erman-*Saenger* § 498 Rdn. 4; Müko-*Habersack* § 498 Rdn. 5; Staudinger/Kessal-*Wulf* § 498 Rdn. 4; Palandt-*Putzo* § 498 Rdn. 2 a.E.; abw. OLG Celle BKR 2005, 66: Kreditvertrag und LV müssen „verbundene Geschäfte“ sein.

b) Ratenlieferungsverträge, Immobiliardarlehensverträge und tilgungsfreie Kredite

13 Wie die Vorgängerregelungen der §§ 12, 13 VerbrKrG gelten §§ 498 Abs. 1, 503 Abs. 2 nicht – auch nicht entsprechend- bei den Ratenlieferungsverträgen (§ 505, vormals § 2 VerbrKrG), Immobiliardarlehensverträgen (vgl. §§ 498 Abs. 3, 492 Abs. 1a S. 2; vormals Realkreditverträge i.S.d. § 3 Abs. 2 Nr. 2) und bei Dienstverträgen, bei denen die Gegenleistung des Verbrauchers entsprechend § 614 nach einzelnen Zeitabschnitten geschuldet ist.[2586]

14 Auch auf tilgungsfreie Kredite ist § 498 nicht anzuwenden, selbst wenn Zinsen und andere Nebenleistungen in periodischen Abständen zu bezahlen sind und der Verbraucher damit in Verzug gerät.[2587]

c) Anwendung der §§ 490, 543, 626 bei anderen Vertragsverletzungen

15 Außerhalb des Anwendungsbereichs des § 498 Abs. 1, also auch bei Vorliegen eines Immobiliardarlehensvertrages (§ 498 Abs. 3, 492 Abs. 1a S. 2) richtet sich die außerordentliche Kündigung von Krediten mit fester Laufzeit bei Vorliegen eines wichtigen Grundes, etwa einer wesentlichen Vermögensverschlechterung des Verbrauchers,[2588] unrichtigen Angaben des Darlehensnehmers über seine Vermögensverhältnisse bei Vertragsabschluss,[2589] nicht nur vorübergehenden Zahlungsschwierigkeiten,[2590] aber auch im Fall des Zahlungsverzuges nach §§ 490 Abs. 1, 543 Abs. 1, Abs. 2, 626 (vormals §§ 610, 554 Abs. 1, 554a, 626).[2591]

16 Ein tilgungsfreier Kredit wird nach entsprechender Vereinbarung durch Kündigung gem. §§ 488 Abs. 3, 489 bzw. § 490 analog aus wichtigem Grund fällig.[2592]

d) Entsprechende Anwendung gegenüber mithaftenden Dritten

17 § 498 ist nach seinem Schutzzweck zugunsten eines gesamtschuldnerisch mithaftenden Dritten, also sowohl gegenüber einem Mitdarlehensnehmer als

[2586] BGH NJW 1996, 457; Erman-*Saenger* § 498 Rdn. 3; Müko-*Habersack* § 498 Rdn. 6; W/E/R-*Emmerich* § 12 VerbrKrG Rdn. 12.

[2587] OLG Brandenburg MDR 1998, 483; *Bülow* § 498 Rdn. 12.

[2588] BGH NJW 2004, 3782; OLG Hamm NJW-RR 1998, 1672; s.o. Rdn. 4.

[2589] *Bülow* § 498 Rdn. 8; Bamberger/Roth-*Möller/Wendehorst* § 498 Rdn. 3; Müko-*Habersack* § 498 Rdn. 22: sofern die Fortsetzung des Darlehensvertrages für den Darlehensgeber unzumutbar wird, Staudinger/Kessal-*Wulf* § 498 Rdn. 6.

[2590] Müko-*Habersack* § 498 Rdn. 22: etwa nach Angabe der EV.

[2591] OLG Brandenburg MDR 1998, 483 bei Überziehung des Girokontos; OLG Köln WM 2003, 826 bei Verzug mit mehr als vierzehn monatlichen Zinsraten innerhalb von zwei Jahren; Müko-*Habersack* § 498 Rdn. 7, 22: fristlose Kündigung nach §§ 490, 314 möglich.

[2592] *Bülow* § 498 Rdn. 12.

auch bei einem Schuldbeitritt, selbst dann – faktisch analog – anzuwenden, wenn der vom Darlehensgeber/Unternehmer in Anspruch genommene Darlehensnehmer selbst nicht in den Schutzbereich der §§ 491, 499, 498 fällt, etwa wenn es sich um eine GmbH handelt, für die der insoweit nicht in Ausübung einer gewerblichen oder selbständigen beruflichen Tätigkeit agierende Geschäftsführer oder Gesellschafter eine Mithaftung i.S.d. §§ 421, 427 übernommen hatte.[2593]

Allerdings reicht es nach h.M. für die spätere Kündigung gegenüber allen Gesamtschuldnern aus, dass die Voraussetzungen des Kündigungsgrundes nach § 498 Abs. 1 S. 1 Nr. 1 in der Person nur eines Gesamtschuldners erfüllt sind.[2594] **18**

Jedoch hat die Nachfristsetzung mit Kündigungsandrohung und nach deren Ablauf die Kündigung gegenüber jedem einzelnen Gesamtschuldner zu erfolgen.[2595] **19**

Ist etwa bei einem Finanzierungsleasingvertrag einer von mehreren Leasingnehmern Verbraucher, so hängt die Wirksamkeit einer Kündigung des Leasinggebers wegen Zahlungsverzugs davon ab, dass zunächst *gegenüber diesem Leasingnehmer* die Kündigungsvoraussetzungen des § 498 Abs. 1 i.V.m. § 500 erfüllt sind. Da die Kündigung gegenüber allen Leasingnehmern nur einheitlich ausgesprochen werden kann, ist sie nach h.M. nur dann wirksam, wenn gegenüber allen anderen auf der Leasingnehmerseite beteiligten Verbrauchern die Kündigungsvoraussetzungen des § 498 Abs. 1 **20**

[2593] OLG Karlsruhe WM 1997, 1340, 1344f.; OLG Celle WM 1997, 1144: zweiter Leasingnehmer ist kein Verbraucher; OLG Hamm NJW-RR 2000, 714 getrennt lebende Eheleute; grundsätzlich auch *Bülow* § 498 Rdn. 30; Staudinger/Kessal-*Wulf* § 498 Rdn. 21, 23; teilw. a.A. Müko-*Habersack* § 498 Rdn. 20: Voraussetzungen der §§ 491, 498 müssen nur in der Person des den §§ 13, 14, 491 unterfallenden und in Anspruch genommenen Gesamtschuldners vorliegen.

[2594] OLG Hamm NJW-RR 1998, 1672, 1673 = WM 1998, 2155, 2156; OLG München WM 1996, 1623f. = NJW-RR 1996, 370: Das Kündigungsrecht besteht, wenn gegenüber Gesamtschuldnern der Kündigungsgrund nur bei einer Person vorliegt, die Nachfristsetzung hat aber gegenüber allen Gesamtschuldnern zu erfolgen; Staudinger/Kessal-*Wulf* § 498 Rdn. 21, 23; auch Müko-*Habersack* § 498 Rdn. 20: Isolierte Kündigung möglich; a.A. jedoch OLG Karlsruhe WM 1997, 1340, 1344f.: Vorliegen der Voraussetzungen des § 498 Abs. 1 in der Person des Beitretenden erforderlich; OLG Hamm NJW-RR 2000, 714: getrenntlebende Eheleute; *Bülow* § 498 Rdn. 30; Bülow-*Artz* ZIP 1998, 629, 635; *Graf von Westphalen* MDR 1997, 310f; W/E/R-*Emmerich* § 12 VerbrKrG Rdn. 54

[2595] BGH NJW 2000, 3133, 3135 beim Leasingvertrag; OLG Karlsruhe WM 1997, 1340, 1344; OLG München NJW-RR 1996, 370 zur Nachfristsetzung; OLG Celle NJW-RR 1997, 1144; Erman-*Saenger* § 498 Rdn. 5: Nachfristsetzung gegenüber jedem Einzelnen erforderlich; ebenso noch Müko-*Habersack,* 3. Aufl., § 12 VerbrKrG Rdn. 20 und § 13 VerbrKrG Rdn. 14; Staudinger/Kessal-*Wulf* § 498 Rdn. 21, 23 und § 503 Rdn. 29, 30; a.A. nunmehr Müko-*Habersack* § 498 Rdn. 20 und W/E/R-*Emmerich* § 12 VerbrKrG Rdn. 55 a.E.: Androhung gegenüber nicht dem Schutzzweck der §§ 13, 498 unterliegenden Mitschuldner entbehrlich.

erfüllt sind.[2596] Dies gilt auch für die anderen von § 498 erfassten Darlehensverträge, Teilzahlungsgeschäfte und sonstigen Finanzierungshilfen.[2597]

21 Eine Inanspruchnahme des Beitretenden (zum Bürgen s.u.) selbst ist danach nur dann möglich, wenn diesem gegenüber die Voraussetzungen des § 498 erfüllt sind, selbst wenn der Beitretende kein Verbraucher i.S.d. § 13 ist.[2598]

22 Nach Ansicht von *Habersack*[2599] hat der Beitretende – wie ein Bürge – unabhängig von einer auch ihm gegenüber erklärten Kündigung und auch ohne die ihm gegenüber geschaffenen Voraussetzungen des § 498 für die gegenüber dem Darlehensnehmer/Verbraucher gem. § 498 fällig gestellte Forderung des Darlehensgebers einzustehen. Wollte man dem nicht folgen, müsste auf das Erfordernis einer einheitlichen Ausübung des Kündigungsrechts verzichtet und statt dessen die Möglichkeit einer isolierten Kündigung gegen den in Anspruch genommenen Darlehensgeber oder Beitretenden zugelassen werden.[2600]

23 Die Nachfristsetzung, die Kündigungsandrohung und die Kündigung hat, sofern dieser in Anspruch genommen werden soll, nach h.M. auch gegenüber dem der Schuld des Verbrauchers Beitretenden zu erfolgen.[2601]

23a Auf eine Bürgschaft sind die Bestimmungen der §§ 491ff., 498 ohnehin nicht anzuwenden.[2602] Würde man dem nicht folgen, wären die o.g. für den Schuldbeitritt genannten Grundsätze entsprechend heranzuziehen.

[2596] BGH NJW 2000, 3133, 3135; zustimmend Erman-*Saenger* § 498 Rdn. 5 a.E.; auch *Bülow* § 498 Rdn. 30.

[2597] BGH NJW 2002, 133, 137.

[2598] BGH NJW 2002, 133, 137; OLG Karlsruhe WM 1997, 1340, 1345; OLG Hamm MDR 2000, 98 = NJW-RR 2000, 714; OLG Celle NJW-RR 1997, 1114.

[2599] Müko-*Habersack*, 4. Aufl., § 498 Rdn. 20 – unter teilw. Aufgabe der gegenteiligen Auffassung in der Vorauslage, § 12 VerbrKrG Rdn. 20; abweichend auch OLG Hamm NJW-RR 1998, 1672, 1673 = WM 1998, 2155 und OLG München WM 1996, 1623f. sowie OLG-Report 1999, 361; *Bülow/Artz* ZIP 1998, 629, 635 und *Bülow* § 498 Rdn. 31 a.E.: Ist der Beitretende nicht Verbraucher, haftet er auf die volle Restschuld, wenn die Voraussetzungen des § 498 nur in der Person des Verbrauchers/Hauptschuldners vorliegen; W/E/R-*Emmerich* § 12 VerbrKrG Rdn. 54, 55: einheitliche Kündigung unter unterschiedlichen Voraussetzungen möglich.

[2600] Müko-*Habersack*, 4. Aufl., § 498 Rdn. 20; auch *Bülow/Arzt* NJW 1998, 629, 635; a.A. *Edenfeld* JZ 1997, 1034, 1040.

[2601] OLG München NJW-RR 1996, 370: Nachfristsetzung hat ggü. jedem in Anspruch genommenen Gesamtschuldner zu erfolgen; Erman-*Saenger* § 498 Rdn. 5: Staudinger/Kessal-*Wulf* 2004, § 498 Rdn. 21, 23; a.A. nunmehr Müko-*Habersack*, 4. Aufl., § 498 Rdn. 20; s.o. Fn. 2595.

[2602] BGH NJW 1998, 1939; OLG Düsseldorf WM 1998, 2192; OLG Stuttgart NJW 1997, 3450; OLG Rostock WM 1998, 446; MDR 1998, 979; OLG Hamm WM 1998, 171; für § 498 ebenso *Bülow* § 498 Rdn. 32.

2. Kein Eingreifen von Ausnahmevorschriften (§§ 498 Abs. 3, 491 Abs. 2, Abs. 3)

Das Kündigungsrecht des § 498 Abs. 1 gilt nicht für die Ausnahmetatbestände des § 491 Abs. 2 und gem. § 498 Abs. 3 (bis zum 1. 11. 2002: § 491 Abs. 3 Nr. 1 a.F.) nicht für Immobiliardarlehensverträge.[2603] 24

3. Verzug des Verbrauchers mit der Zahlung von mindestens zwei aufeinander folgenden Raten

a) Zwei aufeinander folgende Teilzahlungen

Weitere Voraussetzungen der Kündigung gem. § 498 Abs. 1 ist der – ganz oder teilweise eingetretene – Verzug des Darlehensnehmers mit der Leistung zweier aufeinander folgender Teilzahlungen. Nach h.M. kommt es für die Anwendung des § 498 nicht darauf an, ob sich der Verbraucher mit vor oder nach der Übergabe fälligen Raten bzw. „Anzahlungsraten“ in Verzug befindet.[2604] 25

Nach abweichender Auffassung bleibt der Verzug mit „Anzahlungsraten“, die schon vor Lieferung der Sache oder vor Erbringung der sonstigen Leistung zu entrichten waren, bei der Prüfung, ob der Verbraucher sich mit zwei aufeinander folgenden Raten in Verzug befindet, außer Betracht.[2605] 26

Fehlt eine – durch AGB mögliche und übliche – Vereinbarung über die Tilgungsreihenfolge und leistet der Verbraucher im Rahmen der ihm dann gem. § 366 Abs. 1 überlassenen Tilgungsbestimmung zum Beispiel nur auf jede zweite Rate, ist § 498 Abs. 1 S. 1 Nr. 1 vom Wortlaut her nicht einschlägig. 27

Nach zutreffender Ansicht ist in einem solchen Fall spätestens nach der dritten Wiederholung von einem rechtsmissbräuchlichen Verhalten des Verbrauchers anzusehen; der Rückstand wird dann wie „aufeinander folgend“ angesehen.[2606] *Habersack*[2607] nimmt einen stillschweigenden Ausschluss des Bestimmungsrechts aus § 366 Abs. 1, eine Verrechnung nur auf jeden zweite rückständige Rate vorzunehmen, an, soweit hinsichtlich der laufenden Raten eine Mahnung nach § 286 Abs. 2 Nr. 1 entbehrlich wäre. 28

2603 *Bülow* § 498 Rdn. 10.

2604 Müko-*Habersack* § 12 VerbrKrG Rdn. 11, 12 und § 498 Rdn. 11; Staudinger/Kessal-*Wulf* § 498 Rdn 5; *Bülow* § 498 Rdn. 19: unerheblich ist, ob die Rate, mit der der Verbraucher in Verzug ist, schon vor der Übergabe fällig war.

2605 Erman-*Saenger* § 498 Rdn. 9.

2606 *Schmid-Burgk/Schölermann* BB 1991, 566, 568; Bamberger/Roth-*Möller/Wendehorst* § 498 Rdn. 4: Rechtsmissbrauch bei Zahlung nur auf jede zweite Rate; Palandt-*Putzo* § 498 Rdn. 5: spätestens bei der dritten Wiederholung; ablehnend *Bülow* § 498 Rdn. 20 a.E. und Erman-*Saenger* § 498 Rdn. 14, 15 sowie Müko-*Habersack* § 498 Rdn. 12.

2607 Müko-*Habersack* § 12 VerbrKrG Rdn. 12; Müko-*Habersack* § 498 Rdn. 12; im Erg. auch Staudinger/Kessal-*Wulf* § 498 Rdn. 11.

29 Emmerich[2608] und *Saenger*[2609] räumen dem Darlehensgeber ein neben § 498 Abs. 1 bestehendes, außerordentliches Sonderkündigungsrecht aus wichtigem Grund ein, wenn der Darlehensnehmer wiederholt mit zwei nicht aufeinander folgenden Raten in Verzug gerät.

30 Bülow[2610] lehnt ein Sonderkündigungsrecht aus wichtigem Grund, den Ausschluss des Bestimmungsrechts nach § 366 und den Einwand des Rechtsmissbrauchs ab und verweist den Darlehensgeber darauf, sich – auch in AGB – durch Festlegung vertraglicher Tilgungsbestimmungen zu schützen, die das Wahlrecht des Verbrauchers aus § 366 ausschließen oder einschränken.

b) Schuldnerverzug, § 286

31 Ob der Verbraucher in Verzug gerät, richtet sich nach §§ 280, 286 n.F. Regelmäßig werden die Voraussetzungen des § 286 Abs. 2 Nr. 1 durch die in einem Teilzahlungsplan enthaltenen Bestimmungen (vgl. §§ 492 Abs. 1 Nr. 3, 502 Abs. 1 Nr. 3) erfüllt, so dass es für den Zeitraum bis 30. 4. 2000 keiner Mahnung durch den Darlehensgeber bedurfte.[2611] Für die Zeit vom 1. 5. 2000 bis 31. 12. 2001 war gem. § 284 Abs. 3 S. 2 a.F. die Übersendung einer Rechnung oder Zahlungsaufforderung i.S.d. § 286 Abs. 3 S. 1 n.F. nicht erforderlich.[2612]

32 Die Regelung des § 286 Abs. 2, Abs. 3 n.F., wonach der Schuldner wieder sofort und nicht erst nach dreißig Tagen[2613] in Verzug gerät, gilt für die ab dem 1. 1. 2002 entstandenen Schuldverhältnisse und seit dem 1. 1. 2003 für alle Dauerschuldverhältnisse. Auf Forderungen, die nach dem 1. 1. 2002 aus einem Altschuldverhältnis hervorgehen, ist weiter das Gesetz zur Beschleunigung fälliger Zahlungen vom 30. 3. 2000 (§ 284 a.F.) anzuwenden.[2614]

4. Rückstand von 5% bzw. 10% des Nennbetrages

33 Der Betrag, mit dessen Zahlung sich der Verbraucher in Verzug befindet, muss sich bei einer Laufzeit des Darlehensvertrages von bis zu drei Jahren auf mindestens 10%, bei einer Laufzeit von mehr als drei Jahren auf mindestens 5% des Nennbetrages des Darlehens oder des Teilzahlungspreises belaufen (§ 498 Abs. 1 S. 1 Nr. 1). Zu berücksichtigen sind dabei sämtliche ganz oder teilweise rückständigen Raten.

34 Die Voraussetzungen für die Gesamtfälligstellung sind bei Verbraucherdarlehensverträgen (§§ 491, 492 – vormals Kreditverträge im Allgemeinen

---

[2608] W/E/R-*Emmerich* § 12 VerbrKrG Rdn. 29, 35, 42.
[2609] Erman-*Saenger* § 498 Rdn. 16.
[2610] *Bülow* § 498 Rdn. 20.
[2611] *Bülow* § 498 Rdn. 17 und § 497 Rdn. 35, 45.
[2612] *Bülow* § 498 Rdn. 17.
[2613] Vgl. zu § 284 a.F. Palandt-*Heinrichs,* 61. Aufl., § 284 Rdn. 25.
[2614] Palandt-*Heinrichs* § 286 n.F. Rdn. 2.

gem. §§ 1 Abs. 2, 4 Abs. 1 S. 4 Nr. 1 VerbrKrG) einerseits und Teilzahlungsgeschäfte (§§ 499 Abs. 2, 501 – vormals Teilzahlungskredite i. S. d. §§ 1 Abs. 2, 4 Abs. 1 S. 4 Nr. 2 VerbrKrG) und Finanzierungsleasingverträge (§§ 499 Abs. 2, 500) andererseits unterschiedlich geregelt.

a) Verbraucherdarlehensverträge (§§ 491, 492)

Bei Verbraucherkreditverträgen (§§ 491, 492) ist ein Zahlungsrückstand in Höhe von 5% bzw. 10% des Nennbetrages des Kredits erforderlich. 35

Der Begriff des „Nennbetrages“, den das Gesetz in § 492 nicht mehr verwendet, stellt weder den Nettodarlehensbetrag (§ 492 Abs. 1 S. 5 Nr. 1) noch den Gesamtbetrag (§ 492 Abs. 1 S. 5 Nr. 2) dar, sondern die Summe aus dem Nettodarlehensbetrag und der Einmalkosten. Es handelt sich bei dem „Nennbetrag“ i. S. d. § 498 Abs. 1 S. 2 Nr. 1 um den gesamten kreditierten Betrag, der sich aus dem zur Auszahlung kommenden Darlehensbetrag – also dem „Nettodarlehensbetrag“ – und den kreditierten Einmalkosten wie Bearbeitungskosten, Vermittlungsprovisionen, Kosten einer Restschuldversicherung u. a. zusammensetzt.[2615] 36

Der Gesamtbetrag ist aus allen offenen Raten, nicht nur aus den aufeinander folgenden Raten zu errechnen; hinsichtlich jeder Rate muss Verzug i. S. d. § 286 n. F. bzw. des § 284 a. F. vorliegen.[2616] 37

b) Teilzahlungsgeschäfte (§§ 499 Abs. 2, 501)

Bei Teilzahlungsgeschäften (§§ 499 Abs. 2, 501), verbundenen Geschäften i. S. d. § 358 sowie dem Zahlungsaufschub gem. § 499 Abs. 1 wird demgegenüber auf einen Zahlungsrückstand in Höhe von 5% bzw. 10% des Teilzahlungspreises abgestellt. Hierbei handelt es sich um den Gesamtbetrag von Anzahlung und allen vom Verbraucher zu entrichtenden Teilzahlungen einschließlich Zinsen, Gebühren, Provisionen sowie sonstiger Kosten (vgl. § 502 Abs. 1 S. 1 Nr. 1 bis 6 – vormals § 4 Abs. 1 S. 4 Nr. 2 VerbrKrG) und einschließlich etwaiger Prämien und einer Restschuldversicherung.[2617] 38

Bei verbundenen Geschäften i. S. d. § 358 Abs. 3, insbesondere finanzierten Teilzahlungskäufen (§§ 501, 358) ist Bezugsgröße nach § 498 dieser in 39

[2615] Erman-*Saenger* § 498 Rdn. 20: Ohne die Darlehenszinsen; *Bülow* § 498 Rdn. 22 und § 492 Rdn. 89, 84, 85: Summe aus Nettokreditbetrag und Einmalkosten wie Bearbeitungsgebühren u. a.; Bamberger/Roth-*Möller/Wendehorst* § 498 Rdn. 4 a. E.; Müko-*Habersack* § 498 Rdn. 13 und § 492 Rdn. 41 und Staudinger/Kessal-*Wulf* § 498 Rdn. 13 a. E.: Nettodarlehensbetrag, mitkredittierte Eimalkosten wie Bearbeitungsgebühren, Kosten einer Restschuldversicherung, Vermittlungskosten, ohne Zinsen und nicht kreditierte Kreditgebühren..

[2616] *Bülow* § 498 Rdn. 23; Palandt-*Putzo* § 498 Rdn. 5; Müko-*Habersack* § 12 VerbrKrG Rdn. 13 und § 49 Rdn. 13.

[2617] W/E/R-*Emmerich* § 12 VerbrKrG Rdn. 38; Erman-*Saenger* § 498 Rdn. 21; Müko-*Habersack* § 12 VerbrKrG Rdn. 13, 14 und § 498 Rdn. 13.

§ 502 Abs. 1 S. 1 Nr. 2 konkretisierte Teilzahlungspreis, nicht der niedrigere Nennbetrag.[2618] § 502 Abs. 1 S. 1 Nr. 2 stellt auf denjenigen Betrag ab, der sich aus der an den Verkäufer geleisteten Anzahlung und der Summe aller vom Darlehensnehmer an den Darlehensgeber zu leistenden Teilzahlungen einschließlich Zinsen und Kosten errechnet.[2619]

c) Finanzierungsleasingverträge (§§ 499 Abs. 2, Abs. 3, 500)

40 Jedenfalls bis zur Entscheidung des BGH vom 14. 2. 2001[2620] war offen, welche Berechnungsgröße für die Rückstandsquote bei Finanzierungsleasingverträgen maßgebend sein sollte.

41 Nach einer Meinung ist von dem für den Geldkredit maßgeblichen Nennbetrag des Darlehens auszugehen.[2621]

42 Nach bislang h.M. waren neben dem Gesamtbetrag der Leasingraten einschließlich der Zinsen und kreditierten Einmalkosten auch etwaige Sonder-, Restwert- oder Abschlusszahlungen in die Berechnung (also 100%) einzubeziehen, selbst wenn letztere nicht kreditiert waren.[2622]

43 Nach anderer Auffassung wird bzw. wurde eine vertraglich vereinbarte Schluß- oder Sonderzahlung nicht in die Berechnung (100%) einbezogen.[2623]

[2618] *Bülow* § 498 Rdn. 24; Erman-*Saenger* § 498 Rdn. 25; a.A. Staudinger/Kessal-*Wulf* § 498 Rdn. 14 und Müko-*Habersack* § 12 VerbrKrG Rdn. 13 und § 498 Rdn. 13.

[2619] Erman-*Saenger* § 498 Rdn. 25; *Bülow* § 498 Rdn. 24.

[2620] BGH NJW 2001, 1349 = MDR 2001, 678.

[2621] *Engel* MDR 2000, 797, 801; *Groß* FLF 1993, 132, 136 und DAR 1996, 438, 447; *Müller-Sarnowski* BB 1994, 446 und BB 1994, 2018; *Reinking/Nießen* ZIP 1991, 634, 638; *Slama* WM 1991, 569, 573; *Reinking/Eggert* 7. Aufl., Rdn. 1272; kritisch zur Entscheidung des BGH *Reinking/Eggert* Rdn. 888.

[2622] OLG Celle NJW-RR 1996, 119: Summe aller Leasingraten zzgl. Anzahlung; *Bülow* § 500 Rdn. 22 und Staudinger/Kessal-*Wulf* § 498 Rdn. 15: Summe aller vereinbarten Leasingsraten zzgl. Sonder-und Schlusszahlungen, die der Verbraucher auf jeden Fall leisten muß, verteilt auf die Laufzeit; Erman-*Saenger* § 498 Rdn. 26: Gesamtbetrag aller vom LN zu entrichtenden Leasingraten einschließlich Zinsen und kreditierter Einmalkosten; Bamberger/Roth-*Möller/Wendehorst* § 498 Rdn. 5: Summe der Leasingraten einschließlich Zinsen und kreditierter Einmalkosten sowie nichtfinanzierter An- und Sonderzahlungen sowie Abschlußzahlungen; Müko-*Habersack* § 12 VerbrKrG Rdn. 14: bei gewöhnlichen Finanzierungsleasingverträgen fiktiver Teilzahlungspreis; Rückstandsquote aus sämtlichen Bruttoleasingraten einschließlich Zins- und Gewinnanteilen zu errechnen, dem BGH zustimmend jetzt Müko-*Habersack,* 4. Aufl., § 498 Rdn. 14.

[2623] W/E/R-*Emmerich* § 12 VerbrKrG Rdn. 19, 22: ohne Voraus- oder Sonderzahlung; *Reinicke/Tiedtke* ZIP 1992, 226: ohne Schlusszahlung; *Groß* DAR 1996, 446f und *Slama* WM 1991, 573: ohne nichtkreditierte Sonderzahlungen bzw. Einmalkosten; gegen die Einbeziehung von Sonderzahlungen auch *Engel* MDR 2000, 801 und *Reinking/Nießen* ZIP 1991, 639 sowie *Reinking/Eggert* Rdn. 888 bzw. 7. Aufl. Rdn. 1272; gegen die Einbeziehung des kalkulierten Restwertes *Engel* MDR 2000, 801 und *Reinicke/Tiedtke* ZIP 1992, 226.

Steht dem Leasinggeber ein Andienungsrecht zu bzw. ist der Leasingnehmer nach Ablauf der vereinbarten Laufzeit zum Ankauf des Leasinggutes verpflichtet oder handelt es sich um einen kündbaren Leasingvertrag mit vereinbarter Abschlusszahlung, so war nach h. M. der vom Leasingnehmer zu zahlende Kaufpreis anstelle der sonst üblicherweise geschuldeten Schlusszahlung bei der Berechnung zu berücksichtigen. 44

Bei derartigen Verträgen besteht bzw. bestand der Nennbetrag des Darlehens nach h. M. aus der Summe von sämtlichen Leasingraten (einschließlich des Zins-, Kosten- und Gewinnanteils), der Schlusszahlung bzw. dem Kaufpreis und einer etwaigen Sonder- oder Anzahlung.[2624] 45

Nach u. E. zutreffender Auffassung des BGH[2625] ist für die Berechnung der Rückstandsquote nach § 498 Abs. 1 (entschieden für § 12 Abs. 1 VerbrKrG) im Ergebnis allein die Summe der Brutto-Leasingraten maßgebend. 46

Die in den Leasingraten enthaltenen Zinsen und Kosten seien schon deshalb nicht abzusetzen, weil sie vom Leasinggeber – wegen des Ausschlusses des § 492 Abs. 1 S. 5 Nr. 1 bis 6 (vormals § 4 Abs. 1 S. 4 Nr. 1 a bis g VerbrKrG) in § 500 (vormals in § 3 Abs. 2 Nr. 3 VerbrKrG) – im Leasingvertrag üblicherweise nicht angegeben werden und der Leasingnehmer ohne diese Angabe nicht voraussehen kann, wann die Rückstandsquote erreicht ist. 47

Auch der kalkulierte Restwert und/oder eine Sonderzulage seien bei der Berechnung der Rückstandsquote nicht zu berücksichtigen. Ansonsten könnte die Zeit, die bei Ausbleiben der monatlichen Leasingraten zur Erreichung der Rückstandsquote erforderlich ist, viele Monate betragen. Danach mögliche Wartezeiten vom sechs bis neun und mehr Monaten seien dem Leasinggeber auch unter Berücksichtigung des von §§ 491, 499, 500 bezweckten Verbraucherschutzes nicht zumutbar.[2626] 48

Der Entscheidung des BGH wird entgegengehalten, der Umfang des Kredits erstrecke sich auf die ganze Sache; bei Einbeziehung der kreditierten Einmalkosten, der finanzierten An- und Sonderzahlungen sowie etwaiger Abschlusszahlungen – wie von der h. M. postuliert (s. o.) – würde die Kündigungsmöglichkeit des Leasinggebers nicht in unzumutbarer Weise hinausgezögert. Wenn eine Insolvenz des Leasingnehmers zu befürchten sei, stünden neben § 498 auch die Kündigungsmöglichkeiten nach §§ 490, 314 zur Verfügung.[2627] 49

[2624] Müko-*Habersack* § 12 VerbrKrG Rdn. 14 a. E.; *Groß* DAR 1996, 447; *Reinking/Nießen* ZIP 1991, 79 ff. und ZIP 1991, 638; Bamberger/Roth-*Möller/Wendehorst* § 498 Rdn. 5: der Kaufpreis ist anstelle der sonst geschuldeten Schlusszahlung einzubeziehen; a. A. W/E/R-*Emmerich* § 12 VerbrKrG Rdn. 22: ohne Sonder- oder Anzahlung.

[2625] BGH NJW 2001, 1349, 1351 = MDR 2001, 678, 679; zustimmend auch Müko-*Habersack* § 498 Rdn. 14; a. A. Staudinger/Kessal-*Wulf* § 498 Rdn. 15.

[2626] BGH NJW 2001, 1349, 1351; zustimmend Müko-*Habersack* § 498 Rdn. 14; gegen die Berücksichtigung einer Sonderzahlung auch *Engel* MDR 2000, 801 und *Slama* WM 1991, 573.

[2627] Bamberger/Roth-*Möller/Wendehorst* § 498 Rdn. 5.

50 Da die relative Rückstandssumme nach der klaren und eindeutigen Regelung des § 498 Abs. 1 keiner „zeitlichen“ Limitierung im Sinne einer prozentualen Anbindung an die Dauer der Darlehensrückzahlung unterliegt, erweise sich die vom BGH vorgenommene Auslegung mit Blick auf § 506 Abs. 1 als bedenklich.[2628] Der BGH berücksichtige nicht, dass der vom Leasinggeber regelmäßig mitfinanzierte Restwert und die mitfinanzierte Sonderzahlung während der Vertragslaufzeit durch die Zahlungen des Leasingnehmers nicht getilgt würden. Dies führe zwangsläufig dazu, dass die zur fristlosen Kündigung erforderliche relative Rückstandssumme bei einem Leasingvertrag mit Teilamortisation zwangsläufig später als bei einem Darlehen erreicht werde. Es sei nicht einzusehen, aus welchem Grund deshalb letztlich die Frist bei einem nicht auf Vollamortisation gerichteten Finanzierungsleasingvertrag kürzer als bei einer „Ballonfinanzierung“ mit üblichem Darlehen sein solle.[2629]

51 Die Orientierung am Teilzahlungspreis bzw. am Nennbetrag sei in § 498 Abs. 1 S. 1 Nr. 1 zwingend vorgeschrieben und erfasse regelmäßig den Restwert und auch die Sonderzahlung.[2630]

5. Fruchtloser Ablauf einer zweiwöchigen Nachfrist mit Kündigungsandrohung (§ 498 Abs. 1 S. 1 Nr. 2)

a) Eindeutigkeit der Fristsetzung mit Kündigungsandrohung

52 Der Darlehensgeber muss dem Darlehensnehmer eine Nachfrist von zwei Wochen setzen, die mit dem Zugang beginnt.[2631]

53 Die Nachfristsetzung enthält hinsichtlich der rückständigen Ratenzahlungen zugleich eine Mahnung, soweit diese nicht bereits erfolgt oder gem. § 286 Abs. 2 Nr. 1 ohnehin entbehrlich ist.[2632]

54 Die Androhung der Kündigung muss den Hinweis enthalten, dass bei Nichtzahlung innerhalb der Frist die gesamte Restschuld verlengt werde.[2633] Eine Fristsetzung, die diesen Hinweis nicht enthält[2634] oder bereits vor Eintritt der in § 498 Abs. 1 S. 1 Nr. 1 genanten Voraussetzungen erfolgt, ist unwirksam.[2635] Die Unwirksamkeit wird nicht durch den späteren Eintritt dieser Voraussetzungen geheilt.[2636]

55 Der rückständige Betrag setzt sich zusammen aus dem „geschuldeten Betrag“ i.S.d. § 497 Abs. 1 (vgl. hierzu M. Rdn. 29ff.) sowie den zum Kündi-

---

2628 *Reinking/Eggert* Rdn. 888.

2629 *Reinking/Eggert* Rdn. 888.

2630 *Reinking/Eggert* Rdn. 888; *Groß* DAR 1996, 438, 447.

2631 *Bülow* § 498 Rdn. 26: Beweislast beim Darlehensgeber; Palandt-*Putzo* § 498 Rdn. 6: formlose empfangsbedürftige Willenserklärung.

2632 Müko-*Habersack* § 498 Rdn. 15 a.E.

2633 OLG Celle BKR 2005, 65.

2634 OLG Celle BKR 2005, 65.

2635 BGH NJW 1996, 1814; Erman-*Saenger* § 498 Rdn. 27.

2636 Erman-*Saenger* § 498 Rdn. 27; Müko-*Habersack* § 498 Rdn. 15.

gungszeitpunkt aufgelaufenen Verzugszinsen i.S.d. § 497 Abs. 2 S. 1 und Abs. 2 S. 2.[2637] Die Nachfrist ist auch korrekt gesetzt, wenn der rückständige Betrag auf den angegebenen Zeitpunkt des Ablaufes der Nachfrist hochgerechnet und dem Verbraucher dabei für den Fall vorzeitiger Zahlung eine entsprechende Rückvergütung in Aussicht gestellt wird.[2638]

Setzt der Darlehensgeber dem Darlehensnehmer (Verbraucher) die zwei- **56** wöchige Mindestfrist mit der Erklärung, innerhalb der zwei Wochen müsse der rückständige Betrag eingegangen sein, so ist die Nachfristsetzung im Hinblick auf die strenge Formalisierung des Verbraucherschutzes insgesamt unwirksam. Denn gem. §§ 269 Abs. 1, 270 Abs. 4 kommt es bei Geldschulden für die Rechtzeitigkeit der Leistung darauf an, ob der Schuldner die Einzahlung, Überweisung bzw. Absendung eines Schecks rechtzeitig veranlasst hat.[2639]

Nach Auffassung des OLG Düsseldorf[2640] muss bei der Zahlungsauffor- **57** derung nach § 498 Abs. 1 S. 1 Nr. 2 auch die nach § 498 Abs. 2 berechnete verminderte Restschuld bereits angegeben werden. Das OLG Celle[2641] vertritt die Ansicht, auch unter Verbraucherschutzgesichtspunkten sei keine Notwendigkeit erkennbar, dem Darlehensgeber bereits dann eine unter Umständen komplizierte Berechnung der Restschuld aufzuerlegen, wenn es voraussichtlich im weiteren Verlauf nicht zu einer Kündigung kommt.

Die Kündigung kann nicht zugleich mit der Nachfristsetzung verbunden **58** und unter der aufschiebenden Bedingung ausgesprochen werden, dass der aufgelaufene Rückstand nicht bis zum Ablauf der gesetzten Frist ausgeglichen wird.[2642]

Miteinander zu verbinden sind aber grundsätzlich Nachfristsetzung und **59** Kündigungsandrohung.[2643] Mahnung und Nachfristsetzung können mitei-

---

[2637] Müko-*Habersack* § 498 Rdn. 16; zum alten Recht OLG Celle NJW-RR 1997, 1144, 1146; Staudinger/Kessal-*Wulf* § 498 Rdn. 18.

[2638] Müko-*Habersack*, 4. Aufl., § 498 Rdn. 16; auch *Bülow* § 498 Rdn. 27 und Staudinger/Kessal-*Wulf* § 498 Rdn. 18 sowie W/E/R-*Emmerich* § 12 VerbrKrG Rdn. 45 a.E.: Wahlrecht des Darlehensgebers.

[2639] OLG Düsseldorf NJW-RR 1998, 780; OLG Köln WM 1998, 381; *Bülow* § 498 Rdn. 26; Müko-*Habersack* § 498 Rdn. 18; Staudinger/Kessal-*Wulf* § 498 Rdn. 17.

[2640] OLG Düsseldorf WM 1995, 1530, 1532; a.A. aber OLG Celle BKR 2005, 65, 66; Müko-*Habersack* § 498 Rdn. 16 a.E.; Staudinger/Kessal-*Wulf* § 498 Rdn. 18; W/E/R-*Emmerich* § 12 VerbrKrG Rdn 46.

[2641] OLG Celle BKR 2005, 65, 66; ebenso OLG Oldenburg DAR 2003, 460.

[2642] LG Bonn NJW-RR 1998, 779; *Bülow* § 498 Rdn. 28; Müko-*Habersack* § 12 VerbrKrG Rdn. 20; Müko-*Habersack* § 498 Rdn. 20; Staudinger/Kessal-*Wulf* § 12 VerbrKrG Rdn. 24 und § 498 Rdn. 17, 24; W/E/R-*Emmerich* § 12 VerbrKrG Rdn. 47; offen gelassen von OLG Dresden ZIP 2001, 1531, 1535; a.A. Erman-*Saenger* § 498 Rdn. 34: Kündigung für den Fall, dass der Darlehensnehmer der Zahlungsaufforderung innerhalb der zweiwöchigen Frist nicht nachkommt, ist zulässig.

[2643] Staudinger/Kessal-*Wulf* § 12 VerbrKrG Rdn. 17 und § 498 Rdn. 17.

nander verbunden werden; das Setzen der Nachfrist vor Verzugseintritt bleibt jedoch auch in diesem Fall unwirksam.[2644]

60 Eine alternative Androhung von „Kündigung und/oder Rücktritt" macht die Erklärung insgesamt unwirksam. Der Unternehmer muss sich bereits beim Setzen der Nachfrist entscheiden, ob er das Kündigungsrecht aus § 498 Abs. 1 oder das Rücktrittsrecht aus § 503 Abs. 2 S. 1 ausüben will.[2645]

61 Haften mehrere Personen als Gesamtschuldner, muss die Fristsetzung und Kündigungsandrohung nach h. M. gegenüber jedem Schuldner einzeln erfolgen.[2646]

b) Zuvielforderung

62 Eine – selbst nur geringfügige – Zuvielforderung erfüllt die Voraussetzungen des § 498 Abs. 1 S. 1 Nr. 2 nach h. M. nicht.[2647] Nur ganz offensichtliche Versehen, etwa bei einem „Zahlendreher" oder ganz geringfügige Abweichungen im Bereich von Centbeträgen sind gem. § 242 unbeachtlich.[2648]

c) Entbehrlichkeit der Fristsetzung, Fristüberschreitung

63 Die Setzung der Frist von zwei Wochen zur Zahlung des rückständigen Betrages mit der Erklärung, bei Nichtzahlung innerhalb der genannten Frist werde die gesamte Restschuld verlangt, ist – anders als im Rahmen des § 326 Abs. 1 a. F. bzw. der §§ 323 Abs. 1, 281 Abs. 2 n. F. – nach h. M. auch bei vorangegangener ernstlicher und endgültiger Erfüllungsverweigerung des Darlehensnehmers nicht entbehrlich.[2649]

2644 Müko-*Habersack* § 498 Rdn. 15; Staudinger/Kessal-*Wulf* § 12 VerbrKrG Rdn. 17 und § 498 Rdn. 17.

2645 *Bülow* § 503 Rdn. 49; Müko-*Habersack* § 503 Rdn. 12; Staudinger/Kessal-*Wulf* § 503 Rdn. 29.

2646 BGH NJW 2002, 133, 137; OLG Karlsruhe NJW-RR 1998, 1438, 1440; *Graf von Westphalen* MDR 1997, 307, 310; Bamberger/Roth-*Möller/Wendehorst* § 498 Rdn. 7; Staudinger/Kessal-*Wulf* § 498 Rdn. 21, 23; siehe oben Fn. 2595.

2647 BGH WM 2005, 459, 461: 140 DM sind zuviel; Erman-*Saenger* § 498 Rdn. 30: auch bei erkennbarem Versehen; Müko-*Habersack* § 498 Rdn. 16; Staudinger/Kessal-*Wulf* § 498 Rdn. 19; W/E/R-*Emmerich* § 12 VerbrKrG Rdn. 48; abw. *Bülow* § 498 Rdn. 27: bei Zuvielforderung kann die nachfolgende Ausübung des Kündigungsrechts rechtsmissbräuchlich sein; a. A. Bamberger/Roth-*Möller/Wendehorst* § 498 Rdn. 7: Zuvielforderung unschädlich, wenn es sich um ein erkennbares Versehen handelt.

2648 BGH WM 2005, 459, 461: Centbeträge, Zahlendreher; Erman-*Saenger* § 498 Rdn. 30: „Centbeträge"; Staudinger/Kessal-*Wulf* § 498 Rdn. 19; W/E/R-*Emmerich* § 12 VerbrKrG Rdn. 48: ganz geringfügige Abweichungen.

2649 OLG Rostock OLG-Report 2000, 2; OLG Dresden OLG-Report 1998, 425, 426; Bamberger/Roth-*Möller/Wendehorst* § 498 Rdn. 8; *Bülow* § 498 Rdn. 26; Müko-*Habersack* § 12 VerbrKrG Rdn. 15, 17; Müko-*Habersack* § 498 Rdn. 17; Staudinger/Kessal-*Wulf* § 498 Rdn. 17, 20.

Nach anderer, u. E. insoweit zutreffender Auffassung[2650] ist sowohl die Fristsetzung als auch die Benennung der im Kündigungsfall verlangten Restschuld bei ernstlicher Erfüllungsverweigerung des Verbrauchers/Darlehensnehmers entbehrlich, insbesondere nach Abgabe der Erklärung des Verbrauchers, „unter keinen Umständen in absehbarer Zeit zu irgendeiner Zahlung in der Lage zu sein". **64**

d) Zeitnahe Ausübung des Kündigungsrechts

Der Darlehensgeber hat sein Kündigungsrecht innerhalb angemessener Zeit auszuüben, andernfalls gilt es als verwirkt. **65**

Teilweise wird dem Darlehensgeber lediglich eine „Bedenkfrist von wenigen Tagen" zugebilligt.[2651] **66**

Nach u. E. zutreffender, vermittelnder Auffassung des OLG Köln[2652] bildet die Zwei-Wochen-Frist des § 626 Abs. 2 einen brauchbaren Anhaltspunkt für die Angemessenheit der Frist. **67**

Die Kündigung ist danach[2653] aber nicht als unwirksam zu behandeln, wenn sich ihr Zugang nach rechtzeitiger Absendung aufgrund unvorhersehbarer, vom Darlehensgeber nicht zu vertretender Umstände verzögert. Dies ist etwa der Fall, wenn die Kündigungserklärung aufgrund einer ungewöhnlich langen Postlaufzeit den Darlehensnehmer erst vier Wochen nach Ende der Zwei-Wochen-Frist des § 626 Abs. 2 erreicht und nicht ersichtlich ist, dass sich der Verbraucher/Darlehensnehmer bei einem früheren Zugang in einer besseren Rechtsposition befunden hätte.[2654] **68**

Nach großzügigerer, u. E. zu weit gehender Ansicht[2655] ist § 314 Abs. 3 entsprechend anzuwenden. Im Rahmen des § 314 Abs. 3 wurde eine Frist von zwei Monaten bei Darlehensverträgen[2656] als zu lang, die innerhalb eines Monats erklärte Kündigung bei wettbewerbsrechtlichen Unterlassungsverträgen[2657] als rechtzeitig angesehen. Die Kündigungserklärung ist erst nach fruchtlosem Ablauf der Zwei-Wochen-Frist möglich; sie kann nicht bereits aufschiebend bedingt mit der Fristsetzung verbunden werden.[2658] **69**

[2650] OLG Düsseldorf WM 1995, 1530, 1532; W/E/R-*Emmerich* § 12 VerbrKrG Rdn. 51.

[2651] Müko-*Habersack* § 12 VerbrKrG Rdn. 21 und § 13 VerbrKrG Rdn. 14; Müko-*Habersack* § 498 Rdn. 21 und § 503 Rdn. 14; W/E/R-*Emmerich* § 12 VerbrKrG Rdn. 64 und § 13 VerbrKrG Rdn. 21.

[2652] OLG Köln VersR 2001, 1118, 1119; ebenso Staudinger/Kessal-*Wulf* § 498 Rdn. 23.

[2653] Vgl. OLG Köln VersR 2001, 1118, 1119.

[2654] OLG Köln VersR 2001, 1118, 1119.

[2655] Bamberger/Roth-*Möller/Wendehorst* § 498 Rdn. 8.

[2656] OLG Karlsruhe NJW-RR 2001, 1492; Palandt-*Heinrichs* § 314 Rdn. 10.

[2657] BGHZ 133, 331; Palandt-*Heinrichs* § 314 Rdn. 10.

[2658] OLG Düsseldorf OLG-Report 1997, 274, 275; Müko-*Habersack* § 12 VerbrKrG Rdn. 20; Bamberger/Roth-*Möller/Wendehorst* § 498 Rdn. 8, s. o. Fn. 2595.

70 Eine Fristüberschreitung durch den Darlehensnehmer/Verbraucher ist jedoch unbeachtlich, solange der Darlehensgeber trotz Fristablaufs die Kündigung bzw. Gesamtfälligstellung noch nicht erklärt hat und die gesamte offene Restschuld vom Darlehensnehmer zuvor vollständig getilgt wird.[2659]

e) Kein Rücktritt vom Vertrag

71 Bei Teilzahlungsgeschäften (§ 501) ist zu beachten, dass einer Kündigungs- bzw. Gesamtfälligstellungserklärung regelmäßig der Boden entzogen ist, wenn der Darlehensgeber bereits gem. § 503 Abs. 2 – ausdrücklich oder konkludent – den Rücktritt vom Vertrag erklärt hat.[2660] Das Recht des Darlehensgebers, von einem Teilzahlungsgeschäft nach § 503 Abs. 2 S. 1 zurückzutreten, wird durch eine Kündigung nach § 498 Abs. 1 nicht tangiert.[2661]

72 So löst eine Ansichnahme des finanzierten Gegenstandes durch den Darlehensgeber, etwa im Rahmen der Zwangsvollstreckung auch dann die Rücktrittsfiktion des § 503 Abs. 2 S. 4 bzw. § 503 Abs. 2 S. 5 aus, wenn er zuvor den Darlehensvertrag gem. § 498 Abs. 1 gekündigt hat. Der von § 498 Abs. 2 bezweckte Schutz des Verbrauchers würde sonst hinter dem des § 503 Abs. 2 zurückbleiben.[2662]

f) Gesprächsangebot

73 Das Erfordernis eines „Gesprächsangebots“ gem. § 498 Abs. 1 S. 2 ist keine Wirksamkeitsvoraussetzung für die Fristsetzung oder die Kündigung.[2663]

74 Ein schuldhafter Verstoß des Darlehensgebers hiergegen kann jedoch Schadensersatzansprüche aus § 280 Abs. 1 (vormals p. V. v.) auslösen, wenn der Verbraucher einen ihm entstandenen hierauf zurückzuführenden Schaden nachweisen kann, woran es aber regelmäßig fehlen wird.[2664]

6. Kündigungserklärung nach Ablauf der Mindestfrist bei Nichtzahlung der Restschuld

a) Kündigung nach Fristablauf

75 Die Erklärung des Darlehensgebers nach § 498 Abs. 1 S. 1 Nr. 2, dass er bei Nichtzahlung innerhalb der zweiwöchigen Frist die gesamte Rest-

---

[2659] BGH WM 2005, 459, 461: vollständige Rückzahlung; Müko-*Habersack* § 498 Rdn. 18; W/E/R-*Emmerich* § 12 VerbrKrG Rdn. 56, 65; ebenso Bamberger/Roth-*Möller/Wendehorst* § 498 Rdn. 8: in entsprechender Anwendung der §§ 554 Abs. 1 S. 2 a.F. bzw. des § 543 Abs. 2 S. 2 n.F.

[2660] Bamberger/Roth-*Möller/Wendehorst* § 498 Rdn. 8.

[2661] Erman-*Saenger* § 498 Rdn. 36.

[2662] OLG Karlsruhe NJW-RR 1998, 1437.

[2663] BGH NJW 2001, 1249; Palandt-*Putzo* § 498 Rdn. 8; *Bülow* § 498 Rdn. 39.

[2664] W/E/R-*Emmerich* § 12 VerbrKrG Rdn. 62; *Bülow* § 498 Rdn. 39.

schuld verlange, genügt den Anforderungen des § 498. Die Verwendung des Wortes „Kündigung" ist auch nicht Voraussetzung einer wirksamen Androhung.[2665]

Die Verbindung einer durch nicht rechtzeitige Zahlung des Verbrauchers 76 aufschiebend bedingten Kündigungserklärung mit der Fristsetzung nach § 498 Abs. 1 S. 1 Nr. 2 ist nach h.M. unstatthaft. Die Kündigung kann erst nach Ablauf der Kündigungsfrist des § 498 Abs. 1 S. 1 Nr. 2 zur Zahlung des rückständigen Betrages erfolgen.[2666] Das Recht auf Kündigung kann jedoch verwirkt werden, wenn der Darlehensgeber sie nicht alsbald nach Ablauf der gesetzten Frist ausspricht (s. o.).

Macht er die fällig gestellte Forderung nicht innerhalb angemessener Zeit 77 geltend oder nimmt er nach Zugang der Kündigung weitere Raten vorbehaltlos an, kann hierin ein stillschweigender Verzicht auf die sich aus der Fälligstellung ergebenden Rechte liegen.[2667] Lässt der Darlehensgeber die Frist ungenutzt verstreichen, verliert er neben dem Kündigungsrecht aus § 498 Abs. 1 auch das Rücktrittsrecht aus § 503.[2668]

b) Gegenanspruch aus § 280 Abs. 1 (vormals p. V. v.)

Liegen die Voraussetzungen nach § 498 Abs. 1 nicht vor, so stellt die Kün- 78 digung des Darlehensvertrages eine Pflichtverletzung in Form der Verletzung einer Leistungstreuepflicht dar, die den Darlehensgeber bei schuldhaftem Handeln zur Zahlung von Schadensersatz gem. § 280 Abs. 1 verpflichten kann.[2669]

Für den Leasingvertrag hat der BGH[2670] entschieden, dass der Leasingge- 79 ber den Anspruch auf die Leasingraten verliert, wenn eine vom ihm ausgesprochene Kündigung des Leasingvertrages unwirksam ist, der Leasingnehmer die Kündigung aber für wirksam hält und der Aufforderung des Leasinggebers folgend das Leasinggut zurückgibt.

III. Rechtsfolgen

Die Kündigung bzw. Gesamtfälligstellung nach Ablauf der Zwei- 80 Wochen-Frist führt zur sofortigen Fälligkeit der nach § 498 Abs. 2 zu bestimmenden Restschuld. Bis zum Zugang der Kündigung bleibt es bei der

---

2665 OLG Köln VersR 2001, 1118, 1119; ebenso Staudinger/Kessal-*Wulf* § 498 Rdn. 18; W/E/R-*Emmerich* § 12 VerbrKrG Rdn. 46.

2666 LG Bonn NJW-RR 1998, 779; *Bülow* § 498 Rdn. 28; Müko-*Habersack* § 498 Rdn. 20, 23; Staudinger/Kessal-*Wulf* § 498 Rdn. 24; W/E/R-*Emmerich* § 12 VerbrKrG Rdn. 47; a. A. Erman-*Saenger* § 498 Rdn. 34; s. o.

2667 Erman-*Saenger* § 498 Rdn. 42; a. A. Staudinger/Kessal-*Wulf* § 498 Rdn. 23.

2668 W/E/R-*Emmerich* § 12 VerbrKrG Rdn. 64 und § 13 VerbrKrG Rdn. 21.

2669 BGH NJW 1988, 1269 zur unberechtigten Kündigung; Staudinger/Kessal-*Wulf* § 498 Rdn. 23 a. E.; Erman-*Saenger* § 498 Rdn. 35.

2670 BGH NJW 2000, 3133.

unveränderten Leistungspflicht des Verbrauchers.[2671] Danach steht dem Darlehensgeber kein Anspruch auf Weiterzahlung des Vertragszinses und sonstiger laufzeitabhängiger Kosten mehr zu.[2672]

1. Ansprüche des Darlehensnehmers

81 Anders als bei dem – für den Darlehensgeber regelmäßig günstigeren – Rücktritt nach § 503 Abs. 2, der ihm wahlweise zur Verfügung steht und die Verrechnung der Zahlungen des Darlehensnehmers mit den aus § 503 Abs. 2 i.V.m. §§ 346, 347 geschuldeten Leistungen ermöglicht, führt die Kündigung nach § 498 Abs. 1 nicht zur Rückabwicklung des Vertrages.[2673]

82 Die bei Vertragsabschluss vorausberechneten Zinsen und sonstigen *laufzeitabhängigen Kosten* des Kredits sind, soweit sie sich auf die Zeit nach Wirksamwerden der Kündigung erstrecken, dem Darlehensnehmer gut zu bringen und werden mit der fällig gestellten Restschuld verrechnet. Dagegen sind die mit dem Abschluss des Vertrages oder der Darlehensauszahlung verbrauchte *laufzeitunabhängige Kosten* wie etwa gesondert ausgewiesene Antrags-, Vermittlungs- und Bearbeitungsgebühren, Maklerprovisionen, Kosten einer Restschuldversicherung und einer Vorfälligkeitsentschädigung dem Darlehensnehmer nicht zu erstatten.[2674]

83 Ein vereinbartes Disagio ist dem Verbraucher im Falle der vorzeitigen Erfüllung der Verbindlichkeiten des Darlehensnehmers gem. § 812 Abs. 1 S. 1 zu erstatten, sofern es eine laufzeitabhängige Vergütung für die Darlehensgewährung darstellt, wovon im Zweifel mangels eindeutiger Ausweisung als laufzeitunabhängiger Vergütung auszugehen ist.[2675]

[2671] *Bülow* § 498 Rdn. 36; W/E/R-*Emmerich* § 12 VerbrKrG Rdn. 63.

[2672] Bamberger/Roth-*Möller/Wendehorst* § 498 Rdn. 10; *Bülow* § 498 Rdn. 36; Erman-*Saenger* § 498 Rdn. 37; Müko-*Habersack* § 498 Rdn. 23.

[2673] Müko-*Habersack* § 12 VerbrKrG Rdn. 1, 23 und § 13 VerbrKrG Rdn. 5; Müko-*Habersack* § 504 Rdn. 5.

[2674] Müko-*Habersack* § 12 VerbrKrG Rdn. 25 und Müko-*Habersack* § 498 Rdn. 25 auch ein Disagio; W/E/R-*Emmerich* § 12 VerbrKrG Rdn. 70 und Staudinger/Kessal-*Wulf* § 498 Rdn. 27: nicht zu erstatten sind Vertragsanbahnungs- und Vertragsabschlusskosten wie Bearbeitungsgebühren, Antrags- und Auskunftsgebühren, Maklerprovisionen, Kosten einer Restschuldversicherung; *Bülow* § 498 Rdn. 47: Nicht zu erstatten sind Bereitstellungsprovisionen, Geldbeschaffungskosten, mit Vertragsabschluss anfallende Kapitalnutzungskosten, Bearbeitungs,- Antrags- und Kreditgebühren, Maklerprovisionen, Versicherungsprämien; Erman-*Saenger* § 498 Rdn. 39: Nicht zu erstatten sind laufzeitunabhängige Kosten und Gebühren, Verwaltungskosten, Bereitstellungsprovisionen.

[2675] BGH NJW 1996, 3337; WM 1995, 1617; Erman-*Saenger* § 498 Rdn. 40; Müko-*Habersack* § 498 Rdn. 25: Diagio regelmäßig in voller Höhe zu erstatten; Staudinger/Kessal-*Wulf* § 498 Rdn. 28 m. w. N.: i. d. R. anteilige Erstattung.

2. Anspruch des Darlehensgebers

Der dem Verbraucher/Darlehensnehmer zu vergütende und mit der Restschuld zu verrechnende Betrag wird nach folgender Formel ermittelt:[2676] 84

$$\frac{\text{Monatl. Kreditgebühr (in Euro) x Restlaufzeit x (Restlaufzeit + 1)}}{\text{Gesamtlaufzeit x (Gesamtlaufzeit + 1)}}$$

a) Sofortige Fälligkeit des Restschuld

Bei wirksamer Kündigung nach § 498 Abs. 1 wird die ihm nach § 498 Abs. 2 zu bestimmende Restschuld sofort fällig. Der Verbraucher verliert ex nunc das Recht zur Nutzung des Kapitals für die vertraglich vereinbarte Dauer. Ab dem Zeitpunkt des Zugangs der Kündigung schuldet er dem Darlehensgeber auch keine Zinsen mehr.[2677] 85

b) Verbraucher schuldet „Nettorestsaldo"

Der Verbraucher schuldet dem Darlehensgeber als so genannten „Nettorestsaldo" den rückständigen Betrag i.S.d. § 498 S. 1 Nr. 2 (s.o.), etwaige Verzugszinsen auf diesen Betrag nach § 497 Abs. 1 S. 1 Hs. 1 i.V.m. § 288 Abs. 1 S. 2 sowie den noch offenen, nach § 498 Abs. 2 berechneten Restbetrag.[2678] 86

c) Verzugszinsen

Auf die nach Eintritt des Verzuges anfallenden, auf einem gesonderten Konto zu verbuchenden Verzugszinsen ist § 497 Abs. 2 anzuwenden.[2679] 87

Zahlt der Verbraucher die Restschuld nicht zurück, so kommt er in entsprechender Anwendung des § 286 Abs. 2 Nr. 2 n.F. nach Zugang der – wirksamen – Kündigung mit der fällig gewordenen Restschuld jedenfalls dann in Verzug, wenn ihm der abgezinste Betrag nach § 498 Abs. 2 mitgeteilt worden war.[2680] Andernfalls bedarf es noch einer Mahnung einer Mitteilung der Restschuld gem. § 286 Abs. 3 n.F.[2681] 88

d) Schadensersatzanspruch bei gekündigten Leasingverträgen

Bei Kündigung eines den §§ 499 Abs. 2, 500, 498 unterfallenden Leasingvertrages steht dem Leasinggeber ein Schadensersatzanspruch in Höhe der 89

2676 Vgl. LG Stuttgart WM 1992, 2013, 2015; *Bülow* § 498 Rdn. 46; Bamberger/Roth-*Möller/Wendehorst* § 498 Rdn. 11; Staudinger/Kessal-*Wulf* § 498 Rdn. 29 und Müko-*Habersack* § 498 Rdn. 27, auch zu modifizierten Varianten.

2677 Bamberger/Roth-*Möller/Wendehorst* § 498 Rdn. 10.

2678 Erman-*Saenger* § 498 Rdn. 41; W/E/R-*Emmerich* § 12 VerbrKrG Rdn. 45, 71.

2679 Erman-*Saenger* § 498 Rdn. 41 und § 497 Rdn. 26, 28, 29.

2680 LG Kiel WM 2000, 2042, 2047; *Bülow* § 498 Rdn. 37, 48.

2681 *Bülow* § 498 Rdn. 37; Staudinger/Kessal-*Wulf* § 498 Rdn. 25.

ihm bis zum Vertragende bzw. dem ersten zulässigen ordentlichen Kündigungstermin entgangenen Leasingraten zu, abgezinst auf den Zeitpunkt der Kündigung sowie abzgl. eines etwaigen für das Leasinggut erzielten Erlöses bzw. Restwertes sowie etwaiger Steuern und Kosten.[2682]

Zum Abzug zu bringen ist der Verwertungserlös für das Leasinggut, der bei bestmöglicher und zumutbarer Verwertung erzielt worden wäre.[2683]

90 Der Leasinggeber genügt nach umstrittener Rspr. dabei seiner ihn treffenden Sorgfaltspflicht, wenn er dem Leasingnehmer das Leasinggut zum Schätzpreis anbietet oder ihm die Möglichkeit gibt, innerhalb angemessener Zeit einen Drittkäufer zu benennen.[2684]

91 Im Rahmen des § 498 Abs. 2 sind sämtliche laufzeitabhängigen Kosten einschließlich des Gewinnanteils des Leasinggebers und des etwaigen Verwertungserlöses herauszurechnen.[2685]

92 Nach der in der Literatur vertretenen, u.E. zu weitgehenden Ansicht ist für einen Schadensersatzanspruch des Leasinggebers wegen Nichterfüllung („Verfrühungsschaden"), der den bis zum Zeitpunkt des Wirksamwerdens einer ordentlichen Kündigung entgangenen Gewinn oder eine Vorfälligkeitsentschädigung umfasst – abweichend von den allgemeinen Grundsätzen aus §§ 280, 286, 543 – im Hinblick auf die abschließende und zwingende Regelung der §§ 498 Abs. 2, 506 Abs. 1 S. 1 kein Raum.[2686]

93 Die Abzinsung hat mit dem vom Leasinggeber offen zu legenden Vertragszins zu erfolgen.[2687] Ist er zur Offenlegung des Vertragszinses nicht bereit, tritt nach Auffassung Bülows keine Fälligkeit ein, sodass der Anspruch des Leasinggebers nicht begründet ist.[2688] Nach a.A. ist in diesem Fall (mindestens) vom gesetzlichen Zinssatz des § 288 Abs. 1 auszugehen.[2689]

[2682] W/E/R-*Emmerich* § 12 VerbrKrG Rdn. 76; Müko-*Habersack* § 12 VerbrKrG Rdn. 28; teilw. abw. jetzt Müko-*Habersack*, 4. Aufl., § 498 Rdn. 28.

[2683] BGHZ 95, 39, 52ff; BGH NJW 1991, 221; NJW-RR 1991, 1011; *Bülow* § 500 Rdn. 23.

[2684] BGH NJW 1997, 3166, 3167; einschränkend OLG Dresden NJW-RR 1999, 703, 704; siehe hierzu oben 2. Teil, C. Rdn. 116ff.

[2685] *Bülow* § 500 Rdn. 23; Bamberger/Roth-*Möller/Wendehorst* § 500 Rdn. 48; Staudinger/Kessal-*Wulf* § 498 Rdn. 31 a.E.; Müko-*Habersack* § 498 Rdn. 28; W/E/R-*Emmerich* § 12 VerbrKrG Rdn. 78: herauszurechnen sind laufzeitabhängige Kosten, nicht verdienter Gewinnanteil und Verwertungserlös.

[2686] Müko-*Habersack* § 498 Rdn. 28 a.E.; Staudinger/Kessal-*Wulf* § 12 VerbrKrG Rdn. 31 und § 498 Rdn. 31 a.E.; anders aber BGH NJW 2001, 1349, 1351.

[2687] *Bülow* § 500 Rdn. 23; Bamberger/Roth-*Möller/Wendehorst* § 500 Rdn. 48.

[2688] *Bülow* § 500 Rdn. 23.

[2689] W/E/R-*Emmerich* § 12 VerbrKrG Rdn. 78 zu §§ 12 VerbrKrG, 288 a.F.

L. Rücktritt des Darlehensgebers (§§ 503 Abs. 2)

I. Anwendungsbereich und Konkurrenzen

Das gesetzliche Rücktrittsrecht des Unternehmers in § 503 Abs. 2 findet auf alle Teilzahlungsgeschäfte i.S.d. §§ 499 Abs. 2, 501, nicht jedoch auf Geldkredite i.S.d. §§ 491 Abs. 1, 488 Abs. 1 Anwendung.[2690] 1

§ 503 Abs. 2 setzt das Bestehen eines Rücktrittsrechts des Unternehmers, etwa aus §§ 323, 346, voraus und stellt zugunsten des Verbrauchers zusätzliche verschärfte Voraussetzungen für einen Rücktritt wegen Zahlungsverzugs des Verbrauchers auf.[2691] Das gesetzliche Rücktrittsrecht der Unternehmers aus § 503 verdrängt bei Verzug des Verbrauchers als lex specialis andere Rücktrittsrechte, etwa aus §§ 323, 324, 241 Abs. 2, 449.[2692] 2

Liegen die Voraussetzungen des § 498 Abs. 1 vor, kann der Unternehmer wahlweise gem. § 498 das Teilzahlungsgeschäft kündigen oder gem. § 503 Abs. 2 i.V.m. §§ 498, 323 vom Vertrag zurücktreten.[2693] 3

II. Wiederansichnahme

Die Ansichnahme des finanzierten Gegenstandes durch den Unternehmer (Kreditgeber) löst jedoch auch dann die Rücktrittsfiktion des § 503 Abs. 2 S. 4 (vormals § 13 Abs. 2 VerbrKrG) und nicht die Rechtsfolgen des § 498 Abs. 2 (vormals § 12 Abs. 2 VerbrKrG) aus, wenn er zuvor den Darlehensvertrag gem. § 498 Abs. 1 gekündigt hat.[2694] Der von § 498 Abs. 2 erreichte Schutz würde sonst hinter dem des § 503 Abs. 2 zurückbleiben.[2695] 4

In § 503 Abs. 2 S. 5 wird bestimmt, dass der finanzierende Darlehensgeber die an sich nur zwischen dem Verkäufer und dem Verbraucher eintretenden Rücktrittsfolgen auslösen kann, wenn er die verkaufte Sache selbst 5

[2690] Erman-*Saenger* § 503 Rdn. 7.

[2691] Bamberger/Roth-*Möller/Wendehorst* § 503 Rdn. 7, 8; *Bülow* § 503 Rdn. 46.

[2692] Erman-*Saenger* § 503 Rdn. 5: soweit Grundlage des Rücktritts ein Zahlungsverzug des Verbrauchers ist.

[2693] Bamberger/Roth-*Möller/Wendehorst* § 503 Rdn. 6; *Bülow* § 503 Rdn. 46; Erman-*Saenger* § 503 Rdn. 5: in beiden Fällen müssen die Voraussetzungen des § 498 Abs. 1 erfüllt sein; Müko-*Habersack* § 503 Rdn. 5; Staudinger/Kessal-*Wulf* § 503 Rdn. 27 a.E., 29, 31.

[2694] OLG Karlsruhe NJW-RR 1998, 1437; Müko-*Habersack* § 503 Rdn. 5, 47: Rückabwicklung nach § 503 Abs. 2 S. 2, S. 3 auch dann, wenn die Rücktrittsvoraussetzungen des § 503 Abs. 2 S. 1 nicht vorliegen; ebenso *Karollus* JuS 1993, 820, 824; hiergegen aber *Bülow* § 503 Rdn. 77 a.E., 78 sowie Bamberger/Roth-*Möller/Wendehorst* § 503 Rdn. 18.

[2695] OLG Karlsruhe NJW-RR 1998, 1437.

an sich nimmt.[2696] Die Rückabwicklung hat dann gem. § 503 Abs. 2 S. 5 a. E. zwischen dem Darlehensgeber (Bank) als Rückabwicklungspartei und dem Verbraucher zu erfolgen.

III. Rücktritt des Darlehensgebers

6 Während die Kündigung des Darlehensvertrages nach § 498 Abs. 1, der für alle Verbraucherdarlehensverträge, bei denen der Rückerstattungsanspruch in Teilzahlungen zu erfüllen ist (§§ 491, 499, 501; s. o. M. Rdn. 9ff.) gilt, zur Folge hat, dass die Teilzahlungsabrede entfällt und die gesamte Restschuld, vermindert um die auf die Zeit nach Wirksamwerden der Kündigung entfallenden Zinsen und sonstigen laufzeitabhängigen Kosten des Darlehens sofort fällig wird, führt der nur bei Teilzahlungskrediten einschlägige, bei Vorliegen der Voraussetzungen des § 503 Abs. 2 S. 1 i. V. m. § 498 Abs. 1 mögliche Rücktritt des Unternehmers zu einer Rückabwicklung des Vertrages gem. §§ 503 Abs. 2 S. 2 bis 5, 346, 347.

7 Mit der Ansichnahme des Vertragsgegenstandes durch den mit dem Verkäufer bzw. Werkunternehmer identischen Darlehensgeber (Unternehmer) beim zweiseitigen Teilzahlungsgeschäft i. S. d. §§ 499 Abs. 3, 501, 502, 503 Abs. 2 S. 1 bis 4 bzw. durch den mit dem Verkäufer bzw. Werkunternehmer nicht identischen Darlehensgeber beim verbundenen Geschäft i. S. d. §§ 499 Abs. 3, 501, 358, 359, 503 Abs. 2 S. 5 wird eine etwa fehlende, ausdrückliche Rücktrittserklärung nach § 503 Abs. 2 S. 4 bzw. § 503 Abs. 2 S. 5 als ausgesprochen fingiert.

8 Nimmt bei teilweiser Drittfinanzierung (§§ 499 Abs. 3, 501, 503 Abs. 2 S. 5, 358 Abs. 2) der mit dem Darlehensgeber nicht identische Verkäufer bzw. Werkunternehmer den Vertragsgegenstand wieder an sich, entsteht das Rückabwicklungsschuldverhältnis nur zwischen diesem und dem Verbraucher. Der Verkäufer/Werkunternehmer schuldet in diesem Fall Rückzahlung auch der vom Verbraucher geleisteten Darlehensraten.

Darüber hinaus tritt er gem. § 503 Abs. 2 S. 5 2. Hs. in die Verpflichtungen des Verkäufers/Werkunternehmers ein und ist deshalb auch zur Rückzahlung einer vom Verbraucher geleisteten Anzahlung verpflichtet. Ferner kann der Verbraucher dem Darlehensgeber gemäß § 359 die Ausübung des Rücktritts durch den Verkäufer entgegenhalten und dem gemäß die weitere Rückzahlung des Darlehens verweigern.[2697]

9 Nimmt der finanzierende Darlehensgeber die – etwa ihm zur Sicherheit übereignete – Sache an sich bzw. verlangt dieser die Herausgabe an sich oder den Verkäufer oder verwertet er die ihm sicherungsübereignete bzw. von

---

[2696] Vgl. *Bülow* § 503 Rdn. 93.

[2697] Müko-*Habersack* § 503 Rdn. 66, 69; auch *Bülow* § 503 Rdn. 98, 99; zum alten Recht W/E/R-*Emmerich* § 13 VerbrKrG Rdn. 94, 96.

ihm gepfändete Sache, kommt es gem. § 503 Abs. 2 S. 5 zu einer Rückabwicklung zwischen dem Darlehensgeber und dem Verbraucher.[2698]

Greift die Rücktrittsfiktion im Verhältnis zwischen Darlehensgeber und 10
Verbraucher ein, muss sich der Darlehensgeber (i.d.R. eine Bank) sämtliche Zahlungen des Verbrauchers auch an den Verkäufer entgegenhalten lassen.[2699]

IV. Voraussetzungen und Rechtsfolgen des Rücktritts des Kreditgebers im Einzelnen

1. Sachliche und persönliche Anwendbarkeit der § 503 Abs. 2 S. 1, 499 Abs. 3, 501

§ 503 Abs. 2 gilt für alle Teilzahlungsgeschäfte i.S.d. §§ 499 Abs. 3, 501 11
(vgl. hierzu oben 2. Teil, C. Rdn. 233ff.), in denen das geschuldete Entgelt für die Ware oder Werkleistung in insgesamt drei Raten zu entrichten ist.[2700] Es muss sich um eine – aufgrund eines Kauf- oder Werkvertrages – gelieferte Sache handeln.[2701]

Auf Darlehensverträge i. S. d. § 491 Abs. 1 ist § 503 Abs. 2 nicht anzu- 12
wenden. Bei verbundenen Geschäften gilt die Rücktrittsfiktion des § 503 Abs. 2 S. 4 gem. § 503 Abs. 2 S. 5 jedoch auch für den finanzierten Vertrag.[2702]

Auch bei Ratenlieferungsverträgen i.S.d. § 505 und Finanzierungsleasing- 13
verträgen ist § 503 Abs. 2 grundsätzlich nicht anwendbar.[2703] Eine entsprechende Anwendung der Rücktrittsfiktion des § 502 Abs. 3 S. 4 bzw. S. 5 (vormals § 13 Abs. 3 VerbrKrG) wird jedoch bei Finanzierungsleasingverträgen mit bestehender Erwerbsoption des Verbrauchers bejaht.[2704]

[2698] *Bülow* § 503 Rdn. 93, 95, 96, 97; Erman-*Saenger* § 503 Rdn. 84, 85: der Verkäufer/Werkunternehmer ist dann nicht an der Rückabwicklung beteiligt; abw. Müko-*Habersack* § 503 Rdn. 66: evtl. Sicherungsübereignung an den Darlehensgeber ist unerheblich.

[2699] BGH NJW 1989, 163, 164; *Bülow* § 503 Rdn. 98; Müko-*Habersack* § 503 Rdn. 66, 69.

[2700] Staudinger/Kessal-*Wulf* § 503 Rdn. 26; Müko-*Habersack* § 503 Rdn. 7 und § 498 Rdn. 3 m.w.N.; a.A. Bamberger/Roth-*Möller/Wendehorst* § 498 Rdn. 2 und § 503 Rdn. 7 und W/E/R-*Emmerich* § 12 VerbrKrG Rdn. 7: mindestens zwei Teilzahlungen.

[2701] Palandt-*Putzo* § 503 Rdn. 2.

[2702] *Bülow* § 503 Rdn. 48, 93, 95, 98; Erman-*Saenger* § 503 Rdn. 7, 84, 85.

[2703] Bamberger/Roth-*Möller/Wendehorst* § 503 Rdn. 7; *Bülow* § 503 Rdn. 48, 63, 83; Erman-*Saenger* § 503 Rdn. 87: keine Anwendung des § 503 Abs. 2 S. 5 auf Finanzierungsleasingverträge; Müko-*Habersack* § 13 VerbrKrG Rdn. 8; W/E/R-*Emmerich* § 13 VerbrKrG Rdn. 6, 7.

[2704] BGH NJW 2002, 133, 135; *Bülow* § 503 Rdn. 37, 83; Staudinger/Kessal-*Wulf* § 503 Rdn. 27; Müko-*Habersack* § 503 Rdn. 7; W/E/R-*Emmerich* § 13 VerbrKrG Rdn. 8 bei Vereinbarung einer Ankaufspflicht nach Ablauf der Vertragszeit.

2. Keine Ausnahmen und Sonderregelungen

14 § 503 Abs. 2 greift bei Vorliegen der Ausnahmetatbestände des § 499 Abs. 3 i.V.m. § 491 Abs. 2, Abs. 3 und im Rahmen eines Ratenlieferungsvertrages gem. § 505 (s.o.) nicht ein.[2705]

3. Verhältnis zur Kündigung

15 Bei Vorliegen der jeweiligen Voraussetzungen hat der Darlehensgeber die Wahl, den Vertrag nach § 498 zu kündigen oder gem. § 503 Abs. 2 zurückzutreten.[2706] Hatte er den Rücktritt gem. § 503 Abs. 2 bereits wirksam erklärt, kommt eine nachfolgende Kündigung nicht mehr in Betracht.[2707]

4. Verhältnis zum Widerrufsrecht des Verbrauchers

16 Hat der Verbraucher den Vertrag gem. §§ 499 Abs. 1, 501 i.V.m. § 355 bereits wirksam widerrufen, kann der Kreditgeber hiervon nicht mehr gem. § 503 Abs. 2 zurücktreten.[2708]

17 Ist der Darlehensgeber gem. § 503 Abs. 2 S. 1 i.V.m. §§ 498 Abs. 1, 323 wirksam vom Vertrag zurückgetreten oder hat er die Rücktrittsvermutung gem. § 503 Abs. 2 S. 4 ausgelöst und widerruft der Verbraucher seine auf Abschluss des Vertrages gerichtete Erklärung innerhalb der – ggf. gem. § 355 Abs. 2 S. 2 verlängerten – Widerrufsfrist, war nach bislang einhelliger Ansicht von einem Vorrang des Widerrufsrechts auszugehen.[2709]

18 Zweifelhaft ist, ob daran auch nach Einführung des § 357 Abs. 3 Satz 1 festzuhalten ist. Vor Einführung des § 357 Abs. 3 S. 1, wonach der Verbraucher abweichend von § 346 Abs. 2 S. 1 Nr. 3 Wertersatz auch bei üblicherweise eintretenden Verschlechterungen schuldet, brachte eine Rückabwicklung über §§ 7 VerbrKrG, 3 HausTWG dem Verbraucher gegenüber einer Rückabwicklung nach §§ 13 Abs. 2 S. 1, 13 Abs. 3 S. 2 VerbrKrG i.V.m. §§ 346, 347 a.F. erhebliche Vorteile (vgl. Vorauflage S. 86 bis 90). Nach einer Ansicht bleibt es bei einem vor der Ausübung des Widerrufs erklärten oder gem. § 503 Abs. 2 S. 4 fingierten Rücktritt des Kreditgebers bei der

---

[2705] *Bülow* § 503 Rdn. 48; W/E/R-*Emmerich* § 13 VerbrKrG Rdn. 5.

[2706] *Bülow* § 503 Rdn. 46; Bamberger/Roth-*Möller/Wendehorst* § 503 Rdn. 6; Müko-*Habersack* § 503 Rdn. 5; Staudinger/Kessal-*Wulf* § 503 Rdn. 27 a.E., 29, 31; Erman-*Saenger* § 503 Rdn. 5: Rücktritt beim Teilzahlungsgeschäft nur möglich, wenn gem. § 503 Abs. 2 S. 1 die Kündigungsvoraussetzungen des § 498 Abs. 1 erfüllt sind.

[2707] *Bülow* § 503 Rdn. 49 a.E; anders im umgekehrten Fall, vgl. Staudinger/Kessal-*Wulf* § 503 Rdn. 31.

[2708] *Bülow* § 503 Rdn. 74, 81; Müko-*Habersack* § 503 Rdn. 6.

[2709] BGH NJW 1996, 2367; auch Müko-*Habersack* § 503 Rdn. 6 a.E. zum neuen Recht; Staudinger/Kessal-*Wulf* § 13 VerbrKrG Rdn. 7; W/E/R-*Emmerich* § 13 Rdn. 9.

Anwendung der §§ 503 Abs. 2, 346, 347.[2710] Damit ist die Anwendung des § 357 Abs. 3 zulasten des Verbrauchers in diesem Fall ausgeschlossen.[2711] Nach anderer, mit der einhelligen Ansicht zu § 13 VerbrKrG übereinstimmenden u.E. zutreffender Auffassung kann der Verbraucher den Widerruf auch noch nach dem eigenen Rücktritt aus § 503 Abs. 1 erklären, um den Anspruch des Unternehmers auf Zahlung eines Aufwendungsersatzes sowie auf Einstellung einer Wertminderung (§ 503 Abs. 2 S. 3) im Rahmen der von ihm geschuldeten Nutzungsentschädigung zu vermeiden.[2712]

5. Bestehen eines Rücktrittsrechts des Darlehensgebers

§ 503 Abs. 2 begründet kein Rücktrittsrecht des Kreditgebers, sondern 19
setzt ein solches, etwa aus §§ 323 Abs. 1 oder § 314 bzw. ein vertragliches – auch durch AGB begründetes – Rücktrittsrecht voraus. Die Sonderregelungen des § 503 Abs. 2 gelten – zugunsten des Verbrauchers – dabei nur für den Rücktritt wegen Zahlungsverzuges.[2713]

6. Vorliegen der Voraussetzungen des § 498 Abs. 1

Zusätzlich zu den allgemeinen Voraussetzungen des geltend gemachten 20
Rücktrittsrechts (z.B. aus § 323 Abs. 1, 314) müssen gem. § 503 Abs. 2 S. 1 auch die Voraussetzungen des § 498 Abs. 1 vorliegen, d.h. der Verbraucher befindet sich mit der Zahlung zweier aufeinander folgender Raten in Verzug, der Rückstand beläuft sich auf mindestens 5% bzw. 10% des Nennbetrages des Teilzahlungspreises (§ 498 Abs. 1 S. 1 Nr. 1) und der Darlehensnehmer hat ihm erfolglos eine zweiwöchige Frist zur Zahlung des rückständigen Betrages mit der Erklärung gesetzt, dass er bei Nichtzahlung innerhalb der Frist vom Vertrag zurücktrete.[2714]

Es genügt nicht, wenn der Kreditgeber wahlweise den Rücktritt gem. 21
§ 503 Abs. 2 oder die Kündigung gem. § 498 androht. Er muss sich bereits bei Setzung der Nachfrist für die Androhung des Rücktritts oder der Kündigung entscheiden, andernfalls hat das Verfahren mit der richtigen Androhung neu zu beginnen.[2715]

Hatte der Darlehensgeber zuvor gem. § 498 die Kündigung ausgespro- 22
chen, kann er nachfolgend noch gem. § 503 Abs. 2 zurücktreten; hat er da-

---

[2710] *Bülow* § 503 Rdn. 73 a.E.

[2711] *Bülow* § 503 Rdn. 73 a.E.

[2712] Müko-*Habersack* § 503 Rdn. 6, 19, 30.

[2713] *Bülow* § 503 Rdn. 46; Erman-*Saenger* § 503 Rdn. 5, 6.

[2714] Bamberger/Roth-*Möller/Wendehorst* § 503 Rdn. 9 und § 498 Rdn. 4, 5; Müko-*Habersack* § 503 Rdn. 11, 12 und § 498 Rdn. 13ff.; vgl. oben K. Rdn. 33ff.

[2715] Bamberger/Roth-*Möller/Wendehorst* § 503 Rdn. 9; *Bülow* § 503 Rdn. 49; Staudinger/Kessal-*Wulf* § 503 Rdn. 29; Müko-*Habersack* § 503 Rdn. 12; W/E/R-*Emmerich* § 13 VerbrKrG Rdn. 16 a.E.; a.A. aber Erman-*Saenger* § 503 Rdn. 9: der Rücktritt muss weder angedroht noch begründet werden.

gegen zuvor bereits den Rücktritt erklärt, kommt eine nachfolgende Kündigung nicht mehr in Betracht.[2716] Der Rücktritt ist nicht an eine Frist gebunden, muss jedoch innerhalb „angemessener Zeit“ erklärt werden.[2717] Die Grundsätze zu § 498 Abs. 1 gelten entsprechend (vgl. oben K. Rdn. 65 ff.).

23 Nimmt der Darlehensgeber die gelieferte Sache bei einem nicht dem Schutz der §§ 499, 501 unterfallenden Darlehensnehmer wieder an sich, findet § 503 Abs. 2 S. 4 zugunsten eines Verbrauchers, der lediglich neben diesem Darlehensnehmer als Gesamtschuldner mithaftet, jedoch selbst aus dem Darlehensvertrag nicht berechtigt ist, keine Anwendung.[2718] Dem lediglich Mithaftenden wird durch die Ansichnahme der Sache nicht der Besitz bzw. die Nutzung entzogen.[2719] Ob im Übrigen die Rücktrittsvoraussetzungen des § 498 Abs. 1 nur in der Person desjenigen Gesamtschuldners (Mitdarlehensnehmer, Beitretender o.a.) vorliegen müssen, gegenüber dem der Unternehmer Ansprüche geltend macht,[2720] ist streitig.

7. Rücktrittserklärung (§§ 349, 503 Abs. 2 S. 4)

a) Formlose Erklärung unmittelbar nach Ablauf der Nachfrist

24 Die Rücktrittserklärung bedarf keiner bestimmten Form und ist gegenüber dem Verbraucher, bei mehreren Verbrauchern gegenüber sämtlichen Gesamtschuldnern auszusprechen (§ 425). Gleiches gilt für die der Rücktrittserklärung vorangehende, mit der Rücktrittsandrohung zu verbindende Nachfrist.[2721] Auf den Schuldbeitritt findet § 351 im übrigen keine Anwendung.[2722] Der Rücktrittsgrund braucht jedoch nur in der Person eines Beteiligten vorzuliegen.[2723]

b) Fingierte Rücktrittserklärung (§ 503 Abs. 2 S. 4)

25 Auch ohne eine mündliche oder schriftliche Rücktrittserklärung treten unter den Voraussetzungen des § 503 Abs. 2 S. 4, bei verbundenen Ver-

---

[2716] *Bülow* § 503 Rdn. 49 a. E., 77, 78: die Rücktrittsvoraussetzungen müssen aber vorliegen; ebenso Bamberger/Roth-*Möller/Wendehorst* § 503 Rdn. 18; Staudinger/Kessal-*Wulf* § 503 Rdn. 31; abw. Müko-*Habersack* § 503 Rdn. 46, 47: auch wenn die Rücktrittsvoraussetzungen des § 503 Abs. 2 S. 1 nicht vorliegen.

[2717] Bamberger/Roth-*Möller/Wendehorst* § 503 Rdn. 9; *Bülow* § 503 Rdn. 50 a. E.; zu eng Müko-*Habersack* § 503 Rdn. 14 und § 498 Rdn. 21. „innerhalb weniger Tage“.

[2718] BGH NJW 2002, 133; zust. Staudinger/Kessal-*Wulf* § 503 Rdn. 36.

[2719] BGH NJW 2002, 133, 135.

[2720] So Müko-*Habersack* § 503 Rdn. 14 und § 498 Rdn. 20; Staudinger/Kessal-*Wulf* § 498 Rdn. 21; s. o. K. Rdn. 17 ff.

[2721] Müko-*Habersack*, 4. Aufl., § 503 Rdn. 14: Rücktrittsrecht kann nur einheitlich gegen alle Gesamtschuldner ausgeübt werden; W/E/R-*Emmerich* § 12 VerbrKrG Rdn. 54, 55 und § 13 VerbrKrG Rdn. 20; Staudinger/Kessal-*Wulf* § 503 Rdn. 30.

[2722] Müko-*Habersack* § 503 Rdn. 7.

[2723] Erman-*Saenger* § 503 Rdn. 9 a. E.; Müko-*Habersack* § 503 Rdn. 14.

trägen (§ 358 Abs. 3) gem. § 503 Abs. 2 S. 5 die Rücktrittsfolgen ein, d.h. die Rücktrittserklärung wird mit der Wiederansichnahme des überlassenen Gegenstandes durch den Kreditgeber sowohl beim zweiseitigen wie auch beim dreiseitigen Teilzahlungsgeschäft unwiderleglich vermutet.

Eine „Wiederansichnahme" i.S.d. § 503 Abs. 2 S. 4 bzw. des § 503 Abs. 2 S. 5 wird ***bejaht***, wenn 26

- der Verbraucher den Besitz oder den Sachwert und damit die Möglichkeit der Nutzung der Sache, die ihm im Rahmen des Teilzahlungsgeschäfts geliefert wurde, auf Veranlassung des Kreditgebers gegen seinen Willen verliert,[2724]
- der Unternehmer (Verkäufer, Werkunternehmer o.a.) oder im Fall des § 503 Abs. 2 S. 5 der Darlehensgeber die Sache zur Sicherung seiner Ansprüche zurücknimmt oder durch den jeweiligen Partner des finanzierten Geschäfts (Verkäufer bzw. Darlehensgeber) bzw. einen sonstigen Dritten zurücknehmen lässt,[2725]
- der Unternehmer (Verkäufer, Werkunternehmer o. a.) oder im Fall des § 503 Abs. 2 S. 5 der Darlehensgeber den Vertragsgegenstand an einen Dritten ohne Zustimmung des Verbrauchers weiter veräußert[2726] oder der Darlehensgeber auf die abgetretene Forderung aus dem Weiterverkauf zugreift,[2727]
- der Unternehmer Klage auf Herausgabe der unter Eigentumsvorbehalt stehenden Sache erhebt, selbst wenn der Verbraucher die Sache unberechtigt aus der Hand gegeben hat und sie sich bei Klagerhebung nicht mehr in seinem Besitz befindet,[2728]
- der Unternehmer (Verkäufer o.a.) bzw. im Fall des § 503 Abs. 2 S. 5 der Darlehensgeber ernsthaft und endgültig die Herausgabe des Vertragsgegenstandes verlangt,[2729]

[2724] BGH NJW 2002, 133, 135; Bamberger/Roth-*Möller/Wendehorst* § 503 Rdn. 18; *Bülow* § 503 Rdn. 84; Erman-*Saenger* § 503 Rdn. 67, 84; Müko-*Habersack* § 503 Rdn. 45, 47; Staudinger/Kessal-*Wulf* § 503 Rdn. 32, 51.

[2725] OLG Köln WM 1995, 613; *Bülow* § 503 Rdn. 84, 85; Erman-*Saenger* § 503 Rdn. 68, 84, 85; Müko-*Habersack* § 503 Rdn. 45 a.E., 49, 50: auch bei Verschaffung des Sachwertes; W/E/R-*Emmerich* § 13 VerbrKrG Rdn. 71.

[2726] Müko-*Habersack* § 503 Rdn. 49; *Bülow* § 503 Rdn. 84, 85; W/E/R-*Emmerich* § 13 VerbrKrG Rdn. 67, 70.

[2727] *Bülow* § 503 Rdn. 85; Müko-*Habersack* § 503 Rdn. 50.

[2728] *Bülow* § 503 Rdn. 85: bei Klagerücknahme soll die Rücktrittsfiktion jedoch wieder entfallen; Erman-*Saenger* § 503 Rdn. 70; Müko-*Habersack* § 503 Rdn. 51; a.A. Palandt-*Putzo* § 503 Rdn. 14: Herausgabeklagen begründen die Fiktion nicht, stellen aber eine schlüssige Rücktrittserklärung gem. § 349 dar.

[2729] *Bülow* § 503 Rdn. 85: auch bei Herausgabeverlangen an einen Dritten; Erman-*Saenger* § 503 Rdn. 70: auch bei Vollziehung einer einstweiligen Verfügung auf Herausgabe an den GVZ als Sequester; Müko-*Habersack* § 503 Rdn. 48, 51; W/E/R-*Emmerich* § 13 VerbrKrG Rdn. 64, 72.

- in der Insolvenz des Verbrauchers die Aussonderung (§ 47 InsO) begehrt wird,[2730]
- der Unternehmer (Verkäufer, Werkunternehmer o.a.) die ihm zur Reparatur zurückgegebene Sache zur Sicherung rückständiger Raten – nicht zur Sicherung seines Werklohnanspruchs – zurückbehält,[2731]
- der Unternehmer oder im Fall des § 503 Abs. 2 S. 4 der Darlehensgeber den Vertragsgegenstand oder eine vereinbarungsgemäß an dessen Stelle getretene Ersatzsache aufgrund eines Zahlungs- oder Herausgabetitels vom Gerichtsvollzieher pfänden und wegnehmen lässt,[2732]
- der Unternehmer oder im Fall des § 503 Abs. 2 S. 4 der Darlehensgeber die Pfandverwertung der Sache nach § 825 ZPO oder die öffentliche Versteigerung nach § 814 ZPO betreibt.[2733]

27 Liegen die Voraussetzungen des Rücktrittsrechts, insbesondere diejenigen des § 498 Abs. 1 vor und führen Zwangsvollstreckungsmaßnahmen zur Fiktion des Rücktritts, so entfallen die Voraussetzungen des titulierten Zahlungsanspruchs ex nunc, sodass der Verbraucher gegen den Titel Vollstreckungsgegenklage gem. § 767 ZPO erheben kann.[2734] Sofern der Verbraucher die Vollstreckung über § 767 ZPO nicht abwenden kann und auch keine Vergütungsvereinbarung nach § 503 Abs. 2 S. 4 getroffen wird, ist das Teilzahlungsgeschäft gem. § 503 Abs. 2 S. 2, S. 3 i.V.m. §§ 346, 347 rückabzuwickeln; damit wird das Risiko des Zuschlages der Sache unter Wert dem Unternehmer zugewiesen.[2735]

28 Liegen die Voraussetzungen des Rücktritts nach § 498 Abs. 1 bzw. 503 Abs. 2 S. 1 nicht vor, so kann der Verbraucher nach Auffassung von Bülow[2736] Erinnerung gegen die Vollstreckungsmaßnahme gem. § 766 ZPO einreichen.

29 Die Fiktion bzw. unwiderlegliche Vermutung des § 503 Abs. 2 S. 4 bzw. des § 503 Abs. 2 S. 5 wird dagegen ***nicht begründet*** durch

- die freiwillige Veräußerung der Sache durch den Verbraucher mit Zustimmung des Unternehmers bzw. des Darlehensgebers,[2737]

[2730] *Bülow* § 503 Rdn. 85; Müko-*Habersack* § 503 Rdn. 51.

[2731] Müko-*Habersack* § 503 Rdn. 51 a.E.; W/E/R-*von Westphalen* § 13 VerbrKrG Rdn. 65, 72.

[2732] *Bülow* § 503 Rdn. 86: Pfändung allein genügt nicht; Palandt-*Putzo* § 503 Rdn. 14: erst die Wegnahme, *spätestens die Verwertung* begründet die Fiktion; Müko-*Habersack* § 503 Rdn. 54, 56: Wiederansichnahme *spätestens mit der Wegnahme;* W/E/R-*von Westphalen* § 13 VerbrKrG Rdn. 68, 73: Pfändung und Wegnahme erforderlich.

[2733] *Bülow* § 503 Rdn. 86; Erman-*Saenger* § 503 Rdn. 71, 72: Erwerb der Sache in der Zwangsvollstreckung bzw. nach § 825 ZPO; Müko-*Habersack* § 503 Rdn. 54: dabei ist es unerheblich, wer die Sache ersteigert; Palandt-*Putzo* § 503 Rdn. 14; W/E/R-*Emmerich* § 13 VerbrKrG Rdn. 68, 73.

[2734] *Bülow* § 503 Rdn. 87; Müko-*Habersack* § 503 Rdn. 55.

[2735] Müko-*Habersack* § 503 Rdn. 55; auch *Bülow* § 503 Rdn. 87.

[2736] Bülow§ 503 Rdn. 87.

[2737] Erman-*Saenger* § 503 Rdn. 74; W/E/R-*Emmerich* § 13 VerbrKrG Rdn. 67, 70.

- das freiwillige Zurücklassen der Sache anlässlich der Räumung der Wohnung des Verbrauchers[2738] oder aus sonstigem Grund, wobei sich der Unternehmer die Sache dann wieder verschafft,[2739]
- die freiwillige Herausgabe durch den Verbraucher ohne Verpflichtung aus dem Darlehensvertrag zur Verwertung durch den Unternehmer,[2740]
- bloße Pfändung der Sache durch den Unternehmer oder im Fall des § 503 Abs. 2 S. 4 durch den Darlehensgeber, sofern keine Wegnahme oder Verwertung erfolgt,[2741]
- Pfändung und Wegnahme der Sache durch den Gerichtvollzieher, solange die Möglichkeit der Freigabe besteht,[2742]
- Vollstreckungsmaßnahmen Dritter,[2743]
- Unterlassung der Erhebung einer Drittwiderspruchsklage gem. § 771 ZPO durch den Unternehmer bzw. den Darlehensgeber bei Vollstreckungsmaßnahmen Dritter,[2744]
- das Verlangen des Unternehmers auf vorzugsweise Befriedigung aus dem Erlös gem. § 805 ZPO, wenn ein Dritter die Zwangsvollstreckung in die Sache betrieben hat.[2745]
- die Anforderung des Versteigerungserlöses aus § 812 Abs. 1 S. 1 2. Alt. bei einem Dritten, der die Sache aus eigenem, materiell nachrangigem Recht pfänden und verwerten ließ[2746]

c) Keine Fiktion bei Fehlen des Rücktrittsgrundes

Streitig ist, ob die Rücktrittsfiktion des § 503 Abs. 2 S. 4 bzw. des § 503 Abs. 2 S. 5 auch dann eingreift, wenn die Voraussetzungen des § 498 Abs. 1 bzw. andere Voraussetzungen des § 503 Abs. 2 nicht vorliegen. 30

Nach u. E. zutreffender Ansicht gebietet der Zweck des § 503 Abs. 2 S. 4 (vormals § 13 Abs. 3 VerbrKrG), den Verbraucher davor zu schützen, trotz des Verlustes von Besitz und Nutzung der Sache zur Weiterzahlung der 31

[2738] *Bülow* § 503 Rdn. 85; differenzierend Staudinger/Kessal-*Wulf* § 503 Rdn. 58 f.

[2739] Erman-*Saenger* § 503 Rdn. 74.

[2740] Erman-*Saenger* § 503 Rdn. 75; a. A. OLG Düsseldorf WM 1985, 1431 und Staudinger/Kessal-*Wulf* § 503 Rdn. 58.

[2741] *Bülow* § 503 Rdn. 86; Erman-*Saenger* § 503 Rdn. 76 und Staudinger/Kessal-*Wulf* § 503 Rdn. 61: wenn die Sache im Gewahrsam des Verbrauchers verbleibt; auch Palandt-*Putzo* § 503 Rdn. 14; abw. Müko-*Habersack* § 503 Rdn. 56, s. o.

[2742] BGHZ 39, 97; *Bülow* § 503 Rdn. 76; Erman-*Saenger* § 503 Rdn. 76; a. A. aber Müko-*Habersack* § 503 Rdn. 56; W/E/R-*Emmerich* § 13 VerbrKrG Rdn. 73 und Kessal-*Wulf* a. a. O.: entscheidend ist die Wegnahme.

[2743] Müko-*Habersack* § 503 Rdn. 59; W/E/R-*Emmerich* § 13 VerbrKrG Rdn. 74.

[2744] *Bülow* § 503 Rdn. 86, 87; Müko-*Habersack* § 503 Rdn. 59; Staudinger/Kessal-*Wulf* § 503 Rdn. 60 a. E.

[2745] Erman-*Saenger* § 503 Rdn. 77; Müko-*Habersack* § 503 Rdn. 50 a. E.; offen gelassen von BGH NJW 1987, 1880, 1882.

[2746] Müko-*Habersack* § 503 Rdn. 50 a. E.

Raten verpflichtet zu bleiben, die Rückabwicklung entsprechend §§ 503 Abs. 2, 346, 347 auch dann als wirksam zu behandeln, wenn die Rücktrittsvoraussetzungen der §§ 503 Abs. 2 S. 1, 498 Abs. 1 nicht vorliegen.[2747]

32 Nach ganz überwiegender Ansicht führt nur die bei Vorliegen sämtlicher Voraussetzungen der §§ 503 Abs. 2 S. 1, 498 Abs. 1 berechtigte Wiederansichnahme zur Entstehung des Rückgewährschuldverhältnisses aus §§ 503 Abs. 2, 346 ff.[2748]

33 Nach Auffassung des OLG Köln[2749] sollen Unternehmer und Verbraucher im Einzelfall jedoch nicht gehindert sein, ohne Verstoß gegen §§ 498 Abs. 1, 503 Abs. 2 S. 4, 506 Abs. 1 zu vereinbaren, dass der Verbraucher die gelieferte Sache zurückgibt und der Händlereinkaufspreis zu seinen Gunsten zu verrechnen ist.[2750]

34 Nimmt der Unternehmer (Verkäufer, Werkunternehmer o.a.) die Sache ohne Vorliegen eines Rücktrittsgrundes (§§ 323, 498 Abs. 1) wieder an sich, bleiben die beiderseitigen vertraglichen Erfüllungsansprüche nach h.M. bestehen und der Verbraucher ist nach wie vor zum Besitz der Sache berechtigt. Deren Wegnahme stellt sich dann als verbotene Eigenmacht i.S.d. § 858 und Vertragsverletzung dar, die den Unternehmer zum Schadensersatz nach §§ 280 Abs. 1, 241 Abs. 2 (vormals p.V.v.) verpflichtet, womit der Schutz des Verbrauchers auch nach h. M. in gleicher Weise erreicht wird.[2751]

35 Auch beim verbundenen Geschäft (§§ 358 Abs. 3, 359, 503 Abs. 2 S. 5) wird von der h.M. am Erfordernis des Vorliegens der Rücktrittsvoraussetzungen nach §§ 498 Abs. 1, 503 Abs. 2 S. 1 festgehalten.[2752]

36 Dem den Kaufpreis finanzierenden Darlehensgeber steht an sich kein Rücktrittsrecht nach §§ 323, 498 Abs. 1, 503 Abs. 2 S. 1 zu, weil er nicht Partei des Kauf- oder Werkvertrages ist. § 503 Abs. 2 S. 5 bestimmt – abweichend zum früheren Recht (§§ 9 Abs. 1, Abs. 3, 13 Abs. 3 VerbrKrG) –, dass die Rechtsfolgen des Rücktritts auch eintreten, wenn der Darlehensgeber die Sache an sich nimmt; das Rückabwicklungsverhältnis entsteht dann zwischen dem Verbraucher und dem Darlehensgeber.[2753]

[2747] Müko-*Habersack* § 13 VerbrKrG Rdn. 12, 47; Müko-*Habersack* § 503 Rdn. 47 m.w.N.; Habersack/*Schürnbrand* JuS 2002, 833, 835 f.; *Karollus* JuS 1993, 820, 824.

[2748] OLG Köln WM 1998, 381, 382; OLG Oldenburg NJW-RR 1996, 564; Bamberger/Roth-*Möller/Wendehorst* § 503 Rdn. 18; *Bülow* § 503 Rdn. 77, 78; Erman-*Saenger* § 503 Rdn. 65, 78; Palandt-*Putzo* § 503 Rdn. 6, 12; Staudinger/Kessal-*Wulf* § 503 Rdn. 31, 33; W/E/R-*Emmerich* § 13 VerbrKrG Rdn. 55, 59.

[2749] OLG Köln WM 1998, 381.

[2750] Ablehnend hierzu *Bülow* § 503 Rdn. 89; *Artz* VuR 1998, 186.

[2751] *Bülow* § 503 Rdn. 77; Erman-*Saenger* § 503 Rdn. 78; Staudinger/Kessal-*Wulf* § 503 Rdn. 34, 41; W/E/R-*Emmerich* § 13 VerbrKrG Rdn. 58, 59.

[2752] *Bülow* § 503 Rdn. 78; Erman-*Saenger* § 503 Rdn. 78, 85; Staudinger/Kessal-*Wulf* § 503 Rdn. 46; a.A. aber Müko-*Habersack* § 503 Rdn. 47 und W/E/R-*Emmerich* § 13 VerbrKrG Rdn. 59, 88.

[2753] *Bülow* § 503 Rdn. 78, 95, 98; Erman-*Saenger* § 503 Rdn. 84, 85.

Liegen die Voraussetzungen des § 503 Abs. 2 S. 1, 498 Abs. 1 im Verhältnis zwischen Darlehensgeber und Verbraucher jedoch nicht vor, kann der Verbraucher die Wiedereinräumung des Besitzes und gem. § 280 Abs. 1 (vormals p. V. v.) Schadensersatz vom Darlehensgeber verlangen.[2754] 37

8. Keine Aufrechterhaltung des Teilzahlungsgeschäfts (§ 503 Abs. 2 S. 4 2. HS)

a) Zeitpunkt der Einigung

Die Vertragsparteien können die Rücktrittswirkung dadurch ausschließen, dass eine Vereinbarung über die Vergütung des gewöhnlichen Verkaufswertes der Sache getroffen wird. Eine solche Vereinbarung kann bereits im Vertrag über das Teilzahlungsgeschäft, im Zeitpunkt der Wiederansichnahme oder selbst nach der Rücknahme der Sache durch den Unternehmer (Verkäufer, Werkunternehmer o. a.) bzw. im Fall des § 503 Abs. 2 S. 5 durch den Darlehensgeber (Bank) getroffen werden.[2755] Die Aufnahme der Einigung in AGB ist grundsätzlich möglich.[2756] Eine zeitliche Begrenzung für eine Einigung besteht grundsätzlich nicht.[2757] 38

b) Erstattung des „gewöhnlichen Verkaufswertes"

Da der Vertrag nach der Wegnahme der Sache nicht mehr durchgeführt wird, hat der Unternehmer (Verkäufer o. a.) bzw. im Fall des § 503 Abs. 2 S. 5 der Darlehensgeber ihm den gewöhnlichen Verkaufswert der Sache zu vergüten, sodass der Verbraucher die Differenz zwischen diesem Betrag und dem Kaufpreis bzw. der Vergütung unter Anrechnung geleisteter Raten und Berücksichtigung eines etwaigen Verzugsschadens zu bezahlen hat.[2758] Ergibt sich ein Saldo zugunsten des Verbrauchers, kann er diesen über § 812 Abs. 1 S. 2 1. Alt. beim Unternehmer bzw. Darlehensgeber liquidieren. 39

Der „gewöhnliche Verkaufswert" bestimmt sich entsprechend § 813 Abs. 1 S. 1 ZPO nach dem für die Sache bei freihändigem Verkauf im Zeitpunkt des Wiederansichnehmens erzielbaren Verkaufspreis, z. B. bei einem finanzierten Neuwagenkauf nach dem bei Wiederansichnahme üblichen Preis auf dem Gebrauchtwagenmarkt. Maßgebend ist der gegenüber Letztverbrauchern erzielbare Verkaufspreis und nicht der Händlereinkaufs- 40

[2754] *Bülow* § 503 Rdn. 78, 79; Erman-*Saenger* § 503 Rdn. 78, 84.

[2755] Bamberger/Roth-*Möller/Wendehorst* § 503 Rdn. 19; *Bülow* § 503 Rdn. 90; Erman-*Saenger* § 503 Rdn. 80: auch durch AGB; Müko-*Habersack* § 503 Rdn. 61: Vereinbarung jederzeit möglich.

[2756] OLG Oldenburg NJW-RR 1996, 564; *Bülow* § 503 Rdn. 90; Staudinger/Kessal-*Wulf* § 503 Rdn. 38: Einigung „dem Grunde nach" genügt; a. A. MüKo-*Habersack* § 503 Rdn. 62.

[2757] Erman-*Saenger* § 503 Rdn. 80; Müko-*Habersack* § 503 Rdn. 61.

[2758] *Bülow* § 503 Rdn. 89; W/E/R-*Emmerich* § 13 VerbrKrG Rdn. 82.

preis.[2759] Dem Verbraucher sind damit auch die im Verkaufspreis enthaltenen Gewinn- und Gemeinkostenanteile des Unternehmers zu vergüten.[2760]

41 Die Vereinbarung eines unter dem „gewöhnlichen Verkaufswert" liegenden Preises ist nach herrschender Auffassung gem. § 506 Abs. 1 S. 1 unwirksam[2761] und führt zum Fortbestehen der zunächst eingetretenen Rücktrittsvermutung. Nach u. E. zutreffender Ansicht[2762] bleibt das Teilzahlungsgeschäft aufrechterhalten, wenn der Unternehmer bei *wirksamer Vergütungsvereinbarung* einen unter dem gewöhnlichen Verkaufspreis liegenden Betrag zur Anrechnung bringt; der Streit um den „richtigen" Verkaufspreis ist dann im Rahmen einer Zahlungsklage des Unternehmers bzw. einer Rückzahlungsklage des Verbrauchers zu entscheiden.

42 Ohne Verstoß gegen §§ 503 Abs. 2 S. 4 2. HS, 506 Abs. 1 sind auch Vereinbarungen zwischen Unternehmer bzw. Darlehensgeber einerseits und dem Verbraucher andererseits möglich, wonach die Sache zu einem bestimmten Preis weiterverkauft und der Erlös auf die Restschuld verrechnet werden[2763] oder wonach der Verbraucher die Sache selbst an einen Dritten weiterveräußern soll.[2764] Derartige Vereinbarungen lösen die Rücktrittsfiktion nicht aus.[2765]

c) Folgen der Vereinbarung

43 Mit der Einigung endet die zunächst eingetretene Rücktrittsvermutung, da die Wegnahme unter der auflösenden Bedingung einer nachfolgenden Einigung steht.[2766]

44 Es kommt zu einem „vertraglichen Abwicklungsverhältnis eigener Art", wobei die Parteien gegenseitige, nur noch auf Geld gerichtete Ansprüche miteinander zu verrechnen haben.[2767] Der Verkäufer behält seinen Anspruch auf Zahlung des Kaufpreises für die gelieferte und dann zurückgenommene

---

[2759] OLG Stuttgart NJW-RR 1996, 63; OLG Oldenburg DAR 1997, 203 = NJW-RR 1996, 564; Erman-*Saenger* § 503 Rdn. 81; Müko-*Habersack* § 503 Rdn. 62.

[2760] Müko-*Habersack* § 503 Rdn. 62; *Bülow* § 503 Rdn. 89.

[2761] *Bülow* § 503 Rdn. 89 a. E., 92; Bamberger/Roth-*Möller/Wendehorst* § 503 Rdn. 19; Staudinger/Kessal-*Wulf* § 503 Rdn. 38 a. E.

[2762] Müko-*Habersack* § 503 Rdn. 62 a. E.; auch OLG Köln WM 1998, 381, 382.

[2763] OLG Düsseldorf WM 1985, 1431; *Bülow* § 503 Rdn. 92.

[2764] *Bülow* § 503 Rdn. 92.

[2765] *Bülow* § 503 Rdn. 85, 92.

[2766] *Bülow* § 503 Rdn. 90; Erman-*Saenger* § 503 Rdn. 82: es muss aber eine berechtigter Rücknahme vorliegen; Müko-*Habersack* § 503 Rdn. 61 a. E., 63 und Palandt-*Putzo* § 503 Rdn. 16 sowie Staudinger/Kessal-*Wulf* § 503 Rdn. 41: Teilzahlungsgeschäft bleibt aufrecht erhalten.

[2767] Erman-*Saenger* § 503 Rdn. 82; a. A. Staudinger/Kessal-*Wulf* § 503 Rdn. 41: Verbraucherdarlehensvertrag bleibt erhalten.

Sache und kann daneben Ersatz des entstandenen Verzugsschadens gem. § 497, nicht jedoch Nutzungsvergütung und Aufwendungsersatz verlangen. Dem Verbraucher stehen Ansprüche auf die Vergütung des gewöhnlichen Verkaufswertes und Rückführung bereits erbrachter Teilzahlungen zu.[2768]

Ergibt sich ein Saldo zugunsten des Verbrauchers, hat dieser einen ver- 45
traglichen Anspruch auf Auszahlung des Differenzbetrages.[2769]

Ein sich zugunsten des Unternehmers ergebender Saldo ist über § 433 46
Abs. 2 bzw. § 497 Abs. 1 zu realisieren.[2770]

9. Rechtsfolgen des Rücktritts (§§ 503 Abs. 2, 346, 347)

Der wirksame Rücktritt des Unternehmers bzw. im Fall des § 503 Abs. 2 47
S. 5 des Darlehensgebers bewirkt eine Umgestaltung des ursprünglichen Vertragsverhältnisses in ein vertragliches Rückabwicklungsschuldverhältnis.[2771] Die Parteien sind dann verpflichtet, die empfangenen Leistungen gem. § 348 Zug um Zug am vertraglichen Empfangsort zurückzugewähren.[2772]

Wenngleich § 503 Abs. 2 S. 1 – anders als die Vorgängerregelung des § 13 48
Abs. 2 S. 1 VerbrKrG – keine Verweisung mehr auf die §§ 346ff. enthält, wird die Anwendbarkeit der §§ 346 bis 352 (fraglich für § 357 Abs. 3) von § 503 Abs. 2 jedoch vorausgesetzt und dort modifiziert.[2773]

a) Ansprüche des Unternehmers bzw. des Darlehensgebers

aa) Rückgabe

Sowohl beim zweiseitigen als auch beim drittfinanzierten Teilzahlungsge- 49
schäft muss der Verbraucher die empfangene Sache zurückgewähren, §§ 503 Abs. 1, 346 Abs. 1.

bb) Wertersatz

Sind Dienst- oder Werkleistungen Vertragsgegenstand, schuldet der 50
Verbraucher gem. § 346 Abs. 2 S. 1 Nr. 1 von vornherein Wertersatz nach dem Maßstab der „üblichen Vergütung“ gem. §§ 612 Abs. 2, 632 Abs. 2, 653, 818 Abs. 2[2774] bzw. gem. § 346 Abs. 2 S. 2 unter Zugrundelegung der vereinbarten Gegenleistung.[2775]

[2768] Erman-*Saenger* § 503 Rdn. 82; Müko-*Habersack* § 503 Rdn. 63.

[2769] Erman-*Saenger* § 503 Rdn. 82; Müko-*Habersack* § 503 Rdn. 63; a.A. W/E/R-Emerich § 13 VerbrKrG Rdn. 83: Anspruch aus § 812 Abs. 1 S. 2 1. Alt.

[2770] Erman-*Saenger* § 503 Rdn. 82.

[2771] BGH NJW 1990, 2068; *Bülow* § 503 Rdn. 54ff., 59ff.

[2772] *Bülow* § 503 Rdn. 55; Müko-*Habersack* § 503 Rdn. 40.

[2773] Bamberger/Roth-*Möller/Wendehorst* § 503 Rdn. 11.

[2774] W/E/R-*Emmerich* § 13 VerbrKrG Rdn. 29, 31; Müko-*Habersack* § 503 Rdn. 16, 35: die Höhe richtet sich nach dem Barzahlungspreis.

[2775] *Bülow* § 503 Rdn. 62; Staudinger/Kessal-*Wulf* § 503 Rdn. 74, 75: Barzahlungspreis.

51 Fehlt es an der Angabe des Barzahlungspreises einer Kaufsache oder Werkleistung, tritt an deren Stelle der objektive Verkehrswert der Leistung zum Zeitpunkt ihrer Erbringung.[2776]

52 War die Leistung mangelhaft oder unzulänglich, ist die Gegenleistung entsprechend § 441 zu mindern.[2777]

53 Nach zutreffender Ansicht ist der Wertersatz nicht um den Gewinnanteil des Unternehmers bzw. Darlehensgebers zu kürzen.[2778]

54 Hat der Verbraucher die im Rahmen des Teilzahlungsgeschäfts empfangene Sache verbraucht, veräußert, umgestaltet, verarbeitet oder verschlechtert bzw. ist der empfangene Gegenstand untergegangen, schuldet er anstatt der Herausgabe nach § 346 Abs. 1 S. 1 gem. § 346 Abs. 2 S. 1 Nr. 2 bzw. Nr. 3 gleichfalls Wertersatz.[2779]

55 Liegt ein Ausschlussgrund nach § 346 Abs. 3 S. 1 vor – in Betracht kommt § 346 Abs. 3 S. 1 Nr. 2, – hat der Verbraucher gem. § 346 Abs. 3 S. 2 eine ihm verbliebene Bereicherung herauszugeben.[2780]

56 Anders als im Rahmen der bisherigen Rechtslage nach § 13 Abs. 2, Abs. 3 VerbrKrG kommt es auf ein Verschulden des Verbrauchers nicht an, da der Anspruch auf Wertersatz das Ergebnis einer Gefahrtragungsregel ist.[2781]

57 Bei unverschuldetem Untergang der Sache wird jedoch im Hinblick auf den Schutzzweck des § 503 Abs. 2 eine teleologische Reduktion des § 346 Abs. 2 bejaht, sodass der Verbraucher jedenfalls beim Rücktritt des Kreditgebers aus § 503 Abs. 2 nach von ihm i.S.d. § 276 unverschuldetem Untergang der Sache nicht auf Schadens- und Wertersatz haftet.[2782]

58 Im Übrigen entfällt eine Verpflichtung des Verbrauchers zur Zahlung des Wertersatzes, soweit der Unternehmer bzw. Darlehensgeber die Verschlechterung oder den Untergang zu vertreten hat oder der Schaden bei diesem gleichfalls eingetreten wäre, § 346 Abs. 3 S. 1 Nr. 2 (s.o. 2. Teil, F. Rdn. 329ff.). § 346 Abs. 3 S. 1 Nr. 3 findet im Rahmen des § 503 Abs. 2 keine Anwendung, da Rücktrittsberechtigter der Unternehmer bzw. Darlehensgeber und nicht der Verbraucher ist.[2783]

[2776] Müko-*Habersack* § 503 Rdn. 16, 35; Staudinger/Kessal-*Wulf* § 503 Rdn. 75, 80.

[2777] *Gaier* WM 2002, 1, 9; Palandt-*Heinrichs* § 346 Rdn. 10; Staudinger/Kessal-*Wulf* § 503 Rdn. 75, 80.

[2778] Müko-*Gaier* § 346 Rdn. 47; *Benicke* ZGS 2002, 372; a.A. zum Widerrufsrecht Palandt-*Heinrichs* § 346 Rdn. 10.

[2779] Erman-*Saenger* § 503 Rdn. 14; Müko-*Habersack* § 503 Rdn. 17; Staudinger/Kessal-*Wulf* § 503 Rdn. 74.

[2780] Müko-*Habersack* § 503 Rdn. 17.

[2781] Bamberger/Roth-*Möller/Wendehorst* § 503 Rdn. 13.

[2782] Bamberger/Roth-Möller-Wendehorst § 503 Rdn. 14; Anwaltkommentar-Hager § 346 Rdn. 55; abw. Müko-*Habersack* § 503 Rdn. 18 und Staudinger/Kessal-*Wulf* § 503 Rdn. 77: Verschuldenshaftung gem. §§ 276, 280, 281, 283, 286 nach Eintritt des Zahlungsverzuges, spätestens mit Zugang der Rücktrittserklärung.

[2783] Müko-*Habersack* § 503 Rdn. 17.

cc) Nutzungsvergütung

Gem. § 503 Abs. 2 S. 3 i.V.m. §§ 346 Abs. 1, 347 Abs. 1 hat der Verbraucher dem Unternehmer, im Fall des § 503 Abs. 2 S. 5 dem Darlehensgeber die tatsächlich gezogenen Nutzungen herauszugeben, wobei auf die inzwischen eingetretene Wertminderung Rücksicht zu nehmen ist, sowie schuldhaft nicht gezogene Nutzungen zu ersetzen.[2784] Ob der Unternehmer bzw. Darlehensgeber selbst Sachnutzungen gezogen hätte, ist dabei unerheblich.[2785] 59

Es besteht jedoch kein Anspruch des Unternehmers bzw. Darlehensgebers, wenn der Verbraucher die Sache unverschuldet, etwa wegen einer Krankheit, gar nicht nutzen konnte.[2786] 60

Ist die Nutzungsüberlassung Hauptpflicht des Teilzahlungsgeschäfts, hat der Verbraucher gem. 346 Abs. 2 S. 1 Nr. 1 Wertersatz nach dem Maßstab der „üblichen Vergütung" bzw. der vereinbarten Gegenleistung (§ 346 Abs. 2 S. 2) zu entrichten (s. o. 2. Teil, F. Rdn. 298). 61

Bei Sachen, die üblicherweise vermietet oder verpachtet werden, ist der „übliche Mietzins" zugrunde zu legen, wobei etwa werterhöhende Investitionen der Verbrauchers außer Ansatz bleiben.[2787] 62

Die h.M. bejaht das Abstellen auf den „üblichen Mietzins" auch dann, wenn die Nutzungsüberlassung nicht Hauptpflicht des Teilzahlungsgeschäfts ist, etwa beim Kauf eines Pkw. Bei Sachen, die üblicherweise nicht vermietet oder verpachtet werden, soll danach ein „fiktiver Mietzins" für die Zeit der Nutzungsüberlassung zugrunde gelegt werden.[2788] 63

Da gem. § 503 Abs. 2 S. 3 bei der Bemessung der Nutzungsvergütung auf die zwischenzeitlich eingetretene Wertminderung Rücksicht zu nehmen ist, ist der fiktive Mietzins, sofern die Nutzung der Sache das gewöhnliche Maß überstiegen hat, ggf. durch Zuschläge für einen erhöhten Wertverlust zu korrigieren.[2789] 64

[2784] Bamberger/Roth-*Möller/Wendehorst* § 503 Rdn. 17; Erman-*Saenger* § 503 Rdn. 37, 38, 40; Müko-*Habersack* § 503 Rdn. 27, 28: Anspruch folgt aus §§ 346 Abs. 1, 347 Abs. 1, nicht aus § 346 Abs. 2 Nr. 1; W/E/R-*Emmerich* § 13 VerbrKrG Rdn. 45 bis 48 zur früheren Rechtslage.

[2785] Bamberger/Roth-*Möller/Wendehorst* § 503 Rdn. 17.

[2786] *Bülow* § 503 Rdn. 60; W/E/R-*Emmerich* § 13 VerbrKrG Rdn. 45; Müko-*Habersack* § 503 Rdn. 28.

[2787] BGHZ 109, 179, 191; BGH NJW 1992, 892; ausführlich Erman-*Saenger* § 503 Rdn. 39–46; auch Müko-*Habersack* § 503 Rdn. 29.

[2788] Bamberger/Roth-*Möller/Wendehorst* § 503 Rdn. 17: marktüblicher Mietzins; Müko-*Habersack*, 4. Aufl., § 503 Rdn. 29, 30 und Staudinger/Kessal-*Wulf* § 503 Rdn. 80: fiktiver Mietzins, ggf. anhand konkret eingetretener Wertminderung zu korrigieren; W/E/R-*Emmerich* § 13 VerbrKrG Rdn. 46, 48.

[2789] Bamberger/Roth-*Möller/Wendehorst* § 503 Rdn. 17 a. E.: Entwertungszuschlag; ausführlich Erman-*Saenger* § 503 Rdn. 47–55; Müko-*Habersack* § 503 Rdn. 29, 30, 31: Korrektur des Mietzinses bei Mängeln der Sache oder deren Wertminderung aufrund einer bestimmten Nutzungsart; W/E/R-*Emmerich* § 13 VerbrKrG Rdn. 48: Zuschlag zum fiktiven Mietzins für erhöhten Wertverlust.

65 Bei der Ermittlung der gedachten Miete oder Pacht ist ein mäßiger Unternehmergewinn sowie eine angemessene Verzinsung des in der Kaufsache steckenden Anlagekapitals zu berücksichtigen.[2790]

66 Andererseits sind zugunsten des Verbrauchers etwaige Mängel der Sache bzw. der Werkleistung mindernd zu berücksichtigen.[2791]

67 Nach anderer Ansicht ist – wie im Rahmen des Rücktritts nach §§ 437 Nr. 2, 440, 323 – die Nutzungsvergütung anhand der eingetretenen, linearen Wertminderung zu berechnen.[2792]

68 *Reinking/Eggert*[2793] lehnen – im Gegensatz zu der in der 5. Auflage vertreten Ansicht – die Methode der linearen Wertschwundberechnung ab (vgl. hierzu 2. Teil, F. Rdn. 289ff.). Diese Methode eigne sich nicht für die Berechnung der Nutzungsvergütung im Rahmen des § 503 Abs. 2 S. 3, weil sie nicht auf die inzwischen eingetretene tatsächliche Wertminderung Rücksicht nehme, die in der ersten Zeit wesentlich höher ist als danach. Allein durch die Zulassung und Ingebrauchnahme im Straßenverkehr verliert ein Neufahrzeug nämlich bis zu 20% seines Wertes. Dieser degressive Verlauf sei bei der Berechnung der Nutzungsvergütung zu berücksichtigen.

69 Auch Habersack[2794] geht davon aus, dass sich die Rspr. zur Bemessung von Nutzungsvergütungen nach einem Rücktritt des Käufers vom Kaufvertrag nicht auf den vorliegenden Fall des Rücktritts des Unternehmers übertragen lässt. Dem Unternehmer stehe auch in diesem Fall ein Anspruch auf Ersatz des üblichen Mietzinses, andernfalls eines fiktiven Mietzinses zu.

dd) Wertminderung

70 Bereits bei der Bemessung der Nutzungsvergütung ist gem. § 503 Abs. 2 S. 3 auch die inzwischen tatsächlich eingetretene Wertminderung zwischen der Übergabe der Sache und deren Rückgabe zu berücksichtigen. Zu ermitteln ist diese aus der gewöhnlichen, vertraglich vorausgesetzten Abnutzung und dem „Verlust der Neuheit".[2795]

[2790] BGH NJW 1991, 2484, 2485; Müko-*Habersack* § 503 Rdn. 29 a.E.; Kessal-*Wulf* a.a.O.; Erman-*Saenger* § 503 Rdn. 50, 52: jedoch keine Verzinsung, soweit der Verbraucher Zahlungen erbracht hat, mit denen der Unternehmer gewinnbringend arbeiten konnte bzw. soweit ihm Finanzierungskosten erstattet werden.

[2791] Müko-*Habersack* § 503 Rdn. 29 a.E., 30; W/E/R-*Emmerich* § 13 VerbrKrG Rdn. 44, 48; Erman-*Saenger* § 503 Rdn. 54, 55 mit Darstellung der Berechnungsmöglichkeiten; Staudinger/Kessal-*Wulf* § 503 Rdn. 75, 80.

[2792] *Bülow* § 503 Rdn. 60; *Dreher* JR 1992, 157, 159; *Reinicke/Tiedtke* ZIP 1992, 217, 220; zur Berechnung bei Kfz vgl. oben 2. Teil, F. Rdn. 289ff.

[2793] *Reinking/Eggert* Rdn. 703.

[2794] Müko-*Habersack* § 503 Rdn. 29; auch Staudinger/Kessal-*Wulf* § 503 Rdn. 80.

[2795] Palandt-*Putzo* § 503 Rdn. 11.

Dies führt bei der Nutzung der im Rahmen des Teilzahlungsgeschäfts erworbenen Sache, die das gewöhnliche Maß übersteigt, zu einem „Entwertungszuschlag" zugunsten des Unternehmers bzw. des Darlehensgebers.[2796] 71

Nach zutreffender Ansicht ist für die Berechnung im Ergebnis auf die Differenz zwischen dem objektiven Wert der Sache zum Zeitpunkt der Überlassung und dem Wert zum Zeitpunkt der Rückgabe abzustellen.[2797] 72

ee) Aufwendungsersatz

Gem. § 503 Abs. 2 S. 2 hat der Verbraucher dem Unternehmer die Aufwendungen zu ersetzen, die er „infolge des Vertrages", also im Rahmen des Abschlusses, der Durchführung des Teilzahlungsgeschäfts und der Aufhebung des Vertrages gebracht hat und insoweit für erforderlich halten durfte.[2798] 73

Hierunter fallen insbesondere: 74

- Zum Zweck des Abschlusses sowie der Aufhebung des Vertrages aufgewandte Kosten des Rücktransports der Sache, Porto, Telefongebühren u. a.[2799]
- Bei der Bemessung der Überlassungsvergütung unberücksichtigte Montage- und Verpackungskosten;[2800] etwaige Gewinn- und Gemeinkostenanteile sind nach h. M. aber herauszurechnen.[2801]
- Die Kosten der Schätzung des aktuelen Sachwertes.[2802]
- Kosten der Vertragsüberwachung, der Aufenthaltsermittlung des Verbrauchers sowie der nicht nach §§ 91 ff. ZPO gesondert festzusetzenden

---

[2796] Bamberger/Roth *Möller/Wendehorst* § 503 Rdn. 17 a. E.; *Bülow* § 503 Rdn. 64; Erman-*Saenger* § 503 Rdn. 42.

[2797] Müko-*Habersack* § 503 Rdn. 32; auch Staudinger/Kessal-*Wulf* § 503 Rdn. 80: Bruttobarzahlungspreis als Anfangswert.

[2798] Vgl. *Bülow* § 503 Rdn. 66; Erman-*Saenger* § 503 Rdn. 17, 18; Müko-*Habersack* § 503 Rdn. 20–26; Staudinger/Kessal-*Wulf* § 503 Rdn. 83–91.

[2799] *Bülow* § 503 Rdn. 67; Erman-*Saenger* § 503 Rdn. 31, 35: Transportkosten, auch für den Rücktransport, Porto, Formularkosten u. a.; Müko-*Habersack* § 503 Rdn. 21, 22, 25: Porto-, Formular- und Telefonkosten, die über die Gemeinkosten hinausgehen, Transport- und Rücktransportkosten; Palandt-*Putzo* § 503 Rdn. 8; *Reinking/Eggert* Rdn. 702; W/E/R-*Emmerich* § 13 VerbrKrG Rdn. 36, 37; ablehnend für Kosten des Rücktransports OLG Nürnberg WM 1974, 1174.

[2800] Bamberger/Roth-*Möller/Wendehorst* § 503 Rdn. 16: Verpackungs- und Montagekosten; Erman-*Saenger* § 503 Rdn. 33; Müko-*Habersack* § 503 Rdn. 22: Transport-, Montage- und Verpackungskosten, sofern nicht i. R. d. Überlassungsvergütung berücksichtigt; W/E/R-*Emmerich* § 13 VerbrKrG Rdn. 36; differenzierend *Bülow* § 503 Rdn. 67: Verpackungs- und Materialkosten, nicht aber anteilige Lohnkosten bei Transport, Montage etc.

[2801] Müko-*Habersack* § 503 Rdn. 22; *Bülow* § 503 Rdn. 67.

[2802] Müko-*Habersack* § 503 Rdn. 25; a. A. hinsichtlich der Schätzung Staudinger/Kessal-*Wulf* § 503 Rdn. 88.

oder gem. § 497 Abs. 1 zu erstattenden Inkasso-, Mahn- und Rechtsverfolgungskosten.[2803]

- Beim Dritten nicht realisierbare Kosten einer erfolgreichen Drittwiderspruchsklage (§ 771 ZPO) gegen Vollstreckungsmaßnahmen Dritter in die im Sicherungs- oder Vorbehaltseigentum des Unternehmers stehende Sache.[2804]
- Kosten einer aufgrund schuldhaft falscher oder unterlassener Informationen des Verbrauchers erfolglosen Drittwiderspruchs-, Aussonderungs- oder Absonderungsklage.[2805]
- Für den konkreten Vertrag aufgewendete Reisekosten.[2806]
- Verauslagte Restschuldversicherungsprämien[2807] und Kosten einer für den Vertrag bzw. das Vertragsobjekt abgeschlossenen Versicherung.[2808]
- Laufzeitunabhängige Finanzierungskosten wie z.B. Antrags-, Vermittlungs- und Bearbeitungsgebühren.[2809]
- Provisionen wie z.B. die eines Maklers (§ 652), die beim gesetzlichen Rücktritt nicht zurückgefordert werden können, im Hinblick auf § 87a Abs. 2 HGB nicht jedoch Provisionen eines Handelsvertreters.[2810]

[2803] Staudinger/Kessal-*Wulf* § 503 Rdn. 89; Müko-*Habersack* § 503 Rdn. 23, 25, 26: Inkassokosten aber nur bezügl. Rückständiger Raten; W/E/R-*Emmerich* § 13 VerbrKrG Rdn. 36, 37; differenzierend Erman-*Saenger* § 503 Rdn. 21, 25, 27: Erstattungsfähig sind Kosten der Aufenthaltsermittlung, Mahnkosten und Inkassokosten nur nach Maßgabe des § 497 Abs. 1, nicht dagegen Kosten der SCHUFA vor Vertragsabschluss; *Reinking/Eggert* Rdn. 702: Vertragsüberwachungskosten, Kosten der Aufenthaltsermittlung, jedoch Beitreibungskosten und Finanzierungskosten nur nach Maßgabe des § 497 Abs. 1; ablehnend zu Auskunftskosten Palandt-*Putzo* § 503 Rdn. 8; gegen die Erstattungsfähigkeit von Inkassokosten bei nachfolgendem Rechtsstreit OLG Dresden NJW-RR 1994, 1139; LG Rottweil NJW 1994, 266; Palandt-*Heinrichs* § 286 Rdn. 49.

[2804] Müko-*Habersack* § 503 Rdn. 26; Erman-*Saenger* § 503 Rdn. 26: Soweit sie nicht beim unterliegenden Beklagten beigetrieben werden können.

[2805] Müko-*Habersack* § 503 Rdn. 26: Anspruch aus p. V. v., jetzt § 280 Abs. 1; Erman-*Saenger* § 503 Rdn. 26 und Staudinger/Kessal-*Wulf* § 503 Rdn. 89: erstattungsfähig, soweit i. S. d. § 114 ZPO analog hinreichend aussichtsreich.

[2806] *Reinking/Eggert* Rdn. 702; *Bülow* § 503 Rdn. 67.

[2807] *Reinking/Eggert* Rdn. 702; Erman-*Saenger* § 503 Rdn. 34.

[2808] Bamberger/Roth-*Möller/Wendehorst* § 503 Rdn. 16; *Bülow* § 503 Rdn. 67; Müko-*Habersack* § 503 Rdn. 20, 24: nur i. S. d. § 670 erforderliche Sachschaden- und Kreditversicherungsprämien; Erman-*Saenger* § 503 Rdn. 34: Sofern die Versicherung gerade im Hinblick auf den Teilzahlungsvertrag abgeschlossen wurde; Staudinger/Kessal-*Wulf* § 503 Rdn. 86: Sachschaden- und Restschuldversicherung.

[2809] Müko-*Habersack* § 503 Rdn. 23; Müko-*Habersack* § 13 VerbrKrG Rdn. 23 und § 12 Rdn. 25; W/E/R-*Emmerich* § 13 VerbrKrG Rdn. 36; differenzierend *Bülow* § 503 Rdn. 67, § 497 Rdn. 49 und Erman-*Saenger* § 503 Rdn. 23: Finanzierungskosten, die aufgrund des Verzugs entstehen, sind ausschließlich nach Maßgabe des § 497 Abs. 1 zu ersetzen; ablehnend auch Palandt-*Putzo* § 503 Rdn. 8 und *Reinking/Eggert* Rdn. 702: Finanzierungskosten nicht zu erstatten; Staudinger/Kessal-*Wulf* § 503 Rdn. 84, 85: keine Bearbeitungskosten.

[2810] Müko-*Habersack* § 503 Rdn. 21; differenzierend aber *Reinking/Eggert* Rdn. 702:

Nicht zu erstatten sind dem Unternehmer dagegen folgende Aufwendungen bzw. Vermögensnachteile: 75

- Provisionen, die der Unternehmer an einen Handelvertreter bezahlt hat und von diesem gem. § 87a HGB o.a. zurückgefordert werden können.[2811]
- Gemeinkosten des Unternehmers wie z.B. Geschäftsraummiete, Werbungskosten, Gehälter, übliche Telefonkosten.[2812]
- Bearbeitungsgebühren und die vom Unternehmer aufgewendeten Kosten für die Einholung von Auskünften über die Bonität des Verbrauchers.[2813]
- Vom Unternehmer bezahlte Umsatzsteuern, da die Rückabwicklung regelmäßig zu einer Steuergutschrift führt.[2814]
- Diskontspesen und Wechselprotestkosten wegen des generellen Wechsel- und Scheckverbots in § 496.[2815]
- Anfallende Verwertungskosten.[2816]
- Beitreibungs- und Finanzierungskosten, die aufgrund des Verzuges entstehen; diese sind nur nach Maßgabe des § 497 Abs. 1 zu ersetzen.[2817]

Vermittlungsprovisionen, soweit diese nicht zu allgemeinen Geschäftsunkosten gehören und vom Unternehmer nicht nach § 87a HGB o.a. zurückverlangt werden können; für den Regelfall ablehnend Erman-*Saenger* § 503 Rdn. 28 und W/E/R-*Emmerich* § 13 VerbrKrG Rdn. 36: Handelsvertreter hat im Falle des Rücktritts die Provision gem. § 87a Abs. 2 HGB zurückzuzahlen; vgl. auch BGH NJW-RR 2001, 562 zum Fortbestand des Provisionsanspruchs beim gesetzlichen Rücktrittsrecht.

[2811] Erman-*Saenger* § 503 Rdn. 28: Selbst wenn der Kreditgeber von seinem Recht keinen Gebrauch macht; Müko-*Habersack* § 503 Rdn. 21; W/E/R-*Emmerich* § 13 VerbrKrG Rdn. 36; *Reinking/Eggert* Rdn. 702.

[2812] Müko-*Habersack* § 503 Rdn. 20; *Bülow* § 503 Rdn. 66, 67: auch nicht anteilig zu erstatten; Staudinger/Kessal *Wulf* § 503 Rdn. 83, 84.

[2813] *Reinking/Eggert* Rdn. 702 und Staudinger/Kessal-*Wulf* § 503 Rdn. 84, 859: Fallen auch bei Ablehnung des Kreditgeschäfts an; W/E/R-*Emmerich* § 13 VerbrKrG Rdn. 36; Bamberger/Roth-*Möller/Wendehorst* § 503 Rdn. 16; *Bülow* § 503 Rdn. 67 und Erman-*Saenger* § 503 Rdn. 21: Kosten zur Adressenermittlung nach Vertragsabschluss jedoch erstattungsfähig.

[2814] Erman-*Saenger* § 503 Rdn. 32; Müko-*Habersack* § 503 Rdn. 24; Palandt-*Putzo* § 3 Rdn. 8; *Reinking/Eggert* Rdn. 702: Mehrwertsteuer aber erstattungsfähig, soweit der Unternehmer nicht zum Vorsteuerabzug berechtigt ist.

[2815] Müko-*Habersack* § 503 Rdn. 23, 25 a.E.: anders dagegen Protestkosten eines erfüllungshalber oder an Erfüllungs Statt begebenen Schecks; Erman-*Saenger* § 503 Rdn. 36: Erstattungsfähig, wenn der Kreditgeber die konkrete Schadensberechnung nach § 497 Abs. 1 wählt.

[2816] *Reinking/Eggert* Rdn. 702; Staudinger/Kessal-*Wulf* § 503 Rdn. 88 und Müko-*Habersack* § 503 Rdn. 25: Kosten des Rücktransports zu erstatten, des Weitertransports dagegen nicht; Palandt-*Putzo* § 503 Rdn. 8 a.E.: Kosten des Weiterverkaufs; a.A. jedoch W/E/R-*Emmerich* § 13 VerbrKrG Rdn. 37: Kosten des Rücktransports der Ware und der Verwertung generell zu erstatten; Erman-*Saenger* § 503 Rdn. 31: Rücktransportkosten erstattungsfähig.

[2817] *Bülow* § 503 Rdn. 67 und § 497 Rdn. 49; Erman-*Saenger* § 503 Rdn. 23; Palandt-*Putzo* § 503 Rdn. 8 für Finanzierungskosten; *Reinking/Eggert* Rdn. 702.

– Laufzeitabhängige Refinanzierungskosten; diese werden i.d. R durch die vom Verbraucher zu zahlende Nutzungsvergütung abgegolten.[2818]

76 Ein Aufwendungsersatzanspruch besteht nicht, soweit der Kreditgeber durch die Rücknahme der Sache, Zahlungen von Schadensersatz oder Nutzungsvergütung (etwa § 503 Abs. 2 S. 3 i.V.m. § 346 Abs. 1 2.Alt.) einen Ausgleich für seine Aufwendungen erlangt.[2819] Aufwendungen, die üblicherweise mit einer vereinbarten oder im Rahmen der Berechnung der Nutzungsvergütung fingierten Miete abgegolten sind, sind danach nur zu ersetzen, wenn sie bei der Festsetzung der konkreten Nutzungsvergütung abweichend von der als üblich gedachten Miete unberücksichtigt bleiben.[2820]

77 Soweit der Verbraucher in diesem Rahmen gem. § 503 Abs. 2 S. 2 Aufwendungsersatz schuldet, ist auch eine von ihm geschuldete Überlassungsvergütung entsprechend herabzusetzen.[2821]

ff) Verzugsschaden

78 Da der Rücktritt grundsätzlich Verzug des Verbrauchers voraussetzt (§§ 286, 498 Abs. 1), hat der Unternehmer auch einen Anspruch auf Ersatz des Verzugsschadens. Soweit dem Unternehmer ein Zinsschaden entstanden ist, wird dieser teilweise durch die vom Verbraucher zu entrichtende Nutzungsvergütung (s.o.) ausgeglichen. Dem Unternehmer bzw. im Fall des § 503 Abs. 2 S. 5 dem Darlehensgeber soll nach h.M.[2822] nur insoweit ein Anspruch auf Ersatz des Verzugsschadens zustehen, als dieser gem. § 497 Abs. 1 konkret berechnet wird und über die zu entrichtende Nutzungsvergütung hinausgeht.

79 § 497 Abs. 2 S. 2 enthält keine Begrenzung für die konkret zu berechnenden Ansprüche des Unternehmers aus §§ 280, 286.[2823]

gg) Schadensersatz wegen Verschlechterung oder Untergang

80 Hat der Verbraucher den Untergang oder die Verschlechterung der Sache zu vertreten, so haftet er dem Unternehmer nach Maßgabe des § 346 Abs. 4 auf Schadensersatz. Der Anspruch wegen Verschlechterung ergibt sich kraft Verweisung aus § 280 Abs. 1, wegen des Untergangs der Sache aus §§ 280 Abs. 3, 283.[2824] Richtigerweise bedarf es einer eigenständigen Prüfung der

[2818] Müko-*Habersack* § 503 Rdn. 23; Staudinger/Kessal-*Wulf* § 503 Rdn. 84, 85.

[2819] Erman-*Saenger* § 503 Rdn. 19, 20.

[2820] Erman-*Saenger* § 503 Rdn. 20; auch Müko-*Habersack* § 503 Rdn. 20, 23.

[2821] Erman-*Saenger* § 503 Rdn. 46.

[2822] *Bülow* § 503 Rdn. 65; Erman-*Saenger* § 503 Rdn. 23, 25, 27, 56; ebenso Müko-*Habersack* § 503 Rdn. 20 und § 13 VerbrKrG Rdn. 20 zum alten Recht.

[2823] Müko-*Habersack* § 503 Rdn. 20 a. E.

[2824] *Reinking/Eggert* Rdn. 701; Palandt-*Heinrichs* § 346 Rdn. 17: Haftung schon vor Ausübung des Rücktritts auch wenn der Rücktritt für den Verbraucher nicht voraussehbar war.

Pflichtverletzung und des Verschuldens des Verbrauchers im Hinblick auf die Verschlechterung oder die Unmöglichkeit.[2825] Sorgfaltspflichten i. S. d. §§ 276, 241 obliegen dem Verbraucher spätestens ab dem Zugang der Rücktrittserklärung der Unternehmers, nach zutreffender Ansicht bereits mit Eintritt des Zahlungsverzuges.[2826]

hh) Obergrenze: Erfüllungsinteresse

Die Aufwendungs-, Schadensersatz- und Nutzungsersatzansprüche des Unternehmers bzw. des Darlehensgebers sind jedoch sowohl jeweils für sich als auch insgesamt durch dessen Erfüllungsinteresse begrenzt. Ausgenommen sind lediglich solche Aufwendungen, die bei vertragsgemäßer Abwicklung des Teilzahlungsgeschäfts nicht angefallen wären, z. B. die Kosten der Rechtsverfolgung und des Rücktransports der Sache.[2827] **81**

ii) Verzinsung

Der Betrag der Aufwendungen aus § 503 Abs. 2 i. V. m. §§ 346, 347 ist gem. § 256 seit dem Zeitpunkt der Erbringung der Aufwendungen zu verzinsen.[2828] **82**

Die Zinshöhe beträgt gem. § 246 4% p. a., nach Eintritt des Verzugs gem. §§ 497 Abs. 1, 288 Abs. 1 gegenüber Verbrauchern 5 Prozentpunkte über dem Basiszinssatz.[2829] **83**

b) Ansprüche des Verbrauchers

aa) Rückzahlung von Raten und Anzahlung

Sowohl beim zweiseitigen wie auch beim drittfinanzierten Teilzahlungsgeschäft kann der Verbraucher vom zurücktretenden Unternehmer bzw. im Fall des § 503 Abs. 2 S. 5 vom Darlehensgeber gem. § 346 Abs. 1 1.Alt. die Rückzahlung der bezahlten Raten sowie einer etwaigen, beim verbundenen Geschäft an den Unternehmer (Verkäufer) geleisteten Anzahlung verlangen.[2830] Hierzu gehört auch der nach § 497 Abs. 1, Abs. 2 S. 2 angefallene und vom Verbraucher bereits ersetzte Verzugsschaden und eine von ihm entrichtete Vertragsstrafe.[2831] **84**

2825 Bamberger/Roth-*Grothe* § 346 Rdn. 37 a. E.

2826 Müko-*Habersack* § 503 Rdn. 18: dann auch Haftung aus §§ 286, 287 S. 2; Staudinger/Kessal-*Wulf* § 503 Rdn. 77: ab Kenntnis des Rücktritts.

2827 Müko-*Habersack* § 503 Rdn. 35: auch Kosten im Zusammenhang mit aufgetretenen Leistungsstörungen; Staudinger/Kessal-*Wulf* § 503 Rdn. 71, 72; im Erg. auch Erman-*Saenger* § 503 Rdn. 11, 12.

2828 Müko-*Habersack* § 503 Rdn. 19 a. E.; *Bülow* § 503 Rdn. 68, 69 a. E.

2829 Palandt-*Heinrichs* § 256 Rdn. 2; Müko-*Habersack* § 503 Rdn. 19 a. E.: § 497 Abs. 1 ab Eintritt des Schuldnerverzuges anzuwenden.

2830 Müko-*Habersack* § 503 Rdn. 38.

2831 Müko-*Habersack* § 503 Rdn. 38, 20.

85 Dies gilt auch dann, wenn der mit dem Verkäufer nicht identische Darlehensgeber beim verbundenen Geschäft (§ 358 Abs. 3) nur einen Teil des Kaufpreises finanziert hatte und der Rest vom Verbraucher oder einem Dritten stammte.[2832]

86 Der Rückgewähranspruch ist gem. § 346 Abs. 2 S. 1 Nr. 1 auf Wertersatz gerichtet, wenn die Zahlungen des Verbrauchers ununterscheidbar in das Vermögen des Darlehensgebers übergegangen sind.[2833]

bb) Zinsen

87 Nach altem Recht hatte der Verbraucher – wie auch der Unternehmer bzw. Darlehensgeber – gem. § 13 Abs. 2 S. 1 VerbrKrG i.V.m. §§ 346 S. 1, 347 S. 3 einen Anspruch auf Verzinsung in Höhe von 4% p. a. ab dem Zeitpunkt des Empfangs der jeweiligen Leistung.[2834]

88 Nach Wegfall des § 347 S. 3 sind Zinsvorteile nur noch insoweit zu vergüten, als der Empfänger sie tatsächlich erzielt oder dies entgegen den Regeln einer ordnungsgemäßen Wirtschaft unterlassen hat.[2835]

89 Somit kann auch der Verbraucher erst ab Eintritt des Verzuges des Unternehmers bzw. Darlehensgebers (§§ 286, 288) Zinsen in Höhe von 5 Prozentpunkten über dem Basiszins (§ 288 Abs. 1) verlangen.[2836]

90 Zu den dem Verbraucher zurückzuerstattenden Zahlungen gehören auch die von ihm bereits beglichenen Ansprüche des Darlehensgebers aus §§ 497 Abs. 1 S. 1, 497 Abs. 2.[2837]

cc) Rückgewähr von Sicherheiten

91 Der Rückgewähranspruch des Verbrauchers umfasst grundsätzlich auch persönliche und dingliche Sicherheiten wie z.B. zur Sicherung des Zahlungsanspruchs des Darlehensgebers bestellte Bürgschaften und Grundschulden.[2838] Die Sicherheiten können entsprechend den getroffenen Vereinbarungen aber auch die Rückgewähransprüche des Darlehensgebers aus §§ 346ff. sichern und wären dann gem. § 348 nur Zug um Zug zurückzugewähren.

92 Nach h.M. dienen die für den Erfüllungsanspruch bestellten Sicherheiten auch ohne ausdrückliche Vereinbarung zur Besicherung der Ansprüche des

---

[2832] *Bülow* § 503 Rdn. 69, 95, 98: Bank muss sich sämtliche Zahlungen des Verbrauchers an den Käufer entgegenhalten lassen; zum alten Recht Müko-*Habersack* § 13 VerbrKrG Rdn. 38, 66; W/E/R-*Emmerich* § 13 VerbrKrG Rdn. 23, 96.

[2833] Erman-*Saenger* § 503 Rdn. 57.

[2834] Vgl. zum alten Recht Müko-Habersack § 13 VerbrKrG Rdn. 40.

[2835] Müko-*Habersack* § 503 Rdn. 40.

[2836] Erman-*Saenger* § 503 Rdn. 58: die vom Kreditgeber zurück zugewährenden Raten sind – ansonsten – nicht zu verzinsen.

[2837] Müko-*Habersack* § 503 Rdn. 38, 40; W/E/R-*Emmerich* § 13 VerbrKrG Rdn. 30 zu §§ 11 Abs. 1, 11 Abs. 2 S. 2 VerbrKrG.

[2838] Erman-*Saenger* § 503 Rdn. 59.

Darlehensgebers aus §§ 346 ff. auf Schadensersatz, Wertersatz, Aufwendungsersatz und Nutzungsvergütung.[2839]

dd) Notwendige und nützliche Verwendungen

Nach altem Recht ergab sich der Anspruch des Verbrauchers auf Ersatz notwendiger Verwendungen aus § 13 Abs. 2 S. 1 VerbrKrG i. V. m. §§ 347 S. 2, 994 Abs. 2. 93

Nunmehr kann der Verbraucher gem. § 347 Abs. 2 S. 1 stets und nicht nur unter den einschränkenden Voraussetzungen der §§ 994 Abs. 2, 683, 684 Ersatz seiner notwendigen Verwendungen einschließlich der gewöhnlichen Erhaltungskosten (vgl. § 994 Abs. 1 S. 2) verlangen.[2840] 94

Gem. § 347 Abs. 2 S. 2 hat der Verbraucher darüber hinaus auch einen Anspruch auf Ersatz von nützlichen Aufwendungen, sofern der Unternehmer bzw. im Fall des § 503 Abs. 2 S. 5 der Darlehensnehmer durch diese bereichert wird.[2841] 95

Sofern die Verwendungen oder Aufwendungen bereits im Rahmen des Nutzungsersatzes zum Abzug gebracht wurden, können sie nicht erneut in Ansatz gebracht werden.[2842] 96

ee) Ansprüche bei Rücknahme durch den Darlehensgeber

Nimmt beim drittfinanzierten, verbundenen (§ 358 Abs. 3) Teilzahlungsgeschäft nicht der Unternehmer (Verkäufer, Werkunternehmer o. a.), sondern der Darlehensgeber die Sache an sich, so wird der Rücktritt des Darlehensgebers gem. § 503 Abs. 2 S. 5 wie derjenige des Unternehmers nach § 503 Abs. 2 S. 4 fingiert, wenn der Darlehensgeber, etwa aufgrund einer Sicherungsübereignung, die Sache an sich nimmt. Auf das Rechtsverhältnis zwischen dem Darlehensgeber und dem Verbraucher sind für Aufwendungsersatzansprüche, die Nutzungsvergütung u. a. dann dieselben Vorschriften wie für den Verbraucher und den Unternehmer (§§ 503 Abs. 2 S. 1 bis 4, 346, 347) anzuwenden.[2843] 97

Der Verbraucher schuldet dem Darlehensgeber bei dessen Rücktritt, Herausgabe, Nutzungen, Ersatz der Vertragskosten, Wertersatz sowie – so- 98

[2839] BGH NJW 2004, 158; *Bülow* § 503 Rdn. 70; Staudinger/Kessal-*Wulf* § 503 Rdn. 66; a. A. aber Erman-*Saenger* § 503 Rdn. 59.

[2840] Müko-*Habersack* § 503 Rdn. 39; auch Palandt-*Heinrichs* § 347 Rdn. 4; teilw. abweichend Erman-*Saenger* § 503 Rdn. 60.

[2841] Bamberger/Roth-*Möller/Wendehorst* § 503 Rdn. 15; Erman-*Saenger* § 503 Rdn. 60: jedoch kein Ersatz der gewöhnlichen Erhaltungskosten; auch *Bülow* § 503 Rdn. 69: Problematik der aufgedrängten Bereicherung; Staudinger/Kessal-*Wulf* § 503 Rdn. 92.

[2842] Müko-*Habersack* § 503 Rdn. 39 a. E.

[2843] Staudinger/Kessal-*Wulf* § 503 Rdn. 44, 45 und Palandt-*Putzo* § 503 Rdn. 17 mit Hinweis auf das Redaktionsversehen in § 503 Abs. 2 S. 5: gemeint ist § 358 Abs. 3, nicht Abs. 2; Bamberger/Roth-*Möller/Wendehorst* § 503 Rdn. 21; *Bülow* § 503 Rdn. 93, 95, 96, 98; Müko-*Habersack* § 503 Rdn. 64, 65.

weit keine Sicherungsübereignung an den Unternehmer (Verkäufer) erfolgt ist – Übertragung des Eigentums an der Kaufsache. Im Gegenzug kann er vom Darlehensgeber Rückzahlung bereits erbrachter Raten, Verwendungsersatz sowie die Rückzahlung einer an den Verkäufer geleisteten Anzahlung verlangen.[2844]

99 Liegen die Voraussetzungen eines verbundenen Geschäfts i.S.d. § 358 Abs. 3 nicht vor, hat der Darlehensgeber (Bank) den Kaufpreis jedoch finanziert und an den Unternehmer (Verkäufer) überwiesen und sich die Kaufsache zur Sicherheit des Rückzahlungsanspruchs übereignen lassen, wendet die h.M. § 503 Abs. 2 S. 5 im Fall der Rücknahme der Kaufsache durch den Darlehensgeber im Hinblick auf den Schutzzweck der Rücktrittsfiktion entsprechend an.[2845]

M. Verzugszinsen und Anrechnung von Teilleistungen

I. Übersicht

1 Durch eine Kombination verschiedener Regelungen in § 497 als Nachfolgeregelung des § 11 VerbrKrG, nämlich die Begrenzung des Verzugszinses auf 5 Prozentpunkte über dem Basiszinssatz der EZB („B + 5") (zur Höhe des Zinssatzes seit dem 1. 5. 2000 s.u. M. Rdn. 36) – unter Geltung des § 11 VerbrKrG noch 5 Prozentpunkte über dem Diskontsatz der Deutschen Bundesbank („D + 5") – die Vermeidung des Zinseszinseffektes, die Begrenzung des Verzugsschadens für nicht bezahlte Zinsen auf den gesetzlichen Zins des § 246 (4%) sowie die Änderung der Tilgungsreihenfolge des § 367 Abs. 1 bei Teilzahlungen hat der Gesetzgeber im Wesentlichen den unbefriedigenden Zustand beseitigt, dass die Schuld trotz regelmäßiger Teilzahlungen weiter anwuchs bzw. sich kaum verringerte.[2846]

2 Das SMG hat bei der Übernahme des § 11 VerbrKrG in § 497 zwei wesentliche Änderungen vorgenommen, zum einen die Einführung eines pauschalierten Verzugszinssatzes in Höhe des Basiszinssatzes der EZB zzgl. 2,5 Prozentpunkte („B + 2,5") für Immobiliardarlehensverträge (vormals: Realkreditverträge), auf die § 11 Abs. 1 VerbrKrG auch nicht

---

[2844] Bamberger/Roth-*Möller/Wendehorst* § 503 Rdn. 21: analoge Anwendung des § 358 Abs. 4 S. 3; Staudinger/Kessal-*Wulf* § 503 Rdn. 48: gem. § 358 Abs. 2 S. 1 analog oder aus „Drittleistungskondiktion"auch *Bülow* § 503 Rdn. 96, 98; Müko-*Habersack* § 503 Rdn. 66, 69.

[2845] *Bülow* ZIP 1997, 400f.; *Bülow* § 503 Rdn. 101; Müko-*Habersack* § 503 Rdn. 64 a. E.; offen gelassen von Erman-*Saenger* § 503 Rdn. 86, 87.

[2846] *Scholz* WM 1996, 1432 zu § 11 VerbrKrG; Bamberger/Roth-*Möller/Wendehorst* § 497 Rdn. 1; *Bülow* § 497 Rdn. 1, 2, 20; Erman-*Saenger* § 497 Rdn. 1; Müko-*Habersack* § 497 Rdn. 1, 2; Staudinger/Kessal-*Wulf* § 497 Rdn. 1.

entsprechend anzuwenden war,[2847] zum anderen die Anpassung des § 497 Abs. 3 S. 3 bis 5 an die Neuregelegung des Verjährungsrechts.[2848] Danach findet auf Immobiliardarlehensverträge neben § 497 Abs. 1 S. 2 und S. 3 („B + 2,5“) allein § 497 Abs. 3 S. 3 (Hemmung der Verjährung) Anwendung.[2849]

II. Anwendungsbereich

1. Verbraucherdarlehensverträge und andere Kreditverträge

§ 497 ist auf alle Verbraucherdarlehensverträge i.S.d. § 491 sowie auf- 3
grund der Verweisung in §§ 499, 500, 501 auch auf den Zahlungsaufschub, Finanzierungsleasingverträge und sonstige Finanzierungshilfen sowie Teilzahlungsgeschäfte anzuwenden.[2850]

Die damit überholte Vorgängerregelung des § 11 VerbrKrG war nach 4
h.M. dagegen nur auf Ansprüche von Kreditinstituten anzuwenden,[2851] nicht dagegen zugunsten von anderen Verzugsgläubigern als Kreditinstituten, etwa für Handelsunternehmen, Selbständige u.a.;[2852] insbesondere Handelsunternehmen können ihre Zinsansprüche im Rahmen üblicher Verbraucherkreditgeschäfte aber am „Modellcharakter“ des § 11 Abs. 1 VerbrKrG orientieren.[2853]

Von § 497 erfasst werden auch die Überziehungskredite i.S.d. § 493 5
Abs. 1,[2854] nicht dagegen *nicht geduldete* Überziehungen;[2855] allerdings kann der Darlehensgeber auch bei Letzteren Schadensersatz nach der Formel

---

[2847] BGH NJW-RR 1999, 1274 = WM 1999, 1555; zur Berechnung der Verzugszinsen in diesen Fällen vgl. *Bruchner* WM 1992, 973.

[2848] Vgl. hierzu *Habersack* BKR 2001, 72, 77; Bamberger/Roth-*Möller/Wendehorst* § 497 Rdn. 2; Staudinger/Kessal-*Wulf* § 497 Rdn. 35, 36.

[2849] Müko-*Habersack* § 497 Rdn. 3.

[2850] Bamberger/Roth-*Möller/Wendehorst* § 497 Rdn. 1; *Bülow* § 497 Rdn. 22; Erman-*Saenger* § 497 Rdn. 4; Müko-*Habersack* § 497 Rdn. 6; zur Berechnung des Verzugszinses und Verzugsschadens außerhalb des Anwendungsbereichs der §§ 13, 491, 497, 499, 500, 501 vgl. BGH NJW 1988, 1967; NJW 1988, 1971; NJW 1992, 109; NJW 2000, 1408, 1409; Müko-*Habersack* § 497 Rdn. 11.

[2851] BGH NJW 2001, 1349; abl. zum alten Recht Müko-*Habersack* § 13 VerbrKrG Rdn. 6.

[2852] BGH NJW 1997, 3166, 3167; NJW 1994, 3344, 3345; WM 1995, 438; WM 1994, 2073, 2075; OLG München WM 1994, 1028; OLG Schleswig 1993, 15; *Bülow* § 497 Rdn. 29; a.A. und für Anwendung auf Handelsunternehmen: OLG Celle NJW-RR 1994, 743, 745; OLG Bremen WM 1994, 153, 155: analoge Anwendung auf Nichtbanken; kritisch auch Staudinger/Kessal-*Wulf* § 497 Rdn. 8, 9; W/E/R-*Emmerich* § 11 VerbrKrG Rdn. 20, 29.

[2853] BGH NJW 1997, 3166, 3167; WM 1985, 438; Erman-*Saenger* § 497 Rdn. 12.

[2854] *Krüger/Büttner* WM 2002, 2094, 2097; Müko-*Habersack* § 497 Rdn. 6; Palandt-*Putzo* § 497 Rdn. 2; a.A. aber *Bülow* § 497 Rdn. 22.

[2855] Müko-*Habersack* § 497 Rdn. 6.

„B + 5“ verlangen.[2856] Unanwendbar ist § 497 dagegen auf Ratenlieferungsverträge nach § 505.[2857]

6 Für Immobiliardarlehensverträge (vgl. die Definition in § 492 Abs. 1a S. 2) ist durch das SMG in § 497 Abs. 1 S. 2 ein Regelverzugszinssatz von „B + 2,5“ festgelegt worden (s. o.); gem. § 497 Abs. 4 ist § 497 Abs. 2, 497 Abs. 3 S. 1, S. 2, S. 4 und S. 5 auf diese Verträge nicht – auch nicht entsprechend[2858] – anzuwenden.

7 Auch der bis 31. 12. 2001 geltende § 11 VerbrKrG war bei den – vormaligen – Realkreditverträgen nach Auffassung des BGH nicht einschlägig.[2859]

8 Nach Ansicht des OLG Schleswig[2860] kann die in § 497 Abs. 1 S. 2 für grundpfandrechtlich gesicherte Verbraucherdarlehen vorgesehene Verzinsung von „B + 2,5“ im Rahmen einer abstrakten Schadensberechnung aber auch auf „Altverträge“ angewandt werden, die vor Inkrafttreten des § 497 oder sogar vor Inkrafttreten des § 11 VerbrKrG abgeschlossen worden sind.

9 Eine entsprechende Anwendung des pauschalierten Zinssatzes für nicht grundpfandrechtlich gesicherte Darlehen in Höhe von „B + 5“ kommt in solchen Fällen jedoch nicht in Betracht, da dieser weit über dem tatsächlichen Verzugsschaden bei Hypothekenkrediten, bei denen die Refinanzierungskosten erheblich geringer sind, liegt.[2861]

10 Bei Nichtigkeit, Anfechtbarkeit oder einem Widerruf des Verbraucherkreditvertrages bzw. sonstigen Vertrages nach §§ 499, 500, 501 ist § 497 auf die sich ergebenden Rückabwicklungsansprüche aus §§ 812 Abs. 1, 818 analog anzuwenden.[2862]

[2856] Müko-*Habersack,* 4. Aufl., § 497 Rdn. 6 und § 493 Rdn. 38.

[2857] *Bülow* § 497 Rdn. 22; Staudinger/Kessal-*Wulf* § 497 Rdn. 2.

[2858] Vgl. Erman-*Saenger* § 497 Rdn. 4.

[2859] BGH NJW-RR 1999, 1274; NJW 1992, 1620, 1621.

[2860] OLG Schleswig NJW-RR 2003, 180; zustimmend Müko-*Habersack,* 4. Aufl., § 497 Rdn. 12 unter Aufgabe der gegenteiligen Ansicht in der 3. Aufl., § 13 VerbrKrG Rdn. 12 sowie Staudinger/Kessal-*Wulf* § 497 Rdn. 6 a. E. und Palandt-*Putzo* § 497 Rdn. 3; a. A. *Bülow* § 497 Rdn. 27 m. w. N. und Erman-*Saenger* § 497 Rdn. 4.

[2861] OLG Schleswig NJW-RR 2003, 180 = OLG-Report 2003, 22, 24.

[2862] OLG Dresden WM 1999, 952, 953: § 497 Abs. 1 analog bei unwirksamem Vertrag; *Bülow* § 497 Rdn. 25 und NJW 1992, 2049, 2051; Erman-*Saenger* § 497 Rdn. 8: Immer dann, wenn der Verbraucher mit Zahlungen in Verzug gerät, die im Zusammenhang mit einem Darlehensvertrag stehen; Müko-*Habersack,* 4. Aufl., § 497 Rdn. 7: keine Schlechterstellung des ggf. arglistig getäuschten Bereicherungsschuldners gegenüber dem Vertragsschuldner; Palandt-*Putzo* § 497 Rdn. 2; W/E/R-*Emmerich* § 11 VerbrKrG Rdn. 23: zumindest, wenn der Kreditgeber die Nichtigkeit des Vertrages zu verantworten hat; im Erg. auch Staudinger/Kessal-*Wulf* § 497 Rdn. 23: direkte Anwendung des § 11 VerbrKrG bzw. des § 497.

2. Bürgschaft und Schuldbeitritt

Gerät ein gem. § 767 Abs. 1 S. 2 auch für den Verzugsschaden haftender Bürge in Verzug, sind die §§ 491ff., § 497 Abs. 2, Abs. 3 nach einer Ansicht grundsätzlich nicht anwendbar.[2863] Der BGH[2864] hatte § 11 VerbrKrG („D + 5") jedoch im Rahmen der Schadensschätzung nach §§ 252 BGB, 287 ZPO herangezogen. Hieran ist u. E. auch im Rahmen des § 497 Abs, 1 S. 1–3 festzuhalten. 11

Gleiches gilt für den Schuldbeitritt,[2865] jedenfalls soweit der Beitretende Verbraucher ist[2866] und zwar auch dann, wenn der Hauptschuldner selbst Unternehmer ist.[2867] Bei Verzug eines nicht dem Anwendungsbereich der §§ 13, 491, 497 unterliegenden Gesamtschuldners gelten dagegen die §§ 280ff., 286, 252, 266, 367.[2868] 12

3. Unternehmer und Verbraucher

Als abstrakter Verzugsschaden kann „B + 5" damit geltend gemacht werden von 13

- Banken gegen private Kreditnehmer vor Inkrafttreten des VerbrKrG im Rahmen einer Schadensschätzung nach § 287 ZPO,[2869]
- Banken gegenüber Gewerbetreibenden und Genossenschaften als Darlehensnehmern, die nicht dem Anwendungsbereich der §§ 491, 499, 500, 501 unterfallen,[2870] wobei die direkte Anwendung des § 288 Abs. 1 über § 286 gegenüber Unternehmern nicht ausgeschlossen ist,
- Banken gegenüber Bürgen, die sich mit der Zahlung des verbürgten Betrages aus einem Verbraucherdarlehensvertrag in Verzug befinden,[2871]
- Leasinggebern gegenüber Leasingnehmern in AGB oder im Rahmen einer Verzugsschadensschätzung,[2872]

2863 Müko-*Habersack* § 497 Rdn. 24; a. A. *Bülow* § 497 Rdn. 23.

2864 BGH NJW 2000, 658, 661 = MDR 2000, 343; zustimmend *Bülow* § 497 Rdn. 23: § 497 ist auf den Verzug des Bürgen bzw. Beitretenden anwendbar.

2865 *Bülow* § 497 Rdn. 23 und § 491 Rdn. 119, 123.

2866 Müko-*Habersack* § 497 Rdn. 24 a. E.

2867 Müko-*Habersack* § 497 Rdn. 24.

2868 Müko-*Habersack* § 497 Rdn. 24 a. E.

2869 BGH NJW 1992, 109; WM 1992, 566, 567; WM 1992, 1355, 1359; Staudinger/Kessal-*Wulf* § 497 Rdn. 5, 6; *Scholz* WM 1996, 1432; zustimmend Müko-*Habersack* § 497 Rdn. 12; kritisch *Bülow* NJW 1992, 2049, 2052 und *Bülow* § 497 Rdn. 27.

2870 BGH NJW 1995, 1954; NJW 1998, 2529, 2530f.; OLG Düsseldorf WM 1996, 1810, 1812; OLG München WM 1994, 1028, 1030; Scholz WM 1996, 1433: analoge Anwendung; jetzt auch Erman-*Saenger* § 497 Rdn. 4: Grundlage ist § 287 ZPO und § 252; Müko-*Habersack* § 497 Rdn. 12 a. E.; Staudinger/Kessal-*Wulf* § 497 Rdn. 7, 9; kritisch *Pfeiffer/Dauck* NJW 1997, 32.

2871 BGH WM 2000, 64, 68 = NJW 2000, 658, 661: im Rahmen der Schadensschätzung; zust. *Bülow* § 497 Rdn. 23; krit. Staudinger/Kessal-*Wulf* § 497 Rdn. 7 a. E.

2872 BGH NJW 1995, 954: § 11 VerbrKrG nicht entsprechend anwendbar, Zinsan-

– allen sonstigen Unternehmern nach Einführung der §§ 497, 288 n.F. zum 1. 1. 2002 im Rahmen der §§ 491 Abs. 1, 499, 500, 501 auch beim Zahlungsaufschub, sonstigen Finanzierungsleasingverträgen und Finanzierungshilfen sowie Teilzahlungsgeschäften.[2873]

14 § 497 findet dagegen nach bislang h.M. keine Anwendung zugunsten von Kreditgebern gegenüber Verbrauchern bei Immobiliardarlehensverträgen bzw. Realkrediten i.S.d. § 3 Abs. 2 Nr. 2 VerbrKrG.[2874] Nach Ansicht des OLG Schleswig[2875] ist § 497 Abs. 1 S. 2 („B/D + 2,5") auf Altverträge entsprechend anzuwenden.

15 Gegen entsprechende AGB, die einen pauschalierten Verzugsschaden von „B + 5" vorsehen, bestehen nach h.M. keine Wirksamkeitsbedenken, soweit gegenüber einem Verbraucher als Verwender gem. § 309 Nr. 5b der Nachweis eines geringeren Schadens nicht ausgeschlossen ist.[2876]

III. Verzugsschaden und Verzugsschadenszins

1. Verzugsschaden aus der Hauptforderung, aus den Kosten und Verzugsschadenszins aus dem Verzugsschaden

16 Geltend gemacht werden können gem. § 497 Abs. 1, Abs. 2 folgende Verzugsschäden bzw. Verzugsschadenszinsen:

a) Verzugsschaden aus der Hauptforderung

aa) Kredite an Verbraucher i. S. d. § 13

17 Bei Immobiliardarlehensverträgen i.S.d. §§ 492 Abs. 1a S. 2, 497 Abs. 1 S. 2 können Verzugszinsen nach der Formel „B + 2,5" oder der konkrete Verzugsschaden gegen Nachweis gem. § 497 Abs. 1 S. 3 liquidiert werden.[2877]

18 Bei allen übrigen Verbraucherdarlehen einschließlich Kontokorrent- und Dispokrediten kann die Berechnung nach „B + 5" gem. §§ 497 Abs. 1 S. 1, 288 Abs. 1 erfolgen oder der konkrete Verzugsschaden gegen Nachweis gem. § 497 S. 3 geltend gemacht werden.[2878]

---

spruch kann sich aber aus den AGB ergeben; OLG Köln MDR 1994, 137: „D + 4" zum alten Recht; OLG Hamm bei Scholz 1996, 1433: „D + 5" gem. §§ 252 BGB, 287 ZPO; für die Anwendung der §§ 287 ZPO, 252 auch Erman-*Saenger* § 497 Rdn. 4, 30.

2873 Bamberger/Roth-*Möller/Wendehorst* § 497 Rdn. 1; *Bülow* § 497 Rdn. 22; Erman-*Saenger* § 497 Rdn. 4; Müko-*Habersack* § 497 Rdn. 6, 12.

2874 BGH NJW 1992, 109; NJW 1992, 1620, 1621; *Bülow* § 497 Rdn. 27 a.E.; Erman-*Saenger* § 497 Rdn. 4; ebenso noch Müko-*Habersack* § 11 VerbKrG Rdn. 12.

2875 NJW-RR 2003, 180 = ZIP 2002, 1575; zustimmend Müko-*Habersack* § 497 Rdn. 12 und Palandt-*Putzo* § 497 Rdn. 3.

2876 BGH ZIP 2000, 65; NJW 1995, 954; OLG München WM 1994, 1028; OLG Koblenz NJW-RR 1993, 1078, 1080; *Bülow* § 497 Rdn. 29 a.E.

2877 *Krüger/Büttner* WM 2002, 2094, 2101; *Bülow* § 497 Rdn. 27 a.E., 37, 49 zur abstrakten und konkreten Schadensberechnung.

2878 *Krüger/Büttner* WM 2002, 2094, 2101; *Bülow* § 497 Rdn. 27 a.E., 37, 39, 42, 49.

bb) Kredite an Unternehmer i. S. d. § 14

Hier können Verzugszinsen mit „B + 5" gem. § 288 Abs. 1 oder ein höherer Verzugsschaden gegen Nachweis gem. § 288 Abs. 4 beansprucht werden.[2879] 19

b) Verzugsschadenszins aus dem Verzugsschaden

aa) Kredite an Verbraucher i. S. d. § 13

Nach § 497 Abs. 2 S. 2 i. V. m. § 289 S. 2 kann der Darlehensgeber auch wegen Verzuges mit den vom Darlehensnehmer zu zahlenden (Verzugs-) Zinsen Schadensersatz verlangen, allerdings beschränkt auf die Höhe des gesetzlichen Zinssatzes, also 4% gem. § 246.[2880] Es muss jedoch gerade hinsichtlich des Verzugsschadensersatzes aus § 497 Abs. 1 gem. § 286 Verzug eingetreten sein, was gem. § 286 Abs. 3 S. 1 spätestens nach Ablauf von 30 Tagen nach Zugang einer Zahlungsaufforderung der Fall ist.[2881] 20

bb) Kredite an Unternehmer i. S. d. § 14

Hier können ohne die „Sperre" des § 497 Abs. 1 und 2 Zinsen mit „B + 5" gem. § 288 Abs. 1 verlangt werden, soweit ein Verzug mit dem Verzugsschaden vorliegt. Der Darlehensgeber kann einen höheren Verzugsschadenszins gegen Nachweis gem. § 288 Abs. 4 verlangen, soweit sich der Unternehmer mit der Zahlung des Verzugsschadens in Verzug befindet.[2882] 21

c) Verzugsschaden aus Kosten

aa) Kredite an Verbraucher i. S. d. § 13

Festgesetzte Kosten sind gem. § 104 Abs. 1 S. 2 ZPO mit „B + 5" zu verzinsen, alle übrigen Kosten (außergerichtliche Anwaltskosten, Inkassokosten, Mahnkosten u. a.) mit „B + 5" gem. § 497 Abs. 1 S. 1 i. V. m. § 288 Abs. 1, soweit sich der Verbraucher mit der Zahlung der Kosten gem. § 286 in Verzug befindet.[2883] 22

bb) Kredite an Unternehmer i. S. d. § 14

Auch der Unternehmer hat gem. § 104 Abs. 1 S. 2 ZPO festgesetzte Kosten mit „B + 5" zu verzinsen, ebenso andere Kosten gem. § 288 Abs. 1, soweit er sich mit der Zahlung dieser Kosten in Verzug befindet.[2884] 23

2879 *Krüger/Büttner* WM 2002, 2094, 2101.
2880 Bamberger/Roth-*Möller/Wendehorst* § 497 Rdn. 9; *Bülow* § 497 Rdn. 54.
2881 Bamberger/Roth-*Möller/Wendehorst* § 497 Rdn. 8.
2882 *Krüger/Büttner* WM 2002, 2094, 2101.
2883 *Krüger/Büttner* WM 2002, 2094, 2101.
2884 *Krüger/Büttner* WM 2002, 2094, 2101.

2. Verzug des Darlehensnehmers

24 Die Voraussetzungen für einen Verzug des Darlehensnehmers bestimmen sich nach § 286. Voraussetzung ist zunächst ein fälliger und durchsetzbarer Anspruch des Darlehensgebers mit den aus dem Verbraucherdarlehensvertrag geschuldeten Zahlungen. Im Rahmen des § 491 ist das Darlehenskapital, im Rahmen des § 501 der Restkaufpreis nur dann in voller Höhe fällig – und stellt dann den „geschuldeten Betrag" nach § 497 Abs. 1 S. 1 dar –, wenn die Voraussetzungen der Gesamtfälligstellung gem. § 498 Abs. 1 oder der Kündigung gem. § 503 Abs. 2 und außerdem diesbezüglich die genannten Voraussetzungen des Verzuges vorliegen.[2885]

25 Solange eine Einrede als Gegenrecht die Durchsetzung des Anspruchs des Darlehensgebers dauernd oder vorübergehend hindert, kommt der Darlehensnehmer nicht in Verzug.[2886]

26 In Betracht kommen die dauernden oder aufschiebenden Einreden aus §§ 205, 214, 379, 771, 821, 853, die Einrede des nichterfüllten Vertrages nach § 320[2887] und das Zurückbehaltungsrecht nach § 273, das allerdings vor oder bei Eintritt der Verzugsvoraussetzungen ausgeübt werden muss.[2888]

27 Da die Fälligkeit von Leistungen aus dem Darlehensvertrag regelmäßig nach dem Kalender bestimmt ist, tritt gem. § 286 Abs. 2 Nr. 1 Verzug durch Zeitablauf ein. Ist für die Leistung im Einzelfall keine Zeit nach dem Kalender bestimmt, tritt Verzug gem. § 286 Abs. 3 S. 1 dreißig Tage nach Fälligkeit und Zugang einer Rechnung oder einer gleichwertigen Zahlungsaufforderung ein.[2889]

28 Die dem Darlehensnehmer auszuhändigende (vgl. § 492 Abs. 3) Vertragsurkunde enthält im Allgemeinen eine solche gleichwertige Zahlungsaufforderung.[2890]

3. Geschuldeter Betrag

29 Mit dem Beginn des Zahlungsverzuges hat der Darlehensnehmer gem. § 497 Abs. 1 S. 1 den „geschuldeten Betrag" mit „B + 5", bei Immobiliardarlehensverträgen mit „B + 2,5" zu verzinsen.

30 Der „geschuldete Betrag" setzt sich zusammen aus dem bis zum Verzugseintritt zur Rückzahlung fälligen Nettodarlehensbetrag (§ 492 Abs. 1 S. 5 Nr. 1), den bis zu diesem Zeitpunkt entstandenen Vertragszinsen, Schadensersatzansprüchen des Darlehensgebers, die nicht auf Verzug beruhen, etwa aus c.i.c. (§ 311 Abs. 2 Nr. 1), etwaigen Bereicherungsansprüchen des

---

[2885] *Bülow* § 497 Rdn. 43.
[2886] Vgl. BGH NJW 1991, 1048; Bamberger/Roth-*Grüneberg* § 286 Rdn. 11, 12.
[2887] Vgl. BGH NJW 1992, 556; Bamberger/Roth-*Grüneberg* § 286 Rdn. 12, 13.
[2888] BGH NJW 2001, 3114, 3115; Bamberger/Roth-*Grüneberg* § 286 Rdn. 14.
[2889] *Bülow* § 497 Rdn. 35; Bamberger/Roth-*Möller/Wendehorst* § 497 Rdn. 3, 9.
[2890] *Bülow* § 497 Rdn. 35.

Darlehensgebers wegen Überzahlungen, etwaigen Ansprüchen auf Schadens- oder Nutzungsersatz gem. §§ 357, 346, 347 bzw. § 503 Abs. 2 S. 3 und S. 4 sowie verzugsbedingte Rechtsverfolgungskosten.[2891]

Bei einer Kündigung des Darlehensvertrages gem. § 498 Abs. 1 stellt die gem. § 498 Abs. 2 um die anteilsmäßigen laufzeitabhängigen Kosten verminderte Restschuld den geschuldeten Betrag dar.[2892] 31

Bereits berechnete Verzugszinsen für rückständige Raten, die gem. § 497 Abs. 2 S. 1 auf einem gesonderten Konto zu verbuchen sind, gehören jedoch nicht zu dem nach § 497 Abs. 1 zu verzinsenden „geschuldeten Betrag".[2893] 32

Neben dem gem. § 497 Abs. 1 nach „B + 5" bzw. „B + 2,5" abstrakt berechneten Verzugsschaden kann der Darlehensgeber *nicht* auch noch den wegen der vorzeitigen Fälligstellung entgangenen Gewinn bzw. eine pauschalierte „Vorfälligkeitsentschädigung",[2894] ebenso wenig die – ggf. vorübergehende – Weiterzahlung des Vertragszinses,[2895] Nutzungs- oder Aufwendungsersatz gem. §§ 812, 818,[2896] übliche Sollzinsen,[2897] wegen Liquiditätsmängeln angefallene erhöhte Kreditkosten[2898] bzw. den Ersatz von Anlageverlusten,[2899] aus Anlass der Kündigung bereits entstandene und verzinste Schadensersatzansprüche,[2900] verzugsbedingte Verwaltungskosten[2901] 33

[2891] So *Bülow* § 497 Rdn. 43; Bamberger/Roth-*Möller/Wendehorst* § 497 Rdn. 3: Zins- und Tilgungsraten, verzugsbedingte Rechtsverfolgungskosten, sonstige Schadensersatzleistungen, Nutzungen im Rahmen des § 503 Abs. 2, Abs. 3; Erman-*Saenger* § 497 Rdn. 9: Hauptschuld bzw. Darlehenskapital, vertraglich ausbedungene Zinsen, Kosten, etwa der Rechtsverfolgung und etwaige Schadensersatzansprüche; Müko-*Habersack* § 497 Rdn. 14: insbesondere rückständige Kapital- und Zinsanteile, verzugsbedingte Kosten der Rechtsverfolgung, Ansprüche auf Schadens- und Nutzungsersatz; W/E/R-*Emmerich* § 11 VerbrKrG Rdn. 34, 36, 40: Darlehensvaluta, Zinsen, Kosten, etwaige Schadensersatzansprüche, Bereicherungsansprüche wegen Überzahlung, Bearbeitungskosten, Mahnkosten, Kosten der Rechtsverfolgung, Kosten der Verwertung von Sicherheiten und der Suche nach dem unbekannt verzogenen Verbraucher; Staudinger/Kessal-*Wulf* § 497 Rdn. 24, 25 m.w.N.

[2892] Erman-*Saenger* § 497 Rdn. 9 a.E.; Müko-*Habersack* § 497 Rdn. 16.

[2893] Bamberger/Roth-*Möller/Wendehorst* § 497 Rdn. 3; *Bülow* § 497 Rdn. 43; Erman-*Saenger* § 497 Rdn. 9; Müko-*Habersack* § 497 Rdn. 16.

[2894] OLG Zweibrücken WM 2001, 24 = ZIP 2000, 2198; Erman-*Saenger* § 497 Rdn. 12; Staudinger/Kessal-*Wulf* § 497 Rdn. 16 und § 504 Rdn. 9.

[2895] BGH ZIP 2003, 840, 842; Müko-*Habersack* § 497 Rdn. 10, 22; *Bülow* § 497 Rdn. 45; Staudinger/Kessal-*Wulf* § 497 Rdn. 16.

[2896] Müko-*Habersack* § 497 Rdn. 22; W/E/R-*Emmerich* § 11 VerbrKrG Rdn. 34, 36.

[2897] Müko-*Habersack* § 497 Rdn. 18.

[2898] Müko-*Habersack* § 497 Rdn. 20: Nachweis auch bei konkreter Schadensberechnung schwierig.

[2899] Müko-*Habersack* § 497 Rdn. 19: auch im Rahmen der „konkreten Schadensberechnung" ist der Nachweis i.d.R. nicht zu führen.

[2900] Müko-*Habersack* § 497 Rdn. 16; Staudinger/Kessal-*Wulf* § 497 Rdn. 24.

[2901] Müko-*Habersack* § 497 Rdn. 22.

oder Mahn- und Überwachungskosten sowie Kündigungsgebühren[2902] verlangen. Von § 497 Abs. 1 nicht erfasst sind Prozesskosten, Scheckprotestkosten sowie Kosten im Zusammenhang mit der Verwertung von Sicherheiten.[2903]

34 Der Abschluss eines neuen Darlehensvertrages, durch den der notleidende Kredit umgestellt wird, kann eine Umgehung i.S.d. § 506 Abs. 1 S. 2 darstellen, wenn auf diese Weise ein höherer Verzugsschaden liquidiert werden soll.[2904]

4. Höhe des Basiszinssatzes

35 Unter Geltung des § 11 Abs. 1 VerbrKrG war der „geschuldete Betrag" mit 5 Prozentpunkten über dem jeweiligen Diskontsatz der Deutschen Bundesbank („D + 5") zu verzinsen. Ab dem 1. 1. 1999 ist der Basiszinssatz der EZB („B + 5") maßgebend. Der Basiszinssatz wird gem. § 247 Abs. 1 S. 2 jeweils zum 1. 1. und 1. 7. eines Jahres nach dem Zinssatz für die jüngste Hauptrefinanzierungsoperation der EZB vor dem ersten Kalendertag des betreffenden Halbjahres festgelegt.[2905]

36 Der jeweilige Zinssatz („B + 5" bzw. „B + 2,5") tritt mit Eintritt des Zahlungsverzuges an die Stelle des von den Parteien vereinbarten Zinssatzes.

Seit dem 1. 5. 2000 galten bzw. gelten folgende Basiszinssätze (= „B"):

vom 1. 5. 2000 bis 31. 8. 2000	3,42%
vom 1. 9. 2000 bis 31. 8. 2001	4,26%
vom 1. 9. 2001 bis 31. 12. 2001	3,62%
vom 1. 1. 2002 bis 30. 6. 2002	2,57%
vom 1. 7. 2002 bis 31. 12. 2002	2,47%
vom 1. 1. 2003 bis 30. 6. 2003	1,97%
vom 1. 7. 2003 bis 31. 12. 2003	1,22%
vom 1. 1. 2004 bis 30. 6. 2004	1,14%
vom 1. 7. 2004 bis 31. 12. 2004	1,13%
vom 1. 1. 2005 bis 30. 6. 2005	1,21%
vom 1. 7. 2005 bis 31. 12. 2005	1,17%

5. Konkrete Schadensberechnung

37 Gem. § 497 Abs. 1 S. 3 kann der Darlehensgeber im Einzelfall einen höheren, der Darlehensnehmer einen niedrigeren Schaden dartun. Verlangt der Darlehensgeber gem. §§ 497 Abs. 1 S. 3, 289 S. 2, 288 Abs. 4, 280 Abs. 1, 286

2902 LG Kiel WM 2000, 2042, 2047; *Bülow* § 497 Rdn. 43; Müko-*Habersack,* 4. Aufl., § 497 Rdn. 22.

2903 Müko-*Habersack,* 4. Aufl., § 497 Rdn. 22; Staudinger/Kessal-*Wulf* § 497 Rdn. 18.

2904 *Bülow* § 497 Rdn. 32; Staudinger/Kessal-*Wulf* § 497 Rdn. 16.

2905 Bamberger/Roth-*Möller/Wendehorst* § 497 Rdn. 4.

einen tatsächlich entstandenen Schaden (konkrete Schadensberechnung), hat er diesen nachzuweisen.[2906]

Der Darlehensgeber muß dann beweisen,[2907] wie er den ihm rechtzeitig zur Verfügung gestellten Geldbetrag verwandt hätte und welcher Schaden ihm durch den Entzug der konkreten Verwendungsmöglichkeit entstanden ist. Bearbeitungsgebühren, Mahnkosten sowie Kosten der Verwertung von Sicherheiten können dabei nicht gesondert verlangt werden.[2908] 38

Überstieg die Nachfrage nach Anlagegeschäften mit der geschädigten Bank deren Geschäftsvolumen oder wurde dies dadurch gerade ausgefüllt, kann die konkrete Schadensberechnung im Einzelfall mit den Besonderheiten der Geschäftsstruktur der geschädigten Bank begründet werden.[2909] 39

Die Bank kann dann aber nur geltend machen, dass ihre tatsächlichen Kosten (Refinanzierungskosten, Verwaltungskosten, Risikoprämie) höher sind als der in den Vertragszinsen enthaltene Anteil; der „konkrete Schaden" besteht dann nur in dieser Differenz.[2910] 40

Regelmäßig wird dem Darlehensgeber der Nachweis eines höheren Verzugsschadens kaum gelingen; denn wegen der bestehenden Refinanzierungsmöglichkeit einer kreditgebenden Bank kann i.d.R. nicht belegt werden, dass der Abschluss eines Neugeschäfts mit höheren Zinsen nur deshalb unterblieben ist, weil ein bestimmter Verbraucher mit der Rückzahlung eines Darlehens in Verzug geraten ist.[2911] 41

Bei sonstigen Kreditgebern wie z.B. Warenhändlern oder Werkunternehmern ist es eher vorstellbar, dass ihnen infolge des Zahlungsverzuges des Darlehensnehmers ein sonst mögliches lukratives Geschäft entgeht.[2912] 42

6. Nach Verzugseintritt anfallende Zinsen

Mit der Vorschrift des § 497 Abs. 2 S. 1 wird – im Wesentlichen – sichergestellt, dass das Zinseszinsverbot (§ 289 S. 1) grundsätzlich eingehalten wird. Die nach Eintritt des Verzuges anfallenden Zinsen dürfen daher nicht gem. § 355 HGB in ein Kontokorrekt eingestellt und müssen über ein *sepa-* 43

[2906] Bamberger/Roth-*Möller/Wendehorst* § 497 Rdn. 5; Erman-*Saenger* § 497 Rdn. 21, 22; Müko-*Habersack* § 497 Rdn. 18, 19, 20.

[2907] Vgl. BGH NJW 1988, 1967; NJW 1988, 1971; Erman-*Saenger* § 497 Rdn. 21.

[2908] BGH NJW 1991, 1817, 1818: Bearbeitungskosten; BGH NJW 1988, 1971, 1972: Mahnkosten; Müko-*Habersack* § 497 Rdn. 19; Erman-*Saenger* § 497 Rdn. 21: verzugsbedingte, zusätzliche Verwaltungskosten sind jedoch erstattungsfähig.

[2909] BGHZ 104, 337, 349 = NJW 1988, 1967; *Bülow* § 497 Rdn. 49.

[2910] BGHZ 104, 337, 349; BGH NJW 1991, 1817; *Bülow* § 497 Rdn. 49.

[2911] Erman-*Saenger* § 497 Rdn. 22; Müko-*Habersack* § 497 Rdn. 19; W/E/R-*Emmerich* § 11 VerbrKrG Rdn. 39.

[2912] W/E/R-*Emmerich* § 11 VerbrKrG Rdn. 39; *Bülow* § 497 Rdn. 53.

rates Verzugszinsenkonto geführt werden.[2913] Verlangt der Darlehensgeber Schadensersatz nach § 497 Abs, 2 S. 2, muss er hierfür ein weiteres, drittes Konto führen, um einen (weiteren) Zinseszinseffekt zu vermeiden.[2914]

a) Getrennte Kontoführung

44 Die fehlende Darlegung des Darlehensgebers, dass jedenfalls ein gesondertes – getrenntes – Zinskonto für die *nach Eintritt des Verzuges anfallenden Zinsen* nach § 497 Abs. 2 S. 1 geführt wird, macht seine Klage ***unschlüssig.***[2915]

45 Zum schlüssigen Vorbringen des Darlehensgebers gehört, dass die Konten gem. § 497 Abs. 2 S. 1 getrennt geführt worden sind; im Fall des Bestreitens durch den Darlehensgeber müssen die Konten vorgelegt werden.[2916] Allerdings kann jedes Konto für sich als Kontokorrent geführt und – etwa vierteljährlich, halbjährlich oder jährlich – die Feststellungsabrede getroffen werden, wodurch sich die Schuld auf die beiden abstrakten Schuldsalden i. S. d. § 781 konzentriert.[2917] Im Rahmen eines Rechtsstreits hat dann der Darlehensnehmer das abstrakte Schuldanerkenntnis zu kondizieren bzw. vorzutragen und ggf. zu beweisen, dass das Schuldanerkenntnis „ohne Rechtsgrund" erfolgte.

b) Zinseszinsverbot

46 Das Zinseszinsverbot bezieht sich nur auf den Verzinsungsanspruch aus § 288 Abs. 1 S. 1, nicht jedoch auf den Verzugsschaden, der darin liegt, dass dem Darlehensgeber nicht nur der Hauptbetrag, sondern auch die Verzugszinsen vorenthalten werden, die er anderweitig gewinnbringend hätte anlegen können.[2918] Insoweit kann er den ihm entstandenen Verzugsschaden gem. § 289 S. 2 erstattet verlangen. Diesen auf die Vorenthaltung der Verzugszinsen bezogenen Anspruch des Darlehensgebers schränkt § 497 Abs. 2 S. 2 ein; danach kann der Darlehensgeber hinsichtlich dieser Zinsen Schadensersatz nur bis zur Höhe des gesetzlichen Zinssatzes (4% gem. § 246 bzw. 5% gem. § 352 BGB in Existenzgründungsfällen) verlangen.[2919]

[2913] *Bülow* § 497 Rdn. 54; W/E/R-*Emmerich* § 11 VerbrKrG Rdn. 45; Müko-*Habersack* § 497 Rdn. 27; Palandt-*Putzo* § 497 Rdn. 7, 8; kritisch wegen der hierdurch anfallenden Kosten *Krüger/Büttner* WM 2002, 2094, 2098.

[2914] Erman-*Saenger* § 497 Rdn. 25, 32; Müko-*Habersack* § 497 Rdn. 27.

[2915] *Bülow* § 497 Rdn. 60: gesondertes Zinskonto nach § 497 Abs. 2 S. 1; Erman-*Saenger* § 497 Rdn. 27 a. E.; Müko-*Habersack* § 497 Rdn. 27 a. E.: zwei gesonderte Konten für Zinsen aus § 497 Abs. 2 S. 1 und den Schadensersatz aus § 497 Abs. 2 S. 2.

[2916] *Bülow* § 497 Rdn. 60; Müko-*Habersack* § 497 Rdn. 27 a. E.

[2917] *Bülow* § 497 Rdn. 59.

[2918] *Bülow* § 497 Rdn. 54.

[2919] *Bülow* § 497 Rdn. 54; Müko-*Habersack* § 497 Rdn. 28, 29.

Hinsichtlich des Verzugsschadensersatzes aus § 497 Abs. 2 S. 2 muss gleichfalls Verzug des Darlehensnehmers vorliegen; regelmäßig ist insoweit gem. § 286 Abs. 3 S. 1 eine gesonderte Zahlungsaufforderung erforderlich, sodass der Verzug dann erst nach dreißig Tagen eintritt.[2920] 47

c) Begriff der Zinsen in § 497 Abs. 2

Der Begriff der „Zinsen" wird in § 497 Abs. 1 einerseits und in § 497 Abs. 2 andererseits uneinheitlich verwendet. 48

Er ist für § 497 Abs. 2 untechnisch zu verstehen i. S. d. gesamten Verzugsschadens, dessen Ersatz der Darlehensgeber gem. § 497 Abs. 1 verlangen kann, also der pauschalierte Schadensersatz aus § 497 Abs. 1 einschließlich der Schadensersatzansprüche aus § 497 Abs. 2 S. 2, Bearbeitungskosten und Rechtsverfolgungskosten.[2921] Dieser untechnische Begriff der „Zinsen" gilt auch im Rahmen des § 497 Abs. 3 S. 1 sowie des § 497 Abs. 3 S. 4.[2922] 49

IV. Anrechnung von Teilleistungen

1. Abweichende Tilgungsreihenfolge

§ 497 Abs. 3 S. 1 bestimmt zugunsten des Verbrauchers abweichend von § 367 Abs. 1 die Anrechnungsreihenfolge für – freiwillige und im Weg der Zwangsvollstreckung veranlasste – Teilzahlungen derart, dass zunächst die Kosten der Rechtsverfolgung (1. Rang), dann der geschuldete Betrag i. S. d. § 497 Abs. 1 (2. Rang) und zuletzt der nach Verzugseintritt anfallende Schadensersatzanspruch gem. § 497 Abs. 2 (3. Rang) berücksichtigt werden.[2923] 50

2. Rangverhältnisse

Zu den Rechtsverfolgungskosten (1. Rang) gehören die Mahn-, Gerichts- und Anwaltskosten sowie die Zwangsvollstreckungskosten, die der Darle- 51

[2920] OLG Koblenz WM 2003, 1811, 1812; Bamberger/Roth-*Möller/Wendehorst* § 497 Rdn. 9; Müko-*Habersack* § 497 Rdn. 29.

[2921] W/E/R-*Emmerich* § 11 VerbrKrG Rdn. 34, 51; Bamberger/Roth-*Möller/Wendehorst* § 497 Rdn. 8; *Bülow* § 497 Rdn. 57: auch Verzugsschäden, die sich aus konkreter Schadensberechnung ergeben, nicht dagegen Schadensersatzansprüche aus anderweitiger Pflichtverletzung nach § 280 Abs. 1; Erman-*Saenger* § 497 Rdn. 26, 42, 46: zu den Zinsen des § 497 Abs. 2 zählt auch der Betrag, den der Verbraucher nach § 497 Abs. 2 S. 2 i. V. m. § 289 schuldet; Müko-*Habersack* § 497 Rdn. 25, 34: unter § 497 Abs. 2 fallen der nach § 497 Abs. 1 geschuldete, pauschalierte Schadensersatz, ein statt dessen konkret nachgewiesener Schaden, konkret nachgewiesene Mahn- und Verwaltungskosten, die Rechtsverfolgungskosten und der Schadensersatzanspruch aus § 497 Abs. 2 S. 2 i. V. m. § 289 S. 2.

[2922] Erman-*Saenger* § 497 Rdn. 42, 46.

[2923] Vgl. *Bülow* § 497 Rdn. 61–67; Erman-*Saenger* § 497 Rdn. 33, 37 ff. § 12 ZVG wird durch diese Spezialregelung verdrängt; Müko-*Habersack* § 497 Rdn. 30, 35; Staudinger/Kessal-*Wulf* § 497 Rdn. 30–34.

hensgeber bei der Geltendmachung des „geschuldeten Betrages" nach § 497 Abs. 1 aufwenden musste,[2924] nicht jedoch die allgemeinen Kosten, die im Betrieb des Darlehensgebers im Rahmen der Rechtsverfolgung anfallen.[2925]

52 Zu dem „übrigen geschuldeten Betrag" (2. Rang) gehören der Nettodarlehensbetrag (§ 492 Abs. 1 S. 5 Nr. 1) bzw. der Barzahlungspreis (§ 502 Abs. 1 Nr. 1), die anderen fälligen Leistungen, insbesondere die bis zum Verzugseintritt aufgelaufenen Rückstände an Vertragszinsen, Schadensersatzansprüche des Darlehensgebers, die nicht auf dem Verzug des Darlehensnehmers beruhen, Bereicherungsansprüche wegen Überzahlungen des Darlehensgebers, Ansprüche auf Nutzungsersatz gem. §§ 357, 346, 347 bzw. § 503 Abs. 2 S. 2 und S. 3.[2926]

53 Zu den Zinsen (3. Rang) nach § 497 Abs. 3 S. 1, die gem. § 497 Abs. 2 gesondert zu verbuchen sind, zählen in diesem Rahmen sowohl der Verzugsschadensersatz nach § 497 Abs. 2 S. 1, der mit „B + 5" bzw. „B + 2,5" zum Ansatz gebracht wird, als auch der weitere Schadensersatz gem. § 497 Abs. 2 S. 2 i. V. m. § 289 S. 2 in Höhe von 4% nach Eintritt des Verzuges hinsichtlich der Zahlung des Verzugsschadensersatzes nach § 497 Abs. 2 S. 1 mit Ausnahme der im 1. Rang aufgenommenen Kosten der Rechtsverfolgung.[2927]

54 Zahlungen des Darlehensnehmers – auch im Rahmen der Zwangsvollstreckung – sind im 3. Rang zuerst auf die gesetzlichen Zinsen nach § 497 Abs. 1 („B + 5" bzw. „B + 2,5") anzurechnen, damit hierauf Verzugszinsen nach § 497 Abs. 2 S. 2 gar nicht erst anfallen.[2928]

3. Abweichende Tilgungsbestimmung des Verbrauchers

55 § 497 Abs. 3 S. 2 begründet in Abweichung nach § 266 ein Recht des Darlehensnehmers zur Erbringung von Teilleistungen. §§ 366, 367 Abs. 2 bleiben anwendbar, sodass der Verbraucher nach einer Ansicht einseitig – auch zu seinem Nachteil – eine von § 497 Abs. 3 S. 1 abweichende Tilgungsverrechnung bestimmen kann.[2929]

[2924] *Bülow* § 497 Rdn. 64, 65; Müko-*Habersack* § 497 Rdn. 32: alle anlässlich der Verfolgung und Durchsetzung der Ansprüche aus §§ 280, 286 Abs. 1 bzw. aufgrund der Kostenentscheidung aus dem Titel erwachsenen Prozess- und Vollstreckungskosten einschließlich erstattungsfähiger Inkassokosten.

[2925] Erman-*Saenger* § 497 Rdn. 39.

[2926] *Bülow* § 497 Rdn. 63, 43: nicht dagegen Verzugszinsen und Verzugsschäden nach § 497 Abs. 2 sowie Mahn- oder Kündigungsgebühren.

[2927] Bamberger/Roth-*Möller/Wendehorst* § 497 Rdn. 10; *Bülow* § 497 Rdn. 66; Erman-*Saenger* § 497 Rdn. 28, 29, 42: auf gesondertem Konto zu verbuchen; Müko-*Habersack* § 497 Rdn. 34.

[2928] *Bülow* § 497 Rdn. 66; Müko-*Habersack* § 497 Rdn. 34.

[2929] W/E/R-*Emmerich* § 11 VerbrKrG Rdn. 63, 64; Erman-*Saenger* § 497 Rdn. 43.

Nach h.M.[2930] kann eine abweichende Anrechnungsbestimmung des Verbrauchers nur dann als wirksam angesehen werden, wenn sie zu seinen Gunsten von § 497 Abs. 3 S. 1 abweicht (Austausch der ersten beiden Ränge) und der Darlehensgeber dies nicht ablehnt. 56

Nimmt der Darlehensgeber die Leistung des Verbrauchers unter gleichzeitigem Widerspruch von dessen Anrechnungsbestimmung an, führt dies nach u.E. zutreffender Auffassung von *Saenger*[2931] weder zur Geltung der Anrechnungsregel des § 497 Abs. 3 S. 1 noch zur Anwendung des § 396 Abs. 1, wonach der Darlehensgeber im Rahmen der Aufrechnung dann selbst die Tilgungsreihenfolge bestimmen kann; vielmehr bleibt es dann beim erklärten Willen des Verbrauchers. 57

V. Verjährung

Der Anspruch des Darlehensgebers auf Rückzahlung des Darlehens gem. § 488 Abs. 1 S. 2 unterliegt der regelmäßigen Verjährung des § 195. Ebenso verjährt der Anspruch des Darlehensgebers auf Zinszahlungen – abweichend zum bisherigen Recht – in drei Jahren. Die Verjährung der Ansprüche auf Tilgung und Zinsen beginnt ab deren Fälligkeit. 58

Der Darlehensgeber muss seine Ansprüche also rechtzeitig titulieren lassen, um in den Genuss der 30-jährigen Verjährungsfrist des § 197 Abs. 1 zu gelangen.[2932] 59

Gerät der Darlehensnehmer als Empfänger eines Verbraucherdarlehens mit seinen Tilgungs- oder Zinsleistungen in Verzug, richtet sich die Verjährung der Ansprüche des Darlehensgebers nach der speziellen Vorschrift des § 497 Abs. 3 S. 3, die – als einzige Regelung des § 497 Abs. 3 – gem. § 497 Abs. 4 auch für Immobiliardarlehensverträge gilt. 60

Danach sind die Ansprüche des Darlehensgebers vom Eintritt des Verzuges des Darlehensnehmers an gehemmt, bis sie durch Titulierung in einer in § 197 Abs. 1 Nr. 3 bis 5 bezeichneten Art festgestellt wurden, jedoch nicht länger als zehn Jahre von ihrer Entstehung an, wobei auch hier unter Entstehung „Fälligkeit“ zu verstehen ist.[2933] 61

Die mit dem Verzug des Verbrauchers beginnende Hemmung endet bei sich anschließender rechtzeitiger gerichtlicher Geltendmachung des Anspruchs sechs Monate nach der rechtskräftigen Entscheidung (§ 204 Abs. 1 und Abs. 2), die neue, dann 30-jährige Verjährungsfrist nach § 197 Abs. 1 Nr. 3 beginnt mit der Rechtskraft zu laufen, § 201. 62

[2930] *Bülow* § 497 Rdn. 67; Staudinger/Kesal-*Wulf* § 497 Rdn. 30; auch Müko-*Habersack* § 497 Rdn. 36: abweichende einseitige Leistungsbestimmung zum Nachteil des Verbrauchers ausgeschlossen.

[2931] Erman-*Saenger* § 497 Rdn. 43; a.A. *Bülow* § 497 Rdn. 67.

[2932] *Wittig/Wittig* WM 2002, 145, 155.

[2933] *Wittig/Wittig* WM 2002, 145, 155; Bamberger/Roth-*Möller/Wendehorst* § 497 Rdn. 11; Staudinger/Kessal-*Wulf* § 497 Rdn. 35.

63 Die Hemmung nach § 497 Abs. 3 S. 3 wird gem. § 204 Abs. 1 Nr. 1 durch die allgemeine Rechtsverfolgungshemmung durch Klageerhebung abgelöst.[2934]

64 Soweit die in § 197 Abs. 1 Nr. 3 bis 5 genannten Titel sich auf künftige Zinsen erstrecken, gilt auch für diese die lange Verjährungsfrist von dreißig Jahren; § 197 Abs. 2 findet hierauf keine Anwendung, vgl. § 497 Abs. 3 S. 4.[2935]

65 Der Darlehensgeber muss danach also nicht gewärtigen, dass seine Zinsansprüche als „regelmäßig wiederkehrende Leistungen" i.S.d. § 197 Abs. 2 trotz regelmäßiger Zahlungen des Darlehensnehmers – anzurechnen zunächst auf Rechtsverfolgungskosten und die Hauptforderung – nach drei Jahren verjähren.[2936]

66 Ist allerdings die Hauptforderung verjährt, gilt dies gem. § 217 auch für den Anspruch auf den Verzugsschaden.[2937]

VI. Isolierte Zinstitel und „gemischte" Titel

1. Isolierte Zinstitel

67 § 497 Abs. 3 S. 5 regelt die Vollstreckung aus „isolierten Zinstiteln", d.h. aus Titeln die ausschließlich den erweiterten Verzugsschadensersatz i.S.d. § 497 Abs. 1 zuerkennen.[2938]

68 Die Vorschrift stellt klar, dass die Zahlung auf titulierte Zinsansprüche nicht zu einer Anrechnung auf den übrigen geschuldeten Betrag gem. § 497 Abs. 3 Satz 1 führt. Der Schutzzweck von Abs. 3 S. 1 und Abs. 2 S. 2 liefe für weite Bereiche leer, könnte der Darlehensgeber das ihm zur Bewältigung der Schuldturmproblematik abverlangte Opfer durch gerichtliche Geltendmachung von Zinsansprüchen gerade in den Fällen vermeiden, in denen der Darlehensnehmer aus liquiden Mitteln zu einer effektiven Abtragung der Hauptschuld nicht imstande ist.[2939]

69 Aufgrund des Zusammenwirkens des § 497 Abs. 3 S. 1 mit dem materiellen Recht wäre es dem Darlehensgeber ohne die Existenz des § 497 Abs. 3 S. 5 ohne weiteres möglich, aus einem isolierten Zinstitel so lange zu vollstrecken, bis auch seine nicht titulierte Hauptforderung getilgt ist, da Zahlungen gem. § 497 Abs. 3 S. 1 nach obiger Rangfolge zuerst auf den – nicht

---

2934 *Bülow* § 497 Rdn. 70.

2935 *Wittig/Wittig* WM 2002, 145, 155.

2936 Vgl. *Bülow* § 497 Rdn. 72; Müko-*Habersack* § 497 Rdn. 39.

2937 *Bülow* § 497 Rdn. 72; abweichend OLG Köln NJW 1994, 2160.

2938 Bamberger/Roth-*Möller/Wendehorst* § 497 Rdn. 12; Müko-*Habersack* § 497 Rdn. 41, 42; Staudinger/Kessal-*Wulf* § 497 Rdn. 37.

2939 Bamberger/Roth-*Möller/Wendehorst* § 497 Rdn. 12; Müko-*Habersack* § 497 Rdn. 42.

titulierten – „geschuldeten Betrag" i.S.d. § 497 Abs. 1 zu verrechnen wären.[2940]

Der Darlehensgeber darf danach einen isolierten Zinstitel grundsätzlich erst nach der Tilgung des geschuldeten Betrages i.S.d. § 497 Abs. 1 (einschließlich der Kosten der Rechtsverfolgung) erwirken.[2941] Der Darlehensgeber hat zur Schlüssigkeit des Klagevorbringens bei Geltendmachung von Zinsen im Erkenntnisverfahren darzulegen und ggf. zu beweisen, dass der nach § 497 Abs. 1 S. 1 vorrangig zu berücksichtigende „geschuldete Betrag" (s.o. Rdn. 29ff.), soweit er fällig ist, vollständig beglichen wurde.[2942] 70

Er kann aber gem. §§ 257, 258 ZPO hinsichtlich der Zinsen Klage auf zukünftige, wiederkehrende Leistungen erheben; ein dabei beantragter Titel muss jedoch den Vorbehalt tenorieren, dass die künftige Entrichtung der Verzugszinsen von der vollständigen Tilgung des „geschuldeten Betrages" nach § 497 Abs. 1 S. 1 abhängig ist.[2943] 71

Im Verfahren zur Erteilung der Vollstreckungsklausel (§ 726 Abs. 1 ZPO) hat der Darlehensgeber nachzuweisen, dass auch nach der letzten mündlichen Verhandlung (vgl. § 767 Abs. 2 ZPO) keine weiteren, gem. § 497 Abs. 1 S. 1 vorrangigen Schuldposten fällig geworden und unerfüllt geblieben sind.[2944] 72

Sobald hinsichtlich der Zinsen ein – auch auf zukünftige Leistung gem. §§ 257, 258 ZPO gerichteter – Titel vorliegt, tritt rückbezogene Verjährung ein.[2945] Der Verbraucher kann gem. § 767 ZPO Vollstreckungsgegenklage erheben und nach Abschluss der Zwangsvollstreckung trotz Verjährung vollstreckte Zinsen gem. §§ 812, 813 Abs. 1 kondizieren.[2946] 73

Wurde unzulässigerweise ein „gemischter Gesamttitel" (s.u. Rdn. 75) erteilt, d.h. wurden die Zinsen aus § 497 Abs. 2 S. 1 zusammen mit dem „geschuldeten Betrag" nach § 497 Abs. 1 S. 1 tituliert, hat der Gerichtsvollzieher unter Beachtung der Tilgungsreihenfolge des § 497 Abs. 3 S. 1 zu vollstrecken.[2947] Hinsichtlich zu hoch titulierter Zinsen muss der Verbraucher insoweit nicht Vollstreckungsgegenklage (§ 767 Abs. 1), sondern Abänderungsklage (§ 323 ZPO) erheben.[2948] 74

[2940] Erman-*Saenger* § 497 Rdn. 48, 49 m.w.N. auch zur Umgehungsmöglichkeit; Staudinger/Kessal-*Wulf* § 497 Rdn. 37.

[2941] *Münzberg* WM 1991, 170, 172ff.; Erman-*Saenger* § 497 Rdn. 50, Müko-*Habersack*, § 497 Rdn. 46, 47.

[2942] Müko-*Habersack* § 497 Rdn. 47; auch Erman-*Saenger* § 497 Rdn. 50.

[2943] *Bülow* § 497 Rdn. 78; hiervon abratend Staudinger/Kessal-*Wulf* § 497 Rdn. 41.

[2944] Müko-*Habersack* § 497 Rdn. 47; *Bülow* § 497 Rdn. 78; *Münzberg* WM 1991, 170, 176; a.A. *Braun* WM 1991, 1325, 1328 und Staudinger/Kessal-*Wulf* § 497 Rdn. 41 a.E.

[2945] *Bülow* § 497 Rdn. 81.

[2946] *Bülow* § 497 Rdn. 81; a.A. zu § 767 Staudinger/Kessal-*Wulf* § 497 Rdn. 42.

[2947] *Bülow* § 497 Rdn. 82.

[2948] *Bülow* § 497 Rdn. 82.

2. „Gemischte Titel“

75 § 497 Abs. 3 S. 5 ist nach h. M. auf „gemischte Titel“, in denen neben den Zinsen auch ein Teil des „geschuldeten Betrages“ nach § 497 Abs. 1 (Kapital- und Vertragszinsanteil, Mahnkosten, Wert- und Nutzungsersatzansprüche) zugesprochen wird, nach h. M. nicht analog anzuwenden.[2949]

76 Nach h. M.[2950] ist § 497 Abs. 3 S. 5 mittels teleologischer Reduktion dahingehend einzuschränken, Zwangsvollstreckungserlöse oder Zahlungen des Schuldners zur Abwehr der Zwangsvollstreckung, die nicht den gesamten titulierten Betrag erreichen, vorrangig auf den titulierten Teil des „geschuldeten Betrages“ (s. o. Rdn. 29 ff.) zu verrechnen und diesen damit vor dem Verugsschaden nach § 497 Abs. 2 abzutragen.

N. Vorzeitige Zahlung bei Teilzahlungsgeschäften (§ 504)

I. Zweck der Vorschrift

1 Ebenso wie der für Geldkredite (Darlehen) i. S. d. § 491 Abs. 1 geltende § 489 Abs. 1 Nr. 2, 489 Abs. 2 gestattet § 504 als redaktionell angepasste Nachfolgevorschrift des § 14 VerbrKrG dem Verbraucher die vorzeitige Erfüllung eines Ratenkaufs- oder Dienstleistungsvertrages i. S. d. §§ 499 Abs. 2, 501 und sieht für diesen Fall eine Gutschrift nicht verbrauchter Kreditkosten vor.

2 § 504 S. 1 räumt dem Verbraucher ein Recht zur vorzeitigen Erfüllung ein,[2951] sodass es ihm ermöglicht wird, auch bei im Darlehensvertrag enthaltenen, entgegenstehenden Vereinbarungen anderweitige, günstigere Kredite in Anspruch zu nehmen und bei vollständiger Rückzahlung des Kredits entsprechend umzuschulden.[2952]

[2949] *Bülow* WM 1992, 1009, 1013; *Bülow* § 497 Rdn. 76; Bamberger/Roth-*Möller/Wendehorst* § 497 Rdn. 13; Müko-*Habersack* § 11 VerbrKrG Rdn. 45; auch Erman-*Saenger* § 497 Rdn. 51 a. E.: vom Gesetzgeber nicht gewollter Beitrag zur Belastung der Gerichte; differenzierend W/E/R-*Emmerich* § 11 VerbrKrG Rdn. 78, 85; a. A. *Braun* WM 1991, 1325, 1330 und WM 1991, 165 ff.: für analoge Anwendung.

[2950] Müko-*Habersack* § 497 Rdn. 45; *Bülow* § 497 Rdn. 77 a. E.: es muss titelmäßig und nicht nach § 497 Abs. 3 S. 1 verrechnet werden; im Erg. auch Staudinger/Kessal-*Wulf* § 497 Rdn. 43.

[2951] *Bülow* § 504 Rdn. 8; Müko-*Habersack* § 504 Rdn. 7; Staudinger/Kessal-*Wulf* § 504 Rdn. 2; offen gelassen von Bamberger/Roth-*Möller/Wendehorst* § 504 Rdn. 3.

[2952] Müko-*Habersack* § 504 Rdn. 1, 2; W/E/R-*Emmerich* § 14 VerbrKrG Rdn. 3, 6.

II. Anwendungsbereich

1. Teilzahlungsgeschäfte (§ 501)

a) Keine Anwendung auf Verbraucherdarlehensverträge (§§ 491 Abs. 1, 488, 489)

§ 504 ist nur für Kreditverträge anwendbar, die keine Darlehensverträge i.S.d. §§ 488 Abs. 1, 489, 491 Abs. 1 sind.[2953] 3

§ 504 erfasst damit im Wesentlichen nur die vom Unternehmer selbst kreditierten Waren- und Dienstleistungsverträge auf Teilzahlungsbasis i.S.d. §§ 499 Abs. 2, 501[2954] und die Fälle der Stundung.[2955] 4

Für Verbraucherdarlehensverträge i.S.d. § 491 Abs. 1 einschließlich drittfinanzierter Verträge i.S.d. § 358 Abs. 3 ergibt sich die vorzeitige Kündigungsmöglichkeit aus § 489 Abs. 1 Nr. 2.[2956] Danach kann der Darlehensnehmer einen Darlehensvertrag, bei dem für einen bestimmten Zeitraum ein fester Zinssatz vereinbart ist und der nicht durch ein Grund- oder Schiffspfandrecht gesichert ist, nach Ablauf von sechs Monaten nach dem vollständigen Empfang unter Einhaltung einer Kündigungsfrist von drei Monaten ganz oder teilweise kündigen. Bei veränderlichem Zinssatz besteht das Kündigungsrecht gem. § 489 Abs. 2 jederzeit unter Einhaltung einer Kündigungsfrist von drei Monaten. 5

Wie im Rahmen des § 504 ist auch bei Anwendung des § 489 die Vereinbarung einer Vorfälligkeitsentschädigung unzulässig.[2957] 6

Gem. § 489 Abs. 3 gilt eine Kündigung des Darlehensnehmers nach § 489 als nicht erfolgt, wenn er den geschuldeten Betrag nicht innerhalb von zwei Wochen nach Wirksamwerden der Kündigung zurückzahlt. 7

Mit dieser Rückzahlungsregelung – die dem früheren § 7 Abs. 2 S. 3 VerbrKrG entspricht – soll vermieden werden, dass der Verbraucher lediglich Verzugszinsen und Verzugsschaden in den Grenzen des § 497 zu leisten hat und damit besser steht als bei Fortführung des Vertrages, obwohl er die Valuta und ihre Nutzungsmöglichkeit behalten würde.[2958] 8

Soweit der Darlehensnehmer Verbraucher i.S.d. §§ 491 Abs. 1, 495 Abs. 1, 13 und der Darlehensgeber Unternehmer i.S.d. §§ 491 Abs. 1, 495 9

2953 *Bülow* § 504 Rdn. 10; Bamberger/Roth-*Möller/Wendehorst* § 504 Rdn. 2: anwendbar auf Waren- und Dienstleistungsverträge auf Teilzahlungsbasis i.S.d. §§ 499 Abs. 2, 501; Erman-*Saenger* § 504 Rdn. 3.

2954 Bamberger/Roth-*Möller/Wendehorst* § 504 Rdn. 2; Erman-*Saenger* § 504 Rdn. 3; Müko-*Habersack* § 504 Rdn. 5, 6.

2955 Müko-*Habersack* § 504 Rdn. 5, 6 und § 499 Rdn. 15; Staudinger/Kesal-*Wulf* § 504 Rdn. 3; s.u.

2956 Müko-*Habersack* § 504 Rdn. 5; *Bülow* § 504 Rdn. 29.

2957 Erman-*Saenger* § 504 Rdn. 3, 6 und § 489 Rdn. 12; Staudinger/Kessal-*Wulf* § 504 Rdn. 9 m.w.N.

2958 *Bülow* § 504 Rdn. 31 und § 497 Rdn. 9.

Abs. 1, 14 ist, steht dem Verbraucher bei Darlehensverträgen i.S.d. §§ 488, 489, 491 Abs. 1 neben dem Kündigungsrecht nach § 489 Abs. 1 und Abs. 2 auch das Widerrufsrecht aus § 495 Abs. 1 i.V.m. § 355 zu. Gem. § 506 Abs. 2 S. 1 (der für die bis zum 30. 6. 2005 geschlossenen Verträge gilt) wird – zulässiger- und üblicherweise in den AGB des Darlehensgebers (Unternehmers) – bestimmt, dass der Widerruf als nicht erfolgt gilt, wenn der Verbraucher das empfangene Darlehen nicht binnen zweier Wochen zurückzahlt und damit ein „ gewisser Gleichlauf" zu § 489 Abs. 3 hergestellt.

b) Existenzgründungsdarlehen

10 Gem. §§ 499 Abs. 2, Abs. 3 i.V.m. § 491 Abs. 2 Nr. 1 muss der kreditierte Nettodarlehensbetrag 200,00 € übersteigen, bei Existenzgründungsdarlehen darf der kreditierte Nettodarlehensbetrag bzw. Teilzahlungspreis gem. §§ 507, 504 € 50000,00 nicht übersteigen.[2959]

11 Dem Existenzgründer steht gem. §§ 507, 495 Abs. 1, 355 nur das Widerrufsrecht, nicht das gesetzliche Kündigungsrecht aus § 489 Abs. 1 Nr. 2, ebenso wenig das Widerrufsrecht bei Haustürgeschäften nach § 312 Abs. 1 zu.[2960] Schließt er kein Teilzahlungsgeschäft ab, kommt das Recht zur vorzeitigen Ablösung der Verbindlichkeit nach § 504 nicht zur Anwendung.

2. Entsprechende Anwendung bei Stundungsvereinbarungen

12 § 504 S. 1 bezieht sich nach seinem Wortlaut nur auf Verträge, bei denen der Verbraucher die Gegenleistung in Teilzahlungen zu erbringen hat.

13 Nach h.M. ist § 504 im Licht des Art. 8 der Verbraucherkreditrichtlinie 87/102/EWG entsprechend anzuwenden, wenn sich der Kreditvertrag auf die Lieferung einer Sache oder eine Dienstleistung erstreckt und der Unternehmer dem Verbraucher einen entgeltlichen Zahlungsaufschub von mehr als drei Monaten (§ 499 Abs. 1) gewährt.[2961]

3. Entsprechende Anwendung bei Finanzierungsleasingverträgen

14 Das Ablöserecht nach § 504 findet auf Finanzierungsleasingverträge keine Anwendung. In richtlinienkonformer Auslegung des Art. 2 Abs. 1b der Verbraucherkreditrichtlinie kann dies jedoch nicht für solche Finanzierungsleasingverträge gelten, die letztendlich einen Übergang der Sachsub-

---

[2959] *Bülow* § 504 Rdn. 10.

[2960] *Bülow* § 504 Rdn. 38; Erman-*Saenger* § 504 Rdn. 4.

[2961] *Bülow* § 504 Rdn. 10, 12, 23; Bamberger/Roth-*Möller/Wendehorst* § 504 Rdn. 2; Müko-*Habersack*, 4. Aufl., § 504 Rdn. 5, 6, 15 und Erman-*Saenger* § 504 Rdn. 9: Vereinbarkeit des § 504 mit der Richtlinie sehr zweifelhaft.

stanz auf den Leasingnehmer ermöglichen sollen. Bei solchen Verträgen bleibt es bei dem Recht auf vorzeitige Rückzahlung gem. § 504.[2962]

4. Keine Anwendung auf kurzfristige Kredite

§ 504 S. 3 gibt dem Darlehensgeber eine rechtlich geschützte Gewinnererwartung, d.h. er kann Zinsen und sonstige laufzeitabhängige Kosten für die ersten neun Monate der ursprünglich vereinbarten Laufzeit des Kredits auch dann verlangen, wenn der Verbraucher vorzeitig erfüllt.[2963] 15

Diese Regelung führt zu einer Gleichbehandlung des mit dem Teilzahlungsgeschäft verbundenen Kredits mit dem Verbraucherdarlehen (§ 491 Abs. 1), das gem. § 489 Abs. 1 Nr. 2 frühestens zum Ende des neunten Monats gekündigt werden kann, wenn es innerhalb von zwei Wochen (vgl. § 489 Abs. 3) zurückgezahlt wird. 16

Kurzfristige Teilzahlungsfinanzierungen mit einer Laufzeit von weniger als neun Monaten sind somit faktisch von der Möglichkeit der Umschuldung ausgenommen; Zwischenzinsen für die ersten neun Monate werden dem Verbraucher nach § 504 S. 3 nicht erstattet.[2964] 17

Bis zu einer etwaigen Gesetzesänderung, die bereits unter Geltung des § 14 VerbrKrG postuliert wurde, oder einer Entscheidung des EuGH bleiben dem Verbraucher wegen eines Zinsschadens, den er bei Streichung des § 504 S. 3 bzw. richtlinienkonformer Umsetzung von Art. 8 der Verbraucherkreditrichtlinie (87/102/EWG) durch die Bundesregierung nicht erlitten hätte, nur Amtshaftungsansprüche gegen die Bundesrepublik Deutschland.[2965] 18

III. Vorzeitige Erfüllung

1. Vollständige Erfüllung

Der Verbraucher kann nach § 504 S. 1 seine Zahlungsverpflichtungen vorzeitig erfüllen, entgegenstehende Abreden, insbesondere die Vereinbarung einer Vorfälligkeitsentschädigung, sind gem. § 506 Abs. 1 S. 1 unwirksam.[2966] 19

[2962] *Bülow* § 504 Rdn. 11; Bamberger/Roth-*Möller/Wendehorst* § 504 Rdn. 2; Müko-*Habersack* § 504 Rdn. 6; a.A. Erman-*Saenger* § 504 Rdn. 5: keine direkte oder analoge Anwendung.

[2963] Bamberger/Roth-*Möller/Wendehorst* § 504 Rdn. 5.

[2964] Müko-*Habersack* § 504 Rdn. 14.

[2965] *Bülow* § 504 Rdn. 23; Bamberger/Roth-*Möller/Wendehorst* § 504 Rdn. 5; Müko-*Habersack* § 504 Rdn. 15 a.E.; W/E/R-*Emmerich* § 14 VerbrKrG Rdn. 11, 18; Staudinger/Kessal-*Wulf* § 504 Rdn. 12: Verstoß gegen Art. 8.

[2966] OLG Hamm WM 1995, 191; *Bülow* § 504 Rdn. 8; Erman-*Saenger* § 504 Rdn. 6; Müko-*Habersack* § 504 Rdn. 7, 16; Staudinger/Kessal-*Wulf* § 14 VerbrKrG Rdn. 9 und § 504 Rdn. 9 m.w.N.

20 Voraussetzung ist jedoch, dass die Schuld des Verbrauchers vollständig i.S.d. §§ 362, 364 Abs. 1, 387ff erfüllt wird. Bei bloßen Teilzahlungen hat der Verbraucher keinen Anspruch auf Zinsvergütung.[2967]

21 Gem. §§ 267, 362 Abs. 2 kann auch ein Dritter die Schuld vorzeitig und vollständig erfüllen.[2968] Die Regelung des § 266, wonach der Verbraucher zu Teilleistungen nicht berechtigt ist, bleibt auch bei Vereinbarung von Ratenzahlungen insoweit anwendbar, als dem Darlehensgeber eine unzumutbare Erschwerung der Abrechnung erspart bleiben soll.[2969]

2. Auskunftsanspruch

22 Da der Verbraucher regelmäßig den zurückzuzahlenden Gesamtbetrag selbst nicht berechnen kann, ist der Darlehensgeber gem. § 242 verpflichtet, ihm für den gewünschten Rückzahlungstermin den abgezinsten Betrag der noch offenen Restschuld zu nennen.[2970]

23 Verzögert der Darlehensgeber schuldhaft die verlangte Auskunft, macht er sich gegenüber dem Verbraucher gem. §§ 280 Abs. 2, 286, 249 schadensersatzpflichtig. Der Schaden liegt dann in der nach dem vom Verbraucher genannten Rückzahlungstermin liegenden zusätzlichen Zinsbelastung.[2971]

3. Rückvergütung unverbrauchter Kreditkosten

24 Bei vorzeitiger vollständiger Erfüllung vermindert sich der Teilzahlungspreis (vgl. § 502 Abs. 1 S. 1 Nr. 2) um die Zinsen und sonstigen laufzeitabhängigen Kosten, die bei staffelmäßiger Berechnung für die nach der vollständigen Erfüllung liegenden Zeit entfallen.[2972]

25 Staffelmäßige Berechnung bedeutet eine Berechnung nach den vereinbarten Zahlungsabschnitten; hierbei wird berücksichtigt, dass am Anfang des Vertragszeitraums hohe Zinsverbindlichkeiten bestehen, die sich erst nach und nach vermindern.[2973]

[2967] W/E/R-*Emmerich* § 14 VerbrKrG Rdn. 19, 20; Müko-*Habersack* § 504 Rdn. 7, 8; Palandt-*Putzo* § 504 Rdn. 3; Bamberger/Roth-*Möller/Wendehorst* § 504 Rdn. 3; a.A. Erman-*Saenger* § 504 Rdn. 11: § 504 auch bei nur teilweiser vorzeitiger Erfüllung anzuwenden, sofern kein rechtsmissbräuchliches Verhalten des Verbrauchers vorliegt.

[2968] Bamberger/Roth-*Möller/Wendehorst* § 504 Rdn. 3.

[2969] Bamberger/Roth-*Möller/Wendehorst* § 504 Rdn. 3; *Bülow* § 504 Rdn. 9.

[2970] *Bülow* § 504 Rdn. 22; Erman-*Saenger* § 504 Rdn. 8; Müko-*Habersack* § 504 Rdn. 11, 12; W/E/R-*Emmerich* § 14 VerbrKrG Rdn. 21.

[2971] W/E/R-*Emmerich* § 14 VerbrKrG Rdn. 22, *Bülow* § 504 Rdn. 22 a.E.; Erman-*Saenger* § 504 Rdn. 8.

[2972] Erman-*Saenger* § 504 Rdn. 7; Müko-*Habersack* § 504 Rdn. 9; Palandt-*Putzo* § 504 Rdn. 4; W/E/R-*Emmerich* § 14 VerbrKrG Rdn. 23.

[2973] *Bülow* § 504 Rdn. 19 und Müko-*Habersack* § 504 Rdn. 10 sowie Palandt-*Putzo* § 504 Rdn. 4 für staffelmäßige und gegen lineare Berechnung.

Die laufzeitunabhängigen Kosten, etwa die Antrags- oder Bearbeitungsgebühren, Maklerprovisionen, Restschuldversicherungsprämien, ausnahmsweise auch die Kosten eines Disagios, darf der Darlehensgeber trotz vorzeitiger Tilgung uneingeschränkt behalten.[2974] 26

4. Kredite ohne Barzahlungspreis

Wenn ein Unternehmer ausschließlich auf Abzahlungsbasis arbeitet, so 27 lässt sich kein anzugebender Barzahlungspreis bestimmen. Für diese Fälle vermutet § 504 S. 2 unwiderleglich, dass in den Teilzahlungspreis der gesetzliche Zinssatz von 4% (§ 246; in Ausnahmefällen bei Existenzgründern 5% gem. § 352 HGB) einkalkuliert und deshalb zugrunde zu legen ist.[2975]

Die von § 504 S. 2 angeordnete Rückrechnung mit 4% p. a. verstößt nach 28 teilweise vertretener Ansicht gegen Art. 8 S. 2 der Verbraucherkreditrichtlinie.[2976]

5. Fristbeginn

Die Frist von neun Monaten (§ 504 S. 3) beginnt zu dem Zeitpunkt, an 29 dem die Forderung gegenüber dem Verbraucher ohne die Teilzahlungsvereinbarung fällig geworden wäre, bei Kaufverträgen somit im Zeitpunkt der Übergabe der Kaufsache (§§ 433 Abs. 1, 320), bei Werkverträgen mit der Abnahme (§§ 640, 641), bei Dienstverträgen mit der Erbringung der Leistung.[2977]

O. Einwendungsverzicht, Wechselverbot und Scheckbeschränkung (§ 496)

I. Überblick, sachlicher Anwendungsbereich

§ 496 steht – wie die Vorgängerregelung des § 10 VerbrKrG – in engem 1 sachlichem Zusammenhang mit der Regelung der §§ 358, 359 (vormals § 9 VerbrKrG) über verbundene Geschäfte und den Einwendungsdurchgriff, da er die sich bei Abtretungen und der Begebung von Wechseln und Schecks stellenden Fragen, die sich insbesondere aus verbundenen Geschäften ergeben, regelt.[2978]

[2974] *Bülow* § 504 Rdn. 18, 20 und § 492 Rdn. 103 zum Disagio; Erman-*Saenger* § 504 Rdn. 10; Palandt-*Putzo* § 504 Rdn. 4.

[2975] W/E/R-*Emmerich* § 14 VerbrKrG Rdn. 24; Bamberger/Roth-*Möller/Wendehorst* § 504 Rdn. 4; *Bülow* § 504 Rdn. 21.

[2976] *Bülow* § 504 Rdn. 21; auch Müko-*Habersack* § 504 Rdn. 2, 13, 15 und W/E/R-*Emmerich* § 14 VerbrKrG Rdn. 12.

[2977] *Bülow* § 504 Rdn. 25; Palandt-*Putzo* § 504 Rdn. 6.

[2978] Vgl. W/E/R-*Emmerich* § 10 VerbrKrG Rdn. 1.

1. Intention und Inhalt der Vorschrift

2 Über § 496 Abs. 1 soll der Verbraucher davor geschützt werden, dass er trotz fehlender nicht gehöriger Erfüllung des Darlehensvertrages durch den Darlehensgeber seine Ratenzahlungsverpflichtungen gegenüber einem Dritten, dem der Darlehensgeber seine Ansprüche abgetreten hat, zunächst erfüllen muss, bevor er seine bestehenden Einwendungen und Gegenforderungen gegenüber dem Darlehensgeber durchsetzen kann.[2979]

3 § 496 Abs. 2 enthält ein generelles Verbot, den Verbraucher zur Eingehung einer Wechselverbindlichkeit für die Ansprüche des Darlehensgebers aus dem Darlehensvertrag zu verpflichten sowie ein Verbot der Entgegennahme von Schecks als Kreditmittel bzw. zu Sicherungszwecken.

4 Damit soll der Gefahr vorgebeugt werden, dass der Verbraucher aus einem Wechsel oder einem Scheck im Urkundenprozess (§§ 492, 498, 602ff. ZPO) vom Darlehensnehmer als erstem Wechsel- oder Schecknehmer oder von einem Dritten, der den Wechsel bzw. Scheck nicht gem. Art. 17 WG, 22 ScheckG gutgläubig einredefrei erworben hat, in Anspruch genommen wird und wegen § 598 ZPO dann keine Einwendungen aus dem Grundgeschäft, dem Verbraucherdarlehensvertrag (§§ 491 Abs. 1, 499 Abs. 1, Abs. 2, 500, 501) erheben kann.[2980]

5 Akzeptiert der Verbraucher gleichwohl einen Wechsel bzw. stellt er einen Scheck zu Sicherungszwecken aus, bleibt die Wechsel- oder Scheckverpflichtung wegen des Abstraktionsprinzips und der im Genfer Wechsel- und Scheckabkommen garantierten Erhaltung der Umlauffähigkeit von Wechseln oder Schecks zwar wirksam; der Verbraucher kann dann aber sowohl vom Darlehensgeber als auch von dem Dritten, der den Wechsel bzw. Scheck nicht gem. Art. 17 WG, 22 ScheckG gutgläubig einredefrei erworben hat, gem. § 496 Abs. 2 S. 3 die Herausgabe des Wertpapiers verlangen.

6 Außerdem kann er vom Darlehensgeber sowie von einem Dritten, der das Papier nicht gutgläubig einredefrei erworben hat, gem. § 496 Abs. 2 S. 4 Ersatz des Schadens beanspruchen, der ihm etwa durch einen nachfolgenden, gutgläubig-einredefreien Erwerb durch weitere Personen oder neben seinem Anspruch auf Rückgabe des Wertpapiers entsteht.[2981]

2. Sachlicher Anwendungsbereich

7 § 496 ist auf alle Verbraucherdarlehensverträge (§ 491 Abs. 1), auch auf Immobiliardarlehensverträge (vgl. § 492 Abs. 1a S. 2), öffentlich beurkundete Darlehensverträge (§ 491 Abs. 3 Nr. 2), Teilzahlungsgeschäfte (§§ 499

[2979] Palandt-*Putzo* § 496 Rdn. 1; Staudinger/Kessal-*Wulf* § 496 Rdn. 1, 3.

[2980] Bamberger/Roth-*Möller/Wendehorst* § 496 Rdn. 3; Palandt-*Putzo* § 496 Rdn. 1.

[2981] *Bülow* § 496 Rdn. 21, 23; Erman-*Saenger* § 496 Rdn. 13; Müko-*Habersack* § 496 Rdn. 2, 27, 28; W/E/R-*Emmerich* § 10 VerbrKrG Rdn. 14, 44, 45.

Abs. 2, 501), Finanzierungsleasinggeschäfte (§§ 499 Abs. 2, 500), aber auch den entgeltlichen Zahlungsaufschub (§ 499 Abs. 1) anzuwenden.[2982]

Handelt es sich um einen Zahlungsaufschub, bei dem die Grundforderung 8 die Drei-Monats-Grenze des § 499 Abs. 1 nicht überschreitet, ist § 496 Abs. 2 teleologisch zu reduzieren.[2983] Danach werden insbesondere auch Wechselakzepte von Verbrauchern mit einer Laufzeit bis zu drei Monaten vom Schutz des § 496 Abs. 2 erfasst.[2984]

Nicht einschlägig ist § 496 bei Ratenlieferungsverträgen i. S. d. § 505.[2985] 9

Daneben findet § 496 Abs. 1 auch zum Schutz eines der Hauptschuld des 10 Verbrauchers Beitretenden (§§ 305, 421 ff.) sowie eines Bürgen (§§ 765, 766) entsprechende Anwendung, selbst wenn der mithaftende Dritte seinerseits nicht in den Anwendungsbereich der §§ 491, 499, 500, 501 fällt.[2986]

Andernfalls könnte es zu einer Umgehung des § 496 Abs. 1 kommen, 11 wenn etwa der Bürge nach Inanspruchnahme durch den Darlehensgeber im Innenverhältnis aus §§ 670, 675 bzw. 677, 683, 670 Rückgriff nimmt.[2987]

Ob § 496 Abs. 1 bzw. Abs. 2 auf abstrakte Schuldversprechen (§ 780) 12 und Schuldanerkenntnisse (§ 781) entsprechend anzuwenden ist, ist streitig.

Nach u. E. zutreffender Ansicht der Rspr. kann sich der Verbraucher je- 13 denfalls durch Individualvertrag verpflichten, über Verbindlichkeiten aus Darlehensverträgen nach Maßgabe der §§ 780, 781 Schuldversprechen oder Schuldanerkenntnisse abzugeben und sich insoweit gem. § 794 Abs. 1 Nr. 5 ZPO auch der sofortigen Zwangsvollstreckung unterwerfen.[2988] In diesem Fall muss der Verbraucher bestehende Einwendungen durch eine Vollstreckungsgegenklage (§§ 767, 796 ZPO) geltend machen.[2989]

Nach h. L. erfasst § 496 Abs. 1 auch die Erschwerung der Durchsetzung 14 von Einwendungen, so dass sowohl ein Schuldanerkenntnis nach §§ 780, 781, ein deklaratorisches oder abstraktes Schuldversprechen als auch die

---

[2982] *Bülow* § 496 Rdn. 8; Bamberger/Roth-*Möller/Wendehorst* § 496 Rdn. 1, 4; Palandt-*Putzo* § 496 Rdn. 2: auf alle Verbraucherdarlehensverträge i. S. d. § 491.

[2983] Erman-*Saenger* § 496 Rdn. 7.

[2984] Bamberger/Roth-*Möller/Wendehorst* § 496 Rdn. 4; *Bülow* § 496 Rdn. 6; Erman-*Saenger* § 496 Rdn. 7; Müko-*Habersack* § 10 VerbrKrG Rdn. 3; W/E/R-*Emmerich* § 10 VerbrKrG Rdn. 22, 23; Staudinger/Kessal-*Wulf* § 496 Rdn. 20.

[2985] Bamberger/Roth-*Möller/Wendehorst* § 496 Rdn. 1; W/E/R-*Emmerich* § 10 VerbrKrG Rdn. 7, 21.

[2986] Bamberger/Roth-*Möller/Wendehorst* § 496 Rdn. 2 und Staudinger/Kessal-*Wulf* § 496 Rdn. 5: Schutz von Bürgen und sonstigen Dritten, die beim Darlehensnehmer Regress nehmen könnten; *Bülow* § 496 Rdn. 11; Erman-*Saenger* § 496 Rdn. 5: zugunsten eines Bürgen anwendbar; Müko-*Habersack* § 496 Rdn. 9: Bürgschaft und sonstige Mithaftung; W/E/R-*Emmerich* § 10 VerbrKrG Rdn. 12.

[2987] Bamberger/Roth-*Möller/Wendehorst* § 496 Rdn. 2; Erman-*Saenger* § 496 Rdn. 5.

[2988] BGH NJW 2005, 1576, 1578; NJW 2004, 59, 839; OLG Hamm WM 2005, 846; KG WM 2005, 596, 598; NJW 2004, 59; NJW 2004, 839; *Bülow* § 496 Rdn. 13.

[2989] *Bülow* § 496 Rdn. 13; a. A. OLG Hamm NJW 1993, 140.

Unterwerfung in einer notariellen Urkunde gem. § 794 Abs. 1 Nr. 5 ZPO von § 496 Abs. 1 – zumindest entsprechend – erfasst werden.[2990]

15 Eine konsequente, am Schutzzweck des § 496 Abs. 2 orientierte Auslegung verlange, Verpflichtungen von Verbrauchern zur Vollstreckungsunterwerfung in ihr gesamtes Vermögen als unzulässig anzusehen.[2991]

16 Danach galt § 10 Abs. 2 VerbrKrG auch für Realkreditverträge i. S. d. § 3 Abs. 2 Nr. 2 VerbrKrG.[2992]

II. Einwendungsverzicht (§ 496 Abs. 1)

17 Nach § 496 Abs. 1 ist ein vertraglicher Verzicht des Verbrauchers auf die Rechte aus §§ 404, 406 unwirksam. Das vertragliche Verbot (§ 134) der ansonsten allgemein zulässigen Abbedingung dieser Vorschriften gilt für jede entgegenstehende Abrede.

18 Dabei ist unerheblich, ob der Verbraucher den Verzicht mit dem Darlehensgeber, dessen Zessionar oder im Rahmen einer dreiseitigen Vereinbarung trifft,[2993] ob es sich um einen Verzicht, einen völligen Ausschluss der §§ 404, 406 oder um deren bloße vertragliche Einschränkung handelt.[2994]

19 Nach h. M. ist § 496 Abs. 1 auch auf § 407 Abs. 1 entsprechend anwendbar.[2995]

20 Regelmäßig wird eine insoweit in Frage kommende Sicherungsabtretung dem Verbraucher gegenüber jedoch offen gelegt, sodass sich der Verbraucher dann ohnehin nicht auf die befreiende Wirkung des § 407 bei Zahlung an den Zedenten berufen könnte.[2996]

[2990] *Vollkommer* NJW 2004, 818 ff.; Bamberger/Roth-*Möller/Wendehorst* § 496 Rdn. 3; Erman-*Saenger* § 496 Rdn. 4; Müko-*Habersack* § 496 Rdn. 8.

[2991] So *Vollkommer* NJW 2004, 818, 819; Bamberger/Roth-*Möller/Wendehorst* § 496 Rdn. 3 a. E.: Schutzzweck erfasst auch diese Verpflichtungen, § 496 Abs. 2 ist analog anzuwenden; Erman-*Saenger* § 496 Rdn. 4: Erschwerung der Durchsetzung von Einwendungen über §§ 780, 781 wird von § 496 Abs. 1 erfasst; Müko-*Habersack* § 496 Rdn. 8: § 496 Abs. 2 analog anzuwenden; Staudinger/Kessal-*Wulf* § 496 Rdn. 8, 28; W/E/R-*Emmerich* § 10 VerbrKrG Rdn. 13: § 496 Abs. 1 bzw. § 10 Abs. 1 VerbrKrG analog anzuwenden; hiergegen jetzt BGH NJW 2005, 1576, 1578 mit Hinweis auf BT-Drs. 11/8274, S. 22.

[2992] *Vollkommer* NJW 2004, 818, 819; Staudinger/Kessal-*Wulf* § 10 VerbrKrG Rdn. 21 und § 496 Rdn. 8.

[2993] *Bülow* § 496 Rdn. 7; W/E/R-*Emmerich* § 10 VerbrKrG Rdn. 8–10; Müko-*Habersack* § 496 Rdn. 8: auch einseitiger Verzicht.

[2994] *Bülow* § 496 Rdn. 7, 8; W/E/R-*Emmerich* § 10 VerbrKrG Rdn. 8 bis 10.

[2995] *Bülow* § 496 Rdn. 7, 9: sofern man § 407 nicht ohnehin als zwingend ansehen will; Erman-*Saenger* § 496 Rdn. 3 a. E.: sofern die Vorschrift vertraglich abbedungen wurde; Müko-*Habersack* § 496 Rdn. 7 und W/E/R-*Emmerich* § 10 VerbrKrG Rdn. 11: „Frage hat keine praktische Bedeutung".

[2996] *Bülow* § 496 Rdn. 9; Staudinger/Kessal-*Wulf* § 496 Rdn. 10.

III. Wechselverbot und Scheckbeschränkung (§ 496 Abs. 2)

1. Wechselverbot (§ 496 Abs. 2 S. 1)

Der Verbraucher darf in keiner Form verpflichtet werden, für Ansprüche des Darlehensgebers eine Wechselverbindlichkeit einzugehen. Vom Wechselverbot betroffen sind sämtliche Kreditverträge aus §§ 491, 499, 500, 501[2997] einschließlich des entgeltlichen Zahlungsaufschubs (§ 499 Abs. 1) und der Wechselakzepte mit einer Laufzeit bis zu drei Monaten.[2998] 21

Das Wechselverbot des § 496 Abs. 2 S. 1 gilt für alle möglichen, hieraus folgenden Ansprüche des Darlehensgebers, also insbesondere für Ansprüche auf Zahlung von Raten und Zinsen, auf Rückzahlung des Kapitals nach Kündigung oder Gesamtfälligstellung gem. §§ 498, 503 Abs. 2, Ansprüche aus §§ 357, 346, 347, aus § 497 sowie Ansprüche auf Ersatz von Rechtsverfolgungskosten.[2999] Die Art der eingegangenen Wechselverbindlichkeit ist gleichgültig. Das Verpflichtungsverbot des §§ 496 Abs. 2 S. 1 betrifft neben dem Wechselakzept auch die Ausstellung und Indossierung des Wechsels (vgl. Art. 1, 11, 14, 25, 28 WG), den Wechsel an eigene Order des Ausstellers/Verbrauchers (Art. 3, 25, 28 WG), die Wechselbürgschaft Dritter (Art. 30, 32 WG) und die Bürgschaft bzw. den Schuldbeitritt eines Dritten für eine vom Verbraucher eingegangene Wechselverbindlichkeit, selbst wenn der Bürge oder Beitretende selbst kein Verbraucher i. S. d. § 13 ist.[3000] 22

Der dem Wechsel zugrunde liegende Darlehensvertrag bleibt von der Nichtigkeit des Verpflichtungsvertrages zur Scheckbegebung aber unberührt.[3001] 23

Droht der Verbraucher mit der Rückzahlung seiner Verbindlichkeiten in Verzug zu geraten und hat er die Wahl, seine Verbindlichkeiten durch Barzahlung, Überweisung oder Wechsel- bzw. Scheckhingabe zu tilgen, greift das Wechselverbot des § 496 Abs. 2 aber nicht ein; eine solche „freiwillige" Wechselbegebung bleibt nach zutreffender Ansicht möglich.[3002] 24

2997 *Bülow* § 496 Rdn. 7, 8; Bamberger/Roth-*Möller/Wendehorst* § 496 Rdn. 1; Staudinger/Kessal-*Wulf* § 496 Rdn. 5, 16, 20; s. o. Rdn. 7 ff.

2998 *Bülow* § 496 Rdn. 6; Erman-*Saenger* § 496 Rdn. 7; Müko-*Habersack* § 496 Rdn. 3, 11: auch wechselmäßige Erklärungen regressbreechtigter, mithaftender Dritter; Kessal-*Wulf* a. a. O. 20.

2999 Müko-*Habersack* § 496 Rdn. 12; W/E/R-*Emmerich* § 10 VerbrKrG Rdn. 26, 27.

3000 *Bülow* § 496 Rdn. 14, 15; Müko-*Habersack* § 496 Rdn. 9, 11; W/E/R-*Emmerich* § 10 VerbrKrG Rdn. 28, 30: Umgehungsverbot des § 506 Abs. 1 S. 2, vormals § 18 S. 2 VerbrKrG; Staudinger/Kessal-*Wulf* § 496 Rdn. 17, 35.

3001 OLG München ZIP 2004, 991, 992; Erman-*Saenger* § 496 Rdn. 8 a. E.; Müko-*Habersack* § 496 Rdn. 13; Staudinger/Kessal-*Wulf* § 496 Rdn. 30; differenzierend *Bülow* § 496 Rdn. 19.

3002 *Bülow* NJW 1991, 132 und § 496 Rdn. 16; Bamberger/Roth-*Möller/Wendehorst* § 496 Rdn. 5; a. A. jedoch *Müller* WM 1991, 1781, 1784/1785; Müko-*Habersack* § 496 Rdn. 14; Staudinger/Kessal-*Wulf* § 496 Rdn. 25.

2. Scheckverbot bzw. Scheckbeschränkung (§ 496 Abs. 2 S. 2)

25 § 496 Abs. 2 S. 2 enthält ein eingeschränktes Scheckverbot. Die Vorschrift untersagt nur den funktionswidrigen Einsatz von Schecks als Kreditmittel bzw. als Mittel zur Sicherung von Ansprüchen des Darlehensgebers aus einem Verbraucherdarlehensvertrag i. S. d. §§ 491, 499 bis 501.

26 Eine unzulässige Entgegennahme von Schecks zu Sicherungszwecken liegt etwa vor, wenn der Verbraucher den Scheck vor Fälligkeit der Rückzahlungsverpflichtung begibt oder einen bei bzw. nach Fälligkeit begebenden Scheck vordatiert.[3003] Dann besteht für den Darlehensnehmer das Risiko, dass er wegen Art. 28 ScheckG die Einrede der Stundung der gegen ihn gerichteten Forderung verliert, falls der Scheck entgegen einer getroffenen Absprache sofort vorgelegt wird.[3004]

27 Der funktionsgemäße Einsatz des Schecks als Mittel zur Erfüllung einer fälligen Darlehensverpflichtung wird von § 496 Abs. 2 S. 2 jedoch nicht sanktioniert und bleibt stets möglich.[3005]

3. Herausgabeanspruch (§ 496 Abs. 2 S. 3)

28 Bei einem Verstoß gegen § 496 Abs. 2 S. 1 bzw. § 496 Abs. 2 S. 2 sind das Verpflichtungsgeschäft und die Sicherungsabrede gem. § 134 nichtig; die eingegangene Wechsel- bzw. Scheckverpflichtung bleibt dagegen wirksam.[3006]

29 Die Nichtigkeit des Verpflichtungsgeschäfts und der Sicherungsabrede führt nach h. M. nicht gem. § 139 zur Nichtigkeit des Verbraucherkreditvertrages.[3007]

30 Der Verbraucherkreditvertrag bleibt aber auch nach der Gegenauffassung von Bülow[3008] zumindest mit der Maßgabe wirksam, dass der Verbraucher bei Fälligkeit in bar oder durch Scheck zahlen kann.

31 Ein entgegen § 496 Abs. 2 S. 2 gegebener Wechsel oder begebener Scheck kann vom Darlehensgeber als erstem Wechsel- oder Schecknehmer sowohl gem. § 812 Abs. 1 S. 1 kondiziert wie auch gem. § 496 Abs. 2 S. 3 herausverlangt werden.[3009]

[3003] Müko-*Habersack* § 496 Rdn. 21; auch Bamberger/Roth-*Möller/Wendehorst* § 496 Rdn. 5 und Staudinger/Kessal-*Wulf* § 496 Rdn. 26.

[3004] Bamberger/Roth-*Möller/Wendehorst* § 496 Rdn. 5; Müko-*Habersack* § 496 Rdn. 21; W/E/R-*Emmerich* § 10 VerbrKrG Rdn. 32.

[3005] Bamberger/Roth-*Möller/Wendehorst* § 496 Rdn. 5 a. E.; Müko-*Habersack* § 496 Rdn. 22; Palandt-*Putzo* § 496 Rdn. 5.

[3006] *Bülow* § 496 Rdn. 20; Erman-*Saenger* § 496 Rdn. 8,9; Palandt-*Putzo* § 496 Rdn. 6; W/E/R-*Emmerich* § 10 VerbrKrG Rdn. 35.

[3007] Erman-*Saenger* § 496 Rdn. 8; Müko-*Habersack* § 496 Rdn. 13; Palandt-*Putzo* § 496 Rdn. 8; Staudinger/Kessal-*Wulf* § 496 Rdn. 30; W/E/R-*Emmerich* § 10 VerbrKrG Rdn. 35, 37, 21; a. A. *Müller* WM 1991, 1781, 1787; differenzierend *Bülow* § 496 Rdn. 19: Frage des Einzelfalles.

[3008] *Bülow* § 496 Rdn. 19.

[3009] *Bülow* § 496 Rdn. 20, 21; Erman-*Saenger* § 496 Rdn. 12; Müko-*Habersack* § 496 Rdn. 24; im Ergebnis auch Bamberger/Roth-*Möller/Wendehorst* § 496 Rdn. 6:

Der Darlehensgeber kann dem Herausgabeanspruch des Verbrauchers auch kein Zurückbehaltungsrecht aus § 273 Abs. 1 entgegenhalten.[3010] 32

Wurde der Wechsel oder Scheck von einem Dritten *nicht* gem. Art. 17 WG, 22 ScheckG gutgläubig einredefrei erworben, kann der Verbraucher auch von diesem die Herausgabe der Papiere aus § 812 Abs. 1 S. 1 1. Alt. verlangen und die Zahlung auf den Wechsel oder Scheck verweigern.[3011] 33

Hat der Dritte den Wechsel oder Scheck jedoch hinsichtlich der Einwendungen des Verbrauchers gutgläubig einredefrei erlangt, so ist dem Verbraucher die Geltendmachung dieser Einwendungen gem. Art. 17 WG, 22 ScheckG grundsätzlich versagt, es sei denn, der Dritte hat den Wechsel bewusst zum Nachteil des Verbrauchers erworben oder zwischen dem Darlehensgeber und dem Dritten, z. B. einer Refinanzierungsbank, lag kein für den gutgläubig-einredefreien Erwerb erforderliches Verkehrsgeschäft vor. 34

An einem solchen „Verkehrsgeschäft" fehlt es etwa, wenn der Darlehensgeber und die Refinanzierungsbank planmäßig zusammenarbeiten und der Geschäftsbetrieb der Refinanzierungsbank speziell auf die Refinanzierung von Teilzahlungsgeschäften zugeschnitten ist.[3012] 35

Selbst wenn der Refinanzierer des Darlehensgebers nicht als Teilfinanzierungsbank anzusehen ist, aber dem Darlehensgeber einen Diskontkredit gerade zum Zweck der Durchführung von Teilzahlungsgeschäften gewährt, kann er sich nicht auf einen gutgläubig-einredefreien Erwerb des Wechsels gem. Art. 16, 17 WG berufen, sondern muss sich danach wie der Kreditgeber als erster Wechselnehmer behandeln lassen, dem der Verbraucher als Aussteller auch die persönlichen Einwendungen entgegenhalten kann.[3013] 36

Dies gilt erst Recht, wenn zwischen dem Kreditgeber und einem Verkäufer als zweitem Scheck- bzw. Wechselnehmer eine „wirtschaftliche Einheit" i. S. d. § 358 Abs. 2, Abs. 3 oder gar eine faktische Personenidentität besteht.[3014] 37

Liegen solche Ausnahmefälle der fehlenden Schutzwürdigkeit des Dritten als zweitem oder drittem Wechselnehmer nicht vor, kann der Verbraucher den Wechsel bzw. Scheck nicht gem. § 812 Abs. 1 S. 1 1. Alt. bzw. § 826 herausverlangen und ist auf die Ansprüche gegenüber dem Darlehensgeber beschränkt. 38

---

§ 496 Abs. 2 S. 3 enthält nur die Klarstellung, dass Wechselhingabe keinen Rechtsgrund i. S. d. § 812 Abs. 1 S. 1 1. Alt. darstellt.

3010 Erman-*Saenger* § 496 Rdn. 12 und Staudinger/Kessal-*Wulf* § 496 Rdn. 31: weil sich aus § 496 Abs. 2 „ein anderes ergibt"; im Erg. auch *Bülow* § 496 Rdn. 22 und Müko-*Habersack* § 496 Rdn. 25.

3011 W/E/R-*Emmerich* § 10 VerbrKrG Rdn. 39.

3012 *Bülow* § 496 Rdn. 34; Erman-*Saenger* § 496 Rdn. 11; Müko-*Habersack* § 496 Rdn. 19, 26; auch BGH NJW 1986, 3197, 3199.

3013 *Baumbach/Hefermehl* Art. 17 WG Rdn. 83 d; *Bülow* § 496 Rdn. 34; Müko-*Habersack* § 496 Rdn. 19; Staudinger/Kessal-*Wulf* § 496 Rdn. 39.

3014 *Baumbach/Hefermehl* Art. 17 WG Rdn. 23, 24.

4. Schadensersatzanspruch (§ 496 Abs. 2 S. 4)

39 Der Verbraucher kann gem. § 496 Abs. 2 S. 4 vom Darlehensgeber, aber auch vom nicht gutgläubig-einredefrei erwerbenden Dritten als zweitem Wechsel- oder Schecknehmer den Schaden ersetzt verlangen, der ihm durch die gegen § 496 Abs. 2 S. 1 und S. 2 verstoßende Wechsel- oder Scheckbegebung entsteht.

40 Solche Schäden sind etwa Anwalts- oder Gerichtskosten, Kosten und zusätzliche Zinsen aus Wechsel oder Scheck und andere, über die im Verbraucherdarlehensvertrag verbrieften Belastungen hinausgehende Forderungen, die gegenüber einem gem. Art. 17 WG, 22 ScheckG gutgläubigen, nachfolgenden Erwerber nicht geltend gemacht werden können.[3015]

41 Im Regressprozess des Darlehensnehmers gegen den Darlehensgeber hat das Gericht festzustellen, in welcher Höhe die Inanspruchnahme aus dem Wertpapier den Anspruch aus dem Verbraucherkreditvertrag übersteigt.[3016]

42 Liegt – etwa in den o. g. Fällen (s. o. Rdn. 35–37) kein gutgläubig-einredefreier Erwerb durch einen nachfolgenden Scheck- oder Wechselnehmer vor und ist dieser nicht zahlungsunfähig, fehlt es aber an einem Schaden des Verbrauchers.

43 Lag der erstmaligen Übertragung des Wertpapiers kein Verkehrsgeschäft zugrunde (s. o.) oder hatte der Dritte das Wertpapier bewusst zum Nachteil des Verbrauchers erworben und führt erst die zweite wechsel- oder scheckmäßige Übertragung zum gutgläubig-einredefreien Erwerb in der Person eines Vierten und damit zu einem Schaden des Verbrauchers, so kann dieser sowohl den Darlehensgeber als auch den Dritten gem. § 496 Abs. 2 S. 4 als Gesamtschuldner in Anspruch nehmen.[3017]

44 Wird der Verbraucher im Wechsel- oder Scheckprozess, dem Urkundenverfahren nach §§ 602, 605 a, 592 ff. ZPO in Anspruch genommen, muss er die auf Art. 16, 17 WG, 21, 22 ScheckG gestützten Einwendungen durch Vorlage von Urkunden (Kreditvertrag, Schriftverkehr mit dem Darlehensgeber o. a.) oder den Antrag auf Parteivernehmung darlegen und beweisen, vgl. §§ 595 Abs. 2, 598 ZPO.[3018]

45 Kann er den Anspruch nicht mit zulässigen Beweismitteln abwehren, so wird er nach § 599 Abs. 1 ZPO unter Vorbehalt seiner Rechte im Nachverfahren verurteilt (§§ 599 Abs. 3, 602 ZPO). Wird das Vorbehalturteil im anschließenden Nachverfahren, in dem alle Beweismittel zulässig sind, im Hinblick auf die bisherige, materielle Rechtslage aufgehoben, so hat der

---

[3015] Bamberger/Roth-*Möller/Wendehorst* § 496 Rdn. 6 a. E.; *Bülow* § 496 Rdn. 23; Erman-*Saenger* § 496 Rdn. 13 und Staudinger/Kessal-*Wulf* § 496 Rdn. 36: verschuldensunabhängige Haftung; Müko-*Habersack* § 496 Rdn. 27, 28.

[3016] Ähnlich *Bülow* § 496 Rdn. 23.

[3017] Müko-*Habersack* § 496 Rdn. 29; W/E/R-*Emmerich* § 10 VerbrKrG Rdn. 45; *Müller* WM 1991, 1781, 1789.

[3018] Vgl. W/E/R-*Emmerich* § 10 VerbrKrG Rdn. 46.

Darlehensgeber als Prozessgegner bzw. bei nicht gutgläubig einredefreiem Erwerb auch der weitere Wechsel- oder Schecknehmer den Schaden des Verbrauchers bereits aus §§ 600 Abs. 2, 304 Abs. 4 S. 3 und S. 4 ZPO zu ersetzen.[3019]

Bereits vor der Inanspruchnahme durch einen Dritten kann der Verbraucher vom Darlehensgeber Freistellung von der verbrieften Verbindlichkeit verlangen.[3020] 46

P. Der Darlehensvermittlungsvertrag (§§ 655a bis 655e)

I. Allgemeines, Anwendungsbereich

Die Vorschriften der §§ 1 Abs. 3, 15 bis 17 VerbrKrG über den Kreditvermittlungsvertrag wurden im Rahmen des Schuldrechtsmodernisierungsgesetzes mit den Bestimmungen zum Maklerrecht verbunden und sind jetzt in Titel 10 „Mäklervertrag", Untertitel 2 „Darlehensvermittlungsvertrag zwischen einem Unternehmer und einem Verbraucher" in §§ 655a bis 655e geregelt.[3021] 1

Während der Anwendungsbereich der §§ 15 bis 17 VerbrKrG auch die Vermittlung eines Zahlungsaufschubs, einer Stundung, eines Finanzierungsleasingvertrages und sonstiger Finanzierungshilfen umfasste,[3022] fallen unter §§ 655a bis 655e nur noch Vermittlungsverträge über Verbraucherdarlehen, sodass insbesondere Vermittlungen von Finanzierungsleasingverträgen ab dem 1. 1. 2002 nicht mehr in den Schutzbereich fallen.[3023] 2

Darlehensvermittlungsverträge unterfallen bei Vorliegen der Voraussetzungen des § 312b Abs. 1 auch den Vorschriften über den Fernabsatzvertrag, da sie bereits bislang in Abs. 3 Nr. 3 der Vorschrift aus der Nichtanwendung ausgenommen waren.[3024] Hieran hat sich durch Inkrafttreten des Gesetzes zur Änderung der Vorschriften über Fernabsatzverträge bei Finanzdienstleistungen vom 2. 12. 2004[3025] nichts geändert, vielmehr der Anwendungsbereich des Fernabsatzrechtes wesentlich erweitert. 3

[3019] Müko-*Habersack* § 496 Rdn. 27; W/E/R-*Emmerich* § 10 VerbrKrG Rdn. 48, 39.

[3020] *Bülow* § 496 Rdn. 23; Erman-*Saenger* § 496 Rdn. 13 a. E.; Staudinger/Kessal-*Wulf* § 496 Rdn. 36 a. E.

[3021] Vgl. Erman-*Saenger* vor § 655a Rdn. 1; *Habersack* BKR 2001, 72 ff.

[3022] Vgl. W/E/R-*Emmerich* § 15 VerbrKrG Rdn. 7, 8 und § 16 VerbrKrG Rdn. 15; Müko-*Habersack* § 15 VerbrKrG Rdn. 5.

[3023] *Habersack/Schürnbrand* WM 2003, 261, 262; Erman-*Saenger* vor § 655a Rdn. 1 und § 655a Rdn. 3; Palandt-*Sprau* § 655a Rdn. 3.

[3024] Erman-*Saenger* § 655a Rdn. 3.

[3025] BGBl. I S. 3102.

II. Entstehungsvoraussetzungen für den Vergütungsanspruch des Darlehensvermittlers (§§ 13, 14, 652, 655 a, 655 b, 655 c)

4 Der Verbraucher ist nur dann zur Zahlung einer Vergütung an den Darlehensvermittler verpflichtet, wenn die Voraussetzungen der §§ 13, 14, 655 a bis 655 c vorliegen:

1. Persönliche und sachliche Anwendbarkeit der §§ 655 a bis 655 c

a) Verbrauchereigenschaft des Auftraggebers

5 Der Auftraggeber und Darlehensnehmer muss Verbraucher i. S. d. § 13 sein.

6 § 655 e Abs. 2 erweitert den Anwendungsbereich der §§ 655 a ff. auf Existenzgründer.[3026]

7 Ist Auftraggeber der Darlehensgeber selbst oder ein Dritter, fehlt es an der in § 655 a vorausgesetzten Schutzbedürftigkeit.[3027]

8 Auf einen Geschäftsbesorgungsvertrag, der den Geschäftsbesorger verpflichtet, einen Kreditvertrag im Namen des Verbrauchers abzuschließen, finden §§ 655 a ff. keine Anwendung.[3028]

b) Unternehmereigenschaft des Vermittlers

9 Der Verbraucher (Auftraggeber) muss den Darlehensvermittlungsvertrag mit einem in Ausübung seines Gewerbes handelnden Unternehmer (§ 14) als Darlehensvermittler abschließen.

10 Darlehensvermittler ist ein Unternehmer, der einen Verbraucher gegen Entgelt einen Darlehensvertrag vermittelt (Vermittlungsmakler) oder ihm die Gelegenheit zum Abschluss eines Darlehensvertrages (Nachweismakler) nachweist.[3029]

11 Der Unternehmer kann Zivilmakler (§§ 652 bis 654) und Handelsmakler (§§ 93 ff HGB) sein.[3030]

12 Auch ein Unternehmensberater, der es im Zug einer Existenzgründungsberatung unternimmt, seinem Kunden günstige Existenzgründungsdarlehen zu vermitteln, handelt als Darlehensvermittler.[3031]

13 Darlehensvermittler kann schließlich auch der Verkäufer oder Dienstleistender sein, der etwa im Rahmen eines verbundenen Geschäfts (§ 358) die Finanzierung des Kauf- oder Dienstleistungsvertrages besorgt.[3032]

[3026] *Bülow* § 655 a Rdn. 6, 7 und § 655 e Rdn. 2; Erman-*Saenger* § 655 e Rdn. 3; Palandt-*Sprau* § 655 a Rdn. 6 und § 655 e Rdn. 3.

[3027] Palandt-*Sprau* § 655 a Rdn. 6; Müko-*Ulmer* § 1 VerbrKrG Rdn. 94.

[3028] OLG Frankfurt WM 2001, 353; OLG München WM 2002, 500.

[3029] Erman-*Saenger* § 655 a Rdn. 4.

[3030] Palandt-*Sprau* § 655 a Rdn. 5 und vor § 652 Rdn. 3; *Bülow* § 655 Rdn. 8.

[3031] LG Darmstadt NJW-RR 2002, 351.

[3032] *Bülow* § 655 a Rdn. 8.

Ein Handelsvertreter (§ 84 HGB) des Darlehensgebers, der „ständig damit betraut“ ist, für diesen Darlehensgeschäfte zu vermitteln, kommt als Darlehensvermittler i.S.d. § 655a nicht in Betracht.[3033] Der Darlehensgeber wäre aus Sicht des Verbrauchers wegen „unechter Verflechtung“ nicht Dritter.[3034] 14

Eine solche „Handelsvertretung“ mit der Folge, dass ein „Darlehensvermittlungsvertrag“ i.S.d. § 655a nicht zustande kommen kann, ist jedenfalls dann anzunehmen, wenn der zwischen dem Vermittler und der Bank bestehende Rahmenvertrag den Vermittler verpflichtet, alle Kunden zunächst an diese Bank zu vermitteln und es ihm nur bei Ablehnung seitens der begünstigten Bank gestattet ist, Darlehensinteressenten einem anderen Darlehensgeber zuzuführen.[3035] 15

c) Vertragsgegenstand

Die nach dem Darlehensvermittlungsvertrag zu erbringende Tätigkeit des Vermittlers muss auf den Abschluss eines Verbraucherdarlehensvertrages i.S.d. § 491 Abs. 1 als Hauptvertrag gerichtet sein. 16

Maklerverträge über Abzahlungskäufe (jetzt §§ 499 Abs. 3, 501), Finanzierungsleasingverträge (§§ 499 Abs. 2, Abs. 3, 500), Stundungen (§ 499 Abs. 1) und Sachdarlehensverträge (§ 607) fallen nicht (mehr) unter den Anwendungsbereich der §§ 655a bis 655e.[3036] 17

d) Entgeltlichkeit

Die Tätigkeit des Vermittlers muss entgeltlich sein, d.h. der Darlehensnehmer muss durch den Abschluss des Vermittlungsvertrages mit zusätzlichen Kosten belastet werden.[3037] 18

Gleichgültig ist dabei, ob die Belastung durch eine Vermittlungsprovision oder durch eine Erhöhung des Vertragszinses oder durch eine Erhöhung des Vertrageszinses aus dem vermittelten Darlehensvertrag bzw. Antragsgebühren des Darlehensgebers (Bank) erfolgt.[3038] 19

Ausreichend ist, wenn dem Darlehensvermittler nur ein geringfügiges Entgelt gewährt oder versprochen wird.[3039] Das Gewähren oder Versprechen von Kleinstbeträgen genügt zur Bejahung der „Entgeltlichkeit“ jedoch 20

3033 *Bülow* § 655a Rdn. 10 und § 655b Rdn. 8; Palandt-*Sprau* § 655a Rdn. 5; differenzierend Erman-*Saenger* § 655a Rdn. 5, 6.

3034 *Bülow* § 655a Rdn. 10; Palandt-*Sprau* § 652 Rdn. 29 und § 655a Rdn. 5.

3035 Erman-*Saenger* § 655a Rdn. 6 a.E.

3036 *Bülow* § 655a Rdn. 12; Erman-*Saenger* vor § 655a Rdn. 1 und § 655a Rdn. 3; Palandt-*Sprau* § 655a Rdn. 3.

3037 *Bülow* § 655a Rdn. 12, 13, 22.

3038 *Bülow* § 655a Rdn. 23 und § 655b Rdn. 9, sogenanntes „Packing“; a.A. Palandt-*Sprau* § 655a Rdn. 4 und W/E/R-*Emmerich* § 15 VerbrKrG Rdn. 13: „Packing“ genügt nicht zur Bejahung der „Entgeltlichkeit“.

3039 OLG Köln ZIP 1994, 776; Erman-*Saenger* § 655a Rdn. 2.

nicht.[3040] Die Bezeichnung als Teilzahlungsaufschlag, Gebühr o.a. ist unerheblich.[3041]

21 „Entgeltlichkeit“ liegt auch dann vor, wenn der Vermittler Handelsvertreter (§ 84 HGB) des Darlehensgebers ist und ihm aus diesem Grund kein Anspruch auf die vereinbarte Provision zusteht.[3042]

22 Wird der nach Einschaltung des Darlehensvermittlers gewährte Kredit dem Verbraucher zu den gleichen Konditionen eingeräumt, die auch bei direkter Kontaktaufnahme mit dem Darlehensgeber (Bank) „am Schalter“ eingeräumt worden wären, ist die Vermittlung jedoch unentgeltlich.[3043]

e) Kein Eingreifen von Ausnahmen

23 Die Vorschriften der §§ 655b bis 655e finden gem. § 655a S. 2 keine Anwendung auf Bagatelldarlehen bis zu 200,00 € (§ 491 Abs. 2 Nr. 1), Arbeitgeberdarlehen (§ 491 Abs. 2 Nr. 2), Förderdarlehen (§ 491 Abs. 2 Nr. 3).

2. Abschluss eines schriftlichen Darlehensvermittlungsvertrages

a) Schriftform

24 Gem. § 655b Abs. 1 S. 1 bedarf der Darlehensvermittlungsvertrag der gesetzlichen Schriftform i.S.d. § 126. Die Vertragsurkunde muss den gesamten Vertragsinhalt sowie die Pflichtangaben nach § 655b Abs. 1 S. 2 (Vergütung des Darlehensvermittlers in einem Prozentsatz, vom Darlehensgeber bezogene Vergütung, Vereinbarungen über den Umfang des zu vermittelnden oder nachzuweisenden Darlehens, ggf. auch der Auszahlungstermin) wiedergeben. Der Vertrag muss vom Darlehensvermittler und vom Verbraucher auf derselben Urkunde eigenhändig unterschrieben werden, wobei Stellvertretung zulässig ist.[3044]

25 Das Formerfordernis gilt auch für Vertragsänderungen, wobei eine Wiederholung oder Beifügung des gesamten ursprünglichen Vertragswortlauts bei eindeutiger Bezugnahme auf den ursprünglichen Vertrag jedoch nicht erforderlich wird.[3045] AGB des Darlehensvermittlers werden – abweichend von § 305 – nur Vertragsbestandteil, wenn auf sie in der Vertragsurkunde Bezug genommen wird und sie mit dieser körperlich fest verbunden werden.[3046]

[3040] LG Karlsruhe NJW-RR 2000, 1442: 0,92 DM; Erman-*Saenger* § 655a Rdn. 2.

[3041] Palandt-*Sprau* § 655a Rdn. 4.

[3042] *Bülow* § 655a Rdn. 13 und § 655b Rdn. 8.

[3043] *Bülow* § 655a Rdn. 23: die Beweislast liegt beim Vermittler.

[3044] Erman-*Saenger* § 655b Rdn. 2.

[3045] Erman-*Saenger* § 655b Rdn. 2.

[3046] Erman-*Saenger* § 655b Rdn. 2; Müko-*Habersack* § 15 VerbrKrG Rdn. 7; W/E/R-*Emmerich* § 15 VerbrKrG Rdn. 19.

Wenn der Darlehensvermittlungsvertrag entgegen § 655b Abs. 1 S. 1 nicht schriftlich geschlossen wurde, ist jedoch nur dieser Vermittlungsvertrag, nicht aber auch der Darlehensvertrag unwirksam.[3047] 26

b) Vollmacht

Fraglich ist, ob eine vom Verbraucher erteilte Vollmacht zum Abschluss eines Darlehensvermittlungsvertrages der Form für den vermittelten Vertrag bedarf. 27

Nach Ansicht von Bülow[3048] ist § 492 Abs. 4 n.F., wonach die Angaben aus § 492 Abs. 1 Nr. 1 bis 7 auch in der Vollmacht enthalten sein müssen, die ein Darlehensnehmer zum Abschluss eines Verbraucherdarlehensvertrages erteilt, entsprechend auf den Vermittlungsvertrag anzuwenden. Zum Schutz des Verbrauchers vor Umgehungen bedarf danach auch eine vom Verbraucher etwa an einen Treuhänder erteilte Vollmacht zum Abschluss eines Vermittlungsvertrages der Form aus § 655b. Nach u.E. richtiger Ansicht ist die Vollmacht zum Vertragsabschluss nicht formbedürftig.[3049] Der vom Gesetzgeber zum 1. 8. 2002 aufgrund der gegenteiligen Rspr. des BGH eingefügte § 492 Abs. 4 bezieht sich ausschließlich auf § 492 Abs. 1 und 2, nicht dagegen auf Vollmachten zum Abschluss von Teilzahlungsgeschäften und Darlehensvermittlungsverträgen. 28

c) Trennungsgebot

Die Vertragsurkunde darf nicht mit dem Antrag auf Hingabe des Darlehens verbunden werden (§ 655b Abs. 1 S. 3). Gegen das Trennungsgebot wird bereits dann verstoßen, wenn der Darlehensvermittlungsvertrag so gestaltet ist, dass der Verbraucher hierin einen Darlehensantrag erblicken kann.[3050] Eine entgegen § 655b Abs. 1 S. 3 erfolgte Verbindung, etwa die Aufnahme des Vermittlungsvertrages in das Formular über den Darlehensvertrag oder das Zusammenheften beider Urkunden, führt gem. § 655b ebenfalls zur Nichtigkeit des Vermittlungsvertrages.[3051] 29

d) Aushändigung einer Vertragsabschrift

Der Verbraucher hat einen Anspruch auf Aushändigung einer Abschrift oder eines Originals des Darlehensvermittlungsvertrages. Bis zur Erfüllung dieses Anspruchs kann er die Zahlung der Vermittlungsvergütung verweigern, § 273 Abs. 1. Diese Einrede des Zurückbehaltungsrechts kann er bei 30

3047 LG Stuttgart WM 2000, 1492; Palandt-*Sprau* § 655b Rdn. 6; *Bülow* § 655b Rdn. 26.

3048 *Bülow* § 655b Rdn. 18; ebenso *Habersack/Schürnbrand* WM 2003, 261, 263.

3049 Palandt-*Sprau* § 655b Rdn. 2.

3050 Ermann-*Saenger* § 655b Rdn. 4: „Selbstauskunft".

3051 Erman-*Saenger* § 655b Rdn. 4; W/E/R-*Emmerich* § 15 VerbrKrG Rdn. 42, 43; Müko-*Habersack* § 15 VerbrKrG Rdn. 17.

regelmäßig bestehender „wirtschaftlicher Einheit" (vgl. § 358 Abs. 1–3) zwischen Darlehensvertrag und Darlehensvermittlungsvertrag auch dem Darlehensgeber gemäß § 359 entgegenhalten.[3052]

3. Prozentuale Angabe der vom Verbraucher geschuldeten Vergütung

a) Angabe des Prozentsatzes

31 Die für die Vermittlung des Darlehensvertrages mit dem Verbraucher vereinbarte Vergütung muss auch dann in einem auf den Nettokreditbetrag bezogenen Prozentsatz angegeben werden, wenn sie als bestimmter Geldbetrag vereinbart ist.[3053]

32 Die Angabe des absoluten Betrages der vereinbarten Vergütung ist daneben zulässig, aus praktischen Gründen auch zu empfehlen, allein jedoch nicht ausreichend.[3054] Die Prozentangabe darf nicht in Gebühren, Kosten oder Provisionen aufgesplittet werden.[3055]

33 Hat der Verbraucher dem Vermittler nur einen Rahmen genannt, ist der Prozentsatz für den Höchst- und den Mindestbetrag des zu vermittelnden Darlehens anzugeben.[3056]

34 Ist aus der Vertragsurkunde eines Darlehensvermittlungsvertrages nicht ersichtlich, um welchen Prozentsatz sich eine Finanzierung verteuert, führt dies zur unheilbaren Nichtigkeit des Vertrages, § 655 b Abs. 2.[3057]

b) Unrichtige Angabe

35 Bei der Differenz zwischen der (zutreffenden) prozentualen und der betragsmäßigen Angabe geht die prozentuale Angabe vor; der Vertrag bleibt mit diesem Inhalt wirksam.[3058]

36 Haben sich die Parteien auf eine betragsmäßig bestimmte Vergütung verständigt und wird die prozentuale Angabe im Vertrag demgegenüber zu hoch bemessen, so ist die Vergütung nach zutreffender Ansicht an die vereinbarte Entgeltsumme anzupassen.[3059]

37 Dies folgt aus dem Rechtsgedanken des § 494 Abs. 3 S. 2 bzw. § 494 Abs. 3. Der Verbraucher schuldet danach in derartigen Fällen bei zu niedrig

---

[3052] W/E/R-*Emmerich* § 15 VerbrKrG Rdn. 46; Müko-*Habersack* § 15 VerbrKrG Rdn. 17.

[3053] *Bülow* § 655 b Rdn. 7; Müko-*Habersack* § 15 VerbrKrG Rdn. 8, 9; Palandt-*Sprau* § 655 b Rdn. 3.

[3054] AG Dortmund NZM 2000, 834; Erman-*Saenger* § 655 b Rdn. 3.

[3055] Palandt-*Sprau* § 655 b Rdn. 3.

[3056] *Bülow* § 655 b Rdn. 7.

[3057] LG Düsseldorf VuR 2001, 218; *Bülow* § 655 b Rdn. 21; Erman-*Saenger* § 655 b Rdn. 3.

[3058] W/E/R-*Emmerich* § 15 VerbrKrG Rdn. 30, 52.

[3059] Müko-*Habersack* § 15 VerbrKrG Rdn. 9; Palandt-*Sprau* § 655 b Rdn. 6 a. E.; a. A. *Bülow* § 655 b Rdn. 22 und W/E/R-*Emmerich* § 15 VerbrKrG Rdn. 51: Nichtigkeit des Vertrages.

angegebenem Prozentsatz den hieraus folgenden Betrag, bei zu hoch angegebenem Prozentsatz den betragsmäßig bezifferten Betrag.

Nach anderer Auffassung führen unrichtige Angaben beim Prozentsatz dann gem. § 655 b Abs. 2 zur Nichtigkeit des Vertrages, wenn der Verbraucher dadurch seine wirkliche Belastung verkennt und die Abweichung nicht wegen Geringfügigkeit zu vernachlässigen ist.[3060] Haben die Parteien den Kreditbedarf des Verbrauchers falsch eingesetzt und legen Sie einen unzutreffenden Nettodarlehensbetrag zugrunde, treffen die Angaben nach § 655 b Abs. 1 jedoch zu, bleibt der Vertrag allerdings auch nach dieser Ansicht wirksam.[3061] 38

4. Angabe einer mit dem Darlehensgeber vereinbarten Vergütung

Im Darlehensvermittlungsvertrag ist auch eine mit dem Darlehensgeber vereinbarte Vergütung anzugeben, jedenfalls sofern sich hierdurch der Kredit zu Lasten des Verbrauchers tatsächlich und konkret verteuert.[3062] 39

Erhält der Vermittler seine Gegenleistung allein vom Darlehensgeber oder ist eine Verteuerung des Kredits ausgeschlossen, etwa weil der Darlehensgeber das vermittelte Darlehen trotzdem zu den auch für nicht vermittelte Kredite geforderten Konditionen („Schaltersätze") vergibt, ist die Angabe nach h. M. entbehrlich.[3063] 40

Nach anderer Auffassung[3064] bedarf es stets der Angabe der zusätzlich mit dem Darlehensgeber vereinbarten Vergütung, weil die Angabepflicht andernfalls von der internen Kalkulation des Darlehensgebers abhängen würde, die der Vermittler oftmals nicht kennt. Diese Zweckmäßigkeitserwägungen stellen auf die Praktikabilität im Verhältnis zwischen dem Darlehensgeber und dem Vermittler ab. Der Schutz des Verbrauchers erfordert die Angabe auch nach unserer Ansicht nicht, wenn sich der Kredit zu seinen Lasten hierdurch nicht tatsächlich verteuert. 41

Anzugeben ist dagegen eine vom Darlehensgeber als offen ausgewiesener Kostenfaktor gewährte Vergütung, das sogenannte „offene packing", aber auch ein über die Anhebung des Zinssatzes „verstecktes packing".[3065] 42

[3060] *Bülow* § 655 b Rdn. 22; W/E/R-*Emmerich* § 15 VerbrKrG Rdn. 51.

[3061] *Bülow* § 655 b Rdn. 23.

[3062] Müko-*Habersack* § 15 VerbrKrG Rdn. 12; W/E/R-*Emmerich* § 15 VerbrKrG Rdn. 33, 37; weitergehend *Bülow* § 655 b Rdn. 11: Angabe der Vergütung der Bank stets anzugeben.

[3063] Müko-*Habersack* § 15 VerbrKrG Rdn. 12, 13; W/E/R-*Emmerich* § 15 VerbrKrG Rdn. 33, 37.

[3064] *Bülow* § 655 b Rdn. 11.

[3065] *Bülow* § 655 b Rdn. 9; Erman-*Saenger* § 655 b Rdn. 3; Müko-*Habersack* § 15 VerbrKrG Rdn. 12, 13; Palandt-*Sprau* § 655 b Rdn. 3;W/E/R-*Emmerich* § 15 VerbrKrG Rdn. 36, 37.

43 Ob sich der vom Verbraucher geschuldete Zinssatz um die vom Darlehensgeber zusätzlich aufgewandten „Vermittlungskosten“ erhöht („verstecktes packing“), kann durch den Nachweis der Gewährung vergleichbarer Darlehensverträge zu niedrigeren „Schaltersätzen“ belegt werden; eine entsprechende Provisionsvereinbarung ist dann zu vermuten.[3066]

44 Die Angabe des „Packing“ ist für den Verbraucher auch insoweit aufschlussreich, als er hieraus entnehmen kann, dass der Darlehensvermittler – gem. §§ 98, 99 HGB zulässigerweise – als Doppelmakler auch im Interesse der Bank tätig ist.[3067]

45 Auch hinsichtlich der vom Darlehensgeber erhaltenen Vergütung ist eine auf den Nettodarlehensbetrag zzgl. mitkreditierter Einmalkosten bezogene, prozentuale Angabe in Form eines Jahreszinssatzes erforderlich.[3068] Eine zusätzliche, betragsmäßige Angabe ist unschädlich und sogar sinnvoll.

46 Bei divergierenden, zu hohen oder zu niedrigen prozentualen Angaben im Vergleich zu den vertragsmäßigen Angaben gelten die obigen Grundsätze (s.o. Rdn. 36, 38) entsprechend.

5. Nachweis oder Vermittlung eines wirksamen Darlehensvertrages

47 Der Vergütungsanspruch muss sich auf den Nachweis eines wirksamen Darlehensvertrages i.S.d. §§ 491 Abs. 1, 492 Abs. 1 beziehen.

a) Nachweis oder Vermittlung

48 Der Nachweis der Gelegenheit zum Abschluss des Hauptvertrages besteht in einer Mitteilung des Maklers bzw. Vermittlers an seinen Auftraggeber, durch die dieser in die Lage versetzt wird, in konkrete Verhandlungen über den von ihm angestrebten Hauptvertrag einzutreten.[3069]

49 Dabei können das nachgewiesene Objekt bzw. die nachgewiesene Gelegenheit zum Abschluss des Hauptvertrages dem Auftraggeber sogar bekannt sein, wenn der Vermittler zusätzliche Informationen liefert, die den Auftraggeber veranlassen, sich um das Objekt bzw. den konkreten Vertragsabschluss zu bemühen.[3070] Eine Vermittlung liegt vor, wenn der Makler bewusst und aktiv auf die Willensentschließung des Vertragspartners des Auftraggebers einwirkt, um dessen Bereitschaft zum Abschluss des gewünschten Hauptvertrages zu fördern.[3071]

[3066] Müko-*Habersack* § 15 VerbrKrG Rdn. 13.

[3067] Erman-*Saenger* § 655 b Rdn. 3.

[3068] Müko-*Habersack* § 15 VerbrKrG Rdn. 15; W/E/R-*Emmerich* § 15 VerbrKrG Rdn. 39.

[3069] BGH NJW-RR 1996, 113; Palandt-*Sprau* § 652 Rdn. 25.

[3070] BGH NJW-RR 1990, 1269; NJW-RR 1996, 114: die zusätzlichen Informationen müssen adäquat-kausal für den Abschluss des Hauptvertrages geworden sein.

[3071] BGH NJW-RR 1997, 884; Palandt-*Sprau* § 652 Rdn. 27.

b) Wirksamkeit des vermittelten Darlehensvertrages

Der vermittelte Darlehensvertrag zwischen dem Verbraucher und dem Darlehensgeber muss wirksam zustande gekommen sein. 50

Ist der Darlehensvertrag nichtig, etwa wegen eines offenen Einigungsmangels (§ 154), verbotenerweise erfolgter Vermittlung im Reisegewerbe (§ 56 Abs. 1 Nr. 6 GewO a.F.i.V. m. § 134).[3072] Sittenwidrigkeit (§ 138 Abs. 2) wegen überhöhter Verzinsung, d.h. wenn der Vertragszins den marktüblichen Effektivzins relativ um 100% oder um absolut 12 Prozentpunkte übersteigt,[3073] nach erklärter Anfechtung des Verbrauchers/Darlehensnehmers (§§ 119, 123, 142) oder wegen Nichteinhaltung der Schriftform (§§ 492 Abs. 1 S. 1, 494 Abs. 1) bzw. Fehlens einer der in § 492 Abs. 1 S. 5 Nr. 1 bis 6 vorgeschriebenen Angaben (vgl. § 494 Abs. 1), entsteht der Provisionsanspruch des Darlehensvermittlers nicht.[3074] 51

Ist der vermittelte Darlehensvertrag wegen Formmangels gem. §§ 492 Abs. 1, 494 Abs. 1 nichtig und liegen die Voraussetzungen einer Heilung nach § 494 Abs. 2 S. 1, die auch dem Darlehensvermittler zugute kommen, vor, entsteht der Provisionsanspruch mit der Verwirklichung des Heilungstatbestandes,[3075] sofern der Verbraucher den Darlehensvertrag nicht innerhalb der Widerrufsfrist des § 355 Abs. 1 S. 2 bzw. des § 355 Abs. 3 S. 1, die mit Eintritt des Heilungstatbestandes zu laufen beginnt, widerruft.[3076] 52

c) Widerruflichkeit des Darlehensvertrages

Weitere Voraussetzung des Anspruchs auf die Vermittlungsprovision ist, dass der vermittelte Darlehensvertrag endgültig wirksam und nicht wegen eines bestehenden Widerrufsrechts des Verbrauchers nur schwebend wirksam ist.[3077] Erst mit dem Zeitpunkt des Ablaufs der Widerrufsfrist nach § 355 Abs. 1 S. 2 bzw. des § 355 Abs. 3 S. 1 wird der Provisionsanspruch fällig. 53

Liegt keine ordnungsgemäße Belehrung vor, ist zwischen den bis zum 31. 12. 2001 abgeschlossenen und späteren Verträgen zu unterscheiden. 54

Bei Altverträgen (bis 31. 12. 2001) kommt es auf den Ablauf der Jahresfrist des § 7 Abs. 2 VerbrKrG seit Abgabe der auf den Vertragsabschluss gerichteten Willenserklärung, bei Haustürgeschäften auf die vollständige Erbringung der beiderseitigen Leistungen gem. § 2 HausTWG an. 55

[3072] Vgl. *Bülow* § 655 a Rdn. 18, 21.

[3073] BGHZ 110, 338: 100% bzw. 12 Prozentpunkte; BGH NJW 1982, 2433: 91% können ausreichen; Palandt-*Heinrichs* § 138 Rdn. 25 bis 30.

[3074] Vgl. *Bülow* § 655 c Rdn. 7; Müko-*Habersack* § 16 VerbrKrG Rdn. 5; W/E/R-*Emmerich* § 16 VerbrKrG Rdn. 38, 39 insbesondere zum sittenwidrigen Altkredit.

[3075] Vgl. *Bülow* § 655 c Rdn. 7, 9.

[3076] *Bülow* § 655 c Rdn. 9 und § 495 Rdn. 130.

[3077] *Bülow* § 655 c Rdn. 9; zum Widerrufsrecht des Verbrauchers vgl. oben F.

56 Bei Verbraucherdarlehensverträgen, die bis zum 1. 11. 2002 abgeschlossen worden sind, endet die Widerrufsfrist gem. § 355 Abs. 3 S. 1 spätestens sechs Monate nach Vertragsabschluss.[3078]

57 Für die ab dem 2. 11. 2002 geschlossenen Verbraucherdarlehensverträge kann der Widerruf bei nicht vollständiger bzw. nicht ordnungsgemäßer Belehrung gem. § 355 Abs. 3 S. 3 n.F. ohne zeitliche Begrenzung erklärt werden, soweit es sich nicht um einen Immobiliardarlehensvertrag (§ 492 Abs. 1a S. 2) handelt, der kein Haustürgeschäft sein darf und bei dem die Parteien von der Möglichkeit einer bis zum 30. 6. 2005 möglichen abweichenden Vereinbarung gem. § 506 Abs. 3 Gebrauch gemacht haben, das Widerrufsrecht nach § 495 durch besondere schriftliche Vereinbarung auszuschließen.[3079]

58 Es wird jedoch als treuwidrig angesehen, wenn der Verbraucher die schwebende Wirksamkeit des Hauptvertrages nicht durch einen Widerruf beendet, sich jedoch gegenüber dem Darlehensvermittler auf sein noch bestehendes Widerrufsrecht beruft.[3080] Diese Auffassung ist, nachdem der Darlehensgeber nunmehr nach § 355 Abs. 2 Satz 2 in die Lage versetzt wurde, durch ordnungsgemäße Belehrung das Widerrufsrecht rechtswirksam zu beenden, abzulehnen.

59 Andererseits ist der Verbraucher auch nach Zahlung der Vermittlungsprovision an den Darlehensvermittler nicht gehindert, ein etwa noch bestehendes Widerrufsrecht auszuüben und die Provision gem. § 812 Abs. 1 S. 2 1. HS zurückzufordern.[3081]

60 Die Vergütung ist jedoch auch verdient, wenn der Verbraucher nach rechtzeitigem Widerruf unter den Voraussetzungen des §§ 506 Abs. 2 (vormals §§ 7 Abs. 3 VerbrKrG, 495 Abs. 2 a.F.) nicht rechtzeitig zurückzahlt.[3082]

d) Kündigung und Rücktritt des Darlehensgebers

61 Kommt es dagegen nach Abschluss eines wirksamen, vom Verbraucher nicht widerrufenen Darlehensvertrages zu dessen Kündigung durch den Darlehensgeber nach § 498, sodass der Verbraucher das Darlehen vorzeitig zurückführen muss, bleibt der Vergütungsanspruch des Darlehensvermittlers – bei Vorliegen der übrigen Voraussetzungen – erhalten.[3083]

[3078] Bamberger/Roth-*Möller/Wendehorst* § 655 c Rdn. 7.

[3079] Bamberger/Roth-*Möller/Wendehorst* § 655 c Rdn. 7.

[3080] Bamberger/Roth-*Möller/Wendehorst* § 655 c Rdn. 7.

[3081] Bamberger/Roth-*Möller/Wendehorst* § 655 c und Bamberger/Roth-*Wendehorst* § 812 Rdn. 34.

[3082] W/E/R-*Emmerich* § 16 VerbrKrG Rdn. 17 zu § 7 Abs. 3 VerbrKrG; *Bülow* § 655 c Rdn. 9 zu § 495 Abs. 2 a.F.i.d. F. bis zum 1. 8. 2002; *Bülow* § 506 Rdn. 28 e: deutlich gestaltete, schriftliche Vereinbarung bedarf keiner gesonderten Unterschrift des Verbrauchers.

[3083] W/E/R-*Emmerich* § 16 VerbrKrG Rdn. 14; Palandt-*Sprau* § 652 Rdn. 39, 40 zur Kündigung; zu § 652 vgl. OLG Karlsruhe NJW-RR 2005, 574, 575.

Anders verhält es sich jedoch, wenn der Darlehensgeber schon vor Auszahlung des Darlehens aus in seiner oder in der Person des Verbrauchers liegenden Gründen zurücktritt. 62

In diesem Fall fehlt es an der von § 655c S. 1 geforderten Leistung des Darlehens an den Verbraucher.[3084] 63

Abweichende Vereinbarungen der Parteien, wonach etwa der Vergütungsanspruch des Vermittlers auch bei Nichtzustandekommen oder einem Rücktritt des Darlehensgebers vor Auszahlung des Darlehensbetrages geschuldet wird, wären nach §§ 655e Abs. 1, 506 Abs. 1 S. 1, 655c S. 1 unwirksam.[3085] 64

e) Aufhebung und Wegfall des vermittelten Vertrages

Der Provisionsanspruch des Vermittlers entfällt, wenn die Vertragsparteien den vermittelten Vertrag erkennbar aus solchen Gründen rückgängig machen, die zur Anfechtung, etwa wegen arglistiger Täuschung berechtigt hätten.[3086] 65

Es müssen jedoch hinreichende Anhaltspunkte für die Feststellung bestehen, dass nach dem übereinstimmenden Willen beider Parteien mit der Aufhebung des vermittelten Hauptvertrages einer objektiv gegebenen Anfechtbarkeit Rechnung getragen werden sollte.[3087] 66

Ist der Hauptvertrag unter einer *aufschiebenden* Bedingung geschlossen (vgl. § 652 Abs. 1 S. 2), entsteht der Vergütungsanspruch des Vermittlers erst mit Bedingungseintritt.[3088] 67

Wird der Hauptvertrag unter einer *auflösenden* Bedingung geschlossen, fällt die Provision des Vermittlers – bei Vorliegen der sonstigen Voraussetzungen – dagegen sofort an.[3089] 68

Bei nachträglichem Entfallen des abgeschlossenen Hauptvertrages oder der darin enthaltenen Leistungspflichten, etwa aufgrund nachträglicher Unmöglichkeit, Kündigung oder Aufhebung des vermittelten Kauf- oder Darlehensvertrages sowie bei Ausübung eines gesetzlichen Rücktrittsrechts, etwa gem. §§ 313, 314, 490 bleibt der Provisionsanspruch des Vermittlers grundsätzlich erhalten.[3090] 69

[3084] W/E/R-*Emmerich* § 16 VerbrKrG Rdn. 14; *Bülow* § 655c Rdn. 11.

[3085] OLG Köln ZIP 1993, 1542; *Bülow* § 655e Rdn. 1; Erman-*Saenger* § 655e Rdn. 2; Palandt-*Sprau* § 655e Rdn. 6; W/E/R-*Emmerich* § 16 VerbrKrG Rdn. 14.

[3086] BGH NJW 2001, 966; OLG Köln NJW-RR 1997, 693; OLG Hamburg NZM 1998, 824 = NJW-RR 1999, 351; OLG Celle NZM 1998, 678; OLG Celle NJW-RR 1999, 128; *Waas* NZM 2001, 453.

[3087] OLG Hamburg NZM 1998, 824 = NJW-RR 1999, 351.

[3088] OLG Karlsruhe NJW-RR 2005, 574, 575; Palandt-*Sprau* § 652 Rdn. 38.

[3089] Palandt-*Sprau* § 652 Rdn. 38.

[3090] BGH NJW-RR 1993, 248; NJW-RR 2002, 50; BGH NJW-RR 2001, 562 und NJW 1974, 694 zum gesetzlichen Rücktrittsrecht; Palandt-*Sprau* § 652 Rdn. 39.

70 Gleiches gilt bei Vereinbarung eines dem gesetzlichen Rücktrittsrecht nachgebildeten vertraglichen Rücktrittsrecht.[3091]

71 Wird etwa ein in einem Grundstückskaufvertrag aufgenommenes Rücktrittsrecht von der Bebauungsfähigkeit des Grundstücks oder der Finanzierungsmöglichkeit abhängig gemacht, dann kann ein solcher Rücktrittsvorbehalt einer aufschiebenden Bedingung i.S.d. § 652 Abs. 1 S. 2 gleichkommen. Der Maklerlohn ist in einem solchen Fall erst verdient, wenn die Bebaubarkeit feststeht, eine vereinbarte Frist abgelaufen oder jedenfalls mit einem Rücktritt nicht mehr zu rechnen ist.[3092]

72 Gleiches gilt, wenn der vom Makler nachgewiesene oder vermittelte Hauptvertrag eine anfängliche Unvollkommenheit aufweist, deren Behebung nicht in der Macht der Vertragsparteien liegt, etwa die Ungewissheit der Genehmigung eines noch zu erbauenden Mietobjekts, sofern sich die Parteien des Hauptvertrages den vertraglichen Rücktritt für den Fall vorbehalten, dass die Unvollkommenheit nicht binnen einer bestimmten Frist beseitigt werden kann.[3093]

6. Kausalität der Leistung des Darlehensvermittlers für den Abschluss des Darlehensvertrages

a) Nachweis- und Vermittlungsmakler

73 Wie § 652 Abs. 1 S. 1 setzt auch § 655c S. 1 voraus, dass der Darlehensvertrag infolge der Tätigkeit des Vermittlers zustande kommt.

74 Die Mitursächlichkeit genügt dabei, sofern die Maklerleistung den Vertragsabschluss wesentlich gefördert hat.[3094]

75 Beim Nachweismakler ist erforderlich, dass sich der Abschluss bei wertender Betrachtung unter Berücksichtigung der Verkehrsauffassung als Verwirklichung der durch den Nachweis geschaffenen Gelegenheit darstellt.[3095] Hierfür genügt es regelmäßig, dass der Vermittler durch seine Leistung beim Auftraggeber den Anstoß gegeben hat, sich konkret um den Abschluss des in Aussicht stehenden Hauptvertrages zu bemühen.[3096]

[3091] BGH NJW-RR 1998, 1205 = MDR 1998, 764; OLG Dresden NZM 2000, 153.

[3092] BGH NJW-RR 1998, 1205; OLG Karlsruhe NJW-RR 2005, 574, 575.

[3093] OLG Düsseldorf NZM 1998, 1018 und OLG Karlsruhe NJW-RR 2005, 574, 575: vertraglicher Rücktrittsvorbehalt ist einer aufschiebenden Bedingung i. S. d. § 652 Abs. 1 S. 2 gleichzusetzen; OLG Dresden NJW-RR 1996, 694: vertragliches Rücktrittsrecht für den Fall des Scheiterns des vom Käufer beabsichtigten Projekts; OLG Dresden NZM 2000, 153: vertraglich vereinbartes Rücktrittsrecht für den Fall der unterlassenen Räumung des Kaufobjekts.

[3094] Müko-*Habersack* § 16 VerbrKrG Rdn. 7; Palandt-*Sprau* § 652 Rdn. 47; *Bülow* § 655c Rdn. 8.

[3095] BGH NJW-RR 1996, 691; Palandt-*Sprau* § 652 Rdn. 48.

[3096] BGHZ 141, 40, 45; Palandt-*Sprau* § 652 Rdn. 48.

Der Vermittlungsmakler muss durch seine Tätigkeit die Abschlussbereitschaft des Dritten fördern, d.h. bei ihm ein nicht völlig unbedeutendes Motiv für den Abschluss setzen.[3097] 76

b) Mitursächlichkeit und Unterbrechung des Kausalzusammenhangs

Die Mitursächlichkeit der Nachweistätigkeit des Maklers entfällt nicht 77 dadurch, dass Dritte nachträglich erst die entscheidenden Anstöße zum Vertragsabschluss geben,[3098] wenn die direkten Verhandlungen zwischen Darlehensgeber und Verbraucher auf der Vorarbeit des Darlehensvermittlers aufbauen[3099] oder wenn die vom Makler vermittelten Verhandlungen zunächst gescheitert sind, aber innerhalb angemessener Zeit wieder aufgenommen werden und dann zum Abschluss des angebotenen Hauptvertrages führen.[3100] Dies gilt selbst dann, wenn die Verhandlungen des Maklerkunden mit dem Dritten zunächst scheitern und erst aufgrund einer Anzeige des Dritten (Verkäufer, Darlehensgeber) fortgeführt werden[3101] oder der Erstmakler ausgeschaltet wird, wenn der Vertragsabschluss nach Einschaltung eines Zweitmaklers auf der vom Erstmakler angebahnten und fortwirkenden Grundlage zustande kommt.[3102]

Allein der Zeitablauf von 4,5 Monaten,[3103] 7 Monaten[3104] oder nach An- 78 sicht des OLG Hamburg[3105] sogar von drei Jahren zwischen den Bemühungen eines Maklers und dem Abschluss des Hauptvertrages spricht nicht zwingend gegen eine fortbestehende Kausalität.

Andererseits ist nach zutreffender Auffassung des OLG Frankfurt[3106] ein 79 ursächlicher Zusammenhang zwischen der Nachweisleistung eines Maklers und dem Abschluss des Hauptvertrages nicht mehr zu vermuten, wenn zwischen der Nachweisleistung und dem Vertragsabschluss ein Zeitraum von 15 Monaten liegt.

Allerdings ist eine Unterbrechung des Kausalzusammenhangs dann anzu- 80 nehmen, wenn die zunächst unter Mitwirkung des Erstmaklers eingeleiteten Vertragsverhandlungen endgültig abgebrochen worden sind und es zu völlig neuen Verhandlungen, unabhängig von der Tätigkeit des Erstmaklers gekommen ist.[3107]

[3097] BGH WM 1974, 257; Palandt-*Sprau* § 652 Rdn. 51.

[3098] OLG Koblenz VersR 1988, 1150.

[3099] OLG Hamm MDR 1972, 606; Müko-*Habersack* § 16 VerbrKrG Rdn. 8.

[3100] BGH VersR 1996, 500; NJW 1999, 1255 = MDR 1999, 606.

[3101] BGH NJW 1999, 1255 = MDR 1999, 606.

[3102] BGH WM 1974, 257; NJW 1980, 123; Palandt-*Sprau* § 652 Rdn. 50 a.E.

[3103] LG Hamburg NZM 2001, 486.

[3104] OLG Hamburg NZM 2001, 907.

[3105] OLG Hamburg ZMR 2002, 839; u.E. abzulehnen.

[3106] OLG Frankfurt MDR 2004, 871 m.w.N.

[3107] BGH MDR 1996, 283; OLG Karlsruhe NJW-RR 1995, 753; OLG Düsseldorf BB 1997, 2131: Abschluss aufgrund völlig neuer Verhandlungen, an denen der Makler nicht mehr beteiligt ist; OLG Bamberg NJW-RR 1998, 565; OLG Frankfurt MDR 1999, 351; Palandt-*Sprau* § 652 Rdn. 50 a.E.

81 Für die Erfüllung des Merkmals „völlig neue Verhandlungen" reicht es dabei nicht aus, dass die Verhandlungen ganz von vorn begonnen werden müssen. Es ist auch hierbei auf die objektive Ursächlichkeit der Maklertätigkeit abzustellen.[3108]

82 Eine bloße Unterbrechung oder eine vorübergehende Beendigung der Verhandlungen zwischen dem Verbraucher und dem Dritten (Verkäufer, Darlehensgeber) genügt jedoch nicht.[3109]

c) Vorkenntnis des Verbrauchers

83 An der erforderlichen Ursächlichkeit der Nachweistätigkeit – nicht dagegen einer Vermittlungstätigkeit – des Maklers fehlt es regelmäßig bei Vorkenntnis des Kunden von der Gelegenheit zum Abschluss des Darlehensvertrages.[3110]

84 Der Maklerkunde kann sich auch dann auf die Vorkenntnis des vermittelten Objekts bzw. der konkreten Möglichkeit des Abschlusses eines bestimmten Hauptvertrages berufen, wenn er diese bereits in einem Zeitpunkt erlangt hat, in dem er noch gar nicht am Abschluss dieses Hauptvertrages interessiert war[3111] oder wenn er sich an ein schon etwa zwei Monate zurückliegendes Angebot des Grundstückseigentümers bzw. Darlehensgebers beim Erhalt des Maklerangebots nicht sofort erinnert.[3112]

85 Dass der Kunde aufgrund eigener Bemühungen möglicherweise Kenntnis von der Möglichkeit zum Abschluss des Hauptvertrages erlangt hätte, schadet hingegen nicht und begründet keine „Vorkenntnis".[3113]

86 Ein Provisionsanspruch des Vermittlers entsteht aber auch bei Vorkenntnis des Kunden, wenn der Vermittler zusätzliche, für den Vertragsabschluss wesentliche Informationen beschafft hat.[3114]

87 Ob der Auftraggeber gem. § 242 verpflichtet ist, den Vermittler über eine tatsächlich bestehende Vorkenntnis zu unterrichten, ist umstritten.

88 Nach einer Ansicht liegt in der Annahme eines Maklerangebots ohne entsprechenden Hinweis hierauf ein Verzicht, sich auf die Vorkenntnis zu berufen.[3115] Bei fehlendem Hinweis in unmittelbarem Anschluss an das konkrete Angebot kann der Vermittler danach davon ausgehen, dass Vorkenntnis nicht geltend gemacht werden soll.[3116] Der Kunde hat die Vorkenntnis

---

3108 OLG Düsseldorf BB 1997, 2131.

3109 BGH NJW-RR 1996, 691; BGHZ 141, 40.

3110 Vgl. *Bülow* § 655 c Rdn. 8; Müko-*Habersack* § 16 VerbrKrG Rdn. 7; Palandt-*Sprau* § 652 Rdn. 49.

3111 BGH NJW-RR 1990, 1269.

3112 OLG Frankfurt NJW 1979, 878.

3113 OLG Karlsruhe NJW-RR 1996, 628: Antwort auf Chiffre-Anzeige.

3114 BGH NJW-RR 1996, 114.

3115 OLG Hamburg AIZ 1979, 354; OLG Hamburg NJW-RR 1987, 175; OLG Koblenz WM 1989, 1658.

3116 OLG Hamburg NJW-RR 1987, 175; ähnlich OLG Celle NJW-RR 1995, 501.

sogleich deutlich zu machen und tunlichst auch der Provisionsforderung zu widersprechen, um die Wertung seines Verhaltens als Provisionszusage auszuschließen.[3117]

Nach Ansicht des OLG Karlsruhe[3118] besteht zwar keine Verpflichtung des Interessenten, auf seine Vorkenntnis hinzuweisen, sodass zwar mangels Kausalität kein Provisionsanspruch, jedoch wegen fehlenden Hinweises ein Schadensersatzanspruch des Maklers aus § 280 Abs. 1 entsteht. 89

Nach Auffassung des BGH[3119] ist der Maklerkunde/Verbraucher nicht verpflichtet, den Makler nach erfolgtem Angebot dahingehend zu unterrichten, dass ihm das angebotene Objekt bereits bekannt ist. Für die Behauptung der konkreten Vorkenntnis trägt er jedoch die Beweislast.[3120] 90

Der fehlende Hinweis auf eine bestimmte Vorkenntnis ist danach nicht als Verzicht auf die Geltendmachung der Vorkenntnis zu werten.[3121] 91

Dagegen ist die Vermittlungstätigkeit des Maklers – anders als die Nachweistätigkeit (s. o.) – auch bei Vorkenntnis des Verbrauchers für die Vermittlung der Gelegenheit zum Abschluss des Hauptvertrages ursächlich, wenn dadurch die Abschlussbereitschaft des Verkäufers bzw. Darlehensgebers zumindest gefördert worden ist.[3122] 92

Während die Tätigkeit des Nachweismaklers im Zweifel fortwirkt, wenn es zwischen dem Verbraucher und dem nachgewiesenen Interessenten (Verkäufer bzw. Darlehensgeber) innerhalb angemessener Zeit nach Erhalt des Nachweises zum Abschluss des Hauptvertrages kommt,[3123] muss die Vermittlungstätigkeit, soll sie fortwirken, die Parteien des Hauptvertrages bereits einander näher gebracht und den weiteren Verlauf der Verhandlungen somit erleichtert haben.[3124] 93

So genannte „Vorkenntnisklauseln", denen zufolge die nachgewiesene Vertragsabschlussmöglichkeit als bisher unbekannt gilt, wenn der Verbraucher nicht innerhalb einer bestimmten Frist widerspricht, sind bereits im Rahmen des § 652 nach § 307 Abs. 1 und im Rahmen der § 655 a, 655 c nach § 655 e Abs. 1 unwirksam.[3125] 94

[3117] OLG Celle NJW-RR 1995, 501.

[3118] OLG Karlsruhe NJW-RR 1994, 509; ebenso Palandt-*Sprau* § 652 Rdn. 49.

[3119] BGH WM 1984, 62; auch OLG Koblenz NJW-RR 1991, 248 und Palandt-*Sprau* § 652 Rdn. 49.

[3120] BGH WM 1984, 62; zu § 655 c auch Bamberger/Roth-*Möller/Wendehorst* § 655 c Rdn. 12 und Müko-*Habersack* § 16 VerbrKrG Rdn. 10.

[3121] OLG Koblenz NJW-RR 1991, 248; OLG Karlsruhe NJW-RR 1996, 628.

[3122] Müko-*Habersack* § 16 VerbrKrG Rdn. 7.

[3123] Müko-*Habersack* § 16 VerbrKrG Rdn. 9; Palandt-*Sprau* § 652 Rdn. 48, 49.

[3124] Müko-*Habersack* § 16 VerbrKrG Rdn. 9.

[3125] Müko-*Habersack* § 16 VerbrKrG Rdn. 17 a. E.; zu § 652 vgl. BGH NJW 1976, 2345; OLG München NJW-RR 1995, 1524; Palandt-*Sprau* § 652 Rdn. 67.

7. Wirtschaftliche Gleichwertigkeit des vermittelten und des abgeschlossenen Darlehensvertrages

95 Die Entstehung des Provisionsanspruchs setzt weiterhin eine wirtschaftliche Gleichwertigkeit bzw. inhaltliche Identität des vom Darlehensvermittler nachgewiesenen mit dem später zwischen Verbraucher und Darlehensgeber abgeschlossenen Kreditvertrag voraus.[3126] Kleinere Abweichungen sind dabei grundsätzlich unschädlich, wenn nur der vom Verbraucher angestrebte wirtschaftliche Erfolg eintritt.[3127]

96 Die Vergütung ist mangels „wirtschaftlicher Identität" nicht verdient, wenn die Darlehenssumme zwar nur geringfügig hinter dem Finanzierungsbedarf des Verbrauchers zurückbleibt, dieser aber ersichtlich ein einheitliches Darlehen von exakt bestimmter Höhe haben wollte und der gewünschte Darlehensbetrag nicht lediglich als Rahmen anzusehen war.[3128]

97 Auch ein Auszahlungskurs von nur 89,5% kann gegenüber dem beabsichtigten Kurs von mindestens 90% bei entsprechender Darlehenshöhe als erhebliche Abweichung angesehen werden[3129]

98 Bei der Vermittlung von Immobilien hat das OLG Düsseldorf[3130] angenommen, dass ein Grundstückskaufvertrag zu einem Preis von 350 000,00 DM mit einem Interessenten, dem ein Makler dieses Grundstück zwei Jahre zuvor für 450 000,00 DM nachgewiesen hatte, kein Kaufvertrag über das „nachgewiesene Objekt" sei.

99 Auch nach Auffassung des OLG Bamberg[3131] stellt sich der Kaufvertrag bei wertender Betrachtung *nicht* als Ergebnis der vom Makler entfalteten Tätigkeit dar, wenn der Makler die Gelegenheit zum Kauf eines Grundstücks für 980 000,00 DM nachgewiesen hatte, die Verhandlungen über einen Erwerb zu diesem Preis wenige Wochen später zum Erliegen kommen und der Maklerkunde das Grundstück dann über ein Jahr später aufgrund eines neuen Angebots des Verkäufers für 750 000,00 DM erwirbt.

100 Das OLG Frankfurt[3132] nimmt bei einem um 30% reduzierten Preis keine wirtschaftliche Identität mehr an.

101 Das Kammergericht[3133] hat erkannt, dass zwischen einem Vertragsangebot zur Anmietung von Ladenräumen durch einen Makler zu einem Quadratmetermietzins von 43,00 DM zzgl. einer Abstandssumme von 100 000,00 DM und dem später abgeschlossenen Vertrag zu einem Quad-

---

[3126] Müko-*Habersack* § 16 VerbrKrG Rdn. 6.

[3127] Müko-*Habersack* § 16 VerbrKrG Rdn. 6; auch BGH NJW 1988, 967; NJW 1982, 2662.

[3128] BGH NJW 1982, 2263; Müko-*Habersack* § 16 VerbrKrG Rdn. 6.

[3129] BGH NJW 1988, 968.

[3130] OLG Düsseldorf NJW-RR 1993, 1272.

[3131] OLG Bamberg NJW-RR 1998, 565.

[3132] OLG Frankfurt AIZ 1969, 324.

[3133] KG MDR 2000, 23 = NZM 2000, 152.

ratmetermietpreis von 48,00 DM ohne Abstandszahlung keine wirtschaftliche Identität mehr besteht.

Nach anderer Auffassung berührt eine später erfolgte Preisreduzierung – von krassen Ausnahmefällen abgesehen – die wirtschaftliche Identität zwischen dem nachgewiesenen und dem abgeschlossenen Hauptvertrag regelmäßig nicht.[3134] 102

8. Erfüllung des Darlehensvertrages durch den Darlehensgeber

Abweichend von den allgemeinen Grundsätzen der §§ 652, 653, wonach die Vergütung des Maklers grundsätzlich bereits mit Abschluss des vermittelten Hauptvertrages verdient ist, muss beim Darlehensvermittlungsvertrag nach § 655c S. 1 noch hinzukommen, dass das Darlehen auch tatsächlich an den Verbraucher geleistet wird.[3135] 103

Die Vorschrift will den Verbraucher davor schützen, auch dann eine Vermittlungsprovision entrichten zu müssen, wenn die Darlehensvaluta tatsächlich nicht fließt. Dies gilt selbst dann, wenn die Erfüllung aus in der Person des Verbrauchers liegenden Gründen scheitert, etwa weil er die vereinbarten Sicherheiten nicht zu leisten vermag.[3136] 104

Bei der Vermittlung eines Verbraucherdarlehensvertrages i.S.d. § 491 Abs. 1 ist eine „Leistung“ an den Verbraucher dann anzunehmen, wenn das Darlehen an ihn oder einen von ihm benannten Dritten ausbezahlt wird (§§ 362, 185), der Darlehensgeber zulässigerweise mit Gegenforderungen aufrechnet (§§ 387, 389) oder das Darlehen an den Vermittler ausbezahlt und von diesem an den Verbraucher oder einen von diesem bestimmten Dritten weitergeleitet wird.[3137] 105

Abweichende Vereinbarungen, insbesondere die durch Individualvereinbarung oder AGB begründete Verpflichtung des Verbrauchers, die Vermittlungsprovision bereits bei Abschluss des Hauptvertrages zu entrichten, sind gem. § 655e Abs. 1 unwirksam, berühren aber die Wirksamkeit des Darlehensvermittlungsvertrages im Übrigen nicht.[3138] 106

[3134] OLG Hamburg AIZ 1962, 255; NJW-RR 1987, 175; OLG München NJW-RR 1995, 1524 bei Reduzierung um 16%; OLG Braunschweig MDR 1993, 951 bei Reduzierung um 7%.

[3135] Bamberger/Roth-*Möller/Wendehorst* § 655c Rdn. 5; *Bülow* § 655c Rdn. 11; Erman-*Saenger* § 655c Rdn. 2; Müko-*Habersack* § 16 VerbrKrG Rdn. 11.

[3136] OLG Köln ZIP 1993, 1541; *Bülow* 655c Rdn. 11; Erman-*Saenger* § 655c Rdn. 2; W/E/R-*Emmerich* § 16 VerbrKrG Rdn. 14.

[3137] *Bülow* § 655c Rdn. 11; Müko-*Habersack* § 16 VerbrKrG Rdn. 11; W/E/R-*Emmerich* § 16 VerbrKrG Rdn. 12, 13.

[3138] *Bülow* § 655c Rdn. 11 a.E. und § 506 Rdn. 7; W/E/R-*Emmerich* § 16 VerbrKrG Rdn. 14.

9. Keine Erhöhung des effektiven Jahreszinses bei einer vermittelten Umschuldung (§ 655c S. 2)

a) Begriff der Umschuldung

107 Werden zwei selbständige Darlehensverträge i.S.d. §§ 491 Abs. 1, 507 nacheinander abgeschlossen und derart miteinander verknüpft, dass das zweite Darlehen – zumindest auch – dazu bestimmt ist, das erste intern, d.h. beim gleichen Darlehensgeber, oder extern, d.h. bei einem anderen Darlehensgeber, vor dem im ersten Darlehensvertrag vorgesehenen Fälligkeitstermin abzulösen, handelt es sich um eine „Umschuldung" i.S.d. § 655c S. 2.[3139]

108 Keine Umschuldung i.S.d. dann nicht einschlägigen § 655c S. 2 (vormals § 16 S. 2 VerbrKrG) liegt vor, wenn
- das ursprüngliche Darlehen lediglich prolongiert wird bzw. die Rückzahlungsverpflichtung einzelner Raten gestundet wird,[3140]
- der bisherige Kredit lediglich aufgestockt wird,[3141]
- der Darlehensgeber den ersten Darlehensvertrag bereits gem. §§ 498, 490 Abs. 1, etwa wegen Zahlungsverzuges oder Vermögensverschlechterung des Verbrauchers gekündigt hatte, da dann der Rückzahlungsanspruch des Darlehensgebers unabhängig vom Willen des Verbrauchers fällig wird und die Rückzahlung nicht mehr als „vorzeitige Ablösung" des ersten Darlehens angesehen werden kann,[3142]
- ein Vertrag mit Ablauf der vereinbarten Zinsbindung endet, sodass der Rückzahlungsanspruch des Darlehensgebers bereits hierdurch fällig wird.[3143]

109 Eine „vorzeitige Ablösung" liegt dagegen vor und **§ 655c S. 2 findet** – bei Vorliegen der übrigen Voraussetzungen der §§ 655a ff. – **Anwendung,** wenn
- das ursprüngliche Darlehen nicht lediglich prolongiert, sondern ein zweiter und eigenständiger Darlehensvertrag geschlossen wird oder der vereinbarte Neukredit der Rückführung eines ungekündigten Altkredits dienen soll,[3144]
- der Altvertrag einvernehmlich aufgehoben wird,[3145]

[3139] Bamberger/Roth-*Möller/Wendehorst* § 655c Rdn. 8; Müko-*Habersack* § 16 VerbrKrG Rdn. 18, 19, 21, W/E/R-*Emmerich* § 16 VerbrKrG Rdn. 19.

[3140] W/E/R-*Emmerich* § 16 VerbrKrG Rdn. 20; Müko-*Habersack* § 16 VerbrKrG Rdn. 18, 19.

[3141] Erman-*Saenger* § 655c Rdn. 6; W/E/R-*Emmerich* § 16 VerbrKrG Rdn. 20.

[3142] Bamberger/Roth-*Möller/Wendehorst* § 655c Rdn. 8; *Bülow* § 655c Rdn. 23; Müko-*Habersack* § 16 VerbrKrG Rdn. 22; W/E/R-*Emmerich* § 16 VerbrKrG Rdn. 25.

[3143] W/E/R-*Emmerich* § 16 VerbrKrG Rdn. 26.

[3144] Müko-*Habersack* § 16 VerbrKrG Rdn. 19 a.E., 21, a.E.

[3145] Müko-*Habersack* § 16 VerbrKrG Rdn. 21; *Bülow* § 655c Rdn. 23.

- der Verbraucher von seinem Kündigungsrecht aus § 489 Gebrauch macht oder sich mit dem Darlehensgeber über die vorzeitige Beendigung und Ablösung einigt,[3146]
- ein Darlehen ohne zeitlich vorbestimmte Rückzahlungsverpflichtung, etwa ein Kontokorrentkredit vom Verbraucher vor Fälligkeit zurückgeführt wird.[3147]

Liegen die Tatbestandsmerkmale des § 655c S. 2 nicht vor, so richten sich die Voraussetzungen des Provisionsanspruchs des Vermittlers für den neuen Kredit nach § 655c S. 1.[3148] 110

b) Umschuldung mit erhöhter Valutierung

Dient der Neukredit sowohl der Deckung eines zusätzlichen Kreditbedarfs des Verbrauchers als auch der Ablösung des ersten Darlehens, müssen die Voraussetzungen des § 655c S. 2 lediglich hinsichtlich des Ablösungsbetrages vorliegen.[3149] 111

Bezüglich der Vergütung für das gewährte Zusatzdarlehen gelten die Beschränkungen des § 655c S. 2 nicht, insoweit ist die Vermittlungsprovision verdient, wenn die Voraussetzungen des § 655c S. 1 erfüllt sind.[3150] 112

c) Umschuldung eines zu gewerblichen oder beruflichen Zwecken aufgenommenen Darlehens

In persönlicher Hinsicht kommt es auf die Verbrauchereigenschaft des Darlehensnehmers im Zeitpunkt der Umschuldung an. § 655c S. 2 ist auch dann anwendbar, wenn der Kredit bei Aufnahme gewerblichen oder beruflichen Zwecken gedient hatte, zum Zeitpunkt der Umschuldung aber nicht mehr.[3151] 113

d) Kenntnis des Darlehensvermittlers

Der Darlehensvermittler muss von der Absicht des Verbrauchers, mit dem neuen Darlehen einen Altkredit vorzeitig ablösen zu wollen, Kenntnis haben. Es reicht aus, wenn die Kenntnis bis zur Auszahlung des zweiten Darlehens erlangt wird.[3152] 114

Geht der Darlehensvermittler von einem neuen Kreditbedarf des Verbrauchers aus, entsteht sein Provisionsanspruch in entsprechender Höhe.[3153] 115

[3146] *Bülow* § 655c Rdn. 23; W/E/R-*Emmerich* § 16 VerbrKrG Rdn. 24.

[3147] W/E/R-*Emmerich* § 16 VerbrKrG Rdn. 24; auch Erman-*Saenger* § 655c Rdn. 5: § 655c S. 2 analog anzuwenden.

[3148] *Bülow* § 655c Rdn. 23; zur Rechtsfolge bei Vorliegen der Tatbestandsmerkmale s. u. Rdn. 132ff.

[3149] Müko-*Habersack* § 16 VerbrKrG Rdn. 25 a. E.

[3150] Erman-*Saenger* § 655c Rdn. 8.

[3151] *Bülow* § 655c Rdn. 15; Müko-*Habersack* § 16 VerbrKrG Rdn. 18, 20.

[3152] W/E/R-*Emmerich* § 16 VerbrKrG Rdn. 31.

[3153] *Bülow* § 655c Rdn. 25.

116 Fahrlässige Unkenntnis hindert die Anspruchsentstehung nicht. Positiver Kenntnis steht es aber gleich, wenn sich der Darlehensvermittler bewusst der Einsicht in den Umschuldungszweck verschließt, etwa wenn er weiß, dass die Valuta nicht an den Verbraucher, sondern an einen anderen Darlehensgeber ausgezahlt werden soll.[3154]

e) Keine Entstehung des Provisionsanspruchs bei Erhöhung des effektiven Jahreszinses

117 Der Vergütungsanspruch des Darlehensvermittlers entsteht bei Umschuldungen nur dann, wenn sich der effektive Jahreszins des Neukredits gegenüber demjenigen des Altdarlehens nicht erhöht, wobei die betragsmäßige Gesamtbelastung des Verbrauchers, etwa infolge einer längeren Laufzeit des Neukredits, unerheblich ist.[3155]

118 Selbst wenn der Vertrag über den Neukredit im Übrigen wirksam ist, entsteht der Provisionsanspruch also gem. § 655c S. trotzdem nicht, wenn der Darlehensvertrag ungünstiger ist als derjenige für den abzulösenden Altkredit, wobei sich die Günstigkeit nach dem effektiven Jahreszins richtet.[3156]

119 Bei der Berechnung des jeweiligen effektiven Jahreszinses gelten zunächst die Ausführungen zu § 492 Abs. 1 S. 5 Nr. 5 (vormals § 4 Abs. 1 S. 4 Nr. 1e VerbrKrG).[3157]

120 Wurde dem Verbraucher auch der abgelöste Altkredit vermittelt, wird nach § 655c S. 2 eine Neuberechnung des effektiven Jahreszinses erforderlich, weil zu dessen Berechnung einbezogene Vermittlungskosten – insoweit abweichend von §§ 492 Abs. 1 S. 5 Nr. 5 und § 6 Abs. 3 PAngV – in diesem Rahmen außer Betracht bleiben müssen.[3158]

121 Es ist also für das Altdarlehen ein besonderer effektiver Jahreszins zu errechnen, wobei entgegen § 6 Abs. 3 PAngV insoweit die Vermittlungskosten nicht einzubeziehen sind, sodass der Altkredit zinsgünstiger erscheint als er im Zeitpunkt des Vertragsabschlusses tatsächlich war. Bei der Berechnung des effektiven Jahreszinses für den Neukredit sind die Vermittlungskosten – entsprechend § 493 Abs. 1 S. 5 Nr. 5 – dagegen zu berücksichtigen.[3159]

122 Bei der Berechnung des Effektivzinses des Umschuldungsdarlehens ist auch ein etwaiges „Packing“, also die vom Darlehensgeber an den Darle-

---

[3154] Bamberger/Roth-*Möller/Wendehorst* § 655c Rdn. 9.

[3155] Müko-*Habersack* § 16 VerbrKrG Rdn. 27; W/E/R-*Emmerich* § 16 VerbrKrG Rdn. 33.

[3156] *Bülow* § 655c Rdn. 16.

[3157] Bamberger/Roth-*Möller/Wendehorst* § 655c Rdn. 10; *Bülow* § 655c Rdn. 26; Erman-*Saenger* § 655c Rdn. 10.

[3158] *Bülow* § 655c Rdn. 26; Erman-*Saenger* § 655c Rdn. 10; Müko-*Habersack* § 16 VerbrKrG Rdn. 28; W/E/R-*Emmerich* § 16 VerbrKrG Rdn. 34.

[3159] Bamberger/Roth-*Möller/Wendehorst* § 655c Rdn. 10; *Bülow* § 655c Rdn. 26; Erman-*Saenger* § 655c Rdn. 10.

hensvermittler bezahlte Provision, einzubeziehen, jedenfalls wenn hierdurch der Neukredit tatsächlich verteuert wird.[3160]

Bei Umschuldung eines Altkredits mit variablen Konditionen ist – entgegen dem Wortlaut des § 655c S. 2 – vom effektiven Zinssatz im Augenblick der Umschuldung auszugehen.[3161] 123

Der Effektivzins des entsprechenden Neukredits bestimmt sich dagegen nach dessen anfänglichen Konditionen unter Einbeziehung der Vermittlungsprovision und eines „Packing".[3162] 124

Waren sowohl für den Altkredit wie auch den Neukredit variable Konditionen vereinbart, ist der effektive Jahreszins des Altkredits auf den Zeitpunkt der Ablösung auszurechnen und mit dem anfänglichen effektiven Jahreszins des Neukredits – hier unter Einbeziehung der Vermittlungsprovision – zu vergleichen.[3163] 125

Bei Ablösung mehrerer ungekündigter Altkredite ist der Zinsvergleich für jeden einzelnen der abgelösten Verträge gesondert durchzuführen.[3164] 126

Der Darlehensvermittler kann eine Provision für diejenigen Teile des Neudarlehens verlangen, deren Effektivzins nicht über dem Effektivzins desjenigen Altdarlehens liegt, das abgelöst werden soll.[3165] 127

Ist der Altdarlehensvertrag gem. § 138 nichtig (vgl. oben Rdn. 51f.), so schuldet der Verbraucher vor der Umschuldung hierfür überhaupt keine Zinsen.[3166] 128

Kommt es bei der Umschuldung zum nunmehr wirksamen Abschluss eines neuen selbständigen Darlehensvertrages mit einem wirksam vereinbarten effektiven Jahreszins, steht dem Darlehensvermittler nach einer Ansicht keine Vergütung zu, da sich der effektive Jahreszins gegenüber der ursprünglichen Rechtslage stets „erhöht" hat.[3167] 129

Nach h.M. ist § 655c S. 2 jedoch so zu lesen, dass es auf den gem. § 138 nicht wirksam vereinbarten effektiven Jahreszins des Altkredits ankommt; erst wenn der effektive Jahreszins des Neukredits höher ist als der effektive 130

[3160] Bamberger/Roth-*Möller/Wendehorst* § 655c Rdn. 10 und § 655a Rdn. 7: offenes und verdecktes Packing; *Bülow* § 655c Rdn. 17 und § 655b Rdn. 9; W/E/R-*Emmerich* § 16 VerbrKrG Rdn. 35 und § 15 VerbrKrG Rdn. 34, 37. wenn Kredit durch „Packing" verteuert wird; Palandt-*Sprau* § 655c Rdn. 5: keine Berücksichtigung der beim ersten Darlehen vom Darlehensgeber *oder* vom Darlehensgeber bezahlten Vermittlungsprovisionen einschl. „packing".

[3161] Bamberger/Roth-*Möller/Wendehorst* § 655c Rdn. 10; Erman-*Saenger* § 655c Rdn. 9; Müko-*Habersack* § 16 VerbrKrG Rdn. 29; W/E/R-*Emmerich* § 16 VerbrKrG Rdn. 36.

[3162] Müko-*Habersack* § 16 VerbrKrG Rdn. 29.

[3163] *Bülow* § 655c Rdn. 27.

[3164] Erman-*Saenger* § 655c Rdn. 9; Müko-*Habersack* § 16 VerbrKrG Rdn. 29; Palandt-*Sprau* § 655c Rdn. 4; W/E/R-*Emmerich* § 16 VerbrKrG Rdn. 37.

[3165] Bamberger/Roth-*Möller/Wendehorst* § 655c Rdn. 10; *Bülow* § 655c Rdn. 26.

[3166] BGH NJW 1995, 1153; NJW 1993, 2108.

[3167] W/E/R-*Emmerich* § 16 VerbrKrG Rdn. 39.

Jahreszins des sittenwidrigen Altkredits, entfällt der Provisionsanspruch des Vermittlers.[3168]

131 Da der Vermittler jedoch verpflichtet ist, den Verbraucher über die regelmäßig verursachte Erhöhung der betragsmäßigen Gesamtbelastung, günstigere Umschuldungsangebote und eine ihm nach den Umständen erkennbare Sittenwidrigkeit des bestehenden Altkredits aufzuklären,[3169] kann der Verbraucher dem Provisionsanspruch des Kreditvermittlers bei Verletzung dieser vorvertraglichen Pflichten einen auf Ersatz des Vertrauensschadens gerichteten Anspruch aus § 311 Abs. 2 (vormals c. i. c.) entgegenhalten.[3170]

10. Rechtsfolgen bei Nichtvorliegen der Voraussetzungen aus §§ 655a bis 655c

a) Verstoß gegen das Schriftformerfordernis

132 Ist die Schriftform nicht eingehalten, so ist der Darlehensvertrag gem. §§ 655b Abs. 1 S. 1, Abs. 2 unheilbar nichtig.[3171] Die Nichtigkeit des Darlehensvermittlungsvertrages erfasst jedoch nicht den vermittelten Darlehensvertrag.[3172]

b) Fehlende Angabe der Vergütung

133 Bei fehlender Angabe der Vergütung des Darlehensvermittlers ist der Darlehensvermittlungsvertrag gem. § 655 b Abs. 2 ebenfalls unheilbar nichtig.[3173]

134 Wegen des Schutzzwecks der §§ 655b, 655a sind auch Ansprüche des Vermittlers aus §§ 677, 683, 670 (G.o.A.), 812, 818 und 354 HGB ausgeschlossen.[3174]

135 Die Nichtigkeit erfasst den gesamten Vertrag und ist nicht nach § 494 Abs. 2 heilbar.[3175]

c) Unrichtige Angabe

136 Lediglich für den Fall einer zu niedrigen Angabe der betragsmäßig bezeichneten Vergütung schuldet der Verbraucher in entsprechender Anwen-

---

[3168] *Bülow* § 655c Rdn. 19 a. E.; Müko-*Habersack* § 16 VerbrKrG Rdn. 29; Staudinger/Kessal-*Wulf* § 16 VerbrKrG Rdn. 17.

[3169] Vgl. Müko-*Habersack* § 16 VerbrKrG Rdn. 29, 31.

[3170] Vgl. *Bülow* § 655c Rdn. 20: Der Darlehensvermittler schuldet dem Verbraucher jedoch keine Rechtsberatung.

[3171] Vgl. *Bülow* § 655b Rdn. 19.

[3172] LG Stuttgart WM 2000, 1492.

[3173] Palandt-*Sprau* § 655b Rdn. 6.

[3174] Bamberger/Roth-*Möller/Wendehorst* § 655b Rdn. 9; *Bülow* § 655b Rdn. 24: Im Übrigen wären auch §§ 814, 817 S. 2 anwendbar; Palandt-*Sprau* § 655b Rdn. 6.

[3175] Bamberger/Roth-*Möller/Wendehorst* § 655b Rdn. 9; W/E/R-*Emmerich* § 15 VerbrKrG Rdn. 47, 50, 53.

dung des § 494 Abs. 2 nur den aus dem daneben ausgewiesenen Prozentsatz zu berechnenden Betrag an Provision.[3176]

d) Verstoß gegen das Trennungsgebot

Wird der Darlehensvermittlungsvertrag entgegen § 655b Abs. 1 S. 3 mit dem vermittelten Darlehensvertrag verbunden, greift die Nichtigkeitsfolge des § 655b Abs. 2 ebenfalls ein. **137**

e) Rückforderungsansprüche

In Unkenntnis der Nichtigkeit des Darlehensvermittlungsvertrages an den Vermittler gezahlte Provisionen können vom Verbraucher gem. § 812 Abs. 1 S. 1 1. Alt. bzw. § 818 Abs. 1 zurückgefordert werden.[3177] **138**

Da der Darlehens- und Darlehensvermittlungsvertrag oftmals eine „wirtschaftliche Einheit" i.S.d. § 358 darstellen, kann der Verbraucher den Bereicherungsanspruch auch den Zins- und Darlehensrückzahlungsansprüchen des Darlehensgebers entgegenhalten (Einwendungsdurchgriff gem. § 359) und nach bereits erfolgter Tilgung insoweit auch gem. § 813 Abs. 1 Rückzahlung vom Darlehensgeber (Rückforderungsdurchgriff) verlangen.[3178] **139**

Dasselbe gilt, wenn der Darlehensvermittlungsvertrag zwar nicht gem. § 655b Abs. 2 nichtig ist, aber eine der Fälligkeitsvoraussetzungen des § 655c nicht vorliegt und der Verbraucher trotzdem Zahlungen an den Vermittler geleistet hat.[3179] **140**

f) Fehlender Nachweis des Hauptvertrages

Hat die Vermittlungs- oder Nachweistätigkeit des Darlehensvermittlers nicht – zumindest mitursächlich – zum Abschluss des dann zustande gekommenen Darlehensvertrages geführt, kann sich der Verbraucher auf eine „Vorkenntnis" berufen oder sind der vermittelte und der abgeschlossene Darlehensvertrag nicht „wirtschaftlich gleichwertig", entsteht der Provisionsanspruch des Darlehensvermittlers gem. §§ 652, 655c nicht. **141**

g) Erfüllung des Darlehensvertrages durch den Darlehensgeber

Liegen sämtliche Voraussetzungen nach §§ 652, 655a, 655b, 491 vor, wird das Darlehen jedoch nicht an den Verbraucher geleistet (s.o. **142**

3176 Müko-*Habersack* § 15 VerbrKrG Rdn. 9; Palandt-*Sprau* § 655b Rdn. 6 a.E.; a.A. jedoch *Bülow* § 655b Rdn. 22 und W/E/R-*Emmerich* § 15 VerbrKrG Rdn. 51: Nichtigkeit des Vertrages auch in diesem Fall.

3177 Müko-*Habersack* § 15 VerbrKrG Rdn. 16, 20; W/E/R-*Emmerich* § 15 VerbrKrG Rdn. 56: § 812 Abs. 1 S. 1 1. Alt.; auch *Bülow* § 655b Rdn. 26: § 813 Abs. 1.

3178 *Bülow* § 655b Rdn. 13, 16; Müko-*Habersack* § 15 VerbrKrG Rdn. 16, 20; W/E/R-*Emmerich* § 15 VerbrKrG Rdn. 56.

3179 Müko-*Habersack* § 16 VerbrKrG Rdn. 15.

Rdn. 103ff.), entsteht der Vergütungsanspruch des Vermittlers gem. § 655c S. 1 nicht.

h) Fehlender Ablauf der Widerrufsfrist

143 Gleiches gilt, wenn die Widerrufsfrist gem. §§ 595, 355 noch nicht abgelaufen ist (s.o. Rdn. 53ff.).

i) Konditionenverschlechterung

144 Bei einer vom Darlehensvermittler vermittelten Umschuldung i.S.d. § 655c S. 2 (s.o. Rdn. 107ff.) entsteht der Provisionsanspruch trotz Vorliegen der Voraussetzungen der §§ 652, 655a, 655b, 655c S. 1 nicht, wenn sich die Konditionen für den Neukredit ungünstiger als diejenigen des abzulösenden Altkredits darstellen (s.o. Rdn. 120ff.).

k) Nebenentgelte

145 Liegen die Voraussetzungen der §§ 655a bis 655c nicht vor, kann der Darlehensvermittler Nebenentgelte wie konkret angefallene Bearbeitungs-, Auskunfts- oder Schreibgebühren, Porti, Telefon- und Telefaxgebühren, Reisekosten, Risikoprämien u.a. nur bei Vorliegen einer gesonderten Vereinbarung gem. § 655d verlangen.[3180]

III. Nebenentgelte, Auslagenerstattung (§ 655d)

1. Unwirksamkeit abweichender Vereinbarungen

146 Gem. § 655d S. 1 sind Vereinbarungen zwischen dem Darlehensvermittler und dem Verbraucher unwirksam, die eine Vergütung des Darlehensvermittlers auch für den Fall vorsehen, dass die in § 655c S. 1 genannten Voraussetzungen nicht vorliegen, d.h. die eine Vergütung des Vermittlers auch dann vorsehen, wenn etwa das Darlehen entgegen § 655c S. 1 nicht an den Verbraucher geleistet worden, die Widerrufsfrist nach §§ 495, 355 noch nicht abgelaufen oder von einem etwaigen Widerruf des Verbrauchers unabhängig ist.[3181]

2. Nebenentgelte

a) Auslagenerstattung

147 Nach § 655d S. 2 kann schriftlich durch Individualvereinbarung oder durch wirksam einbezogene AGB nur vereinbart werden, dass dem Darlehensvermittler tatsächlich im Einzelfall entstandene und objektiv erforder-

---

[3180] Vgl. Müko-*Habersack* § 17 VerbrKrG Rdn. 2, 5; W/E/R-*Emmerich* § 17 VerbrKrG Rdn. 7, 15.

[3181] Bamberger/Roth-*Möller/Wendehorst* § 655d Rdn. 1.

liche Auslagen im Zusammenhang mit der Vermittlung eines Darlehens i.S.d. §§ 491 Abs. 1, 507 zu erstatten sind, auch soweit die Voraussetzungen der §§ 655a bis 655c nicht vorliegen.[3182]

Eine Klausel in den AGB eines Darlehensvermittlers, durch die über den Ersatz tatsächlich entstandener und erforderlicher Auslagen hinaus die Kunden zur Leistung einer festen Pauschale verpflichtet werden, ist nach §§ 655d S. 1, 655e Abs. 1 S. 1 unzulässig und verstößt im Übrigen gegen § 307 Abs. 1.[3183] 148

b) Entstehung und Erforderlichkeit der Auslagen

Entstanden sind die Auslagen, wenn der Darlehensvermittler bestimmte Aufwendungen bezahlt oder erbracht hat bzw. eine Forderung Dritter gegen ihn entstanden ist.[3184] Die Vereinbarung von ggf. zurückzuzahlenden Vorschüssen ist deshalb schon aus diesem Grund unwirksam.[3185] 149

Die Erforderlichkeit der Auslagen richtet sich nach § 670, wobei im Rahmen des § 655d S. 2 ein strenger Maßstab anzulegen ist.[3186] 150

c) Erstattungsfähige Auslagen

Sofern die Verpflichtung zur Auslagenerstattung durch Individualvereinbarung oder in AGB schriftlich wirksam vereinbart wurde, die Auslage entstanden ist und erforderlich war, kann der Darlehensvermittler vom Verbraucher die Erstattung folgender Auslagen verlangen: 151

- Portokosten.[3187]
- Telekommunikationskosten, soweit es sich nicht um Grundgebühren handelt.[3188]
- Transport- und Reisekosten, sofern diese erforderlich waren und es sich nicht um betriebsbezogene Gemeinkosten handelt,[3189] also nicht die

---

3182 W/E/R-*Emmerich* § 17 VerbrKrG Rdn. 10; Müko-*Habersack* § 17 VerbrKrG Rdn. 9, 10: strenge Anforderungen an die Ausgestaltung und Platzierung in einer AGB-Klausel; Palandt-*Sprau* § 655d Rdn. 2.

3183 OLG Zweibrücken VuR 1999, 269.

3184 *Bülow* § 655d Rdn. 7; Bamberger/Roth-*Möller/Wendehorst* § 655d Rdn. 5.

3185 Bamberger/Roth-*Möller/Wendehorst* § 655d Rdn. 5; *Bülow* § 655d Rdn. 7: gem. § 655e S. 2 sowie gem. § 309 Nr. 12a unwirksam; Müko-*Habersack* § 17 VerbrKrG Rdn. 7, 9: gem. § 655d S. 1 unwirksam; Palandt-*Sprau* § 655d Rdn. 2: Kein Vorschuss und keine Zahlung im voraus.

3186 OLG Karlsruhe NJW-RR 1996, 1451, 1452; Bamberger/Roth-*Möller/Wendehorst* § 655d Rdn. 5 a.E.; Staudinger/Kessal-*Wulf* § 17 VerbrKrG Rdn. 3.

3187 Bamberger/Roth-*Möller/Wendehorst* § 655d Rdn. 4; Müko-*Habersack* § 17 VerbrKrG Rdn. 5; Palandt-*Sprau* § 655d Rdn. 2.

3188 OLG Karlsruhe VuR 1998, 83, 84 = OLG-Report 1998, 192; Bamberger/Roth-*Möller/Wendehorst* § 655d Rdn. 4; *Bülow* § 655d Rdn. 10; Müko-*Habersack* § 17 VerbrKrG Rdn. 5.

3189 OLG Karlsruhe VuR 1998, 83, 84; NJW-RR 1996, 1451, 1452; Bamberger/Roth-*Möller/Wendehorst* § 655d Rdn. 4; Müko-*Habersack* § 655d Rdn. 5.

Kosten für die Abnutzung des Fahrzeugs und anteilige Reparaturkosten.[3190]

- Kosten einer für den Verbraucher eingeholten Auskunft, etwa einer erforderlichen Anfrage bei der SCHUFA.[3191]
- Kosten einer Bankleistung für den Verbraucher, etwa für die Überweisung eines vom Darlehensgeber zunächst an den Vermittler gezahlten Darlehensbetrages o. a.[3192]
- Anzeigekosten, soweit erforderlich.[3193]
- Kosten des Wertgutachtens eines Sachverständigen, soweit im Interesse des Verbrauchers vor Abschluss des Darlehensvertrages erforderlich.[3194]

d) Nicht erstattungsfähige Aufwendungen

152 § 655 d S. 2 erlaubt nur eine Vereinbarung über die Erstattung solcher Auslagen, die in Vollzug eines bestehenden Darlehensvermittlungsvertrages entstehen, nicht aber auch solcher, die im Zusammenhang mit der Anbahnung des Darlehensvermittlungsvertrages aufgewendet werden.[3195]

153 § 655 d S. 2 schließt es aus, über die Vereinbarung zur Erstattung der vom Darlehensvermittler getätigten und konkret nachzuweisenden Auslagen hinaus bereits im Vorgriff in Höhe des voraussichtlich zu zahlenden Betrages eine Pauschale betragsmäßig festzusetzen, etwa pauschal 50,00 € für Fahrtkosten oder 8,00 € für Porto und Telefon.[3196]

154 Nicht erstattungsfähig sind insbesondere folgende Aufwendungen des Darlehensvermittlers:

- Allgemeine Aufwendungen des Vermittlers im Zusammenhang mit Kundenbesuchen, insbesondere Fahrtkosten.[3197]
- Arbeitsstunden und entgangener Gewinn des Darlehensvermittlers.[3198]
- Kosten, die für den Abschluss des Darlehensvermittlungsvertrages selbst aufgewendet wurden.[3199]

3190 *Bülow* § 655 d Rdn. 10.

3191 *Bülow* § 655 d Rdn. 10; W/E/R-*Emmerich* § 17 VerbrKrG Rdn. 14, 15.

3192 *Bülow* § 655 d Rdn. 10.

3193 Palandt-*Sprau* § 655 d Rdn. 2.

3194 OLG Köln ZIP 1993, 1541; Palandt-*Sprau* § 655 d Rdn. 2.

3195 OLG Stuttgart VuR 1999, 349 = BB 1999, 2265.

3196 OLG Karlsruhe OLG-Report 1998, 192.

3197 OLG Karlsruhe OLG-Report 1998, 192: Fahrtkosten nicht erstattungsfähig; OLG Stuttgart BB 1999, 2265: jedenfalls wenn der Vermittlungsvertrag noch nicht geschlossen ist; *Bülow* § 655 d Rdn. 10: Kosten für Abnutzung des Fahrzeugs und anteilige Reparaturkosten nicht erstattungsfähig, objektiv erforderliche Benzinkosten dagegen schon.

3198 OLG Karlsruhe OLG-Report 1998, 192 = VuR 1998, 83; Bamberger/Roth-*Möller/Wendehorst* § 655 d Rdn. 4.

3199 OLG Stuttgart VuR 1999, 349, 350; OLG Zweibrücken BB 1996, 179, 180.

- Gemeinkosten des Darlehensvermittlers, etwa Personalkosten, Schreibgebühren, Grundgebühren für Telefon oder Telefax.[3200]
- Bearbeitungsgebühren.[3201]
- Allgemeine Auskunftsgebühren.[3202]
- Ein besonderes Entgelt für den Fall des Zustandekommens des Hauptvertrages oder für den Fall des Widerrufs des Hauptvertrages.[3203]

[3200] Bamberger/Roth-*Möller/Wendehorst* § 655 d Rdn. 4; *Bülow* § 655 d Rdn. 5, 11; Palandt-*Sprau* § 655 d Rdn. 2: allgemeine Geschäftsunkosten.

[3201] *Bülow* § 655 d Rdn. 11.

[3202] *Bülow* § 655 d Rdn. 11; Müko-*Habersack* § 17 VerbrKrG Rdn. 2, 5.

[3203] *Bülow* § 655 d Rdn. 11.

3. Teil. Haustürgeschäfte (§§ 312, 312a, 312f, 355, 358)

A. Übersicht

I. Geltung des Haustürwiderrufsgesetzes

1. Intention des Gesetzes

1 Das am 1. 5. 1986 in Kraft getretene Gesetz über den Widerruf von Haustürgeschäften und ähnlichen Geschäften (HausTWG) diente wie die ab dem 1. 1. 2002 geltenden Nachfolgeregelungen der §§ 312, 312a, 312f, 355, 356 dem Verbraucherschutz gegen die mit dem sogenannten Direktvertrieb verbundenen Gefahren. Risiken und Gefahren ergeben sich daraus, dass der Kunde oft unvermittelt und unvorbereitet mit einem Angebot von Waren oder Dienstleistungen, auch zur Übernahme von Bürgschaften[1] konfrontiert wird, ohne den objektiven Nutzen der angebotenen Ware oder Leistung für seinen persönlichen Bedarf zuverlässig abschätzen zu können und ohne Gelegenheit zu haben, Preis und Qualität des Angebots mit anderen Angeboten zu vergleichen bzw. sich der Risiken bewusst zu werden.

2 Häufig sieht sich der Kunde einem verkaufspsychologisch gut geschulten Verhandlungspartner gegenüber, dessen zudringliches, teilweise auch aggressives Auftreten dazu angetan ist, die rechtsgeschäftliche Entschließungsfreiheit vor allem weniger geschäftsgewandter Kunden ernsthaft zu beeinträchtigen.

3 Durch die Einräumung eines befristeten Widerrufsrechts soll ein Ausgleich für die in diesen Situationen bestehende Gefahr der Beeinträchtigung der rechtsgeschäftlichen Entscheidungsfreiheit geschaffen werden, um den Kunden so vor Überrumpelung oder anderweitiger sachfremder Beeinflussung zu schützen.[2]

4 Bei einem Darlehensvertrag dient das Widerrufsrecht aus § 1 HausTWG bzw. § 312 Abs. 1 i.V.m. § 355 jedoch nicht dem Ziel, das wirtschaftliche Risiko der Verwendung des Darlehens auf den Darlehensgeber abzuwälzen.[3]

---

[1] Vgl. hierzu BGH NJW 1998, 2356; OLG München ZIP 1999, 1433.

[2] Vgl. BGH NJW 2004, 1376; Müko-*Ulmer* vor § 1 HausTWG Rdn. 1 und § 1 HausTWG Rdn. 1.

[3] BGH NJW 2004, 1376, 1377.

2. Anwendbarkeit des HausTWG

Folgerichtig werden diejenigen Geschäfte aus dem Anwendungsbereich des HausTWG – jetzt des § 312 – ausgenommen, bei denen der Gesetzeszweck entweder mangels Überraschungssituation des Kunden nicht eingreift (§ 1 Abs. 2 Nr. 1 und Nr. 3 HausTWG, jetzt § 312 Abs. 3 Nr. 1 und Nr. 3) oder in denen der Kunde angesichts beiderseitiger sofortiger Erfüllung und der Geringfügigkeit des Entgelts (§ 1 Abs. 2 Nr. 1 HausTWG, jetzt § 312 Abs. 3 Nr. 2) keines besonderen Schutzes bedarf. 5

War das HausTWG danach in persönlicher und sachlicher Hinsicht anwendbar (§§ 1 Abs. 1 Nr. 1 bis 3, 6 Nr. 1, 5 Abs. 1 HausTWG) und war keine Ausnahme- oder Sonderregelung einschlägig (§ 1 Abs. 2 Nr. 1 bis 3, 6 Nr. 2, 5 Abs. 2, 5 Abs. 3 S. 2 HausTWG), konnte der Kunde seine auf Abschluss eines Vertrages über eine entgeltliche Leistung gerichtete Willenserklärung innerhalb einer Frist von einer Woche schriftlich widerrufen (§§ 1 Abs. 1, 2 Abs. 1 HausTWG). 6

3. Widerrufsrecht des Verbrauchers

Die Widerrufsfrist begann jedoch erst dann zu laufen, wenn dem Kunden eine drucktechnisch deutlich gestaltete, schriftliche Belehrung über das Widerrufsrecht, woran die Rspr. strenge Anforderungen stellt,[4] ausgehändigt worden ist (§ 2 Abs. 1 S. 2 HausTWG). 7

Wurde die Belehrung nicht oder nicht vollständig erteilt, erlosch das Widerrufsrecht des Kunden – über die Altregelung des § 7 Abs. 2 S. 3 VerbrKrG bei Verbraucherkreditgeschäften hinausgehend und ohne Beschränkung auf die dortige Jahresfrist – erst einen Monat nach dem Zeitpunkt, in dem beide Vertragsparteien den Vertrag vollständig abgewickelt hatten, § 2 Abs. 1 S. 4 HausTWG. 8

Nach h.L. handelt es sich bei dem Widerrufsrecht aus §§ 1 Abs. 1, 2 Abs. 1 HausTWG sowie aus §§ 7 Abs. 1, Abs. 2, 9 Abs. 2 VerbrKrG um ein einseitiges, die Willenserklärung des Kunden/Verbrauchers vernichtendes Gestaltungsrecht des Kunden.[5] 9

Der BGH sah das Widerrufsrecht nicht als Gestaltungsrecht, sondern als rechtshindernde Einwendung an.[6] 10

Bei rechtzeitigem Widerruf erfolgte eine Rückabwicklung nach § 3 HausTWG, der den allgemeinen Rückabwicklungsvorschriften der §§ 346ff., 812ff. vorging und den Kunden gegenüber den allgemeinen Vorschriften – sowie der jetzigen Regelung aus § 357 Abs. 3 S. 1 – privilegierte. Soweit 11

---

[4] Vgl. hierzu Teil 2, F. und *Martis/Meinhof* MDR 2004, 4, 8/9.

[5] *Kremer* ZIP 1997, 93ff.; *Martinek* NJW 1997, 1396; Müko-*Ulmer* § 1 HausTWG Rdn. 3, 6 und § 3 HausTWG Rdn. 2; auch OLG Stuttgart NJW 1994, 1226.

[6] BGH NJW 1996, 57; vgl. im Einzelnen Teil 2, F. Rdn. 35, 36 und *Martis* MDR 1998, 1260 und MDR 2003, 4, 5.

die Wertminderung der im Rahmen des Haustürgeschäfts empfangenen Sache durch die bestimmungsgemäße Ingebrauchnahme vor Ausübung des Widerrufsrechts entstanden war, unterfiel diese nicht der Ersatzpflicht des § 3 Abs. 1 S. 3, 3 Abs. 2 HausTWG.[7]

12 Das HausTWG war auf Verträge, die vor dem 1. 10. 2000 abgeschlossen worden sind, gem. § 9 Abs. 3 HausTWG in der bis dahin geltenden Fassung anzuwenden.

II. Integration des Haustürwiderrufsgesetzes in das BGB

1. Kodifizierung in §§ 312, 312a, 312f

13 Im 2. Buch, Abschnitt 3, Titel 1, Untertitel 2 wurde mit Wirkung ab dem 1. 1. 2002 als „besondere Vertriebsformen" das durch Art. 6 Nr. 5 SMG gleichzeitig aufgehobene HausTWG und das durch Art. 6 Nr. 7 SMG aufgehobene Fernabsatzgesetz als §§ 312 und 312a bzw. § 312b in das BGB integriert.[8]

14 § 312 entspricht in seinen Absätzen 1 und 2 der früheren Regelung des § 1 HausTWG, wobei lediglich der Eingangssatz präzisiert und um eine Legaldefinition der Haustürgeschäfte ergänzt worden ist.

Eine Anpassung ist in § 312 Abs. 1 S. 1 Nr. 2 durch die Ersetzung des Terminus „andere Vertragspartei" durch „Unternehmer" (§ 14) zur Wahrung einer einheitlichen Terminologie für alle Verbraucherverträge und in § 312 Abs. 1 S. 1 und S. 2 durch eine Änderung des Verweises auf die nunmehr das Widerrufs- und Rückgaberecht des Verbrauchers enthaltenden §§ 355, 356 n.F. anstelle der bisherigen §§ 361a, 361 b a.F. erfolgt.[9]

15 Die das Widerrufs- und Rückgaberecht regelnden Vorschriften des §§ 2 HausTWG i.V.m. § 361a, 361b a.F. fanden gem. Art. 229 § 2 Abs. 1 grundsätzlich für Sachverhalte Geltung, die nach dem 29. 6. 2000 bis zum 31. 12. 2001 entstanden sind.

16 Nach der hierzu spezielleren Übergangsvorschrift in § 9 Abs. 3 des HausTWG vom 29. 6. 2000 waren die Vorschriften der §§ 1, 2, 5 des HausTWG, insbesondere auch das Widerrufsrecht nach § 2 HausTWG aber auf alle Verträge anzuwenden, die vor dem 1. 10. 2000 abgeschlossen worden waren.

17 Die dann vom 1. 10. 2000 bis 31. 12. 2001 geltende Regelung des § 2 HausTWG, wonach das Widerrufsrecht des Verbrauchers bei unterbliebener Widerrufsbelehrung erst einen Monat nach beiderseits vollständiger Erbringung der Leistung erlosch, ist ersatzlos entfallen und in §§ 355, 356 n.F. nicht übernommen worden.

---

[7] Vgl. Müko-*Ulmer* § 7 VerbrKrG Rdn. 63 und § 3 HausTWG Rdn. 9; *Martis* MDR 1998, 1260, 1265.

[8] Vgl. Anwaltkommentar-*Ring* vor § 312 Rdn. 1.

[9] Anwaltkommentar-*Ring* § 312 Rdn. 2.

§ 2 HausTWG führte im Fall eine unterbliebenen Belehrung zu einem schnellen Abschneiden des Widerrufsrechts des Verbrauchers, da Letzterer – nicht belehrt – regelmäßig alsbald nach der Warenlieferung auch den Kaufpreis beglich und dadurch schon nach Ablauf eines Monats seines Widerrufsrechts entgültig verlustig ging.[10] 18

Der Gesetzgeber sah sich insbesondere im Interesse einer Vereinheitlichung der bis zum 29. 6. 2000 unterschiedlich geregelten Fristen für das Erlöschen der Widerrufsrechte aus § 7 Abs. 1 VerbrKrG, § 2 HausTWG, § 3 Abs. 1 FernAbsG und § 5 Abs. 1 TzWrG bei unterbliebener Belehrung veranlasst, in § 355 Abs. 3 S. 1 für entsprechende Fälle eine einheitliche Höchstfrist von sechs nach Vertragsabschluss vorzugeben.[11] 19

Der einheitliche Erlöschenstatbestand ist allerdings durch das OLG-VertrÄndG (vgl. jetzt § 355 Abs. 3 S. 3) in seinem Anwendungsbereich mit Wirkung ab dem 1. 8. 2002 erheblich eingeschränkt worden und gilt jetzt nur noch für Fälle außerhalb des Rechts der Haustürgeschäfte etwa bei Nichterfüllung von Informationspflichten nach § 312c (vgl. § 312d Abs. 2) oder der Pflichten aus § 312e Abs. 1 (vgl. § 312e Abs. 3 S. 2).[12] 20

§§ 3 und 4 des HausTWG waren bereits zum 29. 6. 2000 weggefallen und durch §§ 361a Abs. 2, 361b Abs. 2 a.F. ersetzt worden. Die Regelung des § 5 Abs. 1, Abs. 4 HausTWG zum Abweichungs- und Umgehungsverbot zum Nachteil des Verbrauchers enthält jetzt der auch für Fernabsatzverträge geltende § 312f n.F. Die Vorschrift des § 6, wonach das HausTWG auf Versicherungsverträge keine Anwendung findet, ist in § 312 Abs. 3 übernommen worden. 21

Die Gerichtsstandvorschrift des § 7 HausTWG hat das SMG als § 29c in die ZPO eingeordnet.[13] 22

Die Anwendung des § 29c Abs. 1 ZPO erstreckt sich sowohl auf Erfüllungsansprüche als auch auf alle Folgeansprüche aus Haustürgeschäften, etwa Schadensersatzansprüche des Verbrauchers aus § 311 Abs. 2 n.F. (vormals c.i.c.) wegen schuldhafter Verletzung vertraglicher Pflichten des Unternehmers oder wegen einer mit dem Abschluss des Haustürgeschäfts begangenen unerlaubten Handlung.[14] Dies gilt auch insoweit, als Ansprüche aus § 311 Abs. 2 oder §§ 823ff. nicht nur gegenüber dem Unternehmer, sondern auch gegenüber dem Abschlussvertreter verfolgt werden.[15] 23

Die Übergangsvorschriften in § 9 HausTWG wie auch in § 6 FernAbsG wurden durch die weitere Überleitungsvorschrift zum SMG in Art. 229 § 5 ergänzt. 24

---

[10] Anwaltkommentar-*Ring* § 312 Rdn. 5.

[11] Anwaltkommentar-*Ring* § 312 Rdn. 6.

[12] Vgl. Erman-*Saenger* § 355 Rdn. 15, 16.

[13] Vgl. hierzu OLG Celle NJW 2004, 2602: erfasst alle Ansprüche, die ein Haustürgeschäft betreffen; Palandt-*Heinrichs* vor § 312 Rdn. 2.

[14] BGH NJW 2003, 1190; OLG Celle NJW 2004, 2602.

[15] OLG Cele NJW 2004, 2602.

2. Übergangsrecht

25 Gem. Art. 229 § 9 EGBGB finden die folgenden durch das OLGVertrÄndG vom 23. 7. 2000 neu gefassten Vorschriften

- zum Vorrang des Widerrufs- und Rückgaberecht nach §§ 355, 356 bei Haustürgeschäften (§ 312 a),
- zum Widerrufs- und Rückgaberecht bei Fernabsatzverträgen (§ 312 d Abs. 2, Abs. 5),
- zu den Wirkungen des Rücktritts (346 Abs. 2 S. 2),
- zum Widerrufsrecht bei Verbraucherverträgen im Allgemeinen (§§ 355 Abs. 2 S. 2, Abs. 3 S. 2)
- zu den verbundenen Verträgen (§ 358 Abs. 3 S. 3),
- der Streichung des § 491 Abs. 3 Nr. 1 (vormals § 3 Abs. 2 Nr. 2 VerbrKrG) betreffend die nun als Immobiliardarlehensverträge bezeichneten Realkreditverträge,
- zur Streichung des § 492 Abs. 1 S. 5 Nr. 2 S. 3 (vormals § 4 Abs. 1 S. 4 Nr. 1 d S. 3 VerbrKrG),
- zur damit korrespondierenden Einfügung des § 492 Abs. 1 a (Freistellung von der Pflicht zur Angabe eines Gesamtbetrages insbesondere bei Immobiliardarlehensverträgen),
- der redaktionellen Korrektur des § 494 Abs. 2 S. 2 (vormals § 6 Abs. 2 S. 2 VerbrKrG),
- zur Streichung des § 495 Abs. 2 (vormals § 7 Abs. 3 VerbrKrG) mit der Fiktion des Unterbleibens eines Widerrufs, soweit das gewährte Darlehen nicht innerhalb von zwei Wochen nach Erklärung des Widerrufs zurückbezahlt wird,
- zur Einfügung der bis zum 30. 6. 2005 geltenden Absätze Abs. 2, Abs. 3 und Abs. 4 in § 506 mit der Möglichkeit, die Regelung der vormaligen §§ 495 Abs. 2 a.F., 7 Abs. 3 VerbrKrG nunmehr vertraglich zu vereinbaren (§ 506 Abs. 2 n.F.) und das bestehende Widerrufsrecht aus §§ 495, 355 bei Immobiliardarlehensverträgen, die keine Haustürgeschäfte sind, durch schriftliche Vereinbarung wieder auszuschließen (§ 506 Abs. 3),
- der neu eingefügten Ausnahmeregelung für Immobiliardarlehensverträge in § 498 Abs. 3 und
- zu den erforderlich gewordenen redaktionellen Änderungen in §§ 502, 505

26 Anwendung auf Schuldverhältnisse, die nach dem 1. 11. 2002 entstanden sind und für Haustürgeschäfte schon, wenn sie nach dem 1. 8. 2002 abgeschlossen wurden.

27 Für Letztere wird die sechsmonatige Höchstfrist für das Widerrufsrecht aufgrund des EuGH-Urteils vom 13. 12. 2001[16] rückwirkend beseitigt (Art. 229 § 9 Abs. 1 S. 2 EGBGB). Aufgrund der Entscheidung des EuGH

[16] EuGH NJW 2002, 281. Vgl. hierzu zuletzt ausführlich OLG Stuttgart WM 2005, 972 ff.

musste im Rechtsverkehr mit einer solchen rückwirkenden Änderung gerechnet werden.[17] Gem. Art. 229 § 9 Abs. 2 EGBGB findet die Neufassung des § 355 Abs. 2, wonach die Widerrufsfrist einen Monat beträgt, wenn die Belehrung erst nach Vertragsabschluss erteilt wird, auch auf solche Altverträge Anwendung, die bis zum 1. 8. 2002 geschlossen worden sind.

Somit ist eine Nachholung der Belehrung des Verbrauchers nach dem 1. 8. 2002 auch ohne dessen Unterschrift möglich und löst die genannte Monatsfrist aus.[18] 28

III. Konkurrenzen

1. Verhältnis zu den Vorschriften des Verbraucherkreditrechts (§§ 3, 7 VerbrKrG, §§ 491 Abs. 2 und Abs. 3, 495)

a) Rechtslage bis zum 31. 12. 2001

Heftig umstritten war die Frage, ob die bis zum 31. 12. 2001 geltende Konkurrenzregelung des § 5 Abs. 2 HausTWG einem Rückgriff auf das HausTWG auch dann entgegenstand, wenn der Darlehens- bzw. Kreditvertrag in einer „Haustürsituation" des § 1 Abs. 1 HausTWG geschlossen wurde und die Anwendung der §§ 7, 9 VerbrKrG durch § 3 Abs. 2 Nr. 2 VerbrKrG, wonach die Vorschriften über den Widerruf von Kreditverträgen und verbundener Geschäfte auf Immobiliardarlehensverträge (Definition jetzt in § 492 Abs. 1a S. 2 BGB n.F.) keine Anwendung fanden, ausgeschlossen war. 29

Nach einer Ansicht konnte das HausTWG von dessen § 5 Abs. 2 nur dann verdrängt werden, wenn das vorrangig anzuwendende VerbrKrG dem Verbraucher einen gleich effektiven Schutz bietet.[19] Diese Ansicht wurde auch von mehreren Oberlandesgerichten vertreten.[20] 30

Nach ganz überwiegender Ansicht war in den Fällen des § 3 Abs. 2 Nr. 1 bis 4 VerbrKrG weder das Verbraucherkreditgesetz noch das Haustürwiderrufsgesetz anzuwenden.[21] 31

---

[17] Vgl. *Schmidt-Kessel* ZGS 2002, 311, 317.

[18] *Schmidt-Kessel* ZGS 2002, 311, 317; *Meinhof* NJW 2002, 2273, 2274; *Bülow* § 495 Rdn. 116b, 116c; Palandt-*Heinrichs* Art. 229 § 8 EGBGB Rdn. 4; Bamberger/Roth-*Möller/Wendehorst* § 495 Rdn. 14.

[19] So die Vorauflage 1998 S. 2/3 m.n.N., Staudinger-*Werner,* 13. Bearb., § 5 HausTWG Rdn. 24; Erman-*Klingsporn,* 9. Aufl., § 5 HausTWG Rdn. 5; *Stüsser* NJW 1999, 1586, 1589.

[20] Vgl. die Nachweise bei OLG München WM 2002, 694, 695; WM 2000, 1336; OLG Oldenburg VuR 2002, 321, 322.

[21] OLG Stuttgart NJW-RR 1999, 1726, WM 1999, 1419 und WM 2000, 1942, 1948 zu § 3 Abs. 2 Nr. 2 VerbrKrG; OLG München WM 2001, 1215, WM 2001, 680 und WM 1999, 728 jeweils zu § 3 Abs. 2 Nr. 2 VerbrKrG; OLG Frankfurt MDR 2000, 534; WM 2000, 2135, 2137; OLG Koblenz WM 1999, 2353; LG Frankfurt WM 2001,

32 Die h.M. berief sich darauf, dass die Entscheidung des Gesetzgebers, wonach die in § 3 Abs. 2 VerbrKrG genannten Verträge nicht in vollem Umfang dem Schutz des VerbrKrG unterliegen, bei gleichzeitigem Vorliegen der Voraussetzungen des § 1 Abs. 1 HausTWG nicht durch die Anwendung dieses Gesetzes entgegen dem Wortlaut des § 5 Abs. 2 HausTWG unterlaufen werden dürfe. Für diese Ansicht wurden auch der Wortlaut des § 5 Abs. 2 HausTWG und dessen Entstehungsgeschichte als Argument herangezogen.

33 War jedoch eine der Vollausnahmen des § 3 Abs. 1 VerbrKrG gegeben, blieb es nach einhelliger Ansicht – entgegen dem insoweit teleologisch zu reduzierenden Wortlaut des § 5 Abs. 2 HausTWG – bei der Anwendbarkeit des Haustürwiderrufsgesetzes.[22]

34 Der BGH[23] hatte sich zunächst der ganz überwiegenden Ansicht angeschlossen und die Frage wegen noch bestehender Zweifel zur Vereinbarkeit dieser Auslegung des § 5 Abs. 2 HausTWG mit der EG-Richtlinie 85/577/EWG dem EuGH zur Vorabentscheidung vorgelegt. Der EuGH[24] hat hierauf die Ausnahmen des Anwendungsbereichs der Haustürgeschäfte-Richtlinie 85/577/EWG eng ausgelegt und darauf erkannt, dass der Schutz der Haustürgeschäfte-Richtlinie nicht durch die erst nachfolgend erlassene Verbraucherkreditrichtlinie eingeschränkt werde.

35 Darüber hinaus hat der EuGH den Mitgliedsstaaten die Befugnis abgesprochen, das in Art. 5 der Haustürgeschäfte-Richtlinie vorgesehene Widerrufsrecht für den Fall, dass der Verbraucher nicht nach Art. 4 der Richtlinie belehrt wurde, etwa in entsprechender Anwendung des § 7 Abs. 2 S. 3 VerbrKrG auf ein Jahr bzw. unter Anwendung des § 355 Abs. 3 a.F. auf sechs Monate zu befristen.[25]

36 Der BGH[26] hat sich dieser Auffassung – gezwungenermaßen – angeschlossen und entschieden, § 5 Abs. 2 HausTWG sei einschränkend dahin-

---

257, 262; *Habersack* WM 2000, 981, 990; Müko-*Ulmer,* 3. Aufl. 1995, § 5 HausTWG Rdn. 15; *Bülow,* 3. Aufl. 1998, § 3 VerbrKrG Rdn. 28.

22 BGH, Vorlagebeschluss, NJW 2000, 521, 522; OLG München WM 1999, 728, 729; WM 2002, 680; WM 2001, 1215, 1218.

23 BGH NJW 2000, 521, 522.

24 EuGH NJW 2002, 281-Fall „Heininger".

25 Vgl. hierzu *Habersack/Mayer* WM 2002, 253ff.; *Rott* VuR 2002, 49ff.; *Strube* VuR 2002, 55ff.; *Staudinger* NJW 2002, 653ff.; *Bülow* § 491 Rdn. 176a, 206, 208.

26 BGH NJW 2002, 1881, 1882 – „Heininger"; BGH NJW 2003, 199 = MDR 2003, 101; NJW 2003, 1390, 1391 = MDR 2003, 466; WM 2004, 1579, 1580 = NJW 2004, 2744; WM 2004, 1521, 1522 = NJW 2004, 2731 LS; zustimmend: *Bungeroth* WM 2004, 1505, 1507 m.w.N.; *Edelmann* BKR 2003, 710ff.; *Freckmann* BKR 2003, 30f.; *Knott* WM 203, 49ff.; *Münscher* BKR 2003, 86, 89f.; *Rohe* BKR 2002, 575, 577; *Schwesig* ZGS 2003, 447ff.; *Sauer* BB 2003, 227; *Ulmer* ZIP 2002, 1080, 1083; *Westermann* ZfIR 2003, 680f.; ablehnend: OLG Bremen NJW 2004, 2238ff. – Vorlagebeschluss zum EuGH; LG Bochum NJW 2003, 2612ff. = WM 2003, 1609ff. – Vorlagebeschlus zum EuGH; *Derleder* NJW 2003, 2064, 2066; Deutsch NJW 2003, 2881f.; *Fischer* DB 2003, 83, 85ff. sowie VuR 2004, 8ff.; *Häublein* ZBB 2004, 1, 5ff.; *Hoffmann* ZIP 2002, 1066 und ZIP 2004, 49ff.; *Linder* ZIP 2003, 67ff.; *Reich* VuR

gehend auszulegen, dass Kreditverträge insoweit nicht als Geschäfte i.S.d. § 5 Abs. 2 HausTWG anzusehen sind, die „die Voraussetzungen eines Geschäfts nach dem VerbrKrG“ erfüllen, als dieses Gesetz kein gleichweit reichendes Widerrufsrecht wie das HausTWG einräumt.

Durch diese Subsidiaritätsklausel des § 5 Abs. 2 HausTWG, jetzt neu in § 312a geregelt, werden die Widerrufsvorschriften des HausTWG, nunmehr normiert in § 312 Abs. 1, daher nur dann verdrängt, wenn auch das VerbrKrG – jetzt §§ 491, 499, 500, 501, 505, 495 i.V.m. § 355 – dem Verbraucher dem Grunde nach tatsächlich ein Widerrufsrecht gewährt. 37

Nach Auffassung des BGH[27] gilt die gebotene richtlinienkonforme Auslegung des § 5 Abs. 2 HausTWG für alle Kreditverträge, die Haustürgeschäfte i.S.d. § 1 Abs. 1 HausTWG (jetzt § 312 Abs. 1 sind, selbst wenn die Voraussetzungen eines Haustürgeschäfts i.S.d. der Richtlinie 85/577/EWG nicht vorliegen. Denn eine „gespaltene Auslegung“ widerspreche zum einen dem Wortlaut des § 1 Abs. 1 HausTWG bzw. des § 312 Abs. 1, zum anderen dessen Sinn und Zweck, der die Gleichstellung aller Willenserklärungen, die in einer Haustürsituation selbst oder aufgrund einer Einflussnahme in der Haustürsituation abgegeben worden sind, im Auge hat. 38

Die Mehrzahl der Oberlandesgerichte hat sich der Ansicht des EuGH und des BGH angeschlossen.[28] 39

Zum Teil werden die Entscheidungen bzw. sich hieraus ergebende Rechtsfolgen aber auch kritisiert und abgelehnt.[29] 40

Nach Ansicht des OLG München[30] erstreckt sich die richtlinienkonforme Auslegung des § 5 Abs. 2 HausTWG auch auf solche Verträge, die zwar nicht unmittelbar der Richtlinie unterfallen (Vertragsabschluss in einer Haustürsituation), die aber nach § 1 Abs. 1 Nr. 1 HausTWG bzw. § 312 Abs. 1 S. 1 Nr. 1 auch bei bloßer Vertragsanbahnung die Voraussetzungen eines Haustürgeschäfts erfüllen. 41

Dem gegenüber befürwortet ein Teil der Literatur eine „gespaltene Auslegung“, wonach die richtlinienkonforme Auslegung in § 5 Abs. 2 42

2003, 64, 65; *Reiter/Methner* VuR 2002, 316, 318ff. und BKR 2004, 169ff.; *Rörig* MDR 2002, 894, 895 sowie ZIP 2003, 26, 28 und VUR 2004, 3, 5f.; *Rott* VuR 2003, 409ff.; *Stickelbrock* ZGS 2002, 225, 228f.; *Strube* BKR 2002, 938, 940ff.; *Tonner* BKR 2002, 856, 859f.

[27] BGH NJW 2002, 1881, 1884; MDR 2003, 101; WM 2004, 1521, 1522; ebenso *Hoffmann* ZIP 2002, 145, 149 und *Staudinger* NJW 2002, 653, 655.

[28] OLG München WM 2002, 694, 695; WM 2003, 69f.: keine Haustürsituation im Fall „Heininger“; OLG Karlsruhe NJW-RR 2003, 191; OLG Oldenburg VuR 2002, 321, 322; OLG Stuttgart WM 2005, 972, 973ff.; WM 2005, 981; OLG Schleswig WM 2005, 607f.

[29] OLG Bamberg WM 2002, 537, 545; OLG Bremen NJW 2004, 2238ff.: Vorlagebeschluss zum EuGH; LG Bochum NJW 2003, 2612ff.: Vorlagebeschluss zum EuGH; LG München I BKR 2002, 230, 234 und BKR 2002, 285, 287; LG Bremen VuR 2002, 287; *Habersack/Mayer* WM 2002, 253, 257; *Hochleitner/Wolf/Großerichter* WM 2002, 529, 531; vgl. oben 2. Teil, Rdn. 157ff.

[30] OLG München WM 2003, 66, 68.

HausTWG bzw. § 312 a a. F. auf Sachverhalte beschränkt bleiben soll, die in den Anwendungsbereich der Richtlinie 85/577/EWG fallen. Diese setzt voraus, dass der Vertrag in der konkreten Haustürsituation geschlossen oder in einer solchen jedenfalls ein entsprechendes Vertragsangebot abgegeben worden sein muss, während § 1 Abs. 1 HausTWG bzw. § 312 Abs. 1 eine Haustürsituation bei der Vertragsanbahnung, die für den späteren Vertragsabschluss ursächlich war, ausreichen lässt.[31]

43 Der BGH weist auch darauf hin, dass die richtlinienkonforme einschränkende Auslegung des § 5 Abs. 2 HausTWG zwar zur Widerruflichkeit auch von Realkreditverträgen i. S. d. 3 Abs. 2 Nr. 2 VerbrKrG bzw. von Immobiliardarlehensverträgen i. S. d. § 491 Abs. 3 Nr. 1 a. F. in der bis zum 31. 12. 2002 geltenden Fassung (vgl. Art. 229 § 9 Abs. 1 S. 2 EGBGB) führte, grundsätzlich jedoch nicht dazu, dass der Widerruf des Kreditvertrages gegenüber der Bank als Darlehensgeberin die Wirksamkeit eines mit dem Kredit finanzierten Grundstücksgeschäfts berührte.[32]

44 Nach Auffassung Kritiker hat der BGH das auf die Richtlinie 85/577/EWG zurückgehende Widerrufsrecht des Verbrauchers faktisch entwertet, indem er den Verbraucher dazu verpflichtet, nach einem Widerruf den Kredit nebst marktüblichen Zinsen mit einem Schlag zurückzuzahlen, während der Immobilienkauf regelmäßig Bestand hat.[33] Das OLG Bremen[34] und das LG Bochum[35] haben dem EuGH mehrere Fragen zur Vorabentscheidung vorgelegt, die im Zusammenhang mit der Frage stehen, wie die Rückabwicklung von Immobiliardarlehen bei einem Widerruf nach dem HausTWG zu erfolgen hat.[36]

45 Die Europäische Kommission[37] hat zur Vorlage des LG Bochum beim EuGH wie folgt Stellung genommen:

- Art. 3 Abs. 2 a der Richtlinie 85/577/EWG erfasse auch solche Verträge über den Erwerb von Rechten an Immobilien, die lediglich als Bestandteil eines kreditfinanzierten Kapitalanlagemodells anzusehen sind und bei denen die Vertragsverhandlungen und der Vertragsabschluss sowohl hin-

---

[31] *Habersack* WM 2000, 981,991; *Habersack/Mayer* WM 2002, 253, 257; *Piekenbrock/Schulze* WM 2002, 521, 527.

[32] BGH NJW 2002, 1881, NJW 2003, 199 = MDR 2003, 101; NJW 2004, 153, WM 2003, 2184; zustimmend *Bungeroth*, Richter am BGH a. D., WM 2004, 1505, 1507 m. w. N.; *Ulmer* ZIP 2002, 1080, 1083; ablehnend *Hoffmann* ZIP 2002, 1066; *Fischer* DB 2002, 1266, 1267; *Rörig* MDR 2002, 894, 895; kritisch auch *Schulte-Nölke* ZGS 2004, 81; zu den Auswirkungen des Widerrufs im verbundenen Geschäfts siehe allerdings BGH, II. ZS., WM 2004, 1521, 1523 = NJW 2004, 2731, 2733, WM 2004, 1527, 1528.

[33] Vgl. *Schulte-Nölke* ZGS 2004, 81.

[34] OLG Bremen NJW 2004, 2238.

[35] LG Bochum NJW 2003, 2612 = WM 2003, 1609 = ZGS 2003, 355.

[36] Zu den Einzelheiten vgl. *Schwesig* ZGS 2003, 447 ff. und oben 2. Teil, H. Rdn. 167 ff.

[37] Vgl. ZGS 2004, 98 bis 103.

sichtlich des Rechtserwerbs an der Immobilie als auch hinsichtlich des seiner Finanzierung dienenden Darlehens in einer unter Art. 1 der Richtlinie fallenden (Haustür-) Situation stattgefunden haben.[38]

– Die national zuständigen Richter hätten die nach Art. 7 der Richtlinie erlassenen Bestimmungen des nationalen Rechts dahingehend auszulegen, dass sie in größtmöglichem Einklang mit Wortlaut, Ziel und Zweck der Richtlinie in der Auslegung, die sie durch den EuGH erfahren hat, stehen.[39]

Schulte-Nölke (ZGS 2004, 81) spricht sich dafür aus, die Rückgewährpflicht aus §§ 357, 346 Abs. 1 richtlinienkonform dahin zu modifizieren, dass der Verbraucher – gegen marktübliche Verzinsung – das Restdarlehen so tilgen darf, wie dies im Darlehensvertrag vorgesehen war.

Der BGH[40] lehnt die Begründung des OLG Bremen und des LG Bochum und eine Vorlagepflicht an den EuGH ab.

Die zuständige Referentin im BMF[41] hielt es nicht für ausgeschlossen, dass sich der EuGH mehr am Gesichtspunkt der Effektivität des Verbraucherschutzes (Art. 249 Abs. 3 EG) als an systematischen Erwägungen orientieren und deshalb möglicherweise die Auffassung des LG Bochum teilen wird.

Die Entscheidung des EuGH lag bei Abschluss des Manuskripts noch nicht vor (vgl. 2. Teil, H. Rdn. 179).

b) Rechtslage nach dem 1. 1. 2002 bzw. dem 1. 8. 2002

Der Gesetzgeber hat – nach der zitierten kritischen Ansicht in unzureichender Weise – auf die Entscheidung des EuGH reagiert und – neben §§ 355 Abs. 2 S. 2, Abs. 3, 358 Abs. 3 S. 3, 495 Abs. 2, 506 – auch die Konkurrenzregelung des § 312a geändert. 46

Nach § 312a i.d.F. vom 1. 1. bis 31. 7. 2002 war das Widerrufsrecht des § 312 ausgeschlossen, wenn das Haustürgeschäft in den Anwendungsbereich der in § 312a angeführten Sonderregelungen fiel, gleichgültig, ob nach diesen Vorschriften ein Widerrufsrecht bestand oder nicht. 47

Nach dem durch das OLGVertrÄndG zum 1. 8. 2002 eingeführten § 312a n.F. entfällt das Widerrufsrecht aus § 312 Abs. 1 nur, wenn dem Verbraucher auch nach den vorrangigen Sonderregelungen dem Grunde nach tatsächlich ein Widerrufs- oder Rückgaberecht aus §§ 355, 356 bzw. nach § 126 des Investmentgesetzes zusteht.[42] 48

---

[38] Vgl. ZGS 2004, 102.

[39] ZGS 2004, 103.

[40] BGH NJW 2004, 153 = ZGS 2003, 476; ZGS 2003, 475; zustimmend *Bungeroth* WM 2004, 1505, 1507 ff.; vgl. hierzu oben 2. Teil, H. Rdn. 167–179.

[41] *Schwesig* ZGS 2003, 447, 451; kritisch *Derleder* NJW 2003, 2064, 2065; *Westermann* ZfIR 2003, 680, 681; *Frisch* ZGS 2003, 333, 334.

[42] Erman-*Saenger* § 312 Rdn. 4; Palandt-*Heinrichs* § 312a Rdn. 1; Müko-*Ulmer* § 312a Rdn. 3, 10; *Meinhof* NJW 2002, 2273, 2275.

49 Steht ein solches, auf anderer Rechtsgrundlage beruhendes Recht dem Verbraucher aufgrund einer partiellen Bereichsausnahme ausnahmsweise nicht zu und ist er deshalb nicht zum Widerruf nach diesen anderen Vorschriften berechtigt, wie z.B. bei Kleindarlehen bis zu einem Betrag von 200,00 € (§ 491 Abs. 2 Nr. 1), sind die Rechte aus § 312 nicht ausgeschlossen.[43]

50 Damit kann der Verbraucher insbesondere in den Fällen des § 491 Abs. 2 und Abs. 3, in denen kein Verbraucherschutz nach §§ 495, 355 gewährt wird, bei Vorliegen der entsprechenden Voraussetzungen das Widerrufs- oder Rückgaberecht nach §§ 312, 355, 356 ausüben.[44]

2. Verhältnis zum Fernabsatzrecht (§§ 312b, c, d)

51 Dieselbe systematische Ordnung der verschiedenen Widerrufsrechte hat der Gesetzgeber auch in § 312d Abs. 5 vorgenommen. Danach besteht das Widerrufsrecht gem. § 312d bei Fernabsatzverträgen nicht, wenn dem Verbraucher bereits aufgrund von Finanzierungshilfen nach §§ 499 Abs. 1, 500, 501, 503 oder bei einem Ratenlieferungsvertrag nach § 505 Abs. 1 ein Widerrufs- oder Rückgaberecht gem. §§ 355, 356 eingeräumt ist. Allerdings findet auf dieses – vorrangige – Widerrufsrecht auch § 312d Abs. 2 S. 1 über den späteren Beginn der Widerrufsfrist Anwendung, wenn der Vertrag zugleich ein Fernabsatzgeschäft ist.[45]

52 Dies betrifft jedoch nur das Konkurrenzverhältnis zwischen Fernabsatz- und Verbraucherkreditgeschäften. Zwischen Haustürgeschäften und den in § 312a nicht genannten Fernabsatzverträgen nach §§ 312b, 312d kann es nicht zu einer Konkurrenz der Schutzvorschriften kommen, da Haustürgeschäfte und Fernabsatzverträge sich tatbestandlich ausschließen.[46]

53 Denn das Haustürwiderrufsrecht erfordert die gleichzeitige körperliche Anwesenheit des Verbrauchers und des Unternehmers bzw. eines Vertreters, während Fernabsatzverträge gem. § 312b Abs. 1 S. 1 unter ausschließlicher Verwendung von Fernkommunikationsmitteln abgeschlossen werden.

3. Verhältnis zu den Teilzeit-Wohnrechteverträgen (§§ 481 bis 487)

54 Das am 1. 1. 1997 in Kraft getretene TzWrG erfasste jede Teilzeitnutzung, also jedes periodisch, nicht notwendig im selben Zeitraum wiederkehrende Nutzungsrecht, gleich welcher Art und gleich welcher Länge von Wohngebäuden für die Dauer von mindestens drei Jahren aufgrund eines dinglichen oder obligatorischen Rechts, insbesondere auf Mitgliedschaften oder Gesellschaftsanteilen beruhender Wohnrechte, und das sogenannte „Time-Sharing".

---

43 Erman-*Saenger* § 312a Rdn. 6; *Freckmann* BKR 2002, 513.

44 Erman-*Saenger* § 312a Rdn. 6 a. E.; Müko-*Ulmer* § 312a Rdn. 10, 11; Palandt-*Heinrichs* § 312a Rdn. 2 zu § 491 Abs. 2.

45 *Meinhof* NJW 2002, 2273, 2275; vgl. hierzu 4. Teil.

46 *Lütcke* Einl. Rdn. 34, 35; *Fuchs* ZIP 2000, 1273, 1287.

Dies galt für alle im EU- und EWG-Raum gelegenen Wohngebäude (§ 8 Nr. 1 TzWrG) und verpflichtete den Veräußerer zu bestimmten Pflichtangaben (§§ 2, 3, 5 TzWrG), auf Verlangen in der Sprache des Erwerbers (§ 2 Abs. 1 TzWrG). 55

Das spezielle Widerrufsrecht (§§ 4 Abs. 2 Nr. 1, 5 Abs. 1 bis Abs. 6, 6 Abs. 1, Abs. 2 TzWrG) hatte bei gleichzeitigem Vorliegen der Voraussetzungen des § 1 Abs. 1 HausTWG Vorrang vor den Bestimmungen des HausTWG (§§ 10 Nr. 1 TzWrG, 5 Abs. 3 HausTWG). 56

Diese Konkurrenzregelung konnte aber im Hinblick auf die durch §§ 10 Nr. 1 TzWrG, 5 Abs. 3 HausTWG ausgeschlossene Bestimmung des § 2 Abs. 1 S. 4 HausTWG zu einer Verschlechterung des Schutzumfanges führen.[47] 57

Bei Time-Sharing-Verträgen, die bis zum 1. 1. 1997 zugleich dem Anwendungsbereich des HausTWG unterlagen, konnte das Widerrufsrecht bei fehlender oder unvollständiger Belehrung erst einen Monat nach beiderseits vollständiger Erbringung der Leistungen erlöschen. 58

Eine vollständige Erbringung der geschuldeten Leistungen des Time-Sharing-Anbieters lag aber erst bei letztmaliger Inanspruchnahme der Nutzungsgewährung im letzten Vertragsjahr vor, und zwar selbst bei einer vereinbarten Vertragsdauer von 99 bzw. 50 Jahren.[48] 59

Das TzWrG hat weiterhin für die bis zum 31. 12. 2001 abgeschlossenen Verträge Geltung (Art. 229 § 4 Abs. 1 EGBGB); da es sich bei Teilzeit-Wohnrechteverträgen regelmäßig um Dauerschuldverhältnisse handelt, sind die Vorschriften der §§ 481 bis 487 erst auf die seit dem 1. 1. 2003 geschlossenen Verträge anzuwenden (Art. 229 § 5 Abs. 1 S. 2 EGBGB).[49] 60

Auch das Widerrufsrecht des § 485 Abs. 1 verdrängt das Widerrufsrecht bei Haustürgeschäften (vgl. §§ 312 Abs. 1, 312 a) nach der Neufassung des § 312 a nur dann, wenn es dem Verbraucher dem Grunde nach tatsächlich zusteht.[50] 61

---

[47] Vgl. *Martinek* NJW 1997, 1394; kritisch auch *Mäsch* DNotZ 1997, 180.

[48] OLG Celle NJW-RR 1997, 504: 99 Jahre bei genossenschaftlich organisiertem Time-Sharing; OLG Stuttgart VuR 1995, 267: 50 Jahre; LG Berlin VuR 1996, 55; *Hildenbrand* NJW 1996, 3252 und NJW 1994, 1996.

[49] Palandt-*Putzo* vor § 481 Rdn. 1.

[50] Palandt-*Putzo* § 485 Rdn. 2 und Palandt-*Heinrichs* § 312 a Rdn. 2; Erman-*Saenger* § 312 a Rdn. 6, 7, 9.

B. Persönlicher Anwendungsbereich (§§ 312 Abs. 1 S. 1, 13, 14, 507)

I. Verbrauchereigenschaft des einen Vertragsteils

1 Während das HausTWG i.d.F. bis zum 30. 9. 2000 nur für „Kunden" i.S.d. § 1 Abs. 1 HausTWG galt, also für Erklärende, die eine auf den Abschluss eines Vertrages über eine entgeltliche Leistung gerichtete Willenserklärung abgegeben haben,[51] galt § 1 Abs. 1 S. 1 HausTWG i.d.F. vom 1. 10. 2000 bis 31. 12. 2001 und gilt § 312 Abs. 1 S. 1 für Verträge zwischen einem Unternehmer und einem Verbraucher. Verbraucher ist nach der Legaldefinition des § 13 jede natürliche Person, die ein Rechtsgeschäft zu einem Zweck abschließt, der weder ihrer gewerblichen noch ihrer selbständigen beruflichen Tätigkeit zugerechnet werden kann (vgl. hierzu oben 2. Teil, B. Rdn. 33ff.).

1. BGB-Gesellschaft und Halten eines GmbH-Anteils

2 Auch auf einen Kreditvertrag oder einen in einer Haustürsituation abgeschlossenen Vertrag einer BGB-Gesellschaft, zu der sich mehrere natürliche Personen zusammengeschlossen haben, können §§ 491ff., 499ff. und § 312 anwendbar sein, wenn die BGB-Gesellschaft den Vertrag in Verfolgung eines nichtkommerziellen Gesellschaftszwecks abschließt.[52]

3 Es muss sich um ein zu privaten Zwecken vorgenommenes Rechtsgeschäft handeln, das nicht zu einer gewerblichen oder selbständigen beruflichen Tätigkeit zugerechnet werden kann.[53]

4 So ist etwa der Erwerber einer oder mehrerer Wohnungen einer Wohnungseigentumsanlage auch dann Verbraucher i.S.d. § 13, wenn es sich um eine bloße Kapitalanlage handelt und der Erwerb nicht im Rahmen einer gewerblichen oder selbständigen beruflichen Tätigkeit erfolgt.[54]

5 Für eine gewerbliche Betätigung spricht es jedoch, wenn eine BGB-Gesellschaft darauf ausgerichtet ist, die einzelnen Einheiten einer Immobilie alsbald nach deren Fertigstellung an eine größere Zahl von Erwerbern zu veräußern oder der Umfang der von der BGB-Gesellschaft verfolgten Zwecke einen planmäßigen Geschäftsbetrieb wie etwa die Unterhaltung eines Büros oder einer Organisation erfordert.[55]

6 Das bloße Halten eines GmbH-Anteils oder die Tätigkeit als Geschäftsführer einer GmbH stellt dagegen keine gewerbliche oder selb-

---

[51] Vgl. *Martis* MDR 2003, 961ff.

[52] BGH NJW 2002, 368; *Martis* MDR 2003, 691; s.o. 2. Teil, B. Rdn. 67ff.

[53] Vgl. BGH NJW 2002, 368, 369; OLG Koblenz OLG-Report 2003, 85.

[54] OLG Koblenz OLG-Report 2003, 85.

[55] BGH NJW 2002, 368, 369; *Martis* MDR 2003, 961.

ständige berufliche Tätigkeit i.S.d. § 13 i.V.m. §§ 312 Abs. 1, 491 Abs. 1 dar.[56]

2. Existenzgründer

Existenzgründer sind nach bislang überwiegender Ansicht bis zum Beginn ihrer unternehmerischen Tätigkeit noch Verbraucher.[57] Verbraucher ist danach auch, wer einen Kredit zum Zweck der Betriebsgründung aufnimmt.[58] 7

Eine Umkehr der Beweislast zugunsten eines Existenzgründers, wie sie bis zum 31. 12. 2001 im Rahmen des § 1 Abs. 1 S. 2 VerbrKrG galt, findet nicht mehr statt. Vielmehr hat der Existenzgründer nunmehr nach allgemeinen Regeln zu beweisen, dass der Kredit zur beabsichtigten Aufnahme und nicht schon einer bereits ausgeübten gewerblichen oder freiberuflichen Tätigkeit diente.[59] 8

3. Arbeitnehmer

Ob ein Arbeitnehmer Verbraucher i.S.d. § 13 ist, ist umstritten.

Nach dem sogenannten „absoluten Verbraucherbegriff" ist der Arbeitnehmer nicht nur beim Abschluss von Kaufverträgen mit dem Arbeitgeber am Arbeitsplatz, sondern auch bei Abschluss, Änderung, Aufhebung und Abwicklung eines Arbeitvertrages in Ermangelung einer Einschränkung in § 13 durch den Gesetzgeber uneingeschränkt als Verbraucher zu betrachten.[60] 9

Nach dem „relativen" oder „funktionalen" Arbeitnehmerbegriff der herrschenden, zutreffend differenzierenden Ansicht[61] überzeugt der „absolute Verbraucherbegriff" nicht. 10

---

[56] BGH NJW 2000, 3133, 3135.

[57] *Bülow* § 507 Rdn. 5, 8 und § 499 Rdn. 56 zum Franchisenehmer; Müko-*Micklitz* § 13 Rdn. 41; *Martis* MDR 2003, 961; a.A. wohl Palandt-*Putzo* § 507 Rdn. 1 und Anwaltkommentar-*Reiff,* § 507 Rdn. 7.

[58] *Bülow* § 507 Rdn. 5, 6; zum Existenzgründer vgl. oben 2. Teil, B. Rdn. 73ff.

[59] *Bülow* § 507 Rdn. 9 und 5. Teil, Rdn. 9, 18.

[60] ArbG Hamburg ZGS 2003, 79; ArbG Berlin und ArbG Bonn bei *Hümmerich* NJW 2004, 2921, 2928; *Bauer* NZA 2002, 169, 171; *Bauer/Kock* DB 2002, 42, 43; *Boemke* BB 2002, 96; *Däubler* NZA 2001, 1229; *Gotthardt* ZIP 2002, 277, 278; *Hümmerich-Holthausen* NZA 2002, 173, 178 und NJW 2004, 2921, 2928 zu den Entscheidungen des BAG; *Kittner/Zwanzinger,* ArbR, Handbuch für die Praxis, 2. Aufl. 2003, § 8 Rdn. 41; *Lakies* NZA-RR 2002, 337, 343; *Reim* DB 2002, 2434, 2437; *Reinecke* DB 2002, 583, 587; *Schaub,* Arbeitsrechts-Handbuch, 10. Aufl. 2002, § 8 Rdn. 9a; *Schleusener* NZA 2002, 949, 950.

[61] *Annuß* NJW 2002, 2844; Brors ZGS 2003, 34, 36; *Hansen* ZGS 2003, 373, 374/377; *Lembke* NJW 2004, 2941, 2943; Bamberger/Roth-*Schmidt-Räntsch* § 13 Rdn. 6; Erman-*Saenger* § 312 Rdn. 31; Palandt-*Putzo*, Einf. vor § 611 Rdn. 7a; Verbrauchereigenschaft offengelassen von BAG Urt. v. 27. 11. 2003 – 2 AZR 177/03, ZGS 2004, 6 = BB 2004, 1858 und BAG Urt. v, 27. 11. 2003 – 2 AZR 135/03, NJW

11 Wird der Vertrag zu einem Zweck abgeschlossen, der weder der gewerblichen noch der selbständigen beruflichen Tätigkeit zugerechnet werden kann, so handelt es sich nach dieser Auffassung um einen „Verbraucher". Schließt eine natürliche Person einen Vertrag ab, der auf die Begründung oder die Beendigung eines Arbeitsverhältnisses gerichtet ist, wird sie jedoch als selbständiger Anbieter der Arbeitskraft – sozusagen als „Arbeitskraftunternehmer" – tätig.[62]

12 Die Haustürwiderrufsregelungen sind nach ihrem Sinn und gesetzgerberischen Zweck nicht auf Arbeitsverträge anzuwenden, denn der Arbeitsvertrag dient nicht – wie etwa ein Kaufvertrag – unmittelbar den Konsumzwecken des Arbeitnehmers. Der Arbeitnehmer „verbraucht" die Leistung des Arbeitgebers erst im Rahmen anderer Verträge.[63]

13 Teilweise wird innerhalb dieser Gruppe die Auffassung vertreten, die Anwendung der §§ 13, 312 könne jedoch dann in Betracht kommen, wenn ein am Arbeitsplatz geschlossener Aufhebungsvertrag in einer konkreten „Überrumpelungssituation" zustande kommt.[64]

14 Die Rspr. lehnt die Anwendung des § 312 jedenfalls auf die im Betrieb des Arbeitgebers abgeschlossenen arbeitsvertraglichen Verträge (Abschluss, Änderung, Aufhebung und Abwicklung von Arbeitsverträgen) ab.[65]

15 Nach der Entstehungsgeschichte, der gesetzlichen Systematik sowie nach Sinn und Zweck des § 312 unterfielen arbeitsrechtliche Beendigungsvereinbarungen grundsätzlich nicht dem Anwendungsbereich des § 312. Sie würden nicht in einer für das abzuschließende Rechtsgeschäft atypischen Umgebung abgeschlossen. Denn das Personalbüro des Arbeitgebers sie vielmehr ein Ort, an dem typischerweise arbeitsrechtliche Fragen vertraglich geregelt werden. Von einer überraschenden Situation aufgrund des Verhandlungsortes, wie sie dem Widerrufsrecht bei Haustürgeschäften als „besonderer Vertriebsform" zugrunde liegt, könne hier keine Rede sein.[66]

2004, 2401, 2404 sowie von LAG Hamm ZGS 2004, 118, 120 mit Tendenz, die Verbrauchereigenschaft des Arbeitnehmers zu bejahen.

[62] *Lembke* NJW 2004, 2941, 2943; *Rieble/Klumpp* ZIP 2002, 2135, 2155.

[63] Bamberger/Roth-*Schmidt-Räntsch* § 13 Rdn. 6; Erman-*Saenger* § 312 Rdn. 31; *Annuß* NJW 2002, 2844; Brors ZGS 2003, 34, 36; *Clemens* ZGS 2003, 80; *Hansen* ZGS 2003, 373, 375/376.

[64] ArbG Frankfurt ZIP 2002, 2190; Erman-*Saenger* § 312 Rdn. 31 a. E.; *Hansen* ZIP 2003, 373, 377.

[65] BAG Urt. v. 27. 11. 2003 – 2 AZR 177/03; ZGS 2004, 6 = BB 2004, 1858; Urt. v. 27. 11. 2003 – 2 AZR 135/03, NJW 2004, 2401 = NZA 2004, 597; LAG Köln MDR 2003, 1427; NZA-RR 2003, 406; LAG Hamm ZGS 2003, 232, 235 = NZA-RR 2003, 401, 403 f.; LAG Hamm ZGS 2004, 118, 120; LAG Brandenburg ZGS 2003, 237, 239 = NZA 2003, 503, 504.

[66] BAG ZGS 2004, 6 und NJW 2004, 2401, 2404: offengelassen, ob der Arbeitnehmer Verbraucher i. S. d. § 13 ist; LAG Köln MDR 2003, 1427: keine Anwendung auf Aufhebungsverträge; LAG Hamm ZGS 2003, 232, 234: Aufhebungsvertrag ist kein Haustürgeschäft, der Arbeitnehmer wird nicht „überrascht"; LAG Hamm ZGS 2004, 118, 119: keine Anwendung auf Aufhebungsverträge und Klagever-

Das LAG Hamm[67] weist darauf hin, durch das Widerrufsrecht nach § 312 solle der Verbraucher nicht vor unvernünftigen oder für ihn ungünstigen Geschäften oder vor der Überrumpelung durch einen überlegenen Geschäftspartner schlechthin geschützt werden, sondern lediglich eine Überlegungsfrist und die Möglichkeit erhalten, nachträglich Vergleichsinformationen zu erfragen und damit die Basis für eine überlegte und abgewogene Entscheidung zu schaffen. Der Arbeitnehmer befindet sich beim Abschluss eines arbeitsrechtlichen (Aufhebungs-) Vertrages nicht in einer vom Schutzzweck des § 312 erfassten Situation des aus der Einmaligkeit des Angebots folgenden Entscheidungsdrucks und des dabei vorhandenen Informationsgefälles. Der Arbeitgeber sei für den Arbeitnehmer kein „fremder" Vertragspartner, mit dessen Auftreten und Ansprechen er nicht rechnen müsste. Zwischen beiden bestehe auch kein „Informationsgefälle", das demjenigen eines Haustürgeschäfts ähnelt. 16

Würde man arbeitsrechtliche (Aufhebungs-) Verträge als Haustürgeschäfte i.S.d. § 312 Abs. 1 S. 1 Nr. 1 ansehen, würde dies auch zu nicht auflösbaren Wertungswidersprüchen im Verhältnis zu anderen arbeitsrechtlichen Regelungen führen. Die §§ 4 KSchG, 17 TzBfG sehen eine 3-wöchige Klagefrist zur Klärung der Rechtsbeziehungen zwischen Arbeitgeber und Arbeitnehmer vor. Ein Widerruf wäre – sofern keine Belehrung erfolgt – gem. § 355 Abs. 3 S. 3 zeitlich unbegrenzt möglich. Da § 312 keine Tariföffnungsklausel enthält, dürften die Tarifvertragsparteien – jedenfalls ohne entsprechende Widerrufsbelehrung – keine für den Arbeitnehmer gegenüber der arbeitsvertraglichen Regelung ungünstigeren Tarifbedingungen schaffen, obwohl § 310 Abs. 4 n.F. gerade Tarifverträge von einer Inhaltskontrolle im AGB-Recht ausnimmt.[68] 17

Auch das LAG Brandenburg[69] führt zutreffend aus, es ließen sich keine Anhaltspunkte dafür finden, dass der deutsche Gesetzgeber arbeitsrechtliche Verträge dem Widerrufsrecht aus § 312 unterstellen wollte. Es bestünde auch keine Notwendigkeit, dem Arbeitnehmer beim Abschluss eines Aufhebungsvertrages ein Widerrufsrecht aus § 312 zuzubilligen. Er werde durch die arbeitsrechtlichen Sondervorschriften und § 123 ausreichend geschützt. 18

Nach Auffassung des LAG Hamm[70] besteht das Widerrufsrecht aus §§ 312, 355 auch dann nicht, wenn der Aufhebungsvertrag oder eine Klage- 19

---

zichtsvereinbarungen; auch *Annuß* NJW 2002, 2844: Arbeitnehmer befindet sich insoweit nicht in einer verbrauchertypischen Gefährdungslage; *Lembke* NJW 2004, 2941, 2943: § 312 ist teleologisch zu reduzieren; Erman-*Saenger* § 312 Rdn. 31: Art. 1 der Richtlinie 85/577/EWG erfasst derartige Verträge nicht; *Clemens* ZGS 2003, 80: Arbeitnehmer ist durch arbeitsrechtliche Vorschriften ausreichend geschützt; kritisch zu den Entscheidungen des BAG *Hümmerich* NJW 2004, 2921, 2928f.

[67] ZGS 2003, 232, 234 bis 237.

[68] LAG Hamm ZGS 2003, 232, 237.

[69] ZGS 2003, 237, 238 = NZA 2003, 503, 504.

[70] LAG Hamm ZGS 2004, 118, 120.

verzichtsvereinbarung, in der der Arbeitnehmer nach einer arbeitgeberseitigen Kündigung auf die Erhebung einer Kündigungsschutzklage verzichtet, in der Wohnung des Arbeitnehmers geschlossen wird.

4. Abschluss durch Vertreter auf Verbraucherseite

20 Bei Einschaltung eines Vertreters zum Abschluss eines Darlehensvertrages oder eines Kaufvertrages kommt es für die Widerruflichkeit der Vertragserklärung nach § 1 Abs. 1 HausTWG bzw. § 312 Abs. 1 grundsätzlich nicht auf die Haustürsituation des Vertretenen bei der Vollmachterteilung, sondern auf diejenige des Vertreters bei Abschluss des Vertrages an.[71]

21 Der Vertreter muss zum Abschluss des Vertrages in einer Haustürsituation des § 312 Abs. 1 S. 1 Nr. 1–3 bestimmt worden sein.[72]

22 Bei dem durch einen Finanzberater vermittelten Anlagevertrag handelt es sich jedenfalls dann nicht um ein Haustürgeschäft i. S. d. 312 Abs. 1, wenn ihm der Verbraucher lediglich die Vollmacht zum Abschluss dieses Geschäfts in einer Haustürsituation erteilt hat.[73]

23 Der in seinem Vertrauen auf die ihm vorgelegte notariell beurkundete Treuhandvertrags- und Vollmachtserklärung geschützte Darlehensgeber/Unternehmer hat jedoch grundsätzlich keine Veranlassung anzunehmen, dass der vertretene Darlehensnehmer/Verbraucher bei Abgabe seiner Erklärungen nicht über sein Widerrufsrecht nach § 1 Abs. 1 HausTWG/312 Abs. 1 belehrt worden ist. Zugunsten des Darlehensgebers greifen jedenfalls die §§ 172, 173, in deren Rahmen eine allgemeine Überprüfungs- und Nachforschungspflicht nicht besteht, entsprechend ein, wenn ihm vor Abschluss der Darlehensverträge das Original oder eine Ausfertigung der notariell beurkundeten oder beglaubigten Vollmachtsurkunde des Darlehensnehmers vorgelegt wird und sich ihm eine etwaige Unwirksamkeit oder Widerruflichkeit dieser Vollmacht nicht aufdrängen musste.[74]

---

[71] BGH NJW 2000, 2268, 2269; NJW 2000, 2270; NJW 2003, 1190; OLG Brandenburg WM 2005, 463, 466; KG WM 2005, 549, 552; OLG Stuttgart ZIP 2001, 285; OLG München WM 2002, 2460, 2463; *Martis* MDR 2003, 961, 962; Erman-*Saenger* § 312 Rdn. 10; *Staudinger-Werner* § 1 HausTWG Rdn. 16.

[72] BGH NJW-RR 2004, 632, 634; NJW 2004, 154; NJW 2003, 2088; NJW 2000, 2270, 2271.

[73] BGH NJW 2003, 1190, 1191.

[74] BGH IV. und XI. Zivilsenat, NJW 2005, 1576, 1579; NJW 2005, 664, 667; NJW 2004, 154, 158; NJW 2004, 841, 843; NJW 2004, 2745, 2746; MDR 2004, 583; WM 2003, 1064, 1066; NJW 2003, 1594, 1595; NJW 2003, 2091, 2092: Original oder Ausfertigung der notariellen Vollmachtsurkunde; NJW 2002, 2325, 2326; NJW 2000, 2270, 2271; OLG Karlsruhe NJW-RR 2003, 185, 188; OLG München WM 2005, 800; KG WM 2005, 549, 552; OLG Dresden WM 2003, 1802, 1808: Original oder Ausfertigung; kritisch, aber offen gelassen vom BGH, II. Zivilsenat WM 2004, 1529, 1531 = NJW 2004, 2736, 2737 sowie BGH WM 2004, 1536, 1538 = NJW 2004, 2742 LS.

Im Rahmen der §§ 172, 173 besteht auch dann keine allgemeine Überprüfungs- und Nachforschungspflicht, wenn § 312 Abs. 1 S. 1 Nr. 3 mit der Richtlinie 85/577/EWG nicht vereinbar wäre.[75] 24

Sofern das Geschäft für den Verbraucher von Anfang an wirksam abgeschlossen worden ist (echte Stellvertretung), ist hinsichtlich der persönlichen Voraussetzungen auf den Vertretenen abzustellen. Das Widerrufsrecht steht diesem also nur zu, wenn er selbst zu dem durch das Gesetz geschützten Personenkreis gehört.[76] 25

Hat der Vertreter den Vertrag ohne Vertretungsmacht im Rahmen des vertretenen Verbrauchers abgeschlossen (unechte Stellvertretung), hängt die Wirksamkeit des Vertrages gem. § 177 Abs. 1 von der Genehmigung des Vertretenen ab.[77] Im Fall der Genehmigung ist es erforderlich, dass der Genehmigende „Verbraucher" i.S.d. § 13 ist.[78] 26

Verweigert der Vertretene die Genehmigung, kommt es nach einer Ansicht darauf an, ob die Voraussetzungen des § 13 in der Person des vollmachtslosen Vertreters vorlagen.[79] 27

Denn es liefe dem Schutzzweck der §§ 13, 312 Abs. 1 zuwider, wenn dem vollmachtlosen Vertreter, obwohl er zu dem geschützten Personenkreis (Verbraucher) angehört, die Ausübung des Widerrufsrechts deshalb verwehrt wäre, weil der Vertretene diesem Personenkreis nicht angehört. Gerade bei einem „Haustürgeschäft" bestehe typischerweise das Risiko, dass der Vertreter aufgrund des Überraschungs- und Überrumpelungseffekts seine Vollmacht überschreitet. 28

Nach Ansicht des BGH[80] ist auch in diesem Fall auf die Person des Vertretenen abzustellen. 29

Ein Widerruf nach § 312 Abs. 1 HausTWG ist danach ausgeschlossen, wenn der Vertreter den Vertrag für die Zwecke der beruflichen oder selbständigen Erwerbstätigkeit des – angeblich vertretenen – Kunden abgeschlossen hat. 30

II. Unternehmereigenschaft des anderen Vertragsteils

1. Begriff des Unternehmers

Nach der Legaldefinition des § 14 Abs. 1 ist Unternehmer eine natürliche oder juristische Person oder eine rechtsfähige Personengesellschaft, die bei 31

---

[75] BGH NJW 2000, 2268, 2269.

[76] Erman-*Saenger* § 312 Rdn. 9; Staudinger-*Werner* § 1 HausTWG Rdn. 17; Müko-*Ulmer* § 1 HausTWG Rdn. 30.

[77] Vgl. Erman-*Saenger* § 312 Rdn. 11 ff.

[78] Erman-*Saenger* § 312 Rdn. 9, 12.

[79] Erman-*Saenger* § 312 Rdn. 16; *Fischer/Machunsky* § 6 HausTWG Rdn. 23 und § 1 HausTWG Rdn. 65, 66.

[80] BGH NJW-RR 1991, 1074 = WM 1991, 860; ebenso Müko-*Ulmer* § 6 HausTWG Rdn. 4 a.

Abschluss eines Rechtsgeschäftes in Ausübung ihrer gewerblichen oder selbständigen beruflichen Tätigkeit handelt (vgl. im Einzelnen oben 2. Teil, B. Rdn. 1 ff.).

32 Unternehmer sind etwa Freiberufler, Handwerker, Landwirte, Kleingewerbetreibende, die den Vertrag i.S.d. §§ 312 Abs. 1, 491 Abs. 1 in Ausübung ihrer gewerblichen oder beruflichen Tätigkeit abschließen, wobei es ausreicht, dass ein sachlicher Zusammenhang zwischen der gewerblichen bzw. selbständigen beruflichen Tätigkeit und dem Vertragsgegenstand besteht.[81]

33 So ist ein Geschäft in entsprechender Anwendung des § 344 HGB auch dann unternehmensbezogen, wenn es nicht zum Zentralbereich des Tätigkeitsfeldes des Handelnden gehört, etwa der Verkauf des Geschäftsfahrzeuges durch einen Rechtsanwalt, Steuerberater, Bäcker, Metzger u.a.[82]

34 Ein von diesen Personen beim Verkauf ihres gebrauchten Geschäftsfahrzeugs vereinbarter Gewährleistungsausschluss ist damit auch in Individualverträgen gem. § 475 Abs. 1 unwirksam.[83]

35 Auch die nebenberufliche unternehmerische Tätigkeit fällt unter §§ 14, 312 Abs. 1, 491 Abs. 1, nicht dagegen die Verwaltung und Anlage eigenen Vermögens wie etwa die Anlage von Geld in Miethäusern.[84]

36 Allerdings erfasst § 312 Abs. 1 auch Mietverträge über Wohnraum, wenn der Vermieter dabei geschäftsmäßig handelt.[85]

2. Zurechnung der Haustürsituation beim Unternehmer

37 Bei der Beantwortung der Frage, unter welchen Voraussetzungen die Haustürsituation nach § 312 Abs. 1 S. 1 Nr. 1, Nr. 2, Nr. 3 dem Erklärungsempfänger (Unternehmer/Darlehensgeber) zuzurechnen ist, ist nach nunmehr überwiegender Ansicht auf die zu § 123 Abs. 1 und 2 entwickelten Grundsätze zurückzugreifen.

38 Danach hat sich der Unternehmer das Verhalten der Verhandlungsführer dann i.S.d. §§ 312 Abs. 1, 355, 358, 359 i.V.m. § 123 Abs. 1 zurechnen zu lassen, wenn diese als Angestellter, Mitarbeiter oder Beauftragter des Unternehmers selbst tätig wurde oder wegen seiner engen Beziehungen zum Unternehmer als dessen Vertrauensperson erscheint.[86]

---

[81] *Bülow* § 491 Rdn. 41, 46; *Martis* MDR 2003, 961, 962.

[82] Bamberger/Roth-*Schmidt-Räntsch* § 14 Rdn. 10; *Martis* MDR 2003, 961, 962.

[83] *Martis* MDR 2003, 961, 962 m.w.N.

[84] BGH NJW 2002, 368.

[85] OLG Braunschweig NJW-RR 2000, 63; OLG Koblenz NJW 1994, 1418; LG Zweibrücken MDR 1999, 31; LG Köln NJW-RR 2001, 1377: Mindestens drei Wohnungen; *Martis* MDR 2003, 961, 962.

[86] BGH WM 2005, 124, 125; NJW-RR 2004, 1126 f. = WM 2003, 61, 62; MDR 2003, 466 = NJW 2003, 1390; VuR 2003, 424, 426; OLG Karlsruhe NJW-RR 2003, 185, 186 = OLG-Report 2003, 20, 21; OLG-Report 2004, 60, 62; OLG Stuttgart OLG-Report 2004, 244, 249; *Oechsler* NJW 2005, 1406, 1407; *Martis* MDR 2003, 961, 963.

Ob der Verhandlungsführer diese Kriterien i.S.d. § 123 Abs. 1 erfüllt oder aber „Dritter" i.S.d. § 123 Abs. 2 ist, ist jeweils im Einzelfall abzugrenzen, wobei es auch auf die parallele Wertung im Rahmen des § 278 ankommt bzw. ankommen kann.[87] 39

Das OLG Stuttgart[88] wendet in neueren Entscheidungen auf den Vermittler eines Darlehens zur Finanzierung eines verbundenen Geschäfts i.S.d. § 9 Abs. 1, 2 und Abs. 4 VerbrKrG bzw. i.S.d. § 358 Abs. 1–3 – im entschiedenen Fall des Beitritts zu einem Immobilienfonds – § 123 Abs. 1 an. Die Zurechnung über § 123 Abs. 1 sei geboten, wenn sich der Darlehensgeber entweder bei der Vorbereitung oder dem Abschluss des Darlehensvertrages derselben Person bedient, die auch den Vertrieb des zu finanzierenden Geschäfts für den Verkäufer bzw. die Fondsgesellschaft übernommen hat. Es könne deshalb offen bleiben, ob der finanzierenden Bank das Handeln des Vermittlers -Abschluss von Geschäften in einer Haustürsituation- i.S.d. § 123 Abs, 2 grob fahrlässig unbekannt geblieben ist oder sogar bekannt war.[89] 40

Ist der Verhandlungsführer in sachlicher Hinsicht Dritter i.S.d. § 123 Abs. 2, wird der Unternehmer nach zutreffender Auffassung aus §§ 312, 355, 358, 359 berechtigt und verpflichtet, wenn er dessen Handeln in einer Haustürsituation kannte oder kennen musste. Dabei genügt es für eine fahrlässige Unkenntnis, dass die Umstände des einzelnen Falles den Unternehmer veranlassen mussten, sich danach zu erkundigen, auf welchen Gegebenheiten die ihm übermittelte Willenserklärung beruht. 41

Nach der insbesondere vom XI. Zivilsenat des BGH vertretenen Ansicht ist eine Zurechnung etwa bei der Finanzierung des Erwerbers einer Eigentumswohnung durch eine Bank als Unternehmerin aber nicht allein deshalb anzunehmen, weil die Bank Kenntnis davon hat, dass die Eigentumswohnung nicht von einer Privatperson, sondern von gewerblich tätigen Bauträgergesellschaft und über einen Vermittler verkauft wird. Allein dieser Umstand lässt nicht den Schluss zu, dass die auf den Abschluss eines Darlehensvertrages gerichtete Willenserklärung des Kunden/Verbrauchers auf einer mündlichen Verhandlung ohne vorherige Bestellung an seinem Arbeitsplatz oder in seiner Privatwohnung (§ 312 Abs. 1 S. 1 Nr. 1) beruht, und verpflichtet die kreditgewährende Bank auch nicht ohne weiteres zu einer Nachfrage über die Umstände der Vertragsanbahnung.[90] 42

---

[87] BGH NJW 1996, 451, 452; NJW 2001, 358, 359 für Bausparvermittler; OLG Stuttgart OLG-Report 2004, 244, 249.

[88] OLG Stuttgart OLG-Report 2004, 244, 249; WM 2005, 972, 975; WM 2005, 981.

[89] OLG Stuttgart OLG-Report 2004, 244, 250; WM 2005, 972, 975.

[90] BGH, XI. Senat, NJW-RR 2004, 1126, 1127 = BKR 2004, 185, 186; NJW 2004, 844 = WM 2004, 27, 32; NJW 2003, 424, 425 = WM 2003, 61, 63; NJW 2003, 1390, 1391 = MDR 2003, 466; auch OLG Stuttgart OLG-Report 2004, 244, 250; WM 2005, 972, 975: allein der Umstand, dass die Bank vom Vertrieb über einen gewerblich täti-

43 Nach der insgesamt verbraucherfreundlicheren Auffassung des II. Zivilsenats des BGH[91] ist die Haustürsituation jedenfalls im Rahmen eines Beitritts zu einem Immobilienfonds der finanzierenden Bank dann gem. § 123 Abs. 2 zurechenbar, wenn sie dem vom Fonds eingeschalteten Vermittler die Anbahnung auch des Kreditvertrages überlässt und aufgrund des Inhalts der Kreditunterlagen Anhaltspunkte dafür bestehen, dass der Anleger in einer Haustürsituation des § 312 Abs. 1 S. 1 Nr. 1–3 geworben worden ist. Danach besteht eine Erkundigungspflicht der Bank schon dann, wenn aus dem Darlehensantrag ersichtlich ist, dass dieser nicht am Sitz des von der Fondsgesellschaft eingeschalteten Vermittlers, sondern am Wohnort des Verbrauchers unterzeichnet worden ist.[92]

44 Nach bisheriger Auffassung des OLG Stuttgart[93] bestand ein Widerrufsrecht bereits dann, wenn der Verkäufer/Darlehensgeber wusste oder wissen musste, dass der Vertragsabschluss auf eine Verhandlungssituation i.S.d. § 1 Abs. 1 Nr. 1 HausTWG/§ 312 Abs. 1 S. 1 Nr. 1 zurückgeht, ja sogar dann, wenn der Anbieter von der konkreten „Haustürsituation" keine Kenntnis hatte. Nimmt es danach eine Bank hin, Verträge mit ihr von Dritten zugeführten Kunden zu schließen, muss sie sich nach dieser Ansicht auch die äußeren Umstände, die zum Vertragsabschluss geführt haben, zurechnen lassen, wenn sie zumindest hätte wissen müssen, dass der Anlagevermittler die Verträge in den Wohnungen der Verbraucher abgeschlossen hatte.[94]

45 Das OLG Bremen und das KG lassen die Kausalität der Haustürwiderrufssituation ausreichen. Einer Zurechnung der Haustürsituation beim Unternehmer/Darlehensgeber über § 123 Abs.1 oder Abs. 2 bedarf es danach nicht.[95]

C. Sachlicher Anwendungsbereich; Erfasste Vertragsarten

1 Von § 312 Abs. 1 S. 1 werden – wie bereits von § 1 Abs. 1 HausTWG – entgeltliche gegenseitige Verträge zwischen dem Unternehmer und dem Verbraucher erfasst.

---

gen Vermittler Kenntnis hat, genügt für die Anwendung des § 123 Abs. 2 nicht; auch OLG Köln WM 2005, 557, 559; *Oechsler* NJW 2004, 1406, 1407.

[91] BGH WM 2004, 1521, 1523 = NJW 2004, 2731, 2733; WM 2004, 1527, 1528; WM 2005, 124, 125.

[92] BGH WM 2004, 1521, 1523 = NJW 2004, 2731, 2733; zu Recht ablehnend jedoch BGH, XI. ZS., 2005, 127, 132; OLG Bamberg WM 2005, 593, 595; vgl. hierzu ausführlich, 2. Teil, H. Rdn. 203 ff.

[93] OLG Stuttgart WM 1999, 2310, 2313; WM 1999, 2305, 2308 – teilweise aufgegeben in ZIP 2002, 1885; anders jetzt OLG Stuttgart OLG-Report 2004, 244, 249; WM 2005, 972, 975; WM 2005, 981, 983 f.: Anwendung des § 123 Abs. 1.

[94] OLG Stuttgart WM 1999, 2310, 2313; WM 1999, 2305, 2308 – teilweise aufgegeben von OLG Stuttgart ZIP 2002, 1885.

[95] OLG Bremen NJW 2004, 2238; KG WM 2005, 596, 603.

2 Gegenstand des entgeltlichen Vertrages kann jede beliebige Leistung sein,[96] insbesondere Kaufverträge mit Ausnahme von Zeitschriftenabonnements, soweit sie unter § 505 Abs. 1 Nr. 2 fallen, Dienstleistungsverträge, Werk- und Werklieferungsverträge,[97] Dienstverträge, Geschäftsbesorgungsverträge wie z.B. in der Wohnung abgeschlossene Beraterverträge,[98] Maklerverträge und Partnervermittlungsverträge,[99] Reiseverträge, Leasing- und Franchiseverträge,[100] auch Miet- und Pachtverträge über Immobilien,[101] nicht dagegen Vereinbarungen über den Abschluss, die Änderung, Aufhebung oder Abwicklung eines Arbeitsvertrages am Arbeitsplatz des Arbeitnehmers[102] oder in der Wohnung des Arbeitnehmers.[103]

I. Von § 312 Abs. 1 grundsätzlich erfasste entgeltliche, gegenseitige oder den Verbraucher einseitig verpflichtende Verträge

1. Miet- und Pachtverträge

3 § 312 Abs. 1 findet auch Anwendung, wenn es sich um Neuabschlüsse oder wegen der Fülle von Änderungen um Neuabschlüssen gleichstehende Vereinbarungen zwischen dem Vermieter und dem Mieter[104] oder um die Vereinbarung einer Mieterhöhung und/oder einer Staffelmietzahlung[105] jeweils bei Vorliegen der situativen Voraussetzungen des § 312 Abs. 1 S. 1 Nr. 1 bis 3 handelt.

4 Eine für § 312 Abs. 1 S. 1 Nr. 1, 312 S. 2 relevante Überrumpelungssituation liegt auch dann vor, wenn der Verbraucher (Mieter) vom Unternehmer (Vermieter) überraschend angesprochen und zum Abschluss eines Mietvertrages bzw. einer Mieterhöhungsvereinbarung überredet wird.[106]

---

[96] Vgl. Erman-*Saenger* § 312 Rdn. 19 bis 30; Müko-*Ulmer* § 312 Rdn. 25, 26; *Martis* MDR 2003, 961, 963 bis 965.

[97] BGH NJW 1994, 3351; NJW 1990, 181; LG Dresden VuR 1998, 310; Müko-*Ulmer* § 312 Rdn. 25 und § 312a Rdn. 6.

[98] OLG München NJW-RR 1990, 1528.

[99] OLG Stuttgart NJW 1994, 1225; NJW-RR 1990, 1136; OLG Düsseldorf NJW-RR 1992, 506 und VuR 1998, 349; Müko-*Ulmer* § 312 Rdn. 25.

[100] Bamberger/Roth-*Ann* § 312 Rdn. 8; *Martis* MDR 2003, 961, 963.

[101] Müko-*Ulmer* § 312 Rdn. 25.

[102] BAG NJW 2004, 2401, 2404; ZGS 2004, 6 = BB 2004, 1858; LAG Köln MDR 2003, 1427; LAG Hamm NZA-RR 2004, 242; ZGS 2003, 232; LAG Brandenburg ZGS 2003, 237; *Lembke* NJW 2004, 2941, 2942 m. w. N.

[103] LAG Hamm ZGS 2004, 118, 120; s. o. 3. Teil, B. Rdn. 9ff.

[104] LG Karlsruhe NJW-RR 1992, 973; AG Bremerhaven WuM 1994, 194; AG Stuttgart WuM 1996, 467; Erman-*Saenger* § 312 Rdn. 21 a. E.; Staudinger-*Werner* § 1 HausTWG Rdn. 64.

[105] OLG Koblenz NJW 1994, 1418; LG Wiesbaden WuM 1996, 698; LG Zweibrücken NJW-RR 1999, 808; AG Frankfurt WuM 1998, 418; Erman-*Saenger* § 312 Rdn. 21; *Martis* MDR 1999, 198, 199.

[106] LG Wiesbaden WuM 1996, 699: Umgehungsgeschäft nach § 5 HausTWG bzw. § 312f S. 2.

5 Voraussetzung ist jedoch stets, dass der Vermieter unter Geltung der §§ 1 Abs. 1, 6 Nr. 1 HausTWG geschäftsmäßig handelte[107] bzw. unter Geltung der §§ 312, 13, 14 „Unternehmer“ ist.

2. Beitritt zu einer KG, BGB-Gesellschaft oder Genossenschaft

6 Nach h.M. fallen auch Verträge über den Beitritt zu einer Publikums-KG, Publikums-GbR und zu einer stillen Gesellschaft unter § 312 Abs. 1 S. 1,[108] jedenfalls wenn der Kunde seine Beiträge hierfür letztlich um der Gewinnerzielung willen leistet.[109]

7 Nach früherer, durch die Urteile des II. Zivilsenats vom 14. 6. 2004[110] insoweit überholter Ansicht des BGH[111] ist auf ein Geschäft, durch welches sich ein Anleger in einer Haustürsituation des § 312 Abs. 1 über einen Treuhänder mittelbar an einer Publikums-GbR beteiligt, § 312 Abs. 1 direkt, zumindest über die Umgehungsvorschrift des § 312f anwendbar.

8 Die Treuhandgesellschaft (BGB-Gesellschaft) haftet nach der Änderung der Rspr.[112] als Gesellschafterin der Fondgesellschaft auch persönlich und mit ihrem eigenen Vermögen entsprechend §§ 128, 129 HGB analog.[113]

9 Allerdings kann bei einer in Vollzug gesetzten Gesellschaft selbst der arglistig getäuschte Anleger seine Mitgliedschaft allein durch ein ex-nunc-wirkendes Austrittsrecht beenden und erhält in diesem Fall – Zug um Zug gegen Übertragung seiner Beteiligung – sein Auseinandersetzungsguthaben nach §§ 730ff. ausbezahlt. Denn bei in einer in Vollzug gesetzten Gesellschaft müssen alle Mitgesellschafter gleich behandelt werden.[114]

10 Wurde der Anleger darüber hinaus bei dem Fondsbeitritt getäuscht, kann er die ihm gegen die Gründungsgesellschafter und die sonst für die Täuschung verantwortlichen zustehenden Schadensersatzansprüche auch gegenüber der Finanzierungsbank geltend machen, wenn der Fondsbeitritt und der Kreditvertrag ein verbundenes Geschäft i.S.d. § 9 Abs. 1, Abs. 2, Abs. 4 VerbrKrG bzw. i.S.d. § 358 Abs. 1–3 bilden.[115]

---

[107] OLG Koblenz NJW 1994, 1418; BayObLG NJW 1993, 2121: Verneint bei Vermietung von nur zwei Wohnungen; LG Köln WuM 2000, 194: Mehr als zwei Wohnungen erforderlich.

[108] BGH, II. Zivilsenat, WM 2005, 2491 = NJW-RR 2005, 180; WM 2005, 124, 126; WM 2005, 547, 548; WM 2004, 2491; WM 2004, 1527 = NJW 2004, 2735 LS; WM 2004, 1521 = NJW 2004, 2731; *Nittel* NJW 2004, 2712, 2714.

[109] So noch einschränkend BGH NJW 2001, 2718, 2719; Erman-*Saenger* § 312 Rdn. 24; *Martis* MDR 2003, 961, 963.

[110] BGH NJW-RR 2005, 180, 181; NJW 2004, 1527; NJW 2004, 1521.

[111] BGH NJW 2001, 2718 = MDR 2001, 1163.

[112] Vgl. BGH NJW 2001, 1056 = WM 2001, 408 mit Anm. *Wieser* MDR 2001, 421; *Jauernig* NJW 2001, 2231.

[113] BGH NJW 2001, 2718, 2720.

[114] BGH NJW 2001, 2718, 2720; WM 2005, 547, 549; NJW-RR 2005, 627, 628.

[115] BGH WM 2004, 1529, 1533f. = NJW 2004, 2736, 2739f.; WM 2004, 1536, 1541 = NJW 2004, 2742 LS; zu weiteren Einzelheiten s.o. 2. Teil, H. Rdn. 93ff., 180ff.

Auch das OLG Stuttgart[116] und das OLG Rostock[117] sehen das auf den Erwerb einer Beteiligung an einer Publikums-GbR gerichtete Rechtsgeschäft als einen Vertrag über eine entgeltliche Leistung i.S.d. § 1 Abs. 1 HausTWG bzw. des § 312 Abs. 1 an, jedenfalls wenn die Gesellschaftsbeiträge um der Gewinnerzielung willen geleistet worden sind. 11

Das OLG Stuttgart hat seine in diesen Entscheidungen[118] vertretene Ansicht, wonach der Schutzzweck des § 1 HausTWG bzw. des § 312 Abs. 1 einer Anwendung der Grundsätze über die fehlerhafte Gesellschaft entgegenstehe und der Anleger nach einem Widerruf weder die Darlehensvaluta zurückzahlen muss noch zur Rückübertragung des Gesellschaftsanteils Zug um Zug gegen Rückzahlung der Einlage an die Bank verpflichtet ist, zwischenzeitlich ausdrücklich aufgegeben.[119] 12

Auch das OLG Karlsruhe hatte die Auffassung vertreten, der Vertrag über den Beitritt von Kapitalanlegern zu einem geschlossenen Immobilienfonds in der Rechtsform der BGB-Gesellschaft, allgemein die Beteiligung an einem Verband als Vertrag über eine solche Leistung werde nicht von §§ 1 Abs. 1 HausTWG bzw. 312 Abs. 1 erfasst, es läge auch kein Umgehungsgeschäft i.S.d. § 5 Abs. 1 HausTWG bzw. § 312f Abs. 2 vor.[120] 13

3. Beitritt zu einem Verein

Der Abschluss eines als Vereinsmitgliedschaft getarnten entgeltlichen Vertrages, etwa der Beitritt zu einem Buchclub, stellt ein Umgehungsgeschäft i.S.d. § 312f S. 2 i.V.m. § 312 Abs. 1 dar, wenn die Vereinsmitgliedschaft durch vom Verein angebotene und aufgrund der „Mitgliedsbeiträge" finanzierte Leistungen geprägt wird.[121] 14

Darauf, ob der Verein als wirtschaftlicher oder als Idealverein organisiert oder als gemeinnützig anerkannt ist, kommt es für das Widerrufsrecht nicht an.[122] 15

Allerdings ist nicht jede Beitrittserklärung – etwa der Beitritt zu einer politischen Partei, einer Gewerkschaft oder einer Gesellschaft bzw. Vereinigung, die wissenschaftlichen, kulturellen, humanitären Zwecken dient – als 16

---

[116] OLG Stuttgart OLG-Report 2004, 244, 248; WM 2005, 972, 974 ff.

[117] OLG Rostock WM 2001, 1413.

[118] OLG Stuttgart ZIP 2001, 322; WM 1999, 2305.

[119] OLG Stuttgart ZIP 2002, 1885; OLG-Report 2004, 202, 204 mit Hinweis auf die „Grundsätze der fehlerhaften Gesellschaft"; vgl. hierzu oben 2. Teil H. Rdn. 93 ff.

[120] OLG Karlsruhe, 6. Zivilsenat, WM 2003, 1218, 1221/1222 im Anschluss an eine frühere Entscheidung des BGH NJW 1997, 1069.

[121] OLG Köln ZIP 1989, 1269; OLG München NJW 1996, 263 und Aufgabe vom OLG München ZIP 1991, 756 für Mitgliedschaften in Flugrettungsvereinen; LG München ZIP 1994, 1192; NJW 1996, 263; LG Mannheim VuR 1998, 428; LG Berlin VuR 1996, 55; Erman-*Saenger* § 312 Rdn. 23; Müko-*Ulmer* § 312 Rdn. 26; a. A. OLG Karlsruhe NJW 1991, 433 bei Mitgliedschaft in einem Flugrettungsverein.

[122] Müko-*Ulmer* § 312 Rdn. 26.

Willenserklärung anzusehen, die auf den Abschluss eines Vertrages über eine entgeltliche Leistung gerichtet ist.[123]

17 Bei „Mitgliedschaften", die zum wiederkehrenden Bezug von Sachen i.S.d. § 505 Abs. 1 Nr. 3 verpflichten, greift regelmäßig das Widerrufsrecht aus § 355 ein.[124]

4. Bürgschaft

18 Die Bürgschaft ist nach der anfänglichen Rspr. des BGH[125] nicht als „entgeltliche Leistung" i.S.d. § 1 HausTWG (jetzt § 312 Abs. 1) angesehen worden, denn der einseitigen und in der Hingabe der Bürgschaftserklärung liegenden Leistung des Bürgen steht keine Gegenleistungspflicht des Gläubigers gegenüber.

19 Auf den Vorlagebeschluss des BGH,[126] der dies in der Vorlage nicht generell verneinte, hat der EuGH[127] die Anwendbarkeit der Haustürgeschäfte-Widerrufsrichtlinie 85/577/EWG im Grundsatz bejaht: Ebenso wie ein Käufer übernehme der Bürge Leistungsverpflichtungen. Er sei um so schutzbedürftiger, als er hierfür keine Gegenleistung erhalte. Im Wortlaut der Richtlinie[128] finde sich kein Hinweis darauf, dass derjenige, der den Vertrag geschlossen hat, aufgrund dessen Waren zu liefern oder Dienstleistungen zu erbringen sind, auch Empfänger dieser Waren oder Dienstleistungen sein müsste. Die Richtlinie soll es nämlich dem Verbraucher ermöglichen, einen Vertrag zu widerrufen, der auf Initiative eines Gewerbetreibenden in einer Haustürsituation geschlossen worden ist, wobei der Verbraucher möglicherweise nicht alle Folgen seiner Erklärung überblicken könnte. Die Richtlinie greift zum Schutz des Bürgen jedoch nicht ein, wenn er bei Übernahme der Bürgschaft entweder selbst in Ausübung einer gewerblichen oder beruflichen Tätigkeit (z.B. Bank) gehandelt hat oder die Bürgschaft die Rückzahlung einer Schuld sichert, die der Hauptschuldner selbst im Rahmen seiner beruflichen oder gewerblichen Tätigkeit eingegangen ist.[129]

---

[123] Erman-*Saenger* § 312 Rdn. 22 und Vorauflage S. 209.

[124] Müko-*Ulmer* § 312 Rdn. 26 a.E.

[125] BGH NJW 1991, 975 = MDR 1991, 527; NJW 1991, 2905 = MDR 1991, 1060; BGH, Vorlagebeschluss zum EuGH 1996, 930 = MDR 1996, 597; zustimmend *Wenzel* NJW 1993, 2783 und *Lubitz* JA 1997, 166.

[126] BGH NJW 1996, 930; zustimmend OLG Karlsruhe OLG-Report 1998, 285; ablehnend *Bülow* NJW 1996, 2890.

[127] NJW 1998, 1295 = MDR 1998, 665; ihm folgend dann BGH NJW 1998, 2356 = WM 1998, 1388; dem BGH grundsätzlich zustimmend: *Kulke* JR 1999, 485; *Vowinckel* DB 2002, 1362, 1363; ablehnend die h.L.: *Breithaupt* MDR 1998, 1020 f.: *Lorenz* NJW 1998, 2937, 2939f; *Lubitz* JA 1998, 617, 619; *Pfeiffer* ZIP 1998, 1129, 1135f.; *Reinicke/Tiedtke* ZIP 1998, 893, 895 sowie DB 1998, 2001, 203f.; *Riehm* JuS 2000, 138ff.; *Tiedtke* NJW 2001, 1015ff.; *Treber* WM 1998, 1908, 1916ff; Müko-*Ulmer* § 312 Rdn. 22.

[128] Abgedruckt in NJW 1998, 1295.

[129] EuGH NJW 1998, 1295ff.

Hieran anknüpfend hat der BGH[130] sowohl die Anwendung der Richtlinie 577/85/EWG als auch des HausTWG (jetzt § 312 Abs. 1) auf den konkreten, zur Entscheidung stehenden Fall abgelehnt. 20

Danach ist ein Bürgschaftsvertrag, der zur Absicherung einer Verbindlichkeit geschlossen wird, die der Hauptschuldner im Rahmen seiner Erwerbstätigkeit eingegangen ist, kein Geschäft i.S.d. § 1 Abs. 1 HausTWG/312 Abs. 1. Dasselbe gilt, wenn der Hauptschuldner die durch die Bürgschaft gesicherte Verbindlichkeit zwar als Verbraucher, jedoch nicht im Rahmen eines Haustürgeschäfts eingegangen ist. Durch das Erfordernis einer „zweifachen" Haustürsituation sowohl für die Bürgschaft als auch für die Hauptschuld wird dem Bürgen danach wohl in der Mehrzahl der Fälle der Schutz des § 312 versagt.[131] 21

Die ganz überwiegende Meinung im Schrifttum[132] spricht sich aus teleologischer Sicht für eine Auslegung des § 312 Abs. 1 aus, die Bürgschaften für den Bereich der Haustürgeschäfte mit Rücksicht auf die vom Bürgen zu übernehmenden Pflichten und Risiken den entgeltlichen Verträgen unabhängig davon gleichstellt, ob auch auf Seiten des Hauptschuldners ein zum Widerruf berechtigendes Haustürgeschäft vorliegt. 22

5. Grundschuld

Die Verpflichtung zur Bestellung einer Sicherungsgrundschuld ist nach h.M. ein Vertrag über eine entgeltliche Leistung i.S.d. § 312 Abs. 1.[133] 23

Das OLG Koblenz[134] lässt die Frage, ob die rein schuldrechtliche Verpflichtung zur Bestellung einer Grundschuld bei Vorliegen einer „Haustürsituation" von § 1 Abs. 1 HausTWG bzw. § 312 Abs. 1 erfasst wird, offen und verneint dessen Anwendbarkeit auf das abstrakte dingliche Rechtsgeschäft der (nachfolgenden) Grundschuldbestellung. 24

II. Vermittlung durch eine dem Verbraucher nahe stehende Person

Allerdings ist § 1 Abs. 1 HausTWG bzw. § 312 Abs. 1 nach bislang vertretener überwiegender Ansicht dann nicht anwendbar, wenn der begüns- 25

---

[130] BGH NJW 1998, 2356 = WM 1998, 1388 = MDR 1998, 1019.

[131] *Martis* MDR 2003, 961, 964; kritisch daher *Breithaupt* MDR 1998, 1020f; *Lorenz* NJW 1998, 2937, 2939f; *Lubitz* JA 1998, 617, 618f; *Pfeiffer* ZIP 1998, 1129, 1135f.; *Reinicke/Tiedtke* ZIP 1998, 893, 895 und DB 1998, 2001, 2003f.; *Treber* WM 1998, 1908, 1916ff.; Müko-*Ulmer* § 312 Rdn. 22; Palandt-*Heinrichs* § 312 Rdn. 7.

[132] Müko-*Ulmer* § 312 Rdn. 22 und die in der vorigen Fn. 130 Genannten.

[133] BGH NJW 1996, 55 = MDR 1996, 57; KG NJW 1996, 1480; OLG Hamm WM 1999, 73 = MDR 1998, 1424; Erman-*Saenger* § 312 Rdn. 30; *Martis* MDR 2003, 961, 964.

[134] OLG Koblenz NJW-RR 1999, 1178 = WM 1999, 2068, 2069; zustimmend Erman-*Saenger* § 312 Rdn. 30.

tigte Verbraucher einen Angehörigen (Mutter, Ehegatten o.a.) in der Wohnung veranlasst, die Sicherungszweckerklärung zugunsten des ihm Kredit gewährenden Unternehmers (Bank oder Sparkasse) zu unterzeichnen. Denn es ist nicht Zweck des § 1 HausTWG bzw. des § 312 Abs. 1, den nahen Angehörigen vor dem „psychologischen Druck" und den „Überredungskünsten" naher Angehöriger, denen die Sicherungserklärung mittelbar zugute kommt, zu schützen.[135]

26 Zu den nahen Angehörigen gehören neben den Eltern auch Kinder und Geschwister. Eine Differenzierung danach, in welchem konkreten Näheverhältnis die Angehörigen zueinander stehen, erscheint nicht sachgerecht.[136]

27 Nach Ansicht des OLG Hamm[137] kann derjenige, der sich in seiner Wohnung beim Besuch eines Bankangestellten verpflichtet, unter bestimmten Voraussetzungen zur Sicherung eines seiner Tochter gewährten Bankkredits eine Grundschuld auf sein Grundstück eintragen zu lassen, diese Erklärung nach § 1 Abs. 1 Nr. 1 HausTWG/§ 312 Abs. 1 S. 1 Nr. 1 widerrufen. Die Veranlassung des Besuchs durch nahe Angehörige ändere daran nichts und stelle keine „vorherige Bestellung" i.S.d. § 1 Abs. 2 Nr. 1 HausTWG/312 Abs. 3 Nr. 1 dar.

28 § 312 Abs. 1 soll nach weitergehender Ansicht auch dann einschlägig sein, wenn ein Freund oder Nachbar den Verbraucher in dessen Privatwohnung aufsucht und ihn veranlasst, eine Bürgschaft oder eine Sicherungszweckerklärung zugunsten des Freundes bzw. Nachbarn zu unterzeichnen.[138]

29 Das OLG Stuttgart[139] hält den Schutzbereich des § 312 Abs. 1 S. 1 Nr. 1 ausnahmsweise dann für tangiert, wenn der Verbraucher überraschend von seinem als Vermittler für einen Immobilienfonds tätigen Onkel bzw. ähnlich nahe stehenden Verwandten aufgesucht und von diesem dazu bewegt wird, einen Antrag zum Erwerb von BGB-Fondsgesellschaftsanteilen zu unterzeichnen.

30 Nach Ansicht des BGH[140] ist bei der Beantwortung der Frage, unter welchen Voraussetzungen eine Haustürsituation der Bank zuzurechnen ist, auf die zu § 123 entwickelten Grundsätze zurückzugreifen.

---

[135] BGH NJW 1996, 191 = MDR 1996, 248: ein Ehegatte legt dem anderen auf Veranlassung des Unternehmers eine Vertragserklärung vor; KG in KG-Report 1996, 85; OLG Stuttgart MDR 2001, 1368 = OLG-Report 2001, 317 und OLG-Report 2004, 244, 248; LG München I WM 1998, 448, 449; *Martis* MDR 2003, 961, 964; großzügiger Müko-*Ulmer* § 312 Rdn. 30: auch Einwirkung durch eine dem Verbraucher nahe stehende Person genügt zur Anwendung des § 312 Abs. 1.

[136] OLG Stuttgart MDR 2001, 1368; *Martis* MDR 2003, 961, 964.

[137] OLG Hamm MDR 1998, 1424.

[138] KG MDR 1996, 570; a.A. zutreffend Palandt-*Heinrichs* § 312 Rdn. 10 und OLG Schleswig WM 2005, 607, 609: Ansprechen von „Stammtischbruder" in Gaststätte.

[139] OLG Stuttgart OLG-Report 2004, 244, 248; in diesem Sinne auch Müko-*Ulmer* § 312 Rdn. 30; a.A. OLG Schleswig WM 2005, 607, 609, Fn. 137.

[140] BGH WM 2005, 124, 125; WM 2004, 1527, 1528; WM 2004, 1521, 1523 = NJW 2004, 1523; WM 2004, 521 = NJW-RR 2004, 1126f. = BKR 2004, 185f.; NJW 2003,

Danach ist das Verhalten des Verhandlungsführers dem Erklärungsempfänger (Bank) dann zuzurechnen, wenn er dessen Angestellter, Mitarbeiter oder Beauftragter ist oder wenn er wegen seiner engen Beziehungen zu diesem als dessen Vertrauensperson erscheint. Ist der Verhandlungsführer Dritter i.S.d. § 123 Abs. 2, so ist sein Handeln der Bank nur zuzurechnen, wenn sie dieses kannte oder kennen musste.[141] 31

Diese Grundsätze sind u.E. auf die Anwendbarkeit des § 312 Abs. 1 bei Bürgschaften, Grundschuldbestellungen u.a. zur Vereinheitlichung der Rspr. zu übertragen.[142] 32

III. Entgeltlichkeit

Eine „Entgeltlichkeit" i.S.d. § 312 Abs. 1 liegt bereits vor, wenn der jeweilige Vertrag schuldrechtliche Verpflichtungen gegenüber dem Verbraucher nach sich zieht, wobei es genügen kann, dass der Verbraucher das Entgelt an einen Dritten zu entrichten hat.[143] 33

Es genügt sogar, dass der Verbraucher aufgrund der Vereinbarung irgendeine Leistung erbringen muss.[144] 34

IV. Kausalität

Der Verbraucher muss durch die konkrete Ausgestaltung einer Situation i.S.d. § 312 Abs. 1 S. 1 Nr. 1, Nr. 2 oder Nr. 3 zur Abgabe seiner Willenserklärung „bestimmt worden" sein. 35

Zur Anwendung des § 312 Abs. 1 genügt die kausale Fortwirkung der Haustürsituation, d.h. wenn die im Rahmen einer Haustürsituation vorangegangenen Verhandlungen für den späteren Vertragsabschluss zumindest mitursächlich waren.[145] 36

Bei Vorliegen der in § 312 Abs. 1 S. 1 Nr. 1, Nr. 2 oder Nr. 3 genannten Umständen kann im Regelfall prima facie grundsätzlich davon auszugehen sein, dass der Verbraucher aufgrund dieser Umstände zur Abgabe seiner Willenserklärung bestimmt worden ist.[146] 37

424, 425 = MDR 2003, 225, 226; NJW 2003, 1390; ebenso OLG Karlsruhe NJW-RR 2003, 185, 186 und OLG-Report 2004, 60, 62 sowie OLG Hamburg WM 2002, 1289, 1294; a.A. KG WM 2005, 596, 602: objektive Kausalität genügt.

141 BGH WM 2005, 124, 125; NJW-RR 2004, 1126f. = WM 2004, 521 = MDR 2004, 582; auch OLG Stuttgart OLGR 2004, 244, 249f.; s.o. Rdn. 37ff.

142 Vgl. *Martis* MDR 2003, 961, 964.

143 BGH NJW 2003, 1190, 1191; Erman-*Saenger* § 312 Rdn. 17; *Martis* MDR 2003, 961, 963.

144 Bamberger/Roth-*Ann* § 312 Rdn. 8; *Martis* MDR 2003, 961, 963.

145 BGH WM 2004, 2491, 2492 = NJW-RR 2005, 180, 181; WM 1996, 2103; OLG Stuttgart WM 1999, 2310, 2313; WM 1999, 2305, 2307; OLG Frankfurt OLG-Report 2005, 77; Erman-*Saenger* § 312 Rdn. 32, 33.

146 OLG Koblenz NJW 1994, 1418, 1420; OLG Stuttgart WM 2005, 972, 977; WM

38 Allein ein zeitlicher Abstand von *vier bis dreizehn Wochen* lässt die Indizwirkung nach Ansicht des OLG Stuttgart[147] nicht entfallen.

39 Nach Auffassung des OLG Frankfurt[148] spricht der Beweis des ersten Anscheins dafür, dass der Überraschungs- und Überrumpelungseffekt noch fortgewirkt hat, wenn zwischen der Unterzeichnung eines Darlehensantrags durch die Bank und die Annahmeerklärung durch den Verbraucher nach vorangegangener „Haustürsituation" ein zeitlicher Zusammenhang von *drei Wochen* besteht.

40 In einer weiteren Entscheidung vertritt das OLG Frankfurt[149] die Auffassung, dass ein Anscheinsbeweis regelmäßig nur dann ohne nähere Darlegung angenommen werden kann, wenn zwischen dem Gespräch und der Abgabe der Erklärung ein nur kurzer, *wenige Tage* betragender Zeitraum liegt. Ist dieser Zeitraum deutlich länger, muss der Verbraucher den Kausalzusammenhang im Einzelfall konkret darlegen.[150]

41 Im entschiedenen Fall hatte der Unternehmer das aufgrund einer Haustürsituation abgegebene Angebot des Verbrauchers erst ca. neun Monate später angenommen; der Vertrag kam danach zustande, weil der Verbraucher auf die Bitte des Unternehmers bestätigte, dass er sich an seinen Antrag noch gebunden fühle.[151]

42 Das OLG Köln[152] vertritt die Ansicht, bei einer *sechs Wochen* zurückliegenden Haustürsituation sei davon auszugehen, dass sie auf eine späteren Vertragsabschluss keinen Einfluss mehr habe.

43 Nach Auffassung des BGH in einer neueren Entscheidung[153] spricht kein Anscheinsbeweis dafür, dass ein Darlehensvertrag angesichts einer Zeitspanne von *drei Wochen* zwischen den Besuchen des Vermittlers in der Privatwohnung des Verbrauchers und der Abgabe dessen Willenserklärung in einer Haustürsituation abgeschlossen worden sei. Mit zunehmendem zeitlichen Abstand zwischen Haustürsituation und Abgabe der Willenserklärung entfalle die Indizwirkung für die Ursächlichkeit der Haustürsituation.

44 Ulmer[154] sieht für einen Anscheinsbeweis dann keinen Raum mehr, wenn zwischen den Verhandlungen an der Haustür oder am Arbeitsplatz und der

---

1999, 2310, 2313; OLG Stuttgart MDR 1998, 144, 145; Erman-*Saenger* § 312 Rdn. 33; Müko-*Ulmer* § 312 Rdn. 29, 31; Staudinger-*Werner* § 1 HausTWG Rdn. 71; *Martis* MDR 2003, 961, 965.

[147] OLG Stuttgart MDR 1998, 144, 145: Etwas mehr als zwei Monate; OLG Stuttgart WM 1999, 2310, 2313: Drei Monate; WM 2005, 972, 977: 4–6 Wochen.

[148] OLG Frankfurt, 15. Zivilsenat, VersR 2000, 1111, 1112.

[149] OLG Frankfurt, 9. Zivilsenat, NJW-RR 2004, 60.

[150] OLG Frankfurt NJW-RR 2004, 60; Staudinger-*Werner* § 1 HausTWG Rdn. 71.

[151] OLG Frankfurt NJW-RR 2003, 60; OLG-Report 2005, 77: 2 Jahre zu lang.

[152] OLG Köln WM 2000, 2139; auch OLG Schleswig WM 2005, 607, 609 bei 4 Wochen..

[153] BGH WM 2003, 1370; ZGS 2003, 285.

[154] Müko-*Ulmer* § 312 Rdn. 32; hiergegen OLG Stuttgart WM 2005, 972, 977.

Abgabe der Willenserklärung des Verbrauchers ein Zeitraum von *mehr als einer Woche* liegt.

45 Für eine Mitursächlichkeit spricht es wiederum, wenn es für den Verbraucher aufgrund seiner Einkommens- und Vermögensverhältnisse sowie seiner Geschäftsunerfahrenheit fern lag, den konkreten Vertrag abzuschließen.[155]

46 Der Verbraucher ist aber nicht zur Abgabe einer Willenserklärung durch mündliche Verhandlungen im Bereich einer Privatwohnung „bestimmt" worden, wenn er die Privatwohnung des Vertragspartners aufsucht und dort der Vertrag geschlossen wird. Insoweit befindet er sich nämlich in keiner anderen Situation als beim Besuch eines Geschäftslokals, wo stets die Möglichkeit besteht, dieses ohne weiteres zu verlassen.[156] Eine Mitursächlichkeit ist auch dann nicht gegeben, wenn ein Vermittler einen späteren Anleger auf einer Party über seinen Beruf informiert und im Rahmen eines Informationsgesprächs anbietet, ihn bei Interesse ggf. aufzusuchen.

47 Etwas anderes gilt wiederum, wenn der Anleger in seiner Privatwohnung oder an seiner Arbeitsstelle aufgesucht wird, dort bereits konkrete Gespräche über die Anlageform geführt werden und es in zeitlichem Zusammenhang damit zur Unterzeichnung eines Beteiligungsvertrages an einer BGB-Gesellschaft kommt.[157]

D. Situationsbedingte Voraussetzungen des § 312 Abs. 1 S. 1 Nr. 1 bis 3

1 Liegt im genannten Sinn ein entgeltlicher, den Verbraucher verpflichtender Schuldvertrag vor, kommt es für das Eingreifen des Widerrufsrechts maßgebend darauf an, dass der Verbraucher seine Willenserklärung unter den in § 312 Abs. 1 S. 1 Nr. 1 bis 3 (alternativ) näher bezeichneten Umständen abgegeben hat und diese Umstände hierfür ursächlich waren.

2 Die in Nr. 1 bis 3 aufgezählten Fallgestaltungen beschreiben enumerativ die Situation, in welcher der Gesetzgeber eine die Schutzbedürftigkeit des Verbrauchers begründende Überrumpelungs- und Befangenheitssituation als gegeben ansieht.[158]

3 Dies schließt jedoch eine extensive Auslegung oder entsprechende Anwendung über § 312f S. 2 (vormals § 5 Abs. 1 HausTWG) nicht aus, soweit vergleichbare Sachverhalte infrage stehen.[159]

---

155 OLG Frankfurt, 9. Zivilsenat, WM 2002, 545, 547; *Martis* MDR 2003, 961, 965.

156 OLG Hamm WM 2002, 2326, 2329; OLG Stuttgart OLG-Report 2004, 244, 248; auch OLG Schleswig WM 2005, 607, 609: Gespräch am „Stammtisch".

157 OLG Stuttgart MDR 2002, 1401.

158 Vgl. *Michalski* Jura 1996, 172; Müko-*Ulmer* § 312 Rdn. 33; Müko-*Ulmer*, 3. Aufl., § 1 HausTWG Rdn. 18.

159 Müko-*Ulmer* § 312 Rdn. 33, 49 ff.; Müko-*Ulmer*, 3. Aufl., § 1 HausTWG Rdn. 18

4 Die Analogie darf jedoch nicht auf solche Situationen ausgedehnt werden, die der Gesetzgeber eindeutig oder bewusst ausgelassen hat.[160]

5 Ein Widerrufsrecht scheidet deshalb zum Beispiel aus, wenn der Vertragsabschluss auf Verhandlungen der Parteien im Geschäftslokal des Verkäufers, des Werkunternehmers etc.[161] oder in der Privatwohnung des Unternehmers[162] zurückgeht.

I. Mündliche Verhandlungen am Arbeitsplatz oder im Bereich einer Privatwohnung (§ 312 Abs. 1 S. 1 Nr. 1)

6 Nach § 312 Abs. 1 S. 1 Nr. 1 kann der Verbraucher seine auf den Abschluss eines Vertrages über eine entgeltliche Leistung gerichtete Willenserklärung widerrufen bzw. unter den Voraussetzungen des § 312 Abs. 1 S. 2 i. V. m. § 356 ein ihm eingeräumtes Rückgaberecht ausüben, zu der er durch mündliche Verhandlungen an seinem Arbeitsplatz oder im Bereich einer Privatwohnung bestimmt worden ist.

1. Mündliche Verhandlungen

7 Der Begriff „mündliche Verhandlungen" ist weit auszulegen.[163] „Verhandlungen" beginnen nicht erst dann, wenn über Einzelheiten des Vertrages gesprochen wird. Es genügt vielmehr jedes werbemäßige Ansprechen eines Kunden, jede vom Anbieter ausgehende Kontaktaufnahme, die auf einen späteren Vertragsabschluss zielt.[164]

8 Wird der Kunde in seiner Wohnung durch reißerische Formulierungen für ein Produkt interessiert, das erst anlässlich eines weiteren Gesprächs in den Geschäftsräumen des Unternehmers konkretisiert wird, so stellen beide Gespräche zusammen eine einheitliche mündliche Verhandlung dar.[165]

9 „Mündliche Verhandlungen" liegen jedoch nicht vor, wenn ein Vermittler einen späteren Anleger auf einer Party über seinen Beruf informiert und ihm anbietet, ihn bei Interesse ggf. aufzusuchen. Erforderlich wäre in einer solchen Situation vielmehr, dass über Anlagemöglichkeiten bzw. das später abgeschlossene Geschäft im Allgemeinen, wenn nicht gar im Speziellen gesprochen worden ist. Allgemeine Beratungs- und Informationsgespräche stellen danach keine „mündlichen Verhandlungen" dar.[166]

---

und § 5 HausTWG Rdn. 10 bis 13; Bamberger/Roth-*Ann* § 312f: Ansprechen auf privater Baustelle, in einer Hotelhalle oder in einem Straßencafe.

[160] Müko-*Ulmer* § 312 Rdn. 33, 34; Müko-*Ulmer,* 3. Aufl., § 1 HausTWG Rdn. 18.

[161] OLG Hamm WM 2002, 2326, 2329; OLG Stuttgart OLG-Report 2004, 244, 248; Müko-*Ulmer,* 3. Aufl., § 1 HausTWG Rdn. 18.

[162] BGH NJW 2000, 3498; Bamberger/Roth-Ann § 312f Rdn. 7.

[163] BGH WM 2004, 2491, 2492 = NJW-RR 2005, 180, 181.

[164] BGH NJW-RR 2005, 180, 181; OLG Frankfurt WM 2002, 545, 547; OLG Stuttgart MDR 1998, 144, 145; *Martis* MDR 2003, 961, 965.

[165] OLG Frankfurt WM 2002, 545, 547.

[166] OLG Stuttgart MDR 2002, 1401; *Martis* MDR 2003, 961, 963.

10 Andererseits kann der Verbraucher auch dann zu einer auf den Abschluss eines Vertrages gerichteten Erklärung i.S.d. § 312 Abs. 1 S. 1 Nr. 1 bestimmt werden, wenn er den zuvor vereinbarten Besuch eines Gewerbetreibenden zum Anlass genommen hat, Änderungswünsche zu einem bestehenden Vertrag zu äußern und dann anschließend ein neuer Vertrag geschlossen wird.[167]

11 Eine zum Widerruf eines Darlehensvertrages berechtigende Haustürsituation kann auch noch vorliegen, nachdem mehrere Gespräche stattgefunden haben, bei denen es jedoch (noch) nicht um den Darlehensvertrag, sondern nur um das Anlagegeschäft ging, und der Vermittler nach Abschluss des notariellen Kaufvertrages mit einem vorbereiteten Kreditvertrag in der Privatwohnung des Kreditnehmers erscheint, den dieser dann dort unterschreibt.[168]

12 Im Hinblick auf das notwendige Kriterium der „mündlichen Verhandlung" wird jeglicher schriftlicher Kontakt aus dem Anwendungsbereich des § 312 im Übrigen ausgeschieden, etwa durch Fax, E-Mail oder Brief. In diesen Fällen kommt ein Widerruf nach §§ 312b, 355 in Betracht.[169]

2. Verhandlungen im Bereich einer Privatwohnung

a) Begriff der „Privatwohnung"

13 Unter den Begriff „Privatwohnung" fällt neben der Wohnung des Verbrauchers selbst auch deren unmittelbare Umgebung, insbesondere der Hausflur, Garten sowie andere zugehörige Anlagen wie Garagen oder private Parkplätze[170] sowie die Straßenfläche vor dem Haus, in dem sich die „Privatwohnung" befindet.[171]

14 Auch Altenheime, Pflegeheime, private Wohnheime u.a. werden als „Privatwohnung" i.S.d. § 312 Abs. 1 S. 1 angesehen.[172]

b) Privatwohnung eines Dritten

15 Es war umstritten, ob zum Bereich der „Privatwohnung" auch die Privatwohnung des Unternehmers gehört. Nach Auffassung des BGH[173] ist die Privatwohnung des Unternehmers jedenfalls dann keine „Privatwohnung"

---

167 BGH NJW 1999, 575 = MDR 1999, 147.

168 OLG Dresden VuR 2003, 70 = OLG-Report 2003, 190.

169 Erman-*Saenger* § 312 Rdn. 39.

170 Erman-*Saenger* § 312 Rdn. 40; Müko-*Ulmer* § 312 Rdn. 36; Müko-*Ulmer*, 3. Aufl. § 1 HausTWG Rdn. 20, 31.

171 Müko-*Ulmer* § 312 Rdn. 36.

172 Erman-*Saenger* § 312 Rdn. 41; Müko-*Ulmer* § 312 Rdn. 36; Müko-*Ulmer* 3. Aufl., § 1 HausTWG Rdn. 20.

173 BGH WM 2005, 124, 125; NJW 2000, 3498, 3499 = WM 2000, 1260; ebenso Erman-*Saenger* § 312 Rdn. 36, 41; Müko-*Ulmer* § 312 Rdn. 36 und 3. Aufl., § 1 HausTWG Rdn. 20, 31.

i.S.d. § 312 Abs. 1 S. 1 Nr. 1, wenn sie vom Verbraucher aufgesucht wird, um dort Vertragsverhandlungen zu führen.

16 Dies gilt nach ganz h.L. grundsätzlich auch für so genannte „Partyverkäufe", bei denen eine Privatperson auf Veranlassung des Verkäufers, ihre Wohnung für Werbezwecke zur Verfügung stellt, um für Freunde und Bekannte gesellige Zusammenkünfte zu veranstalten und dabei Waren, Werkleistungen etc. durch den Unternehmer oder dessen Mittelsperson präsentiert sowie Bestellungen entgegengenommen werden.[174]

17 Handlungen Dritter sind dem Unternehmer aber auch in diesem Zusammenhang nach den zu § 123 Abs. 1 und 2 entwickelten Grundsätzen zuzurechnen, also insbesondere dann, wenn der Dritte Angestellter, Mitarbeiter oder Beauftragter des Unternehmers ist oder wegen seiner engen Beziehungen zum Unternehmer als dessen Vertrauensperson erscheint.[175]

18 Danach[176] erfasst das Merkmal der „Privatwohnung" auch Gestaltungen, in denen eine vom Direktvertreiber – in dem vom BGH[177] entschiedenen Fall dem Vermittler von BGB-Gesellschaftsanteilen an einem Immobilienfonds – gewonnene Privatperson ihre Wohnung als Verhandlungsort zur Verfügung stellt.

c) Hotels, Restaurants, Gaststätten u. a.

19 Etwas anderes würde danach für Restaurants, Konferenzräume von Hotels, Hotelhallen, Hinterzimmer von Gaststätten und private Baustellen gelten, wo mit geschäftlichen Kontakten regelmäßig noch zu rechnen ist; diese fallen nicht unter § 312 Abs. 1 S. 1 Nr. 1.[178]

20 Die Rspr. der Instanzgerichte und die h.L. dehnt den Anwendungsbereich des § 312 Abs. 1 S. 1 Nr. 1 über § 312f S. 2 auch auf Vertragsabschlüsse in Gaststätten und Hotelhallen aus.[179]

---

[174] Erman-*Saenger* § 312 Rdn. 41; Müko-*Ulmer* § 312 Rdn. 54 und 3. Aufl., § 1 HausTWG Rdn. 20, 31; *Wassermann* JuS 1990, 548, 550.

[175] BGH WM 2005, 124, 125; NJW-RR 2004, 1126f. = WM 2004, 521 = MDR 2004, 582; NJW 2003, 424, 425 = MDR 2003, 225, 226; NJW 2003, 1390 = MDR 2003, 466; OLG Karlsruhe OLG-Report 2004, 60, 62; NJW-RR 2003, 185, 186; OLG Hamburg WM 2002, 1289, 1294; Müko-*Ulmer* § 312 Rdn. 29, 30.

[176] Vgl. BGH, II. ZS., WM 2005, 124, 125 = NJW-RR 2005, 635, 636: Verhandlungen in der Wohnung der Schwägerin des Vermittlers.

[177] BGH WM 2005, 124, 125.

[178] Vgl. Müko-*Ulmer* § 312 Rdn. 36 und § 1 HausTWG Rdn. 20.

[179] OLG Frankfurt NJW 1994, 1806: Ansprechen in einer Hotelhalle; LG Mannheim NJW-RR 1990, 1395 und LG Limburg NJW-RR 1989, 119: Vertragsanbahnung in einem Hotel; AG Freising NJW-RR 1988, 1326: Ansprechen in einem Straßencafe; auch OLG Schleswig WM 2005, 607, 609: nicht jedoch beim Ansprechen durch anderen Stammgast; zustimmend Bamberger/Roth-*Ann* § 312 Rdn. 6; Müko-*Ulmer* § 312 Rdn. 47: entsprechende Anwendung bei jeweils öffentlich zugänglichen Gärten, Flughäfen, U-Bahnstationen, Theater- und Konzertsälen, Sportplätzen, Schwimmbädern, Gaststätten, Cafes, Hotelhallen.

Insbesondere wenn der Verbraucher vom Unternehmer oder dessen Vertreter in einer Hotelhalle angesprochen wird, etwa wenn dort ein Verkaufsstand zum Zweck der Geschäftsanbahnung eingerichtet worden ist[180] oder um sich von dort aus in die Privatwohnung des Verbrauchers zu begeben,[181] ist die für das Eingreifen des § 312 Abs. 1 S. 1 Nr. 1 i.V.m. § 312f S. 2 typische Situation der fehlenden Umkehrmöglichkeit und fehlenden Überlegungszeit gegeben mit der Folge, dass die Bestimmung des § 312 Abs. 1 S. 1 Nr. 1 über § 312f S. 2 zur Anwendung kommt.[182] 21

Gleiches gilt beim Aufsuchen des Verbrauchers auf dessen privater Baustelle mit dem Ziel, diesen unaufgefordert zum Kauf von Waren zu veranlassen.[183] 22

Nach einschränkender Ansicht des BGH[184] kann eine Gaststätte als ein der Öffentlichkeit zugänglicher Raum allenfalls dann als ein durch § 312f S. 2, 312 Abs. 1 Nr. 1 geschützter Vertragsanbahnungsort angesehen werden, wenn der Verbraucher dort überraschend angesprochen wird. Daran fehlt es aber, wenn er damit rechnen muss, persönlich mit geschäftlicher Zielsetzung kontaktiert zu werden.[185] 23

Treffen sich z.B. zwei miteinander bekannte Geschäftspartner zu einem wenn auch nicht von vornherein auf einen weiteren geschäftlichen Kontakt angelegten Essen in einer Gaststätte, muss jeder der Beteiligten darauf eingerichtet sein, dass auch Geschäftliches bis hin zur Übernahme einer Bürgschaft zur Sprache kommt.[186] 24

d) *Überraschungsmoment*

Das Widerrufsrecht nach § 312 Abs. 1 dient grundsätzlich dem Zweck, die rechtsgeschäftliche Entscheidungsfreiheit des Verbrauchers zu gewährleisten, indem es ihm die Möglichkeit einräumt, sich von einem aufgrund einer – mit einem Überraschungsmoment verbundenen – Haustürsituation geschlossenen Vertrag zu lösen.[187] 25

Wohnt dem Geschäft typischerweise kein Überraschungsmoment inne[188] oder hat der Verbraucher die Möglichkeit, die Wohnung des Unternehmers ohne weiteres zu verlassen und sich jederzeit aus freiem Entschluss der 26

---

180 OLG Frankfurt NJW 1994, 1806.

181 OLG Dresden NJW 1995, 1164.

182 OLG Dresden NJW 1995, 1164; OLG Frankfurt NJW 1997, 1806; LG Mannheim NJW-RR 1990, 1395; Müko-*Ulmer* § 312 Rdn. 47.

183 OLG Zweibrücken NJW 1995, 140; AG Ettenheim NJW-RR 2004, 1429.

184 BGH NJW-RR 1997, 177; ebenso OLG Schleswig WM 2005, 607, 609f.

185 BGH NJW-RR 1997, 177; OLG Schleswig a.a.o.: Ansprechen durch anderen Stammgast, dessen Beruf als Vermittler bekannt ist.

186 BGH NJW-RR 1997, 177.

187 BGH WM 2004, 620.

188 Erman-*Saenger* § 312 Rdn. 36; Müko-*Ulmer* § 312 Rdn. 38.

Einwirkung durch den Vertragspartner zu entziehen, besteht ein Widerrufsrecht nach dem Schutzzweck des § 312 Abs. 1 S. 1 Nr. 1 nicht.[189]

3. Verhandlungen „am Arbeitsplatz"

a) Begriff des Arbeitsplatzes des Verbrauchers

27 Der Begriff „Arbeitsplatz" des Verbrauchers umfasst nicht nur den Raum, in dem der vom Unternehmer oder dessen Vertreter aufgesuchte Verbraucher seine Arbeit verrichtet, sondern alle Räumlichkeiten innerhalb des Betriebes oder der Behörde, in denen sich der Verbraucher auch nur gelegentlich im Rahmen seiner beruflichen Tätigkeit aufhält, also auch Arbeitsräume von Vorgesetzten oder Mitarbeitern, die Kantine, betriebliche Freizeitanlagen und Parkplätze.[190]

28 Eine „mündliche Verhandlung am Arbeitsplatz" liegt auch dann vor, wenn die im Privathaushalt des Unternehmers beschäftigte Haushälterin, Putzfrau, Angestellte o.a. mit dem Ziel eines späteren Vertragsabschlusses von der Ehefrau des Geschäftsführers, Vorstandes, Alleinaktionärs der „Unternehmerin" angesprochen worden ist.[191]

b) Arbeitsstelle eines Selbständigen bzw. Freiberuflers

29 Auch die Arbeitsstelle eines Freiberuflers bzw. Selbständigen ist generell als Arbeitsplatz i.S.d. § 312 Abs. 1 S. 1 Nr. 1 anzusehen. Es würde nach h.M. den gesetzgeberischen Intentionen widersprechen, etwa einen angestellten Rechtsanwalt, der an seinem Arbeitsplatz in einer Großkanzlei aufgesucht wird, dem Schutz des § 312 Abs. 1 S. 1 Nr. 1 zu unterstellen, während ein selbstständiger Lkw-Fahrer dem Schutzbereich nicht unterfallen würde.[192]

30 Der Arbeitsplatz von Freiberuflern und sonstigen Selbständigen befindet sich dort, wo diese gerade tätig ist und kann daher räumlich umfassender sein als derjenige des abhängig Beschäftigten.[193] Der Freiberufler bzw. Selbständige muss jedoch eine Willenserklärung abgeben, die auf den Abschluss eines Vertrages gerichtet ist, der seiner privaten Sphäre zuzurechnen ist.[194]

---

[189] BGH NJW 2000, 3498, 3499; ebenso OLG Hamm WM 2002, 2326, 2329.

[190] Bamberger/Roth-*Ann* § 312 Rdn. 14; Erman-*Saenger* § 312 Rdn. 40; Müko-*Ulmer* § 312 Rdn. 37; *Martis* MDR 2003, 961, 965.

[191] BGH NJW 1996, 928.

[192] OLG Düsseldorf NZM 2000, 568 = VuR 2000, 111, 112; OLG Jena BauR 1997, 469; LG München MDR 1996, 37; *Martis* MDR 2003, 961, 695 und MDR 1999, 198, 199; Erman-*Saenger* § 312 Rdn. 40; ebenso noch Müko-*Ulmer,* 3. Aufl., § 1 HausTWG Rdn. 21; a.A. nunmehr Müko-*Ulmer* § 312 Rdn. 37 m.w.N. der Gegenansicht.

[193] Bamberger/Roth-*Ann* § 312 Rdn. 14; *Martis* MDR 2003, 961, 964.

[194] Erman-*Saenger* § 312 Rdn. 40.

c) Überraschungsmoment erforderlich

§ 312 Abs. 1 S. 1 Nr. 1 findet jedoch keine Anwendung, wenn eine mündliche Verhandlung kraft Natur der Sache nur am Arbeitsplatz (oder in der Privatwohnung) erfolgen kann und dem Geschäft typischerweise kein Überraschungsmoment innewohnt.[195] 31

d) Ansprechen am Arbeitsplatz eines Dritten

Stets muss der „Arbeitsplatz", an dem die mündlichen Verhandlungen stattfinden, derjenige des Verbrauchers bzw. des Angesprochenen (siehe oben Rdn. 27f.) sein.[196] 32

Das Ansprechen am Arbeitsplatz eines Dritten, der zu demjenigen des Verbrauchers keine Verbindung aufweist, wird im Unterschied zur „Privatwohnung" eines Dritten von dem insoweit eindeutigen Wortlaut des § 312 Abs. 1 S. 1 Nr. 1 nicht erfasst.[197] In Betracht kommt aber eine entsprechende Anwendung des § 312 Abs. 1 S. 1 Nr. 1 über § 312f, wenn das Überraschungsmoment auf Seiten des Verbrauchers angesichts der konkreten Situation demjenigen des Ansprechens am eigenen Arbeitsplatz gleichkommt.[198] 33

4. Vertragsabschluss am Telefon, Teleshopping, Internet-Shopping

Keine mündliche Verhandlung am Arbeitsplatz des Verbrauchers oder im Bereich einer Privatwohnung liegt nach h.M. vor, wenn der Verbraucher lediglich vom Repräsentanten des Unternehmers angerufen wird.[199] 34

Es ist zwar anerkannt, dass auch bei einer den Verbraucher unvorbereitet treffenden telefonischen Anfrage die Gefahr einer Überrumpelung bestehen kann und das deswegen, wenn er anlässlich eines solchen Telefonats einem Hausbesuch zugestimmt hat, sein Widerrufsrecht nicht gem. § 312 Abs. 3 Nr. 1 ausgeschlossen ist.[200] 35

Hieraus wird jedoch kein besonderes Schutzbedürfnis des Verbrauchers gegen Überrumpelung i.S.d. § 312 Abs. 1 S. 1 Nr. 1 ausgelöst, weil dieser sich in einer solchen Situation nicht in einer „unentrinnbaren Lage" befindet. Denn es fällt ihm leicht, ein Telefongespräch etwa durch Auflegen des Telefonhörers abzubrechen, anders als einen Besucher aus der Wohnung zu 36

---

[195] Erman-*Saenger* § 312 Rdn. 36; Müko-*Ulmer* § 312 Rdn. 38.

[196] Erman-*Saenger* § 312 Rdn. 40; *Martis* MDR 2003, 961, 965.

[197] Müko-*Ulmer* § 312 Rdn. 37; Müko-*Ulmer,* 3. Aufl., § 1 HausTWG Rdn. 21.

[198] Müko-*Ulmer* § 312 Rdn. 37 a.E.: wenn der Verbraucher an diesem Ort nicht mit einem Geschäftskontakt rechnen musste.

[199] BGH NJW 1996, 929 = MDR 1996, 456; *Martis* MDR 1999, 198, 199; MDR 2003, 961, 966; a.A. *Klingsporn* NJW 1997, 1547f; *Gilles* NJW 1988, 2427; auch Müko-*Ulmer* § 312 Rdn. 58, 59, 61 und 3. Aufl., § 1 HausTWG Rdn. 36.

[200] BGH NJW 1996, 929; NJW 1994, 3352; OLG Brandenburg MDR 1998, 206; OLG Frankfurt NJW 1992, 246.

weisen. Die bestehende Wettbewerbswidrigkeit einer unerbetenen telefonischen Kontaktaufnahme ist allein kein entscheidendes Kriterium für die Auslegung des § 312 Abs. 1 S. 1 Nr. 1 bzw. des § 1 Abs. 1 Nr. 1 HausTWG.[201]

37 Ebenso wenig erfüllen das „Teleshopping" und das „Internet-Shopping" die Voraussetzungen des § 312 Abs. 1 S. 1 Nr. 1.[202]

38 Nach h.M. scheidet auch eine Anwendung des § 312 Abs. 1 S. 1 Nr. 1 über § 312f S. 2 aus, weil die werbliche Beeinflussung des Verbrauchers beim „Teleshopping" und beim „Internet-Shopping" weder die Intensität einer „Haustürsituation" erreicht noch eine Überrumpelungsgefahr begründet.[203] Zudem baut der Verbraucher beim Internet-Shopping selbst die Verbindung auf und kann sie – eher noch als beim Verkaufsgespräch in einem Ladengeschäft – nach Belieben wieder abbrechen.[204]

39 Ulmer[205] weist zutreffend darauf hin, dass nach Einführung der Vorschriften der §§ 312b, 312c, 312d zum Widerruf von Fernabsatzgeschäften jedenfalls keine die entsprechende Anwendung des § 312 Abs. 1 rechtfertigende Regelungslücke vorliege. Durch die Neufassung des § 312a, wonach das Widerrufsrecht bei Haustürgeschäften aus §§ 312, 355 gegenüber demjenigen aus §§ 312d, 355 subsidiär ist, hat sich auch das Konkurrenzverhältnis erledigt.[206]

II. Verkaufsorientierte Freizeitveranstaltung (§ 312 Abs. 1 S. 1 Nr. 2)

40 § 312 Abs. 1 S. 1 Nr. 2 soll den Verbraucher vor der Gefahr schützen, in bestimmten, dafür typischen Situationen bei der Anbahnung und dem Abschluss von Geschäften oder Beeinträchtigung seiner rechtsgeschäftlichen Entscheidungsfreiheit überrumpelt oder sonst auf unzulässige Weise zu unüberlegten Geschäftsabschlüssen gedrängt zu werden.

41 Der Gesetzgeber stellt darauf ab, dass mit dem eigentlichen gewerblichen Angebot des Veranstalters nicht im Zusammenhang stehende attraktive Leistungen wie etwa Kaffeefahrten oder Reisen den Verbraucher über den Hauptzweck der Veranstaltung hinwegsehen lassen und ihn den Verkaufsabsichten des Unternehmers gewogen machen, wobei dem Verbraucher

---

[201] BGH NJW 1996, 929.

[202] *Köhler* NJW 1998, 185, 187; *Martis* MDR 2003, 961, 966; Bamberger/Roth-*Ann* § 312 Rdn. 10; Erman-*Saenger* § 312 Rdn. 43; Müko-*Ulmer* § 312 Rdn. 58, 61; a. A. *Klingsporn* NJW 1997, 1542.

[203] Bamberger/Roth-*Ann* § 312 Rdn. 10 und § 312f Rdn. 8 zum Internet-Shopping; Erman-*Saenger* § 312 Rdn. 43 zum Teleshopping; Müko-*Ulmer,* 3. Aufl., § 1 HausTWG Rdn. 36a; *Martis* MDR 2003, 961, 966; a. A. *Gilles* NJW 1988, 2427; *Eckert* DB 1994, 717; *Klingsporn* NJW 1997, 1546.

[204] Bamberger/Roth-Ann § 312 Rdn. 10 und § 312f Rdn. 8; *Gruber* DB 1999, 1437.

[205] Müko-*Ulmer* § 312 Rdn. 58.

[206] Müko-*Ulmer* § 312 Rdn. 60 a. E.

durch die Auswahl von Zeit und Ort der Veranstaltung erschwert wird, sich den Verkaufsbemühungen zu entziehen.[207]

1. Freizeitveranstaltung

Von einem Geschäftsabschluss anlässlich einer Freizeitveranstaltung i.S.d. § 312 Abs. 1 S. 1 Nr. 2 kann nur dann gesprochen werden, wenn Freizeitangebot und Verkaufsveranstaltung derart organisatorisch miteinander verwoben sind, dass der Kunde im Hinblick auf die Ankündigung und die Durchführung der Veranstaltung in eine freizeitlich-unbeschwerte Stimmung versetzt wird und sich dem auf einen Geschäftsabschluss gerichteten Angebot nur schwer entziehen kann, sei es aufgrund der örtlichen oder zeitlichen Gegebenheiten, sei es aufgrund eines Gruppenzwangs oder einer empfundenen Dankbarkeit für das Unterhaltungsangebot, die beim Verbraucher das Gefühl wecken, dem Unternehmer in irgendeiner Weise verpflichtet zu sein. Fehlt es an einer derartigen Verknüpfung von Freizeitcharakter und gewerblichem Angebot, liegen die Tatbestandsvoraussetzungen des § 312 Abs. 1 S. 1 Nr. 2 nicht vor.[208] 42

Dabei kann es sich um Veranstaltungen handeln, die der Unterhaltung, der Geselligkeit, der Erholung, der Bildung, dem Sport oder sonstigen freizeitlichen Zwecken dienend erscheinen. Voraussetzung ist dabei nur, dass sie nicht von vornherein gegenüber dem Verbraucher als Verkaufsveranstaltung deklariert worden sind.[209] 43

Ein Hinweis auf die mögliche Teilnahme an einem unverbindlichen Verkaufsgespräch[210] genügt dabei ebenso wenig wie eine auf einer Postwurfsendung in lediglich untergeordnetem Maß erfolgte Andeutung des Verkaufscharakters.[211] Ein nicht ausreichender untergeordneter Hinweis ist etwa anzunehmen, wenn der wahre Charakter der Verkaufsveranstaltung durch das Herausstellen spektakulärer Gewinnmöglichkeiten,[212] z.B. auf eine Woche kostenlosen Aufenthalts in einer Ferienanlage[213] verschleiert oder wenn 44

---

207 BGH NJW 2004, 362, 363; NJW 2002, 3100, 3101; OLG Brandenburg NJW-RR 2001, 1635; auch OLG Stuttgart OLG-Report 2003, 257, 259 = ZGS 2003, 317, 318; *Martis* MDR 2003, 961, 966.

208 BGH NJW 2004, 362, 363; NJW 2002, 3100, 3101; auch OLG Stuttgart OLG-Report 2003, 257, 259 = ZGS 2003, 317, 318 unter Aufgabe von OLG Stuttgart NJW-RR 1988, 1323 = VuR 1989, 345; *Martis* MDR 2003, 961, 966; kritisch insoweit Erman-*Saenger* § 312 Rdn. 50: Entscheidendes Kriterium ist nur die Koppelung der gewerblichen Zielsetzung mit nicht sachbezogenen Freizeitelementen, die den Verbraucher von der eigentlichen Verkaufsabsicht ablenken.

209 BGH NJW 1990, 3266; NJW-RR 1991, 1524; LG Mönchengladbach NJW-RR 1996, 505; auch Erman-*Saenger* § 312 Rdn. 46.

210 OLG Düsseldorf NJW-RR 1996, 1269.

211 LG Mönchengladbach NJW-RR 1996, 504: „Gewinnveranstaltung“ mit verstecktem Hinweis auf eine Verkaufsrepräsentation.

212 LG Mönchengladbach NJW-RR 1996, 504; KG NJW-RR 1994, 951.

213 OLG Köln NJW-RR 1997, 310; OLG Karlsruhe NJW-RR 1997, 433.

dem Kunden nicht präzise eröffnet wird, was unter der – zusätzlich stattfindenden – Urlaubsverkaufsrepräsentation zu verstehen ist.[214]

45 Dies gilt insbesondere für Veranstaltungen und anbieterinitiierte Zusammenkünfte, bei denen der Kunde zum Abschluss eines Time-Sharing-Vertrages (vor Inkrafttreten des TzWrG bis zum 31. 12. 1996) veranlasst worden ist, also zum Erwerb eines „Ferien-Wohnrechts" oder „Teilzeit-Eigentums" an einer Immobilie im In- oder Ausland.[215]

46 Dass der eigentliche gewerbliche Zweck der Veranstaltung dem Verbraucher weitgehend verborgen worden ist, wird nicht vorausgesetzt.[216] Ebensowenig ist es Voraussetzung einer Freizeitveranstaltung, dass sie außerhalb der Geschäftsräume des Unternehmers stattfindet.[217]

a) Beispiele für Freizeitveranstaltungen

- Kaffee- oder Butterfahrten (Bus- oder Schiffsreisen zum preisgünstigen Einkauf), Filmvorführungen, Modenschauen oder Unterhaltungsshows mit Werbeeinlagen[218] sind Freizeitveranstaltungen i. S. d. § 312 Abs. 1 S. 1 Nr. 2, wenn ein eindeutiger und unmissverständlicher Hinweis darauf, dass es sich um eine Verkaufsfahrt handelt und die Teilnahme an der stattfindenden Verkaufsveranstaltung freiwillig ist, fehlt[219] bzw. wenn kostenlose und verbilligte Zuwendungen wie Kaffee und Kuchen in den Einladungen angekündigt worden sind und dadurch der Charakter einer Freizeitveranstaltung noch betont wird.[220]
- Eine Veranstaltung, auf der zunächst Kaffee gereicht, eine Verlosung durchgeführt und ein Videofilm gezeigt wird, ist auch dann eine Freizeitveranstaltung i. S. d. § 312 Abs. 1 S. 2 Nr. 2, wenn auf einem vorhergehenden Schreiben von einem „Verkaufs- und Informationsgespräch" die Rede ist.[221]

  Denn die Anwendung des § 312 Abs. 1 wird nicht dadurch ausgeschlossen, dass der an der Veranstaltung teilnehmende Kunde vor ihrem Beginn davon in Kenntnis gesetzt worden ist, dass es sich zugleich um eine Verkaufsveranstaltung handelt, wenn die vom Veranstalter angebotenen at-

---

214 OLG Düsseldorf NJW-RR 1996, 1269; LG Mönchengladbach NJW-RR 1996, 504.

215 OLG Düsseldorf NJW-RR 1996, 1269; NJW-RR 1993, 1533; OLG Köln NJW-RR 1997, 310; OLG Karlsruhe NJW-RR 1997, 433; KG NJW-RR 1994, 951; vgl. zu den einzelnen Vertragsgestaltungen beim Time-Sharing vgl. Bamberger/Roth-*Eckert* § 481 Rdn. 10 bis 22.

216 OLG Düsseldorf NJW-RR 1996, 1269; AG Altenkirchen MDR 1989, 357; Erman-*Saenger* § 312 Rdn. 46, 50.

217 LG Hanau NJW 1995, 1100; Erman-*Saenger* § 312 Rdn. 46; Müko-*Ulmer* § 312 Rdn. 42.

218 OLG Frankfurt NJW-RR 1989, 562.

219 OLG Hamm VuR 1996, 97; Erman-*Saenger* § 312 Rdn. 46, 53.

220 OLG Frankfurt NJW-RR 1989, 562.

221 LG Berlin VuR 1994, 32; OLG Stuttgart VuR 1995, 267.

traktiven Leistungen wie z. B. eine kostenlose Übernachtung in einer hübschen ausländischen Ferienanlage ihn über den eigentlichen Zweck der Veranstaltung hinwegsehen lassen und ihn den Verkaufsabsichten gewogen machen sollen.[222]

Wird der eigentliche gewerbliche Charakter zunächst verschleiert und kann der Kunde in eine entspannt kurzweilige Stimmung versetzt die sonst übliche Distanz zum Verkäufer in einer Weise abbauen, dass er zu unüberlegten Vertragsabschlüssen verleitet werden kann, liegt auch bei einer Veranstaltung in einem Kurort, für die mit „kostenlosem Kaffee und Kuchen" geworben wird, eine „Freizeitveranstaltung" vor.[223]

Eine vom Kunden zum Abschluss eines Kaufvertrages abgegebene Willenserklärung ist dabei auch dann noch „anlässlich" dieser Freizeitveranstaltung, dem gemütlichen Beisammensein bei Kaffee und Kuchen abgegeben, wenn der Kunde im Anschluss hieran von Vertretern des Veranstalters in seiner Wohnung aufgesucht und dort zu deren Abgabe veranlasst wird.[224]

- § 312 Abs. 1 S. 2 Nr. 2 kommt auch dann zur Anwendung, wenn es ca. zwölf bis fünfzehn Stunden nach einer Modenschau im Rahmen eines Urlaubs in einem Kurhotel, somit noch im engen zeitlichen, räumlichen und sachlichen Zusammenhang mit dieser Veranstaltung zum Abschluss eines Vertrages über gezeigte Pelz- oder Lederwaren kommt.[225]

  Maßgebend ist, ob die durch die Freizeitveranstaltung verursachte Stimmungslage bei dem Vertragsabschluss – ggf. noch am folgenden Tag – fortwirkt; regelmäßig ist der Kunde dann noch nicht aus seiner „Ferienstimmung", die durch das Freizeiterlebnis gefördert wurde, etwa „durch lästige Alltagsgeschäfte herausgerissen" worden.[226]
- Freizeitveranstaltung i. S. d. § 312 Abs. 1 S. 2 Nr. 2 ist auch eine sonntägliche Werbebesichtigung mit Mittagessen und anschließenden Verkaufsgesprächen mit Fachberatern, wobei es im Rahmen des § 312 Abs. 1 S. 2 Nr. 2 nicht darauf ankommt, ob der Abschluss des Vertrages auf einer „vorhergehenden Bestellung" i. S. d. § 312 Abs. 3 Nr. 1 beruht.[227]
- Es reicht auch aus, wenn mit einem auf Unterhaltung, Erholung oder Bildung ausgerichteten Tagesausflug nach dem Plan des Unternehmers ein gewerblichen Aktivitäten dienender Komplex verbunden ist, in dessen Rahmen es zu Vertragsabschlüssen über gewerbliche Leistungen kommen kann, wie etwa eine Busreise durch die Türkei, bei der sich der Kunde

---

[222] KG NJW-RR 1994, 951.

[223] OLG Hamm NJW-RR 1989, 117; *Kaiser* NJW 1989, 1718; auch Erman-*Saenger* § 312 Rdn. 45.

[224] OLG Stuttgart NJW-RR 1989, 1144.

[225] OLG Saarbrücken NJW 1995, 141.

[226] OLG Saarbrücken NJW 1995, 141.

[227] OLG Koblenz NJW-RR 1991, 1020.

anlässlich eines Besuchs bei einem Teppichhändler entschließt, einen Teppich zu erwerben.[228]

Für das Tatbestandsmerkmal „oder von einem Dritten zumindest auch im Interesse des Unternehmers durchgeführten Freizeitveranstaltung" genügt es, wenn der (Reise-) Veranstalter es weiß und duldet, dass der Unternehmer, hier der Teppichverkäufer, sich der Veranstaltung nur für die Zwecke des Warenvertriebes anschließt.[229]

Hieran mangelt es aber, wenn sich geschäftstüchtige Direktanbieter ohne jeden Kontakt mit dem Organisator der Freizeitveranstaltung die hierdurch eröffneten Werbemöglichkeiten zunutze machen.[230]

Bei Jahrmärkten, Messen u.a. fehlt es nach Ansicht von Ulmer[231] auch oftmals an der für § 312 Abs. 1 S. 1 Nr. 2 erforderlichen Interessenverbindung zwischen dem Veranstalter und dem werbenden Unternehmer.

U.E. ist das Handeln derartiger Direktanbieter dem Unternehmer bei Anwendung der zu § 123 Abs. 2 entwickelten Grundsätze nur zuzurechnen, wenn der Unternehmer dieses kannte oder kennen musste.[232]

b) Keine Freizeitveranstaltungen

48 Dagegen sind Verkaufsveranstaltungen, deren Zweck nach ihrer Ankündigung und Durchführung ausschließlich auf die Wahrnehmung der geschäftlichen Belange des Veranstalters und nicht hauptsächlich auf das Interesse an Unterhaltung, Freizeit, Bildung etc. gerichtet sind, keine „Freizeitveranstaltungen" i.S.d. § 312 Abs. 1 S. 1 Nr. 2, selbst wenn den Besuchern während der Veranstaltung Annehmlichkeiten oder Einlagen unterhaltender Art geboten werden, die jedoch über die Eigenschaft als Verkaufsveranstaltung nicht hinwegtäuschen und deren Charakter nicht verändern.[233]

49 Dies gilt nach zwischenzeitlich gefestigter Rspr. insbesondere für Verbraucherausstellungen, Verbrauchermessen etc. als Mischung von Informationsveranstaltung, Ausstellung, Unterhaltung, Demonstration von Produktionsvorgängen und bestehender Einkaufsmöglichkeiten.

---

[228] BGH NJW-RR 1991, 1524; OLG München NJW-RR 1991, 122; Erman-*Saenger* § 312 Rdn. 54.

[229] BGH NJW-RR 1991, 1525; OLG München NJW-RR 1991, 122; *Pfeiffer/Dauck* NJW 1996, 2078; Erman-*Saenger* § 312 Rdn. 54; a.A. Müko-*Ulmer* § 312 Rdn. 43 und 3. Aufl., § 1 HausTWG Rdn. 23a; § 312 Abs. 1 S. 1 Nr. 2 unanwendbar, wenn die Werbeaktivität nur ganz untergeordnete Bedeutung hat oder für die Durchführung der Reise ohne nennenswerten Einfluss ist.

[230] Erman-*Saenger* § 312 Rdn. 54; Müko-*Ulmer* § 312 Rdn. 43: Anwendung des § 312 Abs. 1 S. 1 Nr. 3 in Betracht zu ziehen.

[231] Müko-*Ulmer* § 312 Rdn. 44.

[232] Vgl. hierzu BGH WM 2005, 124, 125; NJW-RR 2004, 1126 = WM 2004, 521 = MDR 2004, 582; NJW 2003, 424, 425; NJW 2003, 1390; OLG Stuttgart OLG-Report 2004, 244, 249; s.o. Rdn. 37ff.

[233] BGH ZIP 1990, 1276, 1278; Erman-*Saenger* § 312 Rdn. 51.

In diesem Sinn handelt es sich etwa bei der „Grünen Woche" in Berlin, 50
einer vom Zweck der Leistungsschau geprägten Veranstaltung mit unterhaltenden Attraktionen oder Demonstrationen von Produktionsvorgängen,[234] bei der Verbraucherausstellung „SIVA" in Göttingen, einer Ausstellung mit Unterhaltungsprogrammen, auf der ca. vierhundert gewerbliche Aussteller mit den Angebotsschwerpunkten Ausbau, Renovierung, Wohnen, Energie, Hauswirtschaft, Gastronomie, Gesundheit und Garten vertreten sind,[235] bei der HAFA-Messe in Stuttgart, bei der räumlich getrennt von zahlreichen Verkaufsständen auch einige Unterhaltungsveranstaltungen stattfinden, die den Rahmen der Messe abrunden und diese insgesamt attraktiver machen,[236] der Messe „Haus-Garten-Freizeit" in Leipzig,[237] der Camping- und Caravanmesse in Essen bzw. Düsseldorf[238] und anderen, ähnlichen Verbraucher-Verkaufsausstellungen[239] jeweils nicht um eine „Freizeitveranstaltung" i.S.d. § 312 Abs. 1 S. 2 Nr. 2.

Der Besucher kann deren messe- und marktähnlichen Charakter regelmä- 51
ßig erkennen. Er ist bei solchen Verkaufsveranstaltungen sogar sehr viel besser als etwa in Ladengeschäften oder bei „Kaffeefahrten" in der Lage, sich über die Preise verschiedener konkurrierender Anbieter zu informieren, da er die Wettbewerber konzentriert auf überschaubarem Raum vorfindet.[240] Zudem ist es dem Verbraucher bei derartigen Veranstaltungen ohne weiteres möglich, in der Anonymität der Besuchermasse unterzutauchen und sich etwaigen Verkaufsangeboten zu entziehen.[241]

Ist der Verkaufsstand des Unternehmers offen und werden die Besucher 52
einer solchen oder ähnlichen Veranstaltung gegenüber der Situation in einem „normalen Ladengeschäft" nicht schlechter gestellt, ist der Verbraucher i.S.d. § 312 Abs. 1 S. 1 Nr. 2 auch nicht schutzwürdig.[242]

Gleiches gilt für eine Verkaufsveranstaltung im Rahmen eines „Wanderla- 53
gers", selbst wenn bei einer solchen Verkaufsveranstaltung Kaffee und Kuchen angeboten werden.[243]

---

[234] BGH NJW 2002, 3100, 3101; OLG Brandenburg NJW-RR 2001, 1635, 1636.

[235] BGH NJW 2004, 362.

[236] OLG Stuttgart OLG-Report 2003, 257 = ZGS 2003, 317 unter Aufgabe der gegenteiligen Entscheidung in VuR 1989, 345 = NJW-RR 1988, 1323.

[237] OLG Dresden VuR 1999, 282; anders noch OLG Dresden NJW-RR 1997, 1346 zur „Mittelsachsenschau Riesa".

[238] OLG Düsseldorf MDR 1999, 985.

[239] KG NJW-RR 1990, 1338; LG Heilbronn NJW-RR 1989, 1145; LG Braunschweig NJW-RR 1992, 1401.

[240] OLG Stuttgart OLG-Report 2003, 257, 259 = ZGS 2003, 317, 318 unter Aufgabe von OLG Stuttgart VuR 1989, 345 = NJW-RR 1988, 1323.

[241] BGH NJW 2004, 362, 364; *Martis* MDR 2003, 961, 966.

[242] OLG Brandenburg NJW-RR 2001, 1635, 1636; bestätigt von BGH NJW 2002, 3100, 3101.

[243] OLG Frankfurt NJW-RR 1989, 562; auch Erman-*Saenger* § 312 Rdn. 51: Voraussetzung ist jedoch, dass diese Zuwendungen nicht in der Einladung angekündigt werden und dadurch der Charakter einer Freizeitveranstaltung betont wird.

c) Zeitlicher und räumlicher Bezug

54 Der Vertragsabschluss muss „anlässlich“ einer zumindest auch im Interesse des Unternehmers durchgeführten Freizeitveranstaltung erfolgt sein. Es genügt ein zeitlicher, räumlicher oder sachlicher Bezug zur Willenserklärung des Verbrauchers.[244] Maßgebend ist, ob die durch die Freizeitveranstaltung verursachte Stimmungslage beim Vertragsabschluss – etwa auch noch am folgenden Tag – fortwirkt.[245]

III. Überraschendes Ansprechen in Verkehrsmitteln oder im Bereich öffentlich zugänglicher Verkehrsflächen

55 Das Widerrufsrecht nach § 312 Abs. 1 S. 1 Nr. 3 setzt voraus, dass der Verbraucher zur Abgabe seiner Willenserklärung im Anschluss an ein überraschendes Ansprechen in Verkehrsmitteln oder im Bereich öffentlich zugänglicher Verkehrsflächen bestimmt worden ist.

1. Zeitlicher Zusammenhang zwischen dem Ansprechen und dem Vertragsabschluß

56 Danach wird ein enger zeitlicher Zusammenhang zwischen dem Ansprechen des Verbrauchers in Verkehrsmitteln, etwa Bussen, Bahnen, Flugzeugen, Schiffen oder im Bereich öffentlich zugänglicher Verkehrsflächen, also Straßen, Plätzen, öffentlichen Parks und Gärten, Bahnhöfen, Bahnsteigen, Flughäfen und der Abgabe der Willenserklärung gefordert.[246]

57 Ein solcher zeitlicher Zusammenhang ist noch gegeben, wenn der Kunde sich zwar zunächst entfernt, jedoch nach kurzer Zeit zurückkehrt und eine Erklärung abgibt.[247] Im Anschluss an ein Ansprechen erfolgt der Vertragsschluss dann, wenn sowohl Kausalität als auch zeitliche Nähe, also das Fortwirken der Situation vorliegt, vor deren Ausnutzung der Verbraucher geschützt werden soll.[248]

---

[244] Erman-*Saenger* § 312 Rdn. 45.

[245] OLG Saarbrücken NJW 1995, 141: Vertragsabschluss zwölf bis fünfzehn Stunden nach einer Modenschau; zustimmend Erman-*Saenger* § 312 Rdn. 45.

[246] *Martis* MDR 2003, 961, 966 und MDR 1999, 198, 200; Bamberger/Roth-*Ann* § 312 Rdn. 20, 23; Müko-*Ulmer* § 312 Rdn. 45, 46, 47; Palandt-*Heinrichs* § 312 Rdn. 17.

[247] Erman-*Saenger* § 312 Rdn. 60; weitergehend LG Mainz VuR 1989, 86: Auch bei längerem Zeitraum, währenddessen der Verbraucher bei kostenlosem Kaffee und Kuchen über das Produkt informiert wird.

[248] Bamberger/Roth-*Ann* § 312 Rdn. 23.

2. Überraschendes Ansprechen in Verkehrsmitteln

Verkehrsmittel i.S.d. § 312 Abs. 1 S. 1 Nr. 3 sind alle Arten von Transportmitteln für den Personenverkehr, die nicht zum Individualverkehr gehören, insbesondere Busse, Bahnen, Flugzeuge, Schiffe.[249] 58

Erfasst werden neben dem Linienverkehr auch die Verkehrsmittel privater Reiseveranstalter, Busunternehmer etc., auch bei Beförderung geschlossener Gruppen, wenn es in ihnen zum überraschenden Ansprechen von Reisenden durch den Unternehmer oder diesen zuzurechnenden Personen kommt.[250] 59

Teilweise wird die entsprechende Anwendung des § 312 Abs. 1 S. 1 Nr. 3 auch bei Mitnahme des (späteren) Kunden in einem Privat-Pkw bejaht. Denn es bestehe kein Unterschied, ob der Kunde in einer Privatwohnung, im Bereich öffentlich zugänglicher Verkehrswege oder im Privatbereich eines Pkw zum Vertragsabschluss bestimmt werde.[251] 60

Dies wird nach h.M. jedoch vom Wortlaut, dem Sinn und Zweck des § 1 Abs. 1 Nr. 3 HausTWG bzw. § 312 Abs. 1 S. 1 Nr. 3 sowie dessen Entstehungsgeschichte nicht gedeckt.[252] 61

Mangels „Überraschung" wird das typische Waren- und Leistungsangebot wie der Verkauf von Speisen, Getränken, zollfreien Waren, Reiseandenken u.a. in Flugzeugen, Schiffen, Speisewagen etc. nicht von § 312 Abs. 1 S. 1 Nr. 3 erfasst.[253] 62

3. Öffentlich zugängliche Verkehrsflächen

Öffentlich zugängliche Verkehrsflächen i.S.d. § 312 Abs. 1 S. 1 Nr. 3 bzw. öffentlich zugängliche Verkehrsflächen i.S.d. § 1 Abs. 1 Nr. 3 HausTWG sind nicht nur öffentliche Straßen, Plätze, Parkplätze, Park- und Grünanlagen, sondern auch die den öffentlichen Verkehrsmitteln dienenden Flächen wie Bahnhöfe, Bus- und U-Bahn-Stationen, Flugplätze und Seehäfen.[254] 63

Auch Bahnhofstoiletten, Autobahnraststätten, Hotelhallen, Gaststätten, Straßencafes, private Baustellen werden teilweise zu den öffentlich zugäng- 64

---

[249] *Martis* MDR 2003, 961, 966; Bamberger/Roth-*Ann* § 312 Rdn. 20; Müko-*Ulmer* § 312 Rdn. 46 und 3. Aufl., § 1 HausTWG Rdn. 27; Palandt-*Heinrichs* § 312 Rdn. 17.

[250] Müko-*Ulmer* § 312 Rdn. 46 und 3. Aufl., § 1 HausTWG Rdn. 27; *Michalski* Jura 1996, 174; a.A. Staudinger-*Werner* § 1 HausTWG Rdn. 104, 105; Palandt-*Putzo* § 312 Rdn. 17: Hierfür gilt § 312 Abs. 1 S. 1 Nr. 2.

[251] *Gilles* NJW 1986, 1144; auch Bamberger/Roth-*Ann* § 312 Rdn. 20: Entspricht dem Gesetzeswortlaut und vermeidet Abgrenzungsprobleme.

[252] Müko-*Ulmer* § 1 HausTWG Rdn. 27; Palandt-*Putzo* § 312 Rdn. 17.

[253] Erman-*Saenger* § 312 Rdn. 59; Müko-*Ulmer* § 312 Rdn. 46 und 3. Aufl., § 1 HausTWG Rdn. 27.

[254] Bamberger/Roth-*Ann* § 312 Rdn. 21; Erman-*Saenger* § 312 Rdn. 59; Müko-*Ulmer* § 1 HausTWG Rdn. 28.

lichen Verkehrsflächen gezählt bzw. vom Umgehungstatbestand des § 312f S. 2 erfasst angesehen.[255]

65 Der BGH[256] sieht Gaststätten als der Öffentlichkeit zugängliche Räume nur dann als von § 312f S. 2 geschützt an, wenn der Kunde dort – den Voraussetzungen des § 312 Abs. 1 S. 1 Nr. 1 bis 3 entsprechend – überraschend angesprochen wird. Hieran fehlt es etwa, wenn der Betroffene damit rechnet, persönlich mit geschäftlicher Zielsetzung, etwa zum Kauf eines Gegenstandes oder zur Übernahme einer Bürgschaft kontaktiert zu werden.[257] Andererseits unterfallen Grundstücksflächen, die nicht dem allgemeinen Publikum, sondern nur einem bestimmten Personenkreis zugänglich sind, etwa private Sportanlagen, Park- oder Campingplätze, nicht der Verbraucherschutznorm des § 312 Abs. 1 S. 1 Nr. 3.[258]

66 Auch die zum Durchgang in den Messehallen einer Verkaufsaustellung wie der „HAFA" (Haus- und Familie) bestimmten Flächen sind keine „Verkehrsflächen" i.S.d. § 312 Abs. 1 S. 1 Nr. 3.[259]

IV. Entsprechende Anwendung des § 312 Abs. 1 S. 1 über § 312f S. 2

67 Das Umgehungsverbot des § 312f S. 2 soll – ähnlich wie die Parallelvorschrift des § 506 Abs. 1 S. 2 – der Gefahr begegnen, dass die Merkmale eines Haustürgeschäfts nach § 312 Abs. 1 S. 1 Nr. 1 bis 3 nach außen verdeckt werden oder ein nach Sinn und Zweck des § 312 Abs. 1 nicht einschlägiger Ausnahmetatbestand (§ 312 Abs. 3 Nr. 1 bis 3) herbeigeführt wird. Der Rahmen des § 312f S. 2 ist bewusst weit gesteckt, auf eine Umgehungsabsicht des Unternehmers kommt es dabei nicht an.[260]

---

[255] OLG Dresden NJW 1995, 1164 und OLG Frankfurt NJW 1994, 1806: Ansprechen in Hotelhalle von § 312f Abs. 2 erfasst; LG Mannheim NJW-RR 1990, 1395: Besprechung im Hotel; LG Wiesbaden WuM 1996, 698: Besprechung in einer Gaststätte; AG Ettenheim NJW-RR 2004, 1429: Bestellung von Türen und Fenstern auf privater Baustelle; *Martis* MDR 1999, 198, 201 und MDR 2003, 961, 966; Bamberger/Roth-*Ann* § 312 Rdn. 21 und § 312f Rdn. 6; Müko-*Ulmer* § 312 Rdn. 47, 52: direkte oder analoge Anwendung des § 312 Abs. 1 S. 1 Nr. 2; Müko-*Ulmer,* 3. Aufl., § 1 HausTWG Rdn. 28 sowie § 5 HausTWG Rdn. 12: direkte Anwendung des § 1 Abs. 1 Nr. 2 HausTWG.

[256] BGH NJW-RR 1997, 177; ebenso OLG Schleswig WM 2005, 607, 609f.

[257] BGH NJW-RR 1997, 177.

[258] Erman-*Saenger* § 312 Rdn. 59 a.E.; Palandt-*Heinrichs* § 312 Rdn. 17; *Gilles* NJW 1986, 1141; a.A. AG Ettenheim NJW-RR 2004, 1429: auch beim Kauf von Fenstern und Türen auf privater Baustelle; ebenso Bamberger/Roth*Ann* § 312 Rdn. 21 und § 312f Rdn. 6: Anwendbarkeit des § 312 Abs. 1 S. 1 Nr. 3 i.V.m. § 312f bei Vertragsabschlüssen auf Campingplätzen und privaten Baustellen.

[259] OLG Stuttgart OLG-Report 2003, 257 = ZGS 2003, 317.

[260] Bamberger/Roth-*Ann* § 312f Rdn. 4.

Bejaht wurden Umgehungsgeschäfte beim Ansprechen auf einer privaten Baustelle,[261] beim Ansprechen in einer Hotelhalle,[262] beim Ansprechen in einem Straßencafe,[263] oder bei einer Aufteilung einer Gesamtbestellung in Teillieferungen zu einem Entgelt von jeweils bis zum Betrag von 40,00.[264] 68

Der Abschluss eines als Vereinsmitgliedschaft getarnten entgeltlichen Vertrages, etwa der Beitritt zu einem Buchclub, stellt ein Umgehungsgeschäft dar, wenn die Vereinsmitgliedschaft durch vom Verein angebotene und aufgrund der von „Mitgliedsbeiträgen" finanzierten Leistungen geprägt wird.[265] 69

Entscheidend ist, dass der Vereinsbeitritt aus Sicht des Verbrauchers dem Abschluss eines entgeltlichen Vertrages vergleichbar ist.[266] 70

Entspricht der Aufnahme- oder Mitgliedsbeitrag der Höhe des üblichen Kaufpreises für die im Gegenzug erhaltenen Waren oder Leistungen, z.B. beim Erwerb eines Time-Sharing-Anteils, wird das Vorliegen eines Umgehungsgeschäfts bejaht.[267] 71

Bis zum Inkrafttreten des ab dem 1. 1. 1997 für Neugeschäfte vorrangigen TzWrG (seit dem 1. 1. 2002 §§ 481 bis 487) fiel die Veräußerung von Ferienwohnrechten als Haustürgeschäft im Genossenschaftsmodell nicht unter § 1 Abs. 1 Nr. 1 HausTWG, sondern unter § 5 Abs. 1 HausTWG, wenn die Genossenschaft sich dieses „juristischen Mantels" lediglich bediente, um dem Interessenten ein Ferienwohnrecht gegen Entgelt zu verschaffen, also der Erwerb des Nutzungsrechts und nicht die Mitgliedschaft im Vordergrund stand.[268] 72

Das Internet-Shopping und das Teleshopping[269] fallen nicht unter §§ 312 Abs. 1 S. 1 Nr. 1 bis 3, 312f S. 2. 73

---

[261] OLG Zweibrücken NJW 1995, 140; AG Ettenheim NJW-RR 2004, 1429; Bamberger/Roth-*Ann* § 312f Rdn. 6.

[262] OLG Dresden NJW 1995, 1164; OLG Frankfurt NJW-RR 1994, 1806.

[263] AG Freising NJW-RR 1988, 1326; Bamberger/Roth-*Ann* § 312f Rdn. 7; einschränkend BGH NJW-RR 1997, 177; und OLG Schleswig WM 2005, 607, 609f., s. o.

[264] Müko-*Ulmer* § 5 HausTWG Rdn. 13 und § 1 HausTWG Rdn. 47: Umgehung des § 312 Abs. 3 Nr. 2.

[265] OLG Köln ZIP 1989, 1269; OLG München NJW 1996, 263 unter Aufgabe der gegenteiligen Entscheidung in ZIP 1991, 756 für Mitgliedschaften in Flugrettungsvereinen; LG München ZIP 1994, 1192; Müko-*Ulmer,* 3. Aufl., § 5 HausTWG Rdn. 7; a.A. OLG Karlsruhe NJW 1991, 433 bei Mitgliedschaften in Flugrettungsvereinen; offengelassen von BGH NJW 1997, 1070.

[266] Müko-*Ulmer,* 3. Aufl., § 5 HausTWG Rdn. 7.

[267] LG Darmstadt VuR 1994, 266.

[268] BGH NJW 1997, 1069; OLG Celle NJW-RR 1997, 504; zur Anwendbarkeit des § 1 Abs. 1 Nr. 2 HausTWG über Art. 29 Abs. 1 Nr. 1 bis 3 bzw. Art. 34 EGBGB vor Inkrafttreten des TzWrG vgl. BGH NJW 1997, 1697; OLG Frankfurt NJW-RR 1989, 1019; OLG Stuttgart NJW-RR 1990, 1083; LG Hamburg NJW-RR 1990, 696; LG Aachen NJW-RR 1991, 885; LG Konstanz NJW-RR 1992, 1332; LG Würzburg NJW-RR 1988, 1324.

[269] *Köhler* NJW 1998, 186, 187; *Martis* MDR 2003, 961, 966; *Wassermann* JuS 1990, 549; Bamberger/Roth-*Ann* § 312f Rdn. 8; Erman-*Saenger* § 312 Rdn. 43; Müko-

E. Ausschluss des Widerrufsrechts (§ 312 Abs. 3)

1 Der Gesetzgeber hat für bestimmte Geschäftsgestaltungen das Widerrufsrecht für unpassend gehalten und diese Fälle in § 312 Abs. 3 1. HS (Versicherungsverträge) und § 312 Abs. 3 Nr. 1 bis 3 normiert. Während § 312 Abs. 3 Nr. 1 (vormals § 1 Abs. 2 Nr. 1 HausTWG) nur eine Ausnahme zu der Gestaltung des § 312 Abs. 1 S. 1 Nr. 1 darstellt, finden § 312 Abs. 3 Nr. 2 und Nr. 3 auf sämtliche Konstellationen des § 312 Abs. 1 Anwendung.

2 Der Verbraucher hat das Vorliegen einer Haustürsituation i.S.d. § 312 Abs. 1 S. 1 Nr. 1 bis 3 zu beweisen, wobei ihm hinsichtlich der Kausalität im Einzelfall ein Anscheinsbeweis zugute kommen kann;[270] der Unternehmer (Verkäufer, Werkunternehmer etc.) trägt die Darlegungs- und Beweislast für das Vorliegen der Voraussetzungen des § 312 Abs. 3 Nr. 1 bis 3.[271] Die Beweislast wird im Hinblick auf § 309 Nr. 12b (vormals § 11 Nr. 15 AGBG) nicht dadurch auf den Verbraucher abgewälzt, dass sich der Unternehmer vorformuliert bestätigen lässt, eine vorhergehende Bestellung habe vorgelegen.[272]

3 Dagegen ist der dem Unternehmer obliegende Beweis im Rahmen des § 312 Abs. 3 Nr. 1 nach Auffassung von Ulmer[273] problemlos nur dann zu führen, wenn die „vorherige Bestellung" des Verbrauchers auf einem entsprechenden, von ihm ausgefüllten Vordruck dokumentiert ist und dieser einen eindeutigen, auf den Vertreterbesuch im Hinblick auf einen Vertragsabschluss gerichteten Inhalt aufweist.

I. Zum Vertragsabschluss führende mündliche Verhandlungen am Arbeitsplatz oder im Bereich einer Privatwohnung aufgrund vorangegangener Bestellung des Verbrauchers (§ 312 Abs. 3 Nr. 1)

4 Das von § 312 Abs. 1 S. 1 Nr. 1 eingeräumte Widerrufs- oder Rückgaberecht entfällt, wenn die zum Vertragsabschluss führenden „mündlichen Verhandlungen" auf einer vorhergehenden Bestellung des Verbrauchers beruhen.

Ulmer § 312 Rdn. 58, 59, 61 und 3. Aufl., § 1 HausTWG Rdn. 36a; a.A. *Bultmann-Rahn* NJW 1988, 2435; *Eckert* DB 1994, 721; *Klingsporn* NJW 1997, 1547: § 5 Abs. 1 HausTWG bzw. § 312f S. 2 anzuwenden; s.o. Rdn. 34ff.

[270] Vgl. Erman-*Saenger* § 312 Rdn. 33, 61, 92; Müko-*Ulmer* § 312 Rdn. 29, 31.

[271] OLG Düsseldorf WM 1991, 1998, 2000; OLG München WM 1991, 523, 524; Erman-*Saenger* § 312 Rdn. 92; Müko-*Ulmer* § 312 Rdn. 90.

[272] OLG Zweibrücken NJW-RR 1992, 565; OLG Koblenz NJW-RR 1994, 58; LG Görlitz VuR 1993, 301; Müko-*Ulmer* § 312 Rdn. 90.

[273] Müko-*Ulmer* § 312 Rdn. 90.

1. Zeitlich vorausgehende Aufforderung des Verbrauchers

Eine „vorhergehende Bestellung“ bedeutet, dass der Verbraucher – persönlich oder durch einen Bevollmächtigten oder Ermächtigten – den Unternehmer oder dessen Vertreter aus eigenem Entschluss und ausdrücklich aufgefordert hat, sich zu Verhandlungen über ein zumindest grob umrissenes Waren- oder Dienstleistungsangebot zu einer bestimmten Zeit an einen in § 312 Abs. 1 S. 1 Nr. 1 genannten Ort zu begeben.[274] 5

Dies setzt zum einen voraus, dass die Bestellung inhaltlich bereits auf entsprechende Vertragsverhandlungen ausgerichtet ist und zum anderen zeitlich möglichen Vertragsverhandlungen soweit vorausgeht, dass dem Kunden auch eine ausreichende Frist zur Vorbereitung auf die Vertragsverhandlungen verbleibt.[275] 6

An Letzterem fehlt es etwa, wenn der Unternehmer bereits im Rahmen eines von ihm begonnenen Werbegesprächs an der Haustür den Wunsch des Verbrauchers hervorruft, in konkrete Verhandlungen einzutreten,[276] der Hausbesuch zu einem wesentlich früheren Termin erfolgt als vorgesehen[277] oder dem dann erbetenen Hausbesuch unmittelbar ein telefonischer Werbekontakt vorausgeht, der dem Verbraucher keine Zeit lässt, Vergleichsangebote zu prüfen.[278] 7

Gleiches gilt – und § 312 Abs. 3 Nr. 1 findet keine Anwendung – wenn die Vertragsverhandlungen solange nach der Bestellung stattfinden, dass die zuvor durchgeführten Vorbereitungen und Erkundigungsmaßnahmen des Verbrauchers vergessen oder nicht mehr aktuell sind.[279] 8

Anders ist wiederum zu entscheiden, wenn der Verbraucher Vergleichsangebote eingeholt hat, ihm die Art der angebotenen Gegenstände und der Umfang der auf ihn im Fall einer konkreten Bestellung zukommenden Kosten bekannt waren und der Kontakt zum Unternehmer auch längere Zeit nach der „vorhergehenden Bestellung“ nicht abgebrochen war.[280] 9

---

[274] Bamberger/Roth-*Ann* § 312 Rdn. 28; *Martis* MDR 2003, 961, 967.

[275] OLG Schleswig MDR 1998, 28; *Martis* MDR 2003, 961, 963; Erman-*Saenger* § 312 Rdn. 71, 83, 84, 86: Zeitlich vor den mündlichen Vertragsverhandlungen, bezogen auf eine konkrete Ware oder Dienstleistung, kein bloßer Wunsch nach einem Informationsbesuch; Müko-*Ulmer* § 312 Rdn. 73, 75, 79: Hinreichend konkret, Wunsch nach persönlicher Beratung über bestimmte Angebote, zeitlich vor Beginn der mündlichen Verhandlungen.

[276] Müko-*Ulmer* § 312 Rdn. 79.

[277] OLG Stuttgart NJW 1988, 1986; Erman-*Saenger* § 312 Rdn. 71.

[278] Müko-*Ulmer* § 312 Rdn. 79.

[279] *Michalski* Jura 1996, 173.

[280] BGH NJW 1994, 3352: Einbau von dem Verbraucher von Art und Preis bekannten Sanitärzellen; ähnlich OLG Stuttgart MDR 1998, 956.

2. Schriftliche, mündliche oder konkludente Bestellung durch den Verbraucher

10 Der Verbraucher muss den Unternehmer ausdrücklich schriftlich, mündlich oder telefonisch zur Vertragsverhandlung mit einem konkreten Vertragsangebot an den Arbeitsplatz oder in eine Wohnung bestellt haben.[281] Nach h.M. zu § 1 Abs. 2 Nr. 3 HausTWG reicht auch ein konkludentes Handeln des Verbrauchers aus, sofern es den Verhandlungswunsch eindeutig zum Ausdruck bringt.[282]

11 Dagegen spricht jedoch Art. 1 Abs. 1 der Haustürwiderrufs-Richtlinie, wonach das Widerrufsrecht nur bei ausdrücklichem Wunsch des Verbrauchers nach einem Hausbesuch ausscheidet. Im Hinblick auf die gebotene richtlinienkonforme Auslegung des § 312 Abs. 3 Nr. 1 ist daraus zu folgern, dass konkludentes Handeln im Regelfall nicht ausreicht, um den Ausnahmetatbestand des § 312 Abs. 3 Nr. 1 zu bejahen.[283]

12 Einigkeit besteht jedoch dahingehend, dass bei regelmäßiger Lieferung von Lebensmitteln, Getränken und sonstigem Haushaltsbedarf auch eine konkludente vorhergehende Bestellung des Verbrauchers genügt.[284]

3. Konkreter Inhalt der vorhergehenden Bestellung

13 Der Inhalt der „vorhergehenden Bestellung" muss dabei so konkret sein, dass sich der Verbraucher auf die Unterbreitung bestimmter Angebote des Unternehmers hinsichtlich bestimmter konkretisierter Waren oder Dienstleistungen einstellen und sich auf ein solches Gespräch vorbereiten kann.[285]

14 Ein nur allgemein geäußertes Kundeninteresse an einer Warenrepräsentation bzw. an einer näheren Information über die Leistungen oder das Warensortiment des Unternehmers genügt nicht.[286]

4. Vertragsabschluss im Rahmen der vorhergehenden Bestellung

15 Schließen die Parteien aufgrund der beim Besuch am Arbeitsplatz oder in der Privatwohnung geführten Verhandlungen einen Vertrag über andere als vom Verbraucher in der „vorhergehenden Bestellung" genannte Waren oder

---

[281] BGH NJW 2001, 509 = MDR 2001, 225; *Martis* MDR 2003, 961, 967; Müko-*Ulmer* § 312 Rdn. 77, 78; großzügiger OLG Schleswig WM 2005, 607, 609.

[282] Erman-*Saenger* § 312 Rdn. 79; *Hopt* NJW 1985, 1669; *Knauth* WM 1986, 515 und einschränkend in WM 1987, 527.

[283] Müko-*Ulmer* § 312 Rdn. 78.

[284] Müko-*Ulmer* § 312 Rdn. 78 sowie Erman-*Saenger* § 312 Rdn. 80 mit dem Hinweis auf Art. 3 Abs. 2b der Richtlinie 85/577/EWG, wonach derartige Geschäfte von ihrem Anwendungsbereich ausgenommen sind; Erman-*Saenger* § 312 Rdn. 79, 80.

[285] OLG Stuttgart NJW 1988, 1986; Erman-*Saenger* § 312 Rdn. 73, 83, 84: Konkretisierung auf einen bestimmten Gegenstand; Müko-*Ulmer* § 312 Rdn. 73, 75, 76.

[286] OLG Bamberg BB 1988, 1073; OLG Karlsruhe BB 1988, 1072; OLG Hamm NJW-RR 1999, 201; *Martis* MDR 2003, 961, 967; Bamberger/Roth-*Ann* § 312 Rdn. 28.

Leistungen ab oder geht das vom Unternehmer beim Besuch unterbreitete Angebot wesentlich über den durch die vorherige Bestellung gezogenen Rahmen hinaus, so greift der Ausnahmetatbestand des § 312 Abs. 3 Nr. 1 nicht ein.[287]

Maßgebend ist, ob sich die abgegebene Willenserklärung des Verbrauchers auf solche Waren oder Leistungen bezieht, deren Angebot er aufgrund seiner „vorangegangenen Bestellung" erwarten konnte.[288] 16

Ein solcher Zusammenhang fehlt etwa im Fall einer dann vereinbarten Umschuldung anstatt eines in der Anfrage des Verbrauchers genannten Zusatzkredites,[289] bei Gewährung eines Kredits mit wesentlich größerem als vom Kunden in seiner Anfrage genannten Umfang oder wesentlich höherem Zinssatz,[290] bei Abschluss eines Planungsauftrages und eines Bauvorvertrages mit einem Bauträger, wenn zunächst nur die Besprechung über die mögliche Finanzierung eines beworbenen Bauvorhabens verabredet worden war[291] oder bei Unterzeichnung der Beitrittsvereinbarung zu einer Publikumsgesellschaft (BGB-Gesellschaft), wenn der Verbraucher nur um die Vermittlung eines Kredits nachgesucht hat.[292] 17

Auch die Verabredung lediglich zur Erstellung eines Kostenvoranschlags reicht als „vorhergehende Bestellung" zum dann erfolgten Abschluss eines Werkvertrages nicht aus.[293] 18

5. Provozierte Bestellung

In der bloßen Bitte des Verbrauchers um Zusendung eines Katalogs, eines Prospektes, einer Warenprobe oder sonstigen Informationsmaterials ist ein Einverständnis zur Führung von konkreten Vertragsverhandlungen am Arbeitsplatz des Verbrauchers oder in einer Privatwohnung grundsätzlich nicht zu erblicken.[294] 19

Insbesondere kann eine das Widerrufsrecht aus § 312 Abs. 3 Nr. 1 ausschließende „vorhergehende Bestellung" nicht angenommen werden, wenn sich der Verbraucher im Verlauf eines nicht von ihm veranlassten Telefonanrufs des Unternehmers oder eines Vertreters des Unternehmers mit einem Hausbesuch einverstanden erklärt hat,[295] selbst wenn 20

---

[287] BGH NJW 1999, 575, 576: Vertrag über andere als die angefragten Leistungen; LG Hamburg NJW-RR 1988, 824; Erman-*Saenger* § 312 Rdn. 83.

[288] Erman-*Saenger* § 312 Rdn. 83 a.E., 84, 85; Müko-*Ulmer* § 312 Rdn. 76.

[289] OLG Koblenz ZIP 1990, 156.

[290] OLG Stuttgart ZIP 1990, 154.

[291] OLG Stuttgart NJW-RR 1989, 1148.

[292] OLG Köln ZIP 1989, 1267; Erman-*Saenger* § 312 Rdn. 84.

[293] OLG Stuttgart NJW 1988, 1986 und NJW-RR 1989, 1148.

[294] BGH NJW 1990, 181; OLG Köln NJW 1988, 1985; MDR 2002, 251; OLG Frankfurt NJW 1992, 246; *Martis* MDR 2003, 961, 967; Erman-*Saenger* § 312 Rdn. 74, 81; Müko-*Ulmer* § 312 Rdn. 80, 81.

[295] BGH NJW 2003, 1190, 1191; NJW 1994, 3352; *Martis* MDR 2003, 961, 967; Erman-*Saenger* § 312 Rdn. 76.

er zuvor auf einer Werbeantwortkarte um Zusendung von Prospekten gegeben hat und dabei seine „Telefonnummer zwecks Rückruf" angegeben hat[296] oder er nur um einen „Informationsbesuch, eine „unverbindliche Beratung", eine bloße Warenrepräsentation, eine Finanzierungsberatung oder um die Erstellung eines Kostenvoranschlags vor Ort gebeten hat.[297]

21 Ebenso wenig genügt es zur Anwendung des § 312 Abs. 3 Nr. 1, wenn der Unternehmer zugleich mit der Zusendung des vom Verbraucher erbetenen Informationsmaterials den Besuch eines Vertreters ankündigt oder wenn im vorgedruckten Text einer beigefügten Antwortkarte unklare Formulierungen verwendet werden, die nicht eindeutig erkennen lassen, dass sie als Einverständnis mit dem Besuch eines Vertreters zur Führung ganz konkreter Vertragsverhandlungen über bestimmte Waren oder Leistungen gewertet werden dürfen.[298]

22 Sendet der Verbraucher z.B. nach der Anforderung von Informationsmaterial eine ihm vom Unternehmer zugesandte Antwortkarte mit dem vorgedruckten Text, er habe die Preise geprüft und wünsche konkrete Vertragsverhandlungen, zurück, liegt hierin jedenfalls dann noch keine vorhergehende Bestellung i.S.d. § 312 Abs. 3 Nr. 1, wenn der Unternehmer durch das Versprechen von Werbegeschenken Einfluss auf die Willenserklärung des Verbrauchers zur Rücksendung der Antwortkarte nimmt.[299]

23 Das OLG Dresden[300] verneint das Vorliegen einer „vorherigen Bestellung" sogar dann, wenn mittels Antwortkarte auf einem Werbezettel ein Repräsentant des Unternehmers in die Privatwohnung bestellt wird und keine Werbegeschenke versprochen werden.

24 Eine „provozierte Bestellung" liegt jedoch nicht vor, wenn das „Überraschungsmoment" über das vom Unternehmer ausgehende Ansprechen im Zeitpunkt des Hausbesuchs nicht mehr fortwirkt, etwa weil der Verbrau-

---

296 BGH NJW 1990, 181; auch OLG Karlsruhe VuR 1990, 116; LG Rostock NJW-RR 1994, 1015.

297 OLG Dresden OLG-Report 1996, 217 und *Martis* MDR 2003, 961, 967: Werbe-Antwortkarte mit dem vorgegebenen Text „Ich habe die Preise geprüft und wünsche konkrete Vertragsverhandlungen"; OLG Köln NJW 1988, 1985: Kataloganforderung; OLG Stuttgart NJW 1988, 1986: Erstellung eines Kostenvoranschlags; OLG Stuttgart VuR 1994, 339 und LG Bielefeld WM 1987, 1535: Hausbesuch zur Information und Beratung; OLG Stuttgart NJW-RR 1989, 1148: Besprechung zur Finanzierung angebotener Werkleistungen; Erman-*Saenger* § 312 Rdn. 76, 81: unverlangter oder zu anderen Zwecken erbetener Telefonanruf, Besuch lediglich zur Erstellung eines Kostenvoranschlags, einer Finanzierungsberatung oder einer Warenrepräsentation erbeten; teilweise abweichend: LG Paderborn NJW 1987, 2378; LG Aachen BB 1988, 1143; LG Mainz WM 1988, 1313; *Wassermann* JuS 1990, 553.

298 Erman-*Saenger* § 312 Rdn. 74.

299 OLG Dresden NJW-RR 1996, 758; Erman-*Saenger* § 312 Rdn. 74 a. E.

300 OLG Dresden VuR 1998, 310, 311.

cher sich vor dem Hausbesuch näher über das vorgelegte Angebot informieren und Vergleichsangebote einholen konnte.[301]

6. Veranlassung durch Anzeigenwerbung

Wird der Verbraucher durch Anzeigenwerbung veranlasst, von sich aus einen Hausbesuch zu erbitten, kann hierin eine „vorhergehende Bestellung" liegen, wenn die Waren oder Leistungen in der Werbung nach Art, Qualität und Beschaffenheit hinreichend deutlich und konkret bezeichnet sind.[302] 25

§ 312 Abs. 3 Nr. 1 ist jedoch auch in diesen Fällen *nicht* anzuwenden, wenn 26

- in der Werbeanzeige „unverbindlich kostenlose und individuelle Beratung" angeboten wird, ohne dass die Anzeige auf einen anbieterinitiierten Vertreterbesuch hinweist,[303]
- der Unternehmer durch das Versprechen von Werbegeschenken Einfluss auf die Entscheidung des Kunden, einen Hausbesuch anzufordern, nimmt,[304]
- ein Partnervermittlungsinstitut in Anzeigen einen Partnertest veröffentlicht und gleichzeitig verspricht, bei Einsendung von Unterlagen unverbindlich und unentgeltlich persönlich, telefonisch oder schriftlich eine Partnerempfehlung zu geben, der Verbraucher daraufhin von einem Abschlussvertreter zur Vereinbarung eines Hausbesuchs angerufen wird und es hierbei zum Abschluss eines Partnervermittlungsvertrags kommt,[305]
- der Verbraucher auf eine Zeitungsanzeige telefonisch nachfragt, dabei nur sein allgemeines Interesse an dem Angebot des Unternehmers bekundet und es im Rahmen des daraufhin stattfindenden Hausbesuchs zum Abschluss eines konkreten Vertrages kommt.[306]

7. Einzelfälle

a) „Vorhergehende Bestellung" verneint

Insbesondere in folgenden Fällen wurde das Vorliegen einer „vorhergehenden Bestellung i.S.d. § 312 Abs. 3 Nr. 1 verneint: 27

- Der Verbraucher hat nur allgemeine Kenntnisse von den vom Lieferanten angebotenen Waren und hat den Besuch des Vertreters mit dem Liefe-

---

301 BGH NJW 1994, 3352; weitergehend OLG Zweibrücken NJW 1995, 140: Schon dann, wenn der Verbraucher nicht überraschend bzw. nicht unvorbereitet mit dem Vertragsangebot konfrontiert wird; Müko-*Ulmer* § 312 Rdn. 81: Überraschungsmoment muß fortwirken.

302 Erman-*Saenger* § 312 Rdn. 78, 83, 85.

303 Erman-*Saenger* § 312 Rdn. 78.

304 OLG Dresden NJW-RR 1996, 758; Erman-*Saenger* § 312 Rdn. 74, 78.

305 OLG Stuttgart NJW-RR 1990, 1135; ebenso LG Berlin VuR 1988, 102.

306 LG Arnsberg NJW-RR 1992, 692.

ranten abgestimmt; hier muss der Lieferant beweisen, dass entgegen der Behauptung des Verbrauchers nicht lediglich ein Informationsgespräch beabsichtigt war.[307]

- Zwischen den Parteien besteht zunächst keine Geschäftsbeziehung, der Verbraucher kennt die ihm angebotene Ware von der Art und Qualität her nicht,[308] wobei dem Verbraucher die konkrete Ware bzw. Dienstleistung im Rahmen seiner Anfrage nicht bereits bekannt war.
- Es handelt sich um ein aus objektiver Sicht größeres Geschäft mit erheblichen finanziellen Belastungen für den Verbraucher, der den Unternehmer in seine Privatwohnung zur Abgabe eines Angebots gebeten hat, wobei noch kein Vergleichsangebot eingeholt wurde.[309]
  Dies wird etwa bei vom Verbraucher „bestellten" Hausbesuchen von Bauhandwerkern zum Zweck der Besichtigung, Bestandsaufnahme oder der Unterbreitung eines Angebots anlässlich größerer Instandsetzungsarbeiten der Fall sein.[310]
- Der Verbraucher bittet eine Möbelspedition um die Unterbreitung eines Angebots für die Ausführung eines Umzugs und vereinbart zu diesem Zweck einen Besuchstermin mit einem Vertreter in der Wohnung. Hier wird jedenfalls dann keine Einladung zur Führung von Vertragsverhandlungen bekundet, wenn es sich um eine erstmalige Geschäftsbeziehung und um ein größeres Geschäft handelt.[311]
- Der Unternehmer oder dessen Vertreter wird zur Erteilung einer bloßen Information oder zur Kontaktaufnahme und nicht eindeutig zur Führung von Vertragsverhandlungen gebeten.[312]
- Der Verbraucher hat den Unternehmer lediglich zur Abgabe eines Kostenvoranschlags, ggf. nach Abnahme der Maße in seiner Privatwohnung aufgefordert.[313]
- Der Verbraucher wird mit dem Ziel eines späteren Vertragsabschlusses vom Unternehmer bzw. dessen Vermittler angesprochen; in einem daraufhin vereinbarten Besprechungstermin in der Wohnung des Verbrauchers kommt es zum Abschluss eines Vertrages.[314]

---

[307] OLG Köln MDR 2002, 751.

[308] OLG Dresden MDR 2000, 755; OLG Frankfurt MDR 2001, 77; *Martis* MDR 2003, 961, 967.

[309] OLG Dresden MDR 2000, 755: Volumen in der Größenordnung von mehr als 22 000,00 € netto; auch BGH NJW 1990, 1733.

[310] BGH NJW 1990, 1733; OLG Dresden MDR 2000, 755; Erman-*Saenger* § 312 Rdn. 82.

[311] OLG Karlsruhe VuR 2002, 259.

[312] OLG Hamm NJW-RR 1999, 201; Bamberger/Roth-*Ann* § 312 Rdn. 28; Erman-*Saenger* § 312 Rdn. 73, 83, 86; *Martis* MDR 2003, 961, 967.

[313] OLG Stuttgart NJW 1988, 1986, 1987; OLG Jena VuR 2003, 100, 102; a. A. Palandt-*Heinrichs* § 312 Rdn. 23.

[314] BGH NJW 2003, 1190, 1191; OLG Karlsruhe NJW-RR 2003, 185, 186; *Martis* MDR 2003, 961, 967.

- Der Vermieter fragt beim Mieter (Verbraucher) telefonisch nach, ob er „einmal vorbeischauen dürfe“; in der Wohnung des Mieters kommt es anschließend zum Abschluss einer Mieterhöhungsvereinbarung.[315]
- Der Verbraucher vereinbart mit dem Anbieter anlässlich eines ersten unangemeldeten nicht bestellten Besuchs in der Privatwohnung oder am Arbeitsplatz des Verbrauchers einen Folgetermin, in dem ggf. konkrete Vertragsgespräche geführt werden sollen.[316]

b) „Vorhergehende Bestellung“ bejaht

In folgenden Fällen ist das Vorliegen einer „vorhergehenden Bestellung“ zu *bejahen* und damit § 312 Abs. 3 Nr. 1 anzuwenden: **28**

- Aus der Bestellung des Verbrauchers geht dessen Interesse an einem Hausbesuch zur Führung von Verhandlungen über eine bestimmte Art von entgeltlichen Lieferungen oder Leistungen eindeutig hervor.[317]
- Zwischen den Parteien bestehen bereits vor dem Vertreterbesuch Geschäftsbeziehungen,[318] wobei es im Rahmen des Hausbesuchs nur um die Konkretisierung entgeltlicher Leistungen geht, zu deren Abnahme sich der Verbraucher bereits rechtsverbindlich verpflichtet hatte.[319]
- Ein Anruf des Unternehmers beruht auf den vom Verbraucher selbst eingeleiteten, auch Monate zurückliegenden Verhandlungen, die noch nicht abgebrochen worden waren.[320]
- So ist das Widerrufsrecht des Verbrauchers nicht ausgeschlossen, wenn die telefonische Ankündigung des Hausbesuchs durch den Verkäufer oder Werkunternehmer den Verbraucher wegen dessen auch Wochen oder Monate zurückliegender Anfrage zur Erstellung eines unverbindlichen Angebots über die Ausführung bestimmter Arbeiten nicht unvorbereitet trifft, in den vorangegangenen Gesprächen im Wesentlichen nur noch die Frage der Preise offengeblieben ist und die Verhandlungen noch nicht abgebrochen waren, insbesondere wenn der Verbraucher zwischenzeitlich Vergleichsangebote eingeholt hat bzw. hierzu in der Lage war.[321]

---

315 LG Münster WuM 2001, 610.

316 OLG Brandenburg MDR 1998, 206; OLG Dresden VuR 1999, 364; *Martis* MDR 2003, 961, 964.

317 Müko-*Ulmer* § 312 Rdn. 75; *Gilles* NJW 1986, 1142; *Knauth* WM 1986, 515.

318 So etwa OLG Hamm NJW 1994, 2159; LG Hannover WM 1988, 1609: Geschäftsverbindung ist vorheriger Bestellung gleichzusetzen.

319 Müko-*Ulmer* § 312 Rdn. 82 unter Ablehnung der weitergehenden Ansicht des OLG Hamm und des LG Hannover.

320 BGH NJW 1994, 3352; Müko-*Ulmer* § 312 Rdn. 81: Hausbesuch dann nicht überraschend.

321 BGH NJW 1994, 3352.

II. Ausschluss des Widerrufsrechts bei vollzogenen Kleingeschäften bis 40,00 € (§ 312 Abs. 3 Nr. 2)

29 Kein Widerrufsrecht besteht, wenn die Leistung bei Abschluss der Verhandlungen sofort, d.h. in unmittelbarem zeitlichem Zusammenhang mit dem Vertragsabschluss erbracht und bezahlt wird und das Entgelt dabei insgesamt 40,00 € nicht übersteigt.[322]

30 Mit Rücksicht auf den Schutzzweck des § 312 Abs. 3 Nr. 2 darf dabei das gesamte Entgelt, zu dessen Zahlung sich der Verbraucher verpflichtet, insgesamt nicht mehr als 40,00 € betragen. Die Aufteilung eines an sich einheitlichen Geschäfts in mehrere Teile unter 40,00 € wäre jedenfalls als Umgehungsgeschäft i.S.d. § 312f S. 2 unbeachtlich.[323]

III. Ausschluss des Widerrufsrechts bei notarieller Beurkundung (§ 312 Abs. 3 Nr. 3)

31 Gem. § 312 Abs. 3 Nr. 3 entfällt das Widerrufsrecht auch, wenn die Willenserklärung von einem Notar beurkundet worden ist. Die Ausnahme nach § 312 Abs. 3 Nr. 3 setzt eine nach §§ 9ff. BeurkG ordnungsgemäß erfolgte Beurkundung voraus.

Hieran fehlt es etwa, wenn die Niederschrift auf die AGB eines Kreditinstituts verweist, die bei der Beurkundung nicht vorlagen und vom Notar auch nicht vorgelesen worden sind.[324]

32 Sind eine Treuhandvertrags- und die Vollmachtserklärung des Verbrauchers notariell beurkundet, besteht ein Widerrufsrecht des Verbrauchers gem. § 312 Abs. 3 Nr. 3 für den Treuhandvertrag grundsätzlich nicht,[325] selbst wenn die Beurkundung, etwa eines Beitritts zu einer BGB-Gesellschaft, nicht zwingend notwendig ist.[326]

33 Da § 312 Abs. 3 Nr. 3 – anders als der Wortlaut der Richtlinie 85/577/EWG, der nur Immobiliengeschäfte erfasst – alle notariell beurkundeten Willenserklärungen von der Anwendung des Widerrufsrechts bei Haustürgeschäften ausnimmt, bejaht die h.L. eine richtlinienkonforme, einschränkende Auslegung des § 312 Abs. 3 Nr. 3 unter Beschränkung auf

---

[322] Müko-*Ulmer* § 312 Rdn. 83; Erman-*Saenger* § 312 Rdn. 88.

[323] Palandt-*Heinrichs* § 312 Rdn. 27; *Martis* MDR 2003, 961, 967.

[324] OLG Stuttgart WM 1999, 2305, 2308; *Martis* MDR 2003, 961, 968; auch Müko-*Ulmer* § 312 Rdn. 85.

[325] BGH ZIP 2003, 1692, 1695; NJW 2000, 2268, 2269; KG BKR 2005, 76; BKR 2004, 2124; OLG Stuttgart OLG-Report 2004, 244, 247 zur Beurkundung eines Beitritts zu einem geschlossenen Immobilienfonds; anders noch OLG Stuttgart WM 1999, 2305 und OLG Karlsruhe, 11. Zivilsenat, OLG-Report 2002, 272.

[326] BGH ZIP 2003, 1692, 1695; OLG Stuttgart, OLG-Report 2004, 244, 247.

Verträge über dingliche oder obligatorische Rechte an oder mit Bezug auf Immobilien.[327]

Nach vom OLG Karlsruhe und bislang auch vom OLG Stuttgart vertretenen Ansicht[328] ist die Ausnahme vom Widerrufsrecht bei notariell beurkundeten Willenserklärungen vor allem bei nicht beurkundungsbedürftigen Erklärungen dann nicht gerechtfertigt, wenn der Verbraucher aufgrund vom Unternehmer initiierter vorausgegangener Verhandlungen bereits zum Vertragsabschluss bestimmt worden ist und die notarielle Beurkundung aus seiner Sicht eine reine Formalität darstellt. Dies ist z.B. der Fall, wenn sich der Verbraucher bereits vor dem Notartermin schriftlich „verpflichtet" hatte, einen „notariellen Eintrittsvertrag und einen Kreditvertrag" abzuschließen. 34

Nach Ansicht des OLG Karlsruhe[329] schließt eine notarielle Beurkundung des Beitritts zu einem geschlossenen Immobilienfonds (BGB-Gesellschaft) einen Widerruf nicht nach § 312 Abs. 3 Nr. 1 aus, wenn die Bedingungen des Beitritts zuvor in einem vom Anleger zu unterzeichnenden „Eintrittsantrag" im Einzelnen festgelegt worden waren und der anschließende Notartermin als bloßer „Durchlauftermin" abgewickelt wird. Insoweit sei § 312 Abs. 3 Nr. 3 teleologisch zu reduzieren. 35

Insbesondere in denjenigen Fällen, in denen der Unternehmer den Verbraucher ohne gesetzliche Notwendigkeit zur Vereinbarung der notariellen Form veranlasst, drängt sich nach h.L. der Einwand der Umgehung des § 312 Abs. 1 S. 1 Nr. 1 i.V.m. § 312f S. 2 auf.[330] 36

Der BGH[331] lehnt eine derartige richtlinienkonforme Auslegung des § 1 Abs. 2 Nr. 3 HausTWG bzw. des § 312 Abs. 3 Nr. 3 jedoch ab. 37

---

[327] *Hoffmann* ZIP 1999, 1586, 1589; *Martis* MDR 2003, 961, 968; *Möller* ZIP 2002, 333, 337; *Stüsser* NJW 1999, 1586, 1589; Bamberger/Roth-*Ann* § 312 Rdn. 38; Erman-*Saenger* § 312 Rdn. 91; Müko-*Ulmer* § 312 Rdn. 85, 86; wie die h.L. bislang OLG Stuttgart WM 1999, 2305, 2398; ablehnend jedoch BGH NJW-RR 2004, 632, 634 zum Widerruf einer notariell beurkundeten Vollmacht; BGH; XI. Zivilsenat, ZIP 2003, 1692, 1695; jetzt auch OLG Stuttgart OLG-Report 2004, 244, 247; OLG Karlsruhe, 8. Zivilsenat, OLG-Report 2004, 60 jeweils zum notariell beurkundeten Beitritt zu einem geschlossenen Immobilienfonds; Staudinger-*Werner* § 1 HausTWG Rdn. 150; *Habersack* ZIP 2001, 352, 354; offengelassen von BGH NJW 2000, 2268 und OLG Karlsruhe, 9. Zivilsenat, MDR 2001, 982.

[328] OLG Stuttgart WM 1999, 2305, 2308; OLG Karlsruhe, 11. Zivilsenat, OLG-Report 2002, 272; zustimmend Müko-*Ulmer* § 312 Rdn. 85, 86; Erman-*Saenger* § 312 Rdn. 91; offengelassen von OLG Karlsruhe, 9. Zivilsenat MDR 2001, 982; a.A. *Habersack* ZIP 2001, 353, 357.

[329] 11. Zivilsenat, OLG-Report 2002, 272; ablehnend OLG Karlsruhe, 8. Zivilsenat, OLG-Report 2004, 60; auch KG BKR 2005, 76.

[330] Müko-*Ulmer* § 312 Rdn. 86; Erman-*Saenger* § 312 Rdn. 91; *Möller* ZIP 2002, 333, 340.

[331] BGH, XI. Zivilsenat, ZIP 2003, 1692, 1695; ebenso jetzt OLG Stuttgart OLG-Report 2004, 244, 247.

38 Selbst wenn danach § 312 Abs. 3 Nr. 3 mit der Richtlinie 85/577/EWG im Fall von außerhalb von Geschäftsräumen geschlossenen Verträgen, wobei ein Ausschluss des Widerrufsrechts bei notariell beurkundeten Erklärungen nicht vorgesehen ist, nach h. L. nicht vereinbar wäre oder aber unter Berücksichtigung der Richtlinie einschränkend auszulegen sein sollte, darf aber auch der unternehmerische Darlehensgeber darauf vertrauen, dass eine ihm vorgelegte notariell beurkundete Treuhandvertrags- und Vollmachtserklärung wirksam ist und dem Vertretenen ein Recht zum Widerruf dieser notariell beurkundeten Erklärungen gem. § 312 Abs. 3 Nr. 3 nicht zusteht.[332]

39 Zugunsten des Darlehensgebers greifen §§ 172, 173, in deren Rahmen eine allgemeine Überprüfungs- und Nachforschungspflicht nicht besteht, ein, wenn ihm vor Abschluss der Darlehensverträge die notariell beglaubigte Vollmachtskurkunde des Darlehensnehmers (Verbrauchers) vorgelegt wird und sich ihm eine etwaige Unwirksamkeit oder Widerruflichkeit dieser Vollmacht nicht aufdrängen musste.[333]

IV. Ausschluss bei Versicherungsverträgen (§ 312 Abs. 3 1. HS)

40 Nach § 312 Abs. 3 1. HS steht dem Verbraucher kein Widerrufs- oder Rückgaberecht nach §§ 355, 356 zu, wenn sich seine Willenserklärung auf den Abschluss eines Versicherungsvertrages i. S. d. § 1 VVG bezogen hat. Die Ausnahme erstreckt sich auch auf solche Versicherungen, die nicht der Versicherungsaufsicht unterliegen.[334] Die speziellen Regelungen des § 8 Abs. 4, Abs. 5 VVG gehen dem Widerrufsrecht aus §§ 312 Abs. 1, 355 vor.[335]

---

[332] BGH, IX. Zivilsenat, NJW 2000, 2268, 2269 = MDR 2000, 1121; XI. Zivilsenat, NJW 2003, 2091, 2092 = MDR 2003, 797, 798; NJW 2004, 154, 158; NJW-RR 2004, 632, 634/635; OLG Karlsruhe OLG-Report 2003, 20, 23/24; MDR 2001, 982 = WM 2001, 2002; *Martis* MDR 2003, 961, 968; Erman-*Saenger* § 312 Rdn. 91; a. A. Müko-*Ulmer* § 312 Rdn. 88: Angesichts der bekannten Gepflogenheiten dieser Branche kann sich der Unternehmer bei fahrlässiger Verletzung seiner Informationsobliegenheit nicht auf den Rechtsschein der Vollmachtsurkunde berufen; kritisch auch *Nittel* NJW 2004, 2712, 2713 zum beurkundeten Fondsbeitritt im Treuhandmodell; *Rott* NJW 2004, 2794, 2796 zum Verstoß gegen § 1 RechtsBerG und zur Duldungsvollmacht.

[333] BGH, IX. Zivilsenat, NJW 2000, 2270, 22271; NJW 2003, 2091, 2092; NJW-RR 2004, 632, 635; NJW 2004, 2090; NJW 2004, 2745, 2746; MDR 2004, 583; NJW 2005, 664, 667; NJW 2005, 668, 669; OLG Karlsruhe MDR 2001, 982; *Martis* MDR 2003, 961, 968; *Oechsler* NJW 2005, 1406, 1407 m. w. N.; Erman-*Saenger* § 312 Rdn. 91 a. E.; a. A. Müko-*Ulmer* § 312 Rdn. 88: Unwirksamkeit muss sich im Hinblick auf die üblichen Gepflogenheiten aufdrängen; ablehnend in den Fällen eines kreditfinanzierten, beurkundeten Beitritts zu einem Immobilienfonds mit einheitlicher Vertriebsorganisation BGH, II. Zivilsenat, WM 2004, 1529, 1531 = NJW 2004, 2736, 2737; WM 2004, 1536, 1538; *Nittel* NJW 2004, 2712, 2713; vgl. hierzu oben 2. Teil, H. Rdn. 214.

[334] Müko-*Ulmer* § 312 Rdn. 68.

[335] Erman-*Saenger* § 312 Rdn. 68.

V. Rechtsfolgen nach erklärtem Widerruf

Macht der Verbraucher von seinem Widerrufsrecht nach § 312 Abs. 1 Gebrauch und ist dieses nicht gem. § 312 Abs. 3 Nr. 1 bis 3 o. a. ausgeschlossen, steht ihm ein Widerrufsrecht gem. § 355 zu.[336] Gem. § 312 Abs. 1 S. 2 kann dem Verbraucher anstelle des Widerrufsrechts ein Rückgaberecht nach § 356 (vgl. hierzu 2. Teil, G.) eingeräumt werden, wenn zwischen ihm und dem Unternehmer im Zusammenhang mit diesem oder einem späteren Geschäft auch eine „ständige Verbindung" aufrechterhalten werden soll. 41

Für das Vorliegen dieses Merkmals kommt es nicht allein auf die Willensrichtung des Unternehmers, sondern auch auf diejenige des Verbrauchers an.[337] Eine vorformulierte Regelung in den AGB des Unternehmers über beabsichtigte Folgeverträge wäre gem. § 309 Nr. 13 b unwirksam.[338] 42

---

336 Vgl. hierzu oben 2. Teil, F. und *Martis* MDR 2003, 961, 969/970.

337 Müko-*Ulmer* § 312 Rdn. 10 mit Kritik am Zweck dieses Erfordernisses.

338 Müko-*Ulmer* § 312 Rdn. 10.

4. Teil. Fernabsatzrecht

A. Übersicht

I. Intention der Vorschriften über Fernabsatzverträge

1 Die Vorschriften über Fernabsatzverträge (§§ 312b. 312c, 312d) erweitern den Verbraucherschutz bei allen Distanzgeschäften. Sie finden auf moderne Methoden des Telefonmarketings und Teleshoppings ebenso Anwendung wie auf den gesamten klassischen Versandhandel. Als Informationstechnologien des Fernabsatzes kommen in Betracht für die Darbietung von Angeboten seitens des Unternehmers: Telefon, Heimcomputer (Internet), Presse, Rundfunk oder Fernsehen; für die Auftragserteilung seitens des Verbrauchers alle technischen Medien mit Dialogführung, etwa Telefon, Telefax oder Computer (E-Mail).

2 Die Vorschriften bezwecken den Schutz des Verbrauchers, der dem Dienste- oder Warenanbieter physisch nicht mehr begegnet und auch die Ware selbst vor Eingehung des Vertrags nicht mehr in Augenschein nehmen kann. Daneben schützen sie den Verbraucher vor irreführenden und aggressiven Verkaufsmethoden.

3 Der Verbraucherschutz wird erreicht insbesondere durch Informationspflichten, die den Unternehmer zum Teil im Vorfeld des Vertragschlusses (§ 312c Abs. 1) zum Teil im Zuge der Vertragsabwicklung (§ 312c Abs. 2) treffen. Daneben erhält der Verbraucher ein Frist gebundenes Widerrufs- oder Rückgaberecht, um vor Übereilung hinreichend geschützt zu sein. Daneben ermöglicht das Widerrufsrecht die Prüfung der bestellten Ware vor der endgültigen Bindung an den geschlossenen Vertrag.

4 Form, Art und Weise, Frist und Fristenlauf des Widerrufsrechts sowie die Rechtsfolgen des Widerrufs und der Rückgabe sind in §§ 355ff. einheitlich für sämtliche Widerrufsrechte, die das BGB und das Fernunterrichtsgesetz für den Kunden vorsieht, geregelt. Von dieser allgemeinen Regelung weichen die Bestimmungen über den Fernabsatzvertrag in § 312d Abs. 2 insoweit ab, als die Widerrufsfrist hier zugunsten des Verbrauchers nicht vor Erfüllung bestimmter Informationspflichten, bei der Lieferung von Waren nicht vor dem Tag ihres Eingangs beim Empfänger beginnt.

5 Wurde das Fernabsatzgeschäft fremdfinanziert und bilden beide Verträge eine wirtschaftliche Einheit, führt der Widerruf auch zum Wegfall der Darlehensverpflichtung. Ist zu diesem Zeitpunkt die Darlehensvaluta dem Unternehmer bereits zugeflossen, tritt der Darlehensgeber in die Rechte und

Pflichten des Unternehmers ein, womit der Darlehensrückzahlungsanspruch in seiner Durchsetzung dauerhaft durch den Gegenanspruch des Verbrauchers auf Rückzahlung des Kaufpreises gehemmt ist.

II. Entwicklung und zeitlicher Anwendungsbereich

Die Richtlinie 97/7/EG über den Verbraucherschutz bei Vertragsabschlüssen im Fernabsatz[1] wurde durch das Fernabsatzgesetz vom 27. Juni 2000[2] in innerstaatliches Recht umgesetzt. 6

Das Gesetz trat am 30. 6. 2000 in Kraft und galt nach § 6 FernAbsG für die ab diesem Tag geschossenen Verträge. Zugelassen war eine Aufbrauchfrist für vor dem 1. 10. 2000 hergestellte Verkaufsprospekte bis 31. 3. 2001. 7

Durch das Schuldrechtsmodernisierungsgesetz vom 26. 11. 2001[3] wurden die Vorschriften des FernAbsG mit Wirkung zum 1. 1. 2002 unter im wesentlichen nur redaktioneller Änderung[4] in das Zweite Buch des BGB, dort unter Titel 1, Untertitel 2 über Besondere Vertriebsformen nach den Bestimmungen über das Haustürgeschäft als §§ 312b bis d aufgenommen. Die Bestimmungen in ihrer ab 1. 1. 2002 geltenden Fassung finden Anwendung auf alle Schuldverhältnisse, die nach dem 31. 12. 2001 entstanden sind. Handelt es sich um ein Dauerschuldverhältnis, sind die Vorschriften ab dem 1. 1. 2003 auch dann anwendbar, wenn das Schuldverhältnis bereits vor dem 1. 1. 2002 begründet wurde. Wurde der Vertrag nach dem 29. Juni 2000 abgeschlossen und ist das Schuldverhältnis vor dem 1. Januar 2002 entstanden, gilt (für Dauerschuldverhältnisse bis zum 31. Dezember 2002) das Fernabsatzgesetz vom 27 Juni 2000.[5] Ist der Vertrag vor dem 30. Juni 2000 abgeschlossen worden, kommen lediglich die Vorschriften des BGB in der damals geltenden Fassung zur Anwendung. Eine Ausnahme gilt wiederum gemäß Art. 229 § 5 Satz 2 EGBGB für alle vor dem 30. 6. 2000 abgeschlossenen Dauerschuldverhältnisse. Für sie gelten die §§ 312b ff. ab dem 1. Januar 2003, wobei aufgrund der vom Gesetzgeber nicht beabsichtigten Rückwirkung nur noch die Vorschriften, die die Vertragsabwicklung betreffen, Anwendung finden können wie etwa § 312c Abs. 2 i.V.m. § 1 Abs. 1 Nr. 4, Nr. 6, Nr. 8 und § 1 Abs. 3 Nr. 2 bis 4 InfoV. Keine rückwirkende Anwendung finden die Vorschriften bei Eingehung des Vertragsverhältnisses und die dabei zu beachtenden Informationspflichten. 8

Das Gesetz zur Änderung der Vorschriften über Fernabsatzverträge bei Finanzdienstleistungen vom 2. 12. 2004[6] trägt der Richtlinie 2002/65/EG[7] 9

---

[1] ABl. EG Nr. L 144 vom 4. 6. 1997, S. 19, abgedruckt in NJW 1998, 212.
[2] BGBl. I 887.
[3] BGBl. I 3138.
[4] Vgl. Anwaltskommentar-*Ring* § 312b Rdn. 1.
[5] BGBl. I 897.
[6] BGBl. I 3102.
[7] Abl. EG Nr. L 271 S. 16.

Rechnung, die eigentlich bereits zum 9. 10. 2004 in nationales Recht hätte umgesetzt werden müssen. Die neuen Vorschriften erweitern die Anwendbarkeit der Bestimmungen über Fernabsatzverträge in §§ 312b ff. auf Finanzdienstleistungen. Dem erweiterten Anwendungsbereich wird durch Anpassung der BGB-Informationspflichten-VO Rechnung getragen. Die alten Vorschriften gelten gemäß Art. 29 § 11 EGBGB für die bis zum Ablauf des 7. 12. 2004 entstandenen Schuldverhältnisse. Die Bestimmung sieht ferner eine Aufbrauchfrist bis 31. 3. 2005 für Verkaufsprospekte vor, die ausschließlich den Fernabsatz von Waren und Dienstleistungen ohne Finanzdienstleistungen betreffen.

10 Die durch das Gesetz zur Änderung der Vorschriften über Fernabsatzverträge bei Finanzdienstleistungen geänderten bzw. neu eingefügten §§ 312 Abs. 1 S. 2 (betreffend die Geltung der §§ 312b ff. bei Finanzdienstleistungen), 312 Abs. 3 Nr. 3 (folgerichtig nur noch auf Versicherungsverträge bezogene Ausnahmeregelung), 312b Abs. 4 (§§ 312b ff. gelten nur für die erste Vereinbarung) 312b Abs. 5 (Kodifizierung des „Günstigkeitsprinzips"), 312c Abs. 1 (Neufassung der Informationspflicht mit Bezugnahme auf die erweiterte InfoV), 312c Abs. 2 und 3 (Einzelheiten zur Informationspflicht bei Finanzdienstleistungen und sonstigen Dienstleistungen), 312d Abs. 3 Nr. 1 (Erlöschen des Widerrufsrechts bei Finanzdienstleistungen), 312d Abs. 4 Nr. 6 (Ausschluss des Widerrufsrechts bei bestimmten Warenlieferungen oder Finanzdienstleistungen), 312d Abs. 6 (Wertersatzpflicht bei Finanzdienstlistungen nach dem Widerruf des Fernabsatzvertrages) und § 357 Abs. 2 S. 2 (Kosten der Rücksendung nach dem Widerruf eines Fernabsatzvertrages) finden auf die ab dem 8. 12. 2004 geschlossenen Verträge Anwendung.[8]

B. Persönlicher und sachlicher Anwendungsbereich; Konkurrenzen

I. Konkurrenzen

1. Verhältnis zum Verbraucherdarlehensvertrag

1 Die Vorschriften über Fernabsatzverträge finden nach Änderung der §§ 312b Abs. 1 S. 2, 312b Abs. 3 Nr. 3 durch das Gesetz zur Änderung der Vorschriften über Fernabsatzverträge vom 2. 12. 2004[9] auch auf Bankgeschäfte Anwendung. Zu den Bankgeschäften zählen insbesondere Verbrau-

[8] Vgl. hierzu *Knöfel* ZGS 2004, 182ff.; Übersicht bei *Schulte-Nölke/Börger* ZGS 2004, 461ff.; *Falke/Jordans* NJW 2005, 710ff.

[9] BGBl. I 3102.

cherdarlehen i.S.d. § 491 Abs. 1 und sonstige Kreditgeschäfte,[10] sodass bei Vorliegen eines Verbraucherdarlehensvertrages oder einer sonstigen Finanzierungshilfe[11] die Vorschriften über den Fernabsatz gegebenenfalls anzuwenden sind.

Damit gelten die in § 312c i.V.m. dem neu gefassten § 1 InfoV geregelten Unterrichtungspflichten auch für das Verbraucherdarlehen. Das dem Verbraucher in § 312d eingeräumte Widerrufsrecht wird jedoch durch Absatz 5 bei Bestehen eines Widerrufs- oder Rückgaberechts nach §§ 495, 499 bis 507 ausgeschlossen, sodass lediglich ein Widerrufsrecht nach den §§ 495, 499ff. besteht. Allerdings wird das im 3. Titel des 8. Abschnitts geregelte Widerrufsrecht aus dem Verbraucherdarlehen, der Finanzierungshilfe oder dem Ratenlieferungsvertrag durch die Bestimmungen zum Fernabsatzvertrag in § 312 d Abs. 2 modifiziert. Danach beginnt die Widerrufsfrist bei im Fernabsatz geschlossenen Verbraucherdarlehensverträgen nicht vor Erfüllung der Informationspflichten gemäß § 312c Abs. 2, bei im Fernabsatz geschlossenen Finanzierungsleasingverträgen und Teilzahlungsgeschäften über die Lieferung von Waren unabhängig von der Erfüllung der Informationspflichten nicht vor dem Tage des Wareneingangs beim Empfänger, bei der wiederkehrenden Lieferung gleichartiger Waren nicht vor dem Tage des Eingangs der ersten Teillieferung und bei Dienstleistungen nicht vor dem Tag des Vertragsschlusses. 2

Das Bestehen zweier nebeneinander bestehender Widerrufsrechte ist damit jedoch ausgeschlossen. Bei Konkurrenzen mit anderen verbraucherschützenden Normen gilt im Übrigen – soweit die Ausnahmen nach § 312b Abs. 3 Nr. 1–7, 312d Abs. 4 Nr. 1–6 nicht eingreifen- das in § 312b Abs. 5 kodifizierte „Günstigkeitsprinzip“, wonach die jeweils für den Verbraucher günstigere Regelung anzuwenden ist.[12] 3

Auf die bis zum 7. 12. 2004 geschlossenen Darlehensverträge finden die Vorschriften über Fernabsatzverträge nach § 312 b Abs. 3 Nr. 3 keine Anwendung, sodass nach altem Recht von vornherein nur ein Widerrufsrecht nach § 495 bestand. 4

Hiervon zu unterscheiden sind die Fälle, in denen das Fernabsatzgeschäft finanziert wurde, das Finanzgeschäft also nicht das Hauptgeschäft sondern das Nebengeschäft bildet. In diesem Fall finden auf das Hauptgeschäft die §§ 312b, auf das Begleitgeschäft (Finanzierung) die §§ 491ff. Anwendung. Es besteht dann grundsätzlich in jedem Vertragsverhältnis ein Widerrufsrecht, dessen Verhältnis zueinander im verbundenen Vertrag durch § 358 Abs. 1 BGB geregelt ist. Es besteht nur das Widerrufsrecht im Fernabsatz- 5

---

[10] Vgl. Palandt-*Heinrichs* § 312b Rdn. 10b; Erman-*Saenger* § 312b Rdn. 11.

[11] Nach Müko-*Wendehorst* § 312b Rdn. 75 m.w.N. und *Härting* § 312b Rdn. 111 waren der einfache Zahlungsaufschub und Teilzahlungsgeschäfte von der bis zum 7. 12. 2004 geltenden Ausnahmeregelung des § 312b Abs. 3 Nr. 3 a.F. ohnehin nicht erfasst.

[12] Palandt-*Heinrichs* § 312b Rdn. 21.

vertrag, das bei Ausübung die Verpflichtung aus dem Darlehensgeschäft entfallen lässt.

2. Verhältnis zu Haustürgeschäften

6 Hier ergibt sich grundsätzlich keine Überschneidung in den Tatbeständen, da die Vorschriften der §§ 312b ff. nur Anwendung finden auf Verträge, die unter ausschließlicher Verwendung von Fernkommunikationsmitteln abgeschlossen wurden. Haustürgeschäfte nach § 312 Abs. 1 sind dadurch gekennzeichnet, dass der Vertrag aufgrund mündlicher Verhandlung (Nr. 1) oder anderweitigen persönlichen Kontakts (Nrn. 2 und 3) zustande gekommen ist. Da in einem solchen Fall des vorangegangenen persönlichen Kontakts die Vorschriften über den Fernabsatzvertrag kaum Anwendung finden können, sind keine Sachverhalte denkbar, die beiden Regelungskomplexen unterfallen.[13] Auch ein vom Unternehmer veranlasster telefonischer Vertragsabschluss wird von § 312b Abs. 1 S. 1, nicht von § 312 Abs. 1 erfasst.[14]

7 Finden allerdings die Vorschriften über den Fernabsatzvertrag gem. § 312b Abs. 1 bzw. § 312f Anwendung, weil bei Vertragsschluss oder – anbahnung ein Bote wie die Deutsche Post AG beauftragt wurde, der dem Verbraucher in unmittelbarem persönlichem Kontakt gegenübertritt, jedoch über den Vertragsinhalt und insbesondere über die Beschaffenheit der Vertragsleistung des Unternehmers keine näheren Auskünfte geben kann und soll,[15] besteht bei Vorliegen der weiteren Voraussetzungen ein Widerrufsrecht nach § 312b Abs. 1 und nicht nach § 312 Abs. 1. Der Verbraucher kann einen Fernabsatzvertrag danach auch dann widerrufen (§ 312d Abs. 1 und 2 i.V.m. § 355), wenn die mündliche Verhandlung i.S.d. § 312 Abs. Nr. 1, auf der der Abschluss des durch den Boten vermittelten Vertrags beruhte, auf einer „vorhergehenden Bestellung" des Verbrauchers i.S.d. § 312 Abs. 3 Nr. 1 geführt wurde.

3. Verhältnis zu Teilzeitwohnrechte-Verträgen

8 Liegt ein Teilzeit-Wohnrechtevertrag nach § 481 vor, schließt dies die Anwendbarkeit der §§ 312b ff. aus (siehe § 312b Abs. 3 Nr. 2). Sonach entsteht ein Widerrufsrecht ausschließlich nach § 485.[16] Ist eine der in § 481 genannten Voraussetzungen nicht erfüllt, etwa weil das Wohnrecht für einen Zeitraum von weniger als drei Jahren erworben wurde, bleibt das Fernab-

---

[13] *Lütcke,* Einleitung A. Rdn. 34, 35; Palandt-*Heinrichs* § 312b Rdn. 21.

[14] Palandt-*Heinrichs* § 312b Rdn. 21 und § 312 Rdn. 10.

[15] Vgl. BGH NJW 2004, 3699, 3700 m.w.N. der Gegenansicht; ebenso schon Erman-*Saenger* § 312b Rdn. 7 a.E.; für Anwendung des § 312f S. 2 Müko-*Wendehorst* § 312b Rdn. 44; a.A. *Lütcke* § 312b Rdn. 67 und *Härting* § 1 FernAbsG Rdn. 37, 38.

[16] Vgl. *Lütcke* § 312b Rdn. 87, 88; Müko-*Wendehorst* § 312b Rdn. 70, 71; Palandt-*Heinrichs* § 312b Rdn. 12.

satzrecht weiterhin anwendbar.[17] Für diese Ansicht spricht das zum 8. 12. 2004 in § 312b Abs. 5 kodifizierte „Günstigkeitsprinzip".

4. Verhältnis zum Fernunterrichtsgesetz

Die §§ 312b ff finden auf Verträge über Fernunterricht gem. § 312b Abs. 3 Nr. 1 keine Anwendung.[18] 9

5. Verhältnis zu anderen Verbraucher schützenden Vorschriften

Weitergehende Vorschriften zum Schutz des Verbrauchers bleiben gemäß § 312b Abs. 5 unberührt. Eine in dieselbe Richtung gerichtete Regelung nach dem Günstigkeitsprinzip war schon bislang in § 312c Abs. 4 enthalten. Sie beschränkte sich allerdings auf die Einschränkungen bei der Verwendung von Fernkommunikationsmitteln und auf vom Unternehmer einzuhaltende weitergehende Informationspflichten an den Verbraucher. Da das Gesetz zur Änderung der Vorschriften über Fernabsatzverträge bei Finanzdienstleistungen den Anwendungsbereich der Vorschriften erweitert, kommen nunmehr auch besondere Vorschriften zum Schutz des Verbrauchers zur Anwendung, die nicht Informationspflichten regeln. In Betracht kommen etwa Pflichten nach §§ 31, 32 Wertpapierhandelsgesetz und andere. Diese Pflichten werden von den Vorschriften der §§ 312b ff. nicht berührt. 10

Bei der Einfügung des § 312c Abs. 5 durch das Gesetz zur Änderung der Vorschriften über Fernabsatzverträge bei Finanzdienstleistungen ist erwogen worden, § 312c Abs. 4 zu streichen. Da die Vorschriften hinsichtlich ihres Regelungsbereichs geringfügig von einander abweichen, wurde § 312c Abs. 4 in seiner bisherigen Fassung zur Klarstellung aufrecht erhalten. 11

II. Persönlicher Anwendungsbereich

Die Vorschriften über Fernabsatzverträge finden nur dann Anwendung, wenn die eine Vertragspartei Unternehmer im Sinn des § 14, die andere Vertragspartei Verbraucher im Sinn des § 13 ist. Nach Sinn und Zweck der Vorschrift ist dabei der Warenlieferant bzw. Dienstleistungserbringer der Unternehmer, der Abnehmer der Verbraucher. Verkauft der Verbraucher gebrauchte Bücher oder einen Altwagen an einen Händler, finden die Vorschriften der §§ 312b ff keine Anwendung.[19] 12

Unternehmer i.S.d. § 14 Abs. 1 ist derjenige, der stetig Gegenstände ankauft, um sie via Internet zu vertreiben. Allein aus dem Umstand, dass je- 13

[17] Müko-*Wendehorst* § 312b Rdn. 71.

[18] Vgl. hierzu Erman-*Saenger* § 312b Rdn. 9; Müko-*Wendehorst* § 312b Rdn. 67–69.

[19] Palandt-*Heinrichs* § 312b Rdn. 10.

mand – etwa ein Student – eine Vielzahl von Rechtsgeschäften über eine Auktionsplattform („eBay“) tätigt, kann noch nicht auf seine Unternehmereigenschaft geschlossen werden. Gerade in Kreisen der jüngeren Bevölkerung ist es verbreitet, seine Geschäfte über das Internet zu tätigen. Es besteht dann ebenso die Möglichkeit, dass lediglich private Rechtsgeschäfte über das Internet abgewickelt werden.[20]

14 Dagegen liegt keine private Verkaufstätigkeit vor, wenn ein eBay-Mitglied die privaten Verkaufsinteressen in Hessen einer größeren Anzahl dritter Personen bündelt und damit ein Handelsvolumen erreicht, das ihm auf der Handelsplattform eBay eine besondere Bedeutung verschafft.[21]

15 Wer über die Internet-Plattform eBay immer wieder Dinge verkauft, darunter manchmal mehrere gleichartige Geräte, und sich dabei selbst als „Powerseller“ bezeichnet, handelt gewerblich, so dass §§ 312b, d auf das Rechtsgeschäft anwendbar sind.[22] Bei Kaufverträgen zwischen einem gewerblichen Anbieter und einem Verbraucher, die im Rahmen einer „Internet-Auktion“ durch Angebot und Annahme i.S.d. §§ 145ff. zu Stande kommen, greifen §§ 312b, 312d Abs. 1 und 2 i.V.m. § 355 ein; das Widerrufsrecht ist mangels eines Zuschlages i.S.d. § 156 nicht gem. § 312d Abs. 4 Nr. 5 („Versteigerungen“) ausgeschlossen.[23]

16 Der Käufer einer Sache bei einer „Internet-Versteigerung“, der sich auf ein Widerrufsrecht nach §§ 312b ff., 355 beruft, muss jedoch beweisen, dass der Verkäufer Unternehmer i.S.d. § 14 Abs. 1 ist.[24] Bestehen etwa aufgrund des Umfanges oder der Häufigkeit angebotener Leistungen Anhaltspunkte dafür, dass der Verkäufer (o.a.) generell gewerblich oder selbständig beruflich handelt, ist das Rechtsgeschäft im Zweifel dessen unternehmerischer Sphäre zuzuordnen.[25] Schließt der Verkäufer (o.a.) Verträge unter ausschließlicher Verwendung von Fernkommunikationsmitteln, ist zudem vom Vorliegen eines Vertriebs- und Dienstleistungssystems i.S.d. § 312b Abs. 1 auszugehen; der Unternehmer hat dann das Gegenteil zu beweisen.[26]

III. Sachlicher Anwendungsbereich

17 Der Begriff des Fernabsatzvertrags wird in § 312 Abs. 1 durch den Gesetzgeber näher bestimmt. Danach handelt es sich bei Fernabsatzverträgen um solche Verträge über die Lieferung von Waren oder über die Erbringung

---

[20] LG Hof, VuR 2004, 109–110; im Übrigen siehe 2. Teil, B.

[21] OLG Frankfurt, Beschluss vom 16. 8. 2004 – 6 W 128/04.

[22] AG Radolfzell NJW 2004, 3342.

[23] BGH NJW 2005, 53, 54 m.w.N.; zur Unwiderruflichkeit des in eine Online-Auktion eingestellten Verkaufsangebots KG NJW 2005, 1053.

[24] LG Hof, VuR 2004, 109–110.

[25] Müko-*Wendehorst* § 312b Rdn. 21.

[26] Erman-*Saenger* § 312b Rdn. 6: Vermutung des § 312b Abs. 1 2. Hs.; *Lütcke* § 312b Rdn. 80.

von Dienstleistungen einschließlich Finanzdienstleistungen, die zwischen den Vertragsparteien unter ausschließlicher Verwendung von Fernkommunikationsmitteln abgeschlossen werden, es sei denn, dass der Vertragsschluss nicht im Rahmen eines für den Fernabsatz organisierten Vertriebs- oder Dienstleistungssystems erfolgt.

Abschluss und Vollzug des Vertrags können in drei Abschnitte eingeteilt 18
werden, zunächst das Stadium der Vertragsanbahnung, in dem der Verbraucher per Telekommunikationsmittel (Informationstechnologie) ein Waren- bzw. Dienstleistungsangebot mit den wesentlichen Angaben erhält. In dem hierauf folgenden Stadium erteilt der Verbraucher per Telekommunikationstechnik seine Bestellung. Als drittes Stadium erfolgt die Leistung durch den Unternehmer.

1. Entgeltlicher Vertrag über die Lieferung von Waren oder die Erbringung von Dienstleistungen und Finanzdienstleistungen

a) Der Begriff der Ware

Ware im Sinn des § 312b ist jedes Erzeugnis, das Gegenstand des Handels 19
sein kann. Die Ware braucht deshalb keine körperliche oder bewegliche Sache zu sein, mit der Folge, dass etwa auch Elektrizität, Fernwärme, Standardsoftware oder Individualsoftware den Warenbegriff erfüllt.[27]

Auch wenn die Software oder eine Text,- Musik oder Bilddatei im Wege 20
des „Download" geliefert wird, liegt nach h.M. eine Warenlieferung vor.[28]

Bei der Lieferung von Software ist jedoch die Ausnahmeregelung des 21
§ 312d Abs. 4 Nr. 2 zu beachten. Ob die Lieferung bzw. die Dienstleistung gegen Entgelt erfolgt, ist im Rahmen der §§ 312b, c, d unerheblich.[29]

b) Der Begriff der Dienstleistung

Der Begriff der Dienstleistung ist vor dem Hintergrund des Schutz- 22
zwecks der Vorschriften weit auszulegen.[30] Unter den Dienstleistungsbegriff des § 312b Abs. 1 können grundsätzlich sowohl Dienst-, Werk-, Miet- als auch Geschäftsbesorgungs- und Vermittlungsverträge aller Art subsu-

---

[27] Bamberger/Roth-*Schmidt-Räntsch* § 312b Rdn. 8: auch Individualsoftware; Erman-*Saenger* § 321b Rdn. 3: im Hinblick auf die Ausnahmeregelungen des § 312b Abs. 3 jede Leistungserbringung; Müko-*Wendehorst* § 312b Rdn. 22, 30: Leistung beliebiger Art, auch die Erstellung von Individualsoftware; auch *Härting* § 1 FernAbsG Rdn. 52: einschl. Individualsoftware; a.A. hinsichtlich Individualsoftware: *Lütcke,* § 312b Rdn. 50.

[28] *Lütcke* § 312d Rdn. 73; Müko-*Wendehorst* § 312b Rdn. 22, 30; Palandt-*Heinrichs* § 312d Rdn. 9; a.A. Bamberger/Roth-*Schmidt-Räntsch* § 312b Rdn. 8: Dienstleistung, für die Anwendung des § 312b aber unerheblich.

[29] Müko-*Wendehorst* § 312b Rdn. 23; auch *Lütcke* § 312b Rdn. 56; a.A. Bamberger/Roth-*Schmidt-Räntsch* § 312b Rdn. 9.

[30] Palandt-*Heinrichs* § 312b Rdn. 10c.

miert werden,[31] wenn diese Verträge in der besonderen Vertriebsform „Fernabsatz“ vermarktet werden, bis zum Zustandekommen des Vertrags also kein unmittelbarer persönlicher Kontakt zwischen den Parteien selbst oder ihrer Vertreter und Gehilfen stattgefunden hat.[32]

23 Obwohl danach auch die Übernahme einer Bürgschaft dem Begriff der Dienstleistung unterfallen würde, finden die §§ 312b ff. auf die Bürgschaft wie auch auf Schuldbeitrittsverpflichtungen des Verbrauchers keine Anwendung, weil die Bestimmungen auf vom Unternehmer zu erbringende Dienstleistungen abstellen.[33]

24 Durch das am 8. 12. 2004 in Kraft getretene Gesetz zur Änderung der Vorschriften über Fernabsatzverträge bei Finanzdienstleistungen vom 2. 12. 2004 sind auch die zuvor gem. § 312b Abs. 3 Nr. 3 a.F. ausgenommenen Finanzdienstleistungen ausdrücklich in den sachlichen Anwendungsbereich des Fernabsatzrechts aufgenommen worden. Da der Begriff von der in § 1 Abs. 1a KWG geregelten Legaldefinition abweicht, war eine eigenständige Begriffsbestimmung innerhalb des Fernabsatzrechts notwendig. Finanzdienstleistung ist nach Art. 2b der Richtlinie 2002/65/EG jede Bankdienstleistung sowie jede Dienstleistung im Zusammenhang mit einer Kreditgewährung, Versicherung, Altersversorgung von Einzelpersonen, Geldanlage oder Zahlung. Diese Begriffsbestimmung wurde vom Gesetzgeber in § 312b Abs. 1 S. 2 wortgleich in nationales Recht übernommen.

25 Von § 312b Abs. 1 S. 2 erfasst werden insbesondere Verbraucherdarlehensverträge, Giroverträge, Einlagegeschäfte, Depotverträge, Darlehensvermittlungsverträge sowie alle anderen Bank- und Finanzdienstleistungen,[34] ebenso Finanzierungsleasingverträge.[35] Der einfache Zahlungsaufschub war schon bislang nicht von der Ausnahmeregelung des § 312b Abs. 3 Nr. 3 a.F. erfasst.[36]

2. Ausschließlicher Einsatz von Fernkommunikationsmitteln Fernkommunikationsmittel

a) Fernkommunikationsmittel

26 Den Begriff des Fernkommunikationsmittels hat der Gesetzgeber in § 312b Abs. 2 legal definiert. Danach sind Fernkommunikationsmittel sol-

---

[31] *Neises* NZM 2000, 889ff.; Bamberger/Roth-*Schmidt-Räntsch* § 312b Rdn. 8, 9; Werk,- Dienst,- Werklieferungs,- Geschäftsbesorgungs-, Miet,- Makler- oder Partnerschaftsvermittlungsvertrag; Erman-*Saenger* § 312b Rdn. 3; Müko-*Wendehorst* § 312b Rdn. 22, 27, 28; Palandt-*Heinrichs* § 312b Rdn. 10c a. E.

[32] Vgl. zu den Verträgen mit Überwiegen des persönlichen Elements s.u. B. Rdn. 30.

[33] *Lütcke* § 312b Rdn. 55 für Bürgschaften; Müko-*Wendehorst* § 312b Rdn. 29, 36, 37: Bürgschaft und Schuldbeitritt; Palandt-*Heinrichs* § 312b Rdn. 10c: Sicherungsgeschäfte.

[34] Palandt-*Heinrichs* § 312b Rdn. 10 b.

[35] Müko-*Wendehorst* § 312b Rdn. 74; Palandt-*Heinrichs* a. a. O.

[36] Müko-*Wendehorst* § 312b Rdn. 75.

che, die zur Anbahnung oder zum Abschluss eines Vertrags zwischen einem Verbraucher und einem Unternehmer ohne gleichzeitige körperliche Anwesenheit der Vertragsparteien eingesetzt werden können, insbesondere Briefe, Kataloge, Telefonanrufe, Telekopien, E-Mails sowie Rundfunk, Tele- und Mediendienste. In Anhang I zur Fernabsatzrichtlinie 97/7/EG sind weitere Fernkommunikationsmittel genannt, zum Beispiel die Drucksache ohne Anschrift, die Drucksache mit Anschrift, der vorgefertigte Standardbrief, die Pressewerbung mit Bestellschein, der Katalog, die telefonische Kommunikation mit einer Person als Gesprächspartner, die telefonische Kommunikation mit Automaten als Gesprächspartnern (Voice-Mail-System, Audiotext) und der Videotext (Mikrocomputer, Fernsehbildschirm) mit Tastatur oder Kontaktbildschirm.[37]

Damit sind Fernkommunikationsmittel alle Kommunikationsmittel, die 27 einen Vertragsabschluss *ohne gleichzeitige körperliche Anwesenheit* der Vertragsparteien ermöglichen oder aber, die wie Rundfunk und Mediendienste zumindest bei der Anbahnung eines solchen Vertragsschlusses unter physisch Abwesenden eingesetzt werden.

Dem steht nicht entgegen, dass die per Telefon auf den Vertragsabschluss 28 gerichtete Erklärung nach § 147 Abs. 1 Satz 2 als ein einem Anwesenden gegenüber gemachter Antrag behandelt wird. Ein hierauf zustande gekommener Vertrag kann gleichwohl unter § 312b fallen.[38]

Trotz bestehender Bedenken sind die §§ 312b ff. grundsätzlich auch dann 29 anwendbar, wenn etwa ein Vertrag über die Durchführung von Wartungs- oder Reparaturarbeiten bzw. sonstige Dienst- oder Werkleistungen unter ausschließlicher Verwendung von Fernkommunikationsmitteln zustande kommt, der konkrete Inhalt der vereinbarten Leistung aber vor Ort im persönlichen Gespräch geklärt wird.[39]

§§ 312b ff. sind nach h.M. aber nicht einschlägig, wenn der die übrigen 30 Voraussetzungen des § 312b Abs. 1 erfüllende Unternehmer, etwa ein Arzt, Rechtsanwalt, Friseur o.a. zum Abschluss eines Vertrages zwar regelmäßig auf Fernkommunikationsmittel zurückgreift, die vertragliche Leistung aber dann *im persönlichen Kontakt* erbringt.[40]

Die Anwendung der §§ 312b ff. ist im Übrigen nach dem Schutzzweck 31 der Vorschriften nur ausgeschlossen, wenn sich der Verbraucher während

---

[37] Vgl. etwa Erman-*Saenger* § 312b Rdn. 7 und Müko-*Wendehorst* § 312b Rdn. 39, 40: Begriff weit auszulegen.

[38] Krit. *Lütcke* § 312b Rdn. 54: Verbraucher kann sich am Telefon informieren lassen.

[39] Erman-*Saenger* § 312b Rdn. 4 a.E.: nicht abschließend geklärt; Müko-*Wendehorst* § 312b Rdn. 47, 52: auch wenn dies „unbillig“ erscheint; a.A. *Lütcke* § 312b Rdn. 54, 61: teleologische Reduktion erforderlich.

[40] AG Wiesloch JZ 2002, 671 zum Anwaltvertrag; *Grigoleit* NJW 2002, 1151; Erman-*Saenger* § 312b Rdn. 6; Müko-*Wendehorst* § 312b Rdn. 51: „Überwiegen des persönlichen Elements“; Palandt-*Heinrichs* § 312b Rdn. 11 a.E.

der Vorverhandlungen über alle für den Vertragsabschluss wesentlichen Umstände informiert hat und der Vertrag in unmittelbarem zeitlichen Zusammenhang mit dem persönlichen Kontakt zustande gekommen ist oder wenn er die notwendigen Informationen anlässlich eines früheren persönlichen Kontakts bei gleichartigen Vertragsabschlüssen erhalten hat[41] bzw. unschwer hätte erhalten können.[42]

b) Ausschließlicher Einsatz von Fernkommunikationsmitteln

32 Der Vertragsabschluss muss unter *ausschließlicher* Verwendung von Fernkommunikationsmitteln erfolgen. Voraussetzung ist also, dass sowohl das Vertragsangebot (§ 145) als auch die Annahme (§§ 146ff.) des Vertrags ausschließlich durch Einsatz eines Fernkommunikationsmittels erklärt wird.[43]

33 Nimmt der Unternehmer die ihm per Brief, Telekopie oder E-Mail übermittelte Bestellung konkludent durch Zusendung der Ware oder Aufforderung, diese abzuholen (Pkw-Kauf) an, verwendet er ausschließlich ein Fernkommunikationsmittel.[44] Fand vorher ein persönlicher Kontakt der Vertragschließenden statt (Vertreterbesuch, Aufsuchen des Geschäftslokals etc) können die Vorschriften entsprechend der zu 2a. dargestellten, überwiegenden Ansicht nach ihrem Sinn und Zweck keine Anwendung finden, auch wenn der Vertragschluss selbst ausschließlich unter Einsatz von Fernkommunikationsmitteln erfolgt ist.[45]

34 Eine Umgehung nach § 312f S. 2 durch besondere Gestaltung der Vertragsabschlusssituation mit der Folge der Anwendbarkeit der §§ 312bff. liegt nach Auffassung des OLG Schleswig[46] vor, wenn der Vertrag dem Verbraucher bei Auslieferung der Ware durch einen mit dem Gegenstand des Vertrags nicht vertrauten Boten des Unternehmers zur Unterschrift vorgelegt wird. Damit fallen Verträge, die auf telefonische Bestellung bei einer so genannten „Bestellhotline" zu Stande kommen, in den Schutzbereich der Vorschriften über den Fernabsatz, wenn zusammen mit der Auslieferung der Ware dem Verbraucher durch einen Mitarbeiter eines Logistikunternehmens ein schriftlicher Vertrag zur Unterschrift vorgelegt wird.

---

[41] So Palandt-*Heinrichs* § 312b Rdn. 8.

[42] *Lütcke* § 312b Rdn. 62 und Müko-*Wendehorst* § 312 Rdn. 47: wenn der Verbraucher die Informationen in unmittelbarem zeitlichem Zusammenhang mit einem persönlichen Kontakt unschwer hätte erlangen können; abl. Aber *Bülow/Arzt* NJW 2000, 2049, 2054; Ring § 1 FernAbsG Rdn. 25.

[43] Vgl. *Bülow/Arzt* NJW 2000, 2049, 2054; *Fuchs* ZIP 2000, 1273, 1275; Bamberger/Roth-*Schmidt-Räntsch* § 312b Rdn. 21; *Härting* § 1 FernAbsG Rdn. 69.

[44] OLG Schleswig NJW 2004, 231; Palandt-*Heinrichs* § 312b Rdn. 8; Bamberger/Roth-*Schmidt-Räntsch* § 312b Rdn. 22 zum Pkw-Kauf über E-Mail.

[45] Anwaltkomm-*Ring* § 312b Rdnr. 31; Erman-*Saenger* § 312b Rdn. 4, 6; Müko-*Wendehorst* § 312b Rdn. 47, 51, 52; Palandt-*Heinrichs* § 312b Rdn. 8.

[46] OLG Schleswig NJW 2004, 231, 232; für die Anwendung des § 312f S. 2 auch Müko-*Wendehorst* § 312b Rdn. 44.

Wird bei Vertragsschluss oder -anbahnung ein Bote beauftragt, der zwar dem Verbraucher in unmittelbarem persönlichem Kontakt gegenübertritt, jedoch über den Vertragsinhalt und insbesondere über die Beschaffenheit der Vertragsleistung des Unternehmers keine näheren Auskünfte geben kann und soll, steht dies der Annahme eines Fernabsatzvertrags und damit der Anwendung des § 312b Abs. 1 nach Auffassung des BGH nicht entgegen. Beauftragt deshalb der Unternehmer die Deutsche Post AG mit der Einholung der Unterschrift des Verbrauchers unter das Vertragsformular im Wege des Postident 2-Verfahrens, liegt der Einsatz von Fernkommunikationsmitteln vor, da der mit der Ausführung betraute Postmitarbeiter keine Auskünfte über Vertragsinhalt und -leistung geben kann und soll.[47] Somit gelten auch diese Verträge als unter ausschließlicher Verwendung von Fernkommunikationsmitteln abgeschlossen. 35

3. Vertragsschluss im Rahmen eines für den Fernabsatz organisierten Vertriebs- oder Dienstleistungssystems

Die bloße Verwendung von Fernkommunikationsmitteln allein für den Abschluss eines Vertrags (so genannter Distanzvertrag) reicht für die Anwendbarkeit der Vorschrift nicht aus. Hinzukommen muss, dass der Unternehmer den Vertrag im Rahmen eines für den Fernabsatz organisierten Vertriebs- oder Dienstleistungssystems geschlossen hat. Hierbei stellt das Gesetz nicht primär auf den einzelnen Vertrag sondern auf die Struktur des anbietenden Unternehmens ab. Ein entsprechendes Vertriebssystem setzt voraus, dass der Unternehmer in personeller und sachlicher Ausstattung innerhalb seines Betriebs die organisatorischen Voraussetzungen geschaffen hat, die notwendig sind, um regelmäßig im Fernabsatz zu tätigende Geschäfte zu bewältigen.[48] 36

Das bedeutet nicht zwangsläufig einen großen sachlichen oder personellen Aufwand. Ausreichend ist etwa die Unterhaltung einer „Bestell-Hotline"[49] bzw. einer Homepage im Internet mit Bestellmöglichkeiten via E-Mail oder Telefon oder Telefax.[50] 37

Danach reicht es nicht aus, wenn nur *gelegentlich und eher zufällig* eine Bestellung am Telefon entgegen genommen und die Ware dann per Post versandt wird.[51] 38

---

[47] BGH NJW 2004, 3699, 3670; auch Erman-*Saenger* § 312b Rdn. 7 a. E.; im Erg. auch Müko-*Wendehorst* § 312b Rdn. 42, 44: ggf. Umgehung nach § 312f S. 2; a. A. *Härting* § 1 FernAbsG Rdn. 37, 38; *Lütcke* § 312b Rdn. 67.

[48] BGH NJW 2004, 3699, 3701; Bamberger/Roth-*Schmidt-Räntsch* § 312b Rdn. 11; Müko-*Wendehorst* § 312b Rdn. 49 je m.wN.

[49] BGH NJW 2004, 3699, 3701.

[50] *Fuchs* ZIP 2000, 1273, 1275; *Lorenz,* JuS 2000, 833, 838; Erman-*Saenger* § 312b Rdn. 5.

[51] Erman-*Saenger* § 312b RDn 12; Müko-*Wendehorst* § 312b Rdn. 49 a. E.; vgl. aber OLG Schleswig NJW 2004, 231, s. o.

39 Auch wenn das Unternehmen hinsichtlich Vertragsanbahnung oder Vertragsschluss auf den *persönlichen Kontakt* mit dem Kunden ausgelegt ist und nur gelegentlich Fernkommunikationsmittel eingesetzt werden, findet § 312b keine Anwendung.[52]

40 Allerdings ist die Grenze zum organisierten Fernabsatzsystem überschritten, wenn der Unternehmer die Waren nicht nur gelegentlich versendet, sondern diese Möglichkeit auch im System vorhält,[53] etwa wenn ein Lebensmittelhändler die Belieferung im Rahmen von Telefon- oder Internetbestellungen anbietet[54] oder der Absatz der Waren insbesondere auch durch eine Präsentation im Internet vorgenommen oder vorbereitet wird.[55]

41 Der Vertragsschluss im Rahmen eines für den Fernabsatz organisierten Vertriebs- oder Dienstleistungssystems wird vom Gesetz vermutet, sodass der Unternehmer darzulegen und ggf. zu beweisen hat, dass der Vertrag außerhalb eines derartigen Vertriebssystems geschlossen wurde. Auch vom Unternehmer darzulegen und zu beweisen ist ein dem Vertragsabschluss im Fernabsatz vorausgegangener persönlicher Kontakt und die hierbei erfolgte Information bzw. tatsächliche Informationsmöglichkeit des Verbrauchers.[56]

IV. Bereichsausnahmen

42 Die Vorschriften über Fernabsatzverträge finden keine Anwendung auf die in § 312b Abs. 3 enumerativ aufgeführten Regelungsbereiche. Daneben nimmt Absatz 4 bestimmte Folgegeschäfte von der Anwendung des Fernabsatzrechts aus, wenn sie den näher geregelten Bezug zu einer dem Fernabsatzrecht unterfallenden Erstvereinbarung haben.

1. Verträge über Fernunterricht (§ 312b Abs. 3 Nr. 1)

43 Fernunterricht im Sinne von § 1 FernUSG ist die auf vertraglicher Grundlage erfolgende, entgeltliche Vermittlung von Kenntnissen und Fähigkeiten, bei der der Lehrende und der Lernende ausschließlich oder überwiegend räumlich getrennt sind und der Lehrende oder sein Beauftragter den Lernerfolg überwachen. Damit genügt nicht jede Form der Wissens- oder Kenntnisvermittlung sondern ausschließlich diejenige bei der der Lehrende oder seine Erfüllungsgehilfen den Lernerfolg überwachen, was typi-

---

[52] So Erman-*Saenger* § 312b Rdn. 4 a. E.; Müko-*Wendehorst* § 312b Rdn. 51; Palandt-*Heinrichs* § 312b Rdn. 11.

[53] Bamberger/Roth-*Schmidt-Räntsch* § 312b Rdn. 12; Erman-*Saenger* § 312b Rdn. 5 a. E.: wenn die Möglichkeiten regelmäßig genutzt werden.

[54] Palandt-*Heinrichs* § 312 Rdn. 11; Müko-*Wendehorst* § 312b Rdn 54: Werbung und Hinweis auf Bestellmöglichkeiten, nicht dagegen bloßer Eintrag im Branchenverzeichnis.

[55] LG Memmingen MMR 2004, 769.

[56] Bamberger/Roth-*Schmidt-Räntsch* § 312b Rdn. 13; Müko-*Wendehorst* § 312b Rdn. 63, 64; Palandt-*Heinrichs* § 312b Rdn. 8 a. E.

scherweise im Rahmen von Prüfungen erfolgt. Kein Fernunterrichtsvertrag ist daher etwa der im Fernabsatz geschlossene Kaufvertrag über Lehrbücher oder Skripten, und ebenso wenig der Vertrag über den Zugriff auf interaktive Lehrprogramme, die online angeboten werden, sofern die Leistungen des Lernenden nicht vom Lehrenden kontrolliert werden.[57] Nicht von der Anwendung ausgeschlossen sind ferner Direktunterrichtsverträge.[58]

2. Verträge über die Teilzeitnutzung von Wohngebäuden (§ 312b Abs. 3 Nr. 2)

Verträge über die Teilzeitnutzung von Wohngebäuden im Sinne von 44 § 481 unterfallen der regelungstechnischen Übersichtlichkeit wegen ausschließlich den §§ 481 ff..[59] Hierbei handelt es sich um Verträge, durch die ein Unternehmer einem Verbraucher gegen Zahlung eines Gesamtpreises das Recht verschafft oder zu verschaffen verspricht, für die Dauer von mindestens drei Jahren ein Wohngebäude oder einen Teil eines Wohngebäudes jeweils für einen bestimmten oder zu bestimmenden Zeitraum des Jahres zu Erholungs- oder Wohnzwecken zu nutzen (§ 481 Abs. 1 S. 1, Abs. 3). Das Recht kann ein dingliches oder anderes Recht sein und insbesondere auch durch eine Mitgliedschaft in einem Verein oder einem Anteil an einer Gesellschaft eingeräumt werden (§ 481 Abs. 1 S. 2). Es kann auch darin bestehen, die Nutzung eines Wohngebäudes jeweils aus einem Bestand von Wohngebäuden zu wählen (§ 481 Abs. 2).

3. Verträge über Versicherungen sowie deren Vermittlung (§ 312b Abs. 3 Nr. 3)

Die Vorschrift in der ab 8. 12. 2004 gültigen Fassung nimmt lediglich 45 noch Versicherungs- und Versicherungsvermittlungsverträge von der Anwendung der §§ 312b bis 312f aus. Zwar handelt es sich auch insoweit um Finanzdienstleistungen im Sinn von § 312b Abs. 1 Satz 2. Die auch hier europarechtlich notwendige Anpassung des nationalen Rechts erfolgt jedoch über die Änderung des Gesetzes über den Versicherungsvertrag.[60] Da der Versicherungsvertrag im Versicherungsvertragsgesetz eine geschlossene Regelung erfahren hat, hat sich der Gesetzgeber dafür entschieden, die insoweit notwendigen Regelungen dort in den §§ 48a ff. einzuarbeiten.[61]

Anders die Systematik für Verbraucherdarlehens- und Darlehensver- 46 mittlungsverträge: Für sie gelten ab 8. 12. 2004 einerseits die Bestimmungen des Fernabsatzrechts in §§ 312b bis 312f, sofern der Vertrag ausschließlich

---

[57] MüKo-*Wendehorst* § 312b Rdn. 67.
[58] MüKo-*Wendehorst* § 312b Rdn. 67.
[59] Vgl. Erman-*Saenger* § 312b Rdn. 10; Müko-*Wendehorst* § 312b Rdn. 70, 71.
[60] Vgl. Art. 6 des Gesetzes zur Änderung der Vorschriften über Fernabsatzverträge bei Finanzdienstleistungen vom 2. 12. 2004, BGBl. I 3102.
[61] Vgl. BR-Drucks. 84/04 vom 30. 1. 2004, S. 33.

mittels Fernkommunikationsmitteln geschlossen wurde, zum anderen die verbraucherschützenden Vorschriften der §§ 491 ff.

4. Verträge über die Veräußerung von Grundstücken und grundstücksgleichen Rechten sowie über die Errichtung von Bauwerken (§ 312b Abs. 3 Nr. 4)

47 Erfasst sind sowohl das schuldrechtliche als auch das dingliche Geschäft. Grundstücksgeschäfte unterliegen jedoch in weitem Umfang besonderer Formerfordernisse, sodass ein Vertrag im Fernabsatz regelmäßig nicht wirksam abgeschlossen werden kann. Als dingliche Rechte an Grundstücken oder grundstücksgleichen Rechten kommen insbesondere alle Rechte in Betracht, die in §§ 1018 bis 1203, 31 ff. WEG geregelt sind, sowie landesrechtliche (Art. 55 ff. EGBGB), altrechtliche (Art. 153 ff. EGBGB) und im Beitrittsgebiet fortbestehende (Art. 233 EGBGB) dingliche Rechte. Anwendbar ist das Fernabsatzrecht dagegen auf Mietverträge und anderweitige schuldrechtliche Wohnrechte.

48 Verträge über die Errichtung von Bauwerken liegen nur vor, wenn nach dem Vertragsinhalt das Grundstück wesentlich umgestaltet werden soll und der Vertrag deshalb den klassischen Immobiliengeschäften gleich gestellt werden kann. Dagegen hat es nach dem Schutzzweck des Gesetzes bei der Anwendbarkeit des Fernabsatzrechts zu bleiben, wenn der Vertrag lediglich Erneuerungs-, Umbau- oder Erweiterungsmaßnahmen an einem bestehenden Bauwerk betrifft, ebenso, wenn es sich um ein Bauwerk ganz untergeordneter Funktion und Größe handelt, z. B. beim Bau eines Gartenschuppens oder Carports.[62]

49 Da die Vorschrift aufgrund ihres Ausnahmecharakters eng auszulegen ist, kann auch der reine Kaufvertrag über ein Fertighaus den Vorschriften des Fernabsatzrechts unterfallen, sofern nicht zugleich dessen Errichtung geschuldet ist und beide Teile nicht getrennt werden können.[63]

5. Verträge über die Lieferung von Lebensmitteln und Haushaltsgegenständen des täglichen Bedarfs (§ 312b Abs. 3 Nr. 5)

50 Lebensmittel und Getränke sind feste oder flüssige Stoffe, die dazu bestimmt sind, in unverändertem, zubereitetem oder verarbeitetem Zustand von Menschen verzehrt zu werden, sofern diese Stoffe nicht überwiegend dazu bestimmt sind, zu anderen Zwecken als zur Ernährung oder zum Genuss verzehrt zu werden (so § 1 LMBG).

---

[62] Müko-*Wendehorst* § 312b Rdn. 79; Erman-*Saenger* § 312b Rdn. 15 und *Lütcke* § 312b Rdn. 115: Auf,- Ab,- Um,- Einbau- und Renovierungsarbeiten; Bamberger/Roth-*Schmidt-Räntsch* § 312b Rdn. 40 a. E. und Palandt-*Heinrichs* § 312b Rdn. 14 für Erneuerung, Um- und Ausbau.

[63] Müko-*Wendehorst* Rdn. 79; a. A. *Härting* § 1 FernAbsG Rdn. 120, 121.

Haushaltsgegenstände des täglichen Bedarfs sind jedenfalls Verbrauchsgüter wie Reinigungsmittel, Mittel zur Körperpflege, Toilettenpapier etc. Nach weitergehender Auffassung fällt praktisch das gesamte Sortiment eines Supermarkts einschließlich Zeitschriften und Gebrauchsgütern wie Videokassetten und CD-ROMs unter den Ausnahmetatbestand. Eine klare Abgrenzung ist danach kaum möglich 51

Die betreffenden Gegenstände müssen regelmäßig und häufig an den Wohnsitz, Aufenthaltsort oder Arbeitsplatz des Verbrauchers geliefert werden. Die Ausnahme setzt voraus, dass sie vom Unternehmer selbst bzw. seinen Mitarbeitern geliefert werden. Dagegen greift der Ausnahmetatbestand nicht ein, wenn sich der Unternehmer der Deutschen Post AG oder eines vergleichbaren Logistik-Unternehmens bedient, das Aufträge prinzipiell von jedermann entgegennimmt. 52

Voraussetzung ist weiter, dass die Belieferung durch den Unternehmer im Rahmen häufiger und regelmäßiger Fahrten an den Wohnsitz, Aufenthaltsort oder Arbeitsplatz des Verbrauchers[64] erfolgt. Dabei kann es nach zutreffender Ansicht weder auf die Gewohnheiten des betroffenen Verbrauchers noch darauf ankommen, ob der betroffene Unternehmer häufig an den Verbraucher liefert. Maßgeblich ist danach vielmehr die objektive Ausgestaltung des Angebots, also ob ein durchschnittlicher Verbraucher, der seinen Bedarf an bestimmten Gegenständen ganz oder überwiegend durch Lieferungen entsprechender Unternehmer decken möchte, regelmäßig und häufig Bestellungen aufgeben würde. Somit wäre die Lieferung von Heizöl von § 312b nicht erfasst, weil sie typischerweise nur ein oder zwei Mal im Jahr erfolgt, sehr wohl dagegen die Lieferung durch einen „Pizza-Service" oder Getränkehändler, auch wenn der Verbraucher tatsächlich zum ersten und letzten Mal eine Pizza bestellen sollte.[65] 53

Teilweise wird darauf hingewiesen, dass auf den Verbraucherschutz nur bei **Verbrauchs**gütern, nicht dagegen bei **Gebrauchs**gütern verzichtet werden kann.[66] Danach wären nur alltägliche Gebrauchsartikel wie Lebensmittel, Drogeriebedarf, Zeitungen, Kaffeefilterpapier u.a., nicht dagegen die Kaffeemaschine, andere elektrische Geräte, Möbel, Uhren, Bücher u.a. von der Anwendung der §§ 312b ff. ausgenommen.[67] 54

Nach u.E. zu weit gehender Ansicht sollen von § 312b Abs. 3 Nr. 5 dagegen alle Gegenstände fallen, die im Haushalt gebraucht oder verbraucht werden, also praktisch das gesamte Sortiment eines Supermarktes einschließlich Zeitschriften, Video-Kassetten, CD-Roms u.a.[68] Einigkeit be- 55

---

[64] Vgl. Müko-*Wendehorst* § 312b Rdn. 82; Erman-*Saenger* § 312b Rdn. 17: Lieferung an jeden beliebigen Ort.

[65] Müko-*Wendehorst* § 312b Rdn. 81, 83.

[66] Erman-*Saenger* § 312 Rdn. 17; *Lütcke* § 312b Rdn. 118, 119.

[67] Vgl. *Lütcke* § 312b Rdn. 118 a.E., 119.

[68] So Palandt-*Heinrichs* § 312b Rdn. 15; ebenso Bamberger/Roth-*Schmidt-Räntsch* § 312b Rdn. 42: auch Textilien, Reinigungsgeräte, kleinere Elektrogeräte wie z.B. ein

steht auch nach diesen Auffassungen darüber, dass die Fahrten häufig sein müssen, was etwa bei der täglichen oder wöchentlichen Lebensmittellieferung, nicht dagegen bei der jährlichen Heizöllieferung der Fall ist.[69]

6. Verträge über die Erbringung bestimmter Dienstleistungen bei Festlegung der Leistungszeit (§ 312b Abs. 3 Nr. 6)

56 Der Verbraucher ist hier vielfach bereits durch die Vorschriften, die in Umsetzung der Pauschalreiserichtlinie 90/314/EWG erlassen wurden (§§ 651a ff. mit §§ 4 bis 8 BGB-InfoV) hinreichend geschützt. Kennzeichnendes Merkmal der ausgenommenen Verträge ist, dass der Unternehmer nur eine begrenzte Anzahl von Kunden zur gleichen Zeit bedienen kann und daher die Leistungszeit im Voraus genau festgelegt wird. Dabei sollen an die Konkretisierung der Leistungszeit keine überspannten Anforderungen zu stellen sein und es etwa genügen, wenn die Gültigkeitsdauer einer Fahrkarte exakt datiert angegeben ist, auch wenn der Zeitraum mehrere Wochen beträgt.[70]

57 Im Regelungsbereich „Unterbringung" kann es hinsichtlich der Überlassung von Ferienwohnungen und Ferienhäusern zu Abgrenzungsschwierigkeiten zur Immobilienmiete kommen, die wegen Art. 3 Abs. 1 Spiegelstrich 4 FernAbsRL vom Fernabsatzrecht erfasst sein muss. Liegt der Schwerpunkt der Leistungserbringung bei diesen Verträgen im Bereich der Dienstleistung, dürfte der Ausnahmetatbestand erfüllt sein. Andernfalls sind die Vorschriften der §§ 312bff. anzuwenden.

58 Dasselbe gilt für Verträge über Einzelleistungen (z.B. Übernachtung in einem Hotel, Bahnfahrt zu einem bestimmten Ort, Besuch einer bestimmten Theatervorstellung) und über ein ganzes Leistungspaket (z.B. Pauschalreisen, Party-Service). Hier genügt es, wenn das Leistungspaket seinem Gepräge nach insgesamt dem Bereich Unterbringung, Beförderung oder Freizeitgestaltung zuzuordnen ist, auch wenn einzelne Leistungsbestandteile nicht ausdrücklich im Ausnahmetatbestand genannt sind.[71]

59 Die in § 312b Abs. 2 Nr. 6 genannte „Dienstleistung" bei der Lieferung von Speisen bezieht sich etwa auf einen Catering-Service[72] oder die Reservierung eines Platzes in einem Restaurant,[73] soweit sie nicht bereits

---

Fön oder Toaster, Gartenartikel, nicht dagegen PCs und Heizöl; zu Recht ablehenend: Erman-*Saenger* § 312b Rdn. 17 und Lütcke § 312b Rdn. 118, 119 und Müko-*Wendehorst* § 312b Rdn. 81.

[69] Bamberger/Roth-*Schmidt-Räntsch* § 312b Rdn. 43, 44; Palandt-*Heinrichs* § 312b Rdn. 15; ebenso *Lütcke* § 312b Rdn. 122.

[70] MüKo-*Wendehorst* Rdn. § 312b Rdn. 85.

[71] Müko-*Wendehorst* § 312b Rdn. 86; Lütcke § 312b Rdn. 127, 129: auch Leistungen des öffentlichen Nahverkehrs sind von der Ausnahme erfasst.

[72] Erman-*Saenger* § 312b Rdn. 19; *Lütcke* § 312b Rdn. 130.

[73] *Lütcke* § 312b Rdn. 130.

von der „Unterbringung“, etwa im Rahmen einer Voll- oder Halbpension, erfasst wird.[74]

7. Vertragsabschluss unter Verwendung von Warenautomaten (§ 312b Abs. 3 Nr. 7)

§ 312b Abs. 3 Nr. 7a bezieht sich auf Verträge, die unter Verwendung von Warenautomaten, etwa Getränke- oder Zigarettenautomaten[75] geschlossen werden. 60

Bei Automatenverträgen werden nicht nur die zum Vertragsschluss führenden Erklärungen, sondern auch die Erfüllungshandlungen mittels derselben technischen Einrichtung vorgenommen bzw. entgegengenommen. Der Ausnahmetatbestand ist daher nicht gegeben, wenn der Vertrag eine spätere Nutzung der automatischen Einrichtungen betrifft (z.B. Kaufvertrag über Telefonkarte) oder soweit die Benutzung eines Automaten oder Fernsprechers dazu dient, einen weiteren Vertrag zu schließen, dessen Erfüllung durch die Benutzung der technischen Einrichtung lediglich mittelbar ermöglicht wird, wie dies beispielsweise beim Ansagedienst oder Call-by-Call-Service der Fall ist.[76] 61

Unter den Begriff der „automatisierten Geschäftsräume“ fallen insbesondere Münzwäschereien, Sonnenstudios u.a.,[77] jedenfalls bis zum in Kraft treten des Gesetzes zur Änderung der Vorschriften des Fernabsatzgesetzes am 8. 12. 2004 auch Bankautomaten.[78] Nach Sinn und Zweck der Ausnahmevorschrift des § 312b Abs. 3 Nr. 7, wonach in den dort beschriebenen Situationen die Erfüllung der – umfangreichen – Informationspflichten nur schwer oder gar nicht möglich ist,[79] gilt die Vorschrift weiterhin auch für Bankautomaten. 62

Der Anwendungsausschluss nach § 312b Nr. 7b erfasst neben öffentlichen Fernsprechern auch öffentliche Telefaxgeräte und E-Mail-Terminals.[80] 63

V. Vertragsvereinbarung mit Folgevorgängen

Bei Vertragsverhältnissen, die eine erstmalige Vereinbarung mit daran anschließenden aufeinander folgenden Vorgängen umfassen, finden die Vorschriften über Fernabsatzverträge gem. § 312b Abs. 4 S. 1 nur auf die erste Vereinbarung Anwendung. Geregelt werden Verträge etwa über Girokonten oder Depots, bei denen eine Vereinbarung geschlossen wird, die in 64

---

[74] *Lütcke* § 312b Rdn. 130.
[75] Vgl. *Lütcke* § 312b Rdn. 135.
[76] MüKo-*Wendehorst* § 312b Rdn. 90.
[77] Erman-*Saenger* § 312b Rdn. 22.
[78] *Lütcke* § 312b Rdn. 136; E RS § 312b Rdn. 22.
[79] Vgl. Müko-*Wendehorst* § 312b Rdn. 21.
[80] Müko-*Wendehorst* § 312b Rdn. 91; Palandt-*Heinrichs* § 312b Rdn. 18.

einem zeitlichen Zusammenhang durch Einzelüberweisungsverträge bzw. Einzelanschaffungen auf das Depot ausgefüllt werden. Hier sollen die Informationspflichten und das Widerrufsrecht nur auf die erste Vereinbarung, nicht aber bei dem einzelnen Überweisungsvertrag oder der einzelnen Anschaffung auf das Depot Anwendung finden. Ein Schutzbedürfnis des Verbrauchers wurde vom Gesetzgeber hinsichtlich der ausfüllenden Folgemaßnahmen nicht gesehen. Damit besteht hinsichtlich der ausfüllenden Folgemaßnahmen weder ein Widerrufsrecht noch die in § 312c angesprochenen Informationspflichten.

65 Anders ist es allerdings, wenn der Erstvertrag durch eine im Fernabsatz geschlossene Zusatzvereinbarung um neue Komponenten erweitert wird[81] oder gem. § 312b Abs. 4 S. 2 eine auf eine dauerhafte Geschäftsverbindung angelegte Erstvereinbarung fehlt, aber gleichartige Verträge wie etwa Heizöllieferungen oder ein Wäschedienst in einem zeitlichen Zusammenhang geschlossen und abgewickelt werden. Im zweiten Fall besteht ein Widerrufsrecht für die gleichartigen Folgeverträge, jedoch keine Informationspflicht. Im ersten Fall fällt die nachfolgende Zusatzvereinbarung, die den ursprünglichen Vertrag um neue Komponenten erweitert, in vollem Umfang unter den Anwendungsbereich der §§ 312b ff.[82] Findet länger als ein Jahr kein Vorgang der gleichen Art statt, so gilt der nächste Vorgang gem. § 312b Abs. 4 S. 3 als der erste Vorgang einer neuen Reihe.

C. Pflicht zur Vorabinformation nach § 312c Abs. 1

I. Gegenstand der Informationspflicht

1 Gemäß § 312c Abs. 1 hat der Unternehmer dem Verbraucher rechtzeitig vor Abgabe von dessen Vertragserklärung die Information zur Verfügung zu stellen, für die dies in der Rechtsverordnung nach Art. 240 EGBGB bestimmt ist. Das Gesetz folgt mit der in § 312c Abs. 1 und 2 getroffenen Regelung dem in der Richtlinie angelegten „zweigleisigen" System der Vorabinformation einerseits und der Mitteilung in Textform andererseits. Diese Zweiteilung setzt sich in der am 8. 12. 2004 in Kraft getretenen, teilweise erweiterten **BGB-Informationspflichtenverordnung (BGB-InfoV)** fort.

2 Welche Information dem Verbraucher nach § 312c Abs. 1 zur Verfügung zu stellen sind, ist im Einzelnen in § 1 Abs. 1 bis 3 BGB-InfoVO geregelt. (zu den wesentlichen Inhalten des § 1 BGB-InfoV s. unten Rdn. 5f.). Die Informationen, die dem Verbraucher nach § 312c Abs. 2 in Textform mitzuteilen sind, werden in Absatz 4 des § 1 BGB-InfoV konkretisiert. Dabei

[81] Vgl. Palandt-*Heinrichs* § 312b Rdn. 19 a. E.
[82] Vgl. BR-Drucks. 84/04 vom 20. 1. 2004, S. 35.

schließt die nach § 312c Abs. 2 mitzuteilende Information die nach § 312c Abs. 1 geschuldete Vorabinformation mit ein, sodass der Regelung in § 312c Abs. 1 für den Verbrauchervertrag keine wesentliche Bedeutung zukommt (vgl. unten C. Rdn. 15ff.).

Das am 8. 12. 2004 in Kraft getretene Gesetz zur Änderung der Vorschriften über Fernabsatzverträge bei Finanzdienstleistungen hat das Tatbestandsmerkmal „informieren" durch den Begriff „Informationen zur Verfügung zu stellen" ersetzt, damit aber lediglich eine redaktionelle Klarstellung bezweckt, um auszuschließen, dass ein Informationserfolg im Sinn eines nachprüfbaren Erkenntnisgewinns beim Verbraucher geschuldet ist. 3

Eine ausdrückliche Regelung, in welcher Sprache die Information zu erteilen ist, enthält weder das Gesetz noch die Richtlinie. Ist auf den Vertrag deutsches Recht anwendbar und ist Verhandlungssprache deutsch, sind die Informationen in deutscher Sprache zu erteilen.[83] Für Finanzdienstleistungen sieht § 1 Abs. 2 Nr. 6 BGB-InfoV eine Regelung vor, wonach die Wahl der Sprache vom Unternehmer unter Zustimmung des Verbrauchers erfolgt. 4

II. Pflichtangaben bei der Lieferung von Waren und der Erbringung von Dienstleistungen sowie Finanzdienstleistungen

1. Pflichtangaben nach § 1 Abs. 1 BGB-InfoV

Im Einzelnen hat der Unternehmer gemäß § 1 Abs. 1 BGB-InfoV unter anderem anzugeben (vgl. hierzu 2. Teil, F. Rdn. 203ff.): 5

1. Seine Identität unter Angabe des öffentlichen Unternehmensregisters, bei dem der Rechtsträger des Unternehmens eingetragen ist einschließlich der Registernummer.
   Die Angabe ist in Art 3 Abs. 1a der Fernabsatzrichtlinie über Finanzdienstleistungen vorgeschrieben. Ergänzt wurde die Vorschrift zur bisherigen Fassung unter anderem um Registernummer und gleichwertige Kennung. Die Benennung des Registers wurde aufgenommen, da die Mitteilung der bloßen Handelsregisternummer dem Gesetzgeber wertlos erschien. Der Begriff Unternehmensregister umfasst außer dem Handelsregister alle denkbaren weiteren Register, also auch das Genossenschaftsregister und das Partnerschaftsregister. Das Tatbestandsmerkmal der gleichwertigen Kennung ist derzeit ohne Bedeutung, kann aber in der Zukunft bei Einführung einer einheitlichen Wirtschaftsnummer oder ähnlichem relevant werden.
2. Gegebenenfalls die Identität eines Vertreters des Unternehmers in dem Mitgliedstaat, in dem der Verbraucher seinen Wohnsitz hat.

[83] Palandt-*Heinrichs* § 312c Rdn. 2.

3. Die ladungsfähige Anschrift des Unternehmers und jede andere Anschrift, die für die Geschäftsbeziehung zwischen ihm, seinem Vertreter und dem Verbraucher maßgeblich ist. Die Angabe nach Nummer 3 war bisher nicht im Katalog der Vorabinformation enthalten sondern nur für die Mitteilung in Textform vorgesehen. Zur Angabe einer „ladungsfähigen Anschrift" genügt die Angabe einer Postfachanschrift nicht. Die gesetzlich vorgeschriebene Unterrichtung ist nicht „klar und verständlich" i.S.v. § 312c Abs. 1 erfolgt, wenn sie in kleiner Schrift an versteckter Stelle einer Werbeanzeige erscheint und der Verbraucher nach Sachlage keine Veranlassung hat, nach weiteren Angaben zu suchen, weil er annimmt, die vollständigen Informationen bereits erhalten zu haben.[84]
4. Wesentliche Merkmale der Ware oder Dienstleistung sowie darüber, wie der Vertrag zustande kommt. Besteht die durch ein Fernsehabsatzgeschäft angebotene Dienstleistung etwa in der Weiterleitung eines Lottotipps an eine Lottogesellschaft, so ist die geschuldete Information über wesentliche Merkmale der Dienstleistung nur dann klar und unmissverständlich erteilt, wenn dem Verbraucher nahe gebracht wird, dass er die Wette nicht mit dem Unternehmer abschließt, sondern der Vertrag nur die Dienstleistung der Weitergabe seines Tipps an ein anderes Unternehmen gegen Zahlung eines Lohnes umfasst.[85]
5. Die Mindestlaufzeit des Vertrags, wenn dieser eine dauernde oder regelmäßig wiederkehrende Leistung zum Inhalt hat.
6. Einen Vorbehalt, eine in Qualität und Preis gleichwertige Leistung zu erbringen, und einen Vorbehalt, die versprochene Leistung im Fall ihrer Nichtverfügbarkeit nicht zu erbringen. Diese Regelung war bislang unter Nr. 5 von § 1 Abs. 1 BGB-InfoV aufgeführt. Die Vorschrift macht von der Option in Artikel 7 Abs. 3 der allgemeinen Fernabsatzrichtlinie Gebrauch, der den Mitgliedstaaten erlaubt, dem Unternehmer die Möglichkeit einzuräumen, eine Ersetzungsbefugnis zu vereinbaren, aber zugleich eine entsprechende Unterrichtung des Verbrauchers voraussetzt. Aufgrund der Regelung ist der Unternehmer, der eine versprochene Ware oder Dienstleistung nicht liefern kann, nicht grundsätzlich zur Ersetzung berechtigt. Möglich ist dies nur bei einer entsprechenden vertraglichen Regelung, ggf. unter Beachtung des § 308 Nr. 4.
7. Den Gesamtpreis der Ware oder Dienstleistung einschließlich aller Preisbestandteile.
8. Zusätzlich anfallende Liefer- und Versandkosten sowie den Hinweis auf möglicherweise anfallende Steuern oder Kosten.
9. Einzelheiten hinsichtlich Zahlung und Lieferung.

---

[84] OLG Hamburg NJW 2004, 1114.
[85] OLG Karlsruhe NJW-RR 2002, 1127.

10. Das Bestehen eines Widerrufs- oder Rückgaberechts sowie die näheren Bedingungen über Einzelheiten der Ausübung und die Rechtsfolgen des Widerrufsrechts. Die Regelung ist deutlich umfangreicher als die Vorgängerregelung in § 1 Abs. 1 Nr. 9 BGB-InfoV. Die Änderung war notwendig aufgrund Artikel 3 Abs. 1 Nr. 3a und d der Richtlinie über den Fernabsatz von Finanzdienstleistungen, gilt jedoch nunmehr für sämtliche Fernabsatzverträge. Erfolgt die Information in Textform und genügt sie den weiteren Anforderungen des § 355 Abs. 2 (deutlich gestaltete Belehrung, die dem Verbraucher seine Rechte deutlich macht), kann die Erfüllung der Informationspflicht nach § 312c Abs. 1 und 2 sowie die Belehrung nach § 355 Abs. 2 in einem einzigen Vorgang erfolgen.[86] Eine unbillige Belastung der Unternehmer wird weiter dadurch aufgefangen, dass das in Anlage 2 der BGB-InfoV enthaltene Belehrungsmuster eine Vorgabe enthält, wie die Informationspflicht nach der neuen Regelung erfüllt werden kann. Die Angabe des Betrags, den der Verbraucher im Fall des Widerrufs oder der Rückgabe gemäß § 357 Abs. 1 zu zahlen hat, dürfte in einer Reihe von Fallkonstellationen nicht möglich sein. Teilweise muss dann eine Ca-Angabe oder die Angabe der Bemessungsfaktoren genügen. Ein Redaktionsversehen ist die Aufnahme des Tatbestandsmerkmals „für die erbrachte Dienstleistung". Eine solche kann per se nicht zurückgegeben werden, vgl. § 356 Abs. 2.
11. Alle vom Verbraucher zu tragenden spezifischen zusätzlichen Kosten, die der Verbraucher für die Benutzung des Fernkommunikationsmittels zu tragen hat. Der Unternehmer, der Waren im Fernabsatzgeschäft vertreibt, muss auch dann die von ihm in Rechnung gestellten Versandkosten vor Abschluss des Kaufvertrages in bezifferter Form bekannt geben, wenn die Kosten für den Warenversand im Einzelfall nach Umfang und Art der Bestellung unterschiedlich hoch sind.[87]
12. Gegebenenfalls eine Befristung der Gültigkeitsdauer der zur Verfügung gestellten Informationen.

2. Zusätzliche Pflichtangaben nach § 1 Abs. 2 BGB-InfoV bei der Erbringung von Finanzdienstleistungen

Weitergehende Informationspflichten gelten beim Angebot von Finanzdienstleistungen. Hier hat der Unternehmer nach § 1 Abs. 2 BGB-InfoV zusätzlich über folgende Umstände zu informieren: 6

1. Die Hauptgeschäftstätigkeit des Unternehmers und die zuständige Aufsichtsbehörde.
2. Gegebenenfalls Erteilung von Hinweisen auf spezielle Risiken des auf die angebotene Finanzdienstleistung bezogenen Finanzinstruments.
3. Die vertraglichen Kündigungsbedingungen und etwaige Vertragsstrafen.

---

[86] Palandt-*Heinrichs* § 312d Rdn. 5; *Lütcke* § 312d Rdn. 45.
[87] OLG Frankfurt WRP 2002, 1309f.

4. Die Mitgliedstaaten der EU, deren Recht der Unternehmer der Aufnahme von Beziehungen zum Verbraucher vor Abschluss des Fernabsatzvertrags zugrunde legt.
5. Eine Vertragsklausel über das auf den Fernabsatzvertrag anwendbare Recht oder über das zuständige Gericht.
6. Die Sprache der Vertragskommunikation.
7. Einen möglichen Zugang des Verbrauchers zu außergerichtlichen Rechtsbehelfen.
8. Das Bestehen eines Garantiefonds oder anderer Entschädigungsregelungen.

3. Transparenzgebot

7 Die Information nach § 312c Abs. 1 in Verbindung mit § 1 Abs. 1 bis 3 BGB-InfoV hat jeweils klar und verständlich unter Angabe des geschäftlichen Zwecks entsprechend dem eingesetzten Fernkommunikationsmittel zu erfolgen.[88]

8 Der Unternehmer genügt nicht den gesetzlichen Anforderungen an Fernabsatzverträge, wenn er die Informationen zur Anbieterkennzeichnung im Rahmen seines Internetauftritts nur und ohne hinführenden Hinweis oder Link auf der Seite mit seinen Allgemeinen Geschäftsbedingungen zum Abruf bereit hält[89] oder wenn er bei einem Fernabsatzgeschäft im Internet nach § 1 BGB-InfoV erforderliche Informationen für den Verbraucher nur über einen Link „Kontakt" zu erreichen und dort unter der Überschrift „Impressum" angeführt sind.[90]

9 Ist ein mit „Impressum" beschrifteter Link auf einem kommerziellen Internetangebot so platziert, dass er bei einer Bildschirmauflösung von 1024 × 768 Bildpunkten erst mittels Scrollens auf der vierten Bildschirmseite sichtbar wird, sind die Pflichtinformationen weder leicht erkennbar noch unmittelbar erreichbar.

10 Die Pflichtinformationen des Telediensteanbieters müssen an gut wahrnehmbarer Stelle und ohne langes Suchen und jederzeit auffindbar sind. Leichte Erkennbarkeit besteht bei der Möglichkeit einer einfachen und effektiven optischen Wahrnehmung, unmittelbare Erreichbarkeit bei einer Zugangsmöglichkeit ohne wesentliche Zwischenschritte.[91]

11 Nach anderer Auffassung kann eine Anbieterkennzeichnung, die über einen doppelten Link mittels „Kontakt" und „Impressum" aufgerufen werden kann, den Anforderungen des Transparenzgebots gemäß § 312c Abs. 1 Satz 1 genügen.[92]

---

[88] Vgl. hierzu ausführlich Bamberger/Roth-*Schmidt-Räntsch* § 312c Rdn. 2–4; Erman-*Saenger* § 312c Rdn. 18–20.

[89] OLG Frankfurt WRP 2002, 1309, 1310; CR 2001, 782; Erman-*Saenger* § 312c Rdn. 25; a. A. *Mankowski* CR 2001, 767, 771.

[90] OLG Karlsruhe NJW-RR 2002, 1127.

[91] OLG München MMR 2004, 321.

[92] OLG München MMR 2004, 36, 37 = NJW-RR 2004, 913, 914.

III. Einschränkungen im Umfang der Informationspflicht

Bei Telefongesprächen braucht der Unternehmer dem Verbraucher keine ladungsfähige Anschrift nach § 1 Abs. 1 Nr. 3 BGB-InfoV zur Verfügung zu stellen, es sei denn, der Verbraucher hat eine Vorauszahlung zu leisten. 12

Bei Finanzdienstleistungen entfallen bei telefonischer Akquisitionstätigkeit die besonderen Informationserfordernisse nach § 1 Abs. 2 BGB-InfoV. 13

Die genannten Erleichterungen gelten nach § 1 Abs. 3 Satz 2 BGB-InfoV nur, wenn der Unternehmer den Verbraucher darüber informiert hat, dass auf Wunsch weitere Informationen übermittelt werden können und welcher Art diese Informationen sind, und der Verbraucher ausdrücklich auf die Übermittlung der weiteren Informationen vor Abgabe seiner Vertragserklärung verzichtet hat. Damit hat der Unternehmer den Verzicht des Verbrauchers ggfs. zu beweisen. 14

IV. Zeitpunkt der Information

1. Vor Abgabe der Verbrauchererklärung

Die Informationspflichten gemäß § 312c Abs. 1 i.V.m. § 1 BGB-InfoV werden durch die bloße Kontaktaufnahme zwischen Unternehmer und Verbraucher ausgelöst. 15

Die Pflichten sind vom Unternehmer rechtzeitig vor Abgabe einer Vertragserklärung durch den Verbraucher zu erfüllen. Das Gesetz zur Änderung der Vorschriften über Fernabsatzverträge bei Finanzdienstleistungen vom 2. 12. 2004 hat den Zeitpunkt der Pflichtenerfüllung leicht nach vorne verlagert, um dadurch den Vorgaben in Art. 3 Abs. 1 der Fernabsatzrichtlinie Rechnung zu tragen und zu gewährleisten, dass die Information den Verbraucher zu einem Zeitpunkt erreicht, in dem er noch ungebunden über die Eingehung einer rechtsgeschäftlichen Verpflichtung entscheiden kann. 16

War hinsichtlich der bis 7. 12. 2004 geschlossenen Verträge die Pflicht rechtzeitig vor Abschluss eines Fernabsatzvertrags zu erfüllen, war damit nicht hinreichend sicher, dass der Kunde eine vertragliche Bindung im Zeitpunkt der Information noch vermeiden konnte, da der Verbraucher nach § 145 zunächst an seinen einmal abgegebenen Antrag gebunden ist und es allein in der Hand des Unternehmers lag, den Vertrag zustande kommen zu lassen. 17

In der Regel stellt die Präsentation der Ware im Internet lediglich eine invitatio ad offerendum des Unternehmers dar, auf die der Verbraucher mit einer Bestellung reagiert und hierdurch ein verbindliches Angebot zum Vertragsschluss abgibt. Durch den nunmehr geltenden Wortlaut ist klar, dass die Information noch vor Abgabe des Verbraucherangebots und damit vor der Bindung des Kunden zu erteilen ist. 18

19 Der Gesetzgeber verkennt nicht die Empfangsbedürftigkeit der Bestellung des Verbrauchers. Jedoch ist nach Abgabe und vor Zugang seiner Willenserklärung dem Verbraucher die erforderliche Information nur dann von Nutzen, wenn er seinen Widerruf unmittelbar danach erklären würde und davon ausgehen könnte, dass der Widerruf seiner Bestellerklärung gleichzeitig oder schon vorher beim Unternehmer eingeht (vgl. § 130 Abs. 1). Der Gesetzgeber hat deshalb zu recht auf die Abgabe der Verbrauchererklärung abgestellt.

20 Der Begriff der Rechtzeitigkeit wird weder von der Richtlinie noch vom Gesetz näher festgelegt, sodass es Aufgabe der Rechtsprechung sein wird, den Begriff im Einzelfall auszufüllen. Eine im Sinne des § 312c Abs. 1 S. 1 rechtzeitige Information erfordert unter Berücksichtigung der insoweit maßgeblichen konkreten Umstände, unter denen der Unternehmer seine Leistung erbringt, noch keine Information des Kunden über die zu zahlenden Preise bereits im Rahmen einer Werbemaßnahme, mag diese auch das Angebot konkret bezeichnen. Eine Offenlegung der Preise unmittelbar nach der Kontaktaufnahme durch den Kunden genügt.[93]

2. Zu Beginn jedes Gesprächs

21 Erfolgt der geschäftliche Kontakt durch ein vom Unternehmer veranlasstes Telefongespräch, hat dieser über die in § 1 Abs. 1 BGB-InfoV aufgeführten Punkte hinaus zu Beginn jedes Gesprächs seine Identität und den geschäftlichen Zweck des Kontakts ausdrücklich offen zu legen, § 312c Abs. 1 Satz 2.

V. Rechtsfolgen von Verstößen:

1. Keine Nichtigkeit des Rechtsgeschäfts

22 Ein Verstoß gegen die Informationspflichten des § 312c führt nicht zur Nichtigkeit des Rechtsgeschäfts.[94]

2. Keine Auswirkungen auf den Fristbeginn

23 Anders als ein Verstoß gegen § 312c Abs. 2 (rechtzeitige Mitteilung der Vertragsbestimmungen) hat derjenige gegen § 312c Abs. 1 i.V.m. § 1 Abs. 1, Abs. 2, Abs. 3 keine Auswirkungen auf den Beginn der Widerrufsfrist; diese verschiebt sich nicht –wie im Falle des § 312c Abs. 2 i.V.m. § 312d Abs. 2 – auf den Zeitpunkt der nachträglichen Erfüllung dieser Informationspflichten.[95]

---

[93] BGH GRUR 2003, 973.

[94] Vgl. Anwaltkomm-*Ring* § 312c Rdn. 69; Bamberger/Roth-*Schmidt-Räntsch* § 312c Rdn. 27ff.; Erman-*Saenger* § 312c Rdn. 27, 38ff.; Müko-*Wendehorst* § 312c Rdn. 71ff., 120ff.; Palandt-*Heinrichs* § 312c Rdn. 12.

[95] *Boente/Riehm* Jura 2002, 222ff.; Erman-*Saenger* § 312c Rdn. 27, 37; *Lütcke* § 312c Rdn. 77; Palandt-*Heinrichs* § 312c Rdn. 12.

3. Verstoß gegen § 1 UWG

24 Die Nichterteilung oder mangelhafte Erteilung von Informationen nach § 312c i.V.m. § 1 BGB-InfoV kann aber eine Verletzung von § 1 UWG begründen.[96] Verstößt etwa der Unternehmer gegen seine gegenüber dem Verbraucher bestehende Pflicht zur Information darüber, wann nach seiner Auffassung ein Vertrag zwischen beiden zu Stande kommt und wann und in welcher Form die Zahlung der Vergütung zu erfolgen hat, stellt dies eine wettbewerbswidrige Handlung i.S.d. § 1 UWG dar.[97] Der Vorstoß gegen die Informationspflichten ist unter dem Gesichtspunkt des Vorsprungs durch Rechtsbruch wettbewerbswidrig.[98]

25 Benutzt der Verkäufer einer Internet-Versteigerung ein Pseudonym, verletzt er dadurch u.a. die ihn gem. § 6 TDG treffende Verpflichtung, seinen Namen und seine Anschrift, sowie weitere in dieser Vorschrift genannte Informationen leicht erkennbar, unmittelbar erreichbar und ständig verfügbar zu halten, als auch seine Informationspflichten aus §§ 312c Abs. 1 i.V. mit § 1 Abs. 1 BGB-InfoV. Diese Verletzung von Informationspflichten durch das anonyme Auftreten des Verkäufers während der Internet-Auktion soll jedoch nicht wettbewerbswidrig sein.[99]

26 Bei Verstößen gegen Informationspflichten nach § 312c kann der Unternehmer im Wege der Verbandsklage nach § 2 des Unterlassungsklagengesetzes in Anspruch genommen werden.[100]

4. Ausschluss eines Wertersatzanspruchs

27 Ferner kann die unterlassene Information über die Rechtsfolgen des Widerrufs nach § 312c Abs. 1 i.V.m. § 1 Abs. 1 Nr. 10 BGB-InfoV dazu führen, dass dem Unternehmer im Falle des Widerrufs ein Wertersatzanspruch nicht zusteht (vgl. § 312d Abs. 6).

5. Schadensersatzansprüche

28 Bei fahrlässiger Verletzung seiner Informationspflichten aus § 312c Abs. 1 – wie auch derjenigen aus § 312c Abs. 2 – kann der Verbraucher vom Unternehmer gem. § 280 Abs. 1, 241 Abs. 2, 311 Abs. 2 Nr. 1 einen – durch den Verstoß verursachten- Schaden liquidieren.[101] Wegen des bestehenden Widerrufsrechts wird es jedoch bei Verstößen gegen § 312c kaum zum Ein-

---

[96] Vgl. Bamberger/Roth-*Schmidt-Räntsch* § 312c Rdn. 27; Erman-*Saenger* § 312c Rdn. 27; Müko-*Wendehorst* § 312c Rdn. 71.

[97] LG Magdeburg NJW-RR 2003, 409, 410.

[98] LG Berlin MMR 2002, 630.

[99] LG Braunschweig GRUR-RR 2005, 25.

[100] Bamberger/Roth-*Schmidt-Räntsch* § 312c Rdn. 27; Erman-*Saenger* § 312c Rdn. 27; Müko-*Wendehorst* § 312c Rdn. 120; Palandt-*Heinrichs* § 312c Rdn. 12.

[101] Bamberger/Roth-*Schmidt-Räntsch* § 312c Rdn. 29; Müko-*Wendehorst* § 312c Rdn. 76, 123; Palandt-*Heinrichs* § 312c Rdn. 12.

tritt eines – kausalen – Schadens kommen.[102] Allerdings kommt gem. §§ 280 Abs. 1, 241 Abs. 2, 311 Abs. 2, 249 Abs. 1 eine Naturalrestitution in der Form der Vertragsaufhebung auch in den Fällen der §§ 312d Abs. 3, Abs. 4 in Betracht, in denen das Widerrufsrecht nicht besteht oder erloschen ist.[103]

D. Mitteilungspflichten nach § 312c Abs. 2

1 Gemäß § 312c Abs. 2 i.V.m. § 1 Abs. 4 BGB-InfoV n.F. und der in § 1 Abs. 4 Nrn. 1, 2 und 3a InfoV enthaltenen Verweisungen auf § 1 Abs. 1 Nrn. 1–12, § 1 Abs. 2 Nrn. 1–8 sowie bei bestimmten Dauerschuldverhältnissen auf § 1 Abs. 2 Nr. 3 hat der Unternehmer dem Verbraucher in Textform alle dort genannten Informationen und die weiteren in § 1 Abs. 4 Nr. 3b BGB-InfoV (mit den dortigen Verweisungen bzw. Nennungen) geregelten Einzelheiten mitzuteilen. Die Mitteilung in Textform soll dem Verbraucher zusätzlichen Schutz gewähren, da die mit Hilfe elektronischer Technologien verbreiteten Informationen häufig nicht beständig sind. Ist die Vorabinformation nach § 312c Abs. 1 bereits in Textform erfolgt, ist eine nochmalige Übermittlung nicht geschuldet.[104]

2 Zu den mitteilungsnotwendigen Angaben gehören unter anderem die Vertragsbestimmungen einschließlich allgemeiner Geschäftsbedingungen sowie Informationen über Kundendienst und geltende Gewährleistungs- und Garantiebedingungen, wozu nach u.E. zu weit gehender Ansicht auch die Information über die gesetzlichen Gewährleistungsbestimmungen gehören.[105]

3 Damit wird die eigenständige Bedeutung des § 312c Abs. 1 weiter reduziert. Die Mitteilungspflicht nach § 312c Abs. 2 ist für den Verbrauchervertrag hingegen insofern von Bedeutung, als die Übermittlung der Information in Textform die Widerrufsfrist nach § 312d Abs. 2 in Gang setzt.

4 Für die Mitteilung, also die Übermittlung der Information ist ausreichend, dass die Angaben dem Verbraucher in einer Urkunde oder in einer anderen lesbaren Form zugehen. Der Gesetzgeber hat die Übermittlung der Information als solche nicht näher ausgestaltet. Notwendig ist ein Zugang in lesbarer Form. Der Begriff des Zugangs rekurriert auf § 130. Erforderlich ist also, dass die Informationen den Verbraucher tatsächlich erreichen können.

5 Dabei müssen die Informationen für den Verbraucher unter Berücksichtigung von dessen konkreten Möglichkeiten lesbar sein. Der Unternehmer

---

[102] Vgl. Müko-*Wendehorst* § 312c Rdn. 76.

[103] Müko-*Wendehorst* § 312c Rdn. 76 m.w.N.

[104] Palandt-*Heinrichs* § 312c Rdn. 8.

[105] Müko-*Wendehorst* § 312c Rdn. 135; a.A. zutreffend Lütcke § 312c Rdn. 93: Hinweis nur dann erforderlich, wenn in den AGB von den gesetzlichen Bestimmungen der §§ 434ff., 633ff. abgewichen wird.

genügt diesem Erfordernis nicht, wenn er dem Verbraucher elektronische Informationen in Datei-Formaten übermittelt, die dieser mittels seiner Computerprogramme nicht lesen bzw. nicht problemlos konvertieren kann. Es sollte allerdings ausreichen, dass sich der Unternehmer eines gängigen, im Markt verbreiteten Mediums oder Programms bedient, jedenfalls wenn der Unternehmer vorab klarstellt, welcher Form der Informationsübermittlung er sich grundsätzlich gegenüber seinen Kunden bedient und dem Verbraucher zusätzlich die Option einräumt, im Einzelfall eine andere Form, zum Beispiel schriftliche Mitteilung zu wählen.[106]

Die Vorschrift unterscheidet entsprechend der unterschiedlichen Richtlinienvorgaben zwischen dem Fernabsatz von Finanzdienstleistungen und dem Fernabsatz von sonstigen Dienstleistungen und Waren. 6

I. Information in Textform

Die Textform ist gesetzlich in § 126b definiert als Erklärung in einer Urkunde oder auf andere zur dauerhaften Wiedergabe in Schriftzeichen geeigneten Weise, die die Person des Erklärenden nennt und den Abschluss der Erklärung durch Nachbildung der Namensunterschrift oder anders erkennbar macht. Damit ist der Unternehmer verpflichtet, die Information dem Verbraucher auf einem dauerhaften Datenträger zur Verfügung zu stellen. Dem Hinweis auf die Person des Erklärenden und der Kenntlichmachung des Abschlusses der Erklärung ist genügt, wenn aus dem Informationsdokument selbst erkennbar ist, von wem die Informationen stammen und wo das Dokument endet. 7

1. Nennung der Person des Erklärenden

Hinsichtlich der Angaben zur Herkunft der Informationen reicht es aus, wenn der Unternehmer auf dem Dokument seinen Namen bzw. bei juristischen Personen die Firma oder auch nur das dem Verbraucher bekannte Logo angibt. Weitergehende Konkretisierungen etwa wer innerhalb des Unternehmens, welche Abteilung, welcher Mitarbeiter usw. die Information abgegeben hat, sind nicht erforderlich.[107] 8

2. Kenntlichmachung des Abschlusses der Erklärung

Die Kenntlichmachung des Abschlusses der Information liegt typischerweise in einem bereits bislang schon gebräuchlichen Hinweis wie „Die Erklärung ist ohne Unterschrift gültig“ oder „Diese Erklärung ist nicht unterschrieben“. 9

---

[106] Anwaltkomm-*Ring* § 312c Rdn. 45.
[107] Anwaltkomm-*Ring* § 312c Rdn. 45.

3. Zur dauerhaften Wiedergabe geeignet

10 Die Textform erfasst umfassend neben Schriftstücken alle für die Übermittlung von Informationen geeigneten Medien, sofern diese nur zweierlei sicherstellen, (1) dass die Informationen dem Verbraucher in einer lesbaren Form zugehen und (2), dass sie diesem für eine angemessene Zeit in einer inhaltlich unveränderten Wiedergabe zur Verfügung stehen. Neben einer schriftlich fixierten Urkunde kommen damit auch weitere dauerhafte Datenträger, die die notwendigen Verbraucherinformationen enthalten können, in Betracht, also auch solche, bei denen die Übermittlung über ein anderes Medium als Papier erfolgt. Voraussetzung ist, dass dieses andere Medium den Zugang zu den Informationen in einer für den Verbraucher lesbaren Form sicherstellt. Lesbarkeit bedeutet nicht Maschinenlesbarkeit, sondern Schriftzeichen-Lesbarkeit.[108] Lesbare Form setzt voraus, dass dem Verbraucher in angemessener Zeit die Möglichkeit eröffnet wird, eine inhaltlich unveränderte Form der Informationen zu erlangen. Mündliche Erklärungen genügen deshalb nicht, auch wenn sie technisch auf einem dauerhaften Datenträger gespeichert sind wie etwa auf einem Anrufbeantworter auf einer Voice-Mail-Box.

11 Textform fordert nicht die körperliche Übergabe des Datenträgers. Notwendig ist nur der Zugang der mitzuteilenden Informationen beim Verbraucher im Sinn von § 130. Der Gesetzgeber hat die Übermittlungsform nicht geregelt. Die Übermittlung setzt aber voraus, dass sichergestellt ist, dass die Informationen dem Verbraucher in einer ausreichenden dauerhaften Form zugehen. Dies kann im Fall von E-Mails dadurch gewährleistet werden, dass die Informationen auf einem Server beim Online-Provider des Verbrauchers ankommen, auf den der Verbraucher durch einen Abruf seiner E-Mails regelmäßig zugreift. Etwas anderes gilt, wenn die Information lediglich auf der Web-Site des Unternehmers bereitgestellt ist. Damit wird kein Zugang Im Sinn des § 130 begründet. Anders dann, wenn ein Abruf durch Herunterladen („Downloaden“) der Informationen aus dem www. des Internets erfolgt, falls der Verbraucher die dabei erlangten Informationen bei sich auf seiner Festplatte, einer CD-ROM oder einer Diskette speichert oder einen Ausdruck fertigt.[109]

12 Wesentlich ist, dass die Wiedergabe der Informationen gegenüber dem Verbraucher inhaltlich unverändert möglich sein muss.

---

[108] Anwaltkomm-*Ring* § 312c Rdn. 48.

[109] Vgl. LG Kleve NJW-RR 2003, 196; Bamberger/Roth-*Schmidt-Räntsch* § 312c Rdn. 21: Textform ist bedrucktes Papier wie z.B. ein Fax, ein E-Mail, eine CD-ROM und eine Homepage nach download; Lütcke § 312c Rdn. 111, 113, 114: auch auf dem Server des Verbrauchers eingegangene E-Mail, ausgedruckte oder herunter geladene Mitteilung auf der Homepage, CD-ROM aber nur bei konkret bestehender Nutzungsmöglichkeit, insbes. vorhandenem Laufwerk; auch Müko-*Wendehorst* § 312c Rdn. 90 a.E., 91, 94; Palandt-*Heinrichs* § 312c Rdn. 7; a.A. noch OLG München ZIP 2001, 520, 523 = NJW 2001, 2236.

Sicherzustellen ist insbesondere, dass der Unternehmer die abgegebene Information nicht mehr nachträglich verändern kann.[110] Dieser Ausschluss des nachträglichen Zugriffs kann bei so genannten Readonly-Medien wie z.B. CD-ROM daneben aber auch ggfs. bei überschreibbaren Medien wie etwa Disketten oder Festplatten sichergestellt werden. 13

II. Zeitpunkt der Information

Hinsichtlich des Zeitpunkts unterscheidet das Gesetz in § 312c Abs. 2 S. 1 Nrn. 1 und 2 zwischen Finanzdienstleistungen und sonstigen Dienstleistungen bzw. Warenbestellungen. 14

1. Verträge über Finanzdienstleistungen

Bei Verträgen über Finanzdienstleistungen hat die Mitteilung nach § 312c Abs. 2 S. 1 Nr. 1 vor Abgabe der Vertragserklärung des Verbrauchers zu erfolgen. Wird der Vertrag auf Verlangen des Verbrauchers telefonisch oder unter Verwendung eines ähnlichen Kommunikationsmittels geschlossen, das die Mitteilung in Textform vor Vertragsschluss nicht zulässt, hat sie der Unternehmer unverzüglich nach Abschluss des Fernabsatzvertrags mitzuteilen.[111] 15

2. Verträge über sonstige Dienstleistungen oder Warenlieferungen

Hier hat die Mitteilung gem. § 312c Abs. 2 S. 1 Nr. 2 alsbald, spätestens bis zur vollständigen Erfüllung des Vertrags, bei Waren spätestens bis zur Lieferung an den Verbraucher zu erfolgen. Diese Mitteilung ist nach § 312c Abs. 2 S. 2 bei Dienstleistungen entbehrlich, die unmittelbar durch Einsatz von Fernkommunikationsmitteln erbracht werden, sofern diese Leistungen in einem Mal erfolgen und über den Betreiber der Fernkommunikationsmittel abgerechnet werden. Dabei geht es etwa um telefonische Ansagedienste.[112] 16

Bei Vorliegen der genannten gesetzlichen Voraussetzungen brauchen die Informationen dem Verbraucher also nicht in Textform mitgeteilt zu werden. Eine nachvertragliche Informationspflicht des Unternehmers entfällt. Dieser hat gem. § 312c Abs. 2 S. 3 jedoch zu gewährleisten, dass sich der Verbraucher über die Anschrift der Niederlassung des Unternehmers informieren kann, bei der er Beanstandungen vorbringen kann. 17

Die Regelung entspricht damit insgesamt der bis 7. 12. 2004 geltenden Vorgängerregelung in § 312c Abs. 2. 18

---

[110] Anwaltkomm-*Ring* § 312c Rdn. 54.

[111] Palandt-*Heinrichs* § 312c Rdn. 9.

[112] Vgl. Palandt-*Heinrichs* § 312c Rdn. 10 a.E.

III. Rechtsfolgen von Verstößen

1. Keine Nichtigkeit des Vertrages

19 Eine fehlende, unvollständige oder unrichtige Information nach § 312c Abs. 2 i.V.m. § 1 Abs. 4 InfoV führt nicht zur Nichtigkeit des Vertrages.[113]

2. Fristbeginn

20 Wie sich aus § 312d Abs. 2 ergibt, beginnt die dem Verbraucher nach § 312d Abs. 1 bei Fernabsatzverträgen eingeräumte Widerrufsfrist abweichend von § 355 Abs. 2 Satz 1 nicht vor Erfüllung der Mitteilungspflichten nach § 312c Abs. 2.

21 Allerdings erlosch das Widerrufsrecht bei den zwischen dem 1. 1. 2002 und dem 1. 11. 2002 geschlossenen Verträgen gem. § 355 Abs. 3 S. 1 a.F. unabhängig von der Erfüllung der Informationspflichten spätestens sechs Monate nach der Lieferung der Ware bzw. der Erbringung der Dienstleistung.[114] Mit dem OLG-VertrÄndG vom 23. 7. 2002 hat sich dies in einem wichtigen Punkt geändert (vgl. hierzu bereits oben 2. Teil, F. Rdn. 12ff.). Die Frist zum Widerruf bzw. zur Rückgabe beginnt in den nach dem 1. 11. 2002 geschlossenen Fernabsatzverträgen gem. § 355 Abs. 3 S. 2 nicht zu laufen, wenn der Verbraucher nicht bzw. nicht ordnungsgemäß über sein Widerrufsrecht belehrt worden ist.[115]

22 Bei den nach dem 1. 11. 2002 geschlossenen Fernabsatzverträgen kommt es jedoch nicht zur unbefristeten Widerruflichkeit wie im Fall des § 355 Abs. 3 S. 3 (bis zum 7. 12. 2004 geltende Fassung); vielmehr kann der Unternehmer die Belehrung nachholen und dadurch die zweiwöchige Frist des § 355 Abs. 1 S. 2 in Lauf setzen, soweit die Ware geliefert bzw. die Dienstleistung (mit Ausnahme von Finanzdienstleistungen) erbracht wurde.[116] Dies gilt auch für alle nach dem 7. 12. 2004 geschlossenen Fernabsatzverträge mit Ausnahme derjenigen, die Finanzdienstleistungen betreffen. Durch das Gesetz zur Änderung der Vorschriften über Fernabsatzverträge bei Finanzdienstleistungen wurden auch die bislang von der Anwendbarkeit ausgeschlossenen Finanzdienstleistungen in §§ 312b Abs. 1 S. 2, 312b Abs. 4, 312c Abs. 2 Nr. 1, Abs. 3, 312d Abs. 3 Nr. 1, 312d Abs. 4 Nr. 6, 312d Abs. 6, 355 Abs. 3 S. 3 2. Hs. aufgenommen. Gem. § 355 Abs. 3 S. 3 2. Hs., der am 8. 12. 2004 in Kraft getreten ist, erlischt das Widerrufsrecht *(nur)* bei

---

[113] S.o. C. Rdn. 22; Bamberger/Roth-*Schmidt-Räntsch* § 312c Rdn. 28; *Lütcke* § 312c Rdn. 132; Müko-*Wendehorst* § 312c Rdn. 120; Palandt-*Heinrichs* § 312c Rdn. 12.

[114] Vgl. *Lütcke* § 312c Rdn. 133; Müko-*Wendehorst* § 312c Rdn. 121 und § 312d Rdn. 68.

[115] Vgl. Bamberger/Roth-*Schmidt-Räntsch* § 312c Rdn. 28.

[116] Erman-*Saenger* § 312d Rdn. 7.

Fernabsatzverträgen über *Finanzdienstleistungen* nicht, wenn der Unternehmer seine Mitteilungspflicht gem. § 312c Abs. 2 Nr. 1 nicht erfüllt hat.

3. Verstoß gegen § 1 UWG

Verstößt der Unternehmer planmäßig gegen die durch § 312c Abs. 1 bzw. Abs. 2 normierten Pflichten, ist dies gem. § 1 UWG wettbewerbswidrig: Er kann er nach § 2 UklaG im Wege der Verbandsklage auf Unterlassung in Anspruch genommen werden. Gegebenenfalls können Verstöße zugleich einen Unterlassungsanspruch nach § 8 UWG begründen.[117] **23**

4. Haftungsprivilegierung

Gem. § 312d Abs. 6 hat der Verbraucher bei Fernabsatzverträgen über Finanzdienstleistungen abweichend von § 357 Abs. 1, Abs. 3 für die erbrachte Dienstleistung nur dann zu leisten, wenn er vor Abgabe seiner Willenserklärung auf diese Rechtsfolge hingewiesen worden ist und er *ausdrücklich* zugestimmt hat, dass der Unternehmer bereits vor dem Ende der Widerrufsfrist mit der Ausführung seiner Dienstleistung beginnt (s.u. E. Rdn. 61). **24**

Im Übrigen haftet der Verbraucher für die Verschlechterung oder den Untergang empfangener Waren nur bei Verletzung der eigenüblichen Sorgfalt („diligentia quam in suis“), wenn er nicht ordnungsgemäß über sein Widerrufsrecht gem. § 355 (hier i.V.m. §§ 312d Abs. 1, Abs. 2, 312c Abs. 2) belehrt worden ist und hiervon auch nicht anderweitig Kenntnis erlangt, §§ 357 Abs. 3 S. 3, 346 Abs. 3 S. 1 Nr. 3.[118] **25**

5. Schadensersatz

Ferner kann die Verletzung der Pflichten nach § 312c Abs. 1 und 2 Schadensersatzansprüche des Verbrauchers wegen Verschuldens bei Vertragsverhandlungen nach § 311 Abs. 2, 280 begründen.[119] Der Nachweis eines kausalen Schadens dürfte sich im Einzelfall aber als problematisch erweisen. Der Verbraucher darf über die Zubilligung eines Schadensersatzes im Einzelfall aber nicht besser gestellt werden, als wenn die Informationen aus § 312c Abs. 1, Abs. 2 ganz unterblieben wären. Nach Ablauf der Widerrufsfrist aus §§ 312d Abs. 2, 355 Abs. 3 kann sich der Verbraucher jedenfalls nicht mehr im Wege der Naturalrestitution vom Vertrag lösen oder eine dementsprechende Gleichstellung verlangen.[120] **26**

---

[117] Bamberger/Roth-*Schmidt-Räntsch* § 312c Rdn. 4. 28; Erman-*Saenger* § 312c Rdn 27, 37; Müko-*Wendehorst* § 312c Rdn. 120; Palandt-*Heinrichs* § 312c Rdn. 12.

[118] Müko-*Wendehorst* § 312c Rdn. 122; *Lütcke* § 312c Rdn. 136.

[119] Bamberger/Roth-*Schmidt-Räntsch* § 312c Rdn. 29; Müko-*Wendehorst* § 312c Rdn. 123; Palandt-*Heinrichs* § 312c Rdn. 12; s.o. C. Rdn. 28.

[120] Zutreffend Müko-*Wendehorst* § 312c Rdn. 123.

IV. Pflicht zur Überlassung der urkundlich festgehaltenen Vertragsbestimmungen (§ 312c Abs. 3)

27 Bei Finanzdienstleistungen kann der Verbraucher während der Laufzeit des Vertrags jederzeit vom Unternehmer verlangen, dass ihm dieser die Vertragsbestimmungen einschließlich der Allgemeinen Geschäftsbedingungen in einer Urkunde zur Verfügung stellt. Der Begriff der Urkunde knüpft an § 126 an, bedeutet aber kein Unterschriftserfordernis.[121] Die Sonderregelung für Finanzdienstleistungen erklärt der Gesetzgeber aus der besonderen Bedeutung der Vertragsbedingungen für das jeweilige Gepräge des Vertrags.

28 Die Verpflichtung des Unternehmers impliziert, dass dem Verbraucher hierdurch keine Kosten entstehen. Ein gesonderter Aufwendungsersatz kann vom Unternehmer also nicht verlangt werden und wird von diesem deshalb vorab in die allgemeinen Vertragskosten eingerechnet werden. Der Anspruch ist jedoch beschränkt auf die einmalige Überlassung. Ein wiederholtes Übersenden kann vom Verbraucher nicht verlangt werden.

E. Das Widerrufs- und Rückgaberecht des Verbrauchers (§ 312d i.V.m. §§ 355, 356)

1 Im Anwendungsbereich des § 312b steht dem Verbraucher ein Widerrufsrecht nach § 355 zu. Wegen der Einzelheiten zu den Voraussetzungen und Rechtsfolgen des Widerrufsrechts wird auf den 2. Teil, F. Rdn. 90ff., 273ff. verwiesen. Bei Verträgen über die Lieferung von Waren kann dieses Recht nach näherer Maßgabe des § 356 Abs. 1 durch ein Rückgaberecht ersetzt werden (vgl hierzu 2. Teil, G.). Sofern im Recht des Fernabsatzvertrags besondere Regelungen getroffen wurden, werden diese nachfolgend dargestellt.

I. Ausschluss des Widerrufsrechts nach § 312d Abs. 4

2 Der Gesetzgeber hat das Widerrufsrecht in bestimmten Vertragskonstellationen ausgeschlossen, weil sie den Unternehmer regelmäßig mit Risiken belasten, die dieser vernünftigerweise nicht eingehen würde und deshalb ohne diesen Ausschlusstatbestand ein Vertragsabschluss im Fernabsatz faktisch vereitelt wäre. Die Vorschriften des § 312d Abs. 4 Nrn. 1–6 sind im Interesse des effektiven Verbraucherschutzes jedoch eng auszulegen.[122] Die Darlegungs- und Beweislast für einen Ausschluss des Widerrufsrechts nach

---

[121] So ausdrücklich die Begründung BR-Drucks. 84/04 vom 30. 1. 2004 Seite 41.

[122] Erman-*Saenger* § 312d Rdn. 19; *Lütcke* § 312d Rdn. 66; Müko-*Wendehorst* § 312d Rdn. 22.

§ 312d Abs. 4 liegt bei dem Unternehmer, der sich auf den Ausnahmetatbestand beruft.[123]

1. Lieferung von Waren nach Kundenspezifikation oder Zuschnitt auf persönliche Bedürfnisse (§ 312d Abs. 4 Nr. 1)

Das Widerrufsrecht nach § 312d Abs. 1 i.V.m. § 355 besteht gem. § 312d Abs. 3 Nr. 1 nicht bei der Lieferung von Waren, die nach Kundenspezifikation angefertigt werden, eindeutig auf persönliche Bedürfnisse zugeschnitten oder nicht zur Rücksendung geeignet sind oder die schnell verderben können bzw. deren Verfalldatum überschritten werden würde. 3

a) Kundenspezifikation

Eine Kundenspezifikation liegt vor, wenn der Verbraucher Angaben für die Anfertigung des Produktes gegeben hat. Als Beispiel wird genannt etwa der Maßanzug, der aufgrund von schriftlich übermittelten Daten des Kunden hergestellt wird oder Schmuck, der nach den Detailvorgaben der Kundin angefertigt werden soll.[124] Eine bloße Namensgravur auf der Ware soll jedoch nicht ausreichen.[125] 4

Eine Anfertigung der Ware nach Kundenspezifikation ist jedoch nicht gegeben, wenn die zu liefernde Ware auf Bestellung des Verbrauchers aus vorgefertigten Standardbauteilen zusammengefügt wird, die mit verhältnismäßig geringem Aufwand ohne Beeinträchtigung ihrer Substanz oder Funktionsfähigkeit wieder getrennt werden können[126] oder eine individuell zusammengesetzte Sachgesamtheit in sonstiger Weise sinnvoll auf dem Markt angeboten werden kann.[127] Dass die Ware durch die Ingebrauchnahme an Wert verliert, schließt das Widerrufsrecht auch hier (vgl. bereits 2. Teil, F. Rdn. 337) nicht aus.[128] 5

Wendehorst[129] stellt u.E. zutreffend darauf ab, ob dem Unternehmer die Rücknahme und die Weitergabe an andere Kunden noch zumutbar ist, wobei die Lagerungsmöglichkeiten des Unternehmers, der für die Zerlegung erforderliche Aufwand und die Wahrscheinlichkeit eines Wiederverkaufs berücksichtigt werden müssen. 6

b) Persönlicher Zuschnitt

Der Begriff des persönlichen Zuschnitts ist demgegenüber weiter. Er erfasst nicht nur Fälle, in denen der Verbraucher selbst die konkrete Anweisung für 7

[123] BGH WM 2003, 1025, 1026 = NJW 2003, 1665 1666.
[124] Bamberger/Roth-*Schmidt-Räntsch* § 312d Rdn. 26.
[125] *Lütcke* § 312d Rdn. 68; Müko-*Wendehorst* § 312d Rdn. 27.
[126] BGH WM 2003, 1025, 1026 = NJW 2003, 1665, 1666.
[127] Erman-*Saenger* § 312d Rdn. 22.
[128] OLG Dresden NJW-RR 2001, 1710; Palandt-*Heinrichs* § 312d Rdn. 9.
[129] Müko-*Wendehorst* § 312d Rdn. 26; auch Bamberger/Roth-*Schmidt-Räntsch* § 312d Rdn. 26, vgl. nachfolgend.

die Herstellung der Ware gegeben hat[130] sondern liegt nach dem Wortlaut auch dann vor, wenn der Kunde nicht selbst die Spezifikation angegeben, sondern sich nach Gestaltungsmöglichkeiten aus dem Angebot des Unternehmers eine individuelle Komposition zusammengestellt hat, etwa beim Kauf von Möbeln, Kraftfahrzeugen oder Heimcomputern, bei denen die einzelnen Komponenten oft in einer mehr oder weniger großen Bandbreite frei zusammengestellt werden können. Die Vorschrift ist – zumal sie eine Ausnahmeregelung darstellt – eng auszulegen. Andernfalls wäre der Schutzzweck der Fernabsatzvorschriften gefährdet. Ein Zuschnitt auf persönliche Bedürfnisse ist deshalb zu verneinen, wenn der Kunde überhaupt von Kompositionsmöglichkeiten aus dem Angebot des Unternehmers Gebrauch macht. Ein Zuschnitt kann vielmehr erst dann angenommen werden, wenn die vom Kunden gewählte Komposition so speziell ist, dass sich das hieraus entstandene Produkt bei anderen Kunden nur unter großen Schwierigkeiten und mit erheblichem Wertverlust veräußern lässt.[131] Dies trifft etwa bei einem im Fernabsatz bestellten Neuwagen, der eine ungewöhnliche Häufung von entlegenen Sonderwünschen aufweist, die in ihrer Zusammenstellung kaum einen Abnehmer finden würden.[132]

8 § 312d Abs. 4 Nr. 1 ist daher auf nur selten nachgefragte, aber nicht weiter bearbeitete Serienartikel ebenfalls nicht anzuwenden.[133]

9 Die Übergänge sind nur schwer zu greifen, weshalb dem Unternehmer gegebenenfalls zu raten ist, vom Fernabsatz von Waren mit persönlichem Zuschnitt abzusehen.

c) Mangelnde Eignung zur Rücksendung

10 Eine Ware ist auf Grund ihrer Beschaffenheit nicht zur Rücksendung geeignet, wenn die Unmöglichkeit der Rückgabe nicht auf den verschuldeten oder unverschuldeten Untergang der Sache, sondern auf ihre normale Beschaffenheit zurückzuführen ist. Nicht notwendig soll sein, dass dieser Zustand von vornherein gegeben war; er soll auch später eintreten können, etwa durch Verbrauch der Ware (zweifelhaft).

11 Richtiger erscheint, diese Ausnahme eng auszulegen, damit der Schutzzweck der Fernabsatzvorschriften und der Fernabsatzrichtlinie erreicht wird[134] und damit den Anwendungsausschluss nur dann zu verneinen, wenn die Rücksendung etwa infolge eines – auch teilweisen – Verbrauchs nicht möglich ist[135] oder sich die Unmöglichkeit bzw. Unzumutbarkeit aus rechtlichen Gründen ergibt.[136]

---

[130] Bamberger/Roth-*Schmidt-Räntsch* § 312d Rdn. 26.

[131] Bamberger/Roth-*Schmidt-Räntsch* § 312d Rdn. 26.

[132] Bamberger/Roth-*Schmidt-Räntsch* § 312d Rdn. 26 a. E.; aber Müko-*Wendehorst* § 312d Rdn. 27: bloße Sonderlackierung genügt nicht.

[133] Müko-*Wendehorst* § 312d Rdn. 27.

[134] Bamberger/Roth-*Schmidt-Räntsch* § 312d Rdn. 28; *Lütcke* § 312d Rdn. 66, 70, 71.

[135] Bamberger/Roth-*Schmidt-Räntsch* § 312d Rdn. 29.

[136] Müko-*Wendehorst* § 312d Rdn. 30.

Ihrer Beschaffenheit nach nicht zurückgegeben werden können etwa das Heizöl, das sich im Tank des Verbrauchers mit anderem Oel vermischt[137] oder Softwareprogramme, Bücher in Dateiform und Bilddateien, die im Wege des Download vertrieben werden.[138] Teilweise werden Softwarelieferungen unter § 312d Abs. 4 Nr. 2 subsumiert.[139] 12

Beim Download von Software und Dateien gibt der Unternehmer seine Originaldateien nicht aus der Hand. Es werden vielmehr Abbilder erstellt, die für den Verbraucher den selben Wert wie die Originaldatei haben. Diese Abbilder kann man auch nicht wieder zurückschicken. Denn die Rücksendung einer solchen Datei wäre wiederum nur ein Abbild. Die Software oder sonstige Datei, die vom Kunden „downgeloadet" worden ist, kann nicht rückstandsfrei zurückgegeben, sondern lediglich rückstandsfrei gelöscht werden. Damit sind elektronische Vertriebsformen für den Unternehmer gegenüber anderen Formen des Fernabsatzes günstiger, weil er ein Widerrufsrecht des Verbrauchers nicht einkalkulieren muss.[140] Wird ein Buch in Dateiform per Download vermarktet, scheidet ein Widerrufsrecht aus. Wird es dagegen als Printmedium vertrieben, dann kann es als Einzelstück zurückgegeben werden, sodass das Widerrufsrecht besteht. Entsprechendes gilt für Baupläne, Schnittmuster und ähnliche Fälle. 13

Elektronische Bauteile wie RAM-Bausteine, Motherboards und Speichermedien sind auf Grund ihrer Beschaffenheit einer Rücksendung zugänglich. Das Widerrufsrecht ist daher in einem Fernabsatzvertrag über derartige Gegenstände nicht ausgeschlossen.[141] 14

Allein die Nutzung oder der Gebrauch einer Sache schließt die Rückgabe nicht aus, auch wenn mit der Nutzung gegebenenfalls ein erheblicher Wertverlust einher geht.[142] Hiergegen ist der Unternehmer hinreichend durch einen Wertersatzanspruch nach § 357 Abs. 3 geschützt.[143] 15

---

[137] Bamberger/Roth-*Schmidt-Räntsch* § 312d Rdn. 28; Erman-*Saenger* § 312d Rdn. 23; Müko-*Wendehorst* § 312d Rdn. 30.

[138] Bamberger/Roth-*Schmidt-Räntsch* § 312d Rdn. 28; *Lütcke* § 312d Rdn. 73, 74; Müko-*Wendehorst* § 312d Rdn. 31, 33; Palandt-*Heinrichs* § 312d Rdn. 9.

[139] Erman-*Saenger* § 312d Rdn. 23: Anwendung des § 312d Abs. 4 Nr. 1 würde zu einer Umgehung des in Nr. 2 vorgesehenen Erfordernisses der Entsiegelung führen; *Fuchs* ZIP 2000, 1273, 1284.

[140] Vgl. Bamberger/Roth-*Schmidt-Räntsch* § 312d Rdn. 28.

[141] OLG Dresden NJW-RR 2001, 1710.

[142] OLG Dresden MDR 2002, 79, 80; Bamberger/Roth-*Schmidt-Räntsch* § 312d Rdn. 29; a. A. Stein CR 2002, 180.

[143] Bamberger/Roth-*Schmidt-Räntsch* § 312d Rdn. 29.

d) Schnelle Verderblichkeit oder Überschreitung eines Verfalldatums

16 Hier kommen vor allem Lebens- oder Arzneimittel in Betracht.[144] Lütcke[145] hält eine Ware dann für „schnell verderblich", wenn sie innerhalb von sechs Wochen üblicherweise verderben wird.

17 Die Überschreitung des Verfalldatums schließt das Widerrufsrecht aber nur aus, wenn es in Übereinstimmung mit anerkannten technischen Normen festgesetzt worden ist, nicht aber, wenn der Unternehmer es individuell besonders kurz festlegt, um das Widerrufsrecht zu unterlaufen[146] oder die Ware erst kurz vor dem Ende ihrer Haltbarkeit liefert.[147] War das Verfallsdatum schon vor der Auslieferung überschritten, bestehen daneben auch die Gewährleistungsrechte nach §§ 437ff.[148]

2. Entsiegelung der gelieferten Audio- oder Videosoftware durch den Verbraucher (§ 312d bs. 4 Nr. 2)

18 Der Ausschluss des Widerrufsrechts nach § 312d Abs. 4 Nr. 2 bei Lieferung von Audio- oder Videoaufzeichnungen bzw. vom Verbraucher dann entsiegelter Software erfolgt aufgrund eines vorangegangenen Verbraucherverhaltens, weshalb die Regelung eher dem Absatz 3 zuzuordnen wäre.[149]

19 Siegel ist eine Vorkehrung, die über die bloße Verpackung hinaus den ungehinderten Zugang versperrt und einem Dritten das Eindringen in einen geschützten Bereich erkennbar macht. Besondere Anforderungen stellt das Gesetz an eine solche Vorkehrung nicht.[150] Unter die Vorschrift fallen Videokassetten oder DVDs, die mit einem Klebestreifen oder Klebesiegel versehen wurden, CDs mit Software oder Audioaufzeichnungen oder Disketten.

20 Der Begriff der Entsiegelung setzt nicht voraus, dass die Audio- oder Videoaufzeichnung oder auch die Software in einem Datenträger verkörpert und in einem Behältnis verpackt ist. Vorstellbar ist auch die elektronische Versiegelung, wie sie beim Sharewarevertrieb von Software und bei Audioaufzeichnungen üblich ist. Eine Versiegelung liegt also auch vor, wenn Software im Download vermarktet wird, ihre volle und zeitlich uneingeschränkte Funktionalität aber erst durch Zusendung eines Codes oder einer PIN-Nummer erlangt, die bei der Benutzung des Software oder der Audioaufzeichnung eingegeben werden kann und diese dann uneingeschränkt nutzbar macht.[151]

---

[144] Erman-*Saenger* § 312d dn 24; Müko-*Wendehorst* § 312d Rdn. 34; Palandt-*Heinrichs* § 312d Rdn. 9; einschränkend *Lütcke* § 312d Rdn. 79: Lebensmittel nicht generell.

[145] *Lütcke* § 312d Rdn. 76.

[146] Palandt-*Heinrichs* § 312d Rdn. 9.

[147] Müko-*Wendehorst* § 312d Rdn. 35.

[148] Erman-*Saenger* § 312d Rdn. 24.

[149] Vgl. Müko-*Wendehorst* § 312d Rdn. 38 m.w.N.

[150] Bamberger/Roth-*Schmidt-Räntsch* § 312 d Rdn. 30.

[151] Bamberger/Roth-*Schmidt-Räntsch* § 312d Rdn. 30.

Daneben kann in diesen Fällen das Widerrufsrecht aufgrund § 312d Abs. 4 Nr. 1 ausgeschlossen sein, wenn es sich um eine Ware handelt, die wegen ihrer Beschaffenheit für eine Rücksendung ungeeignet ist, weil es sich bei der bezogenen Software lediglich um ein Abbild des Originals handelt, das allenfalls gelöscht werden kann (s.o. unter 2). Der Ausschluss gilt nach Auffasung von Schmidt-Räntsch jedoch nur für die versiegelte Software selbst, nicht jedoch für das Gerät, zu dessen Betrieb sie mitgeliefert wird.[152] 21

3. Lieferung von Zeitungen, Zeitschriften und Illustrierten (§ 312d Abs. 4 Nr. 3)

Die Regelung des § 312d Abs. 4 Nr. 3 steht der unter Ziffer 3 aufgeführten Fallgruppe der schnell verderblichen Güter nahe, da eine Tages- oder Wochenzeitung innerhalb kürzester Zeit überholt ist und keinen Käufer mehr findet. Die Veröffentlichung in Papierform ist nicht Voraussetzung für das Eingreifen des Ausnahmetatbestands, sodass auch die Veröffentlichung in elektronischer Form genügt.[153] 22

Nicht unter die Vorschrift fallen Kalender,[154] Bücher,[155] Zeitungsinserate,[156] nach Ansicht von Lütcke[157] aber auch Jahresabonnements von Zeitungen und Zeitschriften. Trotz des Ausschlusses des Widerrufsrechts nach § 312d Abs. 1 kann bei der Lieferung von Zeitungen, Zeitschriften und Illustrierten bzw. entsprechenden Abonnements ein Widerrufsrecht nach §§ 505 Abs. 1 Satz 1 Nr. 2 bestehen, das durch die Regelung in § 312d Abs. 4 nicht berührt wird.[158] 23

4. Wett- und Lotteriedienstleistungen (§ 312d Abs. 4 Nr. 4)

Spiel- oder Wettverträge begründen gemäß § 762 keine Verbindlichkeit, sodass der Ausschluss des Widerrufsrechts Bedeutung nur für die staatlich genehmigten Lotterien und Wetten erlangt. Die Geschäftsbesorgung durch Weiterleitung eines Lottotipps an eine Lottogesellschaft ist kein Vertrag zur Erbringung von Wett- oder Lotteriedienstleistungen. Der Unternehmer hat den Verbraucher daher bei einem Fernabsatzgeschäft über das Widerrufsrecht zu belehren.[159] 24

---

[152] Bamberger/Roth-*Schmidt-Räntsch* § 312d Rdn. 30 a.E.; a.A. OLG Dresden MDR 2002, 79, 80 a.E. für PC-Motherboard.

[153] Erman-*Saenger* § 312d Rdn. 26 und Müko-*Wendehorst* § 312d RDn 39 a.E.: sog. „E-Zinses"; a.A. für die „E-Zinses" *Härting* § 3 FernAbsG Rdn. 86.

[154] OLG Hamburg NJW 2004, 1114; Palandt-*Heinrichs* § 312d Rdn 9.

[155] Erman-*Saenger* § 312d Rdn. 26.

[156] Bamberger/Roth-*Schmidt-Räntsch* § 312 Rdn. 31 a.E.

[157] *Lütcke* § 312d Rdn. 86.

[158] Vgl. Müko-*Wendehorst* § 312d Rdn. 39; *Lütcke* § 312d Rdn. 86.

[159] OLG Karlsruhe NJW-RR 2002, 1127 = OLG-Report 2002, 299.

5. Versteigerungen (§ 312 Abs. 4 Nr. 5)

25 Der BGH hat die Vorschrift des § 156, auf die der Ausnahmetatbestand des § 312d Abs. 4 Nr. 5 Bezug nimmt, eng ausgelegt. Danach liegt eine Versteigerung in diesem Sinn nur vor, wenn der Vertragsschluss durch einen gesonderten Zuschlag erfolgt.[160]

26 Nach § 156 S. 1 kommt bei einer Versteigerung der Vertrag erst durch den Zuschlag zu Stande. Der Zuschlag ist die Willenserklärung des Auktionators, mit der dieser das Gebot eines Bieters annimmt.[161] An einem solchen Zuschlag fehlt es bei der auf der Website von eBay durchgeführten Internet-Auktion, die deshalb keine Versteigerung i. S. des § 156 darstellt.[162] Indem der Verkäufer auf der Website von eBay einen Gegenstand ab einem bestimmten Preislimit zur Versteigerung anbietet und die Internet-Auktion startet, gibt er ein verbindliches Verkaufsangebot ab, das sich an den richtet, der innerhalb der Laufzeit der Auktion das höchste Gebot abgibt. Ein Zuschlag erfolgt nicht durch Zeitablauf. Der Zuschlag als Voraussetzung des Vertragsschlusses gem. § 156 ist eine Willenserklärung, das heißt die auf die Herbeiführung eines rechtsgeschäftlichen Erfolgs gerichtete Äußerung einer Person.[163] Der bloße Zeitablauf, mit dem die Internet-Auktion endet, ist keine Willenserklärung und vermag eine solche auch nicht zu ersetzen. Mit der Festlegung der Laufzeit der Internet-Auktion bestimmt der Verkäufer gemäß § 148 eine Frist für die Annahme seines Angebots durch den Meistbietenden. Die vertragliche Bindung der Parteien beruht nicht auf dem Ablauf dieser Frist, sondern auf ihren – innerhalb der Laufzeit der Auktion wirksam abgegebenen – Willenserklärungen.

27 Dass das Angebot an den Meistbietenden gerichtet ist und damit erst nach Auktionsende feststeht, wer als Meistbietender Vertragspartner des Kl. geworden ist, berührt die Wirksamkeit des Angebots nicht.[164] Eine analoge Anwendung des § 312d Abs. 4 Nr. 5, etwa über § 312f, auf Internet-Versteigerungen entsprechend der bei eBay durchgeführten Art scheidet ebenfalls aus.[165]

6. Lieferung von Waren oder Erbringung von Finanzdienstleistungen, deren Preis Schwankungen unterliegt, auf die der Unternehmer keinen Einfluss hat (§ 312d Abs. 4 Nr. 6)

28 Die Vorschrift ist neu durch das Gesetz zur Änderung der Vorschriften über Fernabsatzverträge bei Finanzdienstleistungen vom 2. 12. 2004[166] in

[160] BGHZ 149, 129; LG Hof MMR 2002, 760.
[161] BGH NJW 2005, 53, 54 f.
[162] BGH NJW 2005, 53, 54; ebenso schon LG Memmingen NJW 2004, 2389; AG Kehl NJW-RR 2003, 1060; *Teubner/Melbert* MDR 2004, 187; Erman-*Saenger* § 312 d Rdn. 28.
[163] BGHZ 149, 129 [134] = NJW 2002, 363 m. w. Nachw.
[164] Vgl. BGHZ 149, 129,135 = NJW 2002, 363.
[165] BGH NJW 2005, 53, 56.
[166] BGBl. I 3102.

den Ausnahmekatalog aufgenommen worden und am 8. 12. 2004 in Kraft getreten.

Danach besteht ein Widerrufsrecht nicht bei Fernabsatzverträgen, die die Lieferung von Waren oder die Erbringung von Finanzdienstleistungen zum Gegenstand haben, deren Preis auf dem Finanzmarkt Schwankungen unterliegt, auf die der Unternehmer keinen Einfluss hat und die innerhalb der Widerrufsfrist auftreten können, insbesondere Dienstleistungen im Zusammenhang mit Aktien, Anteilsscheinen, die von einer Kapitalanlagegesellschaft oder einer ausländischen Investmentgesellschaft ausgegeben werden und anderen handelbaren Wertpapieren, Devisen, Derivaten oder Geldmarktinstrumenten. 29

Der Preis der genannten Waren und der mit ihnen in Zusammenhang stehenden Finanzdienstleistungen unterliegt den Schwankungen der Börse, die weder der Unternehmer noch der Verbraucher beeinflussen können. Wesentliches Kennzeichen dieser Verträge ist, dass mit ihnen ein Risiko bzw. die bewusste Übernahme eines Risikos verbunden ist, das durch die Einräumung eines Widerrufsrechts einseitig dem Unternehmer überbürdet würde. Würde hier ein Widerrufsrecht gesetzlich vorgesehen, wären die Verträge faktisch vom Fernabsatz ausgeschlossen. 30

Waren im Sinn der Vorschrift werden im Wesentlichen Edelmetalle sein. Hinsichtlich der Finanzdienstleistungen nennt das Gesetz zur Konkretisierung einige Beispiele. Unter dem Begriff „Derivate" fasst der Gesetzgeber Swaps, Futures und Optionen und Geldmarktinstrumente zusammen.[167] 31

II. Abweichender Fristenbeginn im Recht des Fernabsatzes (§ 312d Abs. 2)

Abweichend zur allgemeinen Regelung in § 355 Abs. 2 Satz 1 setzt der Beginn der Widerrufsfrist bei Fernabsatzverträgen zusätzlich voraus: 32

1. Erfüllung der Informationspflichten nach § 312c Abs. 2 (§ 312d Abs. 2 1. Alt.)

Über die Widerrufsbelehrung hinausgehend muss der Verbraucher die Angaben nach § 312c Abs. 2 i.V.m. § 1 Abs. 4 BGB-InfoV[168] in Textform mitgeteilt erhalten (s.o. 4. Teil, D. Rdn. 7). Die Versäumung der vorvertraglichen Informationspflichten oder von Informationspflichten nach anderen Gesetzen hält den Lauf der Widerrufsfrist nicht auf. 33

---

[167] Vgl. Palandt-*Heinrichs* § 312d Rdn. 14 a.E.

[168] Erman-*Saenger* § 312d Rdn. 9: Erfüllung der Informationspflichten aus § 312c Abs. 2 i.V.m. § 1 Abs. 4 InfoV ist *Mindeststandard.*

2. Eingang der Ware beim Empfänger (§ 312 d Abs. 2 2. Alt.)

34 Das Abstellen auf die Lieferung hat nach Erwägungsgrund 14 der Fernabsatzrichtlinie den Zweck, dem Verbraucher die Möglichkeit zu verschaffen, die Ware und ihre Eigenschaften zur Kenntnis zu nehmen und zu prüfen. Das ist bei wiederkehrenden Leistungen nach der ersten Lieferung möglich, bei einer unvollständigen Lieferung dagegen nicht. Bei ersteren wird die Widerrufsfrist deshalb schon mit Eingang der ersten Teillieferung ausgelöst.

35 Angesichts dieses gesetzgeberischen Hintergrunds ist der grundsätzlich zulässige Vorbehalt des Unternehmers, erst nach Ablauf der Widerrufsfrist zu leisten, bei Fernabsatzverträgen über die Lieferung von Waren wirkungslos, da er zu einem dauerhaften Schwebezustand führte, bei dem der Verbraucher die Leistung nicht fordern, der Unternehmer den Ablauf oder den Ausschluss des Widerrufsrechts nicht ohne freiwillige Leistung seinerseits herbeiführen kann.[169] Eine anderweitige Regelung in AGB würde gegen § 307 Abs. 1, Abs. 2 verstoßen.[170]

36 Der Eingang der Warenlieferung entspricht regelmäßig der Ablieferung im Sinn des § 438 Abs. 2. Dies gilt allerdings nicht für den Fall der Schickschuld. Hier erfolgt die Ablieferung in diesem Sinn bereits mit der Übergabe an einen Spediteur. Das wäre mit dem Sinn und Zweck der Fernabsatzrichtlinie und damit auch mit dem Sinn und Zweck des Abs. 2 nicht zu vereinbaren.

37 Das Gesetz stellt deshalb für den Beginn der Widerrufsfrist auf den Eingang der Warenlieferung ab, weil der Verbraucher nur so in die Lage versetzt werden kann, die Ware in Augenschein zu nehmen und zu untersuchen. Vom Eingang der Ware kann deshalb nur gesprochen werden, wenn die Ware den Verbraucher selbst oder einem von ihm Beauftragten tatsächlich übergeben und ihm bzw. seinem Beauftragten der unmittelbare Besitz verschafft wird.[171]

38 Klauseln in Allgemeinen Geschäftsbedingungen, wonach bei einem Verbrauchsgüterverkauf als Erfüllungsort der Sitz des Verkäufers genannt wird, sind unwirksam.[172]

39 Der Annahmeverzug seitens des Verbrauchers genügt für den Beginn des Fristenlaufes nicht. Der Annahmeverzug verschlechtert zwar die Rechtstellung des Verbrauchers im gesetzlich vorgesehenen Umfang (vgl. § 300, 324 Abs. 2). Die Widerrufsfrist setzt er dagegen nicht in Gang. Entsprechendes würde gelten, wenn der Verbraucher zu Hause nicht angetroffen wird und die Warenlieferung zunächst bspw. bei der Post gelagert

---

[169] Vgl. Palandt-*Heinrichs* § 312 b Rdn. 4; *Lütcke* § 312 d Rdn. 35.

[170] *Lütcke* § 312 d Redn 35.

[171] *Lütcke* § 312 n 33, 34; Müko-*Wendehorst* § 312 d Rdn. 72, 73; Erman-*Saenger* § 312 d Rdn. 10 und Bamberger/Roth-*Schmidt-Räntsch* § 312 d Rdn. 15: Verbraucher muss Ware auf Mängelfreiheit untersuchen können.

[172] LG Waldshut-Tingen WRP 2003, 1148.

wird. Vom Eingang kann man dann erst sprechen, wenn der Verbraucher die Ware auch tatsächlich abholt. Holt der Verbraucher die Ware innerhalb von 14 Tagen nach Benachrichtigung nicht ab, wird der Unternehmer dies als Ausübung seines Widerrufsrechts durch Rücksendung bewerten dürfen.

Eine Bestimmung, wonach das Rechnungsdatum für den Fristbeginn 40 des Widerrufs- bzw. Rückgaberechts maßgebend sein soll, ist unzulässig, da die Widerrufs- bzw. Rückgabefrist erst mit Eingang der Ware beim Verbraucher beginnt und Eingangs- und Rechnungsdatum auseinander fallen können.[173] Unabhängig davon ist die Vereinbarung ungeeignet, den Fristbeginn in Abweichung zur gesetzlichen Regelung zeitlich vor zu verlagern.

3. Eingang der ersten Teillieferung bei der wiederkehrenden Lieferung gleichartiger Waren (§ 312d Abs. 2 3. Alt.)

Bei wiederkehrender Lieferung gleichartiger Waren, etwa bei der Liefe- 41 rung eines Lexikons würde der Empfang der Ware bedeuten, dass sämtliche Teillieferungen eingegangen sein müssten, um den Fristenlauf nach § 312d Abs. 2 auszulösen. Da dieser Zeitraum zum Nachteil des Unternehmers sehr lang sein kann, hat der Gesetzgeber insofern den Eingang der ersten Teillieferung ausreichen lassen. Die anderen Teillieferungen halten den Lauf der Widerrufsfrist demgegenüber nicht auf. Teillieferungen genügen jedoch nur, wenn sie vertraglich vorgesehen und wiederkehrend sind; nicht ausreichend ist, wenn die Sache stückweise geliefert wird.[174]

Beim Begriff der „Gleichartigkeit" wird keine völlige Identität der Ware 42 verlangt. Auch inhaltlich unterschiedliche, aber im Umfang gleich bleibende Konsekutivlieferungen etwa eines Musikclubs fallen in den Anwendungsbereich des § 312d Abs. 4.[175]

4. Tag des Vertragsabschlusses bei Dienstleistungen (§ 312d Abs. 2 4. Alt.)

Die Frist auslösende Belehrung nach § 355 Abs. 2 Satz 1 erfolgt im Fern- 43 absatz regelmäßig durch Mitteilung der Vorabinformation in Textform nach § 312c Abs. 1 und 2 in Verbindung mit § 1 Abs. 1 Nr. 10, Abs. 4 Nr. 1 BGB-InfoV. Diese Mitteilung kann bereits vor Vertragsabschluss erfolgen. Durch § 312d Abs. 2 ist sichergestellt, dass der Fristenlauf erst mit Vertragsschluss beginnt.

---

[173] LG Waldshut-Tingen WRP 2003, 1148.

[174] Bamberger/Roth-*Schmidt-Räntsch* § 312d Rdn. 14.

[175] Erman-*Saenger* § 312d Rdn. 12; *Härting* § 3 FernAbsG Rdn. 32; a.A. aber Lütcke § 312d Rdn. 38 und Müko-*Wendehorst* § 312d Rdn. 76 mit Hinweis auf BT-Drucks. 14/2658 S. 43: nicht bei der Lieferung unterschiedlicher Bücher durch einen Buchklub.

5. Beweislast

44 Ist streitig, ob bzw. zu welchem Zeitpunkt der Verbraucher die ihm nach § 312c Abs. 2 zu erteilenden Informationen in Textform erlangt hat, gelangt die Beweislastregelung des § 355 Abs. 2 S. 4 zur Anwendung. Ist der Fristbeginn streitig, trifft die Beweislast den Unternehmer. Im Übrigen verbleibt es bei den allgemeinen Beweislastgrundsätzen.[176]

III. Erlöschen des Widerrufsrechts unabhängig vom Fristenablauf (§ 312d Abs. 3)

45 Liegen die Voraussetzungen des § 312d Abs. 3 vor, erlischt das Widerrufsrecht unabhängig davon, ob der Unternehmer durch ordnungsgemäße Belehrung nach § 355 Abs. 2 S. 1 die Frist von zwei Wochen überhaupt in Gang gesetzt hatte. Das Widerrufsrecht erlischt in diesen Fällen ggf. vor Ablauf der Zwei-Wochen-Frist des § 355 Abs. 1 Satz 2 bzw. vor Ablauf der Sechs-Monats-Frist des 355 Abs. 3.

46 Die Vorschrift gewinnt insofern an Bedeutung als der Gesetzgeber den durch das Schuldrechtsmodernisierungsgesetz vom 26. 11. 2001 geschaffenen Erlöschenstatbestand des § 355 Abs. 3 S. 1 zusehends eingeschränkt hat. Durch das OLG-VertrÄndG vom 23. 7. 2002 wurden mit Anfügung von Satz 3 alle Fälle ausgenommen, in denen der Verbraucher nicht ordnungsgemäß über sein Widerrufsrecht belehrt worden war. Damit blieben in der Praxis für den Erlöschenstatbestand nur Fälle der ungenügenden Mitteilung nach § 312c Abs. 2 oder der fehlenden Angaben nach § 485 Abs. 4. Im Übrigen fehlte es stets an der Ordnungsmäßigkeit der Belehrung, sodass ein Erlöschen des Widerrufsrechts nach § 355 Abs. 3 S. 1 nicht in Betracht kommt.

47 Die Ausnahmeregelung des § 355 Abs. 3 S. 3 ist durch das Gesetz zur Änderung der Vorschriften über Fernabsatzverträge bei Finanzdienstleistungen erneut erweitert worden (s.o. 2. Teil, F. Rdn. 20, 21). Danach erlischt das Widerrufsrecht in Fernabsatzverträgen über Finanzdienstleistungen auch nach sechs Monaten nicht, wenn der Unternehmer seine Mitteilungspflichten gemäß § 312c Abs. 2 nicht ordnungsgemäß erfüllt hat. Ein Erlöschen des Widerrufsrecht kommt danach im Wesentlichen nur noch in den Fallkonstellationen des § 312d Abs. 3 Nr. 1 und Nr. 2 in Betracht. Der Erlöschenstatbestand unterscheidet zwischen Finanzdienstleistungen und sonstigen Dienstleistungen.

1. Finanzdienstleistungen (§ 312d Abs. 3 Nr. 1)

48 Das Widerrufsrecht erlischt gem. § 312d Abs. 3 Nr. 1, wenn der Vertrag von beiden Seiten auf ausdrücklichen Wunsch des Verbrauchers vollständig erfüllt ist, bevor der Verbraucher sein Widerrufsrecht ausgeübt hat. Die

[176] Anwaltkomm-*Ring* § 312d Rdn. 35.

Vorschrift setzt die Vorgaben aus Artikel 6 Abs. 2c der Richtlinie über den Fernabsatz von Finanzdienstleistungen in nationales Recht um.

49 Das Tatbestandsmerkmal „Wunsch" wird mit der Zustimmung oder Veranlassung in § 312d Abs. 3 Nr. 2 gleich zu setzen sein. Leider hat der Gesetzgeber hier augenscheinlich ohne zwingenden Grund auf einen gesetzessprachlich bislang nicht verwendeten Begriff zurückgegriffen. Der ausdrückliche Wunsch dürfte sich hierbei allein auf die Erlangung der Unternehmerleistung beziehen, nicht hingegen auf die Erfüllung durch den Verbraucher. Neben der vom Verbraucher geschuldeten Zahlung einen dahin geäußerten (= ausdrücklichen) Wunsch vorauszusetzen, erscheint abwegig.

50 § 312d Abs. 3 Nr. 1 greift auch dann ein, wenn der Unternehmer seine Informationspflichten aus § 312 Abs. 2 nicht erfüllt oder den Verbraucher in sonstiger Weise nicht oder nicht ordnungsgemäß über sein Widerrufsrecht belehrt hat.[177]

2. Sonstige Dienstleistungen (§ 312d Abs. 3 Nr. 2)

51 Im Übrigen erlischt das Widerrufsrecht schon dann, wenn der Unternehmer mit der Ausführung der Dienstleistung mit ausdrücklicher Zustimmung des Verbrauchers vor Ende der Widerrufsfrist begonnen hat oder der Verbraucher diese selbst veranlasst hat.

a) Ausdrückliche Zustimmung

52 Auch der Verbraucherschutz in § 312d Abs. 3 Nr. 2 erfordert eine *ausdrückliche Zustimmung*, da der Verbraucher unter den Voraussetzungen dieser Norm der Verbraucher sein Widerrufsrecht unabhängig davon verliert, ob er hierüber hinreichend belehrt worden ist oder der Unternehmer seinen Informationspflichten aus § 312c Abs. 1, Abs. 2 nachgekommen ist.[178] Andernfalls bestünde die Gefahr, dass der Verbraucher allein dadurch, dass er der sofortigen Durchführung der Dienstleistung nicht widerspricht sondern den Unternehmer gewähren lässt, sein Widerrufsrecht verliert. Das erscheint umso weniger hinnehmbar, als das Widerrufsrecht auch dann erlischt, wenn der Verbraucher weder von seinem Recht noch von der Rechtsfolge, die mit dem Beginn der Dienstleistung nach § 312 d Abs. 3 verbunden ist, gewusst hat.

53 Die ausdrückliche Zustimmung kann mündlich oder durch Individualvereinbarung erteilt werden.[179]

---

[177] Palandt-*Heinrichs* § 312d Rdn. 7.

[178] Bamberger/Roth-*Schmidt-Räntsch* § 312d Rdn. 21 und *Lütcke* § 312d Rdn. 61 sowie Palandt-*Heinrichs* § 312d Rdn. 7a: auch bei Nichterfüllung der Informationspflichten aus § 312c Abs. 2 i.V.m. § 1 Abs. 4 InfoV; a.A. Müko-*Wendehorst* § 312d Rdn. 99: kein Erlöschen bei Verstoß des Unternehmers gegen § 312c Abs. 2.

[179] Müko-*Wendehorst* § 312d Rdn. 95, 96: geschäftsähnliche Handlung.

Eine Klausel in den AGB des Unternehmers, in der der Verbraucher vorab um vollständige Erfüllung des Vertrags bittet, ist gemäß § 307 Abs. 2 Nr. 1 unwirksam[180] bzw. stellt eine nach § 312f unzulässige Umgehung der Schutzbestimmung dar.[181]

54 Auch ein konkludentes Verhalten des Verbrauchers genügt nicht.[182]

55 Die Betätigung einer Tastenkombination durch die minderjährige Tochter eines Telefonanschlussinhabers zur Annahme eines R-Gesprächs stellt keine das Widerrufsrecht ausschließende ausdrückliche Zustimmung zur Ausführung der telefonischen Dienstleistung vor Ende der Widerrufsfrist dar.[183]

b) Beginn der Ausführung

56 Der Unternehmer beginnt dann mit der Ausführung der Dienstleistung, wenn er Arbeitszeiten aufgewendet bzw. Tätigkeiten entfaltet hat, die Bestandteil des im konkreten Fall vertraglich geschuldeten Leistungspaketes sind,[184] etwa bei Freischaltung eines Mobilfunkanschlusses, Übermittlung erster Informationen durch einen automatischen Ansagedienst[185] oder der Anfahrt zum Verbraucher unmittelbar anschließenden Ausführung der Werk- oder Dienstleistung.[186]

IV. Modifikationen im Wertersatzanspruch des Unternehmers nach § 357 (§ 312d Abs. 6)

57 Der Wertersatzanspruch des Unternehmers nach § 357 Abs. 1 erfährt durch den mit Gesetz zur Änderung der Vorschriften über Fernabsatzverträge bei Finanzdienstleistungen vom 2. 12. 2004 eingefügten § 312d Abs. 6 eine Einschränkung außerhalb des zentral in §§ 355ff. geregelten Widerrufs- und Rücktrittsrechts. Danach hat der Verbraucher bei Fernabsatzverträgen über Finanzdienstleistungen Wertersatz für die ihm erbrachten Dienstleistungen nach §§ 346ff. nur zu leisten, wenn er vor Abgabe seiner Vertragserklärung auf diese Rechtsfolge hingewiesen worden ist und er ausdrücklich zugestimmt hat, dass der Unternehmer vor Ende der Widerrufsfrist mit der Ausführung der Dienstleistung beginnt.

---

180 Palandt-*Heinrichs* § 312d Rdn. 7; *Lücke* § 312d Rn 58 a. E.: Verstoß gegen § 308 Nr. 5.

181 Palandt-*Heinrichs* § 312d Rdn. 7a.

182 Erman-*Saenger* § 312d Rdn. 17; *Lütcke* § 312d Rdn. 58; Müko-*Wendehorst* § 312d Rdn. 97; abw. *Fuchs* ZIP 2000,1273, 1283 zu § 3 FernAbsG.

183 AG Braunschweig MMR 2004, 705.

184 *Lütcke* § 312d Rdn. 60.

185 Müko-*Wendehorst* § 312d Rdn. 93; Erman-*Saenger* § 312d Rdn. 16.

186 Müko-*Wendehorst* § 312d Rdn. 92, 94: jedenfalls bei „unteilbarer" Dienstleistung.

Der Anspruch des Unternehmers auf Wertersatz der von ihm erbrachten Dienstleistung ergibt sich aus §§ 357 Abs. 1, 346 Abs. 2 Nr. 1. Der Regelung werden durch § 312d Abs. 6 zwei weitere Anspruchsvoraussetzungen hinzugefügt: 58

1. Hinweis des Unternehmers auf die Rechtsfolge vor Abgabe der Vertragserklärung des Verbrauchers

Der Unternehmer hat den Verbraucher vor Abgabe von dessen Vertragserklärung auf die Rechtsfolge hinzuweisen, dass er im Fall seines Widerrufs Wertersatz schuldet. 59

Das Gesetz schreibt für den Hinweis keine Form vor, sodass der Unternehmer seiner Hinweisverpflichtung ggf. bereits durch Erteilung der Vorabinformation nach § 312c Abs. 1 i.V.m. § 1Abs. 1 Nr. 10 BGB-InfoV genügt. Nach anderer Ansicht muss der Hinweis bei Einholung der Zustimmungserklärung individuell gegeben werden. Ein in den mehr als 20 geschuldeten Informationen versteckter Hinweis genüge nicht.[187] 60

2. Ausdrückliche Zustimmung zum Beginn der Dienstleistung vor Ablauf der Widerrufsfrist

Eine konkludente Erklärung oder das bloße Gewährenlassen durch den Verbraucher reicht – wie in den Fällen des § 312d Abs. 4 Nrn. 1 und 2 – nicht aus.[188] 61

3. Beweislast

In der Begründung des Regierungsentwurfs ist ausdrücklich klargestellt, dass der Unternehmer als Anspruchsteller nicht nur die allgemeinen Anspruchsvoraussetzungen nach §§ 357 Abs. 1, 346 Abs. 2 Nr. 1 sondern auch die besonderen Voraussetzungen des § 312d Abs. 6 zu beweisen hat, somit insbesondere auch dessen ausdrückliche Zustimmung zu einem etwaigen Erfüllungsbeginn. 62

---

187 So Palandt-*Heinrichs* § 312d Rdn. 16.
188 Palandt-*Heinrichs* § 312d Rdn. 16.

Sachregister

(Ziffern I– IV beziehen sich auf die Teile 1– 4 des Werkes)

Z